Victoria de Grazia
Das unwiderstehliche Imperium
Amerikas Siegeszug im Europa
des 20. Jahrhunderts

Transatlantische Historische Studien

Veröffentlichungen des Deutschen Historischen Instituts Washington, DC

Herausgegeben von Hartmut Berghoff, Anke Ortlepp und Corinna R. Unger

Band 41

Victoria de Grazia
Das unwiderstehliche Imperium

Amerikas Siegeszug im Europa des 20. Jahrhunderts

Aus dem Englischen von Karl Heinz Siber

Franz Steiner Verlag 2010

Die Originalausgabe erschien unter dem Titel
Irresistible Empire: America's Advance Through Twentieth-Century Europe
Copyright © 2005 by Victoria de Grazia

Bibliografische Information der Deutschen Nationalbibliothek
Die Deutsche Nationalbibliothek verzeichnet diese
Publikation in der Deutschen Nationalbibliografie;
detaillierte bibliografische Daten sind im Internet über
‹http://dnb.d-nb.de› abrufbar.
ISBN 978-3-515-09394-1

Jede Verwertung des Werkes außerhalb der Grenzen
des Urheberrechtsgesetzes ist unzulässig und strafbar.
Dies gilt insbesondere für Übersetzung, Nachdruck,
Mikroverfilmung oder vergleichbare Verfahren sowie
für die Speicherung in Datenverarbeitungsanlagen.
© 2010 Franz Steiner Verlag, Stuttgart
Einbandgestaltung: deblik, Berlin
Gedruckt auf säurefreiem, alterungsbeständigem Papier.
Druck: AZ Druck und Datentechnik, Kempten
Printed in Germany

Inhaltsverzeichnis

Anmerkungen der Redaktion 7
Abkürzungen 9

Einleitung
Der schnelle Weg zum Frieden 11

1. **Die Ethik des Dienstes am Gemeinwohl**
   Wie das Bürgertum der Alten Welt seinen Frieden
   mit den Babbitts machte 27
2. **Ein anständiger Lebensstandard**
   Wie die Europäer dazu kamen, sich am *American
   way of life* messen zu lassen 93
3. **Ladenketten**
   Wie moderne Vertriebswege den Einzelhandel
   auf den Kopf stellten 156
4. **Große Marken**
   Wie das Marketing den Markt überlistete 216
5. **Werbung**
   Wie die Wissenschaft der PR-Experten die Kunst
   der Kaufleute unterwanderte 261
6. **Das Starsystem**
   Wie Hollywood die Filmkultur ins
   Unterhaltungsgeschäft verwandelte 326

7. **Der Bürger als Verbraucher**
   Wie die Europäer Rechte gegen Waren tauschten....................384
8. **Der Supermarkt**
   Wie Einzelhandelsgiganten den Gemüseladen 429
   an der Ecke in den Schatten stellten
9. **Die ideale Mrs. Consumer**
   Wie Massenartikel Haus und Herd eroberten 473
10. **Schlussbetrachtung**
    Wie die Slow-Food-Bewegung eine neue Sicht
    auf das schnelle Leben eröffnete 520

Bibliografischer Essay 545
Danksagung..553
Quellen und Literatur...557
Bildnachweise...584
Namensregister..586

Anmerkungen der Redaktion

Dies ist die deutschsprachige Übersetzung von Victoria de Grazias Buch *Irresistible Empire: America's Advance Through 20th Century Europe*, das zuerst im Jahr 2005 bei Belknap Press of Harvard University in Cambridge, Massachusetts, und London erschien. Die Übersetzung ins Deutsche, die vom Deutschen Historischen Institut Washington finanziert wurde, hat Karl Heinz Siber erledigt. Die Redaktion der Transatlantischen Historischen Studien dankt ihm sehr herzlich für seine Mühe. Auch an alle anderen Beteiligten großen Dank für ihre Hilfe.

Ein Hinweis zur Übersetzung: Alle Zitate, die ursprünglich aus dem Deutschen stammen und ins Englische übersetzt worden waren, sind in der deutschen Originalfassung wiedergegeben. Übersetzungen aus anderen Sprachen, etwa aus dem Französischen, sind ins Deutsche rückübersetzt worden. Generell orientiert sich die Übersetzung eng am englischen Original; in einigen Fällen waren allerdings leichte Abweichungen in Stil und Begrifflichkeit notwendig, um die Aussagen möglichst eindeutig wiederzugeben.

Schließlich noch ein Wort zu den Abbildungen: Wir haben uns bemüht, alle erforderlichen Bildrechte einzuholen. Mögliche weitere Rechtinhaber können sich jederzeit an den Verlag wenden.

Abkürzungen

ARCI . . . . Associazione Ricreativo Culturale Italiana
BIPED . . . . Bureau International pour l'Etude de la Distribution
BFDC . . . . Bureau of Foreign and Domestic Commerce
CCP . . . . Chambre de Commerce de Paris
CEE . . . . Communauté Economique Européenne
CIA . . . . Central Intelligence Agency
CPA . . . . Centre de Préparation aux Affaires
CUNA . . . . Credit Union National Association
EAC . . . . European Advisory Committee (Rotary International)
ECA . . . . European Cooperation Agency
ENIC . . . . Ente Nazionale Industrie Cinematografiche
EO . . . . European Office (Rotary International)
ESOMAR . . . . . . European Society for Marketing and Opinion Research
GATT . . . . General Agreement on Tariffs and Trade
GfK . . . . Gesellschaft für Konsumforschung
GM . . . . General Motors
GWA . . . . Gesellschaft Werbeagenturen
IBEC . . . . International Basic Economy Corporation
ICC . . . . Internationale Handelskammer
IFK. . . . . Internationale Filmkammer
IFOP . . . . Institut Français d'Opinion Publique
ILO . . . . International Labor Organization
IRI . . . . Istituto per la Ricostruzione Industriale

JWT	J. Walter Thompson Company
MGM	Metro-Goldwyn-Mayer
MPEA	Motion Picture Export Association
MPPC	Motion Picture Patents Company
MPPDA	Motion Pictures Producers and Distributors of America
NCR	National Cash Register
NSDAP	Nationalsozialistische Deutsche Arbeiterpartei
PCI	Partito Comunista Italiano
RCM	Rotary Club München
RIE	Rotary International, Evanston
RIZ	Rotary International, European Office, Zürich
RSDB	Rotary-Sammlung, Deutsche Bücherei Leipzig
SPIO	Spitzenorganisation der deutschen Filmindustrie
SSRC	Social Science Research Council
UFA	Universum-Film AG
UFI	Ufa-Film GmbH
WPP	Wire & Plastic Products
WTO	World Trade Organization

Einleitung

Der schnelle Weg zum Frieden

Am Vormittag des 10. Juli 1916 hielt US-Präsident Woodrow Wilson in Detroit eine Rede vor zahlreichen Handelsvertretern und Verkäufern. Anlass war der »Erste Weltkongress des Verkaufens«, der Zeitpunkt ein düsterer für die Menschheit: Ganz Europa befand sich im Krieg. Im Laufe der folgenden Monate erwog Wilson die Optionen seines Landes: ob es sich aus dem Konflikt heraushalten und aus dem Ruin der Alten Welt Kapital schlagen oder ob er sich mit der Entente verbünden, den Herausforderer Deutschland zerschmettern und am Verhandlungstisch den Zampano geben sollte. Doch erst einmal standen im Herbst Wahlen an, und da erschien der »Kongress des Verkaufens« als gute Gelegenheit, um eine Alternative aufzuzeigen, wie sich abseits vom gefährlichen Weg des bewaffneten Konflikts weltweites Einvernehmen erzielen lasse.

Es sei die »Wirtschaftsdemokratie« der Vereinigten Staaten, die im »Kampf um die friedliche Eroberung der Welt« die Initiative ergreifen müsse, erklärte Wilson.[1] Der erste Schritt müsse darin bestehen, dass das Land neue Maßstäbe für eine verbraucherfreundliche Wirtschaft setze. Wenn man sich ansehe, wie »die großen Herstellerländer« ihre Geschäfte mit dem »Rest der Welt« tätigten, zeige sich, dass Amerika die Wahl zwischen zwei gegensätzlichen Alternativen habe. Zum einen könne man versuchen, »den Geschmack des Herstellerlandes dem Land aufzuzwingen, in dem man Absatzmärkte sucht«. Dieser Ansatz sei typisch für die gefräßige Handelspolitik der europäischen Machteliten, insbesondere der deutschen Monopolisten. Die andere Möglichkeit bestehe darin, »die Geschmäcker und Bedürfnisse der

---

[1] Wilson, Fighting Is the Slow Way to Peace, Rede vor dem *Salesmanship Congress*, Detroit, 10. Juli 1916, zit. nach ders., Public Papers, 232–233; Detroit News, 10. Juli 1916, 1; New York Times, 11. Juli 1916, 1, 7. Zu dem Milieu, in dem Wilson seine Rede hielt, siehe Friedman, Birth of a Salesman.

Länder zu studieren, in denen man Absatzmärkte sucht, und die eigenen Produkte an diese Geschmäcker und Bedürfnisse anzupassen«. Dies sei der amerikanische Weg. Eine gute, gleichsam staatsmännische Philosophie des Verkaufens müsse demgemäß »auf die Herstellung von Gütern drängen, die die *anderen* sich wünschen, nicht die wir uns wünschen«. Sie müsse »Schritt halten mit eurem Wissen nicht über euch selbst und eure Produktionsprozesse, sondern über die Anderen und ihre wirtschaftlichen Bedürfnisse«.

Indem Wilson unterstrich, dass »das Verkaufen und die Staatskunst von ihrem Selbstverständnis und ihrem Horizont her miteinander verwandt sind«, reicherte er seine Definition der Staatskunst mit einem verblüffend modernen Element der Rücksichtnahme auf Verbraucherbedürfnisse an. »Die große Barriere auf dieser Welt ist nicht eine Barriere der Grundsätze, sondern eine Barriere des Geschmacks«, führte er aus. Man müsse davon ausgehen, dass »bestimmte Gesellschaftsklassen […] bestimmte andere Gesellschaftsklassen widerwärtig finden«, die in ihren Augen schlecht angezogen oder ungepflegt seien oder andere unangenehme Eigenarten hätten, sodass sie »nicht gerne mit ihnen in Berührung kommen […] und sie sich daher von ihnen fernhalten und es nicht über sich bringen, sie zu bedienen«. Hier erwachse ein Konfliktpotenzial nicht aus ideologischen oder politischen Gegensätzen, sondern aus Unverständnis aufgrund von Unterschieden in der Lebensführung. Aus diesem Grund könne die Staatskunst die Hilfe der Verkäuferzunft gebrauchen. Diese könne »der Politik Lehren aus jener gemeinsamen Schule der Erfahrung erteilen, die das Einzige ist, das uns zusammenbringt und uns auf gleichartige Weise unterrichtet«. Wilson hatte Grund genug, zu hoffen, dass seine Landsleute verstanden, was er mit diesem Appell sagen wollte. Kein anderes Land der Welt legte eine so immense Fähigkeit an den Tag, standardisierte Produkte zu erzeugen und zu verkaufen. Nirgendwo sonst glaubten die Leute so fest daran, dass materielle Annehmlichkeiten ein unveräußerlicher Bestandteil des Rechts auf Leben, Freiheit und Glück seien. Und kein Volk verrührte seine Vielfältigkeit mit Hilfe des großen Mixquirls des Massenkonsums wirksamer als das amerikanische. Die 3.000 aufgedrehten Zuhörer des Präsidenten taten sich daher nicht schwer, seine »einfache Botschaft« zu erfassen:

> Lassen Sie Ihre Gedanken und Ihre Fantasie durch die ganze Welt streifen und gehen Sie, inspiriert von dem Gedanken, dass Sie Amerikaner sind und die Mission haben, Freiheit und Gerechtigkeit und die Grundsätze der Menschlichkeit überallhin zu tragen, hinaus und verkaufen Sie Sachen, die die Welt annehmlicher und glücklicher machen und die Menschen zu den Prinzipien Amerikas bekehren.

Ungeachtet der vorherrschenden Neigung, zu glauben, Konflikte würden eher durch politische Überzeugungen und soziale Ungerechtigkeit ausgelöst als durch Unterschiede im Lebensstil, stand hier ein unnahbar und asketisch wirkender Mann am Rednerpult, der als erster Staatsmann der Welt erkannte, dass die Staatskunst Kraft und Hilfe schöpfen konnte aus den materiellen Bedürfnissen, den psychischen Verdrießlichkeiten und gesellschaftlichen Unannehmlichkeiten, die die neue materielle Zivilisation des Massenkonsums mit sich brachte. Bemerkenswert war auch, dass Wilson in diesem Vortrag nicht die herzlichen, interessenfreien persönlichen Kontakte herausstrich, deretwegen seine offene Diplomatie später so sehr gerühmt wurde, sondern dass er ausdrücklich auf jenes Arsenal an blenderischen Verführungskünsten und kalkulierten Empathien abhob, das wir mit Werbung und Marketing assoziieren. Er befürwortete eine eigentümlich amerikanische Vorstellung von Demokratie, eine Demokratie, die sich mehr aus der Gemeinsamkeit von Lebensgewohnheiten als aus der Gleichheit des wirtschaftlichen Standes speist, die die Freiheit zur Entscheidung auch für ungewöhnliche Alternativen einschließt, die die Verschiedenartigkeit anerkennt und mit ihr zu leben lernt. Die Kehrseite seiner an die Amerikaner gerichteten Aufforderung, ihre »Phantasie durch die ganze Welt streifen zu lassen«, »hinauszugehen und Sachen zu verkaufen« und die Menschen anderswo »zu den Prinzipien Amerikas zu bekehren«, war gleichermaßen bemerkenswert: Der renommierteste außenpolitische Idealist in der Geschichte der Vereinigten Staaten sprach sich hier für den Export nicht nur von Waren, sondern auch von Werten in alle Welt aus. Diejenigen, die dieses Geschäft betrieben, würden nicht zögern, die Souveränität anderer Nationen zu missachten, zielte dieser spezielle Export doch darauf ab, die »Geschmacksbarrieren« niederzureißen, die der Präsident als Ursache für Ressentiments, Misstrauen und Konflikte betrachtete, und nebenbei auch noch Gewinne zu erwirtschaften. Das Endziel bestand darin, Amerika bei der »friedlichen Eroberung der Welt« zu helfen.

Die Worte Wilsons erscheinen mir als eine passende Beigabe zur Einführung in die Thematik dieses Buches, die Geschichte des Aufstiegs eines großen Imperiums, das die Welt durch das Prisma eines großen Emporiums sah, nämlich der Vereinigten Staaten in der Ära dessen, was ich als »Imperium der Marktwirtschaft« bezeichne. Als ein Reich ohne Grenzen erstand dieses Imperium während des ersten Jahrzehnts des 20. Jahrhunderts, erreichte seinen Zenit in der zweiten Jahrhunderthälfte und zeigte gegen Ende des Jahrhunderts erste Verfallserscheinungen. Seine große Ausdehnung erreichte es dank des unersättlichen Appetits seiner führenden Konzerne auf Absatzmärkte in aller Welt, dank immer weiter wachsender, von staatlichen Institutionen und privaten Unternehmen abgesteckter Territorien, dank des weitreichenden Einflusses seiner wirtschaftlichen Netzwerke, dank des Wiedererkennungswerts seiner allgegenwärtigen Marken und dank der innigen Vertrautheit mit dem *American way of life*, die bei Menschen und Völkern in aller Welt wegen dieser Errungenschaften vorhanden war. Seine Dynamik und seine Mittel bezog das Imperium aus jener Revolution in der Sphäre des Massenkonsums, die das Leben seiner eigenen Bürger auf eine zunehmend sichtbare Weise veränderte. Das Imperium herrschte durch den Sog, der von seinen Märkten ausging, durch die Überzeugungskraft seiner Vorbilder und durch eine weltweite Präsenz, die es in bemerkenswert geringem Ausmaß durch den Einsatz von Waffengewalt erzwang – jedenfalls in Relation zu seinen enormen militärischen Potenzialen –, auf sehr wirkungsvolle Weise hingegen gerade durch die Friedfertigkeit seines weltweiten Auftretens in einem Jahrhundert, das ansonsten von schrecklichen Kriegs- und Gewaltexzessen anderer, aber gelegentlich auch des Imperiums selbst, geprägt war.

Es ist heute keine neue Erkenntnis mehr, dass ein globales Massen-Marketing eine zentrale Rolle bei der Förderung gemeinsamer Konsumgewohnheiten über die unterschiedlichsten Kulturen hinweg gespielt hat. Ebenso liegt auf der Hand, dass die durch massiv propagierte Vorbilder für ein konsumorientiertes Leben vorangetriebene Konvergenz eine Entwicklung hin zu neuen und höheren Lebensstandards, zu neuen Kommunikationsformen und zu intensiveren interkulturellen Dialogen gefördert, aber auch Ressentiments und Wut, Verständnislosigkeit und Konfrontation provoziert hat. Die großen Verheißungen der *Pax Americana* des 20. Jahrhunderts Lügen strafend, haben die sich global ausbreitenden Konsumgewohnheiten wenn überhaupt, dann nur ein sehr zerbrechliches Fundament für eine friedliche und egalitäre globale Gesellschaft gelegt. Lässt sich dies Präsident Wilson und seiner Vision anlasten? Was Kritiker und Apologeten des Imperiums gleichermaßen anerkennen, ist, dass Amerika fast durchgehend der Innovationsführer im Bereich der Konsumkultur gewesen ist und dass dieser Umstand eine nicht unwichtige Rolle bei der Errichtung seiner globalen Hegemonie gespielt hat, neben seiner großen Wirtschaftskraft, seinen politischen Bündnissen und seiner militärischen Stärke. Alles andere als sicher ist hingegen, wie eine so wenig greifbare Kraft wie die Konsumkultur, verstanden als Summe aus Myriaden von Marketing-Strategien, nachgeordneten staatlichen Maßnahmen und profanen Entscheidungen über das Einnehmen und Ausgeben von Geldern, sich in eine so handfeste und große Macht transformieren konnte. Ebenso wenig ist klar, wie die Vereinigten Staaten diese Macht zur Förderung von »Konsumdemokratien« in anderen Ländern nutzten, geschweige denn zur Beförderung weltweiter Harmonie. Dies sind die grundlegenden Fragen, mit denen sich dieses Buch auseinandersetzt.

Zu dem Zeitpunkt, als Präsident Wilson seine Rede hielt, wurden die revolutionären Rezepte des Imperiums der Marktwirtschaft nirgendwo mit größerer Befangenheit in die Tat umgesetzt als in Detroit, wo sich die Weltzentrale der *Ford Motor Company* befand. Deren Vorzeige-Fabrik in Highland Park besichtigte der Präsident am Nachmittag desselben Tages, und kein anderer als Henry Ford persönlich chauffierte ihn dorthin. In diesem Werk hatte Ford im Verlauf des verflossenen Jahrzehnts seine Genialität als Schöpfer der Fließbandfertigung, als Konstrukteur des Allzweckautos *Model T*, als Pionier des Fünf-Dollar-am-Tag-Mindestlohns und als Prediger unter Beweis gestellt, der die Welt von der Unverzichtbarkeit des »Fordismus« zu überzeugen versuchte, der nach ihm benannten Fabrikationsmethode, die darauf angelegt war, standardisierte Produkte zu geringstmöglichen Herstellungskosten auszuspucken und zugleich den Arbeitern solche Löhne zu zahlen, dass sie sich diese Produkte leisten konnten. Es waren Fords Presseleute, die in dieser Zeit neue Idiome der Sprache der »Effizienz«, des »Fortschritts« und der »Dienstleistung« prägten, einer Sprache, die dem Imperium die Schlüsselwörter für seine rhetorischen Feldzüge liefern sollte.

Allein, die amerikanische Hegemonie wurde nicht in Detroit geschmiedet, wie vielfach behauptet wird, und auch nicht in Hollywood, der Welthauptstadt des Kinofilms, oder in New York, dem künftigen finanziellen Nabel der Welt, oder gar in Washington, der politischen Hauptstadt der Vereinigten Staaten. Sie wurde auch nicht in Chicago begründet, dem damaligen Hauptquartier von *Rotary International*, der weltgrößten Bewegung für den Dienst am Gemeinwesen, oder in Dayton in Ohio, wo die Firma *National Cash Register* ihren Sitz hatte, Weltmarktführerin für Registrierkassen, oder in Boston, dem Standort der Firma *Gillette*, die 1914, als die Europäer in den Krieg taumelten, dabei war, ein weltweites Monopol für die Produktion von Sicherheitsrasierern zu errichten. Natürlich spielten alle diese Schauplätze großartiger unternehmerischer Leistungen keine unwichtige Rolle für die Erfindung der amerikanischen Marktkultur und ihre weltweite Expansion.

Tatsächlich jedoch wurde die Hegemonie Amerikas auf dem Boden Europas geschaffen. Die Alte Welt war der Ort, an dem die Vereinigten Staaten ihre Macht als die führende Konsumgesellschaft in jene Vorherrschaft ummünzten, die darauf beruhte, dass alle Welt sie als den Urquell aller modernen Konsumpraktiken anerkannte. Um sich als legitimer Prätendent auf diesen Thron zu erweisen, musste Amerika der Autorität den Kampf ansagen, die Europa seit der Neuzeit als Hort eines enormen imperialen Reichtums, eines geschliffenen kaufmännischen Wissens und Könnens und eines ausgereift guten Geschmacks akkumuliert hatte. Unter der Ägide der alten bürgerlichen Konsumkultur hatten die Räder und Ruder des globalen Handels den Mittelmeerraum erobert und dann die Kolonialreiche und Stützpunkte der Holländer und der Briten durchmessen; an glanzvollen Königshöfen hatte sich der aristokratische Luxus entfaltet, den die Handelsimperien der Seefahrernationen hervorgebracht hatten, und die europäische Wirtschaft war weltweit führend gewesen in der Herstellung ausgetüftelter Maschinen, erlesener Luxuswaren und nützlicher Handwerksprodukte. Bis ins frühe 20. Jahrhundert hinein hatte das europäische Bürgertum die Maßstäbe und Vorbilder für die abendländischen Hierarchien der kulturellen und gesellschaftlichen Differenzierung geliefert. Und noch bis in die siebziger Jahre hinein bestimmte die europäische Linke den Tenor der Kritik an der Ungleichheit, der schamlosen Frivolität und dem verschwenderischen Charakter des kapitalistischen Konsums und führte zugleich den gesellschaftlichen Widerstand gegen sie an. Indem die Vereinigten Staaten die bürgerlich-kaufmännische Kultur Europas herausforderten und das alte Konsumregime zu Fall brachten, etablierten sie ihre eigene Legitimität als das weltgeschichtlich erste Regime des Massenkonsums. Sie bewerkstelligten dabei weit mehr, als nur die Lücken zu besetzen, die die europäischen Großmächte mit dem Scheitern ihrer Diplomatie, mit ihrem militärischen Übermut und ihrem halbherzigen Liberalismus – Mängeln, die allesamt wohl bekannt sind – gerissen hatten. Die Amerikaner zeigten auch eine praktikable Alternative zu dem unzulänglichen Bemühen der europäischen Gesellschaften auf, einerseits die lauter werdenden Forderungen ihrer eigenen Bürger nach einem anständigen Lebensstandard zu befriedigen und andererseits, auf dem Vermächtnis früherer revolutionärer Traditionen aufbauend, einen solchen Standard für die ganze Welt durchzusetzen.

Die wichtigsten Vormarschlinien waren zwar schon zur Zeit des Ersten Weltkrieges deutlich sichtbar und nahmen danach bis zum Zweiten Weltkrieg einen erratischen, oft von Hindernissen verstellten Verlauf, aber danach, von Anbeginn des

Kalten Krieges an, baute und nutzte das Imperium der Marktwirtschaft seinen Vorsprung konsequent aus. Nachdem es der alten Konsumkultur den Boden unter den Füßen weggezogen hatte und die westeuropäischen Gesellschaften sich wohl oder übel entschließen mussten, sich selbst auf der Grundlage des Rechts aller Menschen auf einen anständigen Lebensstandard neu zu erfinden, machten sich alle Beteiligten klar, was auf dem Spiel stand. Und alle Seiten spielten die Karte des Verbraucherwillens aus. Beginnend 1948 mit dem Marshall-Plan, bekannte sich das Imperium der Marktwirtschaft zu dieser Einsicht – einmal indem es versuchte, das westliche Europa in sein eigenes Konzept einer Verbraucherdemokratie einzubinden, zum anderen indem es daranging, den Staatssozialismus des sowjetischen Blocks niederzuringen. Denn die Planwirtschaft war ebenfalls ein Erbstück aus dem Arsenal der Konsumkultur des alten Europa und darüber hinaus die letzte Bastion gegen den gebieterischen Anspruch Amerikas, globale Normen für einen von marktwirtschaftlicher Dynamik getriebenen modernen Massenkonsum zu etablieren. Der Kollaps dieser Bastion, der dem amerikanischen Imperium der Marktwirtschaft freie Bahn für seinen weiteren Vormarsch nach Osten verschaffte, bestärkte es in seiner überheblichen Selbsteinschätzung als Wegbereiter einer »neuen materiellen Zivilisation« und brachte den Vorherrschaftsanspruch der Alten Welt, der sich auf deren zivilisatorische Mission, künstlerisches Erbe und bürgerlich-revolutionäre Werte berief, in Misskredit, derweil das Imperium das Instrumentarium seines verbraucherorientierten Kapitalismus ständig weiterentwickelte, um in möglichst vielen Weltregionen ähnliche Konsumrevolutionen in Gang zu setzen.

Indem ich hier von einer großen Zahl von Trends und Akteuren spreche, die zu der historischen Singularität des Imperiums der Marktwirtschaft verschmolzen, und indem ich die nichtmilitärische Dimension der amerikanischen Vorherrschaft betone, möchte ich klarstellen, dass die Dominanz, die die USA als führende Konsumgesellschaft der Welt ausübten, eine Legitimität ganz anderer Art aufwies als die Hegemonien, die andere imperiale Systeme zu anderen Zeiten ausgeübt haben. Unter »Imperium« versteht man gewöhnlich ein Gebilde, das durch förmliche, hierarchische politische Beziehungen zusammengehalten wird und in dem der dominante Staat die letzte Entscheidungsgewalt innehat. In seiner klassischen Form hat ein Imperium mehr oder weniger verbindlich definierte territoriale Grenzen. Die Hauptstadt des dominanten Staates ist mit hoher Wahrscheinlichkeit auch die Metropole des Imperiums insgesamt. Der dominante Staat übt seine Macht im Wesentlichen so aus, dass er politische Entscheidungsbefugnisse an nachgeordnete Staaten oder an Kolonialbehörden delegiert. Er verschafft sich ein politisches Monopol über Wirtschaft, Handel und Ressourcen. Das amerikanische Imperium entsprach über weite Strecken seiner Geschichte nicht diesen Definitionskriterien. Wenn es überhaupt ein Imperium war, dann ein informelles, zwar mit einigen regelrecht kolonialistischen Episoden, die aber in der Regel Verirrungen von begrenzter Tragweite und kurzer Dauer waren. Insoweit als die US-Einflusssphäre im westlichen Europa der Periode nach dem Zweiten Weltkrieg als ein Imperium bezeichnet wurde, geschah das stets mit der expliziten oder impliziten Qualifizierung, dass es seine Macht gleichsam mit Samthandschuhen ausgeübt habe, weshalb es auch mit Charakterisierungen wie

»Imperium auf Einladungsbasis«, »Konsens-Imperium« oder »Spaßimperium« belegt worden ist.[2]

Allein, Imperien stützen ihre Macht immer auf die Mittel, die ihnen historisch zu Gebote stehen. Wenn wir an orthodoxen Definitionen festhalten, übersehen wir die spezifischen Machtfaktoren, auf die der führende kapitalistische Staat des 20. Jahrhunderts zurückgreifen konnte. Diese fußten nicht nur darauf, dass die USA der Vorreiter der Konsumrevolution waren, sondern auch darauf, dass sie es verstanden, die Vorteile, die sich aus dieser Position ergaben, zu erkennen, zu nützen und sie systematisch zu einer globalen Führungsrolle auszubauen.

Fünf Merkmale stehen für die Einzigartigkeit des Imperiums der Marktwirtschaft und seiner Dominanz: Das erste und fundamentalste war, dass es von Anfang an davon ausging, dass andere Nationen nur eine beschränkte Souveränität über ihre öffentliche Sphäre besaßen. Nachdem sich der klassische liberale Grundsatz des Freihandels erst einmal durchgesetzt hatte, waren Proteste anderer Nationen, die durch amerikanische Exportgüter ihre einheimischen Kulturtraditionen bedroht sahen, zur Wirkungslosigkeit verurteilt. Das Imperium erkannte wohl, dass seine Ausfuhrwirtschaft kulturell invasiv sein konnte, fand aber zahlreiche Gründe, sein Tun zu rechtfertigen – zum Beispiel mit dem Argument, dass die Menschen in anderen Ländern nicht nur vom Handel mit amerikanischen Exportgütern profitieren würden, sondern auch von den diesen Gütern gleichsam innewohnenden Prinzipien. Handelte es sich bei dem Exportgut etwa um einen Hollywood-Film, dann konnte die Werbung dafür nicht nur zusätzliche Handelsumsätze auslösen, sondern auch eine lebhafte lokale Nachfrage nach neuen Identitäten und neuen Vergnügungen. So gesehen, erwies sich ein Land, das versuchte, den Handel durch Zölle, Einfuhrquoten und andere Schranken einzudämmen, nicht nur als protektionistisch im konventionellen ökonomischen Sinn, sondern als kulturell intolerant und rückständig. Die Paradoxien dieses Standpunktes wurden durch den Umstand, dass der US-amerikanische Markt über weite Strecken des 20. Jahrhunderts der am wirkungsvollsten geschützte und am schwersten zu knackende im kapitalistischen Westen war, nur noch verstärkt.

Das zweite Merkmal war die Tatsache, dass das Imperium der Marktwirtschaft seine zivilgesellschaftlichen Errungenschaften gleich mit exportierte, manchmal sogar im Vorgriff auf seine wirtschaftlichen Exportgüter: seine gemeinnützigen Organisationen, seine sozialwissenschaftlichen Methoden und Erkenntnisse, seine Philosophie des engagierten Staatsbürgers. Und beide Sorten von Exportgütern konnten sich der subtilen, diskreten und einfallsreichen Unterstützung einer Regierung sicher sein, die überaus aufgeschlossen für die Ethik einer modernen, verbraucherorientierten Wirtschaft war. Nach Jahren, in denen sich beide im Alleingang, ja gegenläufig betätigt hatten, operierten Staat und Zivilgesellschaft ab der Wende zu den sechziger Jahren, als die amerikanische Macht ihren Zenit erreichte, mit der per-

---

2 Lundestad, »Empire by Invitation« in the American Century, 189–217; ders., »Empire« by Integration; Gaddis, Emerging Post-Revisionist Synthesis, 171–190. Siehe auch Maier, The Politics of Productivity, 193, wo mehrere Termini zur Auswahl gestellt werden. Siehe ferner ders., Alliance and Autonomy, 273–298; Wagnleitner, The Empire of the Fun, 499–524.

fekten Synchronizität einer Tanzeinlage in einem Hollywood-Musical, beseelt von jenem enthusiastischen Bewusstsein einer gemeinsamen Mission namens »nationales Interesse«, die das Markenzeichen des westlichen Konsenses im Zeichen des Kalten Krieges war. Es herrschte eine bemerkenswerte Affinität des Handelns, ob es sich um den Filmproduzenten aus Hollywood handelte, den Autohändler als Glied in der langen, in Detroit beginnenden Vertriebskette, den amerikanisch geschulten westdeutschen Manager einer führenden Werbeagentur oder den US-Konsularbeamten, der seine Weisungen aus dem Außen- oder Wirtschaftsministerium erhielt. Auch wenn ein Kinobetreiber im ländlichen Frankreich, ein Experte für hauswirtschaftliche Effizienz in Mailand oder ein jugendlicher deutscher Rock'n'Roll-Fan weder untereinander noch mit ihren Pendants in den USA in direktem Kontakt standen, handelten sie doch alle im Rahmen eines gemeinsamen Bezugssystems, dessen Syntax, wie unterschiedlich gefärbt auch immer, ihre Aufmerksamkeit auf das Imperium der Marktwirtschaft lenkte.

Das dritte Merkmal war die faktische Verfügungsgewalt über die Festlegung von Normen. Das war der stechende Trumpf des Imperiums. Keine königlichen Patente, formellen Regularien oder bindenden Gesetze konstituierten diese Verfügungsgewalt, sondern zuallererst der angewandte Grundsatz der »bewährten Methode« (*best practice*), durchexerziert von Unternehmern, gesellschaftlichen Autoritäten und gewissenhaften Bürokraten, alle jeweils gemäß ihrem besonderen Fachwissen. Pioniere der *best practice* konnten Hollywood-Studios, Ladenketten, wissenschaftlich arbeitende Werbeagenturen oder Klubs wie die der Rotarier sein. Unabhängig von der Quelle, aus der die *best practice* kam, beinhaltete sie die Entwicklung von Verfahrensweisen, die flexibel genug waren, um lokale Gegebenheiten und Kenntnisse adaptieren zu können, sie zum Zweck der Vertrauensbildung dem Lokalkolorit anzupassen, zugleich aber überschwänglich ihre universelle Anwendbarkeit zu verkünden. Da das Prinzip der *best practice* aus dem Bemühen der Amerikaner selbst hervorgegangen war, quer über ihren weitläufigen Kontinent miteinander zu kommunizieren, weil es unter dem Druck eines brutalen Wettbewerbs immer wieder neu zusammengewürfelt und vom Fachjargon neu entstehender Branchen und Berufe immer wieder aufgemischt wurde, reicherte es sich zwangsläufig mit Metaphern aus dem kapitalistischen Marktgeschehen an – und mit augenzwinkernden Anleihen aus den Robertschen *Rules of Order* mit ihren konstitutionellen Spitzfindigkeiten. Im Grundsatz waren die Verfahrensregeln des Imperiums somit pragmatisch; ihre Richtschnur war eher ein vernünftiges Eigeninteresse nach Maßgabe der Adam Smithschen Tauschbeziehungen auf dem freien Markt als die unerbittliche Rationalisierung im Sinne von Max Webers eisernem Käfig der Bürokratie. Nach außen Transparenz ausstrahlend, traten sie mit dem Anspruch auf, Normen zu sein, keine Gesetze. Und indem sie den Eindruck erweckten, sie seien einfach nur die natürliche, moderne und beste Art und Weise, Dinge zu tun, entzogen sie sich einer Charakterisierung als »Mikromächte« moderner Staatlichkeit (um den Ausdruck des französischen Philosophen Michel Foucault zu benutzen), obwohl sie genau das waren. Typisch für die Machtausübung des Imperiums der Marktwirtschaft war andererseits, dass sie hochgradig mobil und transitorisch und daher nie allgegenwärtig und durchgreifend war. Man konnte somit leicht zu der Auffassung gelangen, seine »Untertanen« hätten stets die Freiheit gehabt, sich zu nehmen, was ihnen gefiel, und den Rest zu ignorieren. Ebenso typisch für dieses Imperium war, dass es nie ein stabiles Zentrum ausbildete. Das mag auch der Grund dafür gewesen sein, dass es nie einen zentralen Brennpunkt für eine »große Verweigerung« hervorbrachte.[3]

Der vierte Faktor war das vom Imperium der Marktwirtschaft stets plakativ hochgehaltene demokratische Ethos, wobei »Demokratie« in der Konsumsphäre auf das Postulat gleicher Auswahlchancen für alle unter der Bedingung allgemein anerkannter Standards hinauslief. Geselligkeit war hier einer der Schlüsselbegriffe; sie zeigte sich etwa darin, dass Waren personalisiert wurden, indem man ihnen Markennamen verlieh, ferner in der Kultivierung von Verhaltensmustern wie Kundentreue, in dem rastlosen Bemühen, immer mehr Kunden zu gewinnen, und in dem suggestiv vertretenen Anspruch, neue Annehmlichkeiten und Dienstleistungen anzubieten, aber auch in den tatsächlich neu eröffneten Möglichkeiten für menschliches Miteinander. Letztlich wurden auf diese Weise Lebensstile kreiert, die sich um die Warenwelt drehten, statt dass die Waren den Menschen das Leben nur erleichtert hätten. Die Geselligkeit hatte insofern einen revolutionären Beiklang, als sie einen Kontrapunkt zum Wirtschaftsleben der Alten Welt und dessen Spielarten der Solidarität setzte. Solidarität implizierte Gemeinschaft und Gemeinsamkeit, Bindungen, die aus Traditionen und Rechten schöpften; sie war eine emanzipierende Kraft, hatte aber auch eine ausschließende Qualität; es hieß, sie basiere mehr auf Ideologie als auf Überzeugungen und diejenigen, die dafür Partei ergriffen, verbreiteten eher Propaganda als Information. Dagegen definierte die Geselligkeit amerikanischer Prägung Freiheit als die Wahlfreiheit des Verbrauchers, huldigte dem Markt und dem individuellen Erwerbstrieb als dem wichtigsten Impetus für das Eingreifen ins Marktgeschehen und versicherte in aller Ruhe, dass zwischen der Stimmabgabe bei einer politischen Wahl und der Wahl eines Produkts auf dem Markt kein nennenswerter Unterschied bestehe. Die Macht, die sich aus dieser »Konsum-Demokratie« ableitete, zapfte den lokalen Gemeinschaften etwas von ihrer Autorität ab, ohne sie zwangsläufig dem Imperium der Marktwirtschaft zu übertragen. Die Reaktionen auf diese Unterwanderung alter Gepflogenheiten zementierten häufig bereits bestehende nationale, gesellschaftliche und ethnische Hierarchien. Umgekehrt präsentierte sich die Geselligkeit, die der Massenkonsum förderte, als die fröhlich-fortschrittliche Alternative zu streng exklusiven, provinziellen oder, schlimmer noch, reaktionären Solidaritäten.

Das fünfte und in gewissem Sinn verwirrendste Erfolgsmerkmal des Imperiums der Marktwirtschaft war seine scheinbare Friedfertigkeit. Geschaffen als Alternative zum Militarismus Europas, entwickelte es sich zu einem vorbildlichen Exempel für die gesellschaftliche Gestaltung eines guten Lebens in einem Jahrhundert, das ein Fortsetzungsroman mit Kapiteln wie »Totaler Krieg«, »Bürgerkrieg mit Brudermord«, »Völkermord« und »Atomare Vernichtung« war. Vor diesem Hintergrund erschien die sanfte Machtausübung des Imperiums der Marktwirtschaft als eine fast

---

3 Foucault, Sexualität und Wahrheit.

utopische Alternative zur nackten Machtpolitik, und das genügte dem Imperium schon, um sich von dem Vorwurf reinzuwaschen, es übe lediglich eine andere Form der Gewalt aus, die das Ziel verfolge, die Herrschaft über das Marktgeschehen zu erringen, und deren siegreiche Waffen aus dem Arsenal einer superreichen Konsumkultur stammten; die Opfer dieser Gewalt seien Menschen, die aus ihren gewohnten Lebenszyklen herausgerissen, ihrer Existenzgrundlagen beraubt und durch ein Schwindel erregendes Tempo wirtschaftlicher Innovationen aus der Bahn geworfen würden. Damit, dass das Imperium für sich in Anspruch nahm, seine Herrschaft beruhe auf einem Konsens über das Wohlergehen der Verbraucher, vernebelte es die Tatsache, dass es gerade in Kriegszeiten besonders große Entwicklungssprünge machte und dass seine vielen militärischen Siege – und seine gelegentlichen Niederlagen – immer mit bedeutsamen Durchbrüchen zugunsten der Konsumgüterbranchen und der Verbraucherwerte einhergingen. Womit es sich in Abgrenzung zu allen anderen Imperien der Neuzeit immer brüstete, war der Anspruch, dass es stets in der Lage gewesen sei und sein werde, seine Leute sowohl mit Kanonen als auch mit Butter zu versorgen. Und wenn es sich andernorts mit militärischer Gewalt etablierte, tat es dies stets mit dem Versprechen, dem eroberten Land substanzielle Hilfe zu gewähren, damit es aus seinen Trümmern etwas Neues aufbauen konnte, das ein Spiegelbild des Imperiums war.

In dem Bemühen, eine so facettenreiche Macht zu erklären, nehme ich das Imperium der Marktwirtschaft aus drei verschiedenen Perspektiven ins Visier. Die erste konzentriert sich auf die von den Vereinigten Staaten ausgehenden Kräfte, die die Konsumrevolution in Gang setzen und deren Institutionen und Praktiken nach Europa trugen. Manche Entwicklungen, wie die Tendenz zu immer größeren Produktionseinheiten, die zunehmend phantasievolle Anwendung neuer Technologien auf Konsumartikel und das immer heftigere Bemühen um die Sicherung von Marktanteilen, indem man sich die Loyalität der Kunden sicherte, waren allen kapitalistischen Gesellschaften gemeinsam. In den Vereinigten Staaten entwickelten diese Trends jedoch dank einer einzigartigen Konstellation historischer Gegebenheiten einen besonders dynamischen Charakter. Eine dieser Gegebenheiten war das Fehlen einer Tradition aristokratischer Lebensstile, die in Europa fortbestanden und immer wieder dafür sorgten, dass sich soziale Konflikte an aristokratischen Verschwendungsexzessen entzündeten. Eine weitere waren die Zwänge, die aus dem Konkurrenzdruck der Europäer und aus den sukzessiven Einwanderungswellen resultierten; beides veranlasste die Amerikaner dazu, ihren eigenen Konsumpraktiken einen entschieden nationalen Charakter zuzusprechen. Dazu kam, dass die amerikanische Wirtschaftskultur in Ermangelung jenes üppigen Arsenals kommerzieller Einrichtungen, das in Europa geschichtlich gewachsen war, eine viel größere Freiheit besaß, sich eine Welt der unbegrenzten Möglichkeiten vorzustellen, beschränkt allenfalls durch die endliche Phantasie der Verkäufer und die ebenso endliche Kaufkraft der Kunden. Diese Einstellung half, Faktoren, die anfänglich wie bedeutsame wirtschaftliche Nachteile erscheinen mochten, etwa große Entfernungen, unterschiedliche Klimazonen und eine mobile, Not leidende, nach Rassen getrennte und ethnisch diverse Kundschaft, in bedeutsame Pluspunkte zu verwandeln. Unter dem Strich führte das alles dazu, dass amerikanische Erzeugnisse jeder Art, nachdem sie sich zunächst auf einem riesigen, vielgestaltigen und umkämpften Binnenmarkt hatten behaupten müssen, zu dem Zeitpunkt, da sie in den Export gingen, einen starken Wettbewerbsvorteil besaßen. US-Unternehmer, die sich der Unterstützung durch einen sendungsbewussten Staat sicher sein konnten und über reiche Kapital- und Wissensreserven verfügten, betrachteten ausländische Absatzgebiete als Erweiterungen des amerikanischen Binnenmarkts und nahmen sich vor, ausländische Kunden mit denselben Methoden zu gewinnen, die sie im eigenen Land anwandten: vom Wecken neuer Bedürfnisse über das Sammeln von Erkenntnissen die jeweilige nationale Psychologie betreffend bis hin zur Ausweitung der Massenkaufkraft.

Meine zweite Perspektive nimmt Europa in den Blick und versucht, jene kaufmännische Kultur zu rekonstruieren, die die amerikanische Konsumkultur mit einer konkurrierenden Vision marktwirtschaftlicher Institutionen und Werte konfrontierte. Aus drei Gründen rufe ich die außerordentliche Beseeltheit der europäischen Innenstädte in Erinnerung, ihre von prunkvollen Kaufhäusern flankierten Prachtstraßen, ihre mit leuchtend bunten Plakaten und Bannern verzierten Arkaden und Marktplätze, ihre Messen und Ausstellungen, die den Fortbestand blühender regionaler Märkte sicherten, ferner das Vermächtnis europäischer Einstellungen und Überzeugungen zu Dingen wie Luxus, Bescheidenheit und Vertrauen: Erstens zeigt diese Perspektive auf, welche Widerstände den Vereinigten Staaten in ihrer Eigenschaft als Schrittmacher der »neuen materiellen Zivilisation« aus einer Marktkultur entgegenschlugen, die zumindest in der Frühphase des 20. Jahrhunderts noch wirtschaftlich konkurrenzfähig, ästhetisch hochklassig und in ihrer Sinnlichkeit, ihrer sozialen Ungleichheit und ihrer Geringschätzung für die amerikanische »Zivilisation« zutiefst unberechenbar war. Zweitens verdeutlicht diese Sichtweise, wie weit diese »alte« bürgerliche Konsumkultur von dem entfernt war, was wir heute als die moderne Kultur des Massenkonsums kennen, und wie ganz anders der Weg Europas hätte verlaufen können, hätten die Kräfte der Neuen Welt nicht eine so beständige Sogwirkung auf die Europäer ausgeübt. Zu guter Letzt skizziert sie die umfassenderen europäischen Rahmenbedingungen, unter denen die beteiligten Akteure operierten. Der amerikanische Vormarsch erfolgte nie entlang gerader Linien; er akzentuierte die anhaltenden Konflikte sowohl innerhalb als auch zwischen den europäischen Nationen, Konflikte um die Verteilung der nach wie vor bedeutsamen wirtschaftlichen Ressourcen des Kontinents. In den darauffolgenden Feldzügen und Schlachten trat die im Aufstieg begriffene amerikanische Konsumgesellschaft mit ihrem Mittelschichts-Profil, ihrer gigantischen industriellen Produktionskapazität, ihren ausladenden Märkten und ihrem sozialen Kitt, dessen Bindekraft sich einem breiten Zugang zu einem ähnlichen Arsenal an Gütern und Dienstleistungen verdankte, gegen eine altehrwürdige Marktkultur an, die unter dem Druck kleiner Märkte, eines ins Stocken geratenen technischen Fortschritts und einer ungleichen Verteilung des materiellen Wohlstands, die Güter und Dienstleistungen zu Instrumenten gesellschaftlicher Zwietracht statt sozialer Eintracht machte, erste Risse bekommen hatte.

Das Ergebnis war ein transatlantischer Kampf der Zivilisationen. Der erste große Konflikt erreichte seinen Höhepunkt um 1940 in Gestalt einer monströsen Paradoxie: Hitlers »Drittes Reich«, das sich zum Erben des gigantischen wirtschaftlichen Potenzials und des glanzvollen kulturellen Vermächtnisses Deutschlands aufgeschwungen hatte, konnte sich einem demoralisierten Kontinent als die einzige europäische Macht präsentieren, die in der Lage war, der amerikanischen Vorherrschaft eine erfolgreiche Alternative entgegenzusetzen. Der zweite und vorläufig letzte Konflikt sollte eine erbärmlichere Auflösung finden: Nachdem ausgerechnet die vom Westen isolierte, verarmte, vom Krieg schwer gebeutelte Sowjetunion, eine Diktatur, die von dem Gedanken besessen war, mittels ihrer zentralistischen Wirtschaftsplanung ihren Rückstand zum westlichen Lebensstandard wettzumachen, jahrzehntelang als die weltweit führende Alternative zur Vorherrschaft der amerikanischen Konsumkultur erachtet wurde, entpuppte sie sich spätestens in den ausgehenden achtziger Jahren als Riese auf tönernen Füßen und zerfiel in ihre Einzelteile.

Meine dritte Perspektive rückt den neuen transatlantischen Dialog ins Blickfeld, der durch die amerikanische Konsumrevolution angestoßen worden ist. Diese Konsumkultur war von Anfang an mehr als bloß eine Schrittmacherin oder die Gewinnerin eines Wettlaufs; sie wirkte dank ihrer Ausstrahlungskraft als Katalysator für Aufmüpfigkeit, erzeugte Verwerfungen und räumte Hindernisse beiseite. In diesem Sinn lassen sich ihre Wirkungen mit denen der französischen und der bolschewistischen Revolution vergleichen, die ebenfalls den Anstoß für die Beseitigung alter Regime gaben, die nicht mehr zu Reformen fähig, sondern nur noch defensiv und reaktionär waren. In den europäischen Ländern, die noch bis in die vierziger Jahre hinein der bürgerlichen Konsumkultur verhaftet waren, und in den Ländern des sowjetischen Blocks, deren Leben bis 1989 von den Fehlleistungen einer zentralen Konsumplanung beherrscht wurde, traf die Konsumrevolution in Gestalt einer »passiven Revolution« ein. Antonio Gramsci bezeichnet mit diesem Begriff jene Umfunktionierung von Institutionen, die sich vollzieht, wenn eine Gesellschaft nicht mehr in der Lage ist, ihre Identität beizubehalten, und sich, nachdem sie abwechselnd revolutionäre und reaktionäre Alternativen ausprobiert hat, endlich durch den Druck äußerer Kräfte gezwungen sieht, aus den alten Schablonen auszubrechen und sich selbst gemäß einem anderen Entwicklungsmodell neu zu erfinden. Im westlichen Teil der Alten Welt war spätestens in den siebziger Jahren tatsächlich ein Neues Europa entstanden, das allerdings weniger ein genaues Ebenbild der Vereinigten Staaten war als ein enger Verbündeter des Imperiums der Marktwirtschaft. Mit seinem amerikanischen Partner einen »weißen Atlantik« konstituierend, zeichnete es sich vor allem durch ein Streben nach der Erfüllung aller erdenklichen Verbraucherwünsche aus, wobei der fundamentalste dieser Wünsche das Verlangen nach den Annehmlichkeiten und der Behaglichkeit einer Wohnung mit moderner Einbauküche war – das Alabasterweiß der neuen materiellen Zivilisation mit ihren märchenhaften Haushaltsgeräten leuchtete umso heller, wenn man es im Kontrast zur düsteren Armut der Dritten Welt und zum trostlosen Grau des Staatssozialismus betrachtete. Man konnte danach die alten Topoi zu den Akten legen, die die illustre europäische Hochkultur dem vulgären Materialismus der amerikanischen

Zivilisation gegenüberstellten, dem abebbenden Militarismus der Alten die konstruktive Friedensliebe der Neuen Welt, der Qualität die Quantität, der Solidarität die Geselligkeit, dem erlesenen Geschmack die mühelose Bedürfnisbefriedigung. In einem Europa, das im Zuge dieser neuen Wachstumsdialektik dabei war, sich zu einer »ersten Welt« des Massenkonsums zu entwickeln, bestand das Problem von da an darin, sich mit der Frage auseinanderzusetzen, was Konsumdemokratie für die 80 Prozent der Weltbevölkerung, die sich auf den Rest des Globus verteilten, bedeutete. Ihr Recht auf denselben Lebensstandard war zwar im Prinzip anerkannt, aber auf eine praktische Erfüllung dieses Anspruchs bestand so gut wie keine Aussicht.

Dieses Buch besteht aus einer Serie von Kapiteln über miteinander verzahnte Aspekte der Geschichte; jedes widmet sich einer bestimmten gesellschaftlichen Innovation oder Errungenschaft. Zusammen bilden die überlappenden Glieder eine Kette, die sich fast über das gesamte 20. Jahrhundert erstreckt. Jede der behandelten gesellschaftlichen Innovationen leistete einen wichtigen Beitrag zur Verbreitung der amerikanischen Konsumkultur und jede eröffnet eine andere Sicht auf das Vordringen des Imperiums der Marktwirtschaft durch die Gesellschaften Europas. Einige, etwa das Hollywood-Starsystem, das Phänomen der global präsenten Marken, die moderne Werbung oder der Supermarkt, sind so vertraut, dass sie den Leserinnen und Lesern eigentlich nicht vorgestellt werden müssen. Andere gesellschaftliche Innovationen, etwa der Dienst am Gemeinwesen, die Entwicklung des Lebensstandards, das Konstrukt des »Staatsbürgers als Verbraucher« oder die Figur der *Mrs. Household Consumer*, bedürfen schon eher der Erläuterung. Freilich, wie könnte die Konsumgesellschaft, wie wir sie kennen, existieren ohne (beispielsweise) die Kultivierung einer neuen Dienstleistungsethik, die etablierte gesellschaftliche Eliten, um mit Präsident Woodrow Wilson zu sprechen, davon überzeugte, dass bestehende gesellschaftliche Geschmacksschranken überwunden werden mussten und dass die Grundbedürfnisse derer, die an der Spitze der gesellschaftlichen Hierarchie standen, sich im Prinzip nicht von denen der breiten Masse unterschieden? Das war die Botschaft, die das Großbürgertum Europas von jenen Amerikanern lernen sollte, die die Vereinigung *Rotary International* gründeten. Und wie könnte die Konsumgesellschaft, wie wir sie kennen, existieren ohne einen breiten Konsens darüber, dass der Zugang zu Waren nur vom verfügbaren Einkommen abhängt und nicht vom gesellschaftlichen Status, von irgendwelchen Privilegien oder von zementierten und undurchlässigen Klassenschranken? Das war die Lehre, die Europa aus dem hohen Lebensstandard des amerikanischen Volkes zog, eine Lehre, die geeignet war, bestehende, auf Klassenzugehörigkeit beruhende Lebensstil-Kontraste zu verwischen, die bis dahin entscheidend zur Aufrechterhaltung gesellschaftlicher Hierarchien beigetragen hatten. Im Namen welcher Rechtsgrundsätze bescheinigte man den Verbrauchern die Freiheit, zu konsumieren? Das Imperium der Marktwirtschaft lieferte sich eine langwierige Auseinandersetzung mit europäischen Denkern über die Frage, ob das Recht auf Konsumtion aus dem liberalen Prinzip der Wahlfreiheit abgeleitet werden konnte oder, worauf die Europäer beharrten, aus dem Prinzip der Gleichheit, welch Letztere der Staat garantieren müsse, falls der Markt das gesellschaftlich gutgeheißene Niveau der Versorgung mit Waren und Dienstleistungen einmal nicht gewährleisten sollte. »Familienverkauf« lautete in den zwanziger Jahren eine bewusst zweideutig formulierte amerikanische Werbeparole. Doch wer hatte in der Familie das Sagen, wenn es ums Kaufen ging? Erst in den sechziger Jahren wurde auch in Europa die Figur der *Mrs. Consumer* zur Herrscherin über den Einkaufskorb gesalbt. Und an dieser Stelle übertrat das Imperium der Marktwirtschaft schließlich und endlich die Schwelle, die den öffentlichen Raum von der Privatsphäre und der Intimität des Heims trennte.

Dieses Buch handelt von der Hegemonie, die aus dem Transfer von Handlungsweisen und Institutionen resultierte, aber es handelt ebenso von Menschen, die an diesem Prozess beteiligt waren und sind und gemeinsam versuchen, die richtigen Worte, Konzepte und Methoden finden, um diese Errungenschaften von einem Milieu ins andere zu übertragen. »Sich der Politik von hinten nähern und Gesellschaften in der Diagonale schneiden«: Dieser Rat Foucaults scheint mir ein gutes Rezept für die Kartierung der verborgenen und unerwarteten Querverbindungen innerhalb einer im Entstehen begriffenen transatlantischen Zivilisation zu sein.[4] In diesem Sinn bin ich im Zickzack durch die Welt zu beiden Seiten des Nordatlantiks gestreift, immer auf der Suche nach den Eingebungen und Gedankensprüngen, die erfahrene europäische Reformer zu Debatten mit optimistischen amerikanischen Sozialwissenschaftlern über die Bedeutung des »guten Lebens« inspirierten, ebenso aber auch proletarische Zuschauer in provisorischen Kinosälen zu gedanklichen Dialogen mit der Garbo über das Frausein oder mit Humphrey Bogart über die Zutaten der Männlichkeit und Supermarkt-Manager aus dem amerikanischen Mittelwesten zu Plaudereien mit streitbarer italienischer Kundschaft.

Das diagonale »Schneiden« europäischer Gesellschaften hat unter anderem auch unerwartete Protagonisten zum Vorschein gebracht, vor allem die zahlreichen namenlosen Arbeiterinnen und Arbeiter, die durch die amerikanische Konsumrevolution aufgefordert wurden, für sich das Recht auf einen höheren Lebensstandard zu reklamieren, nur um festzustellen, dass sie sich den Regeln des Marktes unterwerfen, ihre politischen Überzeugungen mäßigen und ihren Appetit zügeln mussten, um diesem Ziel näher zu kommen. Jüdische Unternehmer wurden zu unerwartet prominenten Akteuren in diesem Kapitel der Geschichte. Die maßgebliche und sichtbare Rolle, die sie im grenzüberschreitenden Handel spielten, bescherte ihnen einen Vorsprung just in den Wirtschaftssektoren, die am stärksten mit Innovationen amerikanischer Provenienz identifiziert wurden: in der Filmindustrie, im modernen Einzelhandel (Ladenketten, Kaufhäuser, Supermärkte), in Marketing und Werbung. Dank ihrer persönlichen Vertrautheit mit binneneuropäischer und transatlantischer Migration fiel es ihnen leicht, sich in internationale Netzwerke einzuklinken. Beide Faktoren erhöhten ihre Verwundbarkeit für antisemitische Attacken, die etwa besagten, sie verkörperten die Wurzellosigkeit und die entfesselte Habgier des Finanzkapitalismus. In dem Maß, wie der Antisemitismus an Einfluss gewann,

---

4 Foucault, Politik und Ethik, 47.

bedrohte er zunehmend das Lebenswerk, den Lebensunterhalt und das Leben dieser Unternehmer, alles im Namen einer Rückbesinnung auf europäische Werte.

Eine weithin unbeachtete, aber letztlich treibende Kraft war die Frau in ihrer Eigenschaft als Verbraucherin. Der emphatische Imperialismus Amerikas zeichnete sich von Anfang an durch eine ausgesprochen weibliche Sensibilität aus, und in den USA traten Frauen auch früh als maßgebliche Sprachrohre des Imperiums der Marktwirtschaft auf. So kommt es nicht von ungefähr, dass ein Buch, das zu Beginn von Männern handelt, die sich mit anderen Männern zusammensetzen, um über die Bedeutung der neuen Ethik eines dienstleistungsorientierten Kapitalismus zu diskutieren (die für sie nicht zuletzt ein Mittel zur Bekräftigung ihres bürgerlich-männlichen Individualismus war), mit einer Episode endet, in der die führenden politischen Köpfe der einander feindlich gegenüberstehenden Supermächte darüber debattieren, in welchem Land die Wünsche und Bedürfnisse der Bürgerinnen einen höheren Stellenwert als Gradmesser des Lebensstandards haben.

Beim diagonalen Durchschneiden der Gesellschaft stellt sich heraus, dass für das Imperium der Marktwirtschaft der eigentliche Wunsch-Gesprächspartner nicht der Nationalstaat war, sondern ein generisches Wesen namens Europa. Für amerikanische Außenpolitik-Idealisten war der Staat ein überaus wichtiger Akteur, nicht nur als Instanz für die verbindliche und konsensfähige Deutung von Erkenntnissen und Auffassungen, die die Bürger in kommunikativen Prozessen gewonnen hatten, sondern auch als Garant dafür, dass Umbrüche und Turbulenzen, die aus der Öffnung von Märkten resultierten, im Zaum gehalten werden konnten. Andererseits waren Staaten und Regierungen für amerikanische Fabrikanten und Exporteure auch ein Ärgernis, da sie Zölle, Einfuhrquoten und andere protektionistische Hindernisse für den Wirtschaftsverkehr einführen und aufrechterhalten konnten. Ein Scherz, der um die Wende zu den fünfziger Jahren die Runde machte, enthielt einen wahren Kern: Ein amerikanischer Marketingmann studiert bei einem Flug über Europa seine Verkaufsdiagramme. Als sein Assistent aufgeregt ruft: »Wir überfliegen Frankreich!«, herrscht sein Chef ihn an: »Stören Sie mich nicht mit solchen Details.« Diesen Faden aufnehmend, könnte man sagen, dass Henry Ford ebenso zu den geistigen Vätern der europäischen Idee gehörte wie ein beliebiger europäischer EU-Vordenker, denkt man etwa an den bahnbrechenden Versuch seines Unternehmens, ganz Europa als ein einheitliches Verkaufsgebiet zu behandeln. Ein gutes Jahrzehnt bevor der Verbraucher erstmals als Figur in den Programmen der Europäischen Gemeinschaft auftauchte, ließ die Zeitschrift *Reader's Digest* die erste kontinentweite Meinungsumfrage in einem »Europa der 220 Millionen Verbraucher« durchführen.

Zwar ist in diesem Buch ausführlich von Nationalstaaten und nationalen Regierungen die Rede, doch figurieren sie meist nur als Schablonen, an deren Verhalten sich allgemeinere Muster der Kooperationsbereitschaft oder Widerständigkeit aufzeigen lassen. Großbritannien spielt, obwohl es selbst noch Weltmachtstatus besaß und ein bekanntermaßen besonders enges Verhältnis zu den Vereinigten Staaten pflegte, in diesem Buch eine weniger prominente Rolle als Frankreich. Frankreich wiederum nimmt, so berühmt oder berüchtigt es für die traditionellen antiamerikanischen Ressentiments seiner Intellektuellen ist, weniger Raum ein als Deutschland, das sich unter der Herrschaft des Nationalsozialismus zum vollendetsten und schrecklichsten Kontrahenten, der sich dem Vormarsch der Amerikaner noch entgegenstellen konnte, entwickelt hatte. Die Leser können aber auch damit rechnen, abseits ausgetretener Großmacht-Pfade Nebenschauplätze in Italien, Belgien, Spanien, der Schweiz und der Tschechoslowakei kennen zu lernen, stets auf den Spuren amerikanischer Innovationen und Errungenschaften, die auf ihrem rastlosen Zug die Grenzen des Imperiums immer weiter hinausschoben.

Stets von neuem zeigte sich im Verlauf des amerikanischen Vormarsches, dass Europa, wenn es wirksamen Widerstand leisten wollte, zur Einigkeit finden musste. Und in dem Maß, wie die europäische Einigung voranging – und wie der einstige Militarismus der europäischen Nationen sich im Wohlgefallen materiellen Komforts auflöste und sie ihren Kulturstolz auf dem Altar eines steigenden Lebensstandards opferten –, lieferte Europa mehr als jede andere Weltregion die Bestätigung dafür, dass Präsident Wilson zu Recht so große Hoffnungen in die Frieden schaffende Kraft eines Bündnisses aus Staatskunst und Verkaufskunst gesetzt hatte. Wahr ist aber auch, dass Europa in dem Maß, wie es sich zu einem Kontinent des Wohlstands entwickelte, für die USA als Versuchsfeld für deren Hegemonie-Modelle an Bedeutung verlor. Im Prozess der globalen Transformierung kreisten die Konflikte zwischen den Vereinigten Staaten und Europa lediglich um divergierende Lebensstile, materielle Interessen und politische Ambitionen; ein grundsätzlicher Kampf der Kulturen war nie in Sicht.

Kapitel 1:
Die Ethik des Dienstes am Gemeinwesen

Wie das Bürgertum der Alten Welt seinen Frieden mit den Babbitts machte

Das Problem mit den meisten Leuten ist immer, dass sie verdammt materialistisch veranlagt sind; sie merken gar nichts von der seelischen und geistigen Oberhoheit Amerikas.[1]
  George F. Babbitt, Romanfigur, 1922

*Der Babbittsche Idealismus des amerikanischen Vorgehens erschreckt uns durch seine Uniformität. [...]
Europa wäre ohne seine Individualität nur ein Erdteil unter vielen; es würde aufhören,
die Hefe zu sein, die den Rest der Welt treibt.*[2]
  André Siegfried, europäischer Intellektueller, 1935

Hätte sich zu Beginn des 20. Jahrhunderts die Aufgabe gestellt, auf einer Karte der westlichen Welt bildlich zu illustrieren, welche Kulisse Menschen mit Geld und Macht vor sich sahen, wenn sie ihren täglichen Verrichtungen nachgingen, so hätte der deutsche Prachtboulevard das eine Extrem markiert, die amerikanische Main Street das denkbar weit entfernte andere. Um uns die Distanz zwischen diesen Polen zu vergegenwärtigen, können wir uns das altehrwürdige Dresden im ehemaligen Königreich Sachsen als den östlichsten und das aufstrebende Duluth in Minnesota, die gerade fünfzig Jahre alte Hafenstadt am Ufer des Lake Superior, als den westlichsten Ausläufer der westlichen Lebenswelt vorstellen. Der Prachtboulevard

---

1 Lewis, Babbitt, 134f.
2 Siegfried, La crise de l'Europe, 124.

Dresdens war die vornehme Prager Straße. Sie verlief vom Wiener Platz, vorbei am grandiosen Hauptbahnhof, zum Johannisring und gab, wenn man sich diesem näherte, den Blick auf dessen von Kuppeln, Giebeln und Türmen barocker Paläste und Kirchen dominierte Fassadenfront frei. Die Prager Straße war durchgängig von harmonisch proportionierten Häusern mit aufwendig gestalteten Fassaden gesäumt, in denen schicke Cafés, einladende Hotelfoyers, Kunstgalerien, Banken und gut besuchte Ladengeschäfte untergebracht waren. In Duluth war die Main Street der sich über zehn Häuserblocks erstreckende Straßenzug im Zentrum, in dessen Verlauf die West in die East Superior Street überging, direkt hinter dem von Eisenbahngleisen und Hafenanlagen beanspruchten Uferstreifen. Überschattet vom *Folz Building*, einem Bürohaus aus Stahl und Beton, gab die schnurgerade angelegte Superior Street dem Sammelsurium mehr oder weniger klotziger Verwaltungs- und Firmengebäude, von dem sie beidseitig gesäumt war, eine gewisse Ordnung. Jeder dieser Klötze protzte, für sich genommen, mit einer durchaus fantasievollen bis exzentrischen Architektur, die in eigenartigem Kontrast zu den unmittelbar angrenzenden, völlig schmucklosen Bretterbuden und Zementbungalows stand, die als Absteigen, Ladenlokale oder Garagen dienten.

Die Dresdener Altstadt legte Zeugnis ab vom akkumulierten Mäzenatentum der Herrscherhäuser, die der Stadt sechs Jahrhunderte lang ihren Stempel aufgedrückt hatten. Profitierend von der Lage der Stadt am Kreuzungspunkt zwischen dem Flussverkehr auf der Elbe und der ostwärts führenden Silberstraße, hatten die Kurfürsten von Sachsen ihre pekuniäre Potenz, resultierend aus der Dominanz des Salpeter- und Waffenhandels und gefestigt durch kriegerische Eroberungen, genutzt, um Paläste, Kirchen, Theater und Museen zu finanzieren. Ähnlich wie Weimar, die Wirkungsstätte Goethes und Schillers, wurde das von der Dynastie der Wettiner geprägte Dresden zu einer Verkörperung des deutschen Ideals der »Kultur«, verstanden als Feinsinnigkeit des Geistes und des Geschmacks, die den schnöden Kräften des Mammons und des Marktes so weit entrückt war, dass nur eine Elite mit Wohlstand und Bildung hoffen konnte, ihr teilhaftig zu werden. »Elbflorenz« hatte der romantische Dichter Herder die sächsische Residenzstadt genannt. Im späten 19. Jahrhundert, als die Industrialisierung Dresden ebenso ergriff wie andere Regionen Sachsens und die Stadt und ihre Umgebung sich zu einem der bedeutendsten großstädtischen Ballungsräume mit einer der höchsten Konzentrationen an Maschinenbau- und Handwerksfirmen entwickelten, kultivierten die führenden Familien der Stadt sowohl ihren materiellen Wohlstand als auch ihre kulturellen Ambitionen, verbanden also Besitz mit Bildung. Mochte Weimar, so sagte man, die Wirkungsstätte der Heldengestalten der deutschen Dichtung gewesen sein, so war Dresden der Ort, wo sie Abnehmer für ihre Werke gefunden hatten. Der Stolz auf dieses Vermächtnis wuchs proportional zu der Verunsicherung, die sich der deutschen Nation nach ihrer kränkenden Niederlage im Ersten Weltkrieg bemächtigte. Nicht zuletzt weil Dresden dem Potpourri der aus dem zusammengebrochenen Kaiserreich Österreich-Ungarn hervorgegangenen neuen Staaten geografisch so nahe lag, konnten Deutsche sich die Stadt in ihren Träumen als geistige Kapitale eines neu errichteten Reichs vorstellen, das sich von der Nordsee bis zur Adria und von

Flandern bis an den Rand der russischen Pripjet-Sümpfe weit im Osten und bis zum Schwarzen Meer weiter südlich erstrecken würde.³

Im Kontrast dazu demonstrierte das Zentrum von Duluth allenfalls den Wohlstand, der sich in gerade einmal sechs Jahrzehnten wirtschaftlichen Wachstums angesammelt hatte. Nach 1855, dem Jahr, in dem der Kanal bei Sault Ste. Marie den Anschluss der Großen Seen an die atlantischen Schifffahrtsrouten herstellte und Spekulanten darauf wetteten, dass an dem struppigen Hügel am Ufer des Lake Superior der wichtigste Eisenbahnendpunkt der Region entstehen würde, streifte die nach dem furchtlosen Pelzjäger Daniel Greysolon Sieur Du Lhut benannte Pioniersiedlung ihre Vergangenheit als französischer und indianischer Handelsposten mit Glücksspielanschluss und Verladekai schnellstens ab. 1876 als Stadt eingetragen (im gleichen Jahr, in dem Dresden den 660. Jahrestag seiner Gründung feierte), entwickelte sich das Budendorf rasch zu einem leistungsfähigen Produktionsstandort und Seehafen. In den zwanziger Jahren war Duluth ein geschäftiger Stapelplatz; seine Lagerhäuser waren bis zum Rand mit Getreide gefüllt, und auf seinen Kais warteten Ladungen von Eisenerz aus den Mesabi-Bergen, Stammholz, Lebensmitteln und Ausrüstungsgegenständen auf den Abtransport. Nach der Passage ostwärts über den Lake Superior nahmen die Frachtkähne den Weg durch das ausgeklügelte System von Kanälen und Schleusen bis zum offen Meer, um sich dann entweder südwärts zu wenden und einen der verstopften Häfen an der amerikanischen Atlantikküste anzusteuern oder den Nordatlantik zu überqueren und ihre Ladung in Southampton, Antwerpen, Rotterdam, Bremen oder in einem der nachgeordneten europäischen Häfen zu löschen.

Für die Stadtväter war Duluth die »Zenith City der Süßwassermeere«. In ihrem grenzenlosen Ehrgeiz, ihre Stadt nach vorne zu bringen, ließen sie sich nur unwesentlich durch den Umstand mäßigen, dass Detroit, Minneapolis und natürlich Chicago Duluth den Rang abliefen, was das Wachstum betraf. Auch nachdem sie sich zu bescheideneren Attributen durchgerungen hatten wie »Duluth, das Pittsburgh des Westens« oder »das Chicago der Nördlichen Großen Seen«, waren sie immer noch der Überzeugung, Duluth sei die Beton und Schalbrett gewordene Verkörperung des Fleißes, des Optimismus und des patriotischen Geistes, der die Vereinigten Staaten in ihren Augen zur großartigsten Nation auf Erden stempelte. Mit ebenso viel Verve rühmten sie die Bankette der Rotarier mit ihren launigen und kraftvollen Ansprachen, die ausgefallene Architektur entlang der Superior Street, das eklektische Repertoire der lokalen Theaterhäuser (namens *Opera*, *Orpheum* und *Strand*) und die Funktionalität des städtischen Gefängnisses. Das alles waren wackere Unternehmen und Initiativen, ins Leben gerufen, um das universelle menschliche Bedürfnis nach Annehmlichkeiten, Zerstreuungen und Ordnung zu befriedigen.⁴

Auch was die Umgangsformen betraf, hätte der Kontrast zwischen den beiden Städten nicht größer sein können. Auf der Prager Straße in Dresden waren die Manieren einer mit aristokratischen Gesten angereicherten bürgerlichen Kultur noch

---

3 Zu Dresden siehe Haenel, Das alte Dresden; Kalkschmidt, Dresden; Ten Dyke, Dresden.
4 Zu Duluth siehe Nyman, Scrapbook; John Flanagan, Minnesota Backgrounds, 1–13; Sandvik, Duluth.

mit Händen zu greifen. Die strengen Hierarchien der Vorkriegsära begannen zu verschwimmen, zu urteilen nach dem Auftrumpfen knabenhafter junger Frauen, der Präsenz dekorierter Kriegsversehrter, die als Bettler auf den Gehwegen hockten, und dem überheblichen Auftreten uniformierter Jünglinge, die sich an den großen Kreuzungen zusammenrotteten. Auf der anderen Seite war Stil immer noch Ehrensache, ablesbar an der Eleganz des Zwirns, dem Lüften des Huts, dem Zusammenschlagen der Hacken, der schneidigen Verbeugung beim Handkuss, der zuvorkommenden Dienstfertigkeit der Geschäftsleute, der Zählebigkeit von Freizeitgewohnheiten. Nach dem Abendessen waren das Café Kaiser oder das Hülfert unter dem Hotel Europa-Hof an der Ecke Waisenhausstraße die angesagten Orte, wo man sich sehen ließ. Zum Tee ließ man sich auf der Brühlschen Terrasse nieder, wo man bis zum anbrechenden Abend Plausch halten konnte, während im Hintergrund die Elbkähne vorbeizogen und nur das Raunen von Touristengruppen gelegentlich den Frieden störte, die ihr Entzücken über die Lichtspiegelungen auf der Dachhaut der Katholischen Hofkirche nicht für sich behalten konnten. Solche Anblicke machten es einem schwer, sich zu vergegenwärtigen, dass Dresden auch viele arme Bewohner hatte, die für ihren Lebensunterhalt schwer arbeiten mussten und dicht gedrängt in den trostlosen Mietskasernen aus Ziegelstein wohnten, Fortsätzen der Maschinenbauindustrie, die den Lebensnerv der Dresdener Wirtschaft bildete. Ebenso unvorstellbar schien es, dass auf den ruhigen, gepflasterten Boulevards Straßenkämpfe stattgefunden hatten – 1919, als Kavallerietruppen unter dem Befehl des Polizeipräsidiums revoltierende Kriegsveteranen mit Salven aus Maschinengewehren in die Schranken gewiesen hatten, und dann noch einmal 1920, als republikanische Kräfte den monarchistischen Kapp-Putsch niedergerungen hatten und die Stadt tagelang Bürgerkriegsschauplatz gewesen war. In ihrer erhabenen Schönheit, umhegt von ihrer ringförmigen ockergrauen Stadtmauer, schien die historische Altstadt Dresdens unumstößlich zu sein.

Im Vergleich zu Dresden war Duluth ein Bienenstock. Um die Mittagszeit fielen ganze Schwärme von *Ford*- und *Phaeton*-Limousinen in der East Superior Street ein, denen Männer in grauen und braunen Anzügen entstiegen, die dem *Kitchi Gammi Club*, der Freimaurerloge oder, wenn es Donnerstag war, dem Mittagsbankett der Rotarier im nahe gelegenen *Hotel Spalding* zustrebten, während hochklassig frisierte Frauen ihre geräumigen Familienautos in Parklücken bugsierten, um dann herauszuspringen und ihre Einkäufe zu tätigen. Die Arbeiter, die sich in und vor der Brauerei *Fitger's* drängten, saßen an den Theken und Tischen neben Verkäuferinnen aus *Wirth's Drugstore* und Verkaufsleitern aus dem *Folz Building*; Sekretärinnen in Kleidern aus bunt bedruckten Stoffen eilten über die Straße, um in einem Billigwarenladen Kinkerlitzchen zu kaufen. Alle hatten irgendetwas zu sagen, grüßten hierhin und dorthin, schüttelten Hände und klopften Schultern; alle wirkten so draufgängerisch, gut angezogen und wohlgenährt, dass ihre Schichtzugehörigkeit kaum zu erraten war. Ruhe kehrte erst am Abend ein, wenn das Stadtzentrum sich zu leeren begann, die Angehörigen der Mittelschicht sich auf den Weg in ihre grünen Vorstadtsiedlungen machten und die Arbeiter sich in die rußgeschwärzten kleinen Siedlungshäuschen von West Duluth zurückzogen. Die Abendruhe war in der jüngeren Vergangenheit nur einmal durch ein Ereignis gestört worden, das sehr schnell aus dem kollektiven Gedächtnis gelöscht worden war. Am 15. Juni 1920 hatten mehrere tausend Einwohner der Stadt, viele von ihnen arbeitslos und durch die Nachkriegsrezession in Existenzangst versetzt, das städtische Gefängnis gestürmt, die Polizeibeamten überwältigt und drei schwarze Jugendliche aus ihren Zellen geholt, die als Hilfsarbeiter bei einem Wanderzirkus beschäftigt waren und wegen einer erfundenen Anklage der Vergewaltigung einsaßen. Der Lynchmob hängte die drei an einem Laternenpfahl direkt an der East Superior Street auf, neben dem Fußgängerübergang zwischen der First Street und der Second Avenue East.[5]

Man ist vielleicht versucht zu sagen, Dresden mit seiner Fülle an Hochkultur sei unnachahmlich gewesen, während Duluth eine unter vielen amerikanischen Durchschnittsstädten war. Dresden hatte eine Aura, war authentisch. Dagegen war das nervöse, optimistische, banausenhafte Duluth kaum unterscheidbar von Dutzenden ähnlicher amerikanischer Mittelstädte. Auf der anderen Seite verkörperte Duluth ebenso sehr den Inbegriff der amerikanischen Zivilisation, wie die einzigartige Schönheit Dresdens die Quintessenz der europäischen Kultur darstellte. Duluth war, verkappt als Zenith, durch die Romane des Sinclair Lewis weltberühmt geworden. In Zenith/Duluth, der seinem winzigen Geburtsort Sauk Centre nächstgelegenen größeren Stadt, hatte Lewis die tragikomische Lebensgeschichte des George Babbitt angesiedelt, des Immobilienmaklers, der der Held seines 1922 erschienen Romans *Babbitt* war. In dieser Stadt, einer erdichteten Melange aus einem Dutzend ähnlicher Städte, verortete Lewis das Zentrum der Sitten und Konsumgewohnheiten der amerikanischen Mittelschicht. Am Beispiel dieses Orts enthüllte er die neuen Geschäftspraktiken der Immobilienmakler und Autoversicherer, karikierte das Hickhack in der Kleinfamilie um die Benutzung des Badezimmers, die zur Schau getragene Frömmigkeit der Kirchengänger, die Demagogie der Politiker und die Verbrüderungsrituale des Vereinslebens, die maßgeschneidert schienen für den unermüdlichen Vereinsmeier – Babbitt –, der mit seiner Angst vor Statusverlust, seinem genüsslich gepflegten Materialismus und seinem stets verbindlichen Auftreten die Nemesis des durch ausgeprägte Individualität, selbstständiges Denken und kritische Skepsis definierten wahren bürgerlichen Kulturmenschen verkörperte.[6]

Als die Nobel-Stiftung Sinclair Lewis 1930 den Nobelpreis für Literatur zuerkannte, unterstrich sie in ihrer Begründung, dass er der erste Amerikaner überhaupt war, dem diese Auszeichnung zuteilwurde. Hinter der Wahl Lewis' stand die Absicht, anzuerkennen, dass ein neuer literarischer Realismus auf den Plan getreten war, der es fertigbrachte, die Lebensphilosophie des Durchschnittsmenschen zu »verlebendigen«. Gewürdigt werden sollte auch ein Erzählstil, den Europäer für typisch amerikanisch hielten und den Lewis beispielhaft verkörperte: die Verwendung kräftigen Humors, um kritische Distanz zu der deprimierenden *conditio humana* zu schaffen, die sich im Alltagsleben der Mittelschichten offenbart. Einig in dem Wunsch, einen Amerikaner auszuzeichnen, sei ihnen die »Fröhlichkeit und Munterkeit«, die »der

---

5 Fedo, »They Was Just Niggers«.
6 Killough, Sinclair Lewis, 1, 9, 11ff.; siehe auch Flanagan, Minnesota Backgrounds.

schneidenden Sozialkritik [Lewis'] einen theatralischen Anstrich« verleihe, lieber gewesen als der mit »gewichtigem Ernst« daherkommende Realismus ihres anderen Favoriten, Theodore Dreiser, der ihnen mit seiner an Emile Zola erinnernden Strenge, seinem primären Interesse am Hervorkehren einer »konsequent dunklen Lebensauffassung« zu europäisch geprägt war.[7] Indem die Alte Welt ihren höchsten Literaturpreis an Sinclair Lewis verlieh, verneigte sie sich nicht ohne Befangenheit vor Amerikas noch ungefestigtem kulturellen Ansehen. Sie anerkannte damit auch, dass im Werk Lewis' die Weltliteratur einer Figur neuen Typs Leben eingehaucht hatte, einer Gestalt, in der eine ganze Nation »mit größerem oder geringerem Vergnügen sich selbst erkannte«. Diese Figur war der unermüdliche und zupackende Geschäftsmann, dessen tragikomische Existenz in der Geschichte des George F. Babbitt ausgebreitet wurde.

Mit dieser fragwürdigen Wahl stellte die Schwedische Akademie Sinclair Lewis auf eine Stufe mit dem größten und umstrittensten aller Romanschriftsteller der Epoche. Die Rede ist von Thomas Mann, den die Nobel-Juroren erst ein Jahr davor, nach jahrelangen Bauchschmerzen, mit dem Nobelpreis geehrt hatten. Der Mann, den sie würdigten, war zuerst und vor allem der Autor der *Buddenbrooks*, der vor dem Ersten Weltkrieg erschienenen epischen Darstellung des unaufhaltsamen Niedergangs einer Kaufmannsdynastie. In den Elogen und bei den Festlichkeiten anlässlich der Preisverleihung wurde Manns provozierendstes und jüngstes Werk, *Der Zauberberg*, nur flüchtig erwähnt, so als seien seine Überlegungen zu den kränkelnden Bewohnern eines alpinen Sanatoriums in Davos ein zu niederschmetternder Kommentar zum moralischen Niedergang des *homo europeensis*. Für die Akademie gründete sich Manns Beitrag zur Weltliteratur auf seine Fähigkeit, das Degenerieren bürgerlicher Figuren von »in sich gefestigten, mächtigen und unbefangenen Charakteren zu von Selbstzweifeln geplagten Vertretern einer verfeinerten und schwachen Sensibilität« nachzuzeichnen.[8] In seiner Dankesrede wertete Mann die Verleihung des Preises an ihn als Geste der Sympathie gegenüber einem »verwundeten und vielfach unverstandenen« Volk und hob hervor, dass »die Bedingungen der Kunst und des Geistes [in Deutschland] diejenigen schärfster allgemeiner Problematik« waren. Wie der Heilige Sebastian auf manieristischen Gemälden, die ihn an den Scheiterhaufen gefesselt zeigen, sein alabasterweißer Körper von allen Seiten durchbohrt, sein gequältes Gesicht gleichwohl von einem Lächeln erleuchtet, verfüge die deutsche Kultur wie keine andere über die Fähigkeit, »in Leiden Schönes« hervorzubringen. Über alle ihre schrecklichen Prüfungen hinweg und unter den Bedingungen eines »fast östlichen, fast russischen Leidenswirrsals« habe die deutsche Nation »das westliche, das europäische Prinzip«, die »Ehre der Form«, bewahrt, ja sogar gestärkt und dabei zugleich den Süden als »Inbegriff alles geistig-sinnlichen Abenteuers, der kalten Leidenschaft des Künstlertums« mit dem Norden als »Inbegriff aller Herzlichkeit und bürgerlichen Heimat, alles tief ruhenden Gefühls, aller innigen Menschlichkeit« verbunden.[9]

---

7 Espmark, Nobel Prize, 61.
8 Fredrik Böök, Presentation Address, in: Gregory, Nobel Prize Library, 222.
9 Mann, Banquet Speech, 10. Dezember 1929; Prater, Thomas Mann, 180. Zu den Hintergründen der

Als es an Sinclair Lewis war, seine Rede vor der Akademie zu halten, konnte er es sich nicht verkneifen, auf die noble Tradition zu verweisen, die sein geradezu furchteinflößend gebildeter Vorgänger verkörperte, in dessen *Zauberberg*, wie Lewis meinte, »das ganze geistige Europa« stecke. Europa besitze jenen kritischen Geist und jene kultivierten Umgangsformen, die den amerikanischen Kleinstadteliten fehlten, die er an anderer Stelle als »eine sterile Oligarchie« bezeichnet hatte, als »Männer der Ladenkasse«. Nichts liege ihnen ferner, als sich von sich aus Gedanken über das »Gemeinwohl« zu machen, erst recht nicht in großem Stil. Ihr Selbstbewusstsein erwachse nicht aus dem künstlerischen oder musikalischen Vermächtnis ihrer Gemeinschaft, sondern aus der Zahl billiger Gerätschaften in ihrer Küche und aus dem Vorausberechnen der Wertsteigerung ihres Grundbesitzes.[10] Auf der europäischen Seite des Atlantiks handelten Salongespräche von Liebe, Mut und Politik, während auf der amerikanischen Seite die abendlichen Plaudereien auf der Veranda sich unweigerlich darum drehten, wie gut die neuesten Sicherheitsrasierer verarbeitet, wie kunstvoll die farbigen Zeitungsanzeigen für *Crisco* Backfett und *Maxwell House* Kaffee gestaltet waren und welche Freuden es bereiten konnte, in einer Blechkiste durch die Gegend zu düsen.[11] Lewis wollte sich mit der Betonung dieses Kontrasts weder einschmeicheln noch als Snob outen, sondern vielmehr seine eigene Rolle als Paladin einer neuen Synthese verdeutlichen. Die amerikanische Bürgerlichkeit hatte eine schnörkellose, perfekt durchgestylte Kultur der Mittelmäßigkeit hervorgebracht, die einerseits an der Frivolität, dem Eskapismus und der Verlogenheit der neuen materiellen Zivilisation verzweifelte, andererseits aber nicht umhinkonnte, deren Annehmlichkeiten, demokratische Tugenden und gesellige Qualitäten mit tiefer Befriedigung zur Kenntnis zu nehmen. Viele durchschnittlich gebildete Amerikaner teilten Lewis' Ansichten.

In ihrer Rolle als sukzessive Empfänger des Literaturnobelpreises waren Mann und Lewis so etwas wie indirekte Gesprächspartner. Nicht dass sie einander je zuvor begegnet wären, das taten sie erst ein halbes Dutzend Jahre später. Doch beide ließen ihre Gedanken anlässlich der Preisverleihung um den Konflikt der Kulturen kreisen, einen Konflikt, der beim Vergleich zwischen der Neuen und der Alten Welt immer deutlicher sichtbar wurde und seinen Ausdruck unter anderem in der stereotypen Gegenüberstellung von Kultur und Zivilisation fand.[12] Bis zum Ersten Weltkrieg war es freilich so gewesen, dass Deutschland sich als Inbegriff der Kulturnation verstanden hatte, während seine Rivalen England und Frankreich die Bannerträger der Zivilisation gewesen waren. Nachdem der Weltkrieg die europäische Kultur gespalten und Deutschland zu Boden gedrückt hatte, war die Fackel der Zivilisation an die Vereinigten Staaten übergegangen. Für viele Europäer barg diese Entwicklung die Gefahr in sich, dass die westliche Zivilisation von dem der amerikanischen Gesellschaft innewohnenden Materialismus unterwandert und von Grund auf verändert würde. Diese Sichtweise teilten nur wenige Amerikaner, selbst unter

---

Preisverleihung siehe Kjell Strömberg, The 1929 Prize, in: Gregory, Nobel Prize Library, 391–394.
10 Why Sinclair Lewis Got the Nobel Prize; Love, Babbitt, 70; Lingeman, Sinclair Lewis, 351–359.
11 Lewis, Main Street, 267.
12 Elias, Über den Prozess der Zivilisation, Bd. 1, insbes. 1–42. ders., Studien über die Deutschen.

den namhafteren Intellektuellen des Landes. Gewiss, die Alltagskultur, der sie in ihrem Umfeld begegneten, war keine Hochkultur, jedenfalls nicht in dem Sinn, den Deutsche meinten, wenn sie das Wort Kultur gebrauchten. Aber Kultur war es dennoch, wenigstens in dem Sinn, wie Anthropologen diesen Begriff benutzen, nämlich als Bezeichnung für die in einer Gesellschaft akzeptierten und allgemein praktizierten Verhaltensweisen und Denkmuster, die einem Volk ein Gefühl der Zusammengehörigkeit vermitteln und dem täglichen Tun und Lassen der Menschen erst Sinn geben. Die amerikanische Kultur basierte auf gemeinsamen Überzeugungen, zivilen Umgangsformen und gegenseitigem Respekt, und die meisten Amerikaner machten sich keine Sorgen darüber, dass ihrem Gefühl der Zugehörigkeit zu dieser Wertegemeinschaft nichts Transzendentes innewohnte. So gesehen, ähnelte ihre Kultur dem, was französische Anthropologen jener Zeit einen »Habitus« zu nennen pflegten, und es hätte sie sicher nicht sehr gestört, zu erfahren, dass dieser französische Begriff ursprünglich geprägt worden war, um die Fetische, Rituale und den Aberglauben primitiver Völker zu charakterisieren.

Wie viele Welten lagen also zwischen Mann, der in den Weltkriegsjahren seine Verzweiflung auf zahllosen Seiten ausgebreitet hatte, als Verteidiger der deutschen Kultur gegen die westlichen Kriegsgegner, und Lewis, dem Amerikaner, der so eloquent für die Verbesserung der kulturellen Qualität der Zivilisation warb?[13] Der Romancier und Philosoph Mann hatte als seinen Bezugsrahmen den Pessimismus Schopenhauers, den Idealismus Goethes und die beißende Zivilisationskritik Nietzsches, der Romancier und Journalist Lewis als den seinen den Optimismus populistischer amerikanischer Reformer, die Vertrautheit des Marktforschers mit der amerikanischen Umgangssprache und das Unbehagen des engagierten Intellektuellen über den kulturellen Konformismus. Wie Babbitt und die Buddenbrooks waren die kulturellen Welten, für die diese Männer standen, unermesslich weit voneinander entfernt. Dresden war die Heimat eines kultivierten Bürgertums, das noch mit aller Kraft versuchte, an der alten noblen Lebensart festzuhalten; Duluth war eine Brutstätte für ehrgeizige Geschäftsleute, wie sie für die zahllosen Mittelstädte Amerikas typisch waren. Hier wie dort gehörte es zu den Postulaten wahrer Kultiviertheit, dass man schnöde Geschäftemacherei verachtete. Radikal unterschieden sich beide Kulturkreise jedoch in dem Urteil darüber, was als ausgemachter Kulturfrevel zu gelten hatte. Für Thomas Mann verkörperte das Buchhaltungsbüro in den Kaufmannskontoren seiner in schwere Zeiten geratenen Heimatstadt Lübeck das Gegenteil von Kultur, für Lewis die Versammlungen des Rotarierclubs, bei denen Babbitt sich mit seinen Gefährten amüsierte. Wie andere US-Intellektuelle, die der Banalität im amerikanischen Leben kritisch gegenüberstanden, quittierte auch Lewis die sarkastischen Kommentare seines Freundes, des Journalisten H. L. Mencken, mit zustimmendem Schmunzeln, etwa wenn dieser über seine amerikanischen Landsleute herzog, insbesondere über die Babbitts, die er als Prototypen eines neuen Menschentyps, des *Boobus americanus*, betrachtete, der lauthals die Klischees seiner

---

13 Am beredtesten und ausführlichsten in Mann, Betrachtungen eines Unpolitischen, bes. 50–55, 63 ff., 126 f., 207, 243.

Klasse und Berufsgruppe herausposaunte und ganz und gar besessen war von seinen Besitztümern. Rotarierclubs waren in den Augen Menckens Stützpfeiler »einer Gemeinschaft von Schwachköpfen«.[14]

Die Wirklichkeit ist hier jedoch seltsamer als die Fiktion. Wenn wir uns ins Dresden des Jahres 1928 begeben, genau an die damalige Kreuzung der Prager Straße mit der Waisenhausstraße, und hinter die Brokatvorhänge des Europa-Hofs spähen, der damals zu den zwei oder drei angesagtesten Hotels der Stadt gehörte, können wir eine jener Detail-Beobachtungen machen, die geeignet sind, denjenigen zu verwirren, der kulturelle Unterschiede mit breitem Pinselstrich und dick aufgetragenen Klischees illustrieren möchte. Hier, im schönsten Salon des Hauses, versammelten sich jeden Montag pünktlich um 13.30 Uhr mindestens dreißig, öfter jedoch vierzig der prominentesten Männer der Stadt zu einem anderthalbstündigen Mittagessen und Meinungsaustausch. Vom 28. September 1928 an wurden die Wortbeiträge der Teilnehmer an diesen Versammlungen protokolliert. In den neun darauf folgenden Jahren, bis Ende August 1937, als die Treffen auf Druck der NS-Diktatur eingestellt wurden, versammelte sich die Gruppe 440 Mal. Es handelte sich um die wöchentlichen Sitzungen des Rotarierclubs Dresden.

Diese Zusammenkünfte in der unbestrittenen Hauptstadt der deutschen Kultur scheinen umso mehr fehl am Platz, wenn wir die hochkarätige Zusammensetzung der Teilnehmerschaft ins Auge fassen. Diese zeigte sich schon bei der Gründungszeremonie am Abend des Dienstags, 6. November 1928, als die 41 Gastgeber, die Gründer des Rotarierclubs Dresden, ihre Gäste im von Kandelabern erleuchteten Ballsaal des Bellevue, des ersten Hotels am Platz, begrüßten. Die Teilnehmer, die sich genau in den Räumen bewegten, die Fürst Bismarck 1892 auf dem Weg nach Wien mit einer Übernachtung beehrt hatte, verkörperten ein veritables *who is who* der kulturellen, politischen und wirtschaftlichen Elite der Stadt. Da war der Gründungspräsident Dr. Grote, Chefarzt der Chirurgie am Sanatorium Dr. Lahmann. Der hochgewachsene, kantige Mann, der sich mit majestätischer Gestik von einer Gruppe zur anderen bewegte, war der Sekretär und maßgebliche Motivator des Clubs, Karl von Frenckell, Bankier, Gelegenheitsdiplomat, finnischer Konsul und bekannter Kunstmäzen, verheiratet mit der bekannten einheimischen Kammersängerin Minni Nast. Auch der Oberbürgermeister, Dr. Blüher, war zugegen und machte die von außerhalb gekommenen Gäste mit anderen hohen Amtsträgern der Stadt und der regionalen Behörden bekannt. Dr. Hugo Grille, ehemals Chef des Polizeipräsidiums und inzwischen Richter am Staatsgerichtshof, stach wie gewohnt mit seinem imposanten Adlerprofil und seinem tadellosen Auftreten, das von seiner langen Laufbahn beim Militär zeugte, aus der Menge heraus. Der vornehme Heinrich Arnhold, Direktor der zweitgrößten Privatbank der Stadt, des Bankhauses Gebr. Arnhold, und in Dresden als großzügiger Philanthrop bekannt, befand sich im intensiven Gespräch mit dem Kunstmaler und künstlerischen Direktor des Staatstheaters, Leonhard Fanto, und dem Sprössling einer anderen assimilierten jüdischen Familie, Viktor

---

14 Mencken, Portrait of an American Citizen, 37–40, abgedruckt in: Bucco, Critical Essays on Sinclair Lewis, 138–140.

von Klemperer. Dessen Familie war an diesem Abend doppelt vertreten: in der Person Viktors, des rundlichen, jovialen Direktors der Dresdner Bank, und in Gestalt seines zurückhaltenderen jüngeren Bruders Ralph, eines Dosenfabrikanten. Jedermann kannte den quirligen Julius Ferdinand Wolf, Chefredakteur der liberalen Tageszeitung *Dresdner Neueste Nachrichten*, und die diversen Vorstände der wichtigsten kulturellen Einrichtungen der Stadt: Professor Haenel vom Militärhistorischen Museum und Grünen Gewölbe, den berühmten Musikus Fritz Busch, Direktor der Dresdner Staatsoper, und den exzellenten Rektor Nägel vom weltberühmten Polytechnikum. Die Referenzen der dreißig anderen Gründungsmitglieder waren nicht weniger imposant.[15]

So unverwechselbar deutsch die Veranstaltung mit ihrer Melange aus Seriosität und launiger Geselligkeit anmuten und so sehr die per Einladung verordnete Krawattenpflicht an die Manierlichkeit alter Schule erinnern mochte, die Paraphernalien der Zugehörigkeit wären auch für die Mitglieder der wirtschaftlichen Führungselite von Duluth erkennbar gewesen. Neben der Eingangstür war das königsblaue Banner mit der Inschrift *Rotary International* und dem Emblem der Vereinigung, dem goldenen Schiffssteuerrad, aufgespannt. Die Gründungsurkunde, die Dresden als den 3.010. Club auswies, der in die Gemeinschaft von *Rotary International* eintrat, war wenig später auf dem Weg von Chicago nach Sachsen, und was der Club an Satzungen, Regelbüchern und Korrespondenz produzierte, war abwechselnd mit den Grußformeln »rotarisch der Ihre« oder »mit herzlichen Rotarygrüßen« signiert. Der örtliche Sekretär des Clubs, von Frenckell, koordinierte die Papierflut von seinem Büro aus, das sich um die Ecke im Gebäude der Arnhold-Bank, Waisenhausstraße 24, befand. In ihren Ansprachen, improvisierten Tischreden und in ihrer Konversation artikulierten die Dresdner Rotarier Gedanken und Gefühle, die deutliche Ähnlichkeiten mit denen aufwiesen, die Tausende ihrer amerikanischen Zeitgenossen ebenfalls, wenn auch vielleicht unbekümmerter und lauter, zum Ausdruck brachten: Bekenntnisse zur Brüderlichkeit (der Menschen wie der Völker) und zum Dienst an der Gemeinschaft gemäß den Ideen und Idealen der Rotarier.

Den Bogen zu schlagen von den Mittelschicht-Babbitts von Duluth zur Bürgerelite Dresdens, strapaziert ein wenig die Fantasie. Und was erst, wenn man feststellt, dass zu den Gründungsmitgliedern des Rotarierclubs München, der etwa um dieselbe Zeit entstand, ein gewisser »Professor Dr. Thomas Mann, Beruf Schriftsteller«, gehörte? Mann war also just um die Zeit, da er den Literatur-Nobelpreis erhielt, ein überzeugter Rotarier geworden. Trotz seiner Arbeit am ersten seiner *Joseph*-Romane hatte er sich die Zeit genommen, am Dienstag, dem 9. Oktober 1928, mit einem Dutzend Freunden im Restaurant Walterspiel im Hotel Vier Jahreszeiten zusammenzukommen und den Aufnahmeantrag auszufüllen.[16] Drei Monate nachdem sie

---

15 Report of Special Commissioner T.C. Thomsen, 1. Oktober 1928, Akte Dresden, Bestand European Office (im Folgenden als EO), Archive of Rotary International, Chicago Office, Rotary International, Evanston, Ill. (im Folgenden als RIE); Rotary Club Dresden (in Gründung), 16. Oktober 1928, ebd.; Mitgliederverzeichnis, Rotary Club Dresden, ebd.; Wilpert, Rotary in Deutschland, 11f.

16 Prater, Thomas Mann, 165; Wochenbericht Rotary Club München (im Folgenden als RCM) 1/2, 9. Oktober, 1928, Rotary-Sammlung, Deutsche Bücherei Leipzig (im Folgenden als RSDB); Mitglieder-Liste,

ihn nach Chicago abgeschickt hatten, erhielten die Münchner ihre Urkunde, die sie als die Nummer 3.009 in der Reihe der weltweiten Rotarierclubs auswies. Zur Feier dieses Anlasses trug Thomas Mann eine Widmung ins goldgeränderte Gästealbum ein, in der er eine gedankliche Verbindung zwischen der Rotarierbewegung und seinem Beruf herstellte. Unterhalb von Adolf Stöhrs Kalauer »Ich bin Baumeister. Mir darf nichts einfallen« und dem Eintrag des Juraprofessors Heinrich Rheinstrom, der einem Schild mit der Aufschrift »Give the Grass a Chance«, das er an einem Rasengrundstück in Washington gesehen hatte, lobend bescheinigte, es sei »nicht menschenfeindlich, sondern grasfreundlich«, bereicherte Mann das Gästebuch mit einem fiktiven Aufruf Lessings an Martin Luther: »Großer, verkannter Mann! Du hast uns vom Joch der Tradition erlöst, aber wer erlöst uns von dem unerträglichen Joch des Buchstabens?«[17] Dieses kleine Bescheidenheitsspiel, über zehn Zeilen weitergetrieben, arbeitete Mann später zu einem Bankettvortrag für seine Rotarierkollegen aus, einem von einem halben Dutzend, mit denen er die Clubsitzungen in den Folgejahren bereichern sollte. Obwohl er sich als Schriftsteller zu den »geborenen Nichtrednern« zählte und einen instinktiven Widerwillen gegen »das Improvisatorische, das literarische Ungefähr alles Redens« empfand, trat er auf der ersten Regionalkonferenz von *Rotary International* für Europa, die vom 12. bis 14. September 1930 in Den Haag stattfand, ans Podest, um einen Vortrag über den »Idealismus in einer Welt des Realen« zu halten. Als ihm der Nobelpreis verliehen wurde, waren seine Rotarierfreunde die Ersten, die Gelegenheit bekamen, ihm zu gratulieren, wobei der Zeremonienmeister des Abends, Oscar Walterspiel, den zu dem Anlass kredenzten Wein, einen Erbacher Honigberg Kabinett, Jahrgang 1921, scherzhaft als so »nobel« bezeichnete, dass man Angst haben müsse, ihn zu entkorken, weil darin »Dynamit enthalten sein könnte«. Als Mann im Februar 1933 Deutschland verließ, weil er unter der Herrschaft der Nazis um seine Freiheit und Unversehrtheit fürchten musste, wurde er in den Protokollen des Münchner Rotarierclubs zunächst als abwesendes Mitglied geführt, einen Monat später jedoch, im April 1933, stillschweigend aus der Mitgliederliste entfernt.[18] Später, im amerikanischen Exil, ließ er sich hin und wieder einladen, bei Rotarier-Banketten Reden über die zunehmende Gefahr, die von NS-Deutschland ausging, zu halten und die konservativen amerikanischen Geschäftsleute und Unternehmer zu einer entschiedeneren Unterstützung der Kriegsanstrengungen zu drängen, denn nach seiner Überzeugung war die Ver-

---

Rotary Club München, o. J. (Oktober 1928 – Mai 1929), Rotary International, European Office, Zürich (im Folgenden als RIZ). Siehe auch Unschuld, Chronik, 13–47.
17 Rotary Club München (in Gründung), Wochenbericht RCM 1/2 (9. Oktober 1928), 1/5 (30. Oktober 1928), 2/20 (26. Februar 1929), 2/21 (5. März 1929), 2/23 (21. März 1929), 2/32 (21. Mai 1929), allesamt RSDB; Wilpert, Rotary in Deutschland, 12f.
18 Mann, Banquet Speech; Wochenbericht RCM 3/21 (11. November 1930), RSDB; Wilpert, Rotary in Deutschland, 26. Beispielhaft für die Vorträge von Thomas Mann kann etwa stehen: Mein Sommerhaus. Vortrag von Rot. Thomas Mann im RC München am 1. Dezember 1931, Wochenbericht RCM 4/22 (1. Dezember 1931), RSDB. Zur Reaktion auf Manns Nobelpreis siehe Wochenbericht RCM 2/21 (19. November 1929), RSDB. Zu Manns Status als »beurlaubtes« Clubmitglied siehe Wochenbericht RCM 5/38 (3. März 1933), RSDB; Unschuld, Chronik, 83–90.

antwortung für die Erhaltung und Pflege des kulturellen Vermächtnisses des Westens in die Hände Amerikas übergegangen.[19]

Unsere Preisfrage lautet nicht: Wie kamen die Rotarier nach Dresden (oder nach München oder Leipzig oder Hamburg oder Frankfurt), oder was machte sie für Männer wie Thomas Mann attraktiv? Sondern: Wie konnten sie unter Bedingungen, die so anders waren als in ihrem Herkunftsmilieu im amerikanischen Mittelwesten, gedeihen, und was hatte es zu bedeuten, dass ein Vereinsleben, das eine bestimmte Elite für sich maßgeschneidert hatte, von einer anderen Elite übernommen wurde, die der ersteren geografisch, politisch und kulturell so fern stand? Lösen lässt sich dieses Rätsel nicht im Blick auf Dresden allein, ebenso wenig wie im Blick auf Deutschland, wo es 1937 nicht weniger als 44 Rotarierclubs mit 1.082 Mitgliedern gab. *Rotary* war spätestens Mitte der dreißiger Jahre zu einem europaweiten Phänomen geworden; man zählte, einschließlich Großbritanniens, 300 europäische Ortsverbände. Unübersehbar war, dass sich in Europa eine andere gesellschaftliche Gruppe für den Rotariergedanken erwärmte als in den Vereinigten Staaten, ein altweltliches Großbürgertum anstelle des amerikanischen Mittelstandes. Umso interessanter wäre es, zu ergründen, wie Rotarier in Barcelona und Budapest, Paris, Leuven, Glasgow und Mailand ihre Clubs nutzten, um sich in die Welt um sie herum einzubringen.

Um einen transatlantischen Stromkreis gesellschaftlicher Kontakte nachvollziehbar zu machen, den die Amerikaner als ihre Erfindung betrachteten – auch wenn sie seine Nutzung der ganzen Welt freistellten – und den die Europäer sich aneignen wollten, müssen wir als Erstes den Ort in den Vereinigten Staaten aufsuchen, von dem dieser Gedanke seinen Ausgang nahm. Und dort können wir anfangen, den Namen »Babbitt« und den Begriff »Babbittry« nicht als Abwertung zu betrachten, sondern als Chiffren aus einem in raschem Wandel begriffenen gesellschaftlichen Lexikon, geprägt zur Charakterisierung neuer Idealtypen einer Mittelstands-Identität und eines zugehörigen Sozialverhaltens. Dies zu unterlassen, hieße jenen gehässigen Vergleichen auf den Leim zu gehen, die zu beiden Seiten des Atlantiks immer dann reflexartig bemüht werden, wenn amerikanischer Mittelstand und europäisches Bürgertum einander zu analytischen Zwecken gegenübergestellt werden. Der zweite Schritt besteht darin, zu erkunden, wie diese neue Form der Geselligkeit quer durch Europa adoptiert wurde. Wir werden, indem wir das tun, demonstrieren, wie die europäischen Eliten »ihren Frieden mit der Babbittry schlossen«; mit anderen Worten, wir werden am Beispiel der Ausbreitung der Rotarierclubs zeigen, wie die besagten europäischen Eliten anfingen, sich auf einen neuen Zeitgeist einzustellen, der das Hauptaugenmerk auf die materielle Gemeinsamkeit der täglichen Bedürfnisse legte.

Im Sinne von Woodrow Wilsons Feststellung, dass Schranken des Geschmacks schwerer zu überwinden seien als Schranken der Überzeugung, mussten Angehö-

---

19 »Das Probleme der Freiheit«, Manns Vortrag von 1939, mutierte 1940 zu »Krieg und Demokratie« und nach erneuter Überarbeitung 1942, nach dem Kriegseintritt der Vereinigten Staaten, zu »How to Win the Peace«. Mann hielt den letztgenannten Vortrag am 12. Februar 1942 vor dem *Rotary*-Club von Los Angeles; siehe Hansen/Heine, Frage und Antwort, 285ff.; Prater, Thomas Mann, 311, 316f., 339.

rige der europäischen Eliten sich gewisser kastenartiger Hemmungen entledigen, was ihr kulturelles Selbstwertgefühl betraf. Sie mussten sich an eine neue Dynamik der Lebensstandards gewöhnen, die einkommensabhängig und potenziell für alle offen war. Sie mussten lernen, Unternehmer, die in neuen Dienstleistungsmetiers wie insbesondere dem Handel tätig waren, als legitime Angehörige der Elite zu akzeptieren. Sie mussten die Angst davor verlieren, dass ein sich verändernder Kulturbegriff, auch wenn er tief verwurzelte Traditionen wie den Respekt vor hierarchischer Ordnung noch so erschreckend ins Wanken brachte, ihren gesellschaftlichen Rang untergraben könnte. Sie mussten sich mit dem neuen Geist eines verbraucherorientierten, dem Ethos der Dienstleistung verpflichteten Kapitalismus anfreunden, um eine emphatischere Beziehung zu den Milieus in ihrer Umgebung aufbauen zu können. »Frieden schließen« bedeutete auch, nationale kulturelle Unterschiede einzuebnen. In den Vereinigten Staaten diente die Beziehungspflege in den Clubs der Dienstleister nicht zuletzt dem Aufbau von Netzwerken. Wenn man anfangen wollte, Menschen guten Willens überall auf der Welt zu der Einsicht zu bekehren, dass wir alle uns in unseren Bedürfnissen und Ängsten ähnlich sind, tat man das am wirkungsvollsten bei wöchentlichen Zusammenkünften zur Mittagsstunde mit Essen, Trinken und Reden. Das war das universelle Markenzeichen der Rotarierclubs.

Die amerikanische Vereinsmeierei

Wäre das Rotariertum ein Produkt der amerikanischen Ostküstenkultur gewesen, erfunden für den alteingesessenen Geldadel aus Edith Whartons Bürgerhäusern, für die kultivierten Bostoner von Henry James oder für alte Herren aus F. Scott Fitzgeralds *Ivy League*, so wäre der große Anklang, den es bei der Elite des europäischen Bürgertums fand, unschwer zu erklären. Tatsächlich war es etwas völlig anderes: ein neu entworfenes Kostüm für erfolgreiche Jungunternehmer und ehrgeizige Freiberufler und als solches ebenso ein Geschöpf der modernen Massenproduktion wie Henry Fords *Model T*. Wie das Fließband im Automobilbau vor ihm war auch das Rotariertum eine Erfindung des Mittleren Westens. Der erste Rotarierclub wurde an den Gestaden der Großen Seen ins Leben gerufen, keine 300 Kilometer Luftlinie von Detroit entfernt, in einer Stadt am windbestrichenen Südufer des Lake Michigan, wo der US-Kapitalismus dynamischer und ungehemmter wucherte als irgendwo sonst.

Der Geburtsort des Rotariertums war Chicago, die am schnellsten wachsende Großstadt der Welt im frühen 20. Jahrhundert. 1930 liebäugelte Chicago mit einer Einwohnerzahl von 3,5 Millionen, erstreckte sich über 1.500 Quadratkilometer und konnte für neu zugezogene Einwohner ein schrecklich einsamer Ort sein, was unter Umständen dafür sorgte, dass sie auf der Suche nach zwischenmenschlichen Beziehungen einen verzweifelten Erfindergeist an den Tag legten. Mit der größten Hingabe und Dringlichkeit gingen dabei vermutlich jene zu Werke, die sich beim Knüpfen nachhaltiger Kontakte am schwersten taten, nämlich alleinstehende protestantische weiße Einheimische vom Land oder aus Kleinstädten. Diesen aus bescheidenen Verhältnissen kommenden Leuten und ihrem dringenden Bedürfnis, sich fachlich auszutauschen, zeigten die feineren Kreise der etablierten alten Eliten die kalte Schulter. Wenn diese Zuwanderer aus der amerikanischen Provinz nicht in eine der neu entstehenden Gemeinden irischer, italienischer und polnischer Einwanderer einheirateten (was einem sozialen Abstieg gleichkam), blieben ihnen die schützenden und förderlichen landsmannschaftlichen und verwandtschaftlichen Beziehungen verschlossen, wie sie sich in der aufstrebenden Arbeiterschaft, in den Kirchengemeinden und insbesondere in den zunehmend gut geölten partei- und kommunalpolitischen Apparaten und Seilschaften herausbildeten. Ihrerseits verschmähten diese Heimatlosen die bestehenden, im Grenzbereich zwischen Arbeiterschaft und kleinen Geschäftsleuten angesiedelten Vereinigungen und wollten von der Arbeiterbewegung erst recht nichts wissen. Über den Begründer der Rotarierbewegung, Paul P. Harris, den schlaksigen, milchgesichtigen Anwalt, der sich auf Betrugsfälle spezialisiert hatte, heißt es, er habe zahlreiche Bekannte, aber nur wenige Freunde gehabt. Dieser liebenswürdige Hansdampf, der aus Racine in Wisconsin stammte, eine Brille trug, früh die Haare zu verlieren begann und mit 37 noch Junggeselle war, litt unter seiner Einsamkeit, die zudem schlecht für sein Geschäft war. Es war keine Ironie im Spiel, wenn spätere Rotarier die von Harris erfundene »Geselligkeits-Apparatur« als Produkt seines »flinken Geistes« und seines »einsamen Herzens« feierten.[20]

Laut Gründungsmythos der Rotarier fand die erste Versammlung am 23. Februar 1905 im überfüllten Kontor des Kohlenhändlers Sylvester Schiele im *Unity Building* an der Dearborn Street statt. Der Sinn und Zweck der Versammlungen, die im wöchentlichen Turnus zur Mittagszeit stattfanden und für die die Mitglieder in regelmäßiger Rotation ihre Geschäftsräume zur Verfügung stellten, wurde erst mit der Zeit deutlich: Die einzelnen Mitglieder hatten bei den Treffen die Chance, den anderen Einblick in ihre Tätigkeit und ihre Pläne zu geben und dadurch sowohl soziale Kontakte als auch geschäftliche Verbindungen zu knüpfen. Dies half ihnen, das gegenseitige Wohlwollen und Vertrauen, das Leuten, die an Geschäftsabläufe und Geschäftsbeziehungen in kleinen Gemeinden gewöhnt waren, aus diesem Milieu bekannt war, unter großstädtischen Bedingungen neu zu kultivieren. So gesehen, boten die Rotarierclubs geschützte Nischen, aus denen heraus die Mitglieder den Großunternehmen und dem von ihnen entfachten grausamen Konkurrenzkampf trotzen konnten. Die Berufe der *Rotary*-Gründer – ein Rechtsanwalt, ein als Versicherungsmakler dilettierender Kohlenhändler, ein Schneider und Textilkaufmann, ein Bergbauingenieur, bald gefolgt von einem Drucker und einem Immobilienmakler – unterstreichen die Herkunft der Rotarierbewegung aus dem gewerblichen Mittelstand und ihre defensive Ausrichtung.

Männerbündnisse waren keineswegs etwas Neues in einem Land, das berühmt war für seine ordensartigen Burschenschaften, die sich im verflossenen Vierteljahr-

---

20 Zit. n. Drake, Rotary Club of Gloucester, 1. Allgemeiner zu Rotary in den Vereinigten Staaten siehe Marden, *Rotary and Its Brothers*; Charles, Service Clubs in American Society; Nicholl, The Golden Wheel.

hundert lawinenartig vermehrt hatten und eine Solidarität propagierten, der ein Ethos des Gemeinsinns und der brüderlichen Hilfe zugrunde lag, und die ihren Zusammenhalt durch ausgefallene und pathetische Rituale stärkten. Wie der deutsche Soziologe Georg Simmel treffend feststellte, wurde die Gründung von Vereinen allerorten durch »ein Distanznehmen in den eigentlich innerlichen Beziehungen [und] ein Distanzverringern in den mehr äußerlichen« stimuliert. In den USA schlossen weiße Männer Freundschaften über Klassen- und Zunftgrenzen hinweg, und die Kreise, die diese Brüderschaften zogen, erweiterten sich ständig, bis sie schließlich Einwanderer aller Art aus Europa einschlossen; Frauen, Farbige und Asiaten blieben hingegen rigoros ausgeschlossen.[21] Die »Neigung für Zusammenschlüsse«, die Tocqueville den Amerikanern attestierte, schöpfte eindeutig aus den ständischen Traditionen Europas. In Deutschland kursierte seit langem der Scherz, dass wo immer mehr als zwei Deutsche zusammenkamen, sie einen Verein gründeten. Sie brachten diese Neigung mit in die Vereinigten Staaten, besonders ausgeprägt in Regionen wie dem Mittleren Westen, wo der Anteil der deutschen Einwanderer besonders hoch war. Nationalstolze deutsche Rotarier wiesen gern darauf hin, dass man es nicht als Zufall abtun könne, dass zwei der Gründungsmitglieder der Rotarierbewegung, der Kohlenhändler und spätere Versicherungsmann Sylvester Schiele und der Bergbauingenieur Gustavus H. Loehr, deutscher Herkunft waren. Allein, erst nach der Wende zum 20. Jahrhundert wurde aus der von Tocqueville beobachteten »Passion« ein regelrechtes Vereinsfieber, das parallel verlief zu jener »Ausweitung des Fabrikwesens und der Verkaufskultur, die für eine Gleichförmigkeit des Lebens von einem Ende des Kontinents zum anderen sorgte«, wie Charles und Mary Beard 1927 schrieben. In dem Maß, wie Kommunikationsnetze und routinemäßige wirtschaftliche Aktivitäten eine nationale Dimension erreichten, wuchsen kreuz und quer durch das Land Vereine, Bünde und Dachverbände für Profit- und Vergnügungszwecke, für Zerstreuung, Selbstvervollkommnung und gesellschaftlichen Fortschritt.[22]

Die Rotarierbewegung verkörperte freilich einen bedeutsamen Fortschritt in Bezug auf Umfang und Intensität der Beziehungspflege. Es war nämlich nicht nur der aus dem Zusammenwachsen eines nationalen Marktes und den sich dadurch ergebenden Kommunikationsmöglichkeiten resultierende verschärfte Wettbewerb, der den Wunsch nach »Verbrüderung« anheizte, sondern auch die Entschlossenheit lokaler Eliten, sich in einer Situation, in der mächtige neue Kräfte, wie die Großindustrie, die organisierte Arbeiterschaft, eine professioneller werdende Kommunalverwaltung und eine sich konsolidierende nationale Parteienlandschaft, die herkömmlichen Statuslinien und Machtstrukturen erschütterten, die eigenen Interessen, Machtpositionen und Einkünfte zu sichern. Rotarier betrachteten es als ihr erstes und wichtigstes Ziel, die verloren gegangene persönliche Interaktion wiederherzustellen und die persönlichen Animositäten, die infolge rauer gewordener geschäftlicher Sitten eingerissen waren, auszubügeln. Indem sie Gelegenheiten für persönliche Begegnungen schufen, förderten sie eine kulturelle Ressource zutage,

---

21 Simmel, Philosophie des Geldes, 541; Clawson, Constructing Brotherhood, 264.
22 Beard/Beard, The Rise of American Civilization, 730f.

die sich als besonders wertvoll für eine mobil gewordene Gesellschaft erweisen sollte: eine virtuell unendliche Ansammlung lokalen Wissens. Die Hebelwirkung dieses zunächst kleinstädtischen Wissensfundus nutzend, erhoben die Rotarier den anfangs nationalen, dann internationalen Anspruch, Regeln und Gepflogenheiten für eine neue kapitalistische Geschäftskultur zu etablieren. In den späten zwanziger Jahren, als die Soziologen Robert und Helen Merrell Lynd ihre berühmte Erhebung zum Thema »Middletown, U.S.A.« durchführten, nur um eine ganz neue Bürgerkultur zu diagnostizieren, in der »sich alles ums Geld dreht«, hatte sich *Rotary International* bereits als »der älteste und umworbenste aller Clubs« etabliert. Die Mitglieder würden »sorgfältig nach ihrer Geschäftstüchtigkeit ausgewählt«, seien in höchstem Maß auf Wettbewerb getrimmt und bildeten »eine Hierarchie gemäß dem Prestige, das ihre Mitgliedschaft ihnen verleiht.« Rotarier stünden exemplarisch für »die präpotenten Werte der dominierenden Gruppe von Geschäftsleuten in der Stadt«. Die Kombination, die ein Rotarierclub anzubieten habe – ein Gemisch aus »nützlichen Beziehungen, Idealismus, Sozialprestige und lässig-freundschaftlichem Umgang« – mache ihn »fast unwiderstehlich«.[23]

Obwohl das *Rotary*-Netzwerk, als die dreißiger Jahre anbrachen, noch immer in erster Linie als eine Einflussgröße in kleineren Städten bekannt war, hatte es sich zu diesem Zeitpunkt auch schon in den amerikanischen Großstädten eine solide Basis verschafft. Der zweitgeborene Club in der Rotarierfamilie war der von San Francisco, der fünfte der von Los Angeles. 1909 wurde auch im kosmopolitischen New York ein Rotarierclub eröffnet, ein Nachzügler, der freilich nie eine einflussreiche Rolle spielen sollte. Dagegen war in Chicago der *Old Number One* zwanzig Jahre nach seiner Gründung die unbestrittene Nummer eins unter den Herrenclubs der Stadt. Seine Mitglieder – Unternehmer, Topmanager, Akademiker und Freiberufler aus der ganzen Stadt – waren fast ausnahmslos gebürtige Amerikaner, einigermaßen wohlhabend, Kirchgänger und ihrer politischen Neigung nach Republikaner. Viele von ihnen gehörten auch noch anderen Vereinen, Bruderschaften und Berufsgilden an, doch ihren Rotarierclub schätzten sie wegen seines breiten Horizonts und seiner auf das nationale Ganze gerichteten Vision besonders.[24] Spätestens gegen Ende der dreißiger Jahre hatte praktisch jede mittelgroße Stadt in den USA ihren Rotarierclub. Bis in die sechziger Jahre hinein florierte diese Clubkultur, dann kam das amerikanische Clubwesen generell zum Erliegen. Doch in den neunziger Jahren sorgten die Globalisierung, die Neubelebung der ehrenamtlichen Arbeit und die Aufnahme von Frauen als Mitglieder dafür, dass die Clubs wieder mehr Zulauf erhielten.[25] Heute ist *Rotary International* die größte Club-Organisation der Welt; nicht weniger als 30.000 örtliche Rotarierclubs schmücken sich mit dem blau-goldenen Rad, das das Emblem der Organisation ist und das weltweit somit fast ebenso weit verbreitet – wenn auch nicht so auffällig – ist wie der goldene Doppelbogen von *McDonald's*.

Das rasante Wachstum der Rotarierbewegung schien zunächst vor allem zu bestätigen, dass der US-amerikanischen Mentalität in der Tat eine eigenartige »Nei-

---

23 Lynd/Lynd, Middletown, 301–309.
24 University of Chicago, Rotary?, 55–62.
25 Putnam, Bowling Alone.

gung zum Zusammenschluss« innewohnte. Das war die Formulierung von Alexis de Tocqueville, aufgeschrieben im Kontext seiner scharfsinnigen, wenn auch oft missdeuteten Beobachtung: »Amerikaner jeden Alters, jeden Ranges, jeder Geistesrichtung schließen sich fortwährend zusammen.«[26] Es ging ihm nicht, wie oft gesagt wird, darum, zu zeigen, dass das gesellschaftliche Leben Amerikas von einem Reichtum an Vereinen geprägt und dass dieses Phänomen besonders förderlich für die Demokratie sei, und er wollte damit auch nicht die komplementäre These aufstellen, die Länder Kontinentaleuropas seien arm an Vereinen und neigten deshalb zu autoritären Herrschaftsformen – keines von beiden traf zu. Tocquevilles Gedanke war vielmehr der, dass die amerikanischen Vereinigungen dazu taugten, eine Merito-Demokratie zu fördern, zu deren Wahrzeichen jenes überschwängliche Ritual gehörte, das gebildete Europäer zugleich faszinierte und abstieß: die Verbindung aus herzlichem Händeschütteln, jovialem Smalltalk, vertraulicher Anrede beim Vornamen und lautem Chorgesang. Diese Art von Geselligkeit, voller Individualismus, aber durch kleine Benimm-Konventionen gezähmt, förderte die Entwicklung eines wandelbaren neuen sozialen Ichs, das zugleich konformistisch und unternehmenslustig war, das sich urteilender Aussagen enthielt oder seine Urteile in blumige Konventionen kleidete, gleichzeitig aber selbstbewusst genug war, um das in fernen Welten lebende Andere zu erkennen und von ihm erkannt zu werden. Es sei, so bemerkte der niederländische Historiker Johan Huizinga 1927, ihre »normativ bestimmte Organisiertheit«, die den Amerikanern das Gefühl gebe, ihren Nachbarn ebenbürtig zu sein, und die zudem für »Effizienz« stehe. Huizinga betonte, in welch hohem Maß eine »uniforme und wohl definierte technische Nomenklatur« zum »Ideal der Zivilisation« geworden sei.[27]

Auf lokaler Ebene versetzten Vereinigungen lokale Eliten in die Lage, sich sachkundig über örtliche Angelegenheiten zu äußern und zumindest den Eindruck zu erwecken, als seien sie über nationale und auch internationale Geschehnisse auf dem Laufenden. In George Babbitts schwadronierender Redeweise unterschied sich der hundertprozentig rotblütige amerikanische Geschäftsmann vom verweichlichten Europäer dadurch, dass er

> nicht auf den Mund gefallen ist, sondern für sich selbst redet und klipp und klar zeigt, dass er sich stets der Situation gewachsen fühlt. Er braucht sich keinen Schmuser zu mieten, wenn er den Lästerzungen des kühlen, trockenen Alltagslebens antworten muss. Er ist nicht mit Stummheit geschlagen, wie der altmodische Kaufmann von ehedem. Er hat eine beredte Zunge, eine scharfe Feder und eine schwere Faust.

Babbitt war sich nicht sicher, was »sie«, die Europäer, »drüben genau machten«. Aber er war davon überzeugt, dass sie, anders als amerikanische Männer, bereit waren, »den Snobs und Zeitungsmenschen und Politikern eine ganze Menge zu erlau-

---

26 Tocqueville, Über die Demokratie in Amerika, Kap. 23, »Über den Gebrauch, den die Amerikaner im bürgerlichen Leben von Zusammenschlüssen machen«.
27 Huizinga, America, 236f.

ben«.[28] Wir könnten an dieser Stelle vielleicht den Schluss ziehen, dass die Romanfiktion aus der Wirklichkeit geschöpft war.

Wenn das Rotariertum dem amerikanischen Unternehmertum auf der einen Seite half, sich lokales Gehör zu verschaffen, so gab es ihm andererseits auch Gelegenheit, zu zeigen, dass es gut zuhören konnte. Die Beobachtung Tocquevilles, dass das Vereinswesen die Vielfalt gesellschaftlicher Stimmen stärken und die Politik entkrampfen und entpolarisieren kann, leuchtet ein.[29] Insoweit als bürgerliche Vereine in den Vereinigten Staaten neben politischen Parteien und unabhängig von ihnen entstanden, befassten sie sich mit Angelegenheiten der Gemeinschaft, die jenseits von Parteiinteressen einer vernünftigen Regelung zugeführt werden konnten – mit Dingen wie dem öffentlichen Gesundheitswesen, dem Lebensstandard oder einer guten Regierung. Es war für Eliten ein Gebot der politischen Vernunft, die Bedürfnisse anderer anzuerkennen, zumindest die Bedürfnisse einiger. Dieses demonstrative Interesse an den Bedürfnissen der Gemeinschaft speiste sich sicher aus Impulsen jüdisch-christlicher Wohltätigkeit, passte aber auch gut zur Selbstdarstellung und Imagepflege des erstarkenden Dienstleistungssektors.

Die Tatsache, dass die Rotarier sich empfänglich zeigten für die Frauenbewegung des beginnenden 20. Jahrhunderts (und generell offen für Frauen, vor allem in Gestalt der weiblichen Angehörigen ihrer Mitglieder), tat ein Übriges. Keine landesweit gültigen Vorschriften schlossen Frauen als Mitglieder aus, doch in der Praxis gehörten den Rotariern keine Frauen an, bis 1987 das Oberste Gericht der USA urteilte, ein kalifornisches Gesetz, das gemeinnützige Vereine verpflichtete, Frauen als Mitglieder aufzunehmen, verstoße nicht gegen das Grundrecht der Versammlungsfreiheit. Die Rotarierbewegung verstand sich als frauenfreundlich. Damit will ich sagen, dass das Bekenntnis der Rotarier zu guten Werken, ihr Sinn für Etikette und ihre ausgefeilten Umgangsformen, die ihre Vorgänger, die Bruderschaften, als unmännlich empfunden hätten, mit den emanzipatorischen Frauenvereinigungen des frühen 20. Jahrhunderts übereinstimmte, von deren Praktiken sie sich vielleicht sogar einiges abschauten. Die Rotarier trafen sich zum Mittagessen, mit dem Verständnis, dass das Abendessen der Familie gewidmet sei. Ungeachtet dessen bekräftigten die Clubs die Beschränkung auf Männer unter Berufung auf das »Familiäre«, das ihrer Gemeinschaft anhaftete. Hätten sie einige der an Zahl zunehmenden Geschäftsfrauen und Unternehmerinnen (von denen manche Erbinnen von Familienunternehmen, andere Geschäftsführerinnen junger Firmen waren) bei sich aufgenommen, so hätte das nur zu dem geführt, was die britischen Rotarier vielsagend mit »familiären Komplikationen« umschrieben. Es wäre gegenüber den »wahren Rotary-Frauen« rücksichtslos gewesen, »unsere Türen den Frauen zu öffnen, die in den letzten Jahren das Gefühl hatten, die geschäftliche Berufung [...] sei ein größerer Dienst an der Menschheit als die verantwortungsvolle Tätigkeit der Familiengründung«.[30] Die Ehefrauen und Töchter von *Rotary*-Mitgliedern wurden stattdessen ermuntert, nachgeordnete Gruppen zu gründen, denen jedoch jede

---

28 Lewis, Babbitt, 229.
29 Tocqueville, Über die Demokratie in Amerika, Zweiter Teil, 125f., 133f.
30 Hewitt, Towards My Neighbour, 132–138; University of Chicago, Rotary?, 122.

offizielle Anerkennung entschieden verwehrt wurde. Frauen mit besonders hoher Motivation konnten sich für eine noch prestigeträchtigere Alternative entscheiden, nämlich ein Engagement im Kreis der gemeinnützigen Frauenvereine, die Namen wie *Altrusa*, die *Soroptimists* oder *Zonta* trugen, mit denen die Rotarierbewegung gute Beziehungen pflegte und aus deren Reihen einige der hochgebildeten Bannerträgerinnen kamen, die die Europazentrale der Rotarier in Schuss hielten. Frauen wurden, kurz gesagt, als wertvolle Aktivposten behandelt, am demonstrativsten bei hohen Anlässen wie der Einsetzung neuer *Governors* (Vereinspräsidenten); da wurden die Frauen vom Podium herab vorgestellt, um den Wert und die Wichtigkeit ihrer Männer zu bezeugen. Die praktizierende Abstinenzlerin und Presbyterianerin Bonnie Jean Thomson, die 1910 Paul Harris heiratete, wurde nicht weniger zu einer Ikone der internationalen Rotarierbewegung als der bescheiden auftretende Guru selbst. Ihre dräuende Präsenz lieferte weitere Belege für ein rätselhaftes Phänomen, über das europäische Männer sich manchmal den Kopf zerbrachen, nämlich dass draußen in der Öffentlichkeit amerikanische Männer alles zu beherrschen schienen, während sie sich zuhause und im persönlichen Leben klaglos der Dominanz ihrer Lebensgefährtinnen unterwarfen.

Letzten Endes war die den Rotariern eigene Vision gesellschaftlicher Verbundenheit eine Antwort auf die unter kapitalistischen Tauschverhältnissen ewig zwiespältige Beziehung zwischen dem kommerziellen Impuls, der die Gesellschaft einen, und der mörderischen Konkurrenz, die sie zerreißen kann. Manche Zeitgenossen sahen denn auch im Rotariertum einen Helfershelfer des Fordismus – während Letzterer dem außer Kontrolle geratenen Kapitalismus der Räuberbarone durch die Standardisierung der Fabrikproduktion Zügel anlegte, systematisierte das Rotariertum die sozialen Beziehungen. So gesehen, war das »Zeitalter des Fordismus« auch das »Zeitalter der Rotarier«. Wie Ford war Paul Harris eine von vielen verehrte Berühmtheit – beiden gemeinsam war eine wenig einprägsame Physiognomie, die es schwer machte, sie in einer Menschenmenge zu erkennen. Die bodenständigen Weisheiten, die beide Männer zu Papier brachten, wurden in den Status philosophischer Betrachtungen erhoben und in unzählige Sprachen übersetzt. Ford lieferte die Maschinerie für ein neues Zeitalter, Harris, so wurde gesagt, die zugehörige Moral. Ford setzte Amerika auf Räder, Harris gab Amerika das Goldene Rad. Ähnlich wie die Fordschen Fließbänder in Detroit produzierte das Hauptquartier von *Rotary International* in Chicago standardisierte Kommunikationsmittel von langer Lebensdauer. Indem die Clubs detaillierte Regularien, Prozeduren und Rituale vorschrieben, produzierten sie die weltweit erste massengefertigte Soziabilität. Werkstestgeprüft zunächst im hindernisreichen Großstadtdschungel Chicagos, dann langstreckengeprüft quer über den amerikanischen Kontinent, wurden die Geselligkeitsvehikel der Rotarier dann auch im Ausland erprobt – zuerst in den englischsprachigen Ländern Kanada und Großbritannien, dann, ab 1916, im kulturell weiter entfernten Schmelztiegel des amerikanischen Außenpostens Havanna. Während die Rotarierbewegung immer größere Kreise über ihre ursprüngliche Marktnische in den schnell wachsenden Städten des Mittleren Westens der USA hinaus zog, diagnostizierte das *Rotary*-Management eilfertig alle möglichen Störungen, die ihrer

Erfindung zustoßen könnten. Dazu gehörten Konkurrenz und Zwietracht zwischen den Interessen der Mitglieder, Stagnation wegen Mangels an motivierenden äußeren Zielen und die Gefahr eines Ansehensverlustes in dem Maß, wie der Nimbus der Neuartigkeit verloren ging, die Organisation in die Breite wuchs, ihre Praktiken altbacken wurden oder andere dasselbe Feld beackernde Organisationen ihren Marktanteil bedrohten.[31] Die Rotarier lernten von erfolgreichen Unternehmern, wie man auf großen Märkten operiert, und sie lernten im Wettbewerb mit anderen in ähnlicher Weise dem Ideal der Gemeinnützigkeit verpflichteten Clubs wie den *Lions*, *Kiwanis*, *Exchange*, *Civitan* und *Gyro*, ihr Produkt, nämlich männliche Kameraderie, nach allen Regeln der Verkaufs- und Vertriebskunst zu propagieren, angefangen von der Förderung der Markenbekanntheit und Produkt-Uniformität bis hin zur Einführung von Qualitätskontrollen und Kopplungsgeschäften.

Ihre gute Nase fürs Verkaufen bewiesen sie schon bei der glücklichen Namenswahl: *Rotary* konnte sowohl für ein Steuerrad als auch für einen Dynamo stehen, anders als *Rotation*, das die Gründer zunächst favorisiert hatten. *Rotary* weckte Assoziationen an einen ständigen Wechsel des Führungspersonals, an einen schnellen Turnus der lokalen Clubtreffen, aber auch an die Dynamik der Organisation und ihr egalitäres Selbstverständnis – für Letzteres standen die Speichen des Rades, die sinnbildlich die Verbundenheit der Clubmitglieder aus aller Welt darstellten. Bei *Rotary* funktionierte auch die sprachliche Anpassung ausgezeichnet. Chicago, der Club mit der Nummer eins, hatte seinen *Gyrator*, während das seriöse Mitteilungsblatt für die internationale Bewegung *The Rotarian* hieß. Die britischen Ableger brachten linguistische Verspieltheiten ins Spiel: Clubzeitschriften trugen dort Namen wie *Cogs* (Getriebezähne), *In Gear* (in Gang), *Live Steam* (lebender Dampf), *Spokes* (Speichen), *Rotula*, *Flywheel* (Schwungrad) oder *Gearbox* (Getriebe). In die Sprachen auf dem europäischen Kontinent übersetzt, entfaltete *Rotary* denselben Charme und Reiz wie andere große US-amerikanische Markennamen, von *Ford*, *Gillette*, *Coca-Cola* und *Kodak* bis zu *Xerox*, *Nike*, *McDonald's* und *Microsoft*. Je nach Sprache und Dialekt konnte das in *Rotary* doppelt vertretene r kehlig, gerollt oder guttural ausgesprochen werden, während die Betonung von der ersten Silbe (im Italienischen und Spanischen) auf die zweite (im Deutschen) übergehen oder sich gleichmäßig auf alle drei Silben (im Französischen) verteilen konnte. Fantasievolle deutsche Philologen machten sich einen Spaß daraus, »Rotarier« in Silben zu zerlegen, und entdeckten darin zwei gegensätzliche Kräfte, nämlich »Rot« und »Arier«. So gesehen, war das Rotariertum eine Synthese, die Deutschland davor bewahren konnte, in zwei Teile gerissen zu werden.[32]

Dann war da das unnachahmliche Emblem, das goldene Rad. Ursprünglich das Produkt des Erfindungsgeistes lokaler Drucker, wurde das Rad im ersten Jahrzehnt nach Gründung der Bewegung in Dutzenden Versionen reproduziert und vereinfachte sich schließlich auf 24 Zähne; eine Keilnut wurde hinzugefügt, um mehr Antriebsdynamik zu suggerieren. Das Wappen wurde offiziell auf der Jahrestagung

---

31 Perrow, Framework, 194–208; Clawson, Constructing Brotherhood, 240.
32 Zit. n. Rotary Club Saarbrücken, 60 Jahre Rotary Club Saarbrücken, 10.

von 1912 in Duluth adoptiert, einschließlich detaillierter Angaben über Proportionen und Farben; allerdings fand 1924 eine letzte und endgültige Umgestaltung statt, in deren Zug die Zahl der Speichen auf sechs reduziert wurde. Ein brillantes Werbesymbol, hat das Rotarier-Rad sich als ebenso langlebig und wiedererkennbar erwiesen wie die berühmtesten Firmenlogos; ein wachsamer Patentschutz verhindert jeden kommerziellen Missbrauch des Emblems. Auch die Slogans der Rotarier waren geniale Marketing-Vehikel. Ihr ursprüngliches Motto »Gemeinsinn, dann Eigennutz« mutierte zu »Gemeinsinn nach Eigennutz«, bevor es um 1910 in das etwas edler klingende »Gemeinsinn über Eigennutz« umformuliert wurde. Dieses Motto wird bis heute verwendet und ist in so viele Sprachen übersetzt worden, wie in der internationalen Rotarier-Gemeinschaft vertreten sind (in den englischsprachigen Ländern lautet das Motto *Service above Self.*) Damit das Motto nicht zu freizügig interpretiert werde, wurde ihm auf der ersten Jahrestagung in Chicago im August 1910 der Zusatz »Der gewinnt am meisten, der am besten dient« (»He profits most who serves best«) angefügt, dessen geistiger Vater der selbsternannte Begründer der amerikanischen Verkaufskultur war, der aus Michigan gebürtige Arthur Frederick Sheldon. Seine Satzschöpfung hielt sich hartnäckig, lange nachdem viele Rotarier sein Motto als moralisch fragwürdig und schwer übersetzbar erkannt hatten.[33]

Der heikelste Balanceakt der Rotarier bestand darin, die Intimität der eigenen Gemeinschaft mit der nach außen gerichteten Expansion der weltweiten Rotarierbewegung zu vereinbaren. Je internationaler die Rotarier wurden – im Jahre 1921 verzichteten sie auf den Zusatz »ausländisch« –, desto dringender wurde die Notwendigkeit, die eigenen Ziele in prägnanter Form und ohne jede Spur der Heilsprediger- Rhetorik der amerikanischen Provinz zusammenzufassen. Ein großer Schritt in diese Richtung wurde getan, als man die Aufgabe, die eigenen Grundsätze klar zu formulieren, Leuten übertrug, deren Muttersprache britisches Englisch und nicht amerikanisches Englisch war. Im Verlauf vieler Jahre feilten ehrenamtlich tätige britische Verfassungsrechtler an dem Rotarier-Manifest und arbeiteten daran, das Ziel des internationalen Friedens herauszuarbeiten und die beiden grundlegenden Organisationsprinzipien der Bewegung zu verdeutlichen, nämlich das Klassifizierungssystem und den Grundsatz des Gemeinsinns.

Das Klassifizierungssystem war das Instrument für die Auswahl von Mitgliedern. Da jeder einzelne Club, um wirksam arbeiten zu können, relativ klein sein musste, durfte jede Berufsgruppe nur durch ein einziges Mitglied vertreten sein. Die ursprüngliche Begründung für diese Vorschrift lautete, dass andernfalls geschäftliche Konkurrenz die brüderliche Atmosphäre stören könnte. Die Vorschrift blieb bestehen, erhielt jedoch mit der Zeit eine anspruchsvollere Begründung. Anders als Geheimbünde, die für die Rekrutierung neuer Mitglieder schwarze Kugeln und geheime Abstimmungen benützten, anders auch als die snobistisch exklusiven Alte-Herren-Zirkel, die nach Maßgabe des gesellschaftlichen Stammbaums diskriminierten, wählten die Rotarier den jeweils örtlich führenden Vertreter einer jeden

---

33 Manual of Procedure. The Rotary Name and Emblem and Their Uses, in: Proceedings of the 12th Annual Rotary Convention, 509; Zapffe, Rotary!, 9ff.; s. auch University of Chicago, Rotary?, 10.

Berufsgruppe aus. Da kein Club, der erfolgreich sein wollte, Personen anwerben würde, die nicht zu den schon vorhandenen Mitgliedern passen, hatten Letztere trotz aller Regularien immer noch ein bedeutendes Mitspracherecht, wenn es um die letztendliche Auswahl ging. Dennoch wurde viel Aufhebens darum gemacht, dass die Clubs nichts zu verbergen hatten. Zum Zeichen der Transparenz verzichteten die Rotarier auf die abgeschottete Sphäre mahagonigetäfelter Clubräume, auf Festungen wie Freimaurertempel, *Elk Lodges* und auf exklusive Banketträume; sie trafen sich stattdessen an ausgesprochen öffentlichen Orten, gewöhnlich im besten Hotel oder bekanntesten Restaurant der Stadt oder der Gegend. Ort und Zeit jedes Treffens wurden öffentlich plakatiert, und die Namen der aufgebotenen Vortragsredner und die Themen ihrer Vorträge wurden in der Lokalzeitung angekündigt. Auch die routinemäßigen jährlichen Wechsel des Führungspersonals wurden öffentlich bekannt gegeben.

Das Zweite Gründungsprinzip der Rotarier, »Gemeinsinn« oder »Dienst an der Gemeinschaft«, war mit mindestens drei Jahrhunderten Bedeutung ausgepolstert. In der Devise »Gemeinsinn über Eigennutz« steckte die calvinistische Idee von der individuellen Erlösung durch gesellschaftsdienliches Handeln auf Erden. Der Slogan »Der gewinnt am meisten, der am besten dient« bezog sich auf das Vertrauen zwischen Verkäufer und Käufer ebenso wie auf das Versprechen von Gewährleistung, Kulanz und Kundendienst nach dem Verkauf, wie es einer im Werden begriffenen verbraucherorientierten Geschäftskultur entsprach.

Die Dienstleistungsethik besagte, dass die Gemeinschaft üppige Bedürfnisse hatte und das Niveau der von allen gewünschten Annehmlichkeiten hoch sein sollte, aber auch, dass das System des Gewinnstrebens einen sparsamen Pragmatismus bei der Erfüllung der Bedürfnisse erforderte. In diesem Sinne hatten die Rotarier für Vorstellungen von öffentlicher Solidarität im populistischen oder sozialstaatlichen Sinn wenig übrig. Auch hatten sie nicht die Absicht, in ein paternalistisches Verständnis von Dienst an der Gemeinschaft zu verfallen. Ihre Projekte suchten sich die Rotarier mit Blick auf Machbarkeit und strengste Unparteilichkeit aus, um tunlichst Kontroversen zu vermeiden und nicht in die Fettnäpfchen von Interessengruppen zu treten, erst recht nicht in solche des einen oder anderen mächtigen Mitglieds. Das Dienen sollte gewissenhaft geschehen, aber ohne exzentrische Überzeugungen.

So verstandene Projekte konnten etwa eine verbesserte Beleuchtung für die Hauptstraße oder der Bau eines Parkplatzes in der Innenstadt sein. Aber sich dabei nur nicht auf Streitigkeiten über Bebauungspläne einlassen! Rotarierclubs mochten einer Klinikstation eine Eiserne Lunge oder ein Röntgengerät stiften, für Impfungen im Kindesalter eintreten, kostenlose Augenuntersuchungen anbieten oder vielleicht sogar, wenn sie in ihrem Verein einen Optiker hatten, kostenlose Brillen für kurzsichtige Schulkinder zur Verfügung stellen. Doch Debatten über Gesundheitspolitik waren tabu! *Rotary* stand für den Weltfrieden. Aber Pazifismus war nicht ihre Sache, und sie diskutierten nicht kontrovers über Fragen wie das Führen eines konkreten Krieges, geschweige denn über Kriegsschulden. Für einen Rotarier gehörte es sich, an vorderster Front für die Goldene Regel einzutreten, der zufolge man andere so behandelte, wie man selbst von ihnen behandelt werden wollte; man trat ein für ein

Abb. 1: »Ein singender Rotarierclub ist ein guter Rotarierclub«: Harry L. Ruggles, der den Rotariern das Singen verordnete, dirigiert die *Boys* des Chicagoer Clubs.

»konstruktives Bürgersein« durch die Wahrnehmung des Wahlrechts, durch Einsätze als Schöffe und durch das Feiern des Nationalfeiertags. Doch solche Aktivitäten durften, mit welch großem Eifer sie auch immer unternommen wurden, nicht mit Parteipolitik verwechselt werden. Der Sinn der Sache war ja gerade der, dass man anstelle der Politik handelte, deren Anspruch, das Leben der Bürger zu verbessern, im besten Fall skeptisch zu betrachten war und niemals so gut sein konnte wie ein gemeinsames Handeln der Bürger. Die Rotarierbewegung trat durchaus aggressiv auf den Plan, um auf die Öffentlichkeit einzuwirken und grundlegend an der Umgestaltung der Gesellschaft mitzuwirken.

Sie glaubte an das Ideal des Dienens und der Dienstleistung, die neue Ethik eines verbraucherorientierten Kapitalismus. Dieser Geist lässt sich am besten an konkreten Projekten studieren, und vielleicht nirgendwo so plastisch wie an der ersten öffentlichen Tat des Chicagoer Clubs. Das Projekt, das bei einem Bankett im *Great Northern Hotel* am 24. Oktober 1907 mit großer Geste verkündet wurde, hatte die Errichtung öffentlicher Toiletten an der Ecke der La Salle und der Washington Street unweit des Rathauses zum Ziel. Das zu lösende Problem hatte mit den Einwanderern und anderen Antragstellern zu tun, die, während sie Schlange standen, um sich ein Visum zu besorgen, Steuern zu zahlen oder eine Lizenz zu beantragen, in ihrer Not auf die Straße urinierten oder noch Schlimmeres taten. Die vorgeschlagene Lösung würde den Leuten ihre persönliche Würde zurückgeben, zugleich aber die öffentliche Hygiene befördern. Nicht alle lokalen Interessenvertreter zeigten so viel Mitgefühl für die Not des kleinen Mannes oder so viel Sensibilität für die öffentliche Sauberkeit. *Marshall Fields*, das Kaufhaus, sah in den Menschen, die durch seine Türen hereingestapft kamen, um die Kaufhaustoiletten zu benutzen, potenzielle Kunden. Ähnlich sahen es die Lokalbetreiber im Stadtzentrum. Daher waren die einen wie die anderen gegen die Einrichtung öffentlicher Toiletten. Es bedurfte deshalb einer gewissen ungenierten staatsbürgerlichen Courage, um öffentlich für ein solches Vorhaben einzutreten, und es brauchte ferner zwei Jahre zähen Verhandelns, um sich gegen städtebauliche Vorschriften und andere Hindernisse durchzusetzen. Schließlich wurden Reden gehalten, Bänder durchgeschnitten und die Toiletten ihrer Bestimmung übergeben.[34]

Über den Weißen Atlantik

Dieselben Stärken, die die Rotarierbewegung in den ganzen USA triumphieren ließen, katapultierten sie auch im Ausland nach vorne. Auf der Jahrestagung im August 1912 in Duluth stimmten Delegierte aller 41 zu diesem Zeitpunkt existierenden Clubs mit tosender Einstimmigkeit für die Umbenennung in »Internationale Vereinigung der Rotarierclubs« – zwei Jahre nach der Gründung des ersten ausländischen Clubs im kanadischen Winnipeg und ein Jahr nachdem in Dublin, Belfast und London die ersten Clubs auf europäischem Boden entstanden waren.[35] Für die Expansion im Ausland zeichneten einzelne tatkräftige Geschäftsleute verantwortlich, die in Europa und anderswo gleichermaßen dem Verlangen nach Geselligkeit frönten wie ihre Clubgenossen in Amerika, und es war nicht zuletzt der Erste Weltkrieg, der einen neuen Anstoß dazu lieferte, global zu denken. Auf der Jahrestagung von 1916 in Kansas City fassten die Delegierten den formellen Beschluss, »Rotarierclubs in allen wirtschaftlichen Zentren der Welt« aufzubauen. In Los Angeles beschlossen die Teilnehmer der dortigen Jahreskonferenz am 6. Juni 1922 noch unter dem frischen Eindruck der Wachstumsimpulse, die von der ersten internationalen Konferenz im schottischen Edinburgh 1921 ausgegangen waren, einstimmig, ihre Bewegung in *Rotary International* umzubenennen. Natürlich werden sie von der 1919 gegründeten Kommunistischen Internationale gewusst haben. Andererseits gab es beim Prägen von Markennamen nie irgendwelche Hemmungen, auf Formulierungen zurückzugreifen, die dem Zeitgeist entsprachen. Als Mitte der zwanziger Jahre die Wirtschaft in Europa an Fahrt gewann, beschloss *Rotary International*, den Ärmelkanal zu überspringen – in Reaktion auf erfreulich viele Anfragen aus der Alten Welt, aber nicht zuletzt auch in der zunehmenden Befürchtung, die auf Unabhängigkeit

---

34 Marden, Rotary and Its Brothers, 38ff.
35 Duluth Plays Unique Part in Rotary Annals, Duluth News Tribune, 18. Mai 1936, 4. Siehe auch: An Introduction to Rotary International and the Rotary Club of Duluth.

pochenden Rotarier der britischen Inseln könnten den amerikanischen Geburtshelfern auf dem europäischen Festland zuvorkommen.

Nachdem diese Entscheidung gefallen war, erschien Ostende, ein belgischer Badeort, der angeblich Ähnlichkeiten mit Atlantic City hatte, als idealer Schauplatz für die Jahrestagung von 1927, die 18. in der Geschichte der Bewegung. Aus moralischer Sicht war das neutrale Belgien, das im Krieg mit am meisten gelitten hatte, der perfekte Standort. Mit der Wahl dieses Landes legte *Rotary International* ein demonstratives Bekenntnis zum Weltfrieden ab. Aber auch unter logistischen Gesichtspunkten schien Ostende eine perfekte Lösung, war die Stadt doch von Antwerpen aus, der wichtigsten europäischen Hafenstadt für den Transatlantikverkehr, leicht erreichbar. 4.000 US-amerikanische und kanadische Rotarier schifften sich am 25. Mai 1927 im Hafen von New York auf sechs Ozeanriesen der Reederei *Cunard* ein – die größte Atlantiküberquerung, verkündeten die Organisatoren stolz, seit der Inmarschsetzung des amerikanischen Expeditionsheers 1917. Nach stürmischer Überfahrt fanden die Schiffe wieder zusammen und paradierten vor der britischen Südküste, die *Carinthia* an der Spitze, die anderen im Abstand von jeweils einer halben Meile hinterher. Sie fuhren in die Scheldemündung ein und legten am 2. Juni 1927 zeitgleich in Antwerpen an. Dort stießen zu den amerikanischen Tagungsteilnehmern rund 3.000 weitere, die meisten von den britischen Inseln; mit der Bahn ging es nach Ostende. Die Konferenz, die nur zwei Wochen nach Charles Lindberghs Aufsehen erregender Landung mit der *Spirit of St. Louis* auf dem Pariser Flughafen Le Bourget am 21. Mai begann, beeindruckte alle, die sie erlebten, mit ihrem Potenzial an unmittelbarer persönlicher Diplomatie: »Weltnachbarn, zusammengebracht durch moderne Transportmittel, bilden wahrhaft eine weltweite Brüderschaft.«[36]
Im grandiosen Kursaal aus Glas und Eisen, erbaut mit dem aus der Ausbeutung des Kongos erplünderten Reichtum, erklang zum ersten Mal bei einer *Rotary*-Konferenz das Timbre kontinentaleuropäischer Stimmen. König Albert, der freundlicherweise eine Ehrenmitgliedschaft bei den Rotariern akzeptiert hatte, begrüßte die 15.000 Tagungsteilnehmer im Namen des Friedens. Als dieser bewundernswert normale Monarch sein Grußwort beendet hatte, hallten die Stimmen der anderen europäischen Redner aus den Lautsprechern: »Mutter Europa, die Wiege der weißen Zivilisation, befindet sich in einer Krise und ihr Sprössling vom selben Stamm, jung und von der Vitalität der alten Heimat durchdrungen, bietet die Mittel und Wege an, die Europäer zu praktischen Idealisten auszubilden.« Die »Rotarierbrücke« würde den »Weißen Atlantik« überspannen. Sie würde die Herausforderung erkennen, der die Alte Welt sich gegenübersah, wenn sie den Blick auf die Vereinigten Staaten richtete, ein »im Wohlstand erstrahlendes Land mit neuen Großstädten«. Dem gegenüber stand ein Europa, in dem

> unser materielles Leben sich äußerlich nur langsam verändert; wir [Europäer] neigen eher dazu, über das Leben zu philosophieren; wir betonen den Wert von Kunst, Literatur und Musik für den Einzelnen, aber wir leiden möglicherweise an Überkultur, und es könnte gut sein, wenn wir

36 Nabers, When Rotary Hosts Trek Eastward, Einleitung.

etwas davon gegen die Energie und elementare Kraft eines jungen Landes wie der USA eintauschen könnten.

Gegen die »Diplomatie der Isolation und der Intrigen« stand das Rotariertum für vollständige moralische Entwaffnung, durchgeführt nicht von »lächerlichen Pazifisten oder ängstlichen Idealisten, sondern von praktischen, arbeitsamen Geschäftsmännern mit heißem Herzen«.[37] »Rotary lehrte uns, europäisch zu sprechen«, schwärmte ein Franzose. Ein Geschäftsmann aus Holland stellte diese euphorische französische Rhetorik auf die Füße. Ein friedliches Miteinander in Europa beginne, so erklärte er, »mit dem dankbaren Lächeln auf dem Gesicht des Delegierten aus einem anderen Land, wenn man neben ihm sitzt und ihm sagt, was vorgeht, und ihm die Witze übersetzt, über die die Mitglieder gerade lachen«. Nun sei für Europa der Zeitpunkt gekommen, sein Schicksal in die eigene Hand zu nehmen. Das weitere Vordringen der Bewegung in der Alten Welt hänge nicht »von Rotary International ab, es hängt von uns selbst ab, davon, wie wir das Rotariertum praktizieren und leben.«[38]

Solche leidenschaftlichen Worte drangen nicht an die Ohren der Dresdener, von denen keiner in Ostende zugegen war. Tatsächlich waren bis Herbst 1927 alle Deutschen von der Zugehörigkeit zu *Rotary International* ausgeschlossen. Gewiss brannten Amerikaner und Briten gleichermaßen darauf, Deutschland für *Rotary* zu organisieren, nachdem die Frage der deutschen Kriegsreparationen 1924 im *Dawes*-Plan geregelt und damit der Weg für die Aufnahme des Landes in den Völkerbund (im September 1926) geebnet war. Ihr Interesse speiste sich allerdings ebenso sehr aus praktischen wie idealistischen Motiven. Sie wollten vor allem die Anbahnung von Geschäftsbeziehungen erleichtern, hegten aber auch die Befürchtung, in dem Maß, wie der Industrieriese Deutschland wieder zu Kräften kam, würden »kommerzielle Reiseclubs« über ganz Europa ausschwärmen, angeführt von teutonischen Unternehmern, die versuchen würden, sich als bessere Rotarier zu gerieren.[39] In Europa war die Angst vor einem Wiedererstarken Deutschlands noch weit verbreitet.

Engländer und Amerikaner konnten die ablehnende Haltung der kontinentaleuropäischen Rotarier-Vereinigungen nicht einfach von der Hand weisen. Keine Deutschen, sagten die Franzosen. Während der letzten Leipziger Messe hatte die versammelte Teilnehmerschaft »mit altdeutscher Disziplin« den Hut gezogen und den Kratzfuß und Diener gemacht, als Reichspräsident Paul von Hindenburg im Auto vorbeigefahren war. Nicht auszudenken, wie viele Clubs in Deutschland aus dem Boden schießen würden, wenn man es zuließe: nicht fünfzig oder hundert, sondern bis zu 200 – zu einer Zeit, da die Franzosen es mit knapper Not auf ein Dutzend Clubs brachten. Hätten die Amerikaner die mit Soldatenfriedhöfen über-

---

37 T.C. Thomsen, What Can Rotary Do for Europe?, 69f., 74, Proceedings of the 1927 Rotary Convention, Ostend, Vormittagssitzung am Dienstag, 7. Juni June 1927, RIE.
38 J. Anton E. Verkade, The Extension of Rotary in Europe, 78, ebd.
39 F.W. Teele an Chesley R. Perry, 22. November 1927, 3, Akten zur European Convention, Box 3, General Affairs, RIZ; siehe auch Zürich 1926, ebd.; Feuille de Quinzaine du Rotary Club de Paris, 22. September 1926, France 49th District, Aktenbestand 1926–27, ebd.

säten Berghänge und Fluren gesehen, sie hätten nachvollziehen können, wie tief die Befürchtungen derjenigen gründeten, die die Deutschen als vollkommen reuelose, »fanatische Nationalisten« charakterisierten, die »von Rache träumen, andererseits aber im Geschäftsleben vollkommen korrekt agieren«. Musste man im Sinne der Ehrbegriffe der Alten Welt davon ausgehen, dass der Anblick der schwarz-rot-goldenen deutschen Nationalflagge, wenn sie neben den Fahnen von 38 anderen Nationen gehisst würde, einen Affront gegen König Albert und die Queen konstituierte, dann sprach alles dafür, die Vorbereitungen zur rotarischen Erschließung Deutschlands erst nach Ostende in die Wege zu leiten.[40]

Unterdessen waren in dem Bestreben, jeder eventuellen deutschen Ungezogenheit Fesseln anzulegen, unter amerikanischer Ägide Pläne herangereift, einen Regionalausschuss Europa ins Leben zu rufen, dem Vertreter aller acht Nachbarstaaten Deutschlands angehören sollten. Die Erfahrung hatte gezeigt, dass die Gründungsmitglieder Niveau und Stil derer bestimmten, die nach ihnen kamen. Daraus ergab sich das Ziel, Pilot-Mitglieder aus den höchsten gesellschaftlichen Schichten zu werben, als sei es ausgemacht, dass Großbürger oder Aristokraten eher für die Seriosität ihrer Landsleute bürgen konnten als schlichte Mittelständler. Das traditionell anglophile Hamburg sollte als Sprungbrett dienen. Bekannt für die strengen Ehrbegriffe ihrer Kaufleute, war die Stadt seit den Zeiten des mittelalterlichen Hansebundes Deutschlands bedeutendste Hafenstadt und Hauptsitz der deutschen Handelsmarine gewesen. So erschien es durchaus passend, dass die Federführung bei diesem Projekt die Rotarier der ehrwürdigen kalifornischen Hafenstadt Oakland übernahmen. Gründungspräsident von *Rotary* Deutschland wurde der Generaldirektor der Hamburg-Amerika-Linie, Wilhelm Cuno, der von 1922 bis 1923 Reichskanzler der Weimarer Republik gewesen war. Wie mehrere andere Gründungsmitglieder kam Cuno aus den Reihen des Übersee-Clubs, des erlauchtesten Hamburger Bürgerzirkels.[41] Unter der Ägide Hamburgs wurde das katholische Köln als Nächstes organisiert; dort funktionierte der amtierende Oberbürgermeister Konrad Adenauer als Gründungspräsident. Danach folgte Frankfurt am Main mit Baron Moritz von Bethmann-Hollweg – er war, so versicherte man skeptischen belgischen Mitgliedern, ein Abkömmling des Bankenzweigs der berühmten Familie und nicht etwa ein Nachkomme des deutschen Reichskanzlers, der im Juli 1914 der österreichisch-ungarischen Monarchie den berüchtigten »Blankoscheck« für das Ultimatum an Serbien ausgeschrieben und damit die Weichen für den Ausbruch des Ersten Weltkriegs gestellt hatte.[42] Nachdem München und Süddeutschland organisiert waren,

---

40 Zürich 1926, Akten zur European Convention, ebd.; Marcel Franck, Admission de l'Allemagne dans le Rotary International, discours de Marcel Franck, Gouverneur 49ème District, fünfseitiges Redemanuskript o.J., Akten des 49. Distrikts (Frankreich), 1926–27, ebd.; Konferenz der Vorstände des 49. Distrikts, Paris, 14. Oktober 1926, ebd.
41 Wilhelm Cuno, Response to Welcome, 78f., Proceedings of the 1928 Rotary Convention in Minneapolis, Vormittagssitzung am Dienstag, 19. June 1927, RIE.
42 Fred Warren Teele, Korrespondierender Sekretär von Rotary International, an Governor Willems, 11. November 1927, Extension File, European Advisory Committee (im Folgenden als EAC), RIZ; Fred Warren Teele an Chester R. Perry, 22. November 1927, Box 3, General Affairs, RIZ; Protokoll der Sitzung vom 19. November 1927 in Zürich, ebd.

schlugen die Rotarier ihre Pflöcke weiter nordwärts auf weniger vertrautem Terrain ein, zunächst in Dresden und danach in Leipzig, Deutschlands viertgrößter Stadt. Am Ende blieb noch Berlin übrig, das wegen seiner Größe und Komplexität als ein extrem schwieriger Ort für die Gründung eines Rotarierclubs galt.

Wie kam es, dass die Ideale der Rotarier im sächsischen Elbflorenz Fuß fassten? Mitte September 1927 trommelte der finnische Konsul in Dresden, der kindsköpfige, aber liebenswerte Karl von Frenckell, 16 seiner Kollegen und Freunde zu einer Begegnung mit dem Sondergesandten von *Rotary International*, T. C. Thomsen, zusammen. Der aus Dänemark stammende Thomsen hinterließ einen nachhaltigen Eindruck; er war erst vierzig Jahre alt, hochgewachsen, gut aussehend, hatte dichtes blondes Haar und war gute 15 Jahre jünger als die Männer, denen er vorgestellt wurde. Zehn Jahre lang war er Chefingenieur der britischen *Vacuum Oil Company* gewesen, danach geschäftsführender Vorstand des Großkonzerns *Company of Denmark*, in dessen Diensten er mit Handelsgeschäften in Kopra, Sojabohnen und anderen Kolonialwaren ein Vermögen verdient hatte. Zum damaligen Zeitpunkt führte er sein eigenes Unternehmen, die *Aarhus Oil Factory*.[43] Ingenieure waren zu der Zeit die Lieblinge der europäischen Gesellschaftseliten, und die Tatsache, dass Thomsens Unternehmen florierte, während er selbst sich neun von zwölf Monaten des Jahres in Sachen *Rotary* betätigte, ließ ihn als genialen Manager erscheinen. Dazu kam, dass er nicht nur fließend Deutsch sprach, sondern ein Freund der Deutschen und ein leidenschaftlicher Opernfan war. Damit nicht genug, brachte er auch noch makellose Empfehlungen mit. Max Hans Kühne, der sächsische Architekt, der den Leipziger Hauptbahnhof entworfen hatte (Europas größten), hatte ihn durch einen gemeinsamen Bekannten kennen und schätzen gelernt, den führenden Straßen- und Brückenbauingenieur Österreichs, M. B. Gerbel, der zu der Zeit Präsident des Rotarierclubs Wien war. Da Kühne nicht zugegen sein konnte, führte der Hansdampf Frenckell T. C. Thomsen herum, machte aber deutlich, dass er selbst an einer Rolle bei den Rotariern nicht interessiert war – er hatte nicht die nötige Zeit. Über von Frenckell lernte Thomsen einen langjährigen Freund und Geschäftspartner des finnischen Konsuls kennen, Heinrich Arnhold, dessen prosperierende Bank gerade dabei war, eine Filiale in New York City zu eröffnen. Arnhold stellte Thomsen wiederum einem anderen Bankier vor, Victor von Klemperer, der seinerseits Thomsen in die Gesellschaft weiterer Mitglieder seines Dresdener Tafelclubs einführte. Thomsen empfand diese Leute, wie er sich später erinnerte, als eine »glückliche Mixtur aus Ernst und Scherz«. Der unermüdliche Enthusiast Frenckell, der sechs Sprachen sprach (zusätzlich zu Esperanto) und in die Annalen des deutschen Rotariertums als »Magister Rotariensis« eingehen sollte, wurde von den anderen später mit der Erinnerung daran gehänselt, dass er für alle diese Dinge »keine Zeit« gehabt hatte.[44]

Als das Rotariertum in Mitteleuropa ankam, hatte es wenig bis gar nichts von den offensichtlich amerikanischen Elementen im Gepäck, das es kurz zuvor nach Ostende mitgebracht hatte, wo die amerikanische Provenienz allerdings schon

---

43 T. C. Thomsen, Kraks Blaa Bog (1963), 1538.
44 Bericht des Sondergesandten T. C. Thomsen, 1. Oktober 1928, Aktenbestand Dresden, EO, RIE; siehe auch Wilpert, Rotary in Deutschland, 11f.

weitaus weniger sichtbar gewesen war als beim Ablegen aus dem Hafen von New York. Die wöchentlichen Sitzungsprotokolle, die die Dresdener zu Papier brachten, enthielten nicht den geringsten Hinweis darauf, dass ihre Bemühungen vom langen Arm des amerikanischen Handelskapitalismus gesteuert worden wären, geschweige denn dass ihr Anliegen irgendetwas mit jener Begeisterung für alles Amerikanische zu tun gehabt hätte, die in den zwanziger Jahren über Deutschland hereinschwappte. Kein Hinweis auf die erotischen Übersprungshandlungen deutscher Ladenmädchen, die von Amerikas Stummfilmidolen Mary Pickford und Douglas Fairbanks hingerissen waren, oder auf die eingesperrte Libido schmuddeliger Bürohengste, die mit Gafferblick an den roboterhaften Cancan-Formationen der *Tiller-Girls* hingen, oder auf die Wanderlust hartgesottener radikaler Ästheten wie Bertolt Brecht oder John Heartfield, die sich an Geschichten vom Wilden Westen, an blutigen Boxkämpfen, an amerikanischen Werbesprüchen und an der krassen Ungeniertheit der Neuen Welt ergötzten, oder auf die rationalistische Enttäuschung über jene Industriellen, die so fasziniert von Henry Fords Fließbändern und F. W. Taylors Methoden zur zeitlichen Normierung von Arbeitsprozessen waren, oder auf die Ehrfurcht der Kinogänger vor den gespenstischen Fantasien in Fritz Langs *Metropolis*. Nichts hatten sie gemein mit denen, die dem europäischen Rotariertum unterstellten, es sei nur eine neue Variante wirtschaftlicher Beziehungspflege nach dem Motto »Eine Hand wäscht die andere«.[45]

Was also veranlasste diese viel beschäftigten, arrivierten, kultivierten Männer dazu, sich so leidenschaftlich einer neuen Sache zu verschreiben, von der sie doch wussten, dass sie aus den Vereinigten Staaten stammte? An einem Mangel an anderen Gelegenheiten, sich zu treffen, lag es sicher nicht. Diese Männer hatten bereits einen dichten Terminkalender aufgrund ihrer Zugehörigkeit zu Tafelrunden, Studentenverbindungen, Soldatenverbänden, dem örtlichen Esperanto-Club, internationalen Freundschaftsgesellschaften, Sportvereinen, Kirchen und Synagogen, ganz abgesehen von ihrer beruflichen Beanspruchung. Viele von ihnen waren auch Kunstmäzene, gehörten Freundeskreisen der Oper und der Kammermusik an, engagierten sich für Stiftungen und wohltätige Projekte und waren neben alledem auch noch Patriarchen großer Familien, was die Verpflichtung mit sich brachte, Angehörige, Freunde und Bekannte regelmäßig und großzügig zu bewirten. Wohl wissend, dass sie hier eine sehr anspruchsvolle neue Verpflichtung eingingen – wobei die Aufnahmegebühr und die jährliche Mitgliedsgebühr von jeweils fünfzig Reichsmark sicherlich weniger ins Gewicht fielen als die Pflicht, regelmäßig an den Treffen teilzunehmen und Funktionen zu übernehmen –, rechtfertigten sie ihr enthusiastisches Mittun mit dem scherzhaften Hinweis auf die unausrottbare Neigung der Deutschen, sich zusammenzuschließen. Die »Paradies GmbH« sei pleitegegangen, sodass der Menschheit nichts anderes übrig geblieben sei, als ihre eigenen kleinen

---

45 Mowrer, This American World, 157. Welche Macht die Bilder und Vorbilder des Amerikanismus auf das Deutschland der Zwischenkriegszeit ausübten, ist ausgiebig untersucht worden. Eine überzeugende Einführung in dieses Thema für die zwanziger Jahre liefert Nolan, Visions of Modernity; zu den dreißiger Jahren siehe Schäfer, Amerikanismus. Für eine allgemeinere einführende Darstellung siehe Trommler/Shore, German-American Encounter.

Gemeinschaften zu gründen. Das war der Tenor des Abends bei der Gründungsversammlung, und der Brauereifinanzier Dr. Johannes Krüger fasste diese Stimmung in die liebenswürdigen Verse:

> Keiner ist auf die Dauer gern ganz allein
> Er heiratet drum oder tritt in einen Verein
> Der Verein ist so alt wie die Menschheit selber
> Ein Vereinsfest war der Tanz um goldene Kälber.[46]

Dahinter standen jedoch handfestere und dringendere Motive. Das akuteste war der Wunsch, in die internationale Gemeinschaft der Rotarier zurückzukehren, aus der Deutschland des Krieges wegen ausgeschlossen worden war. Das im Artikel sechs der *Rotary*-Satzung festgeschriebene Ziel, für den internationalen Frieden einzutreten, sprach die liberalen Pazifisten unter ihnen an, die in Deutschland allerdings dünn gesät waren. Einer von ihnen war Heinrich Arnhold, der sich lange in der deutschen Gesellschaft der Freunde betätigt hatte. Das Bekenntnis zum Frieden behagte auch einstigen Nationalisten wie Thomas Mann, der sich spätestens Mitte der zwanziger Jahre von den verführerischen Projekten des ungarischen Grafen Coudenhove-Kalergi für eine paneuropäische Föderation hatte vereinnahmen lassen. Die Zugehörigkeit zu *Rotary International* versprach darüber hinaus Vorteile für die deutsche Exportwirtschaft durch Wiederaufbau einer Vertrauensbasis. Patrioten würden dadurch Gelegenheit erhalten, zu zeigen, was ein wiedererstarkendes Deutschland einer internationalen Bewegung kulturell zu bieten hatte. Vor allem aber bot die Wiederaufnahme in die Gemeinschaft die Chance auf ein Ende der unangenehmen persönlichen Feindseligkeit, die Deutschen manchmal im Ausland entgegenschlug, wenn sie Geschäfte machen wollten oder auf Reisen gingen, selbst beim familiären Ski- oder Wanderurlaub in Sankt Moritz, Montreux-Vevey, Chamonix oder Davos, wo sie erleben mussten, dass ihre braven, rotwangigen Kinder als »kleine Boches, Tyrannen, Kriegstreiber« gehänselt wurden. Die geöffneten Arme der Rotarierbewegung taten den Deutschen gut, sahen sie sich dadurch doch in ihrer eigenen transzendenten Mission als Vertreter der Kultur- und Wirtschaftselite einer zutiefst gebeutelten Nation bestätigt und fanden Aufnahme in einer weltweiten Gemeinschaft von 2.930 Clubs in 44 Ländern, denen insgesamt 137.000 Männer wie sie selbst angehörten.

Der Moralkodex der Rotarier hatte noch eine weitere Attraktion zu bieten. Die deutschen Rotarier erkannten in der von *Rotary* vertretenen Wirtschaftsethik die allgemeinen Werte traditioneller deutscher Bürgerlichkeit wieder. Das war für sie Beweis genug dafür, dass ihre Kultur nicht auf Klassenprivilegien beruhte, wie Kritiker vehement argumentierten, und auch keine Alibiveranstaltung war, sondern Inbegriff zeitlich universeller Werte. Zugleich war das auch eine Bestätigung für den Wert ihrer Tätigkeit, ihres Berufs. Ein Rotarier-Dogma besagte, die moderne Wirtschaftsweise verlange aus sich selbst heraus nach einem demokratischeren

---

46 Gedicht von Dr. Krüger für 6. Nov. 1928, Akten Dresden, EO, RIE.

gesellschaftlichen Leben, aber auch nach Ordnung und Zivilisiertheit. Ein routinemäßiges Duzen innerhalb der Mitgliederschaft war übrigens bei *Rotary* nie ein Thema, außer natürlich zwischen engen persönlichen Freunden. Doch förderte die Organisation eine Kameraderie, die es den Mitgliedern ermöglichte, einander leger beim Familiennamen zu nennen, anstatt den verbalen Diener zu machen und ehrerbietige Anreden wie »Herr Doktor« zu benutzen. Bei *Rotary* kam es nicht darauf an, »wer du bist, sondern was du bist«.[47] Weil das Kriterium für die Auswahl von Mitgliedern Führerschaft im jeweiligen Metier war, verkörperten die Rotarier, relativ gesprochen, eine »offene Elite«, aus der im Prinzip niemand ausgeschlossen war: Katholiken und Protestanten fanden sich in der Organisation ebenso wie Christen und Juden, Sachsen und Bayern, Patrizier aus Hamburg und Leipzig, aber auch aufstrebende Männer aus Provinzstädten wie Plauen, Görlitz, Zwickau und Baden-Baden.

Eine weitere Attraktion stellten die Rituale der Rotarierclubs dar. Die Autorität der Tradition und der Prägestempel eines charismatischen Gründervaters, Harris, verbanden sich auf glückliche Weise mit einer klar formulierten Satzung, einem jährlichen Wechsel im Amt des Präsidenten (*Governors*), einem System von Ausschüssen sowie mit zahllosen Regeln. Dies war keine »Vereinsmeierei« nach Art der Volksmassen, sondern ein neuartiges Modell für produktive Geselligkeit. Das Innovative daran kam schon durch die Verwendung englischer statt deutscher Funktionsbezeichnungen zum Ausdruck. Die lokalen Gliederungen bezeichneten sich nicht als Vereine, sondern als *clubs*; sie deckten einen *district* ab, nicht einen Bezirk; und sie waren einem *Governor* meldepflichtig. Unter ihre Briefe setzten sie ein egalitäres »mit freundlichen Rotariergrüßen«, anstatt zu den devoten Grußformeln des Obrigkeitsstaats zu greifen: »Hochachtungsvoll Ihr sehr ergebener«. Die Mitglieder standen unter einem rigorosen Erwartungsdruck: Sie waren angehalten, regelmäßig die Versammlungen zu besuchen, sich zu entschuldigen, wenn sie verhindert waren, hin und wieder eine Tischrede zu halten. Jeder sollte, wenn die Reihe an ihn kam, über seine beruflichen Belange sprechen, und zwar nicht nur im Sinne eines bloßen Aus-der-Schule-Plauderns. Erwartet wurde vielmehr ein seriöses, tiefschürfendes Eingehen auf die eigene Tätigkeit, gewürzt mit etwas Humor und niemals länger als fünfzehn bis zwanzig Minuten. Sinn und Zweck dieser Übung war es, eine profunde Diskussion zu ermöglichen. Das war genau die Art von Unterhaltung, die Thomas Mann genießen konnte.

Wie nicht anders zu erwarten, nahmen die Deutschen es mit den Regeln sehr genau. Die Briten erwiesen sich als die weitaus besseren Konstitutionalisten, die Franzosen verstanden es besser, die ins Prozedurale eingebettete Politik auseinanderzuklamüsern, und die Italiener taten sich darin hervor, die Regeln zu dehnen oder sie einfach zu ignorieren, notfalls unter Berufung auf ihre vergnüglichen, aber selbstbezüglichen Vorstellungen von Jovialität. Als einzige unter den europäischen Clubs schrieben die deutschen gewissenhaft ihre wöchentlichen Protokolle nieder, ließen sie hektographieren, als Rundschreiben versenden und archivierten sie. Als

---

47 Wilpert, Rotary in Deutschland, 11.

einzige auch brachten sie, ein Tribut an ihr Interesse für Genealogie, akkurat recherchierte Clubstammbäume zu Papier. Darüber hinaus waren die deutschen Clubs die einzigen, die unter Aufbietung ihrer philologischen Fähigkeiten die verschlungenen Regelwerke der Rotarier von Chicago übersetzten. Die Amerikaner gaben, als seien sie sich ihrer Identität unsicher, häufig Studien über sich selbst in Auftrag, wurden aber auch zum unfreiwilligen Studienobjekt neugieriger und oft respektloser akademischer Soziologen. Die Deutschen legten keine solchen Befangenheiten an den Tag. Praktisch vom ersten Tag an hielten sie das, was sie taten, für wert, in die geschichtliche Chronik übernommen zu werden. Zur Erbauung derjenigen, die zu einem Denken in Hegelscher Dialektik neigten, beantworteten sie die selbst gestellte Frage »Was soll Rotary in dieser Welt?« mit der Formel: »Rotary will die Gegensätze fruchtbar machen, will die Synthese, nicht die Antithese.«[48]

Von alldem angetan, konstituierte sich die Gruppe in Dresden: Die ursprünglich 16 Gründungsmitglieder kooptierten weitere fünfundzwanzig, zu denen in der Folge jeden Monat drei weitere kamen, bis die Mitgliederzahl 1931 auf rund sechzig angewachsen war. Was für eine Vielfalt in dieser Gruppe herrschte, zumindest nach amerikanischen Maßstäben! Hohe Staatsbeamte waren ebenso vertreten wie eine Handvoll Fabrikanten, Ärzte, ein Notar, ein Museumsdirektor, Künstler, sogar ein führender Opernsänger. Fünf der Gründer waren jüdischen Glaubens – ein bemerkenswert hoher Anteil angesichts der Tatsache, dass im 650.000 Einwohner zählenden Dresden nur rund 3.500 Juden lebten. Wenigstens einer der anderen hatte, wie Mann, eine jüdische Ehefrau.[49] Ihre Präsenz zeugte vom Aufstieg zweier prominenter Familien, nämlich der Arnholds, die durch Heiratsbande mit den Bondis und Marons verbunden waren, und der von Klemperers, die erst vor relativ kurzer Zeit aus Österreich zugewandert waren. Manchmal war der Beitritt zu nichtjüdischen Organisationen Teil eines Bemühens um Assimilierung und daher mit etwas Befangenheit und Unbehaglichkeit verbunden. Nicht in diesem Fall: Hier handelte es sich um eine weltberühmte Organisation, in der mitzuarbeiten ein Vergnügen war; in Deutschland hatten denn auch fast alle Rotarierclubs mindestens ein jüdisches Mitglied, manche sogar mehrere, wie Dresden. In Dresden fühlten sich die jüdischen Mitglieder besonders gut aufgehoben, wenigstens bis zu einem gewissen Zeitpunkt. Ihre Zeit- und Glaubensgenossen in der amerikanischen Provinz konnten dies nicht von sich behaupten. Da es ein Privileg war, *Rotary*-Mitglied zu sein, gab es unter den Mitgliedern nur wenige Juden – und Vorbehalte gegen die Aufnahme von mehr als einem, wenn überhaupt.

Im Dresdener Rotarierclub spiegelte sich auch das Profil einer Generation, der chancenreichsten in der Geschichte Deutschlands. Geboren in der Gründerzeit, in den Jahren der Hochkonjunktur nach der Errichtung des Kaiserreichs 1871, traten sie ins Berufsleben ein, als die wirtschaftliche Macht Deutschlands ihren Höhepunkt erreichte. Die meisten von ihnen waren zu alt, um im Ersten Weltkrieg zu kämpfen; einige meldeten sich freilich aus Patriotismus freiwillig zum Kriegsdienst.

---

48 Rotary Club Saarbrücken, 60 Jahre Rotary Club Saarbrücken, 12.
49 Lässig, Nationalsozialistische Judenpolitik, 129–191; dies., Juden und Mäzenatentum, 211–236.

Überall sahen sich die Rotarier in einen »Kampf gegen die Senilität« verwickelt, wie ein Mitglied aus Baltimore es respektlos ausdrückte. »Alle zappelten sich so ab, nach oben zu kommen, dass sie oben grau oder kahl wurden.« In Deutschland beklagten sich Mitglieder, die Clubs seien »nur für Herren Kommerzienräte«; die Organisation brauche »junges Blut wie in den Vereinigten Staaten«.[50] Alle waren auf ihre Art konservativ; ihre Schichtzugehörigkeit, ihre Erfahrungen und ihr Alter ließen sie loyal zur Weimarer Republik stehen, wenn auch mehr aus staatsbürgerlichem Pflichtgefühl heraus, denn sie verübelten dieser Republik ihre proletarische Abkunft und ihre rabiate politische Kultur.[51] Sie glaubten an den Dienst fürs Vaterland. Und sie sorgten sich um dessen Zukunft in dem Maß, wie die kleinen Rechtsparteien, die sie wählten, immer mehr politischen Boden an Nationalsozialisten und Kommunisten verloren.

Es bedurfte nach alldem keiner Überredungskunst, um die Dresdener an die Tränke der Rotarierbewegung zu führen. Andererseits fragt man sich schon, ob sie wussten, dass das Auftreten dieser Bewegung in Deutschland einer Strategie der alliierten Siegermächte entsprang, ins Werk gesetzt von Amerikanern mit der allerdings unverzichtbaren Unterstützung von Helfern aus den Ländern, die an Deutschland grenzten und es in die europäische Völkergemeinschaft zurückzwingen wollten. Wahrscheinlich wussten sie nichts davon. Ganz offensichtlich hatten sie ihre eigenen Gründe, dazugehören zu wollen, und was sie nicht wussten oder nicht wissen wollten, machte ihre Deutung dessen, wofür *Rotary* stand, nur noch origineller. Wie auch immer, sie irrten, diese so erlaucht kosmopolitischen, kultivierten Herren. Sie waren die Objekte eines expansionistischen Projekts und nicht, wie sie glaubten, dessen Protagonisten. Sie hatten erkannt, dass die Katastrophe Deutschlands – die in ihren Augen auch eine Niederlage Europas gewesen war – Konsequenzen forderte: Die Deutschen mussten lernen, anders zu leben. *Rotary International* war die Organisation ihrer Wahl für die Wiederherstellung des deutschen Ansehens in der Welt. Doch traten sie in diesen Prozess als Provinzlinge ein und erwiesen sich als historisch naiv, indem sie nicht erkannten und nicht darüber nachdachten, dass das Auf-den-Plan-Treten von *Rotary* ein Zeichen dafür war, dass das alte Europa nicht führte, sondern folgte.

Der Bericht des Sondergesandten Thomsen über seinen Deutschland-Besuch Mitte September, den er als durch und durch erfolgreich beschrieb, wurde am 5. Dezember 1928 mit großem Beifall zur Kenntnis genommen; am selben Tag wurde im Hauptquartier von *Rotary International* am East Wacker Drive in Chicago über den Aufnahmeantrag der Dresdener beraten. Ein Mitarbeiterstab, der rund fünfzig Männer und Frauen zählte, bearbeitete zu dieser Zeit nicht weniger als ein Dutzend Anträge pro Woche aus aller Welt; dabei beschränkte man sich im Wesentlichen darauf, zu überprüfen, ob die Mitgliederstruktur eines jeden Antragstellers der Anforderung entsprach, jede Berufsgruppe dürfe nur durch ein Mitglied vertreten sein. Als gute amerikanische Demokraten, die sie waren, fielen den Mitarbeitern

---

50 Zapffe, Rotary!, 117; Meeting of the EAC, Prag, 3. bis 5. März 1933, 2, Box 2, EAC, RIZ.
51 Gay, Weimar Culture, 23.

in Chicago natürlich die vielen Titel vor den Namen der Mitglieder des Dresdener Clubs auf: vier vons, 24 Doktoren diverser akademischer Disziplinen, zehn Direktoren… Hegemonie ist nie so süß wie in dem Moment, wenn sie einen in die Lage versetzt, gesellschaftlich Höhergestellten eine Harke zu zeigen. Als die Bewerbung dem Vorstandsgremium der Organisation zur Absegnung vorgelegt wurde, war ihr dieser Vermerk Thomsens beigefügt: »Das ist das schönste Baby, das bislang in die Rotary-Familie hineingeboren worden ist.«[52] So gut die »Männer von Chicago«, wie sie in Europa genannt wurden, es verstanden, dieses attraktiv geformte Puzzlestück in ihr Bild von der Welt einzubauen, so schwer taten sie sich, herauszufinden, wie es in ein anderes soziales Panorama passte. Infolgedessen kam ihnen nicht die Frage in den Sinn, wie dieses »schönste Baby« in einem Umfeld, das so anders war als das US-amerikanische Herzland, überleben würde.

Mit seiner exportabhängigen Wirtschaft, seinen überforderten Banken und seiner verarmten Landwirtschaft hatte sich das im Herzen Europas liegende Sachsen in den vorausgegangenen Jahrzehnten den Ruf erworben, eine »Wetterfahne der Konjunktur« zu sein. Sachsen war auch der Leithammel einer »Politik der Straße«, eine Hochburg des Antisemitismus und eines vom Klassenkampf zerrissenen politischen Systems, das unfähig zum Kompromiss geworden war, ein Land, das sich seit 1918 im Zustand eines endemischen Bürgerkriegs befand. Die von dem liberal-konservativen Politiker Gustav Stresemann zusammengezimmerte Große Koalition, die von 1926 bis 1929 ein wenig Stabilität in die deutsche Politik brachte, fand in Sachsen zu keinem Zeitpunkt nennenswerten Rückhalt, so scharf war hier die Animosität zwischen links und rechts. In Sachsen erzielte Hitler im Mai 1928 seinen ersten Durchbruch an den Wahlurnen, und bei der wegweisenden Reichstagswahl vom Januar 1932 errang seine Partei hier mehr als fünfzig Prozent der Stimmen. Das liberale Zentrum verlor den Boden unter den Füßen. Die Konservativen des Landes, die in der Mitte den Halt verloren, wanderten nach rechts außen ab, zumindest solange die Rechtsextremen bereit waren, ihnen Zuflucht zu gewähren.[53]

Vor diesem Hintergrund verwundert es nicht, dass von *Rotary* eine solche Zauberkraft ausging und dass seine deutschen Mitglieder der Bewegung so ergeben waren. In der Blütezeit des Dresdener Clubs waren bei jeder Zusammenkunft drei Viertel der Mitglieder anwesend. Bei den Mittagstafeln im Hotel Europa-Hof waren jede Woche mindestens eine Handvoll Gäste zugegen, und diejenigen, die entschuldigt fernblieben, weil sie auf Geschäftsreise oder im Urlaub waren, schneiten oft genug bei einem *Rotary*-Club anderswo herein und bezeugten ihre Anhänglichkeit, indem sie Grußpostkarten schickten. *Rotary* bescherte ihnen einen neuen Traditionalismus, der die Vertrautheit des Alten mit der Frische und Vergnüglichkeit des Neuen verband.[54] Weit davon entfernt, sich dem hysterischen Kulturpessimismus hinzugeben, der sich anderer Gruppen des deutschen Bildungsbürgertums bemächtigt hatte, verschrieben sich die Rotarier einer domestizierten Version von Friedrich

---

52 Committee on Elections of Clubs, 5. Dezember 1928, EO, RIE; Sekretariat in Chicago, Auszug aus einem Schreiben von Alex Potter an Rotary International vom 8. Oktober 1931, RIE.
53 Lapp, Aufstieg des Nationalsozialismus, 1–24; ders., Revolution from the Right, insbes. Kap. 6–8.
54 Tönnies, Community and Civil Society, 102.

Nietzsches vernichtender Kritik am Konformismus der deutschen Bourgeoisie. Ihre Gespräche und ihr Schriftgut attackierten ein engstirniges, mechanistisches Kulturverständnis, ein kurzsichtiges Nützlichkeitsdenken und einen blinden Glauben an technische Allheilmittel.

Das Paradoxe daran war, dass sich das Rotariertum in Deutschland als Vehikel einer machtvollen, wenn auch zwiespältigen Kulturkritik entpuppte. Sein Widerpart war (auch wenn er nicht direkt als solcher benannt wurde) die neue Kultur, die zahlreiche einflussreiche Kritiker anderswo schlicht und einfach als »Amerikanismus« brandmarkten. Der die Sinne verwirrende Eroberer aus Übersee wurde zwar nie beim Namen genannt, aber er verkörperte den Mythos der unbegrenzten Möglichkeiten, eine Weltmacht, die ihren Anspruch auf Legitimität auf ihre erstaunliche finanzielle und wirtschaftliche Stärke ebenso gründete wie auf die Vorstellung von einer Spirale der Effizienz und der entfesselten Innovation, die verstörende Unmittelbarkeit, die die Massenmedien herstellten, und die Formlosigkeit des täglichen Lebens. Das deutsche Rotariertum stand entschlossen gegen die Verdrängung der Ethik der Alten Welt durch die der Neuen, ebenso gegen die Unterwanderung der selbstbewussten traditionellen Kultur durch die unreife Männlichkeit der fragilen maskulinen Vertreter der Massengesellschaft. Fern von der Welt der Babbitts, stand *Rotary* in Deutschland gegen all jene Trends eines modernen Lebens, die in einem Kantschen Sinn die Welt des ästhetischen Genusses mit einer Kultur des ordinären Konsums infizierten, und dies auf eine Art und Weise, die den Unterschied markierte zwischen einem oberflächlichen Vergnügen im Sinne eines Spiels von Sinnen und Gefühlen und einem puren Vergnügen, das das Sinnliche durch Sublimierung in eine Äußerungsform des wahrhaft moralischen Menschen verwandelte.[55]

All das interagierte mit einem Gefühl der Deutschen, dass sie anders waren nicht nur als die Amerikaner, sondern auch als andere Europäer. Dies artikulierte sich auch sogleich in dem Beschluss, eine eigene Zeitschrift namens *Der Rotarier* herauszugeben, die zuerst eigentlich in Dresden erscheinen sollte, dann aber an den Münchner Club abgetreten wurde, in dessen Reihen Thomas Mann und andere namhafte Autoren und Künstler mehr intellektuelles Gewicht verhießen.

> Wir haben den Eindruck – als relativ junge Rotarier können wir hier nur einen Eindruck und kein durch Erfahrung gesichertes Urteil haben –, dass die Clubs unseres Distrikts sich in ihrer Zusammensetzung von den amerikanischen, vielleicht auch von einem Teil der europäischen Clubs nicht unerheblich unterscheiden«, erklärte Wilhelm Cuno bei der Bekanntgabe des Zeitschriftenprojekts. »Diesen Unterschied wollen wir in unserer Zeitschrift zu greifbarem Ausdruck kommen lassen. Es ist, wie wir glauben, die Berufsmischung, die den Clubs des 73. Distrikts von vornherein eine eigene Prägung gibt. [...] Aber wir hoffen, dass aus dieser unserer Eigenart nicht allein dem Leben unserer Clubs, sondern allmählich dem Leben von R.I. [Rotary International] manche Anregung zufließen wird.[56]

55 Niebyl, Kant und Rotary, Beilage zum Wochenbericht, Baden-Baden 34 (1934–1935), 1, RSDB.
56 Eugen Kahn/Rudolf Forschner, Zur Einführung, Der Rotarier für Deutschland und Österreich 1 (Oktober 1929), 2. Ein Ausdruck dieses selbstbezogenen Verhaltens war das systematische Sammeln aller Rotary-Publikationen, so nichtig sie auch sein mochten. In seiner Kapazität als Direktor der Deut-

Großen Anklang dürfte bei den Dresdenern der kleine Aufsatz gefunden haben, den Thomas Mann in der allerersten Ausgabe von *Der Rotarier* unter der Überschrift »Vom schönen Zimmer« veröffentlichte. Wahre Kreativität, so schrieb er darin, erfordere nicht mehr »fürstlichen Prunk« oder »prächtige Zimmer«. Die Zeit der Fürsten sei vorüber. Aber »auch der bürgerliche Prachtstil hat sich epochal überlebt und ist von Geschmacks wegen ausgestorben«. Allerdings solle die Sachlichkeit, die die neue Ästhetik der Moderne beherrsche, nicht dazu führen, dass die Menschen wie Rädchen in einem Getriebe fungierten. Ebenso wenig solle jedoch der Wunsch nach Wohnkomfort als bürgerlich abgetan werden. In dem Appell Manns, »aus Ererbtem und Erworbenem eine eigene Einrichtung mit Andeutungen von Eleganz zusammenzustellen«, wie er selbst es getan hatte, um in einer »nur eben angenehmen, aber keineswegs prächtigen Behausung« arbeiten oder sich auf der Chaiselongue bei anregender Lektüre entspannen zu können, hätten *Rotary*-Mitglieder sicherlich ihr eigenes Streben nach Gestaltung eines »schönen Zimmers« wiedererkannt.[57] Sie hätten ihre weltgeschichtliche Sendung auch in dem Beitrag des Wiener Autors und Bambi-Schöpfers Felix Salten, »Anmerkung zur Rotary-Idee«, wiedererkannt, der in derselben Ausgabe erschien. Europas Problem sei, so hieß es darin, nicht das Profitstreben oder der rohe Individualismus – ganz anders als im Ursprungsland der Rotarier, dessen Zivilisation er in seinem 1931 erschienenen Reisebuch *Fünf Minuten Amerika* abhandelte. Das Problem war der Klassenkampf. Und das einzige Mittel, diesen zu entschärfen, bestand für das Bürgertum darin, die Ordentlichkeit und Zivilisiertheit seiner Lebensart zu verdoppeln.[58]

Kurzum: Den deutschen Rotariern schwebte als Ziel vor, eine exemplarische Organisation zu werden, nicht ein bloßer Ableger des amerikanischen Originals. Die Vorzüge ihrer Organisation sollten in ihrer Kompaktheit und in der Leidenschaftlichkeit ihres Innenlebens liegen, nicht so sehr in einem verselbstständigten prozeduralen Katechismus, wie die Amerikaner ihn als Bindemittel zu anderen Kulturen bevorzugten. Ein einzigartiger Umgang miteinander sollte die Zierde der Organisation sein, anders als bei den Amerikanern, die ihren Kodex und ihre Rituale ausdrücklich als nachzuahmende Muster verstanden. Das Selbstverständnis der deutschen Rotarier war, um es auf den Begriff zu bringen, eher transzendent als universell, eher kosmopolitisch als global. *Rotary* als eine den Idealen der Gemeinschaftlichkeit verpflichtete Bewegung holte diese Männer in eine weltweite Gemeinschaft, nur um dann zu erleben, dass sie dieser den Stempel ihrer rechtschaffenen Überzeugung aufdrückten, sie verkörperten eine andere Art und Weise des Nachdenkens über die materielle Welt.

Dieser Anspruch auf eine Sonderrolle hinderte die deutschen Rotarier keineswegs daran, exquisite Exempel der Gastfreundschaft gegenüber Dritten zu statuie-

---

schen Bücherei Leipzig etablierte der Rotarier Uhlendal auf von Frenckells Vorschlag ein gesondertes deutsches Rotary-Archiv; es war das einzige seiner Art und umfasste 1935 17.400 Gegenstände, fast alle in deutscher Sprache.
57 Thomas Mann, Vom schönen Zimmer, Der Rotarier 1 (Oktober 1929), 24–25; siehe Bruford, German Tradition, 206–263.
58 Felix Salten, Anmerkung zur Rotary-Idee, Der Rotarier 1 (Oktober 1929), 22–23.

Abb. 2: Dieses ca. 1930 für den Rotarierclub im österreichischen Steyr radierte Exlibris zeigt germanische Zentauren beim Spiel mit *Lady Liberty*.

ren, am spektakulärsten als Mitte Juni 1931 eine aus 48 amerikanischen Rotariern bestehende Gruppe, die sich auf dem Weg zum 16. Rotarier-Weltkongress in Wien befand, in Dresden abstieg. Es war an Victor von Klemperer, zu jener Zeit der turnusmäßige *Governor*, die US-Bürger zu begrüßen. Die Zeiten hätten schlimmer kaum sein können: Der Zusammenbruch der österreichischen Kreditanstalt im Mai desselben Jahres hatte die deutsche Finanzwelt bis in die Grundfesten erschüttert, auch Klemperers Dresdner Bank wackelte. Wohl wissend, dass US-amerikanische Banken durch die Kürzung von Kreditlinien und durch Abzug von Kapital die Finanzkrise verschärft hatten, begrüßte von Klemperer die Besucher überschwänglich. Nie sei »ein Gedanke wie der von Harris notwendiger als heute, wo sich die ganze Welt in einer Krise befinde und Europa aus Tausenden von Wunden blute«, ließ er seine Zuhörer, zuerst auf Deutsch, dann auf Englisch, wissen. »So wie das Kind der Wohltaten der Eltern sich dankbar zu erinnern habe, so soll Amerika des Guten eingedenk bleiben, was frühere Generationen dorthin gebracht haben. Ein guter amerikanischer Wille nützte uns viel.«[59] Der US-Präsident Herbert Hoover verkündete in der Tat am 20. Juni ein Moratorium für die Rückzahlung der deutschen Kriegsschulden, das allerdings den panikartigen massenhaften Abzug von Guthaben auf den deutschen Banken eine Woche später nicht verhinderte.

Wenn die amerikanischen Gäste das Dramatische des Klempererschen Appells erfassten, hielt ihr Repertoire als Rotarier keine adäquate Antwort darauf bereit. Schon zuhause in den USA war der Rotarierclub kein Forum für die Erörterung strittiger Themen, für Debatten etwa über Zölle oder Schuldenmoratorien. Keiner der anwesenden Amerikaner besaß politische Einflussmöglichkeiten, wie europäische Rotarier sie gegebenenfalls hatten. *Rotarys* Stärke lag in der Förderung des Gemeinschaftsgeistes, nicht in der Praktizierung von Solidarität im Angesicht drohender Katastrophen. Als kleines Dankeschön für die empfangene Gastfreundschaft – sie kulminierte in einem Frühstück für 149 Personen, Präsenten aus Meißener Porzellan für die Damen und einer bewegenden Darbietung von *Home on the Range* und anderen amerikanischen Volksliedern, arrangiert und begleitet vom Hauspianisten und mit akademischer Finesse interpretiert – erfreuten die amerikanischen Gäste ihre Gastgeber mit mehreren Durchgängen von Ruggles Hymne *R-O-T-A-R-Y*:

R-O-T-A-R-Y That spells Ro-ta-ry
R-O-T-A-R-Y is known on land
And sea; From North to South, from East to West,
He prof-its most who serves the best; R-O
T-A-R-Y, That spells Ro-ta-ry.

»Somit erlebten wir zum ersten Mal diesen Brauch aus Übersee«, hielt von Frenckell, Vater des Rotariertums in Sachsen, mit leichter Herablassung im Protokoll fest.[60] Das unerwartet Neue, das ihnen geboten wurde, ließ sie ihren untadeligen Eifer als Gastgeber nur noch verdoppeln. Am Nachmittag führten sie ihre Gäste durch die exquisite Dresdener Gemäldegalerie, zeigten ihnen das Grüne Gewölbe mit seinen exotischen Schätzen und bewirteten sie zur Teezeit auf der Brühlschen Terrasse. Am nächsten Tag begleiteten von Frenckell und ein Dutzend weitere Mitglieder die Amerikaner zum Hauptbahnhof, wo sie nicht ohne Stolz auf das anmutige Gesicht, das ihre schöne Stadt selbst in so schweren Zeiten zeigte, nach innigen Verabschiedungsszenen ihren Gästen mit aufrichtigen Wünschen für eine sichere Fahrt und ein Wiedersehen nachwinkten. Ihre Großzügigkeit konnten die Amerikaner nicht erwidern, wie es im Sinne ihrer großbürgerlichen Geschenk-Arithmetik eigentlich erforderlich gewesen wäre, und die Dresdener wussten dies. Dieses Wissen konnte

---

59 Wochen-Bericht (Dresden) 3/26 (22. Juni 1931), RSDB; Viktor von Klemperer, Memoirs, 53, MM115, ME 559, Leo Baeck Institute Archives, New York.
60 Wochen-Bericht (Dresden) 3/26 (22. Juni 1931), RSDB.

sie nur in ihrem Gefühl bestärken, dass sie einen übergeordneten Platz in der Ordnung der Dinge innehatten.

Alle Macht dem Prozedere

Man kann kaum anders, als eine Organisation zu bewundern, die es fertigbrachte, das kleinstädtische Amerika mit Aristokratie und Großbürgertum Mitteleuropas zu verbandeln. *Rotary* war eine Erfindung der Amerikaner, ein Auswuchs ihrer neuen Macht. Ob die enge Tuchfühlung den Amerikanern half, die Andersartigkeit der Europäer, mit denen sie in Kontakt kamen, zu verstehen, ist eine schwer zu beantwortende Frage. Dachten sie jemals darüber nach, dass ihre Rituale gemeinschaftlichen Frohsinns eine folkloristische, ja pubertäre Anmutung hatten für Männer, denen die Gemütlichkeit in die Wiege gelegt war, für die Kameraderie bei gutem Essen und Trinken so natürlich war wie der Tag lang, die Vereinen und Burschenschaften angehörten, die sich mit militärischen Dekorationen, staatstragenden Schärpen und Zunftwappen schmückten anstatt mit selbst kreierten Emblemen oder Clubabzeichen, zur Demonstration wenn nicht ihrer Identität, dann doch ihrer Stellung in der Welt? Wohl eher nicht. *Rotary* hatte die Amerikaner zwar in eine Welt hineingeworfen, die voller Vielfalt war, sogleich aber ihre Fähigkeit, die Ursachen für diese Vielfalt zu begreifen, abgestumpft. Im Ausland ebenso wie daheim in Amerika förderte das *Rotary*-Abzeichen die halb narzisstische, halb altruistische Überzeugung von der Omnipräsenz gleichgesinnter Leute. Dies war ein sehr erbauliches und positives Gefühl für Bürger einer aufsteigenden Hegemonialmacht.

Das ursprüngliche Problem für »die Europäer«, wie die Amerikaner sie pauschal nannten, bestand darin, zu akzeptieren, dass die Uniformität, die für den Zusammenhalt der Bewegung unerlässlich war, keine Zwangsjacke sein musste; keine ferne Zentrale würde die passionierte Individualität, die ein Grundbestandteil ihrer europäischen Identität war, hinwegstandardisieren. Bei ihren Treffen wurden sie mit den selbstbewussten Verkaufsargumenten eingedeckt, die sich auf amerikanischem Boden in der Praxis bewährt hatten: dass jede Ortsgruppe ihre Besonderheiten habe, dass es fast immer notwendig sei, »einer neuen Ortsgruppe die grundlegende Vernünftigkeit Rotarys zu demonstrieren, dass die Bewegung die richtigen Antworten auf lokale Bedürfnisse hat und anpassungsfähig ist«. In Frankfurt lauschten Repräsentanten des *European Advisory Meeting* den Ausführungen des Mr. Adams, den das Hauptquartier von *Rotary International* 1929 mit dem Auftrag losgeschickt hatte, den Puls der europäischen Zeitstimmung zu messen. Er unterstrich seine Argumentation mit einer der halbwüchsigen mechanischen Metaphern, die damals so populär waren: »Wir fahren auf derselben Straße, in demselben Fahrzeug. Die Rohprodukte sind in den verschiedenen Clubs verschieden, und vielleicht sind auch die Herstellungsverfahren unterschiedlich, aber wir versuchen alle, dasselbe Produkt abzuliefern.«[61] Die Europäer stiegen auf die Metapher ein und modifizierten sie gemäß ihren eigenen Interessen. Wenn *Rotary* dem *Model T* entsprach, dann

---

61 Minutes of Frankfurt Meeting, 18. November 1929, Niederschrift 20. November 1929, 8f., EAC, RIZ.

mussten für die anspruchsvollere europäische Kundschaft Sonderausstattungen angeboten werden. Der *Ford*-Slogan »alle Farben, solange sie schwarz sind« traf nicht den europäischen Nerv. Die Frage lautete allerdings, ob diese kritischen und individualistischen Kunden das Fahrzeug lediglich aufmöbeln wollten – zum Beispiel durch Edelholzvertäfelungen, Lederbezüge oder hellere Rücklichter, oder ob sie es lieber gleich gegen ein maßgeschneidertes europäisches Modell mit Mahagoni-Interieur eintauschen wollten, beispielsweise einen *Hispano-Suiza*, einen *Bugatti* oder einen Daimler-Benz.

Auf dem Weg zur Veredelung ihrer Clubs mussten »die Europäer« von einer weiteren Prämisse überzeugt werden, nämlich der, dass die Verfahrensregeln, nach denen sich alle Clubs zu richten hatten, nicht das Produkt irgendeiner altmodischen Regierungsmacht waren, die etwa von Europa aus über die koloniale Schiene nach Amerika hinüberwirkte. Vielmehr hatten die Amerikaner diese Verfahrensregeln in eigener Regie aufgestellt, um damit eine neue Form von Gemeinsamkeit in den Reihen der internationalen Elite zu schaffen, Vorgaben für ein Handeln in Übereinstimmung mit gemeinsamen Standards von Vernunft und Zweckmäßigkeit. Auf konstitutioneller Ebene bemühte sich *Rotary*, egalitär und transparent zu erscheinen. Geleitet wurde die Organisation von einem Direktorium, dessen 14 Mitglieder jeweils auf der jährlichen Hauptversammlung von den Delegierten gewählt wurden. Das Direktorium trat zweimal jährlich in Chicago zusammen und beriet über Vorschläge, die von überall her eingereicht wurden, formulierte Empfehlungen und überwies alle Beschlussvorlagen, die Satzungsänderungen erfordern würden, zur Abstimmung ans Plenum, d.h. die Jahresversammlung. Zwar stellten US-amerikanische Delegierte in der Versammlung die Mehrheit, schon allein weil Amerikaner die Organisation gegründet hatten und die größte Mitgliedergruppe stellten, aber im Verlauf der dreißiger Jahre setzten sich die Kontinentaleuropäer immer sichtbarer in Szene.

Gleichwohl lag die wahre Entscheidungsmacht nach wie vor bei den unerschütterlichen »Männern von Chicago«. Im Hauptquartier hatte ein Generalsekretär das Kommando, eine Funktion, die von 1910 bis 1941 der sportlich gestählte Chesley R. Perry ausfüllte – »Dear Ches«, wie er von seinen Freunden innerhalb der Bewegung genannt wurde. »Dear Secretary Perry« war er für Dutzende oder Hunderte andere, die ihm Briefe schrieben. Ein Veteran des spanisch-amerikanischen Krieges auf Kuba (1898) und gelernter Bibliothekar, brachte Perry beste Voraussetzungen für den Posten mit. Zu Beginn seiner Amtszeit 36 Jahre alt, besaß er die Aura eines Filmstars. Sein Autorität ausstrahlendes Auftreten, seine schlanke grauhaarige Adrettheit und sein zum Gähnen gepflegter Konservatismus, all das passte gleichermaßen gut ins Bild des aufrechten öffentlichen Bediensteten, des schneidigen Offiziers aus dem mittleren Westen (er war in der Tat Leutnant der Reserve) und des rechtschaffenen Kleinstadtpredigers. Er war ein geschickter Geschäftsmann (seine erste erfolgreiche Investition tätigte er in mexikanischen Staatspapieren), vor allem aber einer, der Leute zusammenbrachte. Als er sich erst einmal Paul Harris angeschlossen hatte, stellte er sein fantastisches Organisationstalent in den Dienst der Rotarier. Deren Sache interpretierte er im Sinne der *America-first*-Isolationisten des Mittelwestens, wobei sein leidenschaftlicher Glaube an »eine Welt« von seiner unerschütterlichen Überzeugung temperiert wurde, dass die USA immer die beste Antwort hatten.[62]

Über weite Teile von Perrys mehr als dreißigjähriger Amtszeit verfolgte die Zentrale das Ziel, die Zahl der Clubs zu vervielfachen und die Bewegung in immer mehr Ländern zu etablieren, möglichst unter Vermeidung von Konflikten, insbesondere solchen, die der Autorität Chicagos Abbruch tun könnten. Will R. Manier, der charmante Anwalt aus Nashville in Tennessee, der im *annus horribilis* 1936/37 Präsident von *Rotary International* war, fragte: »Welchen Sinn hat es, andere zu verletzen, wenn wir doch das passieren lassen können, mit dessen Eintreten wir nicht rechnen und auf dessen Eintreten wir nicht hoffen?«[63] Mit diesem Rezept für diplomatische Untätigkeit rechtfertigte die Zentrale den Verzicht auf ein sofortiges Veto gegen den ernst gemeinten Vorschlag der Dänen, nach Berufsfeldern sortierte europaweite Mitgliedslisten zu erstellen, sodass Geschäftsleute, die in derselben Sparte tätig waren, Verbindung zueinander aufnehmen könnten. Dieses obsolete Ständedenken hätte sich mit vielen Worten verurteilen lassen, war es doch das erklärte Ziel der Bewegung, Verbindungen quer durch alle beruflichen und geschäftlichen Sparten zu knüpfen. Doch weshalb auf den Tisch hauen, wenn der Vorstoß aus Mangel an Zeit und Energie ohnehin im Sand verlaufen würde? Diplomatisches Stillhalten diente auch als Rechtfertigung dafür, eine Schnapsidee des *European Extension Committee* zur Gründung von Clubs in Stalins Russland nicht in der Luft zu zerreißen. Weshalb einen Streit über Grundsätze vom Zaun brechen? Die Idee war ohnehin ein totgeborenes Kind, da es im Land der Bolschewisten keine Wirtschaftselite gab. Diplomatisches Stillhalten rechtfertigte auch die Neutralität der Bewegung gegenüber den europäischen Diktaturen bis ins Jahr 1941 hinein.

Es war bereits ein großes Zugeständnis an die Komplexität Europas, dass 1925 auf dem europäischen Kontinent ein »Büro« (ausdrücklich, wie oft betont wurde, kein »Hauptquartier«) für die Leitung der regionalen Angelegenheiten errichtet wurde. Dessen erste und vorrangige Aufgabe bestand darin, die Kommunikation mit und zwischen den Kontinentaleuropäern zu verbessern; nationale Autonomien sollten nicht gefördert werden, regionale noch viel weniger. Wie viele andere internationale Organisationen hatten auch die Rotarier ihr Europabüro in der Schweiz, die wegen ihrer zentralen Lage, ihrer Neutralität und der Mehrsprachigkeit der zur Verfügung stehenden Arbeitskräfte Vorteile bot. Zürich erhielt jedoch den Vorzug vor Genf; so wies das Büro eine größere Nähe zum deutschsprachigen Mitteleuropa und eine größere Distanz zum Völkerbund und anderen Körperschaften des europäischen Internationalismus auf, für die das offizielle Amerika, anders als die europäischen Rotarier, wenig Sympathie übrig hatte. Untergebracht in bescheidenen Büroräumen im vierten Stock der Basler Bank in der Börsenstraße 21 in der Züricher Altstadt, summte das europäische Rotarier-Kontor vor sich hin wie ein unter Starkstrom stehender kleiner Transformator; zur Routine gehörte die Beantwortung von rund 2.000 Anfragen pro Monat in fünf Sprachen sowie, falls notwendig, das

---

62 Hewitt, Towards My Neighbour, 130; Nicholl, The Golden Wheel, 398.
63 Chesley R. Perry an Lester B. Struthers, 15. November 1937, General file, EAC, RIZ.

Anfertigen von Übersetzungen in fünf weitere. Das Büro erhielt seine Anweisungen aus Chicago und leitete Anfragen dorthin weiter; es bereitete die Sitzungen des Europäischen Beratenden Ausschusses organisatorisch vor und leitete sie. Im besten Fall fanden diese Sitzungen in Baden-Baden statt, wo man auch kuren konnte, im schlimmsten Fall in Belgrad, das von der westlichen Rheinseite aus zwei Tagesreisen im Orient-Express entfernt war.

Wenn man sich *Rotary International* als die erste Begegnung europäischer Eliten mit einem außereuropäischen Regime vorstellt, versteht man besser, weshalb es für die Organisation so wichtig war, zu demonstrieren, dass ihre Regeln nicht spezifisch amerikanisch waren, erst recht nicht willkürlich, aufoktroyiert oder undemokratisch. »Alle Macht dem Prozedere« könnte der Wahlspruch gelautet haben. »Leitet Dinge durch Kanäle«, »haltet euch an die herkömmliche Verfahrensweise« – Sätze wie diese »wirkten wie Zauberei«, stellte der Europa-Sekretär der Bewegung, Alex Potter, fest. Wann immer dieser unendlich geduldige Kanadier mit der Beschwerde konfrontiert wurde, »dass die Regeln, Regularien, Satzungsbestimmungen etc. […] von Amerikanern in Kraft gesetzt wurden und somit auf europäische Verhältnisse nicht passen«, fand er es »psychologisch […] besser, [den Leuten] zu sagen: ›Nun denn, lassen Sie uns die Sache studieren und sehen, ob wir etwas Besseres finden können‹, anstatt zu sagen: ›Nein, meine Herren, Sie müssen das tun, weil Rotary International es so will.‹« Als es zu scheinbar unversöhnlichen Differenzen mit den führenden Rotariern Europas kam, legte er das Problem dem *Aims and Objects Committee*, dem *Classification Committee*, dem *Extension Committee* und einigen anderen Ausschüssen vor. Diese Strategie funktionierte wie am Schnürchen: »Unweigerlich gelangen sie zu demselben Ergebnis, zu dem man schon vorher gelangt war. Doch nachdem sie aus eigenen Stücken zu diesem Ergebnis gelangt sind, halten sie sich sehr viel zufriedener an die Regularien, als wenn sie das Gefühl hätten, sie würden ihnen von Rotary International aufgezwungen.«[64]

Wie wichtig es war, die Fäden in der Hand zu behalten, ohne den Eindruck einer allmächtigen zentralen Kontrolle zu erwecken, wurde nicht zuletzt daran deutlich, dass alle europäischen Clubs dazu tendierten, einen nationalen »Charakter« zu entwickeln; manche taten das sogar mit noch größerer Hartnäckigkeit und auf unangenehmere Weise als die Deutschen.

Die Briten statuierten ein besonders negatives Exempel, wenigstens aus der Sicht Chicagos, indem sie auf Autonomie im Handeln pochten. Ihre nationale Organisation, *Rotary International of the British Isles* oder RIBI, 1911 in London gegründet, hatte bis zum Ausbruch des Ersten Weltkrieges ein ähnlich ungestümes Wachstum erlebt wie *Rotary USA*. Ihre Mitglieder rekrutierten sich aus einem ähnlichen Reservoir kleinerer und mittlerer Geschäftsleute und Selbstständiger. Doch kaum war die Bewegung auf britischem Boden in Schwung gekommen, da zeigten sich tendenzielle Diskrepanzen im staatsbürgerlichen und politischen Selbstverständnis, die möglicherweise mit dem Niedergang des britischen Imperiums zu tun hatten.

---

64 Alex O. Potter an Chesley R. Perry, Arguments for and against Classification Rules, 23. November 1933, ebd.

Die britischen Rotarier waren zwar im Grunde konservativ, aber durchaus auch reformorientiert in der Tradition eines Lloyd George, womöglich ein Reflex auf die Überzeugung der mittleren Schichten, zwischen den »Aristosnobs und den Proletariern« eingezwängt zu sein, also zwischen Kapital und Großfinanz auf der einen und organisierter Arbeiterschaft auf der anderen Seite. Später sollte Winston Churchill versuchen, dieses Gefühl zu kanalisieren, indem er arrangierte, dass Ernest Bevin, der sozialdemokratische Kopf seiner Kriegskoalition, die ersten Andeutungen zu den Plänen der Regierung für Nachkriegsreformen 1940 in einem Vortrag vor Londoner Rotariern bei ihrer wöchentlichen Mittagstafel im *Connaught Room* ausstreute. Diese Verbeugung vor der Meinung kleiner und mittlerer Geschäftsleute – die die Vorschläge, die in den 1942 veröffentlichten *Beveridge Report* münden sollten, sehr wohlwollend aufnahmen – zahlte sich für den Konservativen Churchill auf lange Sicht nicht aus. Viele der von ihm umworbenen Rotarier liefen 1945 zusammen mit anderen Mittelschichts-Wählergruppen zu *Labour* über und katapultierten ihn damit aus dem Amt.[65]

Auf Initiative der britischen Rotarier setzte Chicago für 1921 erstmals eine Jahrestagung auf ausländischem Boden in Edinburgh an, nur um feststellen zu müssen, dass ihr zuverlässigster europäischer Verbündeter zu ihrer organisatorischen Nemesis mutiert war. Praktisch zu einem Staat im Staate geworden, verfügte RIBI über ein eigenes Hauptquartier in London, wo sich rund sechzig der insgesamt 375 in Großbritannien und Irland bestehenden Clubs konzentrierten. Dies widersprach der Regel, dass es in jeder Stadt nur einen Rotarierclub geben solle. RIBI hatte sein eigenes nationales Leitungsgremium, das eigenmächtig Distriktchefs ernannte, gab eigene Publikationen heraus und verfügte über scheinbar unerschöpfliche Kontingente wortgewandter Funktionäre, unter denen sich auch einige fähige Amateur-Verfassungsrechtler befanden, die Freude daran hatten, die durch und durch geschäftemacherische, pathetische, manchmal abstruse und gelegentlich einfach fehlerhafte Sprache zu kritisieren und zu korrigieren, die sich in der anschwellenden Papierflut aus den Büros ihrer amerikanischen Brüder fand. Zudem entwickelten die Briten ein eigenes System für die Festsetzung und Eintreibung von Gebühren, die nach Chicago weiterzuleiten ihnen nicht in den Sinn kam. Schließlich unterhielten sie auch engste Beziehungen zu den Rotarierclubs, die in den Mitgliedsländern ihres Commonwealth aus dem Boden schossen, erst in Kanada und bald darauf auch in Südafrika, Neuseeland, Australien, Singapur und anderen Außenposten des britischen Empire.

Am schlimmsten war jedoch aus der Sicht Chicagos, dass sich die Briten eine Organisationsform gaben, der *Rotary International* anderswo unter Berufung auf die Satzung die Zustimmung verweigerte. Laut dieser Satzung war der Bezirk, der sich formell fast nie mit dem Nationalstaat deckte, die grundlegende administrative Einheit. Sobald die Zahl der Clubs 15 erreichte, wurden diese zu einem Distrikt zusammengefasst. In der Praxis orientierten sich die Distriktgrenzen immer an bestehenden territorialen Grenzlinien. Es existierten jedoch ungeachtet nationaler Nei-

---

65 Nicholl, The Golden Wheel, 412f.; Thomson, Beveridge Report.

gungen und der Zahl nationaler Clubs niemals organisierte Körperschaften namens *Rotary* Frankreich oder gar *Rotary* Deutschland. In Frankreich bestand die Organisation Mitte der dreißiger Jahre offiziell aus drei Bezirken von *Rotary International*; die deutschen Clubs waren offiziell zum Bezirk 73 zusammengefasst, zu dem auch die bestehenden österreichischen Clubs zählten.

Einen davon klar abweichenden Sonderweg hatte das italienische Rotariertum beschritten. Dessen Aus-der-Reihe-Tanzen ließ sich indirekt den Briten in die Schuhe schieben, denn es war der umtriebige Exilschotte James Henderson, seit 1911 Generaldirektor der italienisch-britischen Textilfirma *Cucirini Cantoni Coats*, der *Rotary* 1923 aus Glasgow nach Mailand gebracht hatte, tatkräftig unterstützt von dem irisch-italienischen Chefingenieur und Geschäftsführer der italienischen Tochtergesellschaft von *Worthington Pumps*, Leo Giulio Culleton. Die Mailänder Mixtur aus britischer unternehmerischer Hartgesottenheit, italienischer *bella figura* und amerikanischem Aktienkapitalismus ergab ein Klima der Anglophilie, des Snobismus und der weltgewandten Kameraderie, wie es ansonsten auf der Welt vielleicht nur noch in den Herrenclubs des britischen *Raj* anzutreffen war. Als Vorbild diente den italienischen Rotariern, wie sie selbst sagten, die RIBI mit ihrem Anspruch auf Unabhängigkeit. Die Mitglieder der italienischen Clubs waren elitär und »aristokratisch«, in bewusster Abgrenzung von der »Vulgärdemokratie«. Langsam wachsend und wählerisch bei der Aufnahme von Neumitgliedern, befand sich das italienische Rotariertum fest in der Hand des norditalienischen Großbürgertums. Diese Männer fühlten sich von dem bodenständigen Chicago zutiefst missverstanden, als die Zentrale sie am Anfang mit den Clubs von Kuba, Spanien und Portugal in den ersten »lateinischen« Distrikt einsortierte, und kämpften von da an verbissen darum, sich als eigenständige Einheit, Distrikt 46, konstituieren zu dürfen. Kaum hatten sie den Status 1925 errungen (gleich nach Erreichen der Mindestzahl von zehn Clubs), installierten sie schon ein nationales Leitungsgremium und ein Sekretariat in Mailand, warben als Mitglieder das Beste, was die italienische Akademiker- und Wirtschaftselite hergab, und verliehen die Ehrenmitgliedschaft (obwohl eine solche offiziell gar nicht existierte) dem König, neun Fürsten königlichen Blutes und obendrein dem Journalisten Arnaldo Mussolini, dem jüngeren Bruder Benitos. Über Achille Bossi, den permanenten Clubsekretär – studierter Jurist und exemplarisch schlauer Kopf –, ließ *Rotary* Italien verkünden, die wahre Weltbürgerschaft beginne zuhause mit Gesten praktischer Loyalität zum Staat. In diesem Sinn pflegte die Organisation enge Beziehungen zum faschistischen Regime und brüstete sich damit, sagen zu können, der große Führer und Regierungschef Mussolini sei ihr Schutzherr. Das erleichterte es den Clubs, sich gegen den Vorwurf zu wehren, sie seien ein Instrument der »demo-plutokratischen« Nationen, die verächtlich auf das »proletarische« Italien herabschauten. Die Strategie funktionierte bis 1938, als der Duce den Rotariern die Protektion aufkündigte.[66]

---

66 Giuseppe Belluzzo, Präsident von Rotary Italiano, an Benito Mussolini, 31. Juli 31, Fasz. 301, Box 27, G 1, Affari generali e riservati, Ministero della Pubblica Sicurezza, Archivio Centrale dello Stato, Rom; Alfredo Rocco an Benito Mussolini, 20. Oktober 1931, ebd.; Pro-memoria per il capo del governo, 18.

Was hätten »die Europäer« angestrebt, hätte man ihnen Autonomie gewährt? Die Amerikaner stellten diese Frage rhetorisch und oft mit einer gewissen Tendenz, ihre Brüder zu der Erkenntnis zu bringen, wie wichtig der Neutralitätsanspruch der Bewegung für ihren Zusammenhalt als Europäer war. In der Tat kümmerten sich alle Europäer bis zu einem gewissen Grad um die Interessen ihrer jeweils eigenen Nation. Was für eine Art von Elite wären sie gewesen, wenn sie das nicht getan hätten? Der Rotarier M. B. Gerbel, Österreichs führender Straßen- und Brückenbauingenieur, engagierte sich stark als Schirmherr neuer Clubs in den Balkanländern, nicht zuletzt um damit die wirtschaftliche Präsenz Deutschlands und Österreichs in der Region zu stärken und den deutschsprachigen Block zu vergrößern. Die Franzosen wiederum spielten, um einer befürchteten deutschen Expansion etwas entgegenzusetzen, eine besonders dynamische Rolle in der Führung von *Rotary International*. Distrikt 46 war Gastgeber des internationalen Kongresses, der vom 5. bis 8. Mai 1937 in Nizza stattfand und zu einem großen Erfolg in einer wenig versprechenden Situation wurde. Maurice Duperrey, ein Schleifmittelfabrikant, wurde zum ersten Kontinentaleuropäer im Amt des Präsidenten von *Rotary International*; er kostete diesen Erfolg aus, indem er während seiner Amtszeit 1937/38 in zwanzig Tagen um die halbe Welt reiste, vor allem um zu demonstrieren, dass der französische Universalismus ebenso dynamisch sein konnte wie der amerikanische. Die kleineren neutralen Länder hatten innerhalb der Bewegung mehr Gewicht, als es ihrer Größe angemessen gewesen wäre, vorbehaltlich aller gebührenden Unterschiede zwischen den Schweden auf der einen Seite, die ihre Auffassung von Neutralität durchaus mit engen Bindungen an Deutschland zu vereinbaren wussten und dabei dessen nach Osteuropa gerichtete expansionistische Impulse geflissentlich übersahen, und Belgien auf der anderen Seite, das dank seiner Verwundbarkeit die Rolle eines kleinen, aber zu lautem Kläffen fähigen Wachhundes gegen jeden Großmachtnationalismus übernahm.

Das Dilemma bestand in der Tat darin, einen Mittelweg zwischen europäischer Autonomie und einem Globalismus unter amerikanischer Führung zu finden. Es gab offenbar »flüsternde Stimmen«, die der »sogenannten amerikanischen Überlegenheit« ein Ende setzen wollten, wie der bekannte schwedische Bankier Kurt Belfrage zu berichten wusste. Er äußerte freilich Zweifel daran, dass, falls diese Bestrebungen zum Ziele führten, ein »geeintes und einstimmiges europäisches Rotary« dauerhaften Bestand haben würde. Um unter den Bedingungen innereuropäischer Zerstrittenheit den Internationalismus der Bewegung aufrechterhalten zu können, mussten seiner Meinung nach die europäischen Clubs ebenso pragmatisch sein wie die Amerikaner, andererseits aber auch idealistischer. »Lasst uns mit unseren Füßen auf fester Erde, aber mit nach oben gerichtetem Blick dastehen«, ermahnte er seine Bundesbrüder. Das war für einen Bankier eine hochtrabende Sprache. Louis Steinmann, ein Belgier, fasste das Problem in bodenständigere Worte: »Europa ist für eine eigene Regionalverwaltung noch nicht reif. Wir sind dafür zu national«.[67]

Februar 1930, Subfasz. 1, ebd.; Cianci, Il Rotary nella società italiana, 97–118; Belloni Sonzogni, Rotary in Milano; Frumento, Nascita e rinascita del Rotary.
67 Kurt Belfrage, Aims & Objectives Committee Meetings, Antwerpen, 22. März 1935, 9, 13, Box 2, EAC,

Amerikanisch reden, um europäische Dinge zu sagen

Umgekehrt unterstrichen die Amerikaner, wie um deutlich zu machen, dass die amerikanische Führungsrolle sich dem Prinzip der praktischen Bewährung und nicht dem der bürokratischen Manipulation verdankte: »Verwaltungsstrukturen bedeuten uns nichts. [...] Wir wollen nur sicher sein, dass das Programm der Rotarier einen Weg in die Herzen der Menschen findet.«[68] Praktisch gesprochen, bedeutete das zunächst einmal, dass die Prinzipien der Organisation, wie sie in Merkblättern und Pamphleten von erstaunlicher Fülle und sprachlicher Verstiegenheit im Umlauf waren, wörtlich übersetzt werden mussten. Das größere Problem dabei war, wie man den Europäern diese Grundsätze näherbringen konnte. »Es war nicht nur eine Frage der Form, sondern des Denkens«, erläuterte Edouard Willems, Gründer von Rotary Belgien. »Im Prozess des Übersetzens muss es irgendwie gelingen, das angelsächsische durch ein europäisches Denken zu ersetzen.«[69]

Ungeachtet dessen ging es nicht ohne wörtliche Übersetzungen. Englisch war zwar spätestens seit den zwanziger Jahren des 20. Jahrhunderts die führende Weltsprache, aber doch keineswegs die Sprache der bürgerlichen europäischen Kultur. In Europa als Ganzem war Englisch die Muttersprache von lediglich 47 Millionen Menschen, im Wesentlichen der Bewohner der britischen Inseln. Sehr viel mehr Menschen, mindestens achtzig Millionen, sprachen Deutsch, und Deutsch war darüber hinaus die Zweitsprache vieler nationaler Minderheiten in Mitteleuropa. Französisch wurde nicht nur von 41 Millionen Franzosen und Zehntausenden in den französischen Kolonien gesprochen, sondern war auch dank des hohen Ansehens, das die französische Literatur genoss, und des Vermächtnisses der Aufklärung die erste Fremdsprache der geistigen Eliten Europas. Spanisch wurde zwar in Europa selbst nur von rund 16 Millionen Menschen gesprochen, war aber die *lingua franca* Lateinamerikas, wo es eine rührige Rotarierbewegung gab. Italienisch wurde fast nur in Italien gesprochen, dazu vielleicht noch in einstigen venezianischen Kolonien im östlichen Mittelmeer sowie von Hunderttausenden ausgewanderten Italienern, aber insgesamt war es doch die Muttersprache von mindestens 40 Millionen Menschen.[70]

Zusätzlich erschwert wurde die Übersetzung der Rotarier-Terminologie in die europäischen Sprachen durch das, was Antoine Meillet, Professor für indo-europäische Sprachen am *Collège de France*, die »Krise der europäischen Sprachen« nannte. Damit meinte er zunächst einmal die Zerstückelung der linguistischen Landkarte Europas, in der es von Nationalsprachen wimmelte – Tschechisch, Polnisch, Unga-

---

RIZ; Louis E. Steinmann, 3, ebd.
68 Rotarian Newson, Minutes of Frankfurt Meeting, 18. November 1929, Niederschrift v. 20. November 1929, 13, Box 2, ebd.
69 Governor Willems, Réunion de Paris, 17 Décembre 1927, 14, 49. Distrikt (Frankreich) 1926–1927, Box 3, RIZ.
70 Baggioni, Langue et nationalité, 320.

risch, Serbokroatisch –, erst recht seit der Entstehung neuer Nationalstaaten im östlichen Mitteleuropa nach dem Ersten Weltkrieg. In zweiter Linie spielte er damit auf die Abdankung der sogenannten Universalsprachen an, nämlich der Sprachen, in denen einst die europäischen Eliten miteinander kommuniziert hatten. In erster Linie meinte er damit seine eigene Muttersprache, die sich als Standardsprache bei internationalen Konferenzen durchgesetzt hatte, und das Deutsche, das in Mittel- und Osteuropa eine dominierende Rolle spielte. Die »Sprachenkrise« manifestierte sich nicht zuletzt in den neuen Vokabularien von Branchen wie dem Kino oder der Werbung, aber auch von Bewegungen und Institutionen wie *Rotary* selbst.[71] Die Sprache von *Rotary International* war zu diesem Zeitpunkt noch nicht Englisch, wenigstens nicht offiziell. Das konnte auch nicht sein. Zu wenige Rotarier auf dem europäischen Festland sprachen Englisch. In Dresden gaben zwanzig Prozent der Clubmitglieder an, Englisch zu können; der Anteil derer, die Französisch beherrschten, war kleiner.[72] Das europäische Sekretariat erkannte klugerweise außer Englisch vier offizielle Sprachen an, nämlich Französisch, Deutsch, Italienisch und Spanisch, und organisierte und überwachte darüber hinaus die Übersetzung von Dokumenten in fünf weitere Sprachen. Gelegentliche Vorstöße, Englisch zur verbindlichen Universalsprache der Organisation zu erklären, um die Kommunikation zu vereinfachen, zumindest bei den großen Rotarier-Kongressen, wurden entschieden abgelehnt. Europäische Geschäftsleute waren scharfsichtig genug, zu erkennen, was es mit sich bringen würde, Englisch als offizielle Sprache der Organisation anzuerkennen: Es wäre ein Blankoscheck für eine pauschale Überweisung europäischen Kulturkapitals in die angloamerikanische Welt gewesen.

Nichtsdestotrotz wimmelte es in der verfahrenstechnischen Sprache der Organisation von Ausdrücken, die noch in übersetzter Gestalt ihre Herkunft aus der staatsbürgerlichen Kultur der Vereinigten Staaten verrieten. Etliche Begriffe wurden mehr oder weniger unverändert aus dem Amerikanischen übernommen, andere nicht, wie zum Beispiel *brother*. Hier setzten sich die nationalsprachlichen Entsprechungen wie Bruder, *brat, amico, compañero* oder *comrade* durch, denen jeweils eine spezifische Vorstellung von Brüderlichkeit, Freundschaft und Nähe innewohnte.[73] Die Übersetzung der Gründungsdokumente, Manifeste und Satzungen der amerikanischen Mutterorganisation und namentlich der Klassifizierungsprinzipien und des Bekenntnisses zur Gemeinnützigkeit bereitete jedoch handfeste semantische Probleme. Hier ging es um hohe Einsätze.

Die Klassifizierungsprinzipien sollten einen gegen Irrtümer immunisierenden Leitfaden für die Auswahl von Mitgliedern darstellen. Um neuen Clubs bei der Identifizierung potenzieller Mitglieder eine Handreichung zu geben, ließ *Rotary International* eine umfassende Liste aller Berufe erstellen. Um die Mitte der dreißiger Jahre waren in diesem »Generalkatalog« rund 2.300 Metiers verzeichnet, von der Aeronautik bis zur Zimmerei. Die einzelnen Metiers waren in Unterkategorien

---

71 Meillet, Les langues, 467–483; siehe auch Shenton, Cosmopolitan Conversation.
72 Rotary Club Dresden, Mitglieder-Verzeichnis der Rotary Clubs, 1934, 88–91; Rotary Club Dresden, ebd., 1936, 100–105, beide unter General Affairs, RIZ.
73 Minutes of the March 1935 Meeting of the EAC of RI, 10, Box 3, EAC, RIZ.

aufgefächert; so wurde etwa bei Immobilien zwischen Geschäfts- und Privatimmobilien unterschieden. Auch »Religion« war als Metier verzeichnet, wohl ein Indiz für den amerikanischen Ursprung der Liste. In wertfreier alphabetischer Sortierung fanden sich die Unterkategorien dieses Metiers: Buddhismus, Christentum (seinerseits unterteilt in Amtskirchen, Freie Kirchen und Katholizismus), Hinduismus, Judaismus, Konfuzianismus, »Mohammedismus«, Taoismus und Zoroastrismus. Das Definitionskriterium für einen Beruf war die Fähigkeit, der Gemeinschaft eine Ware oder eine Dienstleistung zu bieten. Nach dieser Maßgabe waren Pfarrer, Prediger, Imame, Rabbiner, Gurus und so weiter allesamt religiöse Dienstleister; Immobilienmakler vermittelten den Kauf von Gebäuden, Tierärzte leisteten Dienste am Tier, Dirigenten lieferten Kunst und Unterhaltung.

Obwohl der universelle Katalog der Berufe ausdrücklich zu dem Zweck erstellt worden war, Streitigkeiten den Boden zu entziehen, rief kein Aspekt der »Chicagoer Regeln« mehr Verwirrung, Hohn und Protest hervor. Nicht dass *Rotary International* auf Abweichungen von der Norm nicht flexibel reagiert hätte, vorausgesetzt der betreffende Club konnte eine plausible soziologische Erklärung liefern. Aber offenbar bereitete es manchen neuen Clubs eine gewisse heimliche Freude, die Exzentrizität ihres eigenen gesellschaftlichen Profils am großen Ganzen zu messen, insbesondere im Hinblick auf das Endresultat, nämlich die Erlangung einer von einer fernen Instanz gewährten Bescheinigung, dass seine Mitglieder in der Tat einen »repräsentativen Querschnitt« der lokalen Bevölkerung darstellten. Als der Rotarierclub von Vichy gegründet wurde, sah *Rotary International* sich bemüßigt, eine ganze Palette ärztlicher Unterkategorien – Leberspezialisten, plastische Chirurgen, Hals-Nasen-Ohren-Ärzte, Diätetiker – anzuerkennen, die in dem weltberühmten französischen Heilbad Krankheiten und Beschwerden kurierten. In Plauen, der nüchternen sächsischen Industriestadt 150 Kilometer südwestlich von Dresden, mussten die Clubgründer zunächst einmal um eine Ausnahmegenehmigung ansuchen, weil ihre Stadt nicht die geforderten 100.000 Einwohner hatte, konnten dann aber zu ihrer großen Freude feststellen, dass die Wahrzeichen-Industrie Plauens, die Spitzenstickerei, in der universellen Berufeliste von *Rotary International* enthalten war. Diese Anerkennung gereichte zur Ehrenrettung des gründenden Sekretärs, dessen schlechtes Englisch zu einem Missverständnis geführt hatte, als er seinen Antrag stellte. Sein deutsch-englisches Wörterbuch hatte ihm eine verwirrende Übersetzung für das Wort »Filz« geliefert, das sich sowohl mit *felt* (Filzstoff) als auch mit *skinflint* (Geizhals) übersetzen ließ. Wie überaus peinlich, die Tätigkeit des Chefverkäufers der Rodewisch Filz-Manufaktur, Herr Rüdiger, als »Geizhals« beschrieben zu haben.[74]

Nichts konnte die Italiener davon abbringen, den *Rotary*-Grundsätzen »ihre eigene Deutung« zugrunde zu legen, wie der britische Vorsitzende des Unterausschusses für Klassifizierung es mit einem bedauernden Unterton ausdrückte. Die Italiener ernannten nicht nur Ehrenmitglieder – hauptsächlich Angehörige des königlichen Hauses Savoyen und hohe Regierungsbeamte, eine Praxis, die vollkom-

---

74 Wilpert, Rotary in Deutschland, 21.

men dem Grundsatz widersprach, dass *Rotary* niemals als Ehrentitel betrachtet werden sollte –, sondern nahmen als Mitglieder auch die *federali* der faschistischen Partei auf (unter denen sich wahre Gangster befanden), indem sie sie in die Kategorie »wohltätige Stiftungen und öffentliche Arbeiten« einsortierten. Der Fürst von Niscemi, ein sizilianischer Bonvivant, der von seinen ausgedehnten Landgütern lebte, wurde als »Pferdetrainer« geführt.[75] Es wäre einfach, solche Zuordnungen als Augenwischerei abzutun oder die These zu vertreten, das System lade nur zum Lügen ein, eine Ansicht, die die Europäer selbst manchmal selbstkritisch vertraten. Hinter diesen originellen Interpretationen stand zumindest aber ein anderes Verständnis dessen, was eine Elite war, ein Verständnis, das nicht mit klar und eindeutig definierten Berufsbildern operierte und dem auch ein anderer Gemeinschaftsbegriff zugrunde lag, gekoppelt mit einer Abneigung dagegen, alte Hierarchien neuen Berufen zu öffnen oder eine neue Dienstleistungsethik zu entwickeln.

Zum Beispiel Elbflorenz: Für die Dresdener war es zuerst und vor allem eine Stadt der Finanzwirtschaft und der Industrie, der Künste und der beamteten Staatsdiener. Ihr Stolz auf die kulturelle Mission ihrer Stadt war besonders bemerkenswert. Nicht nur zählten die Dresdener Rotarier zu ihren Mitgliedern die Chefs aller führenden Kultureinrichtungen der Stadt, von der Staatsoper und dem Sinfonieorchester bis zum Historischen Museum und zum berühmten Hygienemuseum, sie wollten auch maßgebliche Künstler in ihren Reihen haben. Daran sei überhaupt nichts auszusetzen, antwortete Chicago, vorausgesetzt die Betreffenden erzielten mit ihrer künstlerischen Arbeit ein adäquates Einkommen. Können wir in dem Ersuchen, das Metier »Schöne Künste« so weit in Unterkategorien aufzufächern, dass sowohl der Bariton als auch der Tenor der Staatsoper Clubmitglieder werden konnten, die Hand des korrespondierenden Sekretärs von Frenckell entdecken, der mit der Sängerin Minni Nast verheiratet war? Diese Frage trieb die Männer von Chicago offensichtlich um. Erst nach Beratungen mit dem Klassifizierungsausschuss und nach einer Korrespondenz mit dem Europabüro in Zürich teilte die Zentrale den Dresdenern ihre salomonische Entscheidung mit: Ein Sänger war ein Sänger. Die Dienstleistung, die er erbrachte, beruhte auf der Qualität seiner Stimme. Dem Publikum sei es gleich, ob er in der Tenor- oder der Baritonlage singe, Hauptsache, seine Darbietung sei gut. Daraus folge, dass Dresden, indem es zwei Sänger aufnehmen wolle, die »Duplizierung eines Berufs« vorschlage.[76] Die Dresdener waren klug genug, die Sache auf sich beruhen zu lassen, was sie vielleicht nicht ohne Häme taten. Was konnte man schon von amerikanischen Kulturbanausen erwarten, die einen Tenor nicht von einem Bariton unterscheiden wollten noch ihre Rivalität um die öffentliche Bewunderung verstanden!

Wenn die Dresdener verblüfft waren über Chicagos Pauschalisierung von Kunst und Künstlern, so dürften die Chicagoer ebenso verblüfft gewesen sein über die abschätzige Haltung der Dresdener zu kommerzieller Betätigung. In den Vereinigten

---

75 J. A. Crabtree an A. O. Potter, 16. Januar 1934, EAC Subcommittee on Classification, RIZ; vgl. Rotary Italiano, Annuario.
76 Russell V. Williams an Karl von Frenckell, 17. November 1928, 3f., Aktenbestand Dresden, EO, RIE; Williams an Alex O. Potter, 7. Dezember 1928, ebd.

Staaten waren Berufe, die mit Wirtschaft, Handel und Gewerbe zu tun hatten, omnipräsent, ebenso in Großbritannien. Doch je weiter östlich und südlich auf dem europäischen Festland man kam, desto dünner waren diese Metiers in der Regel gesät. Dem Dresdener Club gehörte nie ein Vertreter der Wirtschaft an. Die meisten Geschäftsleute ließen sich als Kleinbürger beschreiben, mit Umgangsformen, Schulabschlüssen, Kulturvorlieben und Tagesordnungen, die sich so sehr von denen des Großbürgertums unterschieden, dass kein Verein die Kluft zu überbrücken vermochte. Die andere Komplikation bestand darin, dass, als der Einzelhandel die Dimension der Kaufhausketten erreichte, die meisten Eigentümer solcher Unternehmen, vor allem in den Großstädten, Juden waren. Zwar war Georg Tietz, jüdischer Inhaber der Kaufhauskette Hermann Tietz, zeitweise Mitglied des Berliner Rotarierclubs. Sein Vetter Alfred Leonhard, Chef der Tietz-Filialen im Rheinland, gehörte zu den führenden Mitgliedern des Kölner Clubs. Eine ähnliche Rolle spielte Leonhards Freund Martin Cohen, dem die Kaufhauskette Passage gehörte, im Saarbrücker Club. Doch wenn die Clubs die Wahl hatten, bevorzugten sie Juden aus anderen Metiers. Wenn in Paris und anderswo von einem zu hohen Anteil von Wirtschaftsleuten unter den *Rotary*-Mitgliedern gesprochen wurde, war dies oft ein Euphemismus für »zu viele Juden«.[77]

Eine Herausforderung stellte auch die Übersetzung des für die Philosophie der Rotarier grundlegenden Begriffs *service* dar. Ethische Werte wie *noblesse oblige*, Altruismus und Solidarität waren in der europäischen Oberschicht tief verwurzelt, in unterschiedlicher Intensität bei allen Konfessionen, bei Katholiken und Protestanten ebenso wie im Judentum. Im Katholizismus lag der Akzent auf Wohltätigkeit, im Protestantismus auf Arbeit. Der Begriff der »guten Werke« wich indes von der konkreten Bedeutung ab, die der Begriff *service* in den Vereinigten Staaten erhalten hatte, wo er Konnotationen wie Aufmunterung, Gemeinschaftsgeist, Hilfsbereitschaft, aber auch die Kulanz eines Warenverkäufers gegenüber seinen Kunden enthielt.

Das Ringen um die Übertragung eines Konzepts spiegelte sich hier, wie auch anderswo häufig, in Kontroversen über die richtige Übersetzung eines Begriffs wider. Die Franzosen probierten es mit *solidarisme*, einem Ausdruck, der freilich Assoziationen an die Reformbewegung des späten 19. Jahrhunderts wachrief. *Servir* fand schnell genügend Anklang, doch ebenso schnell kam auch das Wortspiel auf, dass zu wenige französische Rotarier den Unterschied zwischen *servir* im Sinne von »dienen« und *se servir* im Sinne von »sich bedienen« begriffen. Die Italiener spielten mit *altruismo* und dem Atavismus *noblesse oblige*, bevor sie sich auf die direkte Entsprechung zum englischen *service*, *servizio*, einließen, das sie anfänglich in Anführungszeichen setzten, »als sei es ein Schimpfwort«. Das Rotarier-Fußvolk fand Gefallen an dem Neologismus; er spiegelte die neue Zeit wider, die den obsoleten Humanismus zum alten Eisen warf und die praktische Tat des faschistisch geprägten »neuen Menschen« anbetete. Gerne erinnerten die italienischen Rotarier

---

77 So z.B. in: Lester Struthers an Philip Lovejoy, Zürich, 21. August 1946, 1, Frankreich: Paris, Bd. 3, RIZ.

auch daran, dass *servizio* keineswegs ein neues Konzept war, sondern bereits von den alten Kaufmannskulturen praktiziert worden war. Jemand entdeckte in Spoleto auf einem Türsturz aus dem 16. Jahrhundert die Inschrift: »Diene und du gewinnst – darum diene, so viel du kannst.«[78] Im Kaufmannskontor der Familie Mann in Lübeck hatte, wie sich jemand erinnerte, das Motto geprangt: »Genieße deine Arbeit tagsüber, aber erledige sie so, dass du nachts gut schläfst.« Die nächstgelegene Eindeutschung von *service*, »Dienst«, klang nach Beamtenpflicht und Hauspersonal, wie manche sich beklagten, und das weiter verbreitete Wort »Dienstleistung« wurde von vielen als hölzernes Kunstwort belächelt. Puristische Rotarier wie von Frenckell warben für »der Service-Gedanke« als die beste Lösung. Nur wenige Deutsche ließen sich davon überzeugen. Nach Meinung Frenckells lautete die bestmögliche Übersetzung für den Slogan *Service above Self*: »Gemeinnutz vor Eigennutz«. Dies war zufällig aber auch eine beliebte Devise der Nazis, die sie dem Lexikon der mittelalterlichen Solidarität entnommen hatten. Niemand übertraf die Italiener, wenn es um semantische Taschenspielertricks ging: Peinlich berührt von dem Sturm der Entrüstung, der als Reaktion auf den italienischen Einmarsch in Abessinien 1935 losbrach, drängten die italienischen Rotarier ihre europäischen Brüder, die Mission des faschistischen Regimes in Ostafrika als einen »Dienst an der Zivilisation« (*servizio alla civiltà*) zu betrachten.[79]

Wenn wir uns ansehen, wie die Rotarierclubs von Duluth und Dresden das Problem des Brückenbauens (im ganz wörtlichen Sinn) angingen, werden die Unterschiede deutlich. Die erste und stolzeste Errungenschaft der Rotarier von Duluth, bewerkstelligt 1917 in nur zwei Monaten, war das Einsammeln von 2.000 Dollar für den Bau einer hölzernen Brücke über den nahe gelegenen Pigeon River, die die Vereinigten Staaten mit Kanada verbinden würde. Bislang konnte man den strudeligen Fluss nur auf einem Liniendampfer, der dreimal pro Woche fuhr, oder auf gecharterten Booten überqueren. Die *Outlaw Bridge*, wie die Brücke von ihren stolzen Finanziers genannt wurde, wurde errichtet und blieb bis 1930 die einzige lokale Überquerungsmöglichkeit; dann einigten sich die Regierungen der USA und Kanadas darauf, gemeinsam eine Stahlbrücke über den Pigeon River zu errichten.[80] Die Dresdener legten ein ähnliches Engagement für grenzüberschreitende Verbindungen an den Tag und zogen als erste Aktivität ihres jungen Clubs eine Petition an die Deutsche Reichsbahn in Betracht, etwas gegen die nervtötenden Verzögerungen am Grenzübergang zwischen Sachsen und der Tschechoslowakei zu tun. Sie waren hocherfreut, als der Prager Rotarierclub, gegründet von Jan Masaryk, eine ähnlich lautende Petition an das tschechoslowakische Verkehrsministerium richtete. In den Reihen der Dresdener kamen freilich Zweifel auf, ob sich der Club als Ganzer diesem Anliegen widmen sollte oder nur diejenigen Mitglieder, die dabei etwas zu gewinnen hatten. Schließlich beschloss man, die Initiative als legitim zu betrachten, weil mehrere andere Gruppen das Anliegen ebenfalls unterstützten. Außer diesem höflichen Vorstoß unternahmen die Dresdener keine weiter gehenden

78 Frumento, Nascita e rinascita del Rotary, 31, 20.
79 Il Rotary, Februar 1936, 33.
80 Duluth Rotary Club Sets 60th Birthday Party, Duluth Sunday News-Tribune, 14. Februar 1971.

Schritte.[81] Zugegeben, zwischen den Möglichkeiten hier und dort bestanden unüberbrückbare Unterschiede: auf Seiten von Duluth das praktische Nichtvorhandensein einer Staatsmacht, die Lage in einem wenig bewachten Grenzgebiet, eine Tradition des Handelns ohne Behinderung durch Regeln und Vorschriften. Ganz anders in Dresden, wo Ausbau und Betrieb des Eisenbahnwesens Sache des Staates und der hohen Politik waren, wo organisierte Interessen, ein starker Staatsapparat und gut bewachte Grenzen mit polizeilich kontrollierten Zollübergängen die Szene beherrschten. Wahr ist aber auch, dass das Dresdener Bürgertum seinen Rotarierclub als kulturelle Institution verstand und es als unangemessen empfunden hätte, geschäftliche Interessen in ihn hineinzutragen.

Das Dilemma der Dresdener war auf dem europäischen Festland nahezu der Normalfall, nicht weil die europäischen Clubs egoistisch, indifferent oder unbedarft gewesen wären, sondern weil das Dienstleistungs-Ethos es in Gemeinwesen, die entlang politischer, religiöser und regionaler Bruchlinien gespalten waren, schwer hatte, wahrgenommen, geschweige denn in die Tat umgesetzt zu werden. Als das Bürgertum Frankreichs, Belgiens und der Niederlande vor dem Hintergrund der politisch polarisierten Welt der dreißiger Jahre daranging, sein gesellschaftliches Verantwortungsgefühl in die sozialreformerische Tat umzusetzen, beschwor das für die Rotarierbewegung die Gefahr einer Spaltung der Clubs zwischen Parteigängern der Volksfront-Bewegung und Gefolgsleuten rechtsextremer Gruppierungen herauf. Als die Rotarier Spaniens unter dem Eindruck der blutigen Niederschlagung des Streiks der asturischen Bergleute im Oktober 1934 ihren Entschluss verkündeten, ihr Scherflein zur Linderung der großen Not beizutragen, taten sie dies unter der Maßgabe »absoluter Unparteilichkeit«, weil »das Leiden keine Ideologie kennt«. In diesem Sinne entschied sich der Madrider Club dafür, die Kosten für den Unterhalt von fünf Waisenjungen zu übernehmen, deren Väter als Zivilgardisten bei den Kämpfen mit den Bergleuten ums Leben gekommen waren. Um nicht einseitig Gutes zu tun, boten sie an, Mittel in gleicher Höhe – Geld, Kleidung, Essen und Medikamente – den Familien der besiegten Arbeiter zur Verfügung zu stellen. Es zeigte sich freilich, dass ihr verkündetes Ziel »Frieden und Zusammenarbeit« vor dem Hintergrund der bürgerkriegsähnlichen Situation eine Schimäre war und dass ihre wohltätige Initiative »traurigerweise sehr wenig bewirkte«.[82]

Natürlich gab es Fälle, in denen das Ethos des Dienens eine bloße Tarnkappe für Selbstbedienung war und die Elite sich nur selbst Wohltaten erwies. Ein krasses Beispiel hierfür bot Mailand, wo die gemeinnützige Tat so aussah, dass die Rotarier in Monza den ersten Golfclub ihrer Region anlegen ließen, die Publikation von Reiseführern für den italienischen Touring-Club bezuschussten, Stipendien und Preise für Hochschulstudenten stifteten und, dem intensiven Drängen lokaler faschistischer »Wohltätigkeitsdirektoren« nachgebend, großzügige Spenden für die faschistische Winterhilfe leisteten.

---

81 Wochen-Bericht (Dresden) 2/28, 25. April 1929, RSDB.
82 Rubio Villaverde, Rotary en España, 97.

Die Kirche der Geschäftsleute

Aus europäischer Sicht rief *Rotary* das Gespenst der Religion wach. Nicht so in Amerika – oder doch? Tocqueville hatte registriert, dass in den Vereinigten Staaten das Christentum »eine feste und unwiderstehliche Wirklichkeit [ist], die man weder anzugreifen noch zu verteidigen versucht«.[83] *Rotary* selbst versicherte, der Ökumene verpflichtet zu sein, getreu dem religiösen Pluralismus der amerikanischen Gesellschaft. Dennoch, in ihrer großen Mehrzahl waren die Rotarier protestantische Kirchgänger, und die Heilsrhetorik der Organisation war mit religiösem Vokabular versetzt. So hieß es etwa, der Gründer Paul Harris sei »wie der Apostel Paulus auf der Landstraße nach Tarsus bekehrt worden«, und wie alle guten Christen bekannten sich die Mitglieder zur Goldenen Regel, die in einen Katechismus rotarischer Ethik eingebettet wurde, der moralische Orientierung bei der Führung der Geschäfte bieten sollte. Dem »Glauben« der Rotarier fehlte die religiöse Inbrunst christlicher Konfessionen, er war eher ein schmückendes Element für salbungsvolle Situationen und eignete sich damit perfekt für Gesellschaften, in denen religiöse Credos heruntergebetet wurden wie Werbebotschaften: »Ich glaube an dieses Produkt, nicht an jenes.« Da das Rotariertum keine Konfession war, zumindest nicht aus amerikanischer Sicht, bestand kein Grund, warum es nicht auch in Ländern gedeihen sollte, in denen Kirche und Staat nicht wie in Amerika in der glücklichen Lage waren, durch die Verfassung strikt voneinander getrennt zu sein.

Von Anfang an entstanden Clubs aber auch in katholischen Ländern wie Frankreich, Italien, Österreich und Spanien, ebenso wie in vorwiegend protestantischen Ländern wie Schweden und England und in religiös gemischten Nationen wie Deutschland und Holland. Sei es, weil die *Rotary*-Literatur überwiegend in amerikanischem Englisch abgefasst war oder weil der Vatikan anderswo eingespannt war (hauptsächlich in der Bekämpfung des marxistischen Atheismus im bolschewistischen Russland), auf jeden Fall entgingen die Rotarier zwei Jahrzehnte lang der Aufmerksamkeit der Jesuiten, die sonst die Wachhunde der katholischen Kirche gegen verdächtige religiöse Abweichungen waren.

Doch am Ende führen alle Wege nach Rom. Der scharf blickende Bischof von San Miguel in El Salvador machte 1927 den vatikanischen Staatssekretär auf einen neu gegründeten Club für Geschäftsleute in San Salvador aufmerksam, den er nach Rücksprache mit seiner Synode als eine »verdächtige, versuchende und geheime Vereinigung« denunzierte, gleichzusetzen den Freimaurern, den Kommunisten und jenen schrecklichen Häretikern, den Theosophen mit ihrer notorischen Mixtur aus orientalischem Mystizismus, protestantischem Fundamentalismus und exzentrischem Feminismus. Die Angelegenheit wurde sogleich zur gründlichen Prüfung an die zuständigen Gremien des Heiligen Stuhls weitergeleitet, nämlich die Kongregation für den Klerus und die Kongregation für die Glaubenslehre. Gleichzeitig machten sich die Jesuiten an die Arbeit. In Spanien, wo sich bereits in 16 Städten

---

83 Tocqueville, Über die Demokratie in Amerika, Zweiter Teil, 18. Zu den expansionistischen Tendenzen des amerikanischen Protestantismus siehe Moore, American Religion.

unter den besorgten Augen der Kirche Rotarierclubs gegründet hatten und die Konstituierung eines Regionaldistrikts bevorstand, wurden die Ermittlungen dem 34-jährigen Theologieprofessor Felipe Alonso Barcena, S. J., anvertraut, einem Experten für Apologetik. Der brillante junge Religionskämpfer fasste seine Erkenntnisse in einem zweiteiligen Beitrag in der Jesuitenzeitschrift *Razón y Fe* (Vernunft und Glaube) zusammen und fällte ein vernichtendes Urteil. Nicht nur ließ er kein gutes Haar an dem frivolen gesellschaftlichen Ehrgeiz, den ostentativ teuren wöchentlichen Mittagstafeln und der moralischen Heuchelei dieser organisierten Parvenüs, er betonte auch die geistige Verwandtschaft der Rotarier mit den Freimaurern und die Heterodoxie in den Lehren dieser »Kirche der Geschäftsleute«. Er sah den Tatbestand der Kardinalsünde mehrfach erfüllt.[84]

Ein knappes Jahr später, am 16. Juni und 21. Juli 1928, hallte die Stimme des Vatikan donnernd auf den Seiten der halb offiziellen Zeitschrift *Civiltà Cattolica* wider, die ein Sprachrohr der Jesuiten war. Man habe festgestellt, dass die Rotarier, indem sie sich als moralische Autorität gerierten, Förderer jener »gemeinen Häresie« seien, die »von Leo XIII. in seiner 1884 verkündeten Enzyklika *humanus genus* verurteilt wurde, nämlich der Lehre, dass der Mensch sich selbst genüge, wenn es um die Deutung des Moralgesetzes gehe, dass keine bestimmte Religion einen verpflichtenden Charakter habe und dass der Mensch sich jeden Glauben als Führer wählen dürfe«. Selbst wenn die Rotarier nicht mit den Freimaurern unter einer Decke steckten, die seit 200 Jahren die Kirche provozierten, handelten sie doch just so, als sei dies der Fall; so legten sie denselben »utilitaristischen Individualismus«, dieselbe »religiöse Indifferenz« an den Tag. Die Kongregation brauchte nicht lange, um Strafen festzulegen: Jeder katholische Priester, der sich den Rotariern anschließe, tue dies auf die Gefahr hin, eine Todsünde zu begehen und exkommuniziert zu werden. In Erwartung weiterer Erkenntnisse überließ der Vatikan konkrete Maßnahmen gegen die Gefahren, die die Mitgliedschaft von Katholiken bei *Rotary* heraufbeschwor, dem Ermessen der einzelnen Erzdiözesen.[85]

Die allergische Reaktion der Kirche erklärt sich zum Teil daraus, dass sie sich mitten in einem ideologischen Anti-Reformations-Kreuzzug befand, der mindestens seit 1917 andauerte. Sie sah sich bedroht auf der einen Seite vom atheistischen Russland, auf der anderen Seite vom materialistischen, unmoralischen Amerika, während in Europa selbst säkulare Religionen das Reservoir der Gläubigen anzapften – in Gestalt eines messianischen Kommunismus auf der linken und eines faschistischen Heidentums auf der rechten Seite. Angesichts dessen tat Papst Pius XI. den kühnen Schritt, die Wiederherstellung einer durch und durch katholischen Gesellschaft ins Werk zu setzen. Als er es geschafft hatte, durch Abschluss der Lateranverträge mit dem faschistischen Italien 1929 den Vatikan als selbstständiges Staatswesen zu konstituieren, konnte er darangehen, sein Poststempel-Königreich mit den Insignien einer Zivilgesellschaft auszustatten, angefangen mit öffentlichen Einrichtungen wie einem Hörfunksender, einem Bahnhof und einem Postamt. Auf

---

84 Barcena, Los rotarios y su codigo moral, 356; ders., Rotarismo y masoneria, 5–18.
85 Eine ausgezeichnete Übersicht über das Verhältnis Kirche-*Rotary* findet sich in Cianci, Il Rotary e il cattolicesimo.

dieser Basis trieb Pius sodann unter Einsatz aller ihm zu Gebote stehenden Waffen – von der Ächtung bis zur persönlichen Einbindung, vor allem aber mittels Zugriff auf katholische Eliten in Wirtschaft, Militär und öffentlichem Dienst – eine Restauration des Christentums voran. Ausgehend vom Gedanken der Klassenversöhnung, der christlichen Solidarität, der Bescheidenheit und des guten Willens, propagierte die katholische Gegenreformation des frühen 20. Jahrhunderts eine Subkultur, die von der modernen Marktwirtschaft und Konsumkultur so weit entfernt war, wie man es sich unter den Bedingungen eines kapitalistischen Systems überhaupt nur vorstellen konnte.

Zwangsläufig stellte der Vatikan die Vereinigten Staaten im Rahmen dieses Unterfangens in ein zwiespältiges Licht. Auf der einen Seite war Amerika ein religiöses Testlabor, auf der anderen Seite war es die Heimat von Millionen Katholiken. Als Papst Leo XIII. am 22. Januar 1899 seine Enzyklika *testem benevolentiae* formulierte, in der er den religiösen Modernismus verdammte (nämlich die Auffassung, die Lehren der Kirche sollten mit populären Ideen und Methoden aufgefrischt werden), nannte er diesen Modernismus bei dem Namen, der dafür innerhalb der Kurie verwendet wurde, nämlich »Amerikanismus«. Der Papst machte im selben Atemzug deutlich, dass mit dieser Formulierung keine Verurteilung der »charakteristischen Qualitäten, die dem amerikanischen Volk zur Ehre gereichen«, verbunden sei. Spätere Päpste, die nicht umhinkamen, gewisse für das amerikanische Moralregime typische Errungenschaften wie die *American Legion of Decency* oder den *Hays Code* zu loben, hatten das Problem, dass auf jedes dieser positiven Beispiele amerikanischer Bürgertugend ein Dutzend Laienbewegungen zweifelhafter religiöser Provenienz kamen, die den Menschen moralische Orientierung versprachen. *Rotary International* stellte dabei allein wegen ihres Anspruchs auf globale Präsenz ein besonders schweres Problem dar. Die der Kurie nahestehenden Kirchenfürsten hatten sich bislang apodiktische Äußerungen über die moralische Qualität der Großmächte verkniffen, wobei die Sowjetunion mit ihrem gefährlichen Atheismus die Ausnahme von der Regel darstellte. Doch jetzt preschten angesichts der Ausbreitung der Rotarier die Jesuiten vor und verurteilten die »gigantischen Anstrengungen der Vereinigten Staaten, ihre politische und wirtschaftliche Expansion über den Globus voranzutreiben und zu konsolidieren« und dabei perfiderweise »zur Festigung wirtschaftlicher Hegemonie moralische Interventionen« einzusetzen.[86]

Das war eine wuchtige Kritik, die die Aussicht auf Exkommunizierung zu beinhalten schien. Die europäischen Rotarier wandten sich Hilfe suchend an die Amerikaner, um sich bestätigen zu lassen, dass *Rotary* weder eine religiöse Gemeinschaft noch ein neues Freimaurertum verkörperte. Die Amerikaner ließen daraufhin eine massive, anhaltende PR-Kampagne vom Stapel, die sich vor allem an besonnene Köpfe und die gebildete Öffentlichkeit richtete. Zu den Adressaten gehörten auch Kirchenleute, vom *Pontifex Maximus* bis zum niedrigsten kirchlichen Amtsträger, vom agnostischen Laien bis zum frommen Kirchgänger. Die Kampagne betonte, dass die Mitgliedschaft bei den Rotariern ohne weiteres mit dem Kirchenbesuch

86 Rotary Club e Massoneria, Civiltà Cattolica, 21. Juli 1928, 107f.

und mit der Pluralität religiöser Überzeugungen vereinbar war. Wenn der Distrikt-*Governor* von *Rotary* Mexiko dem neu gewählten mexikanischen Präsidenten Calles – der, wie alle Präsidenten Mexikos seit der Revolution, zutiefst antiklerikal war – ein Glückwunschtelegramm geschickt habe, bezeuge das lediglich seinen Respekt vor der staatlichen Autorität. Wenn *Rotary* Mexiko dem Christlichen Verein Junger Männer Geld gespendet habe, sei dies keine religiöse Propaganda gewesen, sondern ein gutes Werk. Es sei dabei einfach darum gegangen, Mittel für Spielplätze und andere Hilfsmaßnahmen für die bettelarmen Kinder und Jugendlichen der Millionenstadt Mexiko City zur Verfügung zu stellen. Was den unterschwelligen Vorwurf betraf, die Rotarier seien mit den Freimaurern im Bund, so stand die Organisation dazu, dass ihr Gründer Paul Harris tatsächlich Freimaurer gewesen war, allerdings nicht mehr zu dem Zeitpunkt der Gründung von *Rotary* und erst recht nicht in der Gegenwart. Was den Glauben der Katholiken unter den Mitgliedern der Rotarier betraf: Wer könne bezweifeln, dass Wilhelm Cuno in Deutschland oder Graf Henry Carton de Wiart, der einstige Premierminister von Belgien und jetzige Vorsitzende der Katholischen Partei, gläubige Christen waren, gar nicht zu reden von den 273 römisch-katholischen Geistlichen, die US-amerikanischen und kanadischen Clubs angehörten?[87] Einer von mehreren angesehenen katholischen Rotariern in den USA, die gebeten wurden, Vorträge zum Thema »Warum ich Rotary gern angehöre« zu halten, war John Cavanaugh, der langjährige Präsident der *University of Notre Dame*. Er ergriff öffentlich Partei für »diese schöne und wohltätige Bewegung« und fügte hinzu: »Ich bin selbst Mitglied von Rotary und empfehle es europäischen Katholiken nachdrücklich.«[88]

Den aus der katholischen Kirchenhierarchie stammenden Vorwürfen, zusätzlich geschürt von rechten politischen Bewegungen, war nur schwer beizukommen. Dank der unterstellten Verflechtungen mit den Freimaurern wurden die Rotarier in einen Topf geworfen mit sämtlichen anderen Schreckgespenstern der konterrevolutionären Rechten wie der zionistischen Weltverschwörung, den Bolschewisten und dem rassisch und religiös hybriden Theosophismus. Im tiefsten Grunde vertrat die katholische Kirche die Auffassung, es könne sich bei den Rotariern durchaus um integre Leute handeln, die das, was sie taten, in gutem Glauben taten; sie hätten nur leider vergessen, was die eigentlichen Quellen der Moral waren. Dem hielten die europäischen Rotarier entgegen, bei ihnen täten sich integre Leute zusammen, nicht um einer neuen religiösen Ethik teilhaftig zu werden, sondern um ein neues öffentliches Ethos zu propagieren.[89] Der Grat zwischen diesen beiden Dingen war ein schmaler – und einer, den fromme Menschen seit den Zeiten Calvins unzählige

---

[87] Russell V. Williams an Chesley R. Perry, 12. Jan. 1928, Subfile C28, 1927–28, C28 Catholic Church and Rotary file, RIE; C. R. Perry–Etienne Fougère, 5. Dez. 1930, und E. Fougère an C. R. Perry, 7. Jan. 1930; Subfile C28 France, ebd.; Maurice Duperrey an C. R. Perry, 2. Dez. 1933, Subfile C28 Frankreich, ebd.; A. O. Potter an M. Duperrey, 14. Mai 1935, ebd.; A. O. Potter an Robert Burgers, o. D. (Frühjahr 1935), C28 Frankreich, 1935–36, ebd.

[88] John Cavanaught, C. S. C., an Fred Warren Teele, C28, 1926–1927, C28, Catholic Church and Rotary, RIE.

[89] Edouard Willems an Emmet Richard, 17. Februar 1936, C28 Catholic Church and Rotary, 1935–1936, RIE.

Male überschritten hatten. Die Amerikaner hatten diesen Grat jedoch spätestens in den zwanziger Jahren des 20. Jahrhunderts abgetragen, so versessen waren sie darauf, die neue Ethik des Dienstleistungskapitalismus zu predigen. Getreu der protestantischen Tradition forderte *Rotary* auch die europäischen Katholiken auf, sich der Überzeugung anzuschließen, dass Religion nicht durch Indoktrinierung der Menschen funktioniert und erst recht nicht durch Ausübung kirchlicher Macht, sondern durch die individuelle Ausdeutung und Aneignung der Heiligen Schrift als Leitfaden für die gesellschaftliche Praxis. Wenn es nach *Rotary* ging, sollten die Katholiken nicht weniger religiös werden, sondern ihre Religiosität anders praktizieren.

In diesem Sinne bekannten sich die europäischen Rotarier zu dem, was schon andere vor ihnen als das amerikanische Modell eines religiösen Pluralismus bezeichnet hatten. Als die französischen Rotarier im Kielwasser der durch den Stavisky-Korruptionsskandal von 1934 ausgelösten gewalttätigen Unruhen von der extremen Rechten als ein antireligiöser Geheimbund in der Art der Freimaurer gebrandmarkt wurden, sprach sich *Governor* Fabvre nachdrücklich dafür aus, jeder neu ins Amt kommende Präsident der Organisation solle seine Amtszeit mit einer Runde von Höflichkeitsbesuchen beginnen: Die erste Station sollte der Präfekt sein, der regionale Statthalter der Zentralregierung, gefolgt von den führenden Köpfen aller religiösen Gemeinschaften, einschließlich Juden, Protestanten und Katholiken.[90]

Dass *Rotary* im Stande war, sich der sehr heftigen Angriffe der katholischen Kirche zu erwehren (zumindest außerhalb Spaniens), lag nicht so sehr an taktischem Geschick als an dem Ausmaß, in dem die Religionspraxis dabei war, zur Privat- und Formsache zu werden – reduziert auf die Rituale des Kirchenbesuchs und des Gottesdienstes. In Italien zog *Rotary* die Register dieser zunehmenden Entfremdung. Die Organisation fand aber auch eine Stütze in Form nepotistischer Beziehungen. Ein Neffe von Papst Pius XI., der Ingenieur Graf Franco Ratti, gehörte zu den prominentesten Mitgliedern des Rotarierclubs Mailand. Kein Geringerer als Seine Heiligkeit selbst hatte ihm die Erlaubnis zum Beitritt erteilt, so hieß es wenigstens, und Pius segnete auch die Heirat seines Neffen mit der Tochter des Textilmagnaten und Senators Silvio Crespi ab, der ebenfalls Rotarier war. Der Stimme des Volkes nach vergab dieser Segen außerdem mindestens ein weiteres Kavaliersdelikt.[91]

In Spanien war das tägliche Leben der Katholiken viel enger mit religiösen Dingen verbunden als irgendwo anders. König Alfonso XIII. hatte sein Land 1919 ausdrücklich dem Heiligen Herzen Jesu geweiht. »Du wirst über Spanien herrschen«, lautete der Widmungsspruch, der in den Sockel der riesigen Jesus-Statue auf einem Hügel bei Madrid eingemeißelt war, Kompensation für die Undankbarkeit der modernen Welt. Schon vor der Rebellion des Generals Franco gegen die Republik im Juni 1936 war Spanien ein von einem kulturellen Bürgerkrieg zerrissenes Land, zerstritten über die neue Verfassung von 1931, die eine strikte Trennung von Kirche und Staat verfügte.[92] Wenn man liest, was spanischen Rotariern im Alltag so

---

90 Le Rotary 71 (November 1934).
91 Governor Luigi Piccione an Alex O. Potter, 5. und 8. November 1934, 46. Distrikt (Italien), Box 3, 1934–1935, Korrespondenz, RIZ.
92 Vincent, Spain, 97f.

alles widerfuhr – es handelte sich durchweg um Männer von Statur und Format –, weiß man oft nicht, ob man es lachhaft oder haarsträubend finden soll. In Valencia wurde dem örtlichen *Governor* Leno de Respinosa der Kauf eines Grundstücks verwehrt, und seine Söhne mussten ihre von den Jesuiten geleitete Schule verlassen. Der Infant Don Jaime, Erbe des karlistischen Thronanwärters, sah sich, unter Druck gesetzt, gezwungen, seinen Beitritt zum Madrider Club zu verschieben, da die Kirche drohte, ansonsten seinen Sohn von der Erstkommunion auszuschließen. Auf Mallorca erklärte *Governor* Forteza seinen Rücktritt mit der Begründung, seine Mutter habe schon zu viele Opfer für seine weltlichen Überzeugungen bringen müssen. Die gute Frau hatte, nachdem sie ihre übliche Spende für die wohltätigen Werke ihrer Kirchengemeinde abgeliefert hatte, den Priester gebeten, wieder einmal in ihr Haus zu kommen und ihren Sohn zu segnen. Dabei hatte sie in aller Unschuld erwähnt, dass Forteza Rotarier geworden war, worauf der gute Hirte in Zorn geraten war und den abwesenden Sohn als Sünder beschimpft hatte, der es nicht wert sei, Besuch von einem Gottesdiener zu erhalten. Das hatte der Frau das Herz gebrochen, woraufhin der Club beschloss, seine Versammlungen zu suspendieren und auf bessere Zeiten zu warten.[93] Er nahm seine Aktivitäten dann wieder auf, aber nur um sie bald wieder zu vertagen, als der Bürgerkrieg ausbrach. Wie andere Rotarierclubs wurde auch er 1940 vom Franco-Regime verboten und nahm seine Tätigkeit erst 1978 wieder auf, zwei Jahre nach dem Tod des Generalissimo.

Grenzziehungen

Wir haben keinen Grund, daran zu zweifeln, dass die Rotarierbewegung, so man sie hätte gewähren lassen, sich über ganz Europa verbreitet hätte – die Weltwirtschaftskrise war nur eine vorübergehende Bremse. Das einzige Land, so rühmte sich die Bewegung selbst, in der Rotarierclubs sich jemals aus eigenem Entschluss aufgelöst hätten, seien die USA gewesen, und diese Tatsache bezeuge die Unstetigkeit der amerikanischen Gesellschaft. Es kam vor, dass Mitgliedern die Sache einfach langweilig wurde. Öfter waren es plötzliche Konjunktureinbrüche, die bewirkten, dass die eine oder andere Firma in Konkurs ging, wodurch der jeweilige Eigentümer oder Chef die Voraussetzungen für eine Mitgliedschaft bei *Rotary* nicht mehr erfüllte. Manchmal gingen auch ganze Städte den Bach hinunter, zusammen mit ihrem Vereinsleben.

Mit einem andersartigen Problem sahen sich die Europäer konfrontiert, nämlich der Tatsache, dass immer mehr Regierungen von ihren Bürgern praktische Belege dafür verlangten, dass diese in erster Linie nationalistisch und nicht internationalistisch dachten. Kaum hatten die Europäer angefangen, rotarisch aktiv zu werden, begann in ihren Reihen auch schon die Debatte über die Rangfolge ihrer Loyalitäten. Die Italiener, die zu dieser Zeit bereits in und mit einer Diktatur leben

---

93 Confidential Memorandum of the visits made by the Reverend D. Gonzalo Arteche to some of the clubs in Spain and South America (1929), C28 Catholic Church and Rotary 1929–1930 file, RIE.

mussten, vertraten mit besonderem Eifer eine gespaltene Loyalität. Sie waren es, die auf dem Jahreskongress von 1929 in Dallas eine Resolution zur Abstimmung stellten, die besagte, die Treue zur eigenen Nation sei nicht nur vereinbar, sondern geradezu die Voraussetzung dafür, ein guter Internationalist zu sein. Diese Sichtweise wurde zu jenem Zeitpunkt als unproblematisch empfunden; das galt besonders für die Amerikaner, die es ohnehin als ihre patriotische Pflicht ansahen, global zu denken und zu handeln.

Dass die Verteilung von Loyalitäten zu einem echten Dilemma werden konnte, wurde den Dresdenern auf schockierende Weise klar, als Ende Januar 1933 Adolf Hitler deutscher Reichskanzler wurde. Mehrere Mitglieder des Clubs hatten bis dahin mit einer autoritären Antwort auf die Krise der Republik geliebäugelt, doch dass die Dinge nun diese Wendung genommen hatten, empfand die Gruppe als Ganze als unerfreulich. Sehr schnell sah sich der Club mit einer kategorischen Weisung der Partei konfrontiert (die in der Folge etwas abgemildert wurde), der zufolge Beamte und NS-Parteigenossen ihre *Rotary*-Mitgliedschaft aufgeben müssten. Zu ihrem noch größeren Erschrecken mussten die Rotarier feststellen, dass die nationalsozialistische Presse die in bester Absicht gegründeten Rotarierclubs als »eine verkappte freimaurerische, pazifistische, internationalistische und großkapitalistische, vom Ausland gesteuerte Organisation, dem deutschen Wesen fremd«, schmähte. Man müsse annehmen, dass es sich bei den Rotariern um aristokratische schlagende Verbindungen handele, wenn nicht gar um verderbliche Glücksspieler. Im Verlauf der folgenden zwei Monate erlebte der Club einen Aderlass durch ausscheidende Mitglieder. Darunter waren öffentliche Bedienstete, die auf Anweisung handelten, aber auch Würden- und Amtsträger, die, nachdem sie auf die Straße gesetzt und durch NS-Parteigänger ersetzt worden waren, nicht mehr die Voraussetzungen für eine Mitgliedschaft erfüllten. Die antijüdischen Gesetze, die das NS-Regime in Kraft setzte, veranlassten jüdische Mitglieder, sich aus dem Club zurückzuziehen. Alle diese Austritte wurden offiziell als freiwillig hingestellt. In manchen Fällen traf dies sogar zu, etwa wenn das Ausscheiden zu dem Zweck erfolgte, dem Club Ärger zu ersparen.[94]

Die Rotarierbewegung als Ganze wäre in Sachsen auseinandergefallen, hätte sich nicht von Frenckell eine Art Kriegslist einfallen lassen, die es ihm erlaubte, die Lage in den Griff zu bekommen. Der Rotarierclub Dresden tat einen Schritt, der nach der Satzung von *Rotary International* unzulässig war, jedoch nach Überzeugung seiner Mitglieder dem ehrenwerten Zweck diente, Loyalität zum Staat zu zeigen und insbesondere das befleckte Image Deutschlands im Ausland aufzupolieren: Der Club löste sich auf und gründete sich umgehend wieder mit einem neuen Mitgliederstamm, bestehend aus Personen, die man auf ihre Vereinbarkeit mit den Diktaten des NS-Regimes hin ausgewählt hatte, die besagten, dass Nichtarier, Freimaurer und diverse andere Personenkategorien nicht Mitglieder deutscher Vereine sein durften. Drei der ursprünglichen jüdischen Clubmitglieder durften laut geltender Rechtslage

---

94 Wochen-Bericht (Dresden) 5/37 (29. März 1933) und 5/38 (6. April 1933), RSDB; Wilpert, Rotary in Deutschland, 62.

dem Club weiterhin angehören und wurden daher von der neuen Führung eingeladen, Mitglieder zu werden. Es handelte sich um Frontkämpfer des Ersten Weltkrieges; deren Opfer für das Vaterland wurden von den Nazis bis auf weiteres noch anerkannt und damit belohnt, dass ihnen die Reichsbürgerwürde nicht entzogen wurde. Die beiden von Klemperers und Friedrich Salzburg, ein stadtbekannter, auf Familienrecht spezialisierter Notar, nahmen das Angebot an, allerdings erst nach Rücksprache mit den jüdischen Mitgliedern, die keine Aufforderung erhalten hatten, wieder einzutreten. Gemeinsam gelangte man zu der Auffassung, die Mitgliedschaft der drei privilegierten Juden könne dazu beitragen, die Ziele und Ideale der Rotarierbewegung in Deutschland aufrechtzuerhalten.[95]

Wer weiß schon, welches Unbehagen diese drei während der zwei nachfolgenden Jahre empfanden? Die Brüder von Klemperer kamen weiterhin zu den Versammlungen, freilich zunehmend unregelmäßig, denn sie bereiteten heimlich ihren Weggang aus Deutschland vor. Fritz Salzburg hingegen nahm jeden Termin wahr. Für ihn als Neuling war das Gemeinschaftserlebnis wichtig, besonders weil dem Club auch sein bester Freund angehörte, Ernst Winckler, genannt »Fritz«, mit dem er zwei Jahre an der Westfront zugebracht hatte. Je tiefer der Club in die von den Nazis angezettelte neue Ära verstrickt wurde, desto mehr von seinem schützenden Charme büßte er ein. Gewiss, die Mitglieder murrten über Hitler und waren der Ansicht, der Nationalsozialismus sei ein Feind der Kultur und für Deutschland »ungesund«.[96] Doch andererseits spiegelte etwa die Botschaft, die *Governor* Grunert am 18. März 1935 im Namen des Clubs an die örtlichen politischen und militärischen Obrigkeiten richtete, den politischen Ton der Zeit wider. Er gratulierte zu der von Hitler verfügten Wiederbewaffnung Deutschlands, die er als »historische Entscheidung« würdigte.[97] Einladungen zum Besuch der wöchentlichen Treffen gingen an lokale NS-Funktionäre, sogar an den sächsischen Gauleiter Mutschmann, der jedoch, zur großen Enttäuschung der Cluboberen, keinen Gebrauch davon machte.

Im Oktober 1935 traten neue Verordnungen in Kraft, die die Privilegien für jüdische Weltkriegsveteranen aufhoben. Die von Klemperers waren auf diese Entwicklung vorbereitet; beide hatten aufgehört, die Clubtreffen zu besuchen. Fritz Salzburg nicht. Er erinnerte sich später, wie konsterniert er war, als Dr. Grunert, der *Governor* des Clubs, am frühen Morgen des 16. Oktober persönlich bei ihm zuhause erschien. Grunert erklärte, es tue ihm leid, eine schrecklich unangenehme Mitteilung machen zu müssen: Auf einer kurzfristig einberufenen Sitzung am Vorabend hätten die Clubmitglieder beschlossen, ihm die Mitgliedschaft aufzukündigen. Auch sein bester Freund Winckler, der Clubsekretär?, fragte Salzburg ungläubig. Ja, lautete die Antwort, alle einstimmig. »Das ist unrotarisch«, brach es aus Salzburg heraus. »Nein«, widersprach der *Governor*, »es ist unmenschlich.« Salzburg schickte unver-

---

95 Memoirs, Dr. Fritz Salzburg, Dresden, 1935–1937, 82f., maschinenschriftl. Manuskript, 1940, zur Verf. gestellt von seiner Tochter Rosemary Heidekraut und von Ernest H. Maron. Im Druck erschienen als Salzburg, Mein Leben.
96 Ebd. Siehe auch Dr. Fritz Salzburg, Manuscript and Documents Submitted to the German Life-History Prize Competition Committee (1940), 195, Ger 91, BMS, Houghton Library, Harvard University.
97 Wochen-Bericht (Dresden) 7/37 (19. März 1936) über die Versammlung vom 18. März 1935, RSDB.

züglich einen ausführlichen Protestbrief, um festzuhalten, dass er die Mitgliedschaft nicht von sich aus beendet hatte und dass das Vorgehen seines Clubs einen Verstoß gegen die *Rotary*-Satzung darstellte. Die Mitglieder reagierten nicht. Winckler lud, um zu demonstrieren, dass die Sache nicht persönlich gemeint war, Salzburg und seine Frau weiterhin zum Essen bei sich zuhause ein und sprach von der Zeit, in der sie zusammen dem Tod ins Angesicht gesehen hatten. Ein anderer Clubbruder namens Kühne lud Salzburg mit großer Geste zu einer Soiree in seinem Haus ein und versuchte seine verletzten Gefühle zu trösten, indem er ihn neben den *Rotary*-Präsidenten setzte. Als Salzburg ein paar Wochen später die Mitteilung erhielt, dass er als Nichtarier nicht mehr als Notar tätig sein durfte, kratzte er zusammen, was er noch an Vermögen hatte, und 1937 setzten er und seine Familie sich in die Schweiz ab. Nach einer langen Odyssee ließen sie sich in Berkeley in Kalifornien nieder.[98]

Wenn die Rotarierbewegung in Deutschland unter den Bedingungen des Dritten Reichs als stolze, eigenständige Organisation überleben wollte, brauchte sie die Anerkennung durch das neue Regime. Zu diesem Schluss gelangten jedenfalls die führenden Männer der Organisation, während die Mitgliederzahlen zurückgingen und nach wie vor die akute Gefahr bestand, dass das Regime Beamten und NS-Parteimitgliedern die Zugehörigkeit zu *Rotary* untersagen würde. Wenn *Rotary* Deutschland eine positive Auswirkung nach außen entfalten wollte, etwa um der bösen Kritik, die die Auslandspresse an Deutschland übte, entgegenzuwirken, durfte man sich nicht zu einer zweitklassigen Vereinigung degradieren lassen. Man verstand sich nach wie vor als kulturelle Elite. Die Streitfrage lautete, wie tief man sich vor dem Regime verbeugen wollte, um die erwünschte Anerkennung zu erlangen.

Das Schicksal fügte es, dass das Los der Rotarierbewegung in Deutschland in die grazilen Hände eines ihrer Dresdener Mitglieder gelegt wurde. Hugo Grille, ehemaliger Polizeipräsident von Dresden und Gründer des Sächsischen Künstlerbundes, hatte als *Governor* des Rotarierclubs Chemnitz amtiert, bevor er 1935 nach Berlin umgezogen war. Die Zentrale in Chicago gelangte, da sie Grille für einen »ranghohen Nazi« hielt, zu der Überzeugung, er sei der richtige Mann, um die verzwickte Lage in Deutschland zu meistern. Als guter preußischer Beamter, der er war, hatte Grille sich tatsächlich 1933 als Parteimitglied registrieren lassen. Doch als Mann der alten Schule und ehemaliges Mitglied des Kreises um General Ludendorff war er bei der Auswahl der Nazis, mit denen er sich abzugeben gedachte, höchst wählerisch: mit dem Potentaten Göring jederzeit, mit SS-Führer Himmler vielleicht, mit dem vulgären Goebbels nie und nimmer. »Goebbels? – Dem gebe ich nicht die Hand!« Jemand hatte ihn dies sagen hören, und das Zitat machte die Runde durch die Gerüchteküche. Als Grille damit konfrontiert wurde, wischte er die Sache mit der Bemerkung beiseite, seine Worte seien falsch wiedergegeben worden; in Wirklichkeit habe er nur gesagt, Goebbels wolle »ihm nicht die Hand geben«. Wie viele konservative Nationalisten hoffte Grille, Hitlers Herrschaft sei ein Übergangsphänomen.

---

98 Salzburg, Memoirs; siehe auch Friedrich Salzburg an Rotary Club Dresden, zu Hd. Präsident Dr. Grünert, 13. November 1935, in Salzburg, Manuscript and Documents. Zum Schicksal eines weiteren jüdischen Dresdeners, eines entfernten Verwandten von Victor von Klemperer, siehe Klemperer, Zeugnis ablegen.

Doch als der bürgerliche Außenminister von Neurath immer mehr an Einfluss verlor und im November 1937 ersetzt wurde, war plötzlich kein hoher Amtsträger mehr da, der sich für die Rotarier und ihre vermeintliche Nützlichkeit bei der Abfederung antideutscher »Hasspropaganda« hätte starkmachen können.[99]

Gleichwohl glaubte Grille, wie andere Konservative, nach wie vor an den deutschen Rechtsstaat und setzte Hoffnung in dessen Justiz. In dem Bestreben, den Status von *Rotary* Deutschland festzunageln, vertraute er die Geschicke der Organisation dem Anwalt Dr. Krueger an, der darauf spezialisiert war, Städte beim Erwerb von Spielbanklizenzen zu beraten, und der für seine ausgezeichneten Beziehungen zu hochgestellten Parteileuten bekannt war. Mit der ihm eigenen Akribie ging Dr. Krueger daran, drei Fragen auf den Grund zu gehen. Die erste betraf die Behauptung, *Rotary* sei ein Refugium für Freimaurer. Tatsächlich gehörten die drei hochrangigen Freimaurer, die namentlich identifiziert worden waren, der Rotarierbewegung seit langem nicht mehr an. Die zweite Frage, ob die Rotarier judenfreundlich waren, war um einiges vertrackter. Wie die Unterlagen zeigten, hatte die Organisation alle ihre ehemaligen jüdischen Mitglieder ausgeschlossen. Dass Rotarier auf Auslandsreisen gelegentlich mit Juden in Berührung kamen, ließ sich nicht leugnen, aber das lag in der Natur internationaler Aktivitäten. Niemand konnte von *Rotary* eine Lösung dieses Problems erwarten. Die dritte strittige Frage hatte mit dem Status von *Rotary* als internationaler Organisation zu tun. Mit stillschweigender Zustimmung von *Rotary International* ließ der Distrikt 73 das Ziel sechs der Bewegung, die Herbeiführung des internationalen Friedens, unter den Tisch fallen. Mitglieder sprachen nun immer häufiger vom »deutschen Rotary«. Innerhalb kurzer Zeit germanisierten die deutschen Rotarier die gesamte angloamerikanisch gefärbte Terminologie der Bewegung. Auf der Bezirksvollversammlung in Hannover im Mai 1937 musste T. C. Thomsens selbstbewusste Frau, die Opernsängerin Thomsen-Bjorg, etliche taktvolle Register ziehen, um zu erreichen, dass die Teilnehmer in einen, wenn auch nur halbherzig ausgebrachten, Toast auf das Wohlergehen von *Rotary International* einstimmten.[100]

Wichtiger als alles andere war den deutschen Rotariern jedoch, vom Regime die Zusicherung zu erhalten, dass NS-Parteigenossen und Beamte Mitglieder der Organisation bleiben konnten. Wie sollte *Rotary* sich sonst als Dienerin des Vaterlandes ausweisen können? Allein, eine solche Zusicherung kam nie, im Gegenteil: Das oberste Schiedsgericht der NSDAP dekretierte, dass bis Dezember 1937 alle Parteimitglieder, die zugleich einem Rotarierclub angehörten, entweder ihre Parteimitgliedschaft niederlegen oder aus der Organisation *Rotary* austreten müssten. In dieser Situation wäre es sinnlos, ja gefährlich gewesen, die Angelegenheit weiter aufzuschieben. Am 7. September 1937 erklärte sich Distrikt 73 der Organisation *Rotary International* für aufgelöst.

Italien unter Mussolini hatte sich zu diesem Zeitpunkt zunehmend von den Westmächten isoliert und sich in die Arme Hitlers begeben. Jetzt zog das Regime,

---

99 Wilpert, Rotary in Deutschland, 128, 141, 143.
100 Ebd., 128–147; Report of Representative of RI on Conference of 73rd District Held at Hannover, Germany, on 7, 8 and 9 May, 1937, 73. Distrikt (Deutschland und Österreich), 1936–37, RIZ.

um zu demonstrieren, welche urwüchsigen Kräfte im Faschismus steckten, die Zügel an: Jemanden einen Kosmopoliten oder Weltbürger zu nennen, gar einen verdeckten Internationalisten, wurde zu einer bösen Schmähung. Die zivilisierten bürgerlichen Umgangsformen, die die Rotarier stets kultiviert hatten – Händeschütteln, Mittagstafeln und die vielen unter Freunden ausgetauschten Aufmerksamkeiten –, erregten den Unmut von Haudrauf-Faschisten. Als aus Deutschland die Nachricht kam, dass sich die dortigen Rotarierclubs aufgelöst hatten, machte sich eine Gruppe hochgestellter Mitglieder sogleich zum Amtssitz des Duce im *Palazzo Venezia* auf und drang in ihn, die Verbreitung dieser Meldung zu unterbinden. Er tat es. Ein weiteres Zeichen seiner Gunst lieferte er im Juni, indem er sich trotz seines notorisch überfüllten Terminkalenders die Zeit nahm, 150 japanische und amerikanische Rotarier zu begrüßen, die auf der Heimfahrt von der Konferenz in Nizza einen Abstecher nach Rom eingelegt hatten, um dem Duce ihre Aufwartung zu machen.[101] Doch kein halbes Jahr später hatte Mussolini offensichtlich das Interesse an *Rotary* verloren. Die antijüdischen Gesetze vom November 1938 verpflichteten sämtliche italienischen Vereinigungen, ihre nichtarischen Mitglieder auszuschließen. Viele der norditalienischen Clubs hatten mindestens ein jüdisches Mitglied, manche auch mehrere, zumeist Ingenieure und Professoren. Einige dieser Männer gehörten schon seit über einem Jahrzehnt den Rotariern an.

Es hieß später, der Widerstand gegen die antijüdischen Gesetze habe den Ausschlag dafür gegeben, dass die italienischen Clubs sich auflösten. Wenn ja, wäre dies das erste Mal gewesen, dass italienische Rotarier streng prinzipientreu gehandelt hätten. Sie, die sich immer viel auf ihren flexiblen Umgang mit den Chicagoer Regeln zugutegehalten hatten, hätten sich sicher auch noch mit dem Ausschluss der Juden abgefunden, wenn dies den Fortbestand gesichert hätte. In Como, dessen Club mehrere jüdische Mitglieder hatte, war der Anwalt Angelo Luzzani mit der Ankündigung vorgeprescht, sein Club sei bereit, »Opfer zu bringen und die Rassengesetze zu akzeptieren, wenn die Regierung es so verfügt«.[102] Als das Thema in Messina besprochen wurde, wo es keine jüdischen Mitglieder gab, führte Professor Martino, Inhaber eines Lehrstuhls für Physiologie an der Universität, unter Bekundungen allseitiger Zustimmung aus, es gebe keine *Rotary*-Regel, »die konkret vorschreibt, dass in den einzelnen Distrikten jüdische Elemente vorhanden sein müssen«.[103] Wichtiger als alles andere war indes, wie die Mailänder dachten. Und sie wussten dank ihres langjährigen Umgangs mit der britischen und der amerikanischen Bewegung genug über internationale Prozeduren, um zu wissen, dass *Rotary International* den umstandslosen Ausschluss einzelner Mitglieder nicht hinnehmen würde, wiewohl die Organisation sich angesichts der sogenannten Austritte jüdischer Mitglieder in Deutschland bemerkenswert nachsichtig gezeigt hatte. Der sehr geschmeidige Präsident Will Manier hatte es sich nicht nehmen lassen, persönlich nach Europa zu kommen, um hinter den Kulissen mit dem neuen Europa-Kommissar der Organi-

---

101 G. Medici del Vascello an Benito Mussolini, 27. August 1937, Fasz. 3.29.1524, Presidenza del Consiglio dei Ministri, 1937–1939, Archivio Centrale dello Stato.
102 Il Rotary, September 1938, 369.
103 Ebd.; auch Frumento, Nascita e rinascita del Rotary, 170ff.

sation, Lester Struthers, die Proteste derjenigen zu neutralisieren, die, anstatt wie die jüdischen Mitglieder in Dresden stillschweigend abzutreten, lautstark forderten, die Clubsatzungen wegen Verstößen gegen die Grundregeln der Organisation zu widerrufen.[104]

Die hochgestellten Mailänder waren inzwischen zu der Einsicht gekommen, dass, selbst wenn ihre geschätzten jüdischen Mitglieder aus Solidarität ausgetreten wären, die Clubs nicht zu retten waren. Das Regime in Rom war in seinem Bestreben, es den Deutschen nachzutun, zunehmend exzentrisch geworden. In der vernünftigen Einsicht, dass dieses Regime mit nichts milde zu stimmen war, folgte die italienische Rotarierführung dem deutschen Beispiel: Im Dezember 1938 löste sie mit einem Auftritt, auf den von Frenckell stolz gewesen wäre, die italienischen Clubs auf. Die offiziell gegebene Begründung – von Chicago dankbar angenommen und veröffentlicht – lautete, die italienische Regierung habe sich die von *Rotary* Italien verfolgten Ziele zu eigen gemacht und setze sie nun selber um. Anders ausgedrückt: Der faschistische Totalitarismus hatte in seinem Dienst am Volk eine solche Perfektion erreicht, dass die Clubs einfach nicht mehr gebraucht wurden. In Mailand registrierten Augenzeugen am 20. Dezember das Schluchzen der Clubsekretärin, die ihren Posten zwölf Jahre lang bekleidet hatte. *Governor* Portaluppi kämpfte ebenfalls mit den Tränen, als er die neunzig anwesenden Zuhörer mit tröstenden Worten verabschiedete, die besagten, ihre Mission sei erfüllt und ihre »gedankliche Erbschaft« werde »lebendig bleiben«. Man rollte die Fahnen ein, packte die Akten zusammen und verbrachte dann mehrere Minuten damit, einander zuzuprosten und zu umarmen. Bevor die Gesellschaft um 14.30 Uhr den Saal verließ, skandierte sie einstimmig: »Lang lebe der König, lang lebe Savoyen!« Dann rief jemand laut: »Treffen wir uns nächsten Dienstag in Tantalos Restaurant.«[105] Für den aristo-bürgerlichen Lebensstil gab es weiterhin noch andere kulturelle Ressourcen.

Dresden war ein so glanzvolles Finale nicht vergönnt. Die Bemühungen, *Rotary* vor den Nationalsozialisten zu retten, hielten seit nunmehr drei Jahren an und hatten sich in einem formaljuristischen Gestrüpp verheddert. Gerüchte über den Stand der Dinge sickerten immer wieder in die Reihen der Mitglieder durch, die, nachdem sich die alte Garde verabschiedet hatte, aus dem Netzwerk ausgeklinkt waren. Die Qualität der Mitglieder hatte nachgelassen, ebenso die Kunst der Tischreden; bei den Mittagstafeln waren jetzt oft fünfzigminütige politische Fensterreden zu hören. Ein sarkastischer Witz machte die Runde: War es das Ziel der alten Clubführung (vor allem von Heinrich Arnhold) gewesen, hundert Prozent Anwesenheitsquote zu erreichen, so strebte die neue Führung nach hundert Prozent Abwesenheitsquote.[106] Immerhin fanden sich hin und wieder noch elf aus der Gründergeneration des Clubs ein, darunter der lebensfrohe Blücher und der liebenswürdige Architekt Kühne. Dann ließ man die liebe gute alte Zeit hoch leben, doch der Charme war

---

104 Wilpert, Rotary in Deutschland, 129ff. Ausführlicher erörtert wird die Position von Rotary International zum Ausschluss jüdischer Mitglieder in Walter Struthers an Philip Lovejoy, 16. Oktober 1946, Ordner »Verschiedenes mit Deutschland zu tun«, EAC, RIZ.
105 Frumento, Nascita e rinascita del Rotary, 177, 181.
106 Wochen-Bericht (Dresden) 9/3, 23. Juli 1936, RSDB.

dahin. Im Frühjahr 1937 zog sich Clubgründer von Frenckell mit seiner Gattin auf sein Landgut in Finnland zurück. Sein Austritt war formvollendet.[107] Sein früherer Arbeitgeber, das Bankhaus Arnhold, war inzwischen in den Besitz eines arischen Erwerbers übergegangen. In einer Zeit, da der flegelhafte Gauleiter Martin Mutschmann den gesellschaftlichen Ton angab, war die Liebenswürdigkeit von Frenckells wenn nicht verdächtig, so doch kein nennenswerter gesellschaftlicher Aktivposten mehr. Sein Versprechen, seine alten Freunde besuchen zu kommen, hielt er nicht.

Am 30. August 1937 versammelten sich die Dresdener Rotarier, fest damit rechnend, dass das Oberste Schiedsgericht der NSDAP das Verbot der *Rotary*-Zugehörigkeit von Beamten und Parteimitgliedern bestätigen würde, zum letzten Mal im Hotel Europa-Hof. Die Männer erschienen in ihrer Bürokluft, wie in der Einladung zu dem Krisentreffen ausdrücklich erbeten. Sie stimmten für den Antrag, den Club aufzulösen.[108] Nach Schluss der Versammlung staksten sie auf die Prager Straße hinaus, allerdings nicht bevor ein Satzungspedant den Sekretär aufgefordert hatte, die Gründungsurkunde einzukuvertieren und nach Chicago zu schicken. Das war die satzungsgemäß einzuhaltende Prozedur im Fall der Auflösung. So fand die Charta des Distrikts 3.010 von *Rotary International* den Weg zurück nach Chicago und wurde dort im Bürogebäude am East Wacker Drive archiviert.

Man kann sich denken, dass sich die Dresdener Rotarier, wie ihre italienischen Vereinsgenossen oder wie Mitglieder der Clubs von Hamburg, München, Stuttgart und anderswo, weiterhin im Freundeskreis trafen. Von den Pariser wissen wir, dass sie, nachdem die deutsche Besatzungsmacht *Rotary* auch in Frankreich verboten hatte, in den großen Hotels und Brasserien zusammenkamen, wobei sie ständig den Treffpunkt wechselten, um nicht aufzufallen. Sie verbanden ihre *résistance* mit einem geselligen gemeinsamen Mahl. Als sie einmal beim Essen im Restaurant *La Rotonde* saßen, schreckte sie das plötzliche Auftauchen eines imposanten deutschen Offiziers auf. Sich in ihre Sitze drückend, erkannten sie auf einmal Karl Schippert, den früheren *Governor* des Distrikts 73, Gründungsmitglied des Rotarierclubs Stuttgart und ehemaliges Vorstandsmitglied von Daimler-Benz. Als General der Wehrmacht hatte Schippert nunmehr die Oberaufsicht über die *Renault*-Automobilwerke, und es fiel Duperrey, dem früheren Präsidenten von *Rotary International*, und seinen Tischgenossen schwer, in dem Deutschen etwas anderes zu sehen als den Feind, der er war. Die Unverbindlichkeiten, die sie austauschten, waren höflich, aber knapp.[109]

Auch wenn die Dresdener Rotarier sich informell weiterhin im Freundeskreis trafen, kam das endgültige Ende in der Nacht vom 13. auf den 14. Februar 1945, als alliierte Flugzeuge die Stadt 14 Stunden lang bombardierten. Von gelegentlich losballernden Flak kaum gestört, richteten die Angreifer mit ihren Brandbomben ein Inferno an, das mehr als 25 Quadratkilometer Stadtgebiet in Schutt und Asche legte und Zehntausende Todesopfer forderte. Die Prager Straße befand sich im Zentrum des Feuermeers, und alle ihren Verlauf säumenden Gebäude wurden zu brennenden Trümmerhaufen von bis zu zehn Meter Höhe pulverisiert, auch das Hotel Europa-

107 Ebd., 24. Mai 1937.
108 Ebd., 30. August 1937.
109 Levin, Histoire et histoires, 115f.

Hof, wo der Dresdener *Rotary*-Club über 400 Treffen veranstaltet hatte.[110] Zum selben Zeitpunkt erreichte Duluth, dessen Wirtschaft dank der neuesten Rüstungsaufträge boomte, den Höhepunkt seines Wohlstandes. Im *Hotel Spalding* an der geschäftigen Superior Street trafen sich die Rotarier der Stadt unerschütterlich jeden Donnerstag um zwölf Uhr zur Mittagstafel.

---

110 Irving, Destruction of Dresden, 71; Historical Analysis of the 14–15 February 1945 Bombings of Dresden; Pommerin, Zur Einsicht bomben, 227–246.

Kapitel 2

Ein anständiger Lebensstandard

Wie die Europäer dazu kamen, sich am *American way of life*
messen zu lassen

Nirgendwo in der Weltgeschichte findet sich ein Hinweis darauf, dass irgendein Land je bewusst das Ziel verfolgt hat, den Lebensstandard seiner Nachbarländer oder gar der gesamten Welt zu erhöhen.[1]
  Stanley Hiller, Geschäftsmann aus San Francisco, 1945

Die internationalen Beziehungen der Völker sind durch die moderne Technik und den durch sie ermöglichten Verkehr so leichte und innige geworden, dass der Europäer als Maßstab für sein eigenes Leben, ohne sich dessen oft bewusst zu werden, die Verhältnisse des amerikanischen Lebens anlegt.[2]
  Adolf Hitler, 1928

Stanley Hiller war 1945 ein Bürger der USA wie viele andere. Als Geschäftsmann beteiligte er sich an den amerikanischen Rüstungsanstrengungen, aber seine ganze Leidenschaft gehörte einer Idee, die er so bahnbrechend fand, dass er sie auf eigene Kosten in gedruckter Form unters Publikum brachte. Auf eine Kurzformel gebracht, lautete sein Gedankengang: »Solange es Millionen Menschen gibt, die dazu verurteilt sind, am Rande des Existenzminimums zu vegetieren, haben wir in ihnen die potenziellen Soldaten, die unter einem neuen Hitler oder Mussolini zu künftigen Kriegen antreten werden.« Das Gegenmittel, das er propagierte, nahm sich ebenso ambitioniert wie salbungsvoll aus: »Wir müssen die Weltwirtschaft so umgestalten, dass alle Menschen die Chance haben, für einen angemessenen Lohn zu arbeiten.«[3]

---

1 Hiller, Exporting Our Standard of Living, 29.
2 Hitler, Hitlers Zweites Buch, 58.
3 Hiller, Exporting Our Standard of Living, Vorwort.

1928, als Adolf Hitler den eingangs zitierten Satz diktierte, war er ein Demagoge mit einer Botschaft, aus der allmählich die Luft entwich. Das Thema, über das er hier meditierte – der viel gepriesene hohe amerikanische Lebensstandard –, hatte ihn schon seit 1924 gefesselt. Damals hatte sein Freund Ernst Hanfstaengl ihm zum freudigen Anlass seiner Entlassung aus der Festungshaft in Landsberg ein Exemplar der gerade erst ins Deutsche übersetzten Autobiografie von Henry Ford geschenkt.[4] Hitler, den Autos faszinierten, verfolgte seit langem mit Bewunderung, wie Ford es fertigbrachte, hohe Löhne zu zahlen und dabei ein hervorragendes Fahrzeug zu einem vernünftigen Preis anzubieten. Jetzt bereitete ihm allerdings der Gedanke Sorgen, dass der Fordismus auch in Deutschland Fuß fassen könnte. Würden erst einmal eine Massenproduktion für eine Aufblähung des Angebots und gleichzeitig höhere Löhne für eine stärkere Nachfrage sorgen, dann würden sich seine düsteren Prophezeiungen zur Zukunft Deutschlands als falsch erweisen und er liefe Gefahr, nur noch als einer von vielen rechten Querulanten angesehen zu werden. Er tröstete sich mit dem Gedanken, dass der Lebensstandard nicht autark sei; unterdessen wolle die Masse »ein Leben führen wie andere auch und kann es nicht.«[5] Anderswo kündigte er an, er würde diesen Wunsch nutzen, um die Masse davon zu überzeugen, dass das »Brot des Überlebens« die »Frucht des Krieges« sei.

Alle diese Männer thematisierten die Frage des Lebensstandards, doch sie taten es auf radikal unterschiedliche Weisen. Keine in der modernen Welt diskutierte Streitfrage hat schärfere Kontroversen und unterschiedlichere Rezepte auf den Plan gerufen als der Versuch, das Minimum dessen zu definieren, was der Mensch benötigt, um in Würde leben zu können. Bis zum frühen 20. Jahrhundert hatte sich sogar eine ganze Wissenschaft entwickelt, die sich mit dem Problem beschäftigte, den Lebensstandard zu messen und zu verbessern, inspiriert zuweilen von der Suche nach sozialer Gerechtigkeit oder auch von der Furcht vor sozialen Unruhen, vom Streben nach wirtschaftlicher Stabilität oder von der Scham über die Rückständigkeit des eigenen Landes.[6] Dieses Kapitel mit Zitaten von zwei der denkbar inkompetentesten Gewährsleute einzuleiten – der eine ein Dilettant, der andere ein Demagoge –, könnte daher als akademisches Eigentor ausgelegt werden. Freilich nahmen diese beiden Männer, jeder auf seine eigene Weise, eine neue Facette dieses verzwickten Problems wahr, nämlich dass im Zeichen der zunehmenden Internationalisierung kultureller Schemata der Lebensstandard zu einem Element im Wettbewerb der Großmächte um die globale Führerschaft wurde. Was Stanley Hiller klarsichtig formulierte, war ein Aspekt des imperialen Projekts, das im Verlauf des verflossenen halben Jahrhunderts in den Vereinigten Staaten herangereift war. In

---

4 Zu den Umständen, unter denen Hitlers Zweites Buch verfasst wurde, siehe Kershaw, Hitler, 291–292, 688 (Anm. 202).
5 Hitler, Hitlers Zweites Buch, 121. Zum Fordismus in Deutschland siehe Gassert, Without Concessions, 217–241.
6 Die Literatur zum Thema Lebensstandard ist unüberschaubar und, wie der einschlägige Eintrag in der Encyclopedia of the Social Sciences gleich zu Beginn einräumt, wartete das Konzept noch darauf, »in eine definitive Form geschmiedet zu werden«. Siehe Brinkman, Standards of Living, 322–355. Einen Überblick über die Voreingenommenheiten, die sich in den Gebrauch des Begriffes einschleichen, bietet Latouche, Standards of Living, 250–263; siehe auch Illich, Needs, 88–101.

seinem Verständnis war der hohe Lebensstandard der Massen eine spezifisch amerikanische Errungenschaft, deren allgemeine Ausbreitung sowohl ein Vorteil für die amerikanische Wirtschaft als auch eine Kraft für weltweite Ordnung und politische Demokratie sein würde, ohne anderswo nennenswerte negative Wirkungen hervorzurufen, wenigstens keine, die man als so ungesund einstufen müsste, um bohrende Diskussionen darüber zu führen. Adolf Hitler wiederum erkannte früh ein Dilemma, das seinen regierenden Zeitgenossen noch nicht aufgefallen war, nämlich dass in einer zusammenwachsenden Welt, in der die Ansprüche an den Lebensstandard von Land zu Land weitergegeben wurden, die alte Forderung nach sozialer Gerechtigkeit sich mit dem neuen Streben nach Verbraucherzufriedenheit verzwirnte. Vom Reichtum ausgeschlossene, unzufriedene Menschen fühlten sich von Wohlstand und Besitz in anderen, bessergestellten Ländern angelockt, mit der Folge, dass für ihre Staatsführungen »der Kampf gegen das Kind« begann.[7]

In der Frage, wie diese unerwünschten Verlockungen aufzufangen waren, verkörperten die optimistische amerikanische Massenkonsumkultur und die pessimistische europäische bürgerliche Kaufmannskultur offensichtlich divergierende Strategien. Hiller war, wie viele seiner amerikanischen Zeitgenossen, überzeugt, dass sich der materielle Wohlstand in dem Maß weltweit ausbreiten würde, wie sich die technologische und kommerzielle Produktivität erhöhte; er war in diesem Punkt ein geistiger Abkömmling von Woodrow Wilson und auch ein direkter Epigone von Adam Smith. Dagegen hielt Hitler, wie viele seiner europäischen Zeitgenossen, das Wirtschaftswachstum für ein Nullsummenspiel: Was die einen hinzugewannen, würden andere verlieren. Seiner Überzeugung nach war das deutsche Volk zum Untergang verurteilt, wenn der Staat nicht durch Geburtenkontrolle – die Hitler als rassenschädlich ablehnte – oder durch die Erschließung neuer Wohlstandsquellen – die er nur durch geografische Expansion für möglich hielt – gegensteuerte. In seinem apokalyptischen Pessimismus war Hitler ein Jünger des englischen Bevölkerungstheoretikers Thomas Malthus, der zu Beginn des 19. Jahrhunderts berechnet hatte, dass, da die Bevölkerung exponentiell, die Produktion von Lebensmitteln jedoch nur linear anwuchs, die Menschheit zwangsläufig in regelmäßigen Abständen durch Hungersnöte, Seuchen und Kriege dezimiert werden musste. Im unausweichlich herannahenden globalen Kampf um Ressourcen würden ganze Völker vom Gabentisch der Natur verdrängt werden, die Schwachen würden den Starken zum Opfer fallen. Düstere Visionen dieser Art fanden unter dem Eindruck des verheerenden Ersten Weltkrieges neue Resonanz, als sich die Kräfteverhältnisse im Welthandel nachhaltig verschoben und die Alte Welt auf einige bis dahin scheinbar garantierte Dinge nicht mehr zählen konnte: billige Massengüter aus der Neuen Welt, Waren- und Geldtransfers von Millionen Auswanderern, hohe Erträge auf in Amerika investiertes Kapital. Die Vereinigten Staaten hatten sich offenbar aus der Malthusianischen Zwickmühle befreit, während Europa noch in ihrem Würgegriff gefangen war. Schlimmer noch: Die Amerikaner führten neue Lebensmodelle vor, die frei von jeder politischen Kontrolle funktionierten; mit ihrem Beispiel sorgten

---

7 Hitler, Hitlers Zweites Buch, 121, 125.

sie für eine Potenzierung von Bedürfnissen und Sehnsüchten, für ein sich verschärfendes Gefühl des sozialen Abgehängtseins und für lauter werdende Forderungen nach einem radikalen Umbruch.

Im vorangegangenen Kapitel haben wir gesehen, wie der neue (amerikanische) Geist des Kapitalismus die europäischen Eliten dazu animierte, ihr Verständnis von Alltagskultur zu verändern und sich die neue Dienstleistungsethik zu eigen zu machen. Aufgrund ihrer Klassen- und kulturellen Zugehörigkeit von der Einsicht in den tieferen Sinn des amerikanischen Projekts abgeschnitten oder einfach mit dessen Nichtübertragbarkeit auf ihr eigenes Milieu konfrontiert, deuteten sie das Los, das ihren Clubs beschieden war, als Zeichen dafür, dass Europa einen radikal anderen Weg ging als Amerika. Indem die Amerikaner einen »hohen« oder »anständigen« Lebensstandard als Funktion des Familieneinkommens, der mit diesem Einkommen erwerbbaren Güter und der individuellen Wahlfreiheit beim Kauf dieser Güter definierten, konfrontierten sie die europäischen Gesellschaften mit einem anderen Normensystem für die Bewertung von Lebensqualität. Im Gegensatz zum europäisch-bürgerlichen Vermächtnis einer hierarchischen Differenzierung und politischen Gespaltenheit der Gesellschaft sowie einer in zunehmendem Maß legalisierten ethnischen und rassischen Voreingenommenheit propagierte die amerikanische Konsumkultur eine Nivellierung aller Standesunterschiede nach Maßgabe eines neutralen Standards, nämlich des verfügbaren Einkommens, gekoppelt mit der Verheißung ständig steigender Arbeitseinkünfte und damit des Zugriffs auf ein Füllhorn preiswerter Waren aus industrieller Massenproduktion.

So sehr das US-amerikanische Beispiel dafür sprach, dass in Europa eine Erhöhung der Massenkaufkraft erstrebenswert war, um die Erholung von der Weltwirtschaftskrise zu beschleunigen, so stark waren auch die Befürchtungen, das amerikanische Vorbild könne ein unkontrollierbares Konsumfieber auslösen. Europäische Wirtschaftsführer waren zwar erpicht darauf, im Hinblick auf eine Produktionserhöhung mit dem Fordismus zu experimentieren, aber sie standen auch unter erheblichem Druck seitens politischer Reformer und der organisierten Arbeiterschaft, das System als Ganzes zu importieren: nicht nur die technischen Errungenschaften, um die Produktivität zu steigern, sondern auch die höheren Löhne als Vehikel für eine stärkere Kaufkraft, was immer dies an Veränderungen in der Lebensweise der Menschen mit sich bringen würde. Nicht zuletzt bereitete der amerikanische Lebensstandard auch den Kultureliten Europas Kopfzerbrechen; sie fürchteten einen Niedergang des Geschmacks, der Handwerkskunst und der Umgangsformen. Auch europäische Sozialreformer hegten die Befürchtung, der amerikanische Wohlstand könne, indem er die altvertraut nüchterne Hierarchie der Bedürfnisse durcheinanderwirbelte, dazu führen, dass die organisierte Arbeiterschaft ihre politische Hebelkraft und die Arbeiter selbst ihre ethische Orientierung verlören.

Detroit als Maßstab für ganz Europa

Die frustrierenden Probleme, mit denen sich Gesellschaftsreformer konfrontiert sahen, begegnen uns unerwarteterweise in den hinterlassenen Akten ausgerechnet des Mannes, an den sich seine Zeitgenossen wandten, wenn sie abgewogene und dennoch klare Antworten auf Fragen zum Thema Lebensstandard haben wollten: Albert Thomas, der hoch angesehene französische Sozialist, der 1920 zum Chef der *International Labor Organization* (ILO) mit Sitz in Genf gewählt worden war, die als allererste Instanz überhaupt die Aufgabe übertragen bekam, weltweit Lebensstandards zu beurteilen und zu verbessern. Kommentare wie *zut* (verdammt), *tant pis* (Pech gehabt), *impossible* (unmöglich), *Je n'accepte pas* (das akzeptiere ich nicht) und *tant pis encore* (schon wieder Pech gehabt) sowie »Sie erwarten, dass wir das alles für 25.000 Dollar machen«, gehörten zu den Äußerungen, die Thomas ungehalten an den Rand eines maschinengeschriebenen Briefes vom 16. Juli 1929 schrieb, den Major Lyndall Urwick an ihn gerichtet hatte, der Direktor des *International Management Institute*. Die Angelegenheit, die der durchtriebene Brite aufs Tapet gebracht hatte, sollte als die *Ford*-ILO-Erhebung in die Wirtschaftsgeschichte eingehen.[8] Es war die erste Studie, die versuchte, systematisch die Lebensbedingungen der Arbeiterschaft in den Vereinigten Staaten und in Europa zu erfassen. Gleichzeitig war es der erste Versuch, den Europäern die Notwendigkeit einer Beschäftigung mit dem nahezubringen, was die Amerikaner einen »anständigen Lebensstandard« nannten.

Der Vorgang, mit dem Thomas im Verlauf der darauffolgenden zwei Jahre zu tun bekam und der ihn viele Nerven kostete, hatte am 23. April 1929 damit begonnen, dass bei der ILO ein Auskunftsersuchen der *Ford Motor Company* einging. Das damals bekannteste Unternehmen der Welt stand zu dem Zeitpunkt im Begriff, einen weiteren Großangriff auf den Weltmarkt zu starten, und bat um Informationen über Lebenshaltungskosten in allen Ländern und Regionen Europas. Auf der Basis dieser Daten wollte die Firma festlegen, welche Lohnsummen sie in den 17 Städten in zwölf Ländern, in denen sie neue Autofabriken gebaut hatte oder noch bauen wollte, ansetzen musste.

Die erklärte Zielsetzung der Anfrage war unverfänglich genug: »Wie viel müsste ein Arbeiter in Paris, Deutschland usw. ausgeben, wenn sein allgemeiner Lebensstandard annäherungsweise dem eines vergleichbaren Mitarbeiters in Detroit entsprechen soll?« Der »allgemeine Lebensstandard« solle, so erläuterte der Chef der in London ansässigen Europazentrale von *Ford*, Sir Percival Perry, nach Möglichkeit quantifiziert, d.h. als Geldsumme ausgedrückt werden. Konkret wünschte *Ford* sich Angaben über das jährliche Gesamtbudget einer Arbeiterfamilie für Lebensmittel, Wohnung, Kleidung, Steuern und andere notwendige Ausgaben.

Um eine Vergleichsbasis zu haben, musste man zunächst einmal feststellen, wie die niedrigstbezahlten fest angestellten Lohnempfänger in den *Ford*-Werken in

---

8 Lyndall Urwick an Albert Thomas, 16. Juli 1929, T 101/0/1, Cost of Living file, Archiv der International Labor Organization (im Folgenden ILO), Genf.

Detroit das Geld, das sie pro Jahr verdienten, ausgaben. Dann konnte man dann festlegen, was es Arbeiter in den ausgewählten europäischen Städten und Ländern kosten würde, einen mit denselben Gütern und Dienstleistungen gefüllten Warenkorb zu kaufen. Kostete ein solcher Warenkorb, um ein Beispiel zu nehmen, in Paris 15 Prozent weniger als in Detroit (nach Berücksichtigung der währungsbedingten Kaufkraftunterschiede), so würde *Ford* den Beschäftigten in seinem Pariser Werk 85 Prozent der in Detroit üblichen Löhne bezahlen. Letzten Endes ging es, so Sir Percival, dem Unternehmen darum, die Effizienz seiner Mitarbeiter an allen Standorten zu maximieren.[9]

Grundsätzlich war eine solche Anfrage weder ungewöhnlich noch ungehörig. Sie entsprach schließlich genau dem hehren Mandat der ILO. Ausgetüftelt am grünen Tisch im Zuge der Friedensverhandlungen von Versailles, die den Schlussstrich unter den Ersten Weltkrieg gezogen hatten, war die ILO zunächst als Bestandteil und unterstützendes Element des Völkerbundes und seiner friedenserhaltenden Mechanismen gedacht gewesen. Konkret sollte ihre Aufgabe darin bestehen, die Lage der Arbeiterschaft zu verbessern, und zwar ausgehend von dem humanistischen Grundsatz, dass die Arbeitskraft keine Ware sei.[10] Die Öffentlichkeit und auch die Behörden wussten zu dieser Zeit so wenig über die unterschiedlichen Lebensverhältnisse von Arbeitern in den einzelnen Weltregionen, dass die bloße Sammlung und Veröffentlichung von Informationen über Löhne und Preise bereits eine höchst verdienstvolle Sache war.

Dass die *Ford Motor Company* mit ihrer Anfrage an die ILO egoistische Interessen verfolgte, bezweifelte niemand. Dennoch bestand Anlass, ihren Schritt als eine positive Entwicklung zu betrachten. Denn bis dahin hatte das offizielle Amerika Distanz nicht nur zum Völkerbund bewahrt, sondern auch zu den ihm angeschlossenen internationalen Organisationen, namentlich zur ILO. Dieser Isolationismus der Amerikaner war Thomas stets ein Dorn im Auge gewesen; wie andere Internationalisten hegte auch er Sympathien für die amerikanische Demokratie und fand die isolationistische Außenpolitik des Landes umso irritierender. Die USA hatten sich, indem sie die ILO boykottierten, von Dutzenden internationalen Abkommen abgekoppelt, die mit der Regulierung von Arbeitsbedingungen zu tun hatten. Ihre Abwesenheit war umso ärgerlicher, als gerade US-Unternehmen zu den größten Nutznießern von Vereinbarungen gehörten, die die Sozialpartnerschaft zwischen Arbeitern und Arbeitgebern förderten und dadurch halfen, Arbeitskämpfe abzuwenden und den Einfluss der von der Sowjetunion unterstützten Roten Internationale der Gewerkschaften einzudämmen. Man hoffte bei der ILO und anderswo, die Anfrage von *Ford* sei ein Schritt zur Anerkennung der Tatsache, dass die »wirtschaftliche Internationalisierung« auch bedeutsame soziale Aspekte umfasste.

9 Gedächtnisprotokoll einer Unterredung zwischen Lyndall Urwick und Sir Percival Perry, London, 26. September 1929, 1, T 101/0/1, Akte Ford-Filene Enquiry, ILO. Zur Expansion *Fords* in Europa und zur Rolle seines europäischen Managements siehe Wilkins/Hill, American Business Abroad; siehe auch die neuere, definitive Studie von Bonin u.a., Ford, insbes. 1: 95–168, 319–358; 2: 151–160, 197–198.

10 Ratzlaff, The International Labor Organization, 447–461, Zitat 449; Vertrag von Versailles (1919), Teil XIII, Arbeit, Präambel. Zur ILO siehe ferner Phelan, Yes and Albert Thomas; De Felice, Sapere e politica.

Dennoch reagierte Thomas zögerlich; er fürchtete, die von *Ford* formulierte Aufgabe sei zu umfangreich und werde die Ressourcen der ILO überfordern. Wer außer den Amerikanern konnte glauben, dass solche Daten leicht zu eruieren wären – als bräuchte man nur eine Schublade zu öffnen und eine fertige Liste mit Daten über Durchschnittseinkommen und Lebensstandard an so unterschiedlichen europäischen Standorten wie Cork an der irischen Südküste oder Istanbul am Bosporus vorzufinden, über Menschen, die in Bezug auf ihre Alltagsbedürfnisse und Lebensgewohnheiten so weit voneinander entfernt waren wie die trinkfesten, Kartoffeln essenden Arbeiter im katholischen Irland und die alkoholabstinenten, Fladenbrot essenden Arbeiter in der moslemischen Türkei? Die europäischen Statistikämter waren mit ihren Berechnungen in Sachen Lebensstandard noch nicht weit gekommen; in diese floss nicht nur ein, welche Löhne die Arbeiter verdienten, sondern auch welche Kaufkraft das Geld besaß, also die Frage, was und wie viel sie von ihrem Lohn an Gütern und Dienstleistungen kaufen konnten. Über die Konsumgewohnheiten der Arbeiterschaft, d.h. darüber, wie und wofür sie ihr Geld ausgaben, lagen kaum gesicherte Erkenntnisse vor. Damit nicht genug, war von einem gesamteuropäischen Lebensstandard noch nie die Rede gewesen, ja es war nicht einmal allgemein üblich, von einem französischen, deutschen oder belgischen Standard etwa im Sinn einer nationalen Präferenz für dieses oder jenes Sortiment von Konsumgütern zu sprechen. Angaben und Zahlen zu den Konsumgewohnheiten von Arbeitern lagen zwar in großer Zahl vor, hatten jedoch fragmentarischen Charakter. Für andere gesellschaftliche Gruppen galt dies ebenso oder erst recht.[11]

Um die angeforderten Daten zu erheben, bedurfte es somit einer Recherchereise in die Vereinigten Staaten und etlicher Forschungsexpeditionen quer über den europäischen Kontinent. An eine Ermittlung der Daten innerhalb der von *Ford* vorgegebenen sechs Monate war überhaupt nicht zu denken. Und schließlich war unter dem Aspekt der wissenschaftlichen Gediegenheit auch klar, dass eine ernsthafte Studie sich nicht mit den wenigen Parametern begnügen konnte, die *Ford* vorgegeben hatte, nämlich einfach den Lebensstandard der *Ford*-Mitarbeiter in Detroit zum Maßstab für ganz Europa zu erheben. Unter dem Strich erschien das ganze Unterfangen als von zweifelhaftem Wert, selbst wenn die ILO die Mittel zu seiner Durchführung gehabt hätte. Sie hatte sie aber nicht, denn ihre einzigen Einkünfte bestanden aus bescheidenen staatlichen Zuschüssen und Zwangsabgaben von Unternehmern und Gewerkschaften in den Mitgliedsländern.

Der Vorgang wäre mit großer Sicherheit nach wenigen pflichtgemäßen Beratungen am Sitz der ILO zu den Akten gelegt worden, hätte nicht Clarence Streit, Korrespondent der *New York Times* in Genf, daraus eine spannende Zeitungsstory gemacht. Selbst ein Internationalist reinsten Wassers, der es immer wieder verstand, der eher auf lokale Themen fixierten Leserschaft der *Times* sogar den Völkerbund schmackhaft zu machen, stellte Streit das *Ford*-Ersuchen als eine exemplarisch moderne amerikanische Operation vor, die jede philanthropische Unterstützung ver-

---

11 Zimmerman, Consumption and Standards of Living, 378–417.

diente, wenn sie nicht an der Unfähigkeit der Alten Welt scheitern sollte.[12] Einen geeigneteren Augenblick als Anfang Juni 1929 hätte es für seinen Aufgalopp nicht geben können. Die Augen der Welt richteten sich zu der Zeit wieder einmal voll und ganz auf Henry Ford, als die Fabriken, die er 1927 geschlossen hatte, um die Fließbänder für die Montage seines neuen Modells, des *Model A*, umzurüsten, ihren Betrieb wieder aufnahmen. Bald waren die neuen Autos bei Händlern im ganzen Land erhältlich, und zum ersten Mal überhaupt machte *Ford* auch Werbung. Dazu kam, dass der Juni 1929 als der bis dahin beste Monat in der amerikanischen Wirtschaftsgeschichte bewertet wurde, jedenfalls gemessen am Güterausstoß. Amerikanische Philanthropen, die an der Börse zu Reichtum gekommen waren, brannten darauf, sich europäische Anliegen zu eigen zu machen. Sie hatten größtes Interesse daran, den Geist des Friedens zu päppeln, der 1929 im Pakt von Paris angemahnt worden war, einem Pakt, den der US-amerikanische Außenminister Kellogg und sein französischer Amtskollege Briand aus der Taufe gehoben hatten und der die am Ersten Weltkrieg beteiligten Nationen auf das Ende aller Angriffskriege einschwor. Die amerikanischen Philanthropen waren nicht nur darauf aus, Gutes zu tun, sondern hatten auch erheblich in die Stabilität Europas investiert – US-amerikanische Banken pumpten Hunderte Millionen Dollar in Gestalt kurzfristiger Anleihen nach Übersee.

Die *Ford*-ILO-Erhebung fand umgehend einen Schutzengel in Gestalt von Edward Filene, dem Bostoner Kaufhauskönig, der ein überzeugter Internationalist und darüber hinaus ein Verehrer von Henry Ford war. Filene stellte aus den Mitteln seiner eigenen Stiftung, des *Twentieth Century Fund*, einen Förderbetrag von 25.000 Dollar für das Projekt bereit und versprach, das Geld aus seiner eigenen Tasche zu zahlen, falls sein Stiftungsrat irgendwelche Einwände erheben sollte. In seinem eineinhalbseitigen Telegramm an die ILO, in dem er seine Spende ankündigte, lobte Filene Henry Fords »erklärte Absicht, allen Mitarbeitern dieselben Reallöhne zu zahlen, gleich in welchem Land sie arbeiten«. Seinen eigenen Angestellten und Arbeitern in Detroit zahle Ford eine »hohe Kulturvergütung«, während er zugleich ein Automobil »zu einem für die Massen erschwinglichen Preis« anbiete und dabei noch einen »alle Rekorde brechenden Gewinn« erziele. Filene fuhr fort: »Wenn [Ford] dazu beitragen kann, dieselben Veränderungen in Europa herbeizuführen, bedeutet dies auch dort höhere Löhne, niedrigere Preise, höhere Gewinne und einen höheren Lebensstandard […], und als Folge davon einen größeren globalen Wohlstand und einen enormen Auftrieb für den Weltfrieden«.[13]

Jetzt wird uns klar, warum Thomas so wütend war: nicht weil die ursprüngliche Anfrage der Firma *Ford* von Eigeninteresse diktiert war und auch nicht wegen der sich darin äußernden Cleverness, die in den Augen mancher eine typisch amerikanische Eigenschaft war, erst recht nicht wegen Edward Filenes Schwärmereien über den Beitrag Fords zum Frieden in Europa. Was Thomas auf den Magen schlug,

---

12 Clarence Streit, Beitrags-Manuskript vom 28. Mai 1929.
13 E. A. Filene, Telegramm an Sir Eric Drummond beim Völkerbund, 11. Juli 1929, zit. n. Protokollnotiz über eine Unterredung zwischen Lyndall Urwick und Sir Percival Perry, London, 26. September 1929, ebd.

war, dass der *Twentieth Century Fund* sich anmaßte, Maßgaben für die Durchführung der Erhebung aufzustellen. Sich gerierend, als sei die Welt der amerikanischen Stiftungen ein absolut ideologiefreier Raum, eine der Reform der Arbeitswelt verpflichtete internationale Organisation hingegen ideologischer Scheuklappen verdächtig, forderten die amerikanischen Geldgeber die Hinzuziehung unabhängiger Berater, um die Unangreifbarkeit der Resultate zu sichern. Sie bestanden des Weiteren auf monatlichen Sachstandsberichten als Vorbedingung für die Überweisung ihrer Gelder, ganz so, als handle es sich bei den Mitarbeitern in Genf um Faulenzer. Am ärgerlichsten war jedoch, dass sie für die Durchführung und Aufbereitung der Studie eine Frist von sechs Monaten setzten, als könne man eine wissenschaftliche Erhebung wie einen Produktionsprozess beschleunigen.[14] Und »das alles für 25.000 Dollar«, wie Thomas in seiner erzürnten Randbemerkung geschrieben hatte. Es war eine Sache, für ein wissenschaftliches Forschungsprojekt Spenden zu akzeptieren, was durchaus Thomas' Vorstellungen von einer fruchtbaren Zusammenarbeit entsprach. Etwas ganz anderes war es, gegen Bezahlung Marktforschung zum Nutzen eines US-Konzerns zu betreiben und dies als Wohltat für die ganze Welt auszugeben.

Der Ehrgeiz von Albert Thomas erschöpfte sich allerdings nicht darin, gute Sozialwissenschaft zu betreiben. Er verfolgte auch ein politisches Ziel, und dies bewog ihn letzten Endes zu dem Entschluss, von seiner gewöhnlichen Skrupelhaftigkeit abzurücken und die Erhebung zu den von den Geldgebern gestellten Bedingungen durchzuführen. Wie andere europäische Sozialisten bekannte Thomas sich zu der Hochlohnpolitik, als deren Schrittmacherin in den USA die Firma *Ford* sich rühmte. Aus dieser Überzeugung resultierte bei ihm die Bereitschaft, sich notfalls mit Gewerkschaftern anzulegen, die kapitalistischen Unternehmen immer nur die schlimmsten Beweggründe zutrauten, sich Kritik aus den Reihen anderer Reformer zuzuziehen, die sich vor *Fords* Aggressivität fürchteten, und europäische Arbeitgeber gegen sich aufzubringen, die *Ford* als einen bedrohlichen Konkurrenten empfanden. Als die Nachricht von der Vereinbarung Paris erreichte, zeigte sich die dortige Wirtschaftspresse entrüstet über dieses neueste »perfide Manöver« des US-Kapitalismus. Es zeichne sich, so wüteten die Blätter, durch alle Merkmale des »amerikanischen Triptychons« aus – als da waren: »ein Übermaß an Protektionismus, eine finanzielle Hegemonie […] und ein wirtschaftlicher Imperialismus, der in vielfacher und mannigfaltiger Verkleidung daherkommt«. Jeder wirtschaftlich denkende Mensch hätte das Ansinnen *Fords* als reine Demagogie durchschaut. Jeder außer vielleicht den naiven Sozialisten bei der ILO wisse, dass Unternehmer die Löhne ihrer Mitarbeiter nicht auf der Grundlage der jeweiligen örtlichen Lebenshaltungskosten kalkulierten, sondern auf der Basis der Arbeitsproduktivität, der getätigten Investitionen in Betriebsmittel, des Angebots an Arbeitskräften und anderer betrieblicher Kosten-

---

14 E. A. Filene an A. Thomas, 7. und 8. Juni 1929, ebd. Zur Aktivität expandierenden Tätigwerden US-amerikanischer Stiftungen im Ausland siehe den ausgezeichneten Beitrag von Berghahn, Philanthropy and Diplomacy, 393–419. Auch Sozialreformer einer früheren Ära hatten das Phänomen studiert: Curti, American Philanthropy Abroad.

faktoren, gar nicht zu reden von der Einschätzung der eigenen Marktchancen im Verhältnis zu denen der Mitbewerber.[15]

Auch von gemäßigter Seite kamen Warnungen: Der Delegierte der belgischen Regierung, der hoch angesehene Statistiker Max Gottschalk, Leiter des *Solvay*-Instituts für Soziologie, der führenden sozialwissenschaftlichen Einrichtung des Landes, riet Thomas dringend davon ab, sich und die ILO vor den Karren *Fords* spannen zu lassen. Es müsse ihm doch klar sein, dass die Firma *Ford* Preisdumping praktiziere, indem sie etwa Ersatzteile und Ausrüstungen auf dem europäischen Markt unter Einstandspreis verkaufe. Sollte sie einmal Autos für europäische Kunden vollständig in Europa bauen, würde sie keine hohen Löhne mehr bezahlen. Davon abgesehen, müssten die gesellschaftlichen Folgewirkungen der Untersuchung ins Kalkül gezogen werden. Man brauche nicht viel Fantasie, um »die allgemeine Malaise«, ja »die veritable Gefahr« vorauszusehen, die entstehen würde, wenn irgendwann schwarz auf weiß nachzulesen wäre, dass *Ford*-Mitarbeiter in Detroit einen Wochenlohn im Gegenwert von beispielsweise 216 belgischen Franc verdienten. Ins Verhältnis zur Kaufkraft gesetzt, entspreche dies zwar einer wesentlichen geringeren Summe, nämlich 108 belgischen Franc, doch das sei noch immer das Doppelte dessen, was der durchschnittliche belgische Arbeiter verdiene, nämlich jämmerliche 54 Franc. Um die Risiken erkennen zu können, genüge es, sich anzuschauen, was in Antwerpen passiert sei, wo das Unternehmen *Ford* bereits ein Montagewerk betreibe; dort verarbeite es preisreduzierte Teile, die in Kerny in New Jersey in Kisten verpackt und auf der *S.S. Oneida* nach Europa verschifft würden. Mit seinem sagenhaften Ausstoß habe das *Ford*-Werk in Antwerpen schon zehn der 15 Automobil-Manufakturen plattgewalzt, die noch zu Beginn der zwanziger Jahre der Stolz Belgiens gewesen seien. Falls *Ford* jetzt noch seine Wochenlöhne auf 108 belgische Franc erhöhe, könnten auch die übrig gebliebenen belgischen Autohersteller dichtmachen. Und damit nicht genug: Wenn die Amerikaner sich die besten Fachkräfte schnappten und die restlichen Arbeiter für höhere Löhne auf die Straße gingen, würde der ganze metallverarbeitende Sektor in Aufruhr geraten.[16] Gottschalk war gewiss kein Radikaler, er hatte nur einen scharfen Blick und mahnte zur Besonnenheit.

Kurzum: Das »Ford-Geschäft«, wie es bald nur noch genannt wurde, entpuppte sich offenkundig als eine verzwickte Angelegenheit. Rückblickend vermeint man in dem Bemühen *Fords*, durch lautstarkes Pochen auf höhere Arbeitslöhne Verbündete innerhalb der Arbeiterbewegung zu finden und so den Widerstand protektionistisch gesinnter europäischer Autohersteller zu brechen, auch eine Prise Intrigantentums in eigener Sache am Werk zu sehen. Thomas ließ sich von alldem nicht beirren und blieb bei seinem Entschluss, das Projekt durchzuziehen. Eine solche Erhebung kam seinem Temperament als Politiker entgegen, war ihm doch die blindwütige Opposition gegen jedwede Experimente, die zu höheren Löhnen führen mochten, ein Dorn im Auge. Gefallen an der Sache fand er auch als Intellektueller (an der *Ecole Nor-*

---

15 C.-J. Gignoux, Triptyque américain, La journée industrielle, 5. Juni 1929; Jean Pupier, Comment l'Amérique peut espérer conquérir la domination économique du monde, ebd., 23./24. Juni 1929, beide in T 101/0/1, Akte »Cost of Living«, ILO.
16 Max Gottschalk an M. Breaud, 9. Oktober 1929, ebd.

male Supérieure war er Jahrgangsbester gewesen), sie würde ihn in die Lage versetzen, seine Vertrautheit mit den sich in den USA rasant entwickelnden sozialwissenschaftlichen Forschungsrichtungen zu vertiefen. Er hatte in diesem Umfeld bereits einen guten Freund in Gestalt von Herbert Feis, dem an der Harvard Universität ausgebildeten Wirtschaftshistoriker, der 1927 eine bahnbrechende Arbeit veröffentlicht hatte, die den kausalen Zusammenhang zwischen der Zunahme des weltweiten Handels und dem Anstieg des Lohnniveaus erstmals empirisch belegt hatte. Auf mehreren Kongressen, die unter anderem mit Geldern des von Rockefeller finanzierten *Social Science Research Council* (SSRC) veranstaltet worden waren, hatte Thomas seine Bekanntschaft mit Charles Merriam intensiviert, dem Soziologen von der Universität Chicago, der das vom SSRC initiierte Forschungsprojekt einer internationalen Vergleichsstudie über Arbeitslöhne leitete.[17] Diese Männer waren gewiss keine Sozialisten. Sie waren fortschrittsorientierte Amerikaner, getrieben von einem gelegentlich naiv, ja sogar geschmacklos erscheinenden Drang, herauszufinden, »was für eine Lebensart ein Arbeitseinkommen kaufen kann« und was der »Wettbewerb zwischen verschiedenen Handelswaren« über die »Ideale und Werte im Alltagsleben der Menschen« verriet. Ihr Verlangen, Tuchfühlung mit der realen Welt zu halten, ließ sie im Vergleich zu den blutleeren Akademikern, die überwiegend das Gesicht der europäischen Sozialforschung prägten, als unverbrauchte Geister erscheinen. Und sie verdienten sich hohe Bewunderung für ihre Zuversicht, dass das Sammeln von Daten in großem Stil einen reichen Fundus an allgemein verfügbarem Wissen erbringen würde, frei von Manipulationen durch Regierungen und mächtige Interessengruppen, ein Wissen, das sich dazu nutzen ließ, »Dinge in Ordnung zu bringen«.[18]

Selbstbewusst, dass er mit dem Geld und dem Knowhow der Neuen Welt umzugehen wusste, unterstrich Thomas wiederholt die »tiefe Dankbarkeit«, die seine ILO für Filenes großzügiges Angebot empfand, finanzielle Unterstützung zu gewähren. Am 8. Oktober 1929, fünfeinhalb Monate nachdem Sir Percival erstmals bei ihm angefragt hatte, verkündete er den offiziellen Start der Erhebung, ohne sich noch einmal mit seinem widerspenstigen Kuratorium beraten zu haben.[19] Der späteste Termin für die Abgabe des fertigen Berichts war Ende Mai 1930, sodass nur knapp acht Monate Zeit blieben. In dieser zweiten Oktoberwoche verlief der Handel an der New Yorker Börse sehr uneinheitlich, nachdem die Kurse im September astronomische Höhen erreicht hatten. Zum Börsenkrach kam es zwei Wochen später, und der 29. Oktober, ein Dienstag, brachte den Kurssturz ins Bodenlose.

17 Siehe International Wage Comparisons; W. J. Ellison, Proposed International Wages and Cost of Living Enquiry, 7 S., T 101/0/1, Akte »Cost of Living«, ILO.
18 Zimmerman, Consumption and Standards of Living, 475; Zunz, Why the American Century?, 36f. Die Wege, auf denen die von europäischen Sozialwissenschaftlern erarbeiteten Erkenntnisse in die USA gelangten, untersucht Rodgers, Atlantic Crossings.
19 A. Thomas, Telegramm an E. A. Filene, 31. Mai 1929, T 101/0/1, Akte »Cost of Living«, ILO; W. J. Ellison an Herbert Feis, 13. Juli 1929, ebd. Die Debatte ging in der Folge weiter, wie zu ersehen aus: Comité nommé per le C. A. en vue d'examiner l'adoption du don de 25.000 offert par M. Filene au nom du 20th Century Fund, Réunion du 9 septembre 1929, Undertaking Entered into Concerning Carrying Out the Enquiry and the Printing and Publication of Results, Confidential, 1932, T 101/0/1/0, ebd. Siehe auch Schaper, Albert Thomas, 234.

Gleich zu Beginn der Erhebung wurde deutlich, dass niemand eine genaue Vorstellung vom Lebensstandard des sogenannten durchschnittlichen *Ford*-Arbeiters in Detroit hatte. Dem Unternehmen hing zwar der wohlverdiente Ruf an, das Privatleben seiner Angestellten auszuschnüffeln, doch hatte es seine berüchtigte Soziologische Abteilung 1921 aufgelöst. In der Folge wurden Tausende vertrauliche Dossiers vernichtet, die Dutzende von *Ford* beschäftigte Schnüffler seit der Einführung des Fünf-Dollar-Tages im Jahre 1914 zusammengetragen hatten, in dem Bemühen, zu überprüfen, ob die *Ford*-Beschäftigten ihre Löhne und Gehälter den idiosynkratischen Effizienz- und Askesemaßstäben entsprechend ausgaben, die ihr Chef definiert und zur Vorbedingung für die Auszahlung des vollen Lohns gemacht hatte. Edsel Ford, Henrys zurechtgestutzter Sohn, der mit der Erledigung solcher zweitrangigen Dinge betraut war, erklärte, die Firma könne die gewünschten Informationen nicht liefern, weil sie nicht das Rüstzeug dafür habe.[20]

Tatsächlich fiel das Wissen darum, wie Arbeitnehmer ihr verdientes Geld ausgaben und ihre Freizeit verbrachten, nicht mehr in die paternalistische Zuständigkeit wissbegieriger Arbeitgeber. Es war zum Anliegen der Gesellschaft allgemein geworden, was aus der schieren Zahl staatlicher Dienststellen, privatwirtschaftlicher Marketing-Abteilungen und freier Dienstleister ersichtlich wurde, die sich mit der Sammlung von Daten über das Verbraucherverhalten beschäftigten. Da die ILO sich die Mithilfe der zwei zuverlässigsten Einrichtungen in diesem Bereich gesichert hatte, des *U.S. Bureau of Labor Statistics* und des *National Bureau of Economic Research* in Michigan, versprach die Erhebung zügig vonstattenzugehen.

Die erste Aufgabe der Forscher bestand darin, ein »Warenbudget« für die Gesamtheit ihrer Studienobjekte zu erstellen. Nachdem sie herausgefunden hatten, wie viel Geld der Durchschnitts-Automobilarbeiter im Jahr verdiente, brüteten sie über Scheckheften, Kreditunterlagen, hausfraulichen Schätzungen und diversen anderen auswertbaren Angaben, um zu errechnen, in welche Ausgabenposten sich das Geld, das die Arbeitnehmer mit nach Hause nahmen, aufteilte. Allein, es ergab sich ganz und gar kein klares Bild. Da war einmal die Tatsache, dass der Durchschnittsarbeiter angeblich 1.750 Dollar pro Jahr verdiente, was, eine Fünftagewoche zugrunde gelegt, einem Tagesverdienst von sieben Dollar entsprach. Dieses Lohnniveau, gewiss ein Fortschritt gegenüber den hoch gerühmten fünf Dollar von 1914 und den sechs Dollar pro Tag, die in den frühen zwanziger Jahren zwecks Inflationsausgleich erkämpft worden waren, hatte die US-Industrie auf politischen Druck hin am 22. November 1929 zugestanden. An diesem Tag hatte Präsident Herbert Hoover Henry Ford und andere US-Großunternehmer zu einer Krisensitzung ins Weiße Haus geladen. Der Präsident hatte die Industriellen dringend gebeten, ihren Teil zur Erholung von der Börsentalfahrt im Oktober beizutragen, indem sie in aller Öffentlichkeit ihr Bekenntnis zur modernen »Doktrin der hohen Löhne« bekräftigten. Es war Henry Ford persönlich, der sich als Schrittmacher betätigte. Doch nach weniger als einem Jahr fiel er unter dem Eindruck der sich ausbreitenden Finanzkrise vom Glauben ab,

---

20 L. Urwick an J. W. Nixon, 1. Oktober 1929, T 101/0/1, Akte »Cost of Living«, ILO; Meyer, Five Dollar Day; Hooker, Life in the Shadows of the Crystal Palace, 134–137.

und der Durchschnittslohn sackte auch bei *Ford* wieder auf sechs Dollar ab, manchmal auch darunter.²¹

Ein weiteres Handicap bestand darin, dass die Berechnungen auf den Haushaltsbudgets des am schlechtesten bezahlten »Durchschnittsarbeiters« beruhten. Diese statistische Figur war definiert als ein voll berufstätiger Familienernährer, der im voraufgegangenen Jahr mindestens 45 Wochen gearbeitet hatte und mit seinem Arbeitslohn eine Frau und zwei oder drei Kinder unterhielt, ohne eine andere Einkommensquelle oder weitere auf ihn angewiesene Angehörige zu haben. Solche Exemplare dürften höchst selten gewesen sein. Aus ihrer über 100.000 Personen zählenden Belegschaft listete die Firma *Ford* 1.740 Männer auf, aus denen die Wissenschaftler eine hundert Mann umfassende Stichprobe zogen.²²

Nur um herauszufinden, wie und wofür Arbeiter in Detroit ihr verdientes Geld ausgaben, brauchten die Forscher acht Monate. Nachdem die gewonnenen Erkenntnisse im Juli 1930 (zwei Monate nach dem vorgegebenen Endtermin) in Genf eingetroffen waren, brauchten die dortigen Mitarbeiter noch einmal mehrere Wochen, um die darin enthaltenen Angaben ins metrische System und die Preise in 17 verschiedene Währungen umzurechnen und die zahlreichen Referenzangaben in ein halbes Dutzend europäische Sprachen zu übersetzen.

Unterdessen waren die europäischen Datenerheber zunächst in die Genf am nächsten gelegenen Großstädte – Marseille, Genua, Triest, Frankfurt – ausgeschwärmt und arbeiteten sich dann auf immer weitläufigeren Kreisbahnen nach Barcelona, Antwerpen, Stockholm und Helsinki vor, um schließlich ihre entferntesten Ziele, Cork und Istanbul, zu erreichen. Sie mussten feststellen, dass ihre Aufgabe kein Zuckerschlecken war. In manchen Ländern geizte die Regierung mit Unterstützung, sei es aus Gleichgültigkeit oder, wie in Frankreich, um ihr Missfallen an den Zielen und Methoden der Erhebung kundzutun. In anderen Fällen zeigten sich staatliche Stellen übereifrig, so etwa in Großbritannien. Dort hatten staatliche Beamte ein waches Auge auf die Erhebung, fürchtete die Regierung doch, dass die Gewerkschaften, wenn sie erführen, wie sehr die Löhne von Region zu Region variierten, mit der Forderung nach Lohnausgleich auf die Straße gehen würden. Sie bestand darauf, dass im Abschlussbericht keine Angaben in Pfund und Schilling gemacht, sondern nur Indexzahlen angegeben werden durften.²³

Noch schwerer war es, sich gegen die Skeptiker durchzusetzen, die bezweifelten, dass es möglich, geschweige denn wünschenswert sei, rigorose Vergleiche über unterschiedliche Alltagskulturen hinweg anzustellen. War ein Laib amerikanisches Weißbrot wirklich mit einem Laib skandinavischen Roggenbrots gleichzusetzen, selbst wenn beide dasselbe kosteten? Als schwedische Ernährungswissenschaftler diese Frage stellten, gaben sie sich ausgesprochen neutral. Die französischen Feld-

---

21 Meyer, Five Dollar Day, 218f.
22 Enquiry into Standard of Living of Detroit Workers, T 101/0/1/61, Akte »Cost of Living«, ILO; Presseerklärung des Twentieth Century Fund, International Wage Investigation Begun at Detroit, 13. Januar 1930, ebd.; J. W. Nixon an L. Urwick, 8. Oktober 1929, mit »Enquiry for the Ford Motor Co. Preliminary Plan«, ebd.
23 Ford Enquiry: Present Position, Mai 1931, Undertaking Entered into ... [sic], T 101/0/1/0, 1932, ebd.

forscher hingegen äußerten ihre Skepsis offen. Ein altes französisches Sprichwort besagt: »Keine zwei Holzknöpfe sind einander gleich.« Dasselbe galt für eine Brioche oder einen Stich Butter. Jede Hausfrau, die man auf einem Pariser Markt antraf, konnte einem sagen, dass der Butterpreis um 15 bis zwanzig Prozent variieren konnte, je nachdem ob die Ware aus der Normandie kam, wo das Milchvieh mit Heu gefüttert wurde, oder aus der Auvergne mit ihren frei laufenden *Salers*-Kühen. Es lag somit auf der Hand, dass der Vergleich zwischen Detroit und Europa, wenn er denn nicht nur die Preise und Mengen von Lebensmitteln zugrunde legte, sondern auch die Qualität und die Vielzahl individueller Geschmäcker und Vorlieben in Rechnung stellte, eine gegen unendlich gehende Fehlerbandbreite aufweisen musste.[24] Nicht nur für verschiedene Bevölkerungsschichten innerhalb eines Landes, sondern auch für unterschiedlich geprägte Landesteile galt, dass sie ihre Lebensweise auf eine eigene, sich jedem strengen Vergleich entziehende Art erlebten. Das *U.S. Bureau of Labor Statistics* offenbarte lediglich seine Weltfremdheit oder Naivität, wenn es erklärte, die Detroit-Studie sei »so vollkommen objektiv und farblos, wie man es von einem staatlichen Report nur erwarten kann«.[25] »Offen gesagt«, meinte Pierre Laval, zu der Zeit in Frankreich Minister für Arbeit und Soziale Sicherung, lasse sich mit den angewandten Methoden eine »naturwissenschaftliche Lösung« nicht einmal annäherungsweise erreichen.[26] Daher sah sich die französische Regierung nicht in der Lage, der Erhebung amtliche Unterstützung zu gewähren.

Manchmal schien es in der Tat, als ließen sich Beobachter zu bösartigen Vergleichen hinreißen. Wer würde sich zum Beispiel davon abhalten lassen, ein Werturteil darüber zu fällen, dass der enthaltsame, aber das Vergnügen liebende Detroiter Arbeiter seine fünfzig Cent frei verfügbaren Geldes an der Kinokasse ausgab, während sein Berliner Pendant seine fünf Pfennig ins Bierlokal trug? Wie konnte man die Wissenschaftler davon abhalten, sich Gedanken über die »psychologischen, soziologischen und hedonistischen Erwägungen« zu machen, die in die Konsumentscheidungen der Arbeiter einflossen? Die Mittel, zu denen die Forscher griffen, um diese »instinktiven« Entscheidungen auszubalancieren, verwiesen auf eine Sozialwissenschaft, die sich von ihrer fetischistischsten Seite zeigte. Die Waren sollten für sich selbst sprechen. In diesem Sinne sollten die Forscher konkrete Exemplare aus dem Detroiter Warenkorb kaufen und sie nach Europa verfrachten, damit sie dort begutachtet werden konnten. So sahen sich die zumeist weiblichen Fachleute aus der Hauswirtschafts-Abteilung des US-Landwirtschaftsministeriums genötigt, nicht nur Listen mit den Nährwerten und Kaloriengehalten verderblicher Lebensmittel zusammenzustellen und Schätzzahlen für die Ausgaben der hundert repräsentativen Familien für Waren und Dienstleistungen zu erarbeiten, sondern auch zwei große

24 La politique des hauts salaires, Le Temps, 12 Juni 1929, T 101/0/1, ebd.
25 Ebd.; Enquiry into Standard of Living of Detroit Workers: Memorandum on Possible Collaboration by National Bureau of Economic Research, o.J. [wahrscheinlich Dezember 1929], T 101/01/1/61, 1931, ebd.
26 Ministre du Travail et de la Prévoyance Sociale [Pierre Laval] an Arthur Fontaine, Delegierter der französischen Regierung bei der ILO, 25. Juli 1930, T 101/0/1/2/22, ebd.: »J'ai l'honneur de vous faire connaitre qu'à mon avis le problème ainsi posé n'est pas suceptible de recevoir une solution scientifique; il paraît même difficile de donner une solution assez approximative pour être acceptable.«

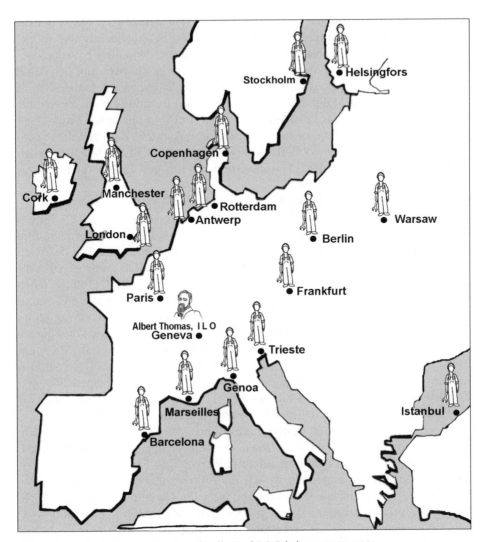

Abb. 3: Henry Fords Europa: Standorte für die *Ford*-ILO-Erhebung, 1929–1931.

Holzkisten mit einer Auswahl an Kleidungsstücken und lagerfähigen Lebensmitteln vollzupacken und nach Europa zu expedieren.

Die Jahre 1930 und 1931 waren eine sehr unruhige Zeit, auch für grenzüberschreitend versandtes, uneskortiertes Frachtgut. Obwohl die Holzkisten mit besonderen diplomatischen Papieren ausgestattet wurden, um ihnen die üblichen Zollformalitäten zu ersparen, gestaltete sich ihre Reise durch den europäischen Kontinent überaus beschwerlich. Eine von ihnen geriet auf dem Weg von Berlin nach Warschau aus unerfindlichen Gründen aufs Abstellgleis. Die für Barcelona bestimmte Kiste traf dort genau in der turbulenten Zeit nach dem Zusammenbruch der Diktatur des Generals Miguel Primo de Rivera Ende Januar 1930 ein, und da sich die Mitarbeiter der staatlichen Statistikämter im Streik befanden, war niemand zur Stelle, der die Kiste entgegennehmen konnte. Abgesehen davon, war es ohnehin ein ungünstiger Zeitpunkt, irgendetwas im Namen der Firma *Ford* zu tun, denn diese hatte kurz zuvor ohne Vorwarnung ihre Montagewerke in Barcelona geschlossen, um sich damit für die vom spanischen Staat verhängten höheren Zollabgaben auf Autoersatzteile zu revanchieren. Diese Maßnahme war seinerseits eine Reaktion auf das sogenannte Hawley-Smoot-Gesetz, das Präsident Hoover im Juni 1930 mit seiner Unterschrift in Kraft gesetzt hatte und das neue bzw. höhere amerikanische Zollschranken gegen Importe aus Europa aufbaute.[27] Glücklicherweise landete die Kiste schließlich in den Händen von Beamten, die der ILO wohlgesonnen waren und dafür sorgten, dass sie ihre Mission erfüllen konnte.

Ein so günstiges Los war der für Italien bestimmten Kiste nicht vergönnt; sie landete in einem Land, dessen nördliche Provinzen von Arbeiteraufständen erschüttert wurden und dessen faschistische Führer in Alarmstimmung waren, nachdem ihre Partnerdiktatur in Spanien gestürzt war. Das Regime des Duce, unter dem die freien italienischen Gewerkschaften verboten und durch faschistisch kontrollierte Syndikate ersetzt worden waren, hatte, gelinde gesagt, wenig für die ILO übrig. Doch das eigentliche Hindernis, das einer Zusammenarbeit im Weg stand, war Giovanni Agnelli, Chef des Hauses *Fiat* und fest entschlossen, die Monopolstellung seines Unternehmens auf dem italienischen Automarkt zu verteidigen. Seine konsequente Lobbyarbeit gegen die Firma *Ford* zahlte sich im Oktober 1929 aus, als Mussolini die Schließung des *Ford*-Montagewerks in Triest anordnete und dem Unternehmen jegliche Genehmigung für den Bau neuer Fabriken verweigerte.[28] Folgerichtig ging die Kiste ungeöffnet an den Absender zurück, und Genua und Triest, die beiden für die Erhebung ausgewählten italienischen Städte, fielen aus der Studie heraus.

Dort, wo die Kisten ihren Bestimmungsort erreichten und ausgepackt wurden, ließen sie eine Warenkultur zutage treten, die sichtbar üppiger war als in Europa. Die Kleidungsstücke aus dem Bestand einer vierköpfigen Familie – Mutter, Vater, Sohn und Tochter – machten ebenso wie die Angabe, dass die amerikanische Arbeiterfamilie zwölf Prozent ihres Jahresbudgets für Garderobe ausgab, deutlich, dass amerikanische Arbeiter in gepflegter Kleidung eine vernünftige Investition sahen. Sie erneuerten ihren Kleiderbestand regelmäßig. 1929, als die amerikanischen Löhne ihren Nachkriegs-Zenit erreichten, kauften amerikanische Familienväter durchschnittlich fünf Hemden, zwei Krawatten, zwei Baumwollanzüge, 14 Paar Baumwollsocken und ein Paar feine Socken (aus Seide oder Rayon), ein Paar Hosenträger, zwei Paar Schuhe, zwei Paar Lederhandschuhe und neun Paar Arbeitshandschuhe aus Baumwolle. Der mitgeschickte Anzug aus Schurwolle, den sich der Durchschnittsamerikaner ungefähr alle zweieinhalb Jahre einmal leistete, war dem Augenschein nach von erster Güte; dasselbe galt für die breitkrempigen Filzhüte mit Seidenband, wie man sie aus Hollywood-Filmen kannte und von denen durchschnittlich alle zwei Jahre einer gekauft wurde, sowie für den Mantel aus Wolle,

---

27 Wilkins/Hill, American Business Abroad, 230.
28 Ebd.

dessen durchschnittliche Lebensdauer sieben Jahre betrug. Die typische amerikanische Arbeiterfrau erneuerte innerhalb von nur zwei Jahren praktisch ihre gesamte Garderobe. Allein im Jahr 1929 hatte sie zwei farbenfrohe Kleider aus Baumwolle, Rayon oder Seide, acht Paar Strümpfe (darunter vier Paar aus Seide oder Rayon), drei Hauskleider, etliche Garnituren Unterwäsche und Nachthemden und zwei Paar Schuhe gekauft. Für die Garderobe der Kinder wurde sogar noch mehr Geld ausgegeben als für die der Erwachsenen, nämlich durchschnittlich fünf Prozent des Familienbudgets. Etiketten und Besätze zeigten, dass alle Stücke im Laden gekauft waren, bis hin zu den gerafften Rayon-Unterröcken, die die Mädchen unter der karierten Schuluniform trugen. Im Gegensatz dazu trugen europäische Arbeiterkinder fast immer selbstgeschneiderte Kleidung, oft abgetragene und ausgebesserte oder aus abgelegten Erwachsenenkleidern zusammengestückelte Sachen. Die Bett- und Tischwäsche, die unter den Kleidern zum Vorschein kam, zeugte von der Wunderkraft, die die Baumwolle in der amerikanischen Textilindustrie entfaltete – ob allerdings die mit Satinstreifen gesäumten Wolldecken aus amerikanischer Produktion dem deutschen oder skandinavischen Eiderdaunen-Plumeau das Wasser reichen konnten, war und blieb Ansichtssache.

Die Lebensmittellisten verrieten, dass Arbeiter aus Detroit einen bemerkenswert abwechslungsreichen, reichhaltigen und nahrhaften Speisezettel hatten. Schwedische Feldforscher stellten fest, dass ihre eigenen Arbeiter, obzwar wohlgenährt, aus einem sehr viel schmäleren Lebensmittelsortiment schöpften, ihre üppigen Mahlzeiten aber dafür mit Tabak und Alkohol in rauen Mengen anreicherten, eine Gewohnheit, die, wie die Wissenschaftler spröde anmerkten, ihren Speisezettel zwar »sprühender«, aber keineswegs gesünder machte. Die Qualität amerikanischer Wohnungen war allem Anschein nach so hoch, dass der Vergleich zu den europäischen Wohnverhältnissen beunruhigende Fragen aufwarf. In europäischen Großstädten befand sich die durchschnittliche Arbeiterwohnung, mit zwei bis drei Zimmern, in einem erbärmlichen Zustand; Einfamilienhäuser wie in den Vereinigten Staaten, mit durchschnittlich 4,1 Zimmern, noch dazu ausgestattet mit Gas, Strom, Zentralheizung, Badezimmer und Fenstern mit Aussicht, waren rar. In Berlin und Frankfurt hätte man, um eine vergleichbare Wohnsituation vorzufinden, schon die Häuser von höheren Beamten aufsuchen müssen. Was die in Anspruch genommenen Dienstleistungen betraf, so verausgabten amerikanische Arbeiterfamilien erkleckliche Summen aus ihrem verfügbaren Einkommen für ärztliche und auch zahnärztliche Behandlungen; nicht wenige zahlten auch in eine Lebensversicherung ein. Erheblich weniger als ihre europäischen Standesgenossen gaben sie hingegen für Renten- und Krankenversicherung aus, und Gewerkschaftsbeiträge zahlten sie überhaupt keine, was schon deshalb nicht verwunderte, weil das Unternehmen *Ford* gewerkschaftsfrei war.[29]

Der bemerkenswerteste Unterschied bestand darin, dass *Ford*-Arbeiter einen reichlichen Fundus an Haushaltsgeräten (im weitesten Sinn) aus industrieller Mas-

---

29 Standard of Living of Employees of Ford Motor Co. in Detroit, in: ILO, A Contribution, Annex I, 159–200; J. W. Nixon, How Ford's Lowest-Paid Workers Live, in: ebd., Annex III, 208–215.

senproduktion ihr Eigen nannten, von Radiogeräten und Grammophonen über elektrische Bügeleisen bis zu elektrischen Waschmaschinen und Staubsaugern. Fast jede zweite Familie besaß ein Automobil, das sicherlich in vielen Fällen als Neuwagen gekauft worden war, denn der Preis eines *Model T* war im Verlauf der zwanziger Jahre auf 440 Dollar gesunken. Die meisten Familien hielten sich ein Auto eher für Freizeitzwecke als für die tägliche Fahrt zur Arbeit. Die Raten und die Unterhaltskosten lasteten jedoch oft schwer auf dem Familienbudget. Im Gegensatz dazu besaß keine europäische Arbeiterfamilie ein Auto oder konnte auch nur davon träumen, eines zu kaufen. Ein ganz kleiner Teil der jungen Männer in Europa verfügte über ein Motorrad, nicht selten eines mit Beiwagen. Ein Fahrrad war ein wertvolles Besitztum. Andererseits waren in Europa auch nur wenige bürgerliche Haushalte im Besitz eines Automobils. In Frankreich und Großbritannien, den beiden am weitesten motorisierten Ländern Europas, kam Ende der dreißiger Jahre ein Auto auf zwanzig Einwohner, in Deutschland eines auf vierzig, in Italien eines auf rund hundert Personen. In den Vereinigten Staaten lag dieses Verhältnis bei eins zu vier.[30] Ganz offensichtlich wäre es widersinnig gewesen, in den statistischen Warenkorb der europäischen Arbeiterfamilien die Ausgaben für ein Auto aufzunehmen.

Eine weitere signifikante Diskrepanz bestand darin, dass es für Arbeiter in Detroit zur Normalität gehörte, Verbraucherkredite aufzunehmen. Solche Kredite versetzten sie in die Lage, ihr Ausgabenbudget zu strecken, wenn auch nur ein Stück weit. In Europa hingegen waren Verbraucherkredite und Ratenkäufe selten. Zwar wurde immer wieder mit Angeboten experimentiert, für Möbel und andere größere Anschaffungen Ratenzahlung zu vereinbaren, doch diese Experimente kollabierten mit jedem Wirtschaftsabschwung. In Großbritannien hatten die Arbeiter schon beim bloßen Gedanken an einen Kredit sofort reumütig das »Abstottern« vor Augen. Europäische Arbeiter griffen, um sich von einem Zahltag zum nächsten zu hangeln, lieber auf informelle Abmachungen mit Geschäftsleuten zurück. Diese konnten aus Erfahrung die Kreditwürdigkeit ihrer Stammkunden einschätzen und schrieben Lebensnotwendiges wie Grundnahrungsmittel und Brennstoffe im Kassenbuch an, wo sie auch Abzahlungen notierten.[31]

Je mehr Erkenntnisse die Europäer über den Lebensstandard von *Ford*-Arbeitern sammelten, desto komplizierter wurde das Unterfangen, ihn mit dem ihrer europäischen Kollegen zu vergleichen, und desto länger zog sich die Sache hin. Endlich, im November 1931, zweieinhalb Jahre nach der ursprünglichen Anfrage Sir Percivals, 25 Monate nach dem offiziellen Startschuss für die Erhebung und 17 Monate nach dem geforderten Abgabetermin, lieferte die ILO, zuletzt hart gebeutelt von Vorwürfen des amerikanischen Geldgebers, die Organisation betreibe ein »unlauteres Ge-

---

30 Vergleichende Statistiken sind überraschend selten und vage. Statistisches Jahrbuch, 1941/42, 109, zit. n. Kroener u.a., Das deutsche Reich und der Zweite Weltkrieg, 651, wiederum zit. n. Knox, Hitler's Italian Allies, 30, liefert die vielleicht brutal genauesten Angaben zu den Unterschieden zwischen den Vereinigten Staaten und diversen europäischen Ländern sowie zu den Unterschieden zwischen diesen.
31 Siehe Gelpi/Julien-Labruyère, The History of Consumer Credit. Zu den Verhältnissen in den USA des frühen 20. Jahrhunderts siehe Olney, Buy Now, Pay Later.

schäft«, indem sie Arbeitsergebnisse schuldig bleibe, ihren Schlussbericht ab.[32] Da Thomas' eigenes Kuratorium in Aufruhr über die Ergebnisse war und er fürchtete, ob des Wirbels könne der Bericht zurückgehalten werden, vermied er es, ihn vorab zur Prüfung und Freigabe vorzulegen.[33] In New York organisierte derweil Edward L. Bernays, der geniale Begründer des amerikanischen Public-Relations-Gewerbes, im Auftrag des *Twentieth Century Fund* eine öffentliche Propagandakampagne zur Feier des Erscheinens der englischen Ausgabe. Allerdings war inzwischen nicht mehr klar, ob es darum ging, eine erfolgreiche internationale Zusammenarbeit, die Großzügigkeit wohlhabender amerikanischer Philanthropen oder aber die amerikanische Hochlohnpolitik zu feiern.

Eines war indes gewiss: Dieser »höchst hausse-artige« Report über den Lebensstandard US-amerikanischer Arbeiter gehörte schon zum Zeitpunkt seines Erscheinens in der Vorweihnachtszeit 1931 einem verflossenen Zeitalter an.[34] Die meisten der hundert Arbeiter, die 1929/30 für den Report befragt worden waren, standen mittlerweile auf der Straße, da die amerikanische Autoindustrie von einer galoppierenden Arbeitslosigkeit geplagt wurde. Bei *Ford* selbst, wo man einstweilen noch bestritt, dass eine Wirtschaftskrise herrschte, waren 75.000 Arbeiter in einen »unbefristeten Urlaub« geschickt worden, unter dem Vorwand, die Fließbänder müssten für ein neues Modell umgerüstet werden. Diejenigen, die die Entlassungswellen überlebt hatten, konnten noch immer sieben Dollar pro Tag verdienen, vorausgesetzt sie zeigten sich fähig und willens, die neuen täglichen Produktivitätsquoten zu erfüllen, die gegenüber den alten um bis zu fünfzig Prozent erhöht worden waren, mit der Folge, dass diejenigen, die das Pensum schafften, nach Schichtende ermattet und aschfahl heimwärts wankten. Keiner der Tausenden, die entlassen worden waren, hatte Anspruch auf irgendwelche Sozialleistungen, denn *Ford*-Arbeiter hatten keine Arbeitslosenversicherung. Sie hatten auch keinerlei Anspruch auf die bescheidenen Hilfsgelder, die von den Kommunen an andere Gruppen von Bedürftigen ausgezahlt wurden; erst 1935 wurde im Rahmen des *New Deal* das erste landesweite System für eine Unterhaltszahlung bei Arbeitslosigkeit etabliert. Ob staatliche Stellen auf lokaler Ebene etwas unternahmen, hing von ihren Steuereinnahmen ab. *Ford* freilich hatte seine Fabrik in Highland Park und seine Niederlassung in River Rouge bewusst außerhalb der Gemarkung der Stadt Detroit errichtet, um keine kommunalen Steuern und Abgaben zahlen zu müssen.[35]

Am sonst so ruhigen Genfer Seeufer löste der Terminstress, der der Veröffentlichung der Studie vorausging, den sprichwörtlichen Sturm im bürokratischen Wasserglas aus. Das Kuratorium der ILO stellte entrüstet fest, dass es die endgültige Fassung des Reports nicht gebilligt, ja eigentlich nicht einmal die Erhebung als solche förmlich abgesegnet hatte, und einige ILO-Delegierte nörgelten an den unorthodoxeren Befunden der Erhebung herum, während andere sich fragten, welche

---

32 J. W. Nixon, Memorandum über ein Treffen mit E. A. Filene und Director [Albert Thomas], 14. Januar, 1932, Undertaking Entered into … folder [sic], T 101/0/1/0, 1932, Akte »Cost of Living«, ILO.
33 Ford Enquiry: Present Position, Mai 1931, 9, ebd.
34 L. Magnusson an H. B. Butler, 22. Dezember 1931, T 10/0/1/61, Akte »Cost of Living«, ILO.
35 Sward, The Legend of Henry Ford, 218ff.

Verschwörung dazu geführt hatte, dass die Studie zwar auf Englisch, nicht aber in den anderen offiziellen Sprachen der ILO, Französisch und Deutsch, herausgekommen war.[36]

Die Herausgeber schoben, um die Kritiker zu besänftigen, rasch eine zweite, gründlich überarbeitete Fassung nach, die diesmal in allen drei Sprachen erschien. Dies eröffnete die Chance, dem Werk auch einen neuen Titel zu geben: Das ambitionierte *An International Enquiry into the Costs of Living* wurde durch das wesentlich bescheidener klingende *A Contribution to the Study of International Comparisons of Costs of Living* ersetzt. Eine weniger ambitionierte Formulierung wurde auch für die Charakterisierung der Studie gefunden: Sie figurierte jetzt als »Übung« mit dem Ziel, »Lebenshaltungskosten« und nicht mehr »Lebensstandards« zu vergleichen.[37]

Ein Jahr später, 1932, war auch der Nutzwert dieses Kriteriums fraglich geworden. In dem Maß, wie sich die Wirtschaftskrise über den Globus ausbreitete, brachen die Preise ein, während die Arbeitslosigkeit nach oben schoss. Ein Land nach dem anderen meldete sich vom Goldstandard ab, mit der Folge, dass die Währungskurse im Zickzack liefen, die Zollschranken erhöht wurden und die Staaten zunehmend dazu übergingen, aus politischer Opportunität die Statistiken zu manipulieren.[38] Als Sir Percival im April 1931 in London nach seiner Meinung zu dem Report gefragt wurde, zauberte er einen perplexen Ausdruck auf sein pausbäckiges Engelsgesicht und flüchtete sich in das entwaffnende Geständnis, er habe die ganze Sache aus den Augen verloren. Eine zurückgehende Nachfrage und erhöhte Zollschranken hatten zu diesem Zeitpunkt *Fords* europäische Absätze katastrophal absacken lassen, mit der Folge, dass das Unternehmen Fabriken schloss und sich aus dem Kontinent zurückzog. Schon 1929, lange bevor die Firma Zugriff auf irgendwelche Daten der ILO gehabt hatte, war sie zu einer »empirischen« Festlegung ihrer Arbeitslöhne übergegangen. Das Management hatte, wie dies im Ausland gängige Praxis war, Erkundigungen über die anderswo gezahlten Löhne eingezogen, hatte dann Löhne geboten, die gerade hoch genug waren, um die besten Arbeitskräfte aus der betreffenden Region anzuwerben, und hatte als Gegenleistung für die höheren Löhne die Verbannung der Gewerkschaften aus der *Ford*-Belegschaft gefordert. Die »Hochlohn-Politik« *Fords*, die Henry Ford gelegentlich auch als Politik des »wirksamen Lohns« bezeichnete, war nach dessen eigenem Bekenntnis »ein flexibles Konzept«. Sir Percival würdigte die in den Report eingeflossene Arbeit gleichsam mit einem wohlwollenden Nicken und erbot sich fairerweise immerhin, die Befunde des Reports mit den von *Ford* in Europa tatsächlich gezahlten Löhnen zu vergleichen, was einzig den Sinn haben konnte, zu überprüfen, ob das Management auf Draht war.[39] Das war im Wesentlichen alles an Anerkennung, die die ILO für dieses undankbare Projekt erhielt. Albert Thomas erlebte das Ganze ungeachtet seiner bärenstarken

---

36 Governing Body of the ILO, Minutes, Fifth Sitting, 15. Januar 1932, 29–49, Undertaking Entered into … folder [sic], T 101/0/1/0, 1932, Akte »Cost of Living«, ILO.
37 ILO, A Contribution, 1.
38 Abelin, Comparaison internationale, 102–110.
39 Ford Enquiry: Present Position, Mai 1931, Undertaking Entered into … folder [sic], T 101/0/1/0, 1932, Akte »Cost of Living«, ILO; Wilkins/Hill, American Business Abroad, 101.

Konstitution als eine weitere böse Abfuhr für die europäische Sozialreformbewegung. Am 8. Mai 1932 brach der 57-Jährige auf einem Heimatbesuch in Paris in einem Straßencafé zusammen und verstarb an einer Lungenembolie.

Welch eine Büchse der Pandora war der Versuch, US-amerikanische und europäische Lebensstandards zu vergleichen: Es war das erste Unterfangen dieser Art, seit die Vereinigten Staaten zum Welthegemon geworden waren, und die erste Gelegenheit für Europäer und Amerikaner, darüber zu diskutieren, was unter einem »anständigen« Lebensstandard zu verstehen war. Aus Sicht der Europäer handelte es sich um zwei Marktkulturen, die sich über die Bedeutung wichtiger Standards zutiefst uneins waren. Sicher hätten sie aus vollem Herzen James Bryce zugestimmt, der den Amerikanern »eine Neigung, Größe mit Großartigkeit zu verwechseln«, zuschrieb, worin Werner Sombart ihm folgte, der feststellte, dass die Gewohnheit der Amerikaner, »alle Qualitäten durch ihre Beziehung auf den messbaren Geldwert auszutilgen, die Werturteile auch dort beeinflusst, wo es beim besten Willen nicht mehr möglich ist, den Maßstab des Geldes anzulegen.«[40] Als das Kuratorium der ILO zusammentrat, um die Befunde des Reports zu erörtern, konnte der normalerweise diskrete Armand Julin, ein belgischer Statistiker, nicht an sich halten: »Einen Menschen aus Fleisch und Blut mit einem Phantom zu vergleichen«, sei unanständig, zürnte er. Es sei moralisch unzulässig, Arbeiter so zu behandeln, als lebten sie in einer Situation der Wahlfreiheit; ihre Existenz hänge »nicht nur von Beschäftigungsverhältnissen und Löhnen« ab, sondern auch von »Lebensverhältnissen«, auf die sie selbst kaum Einfluss hätten. Zahlen vermittelten »einen Eindruck von Präzision«, der irreführend sei. Weit davon entfernt, »durch ihre Konkretheit beruhigend« zu wirken, erzeugten sie vielmehr »ein Gefühl der Unsicherheit«. Sie seien geeignet, Neid hervorzurufen, nicht aber irgendeinen Eindruck davon zu vermitteln, was europäische Arbeiter wirklich wollten, wenn sie den Wunsch nach »anständigen Lebensumständen« äußerten.[41]

Der französische Arbeitsökonom François Simiand, der um diese Zeit letzte Hand an seine dreibändige Studie *Le salaire* legte, machte ähnliche Bedenken geltend. Eine Entlohnung könne, so meinte er, in unterschiedlicher Form erfolgen – nicht nur in Bargeld, sondern auch in Naturalien, Geschenken und Fürsorgeleistungen. Auch gelange man, wenn man bei der Frage, wie und wofür Löhne ausgegeben würden, nur einen Faktor, nämlich den Lebensstandard, in den Blick nehme, nicht zu einem ausreichenden Verständnis der Maßstäbe, nach denen die Menschen ihre Lebensentscheidungen träfen. Er schlug zwei Begriffe vor: *train de vie*, was ungefähr dasselbe bedeutete wie Lebensstandard und im Hinblick auf Wahlentscheidungen in Relation zum Einkommen erforscht werden müsse, und *genre de vie* oder »Lebensstil«, eine Kategorie, die das Augenmerk auf andere komplexe, nichtökonomische Erwägungen lenke, die darüber entschieden, wie Einkommen ausgegeben werden. Simiand erwähnte hier insbesondere die soziale Stellung, aber auch religiöse Überzeugungen und Werte der Gemeinschaft sowie äußere Bedingungen wie

---

40 Sombart, Warum gibt es in den Vereinigten Staaten keinen Sozialismus?, 19.
41 Armand Julin, Governing Body of the ILO, Minutes, Fifth Sitting, 15. Januar 1932, 34, Undertaking entered into… folder [sic], T 101/0/1/0, 1932, Akte »Cost of Living«, ILO.

das Klima.[42] Von dem Moment an, da Simiand erstmals von der *Ford*-ILO-Erhebung erfuhr, tat er sie als unbrauchbar ab. Welche Erkenntnisse sollte man schon gewinnen können mit einem Erhebungsverfahren, das Menschen wie Nutztiere analysierte, indem es zum Beispiel den Kaloriengehalt ihrer Nahrung erforschte? Die ganze Übung komme ihm, so witzelte er gegenüber Kollegen und Studenten, vor, als würde man die Kosten für die Haltung eines Elefanten in Lappland berechnen und dabei seine Lebensbedingungen in Indien zugrunde legen, oder die eines Rentiers in Indien unter Zugrundelegung der in Lappland herrschenden Bedingungen.[43]

Für Amerikaner war dieser scheele europäische Blick auf die wissenschaftliche Beschäftigung mit Lebensstandard und Lebensqualität nichts anderes als altweltliches Elitedenken. Argumente, die auf die Komplikationen verwiesen, die sich aus der Vielfalt und den Eigenarten kultureller Gemeinschaften ergaben, klangen für amerikanische Ohren nach wissenschaftlicher Unqualifiziertheit oder gesellschaftlicher Heuchelei, getarnt als Kulturbeflissenheit. Es war schön und gut, Skepsis gegenüber Vergleichen zu hegen. Niemand hätte den Europäern soziale Voreingenommenheit vorgeworfen, wenn sie etwa gesagt hätten, der Besitz eines Automobils sei für europäische Arbeiter ein Luxus und daher kein guter Indikator für den Lebensstandard, während für amerikanische Arbeiter, die in weitläufigen Städten ohne öffentlichen Nahverkehr lebten, das Auto eine Lebensnotwendigkeit darstellte. Wenn aber dieselben Kritiker darauf hinweisen, dass europäische Arbeiterfamilien in ihren Wohnungen nicht über die nötige Sanitärinstallation verfügten, um sich richtig waschen zu können, um dann auch noch durchblicken zu lassen, dass europäische Arbeiter unabhängig vom Vorhandensein von fließendem Wasser eine »Abneigung« gegen häufiges Baden hätten, dann lag sicherlich soziale Voreingenommenheit vor.[44] Denn wer konnte mit Gewissheit sagen, zu welchem Standard persönlicher Reinlichkeit sie tendieren würden, wenn das Klima nicht so regnerisch und kalt wäre, wenn es öffentliche Badehäuser gäbe oder wenn sie und ihre Vorfahren in ihren Häusern fließendes Wasser gehabt hätten, und sei es nur eine Kaltwasserzuleitung in der Küche, ganz zu schweigen von einem separaten, heizbaren oder gar sonnigen Bad mit WC, Waschbecken, Badewanne, Dusche und warmem und kaltem fließendem Wasser? Welche Sauberkeitsmaßstäbe würden sie praktizieren, könnten sie, wie ihre amerikanischen Standesgenossen, im nächsten Laden billige, industriell hergestellte, bunt verpackte Seife kaufen, würden sie mit den gerümpften Nasen und angeekelten Gesichtsausdrücken von Lehrern, Vorgesetzten und Mitbürgern konfrontiert, wenn diesen ihr Körpergeruch in die Nase stieg, und würden sie, wie die Amerikaner, in Zeitungen und Zeitschriften mit Anzeigen für *Camay*-, *Palmolive*- oder *Ponds*-Seife bombardiert, die dafür sorgten, dass es neuerdings als grober Fauxpas galt, nach Schweiß zu riechen?

Zusammengefasst: Eine plausible Schlussfolgerung besagte, die Ansprüche und Bedürfnisse von Arbeitern in Detroit könnten vielleicht deshalb höher sein, weil dort seit Jahrzehnten höhere Löhne gezahlt wurden. Wenn dem so war, ließ sich

---

42 Simiand, Le salaire, 404, 410.
43 Simiand, Cours d'économie politique, 288, zit. n. Halbwachs, L'évolution des besoins, 8.
44 ILO, A Contribution, 106.

umgekehrt die These vertreten, die Ansprüche und Bedürfnisse europäischer Arbeiter seien infolge einer jahrzehntelangen Tradition niedriger Löhne herabgedrückt worden.[45] Sollte die europäische akademische Statistik doch ihre Nase rümpfen über die Vorstellung der Amerikaner, man könne den Lebensstandard messen, indem man erforschte, welche Waren und Dienstleistungen die Menschen von dem ihnen zur Verfügung stehenden Geld kauften. Ob es einem gefällt oder nicht: Tatsache ist, dass in kapitalistischen Gesellschaften Geld nach wie vor einen universellen Maßstab darstellt und dass Konsumgüter nichts anderes sind als die Manifestation von Wahlentscheidungen, die Menschen im Rahmen ihrer Bedürfnisbefriedigung treffen. Man konnte doch wohl mit Gewissheit sagen, dass die Gesamtsumme aller Annehmlichkeiten in Form von Gütern und Dienstleistungen, die die Bürger eines Staates aufgrund ihres Einkommens zur Verfügung hatten, einen plausiblen Indikator für den Rang darstellte, den dieses Land auf der Weltskala der Lebensqualität einnahm. Jedenfalls glaubten viele Amerikaner, dass dem so sei, und waren überzeugt, dass auch andere dies so sahen.

Wie auch immer, die gesammelten Daten zirkulierten nunmehr und waren gleichsam aktenkundig geworden; das eng bedruckte dünne Buch mit seinem Überangebot an Diagrammen und statistischen Tabellen entwickelte ein Eigenleben, häufig auch als Zielscheibe unfairer Kritiker, die es mit irreführenden Zitaten diskreditierten und es als fehlgeleitete, oberflächliche oder, schlimmer noch, tendenziöse Sozialforschung verspotteten. Da hatte sich also Detroit angemaßt, die Normen für die Lebenshaltung zu setzen: Die Referenz für Brot war ein Laib aus industriell hergestelltem Weizenmehl, nicht etwa ein Roggenbrot oder ein knuspriges Baguette, die Referenz für Bettzeug eine Wolldecke im Baumwollbezug anstelle eines Plumeaus, die Referenz für Kinderkleidung im Laden gekaufte Industrieware anstelle von selbst Genähtem, der Standard für die Alters- und Krankheitsvorsorge die Beiträge zu privaten Versicherungen und nicht etwa staatliche Rücklagen- und Sicherungssysteme. Doch selbst diejenigen, die sich an der winzigen Stichprobengröße, den grob gerasterten Vergleichen und den dehnbaren Schlussfolgerungen störten, sprachen später mit dem Habitus der Wissenden von einem Bündel von Konsumgewohnheiten, für das sich der Topos »der amerikanische Lebensstandard« einbürgerte.

Das bedeutete aber keineswegs, dass der amerikanische Standard sich in einem objektiven Vergleich als überlegen erwiesen hätte; die Frage, welcher Kontinent die bessere Lebensqualität bot (und wem), ließ sich nie letztgültig beantworten. Die amerikanische Konsumkultur hatte sich den Vortritt verschafft, indem sie die Auffassung durchgesetzt hatte, Lebensqualität bedeute im Wesentlichen ein vernünftiges Einkommen für möglichst viele Menschen, die jeweils aus eigenem Ermessen ihr Geld für Waren und Dienstleistungen ausgaben, von denen sie glaubten, sie verhülfen ihnen zu einem angenehmeren Leben. Mit dieser Definition verbanden die Amerikaner den Anspruch, Lebensqualität mit wissenschaftlichen Methoden messen zu können – anhand der Lohn- oder Gehaltshöhe, der Zunahme an Kaufkraft,

---

45 Abelin, Comparaison internationale, 88–96.

der Verbilligung von Konsumgütern durch industrielle Massenproduktion und der Bandbreite individueller Kaufentscheidungen, die der von privaten Anbietern beschickte Markt ermögliche.

Was aber meinten die Europäer, wenn sie von den Normen sprachen, die ihre Lebensauffassung charakterisierten? Sie verwiesen auf imponderable Bedürfnisse. Wie konnte man Menschen miteinander vergleichen, ohne willkürliche Unterscheidungen zu treffen oder, schlimmer noch, die Bedürfnisse mancher Menschen geringer oder höher einzustufen als die anderer Leute? Diese Fragen wecken in uns den Wunsch, zu erfahren, wie sich diese beiden höchst unterschiedlichen Konzepte für die Identifizierung des Angemessenen und des Notwendigen entwickelt haben und wie die Europäer als Antwort auf das Vorpreschen der Amerikaner ihren eigenen *way of life* auf zunehmend reaktionäre Weise verteidigten.

Der Vormarsch des amerikanischen Standards

Die *Ford*-ILO-Erhebung war ein Resonanzboden für Henry Fords Fabel, die davon handelte, wie sein Unternehmen »die größte Revolution im Bereich der Arbeiterentlohnung, die es in der industrialisierten Welt je gegeben hat«, bewerkstelligt hatte.[46] Diese Selbstbeweihräucherung hatte Ford in drei dünnen, in viele Sprachen übersetzten Büchern durchexerziert: *Mein Leben und Werk*, erschienen 1922 und eine von Hitlers Bibeln, *Philosophie der Arbeit*, veröffentlicht 1929, und das 1930 erschienene *Und trotzdem vorwärts*. Diese jovial und didaktisch geschriebenen, als Leitfäden konzipierten Büchlein boten Rezepte für ein erfolgreiches Leben in der modernen Welt. Nebenbei verliehen sie der Geschichte der Entwicklung des Massenkonsums eine historisch völlig falsche Stringenz, indem sie sie zu einer Frage fantastischer Effizienz, einer riesigen Angebotspalette, höherer Löhne und einer gesteigerten Nachfrage erklärten.

Der Fünf-Dollar-Tag verlieh der Geschichte einen magischen Charakter. Das neue Entlohnungsschema, der Welt am 5. Januar 1914 verkündet, war unter dem Gesichtspunkt des Personalmanagements und der Publicity absolut genial. Indem Ford den bis dahin üblichen durchschnittlichen Tageslohn von 2,34 Dollar (bei Achtstundentag und Fünftagewoche) auf einen Schlag verdoppelte, brachte er einen Transformationsprozess zum krönenden Abschluss, in dessen Verlauf die 1903 gegründete Firma *Ford* sich aus einem von Dutzenden Handwerksbetrieben mit 150 Beschäftigten und einem Ausstoß, der nur einen Bruchteil der US-Jahresproduktion von 1.700 Fahrzeugen ausmachte, in eine Megafabrik verwandelte, die 14.000 Menschen beschäftigte und fast die Hälfte aller amerikanischen Autos produzierte. Nachdem der zum Automechaniker und Unternehmer gewordene Sohn eines Farmers sich für das Konzept des Allzweckfahrzeuges entschieden hatte, das unter dem Namen *Model T* bekannt werden sollte, beschleunigte er das Innovationstempo. Er leistete zunächst Pionierarbeit bei der Zerlegung von Arbeitsvorgängen, dann bei

---

46 Meyer, Five Dollar Day, 49.

der Aufstellung von auf jeweils einen einzigen Arbeitsschritt spezialisierten Maschinen, dann indem er die Zeit- und Ablaufstudien des angesehenen Industrieingenieurs Frederick W. Taylor in der Praxis anwandte und so seine Arbeiter besser dazu abrichten konnte, mit dem Tempo der Maschinen Schritt zu halten. Was den ganzen Prozess schließlich in Fahrt brachte, war die Installierung elektrisch betriebener Fließbänder, die die Werkstücke von einem Bearbeiter zum nächsten beförderten. Die Sache hatte nur einen Haken: Als das System so weit perfektioniert war, dass alle 93 Minuten ein fertig montiertes Fahrzeug vom Band lief, verlor die Firma Monat für Monat durchschnittlich die Hälfte ihrer Mitarbeiter. Damit nicht genug: Wenn die Arbeiter nach Schichtende ausgelaugt ins Freie trotteten, erwarteten sie vor dem Werksgelände Funktionäre der Gewerkschaft *International Workers of the World* und versuchten sie für ihre Organisation zu gewinnen. Wenn der Unternehmensleitung nichts einfiel, um die Fluktuation zu drosseln und das Fußfassen der Gewerkschaften zu verhindern, würde die Firma den Ertrag ihrer getätigten hohen Investitionen nicht einfahren und erst recht nicht wie geplant expandieren können. Das Angebot, den Tageslohn fast zu verdoppeln und Bonusprämien zu zahlen, traf in dieser Situation voll ins Schwarze. Einen Tag nachdem *Ford* es verkündet hatte, drängten sich 12.000 Bewerber auf dem Firmengelände – 4.000 Stellen waren zu besetzen. Von da an konnte sich *Ford* jeweils die besten Autoarbeiter aussuchen; das Fließbandtempo wurde erhöht, wer sich beschwerte, unfähig war oder zu oft fehlte, wurde gefeuert, die gewerkschaftliche Organisierung der Beschäftigten um volle zwei Jahrzehnte hinausgeschoben. Ford selbst, als wortkarger Mensch bekannt, bezeichnete das Experiment als »eine der schönsten Maßnahmen zur Kostensenkung, die je durchgeführt wurden«.[47] Über Nacht wurde er zum Volkshelden und sein *Model T* zum Markenzeichen.

Die Politik, die ein so einflussreiches Unternehmen vorexerzierte, hatte die nachhaltige Wirkung, hohe Löhne als das wichtigste Erfolgsrezept der amerikanischen Wirtschaft im 20. Jahrhundert und die Massenproduktion als das *primum mobile* der massenhaften Nachfrage nach Verbrauchsgütern erscheinen zu lassen. Dank *Ford* waren die Vereinigten Staaten im Vergleich mit Europa zu einem Hochlohnland geworden: Grund und Boden und Kapital waren im Überfluss vorhanden, während menschliche Arbeitskraft nach wie vor knapp, unelastisch und daher teuer war. Das hatte zur Folge, dass der Preis der Arbeitskraft in Relation zum eingesetzten Kapital in den USA höher war als in Europa. Hieraus erwuchs den Unternehmen ein Anreiz, mehr und leistungsfähigere arbeitssparende Maschinen anzuschaffen; die auf diese Weise erreichte höhere Produktivität ermöglichte wiederum die Zahlung höherer Löhne. Wenn die Arbeiter über diese höheren Löhne frei verfügen konnten, ohne dass ihnen Steuern, Gewerkschaftsbeiträge und andere Abgaben in die Quere kamen, führte dies direkt zu mehr Massenkonsum, was wiederum die Unternehmensgewinne und in der Folge die Investitionen ansteigen ließ. Jede Unternehmensleitung, die nicht in den Chor der Hochrufe auf diesen Kreislauf des

---

47 Sward, Legend of Henry Ford, 56 sowie allgemeiner 50–63; Raff, Wage Determination Theory, 387–398; Hounshell, From the American System to Mass Production, 217–325.

Wachstums einstimmte, wurde von dessen Propagandisten als technologisch rückständig, kurzsichtig oder niederträchtig betrachtet.

Die europäischen Eliten wurden für »in allen Anklagepunkten schuldig« befunden, als im Verlauf des Wirtschaftsaufschwungs der zwanziger Jahre die US-Industrie zum moralischen Höhenflug ansetzte. Ganz ähnlich wie im 19. Jahrhundert, als die amerikanischen Republikaner den Standpunkt vertreten hatten, die USA seien den aristokratischen Gesellschaften Europas schon deswegen moralisch überlegen, weil in Amerika das Eigentum gerechter verteilt sei, waren im 20. Jahrhundert amerikanische Progressive der Überzeugung, die US-amerikanische Zivilisation sei den bürgerlichen Gesellschaften Europas in Bezug auf die Einkommensverteilung überlegen. Europa, besagte eine oft gehörte Litanei, vergeude seine Menschen und horte seine Ressourcen, während Amerika Menschen horte und Ressourcen vergeude – Letzteres war in einem Zeitalter, als Umweltschutz noch kein Thema war, keine verwerfliche Strategie. Auf der »alten« Seite des Atlantiks herrschte dieser Lesart zufolge ein Verteilungsmechanismus, der für die Arbeiter einen »Subsistenzlohn« bereithielt und zu wirtschaftlicher Stagnation führte. Auf der anderen Seite des Ozeans kamen auch die Arbeiter in den Genuss eines »hohen Lebensstandards«, was allgemeinen Wohlstand schuf. Der Unterschied sei so einfach wie grundlegend, erklärte Paul Mazur, der geniale Fusionsmanager und Volkswirtschaftler, in seinem Bestseller *American Prosperity*: Europa schnallte seinen Gürtel enger bis zum letzten Loch, während die Vereinigten Staaten den ihren bis zum ersten Loch weiteten. Das Ziel müsse darin bestehen, den Träger des Gürtels so gut zu füttern, dass er ihn irgendwann ausfülle, und nicht etwa darin, ihn immer enger um eine schrumpfende Leibesfülle zu legen.[48]

Es leuchtet freilich ganz und gar nicht ein, wie die industrielle Produktivität, die in den Vereinigten Staaten zu relativ hohen Löhnen führte – im Rahmen einer Strategie, die sich allerdings nur ein paar Dutzend der größten Unternehmen der Konsumgüterindustrie leisten konnten –, ganze Völker in Europa zu den Dogmen einer ausgewachsenen Kultur des Massenkonsums bekehren sollte. Man muss auch andere Faktoren berücksichtigen, wenn man den Siegeszug des amerikanischen Lebensstandards erklären und herausfinden will, weshalb die Vereinigten Staaten den Königsweg zur Überflussgesellschaft beschritten, während die europäischen Gesellschaften, die bereits vorher einen fragwürdigen Weg eingeschlagen hatten, sich zwar zunächst auf das amerikanische Vorbild zubewegten, dann aber eine Kehrtwende vollzogen, um sich auf die Schiene einer von Nazideutschland beherrschten Neuen Ordnung setzen zu lassen.

Das erste entscheidende Element war schlicht und einfach der bemerkenswerte Ressourcenfundus der USA. Wenn Leute, die den wirtschaftlichen Aufstieg der Amerikaner rühmen, von reichhaltigen Naturressourcen sprechen, denkt man spontan an Kohle, Eisen, Zinn, Kupfer, Wasser im Überfluss, Erdöl oder die anderen Bodenschätze, die in der Industrieproduktion Verwendung finden und an denen die

---

48 Mazur, American Prosperity, 7. Deutsch als ders., Der Reichtum Amerikas, 35. Die Ursachen und Ursprünge des Gegensatzes zwischen neuweltlichem Idealismus und europäischer Infamie im Umgang mit menschlicher Arbeitskraft erkundet Sanford, Intellectual Origins, 1–16.

USA in der Tat reich waren und sind. Nicht genug Erwähnung finden hingegen die bemerkenswert frühe Industrialisierung der amerikanischen Landwirtschaft und die Prämien, die das riesige, wenngleich nicht förmlich konstituierte amerikanische Imperium abwarf, ein Imperium, dem offenbar frühzeitig etwas unterlief, das der Historiker William Appleman Williams »die Verwechslung eines ökonomisch definierten Lebens*standards* mit einer *kulturell* definierten Lebens*qualität*« nannte.[49] Eine üppige Versorgung mit Nahrungsmitteln war für den modernen Verbraucher unabdingbar, nicht nur als Vorbeugung gegen periodisch auftretende Versorgungskrisen, sondern auch um die Ernährungskosten zu senken, sodass selbst geringste Lohnerhöhungen in den Kauf anderer Güter wie Kleidung oder Wohnraum einfließen konnten. Während in Europa viele Menschen noch bis in die fünfziger Jahre des 20. Jahrhunderts hinein vom Gespenst des Hungers verfolgt wurden, konnten sich amerikanische Stadtbewohner spätestens von den siebziger Jahren des 19. Jahrhunderts an daran gewöhnen, dass ihnen stets ein abwechslungsreiches und nahrhaftes Lebensmittelsortiment zur Verfügung stand, das, indem es eine breite Auswahl beinhaltete, die Menschen zugleich mit Produkten aus anderen Warenwelten vertraut machte. Eine prosperierende Landwirtschaft sorgte dafür, dass ländliche Gebiete zu wohlhabenden Märkten heranwuchsen, deren Bewohner per Versandhandel konsumierten. Die Beschleunigung des Gütertransports sorgte nicht nur dafür, dass die Amerikaner den weltweit höchsten Verbrauch an Zucker und Tabak erreichten, sondern machte auch solche exotischen Produkte wie Kaffee, Kaugummi, Coca-Extrakt (für Colagetränke), Ananas und Bananen zu Alltagsgütern. Die Banane, per Express-Kühlfracht aus amerikanischen de-facto-Kolonien in Mittelamerika herangekarrt, tauchte tonnenweise in Arbeiterstadtteilen wie dem Getto von Philadelphia, in Chicagos North Side und der New Yorker Lower East Side auf und wurde zu sechs Cent das Dutzend verkauft. Dank »ihrer Einfachheit, ihrer unaufwendigen Zubereitung und ihres niedrigen Preises« wurde die Banane, wie der Ökonom Simon E. Patten von der *Wharton School* schrieb, zu einem »dauerhaften Bestandteil des Warenkorbs der Arbeiterschaft«.[50]

Das zweite Element, das für den Aufstieg des Massenkonsums und seiner Kultur verantwortlich zeichnete, war der schiere Umfang des amerikanischen Inlandsmarkts, gekoppelt mit der riesigen Dimension der amerikanischen Wirtschaft. Die schiere Größe und Umsatzstärke der den Verbrauchermarkt bedienenden US-Unternehmen und ihre Fähigkeit, sich einen Binnenmarkt zu erschließen, der 1930 123 Millionen Menschen umfasste, weiter zügig wuchs und sich über eine Landmasse von 1,2 Millionen Quadratkilometer verteilte (während in Europa 370 Millionen Menschen auf 0,8 Millionen Quadratkilometer lebten), sind nicht zu ignorierende Faktoren.[51] Die Pioniere der amerikanischen Großindustrie, die sich zu der Zeit an den drei Geboten für hohe Produktivität – Vereinfachung, Standardisierung, Spezialisierung – orientierten, neigten dazu, ihre Produktpalette zu verkleinern, um

---

49 Williams, Der Welt Gesetz und Freiheit geben, 204.
50 Patten, The New Basis of Civilization, 23; Leach, Land of Desire, 213ff.
51 Bevölkerungs- und Flächenangaben für Europa ohne Russland und die Türkei zit. n. Urwick/Valentine, Trends in the Organization, 10ff.

mit maximalem Mengenausstoß bei niedrigen Stückkosten leichtere und höhere Gewinne zu erzielen.[52] Die Marktmacht, die die Branchenriesen besaßen, wurde immer wieder von kleineren flexiblen regionalen Anbietern angeknabbert, die ihre Produkte im Sortiment von Ladenketten wie *Woolworth's* unterbrachten und das rasche Wachstum des großformatigen Einzelhandels beschleunigten. Selbst wenn das eine oder andere dieser kleineren Unternehmen pleiteging oder aufgekauft wurde, bewirkte ihre bloße Existenz, dass die Regierung Gesetze gegen die Bildung von Monopolen und Kartellen auf den Weg brachte, und sie waren es auch, die das Innovationstempo im Konsumgüterbereich bestimmten und ein Ethos des Dienstes am Kunden entwickelten.[53] Die Frucht dieser Entwicklung war ein Inlandsmarkt, der sich beständig nach außen und nach »unten« ausdehnte, der größte, tiefste und am schnellsten wachsende nationale Markt auf der Welt.

Das dritte Element war die frühe Herausbildung eines proletarischen Konsumbewusstseins. Die Sicherstellung vernünftiger Löhne, damit die Menschen sich einen anständigen Lebensstandard leisten konnten, entsprach ebenso sehr einer unternehmerischen wie einer gewerkschaftlichen Strategie. Männliche weiße Arbeiter hatten sich im späten 19. Jahrhundert dem Versuch der Arbeitgeber, die Löhne immer weiter zu drücken, mit der ausdrücklichen Begründung widersetzt, sie wollten sich nicht zu »Lohnsklaven« erniedrigen lassen; ihre Arbeitskraft war ihr Fleisch und Blut, das sie sich nicht zu einem Hungerlohn abhandeln lassen wollten. Nachdem sie durch Streiks und Sabotageakte den Grundsatz durchgesetzt hatten, dass ihre Menschenwürde unveräußerlich war, forderten sie eine finanzielle Entlohnung für ihre Arbeit aus anderen Gründen: nicht als Verkaufspreis für ihre Arbeitskraft, sondern als Mittel, sich die für eine menschenwürdige Existenz erforderlichen Dinge zu kaufen.[54] Dieser »populistische Konsumismus« funktionierte für die gesellschaftlich arriviertesten und qualifiziertesten Arbeiter, weil sie ihren Kampf als gegen zwei Widersacher gerichtet wahrnahmen: einmal gegen den auf die Ausbeutung ihrer Arbeitskraft erpichten Chef, zum anderen gegen ihre verabscheuungswürdigen Konkurrenten auf dem Arbeitsmarkt, versinnbildlicht durch Klischeefiguren wie Paddy den schnorrenden Iren, John den Chinesen ohne Rückgrat sowie andere, »die wie Parasiten leben, deren Familien nichts kosten und deren Nahrung und Kleidung das Billigste vom Billigen sind«.[55] Um dem erstgenannten Feind etwas abzutrotzen und zugleich sich die letztgenannten vom Leib zu halten, ermächtigten die weißen Arbeiter ihre Gewerkschaften, mit Unternehmern und staatlichen Stellen besondere Vereinbarungen auszuhandeln, um die Konkurrenz seitens »ausländischer« Arbeitskräfte (zu denen sie im Ausland geborene Arbeitnehmer, Afroamerikaner oder auch Frauen zählten) abzuwehren. In dieselbe Richtung zielten kämpferische Kampagnen mit dem Aufruf, amerikanische Produkte zu kaufen.

Der populistische Konsumismus war ganz und gar nicht unvereinbar mit blutigen Arbeitskämpfen. Ein kollektives Vorgehen der organisierten Arbeiterschaft

---

52 Chandler/Hikino, Scale and Scope, 52.
53 Scranton, Endless Novelty; Sabel/Zeitlin, World of Possibilities.
54 Glickman, A Living Wage; ders., Inventing the »American Standard of Living«, 221–235.
55 Zit. n. Glickman, Inventing the »American Standard of Living«, 231.

verband sich mit einer zutiefst individualistischen Nutzung sozialer Errungenschaften zu der Verheißung eines Schlaraffenlandes für all jene, die in den Genuss eines fairen Tageslohns für eine faire Tagesarbeit kamen. Am erfolgreichen Ende des gerechten Kampfes erblickten die militanten Gewerkschafter eine wunderbar materialistische Vision von der Welt der Zukunft: Sporthallen, Schwimmbäder, mit Marmor ausgekleidete Badezimmer, Fabrikgebäude mit Gemälden an den Wänden, die den Sammlungen des *Metropolitan Museum of Art* ebenbürtig oder überlegen sein würden, und Arbeiterwohnungen mit bequemen Möbeln wie *Morris*-Sesseln, in denen die Proletarier ihre schmerzenden Glieder ruhen lassen konnten.[56] Eine spezifisch amerikanische Form des proletarischen Internationalismus schloss der populistische Konsumismus übrigens nicht unbedingt aus: Aus dem für sie selbst geltend gemachten Anspruch auf einen anständigen Lebensstandard leitete die amerikanische Arbeiterschaft Maximen ab, die deutlich in eine andere Richtung wiesen, als die europäischen Arbeiterbewegungen sie eingeschlagen hatten. Dies galt sowohl für die sozialistischen Arbeiterparteien des europäischen Festlands, die unter dem Einfluss des Marxismus für eine sozial gerechte Güterverteilung und für politische Vertretung als unveräußerliches Menschenrecht kämpften, als auch für die britischen Gewerkschaften, die unter Berufung auf das jahrhundertealte Recht des John Bull auf einen billigen Anteil am Kuchen in der Arbeiterschaft eine starke Einheitsfront für den Kampf um Lohnerhöhungen für alle aufbauten.[57] Die amerikanische Arbeiterbewegung zeichnete sich demgegenüber dadurch aus, dass sie auch stets ein wachsames Auge auf die in ihren Augen unfaire Konkurrenz aus Niedriglohnländern hatte und die geknechteten Proletarier dieser umnachteten Weltgegenden ermahnte, sich für die »Doktrin der hohen Löhne« starkzumachen.

Dass steigende Löhne den populistischen Konsumismus anheizten, verstand sich fast von selbst. Man sollte in einem hohen Lohn jedoch nicht einfach nur ein Quantum sehen, sondern eine regelmäßig an einen wachsenden Anteil der arbeitenden Bevölkerung in bar entrichtete Leistung. Zunehmend ersetzten die Löhne früher üblich gewesene Sachleistungen wie Unterbringung in Betriebswohnungen, Essensrationen und andere Wohltaten eines paternalistischen Unternehmertums. Es gab keine nennenswerten Abzüge vom Lohn, aber auch entsprechend geringfügige staatliche oder betriebliche Ausgleichsleistungen zum Ende des Beschäftigungsverhältnisses. In Geldform gezahlte Löhne hatten den Vorteil, dass die Arbeiter ihr Einkommen flexibel disponieren konnten, je nachdem, was die sich stets erneuernde Warenwelt, die Werbung, die schnell wechselnden Konsumgewohnheiten oder die Verfügbarkeit von Krediten bei ihnen an Wünschen weckten. In Ermangelung staatlicher Hilfen im Fall einer Notlage mussten Arbeiter lernen, mit ihrem Geld so zu wirtschaften, dass sie für die Höhenflüge und Abstürze der Konjunktur gerüstet waren. In üppigen Zeiten standen die Zeichen für die ganze Familie auf Konsum, in schweren Zeiten war Askese angesagt. Wenn Arbeiter lernten, in ihrem Lohneinkommen ein Kapital zu sehen, das man in Einrichtungsgegenstände, wenn möglich

---

56 Leach, Land of Desire, 189.
57 McMahon, Social and Economic Standards of Living, 106, 110ff.

sogar in eine eigene Immobilie investieren konnte, so sprach das für ein unternehmerisches Denken und Handeln als Verbraucher wie auch dafür, dass sie über einen gewissen Handlungsspielraum verfügten.[58]

Es ist schlechterdings unmöglich, sich einen populistischen Konsumismus vorzustellen, der nicht durch »den demokratischen Stil des öffentlichen Lebens« gefiltert wäre. Werner Sombart, der schärfste Beobachter des voranschreitenden Kapitalismus um die Wende zum 20. Jahrhundert in Europa, wird oft mit dem Argument zitiert, in den USA sei der Sozialismus an »Riesenportionen von Roastbeef und Apfelkuchen« gescheitert, womit er sagen wollte, die amerikanischen Arbeiter hätten sich vom Massenkonsum korrumpieren lassen. In Wirklichkeit hat Sombart nichts dergleichen gesagt. Sein Argument lautete vielmehr, in den Vereinigten Staaten sei der Lebensstil der Menschen, geprägt von immer neuen Gütern und Verbrauchergewohnheiten, im Rahmen einer Situation gesellschaftlicher Durchlässigkeit erfahren worden, in Europa hingegen im Zeichen eines anhaltenden Vermächtnisses gesellschaftlicher Diskriminierung aufgrund von Klassenzugehörigkeit. Wenn der amerikanische Gewerkschaftsführer sich bei einem Festbankett »ebenso sicher auf dem Parkett [bewegte] wie in Deutschland irgendeine Exzellenz«, so lag das nicht allein daran, dass er »einen brillant sitzenden Frackanzug, Lackstiefeln [und] elegante Wäsche nach der neuesten Mode« trug: »Das Katzbuckeln und Kriechen vor den ›höheren Klassen‹, das in Europa so unangenehm berührt, ist ganz und gar unbekannt.« Der springende Punkt war nicht die Ungleichheit der Einkommen, denn diese war in den Vereinigten Staaten größer als irgendwo sonst. Das Fehlen der Standesunterschiede, die in Europa als Vermächtnis feudaler Verhältnisse allgegenwärtig waren, machte in den USA den gesellschaftlichen »Abstand der einzelnen Bevölkerungsschichten voneinander […] im Bewusstsein der verschiedenen Klassen noch geringer, als er in Wirklichkeit ist«.[59] In dem Maß, wie stets neue Güter den Markt überfluteten und Warenanbieter auf der Suche nach Kunden ihre alten Warenbestände immer billiger abstießen, wurden die Trennlinien zwischen den Klassen zunehmend porös. In einem Land von Einwanderern war es der größte Wunsch der Neuankömmlinge, denjenigen, die früher ins Land gekommen waren, möglichst schnell möglichst ähnlich zu werden. Massenartikel wie das *Model T* oder diese oder jene Markenseife markierten keine spezifische Klassenzugehörigkeit, auch wenn die Werbung beständig versuchte, sie zu Statussymbolen aufzuwerten. Daher gab es für Einwanderer kein probateres Mittel, sich anzugleichen, als die Anschaffung von Dingen, die die anderen auch hatten. Damit soll nicht suggeriert werden, dieser egalitäre Zugang zur Warenwelt sei in irgendeiner Weise unvereinbar gewesen mit rassistischen Vorurteilen, mit krass ungleichen materiellen Lebensverhältnissen oder mit bösen Exemplen eines sozialen Snobismus.

Nichts prägte die vorauseilende Entwicklung der amerikanischen Konsumkultur stärker als das sich in den zwanziger Jahren weit verbreitende Gefühl, dass der amerikanische Lebensstandard in höherem oder geringerem Maß allen US-Bürgern

---

58 Zunz, Why the American Century?, 80–92.
59 Sombart, Warum gibt es in den Vereinigten Staaten keinen Sozialismus?, 128f.

zugutekam.⁶⁰ Allein schon Begriffe wie »anständiger«, »hoher« oder »kultureller« Lohn markierten eine klare Absage an die Verhältnisse des 19. Jahrhunderts, als der Ausdruck »Lebensstandard« für das absolute Minimum stand, das eine Arbeiterfamilie zum Überleben brauchte, und als die meistdiskutierte Streitfrage die war, ob dieses Subsistenzminimum gemäß den von dem britischen Ökonomen David Ricardo Anfang des 19. Jahrhunderts formulierten Gesetzmäßigkeiten zwangsläufig unterschritten würde, wenn die Zahl derer, die Arbeit suchten, größer war als die Zahl der zur Verfügung stehenden Arbeitsplätze. In der Kopplung mit dem Attribut »amerikanisch« erhielt der Begriff Lebensstandard einen ganz neuen Sinn und bezeichnete nunmehr die Gesamtheit jener materiellen Annehmlichkeiten, die zum sichtbarsten Zeugnis für die Einheit der amerikanischen Bevölkerung geworden waren, der Verhaltensnormen, von denen Amerikaner sich leiten ließen, und der individuellen Kaufentscheidungen der amerikanischen Verbraucher, in denen sich diese Normen manifestierten.

Hinter diesem Begriffswandel stand eine Umwälzung in der Einstellung zum Massenkonsum: eine positive Bewertung der Tatsache, dass die USA den Übergang von einer, um Simon Patten zu zitieren, »Defizit-« oder auch »Schmerzensökonomie« zu einer »Überschuss-« oder »Genusswirtschaft« geschafft hatten. Vor dem Auge des Philosophen erstand, gestützt von den »neuen Pfeilern der Zivilisation« wie dem Genießen von Kinofilmen, Bananen und anderen bescheidenen Freuden des Alltags, eine neue Ethik. Ihr Fundament war der verantwortungsvolle Umgang mit den ökonomischen Ressourcen des Landes; so sollte der Mindeststandard möglichst angehoben werden, ohne dass das Konsumniveau anderer Klassen darunter litt. In diesem Sinne wurde die eine katastrophale Entwicklung voraussagende Theorie des Thomas Malthus, der zufolge die Menschheit sich, analog zu einer Wildtierpopulation, solange vermehren würde, bis sie ihre Nahrungsgrundlage erschöpft haben würde, um dann im Kampf um die kläglichen Reste zugrunde zu gehen, für tot erklärt, desgleichen die ominöse Marxsche Doktrin vom Klassenkampf um die Verteilung der aus dem Produktivitätsfortschritt resultierenden Überschüsse. Dem Asketentum der jüdischen und christlichen Religionen eine Absage erteilend, erklärte Patten, ein »höherer Lebensstandard« werde zwangsläufig mit einer Erhöhung der »Bedürfnisschwelle« einhergehen. Die Konfrontation mit immer neuen Erfahrungen und Geschmäckern schärfte seiner Überzeugung nach sowohl den Verstand als auch die Sinne. Gewiss konnte eine solche Entwicklung auch gefräßige Menschen hervorbringen, und Gefräßigkeit war primitiv; andererseits würde ein reiches Nahrungsangebot das Genießertum fördern. So gesehen würde mehr Konsum zu einer Gesellschaft mit einem höheren Anspruchs- und Kulturniveau führen. Keine Beschwörung höherer Werte, kein Naturgesetz, keine transzendente Maxime menschlicher Gerechtigkeit musste bemüht werden, um den Anspruch auf einen anständigen Lebensstandard zu rechtfertigen.⁶¹

---

60 Kyrk, A Theory of Consumption, 174–177.
61 Patten, The New Basis of Civilization, 9; Leach, Land of Desire, 237; zu Patten siehe Fox, The Discovery of Abundance.

Nun fehlten nur noch zwei weitere Wesenselemente, um den amerikanischen Standard erschöpfend zu definieren. Das erste war, dass festgestellt werden musste, was die Amerikaner wollten. Obwohl sie sehr viel Wert auf ihre Privatsphäre legten, gewährten die Amerikaner bei Umfragen und Studien, die im Namen der Verbraucherforschung durchgeführt wurden, Einblick in alle Facetten ihres Daseins. Zu Beginn der dreißiger Jahre vermehrten sich behördliche und private landesweite Erhebungen zum Verbraucherverhalten geradezu hundertfach, und keine der künftigen Entwicklung der amerikanischen Zivilisation gewidmete Studie, die etwas auf sich hielt, konnte es sich leisten, auf eine Analyse von Konsumtrends zu verzichten. Die Folge war ein allgemeines Stimmengewirr zu der Frage, wie ein »adäquater, gesunder und anständiger Lebensstandard« zu definieren sei.[62] Aus Daten über »Ausgaben, Wohnsituation und Hunderte andere Dinge« ermittelte die neue Konsumwissenschaft zumindest die Umrisse des »amerikanischen Standards«. Für Margaret Reid, die bekannte Pionierin der Wohn-Ökonomie, zeichnete sich der amerikanische Standard durch

> das Fehlen von Klassenunterschieden und durch die Messbarkeit von Werten in Geld aus; viel Wert wird gelegt auf das Neue, auf Tempo, auf Zeitersparnis. Einfamilienhäuser sind der Normalfall, der Anteil der Hausbesitzer ist hoch. Gesundheit und Bildungsabschlüsse (wenn auch nicht notwendigerweise Bildung als solche) ragen unter den Zielen, die die Menschen erreichen wollen, hervor.[63]

Als letztes Element fehlte nun noch die Rubrizierung der Amerikaner gemäß ihrer Fähigkeit, diesen Standard zu erreichen. Es war der an der *Columbia University* lehrende Ökonom und Wirtschaftsberater Paul H. Nystrom, der mit seinen »Lebensstandard-Gruppen« das erste vollständige Profil der amerikanischen Konsumgesellschaft lieferte. Am unteren Ende fand sich bedauernswerterweise nach wie vor ein dicker Bodensatz, nämlich immerhin 18,5 Prozent der Bevölkerung (einschließlich der »Arbeitsscheuen und Herumtreiber«), die an der untersten Subsistenzgrenze lebten und denen es daher »sowohl am Notwendigen als auch an den meisten Annehmlichkeiten und Bequemlichkeiten des Lebens« fehlte. Zu dieser Gruppe zählten zu der Zeit wahrscheinlich die meisten Afroamerikaner, dazu verarmte Weiße vom Land und Indianer. Der größte Teil der US-Bevölkerung jedoch, 71,4 Prozent, nahm am Konsumgeschehen teil: am Erwerb von Waren und Dienstleistungen aller Art, an der Nutzung und Konsumierung von Lebensmitteln, Genussmitteln, Luxuswaren und Annehmlichkeiten, und je höher ihr Einkommen war, desto mehr und desto teurere Dinge konsumierten sie. Eine Etage höher konnte sich eine relativ kleine Bevölkerungsgruppe, rund zehn Prozent, einen »betuchten und liberalen« Lebensstandard leisten, charakterisiert durch »eine höhere Kaufkraft und Aufwendungen

---

62 Lynd, The People as Consumers; Woytinsky/Woytinsky, World Commerce, 268; Pipping, Standard of Living, 131f. Einen Panoramablick auf sich wandelnde objektive Standards eröffnet Brown, American Standards of Living.
63 Reid, Consumers and the Market, 22ff.

für Konsumgüter aller Preisklassen«.[64] Die Warenwelt wurde noch in Klassen eingeteilt, die Gesellschaft offenbar nicht mehr. Doch just um diese Zeit begannen Werbeagenturen, Meinungsforscher und Ökonomen sich die Nystromschen Kategorien zu eigen zu machen und die Bevölkerung der USA in Einkommensgruppen von A bis D einzuteilen.

Der Begriff Lebensstandard bezog sich, wie gesagt, nicht nur auf die Gesamtheit der Güter und Waren, die die Amerikaner besaßen und verbrauchten, sondern auch auf die Art und Weise, wie diese Güter erworben wurden; diese änderte sich in Abhängigkeit vom Einkommensniveau. Die amerikanische Erfahrung lehrte, dass die Gewohnheit, mit Gewohnheiten zu brechen, gesellschaftliche Vitalität demonstrierte, dass Konsumbedürfnisse in dem Maß, wie sie Stadien der Reifung durchliefen, immer mannigfaltiger und komplexer wurden, dass das Bemühen, Konsumvorbildern nachzueifern, natürlich und begrüßenswert war, dass keine Klasse ein Monopol auf die Festsetzung von Geschmacksstandards besaß und dass in dem Maß, wie immer mehr neue Waren auf den Markt kamen, die sich prinzipiell jeder (je nach Einkommen) kaufen konnte, die Gesellschaft als Ganze homogener und kommunikativer wurde. Natürlich gab es jede Menge Raum für Fortschritte in einer Situation, in der ein Fünftel der Bevölkerung noch weitgehend von der Konsumgesellschaft ausgeschlossen war und stark ungleiche Zugangsniveaus herrschten. Doch selbst in den unteren und mittleren Einkommensgruppen war nicht mehr zu übersehen, dass die Verbraucher mit der Fähigkeit, Kaufentscheidungen zu treffen, eine reale, wenn auch geringfügige Macht gewonnen hatten. Mit der Zeit wurden Verbrauchergewohnheiten als so etwas wie ein tägliches Plebiszit über die Lebensqualität betrachtet, eine minimalistische Übung in Staatsbürgertugend, die die Menschen im Gefühl nationaler Zugehörigkeit bestärkte. Um Ungleichheiten zu beseitigen, musste man nicht unbedingt das System als Ganzes umkrempeln; es genügte, wenn die Kaufkraft erhalten blieb und die Menschen sich zu zunehmend gewieften Verbrauchern entwickelten, um ihre individuelle Kaufkraft zu erhöhen. Die Agenda der sozialen Gerechtigkeit konnte also auf jede groß angelegte Systemveränderung verzichten und dies durch die Schaffung unbegrenzter Auswahlmöglichkeiten zwischen konkurrierenden Angeboten kompensieren. Von den frühen zwanziger Jahren an sprachen die Amerikaner von der »Freiheit der Nachfrage als dem ersten wesentlichen Freiheitsrecht«.[65]

Die den Verbrauchern gewährte Macht zur Ausübung dieser Freiheit war offenbar stark im Zunehmen begriffen, denn ein knappes Jahrzehnt später fand der Ausdruck »Verbrauchersouveränität« (*consumer sovereignty*) Eingang ins amerikanische Vokabular. Ein aus London stammender politischer Ökonom namens H. A. Hutt, Professor an der Universität Kapstadt, bevor er in die USA übersiedelte, stellte als Erster das Postulat auf, freie Gesellschaften müssten in der Konfrontation mit autoritären Regimen und Kommandowirtschaften die Macht, die ihre Bürger durch ihre Wahlfreiheit als Verbraucher ausüben konnten, als Trumpf einsetzen.[66] Hutt

---

64 Nystrom, Economic Principles of Consumption, 177–230; ders., Economics of Retailing, 24.
65 Kyrk, A Theory of Consumption, 41, 177.
66 Viner, W. H. Hutt, 571–575. Siehe auch Persky, Retrospectives, 183–191.

wollte damit nicht zum Ausdruck bringen, dass der Verbraucher das letzte Wort habe oder dass eine schrankenlose Verbraucherherrschaft Klassenunterschiede beseitigen würde. Die *raison d'être* der Marktwirtschaft bestand nicht in der Mission, die Gesellschaft zu homogenisieren oder zu befreien, sondern bestehende Freiheiten vor dem Zugriff eines sich breitmachenden Staates zu bewahren. Von souveränen Verbrauchern mit eigenen, autonomen Bedürfnissen und Rechten zu sprechen, stellte allein schon einen gewissen Fortschritt dar. Wenn diese Verallgemeinerung eine neue Qualität der Heuchelei in Bezug auf die Realität sozialer Beziehungen verkörperte, so stellte sie auch eine neue Dimension der Kultiviertheit des öffentlichen Diskurses in Aussicht. Sie machte es damit möglich, über die kollektiven Gewohnheiten anderer Menschen ohne offenkundige Voreingenommenheit, bösartige Übertreibungen oder verunglimpfende Sprüche zu reden. Wohlstand und Macht mochten ungleich verteilt sein, doch ungeachtet dessen waren alle Menschen Verbraucher.

Die Verteidigung der europäischen Lebensweise

Als der selbsternannte Tocqueville des 20. Jahrhunderts, André Siegfried, die Frage stellte, was die amerikanische Demokratie für den europäischen Liberalismus bedeute, lieferte er selbst eine Antwort, die mit dunklen Vorahnungen gespickt war. Was aus den Vereinigten Staaten an »technischem Jargon« herübertöne, klinge neutral, schrieb der führende Soziologe Frankreichs 1926, doch in Wirklichkeit stecke dahinter »eine komplette Auffassung vom Menschen, von der Gesellschaft und vom Leben«, die sich mit der europäischen Lebensart nicht decke. Europa müsse leben, wie es »einer großen alten Zivilisation geziemt, im Bewusstsein seiner Schwächen, seines Mangels an eigenen Rohstoffen, der Knappheit an verfügbarem Kapitel, der geringen Kaufkraft der europäischen Kundschaft«. Auf der anderen Seite zählte er die »Schätze« Europas auf: »den individuellen Einfallsreichtum seiner Söhne, ihre schöpferische Fähigkeit, ihre handwerkliche Tradition und ihre Anspruchslosigkeit im Leben«. Es bestehe die Gefahr, dass diese Daseinsweise durch »den etwas unvernünftigen und exzessiven Lebensstandard der Neuen Welt« verdorben würde.[67] So sprach ein liberaler Kosmopolit, der immer wieder auch seine Bewunderung für das Land betonte, in dem »die weiße Rasse zum ersten Mal unabhängig von europäischer Führung etwas auf die Beine stellt«. In den Reihen der europäischen Elite waren solche Auffassungen weit verbreitet.

Der springende Punkt ist nicht, ob der amerikanische Lebensstandard verwerflich oder begehrenswert war, eine Frage, die immer wieder einmal gestellt wurde, wenn der Fordismus mit seiner Verheißung einer schnell wirkenden wirtschaftlichen Rezeptur seinen demagogischen Charme über das politische Spektrum Europas ausschüttete. Am extremen linken Flügel standen die Kommunisten, allen voran Antonio Gramsci, der in seinen *Gefängnisheften* auf seine leidenschaftliche

---

67 Siegfried, America Comes of Age, 436; auf Deutsch ders., Die Vereinigten Staaten von Amerika.

und idiosynkratische Art über »Amerikanismus und Fordismus« schrieb, denen er die Macht und das Recht zubilligte, die verfaulten Überbleibsel der feudal-bürgerlichen europäischen Vergangenheit hinwegzufegen.[68] Auf der extremen Rechten lässt sich Baron Friedrich Gottl-Ottlilienfeld, Professor für politische Ökonomie an der Berliner Universität (und damit akademischer Kollege Sombarts), als Beispielfigur anführen. In einem 1924 erschienenen Pamphlet, dem er den fragenden Titel *Fordismus?* gab, versuchte er einen reaktionären »weißen Sozialismus« zu propagieren, der nichts Geringeres anstrebte als die Kollektivierung der den Fließbändern entspringenden Reichtümer, um die Massen der »roten« Spielart des Umstürzlertums abspenstig zu machen.[69] Diese schräge Idee gewann in rechtsradikalen Kreisen eine so große Popularität, dass Hitler sie 1928 zum Anlass nahm, seine eigenen Auffassungen zu diesem Thema klarzustellen.

Die eigentlich interessante Frage lautet, ob es überhaupt realistisch war, zu erwarten, dass sich im Europa des frühen 20. Jahrhunderts ein Lebensstandard ähnlich dem amerikanischen entwickeln würde. In den europäischen Ländern war schließlich keine bahnbrechende Umwälzung der Konsumkultur zu beobachten, wie sie sich in den Vereinigten Staaten in den voraufgegangenen fünfzig Jahren dank unermesslicher Ressourcen, einer traditionsreichen Demokratie und eines Bündels tief greifender, subtiler und nachhaltiger Veränderungen in den wirtschaftlichen Institutionen, der Demographie, den Sozialbeziehungen und den kulturellen Vorstellungen der Amerikaner vollzogen hatte.

Die originellsten Neuerungsvorschläge zielten nicht so sehr auf Reformen im nationalen Rahmen ab als auf Projekte zum Zusammenschluss europäischer Nationen und damit zur Schaffung eines einheitlichen Verbrauchermarktes, der dem amerikanischen an Größe gleichkommen würde. Der französische Ökonom François Delaisi legte an der Wende zu den dreißiger Jahren einen besonders kühnen Plan vor, der auf nichts Geringeres abzielte, als das »Europa der Pferdekutschen« an das »Europa der Pferdestärken« anzukoppeln; mit Letzterem meinte er den Nordwesten des Kontinents mit seinen modernen Industrien und seinem relativ hohen Konsumniveau, mit Ersterem die Länder Süd- und Osteuropas mit ihrem geringen Urbanisierungsgrad, ihrer weitläufigen ländlichen Bevölkerung und ihrer Subsistenzlandwirtschaft. Der erste Schritt, den dieser ideenreiche Paneuropäer vorschlug, war eine Umleitung der großen amerikanischen Kapitalströme, die zu der Zeit nach Deutschland flossen und dort zu industriellen Überkapazitäten und zu einer Rezession geführt hatten, ins östliche Europa. 1932 legte Delaisi unter dem Eindruck der Weltwirtschaftskrise und angespornt von den planwirtschaftlichen Ideen der Sowjets ein zweites, ehrgeizigeres Bündel von Vorschlägen vor. Der sogenannte Delaisi-Plan sollte Hersteller und Verbraucher einander näher bringen, und zwar durch eine Umkrempelung der europäischen Handels-Infrastruktur, also des Transport- und Postwesens sowie anderer Kommunikationsdienste. Die europäischen Kolonialmächte rief Delaisi auf, von den Vereinigten Staaten zu lernen, auf förmliche Ko-

---

68 Gramsci, Amerikanismus und Fordismus, 376–404.
69 Gottl-Ottilienfeld, Fordismus.

lonialreiche zu verzichten, die nur unnötig Ressourcen verschlangen und Konflikte heraufbeschwören, und »nach Europa zurückzukehren«. Um sodann ihre Binnenmärkte zu verbreitern und zu vertiefen, müssten die europäischen Regierungen eine Lektion von *Ford* lernen und ganz Europa als einen einheitlichen Markt behandeln. Würde erst einmal die Kaufkraft zunehmen und würden billige Konsumgüter den Markt überschwemmen, so könne Europa sich am eigenen Schopf aus dem Sumpf der Stagnation ziehen und eine Entwicklung nach amerikanischem Vorbild nehmen.[70] So zukunftsweisend die Ideen Delaisis waren, zerschellten sie doch an den Klippen der Weltwirtschaftskrise.

Wie auch immer, es wäre verfehlt, zu glauben, das Hauptproblem Europas im frühen 20. Jahrhundert sei eine unterentwickelte Konsumgüterproduktion gewesen. Gewiss unterschied sich der europäische Wirtschaftsraum in all seinen Facetten vom amerikanischen: angefangen von den Größenverhältnissen und Produktionsvolumina über die innerbetrieblichen Verhältnisse, die Distributionssysteme und die Gewinnphilosophie bis hin zu dem Bild, das man sich vom Verbraucher machte. Das Beste, was man über die europäische Konsumgüterwirtschaft sagen kann, ist, dass sie auf florierenden, aber zerstückelten regionalen Märkten basierte. Neue Projekte, die darauf abzielten, diese begrenzten Märkte zu erweitern, konnten sich nicht auf Investitionen in groß angelegte Fabriken stützen, in denen mit Einzweck-Maschinen und ungelernten Arbeitskräften billigst produziert wurde, wie dies in den Vereinigten Staaten der Fall war, sondern sie mussten auf flexible Universalmaschinen setzen, mit denen eine breitere Palette von Produkten hergestellt werden konnte.[71] Europäische Unternehmen hatten in der Regel eine vielseitige und stabile Belegschaft und beschäftigten ihre Leute mehr oder weniger kontinuierlich, indem sie chargenweise jeweils andere Artikel produzierten, aber sie waren nicht in der Lage, höhere Arbeitslöhne zu zahlen. Die europäischen Fabrikanten hatten sich kaum vom Ersten Weltkrieg mit seinen Ressourcenverknappungen und von der Inflation der frühen zwanziger Jahre erholt, als die Weltwirtschaftskrise sie erneut in die Knie zwang. In dem verzweifelten Bemühen, ihre Kosten zu reduzieren, praktizierten sie Lohndrückerei, setzten stärker auf nichtmonetäre Vergütungsanteile, sparten am Arbeitsschutz und an der Produktqualität. Unternehmen mit ähnlichem Produktsortiment trafen, wenn irgend möglich, Abmachungen, um die Preise auf auskömmlicher Höhe zu halten und Märkte aufzuteilen, in der Hoffnung, so den Wettbewerbsdruck mindern zu können. Ein großer Teil der Wirtschaft rief nach Schutzzöllen. Unter dem Strich führte das alles zu einer Stagnation der Produktivität, zu hohen Preisen, schleppenden Umsätzen und zu einem Innovationsstau im Konsumgüterbereich.

Hätten realistische Aussichten auf eine steigende Nachfrage bestanden, so wäre ein Umstieg auf andere Marktstrategien sicher denkbar gewesen. Freilich hatte sich der europäische Bevölkerungszuwachs seit 1890 auf durchschnittlich 6,5 Prozent pro Jahrzehnt verringert, während die Vereinigten Staaten dank Einwanderung und

---

70 Delaisi, Les deux Europes. Zu Delaisi siehe Badel, Un milieu libéral, 144, 168, 172, 327; Urwick/Valentine, Trends in the Organization, 41.
71 Siehe Hirst/Zeitlin, Flexible Specialization, 1–56; Sabel/Zeitlin, Historical Alternatives, 133–176.

konstant hoher Geburtenraten auf 19 Prozent kamen. Im »Europa der Pferdekutschen« führten nach wie vor große Teile der Bevölkerung eine semiautarke Existenz; als teilweise Selbstversorger gaben sie kaum Geld aus und kauften nur wenig auf lokalen Märkten ein. Allgemein galt, dass die durchschnittliche Kaufkraft in Europa nur langsam zunahm. Verzeichneten die Vereinigten Staaten zwischen 1913 und 1929 eine bemerkenswerte Kaufkraftzunahme von 23 Prozent, so kam Westeuropa in diesem Zeitraum lediglich auf gemittelte 5,5 Prozent. Das Pro-Kopf-Einkommen der Amerikaner, bereinigt um den Anstieg der Lebenshaltungskosten, verdoppelte sich zwischen 1909 und 1942 nahezu (mit etlichen wilden Fluktuationen in den frühen dreißiger Jahren), nachdem es sich auch schon zwischen 1869 und 1899 verdoppelt hatte. Damit konnte in Europa nur Schweden Schritt halten. Frankreich, Deutschland und Italien zeigten zwischen 1913 und 1947 keinerlei nennenswerte Kaufkraftzunahme.[72]

Trotz dieser weitgehenden Stagnation der Kaufkraft zeigten sich Veränderungen in den Verbrauchergewohnheiten. Einige europäische Volkswirtschaften erlebten in den zwanziger und selbst noch in den dreißiger Jahren kleine Hochkonjunkturen: Betuchte Bürger kauften Automobile, gewerkschaftlich organisierte Arbeiter Bestecke und anderen Hausrat, junge Frauen, die noch bei den Eltern lebten, leisteten sich kleine persönliche Luxusartikel wie Schals, Haarspangen oder Lippenstift, und Angehörige aller Schichten gewöhnten sich an, ins Kino zu gehen, und leisteten sich ein Grammophon und ein Radiogerät. Diese Trends summierten sich jedoch nicht zu einem Anstieg des Lebensstandards im amerikanischen Sinn. Sie entfalteten auch keine Eigendynamik in dem Sinn, dass sie eine Massenproduktion mit resultierender Verbilligung der Produkte in Gang gesetzt, das Interesse am Kauf der jeweils neuesten Erzeugnisse angeheizt, den Geschäftsleuten einen warmen Regen beschert, Neuinvestitionen angeschoben und alte Bedürfnishierarchien durcheinandergewirbelt hätten.

In der Tat war es just die Nachfrage nach neuen Produkten und Zeitvertreiben, die gegen eine Welt von Hindernissen anzukämpfen hatte. Von der Schichtzugehörigkeit geprägte Konsumnormen bildeten eine Bastei, die von der Arbeiterbewegung gepflegte Kultur der Armut eine andere. Neue Verbrauchergewohnheiten stellten sich vor diesem Hintergrund nicht als eine Quelle der sozialen Integration, sondern der sozialen Zersplitterung dar: Sie riefen neue Differenzierungen und Abschottungen hervor, anstatt für einen homogeneren und leichter zugänglichen Lebensstandard zu sorgen. Der Verbraucher war bestenfalls eine beunruhigend unverstandene, unberechenbare soziale Größe. Schlimmstenfalls wurden seine Bedürfnisse mit den Ansprüchen der Unterschicht identifiziert und dementsprechend als willkürlich, schwankend und maßlos empfunden, als ein Beitrag zur Unvorhersagbarkeit wirtschaftlicher Entwicklungen, zur politischen Polarisierung und zum Verfall der nationalen Kultur.

---

72 Woytinsky/Woytinsky, World Commerce, 383–386; siehe auch Urwick/Valentine, Trends in the Organization, 15f.

Vor allem aber stießen die neuen Konsumgewohnheiten gegen die in den europäischen Gesellschaften noch fest etablierten Barrieren des gesellschaftlichen Rangs. Das Standardwerk zu diesem Thema hat der französische Soziologe Pierre Bourdieu 1979 mit seiner breit angelegten empirischen Studie *La distinction* (dt. *Die feinen Unterschiede*, 1982) geliefert. Der Begriff *distinction*, der im Mittelpunkt dieser Studie steht, tauchte erstmals schon 1925 in einem dünnen Essaybändchen mit dem Titel *La barrière et le niveau* auf. Dessen Autor Edmond Goblot war Logik-Professor und ein unkonventioneller Denker, der mit scharfem Blick die trennenden Linien registrierte, die durch die französische Gesellschaft liefen, Linien, die er selbst im Zuge seines langsamen beruflichen Aufstiegs in den französischen Provinzen zu spüren bekam.[73] Mit dem Begriff *distinction* bezeichnete Goblot gewisse für die bürgerlichen Schichten Frankreichs und ihre Sozialbeziehungen charakteristische Merkmale, beispielsweise ihre Einkaufsgewohnheiten, ihren Hang zur Verfeinerung und ihr beständiges, wenn auch diskretes Bemühen, sich materiell von allen nachrangigen Gesellschaftsschichten abzugrenzen. Gewiss wäre kein Soziologe in der Lage gewesen, diesen Aspekt des französischen Lebens mit naturwissenschaftlicher Strenge zu dokumentieren, denn für das französische Bürgertum war die familiäre Privatsphäre etwas Heiliges, in das einzubrechen kein neugieriger Sozialforscher gewagt hätte. Goblot war jedoch mit diversen bürgerlichen Milieus persönlich vertraut genug, um eine Reihe allgemeiner Regeln ableiten zu können, die das Konsumverhalten des Bürgertums prägten und es von dem der nichtbürgerlichen Schichten unterschied. Da war zunächst einmal das Wohndomizil, das, ob es ein Haus oder nur eine Wohnung war, einen Empfangssalon, getrennte Zimmer für die Kinder und eine den Übergang zum Dienstbotenbereich bildende Küche umfasste. Dienstboten waren für das Funktionieren eines Haushalts unverzichtbar, dem es häufig an modernen Annehmlichkeiten wie fließendem Wasser, Aufzügen, Gasherden oder bequem zu regelnder Beleuchtung fehlte und für dessen weibliche Mitglieder es unter ihrer bürgerlichen Würde gewesen wäre, niedere Hausarbeiten zu verrichten. Während die Geldausgaben für Lebensmittel eher bescheiden waren, wurde höchster Wert auf die Kultur des Dinierens gelegt; was auf den Tisch kommen sollte, wurde mit Akribie besorgt und zubereitet. Zeitpunkt und Ablauf wurden minutiös eingehalten, Teller, Besteck und Tischwäsche waren vom Feinsten. Andere Autoren äußerten sich über die charakteristischen Umgangsformen des Bürgertums, angefangen mit der individuellen Handschrift und der Garderobe – es gab strenge Regeln dafür, bei welchen Gelegenheiten man einen Hut und bei welchen man einen Zylinder aufsetzte, und eine ebenso strenge Etikette für den Empfang von Besuchern – bis hin zu Konventionen für Häufigkeit und schicklichen Zeitpunkt von Heilkuren, Autotouren und Familienurlauben am Meer oder in den Bergen. Bürger zu sein, beinhaltete auch die Fähigkeit, die wichtigsten Mittel der »gesellschaftlichen Reproduktion« zu monopolisieren, vor allem die höhere Bildung und die Kontrolle über die Förderung der schönen Künste, und als Trendsetter zu fungieren und die öffentliche Meinung zu prägen. Die Angehörigen der bürgerlichen Schichten artikulierten

---

73 Goblot, Klasse und Differenz. Zu Goblot siehe Kergomard u.a., Edmond Goblot.

diesen bemerkenswert ritualisierten Lebensstil unabhängig von ihrem Beruf, ihrem Einkommen, ihrer Familiengröße und ihrem Wohnort durch Garderobe, Gangart und Gestik und durch ihre äußere Erscheinung. »Den Bourgeois unterscheidet man sogleich vom Mann aus dem Volk, wenn man ihm auf der Straße begegnet. Einen ›Herrn‹ verwechselt man nicht mit einem ›Mann‹ und noch weniger eine ›Dame‹ mit einer ›Frau‹.«[74]

Die Ursprünge dieses einzigartig uniformen Lebensstils lagen in der Rangstufen-Gesellschaft des *Ancien Régime* und in dem Ehrgeiz des Bürgertums, sich im Zuge der allmählichen Verdrängung der alten aristokratischen Eliten deren ästhetische Sensibilität sowie die Geschmacks- und Modehoheit anzueignen. Auf seinem Höhepunkt am Vorabend des Ersten Weltkrieges erschien der bürgerliche Lebensstil in Frankreich so streng definiert und so exklusiv, dass Goblot sich versucht fühlte, eine Parallele zum indischen Kastenwesen zu ziehen. Das, was er als *distinction* bezeichnete, kam dem Menschen allerdings nicht von Geburt aus zu, wie noch unter dem alten, vorrevolutionären Regime, sondern durch ererbte wirtschaftliche Macht und insbesondere dadurch, dass bürgerliche Dynastien es verstanden, ihren gesellschaftlichen Rang für die Errichtung von Monopolen auf Güter und Dienstleistungen zu nutzen. Aus Karl Marx' Analyse des Kapitals wissen wir, dass kulturelle Macht auf Klassenvorherrschaft beruht, die wiederum eine Funktion der Produktionsverhältnisse ist, und dass mit der revolutionären Umwälzung der Letzteren auch die Klassenherrschaft ins Wanken gerät. Von Max Weber, dem Analytiker des zähen Beharrungsvermögens gesellschaftlicher Schichtungen, haben wir gelernt, dass gesellschaftlicher Rang, wenn er durch die Kontrolle über den Zugang zu Gütern und Dienstleistungen gestützt wird, ziemlich resistent gegen einen wirtschaftlichen Bedeutungsschwund sein kann.[75]

Die gesellschaftlichen Barrieren, die ein Teil der alten bürgerlichen Konsumkultur gewesen waren, wurden nicht etwa abgetragen, sondern durch das Einwirken neuer Kräfte sogar verstärkt. So wurden etwa handwerkliche Metiers, die für die Produktion von Luxusgütern wichtig waren, unter staatlichen Schutz gestellt. Es wurde dafür gesorgt, dass die Protagonisten dieser Metiers ungeachtet ihrer Produktivität mit den Gehältern und Privilegien ausgestattet blieben, die es ihnen erlaubten, einen nach den Maßstäben des Zeitgeists angemessenen Lebensstandard zu wahren. Der Staat ließ auch das Monopol der Eliten auf die Kontrolle des Bildungswesens unangetastet. Der Umstand, dass Kulturgüter einerseits so hoch geschätzt wurden, andererseits so ungleich verteilt waren, erhöhte das Prestige des traditionellen kulturellen Establishments, auch und vor allem in den Augen der Berufsgruppen, die auf diese oder jene Weise von den Herrschaftsstrukturen innerhalb der Kultur profitierten, angefangen vom Zeitungsredakteur über den führenden Gewerkschaftsfunktionär und den Leiter der Stadtbibliothek bis zum Volksschullehrer. Solche Beziehungsgeflechte halfen einer breit gefächerten und gesellschaftlich

---

74 Goblot, Klasse und Differenz, 32.
75 Weber, Wirtschaft und Gesellschaft; siehe auch Bourdieu, Die feinen Unterschiede.

durchaus heterogenen Elite, in der Konfrontation mit potenziellen Veränderungen von Geschmacks- und Stilvorlieben ihre Besitzstände zu wahren.

Wie weit entfernt erscheint dieses Konsumverhalten des europäischen Bürgertums in seiner Förmlichkeit und Traditionsverhaftung von den Verhältnissen, die Thorstein Veblen in seinem Werk *The Theory of the Leisure Class* von 1899 beschrieb. Anders als in Europa, wo gesellschaftliche Schranken, Exklusivitätsansprüche und ein demonstrativer Standesdünkel konserviert wurden, porträtierte Veblen in seinem gewiss höchst eigenwilligen Zeitgemälde Lebensverhältnisse, die durch bedrohliche Nähe, einen allgemeinen Wettbewerb um Konsumgüter und die Unbeständigkeit einer neureichen Geldelite gekennzeichnet waren, die ihr Verlangen nach gesellschaftlicher Anerkennung durch die Zurschaustellung atavistischer Kriegsrequisiten ausagierte. Der Mechanismus des »neidvollen Vergleichens« löste ein alle Etagen der Klassenpyramide erfassendes Fieber des Nacheiferns aus. »Ostentativer Konsum«, ebenfalls ein von Veblen geprägter Begriff, manifestierte sich etwa, wenn Superreiche in ihren auf Hochglanz polierten Karossen zu einem Wohltätigkeitsball rollten oder wenn Arbeiter nach dem Zahltag in der Taverne darum wetteiferten, wer die meisten Runden ausgab.[76] 15 Jahre später hätte Veblen beobachten können, wie sich neuartige Waren wie Lebensmittelkonserven, Sicherheitsrasierer oder Automobile auf das Lebensgefühl auswirkten, Produkte, deren schnelle Ausbreitung weniger mit dem Wunsch nach Demonstration gesellschaftlicher Überlegenheit zu tun hatte als mit einem Anstieg der Einkommen und mit neuen Bedürfnissen. Um sich solche Produkte leisten zu können, sparten die Verbraucher bei anderen Dingen. Damit versetzten sie einer schon angeknacksten gesellschaftlichen Hierarchie einen weiteren Stoß, den diese jedoch abfangen konnte, solange Neuanschaffungen aus steigenden Geldeinkünften bezahlt werden und solange sie als angemessener Ausdruck des Fortschreitens der gesamten Gesellschaft zu einem höheren amerikanischen Lebensstandard gerechtfertigt werden konnten.

Im Gegensatz dazu bremste in Europa ein bestenfalls langsames und ungleichmäßiges Wachstum das Einströmen neuer Produkte in den Markt, verschärfte aber zugleich ihre gesellschaftliche Sprengwirkung. Die unteren Schichten des Bürgertums hatten aus Geldmangel Probleme, denen nachzueifern, zu denen sie aufschauten. Sie konnten sich aber auch nicht einfach von ihnen abwenden, identifizierten sie sich doch mit deren bürgerlichen Maßstäben, und weder der Markt noch eine andere gesellschaftliche Instanz bot ihnen eine legitime Alternative. Was ihre Situation noch weiter erschwerte, war der Umstand, dass sie in ein Tauziehen um bestimmte immaterielle Güter, die zum bürgerlichen Lebensstandard gehörten, eingebunden waren; hierzu zählte vor allem der Zugang zur höheren Bildung mit ihren Edel-Attributen, etwa den antiken Sprachen Griechisch und Latein, die erst im Verlauf der einsetzenden Demokratisierung ihren Statuswert verlieren sollten.[77] Soziale Aufsteiger erhoben ebenfalls Anspruch auf Zugang zu Bibliotheken, Hotels, Heilbädern und Badeorten am Meer, ganz zu schweigen von Erster-Klasse-Abteilen

---

76 Veblen, The Theory of the Leisure Class. Auf Deutsch erschienen erst 1957: ders., Theorie der feinen Leute.
77 Hirsch, Social Limits to Growth, 60, 173.

in Zügen, Logenplätzen im Opernhaus und sportlichen Automobilen, wie die Reichen sie für ihre Spritztouren benutzten. War der Zugang zu dieser Konsumwelt erst einmal geschafft, gewährten die dort erhältlichen Produkte und Dienstleistungen nicht mehr denselben Grad an Befriedigung. So kam es, dass eine überbordende Nachfrage nach den Attributen des bürgerlichen Lebensstils, indem sie die Preise in die Höhe trieb und Konflikte um konkurrierende Ansprüche anheizte, die bürgerlichen Ambitionen frustrierte. Der Versuch, knappe Statusartikel zu demokratisieren, war ein Affront gegen deren angestammte Besitzer, der Versuch, ihre Exklusivität zu verteidigen, ein Affront gegen die neuen Aspiranten.

Die Angehörigen der Mittelschicht traf es am härtesten, etwa diejenigen, die in Deutschland dem Mittelstand zugerechnet und in anderen Ländern als Kleinbürgertum bezeichnet wurden. Es war plötzlich nicht mehr der erwerbslose Arbeiter, der zerlumpte Bauer oder der Arme schlechthin, sondern der Mittelständler, der im Zentrum des öffentlichen Bedauerns stand, nachdem Inflation und Wirtschaftskrise ihm die Mittel zur Bestreitung seines Lebensunterhalts weggefressen hatten. Immer mehr traurige Geschichten kursierten von den frühen zwanziger Jahren an: über den wackeren Sattlermeister um die Ecke, den pflichtbewussten Buchhalter, der in diesem oder jenem Ministerium arbeitete, oder vom treuen Bankangestellten – ehrbare Leute, die dennoch dabei beobachtet wurden, wie sie sich von Passanten diskret milde Gaben zustecken ließen, während ihre vorzeitig gealterten Frauen in ihrer verzweifelten Geldnot die Ladeninhaber um Kredit anflehten und zuhause feine Tücher, Schmuck und Silberbesteck für den nächsten diskreten Besuch beim Pfandleiher zusammenpackten.[78] Aus den Rängen der Handwerkerschaft, des öffentlichen Dienstes und des modernen Dienstleistungssektors stammend, verdienten diese Kleinbürger oft kaum mehr als die immerhin gewerkschaftlich organisierten Facharbeiter, deren Lebensstil und Denkweise sie sich jedoch nicht zu eigen machen wollten und konnten, zumal in der Regel weder sie noch ihre Frauen das Zeug zu schwerer körperlicher Arbeit hatten. Es war ihr persönlicher Verdruss über die Auflösung der vertrauten Hierarchien des alten Regimes, der sie zu Kombattanten auf einem emotionalen Kriegsschauplatz machte, und es war ihre Angst davor, diesen Kampf gegen einen medusenhaften Feind – die Arbeiter, Amerika, die Reichen, die Juden – zu verlieren, die sie in den frühen dreißiger Jahren ins Lager der Reaktionäre trieb. Derweil galt die Formel: Je unsteter die politische Lage, desto größer das Bedürfnis nach Beständigkeit in der Alltagskultur. Da die Amerikaner, so hörte man zuweilen, nie mit revolutionären Erschütterungen hatten fertig werden müssen, falle es ihnen nicht so schwer, ständige Fluktuationen in Sachen Geschmack und Stil zu akzeptieren, wogegen europäische Kleinbürger, die dem Druck in Bewegung geratener revolutionärer Massen ausgesetzt gewesen waren, schon in Panik gerieten, wenn sie einmal ihre Pantoffeln und ihren Morgenmantel nicht am gewohnten Ort vorfanden.[79] Konfrontiert mit der Aussicht, kürzertreten zu müssen, versuchte die Mittelschicht ihre Interessen zu vertreten, indem sie Organisationen formierte,

---

78 Chilly, La classe moyenne en France, 11; Georg, Our Stand at the Abyss, 182.
79 Romier, Who Will Be Master, 8ff.

die freilich eher dazu neigten, für die Wahrung ihres gesellschaftlichen Status' zu kämpfen als für ihr wirtschaftliches Wohlergehen im engeren Sinn. Sie taten dies im Großen und Ganzen mit wenig Erfolg.[80] Kein Kraut schien gegen die Ausblutung des Gesellschaftskörpers gewachsen zu sein, es sei denn man fände eine neue Einstellung zum eigenen Lebensstandard und damit Anschluss an eine neue Kultur des Massenkonsums. Wie ein solcher neuer Lebensstil aussehen und vor allem wie er sich durchsetzen lassen sollte, das war die Frage aller Fragen.

Warum gab es in Europa keine Kultur des Massenkonsums?

Stark erschwert wurde die Etablierung eines neuen Standards durch den Umstand, dass die in Rangstufen gegliederte Gesellschaft gleichsam eine Kehrseite aufwies, nämlich die proletarische Subkultur, die in ihren Ausprägungen die sozialistische Bewegung prägte und von ihr geprägt wurde. Werner Sombart sah sich um 1900 eingedenk seiner Sympathie für die sozialistischen Arbeiterbewegungen Europas zu der Frage provoziert, ob nicht die reiche amerikanische Konsumwelt schuld daran sei, dass eine solche Bewegung in den Vereinigten Staaten nicht recht Fuß gefasst hatte. Stellen wir uns vor, der »rote Fürst« der europäischen Soziologie hätte diesen Gedanken auf seine eigene Welt zurückgewendet und die Frage gestellt: »Wieso gibt es in Europa keine Kultur des Massenkonsums?« Wäre es ihm gelungen, die Eigenarten seiner eigenen Gesellschaft, die die Entwicklung eines populistischen Konsumismus behinderten, herauszuarbeiten?

Zunächst einmal sei festgestellt, dass es in den Reihen der europäischen Sozialisten eine reichhaltige Tradition des – allerdings äußerst kontroversen – Nachdenkens über Lebensstandards gab. Auf der einen Seite bejahte der Sozialismus als politische Bewegung natürlich die Forderung nach höheren Löhnen, zum einen um das materielle Wohlergehen der Arbeiterklasse zu verbessern, zum anderen aber auch um die Grenzen des Kapitalismus als Wirtschaftssystem aufzuzeigen, indem man Forderungen stellte, die er nicht zu erfüllen vermochte. Auf der anderen Seite war der Sozialismus ethisch und kulturell in abendländische Traditionen des Asketentums eingebunden. Die sozialistische Auffassung vom richtigen Leben speiste sich aus dem Egalitarismus des christlichen Armutsideals und aus den Askesevorstellungen des Humanismus. Sie berief sich auf den mit seinen Jüngern das Brot brechenden Jesus und auf das Armutsgelübde des Heiligen Franziskus. Und sie war gesättigt mit der Lebensphilosophie des Erasmus von Rotterdam und dessen sympathischer Formel: »Wenn ich ein wenig Geld bekomme, kaufe ich mir davon Bücher. Wenn dann noch etwas übrig ist, kaufe ich mir Essen und Kleidung.« Sie erfreute sich an Visionen natürlichen Überflusses: »Es gibt keinen anderen Reichtum als das Leben«, pflegte der englische Sozialist John Ruskin zu sagen. Wahre Armut bestand nicht in einem Mangel an Dingen, und ein Menschenleben bot einfach eine zu reichhaltige

---

80 Crossick/Haupt, Shopkeepers, Master Artisans, and the Historian; siehe auch Nord, The Small Shopkeepers' Movement.

Palette an Möglichkeiten, als dass es seine Erfüllung im Warenaustausch nach den Gesetzen des Marktes finden konnte. Karl Marx malte sich angesichts der großen Vielfalt sinnlicher, körperlicher und geistiger Bedürfnisse des Menschen aus, dass die Menschen, wenn sie die Fesseln des Privateigentums an den Produktionsmitteln abgestreift hätten, endlich die Freiheit haben würden, morgens auf die Jagd zu gehen, nachmittags zu fischen und abends zu lesen.

Der Sozialismus des 19. Jahrhunderts hatte diese hedonistische Lebenseinstellung genährt. Marx' Schwiegersohn Paul Lafargue, der kreolische Ehemann seiner geliebten braunhaarigen Tochter Laura, versah in seinem viele Male nachgedruckten Werk *Das Recht auf Faulheit* (1883) die utopischen Träume von Überfluss und Erfüllung mit einer besonders verführerischen französischen Note, Träume, die auch ein Leitmotiv der hochfliegenden Ideen Charles Fouriers und seiner Phalansterium-Bewegung, des utopischen Romans *Looking Backward* des Amerikaners Edward Bellamy und des gesamten Aufgebots an Volksrednern waren, die jedes Jahr am Tag der Arbeit mit wolkiger Rhetorik die Verheißungen eines mythischen Schlaraffenlandes beschworen. In den Augen Lafargues war das Recht der Arbeiter auf Faulheit »tausendfach edler und heiliger« als die »schwindsüchtigen Menschenrechte, die von den metaphysischen Advokaten der bürgerlichen Revolution wiedergekäut werden«. Lafargue, der vom jüdisch-christlichen Asketismus ebenso wenig hielt wie sein Zeitgenosse Nietzsche, rief das Bürgertum auf, sich von seinem Arbeitsethos zu verabschieden; ein jeder sollte sich dazu zwingen, »nicht mehr als drei Stunden täglich zu arbeiten, um den Rest des Tages und der Nacht müßig zu gehen und flott zu leben.« Sei das Bürgertum erst einmal »von seiner Mission, Allerweltskonsument zu sein, erlöst«, werde es sich beeilen, »die Menge von Soldaten, Beamten, Dienern, Kupplern usw., die [es] der nützlichen Arbeit entzogen hatte«, freizusetzen. Ganz anders die Arbeiterklasse: Sie werde »ihre Konsumfähigkeit unbegrenzt steigern müssen. Anstatt täglich ein oder zwei Unzen zähes Fleisch zu essen, wenn sie überhaupt welches isst, wird sie saftige Beefsteaks von ein oder zwei Pfund essen; statt bescheiden einen schlechten Wein zu trinken, katholischer als der Papst, wird sie aus großen, bis an den Rand gefüllten Gläsern Bordeaux und Burgunder trinken, der keiner industriellen Taufe unterzogen ist, und das Wasser dem Vieh überlassen.«[81]

Weshalb die Schlaraffenland-Visionen der Europäer sich spätestens zu Beginn des 20. Jahrhunderts zu blasphemischen Lehren ausgewachsen hatten, überlagert von jener frugalen Auffassung menschlicher Bedürfnisse, die wir mit dem Kommunismus des 20. Jahrhunderts assoziieren, lässt sich nicht mit Sicherheit sagen. Mitursächlich war dafür wohl, dass die Verbindung der zunehmend in großstädtischen Gettos zusammengepferchten Arbeiter zum Landleben mit seinen ausschweifenden Festen abriss. Ein weiterer Faktor war sicher die unerträgliche Reglementierung, der sie durch die fabrikmäßige Massenproduktion unterworfen wurden. Eine Rolle spielte aber bestimmt auch die Freude tötende Nüchternheit und Enthaltsamkeit der Männer an der Spitze der sozialistischen Bewegung, die aufrichtig

---

81 Lafargue, Das Recht auf Faulheit. S. 33, 48f.

an die erlösende Kraft des Elends glaubten und überzeugt waren, es sei vor allem die Armut ihrer Gefolgsleute, die jedes Opfer im Kampf um den Sozialismus rechtfertige. Auf jeden Fall entwickelten die europäischen Sozialisten spätestens in den zwanziger Jahren eine bemerkenswert fantasielose Einstellung zum erstaunlichen, nützlichen und attraktiven Warenausstoß der modernen Industrie, insbesondere was standardisierte, in Massenproduktion hergestellte Artikel betraf. Und wenn sie sich Gedanken über die Industrieproduktion machten, beschränkten sie sich auf die Feststellung, sie befriedige künstlich geschaffene, nicht reale Bedürfnisse. Die beiden Typen des sozialistischen Politikers, die das unerträglichste Desinteresse daran zeigten, was Arbeiter mit materiellen Besitztümern anfangen konnten, waren zugleich diejenigen, die den größten Narren am Fordismus gefressen hatten. Der eine war der kommunistische Revolutionär, der sich im Namen einer Avantgarde-Politik von der Mühsal des Sozialreformismus losgesagt hatte. Der andere war der auf Effizienz gepolte Gewerkschaftsfunktionär, der zwar darauf aus war, für seine Mitglieder höhere Löhne herauszuholen, sich aber bemerkenswert gehemmt zeigte, wenn es darum ging, darzulegen, was sie mit dem zusätzlichen Geld tun sollten.

Die Maschine könne »die Freundin des Arbeiters« sein, gab Hyacinthe Dubreuil zu bedenken, der bekannte französische Gewerkschafter. Man müsse sich nur anschauen und vorstellen, welche Unmenge an Töpfen und Pfannen aus Aluminium eine nagelneue Fließbandanlage ausspucken könne![82] Es hatte fast den Anschein, als gäbe es zwischen dem Minimum – Brot und einem Dach über dem Kopf – und dem Maximum – einem Kleinwagen – nichts, woran sich die Fantasie hätte entzünden können. Die Wünsche einer Arbeiterfrau – darunter Aluminiumtöpfe, aber auch fließendes Warmwasser, Daunenkissen oder eine Waschmaschine mit Kurbelantrieb, ganz zu schweigen von Seidenstrümpfen, einer Blumenvase oder Spitzendeckchen – lagen außerhalb des Gesichtskreises hartgesottener sozialistischer Männer.

Im Idealfall sollte der Sozialismus den großen Schritt aus dem Reich der Notwendigkeit ins Reich der Freiheit bewerkstelligen, indem er den Intellektuellen, der sich von allem losgesagt hatte, mit dem Proletariat, das nichts besaß, zusammenspannte. Auf der einen Seite forderte der selbstverleugnende Asketismus der Linken das Verschwinden des Ichs im Kollektiv, vor allem im Hinblick darauf, dass das Ich zur Artikulierung beunruhigend widersprüchlicher Sehnsüchte neigte. Sich auf Unwesentliches zu kaprizieren, kam einer Vergeudung und Verzettelung von Energie gleich; die Absage an den bürgerlichen Lebensstil war das probate Mittel, um die materielle Diskrepanz zwischen den Klassen zu überwinden. John Maynard Keynes, der ein Genussmensch war, bescheinigte dem Kommunismus, er habe »eine Anziehungskraft auf den Asketen in uns« ausgeübt – die Bemerkung bezog sich auf die linken Studenten an den britischen Universitäten der dreißiger Jahre. »Jungstudenten aus Cambridge waren nie desillusioniert, wenn sie ihre unvermeidliche Expedition nach ›Bolschewistan‹ machten und die Verhältnisse dort ›furchtbar ungemütlich‹ fanden. Es war genau das, wonach sie suchten.«[83]

---

82 Zit. n. Ferré, Les classes sociales, 83.
83 Zit. n. Skidelsky, John Maynard Keynes, 519.

Auf der anderen Seite unterstellte der linke Asketismus den Arbeitern eine quasi angeborene animalische Vitalität, die leicht in profane materielle Wunschvorstellungen umschlagen konnte, wenn sie nicht durch politische Bewusstseinsbildung und die Disziplin der Parteiorganisation sublimiert wurde. Ließ man zu, dass der europäische Arbeiter in die Tretmühle des Hedonismus geriet, so konnte es ihm leicht wie einem Arbeiter in Detroit ergehen, der, wenn er am Zahltag aus dem Fabriktor trat, von Ehefrau, Buchmachern, Handelsvertretern, Geldeintreibern, Abgesandten von Ratenkreditbanken und Gerichtsvollziehern mit Pfändungsurkunden empfangen und gehetzt wurde.[84] In den Vereinigten Staaten gab es allerdings den Puritanismus und die Prohibition, um die Arbeiter unter Kuratel zu halten. In Ermangelung dieser Disziplinierungsmittel musste der neue Mensch, wie er in der Retorte des europäischen Sozialismus geschaffen werden sollte, einen Prozess der Veredelung seiner Bedürfnisse durchlaufen, der ihn in die Lage versetzen musste, die verschrobenen Verhaltensweisen kleinbürgerlicher Streber abzustreifen und zu einem fest verankerten Mitglied der proletarischen Gemeinschaft zu werden. Das viel drängendere Problem bestand freilich darin, dass die durchschnittliche Arbeiterfamilie in einer vollgestopften, finsteren Wohnung lebte, sich in hohem Maß von Kohlehydraten ernährte, geänderte und ausgebesserte Kleider trug, kaum einmal aus dem Dunstkreis des eigenen Straßenblocks herauskam (außer auf dem Weg zum Arbeitsplatz) und dass sich ihre Sozialbeziehungen hauptsächlich in der unmittelbaren Nachbarschaft abspielten. Solche Probleme mussten kollektiv angegangen werden. Hier war der richtige Ort für das weiträumigste und schönste Nachdenken über das richtige Leben: staatlich geförderte, funktional gestaltete Wohnungen, prächtige Parks, öffentlicher Personenverkehr, anständige Schulen, gute Theater mit verbilligten Karten und Wochenend-Matineen für die arbeitenden Massen, organisierte Urlaube.

Bis zu den fünfziger Jahren wären die meisten europäischen Arbeiter nicht bereit gewesen, auf das Tauschgeschäft schwerere Arbeit für mehr Geld einzugehen, selbst wenn ihre Chefs auf die Idee gekommen wären, ihnen höhere Löhne als Gegenleistung für einen höheren Ausstoß anzubieten. Solange es den Arbeitern an neuen Konsumbedürfnissen fehlte, war es zwecklos, ihnen schmackhaft machen zu wollen, sie sollten heute Zeit und Arbeitskraft opfern, um morgen den materiellen Lohn dafür in Form von Gütern genießen zu können. Viel eher neigten sie dazu, sich mehr Freizeit zu wünschen: Das Leben hielt vieles bereit, wenn man nicht arbeiten musste.[85] Jedenfalls gab es keinen zwingenden Grund, zu glauben, hohe Produktivität sei an und für sich ein lohnendes Ziel oder ein höherer Lohn stehe in irgendeiner zwangsläufigen Relation zu größerer Arbeitsintensität. Anders als amerikanische Geschäftsleute und Unternehmer, denen man nachsagte, sie arbeiteten rund um die Uhr, galten in Europa eher *rentiers* oder »Geldsäcke« als Inbegriff des Kapitalismus, Leute, die wie die Made im Speck lebten und produktiv nur in dem Sinn waren, dass sie viel Geld für selbstsüchtige Vergnügungen ausgaben. Es gab von ihnen immerhin genug, um ihre Legende am Leben zu erhalten. In Europa galt

---

84 Sward, Legend of Henry Ford, 61.
85 Zu den Resistenzen gegen eine Veränderung dieser Einstellung siehe Cross, Time and Money, 129–136.

außerdem, dass sich die Gehälter der zahllosen Staatsbediensteten nicht nach der Qualität und Bedeutung ihrer Arbeit für die Öffentlichkeit richtete, sondern nach Dienstrang und Dienstalter. Ausnahmesituationen wie etwa Kriege bewirkten, dass höhere Löhne und Gehälter bezahlt wurden, insbesondere für rüstungswichtige Tätigkeiten. Abgesehen davon galt, dass nicht die produktivsten Arbeiter, sondern die mit dem höchsten gewerkschaftlichen und politischen Organisationsgrad die größte Chance hatten, überdurchschnittlich zu verdienen.

Als Fazit lässt sich sagen, dass die Durchsetzung sozialer Gerechtigkeit in Europa eine greifbarere Zielvorstellung war als die Anhäufung von Konsumgütern. Als der französische Soziologe Paul-Henry Chombart de Lauwe 1950 im Vorfeld anstehender Tarifverhandlungen Arbeiter fragte, was sie vom Leben erwarteten, lautete der Tenor: die Sicherung des wenigen, das sie bereits besaßen. »Das Anliegen«, so lautete die Erkenntnis des Sozialforschers, sei »Subsistenz, nicht künftige Substanz, unmittelbares Überleben, nicht künftiges Gedeihen«.[86] Dazu passte die Überzeugung der Arbeitgeber, die Arbeiter würden, wenn man ihnen höhere Löhne zahlte, »ihre zusätzliche Kaufkraft für vulgäre und flüchtige Vergnügungen vergeuden«. Wer davon ausging, dass Arbeiter, weil sie kaum genug zum Leben verdienten, äußerst frugal lebten, machte bei näherer Betrachtung ihres Konsumverhaltens unerwartete Beobachtungen. So stellte George Orwell (mit einem an die Adresse eifernder Weltverbesserer gerichteten Augenzwinkern) fest, dass von Stempelgeld lebende Arbeitslose in Wigan Pier ihre Tasse Tee mit Zucker und süßem Gebäck genossen.[87] Die von Chombart de Lauwe befragten Pariser Arbeiter, denen es an allem fehlte, zeigten sich abwechselnd verzagt und verspielt, deprimiert und extravertiert, zugeknöpft und großzügig. Am Vorabend des Zahltages fragten sich ihre Frauen noch verzweifelt, ob sie, bis über beide Ohren verschuldet, überhaupt noch etwas Essbares auf den Tisch würden bringen können. Doch einen Tag später, wenn sie die Ladenbetreiber ruhiggestellt hatten, kauften sie Fleisch und Süßigkeiten, als gäbe es kein Morgen.

Wenn die Arbeiterschaft als eine in sich geschlossene, vom Rest der Gesellschaft abgesetzte Gruppe wahrgenommen wurde, mit einem Lebensstil, der weniger durch ihr Einkommen definiert war als durch ihre prekäre Lebenssituation als ungelernte Arbeiter, konnte man sich dann überhaupt vorstellen, dass sich an ihrem Lebensstandard jemals etwas ändern würde? Das war die Rätselfrage, auf die der französische Soziologe Maurice Halbwachs, ein Sozialist, im Verlauf seines ausladenden intellektuellen Lebens immer wieder zurückkam. 1877 geboren, war er nur ein Jahr älter als Albert Thomas, mit dem zusammen er die *Ecole Normale Supérieure* absolviert und unter dem er im Ersten Weltkrieg gearbeitet hatte. Halbwachs war ein Weltbürger und Universalgelehrter erster Ordnung, von dem eigentlich nicht zu erwarten war, dass er sich tiefschürfende Gedanken über die Bedürfnisse der unterschiedlichen Klassen der zeitgenössischen Gesellschaft machen würde.

---

86 Chombart de Lauwe, La vie quotidienne, 122.
87 Orwell, The Road to Wigan Pier. Dt. Erstausgabe: ders., Der Weg nach Wigan Pier.

In seinem ersten Buch, einer Studie zur »Hierarchie der Bedürfnisse in heutigen Industriegesellschaften«, lieferte Halbwachs lediglich eine Bestätigung dessen, was auf der Hand zu liegen schien, nämlich dass verschiedene Gesellschaftsschichten in puncto Lebensstil sehr weit voneinander entfernt sein konnten, selbst wenn sie im Einkommen nahe beieinander lagen. So stellte sich etwa heraus, dass Angestellte ihr Familieneinkommen sehr ähnlich wie eine bürgerliche Familie aufteilten, also so wenig wie möglich für Lebensmittel ausgaben und ihr Budget notfalls strapazierten, um vorzeigbar zu wohnen, ihren Kindern eine gute Ausbildung zu sichern und sich darüber hinaus eine Haushaltshilfe und einen Sommerurlaub leisten zu können. Die typische Arbeiterfamilie gab im Gegensatz dazu relativ viel Geld für Lebensmittel und entsprechend weniger fürs Wohnen aus. Diese Unterschiede stellten eine Überraschung dar, besagte doch das bis dahin einzige allgemein akzeptierte »Gesetz« zum Verbraucherverhalten, das Engelsche Gesetz, formuliert um die Mitte des 19. Jahrhunderts vom Direktor des preußischen Statistischen Bureaus, Ernst Engel: je niedriger das Einkommen einer Familie, desto größer der für Lebensmittel ausgegebene Anteil. Diesem Prinzip zufolge hätten Angestellte und Lohnarbeiter bei gleichem Einkommen gleich viel für Lebensmittel ausgeben müssen. Um die Diskrepanz zu erklären, berief sich Halbwachs auf das von seinem Lehrer Emile Durkheim zuerst formulierte Argument, der Lebensstil einer gesellschaftlichen Gruppe sei durch deren kollektives Selbstverständnis bedingt. Demnach würden Arbeiter, weil sie gezwungen seien, ihre Arbeitszeit in der Gesellschaft »unbelebter Dinge« zu verbringen, »vom Rest der menschlichen Gemeinschaft abgeschnitten«. Um das Fehlen von Gemeinschaftserlebnissen in ihrem Arbeitsleben wettzumachen, gäben sie unverhältnismäßig viel Geld für Gemeinschaft stiftende Aktivitäten in der Freizeit aus, vor allem fürs Essen. Im Vergleich zum Kleinbürgertum investierten Arbeiter anteilsmäßig wenig Geld ins Wohnen, denn das hätte ihre Isolation eher noch verstärkt. Die Schlussfolgerung war eine wohlvertraute: Unterschiedliche Gesellschaftsklassen hatten ein unterschiedliches Bild von sich selbst. Für den Arbeiter bedeutete mehr Einkommen schlicht, dass er und seine Familie mehr und besser aßen. Bourgeoise Scheuklappen hinderten Halbwachs, obwohl er Sozialist und Experte für das »Wohnungsproblem« war, daran, die Frage zu stellen, ob nicht der Umstand, dass es Arbeitern einfach unmöglich war, anständigen Wohnraum zu finden, der einschneidenste Faktor war.[88]

Im sozialistischen Lager waren die führenden Leute der Konsumgenossenschafts-Bewegung die Einzigen, die rückhaltlos bereit waren, Arbeiter auch als Verbraucher zu betrachten. Freilich war der sozialistische Konsumismus, anders als der populistische Konsumismus in den USA, zu stark politisiert, um sich ohne weiteres in die Konventionen des bürgerlichen Konsumlebens einzufügen, perpetuierte er doch eher die proletarischen Subkulturen, selbst wenn er zugleich einen höheren proletarischen Lebensstandard brachte.

---

88 Halbwachs, La classe ouvrière; Baudelot/Establet, Maurice Halbwachs; Coffin, A »Standard« of Living?, 6–26.

In den Chroniken der europäischen Arbeiterbewegung wurde als einer der großartigsten Momente in der Geschichte der Bewegung der Tag im Jahr 1844 gefeiert, an dem 28 verarmte Flanellstoffweber aus einem schmucklosen Dorf namens Rochdale in den englischen Midlands, jeder mit einer Einlage von zwei oder drei Pfund, das Startkapital für die Eröffnung eines Ladens zusammenkratzten, in dem sie Mehl, Butter, Zucker und Haferflocken verkauften. Schon vor diesem Projekt hatten sich in den Tälern von Lancashire und Yorkshire Arbeiter zusammengetan, um etwas gegen die Ausbeutung durch ortsansässige Geschäftsleute, betriebseigene Läden und Inhaber von Handelsmonopolen zu unternehmen und ungepantschte Lebensmittel und anständig gefertigte Kleidung zu günstigen Preisen anbieten zu können, waren aber immer wieder mit der verflixten Frage kollidiert, wie die Gewinne verteilt werden sollten. Den »Pionieren« von Rochdale kommt das Verdienst zu, eine salomonische Lösung für dieses Problem gefunden zu haben; sie beschlossen, jährlich fünf Prozent Zinsen auf das Grundkapital auszuschütten, verteilt unter die Anteilseigner in Proportion zu ihrer Einlage und ihren Einkäufen. Zusätzlich wurde ein etwa anfallender Überschuss in Form einer Dividende an die Mitglieder ausbezahlt. Die Mitglieder solcher Konsumgenossenschaften oder Kooperativen, wie sie in den meisten Sprachen genannt wurden, erkannten, dass es ihnen zum Vorteil gereichte, wenn sie ihre Lebensmittel im eigenen Genossenschaftsladen kauften und aus ihrer Nachbarschaft und ihrem Bekanntenkreis neue Stammkunden anwarben. Die Bewegung breitete sich im Zuge der Industrialisierung aus und hatte um die Wende zum 20. Jahrhundert bereits Millionen Mitglieder, von Seattle und Minsk bis nach Kalkutta.[89]

Jedes Land, jede Region hatte ihren Propheten. In Frankreich war es Charles Gide. Der Politökonom und Gründer der *Ecole de Nîmes* übte sehr großen Einfluss nicht nur in der französischsprachigen Welt, sondern in ganz Europa aus. Für Gide war der Verbraucher der ungekrönte König der modernen Welt. »Verbrauchersouveränität«, wie er sie verstand, war eine weltbewegende Kraft, die sich aus dem Umstand speiste, dass die Verbraucher den »vergessenen dritten Stand« verkörperten. Ähnlich wie die Massen einfacher Leute, die sich einst zusammengerottet hatten, um die Tyrannei des alten aristokratischen Regimes zu beseitigen, würden sich die Verbraucher eines Tages zusammentun, um das repressive Joch des alten Regimes der Unternehmer abzuwerfen.[90] Im Gegensatz zum amerikanischen Verständnis des Verbrauchers, das in Letzterem lediglich ein individuelles Sortiment von Bedürfnissen sah, die sich in Kaufentscheidungen manifestierten, äußerten Gides Verbraucher ihren Willen kollektiv in Gestalt einer Vielzahl von Genossenschaftsläden. Auf dem Höhepunkt der Genossenschaftsbewegung in den zwanziger Jahren war das *Coop*-Logo für die Arbeiter nicht einfach nur ein »profanes Ladenschild«, sondern ein »Leitstern«, der das Konsumverhalten zahlloser proletarischer Gemeinschaften bestimmte.[91]

---

89 Lacour-Gayet, Histoire du commerce, 332–346; Furlough, Consumer Cooperation in France; dies./Strikwerda, Consumers Against Capitalism.
90 Défossé, La place du consommateur, 21ff.; Arlet, La consommation, 120ff.
91 Charles Gide zit. n. Lacour-Gayet, Histoire du commerce, 334.

Sozialistische Konsumgenossenschaften hatten es jedoch nicht leicht, wie das Beispiel der größten von ihnen zeigte, deren Geschäftsfeld Belgien war, das Kernland des europäischen Sozialreformertums, und die in einem denkbar großartigen Gebäude residierte, dem *Maison du Peuple* im Zentrum von Brüssel. Als der sechsstöckige, von Victor Horty im Jugendstil errichtete Bau 1899 eingeweiht wurde, entfiel nicht weniger als die Hälfte der gesamten Nutzfläche auf Räumlichkeiten der Konsumgenossenschaft. Dutzende Delegierte aus dem Ausland, Sprechchöre »Lang lebe die Internationale!«, Feuerwerksraketen und Zehntausende Einheimische, die mitfeierten, bejubelten ein aus der Arbeiterklasse hervorgegangenes Unternehmen, das mit seinen Verkaufsflächen, seiner Produktpräsentation und der Qualität seiner Waren jedem bürgerlichen Kaufhaus Paroli bieten konnte. Die Verbrauchersouveränität, die sich in diesem Konsumtempel manifestierte, hatte freilich eine Arme-Leute-Anmutung. Zum einen konnte das Genossenschaftskaufhaus keine Maßstäbe setzen; diese setzten, vor allem in Stilfragen, nach wie vor die bürgerlichen Modemacher. Dazu kam, dass die Kaufkraft der Arbeiter konjunkturbedingte Schwankungen durchlief. Wenn die Wirtschaft lahmte, litt das Geschäft mit modischen Dingen. Gekauft wurde nicht mehr anspruchsvolle, sondern nur noch »anständige« Kleidung, und Brot avancierte in solchen Zeiten zum meistgekauften Artikel. Darüber hinaus erwies sich die Suche nach Bezugsquellen als schwierig: Um möglichst billige Artikel zu finden, kamen die Einkäufer mit Unternehmern ins Geschäft, die schlechte Löhne bezahlten, und so war leicht vorstellbar, dass das Genossenschaftskaufhaus Waren feilbot, die von nicht gewerkschaftlich organisierten Arbeitern hergestellt worden waren oder sogar aus dem Ausland kamen.[92] Dazu kam, dass eine Parole wie »Einkaufen für den Sozialismus« bestehende gesellschaftliche Klüfte eher verbreitete, als sie zu schließen. Das Nacheifern funktioniert dann, wenn die oberen Schichten stolz darauf sind, imitiert zu werden, wie es bei der US-Unternehmerelite der Fall war, nicht aber wenn sie sich von denen, die ihnen nacheifern, bedroht fühlen und deren Verhalten grimmig als Sozialneid stigmatisieren.

Die strengsten Kritiker der Konsumgenossenschaften waren nicht Angehörige der bürgerlichen Eliten, sondern entstammten einem ihnen unmittelbar benachbarten kulturellen Milieu, nämlich dem von den Neosozialisten der Belgischen Arbeiterpartei geprägten. Der sachkundigste und prominenteste dieser Kritiker, Hendrik de Man, Spross einer einflussreichen flämischen Familie aus Antwerpen und der couragierteste und bekannteste sozialistische Revisionist in der Zwischenkriegszeit, war ein großer Bewunderer der Vereinigten Staaten, die er im letzten Kriegsjahr besucht hatte. Von Europa vollkommen enttäuscht, hatte er sich entschlossen, in die Vereinigten Staaten auszuwandern. Er hatte seine ganze Familie nach Seattle verfrachtet, um einen »neuen geistigen Ankerplatz« zu finden und eine neue Existenz als Universitätsprofessor zu begründen. In seinem soziologischen Tribut an die Vereinigten Staaten, *Au pays du Taylorisme*, gab er Entwarnung hinsichtlich der von Sombart geäußerten Befürchtung, die amerikanische Arbeiterklasse sei durch materielle Annehmlichkeiten vom politischen Engagement weggelockt worden. Seine

---

92 Scholliers, The Social-Democratic World of Consumption, 71–91.

besondere Zuneigung galt den bestens funktionierenden Konsumgenossenschaften, die er an der amerikanischen Westküste vorfand. Von ihren Erfolgen solle, so meinte er, die belgische Arbeiterschaft lernen. So dachte er zumindest bis zu dem Tag, den er später rückblickend als »den schlimmsten seines Lebens« bezeichnete.[93] Es war irgendwann Mitte der zwanziger Jahre, als ihm plötzlich klar wurde, dass in ganz ähnlicher Weise auch die europäische Arbeiterklasse dem Sozialismus abspenstig gemacht wurde. In einem brillanten Schachzug stellte er die von Sombart gestellte Frage auf den Kopf: Das Problem, das es zu erforschen gelte, laute nicht: »Warum gibt es in Amerika keinen Sozialismus?«, sondern: »Warum gibt es Sozialismus in Europa?«

De Man fand eine Antwort auf diese Frage: Der Sozialismus in Europa speiste sich nicht aus dem Elend, das die Industrialisierung über die Arbeiter gebracht hatte, sondern aus einem tiefen Verlangen nach Demokratie, Gleichberechtigung und moralischer Sinnhaftigkeit, Werten, die der bürgerlichen Zivilisation Europas abgingen. Wenn die sozialistische Bewegung ein wirksames Reformprogramm auf die Beine stellen wollte, musste sie sich hohe Ziele setzen. Arbeiter litten nicht nur unter wirtschaftlichen Entbehrungen, sondern auch unter einem Gefühl gesellschaftlicher Minderwertigkeit. Wenn man ihnen die Gelegenheit dazu gäbe, würden sie gewiss versuchen, diesen Komplex abzuschütteln, indem sie sich in eine »Kultur der Imitation einkauften«. Sein Fazit – zu der Zeit absolut unorthodox – lautete, man müsse beim Kampf um den Sozialismus moralische Grundfragen in den Mittelpunkt stellen und nicht materielle Konsumbedürfnisse. Wenn jedoch das Ziel eine Revolution der Werte war, musste man die materialistische Kultur der USA als ein enormes Hemmnis in diesem Kampf ansehen. So entschieden wandte sich der Sozialist, der ab Mitte der dreißiger Jahre vielen als der intellektuelle Schrittmacher der europäischen sozialistischen Bewegung galt, gegen die amerikanische Massenkultur, dass er sich auf die Suche nach einem neuen, »nationalen« Sozialismus machte. Dabei ging de Man so weit, dass er 1940 sogar Hitlers »Neue Ordnung« guthieß.[94]

Werner Sombart, der einstige »rote Fürst« der deutschen Soziologie, gelangte etwa um dieselbe Zeit zu ähnlich vernichtenden Erkenntnissen über den Konsumismus des Proletariats. Bei ihm hatte sich im Verlauf der zwanziger Jahre zunehmend die Überzeugung verfestigt, dass die Zwecke, deretwegen die Bourgeoisie Kapital akkumulierte, im Zeitalter des »Hochkapitalismus«, wie er ihn nannte, einmal mehr ihren Charakter gewandelt hatten. In der Ära des Frühkapitalismus sei es dem Bürgertum zum einen um Profite, zum anderen aber auch um die Befriedigung bestimmter, klar definierter Bedürfnisse gegangen. An die Stelle der Letzteren sei mittlerweile Habgier in reinster Form getreten – unbegrenzt, ungezügelt und alle Werte zerfressend. Die Amerikaner hätten hierfür Schrittmacherdienste geleistet, doch der eigentliche Prototyp des modernen Kapitalisten sei der Jude, den man zwar wegen seines untrüglichen Scharfblicks bewundern, ebenso aber auch wegen seiner kulturellen Wurzellosigkeit bedauern müsse. Nach seiner Bekehrung zum Nationalsozi-

---

93 De Grazia, The Exception Proves the Rule, 170–181; allgemeiner zu dem faszinierenden de Man siehe White, Lost Comrades, sowie Pierson, Leaving Marxism.
94 Pierson, Leaving Marxism, Kap. 2; siehe auch Sternhell, Neither Right nor Left, 119–141.

alismus nach 1933 äußerte Sombart zunehmend unverblümt seine Auffassung, der deutsche Sozialismus (womit er die Ideologie des NS-Regimes meinte) müsse neue, »gute« Maßstäbe in Sachen Verbrauchergeschmack und Lebensqualität setzen. Weder die alten bürgerlichen Klassen mit ihrem sinnfreien Luxus noch die »Einförmigkeit einer proletarischen, grauen Dürftigkeit« seien in der Lage, eine prinzipienfeste Lebensanschauung hervorzubringen. Ein »schlichter, einfacher Staat« wie das alte Preußen habe ein überzeugendes Vorbild geboten, ebenso wie sein bedeutendster Herrscher, Friedrich der Große, der eine »abgeschabte Uniform« getragen, aber eben »zwischen edlem und unedlem Bedarf zu unterscheiden« gewusst habe.[95]

Der Verbraucher rückt ins Zentrum

Wie Sombarts reaktionäre Wende deutlich macht, brachten die dreißiger Jahre einen Paradigmenwechsel in der Diskussion über den Lebensstandard. In den zwanziger Jahren war der Konsum außerhalb der Genossenschaftsbewegung noch kaum ein Thema gewesen.[96] Liberale Ökonomen hatten zwar über ihn geschrieben, ihn aber eher als potenziellen Problembereich abgehandelt – immerhin hätten einige europäische Volkswirtschaften den Ersten Weltkrieg ohne Rationierungen und andere Konsumbeschränkungen an der Heimatfront nicht durchgestanden. Doch bis zu dem Zeitpunkt, da die Debatten über Lohnerhöhungen in neuer Gestalt, nämlich als Debatten über eine Zunahme der Kaufkraft zum Zwecke der Rettung des ganzen kapitalistischen Systems vor der großen Krise, wieder auflebten, war Armut oft als ein unabänderlicher Aspekt der menschlichen Existenz behandelt worden; der freie Markt hatte in diesem Denkmodell als Instrument für die Verteilung knapper Güter figuriert, der Konsum als eine Art Freiheitsrecht unter anderen, wie Handel und Gewerbe den Wechselfällen der Politik und des Marktes ausgesetzt. Für die liberale Volkswirtschaftslehre alter Schule lag es auf der Hand, dass es in guten Zeiten mehr, in schlechten weniger Konsum gab. Liberale Kommentatoren hatten denn auch einige bedeutsame neue Trends ignoriert. Da war zunächst einmal die Tatsache, dass der Staat seit langem den Konsum auf die eine oder andere Weise reguliert hatte, sei es durch Rationierung, durch Lohndrosselung, durch Kampagnen zugunsten des Kaufs einheimischer Waren, durch Steuern, Abgaben und Zölle usw. Dazu kam, dass der Weltkrieg, wie Keynes es formulierte, »allen die Möglichkeit des Genusses und vielen die Nutzlosigkeit der Entbehrung gezeigt« und dem quasi-religiösen Dogma, dass »[der Kuchen] niemals verzehrt werden durfte«, ein Ende gemacht hatte. Nicht nur ließ sich die Forderung nach einer gerechteren Umverteilung des Wohlstandes nicht endlos lange vertagen, sondern die bürgerliche Tugend des Sparens (anstelle des Konsumierens) drohte zu einem Hemmnis für die weitere Entwicklung des Ka-

---

95 Sombart, Deutscher Sozialismus, 270. Zu Sombarts reaktionärer Kehrtwende siehe Sieferle, Die Konservative Revolution, 74–105.
96 Der versprengte Autor, der sich zu diesem Thema äußerte, war ein Kind konservativ-liberaler Denktraditionen und von seiner Ausbildung her kein Ökonom, sondern Jurist. Beispiel: Strat, Le rôle du consommateur.

pitalismus zu werden.[97] Dazu kam zuletzt noch, dass die Weltwirtschaftskrise, ob sie nun auf Überproduktion oder Unterkonsumtion zurückgeführt wurde, sich völlig unbeeindruckt zeigte von traditionellen deflationären Gegenmitteln der liberalen Ökonomie wie dem radikalen Herunterfahren der Staatsausgaben, um Kosten, Löhne und Preise in eine Abwärtsspirale zu treiben, bis für das Kapital wieder der richtige Moment zum Investieren kam.

In der Tat läuteten die staatlichen Reaktionen auf die Weltwirtschaftskrise das Totenglöcklein für die klassischen ökonomischen Grundlagen der alten Konsumkultur. Durch die Bank, von links nach rechts – von dem britischen Labour-Führer Ramsey McDonald bis zum deutschen Reichskanzler Brüning, einem konservativen Katholiken – setzten die Regierungen auf Deflation und zerschlugen damit politisches Porzellan. Den Millionen Erwerbslosen sollte geholfen werden, doch keines der damals zur Verfügung stehenden Instrumente funktionierte: weder das Stempelgeld, das ein Almosen war, noch improvisierte öffentliche Arbeitsbeschaffungsprojekte, noch die lückenhafte Arbeitslosenversicherung. Es war nur eine Frage der Zeit, bis massenhafte Protestbewegungen, massive Stimmenumschichtungen zugunsten der Oppositionsparteien und ein Erstarken antiparlamentarischer Bewegungen alle diese Politiker aus dem Amt fegen würden.

Eine bemerkenswerte Konsequenz hieraus war, dass Ökonomen und Politiker begannen, in der Stärkung der Massenkaufkraft eine unabdingbare Voraussetzung für die Wiedergenesung des Kapitalismus zu sehen. Keynes wird unweigerlich das Verdienst dafür zugeschrieben, die bis dahin wenig verstandenen Voraussetzungen für eine effektive Nachfrage als Erster erklärt zu haben, indem er die Notwendigkeit herausarbeitete, das Ausgabenverhalten der Verbraucher in seiner Gänze zu verstehen. Die konventionelle Unterscheidung zwischen Produzenten und Verbrauchern, die besonders gern von liberalen Volkswirtschaftlern praktiziert wurde, nach deren Überzeugung die zwischen diesen beiden stehenden Hindernisse – Kartelle, Bürokratien, schlechte Regelwerke – die Krise verursacht und ihre rasche Beilegung verhindert hatten, verwarf Keynes und entwickelte stattdessen das Konzept einer Konsumfunktion als Pendant zu anderen wirtschaftlichen Triebkräften wie der Investitionsfunktion oder der Nachfrage nach Geld. Diesen Faktoren analytisch auf den Grund gehend, fand er heraus, dass wohlhabendere Leute proportional mehr Geld sparten und somit proportional weniger konsumierten, womit sie indirekt die Investitionen bremsten. Diese unerwartete Erkenntnis lief darauf hinaus, dass die eigentlich unberechenbaren Marktkräfte die Investoren, die kapitalistischen Produzenten und die bürgerlichen Verbraucher waren, die durch ihr Sparen dem Markt potenzielle Nachfrage entzogen, und eben nicht die Masse der Verbraucher, deren Nachfrage sich durch eine kompetente staatliche Geld- und Haushaltspolitik vernünftig steuern ließ. Als Sozialsnob vertrat Keynes in der Frage, was die Verbraucher mit ihrer Kaufkraft tatsächlich anfingen – wenn sie sie überhaupt nutzten –, eine agnostische Position.[98]

---

97 Keynes, Die wirtschaftlichen Folgen des Friedensvertrages, 14ff.
98 Halbwachs kritisierte Keynes, weil dieser sich nur für die Nachfrage interessiere und nicht für den Konsum; dieser Mangel an Verständnis für die Motive, deretwegen Menschen Geld sparen oder es

Die von Keynes propagierten Ideen hatten noch nicht einmal richtig die Runde gemacht, als die Frage, welche Maßnahmen ergriffen werden mussten, um für eine Stärkung der Massenkaufkraft zu sorgen, in den Mittelpunkt der Debatte rückte. Zwangsläufig richteten sich alle Augen auf die Vereinigten Staaten, wo Franklin D. Roosevelt dank seines *New Deal* aussah wie einer, der mit Erfolg die Massenkaufkraft erhöht, die Massen ermächtigt und die Kartelle in ihre Schranken gewiesen hatte. In Wirklichkeit ging es Roosevelt um etwas anderes: Indem er auf der einen Seite das Recht der Gewerkschaften auf bindende Tarifabschlüsse anerkannte und auf der anderen Seite zugleich die Sozialversicherung einführte, sorgte er für eine erhebliche Stärkung sowohl des amerikanischen Kapitalismus als auch der amerikanischen Demokratie. Er und seine Regierung sahen im Verbraucher allerdings keine politische Kraft, sondern einen Motor des wirtschaftlichen Wachstums. Die normalerweise wirtschaftlich diffusen Interessen der Verbraucher wurden politisch gezielt »aufgeladen«, damit sie der Macht der Starken und Konzentrierten Paroli bieten konnten, allerdings nicht bis an den Punkt, da das freie Unternehmertum hätte Schaden nehmen können, indem der Staat aktiv eine Umverteilung des Reichtums betrieben oder den Bundesbehörden wesentliche neue Regulierungskompetenzen verliehen hätte.[99]

Anders in Europa: Dort provozierten Projekte zur Verbesserung der Massenkaufkraft unverzüglich Diskussionen über die vertrackte Frage, wie die Menschen ihre gestiegene Kaufkraft nutzen würden. Europäische Länder standen plötzlich vor Problemen, die die Amerikaner entweder im Laufe der Zeit gelöst hatten, wie die Anpassung von Einwanderern an die Normen amerikanischer Lebensführung, oder die sich ihnen nach 1914 einfach nicht mehr gestellt hatten, etwa der Konkurrenzdruck durch importierte Waren oder der Einfluss ausländischer Konsumvorbilder. Anders ausgedrückt: Die Vorstellung, die Erholung der Weltwirtschaft hänge davon ab, dass man der Wahlfreiheit des Verbrauchers keinerlei Zügel mehr anlege, gewann just zu dem Zeitpunkt an Einfluss, als die ihr zugrunde liegenden Theorien an Kurswert zu verlieren begannen. Welche Faktoren also sollten in dieser Situation die Veränderung von Verbrauchergewohnheiten bewirken, dabei zugleich die Bevölkerung vor der überzogenen Aneignung fremder Gepflogenheiten bewahren, positive Maßstäbe setzen und Markttrends und kulturelle Botschaften auf einen Nenner mit dem jeweiligen nationalen Ressourcenmix bringen? Ganz plötzlich wurde klar, welchen großen Nutzen der Parameter eines nationalen Lebensstandards entfalten konnte.[100]

> ausgeben, der sich in der abstrakten Argumentation von Keynes' Allgemeiner Theorie deutlich zeige, schwäche, so Halbwachs, deren prognostischen Wert. Der junge US-Ökonom James Duesenberry sollte ein Jahrzehnt später, ohne von Halbwachs etwas zu wissen, einen sehr ähnlichen Einwand gegen Keynes vorbringen: Politiker, die die Keynes'schen Rezepte praktizierten, müssten, um Wirkung zu erzielen, erkennen, dass die hinter der Nachfrage steckenden Wahlmöglichkeiten gesellschaftlich komplexer Natur waren, dass sie sich entwickelnde Bedürfnisse, Klassenbeziehungen und Ideale einer kollektiven Wohlfahrt reflektierten. Halbwachs, La »Théorie Générale«, 25–41; Duesenberry, Income, Saving, and the Theory of Consumer Behavior. Allgemeiner zur Verbreitung der Keynes'schen Ideen siehe Hall, The Political Power of Economic Ideas.
> 99 Cohen, The New Deal State, 111–125; Brinkley, The End of Reform, 65–85.
> 100 Arlet, La consommation, 147.

So kam es, dass Europa in der zweiten Hälfte der dreißiger Jahre zum Schauplatz mehrerer tastender Versuche wurde, neue Indizes für den Lebensstandard zu etablieren, wobei rechte und linke Ideologen miteinander wetteiferten, beide mit der amerikanischen Erfahrung im Hinterkopf. Zwei gegensätzlichere politische Ansätze im Hinblick auf den Lebensstandard konnte man sich schwerlich vorstellen als den der französischen Volksfront-Regierung unter Léon Blum und den von Hitlers Drittem Reich. Die von Blum geführte Linkskoalition strebte nach einer Steigerung der Kaufkraft auf der ganzen Linie, einer Umverteilung des Reichtums und einer Emanzipation der Arbeiterschaft durch gewerkschaftliche Vertretung und Flächentarife. Das NS-Regime hingegen verfolgte das Ziel, »so viel Butter wie nötig und so viele Kanonen wie möglich« zu produzieren.[101] Unter den einschränkenden Bedingungen einer abgeschotteten Volkswirtschaft, die zunehmend im Zeichen der Kriegsvorbereitung stand, waren die Nationalsozialisten bestrebt, all jene Konsumgüter, deren Fehlen Deutschland bis dahin rückständig hatte erscheinen lassen, preiswert zur Verfügung zu stellen, die bislang klassendifferenzierte Kulturversorgung egalitärer zu gestalten und bei der Verteilung knapper Ressourcen Interessenten je nach ihrer Stellung in der Nützlichkeits- und Rassenhierarchie der sogenannten Volksgemeinschaft zu belohnen oder knappzuhalten.

Für Konservative verkörperte die französische Volksfront-Regierung das schlimmste denkbare Szenario: Nicht nur dass höhere Löhne für sie Anathema waren, sie fürchteten auch die veränderte Lebensphilosophie, die die an die Macht gekommene Linke verkündete. Nach ihrem Wahlsieg vom Mai 1936 vermeinte die radikalsozialistische Koalition dem Beispiel des Rooseveltschen *New Deal* zu folgen, als sie daranging, durch Lohn- und Gehaltserhöhungen in allen Branchen die Massenkaufkraft zu steigern. Um dieses Ziel zu erreichen, ergriff die Regierung des Sozialisten Léon Blum drei Maßnahmen: Sie verkürzte die Wochenarbeitszeit auf vierzig Stunden ohne Kürzung der Lohneinkünfte und sorgte dadurch für mehr Beschäftigung; sie beschaffte zusätzliche Arbeit durch öffentliche Bauprojekte und erhöhte die Preise für Agrarprodukte, um den Bauern zu besseren Einkommen zu verhelfen.[102] So wagemutig diese Schritte waren, so wenig wollte die Regierung einen Wertverlust des Franc riskieren, um nicht die auf Sparen und Rente ausgerichtete Lebensplanung der bürgerlichen Mittelschicht zu gefährden oder etwa dem Großbürgertum durch die Kontrolle von Kapitalflüssen noch größeren Schrecken einzujagen. Das hatte freilich zur Folge, dass ein überbewerteter Franc den Export französischer Waren erschwerte, während zugleich fehlende Devisenkontrollen den Export von Kapital ermöglichten, was wiederum eine Finanzkrise auslöste, die zum Sturz der Volksfront-Regierung führte.

Aber was für eine Zeit das war, die knapp zwei Jahre, die die Regierung Blum an der Macht ausharrte: Dank der Vierzigstundenwoche, des zur Institution gewordenen freien Wochenendes, des erstmals eingeführten bezahlten Urlaubs, der Feststimmung im Lande und der Streiks in der Industrie, die für eine sinkende Arbeits-

---

101 Abelshauser, Germany, 131; Berghoff, Enticement and Deprivation, 165–184.
102 Piettre, La politique du pouvoir d'achat.

produktivität sorgten, kam die französische Arbeiterschaft dem Genuss des von Lafargue verkündeten »Rechts auf Faulheit« so nahe, wie man es sich in einer modernen Industriegesellschaft nur vorstellen konnte. Mit der Schaffung eines neuen Kabinettspostens, des Staatssekretärs für Sport und Freizeit, unterstrich die Volksfront-Regierung ihren Willen, neben dem Konsum von Gütern auch den Konsum von Freizeit zu fördern, und Leo Lagrange, der erste Inhaber des neu geschaffenen Amtes, setzte dieses Programm unter anderem durch eine Verbilligung der Bahntarife in die Tat um, die den Tourismus ankurbeln sollte.[103]

Die hinter der Politik der Volksfront stehende Überzeugung, eine Steigerung der Konsumfähigkeit der Arbeiterklasse werde auch die Demokratisierung der Gesellschaft fördern, stellte eine deutliche Abkehr vom traditionellen Asketismus des sozialistischen Denkens dar. An dieser Stelle betrat Maurice Halbwachs wieder die Bühne: 1933 veröffentlichte er ein neues Buch über den Lebensstandard der Arbeiterklasse, eine Fortschreibung seines 1912 erschienenen Werkes zum selben Thema. Er erklärte offen, dass sich seither seine Auffassungen vollständig geändert hätten, und zwar nicht nur aus Gründen der Zeit, sondern auch der Distanz. Damit meinte er den wesentlich verbreiterten Wahrnehmungshorizont, den er durch seinen viermonatigen Aufenthalt in den Vereinigten Staaten im Herbst 1930 gewonnen hatte, als er auf Einladung des progressivsten amerikanischen Soziologen, Robert E. Park, an der Universität von Chicago gelehrt hatte. Die Qualitäten, die zu dieser Berufung geführt hatten, vor allem seine geschärfte Wahrnehmung für die »Realitäten des Alltagslebens«, sein genialer Umgang mit Statistiken und seine wissbegierige Offenheit für ethnische und rassische Vielfalt und radikal andere Lebensweisen, trugen sicher entscheidend dazu bei, dass er von seinen früher vertretenen Auffassungen abrückte. Eine wichtige Rolle spielte dabei aber auch jenes »kostbare Dokument«, das ein führender US-Gewerkschafter ihm mitgab, als er auf dem Rückweg nach Frankreich im Arbeitsministerium in Washington vorbeischaute. Es handelte sich dabei um nichts anderes als die Dokumentation, die man in Detroit für die berüchtigte *Ford*-ILO-Erhebung erstellt hatte.[104]

Zurück in Paris, widmete Halbwachs sich wieder seiner wissenschaftlichen Lebensaufgabe, der Analyse der besten verfügbaren Daten zum Lebensstandard in Europa, und wertete in diesem Zusammenhang auch die Befunde der ILO-Erhebung aus. Zur Verfügung standen ihm mittlerweile die Ergebnisse einer groß angelegten Studie des deutschen Statistischen Reichsamts über die Auswirkungen der großen Inflation auf den deutschen Durchschnittsbürger. In die 1927/28 durchgeführte Studie waren 2.036 deutsche Familien einbezogen gewesen. Halbwachs rezipierte sie im Licht seiner in den USA gesammelten Erfahrungen. Die deutsche Studie zeigte, wie sehr sich das Verbraucherverhalten der Arbeiterschaft von dem der Angestellten und dieses wiederum von dem der Beamten unterschied; jede dieser Klassen setzte beim Geldausgeben andere Schwerpunkte. In Amerika war in ihm die Er-

---

103 Jackson, The Popular Front in France, 131–138, 159–182.
104 Halbwachs, Brief an seine Mutter, 20. November 1930, 152, Mission à Chicago, Lettres à Yvonne, HBW2.A1–03.3, Institut Mémoires de l'Edition Contemporaine, Paris; Marc Bloch, La répartition des dépenses, 84; Halbwachs, L'évolution des besoins, 105.

kenntnis gereift, dass neue Bedürfnisse Menschen dazu bringen können, bis dahin festgefügte Bedürfnishierarchien umzukrempeln. In Amerika war der Lebensstil keine Funktion des »Arbeitsstils«. Auch der Arbeiter hatte die Freiheit, individuelle Lebensstil-Prioritäten zu setzen. Es war sogar denkbar, dass Arbeiter als Schrittmacher für neue Verbrauchergewohnheiten fungierten, vorausgesetzt ihr Einkommen ließ dies zu, denn anders als die bürgerliche Elite und die untere Mittelschicht waren sie nicht auf bestimmte »standesgemäße« Anschaffungen fixiert. Um diesen Trends gerecht zu werden, wählte Halbwachs für sein neues Buch den Titel *Die Evolution der Bedürfnisse*.[105]

Halbwachs tat sich schwer, seine Kollegen von seinen neuen Auffassungen zu überzeugen. An einer vom Französischen Institut für Soziologie veranstalteten Diskussionsrunde nahmen sein bester Freund Simiand und eine Anzahl weiterer Skeptiker teil, deren Hauptanliegen es war, die politischen Implikationen seiner Thesen zu erörtern. So wollten sie von ihrem langjährigen Kollegen wissen, auf welche Weise der sogenannte höhere Lebensstandard das Bewusstsein der Arbeiter verändern würde. Wurden die amerikanischen Arbeiter zunehmend bürgerlich? Kauften sie Konsumgüter, um ihr gesellschaftliches Ansehen zu verbessern? Ließen sie den Sozialismus sausen, um einem illusorischen kapitalistischen Wohlstand nachzujagen? Waren ihre Bedürfnisse nicht künstlicher Natur, erzeugt und geprägt von der Werbung? Halbwachs konterte mit dem Argument, die in Ehren ergraute marxistische Unterscheidung zwischen echten und falschen Bedürfnissen sei Spiegelfechterei: Nähmaschinen, elektrische Bügeleisen, Waschmaschinen und Küchengerätschaften seien kein eitler Wahn, sondern profund lebensverändernde Dinge, besonders für die Hausfrau. Mit unerschütterlicher Gelassenheit ignorierte er Marcel Mauss' verächtliche Bemerkung über amerikanische Frauen: »Die wissen doch nicht einmal, was gutes Kochen heißt. Selbst die Farmerinnen bereiten Schweinefleisch und Bohnen nur aus der Konservendose zu.« Die neuen Verbrauchergewohnheiten, argumentierte Halbwachs, speisten sich aus dem Verlangen, an einem neuen kollektiven Erfahrungsbereich teilzuhaben, in dem herkömmliche gesellschaftliche Trennlinien nicht mehr zählten; das sei etwas anderes als der Wunsch nach Aufstieg in die nächsthöhere gesellschaftliche Klasse. Allerdings werde die neue Konsumkultur ebenso sicher, wie sie neue Freiheiten eröffnete, auch neue Beschränkungen mit sich bringen. Auf jeden Fall tue man gut daran, sich auf das absehbare Ende der traditionellen »Politik für die Arbeiterklasse« einzustellen.[106]

Im Frankreich der späten dreißiger Jahre kam es jedoch, nachdem die Lohnpolitik der Volksfront-Regierung den größten Anstieg der Lohneinkommen in der französischen Geschichte bewirkt hatte, erst einmal nicht zu einer Annäherung, sondern zu einer weiteren Ausdifferenzierung der Verbrauchergewohnheiten, mit der Folge, dass sich bestehende Status-Reibungen eher noch verschärften. Die einzige wissenschaftliche Studie, auf die wir hier zurückgreifen können, wurde von Henry Delpech durchgeführt, einem konservativen Juristen von der Universität Toulouse, der

---

105 Halbwachs, L'évolution des besoins, 57, 107; Coffin, A »Standard« of Living? 6–26, insbes. 18f.; Baudelot/Establet, Maurice Halbwachs; Zimmerman, Consumption, 399f.
106 Halbwachs, Budgets de famille, 15, 65ff., 80.

sich bei dem Versuch, aussagekräftige Daten über seiner Heimatstadt zu erheben, mit den üblichen Problemen konfrontiert sah, nämlich dass Arbeiterfamilien über ihre Ausgaben nur sehr lückenhaft Buch führten, ihre Unterlagen aber bereitwillig herzeigten, während bürgerliche Familien oft eine Finanzbuchhaltung pflegten, die einem kleinen Betrieb Ehre gemacht hätte, ihre Unterlagen aber, wie ihre verletzte Würde, »hinter den geschlossenen Türen versiegelter Stadthäuser« verbargen. Dennoch gelangte Delpech zu Ergebnissen, die zeigten, dass in der Frage, welche Dinge jede Bevölkerungsschicht als unerlässlich für ihr Wohlbefinden erachtete, eine an Aberglauben grenzende »grundlegende Diskrepanz der Mentalitäten« herrschte. Die Familien der *rentiers* sparten, wenn das Einkommen knapp wurde, am Essen, um den äußeren Schein aufrechtzuerhalten; kleine Beamte oder Angestellte gaben, wenn sie in den Genuss einer Gehaltserhöhung kamen, sogleich mehr Geld für eine abwechslungsreichere Ernährung aus; Arbeiter erhöhten, wenn sie mehr Geld in der Lohntüte fanden, ihren Fleischverbrauch und leisteten sich besseres Fleisch und bessere Wurst.[107]

Die Überzeugung, die von der Lohn- und Freizeitpolitik der Volksfront-Regierung geförderten Konsumexzesse hätten unmittelbar zur Krise der Dritten Republik beigetragen, war in der bürgerlichen Öffentlichkeit weit verbreitet: »Der Lebensstandard der Menschen hängt mehr und mehr von der Großzügigkeit des Staates ab und nicht mehr so sehr von irgendwelchen realen wirtschaftlichen Gegebenheiten«, behauptete André Siegfried. Die Franzosen, so führte er aus, äßen sich buchstäblich in eine wirtschaftliche Abhängigkeit hinein, in dem Maß, wie sie durch wachsende Lebensmitteleinfuhren dafür sorgten, dass die Zahlungsbilanz ihres Landes, die früher zugunsten des Mutterlandes ausgefallen war, zunehmend die französischen Kolonien begünstigte.[108] Der ungezügelte Appetit der Franzosen – sowohl auf Freizeit als auch auf Essbares – schien die von vielen Konservativen ohnehin vertretene Auffassung zu untermauern, der französische Verbraucher sei ein von Natur aus »verschwenderisches«, »undiszipliniertes« und »irrationales« Wesen. In ihren Augen rechtfertigte diese Diagnose sowohl die Eindämmung und Kürzung der Löhne als auch den Ruf nach Experimenten mit einer staatlichen Lenkung des Verbraucherverhaltens, wie ihr von Jahr zu Jahr erstarkender Nachbar Deutschland sie vorexerzierte.[109]

Spätestens Ende der dreißiger Jahre war Nazideutschland zum Schauplatz des denkbar radikalsten Versuchs geworden, eine »Kommando-Konsumkultur« einzuführen. Das zweite große europäische Alternativmodell verkörperte die Sowjetunion. Die Stalinschen Fünfjahrespläne hatten nämlich auch einen Konsum-Aspekt, der jedoch nie so viel ehrfürchtiges Augenmerk auf sich zog wie der Aspekt der Produktionssteigerung. Dass die staatlich erzwungenen Investitionen in die Industrialisierung der Sowjetunion als ihre Kehrseite einen Investitionsabbau in wesentlichen Bereichen der Grundversorgung – Nahrungsmittel, Wohnungsbau, Bekleidung – hatten, von dem achtzig Prozent der Bevölkerung betroffen waren, fand offenbar

107 Delpech, Recherches sur le niveau de vie, 292, 319; siehe auch ebd., Vorwort, 11.
108 Siegfried, Europe's Crisis, 125ff.
109 Arlet, La consommation, 136.

niemand erwähnenswert, ebenso wenig wie den Umstand, dass die Fünfjahrespläne einen gigantischen Verwaltungsapparat erforderten, um die Rationierung von Mangelwaren zu organisieren, und zwar mit der Vorgabe, die Metropolen Moskau und Leningrad gegenüber dem Rest des Landes und die privilegierten Parteifunktionäre und Stachanowisten gegenüber den hungernden Kleinbauern und Arbeitslagerinsassen zu bevorzugen.[110] In Deutschland wiederum propagierte der »Führer« seinen völkischen Lebensstandard in seiner unverblümten Art als die paradigmatische Alternative zum *American way of life*.

Der nächstliegende praktische Ansatz für ein Regime, dem das Gold und die Währungsreserven ausgingen und das sich daher keine Abhängigkeit von importierten Lebensmitteln, insbesondere Kolonialwaren und Fetten, mehr leisten konnte, war das Streben nach Autarkie. Die Durchsetzung erfolgte durch Werbekampagnen für deutsche Waren, durch Rationierungen und durch eine speziell an die deutsche Hausfrau gerichtete, indoktrinierende Propaganda »gegen die schrankenlosen Einfuhren der Nachkriegszeit, die unsere Hausfrauen dazu verführt haben, Anforderungen an den deutschen Markt zu stellen, die vom deutschen Boden abgekoppelt waren«. Von der NS-Bürokratie angespornt, legte die deutsche Wirtschaft ein geniales Händchen für Ersatzlösungen an den Tag. In manchen Bereichen waren diese leicht zu finden, so etwa wenn als Ersatz für Südfrüchte deutsche Äpfel propagiert wurden (die den viel beklagten Verlust der Bananen jedoch nie wirklich kompensieren konnten). Andere Ersatzprodukte wie Malzkaffee erforderten ein gehöriges Maß an Selbsttäuschung, um die geschmacklichen und stimulierenden Qualitäten von Bohnenkaffee zu ersetzen. Als besonders schwierig erwies sich die Suche nach Ersatzstoffen für Fette; in diesem Bereich bestand eine hohe Abhängigkeit von Importen – zum Beispiel bezog Deutschland Schmalz in großen Mengen aus den Vereinigten Staaten. Quark, Margarine und andere fetthaltige Produkte standen nicht in ausreichender Menge zur Verfügung. Die deutsche Chemie- und Kunststoffindustrie tat ihr Möglichstes, um Ersatzstoffe für Kautschuk, Wolle und Baumwolle zu entwickeln. Propagandakampagnen für Ersatzstoffe, Ernährungsempfehlungen, Ermahnungen, »deutsch« zu kaufen – all dies sensibilisierte die deutschen Verbraucher für die patriotische Komponente ihres Einkaufsverhaltens.[111]

Die deutsche Kommando-Konsumkultur zeichnete sich durch eine demonstrative, politisch gewollte Propagierung innovativer Produkte wie des Radios und insbesondere des Automobils aus. Nirgendwo war der Rückstand der deutschen gegenüber der amerikanischen Konsumgüterwirtschaft so ausgeprägt gewesen wie im Automobilsektor, und kein anderes Produkt hatte Klassenunterschiede so sichtbar hervorgehoben wie das Automobil. Es gab kein Problem im Bereich der Versorgung mit Konsumgütern, das den Führer intensiver beschäftigt hatte. Um der Bevölkerung ein preisgünstiges Auto anbieten zu können, entsandte er den aus Österreich stammenden Autokonstrukteur Ferdinand Porsche nach Detroit und erteilte ihm

---

110 Es liegen mittlerweile zwei herausragende Arbeiten über Lebensstandards und Verbraucherpolitik unter sowjetischer Herrschaft vor: Osikina, Our Daily Bread, und Hessler, A Social History of Soviet Trade.
111 Reagin, Comparing Apples and Oranges, 241–261; dies., *Marktordnung* and Autarkic Housekeeping, 162–184.

danach den Auftrag, ein neues Automodell zu entwerfen und Pläne für dessen massenhafte Produktion zu erstellen. Da sich für die Produktion des Porsche-Autos keine privaten Geldgeber fanden – auch Opel und *Ford* winkten ab –, wandte Hitler sich an Robert Ley, den Führer der Deutschen Arbeitsfront (DAF). Ley brannte darauf, seine bürokratischen Pfründen auszuweiten, und erklärte sich bereit, das Volkswagen-Projekt unter seine Fittiche zu nehmen. Er ließ sich dafür den originellen Plan einfallen, die Entwicklung des Autos aus den Vorauszahlungen künftiger Käufer zu finanzieren. Gleich im ersten Jahr meldeten sich 250.000 Familien als Besteller an, die sich verpflichteten, vier Jahre lang wöchentlich fünf Reichsmark zu bezahlen. Ihre Vorfreude dürfte einen Dämpfer erhalten haben, als die Montagestraßen in dem riesigen neuen Fabrikkomplex in Wolfsburg auf die Produktion von Militärfahrzeugen umgerüstet wurden. Als die zivile Produktion 1948 wieder anlief, mussten die Subskribenten, soweit sie noch am Leben waren, feststellen, dass sie keinen Erfüllungsanspruch hatten. Ihre Vorauszahlungen waren in der sowjetischen Besatzungszone versickert, ihre gerichtlich geltend gemachten Ansprüche auf Anerkennung ihrer Kaufverträge wurden 1954 in letzter Instanz verworfen. *Caveat emptor* hatte unter totalitären Regimen eine besondere Bedeutung.[112]

Ein notwendiger Bestandteil der Kommando-Konsumwirtschaft war die Rationierung von Waren des Grundbedarfs wie etwa Bekleidung. 1938 beschleunigte das Regime in Anerkennung der Tatsache, dass drei Viertel aller Textilfasern importiert waren, die Produktion von Ersatzgeweben und erhöhte zugleich die Flachs-Einfuhren aus der UdSSR. Nichtsdestotrotz galt, dass man, wenn man die Streitkräfte adäquat einkleiden wollte, die zivile Nachfrage nach Kleidung um 75 Prozent drücken musste. In diesem Sinn wurden 1939 drastische Rationierungspläne aufgelegt, deren Glanzstück, vorgestellt nach dem deutschen Überfall auf Polen im September, als ein »Meisterwerk deutscher Gründlichkeit« gepriesen wurde. Es handelte sich um die sogenannte Reichskleiderkarte, die das Kunststück fertigbringen sollte, eine »drastische Beschränkung des Kleidungsbedarfs des Einzelnen« mit der Freiheit zu verbinden, »innerhalb der ihm zustehenden theoretischen Menge zu kaufen, was er will«. Mit jeder Karte erhielt der Verbraucher hundert Punkte, die er für den Kauf von Kleidungsstücken verausgaben konnte – ein Bademantel kostete sechzig, ein Wollkleid zwanzig, ein Paar Strümpfe vier Punkte. Die Menschen mussten natürlich lernen, mit dieser »Freiheit« vorausschauend umzugehen, um nicht irgendwann Mangel an Strümpfen, Knöpfen oder Stopfgarn zu leiden. Natürlich durfte auch eine Kleiderkarten-Verordnung nicht fehlen, mit bindenden Vorschriften, die etwa besagten, dass jeder, der einen neuen Mantel kaufen wollte, dafür einen abgetragenen abgeben musste (es sei denn, er konnte nachweisen, dass dieser zu Kinderkleidern umgearbeitet worden war). Der wichtigste Zweck dieser Rationierung bestand darin, den Umstand, dass die Mittelschicht nach Kriegsbeginn dreißig und die Arbeiterschaft sogar vierzig bis fünfzig Prozent weniger Kleider kaufen konnte

---

112 Nitske, The Amazing Porsche and Volkswagen Story, 121; Mommsen/Grieger, Volkswagenwerk, 92–226.

als in Friedenszeiten, weniger willkürlich und vielleicht damit auch erträglicher erscheinen zu lassen.[113]

Eine weitere Voraussetzung der Kommando-Konsumwirtschaft war die Umdeutung von Lebenshaltungs-Normen: Verbrauchergewohnheiten waren nicht mehr Ausdruck des Zusammenspiels von Grundbedürfnissen und Einkommenshöhe, sondern maßen sich an der Gesundheit und Würde des Volkskörpers. Gesundheit und Fitness hörten auf, die Privatsache des Einzelnen zu sein, der sie sich etwas kosten ließ oder nicht, oder die Vorsorge-Investition eines Unternehmens oder ein Lebensrisiko, das der Wohlfahrtsstaat im Namen der nationalsozialistischen Volksgemeinschaft zu tragen bereit war, und wurden stattdessen zum Gegenstand von Vorschriften und Kampagnen des Staates und der Partei. Es passte durchaus zu dieser Betonung immaterieller Werte, dass das NS-Regime die Linie vertrat, Kulturgüter, die früher die exklusive Domäne des Bildungsbürgertums gewesen waren, der Volksgemeinschaft als Ganzer zu ermöglichen. Hitler verkündete, die Staatsmacht müsse »das Beste von allen guten Sachen der Bevölkerung zugänglich machen«, eine Absage an »die bürgerliche Auffassung, dass für das einfache Volk alles gut genug sei«. Nicht länger sollten »die Reichen ein Besitzrecht auf die Kultur« haben. Das Volk habe ebenso Anspruch auf Nahrung für Seele und Geist wie auf Nahrung für den Magen.[114] Die am 27. November 1933 gegründete Organisation Kraft durch Freude setzte, obwohl ihre kulturellen Angebote eindeutig leichte Kost waren, neue Maßstäbe in der organisierten Freizeitgestaltung, wobei der kollektive Kulturkonsum in gewissem Maß eine Kompensation für die merkliche Beschneidung des Individualkonsums war.[115]

Vor allem aber regelte die Kommando-Konsumwirtschaft den Zugang zu Gütern und Dienstleistungen. Der einfachste Mechanismus war die Festlegung, wer Anspruch auf eine Rationskarte hatte: Arier hatten diesen Anspruch, Nichtarier hatten ihn nicht. Die nächste Differenzierung setzte an der Frage an, mit wie vielen Bezugspunkten die einzelnen Karten ausgestattet werden sollten – berufstätige Arbeiter bekamen mehr Punkte, Hausfrauen weniger, Kinder noch weniger. Steuern ließ sich die Distribution des Weiteren durch die gezielte Requirierung und Zuweisung von Warenbeständen; so konnten etwa bestimmte Produkte den großstädtischen Verbrauchern vorenthalten und stattdessen den beim Bau des Festungswalls entlang der deutschen Westgrenze beschäftigten Arbeitern zur Verfügung gestellt werden. Letzten Endes beruhte das Rationierungssystem auf dem Kalkül des größtmöglichen Nutzens für die Volksgemeinschaft. Es gab nützliche und unnütze Esser. Die Liste der Letzteren wuchs in dem Maß an, wie der Warennachschub knapper wurde: Juden, Kranke und Behinderte, Alte, unterworfene Völker und diejenigen

---

113 Handelskommissar George R. Canty, Sonderbericht, Berlin, Nazis Organize Spare-Time Movement among Working Classes, 1. Dezember 1933, Akte »Dezember 1933«, Box 272, Record Group 151, Bureau of Foreign and Domestic Commerce, National Archives, College Park, Md.
114 Handelsattaché Sam E. Woods, Sonderbericht Nr. 70, Berlin, 16. November 1939, Rationing of Clothing in Germany, Akte »November 16–30«, ebd.
115 Baranowski, Strength through Joy.

unter den Insassen der Arbeitslager, die nicht arbeitsfähig oder nicht arbeitswillig genug waren.

Hitler landete schließlich wieder bei den Blut-und-Boden-Überlegungen, die er 1928 angestellt hatte: dass Deutschland sich, weil es ihm an dem für die Sicherung seiner Existenz nötigen Raum fehle, ein Großreich zulegen müsse. Darüber bestand spätestens Ende der dreißiger Jahre in Deutschland weitgehende Einigkeit. Die Abkapselung von der Weltwirtschaft seit 1931, gefördert durch den wirtschaftlichen Nationalismus anderer Länder mit großen Binnenmärkten – vor allem der Vereinigten Staaten –, hatte selbst frühere Internationalisten wie Carl Duisberg, den starken Mann der IG Farben, zu der Überzeugung gebracht, Deutschland brauche einen eigenen regionalen wirtschaftlichen Herrschaftsbereich, einen »Großwirtschaftsraum«. Der Begriff stand für dasselbe wie »Lebensraum«, einschließlich aller dazugehörigen rassistischen und alldeutschen Anklänge und der praktischen Konsequenzen wie Umsiedlung, Vernichtung und Eroberung.[116]

1942, als das Dritte Reich auf dem Höhepunkt seiner Eroberungspolitik stand, fand der Glaube daran, dass die Neue Ordnung einen hohen Lebensstandard ermöglichen würde, einen überraschend großen Zuspruch, nicht nur in Deutschland, sondern auch anderswo. Die NS-Propaganda versprach, die durch die deutsche Hegemonie in Europa herbeigeführte neue internationale Arbeitsteilung werde neue wirtschaftliche Wechselwirkungen entfalten. Deutschland werde seiner eigenen Bevölkerung in der Tat sogar Abstriche an ihrem Lebensstandard zumuten, um eine Senkung der Produktionskosten zu erreichen, sodass andere Länder sich in Deutschland gefertigte Erzeugnisse in größeren Mengen leisten könnten.[117] Paneuropäer der alten Schule, die im Triumph Hitlers die Erfüllung ihrer Vision eines wohlhabenden, vereinten Europa sahen, wurden zu Jüngern der Neuen Ordnung. François Delaisi, in den dreißiger Jahren einer der Wortführer der europäischen Integration, gehörte zu diesen Bekehrten. Er belobigte 1942 die »Männer der Achse« für die Weitsicht, mit der sie die Welt in autonome »Lebensräume« aufgeteilt hatten. Es sei klug gewesen, Völker unter dem Gesichtspunkt der rassischen und kulturellen Homogenität zusammenzuführen im Hinblick auf das Ziel, ihre Ressourcen so zu organisieren, dass daraus eine Verbesserung des Lebensstandards für möglichst viele Menschen resultieren würde. Ein unter deutscher Führung vereintes Europa könne auf diese Weise nicht nur neben dem britischen Empire und den Vereinigten Staaten bestehen, sondern auch der Bevölkerung der gesamten Region bessere wirtschaftliche Existenzbedingungen bescheren.[118]

Wenn der in Friedenszeiten aufrechterhaltene nationalsozialistische Lebensstandard sich als die europäische Alternative zum amerikanischen präsentierte, demonstrierte die in den Kriegsjahren entstandene Variante, dass genauso viele individuelle Minima existierten wie Individuen und dass es vom gesellschaftlichen Standpunkt aus keinen Boden gab: Das Niveau der Lebenshaltung ließ sich belie-

---

116 Opitz, Europastrategien, 581; zit. n. Berghahn, Quest for Economic Empire, 17.
117 Einzig, Hitler's »New Order« in Europe, 43–46.
118 Delaisi, La révolution européenne.

big nach unten schrauben, allerdings musste das in kleinen Schritten geschehen.[119] Von 1941 an gingen deutsche Beamte, Militärplaner und Parteifunktionäre mit der ganzen Akribie, die schon in den berüchtigten wissenschaftlichen Lohn- und Lebensstandard-Erhebungen der preußischen Bürokratie des 19. Jahrhunderts steckte, daran, Ernährungsstandards festzulegen, die auf die Vernichtung »lebensunwerten Lebens« durch planmäßige Deprivation hinausliefen. Von Staats wegen wurde entschieden, wie viele Lebensmittel beispielsweise aus Griechenland herausgepresst werden sollten, mit der Konsequenz, dass ein Viertel der vier Millionen Einwohner des Landes verhungern würde, oder wie viele Kalorien pro Kopf den Bewohnern des polnischen Generalgouvernements zugestanden und welche spezielle Menge für die Versorgung des Warschauer Gettos abgezweigt werden sollte. Nach ausgefeilten Rechenvorschriften wurde bis aufs Gramm, auf die Portionsgröße und auf die Kalorie genau festgelegt, welche Essensrationen in den Arbeitslagern, welche in den Vernichtungslagern ausgegeben werden sollten. Die Zutaten waren einzeln aufgelistet: Kohl, Kartoffeln, Marmelade. Was über Theresienstadt gesagt wurde, galt für das gesamte Lagersystem: »Die Aufstellungen über die Ernährung im Lager waren, beabsichtigt oder unbeabsichtigt, Humbug.«[120]

Maurice Halbwachs hätte die deutschen Tabellenwerke sicherlich studiert, wenn er dazu gekommen wäre, das Projekt durchzuführen, das er für die Zeit nach Kriegsende plante: eine umfassende Studie über die Lebensverhältnisse in Europa. Doch im Juli 1944 wurde er von der Gestapo verhaftet, nachdem er nach Lyon gefahren war, um gegen die Ermordung seiner Schwiegereltern durch faschistische Milizionäre zu protestieren. Aus dem Gefängnis von Fresnes wurde er nach Buchenwald deportiert, wo er am 20. August eintraf und von den Lagerärzten sogleich arbeitsunfähig geschrieben wurde, weil sein Körper mit Furunkeln übersät war. Die Rationen, die Halbwachs erhielt, spiegelten diese Eingruppierung wider: Wie allen Lagerinsassen standen ihm 250 Gramm trockenes Brot und ein Dreiviertelliter Suppe pro Tag zu, nicht aber die zwölf Gramm Margarine, die nur die Arbeitsfähigen erhielten, und die undefinierbare warme Flüssigkeit, die Kaffee genannt wurde und die die arbeitenden Insassen in ihrer Mittagspause schlürfen durften. Ein junger, gesunder Erwachsener hätte unter diesen Kostbedingungen in den zugigen Baracken an den grünen Flanken des Ettersbergs, wo einst Goethe und Eckermann Natur inhaliert hatten, vielleicht sieben Monate überlebt. Halbwachs war 68 und krank. An den Sonntagnachmittagen, an denen er und seine Freunde sich in der Baracke 56 versammeln durften, drehten sich die Gespräche um Geschichte und Philosophie. Baracke 56 gehörte zu einem abgesperrten Bereich für Invaliden und war nur wenige hundert Meter von dem Bau entfernt, in dem Léon Blum in Einzelhaft saß. Der Mithäftling Jorge Semprun, ebenfalls ein politischer Gefangener, bemühte sich, seinen alten Professor Halbwachs aufzumuntern, indem er ihm den Arm um die eingefallenen Schultern legte und ihn an das Seminar über Potlatch erinnerte, das Halbwachs an der *Sorbonne* gehalten hatte. Als am Sonntag, dem 15. März 1945, das

---

119 Rosen, Das Existenzminimum in Deutschland, 139.
120 Adler, Theresienstadt 1941–1945, 364; zur NS-Ernährungspolitik im Allgemeinen siehe Shub, Starvation over Europe; zu den Rationen in Buchenwald siehe Hackett, The Buchenwald Report, 146–149.

Leben aus Halbwachs' durchfallgeschwächtem Körper wich, verabschiedete Semprun ihn mit den geflüsterten Baudelaire-Worten: »Auf, alter Schiffer Tod, die Anker lichte!«[121]

Maurice Halbwachs, nach Naturell und Kultur ein optimistischer französischer Sozialist, den sein Studium des amerikanischen Lebens in seinem Glauben an die zivilisierende Wirkung eines steigenden Lebensstandards bestärkt hatte, konnte den düsteren Voraussagen des Thomas Malthus nie etwas abgewinnen. Doch nun stellte das, was das Dritte Reich anrichtete, alles in den Schatten, was der nüchterne Kirchenmann an trostlosen Visionen produziert hatte: Die Raubzüge der Nazis setzten, so schien es, die paranoidesten Szenarien des 19. Jahrhunderts in die Tat um – dass an den Tischen der Natur ein zu großes Gedränge herrschte und diejenigen, die zu spät kamen und keinen Platz am Tisch mehr fanden, zu Opfern ihrer kannibalischen Mitmenschen wurden.

---

[121] Bourdieu, L'assassinat de Maurice Halbwachs, 161–168; Semprun, L'écriture ou la vie, 27–33; Baudelaire, Die Blumen des Bösen, 206.

Kapitel 3

Ladenketten

Wie moderne Vertriebswege den Einzelhandel auf den Kopf stellten

Ein Laden ist eine Maschine für das Verkaufen.[1]
   Edward A. Filene, amerikanischer Kaufmann, 1937

Die Strukturen des Einzelhandels sind Geschöpfe historischer Bedingungen; sie haben sich durch Gewohnheit und Konvention am Leben erhalten und sind weitgehend unabhängig von rein wirtschaftlichen Erwägungen.[2]
   Hermann Levy, deutsch-britischer Ökonom, 1947

Zur späten Nachmittagsstunde am 26. Juni 1935 war die Luft im Konferenzsaal D der zur *Sorbonne* gehörenden *Maison de la Chimie* in der 28 Bis Rue St. Dominique so stickig geworden, dass die zwölf um den Besprechungstisch versammelten Männer verkrampfte Streckübungen zu machen begannen, um nicht einzudösen. Die Aufgabe, Fakten und Zahlen aus den diversen Beiträgen über Verkaufsmethoden zu absorbieren, während ihr Körper noch damit beschäftigt war, das vom Vorsitzenden ihres Ausschusses zuvor im *Hotel George V.* gegebene Bankett zu verdauen, erforderte Energiereserven, über die offenbar nur einer von ihnen verfügte: der kurzgewachsene Bursche mit den strahlenden Augen, der nahe am Kopfende des Tisches saß, mit der Lorgnette und dem struppigen weißen Schnurrbart. Jedes Mal, wenn die Diskussion abflaute, brachte er sie wieder auf Trab, ein regelrechter Ausbund an Detailwissen und Streitbarkeit.

   1 Filene u.a., Next Steps Forward in Retailing, v.
   2 Levy, The Shops of Britain, 3.

Seine Redegewandtheit war denen nicht neu, die ihn von früheren Konferenzen der Internationalen Handelskammer (ICC) kannten. Und sie alle hatten am Vortag, als ihr Ausschuss erstmals zusammengetreten war, seine aus dem Ärmel geschüttelten Anmerkungen gehört. Auf der Plenarsitzung am Vormittag hatten sie seinem zehnminütigen Redebeitrag „Wie lässt sich unser Vertriebssystem verbessern?" gelauscht. Auch hatten sie ihn über die undisziplinierten Europäer herziehen hören, die in der Arbeitssitzung vor seiner eigenen endlos viel Gedöns um das Thema »Produktion« gemacht und durch Überziehen ihrer Sitzungszeit ein Stück von seiner abgeknabbert hatten. Sie hatten miterlebt, wie seine gute Laune in dem Moment zurückgekehrt war, als seine unerschütterliche Assistentin, die liebenswürdige Mlle. Schoedler, einen Stapel mit hektographierten Exemplaren seines Vortrags auf den Tisch vor der Tür zum Besprechungsraum gepackt hatte. Als sich die Sitzungsteilnehmer in die Mittagspause aufmachten, hatte sie das Papier diskret an sie verteilt.[3]

Nicht dass irgendjemand den kompletten Text gebraucht hätte. Seine Hauptargumente waren inzwischen sattsam bekannt. Als das große wirtschaftliche Problem der industrialisierten Welt hatte er die Verteilung der Güter identifiziert, die bis dato nicht mit den praktisch schrankenlosen Kapazitäten für ihre Produktion Schritt zu halten vermochte. Nicht die Überproduktion von Waren, sondern deren mangelnde Verteilung war das Problem, auf das fast alle volkswirtschaftlichen Probleme zurückgeführt werden konnten. Ursächlich für all die tragischen Zeitströmungen in Richtung eines »ungesunden Radikalismus«, einer »allgemeinen gesellschaftlichen Unsicherheit« und hin zum Krieg waren nach dieser Auffassung Faktoren, die den Absatz von Konsumgütern behinderten. Wie ermüdend, ihm bei der silbengenauen Deklamierung des Wortes Dis-tri-bu-ti-on zuzuhören, noch dazu in seiner drolligen europäischen Diktion und mit einem Habitus, als halte er seine Zuhörer für Lehrlinge. Und dann die Penetranz, mit der er sein neuestes Patentrezept verkündete: die Ladenkette, deren Aufbau er gerade vorantrieb, deren Filialen er als »Maschinen für das Verkaufen« bezeichnete und die dank eines hohen Warenumschlags und niedriger Fixpreise in der Lage war, »den Massen die Dinge zu verkaufen, die die Massen wollen«. Für hartgesottene jüngere Wirtschaftsstatistiker unter den Zuhörern wie den Engländer Colin Clark oder den Italiener Guglielmo Tagliacarne hatte die Vorstellung, die ungeheuren wirtschaftlichen Probleme Europas ließen sich durch effizientere Vertriebs- und Verkaufsmethoden lösen, etwas Frivoles an sich.

Andererseits hatte der Mann einen hohen Unterhaltungswert. So adrett und kommunikativ, wie er war, konnte man kaum glauben, dass er zwei Monate vor seinem 75. Geburtstag stand. Dem Vernehmen nach verfügte er über große Reichtümer, was nicht recht zu seinem unscheinbaren Äußeren passen wollte. Unübersehbar war sein sehr ernsthaftes Eintreten für die Sache des internationalen Friedens. Er sprudelte über vor Ideen und Projekten. Eine seiner jüngsten Entwicklungen, ein auf Radiotechnik basierendes System für simultanes Dolmetschen, das auf interna-

---

3 Edward A. Filene, Bericht über Europareise 1935, Box 6, Nachlass Filene, Archiv der Credit Union National Association, Madison, Wisc. (im Folgenden als CUNA); Distribution Speeches, How Can Our System of Distribution Be Improved?, 26. Juni 1935, Box 7, ebd.

tionalen Konferenzen und Kongressen das »Kommunikationsproblem lösen« und gegenüber bisherigen Methoden »mindestens 25 Prozent Zeit- und Arbeitsersparnis« bringen sollte, war soeben im Audimax der *Sorbonne* installiert worden und erlebte bei der Eröffnungssitzung des ICC-Kongresses seinen ersten Praxistest. Als ein Saaldiener den kleinen Mann bis zur vordersten Sitzreihe hinuntergeleitete und ihm dort einen Platz neben Präsident Lebrun und anderen hohen französischen Würdenträgern zuwies, ließ das Bewusstsein seiner eigenen Wichtigkeit ihn fast abheben. Gewiss konnte man ihm ankreiden, dass er lieber und mehr redete als zuhörte und dass seine Redseligkeit im Grunde eher verdeckte, wie viel er tatsächlich über die Verhältnisse in Europa wusste. Zumindest mehr als die meisten Amerikaner, so viel konnte man mit Fug und Recht sagen.

Das faszinierende Objekt all dieser Betrachtungen war Edward Albert Filene. Im Ausland stellte er sich gerne als »Ladeninhaber aus Boston« oder als »ein schlichter Geschäftsmann« vor. Das war eindeutig ein Fall von falscher Bescheidenheit. Denn er war einer der reichsten Kaufleute der Vereinigten Staaten, einer ihrer führenden Philanthropen, ein Wortführer in Sachen Weltfrieden, ein überzeugter Sozialreformer und ein sehr effektiver PR-Mann in eigener Sache. Geboren wurde Edward Albert am 3. September 1860 in Salem (Massachusetts) als zweites von fünf Kindern der Clara Ballin, einer Jüdin aus Bayern, und des William Filhehne, dessen Vater ein jüdischer Posamentenhändler aus Posen war, der nach den deutschen Revolutionswirren des Jahres 1848 in die USA ausgewandert war. Als sein Vater 1881 aus Krankheitsgründen kürzertreten musste, trat der junge Filene zusammen mit seinem fünf Jahre jüngeren Bruder A. Lincoln in den Familienbetrieb ein. 1891 übergab der Vater den Brüdern die Firma, und schon zum Zeitpunkt der Jahrhundertwende hatten sie aus dem angestammten Geschäft für Damenmode und Trockenwaren, das zwischenzeitlich aus Lynn (Massachusetts) ins Zentrum von Boston umgezogen war, das größte Modekaufhaus der Welt gemacht. Erste Adresse war die Firma vor allem bei begüterten Kundinnen, die Wert auf Garderobe von hoher Qualität und auf persönlichen Service legten; außerdem machte sie immer wieder mit Innovationen von sich reden. Am meisten Furore machte eine 1909 eingerichtete Abteilung, die sich *Filene's Automatic Bargain Basement* nannte. Alle dort angebotenen Artikel mussten innerhalb von dreißig Öffnungstagen verkauft sein. Was nicht sofort wegging, wurde gemäß einem festgelegten Terminplan heruntergesetzt, und zwar jede Woche um dreißig Prozent. Alle nach Ablauf der dreißig Tage nicht verkauften Artikel wurden örtlichen Wohlfahrtsorganisationen überlassen. Dank des Geschicks, das die Einkäufer der Firma bei der Auswahl der Artikel für das *Bargain Basement* bewiesen, die sie in eigenen und fremden Altbeständen, bei Lagerverkäufen von Herstellern, bei Ausverkäufen wegen Geschäftsaufgabe oder bei Versteigerungen von Konkursmasse erwarben, blieb nur wenig liegen. *Filene's* wurde zum Mekka der amerikanischen Schnäppchenjäger.[4]

---

4 Über Filene ist noch keine adäquate Biografie veröffentlicht worden. Zum allgemeinen Hintergrund siehe Johnson, Liberal's Progress; Filler, Edward Albert Filene, 183ff.; Ingham, Filene, Edward Albert, 376–379; National Cyclopaedia of American Biography, 17ff. Zu Filenes Kaufhaus siehe Hendrickson, The Grand Emporiums, 129–134; La Dame, The Filene Store.

Schon zu diesem Zeitpunkt warf das Geschäft für Filene ein kleines Vermögen ab. Der Junggeselle, der auf bescheidenem Fuß lebte (außer auf seinen Europareisen), gab viel Geld für gesellschaftliche Reformprojekte aus. Sein tragikomischstes Vorhaben implodierte 1928, als sein Versuch, dem Mitarbeiterausschuss in seiner eigenen Firma einen institutionell abgesicherten Einfluss auf die Geschäftsführung zu gewähren, von seinen eigenen Partnern, darunter sein (klügerer) jüngerer Bruder Lincoln, abgeschmettert wurde. In ihrer Verzweiflung ernannten sie ihn zum Präsidenten auf Lebenszeit und statteten ihn mit einer diesem Titel adäquaten Apanage aus, entbanden ihn aber zugleich ebenso unwiderruflich von allen das laufende Geschäft betreffenden Aufgaben. Von da an vermarktete er nicht mehr Kleider, sondern nur noch Ideen und wandte seinen quirligen Geist und seine nervöse Energie auf die Verbesserung gesellschaftlicher Zustände sowohl im In- als auch im Ausland an. Sein wichtigstes Vehikel hierfür war eine Stiftung namens *Twentieth Century Fund*, die er 1919 ins Leben gerufen hatte. Mit der Mission betraut, »den nächsten Schritt nach vorne zu studieren und anzustoßen«, war sie kleiner, beweglicher und eher an faktischen Dingen orientiert als die finanziell großzügiger ausgestatteten Stiftungen der Carnegies und Rockefellers. Im Vergleich zu deren Stiftern, die Giganten der produzierenden Industrie waren, wirkten die zehn bis zwölf Millionen Dollar, die das Vermögen Filenes ausmachten, fast schäbig. Persönlich widmete sich Filene einer wachsenden Zahl von Projekten, die alle mit seiner Passion zu tun hatten, die Welt für eine demokratische Konsumkultur reif zu machen. So unterstützte er internationale Bewegungen wie die der Konsumgenossenschaften und Genossenschaftsbanken, weil er sich davon eine Erhöhung des Lebensstandards versprach. Mit ebenso großer Leidenschaft förderte er die Internationale Handelskammer und andere supranationale Unternehmensnetzwerke, die als Vehikel für die Liberalisierung des weltweiten Handels taugten.

Wie die meisten Amerikaner, die der Philosophie von der »einen Welt« anhingen, bekannte sich Filene ungeniert zum Eurozentrismus, abgesehen von einer kurzen Phase heftigen Interesses an Indien. Zwischen 1919 und 1937 unternahm er jedes Jahr eine »große Tour« durch Europa, außer in den Jahren 1934 und 1936, als sein voller Terminkalender zuhause es einfach nicht zuließ. Es war kein Geheimnis, dass er das Leben in Europa genoss. Obwohl er weder ein Ästhet noch ein wirklicher Bonvivant war, wusste er erstklassiges Essen zu schätzen, kurte in Vichy, Aix en Provence oder Karlsbad (ohne an solchen Orten je lang zu verweilen), besuchte eine gute Operninszenierung im Rahmen der Salzburger Festspiele, mischte sich bei Grand-Prix-Läufen und in Longchamps unter die Reichen und Schönen und stattete seinen vielen exilamerikanischen und europäischen Freunden Besuche ab. Er nutzte seine Europa-Aufenthalte aber auch, um sich zu informieren und weiterzubilden, wobei er seine selbst kreierte »Dreiecks-Methode« anwandte: Zunächst verschaffte er sich in Gesprächen mit den wichtigsten Führungspersönlichkeiten eines Landes einen Überblick über deren Einschätzung einer bestimmten Situation; dann versuchte er einen Kompromisskurs zwischen den divergierenden Ansichten zu finden, wobei er klärende Rückfragen an einige seiner früheren Gesprächspartner richtete und weitere Stellungnahmen einholte – von Unternehmern, aber auch von Kellnern, Taxifahrern, Zeitungsverkäufern und anderen Menschen, die ihm über den Weg liefen. Oft wiederholte er die ganze Prozedur anschließend in benachbarten Ländern.[5]

Man kann in dem ganzen Verfahren eine vernünftige, wenn auch nicht eben wissenschaftliche Vorgehensweise eines amerikanischen Autodidakten sehen, der sich bemühte, die Sinnzusammenhänge einer Welt zu verstehen, deren Komplexität seine aus der amerikanischen Provinz stammenden Deutungsraster überforderte. Auf der anderen Seite war Europa ein gutes Testgelände für seine eigenen Ideen. Diese Ideen stammten nicht zwangsläufig von ihm selbst oder aus den USA. So hatte er die Genossenschaftsbank-Idee aus Indien mitgebracht. Dorthin war sie von den Briten exportiert worden, die sie ihrerseits von den Deutschen übernommen hatten. Aber was tat das zur Sache? So wie Filene diese Idee den Europäern präsentierte, klang sie wie eine wunderbar praktische amerikanische Erfindung.

Das Hauptanliegen aber, dessentwegen Filene nach Europa kam, war die Propagierung seiner Agenda für die Alte Welt: In dieser mussten Friede und Wohlstand einkehren, wenn es für die Neue Welt Fortschritt und Sicherheit geben sollte. Das wiederum setzte ein vereinigtes Europa mit hohem Lebensstandard voraus. Bekanntlich hatte die US-Regierung nach dem Ersten Weltkrieg viele außenpolitische Aufgaben Privatleuten übertragen, die als informelle Diplomaten agierten – Bankiers, ehemalige Botschafter, Wirtschaftskapitäne. Diese Erfahrung sorgte dafür, dass Filene für seine Anliegen offene Ohren und offene Türen fand. Dabei war er zu keinem Zeitpunkt in offizieller amerikanischer Mission unterwegs. Filene war Wilson-Anhänger bis ins Mark, sodass er unter den republikanischen Präsidenten der zwanziger Jahre auf keine politische Protektion hoffen konnte; als Anfang der dreißiger Jahre Franklin Roosevelt ins Weiße Haus einzog, den Filene voll und ganz unterstützte, erachteten ihn die Regierenden als zu alt und vielleicht zu undiplomatisch für offizielle Missionen. Ungeachtet dessen verhielt er sich, als sei er ein Generalbevollmächtigter der US-Regierung, und das offizielle Europa ließ ihm eine dementsprechende Behandlung angedeihen: Man rollte rote Teppiche für ihn aus und hieß ihn in den Vorzimmern der politischen Macht willkommen. Rastlos den Kontinent durchquerend und seine Pläne und Projekte vorstellend, als seien sie der jeweils letzte Verkaufsschlager, schloss er Bekanntschaft mit Dutzenden einflussreichen Persönlichkeiten. Darunter waren Sozialreformer wie Albert Thomas, den Filene schon im Januar 1923 als Gast in seinem Haus in Boston willkommen geheißen hatte, als Thomas erstmals nach Amerika gekommen war, aber auch Wirtschaftsführer und Wirtschaftsexperten, amtierende Minister, frühere und aktuelle Staatsoberhäupter und führende Feministinnen. Mit Hilfe dieser zahllosen Kontakte landete er einige höchst bemerkenswerte Coups. Der mit 100.000 Franc dotierte Europäische Friedenspreis, den er 1924 für »praktische Ideen« gestiftet hatte, fand breiten Anklang; nicht weniger als 15.000 Stellungnahmen und Lösungsvorschläge gingen zu der gestellten Aufgabe ein, das Problem der Verschuldung Europas bei

---

5 Memo: Method of Working, 16. März 1934, Akte »Method of Working«, Box 47, Nachlass Filene, CUNA.

den Vereinigten Staaten und andere vom Ersten Weltkrieg hinterlassene Hypotheken zu bewältigen, was diesen Fragen eine hohe Publizität verschaffte. Das *International Management Institute*, das er 1926 mit einem Gründungskapital, einem Programm und Mitarbeitern versorgte, spielte eine zentrale Rolle bei der Propagierung moderner betriebswirtschaftlicher Methoden. Die berühmt-berüchtigte *Ford*-ILO-Erhebung ging auf eine Initiative Filenes zurück. Er finanzierte sie und drängte darauf, dass sie abgeschlossen und veröffentlicht wurde. Henry Ford war mit Sicherheit der bekannteste Unternehmer der Welt, aber der quirlige unermüdliche Filene war wohl der mit den besten Beziehungen.

Ironischerweise sollte Filene nie erkennen, dass er, der sogenannte Apostel der Distribution, den amerikanischen Kapitalismus einen großen Schritt weiter nach vorne bugsierte, als sein Zeitgenosse Ford, der sogenannte Prometheus der Produktion, es je antizipiert hatte. Wenn Filene von einer effizienten Distribution sprach, klang es in der Tat so, als setze er lediglich die i-Tüpfelchen auf das Fordsche Evangelium von Massenproduktion, hohen Löhnen und Massenkonsum. Damit nicht genug: Wie Dutzende Millionen seiner amerikanischen Landsleute war Filene ein Verehrer des großen Ford, und dies so sehr, dass er 1928 sein ganzes Ansehen, sein Geld und seine Beziehungen in die Waagschale warf, um Kongressabgeordnete, Mitglieder der Schwedischen Akademie und diverse US-amerikanische Medien und Meinungsmacher davon zu überzeugen, dass Ford sich den Friedensnobelpreis verdient hatte. Nach Auffassung Filenes konnte es keinen würdigeren Träger dieses Preises geben als Henry Ford, weil dieser mit »seiner Gesetzmäßigkeit der hohen Löhne und tiefen Preise eine Situation geschaffen hat, in der sowohl Kapital als auch Arbeit auf einen dauerhaften Frieden hinwirken, und zwar in Verfolgung einfacher Eigeninteressen, womit sich die Chancen für die Erreichung des Zieles enorm erhöhen«. Er ließ sich in dieser Gewissheit nicht im Geringsten beirren, als man ihm sagte, dass Ford diese Wirkung, wenn überhaupt, allenfalls ungewollt erzielt hatte, dass seine Errungenschaften auf eigensüchtigem Gewinnstreben beruhten und dass seine unversöhnliche Feindseligkeit gegenüber den Gewerkschaften und seine erschreckenden antisemitischen Ausfälle ganz und gar nicht von einer ihm innewohnenden Friedensliebe zeugten. Als das Nobelpreis-Komitee sich entschied, den Friedenspreis 1929/30 zu gleichen Teilen an den US-Außenminister Kellogg (für den Kellogg-Briand-Pakt zur Beendigung des Krieges in Europa) und den Erzbischof von Uppsala, Nathan Soderblom, zu verleihen, der zum ersten Mal in der Geschichte ein ökumenisches Kirchenkonzil veranstaltet hatte, gelobte Filene, einen neuen Anlauf zu nehmen. Zum Glück nahm um diese Zeit Edward Bernays, sein neuer PR-Berater, die Arbeit auf und brachte den starrsinnigen Filene dazu, seine völlig aussichtslose Kampagne aufzugeben.[6]

Zu diesem Zeitpunkt pfiffen die Spatzen von den Dächern, dass »die Ära der Produktion« abgelöst worden war vom Zeitalter der Distribution oder Vermarktung.[7] Anders als der Hersteller von Massenware, der, verkörpert von Henry Ford,

6 Summary Report, Project no. 9, Mr. Ford for the Nobel Peace Prize, Akten Nobel Peace Prize 1930, Box 23, ebd.
7 Borsodi, The Distribution Age, 3.

die Stimme eines Verkäufermarkts war, in dem eine scheinbar unbeschränkte Nachfrage allenfalls im Angebot ihre Grenze finden konnte, sprach der Verkäufer von Massenware, verkörpert von Filene, für den neuen Käufermarkt, in dem in zunehmendem Maß der Handel und die Verbraucher die Richtung vorgaben. Ford glaubte noch, bei einem Produkt müssten nur die Qualität und der Preis stimmen, dann würde es sich praktisch von alleine verkaufen. Ein Marketing konnte man sich daher weitestgehend sparen. Demgegenüber begriff Filene, dass für die Verbrauchernachfrage nicht nur Qualität, Preis und Kaufkraft maßgeblich waren, sondern auch die ständige Fluktuation von Bedürfnissen und Wünschen. So gesehen, kam es bei der Vermarktung von Massenartikeln darauf an, jedes variable Element, das das Wahlverhalten des Verbrauchers beeinflusste, beständig zu optimieren, vom Design und der Verpackung des Produkts bis zum Geschick des Verkaufspersonals. Um einen Ausspruch Filenes zu zitieren: »Wirkliche Massenproduktion ist nicht Produktion *von* Massenartikeln, sondern Produktion *für* Massen von Menschen.« Fords größter Konkurrent, Alfred Sloan von *General Motors* (GM), war einer der Ersten, die diesen grundlegenden Wandel im Marktgeschehen voll erfassten, den moderne Vertriebsmethoden und das wählerischere Verhalten der Verbraucher herbeigeführt hatten. Indem GM die Gesetzmäßigkeiten des Stilwandels akzeptierte und seinen Kunden Autos »für jeden Geldbeutel und Zweck« anbot, überflügelte es schon zu Beginn der zwanziger Jahre den bis dahin führenden Autohersteller *Ford*, was die Absatzzahlen betraf.[8] Manche sagten damals, der »Fordismus« sei vom »Sloanismus« abgelöst worden. Zutreffender wäre es, zu sagen, der »Fileneismus« habe den Fordismus verdrängt und Sloan habe diese Veränderung als Erster realisiert und die Konsequenzen daraus gezogen.

Die Zukunftsvision Filenes war scharfsichtiger als jene Fords, weil Filene im Hinblick auf wirtschaftliche Engagements im Ausland jenes vorausschauende und kontaktfreudige, in der Dienstleistungs-, Kommunikations- und Unterhaltungsindustrie verwurzelte Element des amerikanischen Kapitalismus repräsentierte, das – Hand in Hand mit der produzierenden US-Industrie und vom amerikanischen Staat nach Kräften unterstützt – bis in die siebziger Jahre hinein die globale Vorherrschaft der USA sicherte. In den achtziger Jahren setzte eine noch dynamischere Entwicklung ein, die man als den Triumph einer »weichen« US-Hegemonie nach Ende des »fordistischen« Zeitalters bezeichnen könnte. Schon 1930, als die produzierende Industrie der USA im Zeichen ansteigender Schutzzölle in die Defensive geriet, schrumpfte die Stimme Fords, einst Inbegriff eines vorwärtsschauenden Internationalismus unter Führung der Industrie, immer mehr zur Litanei eines gescheiterten industriellen Globalismus. Lange Zeit hatte sich Ford für den Freihandel starkgemacht und aus der Warte der weltweiten Interessen seines Unternehmens die dauerhaft hohen Einfuhrzölle der Vereinigten Staaten kritisiert, doch was die Außenpolitik betraf, war er ein Dilettant, wenn nicht Schlimmeres. Eine seiner Luftnummern war die Entsendung eines Friedensschiffes nach Europa im ersten Jahr

---

8 Johnson, Liberal's Progress, 148. Zur Sichtweise Fords siehe Ford/Crowther, Today and Tomorrow, 11, 248f.; zur Konkurrenz zwischen GM und *Ford* siehe Tedlow, Henry Ford, Kap. 3; siehe darüber hinaus Nevins, Ford; Wilkins/Hill, American Business Abroad.

des Ersten Weltkrieges, mit dem Ziel, »die Jungs bis Weihnachten nach Hause zu holen«. Immer ein Verfechter von *America first*, zeigte er in den zwanziger Jahren den ehrgeizigen Ansätzen zur Installierung globaler Mechanismen im Rahmen etwa des Völkerbunds oder der Internationalen Handelskammer die kalte Schulter, außer wenn sie unmittelbar den Interessen seines Unternehmens dienlich schienen, und in den dreißiger Jahren machte er sich mit seiner Anbiederung an das nationalsozialistische Deutschland unmöglich.

Im Gegensatz dazu speiste sich der Internationalismus Filenes aus der Begeisterung für offene Märkte, die ihm als Importeur von Fertigprodukten zur zweiten Natur geworden war, aus seiner Freude an exotischen Dingen und seiner Neugier auf andere Nationen oder zumindest auf das, was andere Nationen zu verkaufen hatten. Seine Erfahrung als Dienstleister half ihm zu begreifen, dass zum einen höhere Löhne der Schlüssel zu mehr Kaufkraft waren und dass zum anderen der internationale Güteraustausch, solange es ihm an einer stabilen institutionellen Unterfütterung fehlte, weiterhin anfällig sein würde für die furchtbaren Bockssprünge, die die Weltwirtschaft seit der katastrophalen deutschen Inflation von 1923 vollführt hatte. In diesem Sinne setzte er sich energisch dafür ein, mit Hilfe internationaler Netzwerke neue Verfahrensregeln zu etablieren und durch Informationsaustausch eine Optimierung unternehmerischer Praktiken zu erreichen. Entschieden wandte er sich gegen die weit verbreitete Ansicht, der hohe Lebensstandard der US-Amerikaner müsse durch hohe Einfuhrzölle verteidigt werden; amerikanische Hersteller hatten nach seiner Überzeugung keineswegs ein gottgegebenes Recht, verschanzt hinter Zollschranken auf jede Chance zu warten, ihre eigenen Produkte im Ausland abzusetzen, derweil aber ausländische Firmen auszusperren, die ihre Waren dem amerikanischen Publikum präsentieren wollten.[9]

Fords Antisemitismus ist in diesem Zusammenhang nicht zu vernachlässigen, auch wenn Filene es gern so gesehen hätte. Einerseits sah er sich gezwungen, einzuräumen, dass Fords »Denken und Handeln in Dingen, die außerhalb seines Produktionszweiges« lagen, »häufig grotesk und fast immer unüberlegt« gewesen seien. Man müsse jedoch die Tatsache, dass Ford sich zeitweise »zur Teilnahme an einer Menge törichter antisemitischer Propaganda hinreißen ließ« und dass er sich zu einem persönlichen »Kleinkrieg gegen die Juden verleiten und verblenden ließ«, als unerheblich gegenüber seinen großen Leistungen betrachten.[10] Filenes Nachsicht in dieser Sache war kurzsichtig. Fords Antisemitismus war nämlich mehr als die zufällige Entgleisung einer an Kontrollwahn leidenden Persönlichkeit. Der Glaube an die Machenschaften einer von Juden unterwanderten »geheimen internationalen superkapitalistischen Regierung« war eine bequeme Alibierklärung für alle Elemente der Unberechenbarkeit und Komplexität in einer Welt, in der industrielle Abläufe straff

---

9 Mass Buying Power and Economic Revival, Vortrag vom dem VII. Kongress der ICC, Wien, 29. Mai 1933, 183, 185, Europareise 1933, Teil 1, Box 4, Nachlass Filene, CUNA.
10 E. A. Filene an Dr. Alexander Lyons, 18. Januar 1930, Akte »Ford for Nobel Peace Prize«, Box 52, ebd.; E. A. Filene, handschriftliche Anmerkungen vom 2. Januar 1929 betr. *Henry Ford and the Jews* von Samuel Crowther; Manuskript eines Artikels für den Christian Science Monitor, 29. März 1922; Edward A. Filene, Ford. Pioneer, Not Superman, The Nation 116 (3. Januar 1923), 17.

organisiert werden mussten, um über lange Zeiträume und große Distanzen hinweg wie ein Uhrwerk zu funktionieren – so wie die immens langen Lieferketten der globalen Autofabrikation es verlangten. Zu seinem Glück verfügte Ford über genug Geschäftssinn, um sich immer dann, wenn er mit Verleumdungsklagen und Käuferboykotten konfrontiert war, von seinen antisemitischen Ausfällen zu distanzieren; das Odium des Rückfalltäters blieb jedenfalls weniger an ihm als an seinen Lakaien hängen.[11] Jedenfalls begingen europäische Antisemiten keinesfalls eine Dummheit, wenn sie in Ford ihren Freund sahen, seinen gegenteiligen Beteuerungen zum Trotz. Mit seinem Hass auf die Winkelzüge der Wall Street und seiner Abneigung gegen die Vorspiegelungen der Werbung war er der heroische Fabrikant reinsten Wassers, der sich auf die Herstellung realer Sachen beschränkte und den Kampf gegen den spekulativen Kapitalisten führte, dessen Inkarnationen der Finanzier, der Zwischenhändler und der Kaufmann waren.

Der Umstand, dass Filene Jude war, ist in diesem Zusammenhang keineswegs irrelevant. Ob er im Ausland jemals anders denn als ein amerikanischer Kosmopolit gesehen wurde, ist schwer zu sagen. Er war voll assimiliert und betrachtete sich selbst als einen »Amerikaner jüdischer Herkunft«. Was Antisemitismus bedeuten konnte, vermochte er nie richtig zu ermessen, bis er im Verlauf eines Besuches in Deutschland im Juni 1933 Zeuge dessen wurde, was er sofort als »Verbrechen gegen die Menschlichkeit« brandmarkte. In der transatlantischen Welt des Dienstleistungs-Kapitalismus, in der er sich bewegte, spielten Geschäftsleute jüdischer Herkunft eine herausragende Rolle als Einfädler und Impulsgeber, nicht nur wegen ihrer engen Beziehungen zu den Vermarktern von Konsumgütern – zu denen neben dem herkömmlichen Einzelhandel längst auch Metiers gehörten, die auf Marketing, Werbung und industriell produzierte Unterhaltung (wie Schallplatte und Film) spezialisiert waren –, sondern auch weil so viele von ihnen Einwanderer mit noch bestehenden familiären Verbindungen über den Atlantik waren und ihnen die multikulturellen Milieus ihrer Herkunftsregionen in Mitteleuropa, etwa der deutsch-französischen Grenzprovinzen, vertraut waren. So tat sich Filene im Umgang mit europäischen Kollegen nicht nur wegen der gleichartigen geschäftlichen Interessen relativ leicht, sondern vor allem dank der Ähnlichkeit ihrer familiären Wurzeln. Wie die in Deutschland bekannten Gebrüder Tietz stammte auch Filenes Vater aus Posen. Vor dem Hintergrund einer gemeinsamen westlichen Kaufmannskultur förderten solche Affinitäten die institutionalisierte Kollegialität, das wechselseitige Vertrauen und die Bereitschaft, sich für den internationalen kapitalistischen Austausch zu engagieren. Vom Standpunkt der Antisemiten aus betrachtet, ließen sich diese milieubedingten Bindungen nicht anders deuten denn als ein faustischer Pakt zwischen zionistischen Verschwörern und amerikanischen Finanzmächten, Blutsbrüdern in einem weltumspannenden, geheimen, bösartigen Netzwerk, das danach strebte, die Welt zu beherrschen.

Im Verlauf des 8. Kongresses der Internationalen Handelskammer, dessentwegen Filene im Juni 1935 in Paris weilte, genoss er zum wiederholten Mal die Ge-

---

11 Zum Antisemitismus Fords siehe Baldwin, Henry Ford and the Jews.

sellschaft einiger seiner bevorzugten europäischen Gesprächspartner, von denen zwei es ihm besonders angetan hatten: der 47-jährige Pierre Laguionie, amtierender Vorsitzender des Distributions-Ausschusses, und der gesellige Emile Bernheim, ein im Elsass geborener Belgier, der außer seiner Funktion als Stellvertreter Laguionies Präsident der *Association Internationale des Grands Magasins* war, eines transeuropäischen Verbandes der Betreiber von Großkaufhäusern. Diese beiden Männer gehörten zu den bekanntesten Persönlichkeiten der europäischen Wirtschaftswelt. Laguionie war der höchst intelligente Sohn des Selfmade-Unternehmers Gustave Laguionie, eines Bauernsohns, der sich zum Geschäftsführer des größten französischen Kaufhauses, *Au Printemps*, emporgearbeitet hatte. 1907, zwei Jahre nachdem er seinen Abschluss an der *Ecole de Commerce et Tissage* in Lyon gemacht hatte, war er im Alter von 19 Jahren zum Kodirektor an der Seite seines Vaters berufen worden. In den zwanziger Jahren hatte er seinen Erfolg als Unternehmer sublimiert, indem er an der Gründung des *Comité d'Action Economique et Douanière* mitgewirkt hatte, einer konservativ-liberalen Interessengruppe, die informell als CAED bekannt war. 1925 gegründet, war die CAED ein quijotisches Unternehmen, das sich die Senkung der innereuropäischen Zölle auf die Fahne geschrieben hatte.[12] Emile Bernheim, Sohn des jüdischen Kaufmanns Jules Bernheim aus Mulhouse, der 1897 das führende Kaufhaus Belgiens, *A l'Innovation*, gegründet hatte, war als Nachfolger seines Vaters Inhaber und Generaldirektor des Unternehmens. Er sprach fließend Französisch, Deutsch, Holländisch und Englisch und hatte die Vereinigten Staaten erstmals in der Zeit des Ersten Weltkrieges kennen gelernt, als seine Regierung ihn in offizieller Mission nach Washington entsandt hatte, um über Lebensmittellieferungen für sein hungerndes Land zu verhandeln. Seine geschäftlichen Ambitionen gingen weit über die Möglichkeiten des kleinen belgischen Binnenmarkts hinaus. In günstigeren Zeiten hätte Bernheim sicher eine gigantische Holdinggesellschaft für eine alle Länder Westeuropas abdeckende Kaufhauskette zusammengeschmiedet. Aber auch so entwickelte sich *Priba*, die von ihm im November 1933 gegründete Kette, rasch zum größten belgischen Einzelhandelsunternehmen, und nachdem er am 14. Februar 1934 dessen Fusion mit der französischen Kaufhauskette *Prisunic-Uniprix* unter Dach und Fach gebracht hatte, katapultierte er sich aus den Niederungen Belgiens auf die europäische Bühne und suchte und fand Umgang mit Kaufhausmagnaten in allen großen Staaten Europas.[13]

Wie andere Großkaufleute hatten auch Bernheim und Laguionie Filene um die Mitte der zwanziger Jahre kennen gelernt, als dieser alle Hebel in Bewegung gesetzt hatte, um sich regelmäßig mit seinen europäischen Kollegen zu treffen. Im Zuge seiner Europa-Tourneen hatte er auch Georg Wertheim besucht, den Chef des ältesten und größten deutschen Kaufhauses, das seinen Stammsitz am Leipziger Platz in Berlin hatte; desgleichen Alfred Leonhard und Gerhard Tietz, die Chefs des rheinischen Zweiges der breit gefächerten Kaufhausfamilie, den ehrgeizigen jungen Max Heilbronn, Schwiegersohn des Elsässers Théophile Bader, des Chefs der *Galeries*

---

12 Badel, Un milieu libéral, 38f., 87f., 213f., 301f., 465ff.; Caracalla, Le roman du Printemps.
13 Jaumain, Famille Bernheim, 46–49; Lacrosse/de Bie, Emile Bernheim.

Lafayette, und Harry Gordon Selfridge, Eigentümer des gleichnamigen Londoner Großkaufhauses und etwa im gleichen Alter wie Filene. Filene kannte »Harry den Wirbelsturm«, einen gebürtigen Amerikaner aus dem Mittleren Westen, seitdem dieser als stellvertretender Geschäftsführer mit seinen Management-Fähigkeiten *Marshall Fields* in Chicago zum größten Konsumtempel der Welt gemacht hatte. 1906 hatte sich Selfridge entschlossen, sein eigener Chef zu werden, und war nach England übersiedelt. Dort verdiente er ein Vermögen, indem er »altmodische« britische Kaufmannstugenden mit spektakulären amerikanischen Verkaufsmethoden vermählte. Das Großkaufhaus, das er 1909 an der Oxford Street im Herzen des Einkaufsviertels im Londoner West End eröffnete, war von der ersten Sekunde an ein Erfolg.[14]

Diese Männer speisten mit Filene zu Abend, manchmal im Londoner *Savoy*, in Paris im *George V.* oder im *Crillon*, in Berlin im Esplanade oder irgendwo anders in eleganten Hotels, in denen Filene mit Vorliebe abstieg, wenn er auf Auslandsreise war. Sie hörten sich an, was er über seine neuesten Projekte zu erzählen hatte, ohne sich etwas aus seinem Schwadronieren zu machen. Sie schätzten seine Gastfreundschaft, wenn sie oder ihre Mitarbeiter die Vereinigten Staaten besuchten oder wenn ihre Söhne zum Studium dorthin gingen. Das Verhältnis des quirligen Junggesellen zu seiner unermüdlichen Assistentin, Reisegefährtin und Aushilfs-Chauffeurin Lillian Schoedler fanden sie bemerkenswert, ohne es je wirklich zu verstehen. Filene nannte die *Radcliffe*-Absolventin und Feministin gerne seinen »Schildknappen«.[15] Hin und wieder leistete er sich Dinge, die bei seinen europäischen Kollegen amüsiertes Kopfschütteln auslösten, so als er in den Bann des faszinierenden französischen Intellektuellen und Politikers Edouard Herriot geriet, der zwölf Jahre jünger war als er, dazu charmant und nicht weniger empfänglich für Schmeicheleien als Filene selbst. Herriots Motor drehte zu der Zeit im Leerlauf, weil das Linkskartell, das er 1924 nach seinem Wahlsieg gegen die Rechte gebildet hatte, im April 1925 auseinandergebrochen war. Filene drängte ihn, für zwei Jahre in die USA zu kommen; dort werde er wieder auf Touren kommen – und könne nebenbei Englisch lernen. Filene bot an, ihm 10.000 Dollar pro Jahr zu bezahlen, für gelegentliche Konsultationen zu seinen europäischen Projekten. Dieses Angebot richtete sich an einen Mann, den sie in Frankreich für seine gelehrten Abhandlungen über Diderot, Châteaubriand und Madame Récamier feierten und der seit 1905 Bürgermeister der zweitgrößten Stadt des Landes war. Herriot fand die Offerte weder verlockend noch beleidigend. Als die beiden sich voneinander verabschiedeten, erlaubte er sich den Scherz, Filene seine Visitenkarte zu überreichen, auf der er seine aktuelle Amtsbezeichnung, »Bürgermeister von Lyon«, durchgestrichen und durch den Titel »Leitender Mitarbeiter von Mr. Edward A. Filene« ersetzt hatte.[16]

---

14 Zu Selfridge siehe Rappaport, Shopping for Pleasure, 145–170; Lancaster, The Department Store, 94–107.
15 Lillian Schoedler, Family Background, Education, Work, 19. Sept. 1942, 3, Akte 120, MC273, Nachlass Lillian Schoedler, 1891–1963, Schlesinger Library, Radcliffe College.
16 Johnson, Liberal's Progress, 231.

Nicht alle seine Gesprächspartner reagierten auf Filene so gutmütig. Mit seiner auftrumpfenden, manchmal manipulativen Art eckte er an, erschien vielen als die Fleisch gewordene Verkörperung der Vulgarität der amerikanischen Gesellschaft, ihrer mit Eigeninteresse getränkten Wohltuerei, ihrer leicht ins Penetrante ausartenden Besserwisserei. Die Objekte seiner Überzeugungsarbeit, die sich anfänglich von seiner Energie, seinem Geld und seinem Spinnennetz aus interessanten Freunden und Gesprächspartnern bezirzen ließen und es aufregend fanden, dazuzugehören, verzweifelten früher oder später an seiner »unverdünnten Eitelkeit«. Albert Thomas, der eine Zeitlang echte Zuneigung zu Filene empfunden hatte, wandte sich 1930 von ihm ab, angewidert von seinem »ganz und gar unangemessenen Verhalten« während der *Ford*-ILO-Erhebung. Zum endgültigen Bruch kam es 1931, nachdem Filene angefangen hatte, seine finanzielle Unterstützung für das Internationale Management-Institut zurückzuschrauben. Als er den Geldhahn 1934 ganz zudrehte, führte dies zur Schließung des Instituts.[17]

Die Vertriebs-Revolution

Filenes Stärken und Schwächen, sein Übereifer und seine Arroganz, der Respekt und die Ressentiments, die ihm entgegengebracht wurden, all das war unauflöslich mit dem Hauptanliegen seiner späteren Jahre verbunden, der Verbreitung des Evangeliums der modernen Distribution. In den amerikanischen Sprachgebrauch hatte sich dieser Begriff in den zwanziger Jahren eingenistet, und 1925 hatte er gleichsam die offizielle Weihe erhalten, anlässlich der Eröffnung des Nationalen Distributions-Kongresses, der am 14./15. Januar 1925 in Washington, D.C., zusammentrat, organisiert von der US-amerikanischen Handelskammer auf Anregung des damaligen Wirtschaftsministers und späteren Präsidenten Herbert Hoover. Die Distribution sei ein echtes »Problem«, betonte Hoover in seiner Eröffnungsansprache. Er und die anderen Kongressteilnehmer (rund 250 Wirtschaftsvertreter) hätten sich nicht versammelt, um sich »den Kopf der Dame zu zerbrechen, die telefonisch einen Streuselkuchen bestellen möchte, anzuliefern in einer goldlackierten Limousine«.[18] Wie auch immer, es herrschten geteilte Ansichten darüber, was genau unter Distribution zu verstehen war, außer dass es dabei darum ging, wie für den Verkauf bestimmte Handelswaren nach ihrer Fertigstellung den Weg zu ihren potenziellen Käufern finden sollten. Einig war man sich darin, dass alteingesessene Begriffe wie Kommerz oder Handel nicht länger geeignet waren, die tausenderlei Aktivitäten zu beschreiben, die zwischen der Fertigstellung eines Produkts und seinem Übergang in den Besitz eines Verbrauchers passierten.

Schon in den siebziger Jahren des 18. Jahrhunderts hatte Adam Smith betont, dass Handelskanäle zu weit gespannten Märkten eine unerlässliche Voraussetzung

17 Zit. n. Milhaud, Chemins faisant, 48, 59; siehe auch Badel, Un milieu libéral, 215; Albert Thomas, Note pour M. Butler, 15. Juli 1929, T 101/0/1, Akte »Cost of Living«, ILO.
18 Herbert Hoover, A Problem of Distribution, 14/15. Januar 1925, zit. n. Chamber of Commerce, National Distribution Conference, 4; Borsodi, The Distribution Age, 4ff.

für jede spezialisierte industrielle Produktion waren. Als Smith über die Nagelschmiede in den schottischen Highlands schrieb, die »300.000 Nägel im Jahr« ausstoßen könne, vorausgesetzt sie finde Abnehmer dafür, konnte er noch nicht wissen, welche Bedeutung die Begriffe »Arbeitsteilung« und »Marktvolumen« für eine auf Massenproduktion ausgerichtete Industrie erhalten würden.[19] Gemäß der traditionellen Auffassung funktionierte die Arbeitsteilung so, dass der Hersteller die Waren produzierte, Groß- und Zwischenhändler größere Mengen davon aufkauften und lagerten und Einzelhändler sie in kleinen Mengen oder Verpackungseinheiten an die Verbraucher verkauften. Diese Definitionen verloren jedoch in dem Maß an Bedeutung, in dem auf der einen Seite die Hersteller nach vorne expandierten mit dem Ziel, den Zwischenhandel auszuschalten, und auf der anderen Einzelhändler nach hinten expandierten, indem sie sich eine eigene Lieferantenbasis schufen, ganz zu schweigen von den sozialistischen Konsumgenossenschaften, bei denen die Verbraucher auch in die Rolle von Verkäufern schlüpften.

Beschäftigen wir uns einen Augenblick mit der Zigarette, auch Sargnagel genannt, einem typischen neuen Massenprodukt der zwanziger Jahre, dann wird sofort deutlicher, was gemeint ist. In den Bereich der Distribution fiel bereits das Bemühen von mindestens 34 Zigarettenherstellern, ihren Tabak günstig einzukaufen, der von Tausenden spezialisierten Farmen in den Vereinigten Staaten und anderswo kam und unter Einsatz von Eisenbahnen und Schiffen, aber auch von Postdiensten, Telefon und Telegraf herangeschafft wurde. Die Hauptaufgabe der Distribution bestand jedoch darin, Routen und Kapazitäten für die Auslieferung und Lagerung zu finden sowie die Vermarktungsmethoden zu entwickeln, die erforderlich waren, um Milliarden gebrauchsfertige Zigaretten zu einer Million Verkaufsstellen im In- und Ausland zu transportieren, wo Millionen von Verbrauchern sie käuflich erwerben konnten. Unter den Oberbegriff Distribution fielen anfänglich auch die Investitionen, die getätigt werden mussten, um die Bekanntheit der eigenen Marke zu steigern, insbesondere die Ausgaben für Werbung, die darauf abzielte, Raucher für eine bestimmte Marke zu gewinnen, die Kreierung von Packungen, in denen die Zigaretten frisch blieben, und die Preisgestaltung für die Händler, die die Zigaretten karton- oder päckchenweise oder auch einzeln verkauften. All diese Facetten machten Investitionen in die diversen neuen Metiers notwendig, die unter die Begriffsklammer Distribution fielen, von Verpackung, Transport und Lagerung bis hin zur Einrichtung von Einzelhandelsgeschäften. 1870 waren in diesen Teilbereichen 14 Prozent der arbeitenden Bevölkerung beschäftigt gewesen; 1930 waren es 35 Prozent. In dem letztgenannten Jahr entfiel nach statistischen Schätzungen von jedem Dollar, den die Verbraucher ausgaben, ein Viertel auf die Deckung von Distributionskosten.[20]

Als Problem wurde die Distribution erstmals in den Jahren nach dem Ersten Weltkrieg erkannt, in denen aus dem langjährigen »Verkäufermarkt« des späten 19. Jahrhunderts mit seinem stürmischen industriellen Wachstum plötzlich ein »Käu-

---

19 Smith, Der Wohlstand der Nationen, 19–22.
20 Beckman, Criteria of Marketing Efficiency, 125, 127.

fermarkt« wurde. Die großen industriellen Hersteller, die insbesondere in den USA als Trusts oder Syndikate in einem staatlich geschützten Markt organisiert waren, schlugen Kapital aus mehreren gleichzeitig ablaufenden Trends: dem Ausbau transkontinentaler Eisenbahnstrecken, der Entstehung großer Einkaufstempel und der zunehmenden Verbreitung landesweit operierender Werbeträger, die den Herstellern einen direkten Kommunikationskanal zu den Verbrauchern eröffneten. Die Großhändler aus dem Markt drängend, gelang es den Herstellern zumindest ein gutes Stück weit, De-facto-Monopole auf neue Markenartikel zu etablieren, indem sie, über die Köpfe des lokalen Einzelhandels hinweg, direkt an den Verbraucher appellierten, was ihnen wiederum erlaubte, die Preise zu diktieren. Der Einzelhandel hatte nur eine Chance, sich zu wehren: indem er sich zusammenschloss und neue Einkaufsorganisationen aufbaute. Eine Überlebenschance hatten in dieser Situation auch Versandhändler, die bei entsprechend großer Kundenzahl *en gros* einkaufen konnten, sowie in Familienregie betriebene Gemischtwarenläden mit niedrigen Gemeinkosten.[21] In Zeiten, in denen die Produktionskapazitäten die Nachfrage überstiegen, hatte der Einzelhandel die Chance, das Heft zu wenden, sich die Konkurrenz zwischen den Massenherstellern zu Nutze zu machen und unter Einsatz seiner eigenen Vermarktungserfahrung die Wünsche seiner Kunden nach Vielfalt, aber auch nach Menge, niedrigen Preisen und Kundendienst zu erfüllen.

Diese neue Situation konfrontierte den Einzelhandel mit einem Dilemma. Dank seiner Nähe zum Verbraucher war er am ehesten in der Lage, Hersteller zur Rücksichtnahme auf die Wünsche und Bedürfnisse der Kunden zu drängen, damit sie nicht einfach die Produkte auf den Markt warfen, die ihre Fertigungskapazitäten hergaben. Andererseits wurde dem Handel die Schuld an der Verschwendung, Ineffizienz und Wucherei gegeben, die für vermeintlich oder wirklich überhöhte Preise sorgten. Auch für Dinge, für die der Einzelhandel nichts konnte, wurde er in die Pflicht genommen, so etwa für die Frage, weshalb den spektakulären Produktivitätsgewinnen in der Industrie nicht entsprechende Kosteneinsparungen im Distributionsbereich folgten.[22] Und es war in der Tat keine leichte Aufgabe, dem Verbraucher zu erklären, weshalb auf dem Weg von der Produktion zum Verkauf bei Zucker ein Preisaufschlag von 14 Prozent, bei Lebensmitteln und Getränken einer von 32 bis 35 Prozent, bei Bekleidung einer von 42 bis 45 Prozent und bei Gummikondomen einer von 76 Prozent zu Buche schlug.[23]

Nachdem die Einzelhändler den »Konkurrenzkampf um den Markt« gegen die Hersteller gewonnen hatten, standen sie vor dem Problem, sich Legitimität in den Augen der Verbraucher, des Dienstleistungssektors als eines Ganzen und der Gesellschaft schlechthin zu verschaffen. Als »Einkaufsagenten für die Verbraucher« mussten sie »herausfinden, was die Kunden wollen, anstatt ihnen in die Hand zu drücken, was immer man zufällig gerade auf Lager hat«. Sie nahmen sich vor, »Bestellungen

---

21 Craig/Gabler, Competitive Struggle for Market Control, 84–107.
22 Beckman, Criteria of Marketing Efficiency, 139.
23 Lawe, Review. The Distribution of Consumer Goods, Economic Journal, März 1951, 145, zit. n. Jefferys u.a., The Distribution of Consumer Goods, Tab. 3, The Cost of Distribution of Commodities and Commodity Groups in 1938.

klug zu dosieren, um Produktionsschwankungen und Entlassungen in den Reihen der Fabrikarbeiterschaft zu reduzieren«, und »Funktionen zu eliminieren, die den intrinsischen oder imponderablen Wert von Produkten aus Sicht des Konsumenten nicht erhöhen« – und bei alldem waren sie noch gehalten, Ballast und Überangebote zu vermeiden, »ohne das gesellschaftliche und politische Gleichgewicht zu stören«, und überhaupt ihr Geschäft mit einem »geschärften Bewusstsein für die Interessen der Nation« zu betreiben.[24]

In seinem Buch *Next Steps Forward in Retailing* (1937), der Essenz seiner Gedanken zum Thema, empfahl Filene drei Innovationen, die helfen konnten, diese Verantwortung zu schultern. Die erste zielte auf einen effizienteren Kapitaleinsatz durch eine »Ökonomie der Größenordnung«, d.h. durch den Einkauf riesiger Warenchargen und eine perfektionierte Lagerbuchhaltung. Das Ziel war, einfach ausgedrückt, »kleine Gewinnmargen in kürzester Zeit zu realisieren«. Filenes zweite Empfehlung lautete, die Schulung, Ausstattung und Organisiertheit der Verkaufsmannschaften zu verbessern. Dabei dachte er, der selbst Kaufhausbesitzer war, an die angestellten Verkäufer in Warenhäusern. Doch auch kleine selbstständige Ladenbetreiber konnten von verbessertem Knowhow und Networking profitieren. Die dritte Verbesserung betraf ein neues Denken in Bezug auf geschäftliche Praktiken. »Verlassen Sie sich nicht auf die unmittelbare Erfahrung, als sei sie allgemein gültig und daher wichtig«, schärfte Filene seinen Lesern ein. »Die Feststellung von Tatsachen und ein darauf beruhendes Denken sind wichtiger als Tradition und Erfahrung.«[25] Erfahrung musste durch den systematischen Austausch von Informationen erst organisiert werden, und dabei kam es darauf an, dass jede wirtschaftliche Subkultur mit ihrer eigenen »besten Praxis« die anderen herausforderte.

Die Ladenkette war die gesellschaftliche Innovation, die diese Empfehlungen am perfektesten verkörperte. Die Konzentration von Management-Erfahrung, Kapital und Entscheidungsbefugnissen in einem Hauptquartier machte die Ladenkette zu einer »Maschine für das Verkaufen«. Ein solches Gebilde konnte den Austausch von Informationen und Waren zwischen Dutzenden, potenziell sogar Hunderten oder Tausenden über Länder oder Kontinente verteilten Filialen koordinieren, konnte gigantische Rationalisierungsvorteile realisieren, indem es Produkte in riesigen Stückzahlen direkt vom Hersteller abnahm, Ladeneinrichtungen standardisierte, sich im Sortiment auf eine relativ überschaubare Zahl von Artikeln spezialisierte und eine einfache Preisstaffelung praktizierte. Die Einsparungen konnte es in Form günstiger Preise an die Kunden weitergeben.

Filenes Prämisse, dass der Vertrieb und der Verkauf von Konsumgütern ebenso rationell und effizient organisiert werden könnten wie die industrielle Produktion, war von verblüffender Originalität in einer Welt, die nach wie vor den Ingenieur vergötterte und den Industrieunternehmer als den Inbegriff des wirtschaftlichen Fortschritts betrachtete. In der Tat kann man sagen, dass im Verlauf des 19. Jahrhunderts das Ansehen des Dienstleistungssektors im gleichen Maße in den Keller

---

24 Craig/Gabler, Competitive Struggle for Market Control, 99f., 107.
25 Filene u.a., Next Steps Forward in Retailing, 148.

gegangen war, wie die Industrieproduktion und ihre Inkarnation, der Fabrikant, an gesellschaftlicher Achtung gewonnen hatten. Die verbreitete Auffassung besagte, die mit dem Warenverkehr befassten Gewerbe, namentlich der Großhandel, seien parasitäre Auswüchse des produzierenden Sektors, verkrustet von Monopolen und Privilegien und gezeichnet von unseriöser Marktschreierei, von den halbseidenen Praktiken der Kleinkrämer, Reklamefritzen, Spekulanten und anderer zwielichtiger Gestalten aus dem Rollenfach des »jüdischen Kapitalismus«. Dass ausgerechnet die amerikanische Unternehmenskultur einen Mann wie Filene hervorbrachte, der zu einer Leitfigur für das Ideal der produktiven Effizienz wurde, ja sogar zum Inbegriff eines Kapitalismus mit sozialer Verantwortung – einschließlich der Sorge um das Wohlergehen der Volkswirtschaft als Ganzer und um die Geschicke seiner einstigen Wettbewerber im Mittelstand und Kleingewerbe –, war eine bemerkenswerte Entwicklung.[26]

Dass gerade der amerikanische Einzelhandel dieses Konzept propagieren und vorexerzieren konnte und dadurch zum Vorbild und Vorreiter gleichartiger Entwicklungen in Europa wurde, hatte mehrere Gründe; der wichtigste war seine robuste wirtschaftliche Position. Dank des rapiden Bevölkerungswachstums in den USA konnte der Handel von einem faktisch unerschöpflichen großstädtischen Käuferreservoir profitieren; die großen Kaufhäuser konnten daher, als sie von Ladenketten, Versandhäusern und später von Supermärkten unter Konkurrenz- und Preisdruck gesetzt wurden, nach oben neue Käuferschichten erschließen, indem sie unter Ausnutzung ihrer Nachfragemacht Waren in der Vielfalt und Qualität in ihr Sortiment aufnahmen, die ihre Kunden sich wünschten und anderswo nicht fanden. Indem sie neben einem attraktiven Sortiment auch Service und »Stil« anboten, konnten sie sogar Fachgeschäften Paroli bieten. Auf der anderen Seite hatten sie auch die Möglichkeit, durch Sortimentserweiterungen nach unten ihr Käuferpublikum zu vergrößern. Dank des Bevölkerungswachstums und des zunehmenden Wohlstandes entwickelte sich auch in Wohnvierteln und Vororten abseits der Zentren sowie in den kleineren und größeren Städten im Landesinneren eine so zahlreiche und zahlungskräftige Mittelschicht, dass das Tempo, in dem kreuz und quer durch die USA neue Kaufhäuser eröffnet wurden, alles in den Schatten stellte, was Europa an Vergleichbarem zu bieten hatte.[27]

In den USA führte die Hochblüte der Kaufhauskultur nicht zu einer Verschärfung des Antagonismus zwischen groß und klein, anders als in Europa, wo dieser Gegensatz dauerhaft, krass und streckenweise mörderisch war. Unter den Bedingungen eines schnell wachsenden großstädtischen Käufermarkts florierten Kaufhäuser in Koexistenz mit kleinen Haushaltswarenläden, Schuhgeschäften und Drogerien, anstatt sie zu verdrängen. Mit einer breit gestreuten Mittelschicht als Zielgruppe, konkurrierten die Kaufhäuser eher untereinander als mit den kleinen Einzelhändlern. Der Geschäftsleitung des New Yorker Kaufhauses *Lord & Taylor* ging es denn

---

26 Zum 19. Jahrhundert siehe Hotchkiss, Milestones of Marketing; Barger, Distribution's Place in the American Economy.
27 Gabler, Probleme der amerikanischen Warenhäuser. Zur Rolle der Großkaufhäuser in der US-amerikanischen Konsumkultur siehe Leach, Land of Desire.

auch nicht vorrangig darum, den kleinen Läden in den Einkaufsstraßen den Garaus zu machen; viel wichtiger war es für sie, den direkten Konkurrenten *Altman's*, der einige Querstraßen weiter an der Fifth Avenue residierte, auf Distanz zu halten. In den amerikanischen Großstädten des frühen 20. Jahrhunderts fanden regelrechte »Kaufhauskriege« statt, die in der Öffentlichkeit große Beachtung fanden. Die Inhaber kleiner Ladengeschäfte waren in den USA genauso anfällig für das Auf und Ab der Wirtschaftskonjunkturen wie anderswo, hatten aber sehr viel bessere Möglichkeiten, in anderen Branchen und Berufen unterzukommen, als ihre Standesgenossen in Europa. Es waren vor allem Einwanderer, die sich auf das Betreiben kleiner Ladengeschäfte verlegten, doch war dies für sie oft nur eine Durchgangsstation auf dem Weg zu lukrativeren oder gesellschaftlich angeseheneren Tätigkeiten, denn es war für sie und ihre Kinder leicht, eine Festanstellung gegen Gehalt oder Lohn zu finden. Nicht zuletzt aus diesem Grund entstand in den Vereinigten Staaten bis zum Ausbruch der Weltwirtschaftskrise kein organisierter und etablierter Interessenverband der kleinen Ladeninhaber, und dementsprechend gab es auch keine Lobby, die auf nationaler Ebene wirklich etwas für diese Berufsgruppe hätte bewegen können.

In Amerika hatte das Fehlen einer aristokratischen Kultur (oder einer bürgerlichen, die aristokratische Gepflogenheiten nachäffte) den kaufmännischen Berufen geholfen, Respekt, wenn nicht sogar Ehrbarkeit zu gewinnen. Die im republikanischen Geist erzogenen Amerikaner schauten auf Leute, die Handel trieben, nicht so verächtlich herab, wie das anderswo der Fall war, sondern sahen in ihnen nützliche und angesehene Bürger. Im 19. Jahrhundert konnte ein Anwalt oder ein pensionierter Offizier in den USA einen Gemischtwarenladen eröffnen, ohne dadurch an Würde zu verlieren, während in Europa der grundbesitzende Adel über jeden mit »Kommerz« verdienten Wohlstand die Nase rümpfte. Wenn sich gute geschäftliche Gelegenheiten eröffneten, sahen sich Kaufleute, die diese nutzen wollten, in Amerika nicht mit so vielen Hemmnissen konfrontiert wie in Europa. Amerikanische Städte mussten sich nicht mit den Überbleibseln altehrwürdiger Zunftmonopole auf die Herstellung oder den Verkauf bestimmter Waren herumschlagen, erhoben keine Luxussteuern und keine Stempelgebühren für Werbeplakate, Anzeigenblätter und andere Bekanntmachungsmedien, waren also frei von vielen der Reglementierungen, die Kaufleuten auf der anderen Seite des Atlantiks das Leben so schwer machten. Dazu kam, dass der Antisemitismus, der sich nach wie vor an jeder Art kommerzieller Betätigung festmachte, in dem Maß verblasste, wie sich die kaufmännischen Tätigkeiten in Unterbereiche wie Marketing, Werbung u.ä. verzweigten, Tätigkeiten, zu denen sich protestantische Pfarrerssöhne mit einem Hang zum Predigertum ebenso gut hingezogen fühlten wie die Sprösslinge jüdischer Kleinhändler mit einem Hang zum Schachern.

Damit nicht genug: Spätestens im Verlauf des ersten Jahrzehnts des 20. Jahrhunderts bekam die Stimme einiger bedeutender Vertreter des amerikanischen Einzelhandels ein erhebliches politisches Gewicht. Die Elite der amerikanischen Kaufmannschaft bewegte sich in einem wirtschaftlichen Milieu, das denjenigen belohnte, der Risiken einging, und den Traditionalisten oft genug ins Abseits stellte, und erwarb darin früh das Selbstbewusstsein, die Einflussmöglichkeiten und die materiellen Mittel, sich in fortschrittliche Koalitionen im vorpolitischen Raum einzubringen, etwa mit feministischen Gruppen, Verbraucherverbänden, Gewerkschaften und staatlichen Institutionen, die sich für die Interessen der Verbraucher starkmachten. 1912 zeigte die Kaufmannschaft ihren politischen Muskel auf Bundesebene, indem sie die *National Retail Dry Goods Association* und die amerikanische Handelskammer als Lobby-Organisationen für ihre Interessen und die ihrer Kunden gründete, beide mit Sitz in der Hauptstadt Washington. Ab 1917 sammelte die vor allem auf Betreiben der Filene-Brüder gegründete *Retail Research Association* im Auftrag von zwanzig beteiligten Kaufhäusern statistische Daten zum Käuferverhalten im In- und Ausland. Im Verlauf des darauf folgenden Jahrzehnts vollbrachte die US-Regierung wahre Wunder im Bereich der Datenerhebung. Der *Census on Distribution*, eine groß angelegte statistische Erhebung zu allen Aspekten des Einzelhandels, die der Kongress 1928 in Auftrag gab und die 1930 gemeinsam mit der Volkszählung durchgeführt wurde, war die weltweit erste Studie dieser Art.

Die USA waren zwar das Ursprungsland der großen Einzelhandelsunternehmen, waren ungeachtet dessen aber auch Schauplatz zahlreicher zuerst auf einzelstaatlicher, dann auf Bundesebene unternommener Versuche, durch staatliche Regulierung den Fortbestand der kleinen Einheiten zu sichern, etwa durch Erhebung einer Sondersteuer auf Ladenketten oder durch Gesetze gegen Preisbrecherei und Lockangebote. Das 1936 verabschiedete sogenannte Robinson-Patman-Gesetz nahm sich in der Tat wie ein Sieg für die kleinen Geschäftsleute aus, weil es Lieferanten, die über den eigenen Bundesstaat hinaus Geschäfte machten, untersagte, Großkunden höhere Rabatte zu gewähren und damit kleinere Abnehmer zu diskriminieren. Die eigentliche Bedeutung dieses Gesetzes lag darin, dass es den Kleinen die Chance eröffnete, auf dem Rechtsweg herauszufinden, ob der Rabatt, um den es jeweils ging, als Prämie auf die wirtschaftliche Effizienz der Großkunden gezahlt wurde oder ob er lediglich ein Tribut an ihre wirtschaftliche Machtstellung war. Immerhin hatte der amerikanische Gesetzgeber den Wunsch der Verbraucher nach einem bezahlbaren und vielfältigen Warensortiment zu seinem höchsten Anliegen erklärt. Das kleine Ladengeschäft wurde in den USA zu keiner Zeit, wie in Europa, als eine um ihrer selbst willen erhaltenswerte soziale Institution unter Schutz gestellt und erst recht nicht als unverzichtbares Element des *American way of life* sanktioniert.[28] Weit davon entfernt, die stürmische Entwicklung des modernen amerikanischen Einzelhandels hin zu immer größeren Einheiten zu hemmen, fungierten das Robinson-Patman-Gesetz und andere Regularien eher wie Maßnahmen zeitgemäßer Waldwirtschaft, indem sie in den Wildwuchs des Einzelhandels Feuerschneisen schlugen, vertrocknetes Altholz entfernten, damit nicht durch Funkenflug das leicht entflammbare Unterholz entzündet würde und daraus soziale Flächenbrände entstünden, und auf den brandgerodeten Flächen neue, schnell wachsende Varietäten pflanzten. Unter dem Strich bewirkte dies alles, dass sich Wirtschaft, Verwaltung

---

28 Radtke, Shopping in the Machine Age; Grether, Marketing Legislation, 167f.; Mayer, Small Business as a Social Institution, 345–350.

und Öffentlichkeit an eine unaufhörliche, Schwindel erregende Folge von Innovationen und Umwälzungen in der Welt des Einzelhandels gewöhnten.

Der ständige Aufbruch zu Neuem, den ein vom Handel getriebenes Distributionssystem praktizierte, verstärkte die »Mittigkeit«, die ein so prägendes Charakteristikum der amerikanischen Konsumkultur wurde. Im Fokus des modernen Einzelhandels standen jene drei Fünftel der Bevölkerung, deren Einkommen nicht nur für das Notwendigste reichte, sondern darüber hinaus für einige angenehme Dinge des Lebens und hin und wieder auch einen Luxusartikel; auf diese Bevölkerungsgruppe kam es an, auf ihre Kaufkraft (die Schwankungen unterworfen war), ihren wechselnden Geschmack, ihre physische Mobilität. Diese »mittleren Millionen« Amerikaner umfassten eine zunehmende Zahl von Menschen, die als Angestellte, Manager oder Experten in allen erdenklichen handelsnahen Dienstleistungssparten tätig waren. Diese Mitte war das neue Hoheitsgebiet der Kaufhäuser auf ihrem Ausbreitungsweg von den Großstädten der Ostküste und den boomenden Industriemetropolen Chicago, St. Louis und Detroit zu den aufstrebenden Städten des Mittelwestens und des Westens sowie von den Stadtzentren in die stürmisch wachsenden Vororte. Mittig war zudem die wirtschaftliche Stellung, die die Ladenkette innehatte; deren Filialen boten, sowohl was ihre Preise als auch was ihre Lage betraf, genügend Vorzüge, um die Kunden von den distinguierten Kaufhäusern und den örtlichen Fachgeschäften ebenso wegzulocken wie vom klassischen Gemischtwarenladen. Aus der Mitte der Bevölkerung kamen auch die (durchaus unterschiedlichen sozialen Milieus angehörenden) Frauen, die dieselben Einzelhandelsgeschäfte frequentierten und dort ähnliche Artikel kauften; sie unterstrichen damit den Eindruck, dass auch Ärmere würdige Mitglieder der Gesellschaft waren, ohne an der Hierarchie der gesellschaftlichen Gruppen als solcher zu rütteln. Die Mitte verkörperte ebenfalls die fluktuierende Fünfzig-Prozent-Marke in den von Filene für seinen Standard-Lagerbestandsplan kreierten Verkaufsdiagrammen. Dies sei, so erklärte er seinen europäischen Kollegen, der Punkt, an dem ein Artikel eingeführt, ausgepreist und beworben werden sollte, um seinen Verkaufserfolg bei Reich und Arm zu maximieren. Konkreter ausgedrückt, war dies der Punkt, »an dem begüterte Frauen eine Sache für den alltäglichen Gebrauch, wenig begüterte Frauen denselben für besondere Gelegenheiten kaufen«.[29]

Kommerzieller Internationalismus in unheilschwangeren Zeiten

Konnte ein vom Einzelhandel getriebenes Vertriebssystem in Europa funktionieren? Filene hatte daran keinerlei Zweifel, vorausgesetzt dass sich die europäischen Kaufleute zusammenrauften. Es gab für sie keinen zwingenden Grund, dies nicht zu tun, konnte man doch »in einem Kaufhaus kaum etwas machen, das patentierbar wäre«, wie der oft zitierte Gordon Selfridge zu Recht feststellte: »Die Geschäftstätigkeit eines Kaufhauses vollzieht sich im Rampenlicht, anders als bei Unterneh-

---

29 Filene, Europareise 1925, 5, Box 2, Nachlass Filene, CUNA.

men anderer Art, wo es Geheimhaltung gibt.«[30] Aus diesem Grund zahle es sich für einstige Kontrahenten aus, beste Freunde zu werden. Nachdem die belgische Regierung wahrend des Ersten Weltkriegs die belgischen Filialen des Kaufhauskonzerns Leonhard Tietz als Feindvermögen beschlagnahmt hatte, konnte Bernheim, dessen Brüsseler Flaggschiff *A l'Innovation* direkt neben der Tietz-Filiale lag, diese zum Ausverkaufspreis erwerben und sie durch einen geschickten Umbau an den Jugendstil-Palast angliedern, den Victor Horta 1904 für ihn errichtet hatte. Als nach Kriegsende auf der anderen Rheinseite die Geschäfte wieder anliefen, fanden die beiden Kaufleute eine neue Basis für eine vertrauensvolle Zusammenarbeit: Bernheim sah in Tietz den kapitalkräftigen Partner, der ihm den Brückenschlag aus Belgien aufs rechte Rheinufer ermöglichen, Tietz in Bernheim den gut positionierten Partner links des Rheins, der ihm den Weg zu lukrativen Märkten weiter westlich ebnen konnte.

Die angeschlagene Verfassung, in der sich die europäische Wirtschaft infolge des Krieges befand, tat ein Übriges, die Bereitschaft zur Kooperation zu stärken. Dabei erwies sich die tatsächlich eingetretene Kapitalvernichtung für den Handel als nicht so dauerhaft lähmend wie die Verwerfungen und Rückschläge, die aus dem Verlust von Beziehungen, Kredit und Vertrauen resultierten, denn noch für eine längere Zeit wurden Handelsgeschäfte im Großen wie im Kleinen durch Währungsfluktuationen und Geldentwertung durcheinandergebracht, die immer wieder die Geschäftsgrundlagen veränderten und Voraussagen über das Verbraucherverhalten durchkreuzten. Dazu kam, dass die Kriegswirtschaft einen Verkäufermarkt geschaffen hatte, der überdauerte. Das wirkte sich zum Nachteil des Einzelhandels aus in einem wirtschaftlichen Umfeld, das nach wie vor von Kartellen, Trusts und privilegierten Beziehungen zu Regierungen geprägt war, die, um Kriegsschulden zu tilgen, Staatshaushalte auszugleichen und die Inflation zu drosseln, ihre Bürger ermahnten, »mehr zu produzieren und weniger zu konsumieren«, eine Ermahnung, die dem Einzelhandel absolut nicht behagte. Wie in den Vereinigten Staaten protestierten auch in Europa die Verbraucher gegen hohe Preise, und hier wie dort dokumentierten mit den Verbrauchern sympathisierende Experten den wachsenden Anteil der Distributionskosten an den Preisen von Verbrauchsgütern. Die Schuld daran wurde den offensichtlichsten Elementen zugewiesen, nämlich den Kaufhausketten oder den Machenschaften der stets suspekten, wenn auch unsichtbaren Großhändler, anstatt die schwer fassbaren volkswirtschaftlichen Prozesse verantwortlich zu machen.[31]

In den größeren Ländern gab es schon Vorboten umfassender Einzelhandelsverbände, wenn nicht sogar mehr als das. Zumindest ein solcher Verband zeigte sich bereits stark und kompakt, nämlich die *British Retail Distributors' Association*, gegründet 1920 als Interessenvertretung führender Handelsunternehmen des Londoner West End. Auch in Deutschland gab es eine bewährte Interessenvertretung,

---

30 Pasdermadjian, Management Research in Retailing, 150.
31 Urwick/Valentine, Trends in the Organization, 133. Zu den Hürden, vor die sich große Einzelhandelsunternehmen gestellt sahen, siehe neben Gabler v.a. Leener/James, Le problème de la consommation; Picard, Formes et méthodes nouvelles; und Dansette, Les formes evoluées.

den Verband deutscher Waren- und Kaufhäuser unter Führung von Oscar Tietz, gegründet 1903 in dem allerdings vergeblichen Bemühen, die Kaufhäuser vor hohen Steuerbelastungen zu schützen und ihnen eine Stimme in einer Volkswirtschaft zu verleihen, in der auch alle anderen Interessengruppen sich durch Organisiertheit und Stimmgewalt auszeichneten und in der zumindest eine, nämlich die Bewegung der kleinen Einzelhändler, eifrig die antijüdische Karte spielte. Im Gegensatz dazu traten die großen Pariser Kaufhäuser jeweils als Einzelkämpfer auf, zumindest bis 1918, als sie sich zusammentaten, um sich ihrem gemeinsamen Gegner zu stellen: der organisierten Arbeiterschaft, die mit Nachdruck die gewerkschaftliche Durchdringung der Branche vorantrieb, den Achtstundentag forderte und den Arbeitgebern der Kaufhausbranche ihre bekannte paternalistische Großzügigkeit damit vergalt, dass sie für höhere Löhne und Gehälter trommelte. Beseelt von einer »Haltung des Widerstands«, machten die acht größten Kaufhausunternehmen von Paris, angeführt von Laguionie, 1919 erste Anstalten, sich als Interessenvereinigung zu konstituieren.[32]

Dass die führenden Kaufleute Europas die Zeit für einen weiterführenden Schritt, nämlich einen länderübergreifenden Erfahrungsaustausch, gekommen sahen, zeigte sich Ende Juni 1926, als die Geschäftsleitung von *Harrods* Filene einlud, als Ehrengast an einem Festbankett in London teilzunehmen. *Harrods* war zu der Zeit als einziges europäisches Unternehmen Mitglied der in den USA ansässigen *Retail Research Association*, und die damaligen Direktoren der Firma, die Burbidges, nützten (vielleicht auf Anregung Filenes) die Gelegenheit, um 19 der einflussreichsten Kaufleute des nordatlantischen Raums zusammenzubringen. Nach einer Besichtigungstour durch die führenden Kaufhäuser Londons wurden die »2 Milliarden Dollar schweren Männer«, um die Sensationspresse zu zitieren, zum *Savoy*-Hotel chauffiert und in dessen neu renoviertem Bankettsaal bewirtet.[33] Während der Vorspeise applaudierten sie Filenes kurzer Willkommensrede, deren zentraler Punkt ein Tipp aus berufenem Munde war, wie der Einzelhandel gegen die bekannte Frühjahrsflaute angehen und den Verkauf ankurbeln konnte. Filenes Rat lief darauf hinaus, dass Kaufleute nicht vergessen sollten, dass Ostern den Saisonwendepunkt markierte, an dem die Menschen anfingen, ihre Garderobe zu erneuern, und dass man sich als Kaufmann darauf einstellen musste, am besten indem man sein eigenes Osterfest terminierte, etwa auf den zweiten Sonntag im April. Nun kann man sich kaum vorstellen, dass es erfahrenen Kaufleuten aus dem West End an dem nötigen Wissen um den besten Zeitpunkt für verkaufsfördernde Maßnahmen gefehlt hätte. Wir sollten freilich Filenes Ratschlag, anstatt ihn als Besserwisserei eines eingebildeten Tölpels abzutun, als den Versuch deuten, eine umfassendere Einsicht zu fördern, nämlich die, dass es im Interesse eines vernünftigen Geschäftsgebarens lag, das zu imitieren, was sich anderswo als »beste Praxis« erwiesen hatte, und zur

---

32 Zu den Branchenverbänden in Europa siehe Pasdermadjian, Management Research in Retailing, 7–10; Badel, Un milieu libéral, 38f.; Wernicke/Bach, Geschichte des Verbandes, 13–58.
33 Londoner Presse vom 7. Juli 1926, Zeitungsausschnitte, Trips, 1926–1937, Box 3, Nachlass Filene, CUNA.

»besten Praxis« gehörte es, sich zusammenzutun und Informationspotenziale miteinander zu teilen.

Das war das Hauptanliegen bei Filenes privatem Treffen mit Emile Bernheim, der gerade erst aus den Vereinigten Staaten zurückgekehrt war, wo er aus nächster Nähe erkundet hatte, wie die *Retail Research Association* arbeitete, mit dem Hintergedanken, in Europa ein ähnliches Netzwerk von Kaufhausbetreibern aufzuziehen. Filene hatte einen Plan, der geeignet schien, Bernheim dabei hilfreich zur Hand zu gehen. Seine Stiftung, der *Twentieth Century Fund*, suchte seit längerem nach Mitteln und Wegen, durch einen »Austausch praktischer Dienstleistungen« die transatlantischen Beziehungen zu stärken. Filene hatte in diesem Sinne Ende September 1925 erste Gespräche mit Albert Thomas, Paul Devinat (dem stellvertretenden Direktor der ILO) und einem Bruder im philanthropischen Geiste geführt, dem früheren Kartonfabrikanten Henry Dennison, Gespräche, in denen es um die Errichtung eines europäischen Gegenstücks zum US-amerikanischen »Büro für industrielle Effizienz« gegangen war.[34] 1926 hatten sich Thomas und Filene im *Hotel de Russie* in Genf erneut getroffen, dieses Mal unter Einbeziehung von Lyndall Urwick, um eine Vereinbarung über die Gründung des *International Management Institute* (IMI) zu unterzeichnen. Der *Twentieth Century Fund* würde zusammen mit der *Rockefeller Foundation* den Löwenanteil der Betriebskosten übernehmen, und die ILO würde einen Teil des Personals zur Verfügung stellen, jedoch nicht das Recht haben, sich in die Tätigkeit des Instituts einzumischen, da dies die Kooperationsbereitschaft der Wirtschaft beeinträchtigen könnte. Filene erntete den »Ruhm« für diese Initiative, indem er die Gründung des IMI auf einer Soiree in Paris verkündete, die eine Madame Schreiber ihm zu Ehren veranstaltete, Tochter des Senators Cremieux und Ehefrau Robert Servan-Schreibers, der zusammen mit seinem Bruder Emile die Zeitung *Les Echos* gegründet hatte, die erste Tageszeitung Frankreichs, die sich vorwiegend um wirtschaftliche Fragen kümmerte. Emile Servan-Schreiber war übrigens ein eifriger Erkunder US-amerikanischer Fabrikationstechniken. Sein Interesse an diesem Thema entwickelte sich zu einer Familienpassion. Sein Sohn, Jean-Jacques Servan-Schreiber, sollte 1967 das Buch *Die amerikanische Herausforderung* veröffentlichen, das viel diskutierte und viel verkaufte Manifest für eine Selbstbehauptung der Europäischen Gemeinschaft gegen die Dominanz der USA durch Anwendung der von den multinationalen Unternehmen vorexerzierten Praktiken: Massenfertigung, Ökonomie der Größenordnung, Investitionen in Forschung und Design.[35]

Eigentlich war vorgesehen, dass das IMI zunächst einmal mit nationalen Industriegremien die Verwissenschaftlichung der Unternehmensführung vorantreiben sollte, doch dann fand das Institut seine ersten Unterstützer nicht in den Reihen der Industriellen, die noch in nationalem Konkurrenzdenken befangen waren, sondern

---

34 Charles D. Wrege/Sakae Hata, Hands across the Sea. Edward Filene and the International Management Institute, 1926–1934, Manuskript, erstellt für den 100. Jahrestag der Gründung der Academy of Management 1986, Nachlass Filene, Century Foundation Archive, New York City.

35 Urwick, Albert Thomas, 1; zum Treffen mit Thomas vom 29. September siehe Reisenotizen von L.S., 1925 European trip, Box 2, Nachlass Filene, CUNA.

unter den führenden europäischen Kaufhausunternehmern. Bernheim und Laguionie rekrutierten P. A. Best, den Chef der Londoner Kaufhauskette *Schoolbred's*, und Bernheims Kollegen und Freund Ragnar Sachs vom Kaufhaus *Nordiska Kompaniet* in Stockholm, und gemeinsam etablierten sie 1928, mit logistischem Beistand des IMI, die *Management Research Group of Department Stores*. 1931 tat die Gruppe den ambitionierten Schritt, sich in *International Association of Department Stores* umzubenennen und durch die Hinzunahme von sechs weiteren Mitgliedern ihre Reichweite und Hebelkraft zu erhöhen. Hinzu kamen die deutsche Kaufhauskette Leonhard Tietz, das holländische Handelsunternehmen *De Bijenkorf* aus Amsterdam, das Kopenhagener Kaufhaus des Nordens, die italienische Kette *La Rinascente*, *El Siglo* in Barcelona und *Harrods* in London. Laguionie wurde als Gründungspräsident kooptiert. Vor dem Hintergrund der zunehmenden Wirrungen, die Europa zu schaffen machten, waren die Ziele, die sich die neue Organisation setzte, zugleich erhabener und elementarer als die ihrer Vorläuferin, der *Retail Research Association*. Einer ihrer Mentoren, der Amerikaner H. S. Persons, Gründer der *Taylor Society*, bescheinigte der Organisation im Rückblick auf ihre bescheidenen Errungenschaften, sie habe zwar »anstelle eines Bündels von Techniken nur ein Gerüst aus Grundsätzen« entwickelt, habe aber »Weisheit, Geduld und grimmige Entschlossenheit« zur Aufrechterhaltung ihres kleinen Netzwerks an den Tag gelegt.[36]

Die Selbstorganisation mit Hilfe US-amerikanischer Einzelhandelsinteressen und internationaler Institute, die amerikanische Management-Methoden propagierten, öffnete besorgten europäischen Einzelhandels-Kapitalisten zwangsläufig die Augen für das Dilemma, in dem sie steckten. Gleichzeitig förderte diese Entwicklung ein Scheuklappendenken, das die Modernisierung betrieblicher Praktiken überbetonte, unter Vernachlässigung zukunftsweisender politischer Bündnisse. Ihre Zusammenarbeit versetzte sie in die Lage, ihre Unternehmen nach vorne und in eine überaus sichtbare Position zu bringen, machte sie aber blind dafür, dass sie gerade wegen ihrer herausgehobenen Position zunehmend zum Feindbild reaktionärer Kräfte wurden, die sich aus dem »alten Regime« des Verbrauchsgütersektors rekrutierten.

Zur ersten und wichtigsten Konfrontation zwischen den beiden Einzelhandelskulturen – die ganz zum Vorteil der amerikanischen Auffassung vom Einzelhandelsgeschäft ausging – kam es im Juni 1931 in Washington, D.C., bei der fünften Nachkriegs-Konferenz der Internationalen Handelskammer. Ein Erbstück aus der *Pax Britannica* des 19. Jahrhunderts, gegründet von den großen Bauwollhändlern Manchesters, war die ICC 1920 vor allem auf Initiative amerikanischer Unternehmer wiedergegründet worden, gleichsam als Vorbote der *Pax Americana* des 20. Jahrhunderts.[37] Aus Anlass ihres zehnjährigen Bestehens lieferte diese »Internationale der Unternehmer« eine Kostprobe ihrer avancierten »Diplomatie der Technik« ab, eine prachtvolle siebenbändige Studie zu den wirtschaftlichen Trends der Nachkriegszeit.[38] Der fünfte Band, der den Titel *Europe – United States of America. Trends*

---

36 Pasdermadjian, Management Research in Retailing, 11; siehe auch Levy, Retail Trade Associations.
37 Ridgeway, Merchants of Peace, 263ff.
38 Ebd., 264ff.

in the Organization and Methods of Distribution in the Two Areas trug, war für die an der Konferenz teilnehmenden Europäer eine echte Offenbarung. Jules Menken, Leiter der Abteilung für *Business Administration* an der *London School of Economics*, sprach für seine Landsleute, als er später erklärte, durch dieses Werk sei er erstmals »auf die bemerkenswerte Rolle der Distribution im Wirtschaftsleben und für die gesellschaftliche Wohlfahrt« aufmerksam geworden.[39]

Dass er den Begriff »Distribution« hervorhob, ist von Bedeutung, denn eine Folge der Washingtoner Konferenz war, dass dieser Neologismus, der im amerikanischen Englisch seit kaum fünf Jahren gebräuchlich war, auch in den europäischen Sprachen zu zirkulieren begann.[40] Während die Neue Welt keine Scheu davor kannte, für neue Trends oder Sachverhalte neue Wörter zu prägen, war die semantische Innovation in der Alten Welt oft ein mühsames Geschäft. Dies umso mehr, als in diesem Fall der neue Begriff nicht zuletzt in der Absicht eingeführt wurde, die Verwirrungen und Paradoxien zu beseitigen, die anderen Begriffen aus diesem Bedeutungsfeld seit langem anhafteten.

Da war das Wort »Kommerz«, abgeleitet vom lateinischen Ausdruck *commercium* (»Handel, Verkehr«). »Kommerz« beinhaltete die ganze Komplexität dessen, was Menschen taten, wenn sie untereinander Dinge kauften und verkauften. Es reflektierte die dünne Linie zwischen einem mehr oder weniger fairen Handel auf der einen und Raubrittertum und Piraterie auf der anderen Seite, die auch darin zum Ausdruck kam, dass in der Antike der Gott des Handels, Hermes/Merkur, gleichzeitig als Gott des Diebstahls figurierte. »Kommerz« konnte für den Austausch der unterschiedlichsten Natur- oder Gewerbeprodukte zwischen Menschen stehen (so etwa nach der gelehrsamen Definition des *Dictionnaire de la langue française*), aber auch für den Vorgang des Erwerbs einer Ware zum Zwecke des Gewinn bringenden Wiederverkaufs; es konnte für den rechtlichen Status derer, die dieses Metier praktizierten, ebenso stehen wie für das Metier selbst.[41] Anders als »Distribution«, das sich als neutraler *terminus technicus* darstellte, als Sammelbegriff für eine Gruppe von Techniken, Transportwegen oder -korridoren, indifferent gegenüber der Frage, wer wann wovon wie viel bekommt, beschwor »Kommerz« eine Lebenseinstellung herauf, die eindeutig auf asymmetrische Machtstrukturen verwies, aber auch auf die Solidarität und das Vertrauen, die Adam Smith und viele andere dazu bewogen, an den zivilisierenden Effekt von »Vertrag, Handel und Tausch« zu glauben.[42]

Dass »Kommerz« in den europäischen Sprachen, ebenso wie zuvor in den USA, aus der Fachterminologie (wenn auch nicht aus der Umgangssprache) verschwand und in einer seiner Teilbedeutungen durch »Distribution« ersetzt wurde, ging einher mit einer »ökonomischen Evolution«, in deren Verlauf industrielle Hersteller die Instanz des Zwischenhandels auszuschalten versuchten, »um ihre Produktion

---

39 Zit. n. Badel, Un milieu libéral, 217.
40 Ebd., 217–221; zu dem Terminus *Distribution* siehe ebd., 217 (Anm. 88).
41 Scholer, Le prix de la distribution, 3; Communauté Economique Européenne (im Folgenden als CEE), Bureau de Terminologie, Terminologie de la distribution, Commission des Communautés Européennes, 1964, Teil 2, Par. 27–51: Resultats de l'enquête effectuée en 1962, Dezember 1962, 11.
42 Lacour-Gayet, Histoire du commerce, xxi.

leichter in Umlauf zu bringen«, und in der zugleich die Verbraucher durch die Gründung von Einkaufsgenossenschaften zu Käufern und Verkäufern in Personalunion gemacht wurden.[43] Da »Distribution« sich für französische Ohren wie ein französisches Wort anhörte und die modernen Elemente der Kaufmannskultur in ihrem Kampf gegen den rückwärtsgewandten kleinen *commerçant* nach einem wissenschaftlich klingenden Begriff Ausschau hielten, bürgerte sich der Ausdruck in Frankreich schnell ein. Auch in Großbritannien fasste die neue Terminologie Fuß, zumindest bis zu einem gewissen Punkt: Als der Definitionsausschuss der *American Marketing Association* 1940 noch einen Schritt weiter ging und empfahl, »Distribution« zugunsten von »Marketing« außer Gebrauch zu nehmen, stellten sich britische Experten auf die Hinterbeine. Sie hatten Probleme mit dem Geschlecht des neu vorgeschlagenen Begriffs. Im britischen Englisch stand *marketing* für eine hauptsächlich von Frauen gepflogene Tätigkeit, nämlich für das Durchstöbern von Kaufläden, das Austauschen von Klatschgeschichten, das Füllen von Taschen mit Lebensmitteln, jedenfalls nicht für eine Tätigkeit, zu der sich ein Mann in gehobener beruflicher Stellung, mit Anzug, Melone, Regenschirm und Aktenkoffer, hätte herablassen wollen. Wenn schon ein neuer Begriff sein musste, warum dann nicht den ehrwürdigen Ausdruck *merchandising* verwenden?[44] Anders lag der Fall in Deutschland. Hier wurde in einem geschichtlichen Moment, in dem ein sprachlicher Nationalismus fröhliche Urständ feierte, das lateinische Fremdwort »Distribution« als zu undeutsch empfunden. Ohnehin gab es in der deutschen Sprache bereits das Begriffspaar »Handel« und »Vertrieb«, und letzteres Wort reichte vollkommen aus, um die Bedeutung von »Distribution« auszudrücken.[45] Dagegen war »Marketing« für den deutschen Geschmack verträglich, und als erst einmal das »Dritte Reich« hinweggefegt war und die Bundesrepublik Deutschland zu einem Schwamm für Amerikanismen wurde, bürgerte sich der Begriff bald ein. In Italien hielt man bis in die sechziger Jahre hinein an *commercio* fest, und zwar mit der wenig stichhaltigen Begründung, die lateinischen Stammwörter *commutatio mercium* seien umfassend genug, um »den Gesamtkomplex aller Interaktionen zwischen Produzenten und Konsumenten [abzubilden], die darauf gerichtet sind, die Zirkulation des Wohlstandes zu bewirken oder zu erleichtern«. Erst als professionelle Fachleute für Einzelhandel und Marketing als Sprecher für die neue Wirtschaftsbranche an die Stelle humanistisch gebildeter Statistik-Professoren traten, begann man auch in Italien die neue Terminologie zu benutzen.[46]

»Distribution« war nur ein semantischer Magmabrocken aus diesem neuen sprachschöpferischen Vulkan. Um die Akzeptanz furchteinflößender neuer Begriffe wie *price gauging* oder *price crushing*, neuer Geschäftspraktiken wie *resale price maintenance*, *deep discount* und »Selbstbedienung« und neuer Institutionen

---

43 Scholer, Le prix de la distribution, 3, 11.
44 CEE, Bureau de Terminologie, Terminologie de la distribution, Commission des Communautés Européennes 1967, Teil 4, Par. 79–103, Dezember 1966, Nr. 82, Marketing, 513.
45 Scholer, Le prix de la distribution, 85.
46 CEE, Bureau de Terminologie, Terminologie de la distribution (1964), Teil 2, Par. 27–51: Resultats de l'enquête effectuée en 1962, Dezember 1962, Nr. 29, Commercio, 253.

wie »Supermarkt« zu befördern, setzte die Internationale Handelskammer sprachbegabte multilinguale Schweizer ein, die emsig Branchenwörterbücher fabrizierten. Abgesehen von wenigen Ausnahmen wie *hypermarché*, einem 1963 in Frankreich geprägten Neologismus für einen Supermarkt mit amerikanischen Dimensionen, schöpfte die neue Sprache des neuen Konsumgütersektors ihre Grundbegriffe aus dem Amerikanischen.

Die Konferenz, die 1931 in Washington stattfand, hinterließ auch insofern ein unauslöschliches institutionelles Vermächtnis, als sie einen Aufruf zur Gründung des *International Distribution Committee* verabschiedete, dessen erste Vollversammlung am 25. Mai 1932 zusammentrat. Das BIPED (*Bureau International pour l'Etude de la Distribution*), wie es in der frankophilen europäischen Einzelhandelskultur liebevoll genannt wurde, stützte sich, wie andere Ausschüsse der ICC, auf nationale Gremien, wobei die Franzosen insofern vorausmarschierten, als sie im Dezember 1932 den ersten Ausschuss dieser Art, mit Laguionie als Vorsitzendem, ins Leben riefen. Die Sitzungen dieses Ausschusses, dessen Mitarbeiter und Interessen sich teilweise mit denen der *International Association of Department Stores* deckten, boten Filene und anderen Amerikanern in den darauf folgenden Jahren Gelegenheit, sich mit europäischen Kollegen auszutauschen.

Der fünfte Band der ICC-Studie sorgte auch dafür, dass der amerikanische Einzelhandel zum Maßstab für die Fortschritte Europas wurde. Akribisch recherchiert, zwingend geschrieben und sorgfältig aufbereitet, zeugte er von den formidablen Talenten und Bemühungen seiner beiden Autoren, des vielseitigen britischen Funktionärs Lyndall Urwick und des Vizepräsidenten der *American Telephone and Telegraph Company*, F. P. Valentine. Letzterer war ein Erfolgsmensch, der, um diese Auftragsarbeit für die Genfer Institution erstellen zu können, nicht nur die ganze amerikanische Ostküste abgraste, um sich Erkenntnisse von Experten zu holen, sondern sein gesammeltes Wissen auch in seiner ganzen fülligen Frische organisierte und veröffentlichte, um es möglichst unverzüglich für die amerikanische Wirtschaft verfügbar zu machen.[47] Es ging hier nicht um die gleichen Fragen wie bei der *Ford*-ILO-Erhebung – niemand unterstellte den Amerikanern die Absicht, ihre Vision und Version einer »Politik der großen Zahl« anderen aufzwingen zu wollen. Andererseits hatte Valentine mit seinem zuvor veröffentlichten Report die Kriterien für Vergleiche aufgestellt und mit seiner Fülle gesammelter Daten die Tabellen aufgebaut, in die die unzureichenden europäischen Statistiken eingesetzt werden konnten. Seine optimistische Einleitung, in der er bahnbrechende Fortschritte im Distributionssektor vorausgesagt hatte – eine unaufhaltsame Entwicklung von den kleinen, traditionellen zu großen, modernen Einheiten –, wurde praktisch wortgleich in den fünften Band übernommen.[48]

Als Futter für das Distributions-Monster dienen seit jeher durch den Wolf gedrehte Zahlen, und kein Land, ja nicht einmal alle Länder der Erde zusammen hatten so bodenlos tiefe Tröge von Zahlen wie die Amerikaner. Und das war der Fall,

---

47 Desrosières, La politique des grands nombres.
48 Chamber of Commerce, Distribution in the United States.

bevor 1930 die weltweit erste statistische Erhebung in Sachen Distribution herauskam, »der umfassendste, überzeugendste Beitrag zur Marktforschung, der bis jetzt von einem Land oder einer Institution erbracht worden ist«. Diese Erhebung zeigte für jede Etappe, die Güter aller Art auf dem Weg vom Hersteller zum Verbraucher durchliefen, so exakt wie möglich nicht nur, welche Arten von Artikeln in welcher Menge von Unternehmen unterschiedlichster Art bewegt wurden – vom Versandhaus bis zum Tante-Emma-Laden –, sondern auch »wo die Verbraucher sitzen« und »welche Menge an Waren sie konsumieren«.[49]

Ganz anders in Europa. Getreu den merkantilistischen Traditionen, die den Nutzen des Außenhandels betonten und den inländischen Verbrauchermarkt nur insoweit zur Kenntnis nahmen, als Versorgungslücken zu Unruhen und Rebellionen führen konnten, fiel das Wenige an Zahlen, das über die europäische Einzelhandelsbranche zur Verfügung stand, noch lückenhafter und zufälliger aus als die Statistiken über die Entwicklung des Lebensstandards. Bis Großbritannien, die »Nation der Ladeninhaber«, 1951 seine erste umfassende Erhebung über den Distributionssektor durchführen ließ, hatte sich dort niemand je die Mühe gemacht, etwas über die Wechselfälle der in diesem Sektor beheimateten Branchen herauszufinden. Als die *Incorporated Association of Retail Distributors* 1931 mit Hilfe der Bank von England ihre erste Umfrage über Verbraucherausgaben in Kaufhäusern durchführte, waren die Ergebnisse ausschließlich für den vertraulichen Gebrauch durch die Mitglieder des Verbands bestimmt. Frankreich konnte sich zwar exzellenter Statistiken über seinen Außenhandel rühmen, legte aber bis in die späten dreißiger Jahre hinein einen »flagranten Mangel an statistischen Daten« zum inländischen Einzelhandel an den Tag. Noch in den fünfziger Jahren herrschte in diesem Bereich »praktisch Fehlanzeige«.[50] Erst 1966 führte der französische Staat das erste umfassende *Récensement de la Distribution* durch, dessen Ergebnisse 1967 publiziert wurden. Italien blieb eine statistische Einöde; das vordringliche Interesse seines neuen Statistischen Zentralamts galt der Dokumentierung sinkender Geburtenraten.

Einzig Deutschland stach durch seine Zählfreude hervor; hier verband sich der Zahlenhunger des omnipotenten preußischen Staates, dessen Überwachungsapparat sich zwanglos von der militärischen zur zivilen Nutzung konvertieren ließ, mit der Sorge um die prekäre Lage der kleinen Geschäftsleute. Dr. Julius Hirsch, einstiger Staatssekretär im Reichswirtschaftsministerium und später Leiter der von ihm aufgebauten Forschungsstelle für den Handel in Berlin, hatte praktisch im Alleingang die Daten für die Einzelhandels-Enquete von 1926/27 erhoben. Im Rahmen des Bemühens um die Wiederbelebung der darniederliegenden deutschen Exportwirtschaft ging es Hirsch darum, zu eruieren, welcher Anteil an den Kosten von Konsumgütern aus der Distribution herrührte. Während Filene den persönlich bescheidenen Berliner Hirsch für die 31 Bände belobigte, in denen sich die Resultate der Erhebung niederschlagen, ermahnte dieser ihn, nicht zu optimistisch hinsichtlich einer Einzelhandelsreform in Deutschland zu sein. Als Sozialdemokrat war er

---

49 Leach, Land of Desire, 365.
50 Laufenburger, Le commerce, 3; Du Page/Lengellé, L'étude de marché, 23 (Anm. 1).

ein einsamer Wolf in der erzkonservativen Weimarer Staatsbürokratie; als die Nationalsozialisten die Macht übernahmen, wurde er zum Ausgestoßenen. 1937 setzte er sich nach Dänemark ab und fand schließlich Asyl in den Vereinigten Staaten, wo er sich in Cambridge (Massachusetts) etablierte und sein Fachwissen in die Optimierung der »besten Praxis« einbringen konnte, die dem amerikanischen Einzelhandel bereits einen so bedeutsamen Wettbewerbsvorsprung beschert hatte. Es war Hirsch, der 1941 für die von der *Harvard Business School* veranstaltete Bostoner Distributions-Konferenz die weltweit erste vergleichende Analyse der Vertriebskosten im Einzelhandel unter Dach und Fach brachte.[51]

Was die ICC-Studie *Trends in Distribution* letzten Endes ergab, war als Resultat aus dem Verhackstücken und Auswalzen großer Klumpen von Zahlen und Daten ein Tableau, auf dem sich zwei deutlich unterscheidbare Konturen abzeichneten, eine für die Vereinigten Staaten, die andere für Europa. Schon die nackten Zahlen offenbarten Unterschiede, deren Signifikanz nicht zu übersehen war. In den Vereinigten Staaten gab es Kaufhäuser überall dort, wo die Einwohnerzahl einer Stadt groß genug war, um es lohnend erscheinen zu lassen. In Europa gehörten die großen Kaufhäuser von London, Paris und Berlin zwar zu den imposantesten der Welt, aber in zahlreichen großen Städten Mittel- und Osteuropas hatte das Kaufhaus überhaupt noch nicht Fuß gefasst. Der Versandhandel war in den USA *big business*, vor allem dank der wohlhabenden bäuerlichen Bevölkerung des Landes und des engen Netzes ländlicher Postwege, wogegen er in Europa noch in den Kinderschuhen steckte; hier lebten bäuerliche Bevölkerungsgruppen, oft bettelarm und ohne jede Schulbildung, nach wie vor in weitgehender Isolation von den Zentren des Konsums, abgeschnürt durch Zollschranken, die Unzuverlässigkeit der ländlichen Postzustellung und die Welten, die zwischen städtischer und ländlicher Lebensweise lagen. Ein sehr auffälliger Unterschied betraf den hohen Anteil inhabergeführter Ladengeschäfte in Europa, der sich beispielsweise in Belgien, Italien und Frankreich um die 97 Prozent bewegte, während er in den Vereinigten Staaten bei nur achtzig Prozent lag.

Das Hauptanliegen der ICC-Studie bestand jedoch weniger darin, divergierende Entwicklungsvektoren aufzuzeigen, als zu unterstreichen, mit welch unterschiedlichem Tempo sich beide Regionen auf ein als idealtypisch definiertes Modell zubewegten. Die Autoren vertraten dezidiert die Auffassung, dass sich die europäische Distributionswirtschaft in dem Bemühen, die Wünsche der Kundschaft auf möglichst direktem Weg und zu möglichst geringen Kosten zu erfüllen, zwangsläufig ebenfalls hin zu großen, modernen, kapitalistisch betriebenen, bürokratisch verwalteten Einheiten entwickeln würde. Dass diese Entwicklung in Europa langsamer voranging als in den Vereinigten Staaten und dass der kleine Familienbetrieb hier weiter florierte, lag nach ihrer Überzeugung an den durch den Krieg hervorgerufenen Verwerfungen, an dem fortbestehenden, noch aus der kriegsbedingten einseitigen Förderung der Rüstungswirtschaft resultierenden Mangel an Konsumgütern und an dem vergleichsweise niedrigen Pro-Kopf-Einkommen der europäischen Bevölkerung.

---

51 McNair u.a., Distribution Costs, 1ff.

»Man kann den alten europäischen Wald, in dem es von tückischen Schlingpflanzen, Parasiten und umgestürzten Bäumen wimmelt, nicht wie ein sauber geometrisch geformtes kalifornisches Feld beackern.«[52] Mit diesen Worten riet der immer für ein Zitat gute Kulturkonservative André Siegfried zur Zurückhaltung. Später wurde klar, dass anders als in den USA, wo das Wachstum im Einzelhandel ebenso rasant verlief wie im Produktionssektor, in Europa »die Industrie sich in seismischen Sprüngen entwickelt, während im Handel das Wachstum durch Sedimentierung erfolgt«.[53] Auch klassenspezifische Verhaltensweisen, die vom Lebensstandard der Verbraucher geprägt waren und ihn prägten, waren mit ausschlaggebend dafür, wo und wie sie einkauften. Die zahllosen Menschen, die im kleinbetrieblichen Einzelhandel mitmischten, betrachteten sich selbst nicht nur als wirtschaftliche Akteure, sondern geradezu als die Säulen einer gesellschaftlichen Ordnung, die zum Untergang verurteilt war, wenn sie es nicht schafften, zu überleben. Der Preis eines Artikels war nur *ein* Faktor, den die Verbraucher bei der Bestimmung des Wertes einer Ware heranzogen. Daraus folgte, dass in ihren Augen das Kürzen oder Verhackstücken von Preisen gesellschaftliche Werte bedrohte. Fazit: Die Orientierung an »besten Praktiken« US-amerikanischer Provenienz erwies sich als dürftiger Kompass für das Manövrieren im unwegsamen Unterholz des »alten europäischen Waldes«.

Das Janusgesicht des europäischen Einzelhandels

Wenn sich der europäische Distributionssektor auf den Weg zu einem vom großen Einzelhandel getriebenen System nach amerikanischer Art machen wollte, bedurfte es dazu mehr als nur einer intelligenten unternehmerischen Führung; was nottat, war eine soziale Revolution im Einzelhandel. Stattdessen erlebte Europa stattdessen jedoch eine massive soziale Reaktion gegen jede Weiterentwicklung im Distributionsbereich; Zielscheibe dieser Reaktion waren das Kaufhaus und die Ladenkette als genau jene Institutionen, die dazu ausersehen waren, das Gesicht des Einzelhandels von Grund auf zu verändern.

Bemerkenswerterweise entsprachen die Grundstrukturen im europäischen Einzelhandel der klaren Schichtung der bürgerlichen Gesellschaft im Allgemeinen. Seine typischen Institutionen, das Großkaufhaus und der Tante-Emma-Laden, wiesen fast hermetische Abschottungen nach gesellschaftlicher Stellung, Wohlstand, Einfluss und Lebensstil ihrer reichen und armen Kunden auf. Das Kaufhaus bildete die oberste Spitze der konsumwirtschaftlichen Pyramide. Als Magnet und Leuchtturm des Stadtzentrums und Füllhorn für Luxusgüter und die schönen Dinge des Lebens war es einerseits die Verkörperung kapitalistischen Gewinnstrebens und bediente andererseits das Bedürfnis nach all dem Neuen und Schicken, das für die Aufrechterhaltung eines bürgerlichen Lebensstils unverzichtbar schien. Die Masse der kleinen Geschäftsleute bildete den breiten Fuß der Pyramide. Ihre Tante-Emma-

---

52 Zit. n. Milhaud, Chemins faisant, 47.
53 Revue des deux mondes, August/September 1962, Sonderheft, Grands magasins, supermarchés. La question du jour, 4.

Läden, Knotenpunkte des gesellschaftlichen Lebens in den Wohnvierteln abseits der Zentren mit einer Kundschaft, die sich aus den armen und kleinbürgerlichen Schichten rekrutierte, und mit ihrer zumeist schmucklosen Anmutung, waren die Orte, an denen die große Masse der Europäer ihr stets knappes Geld für Lebensmittel, Brennstoffe und die anderen notwendigen Dinge des Lebens verausgabten.

Gewiss, der Einzelhandel hatte seit Anbruch der kapitalistischen Ära immer dieses Doppelgesicht zur Schau getragen. Kein wirtschaftliches Projekt war globaler als der Handelskapitalismus, keines provinzieller als der persönliche Einkauf im Laden an der Ecke. Der Großkapitalist wandelt und handelt in der Welt. Er macht sein Vermögen, indem er auf das Exotische setzt, auf seinen Zugang zu Kapital, seine Kontrolle über Abläufe, seinen Zugang zur Macht und seine Fähigkeit, notfalls Gewaltmittel zu mobilisieren. Dagegen ist der kleine Ladeninhaber kaum ein richtiger Kapitalist, zumal die Grenze zwischen Geschäft und Haushalt oft eine verschwimmende ist. In seiner Kalkulation von Kosten und Einkünften ist kaum Platz für Überraschungen; seine Marktposition ist ihm relativ sicher durch ein Mini-Monopol auf seine lokalen Stammkunden, die ihm nicht zuletzt deshalb treu bleiben, weil sie nicht mobil sind. Weil er darauf baut, dass seine Geschäfte mehr oder weniger vorhersehbar laufen, spürt er die Launen und Schwankungen der Konjunktur bis auf die Knochen. Die Ursachen für eventuelle Versorgungsengpässe, Preisfluktuationen oder Umsatzrückgänge kennt er nicht aus eigenem Wissen. Wie einer, der in stockdunkler Nacht gegen Hindernisse rennt, hat er eine verschwommene Ahnung davon, ob die Gründe für seine Probleme aus- oder inländischer Herkunft sind, ob sie die Volkswirtschaft als Ganze betreffen oder nur seinen engen Bereich, ob sie die Folge eigener Kurzsichtigkeit sind oder einfach schicksalhaft.[54]

Die Blütezeit des Kaufhauses in Europa fiel zusammen mit der Blütezeit bürgerlicher Bereicherung an der Wende zum 20. Jahrhundert, ebenso wie zwanzig Jahre später die Krise des Kaufhauses als düsteres Indiz bürgerlichen Niedergangs fungierte. Wie in den Vereinigten Staaten hing auch in Europa die Ausbreitung der Kaufhäuser nicht nur mit dem Wachstum der Großstädte als solchem zusammen, mit den Investitionen in eine leistungsfähige Transport-Infrastruktur, dem Siegeszug der Werbung und dem rationelleren Einkaufen handwerklich und industriell gefertigter Güter, sondern vor allem mit der Konzentration wohlhabender Oberschichten in den Metropolen. Um 1930 herum lag in Europa das Volumen verkaufter Verbrauchsgüter unter dem in den USA. Der Anteil der Kaufhäuser am gesamten Einzelhandelsumsatz lag in Frankreich bei fünf Prozent, in Deutschland bei vier bis fünf Prozent, in Großbritannien bei 7,5 Prozent – jenseits des Atlantiks bei immerhin zehn Prozent.[55] Doch der Umsatz war nur eine Maßzahl für die Innovationsfähigkeit des Handelskapitalismus. Das Kaufhaus war mehr als nur ein Anhängsel bürgerlicher Lebensart, das den Aufstieg des Bürgertums mitmachte; es prägte und definierte vielmehr geradezu die Vorstellungen davon, was bürgerliche Lebensart war oder sein sollte.

54 Braudel, Geschichte der Zivilisation.
55 Siehe Zamagni, La distribuzione commerciale, 23; dies., Le conseguenze della crisi del '29, 10.

Wenn dem so war, dann müsste es möglich sein, aus einer Landkarte, die die Verteilung der Kaufhäuser zeigt, die Verbreitungsgebiete, den Wohlstand und den Einfluss des Bürgertums herauszulesen. Die Mehrzahl der Kaufhäuser fand sich im nordwestlichen Europa; je weiter man sich der Mitte und dem Süden des Kontinents näherte, desto geringer wurde ihre Zahl.[56] Als Wahrzeichen der physischen Dominanz der bürgerlichen Schichten über die alten Regime und ihre Stadtzentren führten die neuen Kaufhausbauten zur Umleitung von Verkehrsströmen und verdrängten zahllose kleine Läden; so gesehen, verpassten sie der Großstadtlandschaft des späten 19. Jahrhunderts ein neues Profil. Seite an Seite mit anderen Tempeln der bürgerlichen Kultur – der Börse, den großen Bibliotheken, den Rathäusern und den gigantischen Bahnhöfen – signalisierten diese »Kathedralen des Handels« die Abschottung der immer spektakulärer werdenden großstädtischen Zentren von den immer weiter nach draußen geschobenen schäbigen Wohnbezirken der arbeitenden Klassen.[57]

Damit nicht genug: Indem die Kaufhäuser eine neue Art des Verkaufens einführten, vermittelten sie den Menschen ein neues Verhältnis zum Erwerb von Konsumgütern, ein Verhältnis, das bis in die Gegenwart hinein immer wieder Umwälzungen erfährt. Die Artikel wurden den Kunden in Dutzenden von Abteilungen präsentiert, deren jede auf eine Artikelgruppe spezialisiert war – vor allem auf Textilien, Trockenwaren, Parfüms, Haushaltsartikel, langlebige Güter wie Kutschen (einschließlich der Bedarfsartikel für den Kutscher und die Pferde) und schließlich auch hochwertige Lebensmittel. Die schiere Zahl der in aufwendiger Pracht zur Schau gestellten Artikel, deren jeder mit einem Preis ausgezeichnet war, kündete nicht nur von einer ungeheuren Warenfülle, sondern unterstrich auch die Einzigartigkeit einzelner Objekte. Die Auspreisung hatte für die Kunden einen doppelten Vorteil: Indem sie den monetären Gegenwert eines jeden Artikels festschrieb, eliminierte sie den Akt des Feilschens, wie er auf dem Basar oder auch im Laden an der Ecke gang und gäbe gewesen war. Und indem der Preis den intrinsischen Wert der Waren widerspiegelte, kündete er vom Vertrauen darauf, dass das Haus nur Güter anbot, die dem bürgerlichen Lebensstil angemessen waren. Dieses Image wurde in den ganzseitigen Kaufhausanzeigen in der lokalen Presse gleichsam überlebensgroß herausgestellt.

Das Kaufhaus bekräftigte auch den besonderen Platz, den Frauen innerhalb der bürgerlichen Konsumwelt einnahmen. Es war *Das Paradies der Damen*, wie der deutsche Titel von Emile Zolas Erfolgsroman aus dem Jahr 1882, *Au bonheur des dames*, lautete, geschaffen dafür, den gesellschaftlichen Verkehr bürgerlicher Frauen in den quasi öffentlichen Räumen der modernen Einzelhandelswelt sowohl zu fördern als auch zu schützen. So gesehen, unterstützte das Kaufhaus eine bestimmte Art von Emanzipation, die sich allerdings ganz und gar mit der subalternen Stellung

---

56 Lancaster, The Department Store; siehe auch die verdienstvolle Studie von Pasdermadjian, The Department Store; Gabler, Probleme der amerikanischen Warenhäuser; Miller, The Bon Marché; Crossick/Jaumain, Cathedrals of Consumption; Amatori, Proprietà e direzione.
57 Marrey, Les grands magasins, 10f., 257ff.; Coley, Les Magasins Réunis, 225–251; James, Erich Mendelsohn; Klausen, Frantz Jourdain.

der Frau vereinbaren ließ: Die meisten Frauen verfügten nicht über eigenes Einkommen, hatten keine Kontrolle über das Familienvermögen und daher keine wirklich eigenständige Kaufkraft. Gleichwohl, indem das Kaufhaus in einem Kontext der Eingeschränktheit ein Stück Individualität ermöglichte, verleitete es die Frauen zu kleinen Sünden, wie unerfüllte Sehnsüchte sie gebären: Ladendiebstahl, heimliche Einkaufstouren auf Rechnung des Ehemanns, demonstrativer Müßiggang. Solange allein die gesellschaftliche Elite solchen Zerstreuungen frönte, bestand das Problem einfach darin, das »Luxusweib« in Zaum zu halten.[58]

Nicht zuletzt demonstrierte das Kaufhaus auch die zentrale Rolle Europas als Drehscheibe der westlichen Konsumkultur. Die für die Kaufhäuser tätigen Einkäufer kleckerten nicht, sondern klotzten. Stets auf der Suche nach Produkten und Lieferanten, zogen sie Nutzen aus der Tatsache, dass der Welthandel immer schrankenloser wurde, dass man in den Kolonien der Großmächte immer risikoloser operieren und einkaufen konnte und dass die europäische Wirtschaft mit immer raffinierteren Gebrauchs- und Luxuswaren aufwartete. Einheimische Handwerkskunst und Exotika aus aller Welt fügten sich zu etwas zusammen, das Edmond de Goncourt, selbst ein unermüdlicher Sammler von Krimskrams aller Art, als »Nippesfieber« bezeichnete.[59] Das Bürgertum der *Belle Epoque* zeigte in seinem Geschmack und Stil eine eindeutige Präferenz für das Orientalische, ohne sich der europäischen Herkunft seiner Sammelstücke gewahr zu sein, und es herrschte auch eine naive Ignoranz gegenüber den nationalen Kulturen, auf die die Stücke verwiesen; wichtig war nur, dass sie die Ausstrahlung und den Wert der eigenen Person mehrten und den Westen im Gefühl seiner kulturellen Omnipotenz bestärkten.[60]

Es ist demnach nicht verwunderlich, dass amerikanische Einkäufer, nachdem sie das europäische Hinterland nach Bezugsquellen für Stoffe, Teppiche, Spielzeug und Porzellan durchkämmt hatten, auch noch in den Metropolen Europas Station machten und sorgfältig die fantastischen Schaufensterdekorationen der dortigen Kaufhäuser dokumentierten, zur späterer Verwendung zuhause. Man vergab sich nichts, wenn man zugab, wie Selfridge es tat, dass die spektakulären Verkaufsetagen der Pariser Kaufhäuser *Au Printemps* und *Bon Marché* für *Marshall Fields* Pate gestanden hatten. John Wanamaker in Philadelphia stellte fest, dass die Genussmittel der französischen Elite nie den Dienst versagten, wenn es darum ging, die bestsituierten Bürger der Stadt in ihrem ständigen Wettlauf um pekuniäre Übertrumpfung mit Statussymbolen zu versorgen. Um die Wende zum 20. Jahrhundert machte in amerikanischen Konsumtempeln *vente de blanc* mehr her als *white sale*, *en vente ici* mehr als »hier erhältlich«, und *choisissez* mehr als »greifen Sie zu«.[61] Europa – genauer gesagt Paris, mit einem Hofknicks vor Londons Herrenschneidern und überladenen viktorianischen Etagen – blieb noch lange oberste Instanz in Geschmacksfragen, selbst als der Wind sich gedreht hatte und die Europäer über

---

58 Rappaport, Shopping for Pleasure; Zola, Das Paradies der Damen; Whittemore, Getting the Goods Together, 14–25; O'Brien, The Kleptomania Diagnosis, 65–77.
59 Saisselin, The Bourgeois and the Bibelot, 69–71.
60 Auslander, The Gendering of Consumer Practices, 79–112; Tiersten, Marianne in the Market.
61 Leach, Land of Desire, 99–104; Gabler, Probleme der amerikanischen Warenhäuser, 23f.

den Atlantik segelten, um sich über die neuesten Techniken der Massendistribution zu informieren.

So sehr das Kaufhaus dazu beitrug, den bürgerlichen Stil des Konsumierens und Genießens zu etablieren, so unvermeidlich förderte es auch dessen innere Widersprüche zutage, und in der Zwischenkriegszeit förderte es sogar mit zunehmender Konsequenz dessen Niedergang.

Zunächst einmal verstärkte das Kaufhaus die Statushierarchien innerhalb des Bürgertums. Die Eigner der großen Kaufhäuser kamen zu Reichtum und Macht und legten damit einen ungeahnten sozialen Aufstieg hin, gleich aus welch bescheidenen familiären Verhältnissen sie stammen und wie wenig Bildung sie besitzen mochten. Ganz anders die gewöhnlichen Ladeninhaber, die, solange sie persönlich Hand an ihre Ware legten, unweigerlich Kleinbürger blieben, selbst wenn sie als Hoflieferanten die Königsfamilie mit Stiefeln, edlen Getränken oder Kinkerlitzchen versorgten.[62] Der Umstand, dass das Kaufhaus als physischer Raum jedermann offen stand, konnte nicht darüber hinwegtäuschen, dass gesellschaftliche Unterschiede auch hier allgegenwärtig waren. In der Rollenverteilung zwischen Personal und Kundschaft gab es einiges, das an das Verhältnis zwischen Dienstboten und Herren erinnerte. Der Verkäufer war ein Lakai, die Verkäuferin eine Zofe. Neureiche und Aufstrebende sollten gewiss mit allen Mitteln als Kunden geworben werden, doch nie auf Kosten der vornehmen Kundschaft. Die Mitarbeiter wurden darauf gedrillt, zu erkennen, vor welchen Kunden sie die Hacken zusammenschlagen, Verbeugung und Knicks praktizieren mussten und welche sie scheel ansehen und brüsk abfertigen durften.[63] Nicht dass sie darin viel Nachhilfe gebraucht hätten. Bei Kaufhausangestellten konnte man davon ausgehen, dass sie selbst von der Wiege bis ins Grab Geschöpfe einer paternalistischen Kultur und somit von anderem Zuschnitt waren als Angehörige der Arbeiterklasse oder durchschnittliche Angestellte und dass sie es an Snobismus selbst mit den snobistischsten Kunden aufnehmen konnten und sich ebenso gut darauf verstanden, Kunden nach Garderobe, Akzent und Körpersprache einzuschätzen. Sie konnten das gesellschaftliche Antlitz ihrer Kundschaft identifizieren, lange bevor diese ihnen ihre Brieftaschen zeigte.

Zudem konnte sich das Kaufhaus, so erfolgreich es sein mochte, nie ganz von dem hartnäckigen Stigma befreien, dass der Handel etwas moralisch, wenn nicht sogar gesellschaftlich Anrüchiges hatte und der Großkaufmann als Figur weniger ehrenwert war als der Fabrikant. Die führenden Kaufhäuser waren so groß, so sichtbar, so gewinnträchtig, dass sie den Kaufmannskapitalismus auf eine Weise ins Zentrum des öffentlichen Lebens rückten, wie man es seit den großen Handelskompanien des 17. oder den großen Handelshäusern der italienischen Stadtstaaten des 15. Jahrhunderts nicht mehr gesehen hatte. Die *patrons* der führenden Pariser Kaufhäuser waren Mäzene, Genussmenschen und Kunstsammler auf großem Fuß, großzügige Wohltäter und omnipotente Vaterfiguren für ihre nach Tausenden zählenden Angestellten. Ähnliches galt für die jüdischen Kaufhausmagnaten Berlins. Oscar Tietz,

---

62 Goblot, Klasse und Differenz, 72.
63 Shaw, Large-Scale Retailing, 80.

bis zu seinem Tod 1923 Präsident des Verbands Deutscher Waren- und Kaufhäuser, war in der Zeit, als in Preußen noch das Dreiklassenwahlrecht galt, dank seines Vermögens und seines entsprechend hohen Steueraufkommens der einzige Wahlberechtigte erster Klasse in seiner Heimatprovinz Brandenburg. Weil er allein über ein Drittel der Wählerstimmen in seinem Wahlkreis gebot und eine so dominante Persönlichkeit des Berliner Wirtschaftslebens war, behandelten die Behörden ihn wie einen Würdenträger und konsultierten ihn in Angelegenheiten des öffentlichen Interesses, und das obwohl er nicht bloß jüdischer Herkunft war, sondern als frommer Jude eine prominente Rolle in der jüdischen Gemeinde Preußens spielte.[64]

Kaufhausmagnaten gehörten sicherlich zu den Stützpfeilern der bürgerlichen Zivilisation, aber diese Pfeiler waren instabil. Viele Menschen sahen im Kaufmannskapitalismus eine gleichsam zu reine Form des Kapitalismus, also etwas, das zu große Ähnlichkeit mit dem Finanzkapitalismus hatte, der ausschließlich vom Geschäft mit dem Geld selbst lebte. Man muss sich nur die Invektiven des Charles Fourier, eines utopischen Sozialisten des frühen 19. Jahrhunderts, ins Gedächtnis rufen, der den kapitalistischen Handel als einen »Vampir des Obskurantismus und der Verschlagenheit« bezeichnete, der »alle Reichtümer Tropfen für Tropfen aufsaugt«, als einen »Geier der Produktivität«. Und man mag auch nicht die tief sitzenden Ressentiments der Bevölkerung gegen das Spekulantentum vergessen, die Anstoß zu den Hungerunruhen gaben, die zwischen dem 18. und dem frühen 20. Jahrhundert immer wieder ausbrachen und sich gelegentlich zu ausgewachsenen Aufständen aufschaukelten.[65] Ein weiterer Gesichtspunkt, der die Phobie gegen Leute, die Geld mit Geld verdienten, mit zusätzlicher Brisanz erfüllte, war die Beobachtung, dass in der Kaufhausbranche jüdische Interessen so einflussreich zu sein schienen.

Die Öffentlichkeit machte sich zu Recht Gedanken über das Mysterium, dass ein Handelsunternehmen so viele seiner Waren mit Verlust verkaufen und unter dem Strich dennoch Geld verdienen konnte. Gabriel Cognacq, ein Sohn der Gründer des Kaufhauses *La Samaritaine*, erklärte rundheraus, wie dies möglich war.[66] Das Kaufhausunternehmen war, so machte er deutlich, zuerst und vor allem eine Bank, die Unternehmenszentrale streckte den für die Kaufhausabteilungen arbeitenden Einkäufern das Geld für den Kauf ihrer Warenbestände vor und ließ sich dieses zu einem Zinsfuß von drei oder vier Prozent zurückzahlen. Diese Operation wurde mehrmals pro Jahr durchgeführt, mit dem Resultat, dass Gewinne schon flossen, bevor die Artikel zum Verkauf gestellt wurden oder gar verkauft waren – von der profitablen Praxis, die Lieferanten erst mit Verspätung zu bezahlen, ganz zu schweigen. Zusammen mit der schieren Größe dieser Kaufhäuser waren es solche Zusatzprofite, die ihnen einen nach Ansicht ihrer Kritiker unbilligen Vorteil verschafften. Staaten, die auf der Suche nach Einkommensquellen waren, leiteten hieraus einen plausiblen Vorwand ab, um den Großkaufhäusern eine Sondersteuer aufzuerlegen, die sich nach ihrem Verkaufsvolumen bemaß, ein Schritt, der Maßstäbe für andere, schikanösere Maßnahmen in Zeiten größerer Not setzte.

64 Mosse, Jews in the German Economy, 209; ders., Terms of Successful Integration, 142ff.
65 Silberling, Dictionnaire de sociologie phalanstérienne, 88f.
66 Les Grands Magasins/The Great Department Stores, Foreign Trade, September 1933, 15.

In den Jahren des Ersten Weltkrieges schien sich der Unmut über den kapitalistischen Handel, der in einem von Preußen geprägten Deutschland stärker war als anderswo, zu einem allgemeinen Kampf der Zivilisationen auszuweiten. Der originelle Werner Sombart bewerkstelligte den propagandistischen Taschenspielertrick, den Deutschen als einem Volk von Helden die Briten als ein Volk von Händlern gegenüberzustellen. In direkter Konfrontation mit der antideutschen Polemik eines Herbert Spencer, der dem friedliebenden britischen Empire den kriegstreiberischen Feudalismus Kaiser Wilhelms II. gegenübergestellt hatte, kontrastierte Sombart die unbarmherzige Logik des Handelskontrakts, mit der Großbritannien sein Empire regierte, mit dem ritterlichen Pflichtbewusstsein, von dem sich Deutschland angeblich leiten ließ.[67] Die *Pax Britannica* wurde in Deutschland als überdimensionale Kaufmannswaage porträtiert, die britische Auffassung von Gerechtigkeit als von der Engstirnigkeit des Kassenbuchs angekränkelt, das deutsche Volk hingegen als ein Vorbild an Kultur, durch seine ethischen und geschichtlichen Ideale zum Abwehrkampf gegen den Materialismus der Ententemächte prädestiniert: »Helden« im Ringen mit »Erbsenzählern« – diese Sombartsche Antinomie war perfekt darauf geeicht, eine patriotische, reaktionäre Koalition zusammenzuschmieden.

1929 kehrte Sombart zu seinem Lieblingsthema zurück, dem Wesen des »Hochkapitalismus«, und identifizierte das Kaufhaus als dessen vollkommensten Ausdruck. Sombart selbst war zwar kein expliziter Antisemit, doch die Pamphletisten, die bei Hitlers NSDAP als Wirtschaftsexperten durchgingen, entnahmen seinen Schriften gediegen klingende Zitate (wie zum Beispiel die Aussage, das Kaufhaus sei »das rechte Kind des hochkapitalistischen Zeitalters«), um einer von ihnen tausendfach wiederholten Behauptung akademische Glaubwürdigkeit zu verleihen, nämlich der Behauptung, dass das Großkapital von Juden dominiert werde. Ihre »Rassenforschung«, die sie anhand der Lektüre der »jüdischen Wirtschaftspresse« betrieben, führte sie zu der Erkenntnis, dass die internationale Großfinanz, die aus New York, Paris, Amsterdam und Zürich heraus operierte, die treibende Kraft hinter der stürmischen Ausbreitung der Ladenketten seit 1925 sei. Die »Verschwörer«, deren Ziel die Monopolisierung des deutschen Handels sei, seien unverfroren genug, ihren Einmarsch in deutsches Territorium damit zu krönen, dass sie ein Vorzeigekaufhaus am Potsdamer Platz zu errichten planten, dem sakrosankten wirtschaftlichen Herzstück Berlins.[68]

Schwerer noch wog, dass die europäischen Kaufhausmagnaten es noch nicht geschafft hatten, ihr zerrüttetes Verhältnis zu den kleinen Einzelhändlern zu kitten, auf die allerorten mindestens neunzig Prozent aller lokalen Verkaufsgeschäfte entfielen.[69] Bedeutsamer als die Prozentzahlen war, dass die zahllosen kleinen Ladengeschäfte eine Einkaufskultur repräsentierten, die bei aller nationalen Homogenisierung, politischen Zentralisierung und trotz aller durch Industrialisierung und Verstädterung bewirkten Verwerfungen durch und durch lokal, kleinteilig, vielfältig und der Vergangenheit verhaftet blieb. Grundsätzlich hätten die Liberalisierungen,

---

67 Sombart, Händler und Helden; Lebovics, Social Conservatism and the Middle Classes, 62f.
68 Buchner, Warenhauspolitik, 3, 22ff.
69 Urwick/Valentine, Trends in the Organization, 73f.

die im Verlauf des 19. Jahrhunderts durch das Zurückschneiden von Zunftprivilegien und anderen Wettbewerbshindernissen erreicht worden waren, eine größere geografische Homogenität innerhalb der einzelnen Nationalstaaten bewirken müssen. Allein, in keiner Branche herrschte, bei aller Offenheit für Innovation, ein beharrlicher Konservatismus als im kleinteiligen Einzelhandel. In diesem Bereich mischten sich traditionellere Metiers wie die des Textil- und Eisenwarenhändlers, des Metzgers und des Bäckers mit Anbietern neuerer Waren und Dienstleistungen wie dem Schirmfachgeschäft, dem Fahrradladen mit angeschlossener Werkstatt, dem Radiogeschäft oder dem Strickwarenladen, der anfangs noch auf Bestellung Seiden- und später Nylonstrümpfe anfertigte. Alle diese Metiers gehorchten Regeln und Geboten, die eine Mischung aus Rechtsvorschriften, Familientraditionen, Berufsgeheimnissen und Zunftregularien waren.[70] Wer eine einleuchtende Erklärung für solche Selbstverständlichkeiten des lokalen Wirtschaftslebens suchen wollte, wie dass der Obst- und Gemüsehändler nicht auch getrocknete Hülsenfrüchte oder das Damenbekleidungsgeschäft nicht auch Unterwäsche verkaufen konnte, müsste dafür eine detektivische Teamarbeit unter Herbeiziehung von Historikern, Rechtsexperten und Völkerkundlern in Auftrag geben.

Sowohl den neoklassischen als auch den marxistischen Prognosen trotzend, die an ihrer wirtschaftlichen Lebensfähigkeit zweifelten, setzten die kleinen Gewerbetreibenden dem angeblich übermächtigen Gesetz der großen Zahl und des großen Volumens hinhaltenden Widerstand entgegen. Dabei hatten diese kleinen Selbstständigen, statistisch betrachtet, nur die Lebenserwartung von Eintagsfliegen, um Sombarts herablassende Einschätzung zu paraphrasieren. Von hundert Kleingewerben, die zu Beginn eines beliebigen Jahrzehnts gegründet wurden, waren nach dessen Ablauf nur noch zwanzig übrig. Anderseits galt, dass, auch wenn ein Ladengeschäft unterging, das Ladenlokal selbst in aller Regel bestehen blieb und von einem neuen gewerblichen Nutzer weitergeführt wurde; Kandidaten dafür gab es im Überfluss vor dem wirtschaftlichen Hintergrund einer Dauerkrise in der Landwirtschaft, einer riesigen Reservearmee arbeitsloser Menschen, niedriger Löhne, fehlender Unfall- und Rentenversicherung und des faktischen Ausschlusses der Frauen von der Lohnarbeit außer Haus.[71]

Das Kleingewerbe überdauerte auch deshalb, weil es eine wertvolle Bastion der Maßanfertigung und des Kundendienstes war, auch wenn sich diese Zusatzleistungen nur schwer versilbern ließen. Die meisten Kunden kauften hier täglich ein; ihre Kaufkraft war niedrig und ihr Wohn- und Lebensstandard so armselig, dass sie den Laden um die Ecke gleichsam als Vorratskammer benützten. Die Ladeninhaber oder ihre Verkaufsmitarbeiter standen hinter einer Theke, nahmen den Kundenwunsch entgegen, schöpften die verlangte Menge aus irgendwelchen Dosen, Fässern oder Glaskrügen, maßen ab und wogen, rollten die Ware in Zeitungs- oder Packpapier ein oder schütteten sie, wenn es eine Flüssigkeit war, in die vom Kunden

---

70 Froelich, European Experiments in Protecting Small Competitors, 442–452.
71 Urwick/Valentine, Trends in the Organization, 75; Nancey, Où, quand, comment achète-t-on?; Simonet, Le petit commerce du détail; Dansette, Les formes evoluées, 70ff.; Denecke/Shaw, Traditional Retail Systems, 85.

mitgebrachten Behältnisse, um dann aus den einzelnen Preisen den Zahlbetrag zu errechnen. Sie kassierten Bargeld oder schrieben an und trugen den Betrag in ihr Rechnungsbuch ein. Auf Wunsch des Kunden arrangierten sie manchmal auch eine Lieferung frei Haus.

Der Ladeninhaber war mehr als nur ein Verkäufer; er war ein Warenmakler, der seine Fähigkeit, bestimmte Waren zu besorgen, mit seinem Selbstverständnis als Händler und mit seinem Wissen um die Wünsche seiner Kundschaft ins Gleichgewicht brachte. Bei der Auspreisung seiner Artikel richtete er sich nach dem Prinzip eines »billigen Gewinns«, was nichts anderes bedeutete, als dass er bei den meisten seiner Waren einen Aufschlag gegenüber dem Einstandspreis ansetzte, der ihm sein wirtschaftliches Überleben sicherte, und zwar im Rahmen eines Lebensstandards, wie er einem Ladeninhaber, der die Absicht hatte, sein Geschäft einmal seinen Nachkommen zu übertragen, zu gebühren schien. Die Alternative wäre eine Orientierung an den »Marktpreisen« gewesen, doch dafür hätte der einzelne Geschäftsmann einen präzisen Überblick über die von der Konkurrenz verlangten Preise, über die eigenen Gemeinkosten und die voraussichtlichen Wiederbeschaffungskosten haben müssen. Solange es sich um vertraute Artikel handelte, pflegten Ladeninhaber und Kunden um den angemessenen Preis jeder Ware zu feilschen und sich auf einen Betrag zu einigen.[72] In der Praxis mochte das bedeuten, dass ein Ladeninhaber, wenn ihm die charmante Haushälterin oder Dienstmagd einer Kundin gefiel, einen individuellen Vorzugspreis gewährte – vielleicht auch aus Respekt vor der Kundin selbst, wohl wissend, dass diese mit Argusaugen über das Haushaltsbuch wachte und ständig mit Abwanderung zur Konkurrenz drohte. Bei jeder sich bietenden Gelegenheit erfreute er seine besten Kunden mit kleinen Geschenken und erhielt im Gegenzug selbst Aufmerksamkeiten zum Zeichen ihrer Wertschätzung. Manchmal ging er leichtfertig mit den Summen um. Zweifellos handelte er sich mit unbedachten Bevorzugungen oder Benachteiligungen Vorwürfe ein. Doch Ungleichheit gehörte nun einmal zur Wirklichkeit des Lebens. Solange keine Alternativen greifbar waren, änderte die Ungleichbehandlung nichts an der wechselseitigen Abhängigkeit, die die lokale Kundschaft mit dem Gemüsehändler an der Ecke verband.

Man muss den Tante-Emma-Laden nicht als soziale Einrichtung idealisieren, um zu verstehen, dass und warum die Interessenvereinigungen kleiner Geschäftsleute den Anspruch erheben konnten, alles Vertrauenswürdige, Wertvolle und Solide in der Gesellschaft zu verkörpern. Ihr Selbstverständnis als Grundfeste der sozialen Ordnung leiteten die Ladenbesitzer von einem Stammbaum ab, der bis zu den mittelalterlichen Zünften zurückreichte, ferner von ihrem Status als Grund- und Hausbesitzer (in einer Kultur, für die Immobilienvermögen nach wie vor einen hohen Stellenwert hatte) und von ihrer Rolle als Lieferanten schöner und nützlicher Dinge und als Vermittler des guten Geschmacks innerhalb einer überaus fein differenzierten Hierarchie des Konsums. Wenn in Europa von der »Metapher der Mitte« die Rede war, zielte dies auf den prekären Status des Mittelstandes, den fortbestehenden

---

72 Zur tatsächlichen und zur wünschenswerten Praxis siehe die Anmerkungen von Otto D. Schaefer, Direktor des Reichskuratoriums für Wirtschaftlichkeit, in: International Chamber of Commerce, Helping Retailers to Better Profits; siehe auch Jefferys u.a., Distribution of Consumer Goods, 48ff.

Einfluss von Berufsverbänden und Zünften und die tief verwurzelte Auffassung, wonach die Gesellschaft eine organische Hierarchie war, in der alle den ihnen gebührenden Platz einnahmen.[73] Diese Vorstellung von »Mitte« erwies sich als resistent gegenüber dem eher pragmatischen und vielschichtigen Konzept der »Mittigkeit«, wie die US-amerikanische Konsumkultur es geprägt hatte. Analog dazu machte die Ansicht, die volkswirtschaftlichen Funktionen des Handels ließen sich von seinen politischen, gesellschaftlichen und sogar seinen moralischen Dimensionen trennen, das Diktum Filenes, der Laden sei »eine Maschine für das Verkaufen«, nicht nur falsch, sondern auch verwerflich.

Die Gräben innerhalb des bürgerlichen Konsumverhaltens weiteten sich in der Zwischenkriegsperiode zu Klüften, als das Kaufhaus in seiner Rolle als Bannerträger des bürgerlichen Konsums zu wackeln begann und der Anspruch des Kleingewerbes, die gesunde alternative Welt des Mittelstandes zu verkörpern, ins Wanken geriet. Ein dritter Weg zum zahlenden Kunden bot sich an: das Kleinkaufhaus als Filialunternehmen, für das Kaufhauskapitalisten in Europa eine Zeitlang die Werbetrommel rührten. Doch es erwies sich als eine äußerst mühselige Herausforderung sowohl für Kleingewerbetreibende als auch für Handelsriesen.

Die Weltwirtschaftskrise führte dazu, dass die europäischen Kaufhäuser in einem weitaus weniger mobilen Markt operieren mussten als ihre US-amerikanischen Pendants; das wirkte sich negativ auf ihr Kundenpotenzial und auf ihre Fähigkeit aus, Waren an der Quelle einzukaufen. Wenn sie ihr Niveau anhoben, indem sie etwa eine kundenfreundlichere Bedienung, exquisitere Artikel und zusätzliche Dienstleistungen wie Modeberater, ausgefallene Importwaren oder Rolltreppen anboten, schlug das mit Mehrkosten zu Buche. Und oft passierte es dann, dass ihre Kunden, von denen die meisten weniger Geld für Kleidung und Luxusgüter übrig hatten, zu Fachgeschäften oder kleinen Maßschneidereien abwanderten; dank Modezeitschriften, dem Kino und Anregungen beim Schaufensterbummel trauten sich immer mehr Kunden ein eigenes Urteil in Mode- und Stilfragen zu. Kaufhäuser, die versuchten, am unteren Ende neue Käuferschichten hinzuzugewinnen, indem sie billigere Waren anboten, liefen Gefahr, ihre angestammte Klientel vor den Kopf zu stoßen, und taten sich oft schwer, entsprechend preisgünstige und doch gediegene Waren einzukaufen – dies scheiterte unter Umständen an Herstellerkartellen, wenig leistungsfähigen Vertriebssystemen und steigenden Zöllen. Die sich anbietende Lösung, die Verwaltungskosten durch die Eröffnung neuer Häuser in Vororten oder Provinzstädten feiner zu verteilen, erwies sich als für Kaufhäuser mit hohem Qualitäts- und Servicestandard zu kostspielig.[74]

Auch den kleinen Ladeninhabern blühten schlimme Zeiten. Je trostloser die wirtschaftliche Lage wurde, desto mehr Geschäfte wurden eröffnet. In Belgien, dem in dieser Beziehung am besten erforschten Land, diagnostizierte ein Fachmann ein

---

73 Crossick/Haupt, Shopkeepers and Master Artisans; Nord, Paris Shopkeepers. Zu Deutschland siehe Gellately, The Politics of Economic Despair; Spiekermann, Basis der Konsumgesellschaft.
74 Revue des deux mondes, August/September 1962, 23; Du Closel, Les grands magasins français, 30–33; Gabler, Probleme der amerikanischen Warenhäuser, 105–110, 197–201; Dansette, Les formes evoluées, 37ff.

»krebsartiges Wuchern« im Bereich des Kleingewerbes; 1937 gab es in dem Land 25 Prozent mehr Klein- und Kleinstbetriebe als 1910. Viele verkauften nur Lebensmittel, hielten sich dank Lieferantenkrediten über Wasser und dienten ebenso sehr der Nahrungsversorgung der eigenen Familie wie jener der Kunden aus der Nachbarschaft.[75] Innerhalb der Gruppe der Kleingewerbetreibenden taten sich in dieser Zeit immer mehr Risse auf: Auf der einen Seite waren da die Fachgeschäfte, die die Konkurrenz selbst der modernsten Kaufhäuser nicht zu scheuen brauchten und die alles daran setzten, immer auf dem letzten Stand zu bleiben und Sortiments- und Dienstleistungsnischen zu besetzen; ihnen standen am anderen Ende des Spektrums die besagten eigenverbrauchsorientierten Lebensmittelläden gegenüber, dazu Straßenhändler mit ihren Karren, Lumpensammler oder Schrotthändler, die teilweise ohne Gewerbeschein und in einer Grauzone operierten, in der auch Tauschgeschäfte, Gebrauchtwarenhandel und Kleinkriminalität ihren Platz hatten. Die Spaltung zeigte sich am deutlichsten im ungleichen Mechanisierungsgrad des Verkaufsvorgangs. Die erste in großen Stückzahlen verkaufte Ladenkasse, ein Erzeugnis der Firma NCR (*National Cash Register*) aus Dayton in Ohio, beruhte auf einer frühreifen Erfindung des quirligen Gründers der Firma, John Patterson, wurde von ihm 1884 in Europa eingeführt und revolutionierte den Bezahlvorgang im Einzelhandel. Indem sie fehlerfrei addierte und Belege für die Buchhaltung produzierte, sparte sie Arbeit, verhinderte, dass Angestellte sich aus der Kasse bedienten, und versetzte auch den Kunden in die Lage, Preise und Summen nachzukontrollieren.[76] In den zwanziger Jahren unterhielt NCR Niederlassungen in ganz Europa. Doch selbst in Deutschland, dem am stärksten mechanisierten Land Europas, wo die Firma National-Krupp-Registrierkassen glänzende Umsätze tätigte, verfügte im Schnitt nur jedes zweite Einzelhandelsgeschäft über eine Registrierkasse, und nur jedes vierte machte eine ordentliche Buchführung.[77]

In einer Welt, die ganz im Zeichen der Maschine stand und in der die Ladeninhaber alter Schule einen immer kleineren Anteil an der Mittelschicht ausmachten, taten sie sich zunehmend schwer, ihre althergebrachte Rolle als privilegierter »Stützpfeiler«, als »Rückgrat« oder »Garant« der bürgerlichen Konsumwelt weiterzuspielen. Inzwischen hatten die Staaten das Recht der Gewerkschaften anerkannt, flächendeckende Tarifvereinbarungen auszuhandeln, hatten Arbeitsbedingungen gesetzlich geregelt und die Renten verbessert. Auch hatte die rasante Entwicklung der Konsumgenossenschaften seit den zwanziger Jahren dafür gesorgt, dass Arbeiter nicht mehr so leicht manipulierbare Kunden waren wie früher. Nicht zuletzt mussten die Mittelschichten, die einst für sich in Anspruch genommen hatten, das »Allgemeininteresse« des Dritten Standes gegen die Privilegien von Aristokratie und Kirche zu vertreten, jetzt die Bühne mit einem neuen »Allgemeininteresse« teilen, dem der Verbraucher. Gewiss kam es noch immer vor, dass Vertreter der kleinen

---

75 Boddewyn, Belgian Public Policy, 35, 37.
76 Marcosson, Wherever Men Trade.
77 R. M. Stephenson, The German Market for Office Equipment, 2. September 1936, Akten September/Oktober 1936, Box 265, Record Group 151, Bureau of Foreign and Domestic Commerce, National Archives, College Park, Md. (im Folgenden als BFDC).

Geschäftsleute politische Protektion reklamierten und sich reaktionären Politikern als politische Gefolgsleute anbiederten. Doch immer wieder schärften Sozialreformer ihnen ein, dass ihre beste Chance darin bestand, sich von der Anmaßung zu verabschieden, sie seien eine »gesellschaftliche Klasse«; sie sollten stattdessen einsehen, dass sie nur eine »wirtschaftliche Interessengruppe« waren, und sich, aus der Kraft dieser neuen Identität schöpfend, mit dem neuen Dritten Stand verbünden, der Masse der verarmten Verbraucher.[78]

Die Herausforderung des *Five-and-Dime*-Ladens

Wie mühselig der Weg dorthin war, stellte sich heraus, als Kaufhausunternehmer in dem Bemühen, sich am eigenen Schopf aus dem Sumpf ihrer wirtschaftlichen Probleme zu ziehen, ihr Glück mit einer aus den USA importierten Innovation versuchten: dem als Kette organisierten Gemischtwarenladen. Es lag den Großkaufleuten, die dieses Konzept umsetzten, fern, das gesellschaftliche Konsumverhalten grundlegend zu verändern oder eine neue Kategorie von Mittelschichts-Verbrauchern zu begründen, und noch weniger hatten sie die Absicht, einen Sturm der Entrüstung seitens der kleinen Einzelhändler auszulösen.

In den Vereinigten Staaten wurde das neue Konzept, das sogleich zur Zielscheibe von tausend Protesten wurde, als *five-and-dime* bekannt. In Frankreich liefen die neuen Läden unter dem Begriff *prix unique*, dem deutschen Fachterminus »Einheitspreisgeschäft« nachempfunden, der wiederum eine annähernde Übersetzung dessen war, was in den USA und Großbritannien amtlich als *fixed-price store* bezeichnet wurde. Der Name war ein Tribut an die auffälligste Besonderheit, durch die diese Läden sich auszeichneten. Zwei Münzeinheiten genügten, um die Preise für alle zum Verkauf stehenden Waren darzustellen: ein Fünf- und ein Zehncentstück (*dime*) in den Vereinigten Staaten, 25 bzw. fünfzig Pfennig in Deutschland, fünfzig Centime bzw. ein Franc in Frankreich. Das Geschäftsmodell als solches – der Betrieb einer Ladenkette, die eine beliebige Zahl von Filialen umfassen konnte, von zwei bis zu mehreren Hundert oder mehreren Tausend – ging auf Vorläuferkonzepte aus der zweiten Hälfte des 19. Jahrhunderts zurück: die britische *Multishop*-Bewegung, die »Filialbetriebe« in Deutschland, die *succursales* in Frankreich. Den Betreibern ging es darum – in Europa ebenso wie in den USA –, den Umsatz zu maximieren, und die Filialen befanden sich oft in kleineren Städten, wo die Ladenmieten niedrig waren. Fast alle konzentrierten sich darauf, haltbare, abgepackte Artikel *en gros* zu kaufen, die manchmal auch als »Kolonialwaren« bezeichnet wurden, weil sie aus den überseeischen Besitzungen der europäischen Kolonialmächte importiert waren. Das galt insbesondere für Tee, Gewürze, Kaffee, Würzsoßen und Marmeladen. Die bekanntesten europäischen Gegenstücke zum US-Branchenriesen *A & P* waren in Großbritannien *Thomas Lipton*, *J. Lyons* und *Hunters the Teamen*, in Frankreich *Dock Remois* und *Felix Potin*, in Belgien *Delhaize Le Lion*, in Deutschland Latscha

---

78 Maheim, Le consommateur, 229ff.

Abb. 4: Das *Woolworth Building*, zum Zeitpunkt seiner Einweihung 1913 das höchste Gebäude der Welt.

und in Österreich-Ungarn Julius Meinl, die allerdings alle kleiner als ihr amerikanisches Vorbild waren.[79]

Hauptmerkmale des Einheitspreisgeschäfts waren außer seiner speziellen Preisgestaltung sein breit gefächertes Sortiment und der reduzierte Bedienservice. Mit durchschnittlich 2.500 bis 4.000 Artikeln war das Sortiment zwar kleiner als das eines Kaufhauses, das unter Umständen bis zu 200.000 unterschiedliche Waren im Angebot hatte, aber pro Jahr wurde der gesamte Warenbestand acht bis zehn Mal umgeschlagen, und im Laden waren alle Artikel, egal worum es sich handelte, innerhalb der jeweiligen Produktkategorie nach ihren Preisen angeordnet. Der Kunde traf seine Wahl, woraufhin der Kassierer – eine schlecht bezahlte, ungelernte und gewöhnlich weibliche Kraft – die Preise addierte, das Geld kassierte und die Ware einpackte. Es gab keinen Lieferdienst, kein Rückgaberecht. Die Preise brachten eine Ersparnis von sechs bis zwölf Prozent gegenüber vergleichbaren Artikeln aus dem Kaufhaus oder aus dem Fachgeschäft.[80]

Frank Woolworths gigantische Ladenkette war für den Siegeszug des *Five-and-Dime*-Konzepts, was das *Model T* von *Ford* für die Massenmobilität, *Coca-Cola* für die Limonadenindustrie und *McDonald's* für die Fast-Food-Kultur war. Ein stark vergrößerter Gemischtwarenladen, zum ersten Mal mit Erfolg in Lancaster getestet, dem wohlhabenden Geschäftszentrum der *Pennsylvania Dutch*, expandierte das Unternehmen so rasant, dass schon an der Wende zum 20. Jahrhundert klar war, dass sich im Einzelhandel ebenso viel Geld verdienen ließ wie im produzierenden Gewerbe. Ab 1912 war *Woolworth* an der Börse notiert und lieferte den Beweis dafür, dass ein Einzelhandelsunternehmen auch Fremdkapital anzulocken vermochte. 1929 erzielte die Firma mit ihren 1.825

---

79 Mutz, La vente à prix uniques. Zu den Einheitspreis-Ladenketten in Europa siehe Ensêlme, Les magasins à prix uniques, 1936; siehe ferner die detailreiche Studie von Simonet, Le petit commerce du détail, sowie Picard, Formes et méthodes nouvelles.
80 Lebhar, Chain Stores in America, 404.

Abb. 5: Großlagerhaus der Fa. *Woolworth* im deutschen Sonneberg.

Filialen in den USA einen Jahresumsatz von 303 Millionen Dollar und musste damit in der Rangliste der umsatzstärksten US-Unternehmen einzig *General Electric* den Vortritt lassen. Im genannten Jahr zahlte *Woolworth* seinen Aktionären eine Dividende von 7,7 Prozent. Seine Zentrale hatte das Unternehmen am New Yorker Broadway in dem fantastischen, 54 Stockwerke hohen neogotischen Gebäude mit den schwebenden Verstrebungen und der an eine Tiara erinnernden Spitze, das Cass Gilbert entworfen hatte. 1913 hypothekenfrei erbaut und eingeweiht von Präsident Wilson, der am 24. April 1913 im Weißen Haus einen Schalter umlegte und damit ein Telegrafensignal auslöste, das die Beleuchtung des Gebäudes einschaltete, war das *Woolworth*-Hochhaus bis 1920 das höchste Gebäude der Welt, um dann von Wall Street Nr. 40 und vom *Chrysler*-Gebäude entthront zu werden.

Die Vorstandsetage im 24. Stock war Napoleons Feldzugs-Hauptquartier in Compiègne nachempfunden, wobei das Porträt des Kaisers später durch eins von Frank Woolworth ersetzt wurde. Die marktschreierischen Statistiken, die die PR-Abteilung des Unternehmens ständig in die Welt pumpte, verfehlten nicht ihre Wirkung auf die Europäer: dass im Jahr 1918 eine Milliarde Menschen die *Woolworth*-Filialen betreten hatten, von denen 820 Millionen etwas gekauft hatten, dass 1920 jede Stadt in den USA mit mehr als 8.000 Einwohnern mindestens einen *Woolworth*-Laden aufwies oder dass 1929 jeder Amerikaner durchschnittlich 25 Käufe bei *Woolworth* getätigt hatte.[81]

1909 eröffnete *Woolworth* seine erste Filiale in Übersee, einen Dreipenny-und-Sechspenny-Laden in Liverpool. Erheblich schneller wachsend als die Konkurrenz, namentlich als *Marks & Spencer* und *British Home Stores*, verfügte *Woolworth* 1930 bereits über 400 Filialen in Großbritannien. Als sich die europäische Wirtschaftslage 1925 stabilisierte, fasste die Muttergesellschaft den Sprung über den Ärmelkanal ins Auge. Ihr Hauptinteresse galt Deutschland, wo Frank Woolworth bis zum Ausbruch des Ersten Weltkrieges Weihnachtsschmuck, Murmeln, Puppen und andere Handwerkserzeugnisse *en masse* eingekauft hatte; in Bayern und Thüringen hatte

---

81 Winkler, 5 and 10; Plunkett-Powell, Remembering Woolworth's, 201; Illustrations from 50 Years of Woolworth.

er große Lagerhäuser bauen lassen, von denen aus die Filialen in den USA versorgt wurden, und wäre der Krieg nicht gekommen, hätte er schon damals deutsche Filialen eröffnet. Der Beschluss, dies zu tun, wurde am 2. November 1926 gefasst, sieben Jahre nach dem Tod Frank Woolworths 1919.

Am Samstag, dem 30. Juli 1927, zelebrierte Ivan W. Keffer, ein *Woolworth*-Manager, der Deutsch sprach, bewaffnet mit allen erforderlichen Genehmigungsbescheiden, den ersten 25-und-50-Pfennig-Laden auf deutschem Boden in Bremen – ein gut gewählter Standort, da mit dem Anziehen der Konjunktur auch der Seehandel wieder in Gang kam. 23 weitere *Woolworth*-Läden öffneten 1928 ihre Pforten, unter anderem in Düsseldorf, Wiesbaden, Bochum und Berlin, mit Fronten aus Glas und Stahl, die exakte Kopien der von den Farben Rot und Gold bestimmten *Woolworth*-Fassaden in den USA waren. Aus Rücksicht auf das ausländerfeindliche Klima in Deutschland machte das Unternehmen viel Aufhebens darum, dass seine Filialleiter durchweg Deutsche waren, ebenso wie seine 4.000 Mitarbeiter, und dass es 98 Prozent seiner Ware aus Deutschland bezog. Und damit niemand den Vorwurf erheben konnte, *Woolworth* schlage Kapital aus irgendwelchen verdeckten finanziellen Vorrechten, zahlte die Firma ihre Lieferantenrechnungen in bar. In der Folge eröffnete das Unternehmen neue 25-und-50-Pfennig-Läden so schnell, wie es geeignete Immobilien dafür finden konnte, durchschnittlich zwei bis drei pro Monat, und 1932 betrieb es bereits 82 Geschäfte in Deutschland, darunter allein 14 in Berlin.

Zu diesem Zeitpunkt setzte die Regierung Brüning, eingeschüchtert von Massenprotesten deutscher Ladeninhaber, hinter denen als treibende Kraft die Nazis standen, gesetzliche Regelungen in Kraft, die der weiteren Expansion von Ladenketten Fesseln anlegten. Das änderte nichts daran, dass *Woolworth* in Deutschland weiterhin ordentliche Gewinne machte. Als die *F. W. Woolworth Co.* 1939, nachdem das NS-Regime die Ausfuhr von Profiten untersagt hatte, die zehn Millionen Dollar abschreiben musste, die sie zu Beginn in ihr Deutschland-Engagement investiert hatte, wurde der Wert der deutschen *Woolworth* auf das Vierfache ihrer ursprünglichen Kapitalisierung von 7,5 Millionen Dollar taxiert; sie beschäftigte zu diesem Zeitpunkt 6.500 Menschen.[82]

Schon 1925 hatten europäische Einzelhändler in der Erwartung, dass *Woolworth* einen »Einmarsch« auf das europäische Festland plane, ihre Verteidigung organisiert. Den Chefs der deutschen Kaufhäuser bereitete es besonderes Kopfzerbrechen, dass *Woolworth* vorhatte, zwei neue Marktsegmente zu erobern, die bis dahin vernachlässigt worden waren, nämlich die verarmte deutsche Mittelschicht und die relativ gut verdienende gewerkschaftlich organisierte Arbeiterschaft. Die ganztägigen Gespräche Filenes mit den Chefs des Kölner Unternehmens Tietz am 6. Juli 1925 fanden sicher erst statt, nachdem Alfred Leonhard Tietz den Entschluss gefasst hatte, seine eigene Kette zu gründen. Dennoch nahmen er und seine Manager sich

---

82 Siehe Mutz (der für Woolworth als Berater tätig war), La vente à prix uniques; siehe auch Transatlantic Trade, June 1937; German Woolworth Company Raises Capital, 13. Juni 1939, Akte Juni/Juli 1939, Box 270, BFDC; German-American Commercial Bulletin 3 (Dezember 1928), 10; Transatlantic Trade, Januar 1930, 19; ebd., September 1933, 8, 14; Southard, American Industry in Europe, 109; Plunkett-Powell, Remembering Woolworth's, 118–121.

Abb. 6: Eine deutsche Variante des *Five-and-Dime Store*, Berlin 1929.

zwei von Filenes Hinweisen zu Herzen. Der erste betraf die »Aggressivität«, mit der *Woolworth* mit Herstellern Verträge über die Abnahme ihrer gesamten Produktion abschloss, zu einem Stückpreis von sechs Cent. Viele Hersteller ließen sich davon überzeugen, dass dies ein vorteilhafter Deal war; sie gewannen dadurch Sicherheit und sparten Kosten für Werbung, Zwischenhändler und Buchhaltung. Der zweite interessante Punkt, den Filene ansprach, war die Empfehlung, sich immer die preiswerteste »vollwertige Produktlinie« anzuschauen – damit meinte er das billigste Produkt einer Kategorie, das qualitativ gerade noch gut genug war, den Kunden so zufrieden zu stellen, dass er es nachkaufen würde.[83] Das lief, anders gesagt, darauf hinaus, dass man als Einzelhändler, der den Massenmarkt anpeilte, das Verhältnis von Preis zu Qualität neu definieren musste, um die Zahl zufriedener Kunden zu maximieren. Die Empfehlungen Filenes mochten überflüssig sein, aber es schadete Tietz nicht, ihnen zu entnehmen, dass seine eigenen Geschäftsstrategien in den USA schon seit längerem praktiziert wurden oder dass amerikanisches Investitionskapital bereitstand, falls es gebraucht würde. Im Januar 1926 eröffnete Tietz die ersten elf Filialen seiner neuen Ehape-Kette, 1927 weitere zwanzig. Das dafür eigens ausgegründete Unternehmen hieß Aktiengesellschaft für Einheitspreise. 1926 startete der Berliner Rudolf Karstadt, ebenfalls mit Unterstützung amerikanischer Banken, seine eigene Ladenkette unter dem Namen Epa, die bald zur Nummer eins in Deutschland aufrückte. Dazu kamen in der Folge zwei weitere Neugründungen, Epawe mit Sitz in Berlin und Wohlwert mit Sitz in Leipzig, ein Zusammenschluss selbständiger Geschäfte, die eine gemeinsame Einkaufsorganisation betrieben. Nach fünf Jahren

---

83 Notes, L. S., 6. Juli 1925, Akte »1925 European Trip«, Box 2, Nachlass Filene, CUNA.

stürmischen Wachstums zählte man in Deutschland 1931 fünfzehn Einheitspreis-Ladenketten mit zusammen 400 neu eingerichteten Filialen.[84]

Dem deutschen Vorbild nacheifernd, setzten auch französische, belgische und etwas später sogar italienische Kaufhausunternehmen auf das Konzept des Einheitspreisladens. Frankreich zeigte sich zurückhaltend; die erste Kette dieser Art wurde hier erst 1927 und auf Initiative von Außenseitern, der Familie Audibert, gegründet. Das *Cinq et Dix* in der unscheinbaren Rue Chauchat unweit der Porte d'Orléans startete mit einem Gründungskapital von 45.000 Franc aus der Kasse von Madame Audibert, einer einstigen Modehausbetreiberin. Die Idee dazu war ihr und ihrem Mann bei einer Reise nach New York gekommen, und sie gaben offen zu, dass sie ganz einfach das Beispiel *Woolworth* kopiert hatten. Zu den von *Woolworth* übernommenen Attributen gehörten Schilder mit dem Motto *servir* über den Kassen und Musikberieselung vom Grammophon (die angeblich den Umsatz vom ersten Tag an um ein Drittel erhöhte). Der Laden hatte so großen Zulauf, dass die Audiberts im November und Dezember 1922 zwei weitere eröffneten, an der Avenue de Clichy und an der Avenue Barbès. Wie freilich Monsieur Audibert selbst einräumte, waren die Preise in seinen Läden nicht so günstig wie bei *Woolworth*; sie rangierten zwischen fünf und zehn Franc statt zwischen 1,50 und drei Franc. Das Problem lag im Bezug. Die Strukturen in der französischen Wirtschaft waren einem Konzept, das auf die Massenproduktion von Qualitätsware zu Niedrigpreisen abzielte, nicht förderlich. Dies war in der Tat der erklärte Grund dafür, dass *Woolworth* in Frankreich nicht angetreten war. Während die deutschen *Woolworth*-Filialen 98 Prozent ihres Sortiments aus lokalen Quellen bezogen, die britischen Filialen immerhin noch achtzig Prozent, hätte *Woolworth* in Frankreich mindestens fünfzig Prozent aller angebotenen Waren aus dem Ausland importieren müssen, mit allen daran hängenden Formalitäten und Komplikationen, von den Einfuhrbestimmungen bis zur Verletzung patriotischer Gefühle, von den das Konzept sprengenden Kosten ganz zu schweigen.[85]

Angesichts des Erfolgs der französischen Einheitspreis-Pioniere und der in Deutschland und Großbritannien gegründeten Ketten ließen sich die führenden Leute der Pariser Kaufhausbranche dazu herab, das Ladenkettenkonzept in einem freundlicheren Licht zu sehen. Jean Milhaud, ehemals Filenes rechte Hand, der später als Gründer von CEGOS berühmt werden sollte, der ersten französischen Wirtschaftsberatungsfirma, hatte dabei seine Hand im Spiel, indem er für etwas warb, das er treffend als »Technik-Tourismus« bezeichnete. Auf Filenes alte Idee zurückgreifend, verbilligte transatlantische Sammelreisen für Manager zu organisieren, gründete er von seinem Büro in der Rue Miessine aus das Reisebüro TRANSAT. Nachdem TRANSAT 1930 sein erstes »Reiseerlebnis« veranstaltet hatte, eine Studienfahrt zur Besichtigung US-amerikanischer Ladenketten, konstatierte Milhaud ohne falsche Bescheidenheit, dieses Projekt habe »einer ganzen Industrie Impulse« verliehen; die Teilnehmer hätten nach ihrer Rückkehr einhellig die Meinung ver-

---

84 Spiekermann, Rationalisierung, 200f.; Cassé, Etude sur les magasins à prix uniques, 20.
85 J. Audibert, Comment fut creé en France la première chaine de magasins, Vendre, September 1930, 151–155; Frankfurter Zeitung Abendblatt, 21. August 1928.

treten, man müsse und dürfe »amerikanische Methoden mit aller angebrachten Vorsicht anwenden«. Besuche auf der anderen Seite des Kanals bei *Woolworth* und *Marks & Spencer* in London untermauerten diese Überzeugung.[86] Schon vorher jedoch, 1928, hatten die Pariser *Nouvelles Galéries* mit Unterstützung von Karstadt und Laguionies *Printemps* die Kette *Uniprix* gegründet. Die beiden letztgenannten Investoren gründeten später eine zweite Kette namens *Prisunic*. 1932 verbündete sich der Veteran *Bon Marché* mit dem Emporkömmling *Boka*, einer luxemburgischen Lebensmittelkette, um gemeinsam *Priminime* an den Start zu bringen. Daraufhin taten sich die *Galéries Lafayette* mit *Felix Potin* zusammen und ließen *Monoprix* vom Stapel. Wenn der rastlose Emile Bernheim in seinem nimmermüden Bestreben, über die Grenzen Belgiens hinauszuwachsen, seinen Kopf durchgesetzt hätte, wäre ein europaweiter Kaufhaustrust nach dem Vorbild der *American Federation of Department Stores* entstanden, dem Filenes eigene Bostoner Firma 1929 beigetreten war. Während Bernheims langjährige Partner, die Kölner Tietzens, bereit waren, das Wagnis einzugehen, nicht zuletzt weil sie das größte Einzelhandels-Konglomerat in Europa betrieben, verweigerte sich *Harrods* mit der Begründung, man würde mit einem solchen Schritt das noble Image des Hauses ruinieren; *Prisunic*, *Printemps* und *De Bijenkorf* waren zwar grundsätzlich interessiert, aber nicht bereit, etwas von ihrer Handlungsfreiheit aufzugeben. Als Bernheim sich mit einem neuen Wettbewerber in Gestalt des Emporkömmlings *Sarma*, einer Ladenkette, konfrontiert sah, legte er die langjährige Rivalität seiner Familie mit der Kaufhausdynastie Vexalaire zu den Akten. Die neue Ladenkette *Priba*, ein Gemeinschaftsprodukt Bernheims mit dem Vexalaire-Unternehmen *Bon Marché*, machte bald mehr Gewinne als die Muttergesellschaften.[87]

Um die Mitte der dreißiger Jahre gab es in Europa, einschließlich Großbritanniens, bereits rund 12.000 Ladenketten-Filialen. Während auf diese Läden in den Vereinigten Staaten rund 23 Prozent aller Einzelhandelsumsätze entfielen und in Großbritannien immerhin rund sieben Prozent, waren es in Deutschland nur 1,5, in Frankreich 1,3 und in Italien vielleicht 0,3 Prozent. Diese Anteile mögen gering erscheinen, doch zeigt sich bei näherem Hinsehen, dass es inzwischen tatsächlich die Ladenketten und nicht mehr die großbürgerlichen Kaufhäuser waren, die die Speerspitze der gesellschaftlichen Entwicklung verkörperten.[88]

Welche Herausforderung die Ladekette für die alte Konsumkultur bedeutete, lässt sich am besten einschätzen, wenn man sich mit Faktoren wie Standort, Preissystem und Kundenprofil befasst. Durch die Ladenkette wurde »großes« Einkaufen zum ersten Mal aus den Zentren der Großstädte hinausgetragen in die Vororte und in Städte mit weniger als 100.000 Einwohnern. Die Kaufhäuser hatten seit jeher Standorte bevorzugt, an denen von vornherein eine hohe Dichte an Laufkundschaft

---

86 Zu Milhaud siehe Milhaud, Chemins faisant, 48, 59, 138; Badel, Un milieu libéral, 215; Weexsteen, Le Conseil aux entreprises; Heilbronn/Varin, Galeries Lafayette, 8ff.
87 Lacrosse/de Bie, Emile Bernheim.
88 Zahlen nach Giuseppe Mortara, Lo sviluppo ed il numero dei magazzini a prezzo unico, Giornale degli economisti, Dezember 1937, 5. Siehe auch Miller, The Bon Marché, 236; Crossick/Jaumain, The World of the Department Store, 16f.

gegeben war, vor allem also Großstadtzentren; Kettenfilialen hingegen gediehen am besten an Standorten mit hoher Wohndichte. In Paris schoben sich die neuen Einzelhandelsgeschäfte, vom Stadtzentrum ausgehend, zunächst nordwärts vor, entlang der Avenue de Clichy, dem Faubourg du Temple, der Avenue d'Orléans, der Place de la République, danach westwärts und südwärts des *Bon Marché* am linken Seineufer, entlang der Rue de Rennes und der Rue de Vaugirard. In Berlin standen die großen Kaufhäuser im Bereich des Potsdamer Platzes, während die Filialen der neuen Ketten sich entlang der Leipziger Straße aufreihten. In Rom thronte das Kaufhaus *La Rinascente* am eleganten Corso, während die ersten *Upim*-Filialen an stark frequentierten Straßen wie der Via del Tritone und der Via Nazionale eröffnet wurden. Die Entfernung zwischen der älteren und der neueren Einkaufswelt war, in Metern gemessen, nicht groß, doch die gesellschaftliche Distanz, die die Kundschaft der neuen Einheitspreisläden von den betuchten Stammkunden der Kaufhäuser trennte, war erheblich. Einkaufen aus einem Vollsortiment wurde für die breite Masse in dem Maß möglich, wie sich die Ladenketten mit ihren Filialen in Wohnvierteln breitmachten und zwischen die bestehenden Ladengeschäfte hineinstießen, die bis dahin keine große Konkurrenz zu fürchten gehabt hatten. Während jedes Kaufhaus ein einzigartiger Ort war, vermittelten die Ladenketten, indem sich die Zahl ihrer Filialen rasend schnell vervielfachte, ein Gefühl von Mobilität und Omnipräsenz. Gewiss, in Frankreich kam nur auf jeweils 269.000 Einwohner eine Filiale (wenig im Vergleich zu Deutschland und den USA, wo ein Geschäft auf 80.000 bzw. 20.000 Einwohner entfiel). Die Hauptstadt Paris absorbierte rund dreißig dieser neuen neonbeleuchteten Glas- und Chromtempel mehr oder weniger problemlos, was auch für Lyon und Marseille galt, wo es deren vier bzw. drei gab, alle in zentraler Lage. Aber auch Städte wie Amiens und Dijon, mit nicht viel mehr als 50.000 Einwohnern, hatten eine Kettenfiliale, das verschlafene Mulhouse im Elsass drei, selbst in 24 französischen Städten mit 20.000 bis 50.000 Einwohnern gab es eine Niederlassung, ja sogar in zwanzig Kommunen mit weniger als 20.000 Bewohnern, darunter das provinzielle Industriestädtchen Hayange und das entlegene Montbéliard in Savoyen (beide mit gleich zwei Filialen). Davon wurde die Einkaufssituation in diesen Orten spürbar belebt.[89]

Die Ladenketten revolutionierten nicht nur das Einkaufserlebnis, sondern auch die Preisgestaltung. Die Kaufhäuser hielten sich zwar viel darauf zugute, von hohen Umsätzen bei knappen Gewinnmargen zu leben, und führten in regelmäßigen Abständen Sonderverkäufe bei stark herabgesetzten Preisen durch, aber attraktive Lebensmittel und Haushaltsartikel zu konstant niedrigen Preisen hatten sie nie zu bieten. Dadurch, dass im Kaufhaus Tausende Artikel individuell ausgepreist waren, entstand der Eindruck, jeder von ihnen habe einen bestimmten intrinsischen Wert, über den sich Käufer und Verkäufer einig waren und an den sich Kunden und Kundinnen gewöhnten.[90] Ganz anders im Einheitspreisgeschäft: Indem die Ladenketten hier nur fünf oder sechs verschiedene Preisstufen etablierten und alle Artikel

---

89 Cassé, Etude sur les magasins, 30ff.; Mutz, La vente à prix uniques, 211.
90 Mutz, La vente à prix uniques, 2f.

in dieses grobe Raster einpassten, erweckten sie den (nicht notwendigerweise zutreffenden) Eindruck, die Artikel würden dort wenn nicht zum niedrigstmöglichen, dann doch zum niedrigsten mit der Qualität der Ware vereinbaren Preis angeboten. Das Vertrauen der Kundschaft in die Preispolitik der Filialgeschäfte speiste sich demnach aus Faktoren, die nichts mit dem intrinsischen Wert der Artikel zu tun hatten, etwa aus dem Wissen, dass die Firmen ihre Ware in riesigen Chargen einkauften, aus der rein funktionellen Gestaltung der Filialen mit ihren sauberen rechteckigen Verkaufsflächen, ihren aufgeräumten Kassentheken, ihrem hellen gleichmäßigen Licht, ihren bescheiden wirkenden Angestellten. Das Vertrauen wuchs proportional zu der Freiheit der Kunden, sich beliebig lange in der Filiale aufzuhalten und sich überallhin zu bewegen, die Artikel zu studieren und zu vergleichen, die nach Warengruppen angeordnet und doch Reihe um Reihe mit den immer gleichen Preisen ausgezeichnet waren. Vertrauen entwickelte sich auch aus dem Gefühl heraus, dass alle Kunden gleich behandelt wurden; es gab hier keine vorwitzigen oder säuerlich dreinblickenden Verkäufer und Verkäuferinnen, die die eintretenden Kunden auf ihre Kaufkraft abschätzten, niemanden, der das Geschmacksurteil des Kunden in Frage stellte und bei dem der Kunde sich nervös etwa nach dem Preis eines Artikels hätte erkundigen müssen.

Indem die Ladenketten ein Preissystem entwickelten, das es den Kunden erlaubte, preisgleiche, ansonsten aber inkommensurable Artikel zu vergleichen, versetzten sie die Kunden nicht nur in die Lage, ihre Kaufkraft nach eigenem Gusto einzusetzen, sondern lieferten ihnen auch einen Anreiz, intelligente Einkaufsstrategien zu entwickeln.[91] Konfrontiert mit einem Wust neuer Produkte und einem begrenzten Budget, konnten Kunden, die Artikel ihres täglichen Bedarfs im Korb hatten und keine weiteren Informationen zu den anderen angebotenen Waren besaßen, ausgehend von den jeweiligen Preisen Schlussfolgerungen hinsichtlich der Brauchbarkeit dieses oder jenes Artikels ziehen. Gleich ob es ihnen darum ging, etwa preiswertes Kochgeschirr, solides Tischgeschirr für die Familie oder ein versilbertes Besteck für besondere Gelegenheiten zu finden, das Bestreben lautete stets, für sein Geld den bestmöglichen Gegenwert zu erhalten. Dieser flexiblere »amerikanische« Wertbegriff hätte viel schneller den Atlantik übersprungen, wenn es nach den Chefs der europäischen Ladenketten gegangen wäre. Nach Ansicht von Max Heilbronn, der die treibende Kraft sowohl hinter den *Galéries Lafayette* als auch hinter der neuen Kette *Monoprix* war, bezog sich der französische Begriff *valeur* auf die Seltenheit, Schönheit, den objektiven Gebrauchswert und die handwerkliche Gediegenheit eines Artikels. Im Preis kam dieser Wert zum Ausdruck, und somit war der für einen Artikel verlangte Preis in der Tat ein Indikator für dessen Wert. Wenn hingegen Amerikaner von *value* sprachen, hoben sie auf Gebrauchseigenschaften des betreffenden Artikels wie Geschmack, Handlichkeit, Robustheit oder Bequemlichkeit ab, aber auch auf Qualitäten, die der Verbraucher mit dem Produkt verband, wie seine leichte Erhältlichkeit, seine Verfügbarkeit in verschiedenen Va-

---

91 Man muss hier den relativen Wert des Geldes betonen, wie Zelizer, The Social Meaning of Money, 342–377, zu bedenken gibt. Dies insbesondere überall dort, wo Währungsschwankungen an der Tagesordnung waren; siehe Pipping, Standard of Living, 178, 230.

rianten und dazugehörige Serviceleistungen wie Lieferung, Wartungsvertrag und Kundendienst.[92] *Summa summarum*: Als gutbürgerlicher Genussmensch betonte Heilbronn *valeur*, als Betreiber einer Ladenkette propagierte er »Wert«.

Zu guter Letzt leisteten die Ladenketten insofern einer gesellschaftlichen Revolution Vorschub, als sie eine bunt gemischte Klientel anzogen. Damit verringerten sie die Kluft zwischen den Einkaufsgepflogenheiten des Bürgertums und denen der Mittelschicht im weitesten Sinn, mancherorts auch die Distanz zwischen der unteren Mittelschicht und der Arbeiterschicht. Die Attraktivität der Filialen, die ständig neuen Produkte, die sie feilboten, die zunehmende Werbung für Markennamen in den Frauenzeitschriften und der Umstand, dass die Filialen zur Mittagsstunde geöffnet blieben – dies alles bewirkte, dass diese Läden auch bessergestellte, mit Freizeit gesegnete Frauen von außerhalb der unmittelbaren Nachbarschaft anzogen. In gewisser Weise stellten sie auch eine Verbindung zwischen Verbraucherinnen und Arbeiterinnen her. So verkündete *Marks & Spencer* in einer Werbebotschaft, ihre Filialen seien ein Ort, an dem »das Mädchen, das die Strümpfe herstellt, dem Mädchen begegnet, das sie trägt«.[93]

Seit den achtziger Jahren des 19. Jahrhunderts hatten immer dann, wenn sich ein bedeutsamer Wandel im Erscheinungsbild oder in der Dimension des Einzelhandels vollzogen hatte, Verbände der kleinen Geschäftsleute eine vertraute Litanei von Protesten angestimmt: dass der im Großen betriebene Einzelhandel dem Gemeinwesen Geld entziehe, die Möglichkeiten für eine Existenz als kleiner Selbstständiger reduziere, durch Lohndrückerei die Arbeiter ausbeute, unfairen Wettbewerb praktiziere, auf monopolistische Strukturen hinarbeite, gesunde Familienbetriebe aus dem Geschäft dränge. Diese Vorwürfe fanden in den späten zwanziger Jahren in dem Maß neuen Anklang, wie die Ketten, die den kleinen inhabergeführten Läden Konkurrenz machten, mit einem Anschein von Plausibilität als »fremdvölkisch« gebrandmarkt werden konnten und die Verbraucher immer stärker dazu neigten, sich für neue Konsumgewohnheiten zu öffnen. Die kleinen Einzelhändler hatten bisher auch dadurch überlebt, dass sie eine Art Hoheit sowohl über Preise als auch über den Geschmack ihrer Kunden ausgeübt hatten. Doch nun erwies es sich als zunehmend schwierig, die eigenen Gewinnspannen zu verbessern, denn es zeigte sich, dass ihre Autorität in Sachen Preis und Geschmack von den Kunden immer weniger anerkannt wurde. Diese fanden Gefallen an der Botschaft der Ladenketten, die besagte, es stehe den Kunden frei, die Qualität der angebotenen Ware selbst zu beurteilen, abhängig von dem Gebrauch, den sie von ihr zu machen gedachten. Selbstständige Ladeninhaber konnten natürlich behaupten, ihre Kunden zahlten auch für die Qualität der Beratung und der anderen Dienstleistungen, die sie ihnen erwiesen. Doch wie das beweisen? Wenn sie ihre Kunden aufforderten, sich bei der Konkurrenz umzuschauen, riskierten sie, dass die Leute am Preisvergleich Gefallen fänden.[94] Des Weiteren liefen sie Gefahr, dass die Kunden alternative Möglichkeiten

---

92 Revue des deux mondes, August/September 1962, 47.
93 Winship, New Disciplines for Women, 23–45, Zitat 29.
94 Froelich, European Experiments in Protecting Small Competitors, 449; Contribution à l'étude du problème des grands magasins, 29ff.; De Roover, The Concept of the Just Price, 418–434.

für das Ausgeben ihres Geldes entdeckten und vom Ladeninhaber als gesellschaftlicher Stil- und Geschmacksinstanz unabhängig würden.

Dass in die Angst vor dem einsetzenden Wertewandel Aversionen gegen die amerikanische Marktkultur einflossen, war unvermeidlich. Aus jeder Warte betrachtet, erschien die amerikanische Gesellschaft als vom Geld beherrscht: Man las von Scheidungen, bei denen riesige Unterhaltszahlungen fällig wurden, von Fusionen und Übernahmen ohne jede Rücksicht auf das öffentliche Interesse und den kleinen Mann. Die Vereinigten Staaten verhielten sich unehrenhaft wie ein schäbiger Wucherer; habgierige Wall-Street-Finanziers, mit denen der spekulative Gaul durchgegangen war, hatten den Zusammenbruch des europäischen Bankensystems herbeigeführt, der wiederum die Weltwirtschaftskrise in Gang gesetzt hatte. *Uncle Sam* als Shylock: So viele der in den Köpfen verankerten Klischees über das Geld, die bis dahin Außenseitern angehaftet hatten – hauptsächlich den Juden, aber auch den Hugenotten –, wurden jetzt den Amerikanern aufgeklebt. Diese Stereotypen des Denkens waren tief verankert, besonders bei den gebildeten Schichten, in deren Vorstellung sich der immense Wertverlust vieler Dinge, die ihnen besonders teuer waren, assoziativ mit der Wahrnehmung verband, der Reichtum der Alten Welt werde von unersättlichen amerikanischen Millionären abgeschöpft.

Tatsache war, dass die Amerikaner der zwanziger Jahre ein auch subjektiv flexibleres Verhältnis zum Geld hatten als die Europäer. Immer mehr Amerikaner gewöhnten sich an ein Leben auf Kredit und an neue »Währungen« in Gestalt von postalischen Geldanweisungen (1864), Reiseschecks (1891) und Kreditkarten (1914); Ratenzahlung und andere Terminzahlungsvarianten wurden alltäglich, nicht zu reden von den früh aufkommenden Einheitspreisläden. Die Sphäre dessen, was Charles H. Cooley treffend als »pekuniäre Valuierung« bezeichnete, erweiterte sich dementsprechend. »Unser Fortschrittsvektor«, schrieb der altersweise Reformer aus dem Mittleren Westen, »verläuft […] nicht oberhalb des Kommerzialismus, sondern durch ihn hindurch; der Dollar soll nicht so sehr unterdrückt als vielmehr reformiert werden.« Daraus folgte, dass die Fähigkeit, mit Geld umzugehen, besser gesagt die Fähigkeit, zwischen den verschiedenen Möglichkeiten der Geldnutzung zu unterscheiden, als Ausweis persönlicher Kompetenz und Souveränität im gesellschaftlichen Verkehr betrachtet wurde.[95] In den USA war Kapital eine Form des Machtgewinns, während die Europäer darin eine Spielart des Verdienst abwerfenden Besitzes sahen; daher spielte für Amerikaner der richtige Zeitpunkt für Investitionen und Gewinnmitnahmen eine überaus wichtige Rolle, und hieraus erklärt sich, weshalb, wo immer es um wirtschaftliche Transaktionen ging, ein nervöser Aktionismus den Amerikanern zur zweiten Natur geworden war. Das Ergebnis war ein Paradoxon, das Geoffrey Gorer mit dem originellen Aperçu einfing: »Amerikaner reden sehr viel mehr über Geld als Europäer und achten es im Allgemeinen sehr viel geringer.«[96]

---

95 Cooley, The Sphere of Pecuniary Valuation, 203; ders., The Institutional Character of Pecuniary Valuation, 543–555; Zelizer, The Social Meaning of Money, 33.
96 Gorer, The American People, 175; Urwick/Valentine, Trends in the Organization, 161.

Wenn dann das Bedürfnis oder der Zwang, den Wert, verkörpert im Preis, auf ein Minimum zu drücken, mit dem Bestreben kollidierte, Werte, verkörpert durch Geschmack, Kultur und Zivilisation, zu bewahren, sahen sich die Reformer mit einem schmerzhaften Dilemma konfrontiert: Wie den gesellschaftlichen Preis des Kommerzes berechnen, während man auf der anderen Seite kalkulierte, was es kosten würde, das System effizienter zu machen? Der Liberalismus konnte darauf keine Antwort geben, jedenfalls nicht der Liberalismus, wie man ihn herkömmlich verstand. Es war der elsässische Rechtsgelehrte Henri Laufenberger, der diesen Gedanken ausführte. Der Handel als ein Gradmesser für die »öffentliche Ordnung« müsse geschützt werden, namentlich »in einer Zeit, in der die Völker des alten Europa sich mit nicht nur wirtschaftlicher, sondern auch sozialer Billigkonkurrenz seitens bestimmter neuer und junger Länder konfrontiert sehen«. Als prominentes Mitglied der technokratischen französischen Reformgruppe *X Crise* plädierte Laufenberger für die Modernisierung der Distributionsnetze. Andererseits: Die Endpreise im Einzelhandel auf das nackte Minimum herunterzupegeln, hieße »im Handel lediglich ein technisches Organ der Industrie zu sehen, verantwortlich für den Absatz der Güter«.[97] Und das wäre das Ende der auf »lustvollem Kommerz« beruhenden Zivilisation.

Filenes letzte Tournee

Für den Sommer 1937 hatte sich Filene zu Besuch in Europa angesagt. Normalerweise kam er jedes Jahr. Und noch nie hatte er die Jahreskonferenz des Distributionsausschusses der ICC versäumt, die 1937 für Juli angesetzt war. Er empfand eine besondere Verpflichtung, teilzunehmen, da er der Vizepräsident der ICC war und sich mit seinen Kollegen seit ihrer Konferenz im Juni 1935 in Paris nicht mehr getroffen hatte. Dazu kam, dass sein Buch *Next Steps Forward in Retailing* gerade herausgekommen war und man ihn wissen ließ, sein Ansehen sei größer denn je und seine Teilnahme mehr als erwünscht. Sein Mitarbeiter Percy Brown, der die Entwicklung in Europa als »gefährlich« empfand, redete ihm nachdrücklich zu, die Konferenz zu besuchen, biete sie doch eine »besonders wichtige Gelegenheit, einen Beitrag zur Beseitigung von Handelsschranken und –hindernissen [zu leisten], die im Zeichen beunruhigender und wachsender Rüstungslasten Revolution und Krieg heraufzubeschwören drohen, wenn nicht schnell Abhilfe gefunden wird«.[98]

Allein, die ICC plante, ihre Konferenz in Berlin zu veranstalten, und Filene hatte eine leidenschaftliche Aversion gegen alles, was geeignet schien, Hitlers Regime aufzuwerten, ganz abgesehen von seinen drückenden Verpflichtungen zuhause. Argumente wie die, dass Emile Bernheim seine Teilnahme ebenso zugesagt hatte wie der hoch angesehene Alberto Pirelli, ein Italiener jüdischer Abkunft, oder dass man ihn

---

97 Laufenburger, L' intervention de l'état, 24; ders., Contribution à la théorie économique du commerce, 2, zit. n. Badel, Un milieu libéral, 299f.
98 Memo: International Chamber of Commerce Meeting, Percy Brown an E. A. Filene, 15. April 1937, ICC, Akte »1937 European Trip«, Box 17, Nachlass Filene, CUNA.

einen Aufwiegler schimpfen könnte, wenn er nicht erschien, fruchteten nichts. Er blieb bei seiner im Juni 1933 verkündeten Haltung. Damals hatte er erklärt: »Die Situation in Deutschland ist nicht nur eine Frage der Verfolgung der Juden oder des Vorgehens gegen sie, es handelt sich vielmehr um ein Verbrechen gegen die Zivilisation und sollte von der Außenwelt als solches gesehen und behandelt werden.«[99]

Am Ende lagen Welten zwischen der Konferenz von 1935 in Paris, auf der Filene seine Vision von der Ladenkette als Antwort auf die Leiden des Einzelhandels ausgebreitet hatte, und der Situation des Jahres 1937, die dadurch charakterisiert war, dass mit Ausnahme Großbritanniens und Schwedens alle europäischen Länder Gesetze verabschiedet hatten, die der weiteren Ausbreitung von Ladenketten entgegenwirken sollten. Die in Berlin geführten Diskussionen verrieten, dass die ICC diese reaktionäre Kehrtwende nicht zur Kenntnis nahm. Die meisten Redner sangen Lobeshymen auf das neue Zeitalter der wissenschaftlichen Distribution. Nur zwei betonten die Notwendigkeit, auf das Rücksicht zu nehmen, was der deutsche Vertreter als das »menschliche Element« im Einzelhandel bezeichnete – ein Codewort für Solidarität mit den kleinen selbstständigen Einzelhändlern.

In Wirklichkeit bestand gar keine Notwendigkeit, die beiden Geschäftsmodelle – Ladenkette und Familienbetrieb – als Kontrahenten hinzustellen. Es gab gute Argumente für den Standpunkt, dass die Großen und die Kleinen nebeneinander bestehen konnten, dass beide sowohl wirtschaftlich als auch gesellschaftlich unverzichtbar waren, dass jede Politik, die die Existenz der kleinen Selbstständigen bedrohte, Gefahr lief, noch mehr Protest und Widerstand auszulösen. Wenn Filene mit kritischen Fragen konfrontiert wurde, wiederholte er stets das Argument, das er im Juni 1935 in Paris vorgebracht hatte: Die Kleinen sollten nicht aufhören zu existieren, sondern aufhören klein zu sein. Der Kleinbetrieb müsse sich mit anderen freiwillig zusammenschließen, zum Beispiel um Einkaufsgemeinschaften zu bilden, Informationen auszutauschen oder auch gemeinsam zu werben. In den USA habe er, so erklärte er, eine solche auf Freiwilligkeit basierende Kette kennen gelernt, der nicht weniger als 6.000 inhabergeführte Läden angehörten; so könnten kleine Ladengeschäfte überleben. »Die europäischen Wirtschaftsführer«, mahnte Filene an, »müssen diese Ladeninhaber organisieren, denn viele von ihnen sind nicht in der Lage, die erforderliche Initiative zu ergreifen.« Würden die kleinen Einzelhändler es schaffen, sich freiwillig zu Ketten zusammenzuschließen, so wäre das ein Schritt in die »richtige Richtung«, nämlich »den Massen die Dinge zu verkaufen, die die Massen wollen«:

> Nicht bloß Lebensmittel, Unterkunft und Kleidung. Nicht bloß die kleinen Annehmlichkeiten, sondern die großen Befriedigungen und sogar viele der Luxusgaben des modernen Lebens. Schöne Wohnungen. Schöne Möbel. Elektrogeräte. Elektrische Kühlschränke. Moderne sanitäre Einrichtungen. Radioapparate. Gute Automobile. Hunderte Dinge.[100]

---

99 A Report on Conditions in Germany, 15. Juni 1933, 1–9, 1933 European Trip, Teil 1, Box 4, ebd.; B. Connors (Sekretär von Edward A. Filene) an Chauncey Snow, 10. Mai 1937, ICC, 1937 European Trip, Box 17, ebd.
100 How Can Our System of Distribution Be Improved?, 26. Juni 1935, 5, 6, Box 27, ebd.

Solche rhetorischen Höhenflüge wollten nicht recht zu Filenes eigenen Beobachtungen und Erfahrungen mit den Kampagnen gegen Ladenketten und Kaufhäuser passen, die insbesondere in Deutschland nach der Machtergreifung der Nationalsozialisten in Gang gekommen waren. Trotzdem beharrte er darauf, die Ladenketten seien »bessere Maschinen für den Verkauf besserer Waren zu niedrigeren Preisen als die riesige Zahl kleiner Geschäfte mit sehr beschränkten Umsätzen und unglaublich hohen Kosten«. Die deutsche Regierung habe indes vor Letzteren kapituliert, »weil es so viele von ihnen gibt, dass sie zusammengenommen eine fast unüberwindliche politische Kraft darstellen, im Verbund mit ihren Kunden und ihren Nachbarn«.[101] Ob Filene den Fürsprechern eines »dritten Weges« im Einzelhandel wenigstens zugehört hätte, muss eine offene Frage bleiben. In dem höchst brillanten und gewissenhaften, aus Deutschland stammenden britischen Volkswirtschaftler Hermann Levy hätte er einen Gesprächspartner erster Güte gefunden. Levy sammelte just in diesen Jahren das Material für ein Buch, das unter dem unprätentiösen Titel *The Shops of Britain* herauskommen sollte. Er bescheinigte dem kleinteiligen britischen Einzelhandel »gesellschaftlichen Nutzwert« und eine »Ökonomie der Örtlichkeit« und assoziierte damit unwägbare Qualitäten wie Nachbarschaftshilfe oder die Fähigkeit zu Vor-Ort-Dienstleistungen wie Kreditgewährung, Reparaturservice und Beratung, die besonders wichtig für unerfahrene Verbraucher und für den Verkauf neuer langlebiger Gebrauchsgüter wie Rundfunkempfänger und elektrische Haushaltsgeräte waren.[102] In seinem Bemühen, durch Verbesserung der Qualität und Reichweite des Waren- und Dienstleistungsangebots des kleinen lokalen Einzelhandels Handwerker und Kunden wieder zusammenzuführen, erkannte Levy, dass das inhabergeführte Ladengeschäft eine gesellschaftliche Institution war und keine »Maschine für das Verkaufen«, nicht mehr und nicht weniger, als auch das Kaufhaus eine gesellschaftliche Institution war – oder übrigens auch die Ladenkette.

Es zeigte sich freilich, dass in den Ländern des europäischen Festlandes die Voraussetzungen für den von Filene anvisierten »nächsten Schritt vorwärts« noch nicht gegeben waren. Ein positives Wort über Ladenketten zu verlieren, galt in vielen Kreisen als Parteinahme für linke Einkaufsgenossenschaften, eine entfesselte Großwirtschaft und eine kosmopolitische Weltanschauung, wie man sie den Vereinigten Staaten und dem internationalen Judentum unterstellte. Wer von einer »Rationalisierung« des Einzelhandels sprach, geriet in den Verdacht, die blinden Kräfte des Marktes entfesseln und zu ungezügeltem Konsum aufrufen zu wollen. Vor die Alternative gestellt, sich entweder dem Einzelhandel neuen Typs und einer neuen Mittelschichts-Konstellation zu verschreiben oder sich in den sicheren Hafen des traditionellen, auch noch von einer reaktionären politischen Koalition gestützten Einzelhandels zurückzuziehen, entschieden sich die meisten Regierungen für Letzteres.

Eine unmittelbare Konsequenz daraus waren Gesetze, die die Ausbreitung der Ladenketten bremsen sollten. Dies geschah durch den Erlass von Preisbindungen

---

101 Additional Notes from EAF visit in Berlin on Nazi situation, 2, 1933 European Trip, Teil 1, Box 4, ebd.
102 Simonet, Le petit commerce du détail, 70ff.; siehe auch Levy, The Shops of Britain.

für den Einzelhandel, durch diskriminierende Steuern, durch die Einschränkung des Leistungsangebots und durch Vorschriften, die die Eröffnung neuer Geschäfte verhinderten. Die meisten kontinentaleuropäischen Länder, allen voran Österreich und Deutschland, erschwerten oder unterbanden die Expansion von Einheitspreis-Ladenketten und anderen in großem Stil operierenden Einzelhandelsunternehmen.[103]

Hinter dieser gesetzgeberischen Politik steckte der Kampf zwischen zwei Denkweisen über den modernen Markt. Die eine war pragmatisch: Die dem amerikanischen Handelskapitalismus innewohnende Jovialität reflektierend, antizipierte sie ein neues Gesamtsystem von Institutionen für die gesellschaftliche Bewältigung der modernen Marktkräfte und hob dabei Vorzüge wie niedrige Stückkosten, Standardisierung, hohe Umsätze und bessere Auswahl für den Verbraucher hervor. Zum Thema Werte hatte diese Sichtweise bestenfalls eine ambivalente Botschaft zu bieten. Von der Ladenkette ging im Prinzip keine Botschaft aus; sie war eine »Maschine für das Verkaufen«. De facto jedoch stand die Ladenkette für Auswahl, Überfluss und das Recht auf Annehmlichkeiten. Die Vertreter dieser Anschauung räumten bestenfalls ein, dass Markt und Wettbewerb »unvollkommene« Regulative waren, und akzeptierten als Kompromiss gesetzliche Regelungen für die Festlegung »fairer« Preise.[104] Zwar waren moderne Distributionssysteme vielleicht nicht kostengünstiger als ihre Vorgänger, doch sorgten sie für eine andere Verteilung der Kosten und wurden als notwendige und legitime Voraussetzung für Dynamik, Vielfalt, Auswahl und andere typische Errungenschaften des Massenkonsums betrachtet.

Dagegen befürwortete die »solidaristische« Anschauung geschützte Märkte und redete von »angemessenen Gewinnen« und »gerechten Preisen«. Ausdrücklich behandelte sie die Distribution als eine soziale Frage: Waren verkörperten Werte, die sich durch Gestehungskosten und investierte menschliche Arbeit definierten; Preise plattzuwalzen, barg die Gefahr, dass nicht nur der kleine Einzelhandel erdrückt, sondern auch das soziale Gefüge der Lebensgemeinschaften, denen er diente, zerstört würde. Oder schlimmer noch, es setzte die Nation der Gefahr aus, von ihr fremden Werten überschwemmt zu werden. »Gerechte Preise« basierten dieser Anschauung zufolge nicht nur auf den tradierten Bedürfnissen der Bewohner eines Viertels, sondern auch auf dem Wert eines Lebensentwurfs als Ganzen und waren insofern etwas, das die Verbraucher akzeptieren mussten.

Obwohl Filene sich gegen die Teilnahme an der Konferenz der Internationalen Handelskammer entschieden hatte, tat sich in Europa so viel, dass er, als sein Terminkalender sich plötzlich lichtete, kurzfristig eine Kabine reservieren ließ und sich am 14. Juli auf der *S.S. Normandie* einschiffte. Erklärter Zweck der Reise war ein Kuraufenthalt in Karlsbad, doch am Ende entwickelte sich seine Reise zu der gewohnten Abfolge »halbgeschäftlicher« Stippvisiten: von Karlsbad aus nach Prag (wo er sich mit dem tschechischen Präsidenten Eduard Beneš traf und vor dem *Rotary*-Club sprach), weiter nach Wien (wo er unter anderem eine lange Unterredung

---

103 Froelich, European Experiments in Protecting Small Competitors. Siehe auch ders., Changes in the Central European Retail Trade, 259–263; Craig, Recent Retailing Trends, 5–9.
104 Grether, Marketing Legislation, 165–175.

mit seinem Freund Dollfuß, dem bedrängten österreichischen Kanzler, hatte und ihm Mut machte, sich gegen den Druck Hitlers zu stemmen) und schließlich auf Umwegen nach Frankreich.

Sein erster Umweg führte ihn nach Zürich, wo er auf die wärmste Empfehlung seines alten Freundes Julius Hirsch hin endlich den berühmt-berüchtigten Gottlieb Duttweiler kennen lernte, dem der Ruf vorauseilte, der aggressivste Preisdrücker in ganz Europa zu sein. Der einstige Auswanderer nach Brasilien, wo sein Vorstoß ins Kaffeegeschäft mit einem Fehlschlag zu Ende gegangen war, hatte nach seiner Rückkehr aufgrund von Zweifeln an seiner Kreditwürdigkeit bei keiner der Schweizer Konsumgenossenschaften eine Anstellung gefunden. Mit 37 Jahren hatte er fünf gebrauchte *Ford*-Lieferwagen zusammengekratzt und *Migros* gegründet. Mit Waren vollgestopft, machten die Kleinlaster die Runde zwischen den Kleinstädten und Dörfern des Kantons Bern und gewannen schnell einen begeisterten Kundenstamm. Trotz des heftigen Protests und Widerstands der kleinen Einzelhändler operierte Duttweilers Lieferwagenflotte bald in der gesamten Schweiz. Filene besuchte Duttweiler in dessen schlichtem, aber reizvollem Haus in Rüschlikon am Zürichsee und lernte seine Frau und Weggefährtin Adele Duttweiler-Bertschi, kennen, bevor man gemeinsam zum Abendessen in die Stadt fuhr, wobei Filene die Geschichte eines heroischen Unternehmerlebens erzählt bekam. Da ging es zunächst einmal um die fantastisch anmutenden Preisabschläge von zwanzig bis dreißig Prozent, mit denen Duttweiler hausierte, und die abenteuerlichen rechtlichen Hürden, gegen die er mit seinem Vorhaben, die Preise »zu zermalmen«, ankämpfen musste. Er schwärmte von seinen treuesten Verbündeten, den Schweizer Hausfrauen, die Tag für Tag demonstrierten, wie gut sie über Waren und Preise Bescheid wussten, eine Erfahrung, die Duttweiler zu einem erklärten Befürworter des Frauenwahlrechts gemacht hatte (dem sich die Schweiz bis dahin konsequent verweigert hatte). Um seinen Gegnern die Stirn zu bieten, tat er etwas, das kein anderer Unternehmer seiner Zeit wagte: Er ging in die Politik. 1935 gründete er eine eigene populistische Partei; sie war eine von vielen exzentrischen Bewegungen in einem Jahrzehnt, in dem sich auch andere Persönlichkeiten, die sich für ein Ziel einsetzten, unmittelbar an das Volk wandten. Duttweiler gewann zwar nie so viel Einfluss auf seine europäischen Kollegen wie die amerikanischen Schrittmacher des Einzelhandels, schon weil man als Schweizer einfach nicht genug Gewicht auf die Waage brachte, selbst wenn man bahnbrechende Ideen hatte; doch Filene erkannte in Duttweiler einen Mitpionier der Distribution. Dreißig Jahre jünger als Filene, konnte der Mann noch viel bewegen. Als Duttweiler im Juni 1962 im Alter von 73 Jahren starb, kauften dreißig Prozent aller Schweizer Familien in seinen Filialen ein. Sein Unternehmen, gegen das sich längst kein Widerstand mehr regte, umfasste zu diesem Zeitpunkt noch alle Entwicklungsstufen des Lebensmittelhandels, die es seit den zwanziger Jahren durchlaufen hatte: vom fahrenden Verkaufsstand über Genossenschaftsläden und kleinere Selbstbedienungsmärkte bis hin zu 38 Supermärkten.[105]

---

105 Zu Duttweiler siehe Widmer, Gottlieb Duttweiler; Brändli, Der Supermarkt im Kopf.

Filenes letztes Reiseziel war Paris. Sein zweiwöchiger Aufenthalt in der Stadt war wie eine Reise in die Vergangenheit. Nachdem er seine offizielle Mission hinter sich gebracht hatte, nämlich auf dem *International Cooperative Congress* die Vereinigten Staaten zu repräsentieren, führte er informelle Gespräche mit dem üblichen Aufgebot namhafter Persönlichkeiten des öffentlichen Lebens (darunter mit dem französischen Finanzminister Bonnet), besuchte Empfänge, aß mit alten Freunden zu Mittag (darunter Laguionie und Heilbronn). Am 18. September verließ er Paris mit dem Auto, um in Boulogne die Fähre nach Folkstone zu besteigen; von dort sollte es nach London und anschließend von Southampton aus auf der *Queen Mary* nach New York gehen. Bei der abendlichen Ankunft in Boulogne hatte er hohes Fieber und Schüttelfrost. Die Ärzte des *American Hospital* in Neuilly bei Paris diagnostizierten einen Neuausbruch der virulenten Lungenentzündung, die er sich zwei Jahre zuvor in Moskau zugezogen hatte; obwohl sein Bruder Himmel und Hölle in Bewegung setzte und das beste ärztliche Personal, das sich auftreiben ließ, mobilisierte, starb Edward A. Filene am 26. September 1937 unter dem Sauerstoffzelt. Eingebettet in Blumengebinde und Widmungen, lag sein Leichnam in einer zum Krankenhaus gehörenden Kapelle aufgebahrt, um schließlich auf dem Friedhof *Père Lachaise* eingeäschert zu werden. Die Asche sollte nach Boston überführt und in den Charles River gestreut werden. Einen besonders prachtvollen Kranz mit einer liebevollen Widmung darauf hatte Bernheim geschickt.[106]

Ob Filene in seiner Unterredung mit Pierre Laguionie und Max Heilbronn, mit denen er eine Woche vor seinem Tod gespeist hatte, klar geworden war, mit welchen Gedanken und Plänen sich französische Kaufhausbesitzer zu dieser Zeit trugen, muss ebenso ungeklärt bleiben wie die Frage, ob er ermessen konnte, wie weit der Weg, den sie einschlugen, von dem einzigen Weg abwich, den er wirklich verstand, und das war der amerikanische. Filene hatte sich nie richtig klar gemacht, wie konservativ die Pariser Kaufhausunternehmer waren, und wenn doch, dann hatte er ihre extrem reaktionären politischen Einstellungen als fehlgeleitet, aber irrelevant abgetan, ganz ähnlich wie zuvor den Antisemitismus Henry Fords. Schon seit 1928 hatte die »Studiengruppe Kaufhaus« den paramilitärischen Bund der Patrioten unter seinem rechtsradikalen Führer Pierre Taittinger unterstützt, der sich unter anderem für die »Stärkung der Vollzugsgewalt« der Regierung starkmachte, wie seine Propagandisten es zurückhaltend formulierten. Die Studiengruppe verteilte auch finanzielle Zuwendungen an diverse profaschistische Vereine und Verbände, die in Paris und Umgebung Konjunktur hatten. Zu einer Zeit, als die Gesellschaft begonnen hatte, Gewerkschaften als einen unvermeidlichen Bestandteil des modernen Lebens zu akzeptieren, wehrten sich die Eigentümer und Geschäftsführer der führenden Pariser Kaufhäuser unbeirrt gegen jeden Versuch, ihre Belegschaften gewerkschaftlich zu organisieren. In ihrem Wunschdenken lagen Welten zwischen dem entarteten Proletariat und ihren Angestellten, denen sie einen bürgerlichen Lebensstil ermöglichten, womöglich noch aus reiner »väterlicher« Verbundenheit.

---

106 Report by LS [Lillian Schoedler] on Mr. Filene's illness and death, Paris, Oktober 1937, Ordner Nr. 13, Box 53, Nachlass Filene, CUNA.

In diesem Sinne steigerten die Kaufhäuser ab Anfang der dreißiger Jahre ihr finanzielles Engagement für Waisenhäuser, Berufsschulen, Kindergärten und Altenheime und überschütteten ihre Mitarbeiter mit zahlreichen anderen Zeichen paternalistischer Fürsorge, während sie zugleich scheibchenweise ihre Löhne und Gehälter kürzten. Als am 3. Juni 1936 zum ersten Mal Kaufhausmitarbeiter einen Streik ausriefen, konnten ihre Chefs es kaum glauben. Sie lernten daraus aber nichts, sondern rechtfertigten ihren politischen Widerstand gegen die *Matignon*-Verträge von 1936, die den Achtstundentag, Lohnerhöhungen und eine bessere Mitarbeitervertretung umfassten, als gerechte und angemessene Antwort auf den unersättlichen Appetit einer Arbeiterschaft, die bereits jetzt in gesetzlich garantierter Freizeit ertrinke. Als die linke Opposition im Oktober 1939 schwächelte, bliesen die Kaufhauschefs zu einem konzertierten Versuch, Löhne und Gehälter um ein Drittel zu drücken. Hätten sie diesen Schritt nicht zur Unzeit getan, nämlich genau in dem Moment, als viele französische Männer zum Militärdienst einberufen wurden, so wären sie damit vielleicht sogar durchgekommen. So aber blockierte Arbeitsminister Charles Pomaret das Ansinnen als unpatriotisch angesichts der Opfer, die der Kriegsdienst den französischen Arbeiterfamilien auferlegte.[107]

So klar und frühzeitig Filene die politische Giftigkeit des Nationalsozialismus erkannt und verurteilt hatte, so wenig konnte er ahnen, mit welcher Bösartigkeit das Hitler-Regime gegen den jüdischen Einzelhandel vorgehen würde, der, weil er so direkt im Blickpunkt der Öffentlichkeit stand, eine leichte Zielscheibe für Boykott- und Krawallaufrufe abgab, die in den Pogromen des 9. und 10. November 1938 gipfelten. Vor der *Woolworth*-Filiale in der Berliner Königstraße hätte Filene die Glasscherben sehen können, die von dem nächtlichen Treiben zeugten, und die abstoßenden Parolen, die die Täter an die Fassade gepinselt hatten: »Anständige Deutsche wehrt euch, kauft nicht beim Juden!« Er hätte von seinem alten Bekannten, dem amerikanischen Handelsattaché Douglas Miller, etwas über die empörenden gesetzlichen Sanktionen erfahren, die die NS-Regierung unmittelbar nach der »Reichskristallnacht« erließ, um das wirtschaftliche Schicksal jüdischer Ladeninhaber zu besiegeln. Die erste dieser Verordnungen, in Kraft getreten am 12. November, betraf die »Wiederherstellung des Straßenbildes bei jüdischen Gewerbebetrieben« und bestimmte, alle »durch die Empörung des Volkes über die Hetze des internationalen Judentums« entstandenen Schäden, wie zu Bruch gegangene Schaufensterscheiben oder Ladeneinrichtungen, seien »sofort zu beseitigen«. In einem weiteren Absatz hieß es, die »Inhaber der betroffenen jüdischen Gewerbebetriebe und Wohnungen« hätten die Kosten der Wiederherstellung selbst zu tragen. In Fällen, in denen Schadensersatzansprüche gegenüber einer Versicherung bestünden und gestellt würden, habe der Staat das Recht, gewährte Versicherungsleistungen zu beschlagnahmen. Filene hätte erleben können, dass diese Maßnahmen den angestrebten Zweck erfüllten. Drei oder vier Wochen später waren die Ladenfronten in den Einkaufsstraßen des Zentrums wiederhergestellt, sämtliche Fensterscheiben, Türen und Einrichtungsgegenstände repariert oder erneuert. Doch nur wenige der betroffenen Geschäfte führten

---

107 Badel, Un milieu libéral, 66f.

Abb. 7: SA-Boykottposten vor einer Berliner *Woolworth*-Filiale, 9. März 1933.

den Betrieb weiter, und diejenigen, bei denen dies der Fall war, standen allesamt unter neuer, »arischer« Leitung.[108]

Das NS-Regime hatte natürlich noch größere Fische im Visier, namentlich die Inhaber und Direktoren der großen Kaufhäuser und Ladenketten. Allein, sosehr sie diese Unternehmen als den Inbegriff des preisbrechenden, spekulativen jüdischen Kapitalismus brandmarkten, sowenig konnten sie die Augen davor verschließen, dass diese Unternehmen im Sinne eines effizienten Warenhandels unverzichtbar waren. Alles, was sie tun mussten, um sie in Vorzeigebeispiele für rationales Wirtschaften zu verwandeln, war, sie zu »arisieren«. Nachdem dies vollzogen war, taten die großen deutsch-jüdischen Kaufleute klug daran, unter Einsatz ihrer Beziehungen und derjenigen Teile ihres Vermögens, die sie rechtzeitig ins sichere Ausland transferiert haben mochten, ihrem deutschen Vaterland so schnell wie möglich den Rücken zu kehren. Jüdische Kaufleute in anderen Ländern bekamen die Knute der nationalsozialistischen Judenverfolgung erst später zu spüren. Max Heilbronn schloss sich nach der Besetzung Frankreichs durch deutsche Truppen dem Widerstand an, wurde gefangen genommen und hatte das »Glück«, in Dachau zu landen, weil er nicht als Jude, sondern als Partisan eingestuft wurde. Später wurde er nach Buchenwald verlegt und überlebte dort bis zur Befreiung des Lagers im April 1945.

108 Douglas Miller, Weekly Economic Report, 5. Dezember 1938, December 1938, Box 268, RG 151, BFDC.

Emile Bernheim konnte sich gerade noch vor der deutschen Invasion im Juni 1940 aus Belgien absetzen und suchte zunächst in Vichy-Frankreich Zuflucht. Von dort aus gelangte er zunächst nach Dakar und dann auf die Philippinen, wo es ihm 1941 gelang, ein Einreisevisum für die Vereinigten Staaten zu ergattern. Im Oktober 1948 tauchte er in Paris auf, als Teilnehmer der ersten Nachkriegskonferenz der Internationalen Handelskammer. Angriffslustig wie eh und je, pochte er auf seine alten Glaubenssätze: »Die Distribution ist heute in ausnahmslos jedem Land der Knackpunkt der Wirtschaft.«[109] Die Blütezeit des großen gutbürgerlichen Kaufhauses war zu diesem Zeitpunkt vorüber. Die Führung der Geschäfte lag nicht mehr in den Händen einzelner Großkaufleute, es sei denn, sie stiegen auf neue Systeme um – was Bernheim auf Grundlage seiner langjährigen USA-Erfahrung tat –, sondern bei staatlichen Technokraten, amerikanischen Beratern, die die Wiederaufbauprogramme in Europa steuerten, und bei einer neuen Sorte von Ladenketten- und Supermarktbetreibern, die Morgenluft und Profite witterten.

Spätestens ab dem Frühjahr 1940 zeigten sich in den führenden Einkaufsstraßen Deutschlands die Auswirkungen des Übergangs zur Kriegswirtschaft, auch wenn das »Dritte Reich« zu diesem Zeitpunkt noch keine Kampfhandlungen gegen seine westeuropäischen Kriegsgegner getätigt hatte. Ein in Berlin akkreditierter amerikanischer Wirtschaftsdiplomat unternahm zu diesem Zeitpunkt in der Annahme, aus dem Konsumverhalten der Deutschen Rückschlüsse auf ihre Einstellung zum Hitler-Regime ziehen zu können, eine Einkaufstour durch die Innenstädte von Berlin, Leipzig und Dresden. Noch drängten sich auf den Straßen die Schaufensterbummler, aber Rationierungen und Lieferengpässe machten sich in den Schaufenstern bemerkbar. In Süßwaren- und Getränkeläden standen leere Gläser und Flaschen, hübsche Dekorationsartikel und farbige Verpackungskartons in den Auslagen. In den Kaufhäusern waren etliche Artikel zwar noch ausgestellt, aber nicht mehr auf Lager. Um sich nicht dem Vorwurf des Etikettenschwindels auszusetzen, ließen gewissenhafte Abteilungsleiter unscheinbare Zettel an die Waren heften, auf denen stand, dass es sich um unverkäufliche Ausstellungsstücke oder »Muster« handelte. Die Behörden tolerierten solche Praktiken, wenn sie sie nicht sogar ausdrücklich befürworteten – jedes Mittel war recht, um die vom Anblick der traurige Leere ausstrahlenden Schaufenster demoralisierten Passanten aufzuheitern. Erst als immer mehr Kunden ihrem Ärger über diese Scharaden Luft machten, schritten die Behörden ein und untersagten die Ausstellung von »Mustern« als unlauter. Als das Verbot in Kraft trat, offenbarten die besseren Geschäfte der innerstädtischen Einkaufsviertel ihren Erfindungsreichtum, indem sie ihre Fensterauslagen mit glitzernden Dekorationsartikeln und mehr oder weniger kostbaren Blickfängen ausstaffierten – farbenprächtigen Perserteppichen, aufwendig gerahmten Bildern, bunten Vasen mit Seidenblumensträußen darin.[110] Der Geschmack des bürgerlichen Publikums war noch intakt, selbst wenn die Gelegenheiten, ihn auszuleben, knapp geworden waren.

109 Lacour-Gayet, Histoire du commerce, 325.
110 Sam L. Woods, Wirtschaftsattaché der US-Botschaft in Berlin, Juni 1940, Weekly Economic Report, Nr. 44, Berlin, 4. Mai 1940, National Archives, Box 273, BFDC.

Kaum vier Wochen später kam es auf der anderen Seite des Atlantiks zu einem Ereignis, das in die Annalen des Einzelhandels als eine Premiere einging: der größte Rabatt-Sonderverkauf der Geschichte.[111] Während Anfang Juni 1940 deutsche Panzereinheiten auf Paris zurollten und aus dem Sitz- ein Blitzkrieg wurde, flitzten Filenes Einkäufer durch den Pariser Modemacherbezirk, vom Atelier Coco Chanels bis zu den Werkstätten Schiaparellis und Mainbochers, und kauften die von den bekanntesten Pariser Couturiers entworfenen Kreationen zu Hunderten auf. Als »Notverkaufs-Waren« wurden die Sachen nach Boston verfrachtet und in *Filene's Automatic Bargain Basement* feilgeboten, wobei kein Stück zu einem höheren Preis als 49 Dollar ausgezeichnet war. Kriegerische Begriffe standen zu der Zeit hoch im Kurs, wie den zeitgenössischen Berichten zu entnehmen ist. 15.000 Frauen, darunter sogar einige aus dem weit entfernten Chicago, fielen mit Öffnung der Türen um acht Uhr morgens »wie Blitzkriegerinnen über das Basement her«. Nach weniger als einer Minute waren die schlichten Metallrohrregale leer gefegt. Keine amerikanische Frau hatte Angst vor Geschützdonner, wenn es darum ging, zum Schnäppchenpreis an ihre Traumgarderobe zu kommen.

---

111 Hendrickson, The Grand Emporiums, 129.

Kapitel 4

Große Marken

Wie das Marketing den Markt überlistete

Sie haben da drüben vielleicht die bessere Kunst, mehr Geschichte, mehr Raffinesse oder savoir vivre, *aber weniger von den Annehmlichkeiten des Lebens, den Dingen, die das reale Leben leichter machen. […] Gönnen wir ihnen ihre Vergangenheit: Wir werden uns um die Zukunft kümmern und daran ebenso verdienen wie an der Gegenwart.*[1]
  David Leslie Brown, Manager der Goodyear Tire and Rubber Export Company, *1929*

Nun drängen, von Amerika her, leere gleichgültige Dinge herüber, Schein-Dinge, Lebens-Attrappen. […] Die belebten, die erlebten, die uns mitwissenden Dinge gehen zur Neige und können nicht mehr ersetzt werden.[2]
  Rainer Maria Rilke, 1925

»Wo ist die Messe?«, pflegten amerikanische Geschäftsleute zu fragen, wenn sie nach einigen Minuten Fußmarsch vom Leipziger Hauptbahnhof die Brühlstraße erreicht hatten. »Die Messe ist überall«, antworteten schalkhafte Leipziger ihnen darauf gerne, sich über die Desorientierung der Neuankömmlinge lustig machend. In Richtung Innenstadt geschickt, tauchten die Ahnungslosen in das Gewirr der engen Gassen ein, wo die alles ausfüllende Menschenmenge sie weiter in Richtung Marktplatz schob. Dort standen für diejenigen, die die Auskunftskioske nicht erspähten und dem bunten Wald von Schildern nichts Vernünftiges entnehmen konnten, hilfreiche Polizisten und Englisch sprechende Führer bereit, die ihnen den Weg zum

---

[1] David Leslie Brown, Conduct Your Foreign Advertising on the American Plan, Printers' Ink, 18. April 1929.
[2] Rainer Maria Rilke an Witold v. Hulewicz, 13. November 1925, abgedruckt in Rilke, Briefe aus Muzot, 335f.

Eingang ins siebenstöckige Ring-Messehaus wiesen, das größte Messegebäude Europas, oder sie zu der Rampe hinübergeleiteten, die zu der neu erbauten unterirdischen Messehalle führte, der größten auf der Welt.

Von da an mussten sie sich allein zurechtfinden. Eine erkleckliche Zahl von Messeständen fand sich auf den rationell aufgeteilten Flächen des Petershofs oder des nagelneuen Grassi. Sonderschauen und Ausstellungen lockten sie auf Entdeckungstouren durch finstere Passagen und Innenhöfe in das Labyrinth aus Schauräumen, das in den ehemaligen königlichen Lagerhäusern entlang den Gassen hinter dem Marktplatz eingerichtet worden war. Von Halle zu Halle wandernd und zwischen den Ständen und Pavillons mäandernd, in denen Tausende Aussteller ihre Waren präsentierten, sahen Besucher sich auf Schritt und Tritt von Anbietern belagert, die ihnen ihre Produkte vor die Nase hielten und deren besondere Vorzüge vorführten. Vom verwirrenden Getöse der in einer Vielzahl fremder Sprachen deklamierten Anpreisungen betäubt, versuchten sie den Wert der ihnen hingestreckten oder in den in Reih und Glied aufgestellten Schaukästen ausliegenden Artikel einzuschätzen. Angeordnet gemäß einer undurchschaubaren Systematik, gehörten dazu kunsthandwerkliche Produkte, Möbel und Korbwaren, Kurzwaren und Modeartikel, Lederwaren und Gepäck, Schnickschnack und Geschenkartikel sowie 15 weitere Warengruppen. Nur wenige Dutzend der angebotenen Produkte ließen sich anhand eines vertrauten Markennamens oder Markenzeichens identifizieren.

Auf amerikanische Neulinge mochte dies alles verwirrend wirken, doch für die vielen tausend Besucher aus Europa, dem Nahen Osten und Asien war die große Leipziger Messe ein wohlvertrautes Ereignis. Seit sieben Jahrhunderten in Friedens- wie Kriegszeiten ohne Unterbrechung abgehalten, fand sie zweimal im Jahr jeweils eine Woche lang statt: Die Frühjahrsmesse begann immer am Sonntag vor dem ersten Montag im März, die Herbstmesse am letzten Sonntag im August. Umrahmt von zirzensischen Darbietungen und Umzügen, Kunstflug-Vorführungen, Werbepräsentationen und anderen über den Tag verteilten Attraktionen und angereichert mit nachmittäglichen Vorträgen namhafter Persönlichkeiten, abendlichen Kaffeekonzerten, schlüpfrigen Darbietungen in Hinterhof-Nachtklubs, aber auch mit Orgelkonzerten in der Thomas- und Nikolaikirche und Mendelssohn, Haydn und Brahms im Gewandhaus, verkörperte die Leipziger Messe jene wundersame Legierung aus Kommerz, Jahrmarkttrubel und kulturellem Hochgenuss, durch die sich das kaufmännische Leben und Treiben der Alten Welt in seiner Blütezeit auszeichnete. Mit 8.000 Messeständen, 20.000 registrierten Ausstellern, rund 180.000 akkreditierten Besuchern aus 45 Ländern, Tausenden Flaneuren und einer unüberschaubaren Flut von angebotenen Waren war dies die größte kommerzielle Veranstaltung der Welt.[3]

Mit dem, was eingefleischte amerikanische Kaufleute und ihre noch nicht sehr zahlreichen europäischen Nacheiferer hochtrabend als »moderne Vermarktungsmethoden« bezeichneten, hatte vieles von dem, was in Leipzig ablief, wenig Ähn-

---

3 Voss, The Growth of the Leipzig Fair; Leipziger Messamt, The Leipzig Fair; Zwahr u.a., Leipzigs Messen; Allix, The Geography of Fairs, 532–569.

lichkeit; dennoch war die Veranstaltung, wie amerikanische Besucher sie um 1930 erlebten, kein Anachronismus. Die in Leipzig konzentrierte altehrwürdige europäische Handelskultur hatte durchaus Strategien entwickelt, um Lösungen für dieselben Probleme zu finden, die amerikanische Marketing-Strategen dazu gebracht hatten, sich auf die Etablierung von Marken mit hohem Bekanntheits- und Wiedererkennungswert zu verlegen. Diese Probleme betrafen die Fragen, wie man es im Zeichen schneller Eisenbahn-, Straßenbahn- und Dampfschiffverbindungen und neuer Kommunikationstechniken wie Telegraf und Telefon am besten anstellte, Waren vom Lieferanten zum Kunden zu bringen, wie man sich den Herausforderungen eines zunehmend großen, aber auch zunehmend volatilen internationalen Marktes stellte, wie man angesichts der unendlichen Fülle und Vielfalt dessen, was angeboten wurde, das Richtige finden und auswählen konnte, wie man potenziellen Käufern die Eigenschaften und den Nutzen neuer Produkte erklären konnte und, nicht zuletzt, wie man auf die immer schnelleren Veränderungen des Verbrauchergeschmacks reagiere.

Für die Amerikaner bestand die Lösung darin, Marken mit hohem Wiedererkennungswert zu etablieren; das hatte etwas mit Innovation und Produktdesign zu tun, aber auch mit intensiver Analyse von Verbrauchergewohnheiten durch Erstellung psychologischer und gesellschaftlicher Profile auf der Basis von Meinungsumfragen und statistischen Erhebungen und schließlich mit einem gigantischen Verkaufsapparat und förderlichen nationalen und internationalen Handelsregularien. Alle diese Faktoren wurden daraufhin optimiert, die Versorgung einer weltweiten Kundschaft mit Markenartikeln zu erleichtern und sich die Markentreue dieser Kundschaft zu sichern, ohne Rücksicht auf geografische Entfernungen und kulturelle Unterschiede.

Die Leipziger Messe hatte einen entschieden anderen Weg eingeschlagen: ein Forum zu bieten, auf dem beliebig viele Anbieter eine gigantische Zahl von Erzeugnissen und Schaustücken präsentieren und mit Groß- und Einzelhändlern in der prickelnden Atmosphäre eines brummenden Marktplatzes zusammentreffen konnten. Der regelmäßige Turnus der Messe und die Tatsache, dass sie immer am selben Ort stattfand, sorgten bei den Marktteilnehmern für Vertrautheit und Vertrauen. Dieser Ort war eine Stadt in Deutschland, aber die Messe war um vieles älter als der moderne deutsche Nationalstaat, und so hatte Leipzig, was die Bestimmungen für den Handelsverkehr anging, quasi den Status eines Freihafens, und die Messe pochte auf ihre Identität als eine der Welt gehörende Institution und als der Platz, der mehr als jeder andere die tausendjährige Tradition des europäischen Handels verkörperte. Das schiere Volumen der auf der Messe getätigten Abschlüsse und Verkäufe demonstrierte die große Vitalität dieser traditionsreichen Art, Waren an den Mann zu bringen. An der Wende zu den dreißiger Jahren wurden auf der Leipziger Messe Jahr für Jahr Produkte im Wert von mehreren Milliarden Reichsmark umgesetzt.

Das Phänomen Messe wirft mehrere Fragen auf. Deren erste lautet: Was unterschied die Art und Weise, wie der Markt in Leipzig funktionierte, von den amerikanischen Marketing-Praktiken? In einer grundsätzlichen Hinsicht kann man hier auch zu der Frage zurückgehen, die den Kern dieses Buches ausmacht: Wie reagierte die amerikanische Verkaufsmentalität mit der europäischen Art des Handels und Wandels, und wie stellte sie sich insbesondere auf die Leipziger Messe ein, diese nobelste Bühne der europäischen Geschäftswelt? Der Kern der Antwort liegt in der Entwicklung einer anderen bedeutenden gesellschaftlichen Errungenschaft der amerikanischen Verbraucherkultur: des Markenbewusstseins. Die Marke war zwar nicht unbedingt eine amerikanische Erfindung, doch als in den frühen zwanziger Jahren die amerikanische Konsumkultur in Europa bekannt wurde, geschah das anhand einiger Dutzend prominenter Markenartikel aus dem Konsumgüterbereich, deren auffallendstes gemeinsames Merkmal die Art und Weise war, wie sie vermarktet wurden. Es gehört zu den Paradoxien der wirtschaftlichen Konfrontation zwischen Amerika und Europa, dass der Siegeszug des markenbezogenen Marketings die ehrwürdige Leipziger Messe links liegen ließ und damit letzten Endes dazu beitrug, sie obsolet zu machen.

Die Messe im Morgenlicht

Im frühen 20. Jahrhundert bestärkten die Überlieferungen und Gepflogenheiten, die sich an die 700-jährige Geschichte der Leipziger Messe knüpften, die europäische Geschäftswelt in einer kaufmännischen Ethik, die ihre Zuversicht nach wie vor aus der Langlebigkeit von Kontakten und der persönlichen Verbundenheit schöpfte, die sich aus der unmittelbaren physischen Begegnung ergab. Auch wenn es schwierig ist, zwischen historischen Tatsachen und Legenden zu differenzieren, kann man davon ausgehen, dass die Leipziger Messe tatsächlich weit ins Mittelalter zurückreicht, möglicherweise bis zur Mitte des 11. Jahrhunderts. Damals begannen Kaufleute sich in regelmäßigen Abständen auf einer flachen Aue knapp außerhalb der Urbs Libzi zu versammeln, einer von ein paar hundert Menschen bewohnten befestigten Siedlung am Zusammenfluss der Pleiße, der Weißen Elster und der Parthe. Im Jahr 1165 gewährte Otto der Reiche, Markgraf von Meißen, den Bewohnern von Libzi ein Monopol auf den Handelsverkehr im unmittelbaren Bannkreis der Stadtmauer, und als eine weitere Vergünstigung untersagte er für die Dauer der Messe sämtliche anderen Handelsgeschäfte im Umkreis. Ein Jahrhundert später gab Dietrich I., Markgraf von Leipzig, die feierliche Zusage – auf Pergament geschrieben und mit seinem Ring gesiegelt –, dass an Messetagen alle Kaufleute ohne Gefahr für Leben, Gesundheit und Eigentum durch das westliche Sachsen reisen konnten. Diese Zusicherung sollte selbst für den Fall gelten, dass Händler aus einem Fürstentum kamen, mit dem der Markgraf im Krieg lag, was in dieser stark umkämpften Region nicht selten der Fall war. In der Blütezeit des Heiligen Römischen Reiches wurde die Messe zu Leipzig, wo sich die Handelswege Via Regia und Via Imperii kreuzten und wo die Reichtümer aus den Silberminen des Erzgebirges gegen das üppige Warensortiment eingetauscht wurden, das über das vom Atlantik bis zur Ostsee reichende Netz von Handelsfernstraßen herangekarrt wurde, zu einer alljährlich stattfindenden Veranstaltung, und sowohl Kaiser Maximilian I. (1497) als auch Papst Leon X. (1511) bestätigten der Stadt ihre Privilegien. Im 17. Jahrhundert war Leipzig endgültig zu einer der großen Drehscheiben des Wirtschaftslebens unter dem alten Regime geworden, zum Schauplatz einer voll entwickelten Warenmesse. An den Messetagen trafen in der Stadt Kaufleute aus aller Herren Länder ein, schleppten ihre Ware auf das Ausstellungsgelände und stellten sie in provisorischen Zelten, Pavillons, auf Tischen und in Truhen zur Schau, mit dem Ziel, möglichst viel davon an Ort und Stelle zu verkaufen. Wenn der Preis ausgehandelt und das Geschäft gemacht war, bezahlte der Käufer die Ware auf der Stelle und organisierte ihren Abtransport. Unter dem Strich war die große Leipziger Messe die hochkarätigste jener Drehscheiben der europäischen Wirtschaft, mittels derer der vorindustrielle Kapitalismus ein bemerkenswert reichhaltiges Warensortiment weit und breit verteilte.[4]

Als in der zweiten Hälfte des 19. Jahrhunderts die Entwicklung in Richtung Freihandel ging, entfiel zunehmend das Bedürfnis nach einem mit Sonderprivilegien ausgestatteten, zollfreien Handelsplatz; dazu kam, dass effizientere Transportmöglichkeiten per Bahn und Schiff die Möglichkeiten des direkten Gütertransports von der Produktionsstätte zum Verkaufsort verbesserten. Die Veranstalterin der Leipziger Messe, eine Privatfirma, ging unter diesen veränderten Voraussetzungen daran, die traditionelle Verkaufs- in eine Mustermesse zu verwandeln. Das Jahr 1895, in dem diese Umwandlung offiziell wurde, markierte einen Moment des Aufbruchs. Die industrielle Vormachtstellung Deutschlands näherte sich ihrem Höhepunkt, und das »Meer« Sachsen, das den »Inlandshafen« Leipzig umschloss, war zum kontinentalen Zentrum einer verbraucherorientierten Industrieproduktion sowie zum führenden Maschinenbau-Standort Europas geworden. Da bei beiden Produktkategorien Qualität und Nutzwert die wichtigsten Kaufgesichtspunkte waren, aber nicht durch Abbildungen und Produktbeschreibungen allein demonstriert werden konnten, legten Kaufinteressenten Wert auf die Möglichkeit, mit eigenen Augen und Händen zu prüfen, bei der Gelegenheit auch noch zu schauen, was die Konkurrenz machte, und sich über bevorstehende Innovationen zu informieren. Die modrigen Lagerhäuser, in denen die Messeteilnehmer früher ihre Waren gestapelt hatten, wurden zu attraktiven Ausstellungsräumen umgebaut, wo sich Händler und Endabnehmer einfanden, um Waren zu inspizieren, Preise auszuhandeln und Bestellungen zu tätigen, die zu einem fest vereinbarten späteren Liefertermin ausgeführt werden sollten. Ein zunehmend großer Teil der auf der Messe verkauften Güter wurde vom Produktionsort direkt an die Abnehmer geliefert, ohne je die Tore zum Messegelände zu passieren.

Nach dieser Runderneuerung erlebte die Leipziger Messe eine neue Blütezeit, auch und gerade während des Ersten Weltkrieges, als die Ententemächte mit ihrer Blockade Deutschland vom Seehandel abschnitten. In diesen Jahren strömten Händler aus dem gesamten Deutschen Reich sowie aus Österreich-Ungarn und der Türkei nach Leipzig.[5] Auch Warengruppen, die vorher auf der Messe nicht zugelassen gewesen waren, durften in dieser Zeit ausgestellt werden: Lebensmittel, Texti-

---

4 Braudel, Sozialgeschichte des 15.–18. Jahrhunderts, Bd. 2, 80–94, 116–137.
5 Allix, The Geography of Fairs, 557–561.

lien, Rohstoffe und Ersatzprodukte für knapp gewordene Lebensmittel und Stoffe. Als wieder Friede einkehrte und um die Mitte der zwanziger Jahre auch die deutsche Wirtschaft wieder in Gang kam, nahm die Messe neue Ausstellungsräume in repräsentativen Altbauten in der Innenstadt hinzu und ließ als künftiges Domizil für die große Technische Messe 17 massive Hallen neu errichten, die vom Stadtzentrum aus mit der Straßenbahn in zehn Minuten zu erreichen waren. (Eine Haltestelle weiter befand sich das pharaonische Völkerschlachtdenkmal.) 1930 verfügte die Leipziger Messe über 48 ausschließlich für den Messebetrieb verwendete Gebäude mit einer Gesamt-Ausstellungsfläche von über 100.000 Quadratmetern.

Es gab für die »geistige Mutter« all der vielen mittlerweile in ganz Europa aus dem Boden geschossenen Mustermessen, wie Leipzig ehrfürchtig genannt wurde, nur eine ernst zu nehmende Rivalin: die »Königin des Westens«, die Große Messe von Lyon, 1916 von Edouard Herriot, dem allmächtigen Bürgermeister der zweitgrößten Stadt Frankreichs, neu vom Stapel gelassen, damals mit dem Ziel, aus der Entente-Blockade gegen die Mittelmächte Kapital zu schlagen und mit einer »Wirtschaftsoffensive« internationale Nachfrage nach Frankreich zu locken.[6] Der Wiederaufstieg Lyons und das Erstarken der Mustermessen zu herausragenden Säulen des europäischen Handelsgeschehens riefen Erinnerungen wach an die Situation, in der die mittelalterlichen Messen ihre erste Blütezeit erlebt hatten: Damals hatten sie die Gewähr für die Sicherheit von Personen und Warentransporten geboten und dank ihres Charakters als Freihandelszonen auch Schutz vor anderen Ärgernissen, die dem Fernhandel zu schaffen machten, wie Wegelagerern oder dem Wildwuchs von Grenz- und Wegezöllen.

In den zwanziger Jahren florierten die europäischen Messen, worin Beobachter eine »natürliche Reaktion privater Interessen auf die Striktheit und Kleinkariertheit der amtlichen Zoll- und Abgabenpolitik« und ein Zeichen dafür sahen, dass der Welthandel noch nicht wieder dieselbe Offenheit erlangt hatte wie Mitte des 19. Jahrhunderts.[7] Firmen, insbesondere relativ kleine Handwerksbetriebe und Manufakturen, nutzten in dieser Zeit Messen, um mit staatlicher und kommunaler Unterstützung lokale Wirtschaftsenklaven an den internationalen Handelsverkehr anzuschließen; zu ihren Dienstleistungen gehörte, dass sie Fahrkartenrabatte, Visa und Ausfuhrlizenzen besorgten und Devisengeschäfte vermittelten. »Erfährt nämlich das Wirtschaftsleben eine Ankurbelung«, stellte Fernand Braudel fest, »ist die Messe wie eine alte Uhr dem neuen Tempo nicht gewachsen; verlangsamt sich dieses Leben hingegen, gewinnt sie wieder ihre Daseinsberechtigung.«[8]

Für die große Leipziger Messe galt jedoch, dass sie mehr Merkmale eines neuartigen Instruments hatte als eines alten Zeitmessers. Ihre neuen Ausstellungsbereiche hielten Schritt mit industriellen Innovationen: Nacheinander kamen neue

6 Ebd., 561–565; Alengry, Notre revanche économique.
7 Etienne Fougère, Sample Fairs and Foreign Trade, International Chamber of Commerce (im Folgenden ICC Digest 55, Fairs and Exhibitions, Januar–Juni 1927, 7ff.; ICC Digest 50, Fairs and Exhibitions, Juni–Dezember 1924; Brian Bellasis, Fairs and Exhibitions. Six Angles from Which to Regard Them, ICC Digest 52, Fairs and Exhibitions, Juni–Dezember 1925, 7f.; Count A. van der Burch, The Exhibition Problem, ICC Digest 57, Fairs and Exhibitions, Januar–Juni 1928.
8 Braudel, Sozialgeschichte des 15.-18. Jahrhunderts, Bd. 2, 93.

Abb. 8: Der Zentral-Messpalast in Leipzig, ca. 1930.

Warengruppen hinzu wie Sportgeräte, Sportausrüstung, Lebensmittel, Bürobedarf, Fotoausrüstungen, kinematografische Apparate, schließlich Produkte der Verpackungs- und Werbebranche. In dem Maß, wie sich im Verlauf der späten zwanziger Jahre die deutschen Exporte erholten, stieg die Zahl der Einkäufer und Aussteller aus dem Ausland rapide an, und Leipzig wirkte zu Messezeiten wieder wie der Nabel der kaufmännischen Welt. Die Tschechoslowakei und Österreich als die beiden Länder, die am stärksten vom Handel mit Deutschland abhingen, errichteten in Leipzig einen dauerhaften eigenen Messebau, während Italien, Frankreich, Großbritannien, Südafrika und Chile mit nationalen Pavillons aufwarteten. Britische Kaufleute gründeten einen Verband britischer Aussteller ausschließlich zu dem Zweck, die Interessen des Empire in Bezug auf die Leipziger Messe zu vertreten. Zu Beginn der dreißiger Jahre machte die Sowjetunion, die ein hochgradiges Interesse an internationalen Handelsbeziehungen hatte, ihren Pavillon zu einem Schaufenster der sozialistischen Industrieproduktion; auf den sowjetischen Ständen stapelten sich Bärenfelle und andere Pelze, vor denen sich, wie einst zur Zarenzeit, riesige Menschentrauben bildeten. Der japanische Pavillon, früher am ehesten bekannt für die dort ausgestellten mechanischen Spielzeuge – meisterhaft bemalte Zelluloidpuppen mit Schlafaugen – und kostbares Kyoto-Porzellan, präsentierte in den dreißiger Jahren Fahrräder zu nur zwölf Reichsmark das Stück und Autoreifen zu acht Reichsmark, Preise, die für westliche Volkswirtschaften außerhalb jeder Reichweite lagen.[9] Während in dieser Zeit Mustermessen in Europa eine Hochblüte erlebten, ließ sich in den USA bezeichnenderweise keine analoge Entwicklung beobachten. Auf jeweils zwanzig europäische Messen von nennenswerter Bedeutung kam in den Vereinigten Staaten nur eine, und keine davon war eine echte Mustermesse mit einem umfassenden Produktsortiment. Es waren vielmehr branchenbezogene Messen, auf denen speziell etwa Schuhe, Vieh oder landwirtschaftliche Maschinen angeboten wurden, allerdings durchweg in großem Stil, entsprechend den gigantischen Produktionszahlen der amerikanischen Landwirtschaft und Industrie und der Vielzahl konkurrierender Anbieter.[10] Die einzige Messe der USA, die sich, was ihr Ansehen betraf, mit Leipzig messen konnte, war die *Iowa State Fair*. Aber wie anders sah es dort aus als in Leipzig: handwerkliche und kunstgewerbliche Erzeugnisse aus dem ländlichen Amerika, Rodeo-Wettbewerbe und endlos viele Holzverschläge, in denen sich die adrettesten und wohlgenährtesten Tiere tummelten, die man sich vorstellen konnte.[11] Zwischen Des Moines und Leipzig lag eine ebenso große Distanz wie zwischen den Babbitts von Duluth und den bürgerlichen Rotariern in Dresden.

Auf dem Höhepunkt der deutschen Nachkriegskonjunktur 1929 besuchten relativ wenige Amerikaner die Leipziger Messe – vielleicht 2.100 US-Bürger ließen sich als Besucher registrieren, nicht viele im Vergleich zu den rund 35.000 sonstigen Ausländern. 1931 nahmen nur fünfzig US-Unternehmen als Aussteller an der Messe teil, eine magere Zahl, wenn man bedenkt, dass zu dieser Zeit schon dreißigmal so viele US-Firmen in Deutschland Geschäfte machten.[12] Damit nicht genug, waren weder die US-Wirtschaft noch die US-Regierung in Leipzig mit einer offiziellen Vertretung zugegen, geschweige denn mit einem permanenten Pavillon. Das einzige Jahr, in dem das offizielle Amerika in Mannschaftsstärke aufmarschierte, war 1925, als das amerikanische Landwirtschaftsministerium sich einen Pavillon leistete, um Agrarerzeugnisse und Lebensmittel aus den USA zu präsentieren. Wenn aus Berlin einmal ein amerikanischer Handelsattaché die nicht einmal zweistündige Zugreise nach Leipzig unternahm, tat er es aus eigenem Antrieb, vielleicht weil er gehört

---

9 A Fair That Is a Fair. Leipzig Shows the Way, Financial News, 7. März 1934.
10 Bellasis, Fairs and Exhibitions, 7f.
11 Rasmussen, State Fair.
12 Paul Voss, The Leipzig Fair and Its Relations to German-American Trade, German-American Commerce Bulletin 3 (Juni 1928), 5; Leipzig Trade Fair, ebd. (Februar 1928), 11.

hatte, dass die dortige Messe die beste Gelegenheit bot, sich einen Überblick über die deutsche Wirtschaft zu verschaffen – und vielleicht ein bisschen Wirtschaftsspionage zu betreiben. Zuhause in Washington, im *Bureau of Foreign and Domestic Commerce* (BFDC), gab es eine Stabsstelle, die ausschließlich mit der Analyse ausländischer Erfindungen beschäftigt war und deren Mitglieder für Informationen über deutsche Erfindungen außerordentlich dankbar waren, besonders wenn auch noch Zeichnungen mitgeliefert wurden. Erschien ihnen eine Erfindung nützlich, so reichten sie die Unterlagen an amerikanische Unternehmen weiter, damit diese daraus vielleicht ein marktgängiges Produkt entwickeln oder sich zumindest vergewissern konnten, dass ihre eigene Technik der ihrer internationalen Konkurrenten ebenbürtig war.

Unter den Amerikanern, die – zumeist als Käufer – nach Leipzig kamen, waren nicht wenige, die als Söhne oder Töchter von Emigranten fließend Deutsch sprachen und deren Hauptinteresse neuen Produkten und Ideen für Kaufhäuser und Einzelhandelsketten galt. Dies erinnerte noch an die Vorkriegsjahre, in denen Europa eine so wichtige Quelle handwerklich gefertigter Konsumgüter gewesen war. Bestellungen für die USA waren damals über Hamburg oder Bremen abgewickelt worden, die wichtigsten Anlaufhäfen für die Schiffe der amerikanischen Linien. Was diese Schiffe transportiert hatten, ließ in seiner fast bizarr anmutenden Vielfalt die Erzählungen des Walrosses von Schuhen, Schiffen und Siegellack in *Alice im Wunderland* farblos erscheinen: Granitsteine, Haushaltsarmaturen aus Kupfer und Messing, Besteck, Stoffscheren, Heimtextilien, Schmuckfiguren, Strumpfwaren, Unterwäsche, Seidentücher und Schals, Gürtelschnallen, Handschuhe, Hüte, Schmuck, Weihnachtsdekorationen aus Buntglas und Blei, Postkarten mit farbigem Prägedruck, kistenweise singende Kanarienvögel aus dem Harz, alles tausenderweise für den Verkauf bei *Woolworth's, Kresge's* und in anderen Filialgeschäften geordert. Die Kanarienvögel wurden auf dem Transport von ausgebildeten Wärtern begleitet, die das empfindliche Frachtgut behüteten und versorgten und bei täglichen Inventuren die Vögel aussortierten, die auf der Fahrt über den Atlantik eingingen – deren Köpfchen wurden gesammelt und an die Lieferfirma zurückgeschickt.[13]

Aus der Warte amerikanischer Verkäufer stellte sich die Leipziger Messe als ein eher problematischer Handelsplatz dar. Es war nie ihr Sinn und Zweck gewesen, Massengüter zu bewegen, und diese stellten nach wie vor den Großteil der amerikanischen Ausfuhren dar. Die Vereinigten Staaten hatten zwar spätestens im Ersten Weltkrieg aufgehört, ein wirtschaftliches Anhängsel Europas zu sein, doch wirkte in dem Umstand, dass nach wie vor unbehandelte Produkte und Halbfabrikate das Gros des amerikanischen Exportvolumens bildeten, noch die koloniale Vergangenheit des Landes nach. Selbst in den dreißiger Jahren bestanden die US-Exporte noch zu mindestens vierzig Prozent aus Agrarprodukten, die zu neunzig Prozent nach Europa gingen.[14] Handelsgeschäfte mit Rohbaumwolle, Weizen, Tabak, Schweinefleischprodukten und Häuten, Kupfer, Petroleum und Stammholz wurden nach wie

---

13 Doing Business in Europe, Foreign Trade, Januar 1928, 41.
14 Dennis, European Agriculture, 110–114.

Abb. 9: Die Logistik der aufziehenden Hegemonie: *Chevrolet*-Limousinen werden entladen, Antwerpen 1930.

vor so abgewickelt, dass Bestellungen aufgrund gelieferter Warenproben erfolgten. Wenn die Lieferungen im Hafen den Zoll passiert hatten, wurden sie in Speichern gelagert; der Weitertransport zu den Endabnehmern erfolgte in der Regel per Lastkahn oder auf der Schiene. Wohin genau die Lieferungen gingen, war für die amerikanischen Verkäufer im Grunde genommen ebenso belanglos wie die Frage, aus welchen Erwägungen heraus der Kauf zustande gekommen war. Daher erschien es ihnen sinnlos, Geld für mehr als eine minimale Repräsentanz in Europa auszugeben. Umgekehrt bemerkten die Verbraucher, wenn sie die in Europa verarbeiteten, verpackten und an den Einzelhandel gelieferten Produkte kauften, nicht notwendigerweise etwas von deren Herkunft aus den USA. Billige amerikanische Getreide- und Schweinefleischprodukte hatten insofern tiefgreifende Auswirkungen auf die

Landwirtschaftspolitik in den europäischen Ländern, als sie die Preise nach unten drückten. Doch am Tisch der Familie war Brot gleich Brot, ob das Getreide, aus dem das Mehl gemahlen worden war, nun aus den russischen Steppen, den ostelbischen Niederungen oder dem amerikanischen Mittelwesten stammte.

Das änderte sich spätestens ab 1930: US-Produkte emanzipierten sich in dem Maß vom Schleier der Anonymität, wie der Anteil an bereits verkaufsfertig gelieferten, verpackten oder in Dosen abgefüllten Lebensmitteln an den US-Exporten anstieg und der der Rohstoffe und Stapelwaren abnahm, ein Prozess, der sich zügig vollzog. 1930 hatte sich der Wert der amerikanischen Exportwaren, die in Europa als fertige Produkte, bereit für die Ladentheke, eintrafen, im Vergleich zu den frühen zwanziger Jahren vervierfacht. Das Verkaufen dieser Produkte war allerdings ungleich schwieriger. All die Hausaufgaben, die ein amerikanischer Hersteller bewältigen musste, wenn er die Verbraucher im eigenen Land zum Kauf seiner Waren animieren wollte – das Wecken von Bedürfnissen, das Sich-Einfühlen in die Psychologie der Bevölkerung, das Bereitstellen von Personal für den Kundendienst nach erfolgtem Verkauf –, mussten jetzt auch auf den europäischen Märkten in Angriff genommen werden, wenn man dort verkaufen wollte.[15] Um sich diesen Dingen widmen zu können, musste der amerikanische Anbieter (oder ein sein Vertrauen genießender Beauftragter) an Ort und Stelle sein. Aus diesem Grund tauchten zunehmend viele Amerikaner auf der Leipziger Messe auf.

Allerdings hinterließen amerikanische Hersteller auf dem Messeparkett nicht unbedingt den vorteilhaftesten Eindruck, nicht einmal wenn ihre Erzeugnisse in mancherlei Hinsicht als technisch überlegen anerkannt wurden, was etwa bei Bürogeräten, insbesondere bei Schreibmaschinen, durchaus der Fall war. Amerikanische Schreibmaschinen hatten 1930 einen Weltmarktanteil von achtzig Prozent, der einzige ernst zu nehmende Konkurrent, Deutschland, kam auf nicht ganz zwanzig Prozent. Alle führenden US-Unternehmen dieses Sektors waren auf der Leipziger Messe zugegen: *Underwood-Elliot-Fisher*, *Remington-Rand*, *Royal* und *L. C. Smith & Corona*. Doch ihr Sortiment wurde überstrahlt von der schieren Zahl von Modellen, die europäische, namentlich deutsche Firmen zur Schau stellten. Mindestens zwanzig deutsche Unternehmen waren mit Vorführgeräten vertreten.[16] An den Messeständen fanden interessierte Händler, geschweige denn einfache Messebesucher, keinerlei Hinweis darauf, dass alle deutschen Firmen, die Schreibmaschinen herstellten, auch andere Gerätschaften produzierten – Fahrräder, Nähmaschinen, Messinstrumente, sogar Waffen. Infolge dieses breiten Sortiments konnten sie nicht so viel Geld in Forschung, Design und Marketing investieren wie ihre spezialisierteren amerikanischen Konkurrenten, und sie boten auch keine so vielfältige Modellpalette an.

---

15 Francis P. Miller/H. D. Hill, Europe as a Market, Atlantic Monthly, August 1930, 226–231, und September 1930, 400–410; Miller/Hill, Giant of the Western World, 23f.

16 R. M. Stephenson, The German Market for Office Equipment, 2. September 1936, Akte »September–October 1936«, Box 265, RG 151, BFDC; Stephenson, The German Market for Office Equipment, 27. Juni 1938, Akte »June–July 1938«, Box 269, ebd.; Competition in Typewriters, Foreign Trade 8 (Mai 1933), 36.

Abb. 10: Die Logistik der schwindenden Hegemonie: der Leipziger Hauptbahnhof, der größte in Europa, ca. 1930.

Händler, die den neuesten Modellen von *Remington* und *Underwood* auf den Zahn fühlten, konnten bestätigen, dass diese Maschinen praktisch ohne Störgeräusche arbeiteten und dass die Tasten mit leichtestem Fingerdruck zu betätigen waren. Allein, aufgrund welcher Überlegungen hätten sie Eigenschaften wie »Lautlosigkeit« oder »leichter Anschlag« als wichtige Bewertungskriterien einstufen oder gegen den hohen Produktpreis abwägen sollen, wenn sie doch auf die umfangreichen Rabatte zählen konnten, die ihnen von den deutschen Herstellern angeboten wurden? Dass die amerikanischen Schreibmaschinen Produkte solider, wenn nicht überlegener Ingenieurskunst waren, konnten Interessenten durch den Augenschein feststellen; was aber selbst die gründlichste Inspizierung der ausgestellten Modelle nicht wirklich vermitteln konnte, waren die bei ihrem sachgemäßen praktischen Einsatz zu erwartende Arbeitszufriedenheit der Anwender, die großzügigen Herstellergarantien für notwendig werdende Reparaturen und Ersatzteile und, ja, die ganze Vision einer modernen, rationellen Bürokultur. Ganz- oder doppelseitige Anzeigen in populären Zeitschriften illustrierten diese Vision mit jeder Menge Beispiele und Bilder und suggerierten dem Leser, dass es für die Schaffung der schönen neuen Bürowelt nicht damit getan sei, lediglich eine einzelne Schreibmaschine von *Underwood* oder *Smith & Corona* anzuschaffen, sondern dass es gelte, in das ganze Sortiment neuer amerikanischer Bürogerätschaften zu investieren: in Addiermaschinen von *Ellis*, *Dalton* und *Comptometer*, Hektographiergeräte von *Mimeograph* und *Multigraph* und in Informations- und Ablagesysteme von *Kardex*, *Hollerith* und IBM. Die in den Vereinigten Staaten bevorzugt verfolgte Verkaufsstrategie traktierte den Kunden typischerweise mit einem ganzen Strauß suggestiver Argumente und Anreize, um ihn zu der Überzeugung zu bringen, dass die Produkte nicht nur der letzte Schrei, sondern auch ihren hohen Preis wert waren.

Eine ähnliche Geschichte ließe sich für Schreibgeräte erzählen. Die zwanziger Jahre brachten ein goldenes Zeitalter für Füllfederhalter, und viele Händler und einfache Messebesucher drängten sich vor den einschlägigen Ständen, einfach um diese kleinen Wunderwerke zu bestaunen. Das hohe Innovationstempo in diesem Bereich – beim Einsatz synthetischer Materialien, bei Tintentanks und Befüllungshilfen, im Design und in der Farbgebung – zeigte sich auf eindrucksvolle Art an den von den führenden US-Firmen wie *Parker*, *Schaeffer*, *Wahl Eversharp* und *Waterman* präsentierten Modellen. Diese Hersteller, auf dem amerikanischen Markt seit langer Zeit Konkurrenten, hatten schon vor dem Ersten Weltkrieg ihr heftiges Ringen um Marktanteile in die europäische Arena verlagert. Im Verlauf der zwanziger Jahre hatte dieser Konkurrenzkampf sie dazu getrieben, weitere Dollarmillionen in Forschung und Entwicklung, aber auch in ihr Marketing zu investieren. Das Zelluloid, das die Firma *Schaeffer* aus Pflanzenfasern – in einem allerdings nach wie vor teuren Verfahren – herstellte, ermöglichte jene fein strukturierten Musterungen und strahlenden Primärfarben, wie sie für im *Art-déco*-Stil gestaltete Produkte typisch waren. Die Firma *Parker* sprang auf diesen Zug auf und brachte ihren *Duofold*-Füller in Lackrot, Mandaringelb und Lapislazuliblau auf den Markt. Ihr Spitzenmodell, der *Duofold de Luxe*, der zusätzlich zu den anderen Farben auch in Perlsilber und Schwarz gefertigt und an dem besonders sein automatischer Pumpmechanismus herausgestellt wurde, war doppelt so dick wie alle anderen ausgestellten Schreibgeräte, doch verwies seine pummelige Form auf seinen einzigartigen, patentierten Zweikammer-Tintentank, der es erlaubte, mit nur einer Füllung 6.000 Wörter zu schreiben. Als die Firma das Produkt 1926 auf dem europäischen Markt mit der teuersten Werbekampagne einführte, die je für ein Schreibgerät inszeniert worden war, wirbelte sie die gesamte Branche durcheinander.[17]

Trotz alledem hatten die zehn oder 15 amerikanischen Produkte keine Behauptungschance gegen die erdrückende Menge der von europäischen und namentlich deutschen Herstellern angebotenen Schreibgeräte. Nach Dutzenden zählten die Füllermodelle aus dem Sortiment wenig bekannter, aber eingeführter Hersteller, gefertigt aus den gleichförmig schwarzen Hartgummi-Varianten Vulcanit oder Ebonit, die üblicherweise verwendet wurden, bevor das glänzendere, aber auch viel teurere Zelluloid in Gebrauch kam. Marktführer war jedoch die Firma Pelikan aus Hannover, angesehener Lieferant von Künstlerbedarf seit den dreißiger Jahren des 19. Jahrhunderts. Erst 1929 hatte das Unternehmen sein Debüt im Markt für hochwertige Schreibgeräte gegeben, und zwar mit dem Pelikan 100, dem ersten Modell mit einem herzförmigen Luftloch in der Feder. Schon vorher hatte sich Pelikan mit seinem zweckmäßig gestalteten, preisgünstigen Füllermodell »Rappen« gut geschlagen, das in wirtschaftlich schweren Zeiten offensichtlich erste Wahl für

---

17 Fultz, History of A. A. Waterman; Charles L. Margery, Le lancement du Parker duofold en France, Vendre, November 1929, 349–355.

den reisenden Handelsvertreter war. Ein Publikumsmagnet war auch der Stand, an dem die Firma Simplo aus Berlin ihre Modellreihe Montblanc präsentierte. Simplo brüstete sich damit, sich als erste europäische Firma von aus den USA eingeführten Goldfedern unabhängig gemacht zu haben. Sie steigerte ihre Markenbekanntheit durch einen weißen Stern auf der Füllerkappe, der zu ihrem Markenzeichen wurde. Man musste kein Kenner der Materie sein, um das Spitzenmodell der Montblanc-Serie, genannt »Meisterstück«, hoch zu schätzen. Als Simplo es 1924 auf den Markt brachte, katapultierten seine leuchtend karmesinrote Farbe, sein damals unerhörter Preis von über zwanzig Reichsmark und die darauf gewährte lebenslange Garantie es auf Anhieb an die oberste Spitze der sozialen Hackordnung im Reich der Schreibgeräte. Ein Meisterstück aus der Brusttasche oder aus dem Etui zu ziehen, war gleichbedeutend mit der Ansage: »Schaut her, ich bin ein wirklich moderner Mann von Welt.« Die smarte, wenn auch fast selbstironische Werbebotschaft für die Montblanc-Modelle, die die Handschrift der Bauhaus-erprobten Grete Gross trug, passte perfekt zur Anmutung des Produkts. Gre-Gro, wie die schicke Berlinerin in der avantgardistischen Berliner Grafikszene genannt wurde, leitete die Werbeabteilung von Simplo und entwarf die modernen Banner und Schilder für den Messeauftritt der Firma. Ihr Werk war auch das gigantische Montblanc-Transparent, das am Gehäuse des Kleinflugzeugs befestigt war, das täglich um die Mittagszeit gemütlich über das Messegelände tuckerte.[18]

Was die Messebesucher an den Ständen nicht sahen, war just das, womit sich die amerikanische Verbrauchsgüterindustrie um diese Zeit einen Namen machte, nämlich Markenartikel mit hohem Bekanntheitsgrad. Dieser Trend betraf vor allem langlebige Konsumgüter wie arbeitssparende Geräte oder Wohnkomfort-Artikel, gerade die Dinge, auf die Kritiker mit dem Finger zeigten, wenn sie sich über die amerikanische »Invasion« mokierten, und auf die sich europäische Marketing-Pioniere ausdrücklich beriefen, wenn sie sich zu amerikanischen Verkaufsstrategien äußerten. Dies waren die Produkte – Haushaltsgeräte, parfümierte Toilettenartikel, verpackte Lebens- und Genussmittel, aber auch preisgünstige Autos –, deren Bilder oder Logos überlebensgroß auf spektakulären Plakatflächen in den Innenstädten prangten. Sie machten sich in den Haushaltswarengeschäften und Autosalons an den Champs-Elysées breit, am Kurfürstendamm und am Piccadilly Circus, stapelten sich unter bunt bedruckten Werbetafeln auf Drogerietheken und in Schaufenstern, flimmerten in Hollywood-Filmen über die Leinwand, stachen den Lesern von Zeitschriften und Massenblättern aus halb- oder ganzseitigen Anzeigen ins Auge. Sie schlugen bürgerliche Kunden in ihren Bann und wurden von Kulturkritikern in der Luft zerrissen. In den meisten Fällen waren diese amerikanischen Produkte die sogenannten Schrittmacher auf ihrem Gebiet.

Diese Artikel wurden mit dem Anspruch im Markt platziert, neue Maßstäbe in Bezug auf Produkteigenschaften und Kundenzufriedenheit zu setzen und dadurch die große Nachfrage zu erzeugen, ohne die sich die hohen Kosten für ihre Markteinführung und Bewerbung nicht wieder einspielen ließen. Der *Frigidaire* von *General*

---

18 Rösler, Montblanc; Fultz, The History of Pelikan Pens.

Motors war ein Beispiel *par excellence*: Er erklärte das Frisch- und Kalthalten von Lebensmitteln zur Tugend und versprach, dieses Kunststück zu vollbringen. Ein anderes Exempel statuierte *Gillette*; in ihren Anzeigen für ihre Sicherheitsrasierer erklärte die Firma Bärte und Bartstoppeln für unhygienisch, unästhetisch, unvorteilhaft – und garantierte eine sanfte Rasur. *Kellogg's* setzte mit seinen Cornflakes einen neuen Standard für Frühstückskost: eine gesunde, tischfertige Morgenmahlzeit, die Kraft und Wohlergehen verhieß und beides jedem zu bescheren versprach, der die knusprigen Flocken aus gewalzten Maiskörnern in der weiß-grün-rot bedruckten Frischepackung kaufte. *Coca-Cola* ebnete den Weg für mit Kohlensäure versetzte zuckerhaltige Getränke – es erfand den Durst neu und versprach zugleich, ihn jederzeit zu löschen. Alle diese Produkte passten, nicht nur weil sie neu waren, sondern auch weil sie neue Wertkategorien für Sachen aufstellten, nicht ohne weiteres in die unter der Ägide der bürgerlichen Handelsmessen etablierte Taxonomie der handelbaren Waren.

Die großen Zugnummern des amerikanischen Exports waren Lebensmittel, und auch sie fielen zwischen die taxonomischen Ritzen. Ein Großteil der amerikanischen Konservenprodukte, beispielsweise die Milch von *Gloria*, die Suppen von *Campbell* oder die Dosenpfirsiche von *Dole*, mochten mit europäischen Markenprodukten (die jedoch alle weniger bekannt waren) vergleichbar sein. Für viele andere gab es kein Pendant in der Alten Welt, so etwa für die Ananaskonserven von *Libby*, den Buttermais, die grünen Bohnen und Roten Bete von *Del Monte*, die Trockenpflaumen und Rosinen von *Sun Maid* aus der Schatzkammer des kalifornischen Central Valley in ihren leuchtend bunt bedruckten Kartonverpackungen oder für das Backpulver von *Royal*, das erste industriell hergestellte und verpackte Treibmittel für hausgebackene Kuchen und Brote. Dazu kamen die *Camels*, *Chesterfields* oder *Lucky Strikes*, hergestellt aus amerikanischem Tabak, oder *Wrigley's*-Kaugummi, basierend auf dem weißen Chicle-Saft, der den auf Yucatán kultivierten Sapotillbäumen abgezapft wurde. Auch die Banane war zu der Zeit eine Novität: Offiziell erstmals 1876 auf der Ausstellung zur Hundertjahrfeier der USA in Philadelphia vorgestellt – wo die Bananen einzeln, in Folie gewickelt, für zehn Cent das Stück verkauft wurden –, war sie in Europa erst nach dem Ersten Weltkrieg in großem Stil vermarktet worden. 1926 lieferten die 34 Kühlschiffe der Reederei *Elder and Fyffes*, der europäischen Frachtagentur der *United Fruit Company*, allein nach Großbritannien und Deutschland jährlich fünf Millionen Stauden.[19] Diese Bananen, von 1929 an unter der Marke *Blue Label* vertrieben (die Umbenennung in *Chiquita* erfolgte in den vierziger Jahren), waren die erste Obstart, die in Europa unter einer Dachmarke vermarktet wurde, und sie fanden eine erheblich weitere Verbreitung als irgendein einheimisches Obst. Das Garantiezeichen der Bananen war das unter Markenschutz stehende Papierband. Laut Vertriebsvertrag waren die Einzelhändler verpflichtet, es zu entfernen, sobald die gelbe Schale fleckig und das Fruchtfleisch mehlig zu werden begann. Indem sie das taten, bekräftigten sie die von einem fer-

---

19 Read, The Growth and Structure of Multinationals, 194f.; ICC, Document Nr. 5, 11; Southard, American Industry in Europe, 127.

Abb. 11: Waren, die das Bad in der Menge suchen: Passanten scharen sich um *Palmolive*-Rasiercreme.

Abb. 12: Waren, die selbst eine Menge bilden: Stand eines Puppenherstellers auf der Leipziger Messe, 1936.

nen, ausländischen Lieferanten aus tiefster Überzeugung gepflegte, ebenso intensive wie kostspielige Beziehung zum Endabnehmer. So gesehen, überrascht es nicht, dass die Markenbanane auf der Leipziger Messe keinen Platz fand.

Im Anfangskapitel von *Das Kapital* schrieb Karl Marx den berühmten Satz: »Eine Ware scheint auf den ersten Blick ein selbstverständliches, triviales Ding.« Den Rest des Bandes widmete er dem Bemühen, zu zeigen, wie unmöglich es sei, ein Ding an sich, losgelöst von seinem gesellschaftlichen Kontext, zu verstehen. Die Warenform verdeckt den Schweiß und die Geschicklichkeit der Arbeiter, die die Ware produziert haben und deren Arbeitskraft der Kapitalist ausbeutet. Zum Kauf angeboten, verleugnet die Ware ihren schlichten Gebrauchswert als etwas, das man essen, auf das man sich setzen oder mit dem man schreiben kann; sie scheut sich aber auch, ihren Tauschwert zu enthüllen, zumindest soweit er durch äußere Faktoren bestimmt ist, etwa ihre Knappheit, ihre Nützlichkeit im Vergleich zu anderen Gütern oder ihre Funktion als Statussymbol. Noch einen weiteren Streich spielen Waren der kollektiven Wahrnehmung: Sie tun so, als gingen sie aus eigener Kraft zum Markt und verkauften sich dort auf eigene Rechnung. Tatsächlich ist der Markt der Ort, wo, um noch einmal mit Marx zu sprechen, die »Warenhüter«, die auch die »Warenbesitzer« sind, in den Blick geraten, denn hier »müssen [sie] sich zueinander als Personen verhalten«.[20]

Wenn wir von Leipzig und den dicht bevölkerten Lokalitäten seiner Messe einige Schritte zurücktreten und uns Märkte »nicht als Orte [vorstellen], sondern als Massen von Menschen in großräumiger Verteilung«, wird der radikal neue Charakter der Handelsmarken und ihrer Vermarktung deutlich.[21] Die Verkaufskultur der Alten Welt stellte den Charakter des Produkts in den Mittelpunkt und strich Qualitäten heraus, die sich als dem Produkt innewohnend darstellen ließen und eng mit dem Milieu verknüpft waren, dem es entstammte. Auch in der Neuen Welt wurde die Persönlichkeit des Produkts herausgestellt, doch erfuhr der Verbraucher nichts über dessen Herkunft oder seine intrinsischen Qualitäten; an die Stelle solcher Informationen trat eine Werbung, die stark auf äußerliche Produktreize abhob. Am besten aufgehoben waren in Leipzig Produkte, die in kleineren Stückzahlen gefertigt wurden, handwerkliche und kunsthandwerkliche Erzeugnisse sowie Dinge, die auf Bestellung einzeln und nach Maß gefertigt werden konnten. Viele dieser Produkte waren vertraut und profitierten von ihrer Nachbarschaft auf der Messe. Gewiss konkurrierten sie miteinander um die Gunst der Käufer, aber durch ihre gleichzeitige Präsenz konnte jedes von ihnen seine spezifischen Qualitäten zur Geltung bringen, zumindest für das geschulte Auge einschlägiger Fachhändler. Erzeugnisse, die derselben Warengruppe angehörten, konnten dennoch jeweils für eine ganz spezielle Klientel maßgeschneidert sein. Jedes besetzte seine eigene kleine Nische, keines war ohne weiteres austauschbar. Und weil sie sich als einzigartig anpreisen konnten, erzielten sie einen hohen Preis. Da diese Produkte in kleinen Stückzahlen und

---

20 Marx, Das Kapital, Bd. 1.
21 Clement H. Watson, Markets Are People — Not Places, JWT News Bulletin, Juli 1928, 5–6, J. Walter Thompson Company Archives, John W. Hartman Center for Sales, Advertising, and Marketing History, Duke University (im Folgenden als JWT).

Abb. 13: Wie man Markenprodukte vermarktet: Ein Knopfdruck setzt telegrafisch eine europaweite Werbekampagne in Gang.

auf Bestellung gefertigt wurden, mussten ihre Hersteller und die sie vertreibenden Großhändler die Preise hoch ansetzen, um ausreichende Erträge zu erwirtschaften.

Anders das Markenprodukt aus industrieller Massenfertigung: Es schlug sich am besten im Alleingang, oder noch besser: in Begleitung eines sehr teuren Trosses von Vertretern, Marketing-Experten und Werbern. Großplakate, Zeitungsanzeigen und Einzelhändler präsentierten es als einzigartig, wo es doch in Wirklichkeit nur einer von Zehntausenden identischen, standardisierten Artikeln war, die vom selben Fließband liefen. Es war teuer, nicht weil es knapp war, sondern weil es sich selbst zum Inbegriff von Innovation und Nützlichkeit erklärte, zum Maßstab, dem andere Produkte nacheifern mussten.

Während handwerkliche Erzeugnisse auf einem lokalen Markt eine Aura der Vertrautheit ausstrahlten und keine zusätzlichen verbalen Botschaften brauchten, um sich zu verkaufen, benötigte das industrielle Massenprodukt die Rhetorik eines Hochdruck erzeugenden Verkaufsapparats, um Millionen potenzieller Käufer von seiner Nützlichkeit und Attraktivität zu überzeugen. Walter Benjamin hätte über das industrielle Massenprodukt vermutlich gesagt, es definiere sich im Wesentlichen durch das Fehlen von Urheberschaft, künstlerischer Originalität und handwerklicher Kunstfertigkeit, kurz von allem, was die Aura des Kunstwerks ausmacht.[22] Während es dem Massenprodukt an Authentizität fehlte, konnte es durchaus Charisma entfalten, und zwar genau in dem Sinn, wie Max Weber diesen Ausdruck gebrauchte, nämlich um einen quasi-religiösen, die Grenzen des bürokratischen Systems sprengenden Führungsstil zu beschreiben. In diesem Sinne ragte das Markenprodukt aus der unübersichtlichen Masse kunsthandwerklicher Produkte und bürgerlicher Sammelstücke heraus, präsentierte sich als entschiedene Absage an etablierte Normen und die sie legitimierenden Institutionen. Seine eigene Legitimität leitete sich von der Tatsache ab, dass es das Objekt der andächtigen Aufmerksamkeit der mit seiner Vermarktung betrauten Vertreter und Werber war, seine Autorität von seiner selbstgewiss behaupteten Fähigkeit, die Bedürfnisse seiner Anhänger zu erfüllen.[23] In den Augen des Käufers konnte das standardisierte Massenprodukt somit eine ebenso eindeutige Aura der Individualität und Vertrautheit gewinnen wie das einzeln und kundenangepasst hergestellte Objekt.

Der Unterschied zeigte sich in der Art und Weise, wie die beiden Rivalen sich präsentierten. In der Leipziger Messe, der Königin der Märkte, und in der amerikanischen Verkaufskultur, dem Inbegriff des modernen Marketing, verkörperten sich ihre gegensätzlichen Rollen: Die Messe war ein Wunder an Verdichtung, ihr Patentrezept für den Markterfolg die Kombination aus »größtmöglichem Umsatz mit geringstmöglichen Kosten in der geringstmöglichen Zeit und auf kleinstmöglichem Platz«.[24] Sie brüstete sich damit, nicht nur der Nabel der europäischen Handelswelt zu sein, sondern auch Schauplatz eines globalen wirtschaftlichen Austauschs. Sie bot auf, was immer nötig war, um persönliche Beziehungen zu kultivieren; ihr Lebenselixier war alles, was die Geschäfte förderte; sie versprach ihren Kunden alles Erdenkliche an Bequemlichkeit, Komfort und Schutz, von Reisevergünstigungen, Import-Export-Lizenzen und Kartenreservierungen für Theateraufführungen und andere Vergnügungen über Geldwechsel und allgemeine Informationen zur Nutzung der Messe bis hin zu Arrangements für die Heimreise. Die Messe präsentierte sich als Inkarnation des Marktes, als soziales Beziehungsgeflecht, und enthielt sich jeden Hinweises auf die höhere Instanz, unter deren Ägide sie sich entfalten durfte, nämlich auf den deutschen Staat.

Ein ziemlich aussagekräftiges Bild von der amerikanischen Vertriebsphilosophie erhält man indes, wenn man sich historische Landkarten des US-Handelsministeriums anschaut, die die europäischen »Verkaufsgebiete« zeigen. Um an die territorial

---

22 Walter Benjamin, Das Kunstwerk im Zeitalter seiner technischen Reproduzierbarkeit, 471–508.
23 Weber, Wirtschaft und Gesellschaft, Teil II, Kap. V, 245f., 268f., 284f.
24 Zit. als Epigraph in Leipziger Messamt, The Leipzig Fair, 4.

Abb. 14: Einladung zur Teilnahme an einer »Reklamemesse«.

weit verstreute Kundschaft heranzukommen, definierten die Amerikaner mehrere zentrale Knotenpunkte, vorzugsweise an Orten mit hoher Bevölkerungsdichte. Diese dienten als Naben, von denen speichenförmig Richtungsvektoren zu den wichtigen Handelsstädten ausstrahlten.[25] Den Speichen waren Reisezeiten in Stunden zugeordnet, ohne Rücksicht auf geografische Gegebenheiten wie Gewässer, Gebirge oder Staatsgrenzen. Ein gehörig ehrgeiziger Händler konnte etwa Konstanza am Schwarzen Meer in seine Reiseroute aufnehmen, fünf Bahnstunden von Bukarest entfernt, oder Czernowitz, damals eine rumänische Provinzstadt zwölfeinhalb Zugstunden von Bukarest, oder Kischinew, das über Jassy in ganzen 13 Stunden zu erreichen war. 1930 stießen die Reisezeitvektoren schon an die Grenzen der Sowjetunion, die zu überqueren nur die furchtlosesten und mit den besten Beziehungen ausgestatteten Kapitalisten wagten.

Der Darstellung der Messe als Nabel der Handelswelt und der Verkehrswege lag das staunenswerte Eisenbahnnetz des Deutschen Reiches zugrunde. Nicht zufällig war der 1923 eingeweihte neue Hauptbahnhof von Leipzig der größte in Europa. Die amerikanische Karte basierte hingegen auf dem Netz der Telegrafen- und Telefonverbindungen; es stand für die verzögerungslose Übermittlung von Informationen und für die Fähigkeit, an verschiedenen Orten synchron identische Werbematerialien in einem Dutzend unterschiedlicher Landessprachen zu produzieren. Die Leipziger Messe stützte sich auf die Produktivkraft der europäischen Region mit der

---

25 U.S. Department of Commerce, European Sales Areas, gegenüber 1.

236 Kapitel 4: Große Marken

Abb. 15: Markt ohne Zentrum: Karte des US-Handelsministeriums, 1933.

höchsten Dichte an Klein- und Mittelbetrieben, Handwerksfirmen, Großhändlern und Einzelhändlern. Die amerikanische Philosophie des massenhaften Vertriebs von Markenprodukten stützte sich auf die Ökonomie der großen Zahl und die schiere Größe der amerikanischen Industrieproduktion, verstärkt durch den Ehrgeiz amerikanischer Werbeagenturen, sich als führende Akteure auf dem Weltmarkt zu platzieren. Die kraftstrotzende Eigenwerbung der Agentur *Erwin, Wasey and Company* hob auf die Wunderkräfte der modernen Telekommunikationstechnik ab, ohne die die Marketing-Revolution nicht denkbar gewesen wäre. In den elf Jahren seit dem Waffenstillstand von 1918, dem Jahr, in dem die New Yorker Agentur in London ihre erste Auslandsniederlassung errichtet hatte, gründete sie weitere elf Auslandstöchter in elf europäischen Ländern. Auf dem Höhepunkt der Hochkonjunktur der späten zwanziger Jahre verkündete die Firma stolz, sie könne aus ihrer Zentrale im *Graybar Building* an der Lexington Avenue eine den gesamten europäischen Kontinent überspannende Werbekampagne vom Stapel lassen. Ohne im Labyrinth der Detailarbeit

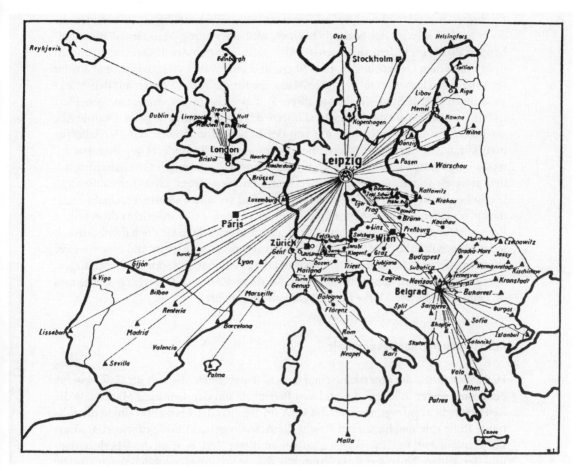

Abb. 16: Im Zentrum des Marktes: Die Leitung der Leipziger Messe zeigt, wohin alle Wege führen, 1933.

herumirren zu müssen, ohne physisch auch nur in die Nähe der Absatzgebiete zu kommen, konnte die moderne Werbeagentur Anzeigen in 677 Publikationen schalten, die in 21 europäischen Ländern und 16 Sprachen erschienen. Es war wie Zauberei. Mit einem Knopfdruck konnte die Firma einen Anzeigenumsatz von 288.072 Dollar generieren, samt ihrer daran gekoppelten Agenturvergütung: »Und das, ohne dass auch nur ein Direktor des auftraggebenden Unternehmens sein Hauptquartier in den USA verließ.«[26]

Mochten die in Europa mit amerikanischen Marketing-Strategien propagierten US-Markenprodukte sich im Vergleich zur Gesamtzahl der auf dem Kontinent umgeschlagenen Waren mengenmäßig unbedeutend ausnehmen – es handelte sich um höchstens ein paar Dutzend, denen Zehntausende regional oder national bekannte

---

26 »Sie gaben in Europa in einem einzigen Monat 288.072 [Dollar] aus, ohne einen Fuß dorthin zu setzen.« Printers' Ink, 25. Juli 1929, 114f.

Produkte (mit oder ohne Markencharakter) gegenüberstanden –, so nahmen sie doch in den Köpfen der Menschen einen weit über ihren Marktanteil hinausgehenden Platz ein. Indem sie gleichsam promiskuös durch den Raum zogen, anstatt diskret an einen Ort gebunden zu bleiben, und indem sie sich transnational anstatt regional ausrichteten, etablierten sie Maßstäbe für die Kunst, Waren auf den Markt zu bringen. Verdichtete die Messe ihren Warenreichtum auf einen einzigen Platz mitten in einer Wüste des Mangels, staffierte das Massenmarketing das gesamte Absatzgebiet mit Botschaften aus, die von der hohen Produktivität der Herstellerfirmen kündeten.[27] Produkte, die früher als etwas ganz Besonderes gegolten hatten, weil sie nur saisonal oder nur regional oder nur in bestimmten Geschäften zu haben gewesen waren, waren jetzt überall und zu allen Zeiten erhältlich, außerdem leichter zu handhaben, stärker standardisiert und vor allem sichtbarer. Unabhängig davon, ob sie wirklich ein Massenpublikum erreichten – was angesichts ihres hohen Preises anfänglich keineswegs garantiert schien –, erweckten sie doch den Eindruck jederzeitiger Erhältlichkeit. Und weil eingetragene Warenzeichen und eine massive Werbung sie so sichtbar machten, konnten die Menschen die Spuren, die sie zogen, überall sehen – man konnte beobachten, wo sie verkauft wurden, wer sie kaufte und ob Leute eine andere Marke bevorzugten als man selbst.

Aufbau von Markenbekanntheit

Hätte man einen der amerikanischen Geschäftsreisenden, die sich im Café Felsche, beim Bauer oder in einem der anderen Bierlokale um den Leipziger Marktplatz die Zeit vertrieben, gefragt, weshalb die USA im Bereich der Markenprodukte die führende Rolle spielten, hätte er vielleicht die Achseln gezuckt und geantwortet: »Yankee-Genialität.« Die Amerikaner glaubten in dieser Zeit, es seien die Überlegenheit und der schiere Nutzwert ihrer Produkte, die sie so unwiderstehlich machten. Die Engländer hatten das im frühen 19. Jahrhundert von ihren Erzeugnissen ebenso geglaubt wie die Deutschen bis weit ins 20. Jahrhundert hinein. Tatsächlich kommerzialisierte die amerikanische Industrie nach 1900 eine große Zahl standardisierter Verbrauchsgüter vielfältigster Art und entwickelte dabei Hunderttausende Patente auf grundlegende Innovationen.[28] So wurde zum Beispiel die Vakuumröhre, unverzichtbar für die Steuerung von Aufzügen, Weichen oder kontinuierlichen Verfahrensabläufen, für den Einsatz in Radiogeräten, Lautsprechern, elektrischen Phonographen, in der Bildtelegrafie und im Fernsehen verfeinert. Die elektrische Heizspule, 1892 erfunden, wurde danach in Bügeleisen, Dauerwellengeräte, Heizlüfter, elektrische Herdplatten und Warmhalteplatten eingebaut. Chemische Erfindungen, etwa im Bereich der Zellulosenitrate, führten zur Entwicklung von Kunstfasern wie Rayon, schnell trocknenden Lacken und Kunststoffen und all jenen Materialien, die

---

27 Schudson, Advertising, 181.
28 Mitchell, Recent Social Trends, xxvi; siehe darin insbes., Ogburn/Gilfillan, The Influence of Invention and Discovery; siehe auch Dunning, Changes in the Level and Structure of International Production, insbes. 104–134.

für die Herstellung von Filmstreifen, Schallplatten, Füllfederhaltern und Brillengestellen verwendet wurden, sowie später für die Herstellung von Kugelschreibern und vielen anderen Wegwerfartikeln.

Die große Produktionskapazität der amerikanischen Konsumgüterindustrie liefert eine Erklärung für die breite Palette der neu auf den Markt kommenden Produkte. Um 1910 war die Verfahrenstechnik so weit, dass es lohnend wurde, in die Massenproduktion von Zigaretten, Streichhölzern, Getreidefertigprodukten, Seife und Konserven aller Art einzusteigen. Wo es von Vorteil war, Produktionsprozesse kontinuierlich am Laufen zu halten, erwies es sich als profitabel, Verwertungsmöglichkeiten für die Reststoffe zu finden, die im Herstellungsprozess anfielen. Bei der Förderung von Erdöl zum Beispiel lagerte sich an den Ölpumpen ein zähes paraffinartiges Material ab – ließ sich daraus nicht, so fragte sich ein gewisser Robert Augustus Chesebrough, Ölförderer im östlichen Pennsylvania, ein Nebenprodukt gewinnen? 1878 ließ er sich ein Patent auf ein aus dieser Restmasse hergestelltes Gel ausstellen, das er Vaseline nannte. Marketingteams ließen sich in der Folge eine ganze Reihe von Nutzanwendungen für diesen Schmierstoff einfallen: Er eignete sich für das Polieren von Holzmöbeln ebenso wie als Schuhputzcreme oder als Pflegesalbe für die Haut und sogar für die Behandlung kleiner Wunden.

Für ein Unternehmen, das in großem Stil Seife herstellte, für die Baumwollsamenöl als Grundstoff diente, war es von Vorteil, das Gesamtaufkommen an Baumwollsamen zu kontrollieren. Da man aber nicht das ganze daraus gewonnene Öl zu Seife verarbeiten konnte, entwickelten die Forscher und Produktdesigner von *Procter & Gamble* daraus ein weiches, streichfähiges, blütenweißes Fett, das in der Küche Schmalz und Olivenöl ersetzen konnte und unter dem Markennamen *Crisco* verkauft wurde. Die Firma *General Motors* war als Automobilhersteller selbstredend auf den Bau von Motoren, die Metallbearbeitung und den Zusammenbau von Teilen und Komponenten zu einem ebenso nützlichen wie komplexen Endprodukt spezialisiert. Wie das Automobil benötigte auch ein Kühlschrank ein elektrisches System und einen Kompressor für das Kühlmittel. Das war die Logik hinter der großindustriellen Herstellung des *Model A* – nicht des Autos, sondern des ersten Kühlschranks, der unter der Bezeichnung *Frigidaire* auf den Markt kam. Die *Armour Food Company*, *Swift Foods* und andere mit der Fleischverarbeitung befasste Unternehmen verbrauchten das Schwein mit Haut und Haaren: Schinken, Speck und Haxen dienten der menschlichen Ernährung, aus den Borsten wurden Bürsten und Pinsel hergestellt, aus dem Fett Schmalz, Seife, Talg und anderes, aus den Häuten Schuhe und Handschuhe, aus den Hufen Leim, aus den Innereien Tierfutter. »Alles wird verwertet«, hieß die Parole, »außer dem Oink-Oink.«[29]

Um die mit der Entwicklung neuer Produkte verbundenen Kosten einzuspielen, investierten große Unternehmen heftig in Marketing-Kampagnen. In der Folge entwickelte sich das Marketing selbst zu einer florierenden Geschäftsbranche. Auf die Anfänge in firmeninternen Verkaufsabteilungen folgten spezialisierte Ableger:

---

29 Strasser, Satisfaction Guaranteed, 43. Siehe auch Hughes, American Genesis; Tedlow, New and Improved.

Werbeagenturen, Marktforschungsinstitute, Marketing-Dienstleister. Sie alle hatten ein großes Interesse daran, sich als unverzichtbare Mittler zwischen Herstellern und Endverbrauchern darzustellen. In einem Rückkopplungseffekt intensivierte diese neue, auf das Verkaufen spezialisierte Branche die Kommerzialisierung innovativer Produkte, indem sie der Industrie Feedback über Verbraucherwünsche lieferte. Man brauchte keine Wissenschaft, keine Zukunftstechnologie, keine besonders geschulte Managergilde und keine geniale Beobachtungsgabe, um Informationen über neue Verbraucherwünsche einzuholen und neu entwickelte Produkte zu testen, die diese Wünsche möglicherweise erfüllen konnten. Unter den Bedingungen einer wachsenden Spezialisierung innerhalb der Wirtschaft und eines Wettbewerbs, in dessen Mittelpunkt immer mehr der Konsum als Massenphänomen stand, konzentrierte sich das unternehmerische Denken zunehmend darauf, möglichst viele Produktinnovationen sekundärer Art auf den Markt zu werfen. Diese wurden zu den Wahrzeichen der legendären amerikanischen Konsumkultur.[30]

Es versteht sich von selbst, dass neue Produkte auch mit noch so viel Werbung nicht verkäuflich gewesen wären ohne entsprechende neue gesellschaftliche Trends, insbesondere neue Essgewohnheiten, neue Standards in der Haushaltstechnik und neue Ansprüche in Bezug auf Gesundheit, Fitness und Freizeitaktivitäten. Im Großen und Ganzen lässt sich sagen, dass viele der neuen amerikanischen Erfindungen arbeitssparender Natur und für den Hausgebrauch gedacht waren, während in Europa der Schwerpunkt auf ressourcenschonenden Erfindungen lag, die in Produktionsprozessen Anwendung fanden. Mehr Geld für Haushaltsgeräte auszugeben, war in den USA, wo die Hausfrauenarbeit hoch im Kurs stand und Dienstboten rar waren, ausgesprochen legitim: Die meisten Amerikaner waren Hausbesitzer, ihre Häuser waren oft groß, und die amerikanische Gesellschaft war von der Idee durchdrungen, dass Frauen Rechte hatten, zumindest das Recht, ihre hausfraulichen Pflichten auf möglichst rationale Weise zu erledigen. Auch die Innovationen, die sich in der Lebensmittelverarbeitung vollzogen, hatten mit Arbeitseinsparung zu tun: Die rapiden und weitreichenden Fortschritte in der Konservierungs-, Tiefkühl- und Verpackungstechnik, die alle aus der größten Ressource der USA, der Agrarproduktion, schöpften, verbanden sich mit diversen ideologischen Trends, die auf Vervollkommnung, Hygiene und Gesundheit abzielten, sowie mit dem handfesten Bedürfnis nach leicht zubereitbaren Mahlzeiten, das sich aus dem langen Arbeitstag, der hohen Mobilität und den beengten Wohnverhältnissen in den Großstädten ergab. Dazu gesellten sich Innovationen im Bereich der Schönheits- und Körperpflege, im Handel wahlweise als Dinge des persönlichen Bedarfs oder Toilettenartikel bezeichnet; hierzu gehörten Rasierzeug, Make-up, Salben und Lotionen, Parfüms, Zahncremes, Zahnbürsten und Mundwässer. Ihre rasche Kommerzialisierung trieb nicht nur ihren Gebrauch im Sinne von Arbeitseinsparung und besserer Hygiene voran, sondern war insofern auch ein »demokratisierender« Faktor, als sie bewirkte, dass die Menschen sich einander anglichen. Wie massenproduzierte Kleidung schlugen auch massenhaft vermarktete Hygiene- und Kosmetikartikel Kapital aus den Mög-

---

30 Nelson/Wright, Rise and Fall.

lichkeiten der Selbstverwandlung; sie setzten kollektive Reinlichkeitsstandards und weckten in einer in Fluss geratenen Gesellschaft den Wunsch der Menschen, an sich zu arbeiten, um etwas herzumachen. Vor allem aber zielten Produktinnovationen auf die kommunikativen Bedürfnisse einer mobilen Gesellschaft ab: Der Autoverkehr war ein mächtiger Generator von Erfindungen, ebenso der Unterhaltungssektor, wie die zahlreichen Neuentwicklungen in den Bereichen Hörfunk, Tonaufnahme, Filmausrüstung und Fotografie bezeugten.[31]

Gleich ob neue Produkte wirklich konzeptionell neu oder nur Weiterentwicklungen waren, man konnte ihnen durch »Branding«, also durch ihre Etablierung als Marke, den Stempel des ganz und gar Neuen aufdrücken. Im Grunde ist Branding nichts weiter als die Koppelung eines Produkts an die Identität des Erzeugers; in dieser oder jener Form hatte es Marken schon seit der Antike gegeben. Branding fand überall da gewohnheitsmäßig statt, wo Dinge produziert wurden, und spätestens an der Wende zum 20. Jahrhundert gab es in allen wirtschaftlich führenden Ländern Gesetze zum Schutz von Markennamen. Auch europäische Unternehmen stellten innovative Produkte mit Markenidentität her, und es gab bedeutende Marken, die die an einer oder zwei Händen abzählbaren multinationalen Konzerne Europas aufgebaut hatten, allen voran der Chemiekonzern *Unilever*, der holländische Elektrokonzern *Philips*, der Schweizer Nahrungsmittelhersteller *Nestlé*, das schwedische Haushaltsgeräteunternehmen *Elektrolux*, die zur deutschen AEG gehörenden Handelsmarken für Glühbirnen, Bügeleisen und Toaster oder der tschechoslowakische Schuhhersteller *Bata*. In allen Ländern gab es zudem eine Handvoll bekannter nationaler Marken. In Deutschland zum Beispiel kannte wahrscheinlich jede bürgerliche Familie, zumindest in den größeren Städten, Marken wie Kaffee HAG, Persil und Odol. Angesichts der geringeren Größe der europäischen Firmen, der weniger ausgeprägten Kaufkraft der Bevölkerung sowie des hergebrachten Kaufverhaltens der bürgerlichen Schicht waren die bekanntesten supranationalen Marken in Europa Sarotti, *Van Houten* und *Horlick* im Süßwarenbereich, *Bovril*, Maggi und Liebig's Fleischextrakt aus dem Sortiment der Kochzutaten sowie diverse Spirituosen wie *Cointreau*, *Martell*, *Prunier*, *Pernod*, *Campari* und *Martini*. Dies waren Markenprodukte, über deren Kauf selbst jene bürgerlichen Familien nachdachten, die in der tiefsten Provinz lebten und knapp bei Kasse waren, und sei es nur aus Anlass besonderer Feier- oder Festtage.[32]

In den USA rückte ein expandierender, mobiler Markt für Konsumartikel das Marken-Marketing in den Mittelpunkt aller Vertriebsanstrengungen. Die Marke bekannt zu machen, war eine Strategie, die zum einen den Handel animieren sollte, das betreffende Produkt in seinen Bestand zu nehmen, zum anderen dazu diente, sich eine straffe Kontrolle über Marktanteile, Preise und das Image neuer Produkte zu verschaffen. Wenn sich die Qualitäten eines bestimmten Produkts in einem Namen oder Emblem versinnbildlichen ließen, würden Menschen das Produkt kaufen, weil sie es kannten bzw. wiedererkannten; das Unternehmen, dem eine solche

---

31 Dunning, Changes in the Level and Structure of International Production, 106; Strasser, Satisfaction Guaranteed; Peiss, Hope in a Jar.
32 Elvinger, La lutte, 25ff., 70–77.

Marke gehörte, konnte sich dann ein De-facto-Monopol verschaffen und so verhindern, dass Kaufentscheidungen ausschließlich über den Produktpreis liefen. Wenn ein Markenprodukt mit ähnlichen Erzeugnissen anderer Hersteller konkurrierte, musste sein Hersteller nicht unbedingt versuchen, die Preise der Konkurrenz zu unterbieten, sondern konnte sich darauf verlegen, den Markennamen zu propagieren. In vielen Fällen mussten Firmen, die ein Produkt neuen Typs auf den Markt brachten, für die Produktkategorie als solche werben. Taten sie dies mit Erfolg, so konnte es sich in großem Stil auszahlen. Und weil in diesem Fall die neue Marke sowohl für ein bestimmtes Produkt mit bestimmten Eigenschaften stand als auch für die generellen Qualitäten einer ganzen Produktklasse, konnten solche Marken eine Anziehungskraft entfalten, die bestehende gesellschaftliche und Status-Hierarchien transzendierte und damit eine Neudefinition der Trennlinie zwischen Lebensnotwendigem und Luxusgut ermöglichte und die Aufmerksamkeit der Kunden auf Qualitäten lenkte, die ihnen zuvor nicht wichtig oder nicht bewusst gewesen waren: Hygiene, Sauberkeit, bequeme Handhabung, Design, Entsorgbarkeit, Geruch, sofortige Verfügbarkeit, Glanz, Geschwindigkeit.[33] Es ist bemerkenswert, wie viele amerikanische Markennamen in Europa zu Gattungsbezeichnungen wurden. *Singer* wurde zum Synonym für Nähmaschinen, *Hoover* für Staubsauger. *Ford* stand für Autos, der Sicherheitsrasierer mit auswechselbarer Klinge war *per definitionem* ein *Gillette*. *Kodak* war der allgemein gebräuchliche Name für Fotokameras (und »Kodakismus« die Bezeichnung für ein unersättliches Fotografierbedürfnis), *Frigidaire* der Archetyp des Kühlschranks, *Xerox* das Äquivalent für eine Fotokopie und *McDonald's* der Inbegriff des Fast Food.

Auch wenn eine Erfindung nicht in den Vereinigten Staaten selbst gemacht wurde, kam es oft vor, dass die daraus entwickelte Marke zu einem Gattungsbegriff wurde, nachdem US-Firmen das Patent erworben und das darauf beruhende Produkt in den Markt gedrückt hatten. Es war der englische Gummifabrikant Frederick Walton, der 1863 das erste Patent auf Linoleum erhielt, jenen aus oxidiertem Leinöl, gemahlenem Kork und farbgebenden Zusatzstoffen hergestellten Bodenbelag, der erst infolge der erfolgreichen Marketing-Strategien der amerikanischen Firmen, die ihn ab 1872 industriell produzierten, weite Verbreitung fand. Die Thermosflasche wurde zunächst in Deutschland patentiert, aber nach 1918 von der *American Thermos Bottle Company* zu einem vertrauten Gebrauchsgegenstand gemacht. Im Verlauf der zwanziger Jahre setzten sich die Vereinigten Staaten, was die sogenannte Markenverwässerung betraf, weit von Europa ab. Dieser Ausdruck bezeichnet das Phänomen, dass Markennamen von Pionierprodukten zu Gattungsbezeichnungen für ganze Produktgruppen werden: Das Pianola, das Grammophon, das Diktaphon und das Vinyl sind nur einige aus der Reihe solcher Fälle. Schneller als die Europäer waren die Amerikaner auch, wenn es darum ging, neue Warengruppen zu etablieren – Instantkaffee, Frühstücksflocken, Bluejeans, Freizeitkleidung, Hygieneartikel, Tiernahrung. Wie sich zeigte, waren Marktpioniere diejenigen, die zum einen Verbraucherbedürfnisse definierten und zum anderen für deren Befriedigung sorgten;

---

33 Leiss, The Limits to Satisfaction, 80.

sie bestimmten die Parameter der Gleichung und standen ganz vorne, wenn es galt, von deren Lösung zu profitieren – was sie in vielen Fällen in großem Stil und oft jahrzehntelang taten und bis zum heutigen Tag tun.

Markennamen erwarben sich mit der Zeit ein bemerkenswertes und wertvolles Plus, nämlich das Wohlwollen und das Vertrauen der Verbraucher. Der Marke, einer Sache, wurden Merkmale einer Person zugesprochen; sie gewann »in der öffentlichen Meinung ein Ansehen, das ihre treuen und regelmäßigen Kunden ihr verliehen und das auf ihrer lokalen Marktposition, ihrer Berühmtheit oder ihrem guten Ruf« beruhte.[34] Juristisch konkretisierte sich das Wohlwollen der Kunden zu einer gewissen Macht, die sie als Verbraucher ausübten. Theoretisch konnten sie aus freien Stücken zwischen allen am Markt erhältlichen Waren wählen. Praktisch hatten sie sich auf »ihre« Marke festgelegt. Dieses Wohlwollen gegenüber ihrer Marke war grundsätzlich nicht justiziabel, trotzdem war es ein bilanzierbarer Vermögenswert und ein Eigentumstitel, der sich getrennt von den getätigten Umsätzen und den erzielten Gewinnen erfassen ließ. In den späten zwanziger Jahren gingen Ökonomen davon aus, dass eine Marke, die hohes Wohlwollen genoss, den Wert eines Unternehmens bis auf das Sechzehnfache seines Jahresgewinns aufblasen konnte. Die Leidenschaft der amerikanischen Verbraucher für den Gelatinepudding *Jell-O* war 1925 einem Käufer 35 Millionen Dollar wert; die Beliebtheit des Kaffees von *Maxwell House* wurde 1928 für 42 Millionen versilbert.[35] Dieses bemerkenswerte Phänomen ermöglichte es Großunternehmen, »ihre Reputation und ihre Beziehungen zu den Verbrauchern mit derselben Selbstverständlichkeit aufzubauen, wie der Gemüsehändler an der Ecke es durch persönlichen Kontakt und persönliche Ausstrahlung tat«.[36]

Vormarsch in neue Verkaufsterritorien

Die Entschlossenheit amerikanischer Unternehmen, im Ausland ebenso intensive Kundenbeziehungen aufzubauen wie zuhause, stand hinter der Entscheidung führender Konsumgüterhersteller, in einer früheren Phase ihrer Produktzyklen den Schritt ins Ausland zu wagen, als es bei vorsichtigem Taktieren angesagt gewesen wäre, nämlich noch bevor die Kinderkrankheiten der Produkte kuriert waren und der einheimische Markt auch nur annähernd gesättigt war.[37]

Firmenchroniken erzählen abenteuerliche Geschichten aus der Zeit, in der die Unternehmensgründer die Alte Welt als Absatzmarkt entdeckten. Für die Firma *National Cash Register* war es ein historischer Augenblick, als der wackere John Patterson sich nur ein knappes Jahr nach Gründung seines Betriebes in Dayton in Ohio

---

34 Richter Joseph Story vom U.S. Supreme Court, 1841, zit. n. Strasser, Satisfaction Guaranteed, 43.
35 Lynd, The People as Consumers, 874f.
36 Strasser, Satisfaction Guaranteed, 28.
37 Kindleberger, Origins of United States Direct Investment, 382–413; American Branch Factories Abroad.

aufmachte, europäische Verkaufsniederlassungen zu eröffnen.[38] Am 14. August 1914, zehn Tage nach Kriegsausbruch in Europa, erklärte Thomas Pelham, Generaldirektor von *Gillette*, seinen eigenen »Krieg gegen alle früheren Verkaufsrekorde«, und im Frühjahr 1915 stach er mit einer Schiffsladung Rasierer und Klingen in See, um dem kommerziellen Desaster Paroli zu bieten, das der europäische Konflikt seinem Unternehmen beschert hatte.[39] Für die Firma *Waterman* kam der große Moment, als Frank D. Lewis, Neffe des Gründers, beauftragt wurde, das Unternehmen auf der Pariser Weltausstellung von 1900 zu vertreten, und mit einer Goldmedaille für den ultragroßen Füllfederhalter Nr. 20 zurückkehrte. Nur schade, dass er die schlecht durchdachte Entscheidung traf, die Lizenz für die Herstellung und den Vertrieb des Schreibgeräts an die Firma *L. G. Sloan* in London zu verkaufen.[40]

Ohne das Durchwühlen von Firmenarchiven kann man unmöglich all die Überlegungen und Kalküle kennen oder gar beurteilen, die zu unternehmerischen Entscheidungen führten – zuerst zu dem Entschluss, ins Exportgeschäft einzusteigen, später zur Errichtung von Produktionsstätten im Ausland. Ein Motiv war sicher der Wunsch, den Konkurrenten im Inland ein Schnippchen zu schlagen, ein anderes, schwächelnde Gewinne durch die Eroberung neuer Märkte wieder aufzupäppeln. Die Goldgräbermentalität der zwanziger Jahre bestärkte die exportwilligen US-Unternehmer in der Überzeugung, das Einschlagen von Pflöcken auf den europäischen Märkten sei ein Ausweis unternehmerischer Dynamik. Wie auch immer, kaum hatte eine Firma den Schritt nach Übersee getan, da taten es ihr andere aus derselben Branche nach, wobei sie alle einander misstrauisch beäugten und zugleich die europäische Konkurrenz taxierten. Viele wagten den Sprung nach Europa, doch nur wenige hatten Erfolg.[41]

Die für den Schritt ins Ausland erforderliche Zuversicht schöpften die amerikanischen Unternehmer aus ihren dank angehäufter Gewinne gut gefüllten Kassen, aber auch daraus, dass sich eine Abschwächung auf dem Inlandsmarkt abzeichnete. Eine wichtige Rolle spielte auch die kollektive Überzeugung, dass amerikanische Produkte eine materielle Zivilisation repräsentierten, die allen anderen um ein paar Schritte voraus, aber dennoch überallhin exportierbar war. Der Glaube an die »eine Welt« nährte sich aus der von Clement Watson, dem Leiter der Berliner Niederlassung der Werbeagentur *J. Walter Thompson*, auf den Punkt gebrachten Überzeugung, dass es zwar wichtig sei, »die Gepflogenheiten, Bräuche, Traditionen und Lebensverhältnisse der Menschen zu kennen und zu verstehen«, dass aber »die Leute überall auf der Welt im Grunde dieselben sind. Abgesehen von ein paar Fanatikern, streben alle Völker nach Sicherheit, nach einer Verbesserung ihrer Lebensbedingungen, nach mehr Bequemlichkeit, nach größerem Lebensgenuss.«[42] Niemand erhob seine Stimme gegen das, was Kritiker der Überflusszivilisation als verschwenderischen Konsum geißelten, wobei sie im Speziellen die Verschwendung meinten,

---

38 Marcosson, Wherever Men Trade, 192.
39 Adams, King C. Gillette, 96ff.
40 Bourke, History of the Waterman Pen.
41 Douglas Miller, American Business in Germany, in: Transatlantic Trade (Mai 1930), 5.
42 Watson, Markets Are People, 5f.

die sich daraus ergibt, dass der Konsum von Dingen, die in einer reichen Gesellschaft als unverzichtbar gelten, zum Organisationsprinzip einer ärmeren – oder zumindest anders organisierten – Gesellschaft gemacht wird. Sinclair Lewis, der das materialistische Philistertum der Amerikaner zuhause aufs Korn nahm, sah in ihm in der Welt draußen eine zivilisierende Kraft. Zenith in Minnesota mit seiner Main Street verkörperte sich in der engstirnigen Bodenständigkeit des Immobilienmaklers George Babbitt, der sich seiner verbrauchten Wegwerf-Rasierklingen verstohlen entledigt, indem er sie auf dem Hängeschränkchen in seinem Badezimmer versteckt. Als jedoch die Main Street in Gestalt eines anderen Sohnes von Zenith nach Paris ging, wurde sie zu einer Kraft, die Gutes bewirkte. Sam Dodsworth, als Unternehmer mit dem Bau von Automobilen der Marke *Revelation* erfolgreich, beschließt, sein weiteres Leben dem Bau von Fertighäusern zu widmen, um das Bedürfnis aller Menschen auf der Welt nach einem Dach über dem Kopf zu befriedigen, und tut in Paris den mutigen Schritt, seiner blasierten, langweiligen Frau den Laufpass zu geben; er statuiert damit auch ein moralisches Exempel, indem er den pseudo-aristokratischen französischen Salonlöwen, die der Leichtgläubigen diverse Flöhe ins Ohr gesetzt hatten, eine Lektion erteilt.[43]

Wenn amerikanische Konsumgüterhersteller in die Auslandsoffensive gingen, schlossen sie gleichsam eine Wette darauf ab, dass sich ein günstiges Nachfrageklima, selbst wenn es sich noch nicht einmal auf dem Inlandsmarkt richtig entwickelt hatte, schnell genug einstellen würde; sie setzten dabei auf die Überzeugung, dass in allen Menschen auf der Welt dieselben Bedürfnisse schlummerten, und natürlich setzten sie außerdem auf die massive Werbung, die US-Unternehmen in Europa treiben konnten, weil sie die Attraktivität ihrer Produkte schon auf dem heimischen Markt getestet hatten, sowie auf ihre überlegenen Marketing-Techniken und ihre großen Finanzreserven. Die Entscheidung, einen Teil der Produktion ins Ausland zu verlagern, indem man dort Fabriken, Montagewerke oder Tochterfirmen aufbaute (manchmal mittels Übernahme von Konkurrenzfirmen), involvierte offensichtlich kompliziertere und teurere Hausaufgaben über den bloßen Entschluss hinaus, in den Export zu gehen. Kein Geringerer als Pelham gestand ein, dass *Gillette* bis 1913 »den faulen Weg« gegangen sei, indem man die eigenen Produkte einfach nur den europäischen Vertriebspartnern ausgehändigt und es ihnen überlassen hatte, den Verkauf vor Ort zu organisieren.[44] Das war und blieb auch der Weg, den Hunderte, wenn nicht Tausende kleine US-Unternehmen wählten. Dagegen hatten große US-Konzerne teilweise schon in den siebziger Jahren des 19. Jahrhunderts Niederlassungen in Europa gegründet. Es gab zahlreiche Gründe, dies zu tun: Man konnte so Transportkosten sparen, billigere Arbeitskräfte einsetzen, von den günstigeren Steuersätzen für im Inland registrierte Firmen profitieren, Unternehmen, die auf dem US-Markt Konkurrenten waren, ein Schnippchen schlagen, es mit europäischen Wettbewerbern auf deren eigenem Boden aufnehmen und nicht zuletzt auch die Zollklippen umschiffen.[45]

---

43 Lewis, Sam Dodsworth.
44 Adams, King C. Gillette, 97.
45 Die eingehendste und eleganteste Analyse findet sich bei Southard, American Industry in Europe, ins-

In den zwanziger Jahren zeigten sich amerikanische Unternehmer entschlossen, auch denjenigen europäischen Konkurrenten das Nachsehen zu geben, deren Vorteil die Nähe zum Markt war und die davon profitierten, dass der Markenschutz in Europa im Allgemeinen noch in den Kinderschuhen steckte. Die Übernahme amerikanischer Erfindungen und Innovationen, angepasst an den jeweiligen Landesgeschmack durch geringe Veränderungen der Originale, befähigte kleine Firmen mit kurzen Produktlaufzeiten und maßgeschneiderten Angeboten dazu, den Markt zu gleichen oder niedrigeren Preisen zu beliefern. Nicht nur war die Arbeitskraft in Europa billiger, es fielen auch weder Zölle noch zusätzliche Transportkosten an. Vor allem aber stand man auf vertrautem Fuß mit den Großhändlern und den Einzelhandelsketten, die die Produkte letzten Endes an den Mann bringen mussten. Die Deutschen galten auf diesem Gebiet als besonders ernst zu nehmende Wettbewerber.

Die eigenen Markennamen zu vermarkten, wurde so zum probaten Mittel, das Quasi-Monopol der Europäer auf der Ebene des lokalen und regionalen Verbraucherbewusstseins zu neutralisieren. Tatsache war, dass die übliche europäische Kundenbasis eine eher regionale als eine nationale Größe war, und schon gar keine internationale. Wenn amerikanische Anbieter also von vornherein das Territorium als Ganzes ins Visier nahmen wie in den Vereinigten Staaten, hatten sie alle Chancen, Kapital daraus zu schlagen, dass der europäische Markt der zwanziger Jahre ein ausgesprochener Verkäufermarkt war; zugleich konnten sie so vermeiden, in die berüchtigten Abgründe des europäischen Einzelhandelssumpfes hineingezogen zu werden. Die Eröffnung eigener Produktionsstätten in Europa bot neben der Umgehung offener und verborgener Zollhürden noch den Vorteil, dass man auch von Beschaffungsvorhaben der öffentlichen Hände profitieren konnte – insbesondere im Rüstungs- und Infrastrukturbereich –, die verständlicherweise ausländische Firmen bei der Auftragsvergabe nicht berücksichtigten. An Ort und Stelle präsent zu sein, eröffnete die Möglichkeit, auf regionale und nationale Geschmacksidiome einzugehen, ja in einem weiteren Schritt maßgeschneiderte Produkte für den Geschmack einer anspruchsvollen bürgerlichen Klientel anzubieten.[46]

Fast ohne Ausnahme vertrauten amerikanische Firmen auf drei große Vorteile: Zunächst einmal verfügten sie über eine sehr gute Kapitalausstattung, was sie in die Lage versetzte, Anfangsverluste über einen gewissen Zeitraum hinweg zu tragen. Zum Zweiten hatten sie Produkte zu bieten, die sie zuvor mit hohem Aufwand in einem Massenmarkt getestet und optimiert hatten und von deren überlegener Funktionalität und Attraktivität sie überzeugt waren. Drittens waren sie bereit, ihre Geschäfte in einer wichtigen Hinsicht flexibel zu gestalten. Auf der einen Seite waren amerikanische Unternehmer sehr erpicht darauf, Verbraucher zum Experimentieren mit neuen Produkten zu animieren, auf der anderen Seite waren sie bereit, diese Produkte den Verbraucherbedürfnissen anzupassen, soweit ihre technischen

---

bes. 113–132; siehe auch Parker, American Branch Plants, 355ff., 375ff. Für die spätere Periode siehe Layton, Trans-Atlantic Investments, 18–26, für die frühere Simon/Novack, Some Dimensions of the American Invasion, 591–605.
46 Southard, American Industry in Europe, 113ff., 201f.

Möglichkeiten dies ohne Gefährdung der Erträge zuließen. Gerade der Umstand, dass US-Unternehmer kaum etwas von den Problemen ahnten, die in einer mit vielfach beklagten undurchsichtig gestaffelten Zuständigkeiten und einem »rechtlichen und sprachlichen Chaos« geschlagenen Welt auf sie zukamen, verlieh ihrem geschäftlichen Vorpreschen oft eine Aura der tumben Unschuld. Dass sie sich der Grenzen ihrer eigenen Möglichkeiten nicht bewusst waren, konnte ihnen durchaus zum Vorteil gereichen, bestärkte es sie doch in jenem optimistischen Mut zur Improvisation, der sie in die Lage versetzte, Probleme zu meistern, von denen ein besser informierter Unternehmer sich von vornherein hätte abschrecken lassen. Unter sonst gleichen Voraussetzungen konnte die Kurzsichtigkeit amerikanischer Fabrikanten – mit weit aufgerissenen Augen auf der Suche nach den Kundenmassen und blind für die den Weg dorthin versperrenden Hindernisse – ein Fluch sein, der sich als Segen entpuppte.

Wir sollten darüber aber nicht vergessen, dass die US-Wirtschaft auf ihrem Vormarsch ins Ausland unübersehbare Unterstützung seitens der US-Regierung erhielt. Schon während des Ersten Weltkrieges gab es unter den nicht Krieg führenden Ländern keines, dessen Regierung mehr für ihre Exportwirtschaft tat als die staatliche Bürokratie in Washington, D.C. In der Überzeugung, die amerikanischen Exporteure seien Spätstarter und müssten gegenüber den europäischen Herstellern einen Rückstand aufholen, eiferte diese Bürokratie den wirklichen oder vermeintlichen Praktiken der Europäer nach, indem sie im Ausland tätigen Unternehmen nach Kräften staatliche Hilfen zuteilwerden ließ. Dazu gehörten besondere Steuervergünstigungen für im Ausland erzielte Einkünfte und das Webb-Pomerene-Gesetz von 1919, das Unternehmenskartelle, soweit sie im Auslandsgeschäft tätig waren, von den Bestimmungen des amerikanischen Kartellrechts ausnahm. Außerdem lieferte die Verwaltung just jene skeptischen und kenntnisreichen, aber trotzdem oft optimistischen Einschätzungen, die bei US-Unternehmen den Wunsch weckten, ihr Glück mit der Vermarktung ihrer Produkte in unbekannten Verbraucherwelten zu versuchen.[47]

Keine Regierungsstelle spielte eine wichtigere Rolle beim Export der amerikanischen Konsumkultur als das *Bureau of Foreign and Domestic Commerce*. Gegründet 1912, entwuchs es zu Beginn der Amtszeit von Herbert Hoover als Handelsminister (1921 bis 1928) seinen Kinderschuhen. Hoover ließ von Anfang an keinen Zweifel an der dem BFDC zugedachten Führungsrolle, indem er den in *Harvard* ausgebildeten Volkswirtschaftler und Historiker Julius Klein zu seinem Leiter ernannte. Beseelt von der Überzeugung, es sei Aufgabe des Staates, Kanäle für den Außenhandel auszuheben und offen zu halten, brachte Klein in das Geschäft der staatlichen Außenhandelsförderung nicht nur seine patriotische Leidenschaft ein, sondern auch den Willen und die Fähigkeit, »alle Schranken zwischen dem Verbraucher und der Ware einzureißen«, wie es auf dem amerikanischen Binnenmarkt schon gelungen war. Dank der Lobbyarbeit Kleins erhöhte der US-Kongress seine

---

47 Kaufman, Efficiency and Expansion; Collings, United States Government Aid, 134–142; Rosenberg, Spreading the American Dream, 48–86.

Bewilligungen für das BFDC von 100.000 Dollar auf acht Millionen Dollar. Zum Zeitpunkt der Wahl Hoovers zum Präsidenten war aus einem Amt mit hundert Beschäftigten eine ausgewachsene Behörde mit 2.500 Mitarbeitern geworden.[48]

Gewiss, auch andere Länder, allen voran Großbritannien mit seinem erfahrenen *Department of Overseas Trade*, sammelten Informationen über die Lage auf ausländischen Märkten und bereiteten sie auf. Doch in keinem anderen Land lieferte der Staat Berichte, die »im selben Ausmaß die praktischen Bedürfnisse seiner nationalen Exportwirtschaft oder die Einstellung eines wissenschaftlich denkenden Geschäftsmannes zu Marktinformationen widerspiegelten«, und kein Land bewerkstelligte es so gut wie die USA, »die offiziellen und privaten Standpunkte in wirtschaftlichen Fragen auf einen Nenner zu bringen«.[49] Erstellt wurden diese Berichte von den Handelsattachés an Botschaften und Konsulaten der USA; diese Männer waren unweigerlich weiß, protestantisch und hatten in *Yale*, *Princeton* oder *Dartmouth* studiert. Gut geführt und äußerst diszipliniert, lieferten diese Männer passgenaue Informationen über geschäftliche Gepflogenheiten in dem jeweiligen Land und zeigten sich eifrig bemüht, der amerikanischen Wirtschaft bei der Nutzung der sich daraus ergebenden Chancen zu helfen. Allerdings waren sie nicht gewillt, unternehmerische Torheiten zu tolerieren, die das Terrain für andere Firmen verderben würden. Im Verlauf einer typischen Woche des Jahres 1932 traf sich der amerikanische Handelsattaché in Berlin mit einem Verkaufsrepräsentanten der *Burston Knitting Company* aus Rockford in Illinois, der sich darüber beklagte, dass ihm bei der Suche nach einem Vertriebspartner für Deutschland nicht genug amtliche Hilfe zuteilwerde, erledigte den Papierkrieg für einen Antrag der Firma *Heinz* aus Pittsburgh in Pennsylvania auf eine günstigere zollamtliche Einstufung ihrer Produkte Tomatenketchup, Tomatenchutney und Tomatensaft und wertete die deutsche Wirtschaftspresse aus, um auf Geheiß des US-Innenministeriums Informationen über potenzielle Marktchancen für amerikanische Toilettenartikel, Autoersatzteile und Kinofilme herauszufiltern.[50]

Jedes Handelsgut, das aus den USA nach Europa exportiert wurde, war in erster Linie eine Ware. Es hatte keine intrinsische Identität. Nationalität ist unter den günstigsten Umständen ein Artefakt – für eine Ware ist sie eine Fiktion. Amerikanisch war ein Produkt, wenn dies im Interesse seines Herrn und Meisters lag. In manchen Fällen änderten US-Anbieter einen Produktnamen aus Markengesichtspunkten, etwa aus Gründen der leichteren Aussprechbarkeit. *Carnation* war sprachlich kein so anpassungsfähiges Wort wie *Ford*, *Coca-Cola* oder *Kodak*, weshalb die in den USA unter diesem Namen vertriebene Kondensmilch in Europa den Namen *Gloria* erhielt. Manche Produkte vermeintlich amerikanischer Provenienz, wie das unter dem Namen *American Baking Powder* vertriebene Backpulver, stammten gar nicht aus den USA, wo das Originalprodukt als *Royal Baking Powder* verkauft wurde. Das *American Baking Powder* war ein deutscher Abklatsch davon. Andere Produkte gal-

---

48 Leach, Land of Desire, 357–363.
49 Urwick/Valentine, Trends in the Organization, 156.
50 Siehe z.B. Douglas Miller, Services to American Business in 1932. Office of the American Commercial Attaché in Berlin, 15. Februar 1933, Akte »March 1933«, Box 259, RG 151, BFDC.

ten als amerikanisch, nicht weil sie mit diesem Attribut vermarktet worden wären, sondern weil sie Eigenschaften besaßen, die mit amerikanischen Vorbildern assoziiert wurden. Zigaretten zum Beispiel, die in Glanzpapier verpackt waren und feinere Tabakmischungen und – später – Filter aufwiesen, wurden durch die Bank als amerikanisch betrachtet, auch wenn sie aus Italien, Frankreich oder der Türkei stammten. Produkteigenschaften, die in der Werbung für Marken wie *Camel*, *Chesterfield* oder *Lucky Strike* in den Mittelpunkt gestellt wurden – feinporigere Filter, sanfterer Geschmack, größere Länge (*king size*) –, wurden für die nationalen europäischen Märkte in ansprechende propagandistische Signalwörter umgemünzt: »Feinfilter«, »Langformat«, »leicht im Geschmack«, »voll im Aroma«, »endlich eine amerikanische Zigarette«.

Die Gesetze boten keine nennenswerte Handreichung für das Erkennen der Herkunft eines Produkts. Nur wenige europäische Staaten schrieben die Angabe des Herkunftslandes auf Produktverpackungen vor, und wenn, dann nur bei Markenprodukten. Eine Ausnahme bildete Frankreich; hier mussten alle aus den USA importierten Waren einen gut sichtbaren Aufdruck haben, und zwar nicht *Made in the U.S.A.*, was den Eindruck eines selbst gewählten Gütesiegels hätte machen können, sondern *Fabriqué aux Etats-Unis d'Amérique du Nord*.[51] Wo in die Produktion von Gütern auf nationalem Boden importierte Rohstoffe oder Halbfabrikate oder auch nur ausländisches Kapital einflossen, wie vor allem in Deutschland üblich, überließ der Staat es der Zivilgerichtsbarkeit, die Nationalität des Endprodukts festzulegen. Orientiert am Gesetz gegen unlauteren Wettbewerb vom 7. Juni 1909, urteilten deutsche Gerichte dennoch eher uneinheitlich, wenn es um die Frage ging, ob ein deutsches Produkt eines war, das von einem in deutschem Besitz befindlichen Unternehmen irgendwo gefertigt wurde, oder eines, das aus deutschen Rohstoffen und Zulieferteilen bestand, oder doch nur eines, das auf deutschem Boden hergestellt worden war und in Deutschland verkauft wurde. Je kontroverser die Frage diskutiert wurde, desto mehr neigten die Gerichte dazu, als deutsches Erzeugnis jedes auf deutschem Boden hergestellte Produkt zu definieren. Dieser Maßgabe entsprechend, wurden 1928 die Nähmaschinen der Marke *Singer*, die der Hamburger Kaufmann Georg Neidlinger 1865 erstmals nach Deutschland eingeführt hatte, die aber seit der Jahrhundertwende in einer riesigen Fabrikanlage in Wittenberge gebaut wurden, endlich als deutsche Erzeugnisse eingestuft.[52] Nach der Machtergreifung der Nationalsozialisten wurde es ausländischen Firmen per Gesetz untersagt, im Firmennamen das Wort »deutsch« zu führen, wie in Deutsche Royal Backpulver GmbH; rund 3.800 Firmen, darunter viele amerikanische, hatten dies bis dahin so praktiziert, um die Eigenständigkeit ihrer deutschen Tochterfirmen zu betonen. Die einfachste Lösung des Problems bestand darin, sich einen neuen Namen zuzulegen, was die meisten auch taten – in der Annahme, sie könnten so weiterarbeiten wie die einheimischen Unternehmen, was unter anderem bedeutete, dass sie

---

51 Marks of Origin on American Products, 16. April 1934, 1172, Akte »April–June 1934«, Akte »Paris 1934«, Box 5, RG 151, ebd.
52 Davies, Peacefully Working to Conquer the World, 312–315; Robert Herbert, When May Goods Be Called German Products?, in: Transatlantic Trade (August 1934), 3.

Einschränkungen bei der Devisenausfuhr akzeptieren, sich an Rohstoffzuteilungen halten und sich von ihren nichtarischen Mitarbeitern trennen mussten. Wenn sie dementsprechendes Wohlverhalten zeigten, standen ihnen dieselben Rechte zu wie jedem deutschen Unternehmen. Die Autos, die *Ford* in Deutschland baute, wurden in diesem Sinn von 1934 an offiziell als deutsche Erzeugnisse geführt. Die Berliner *Ford*-Niederlassung Unter den Linden stellte, um den Leuten zu zeigen, wie deutsch man war, eines ihrer Modelle aus, bei dem alle im Land gefertigten Bestandteile – und das war so ziemlich alles, was von außen zu sehen war – mit einem großen D gekennzeichnet waren.[53] Auch wenn das Bekenntnis der deutschen *Ford*-Tochter zum Deutschtum nicht ausreichte, um dem Unternehmen den Auftrag für den Bau des neuen deutschen Nationalautos, des Volkswagens, einzubringen, wurde *Ford* bei anderen Staatsaufträgen durchaus nicht geschnitten. 1938 erhielt das Unternehmen einen generösen Auftrag für den Bau von Konvoilastern und stampfte daraufhin in Berlin ein neues Montagewerk aus dem Boden. Ab Mitte 1939 gehörte *Ford* zusammen mit der Adam Opel AG (die zehn Jahre zuvor von *General Motors* übernommen worden war) zu den größten Panzerherstellern in Deutschland.[54]

Die Frage nach der Nationalität eines Produkts komplizierte sich, als die dreißiger Jahre ihrem Ende zugingen, immer mehr: Auf der einen Seite internationalisierten die multinationalen Konzerne ihre Markennamen, auf der anderen versuchten die Staaten zugleich, die Kaufgewohnheiten der Verbraucher zu »nationalisieren«, indem sie Produkte aus bestimmten Herkunftsländern im Hinblick auf Zolltarife, Steuern, Zuteilungsquoten und Clearing-Modalitäten bevorzugten bzw. benachteiligten. Im Interesse einer funktionierenden Regelung empfahl der Zollausschuss der Internationalen Handelskammer, als Herkunftsland eines Produkts den Staat zu benennen, in dem das Produkt zum überwiegenden Teil hergestellt wurde, oder alternativ das Land, in dem die letzte signifikante Änderung an dem Produkt vorgenommen wurde.[55]

Mit solchen Regelungen ließ sich freilich nicht vorherbestimmen, wie die Verbraucher auf das Wissen um die Herkunft eines Produkts reagieren würden. Die Kennzeichnung konnte ein Anreiz sein oder auch ein Signal, etwas nicht zu kaufen, je nachdem was die Verbraucher mit dem Herkunftsland assoziierten. In Großbritannien hatte die Regierung im Ersten Weltkrieg die Erfahrung gemacht, dass die britischen Verbraucher, nachdem die Vorschrift erlassen worden war, Waren aus dem Land des Erzfeindes mit *Made in Germany* zu kennzeichnen, alles daran setzten, gerade solche Produkte zu kaufen, weil sie als qualitativ überlegen galten.[56] Eine neutrale Lösung für Deutschland hätte darin bestehen können, nicht im Inland hergestellte Waren mit dem Aufdruck »kein deutsches Erzeugnis« zu versehen. Ob Kampagnen des Typs »kauft deutsch« eine Wirkung hatten, war keineswegs auf Anhieb ersichtlich, auch dann nicht, wenn prominente Unternehmer der Regierung beisprangen, um Unterstützung aus dem breitestmöglichen Spektrum

---

53 Parker, American Branch Plants, 357.
54 Kolko, American Business and Germany, 725.
55 ICC, Resolutions.
56 Elvinger, La lutte, 170 (Anm. 2).

politischer und gesellschaftlicher Institutionen zu mobilisieren. In Deutschland kritisierten nationalistische Kräfte im Verein mit einigen namhaften Konzernlenkern angesichts der Flut importierter US-Waren die »Überfremdung« der nationalen Wirtschaft. Bei Opel wurden die eigenen Vertreter angehalten, sich nicht in einem ausländischen Auto auf dem Firmengelände blicken zu lassen. In ihrem Marketing offenbarte die Opel AG einen fast rührend selbstlosen Nationalismus, indem sie den Slogan prägte: »Sie müssen nicht unbedingt Opel kaufen, aber ein deutscher Wagen muss es sein!«[57] Auch nachdem 1929 *General Motors* Opel übernommen hatte, spielte die Firma in ihrer Werbung noch die nationale Karte: Ihre Autos seien durch und durch deutsche Erzeugnisse, im Gegensatz zu denen ihres Hauptkonkurrenten *Ford*, der lediglich die Endmontage in Deutschland durchführe! Gut möglich, dass deutsche Nationalisten reinsten Wassers auf die Aufforderung, deutsch zu kaufen, ansprachen. Werbefachleute bezweifelten jedoch, dass gut verdienende, jüngere großstädtische Kunden – und diese bildeten ihre Hauptzielgruppe – beim Autokauf patriotische Maßstäbe anlegten.

Es gab also keine patente Antwort auf die Frage, ob es besser war, den amerikanischen Charakter eines Produkts zu betonen oder ihn zu verschweigen. Bis zum Ausbruch des Zweiten Weltkrieges blieb etwa die Firma *Gillette* der Überzeugung treu, *Made in America* sei ein verkaufsförderndes Attribut. Ein Grund war, dass man sich der Konkurrenz durch unter Schweizer Markenflagge segelnde deutsche Rasierklingen erwehren musste, die den *Gillette*-Produkten täuschend ähnlich waren, bis hin zum Aufdruck auf den Papierverpackungen der Ersatzklingen. Andere Unternehmen setzten in ihrer Werbung auch auf die Nationalität ihrer Marke, in der Hoffnung, die Kunden so davon überzeugen zu können, dass sie die politisch korrekte Wahl getroffen hatten, nachdem sie sich schon aus anderen Gründen – Preis, Stil, Prestige – für die Marke entschieden hatten. In Großbritannien wusste praktisch jedes Kind, dass *Ford* ein amerikanisches Automobil war, und das Qualitätsimage, das *Ford*-Autos hatten, gründete sich darauf. Trotzdem stellte *Ford* in seiner Werbung vor Ort die Tatsache heraus, dass seine Autos in Großbritannien gebaut wurden (was stimmte), und Mitte der zwanziger Jahre fügte das Unternehmen der Palette seiner Lackierungen eine neue Farbe speziell für den britischen Markt hinzu, die es *Imperial Grey* nannte.[58]

Die Universalität einer Marke herauszustellen, war nicht unbedingt gleichbedeutend mit einer Absage an deren nationalen Charakter. *Kodak* war auf dem europäischen Markt schon seit Ende des 19. Jahrhunderts tätig, und der Name der Firma war zu einem Synonym für die Fotografie geworden. Als Inbegriff für die Modernität schlechthin war die Marke *Kodak* allgegenwärtig und doch nicht lokalisierbar. Das verlieh ihr einen amerikanischen Charakter, obwohl sie ihre Nationalität nie explizit machte. Wichtig war für sie nur, dass eine über alle Landesgrenzen hinweg funktionierende Werbung immer und überall dieselbe Botschaft vermittelte. Wenn eine Italienerin in Rom in der französischen Ausgabe der *Vogue* blätterte und darin

---

57 Southard, American Industry in Europe, 131.
58 Miller/Hill, Giant of the Western World, 193. Die erste gründliche Studie zur lokalen Markteinführung einer internationalen Großmarke stammt von Schutts, Coca-Colonization.

auf dieselbe Botschaft über ein bestimmtes Produkt stieß wie, sagen wir, in ihrer täglichen Ausgabe des *Corriere della Sera*, war die Chance, dass sie das Produkt kaufen würde, wesentlich größer, als wenn sie in den beiden Publikationen unterschiedliche, vielleicht sogar widersprüchliche Dinge darüber läse. Und wenn ein deutscher Tourist in der Schweiz in einer dortigen Lokalzeitung etwas sah, was er zuvor schon in der deutschen Presse gesehen hatte, erhöhte auch dies die Wahrscheinlichkeit, ihn als loyalen Kunden zu gewinnen.[59] Im Allgemeinen verlief die »Einbürgerung« ausländischer Markenprodukte sehr zügig, besonders von dem Moment an, da sie teilweise oder ganz im Land hergestellt wurden. Wenn US-Produkte, deren Hersteller es nicht mehr für angebracht hielten, in der Werbung ihre Amerikanität herauszustellen, dennoch etwas gemein hatten, dann war es die Art und Weise, wie sie ihr Entree auf der europäischen Bühne bewerkstelligt hatten – der ganze Apparat, der hinter ihrer Markteinführung stand, jene ungeheuer kostenaufwendige, komplizierte und umsichtig operierende Allianz aus internationalem Kapital und nationalem Staat. Wie Douglas Miller, Handelsattaché an der US-Botschaft in Berlin, dazu bemerkte: »Eines der wertvollsten Produkte, die wir zu exportieren haben, ist die amerikanische Technik des Werbens, Verkaufens und Vertreibens.«[60] Fazit: Der gemeinsame Nenner der auf den europäischen Märkten vertretenen amerikanischen Waren bestand in der Art und Weise, wie sie vermarktet wurden. Um eine Anleihe bei Marshall McLuhan zu nehmen: Das neuen Medium, in dem sie sich bewegten, war das Marketing. Und das Marketing war die Botschaft.

Der Aufbau von Markenbekanntheit im Europa der dreißiger Jahre

Die Wirkung, die die Amerikaner mit ihren Marketing-Kampagnen für ihre großen Marken in Europa erzielten, war dank der großen Wucht dieser Kampagnen um ein Vielfaches größer, als es den Verkaufszahlen irgendeines einzelnen Produkts oder der Anzahl der tatsächlich in Europa vermarkteten Konsumgüter amerikanischer Provenienz entsprochen hätte – bis zum Ausbruch des Zweiten Weltkrieges waren es allenfalls ein paar Dutzend. Eines der Grundgesetze der Marktwirtschaft lautet freilich, dass, wenn ein Unternehmen mit dem Aufbau einer Marke beginnt, seine im selben Marktsektor tätigen Wettbewerber ihm nacheifern werden.[61] Wenn beispielsweise ein Textilhersteller eine Stoffmarke kreierte, konnte dieser Branding-Im-

---

59 Eastman's article on why Kodak chose J. W. T, 2. Juni 1930, Ordner »Why Kodak Chose JWT«, 1930, International Department, Sam Meek Papers, JWT; Kodak Survey in Western Europe (September–December 1953), Juli–August 1954, 18, Ordner »Report on international trip, 1954–1955«, 6/11, Howard Henderson Papers, JWT.
60 Miller, American Business in Germany, 5; Sammons/Abelson, American Direct Investments, 21, 25; Dunning, Changes in the Level and Structure of International Production, 128. Ein Indiz für die Nützlichkeit war der vom *Bureau of Foreign and Domestic Commerce* konstatierte Zuwachs der US-amerikanischen Investitionen im Vertriebssektor, der als neue Rubrik in der Statistik über die amerikanischen Auslandsinvestitionen auftauchte. Daten zu diesem Bereich, zu dem Einzelhandel, Werbeagenturen und Verkaufsbüros von US-Unternehmen gehörten, wurden erst im Verlauf der dreißiger Jahre erhoben und ausgewertet.
61 Elvinger, La lutte, 169f.

puls wie eine Feuersbrunst auf Kleider, Kopfbedeckungen, Unterwäsche, Bänder, Teppiche, Bettwäsche, Regenschirme, Taschentücher, Hemden und abnehmbare Manschetten und Krägen übergreifen. Andere Warengruppen konnten sich anschließen: Trinkgläser, Töpfe und Pfannen, elektrische Ventilatoren. Nicht lange, und der Sog konnte auch Nähmaschinen, Papierwaren, Sportutensilien erfassen, ja sogar Kinderspielzeug und Brettspiele. Kurzum: Marken waren ein Dünger, der neue Marken wachsen ließ.

Allerdings war es kein Kinderspiel, nach amerikanischer Machart eine Marke zu kreieren. In den Vereinigten Staaten war diese Praxis zum einen ein Ausfluss der schieren Größe der im Konsumgütersektor engagierten Firmen, ausgeklügelter, von Anfang an auf einen Massenmarkt abzielender Unternehmensstrategien und des Vorhandenseins eines ganz aufs Verkaufen ausgerichteten Apparats, bis hin zu den Werbeagenturen. Darüber hinaus reflektierte diese Praxis aber eine bestimmte Sicht der materiellen Dinge des Lebens, insbesondere der Art und Weise, wie Kunden ihre Individualität mit der von einem Markennamen gewährten Bedürfnisbefriedigung verknüpften.

Wie, um ein Beispiel zu nehmen, konnte ein angesehener europäischer Rasierklingenhersteller glauben, die Firma *Gillette* herausfordern zu können, deren Name spätestens Ende der zwanziger Jahre praktisch zum Synonym für wechselbare Wegwerfklingen geworden war? *Gillette* war 1904 in Boston gegründet worden, und seine Verkaufszahlen hatten sich bis in den Ersten Weltkrieg hinein stetig gesteigert. Als sich die US-Regierung dazu breitschlagen ließ, einen *Gillette*-Sicherheitsrasierer zum Bestandteil der Grundausrüstung aller US-Soldaten zu machen, waren die Verkaufszahlen explodiert. Nach dem Krieg hatte die Firma das Evangelium der Selbstrasur nach Europa getragen. Auch hier mästete sie sich zunächst an Heereslieferungen und steigerte ihren Bekanntheitsgrad dadurch, dass Millionen Soldaten ihre Rasierer benutzten. Am Ende ließ sich sogar der *poilu*, der unrasierte französische Infanterist, konvertieren. Rasierutensilien, aus geräumten feindlichen Stellungen geholt, galten bald als eine ebenso lohnende Beute wie Stiefel, Pistolen oder Messer, die man den tot zurückgelassenen Feindsoldaten abnahm. Nach England ließ *Gillette* sich auch in Belgien, der Schweiz, Spanien, Dänemark und Italien mit Fertigungsstätten nieder und beherrschte am Ende der zwanziger Jahre mit einem Marktanteil von sechzig Prozent den kontinentaleuropäischen Markt. Allerorten triumphierte der glatt rasierte Look über die Tradition des haarigen Gesichtsschmucks. In Italien erhielt *Gillette* den Segen des Duce, der im Kampf gegen die Voll- und Schnurrbärte liberaler Gerontokraten den Faschismus zum Reich der Bartlosen erklärte. Struppige Gesichter waren dekadent. Den Beweis dafür lieferten die erhalten gebliebenen Skulpturen aus der Zeit der Römischen Republik und des frühen Kaiserreichs, die Cäsaren mit glatter Wangenhaut zeigten.[62]

Ob eine französische Firma, und sei sie noch so altehrwürdig und gut geführt, in diesem Markt eine Nische finden konnte, war die Frage, über die sich 1934 Studenten am Pariser *Centre de Préparation aux Affaires* (CPA), einer Ausbildungsstätte

---

62 Adams, King C. Gillette, 119.

für den wirtschaftlichen Führungsnachwuchs, über mehrere Unterrichtseinheiten hinweg den Kopf zerbrachen. Von der Pariser Handelskammer 1930 ins Leben gerufen, hatte das CPA die französische Marktforschung durch Übernahme der in *Harvard* entwickelten Fallmethode revolutioniert.[63] Kein Studiengang hätte uneuropäischer sein können: Man nahm sich Beispielfälle aus dem realen Leben vor, untersuchte alle Alternativen, die dem betreffenden Unternehmen zu Gebote standen, und lieferte der Geschäftsleitung am Ende praktische Empfehlungen. Der Fall mit der Nummer 310, zu dem ergänzend der Fall 316 gehörte, war nur einer von Hunderten, die zwischen 1930 und 1941 von Studenten des Zentrums bearbeitet wurden. Er war jedoch insofern ein Klassiker, als es dabei um die hoch angesehenen *Perrot*-Werke ging, eine Firma mit ehrwürdiger Vergangenheit, berühmt für edle Bestecke. Die Firma galt als gut geführt und hatte eine Million Franc in die Werbung für ihr neues Produkt gesteckt, aber es nach drei Jahren immer noch nicht geschafft, im französischen Markt für Rasierklingen ein Bein auf den Boden zu bringen. Die mittelständische Firma *Perrot* wollte sich immerhin mit einem multinationalen Konzern messen, der eine Reihe bemerkenswerter Leistungen auf seiner Referenzliste hatte. Bis dahin waren die einzigen Wettbewerber, die *Gillette* auf dem europäischen Festland hatte, deutsche Firmen gewesen. Den deutschen Stier packte *Gillette* im April 1926 an den Hörnern, indem es eine Mehrheitsbeteiligung an der Firma Roth-Büchner mit Sitz in Berlin übernahm. Als die unumstrittene Nummer eins auf dem europäischen Markt für nicht markengebundene Rasierklingen stellte Roth-Büchner Klingen her, die unter 250 verschiedenen privaten Produktnamen verkauft wurden. Nach der Übernahme dieser Firma beherrschte *Gillette* praktisch weltweit das Geschäft mit Klingen des »Gillette-Typs«.[64]

Der offenkundigste erste Schritt bestand für *Perrot* darin, einfach seinen prestigeträchtigen Hut in den Ring zu werfen. »Perrot bringt eine Rasierklinge heraus, das ist Grund genug, sie einmal auszuprobieren.« Das Dumme war nur, dass *Perrot* hauptsächlich für sein Besteck bekannt war und nur mit der Herstellung von Rasierklingen begonnen hatte, um eine Verwertungsmöglichkeit für die bei der Besteckproduktion anfallenden hochwertigen Stahlreste zu haben. Für den Verbraucher war die Verbindung zwischen Rasierwerkzeug und Tischmessern nicht gerade überzeugend. Dazu kam, dass Besteck normalerweise in Haushaltswarenläden verkauft wurde, Rasierklingen hingegen in Drogerien oder Kosmetikgeschäften. Was würde passieren, fragten die Studenten, wenn der David seine Klingen billig anböte, um den teuren Goliath zu unterbieten? Diese Taktik würde, so meinten sie, nicht verfangen, da der Verbraucher einen hohen Preis mit hoher Qualität assoziiere. Da *Perrot* über keinen eigenen Vertriebsapparat verfügte, würde sich die Firma Großhändler suchen müssen, und diese würden keinen besonderen Anreiz haben, die *Perrot*-Klingen gegenüber denen anderer Hersteller zu bevorzugen. Vergessen konnte man die Einzelhändler: Sie standen voll und ganz im Bann des Goliaths, dessen Verkaufsrepräsentanten sie reichlich mit Werbe- und Dekomaterial sowie

---

63 Meuleau, L'introduction du marketing, 2–65; ders., De la distribution au marketing, 61–74; Chessel, Une méthode publicitaire américaine, 61–76.
64 Adams, King C. Gillette, 111f.

Rabattangeboten versorgten, gar nicht zu reden von den Wünschen der Kunden, denen das Goliath-Produkt aus Presse und Werbung vertraut war.

Die Lösung, die den Studenten am CPA einfiel, besagte, dass David am klügsten daran täte, dem Riesen Goliath gar nicht erst den Kampf anzusagen. *Perrot* sollte den Plan aufgeben, eine eigene Marke aufzubauen, und stattdessen seine Klingen über einen Großhändler als markenlose Produkte an Friseure und andere einschlägige Einzelhändler verkaufen. Parallel dazu könne das Unternehmen seinen guten Ruf und seine Verbindungen dazu nutzen, sich politisch für höhere Zölle auf importierte Rasierklingen einzusetzen.[65] Diese Strategie hätte freilich dem Goliath kein Haar gekrümmt, denn *Gillette* hatte sich inzwischen ein Tochterunternehmen in Frankreich zugelegt, das für den französischen Markt produzierte. Der Konzern würde daher von jeder Schutzmaßnahme oder Begünstigung profitieren, die der französische Staat einheimischen Firmen gewähren mochte. 1953 machte *Gillette* von den nicht unerheblichen Anreizen Gebrauch, mit denen die französische Regierung die Verlagerung von Produktionsstätten aus Paris in die Provinz fördern wollte, und eröffnete in Annecy ein riesiges, voll automatisiertes Werk. Da das Unternehmen den französischen Markt zu dieser Zeit wirksamer als je zuvor kontrollierte, machte es lange keine Anstalten, die Langzeitklinge aus rostfreiem Stahl zu entwickeln, auf die es ein eingemottetes Patent hielt. Erst 1961, als die britische Firma *Wilkinson Sword Ltd.* sich anschickte, Klingen aus Edelstahl auf den Markt zu bringen, und zwei US-Firmen, *Schick* und *American Safety Razor Co.*, nachzogen, mit der Folge, dass *Gillette* in Europa Marktanteile zu verlieren begann, nahm der Marktführer die Produktion seines Edelstahl-Modells *Extra-Blue* auf. Mit einem Aufwand, dem keiner seiner Wettbewerber Paroli bieten konnte, ließ *Gillette* eine Marketing-Kampagne vom Stapel, wie es sie in Frankreich noch nie gegeben hatte, kulminierend in einer großen Gratisaktion im Herbst 1961, in deren Verlauf drei Millionen Probeklingen an französische Haushalte verteilt wurden.[66]

Was geschah, wenn eine Marke auf den Markt kam, die nicht über genügend Einzigartigkeit, Charisma und Sympathiewert verfügte, um sie aus der Masse generischer Produkte herauszuheben? Wenn sie nicht auf eine Weise eingeführt wurde, die den Menschen einleuchtete, konnte sie beim Verbraucher bestenfalls zwiespältige Gefühle und halbherzige Wünsche wecken, womöglich mit der schlimmen Folge, dass sie die bewährte Hierarchie der vertrauten Handwerksprodukte ins Wanken brachte, ohne eine neue Geschmackshierarchie zu etablieren und ohne irgendetwas Neues zu jenem Gefühl der Üppigkeit des Lebens beizutragen, das sich aus der hohen handwerklichen Qualität nährte, die man mit europäischen Produkten assoziierte, im Gegensatz zu den standardisierten, aus Massenfertigung stammenden Gebrauchsgütern amerikanischer Provenienz.

Diese Entwicklung beklagte der deutsche Werbepionier Hanns W. Brose mit wagnerianischem Pathos als »Götterdämmerung des Markenartikels«. Er kreierte

---

65 Fall M. 310, Lames de Rasoir, Perrot, 9. Januar 1932, Centre de Préparation aux Affaires, Chambre de Commerce de Paris; Fall M. 316, Lames de Rasoir, Perrot, 23. Februar/2. März 1934, ebd.
66 Libre-Service-Actualité, 8. Januar 1962, 25; ebd., 15. Oktober 1962, 11; ebd., 23. Juli 1964, 5; ebd., 15. Oktober 1964, 10.

damit den *cri de cœur* des europäischen Bürgertums der zwanziger Jahre, das, zutiefst den alten Qualitätsnormen verhaftet, zwar neue Produkte wollte, diese jedoch gefälligst »Kulturgüter« zu sein hatten, Produkte, mit denen man sich profilieren konnte. Ironischerweise fehlte es vielen an der Kaufkraft, die ihrem Exklusivitätsanspruch als Verbraucher entsprochen hätte. Brose hätte sich wahrscheinlich dazu bekannt, ein typischer Vertreter dieses Kulturbürgertums zu sein. 1899 als Sohn eines wohlhabenden Ladenbetreibers in Westpreußen geboren, war er inmitten der zwar aus industrieller Massenproduktion stammenden, aber Luxus und Qualität vereinenden Produkte seiner Epoche aufgewachsen: Die Madeleines seiner Kindheit waren die Waldorf-Astoria-Zigaretten seines Vaters, der Kaffee HAG und die Riquet-Schokolade seiner Mutter und die feinen Salamander-Schuhe, die die ganze Familie trug. Belesen, aber ohne akademische Ausbildung (wenngleich er sich zum Verehrer Goethes erklärte), hatte er, nachdem der Kleinbetrieb, den er geerbt hatte, dichtmachen musste, das Glück, eine Stelle im Berliner Kontor der Werbeagentur *Erwin, Wasey and Company* zu finden. Dort vollendete er, in den Bann eines ganz und gar amerikanischen Metiers geraten, seine nach eigenem Bekunden »fast romantische Reise« aus der Welt der deutschen Literatur in die der Werbung. Er setzte diese Wallfahrt in einem durch und durch deutschen Milieu fort, nachdem er in den Innendienst der Dresdener Firma von Karl August Lingner gewechselt war. Dort widmete er sich der Werbung für Odol, das bekannteste Mundwasser Europas, mit dem Lingner so viel Geld verdiente, dass er philanthropische Neigungen entwickelte und einen Teil der Firmengewinne in die Errichtung des angesehenen Dresdener Hygiene-Museums investierte, das sich als erste Institution weltweit dem Anliegen der Eugenik verschrieb. Während Brose an einem antiken Schreibtisch im Studierzimmer seiner Villa an der Hochuferstraße in Dresden-Blasewitz saß, von wo aus er den Blick über die Elbe zu den drei Albrechtsschlössern wandern ließ, von denen Lingner eines geerbt hatte (während ein zweites der Familie von Mayenburg gehörte, den Eigentümern der Chlorodont-Werke), und Werbetexte für Odol verfasste, gelangte er zu der Erkenntnis, das »Genie und [der] Weitblick des Unternehmers« seien eins mit »Intuition und Phantasie des Künstlers« und die »Welt der Markenware kaum weniger symbol- und kulturträchtig als die Welt Goethes«. Der »Respekt vor der Qualität« und das Gefühl für »Gewissheit und Richtung«, die diese neue Welt des Marketings und der Werbung in ihm reifen ließen, verbanden sich mit einem gesunden Geschäftssinn und einem politischen Opportunismus, die ihm beide halfen, sich mit Erfolg von der Weimarer Republik durch die NS-Zeit und bis hinein in die Wirtschaftswunderjahre der Bundesrepublik zu hangeln, ohne dass sein berufliches Ansehen oder seine Einkünfte je Schaden genommen hätten.[67]

Wenn Brose sich von den neuen Markenwaren abgestoßen fühlte, so nicht weil ihm das Machen einer Marke an und für sich missfallen hätte. Er war keiner, der dem Zeitalter der handwerklichen Maßanfertigung nachtrauerte. Was er verabscheute, war die zunehmende Ausbreitung von Billigmarken zum Schaden der verdienstvollen Qualitätsmarken. Reichskanzler Brüning warf Brose vor, er versuche

---

67 Brose, Die Entdeckung des Verbrauchers, 41 ff.; Schindelbeck, »Asbach Uralt«, 235–252.

auf breiter Front niedrigere Preise durchzusetzen. Dabei sei klar, dass nur ein armes Land ein billiges Land sein könne. In dem verzweifelten Bestreben, ihre Erzeugnisse doch noch auskömmlich loszuwerden, suchten auch kleinere Unternehmen ihr Heil in der Werbung; um jedoch erfolgreich Werbung treiben zu können, mussten sie ein Markenimage aufbauen. Die Folge war laut Brose, dass billige (sprich schlechte) Marken die guten verdrängten. Die Kundschaft für die Erzeugnisse marginaler und angeschlagener Unternehmen war nicht das qualitätsbewusste Bürgertum, sondern die Masse der in wirtschaftliche Not geratenen Angestellten, Beamten, kleinen Geschäftsleute und Arbeiter.

Ein Weg zur Lösung des Problems war das, was Brose »Gemeinschaftswerbung« nannte. In seiner Version sah das so aus, dass Werbekampagnen für eine Branche oder eine Produktkategorie gefahren wurden, eine Praxis, die allerdings auch anderswo gang und gäbe war: Auch Obstzüchter, Reisproduzenten, Molkereien und Bananen-Importeure warfen ihre Werbegelder in einen Topf, um den Verbrauch und Verkauf ihres jeweiligen Produkts anzukurbeln – in der Hoffnung auf eine allgemeine Absatzsteigerung, die dem Sektor als Ganzem zugutekommen würde. Die ideale Marke sollte nach Überzeugung Broses in der Lage sein, nicht nur ihre eigene Nützlichkeit zu propagieren, sondern auch eine sinnvolle »Gemeinschaftsideologie« zu transportieren.

Ein so ehrgeiziges Vorhaben hätte Brose niemals auch nur in Erwägung ziehen können, wäre ihm nicht der clevere Schachzug gelungen, sich mit der Gesellschaft für Konsumforschung (GfK) zusammenzutun. 1934 in Nürnberg von Professor Wilhelm Vershofen gegründet (den Brose als »Soziologen, Philosophen und Poeten« zu preisen pflegte), profilierte sich die GfK als das erste deutsche Marktforschungs-Institut. Sie unterhielt ein Netz von 750 Korrespondenten, deren jeder Kontakt zu zwanzig »Klienten«, d.h. Haushalten, hatte, und war in der Öffentlichkeit vor allem durch ihr Mitteilungsblatt *Die Deutsche Fertigware* bekannt, das 1938 in *Markt und Verbrauch* umbenannt wurde. Zu späterem Ruhm gereichte es der GfK, dass sie eine Zeitlang einen vielversprechenden Mitarbeiter in Gestalt des jungen Volkswirtschaftlers Dr. Ludwig Erhard beschäftigte, der später als Vater des nachkriegsdeutschen Wirtschaftswunders und ideologischer Wortführer der bundesrepublikanischen Konsumkultur der fünfziger Jahre gefeiert wurde.[68] Broses spezieller Beitrag zu dieser Konsumkultur bestand darin, dass er dem ästhetisierten »Ding an sich« eine höchst praktische und profitorientierte Markenphilosophie an die Seite stellte. Die Aufgabe des modernen Marketing-Spezialisten bestand seiner Überzeugung nach darin, den bürgerlichen Verbraucher so weit zu bringen, dass er sein lähmendes Heimweh nach den sogenannten authentischen Produkten überwand; zu bewerkstelligen war dies durch die Schöpfung von Marken, die Nützlichkeit und guten Geschmack mit einer Sensibilität für die Bewahrung gesellschaftlicher Hierarchien verbanden.[69]

---

68 Bergler, Die Entwicklung der Verbrauchsforschung.
69 Brose, Werbewirtschaft und Werbegestaltung, 87–96.

Die Messe im Dämmerlicht

Die Marketing-Macht der großen Marken machte sich auf paradoxe Weise sogar in Leipzig bemerkbar, dessen Messe trotz anfänglicher Anfeindungen seitens der Nationalsozialisten weiterhin florierte. Das Regime plante ursprünglich, den von Weltoffenheit, Liberalität und internationalem Handel und Wandel geprägten Branchentreff als »Braune Messe« unter dem Motto »denkt deutsch – handelt deutsch – kauft deutsch« neu zu positionieren. Im Sinne dieser ebenso chauvinistischen wie engstirnigen Devise sollte die große Messe zu einem »Kaufhaus des mittelständischen Gewerbefleißes« umfunktioniert werden, in dem »nur deutsche Waren deutschen Ursprungs« ausgestellt werden dürften, und dessen Sonderangebote die Leute von der Straße ins Kaufhaus locken sollten.[70] Die Messe hatte 1934 jedoch schwere Einbußen erlitten, weil sie von ausländischen Firmen aus Protest gegen den Antisemitismus des NS-Regimes boykottiert wurde und weil die sich verschärfende Weltwirtschaftskrise ihre Spuren im internationalen Handelsgeschäft hinterließ. Diejenigen, die um die zentrale Funktion der Leipziger Messe für den deutschen Außenhandel wussten, forderten daher nachdrücklich die Rückbesinnung auf die ursprüngliche Mission der Veranstaltung. Das Regime lenkte ein, nicht ohne zuvor den Direktor der Messe, Paul Voss, der im Ruf stand, liberal und Rotarier zu sein, seines Amtes enthoben zu haben. Vor dem Hintergrund flatternder Hakenkreuzfahnen auf allen Messegebäuden demonstrierte Propagandaminister Goebbels persönlich das unverhoffte staatliche Wohlwollen, indem er die Herbstmesse 1934 eröffnete.

Im Gewächshausklima der NS-Wirtschaft wucherte die Messe als Institution wie wunderschöne Blumen außerhalb der Saison. Erpicht darauf, in ihrem jeweiligen kleinen Feudalreich neue Wirtschaftskraft zu etablieren, bemühten sich die NS-Gauleiter wie einst die absolutistischen Duodezfürsten, den Handel in ihrem Einflussbereich unter ihre Kontrolle zu bringen, mit der Folge, dass die Zahl der Messen im Deutschen Reich 1934 auf nicht weniger als 634 anschwoll, bis das Regime dem Chaos und der Verschwendung Einhalt gebot und den Wildwuchs zurückschnitt. Am 29. Oktober 1936 trat eine Verordnung in Kraft, die bestimmte, dass sich nur noch vier Städte mit einer »Internationalen Messe« schmücken durften, nämlich Königsberg, Breslau, Köln und Leipzig. Am 20. Dezember 1937 verkündete der sächsische Gauleiter Mutschmann feierlich die Erhebung Leipzigs zur »Reichsmessestadt«. Die Leipziger Messe wurde zunehmend zu einem Schaufenster der deutschen Wirtschaft, namentlich der deutschen Industrie, und spiegelte in wachsendem Maß auch die kolonisatorischen Ambitionen des Dritten Reichs wider, da immer mehr Käufer und Verkäufer aus Südosteuropa auf den Plan traten, einer der Regionen, in denen die Nationalsozialisten im Rahmen ihrer Neuen Ordnung den Lebensraum für das deutsche Volk erweitern wollten. Der rauere Wind, der hier für diejenigen wehte, die neue Exportmärkte erschließen wollten, ließ es zunehmend ratsam erscheinen, den eigenen Produkten ein Markenimage zu verpassen. Wenn die Hersteller dies nicht selbst taten, kam man auf die Idee, dass die Messe ihnen

---

70 Bass, Die Braune Großmesse, 554f.

Abb. 17: Leipziger Messehallen bei Kriegsende, 1945.

diese Arbeit abnehmen konnte, indem sie ein eigenes Gütesiegel verlieh, das den Abnehmern die Qualität des betreffenden Produkts garantierte. In diesem Sinne sollte die Messe als höchstinstanzliche Bürgin für die Handwerkskultur des deutschen Volkes fungieren und den einzelnen Erzeugnissen im Namen des Allgemeinwohls der deutschen Wirtschaft und des deutschen Volkes ihren Segen erteilen. Das war kein kapitalistischer Kontrakt wie der Sympathiepakt, den die etablierte Marke zwischen Hersteller und Verbraucher stiftete. Es war vielmehr ein gesellschaftlicher Vertrauenspakt, der gleichsam eine Sammelunterschrift trug, geleistet durch die jahrhundertealte Solidarität der Zünfte, die altehrwürdigen kaufmännischen Traditionen der Messe, die Ästhetik des Dichters, die handwerkliche Kunst des Herstellers, das Geschick des Publizisten und natürlich den verfeinerten Geschmack der Kundschaft. Letzten Endes unter die hoheitlichen Fittiche des Hitlerreichs genommen und so vor der monopolistischen Marketing-Macht eines unspezifizierten ausländischen Kapitalismus geschützt, wurde die Leipziger Messe zu einem Ort, »wo Konkurrenten in einen fairen und offenen Wettstreit um die Weltkundschaft treten können«.[71]

Im Oktober 1941 nahm der Plan Gestalt an, auf dem Gelände der Technischen Messe eine Ruhmeshalle für den »schöpferischen Deutschen« zu errichten, eine Stätte, die für die Deutsche Arbeitsfront das sein sollte, was das Reichsparteitags-

---

71 A Fair That Is a Fair; Bergler, Qualitätssicherung, 21–27; Leipziger Messamt, The Leipzig Fair, 24.

gelände in Nürnberg für die Partei als Ganze war. Parallel dazu wurden Pläne geschmiedet, die Ausstellungsflächen in der Stadtmitte im Verlauf der nächsten zehn Jahre durch den Bau von 14 neuen Gebäuden zu verdoppeln. Da zu der Zeit deutsche Truppen überall in Europa vormarschierten, beschwor das Regime die 700-jährige Geschichte der Messe, die in dieser Zeit den Unbilden und Turbulenzen des Dreißigjährigen Krieges, des Siebenjährigen Krieges und der Kontinentalblockade durch den korsischen Feldherrn getrotzt hatte, dessen Riesenheer in einer nie in Vergessenheit geratenen Kraftanstrengung im Jahr 1813 vor den Toren Leipzigs geschlagen worden war – viele Leipziger hatten damals selbst zu den Waffen gegriffen und waren auf das Schlachtfeld gestürmt. Man verdrängte gerne, dass Sachsen, solange es als unabhängiges Königreich mit Napoleon verbündet gewesen war, floriert hatte, indem zum Beispiel zwei Drittel der Seidenproduktion von Lyon auf der Leipziger Messe umgeschlagen worden waren. In den Jahren des Zweiten Weltkrieges lief die Messe weiterhin gut, nachdem das Dritte Reich sich Polen einverleibt und seinen Machtbereich südostwärts nach Ungarn und auf den Balkan ausgedehnt hatte. Sie gedieh auch deswegen – zumindest bis zum Einsetzen der alliierten Bombenangriffe –, weil das Regime ein Interesse daran hatte, den Strom der Konsumgüter am Fließen zu halten, wohl wissend, dass Verbraucherwünsche sich in Kriegszeiten abrupter und unvorhersehbarer ändern als im Frieden.[72]

Die Zuversicht, dass die große Leipziger Messe unter den Bedingungen der Neuen Ordnung eine neue Hochblüte erleben würde, wurde endgültig und jäh zunichtegemacht, als am 4. Dezember 1943 Tausende Tonnen Bomben auf die Stadt herabregneten. Am 18. April 1945 besetzten US-Truppen die Messestadt auf ihrem Vormarsch zur Elbe (wo sie am 27. April bei Torgau, gerade einmal fünfzig Kilometer nordöstlich von Leipzig, mit sowjetischen Truppen zusammentrafen). Es galten jedoch lange vorher getroffene Vereinbarungen, denen zufolge Leipzig zur sowjetischen Besatzungszone gehören würde. Am 2. Juli 1945 rückten die ersten Sowjettruppen unter den Augen abgerissener und abgemagerter Leipziger Bürger in die vom Krieg verwüsteten, vom Regen aufgeweichten Reste dessen ein, was das Zentrum einer pulsierenden Großstadt gewesen war, die Soldaten mehrheitlich zu Fuß und ebenso zerlumpt und ausgehungert wie die Zivilisten am Straßenrand, die Offiziere in verbeulten Jeeps, die Kranken und Verwundeten auf Lastwagen oder auf mit Ochsen und Maultieren bespannten Bauernkarren. Die Gebäude der Leipziger Messe waren zu achtzig Prozent zerstört. Zum ersten Mal seit Jahrhunderten wurde in diesem Frühling in Leipzig keine Messe eröffnet.

---

72 William L. Smyser, Fairs and Expositions in Germany during the War, 27. Dezember 1939, 1–15, Sonderbericht: Berlin, Dezember 1939, Box 272, RG 151, BFDC; Dittrich, Südosteuropa und die Reichsmesse; Zwahr, Die erste deutsche Nachkriegsmesse, 585–597.

Kapitel 5

Werbung

Wie die Wissenschaft der PR-Experten die Kunst der Kaufleute unterwanderte

Die Fertigkeiten und Begabungen, die wir Werbeleuten in aller Welt anbieten, […] basieren auf unserer Erfahrung und der Konsequenz, mit der wir unserer Wissensbibliothek mehr und mehr Informationen einverleiben. […] Wir können unsere Ziele nur erreichen, indem wir zeigen, dass wir fürs gleiche Geld mehr liefern können als irgendjemand sonst.[1]
   Sam Meek, US-amerikanischer Werber, 1952

Wie viel Traurigkeit würden Straßen ausstrahlen, Plätze, Bahnhöfe, U-Bahn-Stationen, Schlösser, Tanzlokale, Speisewagen, Autostraßen, die Natur, ohne die unzähligen Plakate, ohne dekorierte Schaufenster…? Ja, die Werbung ist wahrhaftig der schönste Ausdruck unseres Zeitalters, die großartigste Innovation unserer Zeit, eine Kunst.[2]
   Blaise Cendrars, französischer Schriftsteller, 1927

Der Fiat Spider war das erste Automobil, das jemals im Dorf auftauchte. Mit aufheulendem Motor den Maultierpfad heraufschrappend und Staubfahnen aufwirbelnd, wenn die Räder durchdrehten und seitlich und nach hinten wegrutschten, schaffte das Fahrzeug schließlich den Sprung auf den baufälligen Dorfplatz und kam bockend zum Stehen. Der Fahrer und sein Mitfahrer, junge Stadtburschen mit zurückgekämmtem Pomadeschopf, Jacquardwesten und schicken Schuhen, wanden sich

---

[1] Sam Meek an Denys M. Scott, 5. Dezember 1952, Policy Letters, 1925–1957, Nachlass Howard Henderson, JWT.
[2] Cendrars, Aujourd'hui, 117.

heraus und streckten nach ihrem anstrengenden Teufelsritt lachend ihre Glieder. Nachdem sie den Ort ein paar Minuten lang inspiziert hatten, nicht ohne an der öffentlichen Wasserpumpe eine Pause einzulegen und etwas Wasser in eine Blechdose zu füllen, die sie aus ihrem Beutel zogen, stellten sie sich vor die weißgetünchte Mauer an der Kirche. Dies war, so pflichteten sie einander bei, der perfekte Platz. Während die aus dem Sonntagsgottesdienst kommenden Dorfbewohner stehen blieben und verwundert zusahen, nahm einer der beiden jungen Männer einen Malerpinsel und schmierte Kleister auf den Mauerverputz, während sein Gefährte sorgfältig ein großes quadratisches Blatt aus Hochglanzpapier entfaltete. Festgetätschelt, hing das Plakat auf Augenhöhe. Ein flaschengrüner Poltergeist löste sich springend aus einem weißen Hintergrund, schmiegte sich um einen Blechkanister mit Karomuster und saugte dessen Inhalt in sich auf. Unter dem Bild stand: »Best-Öl, das beliebteste Schmiermittel.«

Diese Episode, die sich angeblich 1932 in einem Apenninendorf in der Emilia-Romagna zutrug, diente dem Fachautor, der sie überlieferte, als Ansatzpunkt zum Nachdenken über Exzesse der modernen Werbung. Sein Hauptaugenmerk galt zwei Dingen: einmal der Tatsache, dass das Buhlen um Publizität in letzter Zeit manische Züge angenommen hatte, zum anderen dem Umstand, dass die fanatische Überzeugung, teure Plakatkampagnen fahren zu müssen, oft absolut unsinnige Blüten trieb. In dem namenlosen Dorf, das wir spaßeshalber Colibri nennen wollen, war Motoröl ein überflüssiger Artikel. Es gab hier keine Traktoren oder sonstigen motorgetriebenen landwirtschaftlichen Maschinen. Auch ein Auto hatte bis zu dem Moment in Colibri niemand gesehen. Kaffeemühlen mit Handkurbel und Nähmaschinen mit Fußwippenantrieb waren die einzigen Geräte, die einer Schmierung bedurften. Dafür genügte jedoch Olivenöl, von dem mehr als genug vorhanden war. Welchen Zweck konnte ein Werbeplakat für Motorenöl also hier erfüllen? Die Antwort des Fachautors war kurz und bündig: keinen erdenklichen. Werbung sollte nach seiner Überzeugung keine Angeberei sein, sondern ein seriöses Metier, eine Wissenschaft mit dem Ziel, Produkte zu verkaufen.[3]

Bestünde der Zweck von Öffentlichkeitsarbeit tatsächlich einzig und allein darin, die Produkte zu verkaufen, für die man wirbt, so könnten wir dem Experten, Dr. Brunazzi, beipflichten. Allerdings wären die Werbeleute die Ersten gewesen, die zugegeben hätten, dass es schwierig, wenn nicht unmöglich ist, genau zu bestimmen, welche Wirkung auf das Publikum eine Werbebotschaft hat. Der scherzhafte Spruch »Die Hälfte aller Werbeausgaben ist zum Fenster hinausgeworfenes Geld, wir wissen nur nicht, welche Hälfte«, der manchmal dem Chef der Werbeagentur *Lord & Young*, Albert Lasker, zugeschrieben wird, wurde im Verlauf der dreißiger Jahre zumindest in den Vereinigten Staaten zum Gemeinplatz. Viel war inzwischen geschrieben worden über die Bedeutung der Werbung als einer Sprache der Warenwelt. Marketing-Kampagnen informierten das Publikum nämlich eindeutig nicht nur über die Eigenschaften dieses oder jenes Produkts, sondern vermittelten auch ein plastisches Bild von den Bedürfnissen, deren Erfüllung das Produkt versprach

---

3 P. Brunazzi, Del cartello pubblicitario, in: L'ufficio moderno (Juli 1932), 433f.

– oft mit neuen Begriffen und Parolen. Solche Kampagnen verwiesen auf die allgegenwärtige Verfügbarkeit der beworbenen Ware und versicherten dem Kunden zugleich, dass sie eine kluge Wahl trafen, wenn sie es kauften. Darüber hinaus gewöhnten sich die Menschen unter dem Einfluss der Werbung daran, sich über Dinge zu unterhalten, die sie (wirklich oder scheinbar) gemeinsam hatten, und nicht zuletzt reicherte die Werbung die Gespräche der Leute darüber, was sie an der Welt, in der sie lebten, liebenswert oder abstoßend fanden, mit Bildern und sprachlichen Idiomen an.[4]

In Colibri wurde an jenem frühherbstlichen Sonntag ganz sicher nichts verkauft oder gekauft. Ein Auto tauchte auf und hinterließ eine Verkündigung, die den Menschen, die mit dem Automobil noch nicht vertraut waren, geschweige denn den Wunsch nach einem verspürt hatten, zu verstehen gab, dass ein Auto seine eigenen Bedürfnisse hatte, und zwar vor allem ein Bedürfnis nach Motoröl. Wie sich später herausstellte, war das latente Verlangen, das dieser Werbeauftritt stimulierte, keines, das sich auf den Kauf eines Schmiermittels oder gar auf den Besitz jenes Wunderdings, eines Automobils, gerichtet hätte. Wenn er überhaupt etwas stimulierte, dann ein Bedürfnis, zu dessen Befriedigung das Automobil wie geschaffen war, nämlich das nach »Automobilität«. Was nun die Bewohner von Colibri betraf, so würden sie, sofern sie jenes Grundbedürfnis überhaupt verspürten, das in ihnen den Wunsch nach dem Besitz eines Automobils entzünden mochte – woraus wiederum der Wunsch nach dem Besitz von Motoröl entspringen würde – zuallererst einmal eine Straße brauchen. So begab es sich, dass der Dorfpfarrer, der in der Dorfgemeinschaft die Rolle des Initiators spielte, nachdem er durch das Erscheinen der beiden Männer mit dem Werbeplakat für Motoröl begriffen hatte, dass der alte Feldweg nach Colibri im Prinzip autotauglich war, die zuständigen Behörden (die einem Diktator unterstellt waren, der sich für solche Projekte einsetzte) durch gutes Zureden dazu brachte, die aus grauer Vorzeit stammende Trasse zu erweitern. Unter der Voraussetzung, dass die Entwicklung Colibris ähnlich verlief wie die vieler vergleichbarer europäischer Dörfer in den dreißiger Jahren – nämlich dass die dorthin führende Straße begradigt, verbreitert und gepflastert wurde –, können wir davon ausgehen, dass es nicht lang dauerte, bis das Dorf zum Anlaufpunkt für gelegentliche Sonntagsausflügler wurde. Umgekehrt konnten die Dorfbewohner an Markttagen leichter zu Tal gelangen und Vorräte nach Hause bringen – Konserven, Strickwolle, Haarnadeln, Küchenbedarf, vielleicht sogar ein Radio. Mindestens ein wagemutiger Bewohner hätte die im Lauf eines langen Arbeitslebens in der Fremde zusammengekratzten Ersparnisse für den Kauf eines gebrauchten *Ford* aufgewendet, um einen Taxi- und Lieferdienst einzurichten. Mit der Zeit hätte sich die Dorfjugend stärker nach der nächsten Stadt hin orientiert, wo bezahlte Jobs auf sie warteten, hätte sich

---

4 Zur Werbung als Medium und Idiom siehe Leiss, Icons of the Marketplace, 10–22; ders., The Limits to Satisfaction; siehe auch ders. u.a., Social Communication in Advertising. Siehe ferner Schudson, Advertising. Zum Wandel des visuellen Repertoires siehe Lears, Fables of Abundance, Kap. 1. Die Grundthese dieses Buches findet sich säuberlich zusammengefasst in ders., Reconsidering Abundance, 449–466. Siehe auch Marchand, Advertising the American Dream. Französische Kulturtheoretiker haben sich insbesondere mit der Werbung als einer Sprache beschäftigt; siehe Barthes, The Fashion System; ders., Mythologies; Baudrillard, Critique of the Political Economy of the Sign.

in der Geldwirtschaft eingerichtet und am städtischen Konsumbetrieb teilgenommen.

Sicherlich ist dies ein extremes Fallbeispiel für PR-Arbeit als *primum mobile*. Seine Aufgabe ist es, zu unterstreichen, dass die moderne Werbung als eine gesellschaftliche Innovation mehr war als eine spezielle Art und Weise, Menschen anzusprechen, mehr als die traditionelle Wandparole, mehr als ausgeteilte Flugblätter, geklebte Plakate, geschaltete Zeitungsanzeigen oder Hörfunk- oder auch Fernsehspots und Pop-up-Fenster auf Webseiten. Von Anfang an war Werbung, was sie bis heute ist: ein komplizierter Dialog über Waren, geführt und moderiert von Fachleuten, deren Aufgabe es ist, unterschiedliche Interessen auszubalancieren. Die Leute, die Werbung machten, strebten nach professioneller Seriosität und Würde, gesellschaftlichem Status und nach Einkommen, alles Ziele, die nur durch die Pflege guter Geschäftsbeziehungen zu den Kunden erreicht werden konnten. Auf der anderen Seite mussten sie das Vertrauen der Öffentlichkeit gewinnen und standen beständig unter dem Druck, deren wandelbaren Geschmack und deren zunehmend fachmännisches Urteil zu antizipieren, zu ergründen und zu manipulieren – einer Öffentlichkeit, deren Reaktionen man immer nur im Nachhinein mitbekam, durch das, was die Menschen zur Werbung und über sie sagten.

Wie andere Innovationen der Verbraucherkultur des 20. Jahrhunderts war auch die Werbung anfänglich ein intrakulturell verwurzeltes Phänomen mit einem lokalen Idiom, das sich aus der Erfahrungswelt einer eng verwobenen Konsumgemeinschaft heraus entwickelte. Noch gab es keine universelle Sprache der Warenwelt. Werbung konnte in mündlicher Form erfolgen, wie beim Marktschreier oder auch beim ausgestrahlten Hörfunkspot. Oder sie konnte visuell funktionieren, indem sie etwa die Form spektakulärer Großplakate, bunter Handzettel, vollgetexteter Zeitungsanzeigen oder dramaturgisch komprimierter Fernsehspots annahm. Das Problem besteht darin, zu verstehen, wie die Praktiken des einen Marketing-Milieus, nämlich des amerikanischen, in ein anderes Milieu, das europäische, hineingetragen wurden und wie die Werbung in Fortsetzung dieses Prozesses schließlich zu einem globalen Phänomen wurde. Anders gefragt: Wie konnte sich eine Methode des Werbens für Produkte, die auf dem Weg war, sich und ihre Praktiken als universal wirksam zu betrachten, in einer im Niedergang begriffenen kommerziellen Kultur einnisten, von der die Europäer selbst glaubten, sie besitze nicht mehr die Überzeugungskraft, die ein modernes Marketing benötigte? Amerikanische Werbeleute definierten ihre Zielsetzung als Umsetzung wissenschaftlicher Erkenntnisse im Namen und zum Nutzen unternehmerischen Gewinns, während ihre europäischen Kollegen oft den Anspruch erhoben, Sachwalter einer Kunstform zu sein, und diese im Namen eines gemeinschaftlichen Denkens und Fühlens in Bezug auf vertraute Marken, Gewohnheiten und Orte eines lokal begrenzten Verbraucherlebens verteidigten. Der Konflikt zwischen neuer und alter Konsumkultur entzündete sich hier an der Frage, welcher Sprache die Werbung sich bedienen sollte, um ein Massenpublikum anzusprechen.

Im ersten Viertel des 20. Jahrhunderts hatte die amerikanische Werbebranche eine herausragende Stellung inne, nicht nur wegen des vergleichsweise gigantischen

Umfangs ihrer Geschäftstätigkeit, ihrer Umsätze und des satten Kostenblocks, den sie zu den Vertriebskosten addierte, sondern auch was ihre zunehmende Legitimität als Sprachgestalterin betraf.[5] Die amerikanische Werbung kreierte neue gesellschaftliche Autoritäten, um den Wert neu erfundener Produkte zu beglaubigen, und tischte zugleich ausgefallene Ideen zu grundlegenden Bedürfnissen auf, die diese neuen Produkte zu befriedigen versprachen, etwa Bedürfnisse nach Erfrischung, Trockenheit, Weichheit, Abkühlung, reiner Haut, schonender Beleuchtung, frischem Atem, nach Vorbeugung gegen nächtlichen Hunger und vielem mehr. Die amerikanische Werbebranche gebar systematische und teure Prozeduren, die für sich Universalität beanspruchten, benutzte diese vorgeblich universellen Praktiken jedoch durchaus zur Manipulierung lokaler Wissens- und Geschmacksstandards.

Vor allem aber schuf sich die amerikanische Werbung eine neue Domäne im öffentlichen Raum, die sie gemeinsam mit den aufdringlichen Ladenketten, dem Marketing für die großen Handelsmarken und der von Hollywood beherrschten Filmindustrie bewohnte. Wir könnten dieses Habitat als die Sphäre der kommerziellen Kultur bezeichnen, in Abgrenzung von der Sphäre der politischen Kultur. Die Grenzen all dessen sprengend, was sich die Soziologen und Werbeleute der Jahrhundertwende hatten vorstellen können, breitete sich die kommerzielle Kultur über immer mehr Bereiche aus: über die gesamte Presse (einschließlich der politischen Publizistik), den Hörfunk, das Kino, die öffentlichen Verkehrswege und Verkehrsmittel sowie später über das Fernsehen, die Einkaufszentren und das Internet. Die Werbung drang im Verlauf diese Prozesses in den öffentlichen Raum ein, den die Bürgergesellschaften den absolutistischen Regimen des 18. Jahrhunderts abgerungen hatten und der im 19. Jahrhundert das Gesicht europäischer Innenstadtlandschaften bestimmt hatte, vor allem an belebten Straßenkreuzungen, entlang den großstädtischen Flaniermeilen mit ihren breiten Bürgersteigen, auf öffentlichen Plätzen, an U-Bahn-, Straßenbahn- und Bushaltestellen, in Bahnhöfen und um sie herum – mit anderen Worten überall dort, wo sich die Wege vieler Menschen kreuzten und wo gesellschaftliches Leben pulsierte. Die amerikanische Werbung arbeitete im Zuge ihres Vordringens bewusst darauf hin, die Grenzen zwischen politischer Meinungsäußerung und propagandistischen Argumenten für Konsumentscheidungen zu verwischen, indem sie an den aus der Alltagserfahrung der Menschen schöpfenden gesunden Menschenverstand appellierte. Ebenso gut ließ sich natürlich auch die Logik, die hinter der Vermarktung von Produkten steckte, auf die Propagierung gesellschaftlicher Ziele anwenden. Besonders problematisch war diese Unterschiebung dort, wo Werbebotschaften mit einem übermäßig hohen Gehalt an stimulierender Sinnlichkeit und psychologischem Erregungspotenzial einhergingen, während die gesellschaftliche Entwicklung eher darauf abzielte, Konsumbedürfnisse klassenspezifisch zu differenzieren und die Verbrauchernachfrage möglichst so zu dämpfen, dass es nicht zu einem ungehemmten Wettlauf um den Besitz materieller Güter kam.

5 Zur Entwicklung der US-amerikanischen Werbewirtschaft siehe Laird, Advertising Progress; Pope, Making of Modern Advertising; Fox, The Mirror Makers; Marchand, Advertising the American Dream; Ewen, Captains of Consciousness.

Hätte jemand Dr. Brunazzi, der sich über die seiner Ansicht nach sinnlose Plakataktion in Colibri mokierte, gefragt, welche Art von Öffentlichkeitsarbeit er für sinnvoll halte, hätte er wohl wärmstens das empfohlen, was um diese Zeit als »der amerikanische Stil« bekannt wurde und worunter er und andere selbst ernannte Experten für moderne Werbung eine sorgfältig geplante Anzeigenkampagne in der auflagenstarken Presse verstanden hätten. Demgegenüber betrachtete er das Großplakat als ein Relikt der Vergangenheit, das möglicherweise einen optischen Augenschmaus darstellte, aber der Dynamik des modernen Marketing nicht gewachsen war.

Von den Kampffronten eines weitläufigen Reiches

Dass das in Colibri aufgehängte Plakat für Motorenöl warb, war kein Zufall. Die Werbung für Automobile bildete in den zwanziger Jahren die Pionierfront im Sektor des Produktmarketing, ein Umstand, in dem sich die zügige Globalisierung der Autoindustrie nach dem Ersten Weltkrieg ebenso widerspiegelte wie die intensive Vermarktung von Treib- und Schmierstoffen, Reifen, Achsen, Zündkerzen, Batterien, Werkzeugen, Pumpen, Lacken, synthetischen Sitzbezügen und unzähligen anderen Zubehör- und Zulieferteilen sowie von Dienstleistungen, die mit dem Erwerb und Gebrauch eines Automobils verbunden waren.[6]

Erst der große Erfolg der beiden größten amerikanischen Autofirmen, *Ford* und *General Motors*, im Ausland katapultierte die führenden US-Werbeagenturen nach Europa. Bis zur Mitte der zwanziger Jahre erschienen die Aussichten auf den Verkauf nennenswerter Stückzahlen amerikanischer Autos in Europa, wo sich schon etliche etablierte Hersteller tummelten, nicht besonders vielversprechend, anders als etwa in Kanada, Argentinien, Brasilien und Australien, wo es keine einheimische Autoindustrie gab. US-Hersteller konnten kaum hoffen, im europäischen Automarkt einen Anteil von mehr als zehn oder zwanzig Prozent zu erreichen, bedachte man ihre relativ hohen Preise, die satten Einfuhrzölle, die heftige Besteuerung PS-starker Motoren in den meisten europäischen Ländern, den relativ hohen Benzinverbrauch amerikanischer Autos und ihren unübersehbaren Hinweis auf großen Reichtum, der die Gefahr barg, dass ihre Besitzer ins Fadenkreuz staatlicher Steuerfahnder gerieten. Dennoch entschieden sich die beiden großen US-Autokonzerne in den Jahren 1926/27, in Ausweitung ihres inländischen Konkurrenzkampfes auch noch die europäische Konkurrenz auf deren eigenem Terrain herauszufordern, erst recht angesichts der Tatsache, dass neu erstarkte französische, britische, deutsche und italienische Autohersteller ihrerseits begonnen hatten, auf ausländische Märkte vorzudringen. Eine demonstrative Präsenz in Europa erschien auch unter

---

6 Wilkins/Hill, American Business Abroad; Fridenson, French Automobile Marketing, 127–154. Die Akten des Bureau of Foreign and Domestic Commerce enthalten zahlreiche Berichte von Handelsattachés an US-Konsulaten in Deutschland und anderswo. Siehe z.B. Automotive Equipment; Schuette, The Motorization of Germany; Douglas Miller, German Automotive Conditions Reflect Native Orderliness, 23. Oktober 1931, Ordner »Oktober 1931«, Box 245, RG 151, BFDC.

dem Gesichtspunkt des internationalen Prestiges wünschenswert. Ein glanzvoller *Ford*-Auftritt in London strahlte auf Johannesburg, Delhi und andere Außenposten des britischen Empire aus. Die Vorstellung der neuen Modelle auf dem jährlichen Automobilsalon im Oktober in Paris, dem »Schaufenster der Welt«, war, zusammen mit der Eröffnung spektakulärer Ausstellungsräume an den Champs-Elysées, noch immer das beste Mittel, um sich die Aufmerksamkeit arabischer Prinzen, türkischer Kaufmannsprösslinge, rumänischer Großgrundbesitzer, wohlhabender Ingenieure aus Luxemburg oder Industrieller aus Belgien zu sichern, welche womöglich über die Qualität französischer Autos die Nase rümpften, aber aus politischen Gründen nie eine deutsche Marke gekauft hätten. Im Wettlauf miteinander um Marktanteile in Europa erhöhten GM und *Ford* (wozu als Dritter im Bunde mit gebührendem Abstand *Chrysler* kam) den Einsatz durch Aufstockung ihrer Werbebudgets. Umgekehrt lernten führende europäische Autohersteller, während sie ihre Produktionsmethoden »fordisierten«, um die Kostenvorteile der US-Industrie wettzumachen, ihre Lektionen von den amerikanischen Marketing-Pionieren und erhöhten ebenfalls ihre Werbeausgaben. Die großen Drei in Frankreich, *Citroën*, *Peugeot* und *Renault*, taten diesen Schritt ebenso wie *Fiat* in Italien. Der größte und deutscheste Autohersteller Deutschlands, Adam Opel, ging diesen Weg erst nach der Übernahme durch *General Motors* 1928 und nach der Vergabe seines Werbeetats an die US-Agentur *H.K. McCann*.[7]

Der Januar 1927 markierte den Zeitpunkt, ab dem man mit Fug und Recht sagen konnte, dass die amerikanische Werbung in Europa Fuß gefasst hatte. Gegen Ende dieses Monats entsandte der US-Werbegigant *J. Walter Thompson* (JWT) seine erste »Expedition« nach Europa, nachdem er ein Abkommen mit *General Motors* geschlossen hatte, dem Konzern mit dem zweithöchsten Werbebudget weltweit nach *Unilever*. In dem Abkommen verpflichtete sich JWT, in jedem Land, in dem GM eine Produktionsstätte oder ein Montagewerk unterhielt, eine Niederlassung zu eröffnen. Dementsprechend beeilte sich JWT, Tochterfirmen in Berlin, Kopenhagen, Stockholm, Madrid und im ägyptischen Alexandria zu gründen. 1928 folgten weitere Niederlassungen in Den Haag, Paris und im südafrikanischen Port Elizabeth. Das Jahr 1929 brachte die Einweihung eines Büros in Warschau. 1932 eröffnete JWT, gerade als GM seine Europapräsenz zurückzuschrauben begann, Niederlassungen in Bukarest und Barcelona. Natürlich bemühte sich jede neu gegründete Filiale, die in dem jeweiligen Land tätigen Vertreiber anderer großer Markenprodukte, die in den USA von JWT betreut wurden, als Kunden zu gewinnen. Schon 1930 betreuten die diversen europäischen Niederlassungen von JWT die Übersee-Ableger etlicher prominenter US-Marken wie *Pond's*-Seife, *Kodak*, *J.B. Williams*-Toilettenartikel, *Kellogg's*, *Coca-Cola*, *Gillette*, *Frigidaire*, *Listerine*-Mundwasser, *Wrigley's*-

---

7 Zum Marketing im Allgemeinen siehe Okochi/Shimokawa, Development of Mass Marketing. Zur Werbung im engeren Sinn siehe: The Job before Us, in: General Motors Export Monthly 1 (Juni 1922); siehe auch Georg F. Bauer, Mass Salesmanship in Automobile Exporting, in: Export Advertiser (Juni 1929), 32; Louis Cheronnet, How French Automobile Firms Advertise, in: Foreign Trade (November 1930), 39; J.G. Fevrier, American Motor Cars Abroad, Living Age, 1. Dezember 1929, 421–426; Volpato, L'evoluzione delle strategie di marketing, 119–208; Flink, The Car Culture.

Kaugummi, *Horlick's*-Malzmilch, *Royal*-Backpulver, *Odorono*-Deodorant oder *Fleischmann's*-Hefe.[8]

Auch einige andere aus der Reihe der großen Werbeagenturen, die sich in einem Bereich um die Madison Avenue in New York konzentrierten, hatten unterdessen den Sprung nach Europa vollzogen. Die drittgrößte Werbefirma der USA, *N. W. Ayer & Son* mit Sitz in Philadelphia, entschloss sich zu dem Schritt, den sie im Interesse ihres Großkunden, des Verbandes der kalifornischen Pflaumenzüchter, schon seit längerem erwogen hatte, erst 1927, nach dem Gewinn des lukrativen *Ford*-Budgets. *H. K. McCann*, die fünftgrößte US-Agentur, vollzog den Sprung über den Atlantik, nachdem sie den Ölgiganten *Standard Oil of New Jersey* als Kunden gewonnen hatte, und die aufstrebende Agentur *Erwin, Wasey and Company*, Nummer zwölf der Branche, eröffnete, nachdem sie den Zuschlag für den Werbeetat des Reifenkonzerns *Goodyear* erhalten hatte, eine Hauptniederlassung in Paris, kleinere Filialen in Mailand und Berlin und später noch rund zehn weitere Regionalbüros.[9] Nach Anbruch der dreißiger Jahre enteilte JWT seinen stärksten Rivalen *N. W. Ayer* und *Lord & Thomas* dank der Gewinnung weiterer internationaler Großkunden und wurde zur mit Abstand größten Werbeagentur der Welt. Sie verteidigte diese Stellung mit allenfalls kurzen Unterbrechungen bis zum Jahrtausendwechsel.

Europa hatte sich schon vor 1927 brennend für die amerikanischen Werbemethoden interessiert und erfuhr darüber viel aus allen möglichen Quellen, nachdem sich JWT und andere US-Agenturen in der Alten Welt niedergelassen hatten. Werbung ist schließlich ein Kulturphänomen, dessen Entwicklung sich nie durch die Geschäftspolitik einer Branche allein eingrenzen lässt. Schon in den zwanziger Jahren existierte in Europa mindestens ein Dutzend dynamischer Fachpublikationen, die die Arbeitsweise der amerikanischen Werbefirmen dokumentierten: in Frankreich *Vendre*, *La Publicité*, *Réussir* und *Mon Bureau*, um nur vier zu nennen; in Deutschland *Die Reklame*, *Gebrauchsgraphik* und *Die deutsche Werbung*; in Italien *Pugno nell'occhio*, *Commercio* (worin der Beitrag von Dr. Brunazzi über Colibri erschien) und später die prachtvoll aufgemachte *Pubblicità d'Italia*. Die europäischen Typografen und Grafiker waren vertraut mit den ehrwürdigsten amerikanischen Fachzeitschriften wie dem 1895 ins Leben gerufenen Magazin *Printers' Ink*. Wissensvermittelnde Bücher erschienen übersetzt in Europa; die größte Verbreitung fand *My Life in Advertising* von Claude Hopkins, dessen von dem Journalisten Louis Angé übersetzte französische Fassung die aufstrebende Werbeagentur *Jep et Carré* zu ihrer Bibel erklärte und aufs Heftigste propagierte. Mit seinen Patentrezepten und Ratschlägen für unternehmerischen Erfolg ähnelte das Buch den selbstbeweihräuchernden Memoiren von Henry Ford. Die Geschichte, die Hopkins den Europäern

---

8 Arthur Hartzell, From the Frontiers of Our Far-Flung Empire, JWT Newsletter, 9. Juni 1927, 291, Newsletter Series, 1916–1987, JWT; ders., JWT Newsletter, 1. November 1927, 457–458, ebd.; JWT Aim Abroad. Push Gospel of Advertising, in: Advertising Age (2., 9. und 16. März 1959), Abdruck in Akte »Publications«, JWT; General Motors Advertising, International Branch Management, Akte »1920s«, Nachlass Howard Henderson, JWT. Siehe auch die neuere Studie von Hultquist, Americans in Paris, 471–501.

9 N. W. Ayer, Ayer Abroad; Hower, The History of an Advertising Agency, 140–146; Pennington, Advertising Automotive Products.

erzählte, handelte von einem kleinen »Handwerker« aus der Werbezunft, der nach Jahren als unauffälliger Auftragstexter bei *Lord & Thomas* eine einträgliche Karriere gemacht hatte, indem er nach pflichtschuldigem Durchstudieren der verfügbaren Literatur zur Zahnhygiene die »Pest« des Plaque entdeckt und auf der Grundlage dieses Wissens überzeugende Werbetexte für ein neues Produkt zur Zahnreinigung geschrieben hatte. Hopkins hatte es geschafft, dem Publikum mit wissenschaftlichem Aplomb zu erklären, dass und wie sich auf den Zähnen ein »fleckiger Film« absetzte und wie und warum sein Produkt, die Zahncreme *Pepsodent*, diesen Belag beseitigen konnte. Diese Gewissheit stattete ihn mit einem so unerschütterlichen Zutrauen in sein Produkt aus, dass er seine bescheidenen Ersparnisse in dessen Herstellung steckte. Der Erfolg von *Pepsodent* machte Hopkins zum vermutlich ersten Werbetexter, der ein reicher Mann wurde.[10]

In den Reihen ihrer eigenen hochkarätigen Sozialtheoretiker hätten die Europäer eher und leichter herablassende Betrachtungen zur Massenpsychologie gefunden als schnöde Anleitungen zum unternehmerischen Erfolg oder Breviere mit Tipps zur Optimierung des Arbeitserfolgs. Denker wie Victor Mataja, Rudolph Seyffert, Girolamo Bevinetto oder Octave-Jacques Gérin waren Intellektuelle im herkömmlichen Sinn, einige von ihnen höchst angesehene Gelehrte.[11] Obwohl sie nach Herkunft, Denkart und Arbeitsweise weit von den amerikanischen Paradigmen entfernt waren, mussten sie sich früher oder später mit ihnen auseinandersetzen. Die Auffassungen, die sie dazu äußerten, wurden auf breiter Front rezipiert und zitiert. In dem Jahrzehnt nach Ende des Ersten Weltkriegs ergaben sich für die Vertreter der europäischen Werbebranche zunehmend mehr Gelegenheiten, mit ihren amerikanischen Pendants zusammenzutreffen. Manchmal fügten sich diese Begegnungen in das Muster des »Technik-Tourismus« ein, nur dass für die Delegationen aus der Werbebranche, wenn sie zu den berühmten Pilgerstätten der amerikanischen Produktivität aufbrachen, das Mekka nicht Detroit mit seinen Fließbändern und Montagestraßen war, sondern der New Yorker Times Square mit seinen blinkenden Leuchtschriften. Manchmal machten sich Individuen auf eigene Faust auf, um Lehrjahre in einer amerikanischen Firma zu absolvieren und nach der Rückkehr den erworbenen Wissensvorsprung karrierdienlich einzusetzen. Bei anderen Gelegenheiten strömten auf beiden Seiten des Atlantiks Delegationen der nationalen Branchenverbände, nach amerikanischem Vorbild organisiert, auf internationalen Konferenzen zusammen. (Die erste Veranstaltung dieser Art hatte 1904 stattgefunden und war noch eine ausschließlich amerikanische Angelegenheit gewesen.) Es ging lebhaft zu bei diesen Kongressen, auf denen Werber, eine ohnehin gesellige Gruppe, wechselseitig ihre Erfolgsrezepte unter die Lupe nahmen und sich in Fachsimpeleien über die neuesten Ideen und Trends ergingen.

10 Zu Hopkins siehe ders., My Life in Advertising.
11 Eine Einführung in die Geschichte der Werbung in Kontinentaleuropa bieten für Frankreich: Martin, Trois siècles de publicité en France; Chessel, La publicité. Für Deutschland: Reinhardt, Von der Reklame zum Marketing; Westphal, Werbung im Dritten Reich. Zu Italien siehe Arvidsson, Marketing Modernity. Zu Belgien: Pouillard, L'Ecole belge de publicité, 18–41, basierend auf dies., La publicité en Belgique.

Zu behaupten, die bloße physische Präsenz amerikanischer Werbeagenturen auf europäischem Boden habe den entscheidenden Unterschied ausgemacht, wäre daher eine grobe Übertreibung. Was diese Präsenz immerhin bewirkte, war, dass sie den Amerikanern half, die Eigenarten ihrer Arbeitsweise in Abgrenzung zu jener der Europäer klarer zu erkennen. Auf kurze Sicht bewirkte diese Erkenntnis, dass sie noch aggressiver ihre Überlegenheit gegenüber einer europäischen Werbewirtschaft behaupteten, die sie als »rückständig« und »unterentwickelt« abtaten. Auf lange Sicht entwickelten sie dank der gewonnenen Klarheit ausgeklügeltere Strategien, um die eingesessenen Konkurrenten auszumanövrieren und die großen Herausforderungen der Zeit zu bestehen – etwa zu entscheiden, wann es kürzerzutreten galt (wie im Verlauf der Weltwirtschaftskrise der dreißiger Jahre) und wann es angesagt war, anzugreifen (wie zu Beginn der sechziger Jahre, als der Gemeinsame Markt in Europa Gestalt annahm): Die Europäer sahen sich ihrerseits durch die amerikanische Präsenz unter Druck gesetzt, sich mehr Gedanken über ihre eigenen Idiosynkrasien zu machen. Bei jedem Anlauf, den sie nahmen, ihre eigenen Praktiken zu modernisieren, hatten sie das amerikanische Vorbild im Blick. Wenn sie bei der Analyse lokaler oder regionaler Arbeitsweisen zu dem Schluss gelangten, dass diese den einheimischen Verhältnissen doch noch am besten gerecht wurden, mussten sie natürlich in Kauf nehmen, dass sie keinesfalls den Anspruch erheben konnten, über universell gültige Erfolgsrezepte zu verfügen wie die Amerikaner. Man gab sich damit zufrieden, das, was man machte, als »unserem verkäuferischen Umfeld« oder »unseren nationalen Traditionen« entsprechend zu charakterisieren oder es in bewusster Provinzialität als »unseren Weg« zu verteidigen. Auf diese Weise etablierte sich die von den Amerikanern definierte »beste Praxis« als die De-facto-Norm.

Die Großagentur *J. Walter Thompson* war in jeder Hinsicht ein Furcht einflößendes Alphatier von einem Unternehmen. Das Hauptquartier, in dem die Fäden ihres weltweit gespannten Netzes zusammenliefen, befand sich in dem dreißigstöckigen *Graybar Building* an der Lexington Avenue. 1927 residierte JWT dort mit einem Stab von mehreren Hundert Mitarbeitern und war damit der größte einzelne Mieter im damals größten Bürogebäude der Welt. Unter der Führung von Stanley Resor schaffte es die Agentur im Verlauf der zwanziger Jahre, der ersten Boomphase der amerikanischen Werbewirtschaft, ihren Umsatz zu verdreifachen. Sie schrieb nicht nur die höchsten Rechnungen, sondern entwickelte sich auch zur Trendsetterin für eine Branche, deren Wirtschaftskraft sich seit 1890 verdoppelt hatte, die 1929 immerhin drei Prozent des Bruttoinlandsprodukts repräsentierte und in den Vereinigten Staaten für nicht weniger als 15 Prozent der außerordentlich hohen Aufwendungen für die Vermarktung und den Vertrieb von Markenprodukten verantwortlich war.[12]

Die Werbung war seit mehr als fünfzig Jahren eine eigenständige Branche, und ihr Schrittmacher J. Walter Thompson hatte, zuerst als Person und dann als Firma, jede ihrer Entwicklungsphasen mit geprägt. Der 1847 geborene Thompson stammte zwar aus Massachusetts, war aber im kleinstädtischen Mittelwesten aufgewachsen

---

12 Pope, Making of Modern Advertising, Kap. 2, insbes. 26–29.

und teilte mit mehreren anderen amerikanischen Wirtschaftspionieren dessen protestantisch-fundamentalistische Kultur der Arbeit an sich selbst. Nach Ende seines Militärdienstes im Bürgerkrieg war er nach New York gegangen und hatte dort 1868 Arbeit als Buchhalter und Mädchen für alles im Büro der Zwei-Mann-Firma *Carleton and Smith* gefunden. Nach kurzer Zeit erkannte Thompson mit einer unternehmerischen Intuition ohne Sozialdünkel, dass auflagenstarke Zeitschriften, insbesondere jene teuer aufgemachten illustrierten Monatsmagazine, die sich bei Damen und Herren von Rang besonderer Beliebtheit erfreuten, hervorragende Werbeträger für die Anpreisung von Markenwaren sein konnten. Er schaffte es, die Verleger davon zu überzeugen, dass ihre Zeitschriften von der schnöden Zusammenarbeit mit der werbenden Zunft keinen Imageverlust zu befürchten hatten, und sicherte sich Exklusivverträge für die Platzierung von Anzeigen in zunächst 25, dann dreißig dieser Publikationen. 1878, bereits einige Zeit vor dem Auslaufen dieser Verträge, konnte er die Firma, bei der er seit Jahren angestellt war, kaufen.

Im Verlauf der nachfolgenden drei Jahrzehnte baute Thompson sein Geschäft zum Prototyp der Full-Service-Agentur aus, die unter einem einzigen Dach all die Mitarbeiter, Ressourcen und Gerätschaften vereinigte, derer es bedurfte, um auf »wissenschaftlicher« Grundlage Werbung zu betreiben. Der Anspruch auf Wissenschaftlichkeit bedeutete in diesem Zusammenhang, dass man Ergebnisse der Marktforschung, Studien zur Markt- und Produktentwicklung oder zur Verpackungspsychologie mit Verbraucherbefragungen verband und daraus durchdachte Kampagnen und Strategien für die Anzeigenplatzierung entwickelte. Diese Referenzen halfen JWT, einige führende Hersteller von Konsumgütern als Kunden zu gewinnen, vor allem *Procter & Gamble* und die US-Ableger von *Unilever*. Diese Branchengiganten standen stets unter immensem Druck, ihre Marktanteile zu verteidigen, während sie ständig neue Produkte auf den Markt brachten, und sie waren bereit, für die speziellen Dienstleistungen, die Werbeagenturen ihnen bieten konnten, gutes Geld zu bezahlen. Das Potenzial antizipierend, das im transatlantischen Handelsverkehr schlummerte, richtete JWT 1899 ein kleines Kontor in London ein, und nur fünf Jahre später konnte die Firma die atemberaubende (aber sich letzten Endes als zutreffend erweisende) Behauptung wagen, sie habe »die gesamte britische Einflusssphäre in den Werberadius des ehrgeizigen amerikanischen Herstellers eingefügt, der seufzend nach weiteren zu erobernden Welten Ausschau hält«.[13] Als JWT 1908 nach Cincinnati, Chicago und Detroit expandierte, um den boomenden Märkten des Mittleren Westens nahe zu sein, holte Thompson neue Mitarbeiter in die Firma, die einer dreißig Jahre jüngeren Generation angehörten, allen voran Stanley Burnet Resor, der dem Unternehmen treu blieb, bis er sich 1955 im Alter von achtzig Jahren aus dem Berufsleben zurückzog. Resor stellte seinerseits seine frühere Kollegin Helen Lansdowne ein. Sie legte von Anfang an jene Kombination aus Formulierungstalent, gutem Geschmack und Intuition an den Tag, die sie zum Liebling von Kunden wie auch konkurrierenden Werbefirmen und später zur

---

13 The Kodak-Thompson Partnership, Notes on Talk for the Kodak International Group, Rochester, 26. Februar 1958, 2, Eastman Kodak International Meeting, 1958: Agenda—Kodak International, 26. Februar 1958, Box 6/11, Akte »Special Project«, Nachlass Howard Henderson, JWT.

Doyenne aller Werbetexter machen sollte. Das Geschäft boomte, und 1916 kauften Resor, Lansdowne und einige andere Gesellschafter dem Seniorchef das Unternehmen ab. Von diesem Zeitpunkt an gingen sie dazu über, sich ihrer kleineren Kunden zu entledigen und sich ganz auf ein rundes Dutzend führender Großunternehmen zu konzentrieren. Resor und Lansdowne konsolidierten ihre eigene effiziente, liebevolle und überaus profitable Beziehung, indem sie heirateten.[14]

Mit Hilfe ihres Talents, ihrer Fachkenntnisse und Geschäftsstrategien sowie der ganz besonderen Arbeitsteilung, die sie praktizierten – während sich Stanley als Präsident um die geschäftlichen Belange kümmerte, gab Helen in den kreativen Bereichen den Ton an –, gelang es den Resors, JWT zu einem Machtfaktor in der amerikanischen Wirtschaft zu machen. Sie setzten in dieser Zeit Maßstäbe für eine Reihe von Markenzeichen der amerikanischen Werbekultur, die dieser weltweite Beachtung sicherten. Dazu gehörte in erster Linie, dass sie der werbenden Zunft das Image einer legitimen Wirtschaftsbranche verschafften, die aus eigener Kraft so produktiv und profitabel sein konnte wie jede produzierende Industrie. Zum Zweiten begründete JWT den Anspruch und die Fähigkeit, als Werbeagentur die politische Elite in staatsmännischen Fragen zu beraten. Zum Dritten und nicht zuletzt demonstrierte JWT als erste Werbeagentur den durchdringenden Einfluss der Werbung auf die Umgangssprache. Stanley Resor, der aus gutbürgerlichen Verhältnissen stammte, in *Yale* studiert hatte und sich mit fast zwei Dutzend leitenden Mitarbeitern aus ähnlich gehobenen anglo-protestantischen Verhältnissen umgab, war meilenweit entfernt von den fahrenden Händlern mit ihren marktschreierisch angepriesenen Universalheilmitteln, die bis weit ins 19. Jahrhundert hinein das Bild der Werbung geprägt hatten. Staatsmännisch auftretend und mit einer ruhigen Abgeklärtheit und Rechtschaffenheit, die Zeitgenossen dazu verleiteten, ihn mit Woodrow Wilson zu vergleichen, stand er dem aufgeregten Konkurrenzstreben des großstädtischen Wirtschaftslebens so fern, dass er, wenn er Tag für Tag von seinem Haus im dicht belaubten, luxuriösen Greenwich in Connecticut in sein Büro im *Graybar Building* pendelte, unweigerlich die Abkürzung durch den *Graybar*-Tunnel an der *Grand Central Station* nahm, sodass seine Füße allenfalls flüchtig die lasterhaften Bürgersteige New Yorks berührten.[15] Unter der glanzvollen Führung der Resors setzte das Unternehmen Maßstäbe in Bezug auf Solidität, Redlichkeit und Kontinuität, die die Erinnerung an die viel geschmähten Blindflüge aus den Kindertagen der Werbebranche verblassen ließen und die moderne Legende von der Madison Avenue als der »Schlucht der Geschwüre«, als der verdorbensten, verblendetsten und unstetesten Bastion des westlichen Kapitalismus, Lügen straften.

Mit derselben rigorosen Konsequenz und Hingabe, mit der Resor sein eigenes Unternehmen führte, organisierte er die Branche als Ganze. Wie andere führende Werbeleute erkannte er, dass interne Regularien und eine gewisse Selbstorganisa-

---

14 Marchand, Advertising the American Dream, xv; Pope, Making of Modern Advertising, 18ff.; Fox/Lears, The Culture of Consumption; Lears, Fables of Abundance.
15 Zu J. Walter Thompson siehe Fox, The Mirror Makers, 78–101; Marchand, Advertising the American Dream; Pope, Making of Modern Advertising; Ewen, Captains of Consciousness; J. Walter Thompson Company, in: Fortune (November 1947), 95–101, 202–206, 214, 216, 218, 220, 223f., 226, 228ff., 233.

tion der Branche unerlässlich waren, nicht nur um das Misstrauen der Öffentlichkeit gegen die Werbewirtschaft zu zerstreuen, sondern auch um drohenden staatlichen Eingriffen und Restriktionen zuvorzukommen. 1917 versammelten sich Resor und andere Agenturchefs und gründeten die *American Association of Advertising Agencies*. Der Verband verabschiedete einen von Resor zusammengestellten Verhaltenskodex, der darauf abzielte, etwa durch die Veröffentlichung zutreffender Auflagenzahlen für Druckerzeugnisse und verbindlicher Anzeigentarife ein Ethos der »Wahrheit in der Werbung« und ein Mindestmaß an Transparenz in den Geschäftspraktiken der Branche herzustellen, und der hehre moralische Verhaltensregeln für die Mitgliedsfirmen des Verbandes propagierte. Kein Geringerer als der Präsident der Vereinigten Staaten pries Mitte der zwanziger Jahre die Dienste, die die Werbewirtschaft der Nation leistete. Als Ehrengast auf der Jahrestagung des Verbandes im Herbst 1926 machte Calvin Coolidge der Werbebranche volltönende Komplimente für ihren Beitrag zur kulturellen Hebung der US-Bevölkerung und des Wirtschaftslebens sowie zur vorbeugenden Verhinderung künftiger Unternehmenskrisen.[16]

JWT wirkte als Pionier daran mit, die Werbung zu einem Modellfall wirtschaftlicher Betätigung zu stilisieren, als wäre sie Teil der Sozialwissenschaften, und dies zu einem Zeitpunkt, da die Sozialwissenschaften sich gerade anschickten, zum akademischen Patentheilmittel für die Lösung aller sozialen Probleme der Gesellschaft zu werden. Die »Universität der Werbung«, wie Resor sie gern nannte, war bevölkert von jungen Männern (und einigen jungen Frauen) mit Diplomabschluss oder Doktortitel, erworben an angesehenen Hochschulen. Sie sollten für »Genauigkeit und Rationalität« in der Werbung sorgen. »Konsum ist nicht mehr eine Frage von Bedürfnissen, sondern eine Angelegenheit der ungehindert ausgeübten Wahlfreiheit«, schrieb Paul Cherington, ein früherer Professor an der *Harvard Business School*, den JWT 1920 an die Spitze der neu gegründeten Forschungsabteilung berief. Um der wissenschaftlichen Ergründung des Verbraucherverhaltens näherzukommen, holte Resor zwei Jahre später den bekannten Verhaltenspsychologen John B. Watson ins Haus, der an der *Johns Hopkins University* gelehrt hatte, bis eine skandalumwitterte Scheidung und sein polemisches Temperament ihn dem missgünstigen Puritanismus des Elfenbeinturms entrissen und ihn im ethischen Dschungel der Geschäftswelt stranden ließen, wo er aufblühte und gedieh.[17]

Zur beruflichen Aus- und Weiterbildung von Werbetextern und Werbegestaltern gehörte es, dass sie ins Leben hinausgingen und Hausfrauen, Verbraucher und Händler kennen lernten, um ein Gefühl für die Probleme des Einzelhandels und den Geschmack der Kundschaft zu bekommen. Sie wurden auch im kleinen Einmaleins des Werbens gedrillt, dem sogenannten *T-Square*. Dieses Schlagwort bezeichnete die fünf Fragen, deren Beantwortung für die Entwicklung einer Werbekampagne auf vernünftiger Grundlage unerlässlich war: Was verkaufen wir? An wen verkaufen wir? Wo verkaufen wir? Wann verkaufen wir? Wie verkaufen wir? In praktischer Hinsicht entsprachen diese Fragen dem emphatischen »Wer, was, wo, wie, wann?«,

---

16 Fox, The Mirror Makers, 97.
17 Kreshel, John B. Watson at J. Walter Thompson, 49–59.

das den amerikanischen Verhaltenspsychologen der Nachkriegszeit so am Herzen lag. Auf der Suche nach Antworten investierte kein Unternehmen mehr Energie in statistische Erhebungen und Meinungsumfragen als JWT: Perfekt gestaltete Diagramme zeigten Bevölkerungs- und Einkommensverteilungen, Sättigungsgrade für die Versorgung mit wichtigen Gütern und Dienstleistungen wie Strom, Telefonen oder Autos und andere Verbraucherdaten, die man durch Umfragen im Handel, Kundenforen und Haustür-Befragungen in wohlhabenden und armen Stadtvierteln gewann. Zugleich hatte keine Firma größeres Zutrauen zu ihrer eigenen Fähigkeit, in die Geheimnisse einer »universellen Psychologie« einzutauchen. »Es ist schließlich«, dozierte John B. Watson, »der emotionale Faktor in unserem Leben, der unser gesellschaftliches Verhalten anstößt und aktiviert, ob es sich nun um den Kauf einer Kanone, eines Schwerts oder einer Pflugschar handelt – und Liebe, Angst und Wut sind immer das Gleiche, ob in Italien, Abessinien oder Kanada.«[18]

Eine herausragende Rolle spielte JWT auch bei der Prägung der sich weltweit ausbreitenden Umgangssprache der Konsumkultur, also jener völkerübergreifenden Sprache, die sich aus der Zuordnung werblicher Attribute zu Markenwaren ableitete und sich von den konventionellen, rituell, regional oder klassenspezifisch geprägten Redeweisen abspaltete.[19] Gewiss war JWT nur eine von einem runden Dutzend führender Werbeagenturen (von den unzähligen Kleinen der Branche gar nicht zu reden), die an der Entwicklung dieser grenzüberschreitenden Sprache beteiligt waren. Man kann JWT sogar bescheinigen, dass sie zu den gesetzteren Akteuren gehörte, was die Kreierung sprachlicher und visueller Innovationen betraf. Ordinäre Werbeverse oder die schnelllebige Vulgarität so vieler zeitgenössischer Werbetexte waren ihre Sache nicht. Das Markenzeichen ihrer Kreativ-Abteilung war vielmehr sprachliche Geschliffenheit, und die Machart etwa der von JWT gestalteten Anzeigen fand branchenweite Beachtung. JWT war die Meisterin in der Kunst des unwiderstehlich mit wohl modulierter Rhetorik vorgetragenen Appells, des gleichsam mit gebieterischer Stimme geäußerten Tadels für schlechte Gewohnheiten, die mit lobenswerten neuen Tugenden kontrastiert wurden, und des gehässigen, aber stets durch einen eingestreuten Wissenshappen versüßten Vergleichs: »Laboruntersuchungen zeigen, dass 455 von 660 Klopapierrollen schädliche Säuren enthalten« (aber nicht die des Herstellers *Scott Tissue*, der 1932 JWT-Kunde war). Oder: »Die Wissenschaft sagt, Kaffee sei wunderbar anregend – trinken Sie ihn, um Ihren Geist zu schärfen und zugleich Ihren Muskeltonus zu verbessern – aber trinken Sie nie ABGESTANDENEN Kaffee.« (JWT hatte herausgefunden, dass lange gelagerter Kaffee ranzige Öle enthielt – nicht aber der stets frisch geröstete und mit Datum versehene Kaffee von *Chase and Sanborn*, so die Botschaft einer JWT-Anzeige aus dem Jahr 1933.)[20] Angetreten, um eine internationale Mission zu erfüllen, setzte JWT sich das Ziel, nicht nur »die Wortwährung einer Sprache in die Wortwährung einer anderen umzuwechseln«, sondern »den Tenor und die Pointe der ursprünglichen [amerika-

---

18 Zit. n. ebd., 51.
19 J. Walter Thompson Company, in: Fortune (November 1947), 244.
20 Leech, English in Advertising; Marchand, Advertising the American Dream, 6f.; auch Pollay, The Subsiding Sizzle, 24–37.

nischen] Anzeige zu reproduzieren«. Das bedeutete, dass man »die Satzstruktur des amerikanischen Englisch in ihre Einzelteile zerlegte und diese in einer Form wieder zusammenbaute, die Menschen mit einem anderen Geschmack und einer anderen Mentalität ansprechen würde«.[21] Die *lingua franca* der amerikanischen Gebrauchsgüterkultur des frühen 20. Jahrhunderts schickte sich auf diese Weise an, den Status eines weltweit verstandenen Universalidioms zu erringen. Die Werbung verkaufte, wie der konservative französische Belletrist Georges Duhamel kritisierte, nicht nur Waren, sondern auch die Adjektive, um die Waren zu beschreiben.[22] Die Fähigkeit, die Art und Weise, wie die Menschen über die wichtigen Dinge ihres Lebens redeten, zu verändern, barg eine immense Macht in sich.

Was noch wichtiger war: JWT war eine jener führenden Agenturen, deren Einfluss sich nicht nur darauf gründete, dass sie gleichsam zu vertrauten Lebensberatern jener wankelmütigen, leichtgläubigen und unerfahrenen Massen wirtschaftlich flügge gewordener Verbraucher geworden waren, sondern auch darauf, dass politische Führer ihren Rat einholten.[23] Indem die Werbung die ideologische Leere füllte, die die außerhalb des Wahlkampfs weniger präsenten amerikanischen Parteien hinterließen, konnte sie sich zu einem nützlichen Medium für die Übermittlung wichtiger Botschaften aufschwingen. Es war ein Zeitungsmann, ein gewisser George Creel, der den US-Präsidenten Woodrow Wilson überredete, die Publikmachung des US-amerikanischen Eintritts in den Ersten Weltkrieg dem kurz zuvor gegründeten *Committee on Public Information* zu überlassen. James Webb Young, der zweite Mann in der Führung von JWT, war einer der ersten Werbeleute, die Creel für die Auslandsabteilung des *Committee* rekrutierte. Die Aufgabe, die ihm im Rahmen des »größten Abenteuers aller Zeiten in Sachen Werbung« zugewiesen wurde, bestand darin, die an der Westfront kämpfenden deutschen Soldaten von der »Unvermeidlichkeit ihrer Niederlage« zu überzeugen und »Schwermut und Verzweiflung ins Herz jedes Menschen im Deutschen Reich zu pflanzen«. Wie das bewerkstelligt werden sollte, war nicht klar, umso weniger, als Webb kaum Deutsch konnte und fast nichts über die Mentalität der Deutschen wusste, abgesehen von einigen albernen Klischees über die deutschsprachigen Einwohner seiner Heimatstadt Cincinnati.[24] Trumpf waren in dieser Situation ein Tunnelblick und ein grenzenloser Ehrgeiz. Die Werbung in den Kriegsjahren habe gezeigt, konstatierte *Printers' Ink* später, dass es »möglich ist, das Denken ganzer Bevölkerungen umzupolen, ihre Lebensgewohnheiten zu verändern und neue Überzeugungen zu kreieren, die praktisch ausnahmslos in jede politische oder ideelle Richtung gehen können«. Dies eröffne der Werbung »die Chance, nicht nur eine wertvolle patriotische Dienstleistung zu erbringen, […] sondern auch einem großen Kreis einflussreicher Männer die Augen für […] den wahren Charakter der Werbung und die wichtige Aufgabe,

---

21 The Kodak-Thompson Partnership, Notes on Talk for the Kodak International Group, Rochester, 26. Februar 1958, 2f.
22 Duhamel, Scènes de la vie future, 135–144.
23 Marchand, Advertising the American Dream, xxii; siehe auch Pease, The Responsibilities of American Advertising; Marchand, The Fitful Career of Advocacy Advertising, 128–156.
24 Young, A Footnote to History, unpag.

die sie erfüllt, zu öffnen«.²⁵ Der Staat erkannte im Gegenzug die besondere Rolle an, die die Werbung bei der Umsetzung der amerikanischen Außenpolitik spielte. Wo andere Länder zur Durchsetzung ihrer Interessen staatliche Propaganda einsetzten, benutzte Amerika PR-Strategien, um seine globale Mission zu verkaufen, setzte also im Wesentlichen auf private Ressourcen und auf den professionell nuancierten Rat eines die Massenkommunikation beherrschenden Wirtschaftszweigs. Und während andere Länder Ideologien propagierten, verkündete Amerika Ideale.

Vom Beginn des Ersten Weltkrieges an zeigte sich, dass kein Unternehmen stärker vom Geist des gewissenhaften Imperiums-Erbauers durchdrungen war als JWT. Im Europa der Zeit nach dem Zweiten Weltkrieg schwang sich die Agentur zur tonangebenden Ratgeberin für den Wiederaufbau des Kontinents im Rahmen des Marshall-Plans auf. Es waren Werbeagenturen, die mit der Aufgabe betraut wurden, den Europäern zu erklären, wie wichtig ein »Kapitalismus mit sozialem Gewissen« für einen dauerhaften Frieden war, und ihnen die handfesten Vorteile »gelenkter Märkte« und einer Politik nach dem Motto »Handel statt Hilfe« vor Augen zu führen.²⁶ Als ranghöchstes Mitglied des *Advertising Council*, das sich erstmals während des Zweiten Weltkrieges zusammentat, um Präsident Roosevelt zu beraten, übernahm J. Walter Thompson in den spannungsreichen Jahren zwischen 1956 und 1959 die Federführung für die Öffentlichkeitsarbeit der NATO, die zu dieser Zeit in eine »Identitätskrise« geriet, als amerikanische Steuerzahler ihren Unmut über die Kosten für die Verteidigung Europas äußerten und Europäer gegen den US-Imperialismus zu protestieren begannen. In den von JWT unterbreiteten Empfehlungen hieß es, »dieser Friedensschild« verlange nach einem neuen Image und in diesem Sinn solle die NATO anlässlich ihres 1959 bevorstehenden zehnten Geburtstags aus einer »Allianz« in eine »Gemeinschaft« umgewandelt werden. Gleichzeitig würde die Werbung »der Welt die haushohe sowohl moralische als auch materielle Überlegenheit der westlichen Philosophie des Menschen und seiner Würde deutlich machen«. Der NATO-Geburtstag, die NATO-Hymne und die für die NATO kreierten Werbeslogans wie »Gute Nacht – schlaft gut – die NATO hält Wache«, »NATO – vier Buchstaben, die für Frieden stehen« oder »Kein Zentimeter Gebietsverlust, seit es NATO gibt« würden mithelfen »eine Epoche der Gemeinschaft und Tradition zu schmieden«.²⁷

JWT war somit nicht nur ein Vermarkter von Produkten, sondern auch ein Werber für Ideen und Institutionen, als die Firma 1927/28 ihre ersten Niederlassungen auf dem europäischen Kontinent eröffnete. Mit der Arroganz von Kreuzzüglern konstatierten ihre Repräsentanten: »Nach unseren Maßstäben ist die deutsche Werbung zum größten Teil schlecht.« Das optische Erscheinungsbild deutscher Kaufläden fanden sie »katastrophal«. In der deutschen Zeitungswerbung würden »formale

---

25 Zit. n. Marchand, Advertising the American Dream, 6.
26 Young, A Story Still Untold, unpag.
27 Griffith, The Selling of America, 388–412; Harry Cross an Sam Meek, 8. Mai 1956, NATO, Akte »1958«, Subserie »International Offices and Special Assignments for Samuel W. Meek, 1926–1961«, Nachlass Howard Henderson, JWT; William P. Wright Jr. an Wolfgang Lehman, 5. Dezember 1958, mit beigelegten Memos: »Notes for the 10th Anniversary«, »Themes for NATO Tenth Anniversary«, »NATO«, »NATO Campaign: Meeting Report, #3, January 22, 1959«, ebd.

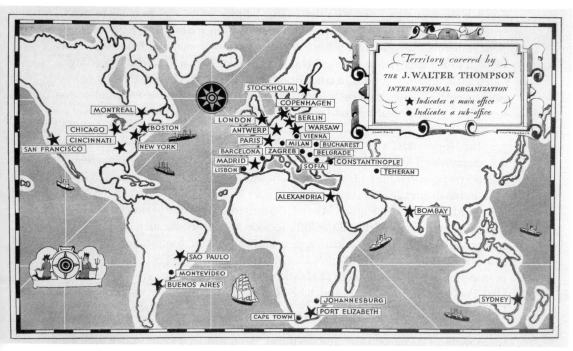

Abb. 18: Die neue Welt der wissenschaftlich arbeitenden Werbung: Die Full-Service-Agentur und ihre globale Reichweite, 1930.

Dinge stärker beachtet als die ›Botschaft‹; man legt Wert auf ›gescheite‹ Grafik und aufreizende Typografie, betont das Außergewöhnliche, mit der Folge, dass es Einbußen an Menge, Bedeutung und Qualität der Werbeträger gibt«.[28] In Schweden und Dänemark stellten die JWT-Statthalter fest, dass die »komplizierte Mixtur aus Kunst und Handwerk, die wir als Werbung kennen, einfach außerhalb des Horizonts skandinavischen Denkens liegt. Wir können zum Beispiel unsere technischen Methoden zukünftigen Textern oder Druckern oder Grafikern oder sogar auch den dänischen Vertretern unserer Kunden erklären, aber die Reaktion darauf ist selten mehr als ein halbherziges ›Ja, ja‹. Die sorgfältigste Erörterung ist weitestgehend vertane Zeit. Es ist, als redete man über die vierte Dimension: Der Hintergrund, der *Glaube* an die Sache ist einfach nicht da.«[29] Auf einer allgemeineren Ebene kamen die JWT-Leute zu dem Schluss, dass dort, wo noch eine ausgeprägte Kultur des Feilschens bestand, wie etwa in Polen, für die moderne Werbung kaum etwas zu erben war, denn der Vertrieb von Markenprodukten durch den lokalen Einzelhandel setze ein System rigoros festgelegter Preise voraus. In Osteuropa habe es sich aber als »unmöglich« erwiesen, »einheitliche Preise aufrechtzuerhalten. […] Schlaue polnische Juden haben den größten Teil des Handels mit Konsumgütern in der Hand, und Juden stel-

---

28 Advertising in Germany, Januar 1928, 1, Mikrofilm, Akte »Germany«, JWT.
29 Adrian Head an James Webb Young, JWT Newsletter, 15. Juli 1927, Newsletter Series, 1916–1987, JWT.

len auch einen großen Teil der Käuferschaft.« Vergleichsweise leicht tue man sich in Schweden, vor allem weil der dortige Einzelhändler ein »reinrassiger Schwede« und nicht »ein Ausländer oder Angehöriger einer Anstoß erregenden Rasse ist«.[30] Das Denken in Klischees ist in der Werbebranche unerlässlich, und solche Äußerungen waren nicht allzu erstaunlich in einer Branche, in der bis in die sechziger Jahre hinein Angehörige der weißen protestantischen Elite den Ton angaben, die voller rassistischer Vorurteile steckten und guten Gewissens Antisemiten waren.

Ein Gradmesser für die Gewichtigkeit von JWT war der Preis für ihre Leistungen. Ihr Honorarsatz von 15 (später 17,65) Prozent der Netto-Gesamtkosten einer Kampagne war nicht verhandelbar. Dieser Satz lag weit jenseits der branchenüblichen Provision von fünf oder zehn Prozent (die den Kunden in den meisten Fällen noch durch diskret gewährte Rabatte seitens der Publikationen, in denen die Anzeigen erschienen, versüßt wurde). Was JWT damit in erster Linie bezweckte, war, eine Wertschätzung für die Arbeit einer Full-Service-Agentur zu etablieren – eine Wertschätzung, die sich durch Verkaufszahlen allein nicht durchsetzen ließ. Die hohen Honorarsätze waren auch Ausdruck der Monopolprämie, die JWT für ihre Dienste beanspruchen konnte, nachdem der Markt diese einmal als wertvoll akzeptiert hatte. Dass JWT wegen ihrer Preispolitik jahrzehntelang keine Aufträge von lokal tätigen Unternehmen erhielt, tat nichts zur Sache. Ihre hohen Preise verliehen der Agentur eine geradezu mythische Aura, und letztlich münzte sie diese in große Erfolge um, wenn nicht in den zwanziger und dreißiger, dann mit Sicherheit in den sechziger Jahren. In dieser Zeit setzte JWT die Standards für die hohen Vergütungssätze, die führende lokale Agenturen für Dienstleistungen berechnen konnten, deren Wirksamkeit sich stets schwer messen ließ. Damit gab JWT auch jener ambitionierten These der Werbewirtschaft einen Schub, die besagte, je höher in einem Land der Anteil der Werbeausgaben am Bruttoinlandsprodukt sei (idealerweise bis zu sieben oder acht Prozent), desto größer sei sein Potenzial für wirtschaftliches Wachstum.

Vor allem kam es JWT darauf an, das Milieu zu verbessern, in dem Werbung operierte. Die Erfolge der in London eröffneten Niederlassung waren der ganze Stolz des Unternehmens und auch eine wichtige Grundlage für seine spätere Tätigkeit auf dem europäischen Festland. In den ersten Jahren ihrer Existenz verlegte sich die Londoner Tochter vor allem darauf, britische Produkte wie *Pear's*-Seife oder *Peter's*-Schokolade auf dem amerikanischen Markt durchzusetzen, abgesehen davon, dass sie dem ruhelos umherreisenden Mr. Thompson als Anlaufstelle diente. Ihre eigentliche Blütezeit kam aber erst, als sich die Geschäftskonditionen zwischen den USA und Großbritannien änderten und JWT in London die Möglichkeit erhielt, auf eigene Faust und Rechnung amerikanische Großkunden zu akquirieren. Der erste Durchbruch kam 1924, als die Firma *Libby, McNeill and Libby* 100.000 Dollar zur Verfügung stellte, um mit Hilfe der Agentur den britischen Markt für Lebensmittelkonserven zu erobern. Spätestens als *Sun Maid* anfing, in Großbritannien in großem Stil für ihre Rosinen zu werben, und die US-Tochter von *Unilever*, *Lever*

---

30 George Richardson, JWT in Poland and Sweden, JWT Newsletter, 28. Juli 1931, Newsletter Series, 1916–1987, JWT.

Brothers, JWT in London mit einer Kampagne zur Markteinführung ihrer neuen Seife beauftragte, avancierte JWT, die ehrwürdige eingesessene *Crawford Company* hinter sich lassend, zur größten Werbeagentur Großbritanniens. Ab 1930 residierte das Unternehmen in dem neunstöckigen *Bush House*, dem ersten mit amerikanischem Geld in London erbauten Büroturm. Die Agentur rühmte sich, die größte Abnehmerin von Druckfarben auf den britischen Inseln zu sein. 1924 setzte das Unternehmen eine weitere Marke, indem es sich als erstes in Großbritannien eine eigene Marktforschungs-Abteilung zulegte. Und 1933 gründete es das *British Market Research Bureau*, das erste Marktforschungs-Institut, das sich erbot, Verbraucherumfragen und Marktstudien auch für Nichtkunden der Agentur durchzuführen.[31]

Als die dreißiger Jahre ihrem Ende zugingen, kündeten die in der Zentrale einlaufenden Berichte aus den Stützpunkten »unseres weitläufigen Reichs«, wie die Auslandsvertreter von JWT es spaßeshalber nannten, zunehmend vom Erfolg des Unternehmens. Der Direktor der Pariser Niederlassung erinnerte sich, dass man eineinhalb Jahre zuvor, beim Start in Paris, »über die Franzosen nicht mehr wusste, […] als dass sie sehr viel gestikulierten und häufig das Wort ›impossible‹ sagten«. Die Pariser JWT-Tochter blieb am Ball und machte schnelle Fortschritte. Nicht lange, und sie verlegte ihren Sitz aus einem Zwei-Zimmer-Büro im vierten Stock eines Hauses ohne Aufzug in der nicht sehr zentralen Rue de Gramont an die Place Vendôme; die Zahl der Mitarbeiter erhöhte sich von drei auf 14. Auf der Grundlage von Auflagenzahlen französischer Tageszeitungen, die man als zuverlässig einstufte, hatte die Agentur »ganz Frankreich in acht Vertriebsgebiete aufgeteilt«. Sie hatte zwölf Verbraucherstudien durchgeführt, bei denen mehr als 3.000 Personen befragt worden waren. Von Paris aus schaltete JWT mittlerweile pro Monat 206 verschiedene Anzeigen in vier Sprachen in den Zeitungen von zehn Ländern. JWT rühmte sich, in Deutschland bessere Informationen über Auflage und Verbreitung von Zeitungen und über den Anzeigenmarkt zu besitzen als das damals größte Verlagshaus Europas, Ullstein in Berlin. Dies zu schaffen, war nur möglich, weil die von der US-Regierung in ihren Auslandsvertretungen installierten Handelsattachés unermüdlich und Stadt für Stadt die jeweilige Presselandschaft erkundeten und die Verkaufsauflage, die politische Orientierung und das Leserschaftsprofil von Hunderten Tageszeitungen und Zeitschriften erhoben. Dank dieser Zuarbeit mit einem Fundus an Marktwissen bestückt und mit staatlicher Unterstützung und amerikanischem Kapital im Rücken, konnte JWT sich Zutritt zur bis dahin geschlossenen Gesellschaft der deutschen Presse verschaffen, was alles andere als ein Kinderspiel war.

In Spanien führte Arthur Hartzell, der Direktor der Madrider Niederlassung, mit einheimischer Hilfe im Auftrag der US-Marke *Frigidaire* erstmals Haustür-Umfragen durch und überlegte sich Mittel und Wege, wie spanische Damen der Gesellschaft hinter dem Ofen ihrer einsiedlerischen Häuslichkeit hervorgelockt werden konnten. In Belgien stellte die Antwerpener JWT-Niederlassung den *Thompson*-Index vor, eine statistische Übersicht über die Verteilung der Kaufkraft auf der Basis

---

31 West, From T-Square to T-Plan, 199–217; Abdruck von JWT Aim Abroad. Push Gospel of Advertising, in: Advertising Age (2., 9. und 16. März 1959), 1.

von Zahlen zur durchschnittlichen Automobil- und Telefonnutzung und zur Verteilung der entrichteten Einkommenssteuer, getrennt nach Provinzen.[32] Gewiss waren nach wie vor die meisten der von JWT betreuten Kunden amerikanische Firmen. Für ein Unternehmen, das wenig Aussichten hatte, über seinen bestehenden Kundenstamm hinaus zu expandieren, waren die Dienste, die JWT anbot, ebenso eine Nummer zu groß wie die dafür in Rechnung gestellten Honorare. Dieser Umstand tat jedoch dem Interesse an der Arbeitsweise der Firma keinerlei Abbruch und änderte auch nichts daran, dass nach gängiger Ansicht die amerikanischen Werbeagenturen wohl oder übel die Zukunft der Branche verkörperten.

Die Grammatik des Werbens wird neu erfunden

Wenn der stolze Hinweis auf Geleistetes im Gewand eines Überlegenheitsdünkels daherkommt, ist Skepsis geboten. »Rückständigkeit« existierte zuerst und vor allem im Auge des Betrachters. Anmaßungen dieser Art lieferten freilich nicht nur einen potenten psychologischen Knüppel gegen Wettbewerber, sondern gaben den »Invasoren« oder »Eroberern«, wie die Amerikaner sich scherzhaft selbst apostrophierten, einen probaten psychologischen Vortrieb. Das Spucken großer Töne war gang und gäbe in einer Branche, in der Originalität und Image hohe Dividenden abwarfen. Die europäischen Werber lernten die Lektion schnell. Sie akzeptierten die prahlerischen Ansagen der Amerikaner entweder oder lehnten sie ab, je nachdem was ihren eigenen Plänen dienlicher war. Der pragmatische, redselige Marcel Bleustein-Blanchet, Gründer von *Publicis*, die später zur führenden Werbeagentur Frankreichs wurde, setzte Zeichen gegen den französischen Antiamerikanismus, empfand es aber keineswegs als eine Verbeugung vor der amerikanischen Macht, wenn er sich gelegentlich brüstete, er besuche »die Staaten regelmäßig, um meine Batterien wieder aufzuladen und meine ›Überredungswut‹ zu kultivieren, und ich wurde nie enttäuscht. Jedes Mal komme ich mit neuer Begeisterung zurück, bringe eine Innovation mit, ein Projekt oder einen frischen Blickwinkel.«[33] Im ersten seiner diversen Erinnerungsbücher schrieb er über die Gastfreundschaft, die er 1929 auf seiner ersten Erkundungsreise seitens der Mitarbeiter der Werbeagenturen *J. Walter Thompson* und *McCann* erfahren hatte, und schilderte sein Staunen über die hohe technische Qualität ihrer Dienstleistungen. Als er 1933 die USA erneut bereiste, suchte und fand er mehr Informationen über das, worin seine Stärke lag, nämlich Hörfunkwerbung, und nach der Rückkehr nach Frankreich errichtete er seine eigene *Radio Cité* (nach der *Radio City Music Hall* in New York), den ersten privaten Radiosender in Frankreich, dessen Programm von sechs Uhr morgens bis Mitternacht lief und der Quizspiele, musikalische Werbebotschaften, Talentwett-

---

32 Arthur Hartzell, JWT in Spain, JWT Newsletter, 15. Januar 1929, Newsletter Series, 1916–1987, JWT. Siehe auch Representatives' Meeting, JWT Newsletter, 29. Juli 1930. Berichte über ähnliche Erfolge: 8. August 1928, 30. April 1930, 16. Dezember 1930, 28. Juli 1931, ebd.; siehe auch Agence Thompson, Comment vendre, insbes. 34ff.; sowie Neama, Publicité à l'Américaine, Akte »Publications«, JWT.
33 Bleustein-Blanchet, Rage to Persuade, 7ff.

bewerbe und Live-Reportagen ausstrahlte. Bei einem weiteren US-Besuch schloss er 1938 Bekanntschaft mit David Sarnoff, dem Präsidenten der Plattenfirma RCA, der ihn wiederum mit George Gallup bekannt machte, von dem er lernte, wie man Meinungsumfragen nicht nur als Werkzeug der Verkaufsförderung einsetzt, sondern auch zur Voraussage politischer Entwicklungen.[34] Zum großen Bedauern Bleustein-Blanchets fand er erst 1954 in Gestalt des Chefs der Radikalen Partei, Pierre Mendès-France, einen Kandidaten, der bereit war, als Testobjekt zu dienen. Auf den Zug amerikanischer Innovationen aufspringend, verschlang er die psychologischen Motivationsstudien von Ernst Dichter mit Haut und Haar und baute zugleich die Ladenkette *Prénatal* auf, damit sich französische Frauen modische Umstandskleider von der Stange kaufen konnten, wie schwangere amerikanische Frauen sie trugen. 1958 baute Bleustein-Blanchet das Erdgeschoss seines Hauptquartiers an den Champs-Elysées in das schicke *Le Drugstore* um: ein 18 Stunden täglich geöffnetes Erlebniskaufhaus mit Zeitschriften- und Bücherabteilung, Leckereien, Geschenkeladen und Restaurant, das besonders am späten Abend eine ganz eigene Klientel anzog und überhaupt keine Ähnlichkeit mit den amerikanischen *Drugstores* besaß, denen es seinen Namen entliehen hatte. Dennoch ließ dieses Haus Paris und die Prärie näher zusammenrücken, und sei es nur, indem es mit lieb gewordenen Traditionen im französischen Einzelhandel brach.[35] Im Verlauf des darauf folgenden Jahrzehnts führte Bleustein-Blanchet das Konzept des »sozialen Marketings« ein, eine neue Form der Werbung, die zu der Zeit von JWT und *Young & Rubicam* heftig propagiert wurde. Soziales Marketing sollte nicht mehr ausschließlich »die kurzfristige Befriedigung des Verbrauchers« in den Blick nehmen, sondern »eine langfristige, am öffentlichen Interesse orientierte Perspektive« verfolgen. Sicher hätte keine dieser Innovationen *Publicis* zur führenden Werbeagentur Frankreichs in der zweiten Jahrhunderthälfte gemacht, wäre Bleustein-Blanchet, der aufgeweckte, aber nur in Ansätzen gebildete Sohn eines jüdischen Möbelhändlers am Boulevard Barbès, nicht ein Mann mit einem bemerkenswerten Riecher und einer großen Portion Charme gewesen und hätte er sich nicht auf ein engmaschiges familiäres Netzwerk stützen können und dank der Beziehungen, die er in seiner Zeit als Mitkämpfer von Charles de Gaulles Freien Französischen Streitkräften geknüpft hatte, Zugriff auf staatliche Vergünstigungen erhalten.[36]

Die konventionelle Geschichte – wie Bleustein-Blanchet sie erzählt – besagt, dass die Werbewirtschaft im Europa der Zwischenkriegszeit der US-amerikanischen Werbebranche ähnelte, ihr aber um mehrere Jahrzehnte hinterherhinkte. Als er im Mai 1927 als 27-Jähriger ohne formalen Bildungsabschluss sein Geschäft eröffnete, gab es in Paris tatsächlich erst drei Werbeagenturen amerikanischen Typs, nämlich *Jep et Carré*, *Dam* und *Elvinger*. In seinem Drei-Zimmer-Kontor im dritten Stock eines plumpen Hinterhofgebäudes an der Rue du Faubourg Montmartre schrieb der einfallsreiche Neuling seine ersten Werbetexte für das *Comptoir Cardiner*, ei-

34 Ebd. Siehe auch Bleustein-Blanchets übrige Erinnerungsbücher: ders., Mémoires d'un lion; ders., Les mots de ma vie; ders./Mauduit, La traversée du siècle.
35 Le Drugstore »à la française« s'affirme, Libre-Service-Actualité, 1. November 1968, 34ff.
36 Zur Geschichte von Publicis siehe Hultquist, The Price of Dreams.

nen Freunden seiner Mutter gehörenden Geschenkeladen, danach für zwei weitere in jüdischem Besitz befindliche Betriebe, nämlich Brunswick, den »Kürschner, der Furore macht«, und André, den »Schuster, der bei seinen Leisten bleibt«. Übliche Praxis war es zu der Zeit, dass fertig getextete Anzeigen von Vermittlern eingesammelt und an Media-Agenturen weitergereicht wurden, die die Platzierung übernahmen. In Frankreich dürfte es sich bei diesen Vermittlern höchstwahrscheinlich um Agenten der Firma *Havas* gehandelt haben, die gerade dabei war, ihre Dienstleistungen im Bereich der Werbung stark auszuweiten, nachdem ihr Stern als weltweit tätige Nachrichtenagentur (vom selben Typus wie *Reuters* in Großbritannien) wegen der übermächtigen Konkurrenz der amerikanischen *Associated Press* im Sinken begriffen war. Weder der Vermittler noch die Werbeagentur – und erst recht nicht die werbenden Kunden selbst – kannten die tatsächlichen Anzeigenpreise oder die Auflagenzahlen.

Was hingegen alle wussten, war, dass Anzeigen, wenn sie erschienen, dicht gedrängt auf den hinteren Seiten der Zeitungen standen, unter Umständen mit verquerem Layout und exzentrischen Schriftarten gesetzt gemäß der Lust und Laune eines gerade Dienst tuenden Setzers und unter Verwendung der vielleicht zuletzt noch übrig gebliebenen Schrifttypen, nachdem der redaktionelle Teil der Zeitung fertig gesetzt war. Die Anzeigen selbst – meist einspaltige eingerahmte Kleinanzeigen – warben in den meisten Fällen für Artikel, die ohne massive Bewerbung wohl keinen Absatz gefunden hätten: Inserate für »pseudo-pharmazeutische Heilmittel […] voller Aggression und Unverschämtheit«, die mit »getarnter Werbung für Bordelle und Abtreibungspraxen« um die Aufmerksamkeit der Leser wetteiferten. Die Anzeigen schöpften den gesamten Fundus »schlechter Werbe-Superlative« aus: »superb«, »herausragend«, »verblüffend«, »luxuriös«, »sensationell«, »unschlagbar«, »unvergleichlich«, »nie da gewesen«, »das Einzige«, »das Beste«. Eine Anzeige versprach eine »Nähmaschine« für ein paar Groschen, »und wenn man das Geld überwiesen hatte, bekam man eine Nadel geschickt«.[37] Die tonangebenden Theoretiker der Werbung, selbst so äußerst vernünftige Leute wie Octave-Jacques Gérin, standen unter dem Einfluss von Theorien zur psychischen Suggestion. Diese Theorien interpretierten Werbung als eine Art Hypnose, wie Gérin, bekannt als »der Vater der französischen Werbung«, in seinem viel zitierten Buch *La publicité suggestive* von 1911 erklärte: Wirksame Werbung funktioniere durch den Appell ans Unbewusste.[38]

Anstatt die europäische Werbung als »rückständig« oder »hinterherhinkend« zu bezeichnen, hätte man freilich auch von der Annahme ausgehen können, sie arbeite einfach mit einer anderen Ausstattung an wirtschaftlichen Ressourcen, kulturellen Traditionen und ästhetischen Grundsätzen als ihr amerikanisches Pendant. Wie das europäische Vertriebswesen als Ganzes bewegte sich auch die europäische Werbung im Orbit der großen Konsummetropolen und ihrer überwiegend bürgerlichen Käufergruppen. Trendsetter konnten sich somit auf das verlassen, was Edward Bernays die »soziale Modegeschmacks-Planung« nannte, die den europäischen Eliten

---

37 Bleustein-Blanchet, Rage to Persuade, 7f.
38 Beale, Advertising.

Abb. 19: Die Nachfolgerin der klassischen europäischen Kirchturmuhr: Reklamesäule mit Passanten in einer Berliner Straße, 1924.

nach seiner Ansicht zur zweiten Natur geworden war.[39] Angesichts der Tatsache, dass Markenartikel-Produzenten, Kaufhäuser/Ladenketten und Unternehmen der Unterhaltungsbranche – die wichtigsten Kundengruppen der Werbewirtschaft – bewährte Beziehungen zu ihren Kunden unterhielten, gab es keinen zwingenden Grund, altvertraute typografische und grafische Konventionen im Interesse einer womöglich nur kurzfristigen Absatzsteigerung über Bord zu werfen.

Die besagte »Modegeschmacks-Planung«, eine Eigenart homogen gebliebener kommerzieller Kulturen, wurde immer wieder beflügelt durch die üppigen Gestaltungsressourcen, die der Werbewirtschaft an Standorten zur Verfügung standen, an denen sich Grafikateliers, Buchverlage, Letterngießereien und Lithografie-Studios auf relativ engem Raum drängten. Diese Handwerksbetriebe empfanden die Großstadt als das perfekte Milieu für das Kreieren großartiger Buchumschläge, fein ziselierter Produktetiketten und ausgefallener Schaufensterdekorationen, die in den einschlägigen Betrieben von künstlerisch begabten Mitarbeitern gestaltet wurden. Erhebliche technische Fortschritte in der Lithografie, dem auf chemischen Prozessen beruhenden Druckverfahren, das der Deutsche Aloys Senefelder 1797 erfunden hatte, hatten die Kunst der Plakatherstellung so stark verbessert, dass es schon ab 1848 möglich wurde, großformatige Blätter in hohen Auflagen zu drucken, indem man die grafische Vorlage so auf eine präparierte Kalksteinplatte übertrug, dass die danach aufgebrachte Farbe nur dort haften blieb, wo sich Bildelemente befanden.

Spätestens um die Jahrhundertwende wimmelte es auf großstädtischen Flächen jeglicher Art, von Tunnelwänden bis zu Toilettenhäuschen, von attraktiv aussehenden Plakaten. Staatliche Behörden kontrollierten indes schon sehr früh den öffentlichen Raum, um ein Überhandnehmen kommerzieller Plakate zu verhindern. Diesem Zweck diente in Frankreich ein 1881 in Kraft getretenes Gesetz, das einen neuen Straftatbestand schuf: Flächen, die mit dem Hinweis *Défense d'afficher* versehen waren, durften nicht mit Plakaten oder Flugzetteln überklebt werden. Das Gesetz betonte und bekräftigte das Prinzip der Meinungsfreiheit, wollte aber erklärtermaßen alle offiziellen Plakatierungsflächen, die für amtliche Bekanntmachungen, Wahlvorschläge und dergleichen bestimmt waren, von kommerzieller Plakatierung und erst recht von Schmierereien frei halten. Um die kommerzielle Plakatwerbung unter Kontrolle zu halten, noch mehr aber um damit Geld zu verdienen, erhoben Stadtverwaltungen eine Stempelsteuer. Der Stempel war die Bescheinigung dafür, dass das betreffende Plakat registriert und inhaltlich geprüft worden war und dass der Antragsteller eine der Plakatgröße angemessene Gebühr bezahlt hatte.

Im Preußen der Gründerzeit diente die Institution der Litfaßsäule in ähnlicher Weise dem Zweck, Ordnung und Disziplin in das öffentliche Plakatierwesen zu bringen, das durch den Wildwuchs insbesondere nach Aufhebung der politischen Zensur chaotische Ausmaße angenommen hatte. Der Erfinder dieser Plakatsäulen, der gelernte Drucker Ernst Litfaß, durfte mit dem Segen der Stadt Berlin seine Säulen aufstellen und bekam ein lukratives Monopol für ihre Vermarktung.[40] Anders

---

39 Edward L. Bernays, Problems of the Advertiser in Europe and America, in: Foreign Trade (September 1928), 53.
40 Aynsley, Graphic Design in Germany, 55f.

als in den Vereinigten Staaten und in Großbritannien, wo Plakatwände und andere Außenwerbungsmedien lizenzfrei waren und daher praktisch an allen einigermaßen geeigneten Stellen auftauchten, sahen Regierungen und Behörden in den Ländern Kontinentaleuropas in der Werbung, soweit sie mit ihren verlockenden Botschaften den öffentlichen Raum in Anspruch nahm, eine unliebsame Konkurrenz.

Die Voreingenommenheit gegen den Kommerz im öffentlichen Raum zeitigte die paradoxe Wirkung, dass die in Europa als gewagt und experimentell empfundene Bildersprache, derer sich namentlich US-amerikanische Unternehmen in ihrer Werbung bedienten, diese zu einem auf spannende Weise »kulturrevolutionären« Medium machte, das zunächst einmal bei der kulturellen Avantgarde Europas größeren Anklang fand als bei der Wirtschaftselite. Nicht ohne ein wohliges Frösteln merkten die Europäer, dass dem amerikanischen Kommerz-Leviathan nichts heilig war: weder die Intimität des menschlichen Körpers noch der Tod – und schon gar nicht die religiösen Gefühle. Der ehrgeizige europäische Werbeprofi, der nach seiner Rückkehr aus den Vereinigten Staaten aufgeregt rapportierte, welchen Zuwachs an Legitimität seine Branche gewinnen könnte, wenn sie sich ein Beispiel nähme an der ausgefeilten Optik und Sprache amerikanischer Anzeigen, an zuverlässig ermittelten und geprüften Auflagenzahlen oder an den amerikanischen *Better Business Bureaus*, die Plagiatoren an den Pranger stellten, nach schlechten und fehlerhaften Produkten fahndeten und generell das Vertrauen der Öffentlichkeit in die Seriosität von Konsumgütern und Markenwerbung stärkten, verhehlte gewiss nicht seinen Abscheu über einige der Werbe-Exzesse, die er in der Neuen Welt gesehen hatte. Von einer in jeder Hinsicht abgrundtiefen Geschmacklosigkeit zeugten Bildanzeigen wie die, in der ein römischer Legionär dem am Kreuz hängenden Christus Galle zur Löschung seines Dursts anbietet und sich gleichzeitig dafür entschuldigt, dass er ihm nicht den Essig XY geben kann.[41] Das Letzte, was ein noch um Legitimität ringendes Metier riskieren wollte, war, mit der herzhaft blasphemischen Ader des antiklerikalen Europa identifiziert zu werden.

Es erwies sich als unverhoffter Segen für die sich mausernde Branche, dass staatliche Vorschriften und kirchliche Zensur (von bürgerlichem Komment gar nicht zu reden) die vorhandenen nihilistischen Neigungen daran hinderten, sich in der kommerziellen Arena auszutoben, zumindest bis die kulturelle Revolution der späten sechziger Jahre die Tabugrenzen verschob und das europäische Laientum endlich eine Synthese mit dem amerikanischen Kommerzialismus einging. Was Gottes- und andere Lästerungen betraf, konnte der Essig XY den europäischen Tabubrüchen des ausgehenden 20. Jahrhunderts nicht mehr das Wasser reichen. Oliviero Toscani, der später mit seinen Plakatkampagnen für *Benetton* weltberühmt werden sollte, setzte schon 1972 Maßstäbe, als er im Auftrag des jungen italienischen Unternehmens *Jesus Jeans* ein überdimensionales Außenplakat kreierte, das ein Model in Jeanshosen zeigte. Auf dem Hintern der jungen Dame prangten die Sprüche: »Du sollst keine anderen Jeans neben mir haben« und »Wer mich liebt, der folge mir«. Die Kampagne löste genau jenes Maß an empörtem Aufsehen aus, von dem erfolgreiche

---

41 A. Le Flobic, Comment un directeur commerçant a vu l'Amérique, in: Vendre (März 1931), 218.

Werbung lebt, erst recht als italienische Bischöfe sie öffentlich verurteilten und italienische Behörden ein zeitweiliges Verbot aussprachen. Der Skandal schlug sich in guten Verkaufszahlen nieder, sodass *Jesus Jeans* in der Folge eine hübsche Marktnische zwischen den US-Giganten *Wrangler* und *Levi's* erobern konnte.[42]

In den zwanziger Jahren war die Begeisterung für amerikanische Werbung jedoch zunächst einmal eine modische Marotte intellektueller Eliten, für die diese Werbung mit ihrer aufs Nötigste reduzierten Sprache, ihrer Popularität und ihrer Rasanz den neuen Brückenschlag zwischen Kunst und Alltagsleben – und zwischen Menschen und Sachen – symbolisierte, der für die politisch engagierte ästhetische Experimentierlust des Nachkriegsjahrzehnts so wichtig war.[43] »Werbung ist allmächtig; sie schmückt die Welt mit frischer Kleidung«, schrieb Jac Jongert, ein holländischer Plakatdrucker, in dieser Zeit. »Werbung ist das Verlangen nach Wachstum, das in uns allen wohnt, das Verlangen nach ständig veränderter Entwicklung und immer perfekterer Form in der Gesellschaft.«[44] In Leipzig erteilten die Veranstalter der Messe 1922 Peter Behrens den Auftrag, eine »Reklameburg« zu errichten, eine Aufgabe, auf die sich der modernistische Architekt stürzte, indem er eine farbenprächtige Zitadelle mitten auf den zentralen Marktplatz setzte, mit drei Stockwerke hohen Ecktürmchen, die sich über expressionistische Reklameaufbauten mit gezackten Umrissen erhoben; die ganze wunderliche architektonische Collage war bestückt mit überlebensgroß aufgemalten Markennamen, Logos und riesigen Ikonen aus Pappmaschee – einem auf dem Kopf stehenden Konzertflügel, einer Bierflasche, einer Kaffeemühle. Für die kulturelle Avantgarde Leipzigs war das Ganze ein Stück überbordende Kulturkritik, für die Kulturkonservativen der Stadt stand fest: »So eine Scheußlichkeit hat die Welt noch nie gesehen.«[45]

In Berlin verdingten sich prominente Autoren wie Frank Wedekind, Kurt Schwitters, Carl Zuckmayer und Bertolt Brecht als Werbetexter, zum Verdruss von Kritikern der neuen Kommerzialisierungswelle. Ein Berlin-Besucher aus Wien (wo er sich dank Verkehrs in den Kreisen des erzürnbaren Karl Kraus einen politisch korrekten Geschmack angeeignet hatte) war Elias Canetti. Er erinnerte sich später an eines seiner vielen Streitgespräche mit Bert Brecht in dessen Stammlokal, dem Café Schlichter. Canetti regte sich über die »Reklamen auf, von denen Berlin verseucht war«, in der Annahme, der spindeldürre Schriftsteller und Dramatiker, zu dem Zeitpunkt dreißig und wie ein arbeitsloser Proletarier angezogen, teile seine kulturellen Neigungen und Abneigungen. Weit gefehlt. Die Antwort Brechts war auf umwerfende Weise nonchalant:

> Ihn störten sie nicht; im Gegenteil, Reklame habe ihr Gutes. Er habe ein Gedicht über Steyr-Autos geschrieben und dafür ein Auto bekommen. Das war für mich, als käme es aus dem Munde des Teufels. Mit diesem Geständnis, das er wie eine Prahlerei vorbrachte, schlug er mich nieder und brachte mich zum Schweigen.

42 Pasolini, 17 Maggio 1973, 14–17; Ticnic, United Colors, 3–25.
43 Die beste Darstellung findet sich bei Willett, Art and Politics in the Weimar Period.
44 Jac (Jacob) Jongert, Posters Designed by Dutch Artists, in: Wendingen 5.2 (1923), 3.
45 Hubertus, Die Leipziger »Reklameburg«, 505–525, insbes. 521.

Ibby Gordon, eine gemeinsame Freundin, versuchte den am Boden zerstörten Puristen zu trösten: »Er schmeichelt seinem Auto selbst heute noch, […] spricht von ihm wie von einer Geliebten. Warum soll er ihm nicht vorher schmeicheln, um es zu bekommen?«[46]

Selbst die spektakulärste Werbung – die der oberflächliche Betrachter vielleicht als den Inbegriff »amerikanischer Methoden« bezeichnet hätte – prägte in Europa Formen aus, die sich von dem unterschieden, was US-Experten im Auge hatten, wenn sie ehrfürchtig von der »Wissenschaft des Marketings« sprachen. Nehmen wir den Fall des André Citroën, des ehrgeizigen jungen Autobauers, der der »amerikanischste« Industrielle in ganz Europa war. Er reiste regelmäßig nach Detroit, kaufte für sein Montagewerk am Pariser Quai de Javel amerikanische Maschinen, richtete nach amerikanischem Vorbild für seine Arbeiter und Angestellten firmeneigene Sport-, Erholungs- und Gesundheitszentren ein. Einmal vergatterte er alle seine Leute sogar dazu, Englisch zu lernen. Er eröffnete eigens eine Schule, an der seine Händler Verkaufskurse absolvieren konnten, überredete amerikanische Finanziers zur Unterstützung der SOVAC, der ersten auf die Finanzierung von Büromaschinen und größeren Haushaltsgeräten spezialisierten Kreditbank, und wenn er in der Presse zu Wort kam, versäumte er es fast nie, ein lobendes Wort über Henry Ford zu verlieren. Als erster europäischer Autohersteller, der sich voll der Massenproduktion verschrieb, setzte Citroën darauf, durch Werbung massenhafte Nachfrage zu erzeugen: Dabei zog er die *publicité technique* kategorisch der *publicité héroïque* vor und investierte in Erstere viel Geld, als 1919 die ersten Exemplare seines Modells *A-1* aus dem Montagewerk rollten – geliehenes Geld. Bis 1935 gab Citroën jedoch keine einzige Marktstudie in Auftrag; er tat dies erst, nachdem seine Firma, gebeutelt von schwerer Überschuldung, schrumpfender Nachfrage und veralteter Ausrüstung, 1934 Pleite gemacht hatte. André Citroën starb bald danach mit erst 57 Jahren, woraufhin seine Firma vom Reifenhersteller *Michelin* übernommen und umgebaut wurde.

Um dieselbe Zeit, als *General Motors* an *J. Walter Thompson* den Auftrag erteilte, ein Konzept für die globalen Vermarktungsaktivitäten des Konzerns zu erstellen, zerbrach André Citroën sich den Kopf über eine Marketingstrategie, die *Citroën* zu einer weltweit bekannten und geachteten Marke machen sollte, etwas, das *Ford* ohne jede direkte Werbung geschafft hatte, bevor GM zu einem ernst zu nehmenden Konkurrenten herangewachsen war. Im Zentrum sollte dabei nicht der Firmenname, ein Firmenlogo oder ein bestimmtes Automodell stehen, sondern André Citroën selbst, der Napoleon unter den Autobauern. Diese Strategie hatte ihre innere Logik und passte auch gut zum grandiosen unternehmerischen Auftreten des Industriellen. Gezwungen, gegen mehrere Handicaps und Widerstände anzukämpfen – den üblichen öffentlichen Argwohn gegenüber dem Neuling, insbesondere wenn er ein Pariser Jude ohne einschlägige Berufserfahrung im Automobilbau war, und den Umstand, dass sich auf dem Markt bereits etablierte Rivalen tummelten wie *Renault*, der Pionier des französischen Automobilbaus, und *Peugeot*, das seriöse Familien-

---

46 Canetti, Die Fackel im Ohr, 306.

unternehmen aus dem Jura, das den Franzosen seit vielen Jahren als Hersteller von Reifröcken, Regenschirmen und Fahrrädern vertraut war –, verfiel Citroën auf die Idee, sich seinen Platz im öffentlichen Bewusstsein Frankreichs dadurch zu erobern, dass er seinen Namen zum Synonym für den modernen Autoverkehr schlechthin zu machen versuchte.[47] Er setzte voll auf den Standort Paris, öffnete, eine Anregung aus Detroit aufgreifend, seine Werksanlagen im Stadtviertel Grenelle für Besuchergruppen (als einziger europäischer Autohersteller) und richtete seine Showrooms an der Place de l'Opéra ein, mitten in einem der belebtesten Geschäftsviertel der Welt. Er sorgte dafür, dass sein Name überall auftauchte, wo viele ihn sehen konnten – auf von Flugzeugen durch die Luft geschleppten Werbebannern, auf Spielzeugautos, Taxis und Stadtrundfahrt-Bussen, in Karikaturen und auf den Fahrzeugen, die alljährlich an der Rallye Paris-Timbuktu teilnahmen, einer Wettfahrt, die bewusst an den Geist des napoleonischen Ägyptenfeldzugs anknüpfte, indem sie in ähnlicher Weise den Anspruch erhob, nützliche Erkenntnisse für die Erkundung der besten Handels- und Verkehrsrouten durch Afrika und für die wissenschaftliche Forschung zu erbringen. Die größte Tat war die Indienstnahme des Eiffelturms. Erstmals aus Anlass der großen *Art-déco*-Ausstellung von 1925 angemietet, diente er als Unterlage und Hintergrund für die Präsentation des Markennamens *C-I-T-R-O-E-N*. Der französisch-italienische Ingenieur Fernand Jacopazzi gestaltete dieses Werbespektakel unter Einsatz von 200.000 Glühbirnen, wobei er um den Schriftzug herum eine Lichtkorona aus Sternen, Kometen und Sternzeichen anordnete. Wegen des großen Erfolgs gab es ein Jahr später eine Neuauflage, diesmal mit vier Leuchtfontänen, die die Illusion von nach unten und oben fließenden Lichtströmen vermittelten, und 1927 eine dritte, bei der der Schriftzug in einen Rahmen aus Lichtblitzen eingebettet war, die vom Himmel her auf die Erde herabzuckten.[48]

Das Publikum hatte Spaß an solchen Spektakeln, zeigte aber weiterhin wenig Neigung, Werbeaussagen als Einkaufsratgeber zu akzeptieren. Bleustein-Blanchet erinnerte sich später, dass er sich in seinen Anfängen mit seinen Kampagnen »den Hohn anständiger Leute« zugezogen habe. Die Werbung habe sich damals in einem Teufelskreis bewegt: »Scharlatane schürten das Misstrauen französischer Verbraucher gegen die Werbung, und dieses Misstrauen sorgte dafür, dass Hersteller nicht bereit waren, Geld für Werbung auszugeben.«[49] Die Verbraucher konnten es sich durchaus erlauben, der Werbung die kalte Schulter zu zeigen, denn sie waren noch einer Einkaufskultur verhaftet, in der traditionelle Geschmacksvorreiter wie Ladeninhaber, Familienmitglieder oder Madame Colouche, Frau Brühl oder Signora

---

47 Zu Citroën siehe Sabatès/Schweitzer, André Citroën; Schweitzer, André Citroën; Reynolds, André Citroën. Citroëns persönliche Stimme erklingt in André Citroën, The Future of the Automobile, in: Living Age (August 1929), 451ff. Um die Gedanken und Anliegen US-amerikanischer Wirtschaftsattachés kennen zu lernen, siehe Harry N. Kelly, French Automobile Men to Learn English, 25. Mai 1925, 156, Akte »Reports 1925«, Bd. 2, Mai–August 1924, Serie 16, RG 151, BFDC. Zeitgenössische Analysen referiert L. Deschizeaux, La publicité de l'automobile, in: Vendre (Juni 1930), 473–479; siehe auch Cheronnet, How French Automobile Firms Advertise, 39. Fridenson, French Automobile Marketing, ist reich an historischen Momentaufnahmen, siehe insbes. 139ff.

48 Cheronnet, How French Automobile Firms Advertise, 41.

49 Bleustein-Blanchet, Rage to Persuade, 8f.

Boldini von nebenan mehr Autorität besaßen als die unpersönliche Werbebotschaft einer Anzeige oder eines Plakats. Um sich einen Vertrauensbonus zu sichern, mussten die Werbung Treibenden, die bis dahin allenfalls mit einem kleinen Kreis bürgerlicher Warenkäufer kommuniziert hatten, zwei verschiedene Dinge zugleich tun: sich das Vertrauen anderer bürgerlicher Berufsgruppen verdienen, um nicht mehr als unseriöse Marktschreier angesehen zu werden, und mit neuen Ausdrucksmöglichkeiten experimentieren, die eine gewisse Gewähr boten, von der Masse des Publikums gehört und ernst genommen zu werden.

Die Krise des Plakats

Wie viele und welche Kompetenzen würde man hinzugewinnen, wenn man sich die neuen Ausdrucksformen der Werbung zu eigen machte? Was würde verloren gehen? Was möglicherweise auf dem Spiel stand, wenn man ein Medium werblicher Kommunikation zugunsten eines anderen abhalfterte, zeigte sich, als das Plakat, von manchen auch »Kunst auf der Straße« genannt, in die Krise geriet.

In ihrer elementarsten Form entzündete sich die Krise an der Frage, ob es besser sei, den textlastigen, appellativen Stil zu übernehmen, wie er etwa den Lesern amerikanischer Massenpublikationen vertraut war, oder eher auf die visuelle Ästhetik zu setzen, wie sie der Tradition der europäischen Plakatgestaltung entsprach. Die textorientierte Werbung verhieß Gewinne und ein besseres professionelles Image, während die visuelle Darstellung von Markenartikeln, die als Stärke des Plakats galt, ein Bekenntnis zur künstlerischen Autonomie und zu den jeweiligen einheimischen ästhetischen Traditionen war. Diejenigen, die einen neuen Weg einschlagen wollten, begründeten dies mit dem Argument, Waren müssten realistisch präsentiert werden, um dem potenziellen Käufer ein klares Bild von ihrem Nutzen zu vermitteln, wie es der bewährten amerikanischen Praxis entsprach. Diejenigen, die es bei den vorherrschenden Präsentationsweisen belassen wollten, hielten dagegen, man dürfe und müsse Waren durchaus mittels symbolischer, an Gefühlsregungen appellierender Bildtraditionen »beseelen« und unbewusst wirkende Bezüge und psychologische Mechanismen nutzen, um latente Sehnsüchte zu aktivieren. PR und Werbung funktionierten, so sagten die einen, dann am besten, wenn der Verbraucher einsah, warum er ein Produkt brauchte; nein, sagten die anderen, sie wirkten dann am intensivsten, wenn sie durch einen visuellen »Faustschlag aufs Auge« einen bleibenden emotionalen Eindruck hinterließen.[50]

Hinter den Fronten dieses Flügelkampfs stritten sich Werbe- und PR-Leute über grundlegende Fragen ihres Metiers: ob sie ihrem vertrauten bürgerlichen Publikum und ihrem angestammten bürgerlichen Berufsethos treu bleiben oder sich stattdessen ein Ausdrucksrepertoire aneignen sollten, mit dem sie diese gefräßigen

50 Siehe z.B. J. Neuilly, L'affiche vend-elle?, in: Vendre (Februar 1928), 153–157; L'affiche décade, in: La publicité 1 (April 1925); L.P.B. [L. Balzaretti], La decadenza del manifesto, in: Campana d'Italia (Dezember 1932); L. Cusmano, Il cartello in crisi?, in: L'ufficio moderno (Dezember 1928), 679f.; Gualtieri, Street Advertising in General, 163–167.

neuen Verbrauchergruppen, wer immer sie sein mochten, erreichen konnten; ob sie sich weiterhin als Bindeglieder zur handwerklichen Welt verstehen sollten, arm, aber dem Individuum und einer profunden Kunstauffassung verpflichtet, oder sich der Werbung für die großen Marken verschreiben und sich damit abfinden sollten, kleine Rädchen im Getriebe des Konzernkapitalismus zu werden. Ängste um die Zukunft des Plakats und seiner Welt wurden durch die amerikanische Konkurrenz noch verstärkt, doch reflektierten sie im tiefsten Grund auch reale, wenngleich nicht zur Gänze verstandene Veränderungen, die sich seit Kriegsende in der europäischen Gesellschaft selbst vollzogen hatten, Veränderungen, auf die es keine leichten Antworten gab. »Der Plakate Schrei aus den Zementverließen / kündet uns ein Märchenland, das uns entschwand« – wehmütige Worte des Dada-Dichters Richard Hülsenbeck aus dem Jahr 1927, die die gute alte Zeit der *Belle Epoque* in Erinnerung riefen.[51]

Ob die Vorkriegsjahre eine gute Zeit gewesen waren oder nicht, das Zukleistern großstädtischer Flächen mit Plakaten war in der Zeit vor dem Ersten Weltkrieg die vorherrschende Praxis europäischer Werber gewesen. Die ausgereifte Technik der Lithografie hatte die Plakatkünstler spätestens ab der Wende zum 20. Jahrhundert in die Lage versetzt, alle nur vorstellbaren Farben zu drucken und Schattierungen und Intensitäten zu erreichen, die in keinem anderen Medium machbar waren. Papier war verhältnismäßig billig, und die Möglichkeit, auf einem so prächtigen und kostengünstigen Trägermedium eine Bildkomposition mit einer im Gedächtnis haftenden Textzeile zu kombinieren, verwandelte Großstadtstraßen in regelrechte Schaustrecken für grafische Kunst. So wie Plakate den Kommerz aufwerteten, gewannen sie ihrerseits kommerziellen Wert und wurden zu Sammlerstücken. Ausstellungen, Galerien und Zeitschriften feierten ihre Urheber, Händler und Kunstfreunde verlegten sich auf ihren Ein- und Verkauf.[52]

Der Wert des Plakats stieg auch deshalb, weil das Volumen des Warenhandels insgesamt zunahm und originelle Werbeideen daher mit einem Zusatzbonus belohnt wurden. Wollte ein Händler seine bürgerliche Kundschaft für ein bestimmtes Produkt erwärmen, zum Beispiel ein Besteck mit Perlmuttgriffen, so suchte er nach einer Werbebotschaft, die aus der Masse der Allzweck-Vorlagen herausstach, die die Druckereien standardmäßig auf Lager hatten. Es war ihm klar, dass dem Publikum etwa Plakate im Nullachtfünfzehn-Stil, die sich vielleicht nur durch einen das Produkt nennenden Schriftzug oder Text unterschieden, schnell langweilig wurden; außerdem wollte er nicht, dass ein Plakatentwurf, für den er bezahlte, auch in Werbeanschlägen für Kaffeehauskonzerte, Allheilmittel oder Schlimmeres auftauchte. Stets auf der Suche nach künstlerischer Originalität und Verfeinerung, bemühten sich Hersteller und Händler, gute Grafikgestalter zu finden und zu engagieren. Als

---

51 Richard Hülsenbeck, Das Lied der Plakate, in: Gebrauchsgraphik 4.1 (Januar 1927), 4.
52 Siehe Hutchison, The Poster; ferner Moles, L'affiche. Zur Plakatkunst in Frankreich siehe Weill, L'affiche française; in Deutschland Cabarga, Progressive German Graphics, und Aynsley, Graphic Design in Germany; in Italien Mughini/Scudiero, Il manifesto pubblicitario italiano, ferner Casella u.a., Catalogo Bolaffi del manifesto italiano; in den Niederlanden Prokopoff/Franciscono, The Modern Dutch Poster; in Großbritannien Farr, English Art.

Kulturmenschen in einer Gesellschaft, für die die ästhetische Erziehung ein elementarer Bestandteil jeder beruflichen Ausbildung war, hielten sie sich viel darauf zugute, als kunstverständige Mäzene und Auftraggeber der lokalen Gestalterszene zu glänzen. Dank ihres Engagements erlebte die Plakatkunst diverse experimentelle Hochkonjunkturen, hochgradig differenziert nach lokalen Schulen. Da glänzte Paris mit *Art nouveau* und Wien mit seinem Äquivalent, dem Jugendstil, und beide machten Furore mit aufregend vitalen Ausdrucksformen. Die britische *Arts-and-Crafts*-Bewegung, die Glasgower Schule und der holländische *Slaolie*-Druck gediehen in der festen Überzeugung, dass kommerzielle Kunst auch eine gesellschaftliche Aufgabe zu erfüllen hatte. Dieses Engagement inspirierte auch die Arbeit der Münchener Secession von 1893, der Wiener Secession von 1897, der 1903 gegründeten Wiener Werkstatt, des 1907 ins Leben gerufenen Deutschen Werkbunds und des großen Nachkriegsprojekts Bauhaus – all dies waren Rebellionen gegen »Kunst um ihrer selbst willen«, Bewegungen mit dem Ziel, handwerkliche Produkte mit gesellschaftlicher Bedeutung zu füllen, die Schranken zwischen Kunst und Handwerk einzureißen und eine kreative Zusammenarbeit zwischen Künstlern, Herstellern, Händlern und Kunden zu stiften.

Die Plakatwerbung war so lokal wie ihre Märkte, auch wenn einige der führenden Plakatkünstler Bekanntheit bis in internationale Kunstsammlerkreise hinein erlangten. Das wunderbare Talent der französischen Plakatgestalter Henri de Toulouse-Lautrec, Alphonse Mucha (eines in Paris arbeitenden Tschechen) und Jules Chéret war vor allem den Menschen vor Ort ein Begriff; der Bekannteste der drei war Chéret mit seinen allgegenwärtigen, zauberhaften, in Orange, Blau und Grün gehaltenen Varieté-Plakaten, der zugleich der resolute Chef der *Imprimerie Chaix* war, der Druckwerkstatt für René Péan, Lucien Lefèvre, Georges Meunier und andere Meister der exaltierten weiblichen Formen, fließenden Linien und verschnörkelten Pflanzenornamente, durch die sich die spektakuläre ästhetische Kultur des französischen *Fin de Siècle* auszeichnete. Praktisch unbekannt war in Paris die Produktion des Berliner Gegenstücks zur *Imprimerie Chaix*, der Druckerei Hollerbaum & Schmidt, die unter der Leitung des Werbefachmanns Ernst Growald die sogenannte Berliner Schule bediente, eine Gruppe moderner Grafikgestalter um Lucian Bernhard, den Erfinder des sogenannten Sachplakats. Wer es als Plakatkünstler zu grenzüberschreitender Bekanntheit bringen wollte – wie Leonetto Cappiello (1875–1942), berühmt im ganzen südlichen Europa für seine in grellen Leuchtfarben strahlenden Kobolde und seine anderen aus dumpfen schwarzbraunen Untergründen herausspringenden wilden Geschöpfe, die er für Dutzende beim bürgerlichen Publikum beliebte Genuss- und Pflegemittel wie *Cinzano*, *Campari*, *Chocolat Klaus* oder *Thermogène* kreierte –, musste sowohl allgegenwärtig als auch unerhört produktiv sein. Cappiello schuf im ersten Viertel des 20. Jahrhunderts nicht weniger als 3.000 Plakate, pendelnd zwischen seinem Geburtsland Italien, Spanien und seiner Wahlheimat Paris.

Für den »Niedergang« des Plakats als Werbemedium mit kommerzieller Potenz wurden mehrere Faktoren verantwortlich gemacht. Zum einen wurde dem Plakat vorgeworfen, es sei in dem Maß zu einem »parteilichen« Ausdrucksmittel degeneriert, wie die Trennlinie zwischen Werbung und Propaganda, die nie einen eindeutigen Verlauf gehabt hatte, zunehmend verblasste und das Plakat zu einem Medium wurde, mit dem Regierungen im Krieg den Kampfeswillen der Zivilbevölkerung anfachten, linke und rechte Parteien in den revolutionären Kämpfen der Jahre 1918 bis 1920 ihre Gefolgsleute motivierten und politische Parteien ihre Wahlkämpfe bestritten. Im Zuge dieser Turbulenzen ging der Konsens darüber verloren, was geschmacklich und stilistisch zulässig war. Gebeutelt von Geldentwertung und hektisch fluktuierenden Märkten, büßten Unternehmer und Geschäftsleute ihre Urteilsfähigkeit darüber ein, welche gestalterischen Konventionen am besten geeignet waren, das Publikum für ihre Waren und Dienstleistungen einzunehmen. Am Ende setzten Erwerbslosigkeit und Konkurrenzdruck vielen Grafikgestaltern so zu, dass sie das Zutrauen zu ihrer Handwerkskunst verloren, insbesondere auch den Glauben daran, dass man damit seinen Lebensunterhalt verdienen konnte.

Das Ansehen des Plakats als eines Mittels zur Erzeugung von Nachfrage nach Konsumgütern wiederherzustellen, war keine leichte Aufgabe. Zwar hatten die experimentellen Höhenflüge der Grafikkunst in den Jahren nach dem Ersten Weltkrieg eine nie da gewesene Vielfalt neuartiger figurativer und bildlicher Motive hervorgebracht, doch hatte die Geschäftstätigkeit der größeren Unternehmen mittlerweile eine Größenordnung erreicht, die kaum noch regelmäßige und direkte Kontakte zwischen den Geschäftsleitungen und dem Milieu der Grafiker und Plakatkünstler zuließ. Grafikdesigner sahen sich zunehmend gezwungen, sich mit ihrer Arbeitsmappe unter dem Arm auf die Suche nach Auftraggebern zu machen, was bei ihnen die Neigung förderte, ihren individuellen stilistischen Vorlieben freien Lauf zu lassen. Wenn sie die Gelegenheit bekamen, ihre Entwürfe auszuführen, wiesen ihre Arbeiten eine zu starke persönliche Prägung auf. Anders gesagt: Sie reflektierten zu sehr die individuelle Vision des Künstlers und zu wenig die Erwartungen des Publikums – die einzuschätzen allerdings immer schwieriger wurde. Zugleich verkamen die alten Erfolgsrezepte – wie Lucian Bernhards Sachplakate mit ihrer betont geometrischen Darstellung der Produkte, ihren ungewohnten Schrifttypen und Schriftanordnungen und ihren satten, leuchtenden Farben aus neuen Farbstoffen, die weder verblassten noch verliefen – zu Formeln für die Herstellung langweiliger Imitate. Die grafische Ästhetik seiner Plakate für Pelikan-Bleistifte, Stiller-Damenschuhe und Manoli-Zigaretten, die ihn berühmt gemacht hatten, begann alt auszusehen.

Selbst wenn jüngere Künstler innovative Stilmittel entwickelten, die sowohl ästhetisch attraktiv als auch verkaufsfördernd waren, mussten sie sehr bald feststellen, dass ihre Arbeiten leicht plagiiert werden konnten. Dies kam einem Verlust künstlerischer »Aura« gleich, in diesem Fall herbeigeführt durch die nackte Produktpiraterie – ein Los, das jedoch nicht die Druckgrafik allein traf, sondern, in dem von Walter Benjamin benannten »Zeitalter der mechanischen Reproduzierbarkeit«, die Kunst insgesamt. Der moderne Kapitalismus drohe den Künstler in seiner gewohnten Gestalt abzuschaffen, warnten George Grosz und Wieland Herzfelde 1925 in *Die Kunst ist in Gefahr*: Wenn dem Gebrauchskünstler die materielle Basis für seine schöpferische Arbeit unter den Füßen weggezogen werde, müsse er sich, wie

Abb. 20: Europäisches »Ding-an-sich«-Plakat von Lucian Bernhard, ca. 1908.

alle anderen Künstler auch, mit den Alternativen befassen, entweder »indem er als Architekt, Ingenieur oder Reklamezeichner sich einreiht in das [...] Heer, das die industriellen Kräfte entfaltet und die Welt ausbeutet, oder indem er [...] als Propagandist und Verteidiger der revolutionären Idee und ihrer Anhänger sich einordnet in das Heer der Unterdrückten«.[53]

Im Handel und in der Werbebranche vermuteten einige, das Plakat sei im Begriff, zu einem Anachronismus zu werden, jedenfalls soweit es ihre Belange betraf. In den zwanziger Jahren wandelten sich die Vertriebsstrukturen dadurch, dass immer neue Produkte auf den Markt kamen, dem Handel neue Kunden aus der unteren Mittelschicht und der Arbeiterklasse zuliefen, die Städte ihr Gesicht veränderten und schließlich die Wirtschaftskrise ausbrach. Auf den rapiden Bevölkerungszuwachs in vielen Großstädten reagierten die Stadtverwaltungen damit, dass sie die innerstädtischen Geschäftsviertel neu überplanten, um sie für den Kraftfahrzeugverkehr gangbarer zu machen; dabei wurde der Wildwuchs aus Plakatwänden und -ständern gelichtet, wurden neue U-Bahn-Linien und Straßenbahngleise gebaut, um Menschen *en masse* aus den verstopften Stadtzentren in die Außenbezirke zu transportieren. Zur selben Zeit schnellten die Kosten für Plakatkampagnen in dem Maß in die Höhe, wie die Preise für Material und Arbeitskräfte inflationsbedingt stiegen und die um Einnahmen ringenden Stadtverwaltungen die Plakatierungsge-

---

53 Grosz/Herzfelde, Die Kunst ist in Gefahr, 32. Siehe auch Willett, Art and Politics in the Weimar Period, 114.

bühren erhöhten und empfindliche Geldstrafen festsetzten, um der ungezügelten Verbreitung von Plakatstellen, Emailschildern und Lichtreklamen Einhalt zu gebieten. Die hieraus erzielten Einnahmen wurden freilich nicht in die Verschönerung des Stadtbildes investiert, nicht einmal in die Reparatur beschädigter Bretterzäune, aus denen arme Stadtbewohner ganze Stücke herauszureißen pflegten, um das mit Kleister gesättigte Papier als Brennmaterial zu verwenden.[54]

Im Zeichen der neuen Schnelllebigkeit und der Reizüberflutung ging die Sorge um, die Menschen hätten womöglich nicht mehr die Zeit und auch nicht mehr das geschmackliche Format, um die Großartigkeit der im alten Stil gestalteten Werbeplakate für Produkte und Veranstaltungen schätzen zu können. Waren die Not leidenden Proletarier aus Hans Faladas 1929 erschienenem Roman *Kleiner Mann was nun?* ebenso offen für die Qualitäten der klassischen Plakatkunst wie die etwas gesetztere bürgerliche Kundschaft, die die ursprüngliche Adressatin ihrer Botschaften gewesen war? Oder Siegfried Kracauers »kleine Verkäuferinnen«, denen Kinofilme den Kopf verdrehten? Konnte das Plakat seinen Zauber auch dann noch entfalten, wenn es seinen ursprünglichen Adressaten in die blumengeschmückten, aber menschenleeren Straßen der beschaulich-grünen Vororte folgte? Ließen sich Plakatkampagnen so gestalten, dass sie verschiedene Kundengruppen auf jeweils spezifische Weise ansprachen? Eine präzise Erforschung der Pendlerbewegungen eröffnete eine Lösungsmöglichkeit. So rechneten sich in Berlin Werbeexperten aus, dass die geschätzten 950.000 Menschen, die an einem durchschnittlichen Wochentag auf dem Weg zur Arbeit und zurück die Bahnsteige bevölkerten, in der idealen »subjektiven Verfassung« waren, um für Werbebotschaften empfänglich zu sein. Man brauchte als Werber nur noch etwas über die demografische Zusammensetzung dieser Menschenmasse zu erfahren, dann konnte man loslegen. Die Werktätigen etwa, die sich abends in den ostwärts führenden Berliner U-Bahn-Linien drängten, konnte man mit Plakaten für Seife, Billigmöbel, Rauchwaren, Kleider und Lebensmittel beeindrucken. Die bessergestellten bürgerlichen Pendler, die mehrheitlich die westwärts führenden Linien frequentierten, konnte man hingegen eher mit Werbeplakaten für Luxusartikel wie Pelze, Elektrogeräte, Badeanzüge und Plattenspieler ansprechen.[55]
Im Zuge der Rationierungswelle, die in den zwanziger Jahren über Europa hinwegrollte, sprachen Pariser Experten von der Notwendigkeit, sämtliche aktuellen und potenziellen Plakatstellen präzise »auszukundschaften«, um Parameter für die optimale »Dosierung« und »Produktivität« der dort platzierten Plakate zu gewinnen. Neue Messzahlen für die Exponiertheit einer Plakatstelle wurden entwickelt, unter Berücksichtigung der durchschnittlichen Zahl der Passanten und der Dauer der Tageshelligkeit. »Sechzehn Stunden Wirksamkeit« ließen sich für eine sonnigen Sommertag ansetzen, für die Zeit um die Wintersonnwende dagegen nur halb so viele Stunden. Abgesehen davon, dass die Sonne zu dieser Zeit nur zwischen acht und 16

---

54 Chessel, La publicité, 158f.
55 J. C. S. Lore, Die Reklame auf den Hoch- und Untergrundbahnen Berlins, in: Gebrauchsgraphik 3 (September 1926), 31f.

Uhr schien, beeinträchtigte auch die mit Rauch und Ruß geschwängerte Winterluft die Wahrnehmungsqualität.[56]

In dem Maß, wie die Aufmerksamkeitsspannen und die Produktzyklen kürzer, die Stiltrends in der Kunst kurzlebiger und der Wettbewerb zwischen Aufmerksamkeit heischenden Werbebotschaften um die besten Plätze immer gnadenloser wurden, hörte das Plakat auf, der Leuchtturm in der Werbelandschaft zu sein, der es einst gewesen war – nicht nur für ein paar Tage oder Wochen gültig, sondern monate- oder gar jahrelang. Noch konnte ein Plakat freilich, gemäß dem Diktum von Andy Warhol, einen Moment der Berühmtheit erleben. »Ein effektvolles Plakat an der Säule macht unsterblich – für 24 Stunden«, witzelte ein Berliner Werbemann tiefsinnig.[57] Tatsache war eher, dass unter dem Ansturm amtlicher und anderer öffentlicher Bekanntmachungen und Verkündungen, den die wirtschaftliche Berg- und Talfahrt Deutschlands in den zwanziger Jahren auslöste, die visuelle »Befriedung« des öffentlichen Raums, deren Wahrzeichen die geniale Erfindung des Ernst Litfaß gewesen war, in die Binsen ging, eine Entwicklung, die den Niedergang der überkommenen bürgerlichen Geschäftswelt erahnen ließ. Am meisten Raum nähmen die »Filmplakate mit ihren bösartigen Auswüchsen und hochtönenden Titeln« ein, die es darauf anlegten, »Köchen und Küchenmädchen zu gefallen«. Dazu gesellten sich »die zahllosen Bekanntmachungen von Kontoren für den An- und Verkauf von Gold und Schmuck, die Werbeanzeigen für Vergnügungsstätten, ›Schönheitstänze‹, Nachtklubtänzerinnen usw.« Zwischen alle diese Machwerke drängten sich noch »rote Anschlagzettel mit phantastischen Reichsmark-Millionensummen für die Ergreifung dieses oder jenes Verbrechers«. Und fast erdrückt davon, »klein und bescheiden wie das Röcheln eines Mannes, der gerade stranguliert wird«, fanden sich mitten unter diesem Wust auch noch »amtliche staatliche Bekanntmachungen zum Wohl der Menschen, die in Wirklichkeit gar nicht mehr als Bestandteile des wirtschaftlichen Lebens der Nation wahrgenommen wurden«.[58]

Konfrontiert mit pessimistischen Voraussagen zum Tod des Plakats, formierten sich lebhafte Koalitionen, die zwei ganz unterschiedliche Strategien für die Bewahrung der europäischen Gebrauchskunst-Traditionen entwickelten. Die eine predigte den zum äußersten entschlossenen Widerstand, etwa durch eine enge Anbindung des Plakatgestalters an regionale Märkte, durch Hervorhebung des einzigartigen und lokalen Charakters des Plakats als eines Sprachrohrs für Handel und Kommerz. Besonders viel Gehör verschaffte sich diese Denkschule in den Ländern Südeuropas mit ihren segmentierten Märkten, vor allem in Italien, aber auch in Frankreich. Die andere Bewegung setzte auf eine Reform durch Entwicklung einer abwechslungsreicheren ästhetischen Sprache und einer größeren Reichweite; diese Strategie fand in Deutschland mehr praktischen Zuspruch als anderswo, konnte sie hier doch aus einer starken Tradition künstlerischer Experimentierfreude und aus der Dynamik einer exportorientierten Wirtschaft Kraft schöpfen.

---

56 Mauduit, La réclame, 75.
57 Julius Steiner, Einfälle. Gebrauchs-Graphorismen, in: Gebrauchsgraphik 5 (Mai 1927), 15.
58 Hermann Karl Frenzel, 25 Jahre Deutsches Plakat, in: Gebrauchsgraphik 4 (April 1927), 13. Zu Frenzel siehe auch Aynsley, Gebrauchsgraphik, 53–72.

Die Strategie des Widerstandes verkörperte der Italiener Guiseppe Magagnoli (1878–1933), Gründer und Chef der Plakatwerkstatt *Maga*. Der ehemals als Verkäufer für die berühmte französische Plakatfirma *Vercasson* tätig gewesene Magagnoli eröffnete 1920 in seiner Heimatstadt Bologna ein eigenes Atelier, dazu zentral gelegene Showrooms in Mailand und Paris; seine Geschäftsverbindungen reichten bis nach Buenos Aires. Seine Firma, von Vertretern der »neuen Werbung« als Bastion der »alten Schule« kritisiert und ganz überwiegend auf Plakatwerbung fixiert, ging 1932 pleite; im Jahr darauf starb der Choleriker Magagnoli an Herzversagen.[59]

In ihrer Blütezeit war die Firma *Maga* ein Unternehmen mit großartiger Strahlkraft, für das die begabtesten Vertreter der französischen und italienischen Plakatkunst arbeiteten, vor allem Cappiello, Achille-Lucien Mauzan, Mario und Severo Pezzati, Marcello Nizzoli, Sinopico und Pozzati (Sepo), dazu weniger bekannte, oft nicht einmal namentlich genannte Grafiker, die im Stil des Hauses arbeiteten. Sein per Rundschreiben versandtes Hausorgan *Pugno nell'occhio* bzw. *Pan dans l'œil* (»Die Faust ins Auge«) nutzte der reizbare Magagnoli als Tribüne für Brandreden gegen »all die alten, ranzigen und idiotischen Systeme, die bis heute Anwendung finden«. Seine besondere Verachtung galt der Werbung der amerikanischen Konzerne mit ihrer angeblich wissenschaftlichen Fundierung und ihrer unaufgeregten Bildsprache, ihrer »schwierigen Phraseologie« und ihren »kabbalistischen« Formeln, deren einziger Zweck darin bestehe, »dem Selbstbild des Auftraggebers zu schmeicheln« und ein »Idioten-Publikum« zu beeindrucken. Anders die *Maga*-Plakate: Ihre Funktion bestand darin, »Ideen zu materialisieren« und »das Publikum mit Überraschungen zu konfrontieren«. Als gleichsam vergrößerte Markenzeichen fixierten die *Maga*-Plakate »den Namen des jeweiligen Produkts fest im Bewusstsein« der Rezipienten.[60]

Das hohe Ansehen, das *Maga* auch international genoss, beruhte auf der erstaunlichen Produktivität Mauzans (1883–1952), der nicht nur ein herausragender Grafikdesigner war, sondern auch ein innovativer Lithograf. Direkt auf die Steinoder Zinkplatte zeichnend, konnte er an einem Tag zwei druckfertige Plakatvorlagen im Format 140 mal 140 Zentimeter fertig stellen; in den 23 Jahren seiner größten Schaffenskraft schuf er ungefähr 3.200 Werke. Gemäß dem Stil des Hauses *Maga* setzte Mauzan auf die knappe visuelle Pointe, die raffinierte Doppelbödigkeit (*la trovata*), die unerwartete Gegenüberstellung, die Beseelung des unbelebten Objekts, das Klischee. Auf einem Plakat für *Berkel*-Waagen prangte im Vordergrund die Messskala in einem leuchtenden Rot, daneben ein salomonischer Richter in schwarzer Robe mit mahnend erhobenem Zeigefinger, darüber der Spruch »Nicht alle Gewichte sind gleich«. Ein Plakat für *Radiotilina*, ein mit Radium angereichertes Erfrischungsgetränk, zeigte einen von den Toten auferstehenden Judas, in einen gelb funkelnden Schleier gehüllt; für einen Metallreiniger namens *Augea* warb

---

59 Zu Magagnoli und Maga siehe Pesavento/Palieri, Chi è in pubblicità, 202; C.W. Frerk, The Publicity Poster in Italy, in: Advertising World (Juni 1928), 224f., 230; Valeri, Pubblicità italiana, 51, 55; Herman Behrmann, Maga, in: Gebrauchsgraphik 3 (Juli 1926), 41–47.
60 L'arte di vendere del fumo, in: Pugno nell'occhio (Januar 1922); La pubblicità parlata, in: Pugno nell'occhio (März 1923).

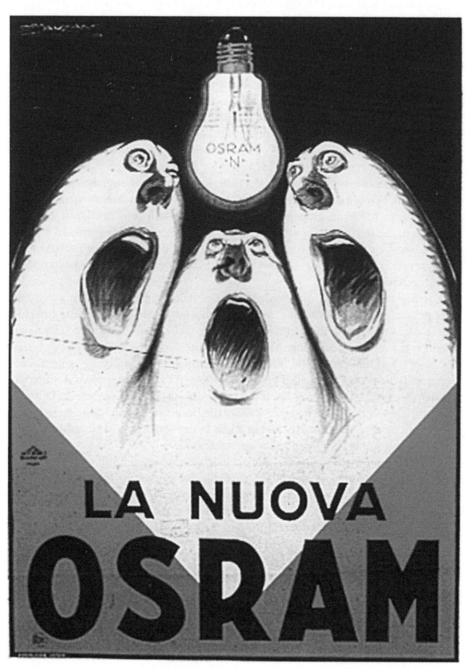
Abb. 21: Europäisches »Knalleffekt«-Plakat von Achille-Lucien Mauzan, 1927.

ein stieläugiger jüdischer Pfandleiher, der mit dem Mittel feuereifrig seinen kleinen Berg aus Münzen polierte. Die Werbung war für Mauzan, den Sinnesmenschen und Handwerker, ein Jahrmarkt exotischer Bilderwelten, ein Feld der permanenten Revolution gegen die Rhetorik der Zurückhaltung und des vernünftigen Konsenses, die die großen Konzerne für ihre Werbung bevorzugten. Das Plakat schrie, wie ein Zirkusausrufer, nach Aufmerksamkeit. Ein britischer Werbeexperte, der die Verhältnisse in Italien erkundete, erklärte, man müsse in diesem Land »mit lauter Stimme reden, um gehört zu werden«.[61] Das Plakat war auch eine »Verkündungsmaschine«; nach Auffassung von A.-M. Cassandre verkörperte es keine ängstlich zur Ware erstarrte, sondern eine animistische Welt, in der »Sachen im Sattel reiten«, um Ralph Waldo Emersons erwartungsvolle Metapher zu zitieren. Menschen und Dinge interagierten, als seien sie füreinander nützlich, und die Anziehung, die sie aufeinander ausübten, brachte eine menschliche Note in das Marktgeschehen zurück. Wenn ein Plakat geklebt wurde, ging der Vorhang für eine Vorstellung hoch, mit visuellen Wirkungen, die sich zu etwas addierten oder multiplizierten, das niemand voraussagen konnte. Es war genau dieses Draufgängertum, das die jungen Burschen aus Bologna 1932 in das Bergdorf Colibri geführt hatte. Vielleicht waren sie von *Maga* dorthin geschickt worden.

Die Reformbewegung, die die deutsche Gebrauchskunst der späten zwanziger Jahre prägte, ging von Berlin aus und lässt sich weitgehend mit der Leitfigur H.K. Frenzel identifizieren, dem Gründer und Chefredakteur der Zeitschrift *Gebrauchsgraphik*. 1924 mit der Mission gestartet, eine Lanze für die »künstlerische Publizistik« zu brechen, erweiterte die intellektuell reichhaltige, hochklassig aufgemachte Monatszeitschrift 1928 ihre selbst gesteckten Ziele hin zur Förderung der »internationalen Werbekunst«. Es ging Frenzel darum, die europäische Gebrauchskunst zu modernisieren, indem er mit seiner Zeitschrift *Die Branche* über gestalterische Innovationen in aller Welt berichtete, vor allem in der westlichen Welt einschließlich Japans, insbesondere aber in den Vereinigten Staaten.[62]

In Deutschland selbst konnte man keinesfalls von *einem* Stil sprechen, es sei denn in dem ganz allgemeinen Sinn, dass die Plakatkunst in ihrer wunderbaren Lust, mit Schrifttypen und Schriftanordnungen zu experimentieren, mit heraldischen Symbolen zu spielen und allen Ernstes den Anspruch auf Modernität zu verfolgen, das Vermächtnis Johannes Gutenbergs würdig weiterführte. An einem Ende des Spektrums stand die »Sachlichkeit« der von Lucian Bernhard angeführten Berliner Schule, die sich in den Nachkriegsjahren in die modernistische Abstraktheit des internationalen Designs hineinverpuppte. Gute Werbung konnte, wenn sie sich symbolische Bildformen zu Diensten machte – etwa einen krähenden Hahn für den Tagesanbruch, einen Pfeil für Geschwindigkeit, einen Vogel für das Fliegen – eine Universalsprache kreieren. Form und Funktion gingen Hand in Hand und verbanden sich zu einer fortschrittlichen, kosmopolitischen, experimentellen und

---

61 Frerk, Publicity Poster in Italy, 230; H. K. Frenzel, L. A. Mauzan, »Ein erfolgreicher italienischer Plakat-Künstler« — A Successful Italian Poster-Artist, in: Gebrauchsgraphik 6 (März 1929), 53–61.
62 Aynsley, Graphic Design in Germany, 119–137.

Abb. 22: Aktualisiertes europäisches »Ding-an-sich«-Plakat von Walter Nehmer, ca. 1926.

künstlerisch rigorosen Gebrauchsgrafik, die in jeder Beziehung eine positive Alternative zur »großindustriellen« amerikanischen Werbung zu sein schien.[63]

Am entgegengesetzten Ende des Spektrums residierte der »liebenswürdige und andienende« Stil, den man mit dem bayerischen Grafikkünstler Ludwig Hohlwein identifizierte, dessen »expressive Sentimentalität« ein unfehlbares Gefühl für Farbgebung mit einer superben Linienführung verband. Motivische Anregungen holte er sich aus den Traditionen der bayerischen Genremalerei – Tier- und Landschaftsbilder sowie Stillleben – und aus der vitalen regionalen Handwerkskultur. Er fand auch gar nichts dabei, seine Sujets aus Fotografien und Zeitschriften zu beziehen, sogar aus der amerikanischen *Saturday Evening Post*. Gleichzeitig elegant und populär, erfreuten sich die Arbeiten Hohlweins deutschlandweit großer Popularität. Das ließ sich über Bernhard nicht sagen, dessen Arbeit, abgesehen davon, dass er Jude war, für den konventionellen bürgerlichen Geschmack zu abstrakt war. In den Vereinigten Staaten galt Hohlwein als ein Seelenverwandter des in der amerikanischen Werbung vorherrschenden konventionellen Realismus, allerdings auch als ein Mann mit einer vielleicht zu ausgeprägten ästhetischen Individualität.[64]

Die Strategie des Sich-Öffnens hin zur Welt, der stärkeren Rücksichtnahme auf die Kräfte des Marktes und der »Entprovinzialisierung« lokaler Stile, eine Strategie, die in der Praxis beispielsweise die Veranstaltung extravaganter und schöner Ausstellungen, die Teilnahme an internationalen Kongressen und die aufmerksame Lektüre der *Gebrauchsgraphik* und ähnlich gelagerter Publikationen beinhaltete, hatte zwei paradoxe Auswirkungen.[65] Zum einen beförderte sie eine neue, starke Wertschätzung für die kunsthandwerklichen Konventionen, die den einzelnen deutschen Schulen zugrunde lagen, was wiederum vielleicht einer Schärfung regionaler Idiosynkrasien Vorschub leistete, namentlich des Gegensatzes zwischen dem Modernismus Berlins und dem Traditionalismus Münchens, verkörpert durch Bernhard bzw. Hohlwein. Zum anderen bewirkte sie, dass die deutschen Gebrauchskünstler in die gefräßige Tretmühle der amerikanischen Werbebranche hineingezogen wurden und damit dem stetig in die Höhe wachsenden Berg des kulturellen Kapitals der Vereinigten Staaten neue Masse zuführten.

So konnte man im Februar 1926 Lucian Bernhard in New York antreffen, an einem Arbeitsplatz in dem Grafikstudio, das Adolph Ochs, Besitzer der *New York Times*, ihm im *Times Annex Building*, ein paar Schritte vom Times Square, zur Verfügung gestellt hatte. Als Otto Hahn dort vorbeikam, um Bernhard für die Zeitschrift *Gebrauchsgraphik* zu interviewen, nutzte dieser die Gelegenheit, um eine

---

63 Lucian Bernhard in New York, ein Interview von Oskar M. Hahn, in: Gebrauchsgraphik 3 (Februar 1926), 9f., 12; Fritz Hellwag, Die Berliner Gebrauchsgraphik, in: Gebrauchsgraphik 4 (Mai 1926), 3–9; H. K. Frenzel/Frederick Suhr, Was Weiter? And What Now?, in: Gebrauchsgraphik 5 (Oktober 1928), 33–38; siehe auch W. S. Crawford, Das Plakat — The Poster, in: Gebrauchsgraphik 2 (Mai 1925), 3–9. Das modernistische Ethos, das der europäischen Art der Warendarstellung zugrunde lag, behandelt Banham, Theory and Design; siehe auch Tessari, Il Mito della macchina, und Giedion, Mechanization Takes Command.
64 Einführung zum Sonderheft Münchener Gebrauchsgraphik, in: Gebrauchsgraphik 3 (Januar 1926), 3–8; Frenzel/Suhr, Was Weiter?, 36.
65 Frenzel/Suhr, Was Weiter?, 33–38; Marchand, Advertising the American Dream, 140–150.

Pro-und-Kontra-Bilanz des Arbeitens in den Vereinigten Staaten und in Deutschland zu ziehen. Gewiss könne er sich, erklärte er, seit seiner Ankunft vor Aufträgen kaum retten, doch erfordere deren Ausführung eine »eindeutige Abkehr« von der Arbeitsweise, die seinen Ruhm im eigenen Land begründet hatte. Jeder, der die *Saturday Evening Post* durchblättere, könne sehen, dass »die Hüter des gesamten Reklamewesens in Amerika, die mächtigen Advertising-Agencies, sind viel mehr um das allgemeine Niveau bemüht, als um das Herausspringen aus der Reihe«. So gern sich amerikanische Agenturen bei deutschen Vorbildern bedienten, empfanden sie die meisten doch als »zu brutal und extravagant« für den einheimischen Geschmack. Also musste abgeschwächt werden. Bernhard erklärte, es falle ihm im Moment nicht schwer, ein Gleichgewicht zu finden. Er verdiente in New York gutes Geld, hielt sich aber eine kreative Tür nach Berlin offen, wo sein Partner Fritz Rosen, ebenfalls ein Meister der Plakatkunst, seine Werkstatt in seiner Abwesenheit leitete.[66] Als Bernhard nach der Machtergreifung der Nationalsozialisten seine Lehraufträge in Deutschland verlor und seine Werkstatt geschlossen wurde, entschied er sich, bis auf weiteres in den USA zu bleiben – ein weiterer schwerer Verlust für die Gebrauchskunst der Alten Welt.[67]

Der erzwungene Abschied Bernhards aus Deutschland fiel zusammen mit einem allgemeineren Trend in der Plakatkunst, der die Funktion des Plakats als kommerzielles Medium weiter einschränkte, es zugleich aber stärker in den Blickpunkt der Öffentlichkeit rückte. Die wichtigsten Auftraggeber für Plakatkampagnen waren jetzt nicht mehr Kaufhausmagnaten, Hersteller von Markenprodukten, Filmverleihe und Konzertveranstalter, sondern der interventionistische Staat der Weltwirtschaftskrise, politische Parteien, Interessengruppen, die gemeinschaftlich für ihre Ziele warben, und etablierte Unternehmen, die so bekannt und hoch geachtet waren, dass sie sich einen Prestigegewinn davon versprachen, als Mäzen wichtiger Künstler aufzutreten. Das war der Kontext für die Plakate des Franko-Russen A.-M. Cassandre, der u.a. den Werbeauftritt der Cognac-Marke *Dubonnet* in der Pariser Metro und die Plakate der *Compagnie Générale Transatlantique* mit ihren drohend aufragenden Bugwänden gestaltete, desgleichen für Charles Loupots vorbeiflitzende *Peugeot*-Limousinen oder Jean Carlus' grinsende blaue Monster, die dem Betrachter einladend ihre *Monsavon*-Seifen hinstrecken. Vor demselben Hintergrund erklärt sich auch der Auftrag des Londoner Stadtrats an E. McKnight Kauffer, eine Serie von Werbeplakaten für die Londoner U-Bahn zu entwerfen. Auch die Wandlung des Marcel Dudovich, der nicht mehr die fein ziselierten, in *Rinascente*-Warenhäusern einkaufenden Jugendstil-Damen porträtierte, die einst sein Markenzeichen gewesen waren, sondern gesichtslose, zu Salzsäulen erstarrte Frauen für den Mütter- und Kinderbund des faschistischen Regimes, wird erst vor diesem Hintergrund verständlich.

Über dem geschäftigen Getümmel der Warenwelt thronend, verkündeten die Plakate der dreißiger Jahre gesellschaftliche und politische Botschaften. Sie appel-

---

66 Lucian Bernhard in New York.
67 Aynsley, Graphic Design in Germany, 85f.

lierten an den Bürger – nicht den Verbraucher –, Produkte zu kaufen, die der Volksgesundheit dienten, wie Milch, oder der Volkswirtschaft, wie Bananen, Reis und Bier. In Italien und Deutschland, wo die Zeichen auf Autarkie standen, warben sie für Produkte aus Ersatzstoffen, etwa für Kunstfasern oder Malzkaffee. Die Arena des Plakatkünstlers war jetzt nicht mehr der öffentliche Raum des Kommerzes, sondern der öffentliche Raum der Politik, sein Auftrag nicht mehr die Aufforderung zum individuellen Konsum, sondern die Mobilisierung der Öffentlichkeit im Sinne des Staates oder organisierter Interessengruppen. Es lässt sich gewiss nicht bestreiten, dass die Trennlinie zwischen Öffentlichkeitsarbeit im Auftrag des privaten Sektors und Propaganda im Spannungsfeld von Staat, Öffentlichkeit und Politik in Europa immer durchlässiger gewesen war als etwa in den Vereinigten Staaten, wo die strenge Scheidung zwischen beiden zumindest in der Theorie, wenn schon nicht in der Praxis, als hohes Gut galt.[68] Es trifft auch zu, dass das Plakat sowohl von linken als auch von rechten Interessen in den Dienst genommen werden konnte: von fortschrittlichen Regimen wie Léon Blums Volksfront wie von den faschistischen Diktaturen. Der springende Punkt ist der, dass das Plakat jetzt dazu tendierte, Waren als Ikonen des Mangels zu präsentieren. Sicher bedeutete die Bewahrung eines sinnlichen Verhältnisses zu einem Objekt immer auch, dass man die Fiktion einer Solidarität zwischen Künstler, Produkt und Öffentlichkeit, die Mauzan so begeisterte, aufrechterhielt. Man distanzierte sich damit faktisch auch mit Verve von der Alternative, die darin bestanden hätte, eine Sprache zu finden, mit der man die Publikumsmassen an gemeinsame Konsumbedürfnisse hätte erinnern können. Roger-Louis Dupuy, der seine zählebige Agentur immer wieder als Bollwerk gegen und Alternative zu US-amerikanischen Trends anpries, trug diesen Gedanken in kategorischer Form vor: »Nicht nötig, ein Drehbuch zu erfinden: das Objekt, ganz allein das Objekt, das Objekt als König, muss einfach nur angeboten werden, es wird seine eigene Geschichte erzählen.«[69] In Ermangelung eines neuen Drehbuchs erzählte das kommerzielle Werbeplakat dieselbe alte Geschichte: über knapp gewordene Produkte und kleinkariert selbstbezügliche gesellschaftliche Kreisläufe.

Kapitalistischer Populismus: Texte in neuen Kontexten

Die »Krise« des Plakats verschärfte sich in dem Maß, wie es die Konkurrenz eines Mediums zu spüren bekam, das zunehmend als eine gut funktionierende Alternative zum Plakat angesehen wurde: die sorgfältig und geschmackvoll gestaltete Zeitungs- oder Zeitschriftenanzeige, verbreitet in mehr oder weniger massenhafter Auflage. Anzeigenwerbung in Periodika konnte sicherlich auch in Europa schon auf eine längere Geschichte zurückblicken. Anzeigen sinnvoll zu platzieren, war jedoch schwierig gewesen, solange Anzeigenpreise und Anzeigenformate nicht standardisiert waren und die Verleger ihre Auflagenzahlen nicht preisgaben. Dazu kam, dass

---

68 Chessel, La publicité, 201.
69 R.-L. Dupuy, Panorama de la publicité française, in: Vendre (März 1930), 194. Zu Dupuy siehe Bruneau, Magiciens de la publicité, 71–81.

Abb. 23: US-amerikanische Anzeige des argumentativ überzeugenden Typs, 1929.

die meisten Publikationen eine offensichtliche Affinität zu einer bestimmten gesellschaftlichen Schicht, einer bestimmten politischen Richtung oder einer bestimmten regionalen Klientel aufwiesen, sodass man in eine Anzeigenkampagne sehr viele Titel einbeziehen musste, um eine flächendeckende Wirkung zu erzielen, was die ganze Sache aufwendig und teuer machte. In Deutschland, dem »belesensten« Land Europas, mussten für eine ernst zu nehmende Kampagne 135 Tageszeitungen belegt werden, wobei das Anzeigenformat an nicht weniger als 127 unterschiedliche Spaltenbreiten zwischen sechs und zwölf Zentimeter angepasst werden musste. Sollte eine Kampagne für ein Waschmittel jede einzelne Hausfrau in Deutschland erreichen, mussten die Anzeigen dafür in tausend Zeitungstiteln geschaltet werden.[70] Einmal gedruckt und verbreitet, musste die geschaltete Anzeige mit einer Unmenge anderer Anzeigen und Inserate um die Aufmerksamkeit des Lesers wetteifern, wobei viele Anzeigen nur aus einem Produktnamen ohne nähere Angaben über Art und Eigenschaften des Produkts bestanden. Es schien, als betrachteten die Auftraggeber die Tageszeitung lediglich als eine etwas andere Plakatstelle oder Litfaßsäule und die Anzeige als ein verkleinertes Plakat: Häufig wurde mit einer fetten schwarzen Schrift auf weißem Grund gearbeitet, mit Emphase auf einem einzelnen Wort; für den Produktnamen verwendete man die größten Schrifttypen, die überhaupt zu bekommen waren. Weil auf dekorative oder illustrative Elemente verzichtet wurde, wirkten solche Inserate, als seien sie in der Absicht kreiert worden, dem Betrachter »mit dem Mittel der Druckfarbe einen möglichst heftigen Faustschlag zwischen die Augen zu versetzen«.[71]

Das Konkurrenzmedium, das tatsächlich das Zeug hatte, dem Plakat den Rang abzulaufen, war denn auch nicht die Zeitungsanzeige als solche, sondern eine besondere Spielart derselben, nämlich die durchdacht argumentierende, grafisch sorgfältig gestaltete, zuweilen mehrfarbige Textanzeige, die in auflagestarken Zeitschriften im Verlauf der zwanziger und dreißiger Jahre zunehmend stark hervortrat, insbesondere im *Ladies' Home Journal*, in der *Saturday Evening Post*, in *Good Housekeeping* und *Life*. Europäische Werbefachleute, die durch die Marketing-Kampagnen von *J. Walter Thompson* und anderen US-Agenturen in der europäischen Presse mit dieser neuen Anzeigenvariante konfrontiert wurden oder denen sie bei der Lektüre US-amerikanischer Zeitschriften und Zeitungen begegneten, sahen etwas durch und durch Amerikanisches in diesen mit viel Text vollgestopften, aber durch Überschriften, Ornamente, Zeichnungen und Fotografien ansehnlich gegliederten, die Leser geradeheraus ansprechenden Anzeigen.

In Wirklichkeit waren diese amerikanischen Textanzeigen natürlich kunstvoll komponierte Artefakte. Um überzeugende Exemplare dieser Gattung zu kreieren, arbeiteten und feilten erfahrene Fachkräfte wochenlang, nachdem sie zuvor schon die potenzielle Nachfrage nach dem zu bewerbenden Produkt durch Umfragen erkundet und sich mit dessen Qualitäten weit genug vertraut gemacht hatten, um den

---

70 Siehe die Beiträge von J. Murray Allison mit dem Titel Continental Advertising, in: Advertising World (April 1927), 728–732; ebd. (Mai 1927), 16ff.; ebd. (Juni 1927), 130ff.; Ned Crane, Bill Day for the Berlin Office, JWT Newsletter, 15. November 1927; alle Newsletter-Serien, 1916–1987, JWT.
71 Allison, Continental Advertising, in: Advertising World (Mai 1927), 18.

Verbraucher mit einer heftigen, wenn auch ephemeren Dosis von Empathie eindecken zu können. Welche Spielart dieser Anzeigen auch immer gewählt wurde – ob ein »Testimonial« aus dem Mund eines Meinungsführers oder ein Vorher-nachher-Vergleich oder eine Zeichnung, auf der *Aunt Jane* oder *Uncle Henry* das Produkt empfahl –, das Ziel bestand immer darin, den Konsumenten klarzumachen, dass und warum das Produkt jede Empfehlung wert war, und ihnen zu erklären, wozu und wie sie es verwenden konnten. In diesem Sinne verkauften diese Textanzeigen »den Nutzen anstelle des Produkts: behagliches Licht anstelle von Glühbirnen, Prestige anstelle von Automobilen, Sexappeal anstelle von schnöder Seife«.[72] Indem diese textlastige Werbung sich die Elastizität dieser neu aufs Tapet gebrachten Bedürfnisse zu Nutze machte, öffnete sie der Werbung treibenden Wirtschaft neue Türen. In dem Maß, wie es gelang, ein Produkt als »Sortiment von Gebrauchswerten anstatt nur als ein Ding an sich« zu präsentieren, verwandelten sich, wie der kanadische Soziologe William Leiss konstatierte, diese Gebrauchswerte selbst in manipulierbare Objekte. Das wiederum habe zur Folge gehabt, dass »frühere Bedürfniskategorien sich auflösten, neue sich bildeten und es dem Einzelnen aufgrund der beständigen Zellteilung und Rekombination [von Bedürfniskategorien] zunehmend schwer fiel, kohärente Repertoires von Objekten zu entwickeln und sich so ein Urteil über die Brauchbarkeit bestimmter Waren zu bilden«.[73] Als eine Spielart öffentlicher Rede verbanden gut gemachte Werbetexte »Kennzeichen förmlich-öffentlicher mit solchen informell-privater Redeweise« zu einer neuartigen Umgangssprache, die zwar Anleihen beim Volksmund nahm, aber durch ihre spezifischen Auslassungen und Inhalte eindeutig ihre Herkunft aus der Welt der Wirtschaft und des Kommerzes verriet.[74] Seriös, aber nie akademisch, vertraulich im Ton, ohne je herablassend zu wirken, klang in der neuen Werbesprache ein demokratisches Einfühlungsvermögen an, als sei sie eine Universalsprache, gesprochen von Werbeleuten ebenso wie von der Öffentlichkeit. Die Rede ist von dem Stil, den Michael Schudson so treffend als »kapitalistischen Realismus« bezeichnet hat – im Kontrast zum »sozialistischen Realismus« – und den ich im vorliegenden Zusammenhang »kapitalistischen Populismus« nennen werde, um die in seine öffentliche Rhetorik eingebaute explizite Volkstümlichkeit zu unterstreichen.[75]

Textanzeigen waren, wie mittelalterliche Miniaturen, bis zum Rand angefüllt mit visuellen Stereotypen und moralischen Postulaten, belehrenden Parabeln von Tugend und Laster. Sie verfolgten nicht in erster Linie das Ziel, Markenvorlieben unmittelbar zu verändern, sondern gaben klare Kriterien für Kaufentscheidungen der Verbraucher vor. Helen Lansdowne Resor von JWT war mit ihren raffinierten Kompositionen zweifellos die Altmeisterin des Genres. Die von ihr gestalteten Anzeigen strahlten die ruhige Gewissheit aus, dass die Großformatigkeit des modernen

---

72 Marchand, Advertising the American Dream, 10ff.; siehe auch Fox, The Mirror Makers, Kap. 2 und 3.
73 Leiss, Icons of the Marketplace, insbes. 12f.
74 Leech, English in Advertising, 166.
75 Der Begriff »capitalist realism« findet sich in Schudson, Advertising, 214ff. Lears, The Artist and the Adman, 5f., spricht von einem »stupiden Realismus«. Eine noch andere Formulierung, »kapitalistischer Idealismus«, benutzt Goffman, Gender Advertisements.

Lebens keinen Verlust an Intimität bedeuten musste, die Öffentlichmachung von Bedürfnissen keinen Verlust an Privatsphäre, die Standardisierung von Produkten keinen Verlust an Individualität und dass die neu auf den Plan tretenden Autoritäten, so weit entfernt sie von Familie und Nachbarn sein mochten, ebenso vertrauenswürdig waren wie etwa der Hausarzt, der Gemeindepfarrer oder der Grundschullehrer. Indem die Anzeigen sich am Erscheinungsbild und Layout der Medien orientierten, in denen sie erschienen, vor allem also an illustrierten Zeitschriften und Tageszeitungen, spekulierten sie auf die mangelnde Differenzierung zwischen »faktischer« Berichterstattung und kommentierender Wertung. Rasch überflogen, konnten Textanzeigen am Abend noch einmal in Ruhe durchgelesen werden, bevor die Zeitung dann an Familienmitglieder, Nachbarn und Freunde weitergegeben wurde. Unter dem Strich schienen die Werbeanzeigen, ebenso wie die Publikationen selbst, »die verbreiteten Anschauungen ihres Publikums« zu artikulieren.[76]

Um die Eigenarten zu charakterisieren, durch die sich die amerikanische Textgestaltung von der Sprache der europäischen Werber unterschied, griffen die Europäer oft auf Erklärungen zurück, die manchmal weit hergeholt anmuteten, aber immer auch ein Körnchen Wahrheit enthielten. So wurde etwa gesagt, amerikanische Werbung arbeite mit Beschwörungsformeln, die europäische hingegen durch Verführung. Oder amerikanische Werbetexte seien puritanisch, während das europäische Plakat »heidnisch« sei. Amerikaner beteten das Wort an und läsen Werbetexte, als wären sie die Bibel, wobei sie auch etwas von dem fundamentalistischen Eifer und Bekehrungsglauben bibeltreuer Christen an den Tag legten. Die Europäer huldigten im Gegensatz dazu einer Art Vielgötterei; sie verbeugten sich vor der durchdringenden visuellen Kraft des Plakats mit seiner ornamentalen Sinnlichkeit und seiner ikonischen Darstellung des »Gottes Ware«.[77] Amerikanische Grafiker interessierten sich für die »Reproduktion« von Dingen, kommentierte ein französischer Plakatkünstler, nachdem er eine Ausstellung amerikanischer Plakatkunst besucht hatte, während ihre französischen Kollegen sich für deren »Übersetzung« interessierten. In der europäischen Zigarettenwerbung beispielsweise werde die Aufmerksamkeit des Betrachters auf das Produkt selbst gelenkt, indem etwa der Mund eines Rauchers gezeigt werde, in dem eine Zigarette stecke, oder eine Packung in Großaufnahme, aus der zwei oder drei Zigaretten herausragten. Die amerikanische Werbung hingegen porträtiere die Zigarette gleichsam als Requisit des realen Lebens, indem sie einen zufriedenen Raucher zeige und dazu einen Text, der die Gründe für seine Zufriedenheit erläutere.[78]

Diese intuitive Einschätzung eines Laien nahm auf unheimliche Weise die Erkenntnis vorweg, die der französische Soziologe Pierre Bourdieu ein halbes Jahrhundert später publizierte: Er unterschied zwischen »populärer Ästhetik« und

---

76 Schudson, Advertising, 218ff.
77 Siehe insbesondere Leon Jones, Pourquoi l'annonce française est différente de l'annonce américaine, in: Vendre (September 1929), 201–204; ferner Dupuy, Panorama de la publicité française, und diverse Beiträge in: Die Reklame: Hanns W. Brose, Goût américain (August 1927), 519–523; G. Haug, Wirksame Verkaufstexte und wie man sie gestaltet (Juni 1928), 393ff.; H. Sakowski, Amerikanisches-Allzuamerikanisches (Oktober 1930), 640–648; Magliocco, La pubblicità in America.
78 Miller/Hill, Giant of the Western World, 213f.

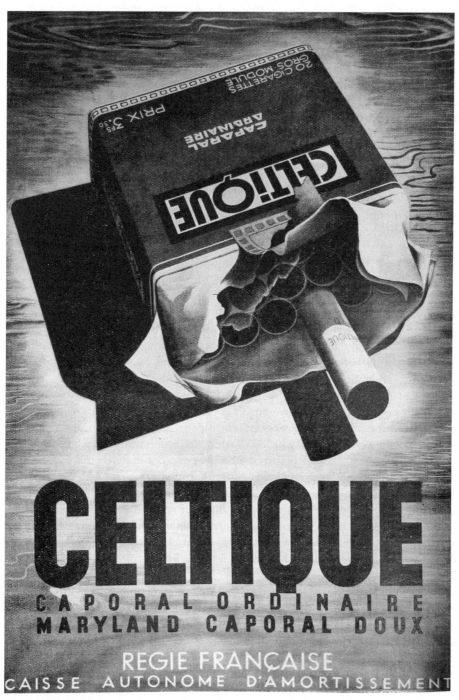

Abb. 24: Elitäre Ästhetik der Alten Welt: A.-M. Cassandre malt für die Zigarettenmarke *Celtique* »das Objekt allein, das königliche Objekt«, 1937.

einer »Ästhetik der Eliten«. Auf der einen Seite gebe es, so Bourdieu, Menschen, die unter dem beherrschenden Einfluss gewöhnlicher Interessen und Zwänge […] widerstrebend die Abstraktion akzeptierten. »Grund der Zurückhaltung und Ablehnung ist nicht allein die fehlende Vertrautheit; es ist die tiefsitzende, von der experimentellen Form immer wieder enttäuschte Erwartung«. Auf der anderen Seite gebe es kulturelle Eliten, die »mehr an die Darstellung […] als an das Dargestellte« glaubten, weil sie die Welt »in einem Ethos frei gewählter Distanz zu den Zwängen und Nöten der natürlichen wie sozialen Umwelt« erlebten und ihre Wahrnehmung dadurch bestimmt sei, auf einen »beliebigen Gegenstand die reine Intention eines zum Selbstzweck erhobenen künstlerischen Strebens zu applizieren«. Zum Verdruss der ästhetischen Eliten verschärfe der amerikanische Kommerz diesen Gegensatz noch, indem er sich auf die Seite der »populären Eliten« schlage, mit ihren »Leidenschaften, Empfindungen und Gefühle[n], in die sich die *gewöhnlichen* Menschen in ihrer *gewöhnlichen* Existenz verstricken«.[79]

Der kapitalistische Populismus versetzte die amerikanischen Großunternehmen in die Lage, mit ihrer Werbung die »Beratungslücke« auszufüllen, unter der eine Bevölkerung litt, der es an Orientierung und Führung im Großen gebrach, nicht nur im Hinblick auf Produkteigenschaften, sondern auch was Geschmack, Umgangsformen und psychologische Erfolgserlebnisse betraf. Obwohl das Publikum, an das sich diese Werbung wandte, keineswegs die Gesamtbevölkerung war, sondern allenfalls siebzig Prozent davon, musste sie ihr Vokabular strapazieren, um jene schichtenübergreifende Verbrauchermasse zu erreichen, die sie als ihre Hauptzielgruppe erachtete. Namentlich musste sie die am wenigsten bekannte Teilmenge der Öffentlichkeit ansprechen, nämlich die weibliche. Die »kleine Hausfrau« war J. Walter Thompsons erste Zielperson gewesen, als er am Anfang seiner Karriere kalkulierte, welche Gewinne sich aus dem Monopol für die Platzierung von Anzeigen in Frauenzeitschriften ziehen lassen würden. Spätestens in den zwanziger Jahren war es eine Binsenweisheit, dass die Frauen die Kaufentscheider in der Familie waren und dass 85 Prozent des gesamten für Konsumartikel ausgegebenen Geldes von Frauen ausgegeben wurden. Das daraus resultierende Bemühen, Frauen anzusprechen und eine Werbesprache zu formalisieren, die bei Frauen Aufmerksamkeit erregen würde, revolutionierte die Kommunikationsmedien und das Vokabular des Warenaustauschs. »Das Objekt der Erforschung des Menschen ist der Mann«, schrieb die Fachzeitschrift *Printers' Ink*, »aber das Objekt der Erforschung des Marktes ist die Frau.«[80]

Auch wenn die Menge derjenigen, bei denen Werbung ankam, in den Vereinigten Staaten begrenzt war, war sie doch um vieles größer als in irgendeinem europäischen Land. Hier wurden nur Mittelständler, Bürgertum, wohlhabendere Landwirte und die bestbezahlten Teile der Industriearbeiterschaft von der Anzeigenwerbung erreicht, was in Großbritannien und Nordwesteuropa einer Reichweite von vielleicht dreißig Prozent entsprechen mochte, in Frankreich und Deutschland

---

79 Bourdieu, Die feinen Unterschiede, 12f., 24, 60ff. (Hervorhebung im Original).
80 Zit. n. Schudson, Advertising, 173.

einer von 15 bis zwanzig und in Italien einer von fünf oder zehn Prozent. Als der schlimmste Problemfall konnte Spanien gelten: JWTs dortiger Agent Arthur Hartzell fand keine Anhaltspunkte, um auch nur annähernde Rückschlüsse auf die Kaufkraft und deren Verteilung ziehen zu können. Die Telefondichte, sonst ein brauchbarer Indikator, war in Spanien fast gleich null: nur 185.000 Anschlüsse bei einer Bevölkerung von 22 Millionen; unter einem elektrifizierten Wohnhaus verstand man in Spanien in aller Regel, dass die Bewohner ein Kabel illegal an das kommunale Stromnetz angespleißt hatten und damit eine einsame Glühbirne betrieben. Außerstande, die Kaufkraft der Spanier gemäß dem gebräuchlichen Schema in Einkommensgruppen von A bis D einzuordnen, behalf Hartzell sich mit einer Analogie. Er verglich den spanischen Markt mit einer

> Schokoladen-Schichttorte: Der Zuckerguss stünde für die Einkommensklasse AA (die wohlhabende Aristokratie, deren Reichtum niemand schätzen kann), die oberste Schicht für die Klasse A und die mittlere (für das menschliche Auge fast unsichtbare) Schicht für die Klasse B. Die Klassen C und D wären die schwammige Masse, die den dicken Boden der Torte ausmacht. Anders gesagt: Eine enorme Zahl von Menschen in Spanien bilden ein Marktsegment, das für amerikanische Anbieter in keiner Weise von Interesse ist.[81]

Da europäische Werbeagenturen es mit weit kleineren Zielgruppen zu tun hatten, über weniger Ressourcen verfügten und unter geringerem Druck seitens ihrer Auftraggeber standen, hatten sie gute Gründe, sich in ihren Werbeveröffentlichungen nicht einer Sprache zu bedienen, die nach dem Dafürhalten vieler ihrer eigenen Leute auf anbiedernde Weise belehrend und eindimensional daherkam, die sich nur unvollkommen in die europäische Presselandschaft übertragen ließ und nur für Menschen mit abgeschlossener Schulbildung ohne weiteres verständlich war.[82] Auf der anderen Seite hatten sie auch zwingende Gründe, mit amerikanischen Methoden zu experimentieren, über die Notwendigkeit hinaus, auf die offenkundigen Defizite der Plakatwerbung und der meist grobschlächtigen Textanzeigen reagieren zu müssen: Ein Grund war der, dass sie ihren Anspruch rechtfertigen wollten, über ausgewiesenes Fachwissen in Sachen Werbung zu verfügen, eine Voraussetzung, um neue Kunden und Aufträge zu aquirieren; der andere Grund war der Wunsch, neue Formen der Massenkommunikation zu legitimieren, deren Weiterentwicklung bis dahin mancherorts durch gesellschaftliche Hemmungen und durch das Unvermögen behindert worden war, neu entstehende Verbrauchergruppen zu erkennen oder gar mit ihnen zu kommunizieren.

Die tastende Suche nach Auftraggebern brachte spätestens im Verlauf der dreißiger Jahre einen verblüffenden Wandel in Stil und Ansprache der europäischen Werbung hervor. Wie der Werbe-Insider Bleustein-Blanchet konstatierte, hatte sich in der Branche folgende Logik durchgesetzt: »Um gut zu verkaufen, muss man den Kommunikationsprozess umkehren. Der Weg führt nicht mehr vom Produkt zum

---

81 Hartzell, JWT in Spain, 6.
82 Lehmann-Haupt, Amerikanische Reklame-Photographie, 19–29; Paule de Gironde, Si nous faisions une annonce américaine, in: Vendre (März 1929), 80.

Verbraucher, sondern vom Verbraucher zum Produkt.«[83] Die Pioniere, die diesen riskanten Weg einschlugen, waren vor allem die neuen Full-Service-Agenturen sowie die internen PR-Abteilungen von Großunternehmen, insgesamt vielleicht zwei Dutzend Akteure in Großbritannien und Kontinentaleuropa. Sie orientierten sich primär an amerikanischen Vorbildern, und ein gutes halbes Dutzend von ihnen wurde von Leuten gegründet, die bei *J. Walter Thompson, Erwin, Wasey and Company* und anderen US-Agenturen im Zuge von deren Teilrückzug aus Europa nach 1930 ausgeschieden waren. Auftraggeber fanden sie unter Produzenten, die angesichts volatiler Märkte unsicher waren, ob sie ihr Marketing zurückfahren oder verstärken sollten. Letzteres setzte sich durch, da erkannt wurde, dass die Werbung nicht nur ein Instrument für die Gewinnung von Kunden war, sondern dass man sie auch nutzen konnte, um Produktpreise zu veröffentlichen (sodass die Spielräume der Einzelhändler für Preisabweichungen nach oben oder unten enger wurden), um über Produkteigenschaften zu informieren, mit denen manche Einzelhändler nicht vertraut waren, und um an die Verbraucher zu appellieren, den Druck auf den Einzelhandel aufrechtzuerhalten, der andernfalls vielleicht das Risiko scheuen würde, ein neues Produkt zu bestellen. Unter dem Strich galt, dass die Werbung eine willkommene Errungenschaft in einer Zeit der wirtschaftlichen Verwerfungen war und dass sie sich gut mit der neuen Nachfrage- und der alten Angebotsseite der volkswirtschaftlichen Gleichung arrangierte. Deutlich geworden war jedenfalls, wie Maurice Halbwachs abwägend bemerkte, dass in Europa »die Werbung nicht mehr ein dem Zweck des Unternehmens untergeordnetes Mittel ist, sondern ein Selbstzweck […] im Zuge des Strebens nach Gewinn«.[84]

Die Werbebranche übte auch Druck auf die auflagenstarken Zeitungen und Zeitschriften aus, um sie zu besseren und flexibleren Werbeträgern zu machen. JWT-Mitarbeiter hatten oft die Frage gestellt: »Was ist der Anzeigenpreis pro tausend Leser?« Oder: »Wie hoch ist die tatsächliche verkaufte Auflage?« Meist hatten sie keine Antwort bekommen. Das deutsche Verlagshaus Ullstein bildete die Ausnahme, indem es seine Auflagenzahlen schon seit 1926 notariell beglaubigen ließ – nicht dass jemand bezweifelt hätte, dass das Flaggschiff des Hauses, die *Berliner Illustrierte*, mit ihren 1,9 Millionen Exemplaren pro Woche das mit Abstand größte periodisch erscheinende Werbemedium in Deutschland war. Die Ullstein-Geschäftsleitung brüstete sich sogar damit, ihr gesamtes großes Portfolio an Zeitungen und Zeitschriften sei, was ihre Werbeabteilungen betreffe, »ganz amerikanisch […]. Die Anzeigen sind auf Blickfang wirkungsvoll eingerichtet und enthalten in knappen, klugen Worten eine Darstellung der Eigentümlichkeiten und der Vorzüge des angekündigten Produkts.«[85] Ab Mitte der dreißiger Jahre gab es in den meisten westlichen Ländern Prüfverbände, die den Presseverlagen die Auflage machten,

---

83 Bleustein-Blanchet, Rage to Persuade, 7.
84 Halbwachs, La réclame, 402. Zum Aufstieg der Werbeagenturen siehe: De la naissance et de la vie des grandes agences françaises de publicité, Presse-Publicité, 7. Mai 1937, 3f., 25f.; ferner Chessel, La publicité; Martin, Trois siècles de publicité. Zur Werbebranche in Italien siehe Pesavento/Palieri, Chi è in pubblicità. Zu Deutschland siehe Berghoff, »Times Change and We Change with Them«, 128–147.
85 Knoll, Die Anzeigen-Organisation des Ullstein Verlages, 124; Ullstein, Rise and Fall, 109ff., 122.

nachprüfbare Auflagenzahlen zu melden; die meisten Zeitungen und Zeitschriften zeigten sich bereit, dies zu tun, nicht zuletzt weil es gut für das Anzeigengeschäft war. Die Werbung lieferte den Verlagen auch einen Anreiz, ihre Druckqualität zu verbessern, ihr Layout zu systematisieren und Heftformate und Spaltenbreiten zu standardisieren, ein Fortschritt, der Hand in Hand ging mit der Anschaffung gigantischer neuer Rotationsmaschinen und mit der Einführung neuer Rotogravur-Techniken, die oft aus den USA importiert wurden, dem Land, das gegen Ende der zwanziger Jahre Deutschland den Rang als weltweit führender Exporteur von Satz- und Druckausrüstungen ablief.

Die Presseverlage fanden zunehmend Gefallen daran, mit steigenden Anzeigenerlösen sprunghaft anschwellende Kosten zu decken, die sich durch den Heftverkauf nicht mehr hereinholen ließen. Die Werbeagenturen und ihre Auftraggeber bevorzugten, wenn sie die Wahl hatten, unabhängige, bürgerliche Tageszeitungen wie den Pariser *L'Intransigeant* oder den in Mailand erscheinenden *L'Ambrosiano*. Die Leserschaft der nationalistischen Presse mochte betucht sein, doch war sie gewöhnlich nicht sehr empfänglich für neue Produkte, insbesondere nicht wenn diese aus dem Ausland kamen. Parteiblätter waren für die Werbebranche keineswegs tabu, zumal sie sich um Anzeigen bemühten, um ihre Kosten decken zu können. Französische Werbeagenturen wussten zu schätzen, dass die sozialistisch orientierten Leser von *Le Populaire* überwiegend im Großraum Paris lebten und dass sie, wie die Arbeiterschaft generell, zurückhaltende Verbraucher waren, aber gut genug situiert, um Geld für ein Radiogerät zu sparen, kleine Haushaltsartikel zu kaufen und sich abends einen guten Schluck zu gönnen, wie zum Beispiel das allgemein beliebte Getränk *Le Popu*. Als in Deutschland die NSDAP 1932 ihren großen Durchbruch an der Wahlurne erzielte, schaltete ihr Parteiorgan, der *Völkische Beobachter*, eine Anzeige in *Die Reklame* und pries sich als der ideale Werbeträger an, um die neuen deutschen Mittelschichten zu erreichen. Die Aussicht auf Anzeigenerlöse war nicht der einzige Grund, aus dem der *Völkische Beobachter* an Werbeinseraten interessiert war. Sie würden seinen Seiten auch eine moderne Anmutung verschaffen, eine Aura der Legitimität und Normalität, vielleicht sogar eine unpolitische Note, und dies war ein durchaus wünschenswerter Effekt für eine politische Bewegung, die sich unbedingt die Gewogenheit der noch immer misstrauischen konservativen Kräfte verschaffen wollte. Wie in den Vereinigten Staaten füllten auch in Deutschland die meisten Zeitschriften möglichst viele ihrer Seiten mit Werbung, insbesondere die Frauenzeitschriften. Doch keine Zeitschrift (geschweige denn eine Tageszeitung) kam auch nur annähernd an die Anzeigenquote von vierzig Prozent heran, die das US-Magazin *Life* erreichte. Dieser Superlativ war gleichsam das Vorrecht einer Gesellschaft, in der das Papier billig, die Werbetats fett und die Leser immer weniger darin geübt waren, die Bilder und Texte der Werbeanzeigen von redaktionellen Berichten und belletristischen Beiträgen zu unterscheiden.[86]

86 Presse-Publicité, 7. Mai 1938, 6; Mauduit, La réclame, 72; Loustalan, La publicité dans la presse française, 7–55, 69–74, 145–183, 273–305, 322–325; Hultquist, The Price of Dreams, 245, nach dessen Schätzungen die illustrierten Zeitschriften Frankreichs damals einen Anzeigenanteil von rund 15 Prozent aufwiesen, während dieser Anteil in Life nicht weniger als vierzig Prozent betrug.

Die am nachdrücklichsten erhobene unter allen Forderungen, die auf den Übergang zu einer textorientierten Anzeigenwerbung im amerikanischen Stil abzielten, war zugleich die am schwierigsten zu erfüllende, nämlich: den Werbung Treibenden die Kommunikation mit ihrem Publikum zu ermöglichen. Schon gegen Ende der zwanziger Jahre hatten europäische Experten immer lauter auf die Notwendigkeit hingewiesen, die Frauen anzusprechen – allerdings war nicht unmittelbar ersichtlich, wie das bewerkstelligt werden konnte. Das meiste Geld, das ausgegeben werde, gehe durch Frauenhände, schrieb Hanns Kropff, der zusammen mit Edward Bernays' Schwager Bruno W. Randolph das erste Marketing-Handbuch verfasst hatte, das in Deutschland weite Verbreitung fand. Diese Erkenntnis war nicht neu. Das Problem lag darin, dass Frauen »jedes Ding in direkte Verbindung zu ihrem Aussehen, ihrem Glück, ihren Sympathien« brächten und sich die meisten Werbung Treibenden aus diesem Grund schwer täten, frauenspezifische Anzeigen zu entwerfen. »Sie denken zu kompliziert, zu männlich. […] Sie benutzen oft Ausdrücke, die für die Frauen etwas ganz anderes bedeuten, die zu Missverständnissen führen, ja die sie oft verletzen.« Eine Anleihe beim amerikanischen Marketing nehmend (das Kropff in- und auswendig kannte, da er seine berufliche Laufbahn unter den Fittichen von Bernays begonnen hatte), empfahl er: »[Die Hausfrau] sieht weniger auf den Preis, wenn Sie sie davon überzeugen, dass diese Waren ihr Leben leichter, angenehmer und schöner machen.« Texte seien zwar wichtig, aber es bedürfe guter begleitender Illustrationen, um die Neugier der weiblichen Betrachter zu wecken. »Frauen sehen die Dinge mit ihren Augen – nichts kann sie dazu bewegen, ein Inserat zu lesen, das ihnen auf den ersten Blick aus irgendeinem Grunde nicht gefällt.«[87]

Allein, ganze Verbrauchergruppen, männliche wie weibliche, waren offen für den Einfluss dessen, was gemeinhin als »Neue Wohnkultur« bezeichnet wurde. Siegfried Kracauer konstatierte, die »Masse der Angestellten« sei »geistig obdachlos« geworden, »das Haus der bürgerlichen Begriffe und Gefühle, das sie bewohnt hat, ist eingestürzt, weil ihm durch die wirtschaftliche Entwicklung die Fundamente entzogen worden sind.« Somit lebe sie »gegenwärtig ohne eine Lehre, zu der sie aufblicken, ohne ein Ziel, das sie erfragen könnte«.[88] Bis zu einem gewissen Grad stellten diverse in Zeitschriften zu findende Anzeigen – »Kohinoor-Bleistifte; Hämorrhoiden; Haarausfall; Betten; Kreppsohlen; weiße Zähne; Verjüngungsmittel; Verkauf von Kaffee in Bekanntenkreisen; Sprechmaschinen; Schreibkrampf; Zittern, besonders in Gegenwart anderer; Qualitätspianos gegen wöchentliche Abzahlung usw.« – neue Identitätsachsen bereit. Es war jedoch unklar, ob unter den Bedingungen dieser »geistigen Obdachlosigkeit« eine Identitätspolitik, die lediglich auf Marketing-Botschaften setzte, überzeugend genug sein würde, um ein Gefühl gesellschaftlicher Zugehörigkeit wiederherzustellen. Ebenso fraglich war, ob die Werbewirtschaft genug gesellschaftliches Selbstbewusstsein besaß, den einfüh-

---

87 Hanns Kropff, Frauen als Käuferinnen, in: Die Reklame (Juli 1926), 649f., 661; siehe auch ders./Randolph, Marktanalyse; zu ihrer Zusammenarbeit mit Bernays siehe Bernays, Biography of an Idea, 355ff.
88 Kracauer, Asyl für Obdachlose, 91–101, Zitat 91.

lenden Ton anzuschlagen, dessen es bedurfte, um mit einer Masse zu kommunizieren, über die sie keine Kenntnisse aus erster Hand hatte und solche auch nicht ohne weiteres erlangen konnte. Klar war, dass ein Werber nicht mehr einfach »Emil, den Hausmeister«, befragen oder den nächsten Taxifahrer nach Informationen über den Geschmack »der Köche und Küchenmädchen« ausquetschen konnte. Auch war niemandem mit dem Rat geholfen, Werbebotschaften nach Maßgabe einer banalen Geschlechterphilosophie zu formulieren, etwa »Verführe die Damen, informiere die Herren«.

Nehmen wir die schwierige Frage, wie es gelingt, mit Autorität gebietender Stimme zu sprechen. Ging es um eine Testimonial-Anzeige – ein bei *J. Walter Thompson* besonders beliebtes Format –, so stellten amerikanische Werbekunden ein einigermaßen realistisches Szenario nach, indem sie einfach eine einschlägig erfahrene Agentur anriefen und dieser beschrieben, welche Botschaft sie aussenden wollten. Die Agentur sah dann ihre Kartei durch und grub einen gerade arbeitslosen Schauspieler oder einen anderen Menschen aus, der, wenn man ihn richtig ins Bild setzte, genug Seriosität ausstrahlte, um zum Beispiel als Vertrauen einflößender Präsident einer lokalen Bank, als loyaler Hausarzt oder allseits geliebter Großvater durchzugehen. Nach wenigen Tagen trafen die entsprechenden Fotografien ein. In Europa dagegen war es die Regel, dass eine Firma, die sich für eine Anzeige für ihre Armbanduhren etwa ein Foto eines betuchten Herrn vorstellte, der seiner Tochter zu ihrem zwanzigsten Geburtstag eine goldene Uhr schenkt, sich in ihrem eigenen Umfeld nach einer Persönlichkeit umschaute, die für das gewünschte Foto posieren würde. Handelte sie sich von allen Kandidaten einen Korb ein, so musste sie vielleicht einen ihrer gepflegt aussehenden Angestellten überreden, sich der Rolle gemäß einkleiden zu lassen; dann musste noch eine passende »Tochter« gefunden werden.[89] Für die Aristokraten, Stars und Salonlöwen, die *J. Walter Thompson* in Testimonial-Anzeigen präsentierte, gab es in Europa kein Pendant, außer vielleicht in Skandinavien. Aus Berlin berichtete der JWT-Korrespondent Julius Watkins, im Hause Ullstein habe niemand verstanden, wovon die Rede war, als er über Testimonial-Anzeigen gesprochen habe; es gebe im Weimarer Deutschland keine anerkannte »elegante Welt«, sehe man einmal von der »alten royalistischen Clique« ab, die aber natürlich »ein sehr schmales Resonanzfeld« habe. Und was Schauspielerinnen betreffe, so gälten sie in Europa, »anders als in Amerika, nicht als Persönlichkeiten, die man bewundert und denen man nacheifert«.[90]

Statt eine ihnen ganz fremde Werbesprache zu adoptieren, täten die europäischen Werber besser daran, eine authentische eigene Sprache zu erfinden. Um dies zu bewerkstelligen, müssten sie allerdings, wie der aufmerksame Schweizer Werbeexperte Adolf Guggenbühl forderte, Fühler zu ihrem Publikum ausstrecken: Die Werber müssten aufhören, ihre Sätze mit »ich« und »wir« zu beginnen, und stattdessen anfangen, »ihr« zu sagen. Sie müssten aufhören, zu glauben, Massenkonsum

---

89 Guggenbühl, Reklame in Amerika, 17.
90 Dr. Julius Watkins zit. n. Representatives' Meeting, JWT Newsletter, 9. Dezember 1930, Newsletter-Serie, 1916–1987, JWT.

Abb. 25: Werbung im amerikanischen Stil mit französischem Touch: argumentativer Überzeugungstext, daneben Hinweis auf eine von *Cadum* gesponserte Radiosendung und Bild des *Bébé Cadum*, 1937.

bedeute das Ende ihrer eigenen Individualität, und müssten es sich abgewöhnen, jedes Gespräch über dieses Thema mit einem Stoßseufzer zu beenden: »Mein Gott, ich danke dir, dass ich nicht bin wie jene da. Gottlob bin ich noch ein individueller Mensch, kein standardisiertes Massenprodukt.« »Kultur heißt Gemeinschaft«, betonte Guggenbühl. »[Wir] würden weiterkommen auf geistigem wie auf wirtschaftlichem Gebiet, wenn wir mehr das Gemeinsame als das Verschiedene betonen würden.« Es sei doch besser, »in einem standardisierten Haus mit Boiler, Zentralheizung und Badzimmer [zu] wohnen als in einem persönlichen, individuellen und originellen Haus ohne warmes Wasser, mit Zimmeröfen und einer Zinkwanne im Keller«. Das Pochen auf Originalität sei nur eine bürgerliche Ausrede für Untätigkeit: »In den größten künstlerischen Epochen, wie in der Gothik z.B., war die Originalität der einzelnen Künstler so klein, dass wir in vielen Fällen heute nur noch die Schule und nicht mehr den einzelnen Künstler erkennen können.«[91] Kurz und gut: Der bürgerliche Werber brauchte nicht seinen guten Geschmack über Bord zu werfen, aber er musste aufhören, ein Snob zu sein.

Der Druck auf die Werbeagenturen, Textanzeigen im amerikanischen Stil zu produzieren, wenn nicht gar zu plagiieren, ging von führenden Großunternehmen aus und fand einen besonders regen Niederschlag in der zunehmend massiven Werbung für Nahrungsmittel, Getränke und Toilettenartikel, hinter der als treibende Momente die Markteinführung amerikanischer Markenprodukte, die Suche einheimischer Hersteller nach Massenmärkten und die neuen Standards und Ansprüche in Sachen Ernährung und Hygiene standen.

Im Frankreich der Zwischenkriegszeit war keine Werbung allgegenwärtiger als die der Firma *Cadum*, kein Bild den Menschen vertrauter als das des *Bébé Cadum*, des pausbäckigen Säuglings mit seinem bezaubernden Lockenhaar und seinem rosigen Teint, den *Cadum* zum Markenzeichen seiner Körperpflegeseife gemacht hatte. Das Bild war so präsent, so umstritten und kommerziell so erfolgreich, dass nicht nur die Werbebranche, sondern die gesamte französische Öffentlichkeit aufhorchte, als das Unternehmen in den dreißiger Jahren seine Marketing-Strategie änderte.[92] Das Unternehmen gehörte schon seit 1912 zu den Großen an der französischen Werbefront; damals hatten seine Gründer, der amerikanische Fabrikant Michael Winburg (der zuvor in den USA die Chemiefirma *Omega* aufgebaut hatte) und der französische Pharmazeut und Großhändler Louis Nathan, die »große Kühnheit« an den Tag gelegt, bei einem aktuellen Jahresumsatz von 75.000 Franc nicht weniger als 350.000 Franc für die Propagierung ihrer neu auf den Markt gebrachten Körperpflegeseife auszugeben. Drei Jahre später war das Unternehmen in der Gewinnzone, und spätestens ab Anfang der zwanziger Jahre vertrieb es sein Produkt flächendeckend über Drogerien im ganzen Land, ein Markt, der eine große Breite, aber nur eine geringe Tiefe aufwies. Der Markenname *Cadum* wurde zu diesem Zeitpunkt praktisch völlig mit dem Lockenbaby aus dem Firmenlogo gleichgesetzt, und das Werbebudget der Firma floss zum Großteil in Präsentationsflächen in Drogeriegeschäften, in Plakate und in gigantische Großflächenwerbung, die prominente Pariser Plätze wie Clichy, Pigalle oder Bastille beherrschte und Gegenstand ständiger Diskussionen über ihren künstlerischen Rang und ihre Aufdringlichkeit war – was dem Unternehmen unter PR-Gesichtspunkten nur nützen konnte.

In den dreißiger Jahren, als sich in der Firma nach dem Tod Winburgs 1930 eine Wachablösung vollzog, erwuchs ihr eine Konkurrenz aus dem Hause *Unilever*, das 1929 mit der holländischen Firma *Jurgens* fusioniert hatte und nun seine *Sunlight*-Seife auf den französischen Markt warf. Der neue *Cadum*-Chef Jean Landais, ein gelernter Seifenerzeuger, krempelte mit Unterstützung des ebenfalls neuen PR-Chefs Mery Van Minden (der dem fortschrittlichen Verband *Groupement des Chefs de Publicité* angehörte) die Marketing-Praktiken des Unternehmens um, das von da an mehr Geld in eine die Markenidentität profilierende Pressewerbung und weniger

---

91 Guggenbühl, Reklame in Amerika, 19–22.
92 Fall Nr. 1022, 8. und 29. Mai, 5. Juni 1936, Centre de Préparation aux Affaires, Chambre de Commerce de Paris (im Folgenden CPA).

in Plakatkampagnen investierte, vor allem auch weil das Image des Lockenbabys an Strahlkraft verloren hatte. Die neue Strategie wurde 1935 noch forciert, nachdem *Colgate*, Anbieter der *Palmolive*-Seife, *Cadum* übernommen und *Lord & Thomas* als Werbeagentur engagiert hatte. Das Unternehmen erhöhte in der Folge sein jährliches Werbebudget auf zehn bis zwölf Prozent seiner Gesamtaufwendungen, wobei fünfzig Prozent der Werbegelder in die Presse flossen, 25 Prozent in Hörfunkwerbung und 25 Prozent in Plakatkampagnen, Präsentationsflächen in Geschäften und Leuchtreklame.[93]

Während zunehmend mehr Geld in die Zeitungs- und Zeitschriftenwerbung investiert wurde, verlagerte sich der Schwerpunkt der Werbebotschaften von der Präsentation zur Argumentation. Genau wie in den Vereinigten Staaten zielten die Texte in den neuen *Cadum*-Anzeigenkampagnen zuallererst darauf ab, einen »Wert« zu etablieren, nämlich eine »Cadum-Physiognomie« – rosig, sauber, strahlend. Der vermittelte Zielzustand – schön zu sein – wurde nicht nur als wünschenswert dargestellt, sondern als ein Muss, und er ließ sich, wie der Text erklärte, nur durch eine »absolut reine und neutrale Seife« erreichen, eine bewusste Abgrenzung gegen die weit verbreitete *Marseille*-Seife. Durch die Berufung auf gesellschaftliche Autoritäten und auf die Naturwissenschaft erhielten die dem Produkt zugeschriebenen Eigenschaften einen vernünftigen und überzeugenden Klang: »Cadum macht einen wunderbaren Teint.« Weshalb? Weil die Seife dank ihrer hochgradigen Laugensättigung »gründlich und tief reinigt«. Waren die Anzeigen bis dahin dezent gestaltet gewesen, so bekamen sie jetzt eine marktschreierische Anmutung, ausgeschmückt mit Comicstrips, Fotos, Hinweisen auf von *Cadum* gesponserte Unterhaltungsprogramme und gesetzt in mehreren eklektischen Schrifttypen, wie es in der amerikanischen Werbung üblich war. Mit einer Media-Strategie, die pro Jahr zwei Kampagnen mit Anzeigen in 14 oder 15 großen Tageszeitungen und halb so vielen führenden Frauenzeitschriften vorsah, dazu eine wöchentliche eigene Radiosendung am Dienstagabend mit landesweiter Ausstrahlung und eine Vielzahl von Werbespots auf Lokalsendern, konnte das Unternehmen einen Marktanteil von zehn Prozent erreichen und behaupten.[94]

Das Problem, das nun noch zu lösen war, lautete: Was tun mit *Bébé Cadum*? Eine Zeitlang spielte man mit dem Gedanken, es in der Versenkung verschwinden zu lassen, denn eine beleuchtete Plakatwand verursachte Kosten von über 20.000 Franc pro Monat. Allerdings war das Lockenbaby inzwischen, wie Pierre Nora Mitte der dreißiger Jahre schrieb, ein Nostalgieobjekt geworden, ein Emblem nicht so sehr für die *Cadum*-Seife als solche, sondern für die »gute alte Zeit« des vorigen Jahrzehnts. »Wer erinnert sich nicht an jenes zeitlos präsente Bébé Cadum, dessen wunderbare Haut und dessen entzückendes Lächeln man überall bewundern konnte?« Dass die Firma diesem Emblem dann doch die Treue hielt, auch wenn es in der Regel nur noch als Mini-Insert in einer Collage aus einem halben Dutzend weiterer Motive auftauchte, interpretierten Fachleute als Indiz für eine »Europäisierung des

---

93 Wlassikoff/Bodeux, La fabuleuse et exemplaire histoire; Chessel, Une méthode publicitaire américaine, 61–76; dies., La publicité, 23, 84, 109, 139, 158.
94 Fall Nr. 1022, 1936, 5, CPA; Chessel, Une méthode publicitaire américaine, 72.

amerikanischen Geistes«. Gut gemachte Werbung auf der Grundlage »einer rein amerikanischen Idee« köderte ihre französische Kundschaft mit einer Proustschen Madeleine.[95]

Eine Neue Ordnung auch in der Werbung

Deutsche Werber brüsteten sich mit etwas, das in den späten dreißiger Jahren auch maßgebliche Persönlichkeiten der US-Werbeszene glaubten: dass das nationalsozialistische Deutschland von allen europäischen Ländern den fruchtbarsten Boden für Werbung amerikanischen Stils bot. Das ist ein unrühmliches Paradoxon, das sich aber wenigstens teilweise durch die Strategie des Hitler-Regimes erklären lässt, nach seiner Machtergreifung mit radikalen Eingriffen – wie sie auch in anderen Bereichen vorgenommen wurden – die »chaotischen Zustände« zu beenden, die bis dahin in der deutschen Publizistik und Werbung angeblich geherrscht hatten, und »Regeln für die Praxis einzuführen, die sehr wohl vielen Ländern als Vorbild dienen könnten«. Gewieft und erfahren in den Techniken der Propaganda und der Überzeugungsarbeit und sehr darauf erpicht, alle Medien unter seine Kontrolle zu bringen, erließ das neue Regime unverzüglich eine einseitige Verordnung, die es Zeitungsverlagen zur Pflicht machte, verbindliche Anzeigentarife und genaue Auflagenzahlen zu veröffentlichen; die Gewährung von Rabatten an Anzeigenmakler wurde untersagt. Die Verordnung verbot auch sämtliche Werbeveröffentlichungen, die Prämien, Preise und Geschenke versprachen, und setzte der Außenwerbung engere Grenzen, um die Verschandelung der Landschaft zu verhindern. Im Namen der »Wahrheit in der Werbung« untersagte der Erlass vergleichende Werbung mit herabwürdigenden Aussagen über Konkurrenzprodukte und unbelegbare Behauptungen. Er ließ den Einsatz von Testimonials nur zu, wenn die für das Produkt plädierende Person namentlich vorgestellt, ihre Aussage korrekt zitiert und datiert und dafür nachweislich kein Geld gezahlt wurde. Ferner wurde mit dieser Verordnung der Werberat der Deutschen Wirtschaft ins Leben gerufen, ein Gremium aus sechzig bis siebzig Fachleuten aus allen Werbung treibenden Branchen, das eng mit der Nationalsozialistischen Reichsfachschaft Deutscher Werbefachleute zusammenarbeitete, allerdings Goebbels' Ministerium für Volksaufklärung und Propaganda unterstellt war. Der Werberat sollte dafür sorgen, dass Anzeigen und Rundfunkspots inhaltlich und formal »deutsch« waren, dass keine Fremdwörter darin vorkamen und dass die Grenzen des guten Geschmacks eingehalten wurden. Nach Möglichkeit sollte in Anzeigen die Rede davon sein, welche Qualitäten das eigene Produkt hatte, nicht davon, welche Mängel die Konkurrenzprodukte aufwiesen. Durch nachfolgend in Kraft gesetzte Verordnungen wurde die Radiowerbung verboten, wurden die Formate und Anzeigenpreise von Tageszeitungen standardisiert und ein strenges Reglement für die Werbung im öffentlichen Raum aufgestellt. Experten aus dem Ausland wie auch aus Deutschland selbst stimmten darin überein, dass die neuen

95 Ebd., 75.

gesetzlichen Regelungen die Werbung im nationalsozialistischen Deutschland zu einem Vorbild für die europäische Werbebranche machten.[96]

Indem das NS-Regime die feine Linie, die Öffentlichkeitsarbeit von Propaganda trennte, schlichtweg eliminierte, nahm es den kommerziellen öffentlichen Raum wieder in staatlichen Beschlag und ordnete ihn der politischen Sphäre unter. Es säuberte mit diesem rabiaten Vorgehen die werbende Wirtschaft von unethischen Praktiken und unwürdigen Akteuren und machte sie zu einem Tummelplatz für Helden anstelle von Feilschern. Realistischer betrachtet, wurde damit die Werbung als Ganze auf ein neues Gleis gesetzt. Auf der einen Seite führten die Krise der Verbrauchsgüterindustrie, die an Lieferengpässen krankte, die Entstehung großer Kartelle, die die Märkte unter sich aufteilten (und danach keine Werbung mehr nötig hatten), die Schließung von 1.200 Tageszeitungen und 800 Zeitschriften und das Inkrafttreten strenger Vorschriften für Plakatwerbung und andere Formen der Außenwerbung dazu, dass das Volumen an Werbung insgesamt stark zurückging. Auf der anderen Seite nahm die Werbung (oder Propaganda) für neu entwickelte Ersatzprodukte zu, die allerdings oft als Gemeinschaftswerbung organisiert war. Zu einem Mehr an Werbung trug auch der Umstand bei, dass viele Firmen, die normalerweise kein Geld für Werbung ausgegeben hätten, sich nicht trauten, nein zu sagen, wenn sie vom *Völkischen Beobachter* oder von Feldmarschall Görings aufwendig gestalteter Zeitschrift *Der Vierjahresplan* um die Schaltung von Anzeigen gebeten wurden.[97]

Die bemerkenswerteste Veränderung vollzog sich freilich innerhalb der Hierarchie der Werbemedien. Gegen Ende der dreißiger Jahre wurde Deutschland, früher bekannt als die Hochburg avantgardistischer Plakatkunst, zur Heimat der quantitativ ergiebigsten Textanzeigen-Werbung der Welt. Schon 1937 war der Anteil der Printwerbung an den gesamten Werbeausgaben auf 87 Prozent gestiegen, ein höherer Prozentsatz als in den Vereinigten Staaten; dagegen war der Anteil der kommerziellen Plakatwerbung auf drei Prozent gesunken. Das Plakat wurde aus dem öffentlichen Raum verbannt, außer als Medium für die Propaganda von Staat und Partei und als Werbeträger für staatliche Einheitswaren; seine Bildsprache durfte nicht weit von den gängigen Standards des populistischen Realismus abweichen. Unter diesen Umständen wurde der gutmütige Stil Hohlweins, wenn auch angesichts der martialischen Ambitionen des neuen Reichs etwas härter getrimmt, zum vorherrschenden Idiom. Diese ästhetische Weichenstellung bedeutete den Ruin für die diversen Bernhards, Rosens und Bayers, die früher oder später ins Exil gingen. Zugleich fiel die experimentelle Typografie, die Schriften wie Bernhard Kursiv, Locarno, Ultra Bodoni, Memphis, Beton, Neuland, Prisma Capitals oder Futura her-

---

96 L. D. H. Weld, Germany's Iron Rule over Advertising Does What in U.S. Is Done Voluntarily, Printers' Ink, 18. November 1937, 76–88; ders., Where the Nazis Did One Good Job. They Eliminated Advertising Abuses, Printers' Ink, 9. Dezember 1937, 40–48. Edward H. Douglass, Chef der H. K. McCann Co. in Berlin, äußerte eine noch freundlichere Einschätzung, indem er von der »wahrscheinlich […] fortschrittlichsten Gesetzgebung in diesem Bereich« sprach: Edward H. Douglass, Special Laws Must Be Observed by All Advertising in German Market, in: Transatlantic Trade (Juni 1937), 24f., Zitat 24.
97 Sam E. Woods, Handelsattaché an der US-Botschaft in Berlin, Higher Advertising Turnover in First Half of 1939, 16. August 1939, Ordner »August 1939«, Box 271, BFDC.

Abb. 26: 1927–1937: Die Werbung wird zunehmend weitschweifig, 1927.

vorgebracht hatte, dem Verbot nichtgotischer Schrifttypen zum Opfer – was dem auf konventionellere Weise eklektischen amerikanischen Geschmack in Sachen Schrifttypen entgegenkam.[98]

Was die Anzeigentexte betraf, so tendierten sie dazu, einander in puncto Weitschweifigkeit zu übertreffen; die Darlegungen über die Vorzüge des beworbenen Produkts nahmen mehr und mehr den Charakter moralischer Geschichten an, entfernten sich immer mehr von schnödem Kommerzdenken und waren zunehmend von dem Anspruch des Werbenden durchdrungen, gleichzeitig Produktberater, Produktexperte und Autor zu sein. Die Werbung für den Sekt des 88 Jahre alten Mainzer Hauses C.A. Kupferberg, der sich seit jeher großer Beliebtheit als Getränk für festliche Anlässe erfreut hatte, illustriert diese Entwicklung.

Kupferberg-Anzeigen aus den mittleren zwanziger Jahren weisen einen leichtfüßigen, amerikanisierenden Touch auf, angereichert mit einer guten Prise antifranzösischer Häme. Jazz- und tanzbegeisterte Faschingsbesucher verschmähen »kleine Weinchen« und »billigen Schampus« und stoßen lieber mit Kupferberg Gold an, der »guten alten deutschen Marke«. Dagegen präsentiert eine Anzeige aus dem Jahr 1937 unter der Überschrift »Wölkchen am Ehehimmel« ein alltagspsychologisches Beratungsgespräch, in dessen Verlauf eine unglückliche junge Ehefrau den Rat bekommt, als Zaubermittel gegen das »ewige Einerlei des Alltags« einmal »ein kleines Fest zu zweien« zu veranstalten, natürlich nicht ohne dabei eine eisgekühlte Flasche Kupferberg Gold zu öffnen: Der Ratgeber ist kein anderer als der Chef der Firma höchstpersönlich, Christian Adalbert Kupferberg. Er war zu der Zeit an führender Stelle im Werberat der Deutschen Wirtschaft tätig. Das Postulat der »Wahrheit in der Werbung« erforderte im Dritten Reich, dass die Autorität gebietende Stimme nicht nur einen Namen haben, sondern auch einer sichtbaren Person zugeordnet sein musste, die am besten alles auf einmal war: in diesem Fall Eigentümer des werbenden Unternehmens, Ratgeber in Herzensangelegenheiten, Experte für Gärungsprozesse, Propagandist für Schaumweine im Allgemeinen und nicht zuletzt auch ein gebildeter Mensch, der aus dem Stegreif »die Dichter« zitieren konnte, »die meinen, dass kleine Kobolde oder Sektteufelchen ihr Wesen treiben und uns Männer, sogar hartgesottene Ehegatten, zu aufmerksamen Liebhabern machen«.[99]

Keine verbraucherbezogene Branche wurde durch die Ungewissheiten und Härten des Krieges so in die Knie gezwungen wie die Werbewirtschaft. Am 7. Juni 1940, drei Tage bevor deutsche Truppen Paris besetzten, schloss Marcel Bleustein sein Kontor, um sich seiner Truppeneinheit anzuschließen, nur um zu erleben, wie sie sich nach der Kapitulation der französischen Regierung auflöste. Als die deutschen Besatzer gemäß einer Verordnung vom 3. Oktober 1940, die die Einziehung aller jüdischen Vermögenswerte zum Inhalt hatte, seine Firma beschlagnahmten, zog Bleustein sich nach Marseille in der sogenannten nichtbesetzten Zone zurück und stieß dort zu seiner Familie. Wie er sich später erinnerte, versuchte er sie zu

---

98 John Barmas, European Advertising Is Changing, in: Advertising Monthly (Juni 1938), 28, 30, 46. Siehe auch U.S. Department of Commerce, Foreign Graphic Arts Industries.
99 Fasching, in: Advertising World (Mai 1927), 16; Ist Ihre Ehe glücklich?, in: Die Reklame (September 1932), 520; Wölkchen am Ehehimmel, in: Die Woche (November 1937), 43.

Wölkchen am Ehehimmel

(Ratschläge, die sich zuweilen nützlich erweisen ...)

Im D-Zug von Erfurt nach Berlin saß eine sehr hübsche, geschmackvoll angezogene Dame und las aufmerksam die „Woche". Bei einem der Bilder stutzte sie plötzlich und schaute sich den ihr gegenübersitzenden Herrn etwas näher an. „Verzeihen Sie, sind Sie nicht Herr Kupferberg aus Mainz?", fragte sie ein wenig schüchtern, und als dieser zustimmte, fuhr sie fort: „Erinnern Sie sich? Wir haben 1928 in Wiesbaden Tennis zusammen gespielt!" — „Richtig — ach, daß ich Sie nicht erkannt habe, Fräulein ..." Sie unterbrach ihn lebhaft: „Nein, ich bin jetzt verheiratet, seit fünf Jahren schon — in der letzten Zeit allerdings nicht sehr glücklich ..." — „Das kann ich kaum verstehen", meinte Christian Kupferberg. „Sie sind doch so liebenswürdig und nett und lebenslustig — woran liegt es denn?" Da bildete sich unter den dunklen Löckchen der Stirn eine ernste Sorgenfalte. „Mein Mann arbeitet sehr viel, zu viel sogar, er hat nur Sinn für seinen Beruf, er sieht mich kaum — wir kommen nicht los von dem ewigen Einerlei des Alltags."

Christian Kupferberg fragte, ob er einen Rat geben dürfe. „Wie wäre es denn, wenn Sie zu Hause mal ganz improvisiert und ohne besonderen Anlaß ein kleines Fest zu zweien veranstalten würden? Sie ziehen Ihr schönstes Kleid an, schmücken den Tisch mit Blumen und brennenden Kerzen, bitten Ihren Gatten, sich in Gala zu werfen, legen gute Grammophonplatten zurecht, ebenso ein paar Leckerbissen — nun, und dann sorgen Sie noch für ..." Da stutzte er, als er sah, daß die Dame fröhlich lächelte. „Ich weiß schon", meinte sie, „für eine Flasche ‚Kupferberg Gold', nicht wahr?" Das sei richtig geraten, antwortete Christian Kupferberg. „Ein Glas davon wird Ihnen auch gut tun. Es ist nun mal so, daß schon die Vorfreude Stimmung macht: Der Knall beim Öffnen der Flasche, das leise Knistern der Schaumperlen beim Eingießen und der lustige Tanz der Bläschen in dem durch die Kälte beschlagenen Glase." „Gewiß", sagte die Dame, „Ihr ‚Kupferberg Gold' ist eine Art Born des Frohsinns. Ich bin sicher, daß er auch in unserem Falle nicht versagen wird. Eigentlich wundere ich mich, daß ich noch nie daran gedacht habe ..."

Christian Kupferberg erwiderte, daß er — obwohl seine Familie nun schon in der dritten Generation Sekt herstelle — auch nicht recht wisse, woher die tausendfach erwiesene Eigenschaft des ‚Kupferberg Gold' komme, Trübsinn in Frohmut und Mißstimmung in gute Laune zu wandeln. „Es mag sein, daß die mit so unendlicher Sorgfalt durchgeführte Feingärung der Grund ist. Vielleicht auch die sogenannte Abstimmung ‚FEINHERB' (also weder süß noch betont herb); sie verleiht ‚Kupferberg Gold' einen angenehm anregenden, prickelnden Geschmack. Möglicherweise haben auch die Dichter recht", schloß er, „die meinen, daß kleine Kobolde oder Sektteufelchen ihr Wesen treiben und uns Männer, sogar hartgesottene Ehegatten, zu aufmerksamen Liebhabern machen ..."

KUPFERBERG GOLD

— die gute Laune selbst!

Ladenpreise: „Kupferberg Gold" 1/1 Fl. **4.50** 1/2 Fl. **2.75**, „Kupferberg Riesling" (der herbe, rassige Herren - Sekt) 1/1 Fl. **5.50**, 1/2 Fl. **3.25**

Abb. 27: Christian Kupferberg persönlich bürgt für die ehetherapeutischen Qualitäten seines Sekts, 1937.

ernähren, indem er eine Zahnpasta vertrieb, die sein Schwiegervater erfunden hatte, ein Unterfangen, das scheiterte – untypischerweise, aber angesichts der Zeitumstände nicht überraschend. Als ihm 1942/43 wegen seiner Betätigung in der *Résistance*-Gruppe *Vie-Lucien* die Verhaftung drohte, verschaffte er sich falsche Papiere unter dem Namen Blanchet und konnte damit über die Pyrenäen nach Spanien entkommen. Er schlug sich nach Gibraltar durch und reiste von dort nach England. Nachdem er dort Verbindung mit den gaullistischen Kräften aufgenommen hatte, wurde er Presseoffizier für General Pierre Koenig, den Kommandeur der Freien Französischen Streitkräfte in Frankreich. Nach der Befreiung nach Paris zurückgekehrt, musste er feststellen, dass die abziehenden Deutschen seinen Radiosender in die Luft gejagt hatten. In seinen Memoiren behauptete er, er habe wieder ganz von vorne anfangen müssen. Das war wohl eine relativistische Sicht der Dinge. 1945 gab es immerhin eine entwickelte Werbebranche. Außerdem hatte Bleustein zwei Jahrzehnte Erfahrung auf dem Buckel, hatte politische Referenzen, die im gaullistischen Frankreich als makellos gelten konnten, und indem er an seinen jüdischen Namen per Bindestrich seinen nichtjüdischen *nom de guerre* anhängte, wertete er seine gesellschaftliche Statur noch einmal auf. Schließlich verfügte er offensichtlich über genug Kapital, um das herrschaftliche Anwesen an den Champs Elysées zu kaufen, das den Alliierten als Hauptquartier gedient hatte. Er machte es zum Hauptquartier seines neuen Unternehmens. Der Mann, der aus dem proletarischen Viertel um die Rue du Faubourg Montmartre stammte und zu dessen Lebensstationen das Haus Boulevard de Strasbourg 62 und ein repräsentatives Gebäude am Boulevard Haussmann mit der Hausnummer 1 gehört hatten, residierte nun in einem der prachtvollsten Geschäftshäuser von Paris. Die Zerschlagung der wegen ihrer Kollaboration mit den Deutschen in Ungnade gefallenen Firma *Havas* nutzend, gründete Bleustein-Blanchet unter dem Namen *Regie-Presse* seine eigene Media-Agentur und konnte die Etats von *Colgate-Palmolive*, *Singer*, *Shell* sowie des verstaatlichten Autobauers *Renault* gewinnen, der sehr bald zum größten Werbekunden Frankreichs avancierte. Bleustein-Blanchets Full-Service-Agentur *Publicis* wuchs schnell zur führenden Werbeagentur Frankreichs heran. All dies vollzog sich zum Kummer der amerikanischen Werbefirmen, allen voran JWT, die zwar nur allzu gerne der einheimischen Konkurrenz den Rang abgelaufen hätten, aber noch auf die Stabilisierung der politischen Lage, die wirtschaftliche Erholung und die Wiederkehr amerikanischer Hersteller und damit neue Erlösquellen für ihre französischen Niederlassungen warteten.[100]

JWT hatte freilich 1945 in Frankreich gar keine Niederlassung mehr. Als die Deutschen 1940 in Paris einmarschiert waren, hatten sich die Mitarbeiter der *Agence Thompson* nach Süden abgesetzt. »Deke« (Lloyd Ring) Coleman, von 1932 bis zum deutschen Einmarsch JWTs Mann in Paris, hatte untätig an der Côte d'Azur gesessen, auf ein Ausreisevisum für seine Frau wartend. Man könne sich, hatte er geschrieben, »keinen Ort vorstellen, wo weniger los ist. Kein Tanz, kein Nachtleben,

---

100 Bleustein-Blanchet, Rage to Persuade; Publicis. Fiche analytique, Le miroir de l'information 18 (1958), Policy Letters, 1958–1960, Nachlass Howard Henderson, JWT.

keine Bibliotheken, keine interessanten Zeitschriften und Zeitungen, und alle, denen man begegnet (meistens Juden), niedergeschlagen und langweilig.« Eine der Lieblingsbeschäftigungen, mit denen er sich die Zeit vertrieb, war die Gestaltung experimenteller Anzeigen für neue Produkte. Ein Produkt, dessen Notwendigkeit auf der Hand lag, war nach Colemans Dafürhalten ein »Hol-mich-hier-raus-Wasser«, denn angesichts der »Entbehrungen des Krieges plus der nervlichen Belastung plus des Mangels an preiswerten, hochprozentigen Aperitifs« bräuchten die Menschen »etwas mit Eisen und Vitaminen und einem kräftigen Muntermacher wie Cola«. »Wir können für die Werbung sorgen, wenn [das Getränk] lanciert wird.« In einem realistischeren und vornehmeren Moment musste er sich eingestehen, dass eine »ehrliche Firma«, wenn sie sich jetzt auf eine Werbekampagne einließe, »es mit dem Ziel tun müsste, den Konsum zu reduzieren«.[101]

Das winzige Auslandsbüro im belgischen Antwerpen, 1929 gegründet, war die einzige JWT-Niederlassung in Europa, die mehr oder weniger unbeschädigt den Krieg überstand, vor allem dank der Umsicht der örtlichen Mitarbeiter, die sich in den zehn Jahren bis zum Kriegsausbruch »mit Herz und Seele« für das Wohlergehen der Firma eingesetzt hatten. Die Niederlassung machte zwar nie nennenswerte Gewinne, hielt sich aber viel darauf zugute, ausgiebige und gründliche Marktstudien betrieben zu haben, die nicht nur für eigene Geschäfte von Nutzen waren, sondern »für jeden, der seine Vertriebstätigkeit in Belgien auf rationale Füße stel-

101 L.R. Coleman an Samuel Meek, 23. September 1944, Subserie »Antwerp Office«, 1938–1947, Box 4, International Office Series, 1928–1952, JWT.

Abb. 28: Die Diät der Neuen Ordnung: Myron Cernys ironische Anzeige im JWT-Stil, 1945.

len möchte«.[102] Unter der deutschen Besatzungsherrschaft nutzte der Direktor der Niederlassung, der gebürtige Tscheche J.H. (später Myron) Cerny, das Büro als verdeckten Stützpunkt für den Untergrund-Widerstand. Es war Cerny, der im Herbst 1946 hocherfreut berichten konnte, dass sich die Geschäftstätigkeit zu normalisieren begann. In den Läden Antwerpens gab es wieder Lebensmittel zu kaufen. In den ersten Parlamentswahlen nach Kriegsende hatte die belgische Arbeiterpartei gesiegt, während die Kommunisten schlecht abgeschnitten hatten. Die Leitung des Finanz- und des Wirtschaftsministeriums war parteiunabhängigen Experten anvertraut worden. Nachdem der Papiermangel überwunden war und die Zeitungen angefangen hatten, Anzeigen einzuwerben, waren alte JWT-Kunden zurückgekehrt, und bald gesellten sich neue dazu. Die erste große Lieferung von *Kellogg's Corn Flakes* war für den November 1946 avisiert, die Werbekampagne dafür sollte in der ersten Dezemberwoche anlaufen.

Mit dieser Ankündigung signalisierte Cerny seinen Kunden, dass JWT wieder im Geschäft war. Nach altem Stil des Hauses entwickelte er eine prägnant getextete, übersichtlich gestaltete Testimonial-Anzeige, in der er sich selbst in der konventionellen Rolle des zufriedenen Verbrauchers – vor seiner Diät und danach – porträtierte. Es war ein makaberer Verschiebetrick, die Hungerpolitik der nationalsozialistischen »Neuen Ordnung« als eine wirksame, wenn auch drastische Abmagerungskur darzustellen, mit der Empfehlung, dass diejenigen, die sich ihr unterziehen wollten, »gefährliche Drogen und anstrengende Tätigkeiten« meiden sollten. Die Tatsache, dass Cerny selbst die NS-Zeit nur mit dauerhaften Behinderungen überlebt hatte, verlieh dieser gewagten Anzeige eine besonders sarkastische Note. Doch Cerny glaubte fest daran, dass es bei einer Textanzeige nur auf eines ankam, nämlich niemanden vor den Kopf zu stoßen. Das tat er sicher auch nicht mit seiner dezenten Anspielung auf all jene, die seine »Kur« möglich gemacht hatten, indem sie ein »ruhiges Leben« geführt hatten. Nichts an dieser Umdeutung der Neuen Ordnung in eine Diät war also geeignet, Anstoß zu erregen. Wenn es in der JWT-Zentrale einen Anlass zum Befremden gab, dann den, dass ihr farbloser Büroleiter in Antwerpen plötzlich die Attribute eines Kriegshelden aufzuweisen schien. Allein, die Zentrale war nicht immer am besten befähigt, die politische Orientierung ihrer europäischen Mitarbeiter zu beurteilen. Die weltgewandte Beschlagenheit eines Henri de la Chassaigne, des ehemaligen Leiters der Pariser JWT-Niederlassung, stand nach wie vor in so hohem Ansehen, dass man in New York mit dem Gedanken spielte, ihn wieder einzustellen, obwohl dort bekannt war, dass er als Beamter der Vichy-Regierung ein Vermögen zusammengerafft hatte, indem er französische Juden aus der Filmwirtschaft gedrängt und ihre Deportation organisiert hatte. Bevor die New Yorker sich zu einem Entschluss durchgerungen hatten, schnappte ihnen *Reader's Digest*, das Werbemedium mit der höchsten globalen Auflage, den Mann weg und machte ihn zum Direktor seines ersten europäischen Stützpunktes, eingerichtet in einer neu angemieteten, leicht ergrauten Stadtvilla am Boulevard Saint-Germain.[103]

---

102 Zu J. Walter Thompson in Antwerpen siehe Pouillard, La publicité en Belgique, 1: 159–190.
103 Advertising Announcement by Myron J. H. Cerny, ca. 21. Dezember 1945, im Verein mit Aktennotiz von H. Henderson, Korrespondenz zu Coleman, Lloyd Ring, 1937–1971, Box 1/11, Nachlass Howard

Wenn Bleustein-Blanchet in Erinnerungen an die Zwischenkriegszeit schwelgte, pflegte er die Werbewirtschaft mit seinem Lieblingshobby, der Fliegerei, zu vergleichen: »Wie die Flugzeuge in jener Zeit, konnten auch wir weiter fliegen als zuvor, und mit mehr Sicherheit, doch war man beim Fliegen noch aufs menschliche Auge angewiesen – wir hatten kein Radar, keinen Autopiloten, keine Allwetter-Landungen. Das kam alles erst später.«[104] Man könnte hinzufügen: Da das jeweilige Verkaufsgebiet noch weitgehend unerforscht war, flog man in der Werbung mit Hilfe von Karten, die auf amerikanischen Erkundungen und Erfahrungen beruhten, und mit amerikanischen Kompassen. Was das Ziel betraf – ein höherer Lebensstandard für alle –, so verkörperte dies gleichsam den Treibstoff der Werbewirtschaft, eine Einsicht, die der *Publicis*-Chef sich aber erst an der Wende zu den fünfziger Jahren zu eigen machte.

Henderson, JWT; Lloyd Ring Coleman an Howard Henderson, 2. Dezember 1946, ebd.; J. H. Cerny an Donald C. Foote, 15. Oktober 1946, Agence Thompson, Subserie »Antwerp Office«, 1938–1947, Box 4, JWT, Subserie »International Corporation«, Serie »International Office«, Akten des Schatzmeisters, JWT; Hultquist, The Price of Dreams, 250–255; Heidenry, Theirs Was the Kingdom, 172.
104 Bleustein-Blanchet, Rage to Persuade, 7.

Kapitel 6

Das Starsystem

Wie Hollywood die Filmkultur ins Unterhaltungsgeschäft verwandelte

Die Amerikaner verstehen nicht, dass, wenn das Kino zu 20 Prozent Kunst und zu 80 Prozent Industrie ist, wir es sind – Europa –, die diese 20 Prozent haben. Das ist unsere Stärke, und deswegen werden wir gewinnen.[1]
   Wladimir Wengeroff, Mitbegründer von Westi Films, 1926

Wir beherrschen die Leinwände der Welt nicht aufgrund von Truppen, Bajonetten oder Atombomben, sondern weil das, was wir auf ausländischen Leinwänden präsentieren, das ist, was die Menschen in diesen Ländern sehen wollen.[2]
   Jack Valenti, Präsident der Motion Picture Association of America, 1977

So wie Fritz Lang die Geschichte erzählte, kam ihm die Idee zu *Metropolis* an Bord der *S.S. Deutschland*, als sie am 12. Oktober 1924 in New York einlief und er zum ersten Mal die Skyline von Manhattan vor sich sah. Modernistische Phantasmagorien waren dem Regisseur nicht fremd, er war schließlich Berliner. Doch nun fiel sein Blick auf ein New York, das für einen Europäer »völlig neu und fast märchenhaft« vor ihm aufragte und dessen Wolkenkratzer »fast schwerelos [wirkten], eine luxuriöse Kleidung, die vom dunklen Himmel herunterhängt«, die nächtlichen Straßen »durch Neonlampen taghell beleuchtet, und, alles überragend, ständig wechselnde, an- und ausgehende, spiralförmige, riesige Leuchtreklame«. Dann die furchtbare Hitze im belebten Stadtzentrum, einem »Strudel blind herumwirbelnder menschlicher Kräfte, die sich zusammendrängen und sich aneinander reiben, beseelt von Gier«.

---

1 La cinématographie française, 1. Oktober 1926, 2.
2 Hearings before the Subcommittee on International Operations, 211f.

»Da wusste ich, dass ich einen Film über alle diese Eindrücke machen musste.« Im Verlauf der Jahre erzählte er diese Geschichte immer wieder.³

Es war allerdings eine erfundene Geschichte, zumindest eine ausfabulierte. Denn schon vor seiner Abreise aus Hamburg hatte er mit der Idee gespielt, einen epischen Film über die Monstrosität der modernen Industrie zu drehen. Er hatte darüber Anfang 1924 während der letzten Drehtage für *Die Nibelungen* gesprochen, seine Version der nordisch-germanischen Siegfried-Legende, mit der der aus Wien stammende Regisseur den patriotischen Mythen seines neuen Heimatlandes seine expressive Reverenz erwies. Und im Juli/August 1924, bevor er sich nach Amerika einschiffte, hatte seine Frau Thea von Harbou, eine bekannte Schriftstellerin und Drehbuchautorin, während eines gemeinsamen Urlaubs im österreichischen Salzkammergut mit der Arbeit an einem Filmskript begonnen, das in einer futuristischen Großstadt angesiedelt war und von den apokalyptischen Folgen des Maschinenzeitalters handeln sollte.⁴

In einem tieferen Sinn steckt jedoch auch Wahrheit in Langs Beharren auf seiner Version der Geschichte. Es war seine selbstbewusste Art und Weise, Amerika wissen zu lassen, dass er, der Außenseiter, der Europäer, die Kreativität und verhängnisvolle Monstrosität des modernen Kapitalismus künstlerisch umsetzen konnte, wie Hollywood es nicht vermochte, weil Hollywood ein Teil dieses Phänomens war.⁵ Diese Einstellung atmete das Sendungsbewusstsein, durch das sich die besten europäischen Filmemacher seiner Zeit auszeichneten und das sich in dem Ehrgeiz manifestierte, mit den visuellen Innovationen des amerikanischen Kinos Schritt zu halten, denen die Modernität und kreative Potenz der amerikanischen Gesellschaft zugrunde lag. Lang, der kultivierte, kosmopolitische Künstler, der als Maler und Karikaturist angefangen hatte, artikulierte auf diese Weise die Überzeugung, der Film, das Medium seiner Wahl, habe »vor allen Ausdrucksformen etwas voraus: Seine Ungebundenheit an Raum, Zeit und Ort.«⁶

Tatsächlich kam es hier nicht zu einer glücklichen Synthese, keiner perfekten Synergie aus dem Zusammentreffen der bildmächtigen Filmsprache der Neuen Welt mit der epischen Vision der Alten. Die Realität forderte ihren Tribut während der zwei Jahre, die zwischen der Konzipierung des Projekts 1924 und den Dreharbeiten in den UFA-Studios in Potsdam-Neubabelsberg vergingen – Dreharbeiten, die 16 Monate dauerten, vom Mai 1925 bis zum Oktober 1926. Am 10. Januar 1927 erlebte das Werk seine rauschende Erstaufführung im UFA-Palast am Zoo.

Die schnöde Realität, die sich störend bemerkbar machte, war die Explosion der Kosten. Das Projekt schlug mit 5,3 Millionen Reichsmark zu Buche, der größten Summe, die jemals in Europa für die Produktion eines Films ausgegeben worden war. Von Erich Pommer, dem Produktionschef des größten und am besten bestallten deutschen Filmunternehmens, an der langen Leine geführt, bekam der autokra-

---

3 Zit. n. Töteberg, Fritz Lang, 52; McGilligan, Fritz Lang, 104; Elsaesser, Metropolis, 9.
4 McGilligan, Fritz Lang, 108; Gunning, Films of Fritz Lang, 1–11.
5 McGilligan, Fritz Lang, 104.
6 Fritz Lang, Wege des großen Spielfilms in Deutschland, Die Literarische Welt (Oktober 1926), 5f., zit. n. Gehler/Kasten, Fritz Lang, 242–245; Gunning, Films of Fritz Lang, 52–86.

tische Perfektionist Lang praktisch jeden Wunsch erfüllt. Dazu gehörten beispielsweise ein Aufgebot von über 38.000 Komparsen, monumentale Studiobauten und atemberaubende optische Tricks, um das Stadtbild von *Metropolis* mit seinen Autobahnen und Wolkenkratzern sowie den gigantischen Maschinenpark, die abstoßenden Slums, schauerlichen Katakomben und die Leidensszenen biblischen Ausmaßes ins Bild zu setzen, die sich im alptraumhaften Unterbauch der Stadt abspielten. Dazu kamen die Kosten für die Honorierung und Verpflegung des Filmteams und des Studiopersonals während des Drehs an 310 Tagen und in sechzig Nächten. Gewiss war es auch in Hollywood längst üblich, dass Großproduktionen den Kostenrahmen sprengten, doch sprangen in diesen Fällen gewöhnlich die Bankiers ein, die ein Teil des Studiosystems waren und auf flüssige Hintermänner an der Wall Street zählen konnten. Die UFA war hingegen notorisch unterkapitalisiert. Zu der Zeit, als die Dreharbeiten zu *Metropolis* stattfanden, sorgten Neubewertungen des Wechselkurses der Reichsmark und ein zusammenbrechender Exportmarkt für deutsche Filme im Verein mit den ausufernden Kosten dafür, dass der Film die UFA, anstatt sie aus dem Schlamassel zu ziehen, in den finanziellen Ruin trieb.[7]

Dazu trug als weitere vertrackte Realität auch die problematische Distribution des Films bei. Gewiss war die UFA in Europa praktisch das einzige Filmunternehmen, das vertikal integriert war wie die großen amerikanischen Studios; ihr gehörten rund dreißig Kinopaläste, und sie kontrollierte indirekt weitere 3.000 kleinere Kinosäle, die sie nutzen konnte, um die mehreren Hundert Filme zu verwerten, die sie jedes Jahr herausbrachte. Zur Feier der neuen wirtschaftlichen Aufschwungszeiten hatte das Unternehmen sein prächtiges Flaggschiff in Berlin, den UFA-Palast am Zoo, 1925 einer radikalen Renovierung unterzogen; Sam Rachman hatte das Haus in dem überladenen, kitschigen Violett-und-Gelb-Dekor ausgestattet, das man von etablierten Broadway-Theatern kannte. Doch das deutsche Kinopublikum zählte kaum ein Viertel des US-amerikanischen. Nicht einmal mit einem absoluten Kassenschlager konnte die UFA in Deutschland mehr als die Hälfte der Produktionskosten einspielen, gleich wie viele Kinos sie kontrollierte. Daher war der Export unerlässlich, um die Deckungslücken zu schließen und in die Gewinnzone zu kommen. Doch spätestens ab Mitte der zwanziger Jahre hatte sich Hollywood mit seinen Filmen tief in den deutschen Markt hineingefressen, und was noch schlimmer war: Die stolze UFA erwies sich als unfähig, die großen US-Studios zur Einhaltung der Verleihvereinbarungen zu zwingen, die sie mit ihnen im Rahmen eines Kreditabkommens zur finanziellen Sanierung des deutschen Unternehmens geschlossen hatte. Als Gerüchte aufkamen, der UFA drohe die Übernahme durch ausländische, das heißt US-amerikanische Kapitalgruppen, trat im März 1927 Alfred Hugenberg, der Rupert Murdoch der Weimarer Republik, auf den Plan und kaufte die UFA. Schon bevor die Übernahme vollzogen war, ordnete der neue Vorstandsvorsitzende, Hugenbergs Vertrauensmann Ludwig Klitzsch, Einsparungen an, darunter auch am großzügig bemessenen Werbebudget für *Metropolis*.[8]

---

7 Kreimeier, UFA-Story, 150ff.; Saunders, Hollywood in Berlin, 69–83.
8 McGilligan, Fritz Lang, 105; Saunders, Hollywood in Berlin, 69–83; Kreimeier, Ufa-Story, 132–157, 190–205.

Zu guter Letzt war da noch der Umstand, dass die Botschaft des Films unklar, um nicht zu sagen unausgegoren war, was seine Vermarktung selbst unter den günstigsten Umständen schwirig gemacht hätte. Gewiss handelte *Metropolis* von jenen universellen Themen, die beim Kinopublikum ankommen, nämlich grausame Ausbeutung und Erlösung durch Liebe. Andererseits verströmte der Film die beißende Ambivalenz, für die die kulturelle Intelligenz der Weimarer Republik berüchtigt war: War die Technik eine emanzipatorische oder eine menschenfeindliche Macht? Hatten ausgebeutete Arbeiter das Recht, zu rebellieren, oder waren sie nur ein gefährlicher Pöbel? War wirtschaftliche Macht ein legitimer Ausfluss unternehmerischen Könnens oder die pure Tyrannei einer Kaste? War die Heldin von *Metropolis* eine unschuldige Heilige oder eine dämonische Hure, war der Sohn und Firmenerbe ein einfältiger Playboy oder ein bemerkenswerter Idealist? Selbst die vorwitzigen Berliner, die einzigen, die den Film in seiner vom Regisseur autorisierten Langfassung (mit über drei Stunden Spielzeit) zu sehen bekamen, fragten sich beim Verlassen des Kinos, welche Botschaft sie mitnehmen sollten. Was war der Sinn der abschließend eingeblendeten Texttafeln? »Der Mittler zwischen dem Kopf [lies: dem unternehmerischen Genie] und der Hand [lies: der Arbeiterschaft] sei das Herz [lies: die fromme Weiblichkeit].« Die Rechten mit ihrem bekannten Hang zur Paranoia mochten dies so deuten, dass der Sieg einer kommunistischen Idee oder Bewegung an die Wand gemalt wurde, die Linke mochte es – zutreffender – als eine Kapitulation Langs (oder vielleicht Thea von Harbous) vor einem romantisch-reaktionären Trugbild interpretieren. Die Bildsprache des Films war wunderbar innovativ. Es fehlte ihm jedoch, wie ein Kritiker schrieb, an Bezug zur Wirklichkeit, an konkreten Sorgen und Sehnsüchten, an existenziellen Fragen des Lebens.[9]

Am 10. März 1927, als *Metropolis* im *Rialto*-Kino in New York seine US-Premiere feierte, waren von den ursprünglich 16 Rollen nur noch zehn übrig. Damit nicht genug, hatte der amerikanische Verleih *Paramount* den Dramatiker Channing Pollock beauftragt, Langs überbordendem Symbolismus Zügel anzulegen und der amerikanischen Fassung des Films mehr Kontinuität und eine klarer strukturierte Handlung zu verleihen. Pollock lieferte eine stark veränderte, erheblich gestraffte »Adaption« ab, die eine einfachere Geschichte erzählte: »Ein gieriger Unternehmer hofft, reich zu werden, indem er einen Erfinder beauftragt, für ihn Hunderte von roboterartigen Arbeitern zu schaffen. Das erweist sich als perfekt, abgesehen davon, dass den Kreaturen keine Seele eingepflanzt werden kann, was zu einem katastrophalen Ergebnis führt.« Der neue Schluss war eindeutig positiv: Die Arbeiter schlossen Frieden mit dem Chef, der junge Mann und das Mädchen kamen wieder zusammen. Damit hatte allerdings der »Monumentalfilm«, von Lang als ein Manifest der Synergie zwischen altweltlicher Kultur und neuweltlicher Modernität wie auch als »Eisbrecher« für den deutschen Film auf dem amerikanischen Markt gedacht, eigentlich zu bestehen aufgehört. Das Beste, was man nach Meinung eines

---

9 Fred Hildenbrandt, Metropolis, Berliner Tageblatt, 11. Januar 1927 (Spätausgabe), 2f. Zur zwiespältigen kulturellen Botschaft des Films siehe Huyssen, The Vamp and the Machine, 221–237.

wohlwollenden Rezensenten der *New York Times* über *Metropolis* sagen konnte, war, dass es ein »technisches Wunderwerk auf tönernen Füßen« sei.[10]

Die drei Jahre, die über die Entstehung von *Metropolis* vergingen, brachten also das Ende aller Illusionen über die Schaffung eines dynamischen Austauschs zwischen europäischer und amerikanischer Filmproduktion. Bis etwa zur Mitte der zwanziger Jahre waren die Deutschen, insbesondere diejenigen, die für das unternehmerische Wunderwerk namens UFA arbeiteten, der festen Überzeugung, sie verfügten über die Ressourcen, die Begabungen und die Filmkultur, um sich mit den allerbesten Filmen aus den USA messen zu können. Auch amerikanische Experten waren dieser Meinung, obwohl sie mit ansehen konnten, wie Länder, die zuvor bedeutende Filme hervorgebracht hatten, vor allem Frankreich, Italien und Dänemark, erbärmlich unter dem rapiden Vordringen des Hollywood-Films litten. Auch die deutsche Filmindustrie zeigte ab 1926 deutliche Verwitterungserscheinungen. Unter Kapitalschwund leidend und einiger ihrer talentiertesten Leute verlustig gegangen, hatte sie ihre kosmopolitische Vision vorläufig begraben und sah sich zunehmend unter Druck, sich als nationale, »deutsche« Filmwirtschaft zu rekonstituieren und sich an die Spitze der Entwicklung eines (wie schwammig auch immer definierten) »europäischen« Kinos zu stellen, das in der Lage sein sollte, dem Strom von Kapital, Techniken und Filmen, der sich aus Hollywood ergoss, etwas entgegenzusetzen.

Wie »Hollywood« – worunter wir hier den industriell produzierten, klassisch erzählenden Spielfilm verstehen, wie er hauptsächlich in den großen Studios von Südkalifornien hergestellt wurde – die europäische Kommerzkultur herausforderte, ist das Thema dieses Kapitels. Keine amerikanische Wirtschaftsbranche trat mit einem bewussteren (und selbstbewussteren) Wettbewerbsdenken hinsichtlich ihrer Rolle bei der Prägung internationaler Kulturtrends an, keine gab sich mehr Mühe, ein Publikum in aller Welt zu erreichen, auf dessen Bedürfnisse zu reagieren und seine Geschmacks- und Modevorlieben zu prägen, keine ging aggressiver zu Werke, wenn es galt, Hürden und Hindernisse zu überwinden, die dem Eindringen ihrer Produkte in andere Gesellschaften im Weg standen. Wirtschaftlich betrachtet, waren Hollywood-Filme mit weitem Abstand die einträglichsten kulturellen Exportgüter der USA: Ende der dreißiger Jahre belegten sie wertmäßig den vierten Rang unter allen ins Ausland gelieferten amerikanischen Warengruppen. Auch geografisch betrachtet, gehörte der Film zu den weltweit am meisten verbreiteten Exportgütern der USA, übertroffen nur von *Gillette*-Rasierklingen und *Ford*-Automobilen. Nach 1945 wechselten sich Perioden der Expansion mit solchen des Rückgangs ab, abhängig von der Attraktivität der Filme, die die einzelnen Nationen hervorbrachten, dem Vermögen Hollywoods, sich selbst zu erneuern, und der weltweiten Wirtschaftslage. Die größten Filmunternehmen Europas waren an der Wende zum 21. Jahrhundert keine europäischen Firmen, sondern US-Multis. Der Marktanteil Hollywoods an den europäischen Einspielerlösen lag bei achtzig bis neunzig Prozent. Auf jeden

---

10 Mordaunt Hall, The Screen. A Technical Marvel, New York Times, 7. März 1927, 16.

Dollar, den europäische Filme in den USA einspielten, kamen 1.500 Dollar an Europa-Erlösen amerikanischer Filme.[11]

In den Importländern erregte keine aus den USA eingeführte Warengruppe eine so kontroverse Aufmerksamkeit wie der amerikanische Exportschlager Film. Dabei sorgte nicht nur die wirtschaftliche Dominanz der Amerikaner für Unmut, der daraus entstand, dass eine in großem Maßstab operierende, mit enormer Marketingkraft und weitreichender Kontrolle über das Filmverleihwesen ausgestattete, über scheinbar unerschöpflichen finanziellen Rückhalt gebietende Industrie gegen jeweils nationale Filmbranchen antrat, die auf relativ kleiner Flamme kochten, von handwerklichen Traditionen geprägt waren, noch mit der Theaterbühne entliehenen Strukturen arbeiteten und ihre Filme oft unzuverlässig finanzierten. Die amerikanische Dominanz wurde vielmehr auch als ein kulturelles Problem empfunden. Als ein Produkt, das sich gleichzeitig als Handelsware und als Kulturgut präsentierte, überwand der Film spielend nationale Grenzen, entzog sich politischer Kontrolle, infiltrierte gewachsene Gemeinwesen, schlich sich ins Privatleben der Menschen ein und stand sogar im Verdacht, sich im Unbewussten breitzumachen, vor allem in dem der am leichtesten manipulierbaren Individuen, nämlich der Frauen, Jugendlichen und Kinder. Die Menschen mit einer neuen Umgangssprache konfrontierend, die eine Sprache der bewegten Bilder und bald auch des gesprochenen Dialogs war, stellte sich das amerikanische Kino von Anfang an quer zu den heftig verteidigten Grenzlinien, die in Europa traditionell die hohe und akademische von der populären Massenkultur trennten. Kein anderes Medium prägte wirksamer als der Film die vorherrschende Auffassung (und stellte sie zugleich in Frage), dass jede Nation ihre eigene Unterhaltungsindustrie brauchte und ihre Identität kulturell artikulieren musste, wenn sie die volle Souveränität über ihr Territorium beanspruchen wollte.

Versetzt man sich ins erste Jahrzehnt des 20. Jahrhunderts zurück, so war zu diesem Zeitpunkt die spätere amerikanische Dominanz keineswegs eine ausgemachte Sache. Der Stummfilm hatte in seiner Plastizität praktisch keine Nationalität, und die Filmproduzenten jener Pionierära um die Wende zum 20. Jahrhundert schwammen wie Treibgut in den wilden Strömen mit, die zu der Zeit die beiden Kontinente in Atem hielten und auch den Rest der Erdkugel überspülten. Zu beiden Seiten des Atlantiks brachten zu der Zeit isoliert und verstreut arbeitende Firmen und Einzelkämpfer, deren Patente und Urheberrechte kaum respektiert wurden, Filme der unterschiedlichsten Machart hervor, die weit davon entfernt waren, als integre Schöpfungen betrachtet zu werden, im Gegenteil in den meisten Fällen von Trittbrettfahrern und Mittelsmännern in abgekupferten oder umgeschnittenen Versionen verkauft und verwertet wurden. Vorgeführt wurden sie in Zirkuszelten, Musikhallen und Freilufttheatern – überall dort, wo ein Kleinunternehmer es mit einem Projektor und ein paar Filmrollen fertigbrachte, ein größeres Publikum zu-

---

11 Die Schlüsselwerke über das Hollywood-System sind Bordwell u.a., The Classical Hollywood Cinema; Gomery, The Hollywood Studio System; Schatz, The Genius of the System. Zu den Antworten Europas auf den Hollywood-Film siehe Thompson, Exporting Entertainment; dies., Early Alternatives, 386–404; Jarvie, Hollywood's Overseas Campaign; de Grazia, Mass Culture and Sovereignty, 53–87. Statistiken für 2001 finden sich bei Ulff-Møller, Hollywood's Film Wars with France, xiii.

sammenzutrommeln. Als Inspirationsquellen für den frühen Film konnten ausgefallene Geschichten, spektakuläre Ereignisse wie ein Vulkanausbruch oder imaginäre Reisen dienen – zum Mond, nach Polynesien, um die Welt, in das Land Cockaign. Ab etwa 1905 gewannen die Filmemacher an Selbstbewusstsein und Kapitalkraft und produzierten zunehmend lange Filme. Am Anfang arbeitete die Avantgarde mit Vorliebe in Europa, wo sie die reichen melodramatischen Traditionen des Kontinents ebenso ausschöpfen konnte wie die Errungenschaften seiner fortgeschrittenen optischen Industrie, den sensationellen Realismus seiner Fortsetzungsromane und seine blühende Theaterlandschaft mit ihren erfahrenen Bühnenarbeitern und Schauspielern. Um 1910 waren Frankreich, Italien und Dänemark die führenden Filmexportländer.[12] Als sich der Nabel der Kinowelt an die nordamerikanische Westküste verlagerte, nachdem er zwei Jahrzehnte lang seine scheinbar feste Heimat in Europa gehabt hatte, markierte dies eine einschneidende Wende nicht nur für die Filmbranche, sondern auch für das weitverzweigte Gespinst von Interessen und Identitäten insgesamt, das sich um dieses Pioniergenre einer neuen Unterhaltungsindustrie herum entwickelt hatte.

Wenn es eine einzelne Persönlichkeit gab, die über die Vielseitigkeit, geistige Beweglichkeit und fachliche Kompetenz verfügte, um inmitten dieser Umwälzung das Gleichgewicht zu bewahren, dann war es Erich Pommer, der mit seiner Frau und Mitarbeiterin Gertrud (geborene Levy) auf einem Foto Arm in Arm mit Fritz Lang an der Schiffsreling steht, als die *S.S. Deutschland* nach zehntägiger Überfahrt in New York anlegt. Als Produktionschef der UFA hatte Pommer eine ganze Serie faszinierender Stummfilme finanziert, darunter *Das Cabinett des Dr. Caligari* (1919), *Der müde Tod* (1921), *Dr. Mabuse, der Spieler* (1922), *Die Nibelungen* (1924) und *Varieté* (1925). Er hatte die einmonatige Amerikareise organisiert, deren erste Station New York war, wo die Inspizierung des neu eröffneten UFA-Büros auf dem Programm stand. Das eigentliche Reiseziel war aber, nach einem kurzen Zwischenstopp in Chicago, Los Angeles, wo die beiden Männer in Hollywood herumgereicht werden sollten. Pommers Lebenslauf war dem der überlebensgroßen Moguln des Hollywood-Studiosystems nicht ganz unähnlich, doch hatte ihn die Unwegsamkeit seiner Laufbahn zu einer insgesamt menschlicheren Figur gemacht. Geboren 1889 in Hildesheim als Sohn der Anna Pommer und ihres Gatten, des wohlhabenden Textilkaufmanns Gustav Pommer, hatte er seinen Berufsweg, wie viele andere Sprösslinge jüdischer Geschäftsleute, im Kaufmannsgewerbe begonnen. Seinen ersten Job fand er als Verkäufer bei Machol & Levin, einem prominenten Berliner Herrenausstatter. 1907 stellte er fest, dass seine wahre Berufung im Filmgeschäft lag, nachdem die Berliner Tochterfirma von *Gaumont*, der zweitgrößten französischen Filmproduktionsfirma, ihn als Faktotum engagiert hatte. Im Verlauf von drei Jahren lernte er Französisch und »sämtliche Kinogeheimnisse der Zeit« und wurde daraufhin zum Geschäftsführer der Wiener *Gaumont*-Tochter bestellt. Von dort wechselte er zu *Eclair*, der Hauptkonkurrentin *Gaumonts*, wo er in gleicher Funktion die Ver-

---

12 Zur Frühzeit des Films im Allgemeinen siehe Sadoul, L'art muet; Bakker, Entertainment Industrialized.

tracktheiten des Filmverleihgeschäfts im gesamten verschachtelten österreichisch-ungarischen Kaiserreich (und in den transparenteren Absatzgebieten Dänemark, Schweden und Norwegen) ausbaldowerte. Diese Tätigkeit war, wie er später sagte, seine »erste Liebe«: ununterbrochen unterwegs zu sein, den ganzen Kontinent zu bereisen, neue Märkte zu erschließen. Dennoch, der Wechsel in das nervenaufreibende Geschäft der Filmproduktion war für ihn ein logischer nächster Schritt. Es bestand ein echter Bedarf, die unersättliche Nachfrage nach neuen Filmen durch einen zuverlässigen Strom von Produktionen zu decken, und so gründete Pommer 1913 zusammen mit *Eclair*-Chef Marcel Vandel die Firma Wiener-Autoren-Film. Keine dreißig Jahre alt, war Pommer schon fast ein Veteran des Filmgeschäfts, als gegen Ende seines dritten Jahres im Kriegsdienst (den er überwiegend auf dem Balkan ableistete, nach einer an der Westfront erlittenen Verwundung) das Bild- und Filmamt der deutschen Obersten Heeresleitung auf ihn aufmerksam wurde und ihn anwies, Dokumentationen zu drehen. Schon zuvor, im Februar 1915, hatte er während eines Fronturlaubs in Berlin arrangiert, dass die Vermögenswerte und das Inventar von *Eclair*, seiner zur »Feindfirma« erklärten Arbeitgeberin, unter dem Dach einer neu gegründeten deutschen Gesellschaft, der Decla [Deutsche Eclair] Filmgesellschaft, geparkt wurden. 1921, ein Jahr nachdem sich die angriffslustige kleine Decla mit der ältesten Filmproduktion Deutschlands, Bioscop Film, vereinigt hatte, übernahm die größere, vier Jahre alte Universum Film AG, die vom deutschen Staat finanziell gestützt wurde, Pommers Decla-Bioscop. Zu den Übernahmekonditionen gehörte, dass Erich Pommer bei dem schnell wachsenden Riesenbaby, das weniger unter seinem vollen Namen als unter seinem Kürzel UFA bekannt werden sollte, das Amt des Produktionschefs übernehmen würde.[13]

Jetzt auch der Form nach als echter Filmproduzent anerkannt, stürzte Pommer sich in das »schöpferische Getümmel«, das im Berlin der Nachkriegsjahre herrschte. Er arbeitete »achtzehn Stunden am Tag, hatte immer vier oder fünf Filme gleichzeitig in Arbeit«, wie sich sein damaliger Mitarbeiter Billy Wilder erinnerte. Der »dürre, sensible und nervöse Kettenraucher trieb alle Leute unermüdlich an«.[14] Immer pragmatisch, wenn auch nie auf Kosten seines Qualitätsanspruchs, hatte er eine feine Antenne für den produktiven Innovationsdruck, der durch den immer heftiger werdenden transatlantischen Konkurrenzkampf erzeugt wurde. Ein Kino, das Erfolg haben wollte, musste, worauf auch immer es ihm sonst ankam, ein waches Auge auf die Kasse haben. Für Deutschland bedeutete dies angesichts seines relativ kleinen heimischen Markts, dass die Filme exportfähig sein mussten. Pommer leistete in dieser Beziehung Bemerkenswertes, indem er sich die Mitarbeit bedeutender Filmemacher sicherte, allen voran Ludwig Berger, Robert Wiene, F. M. Murnau, Joe May sowie Fritz Lang, und einige ihrer besten Arbeiten aus ihnen herausholte. Hollywood wusste diese erfolgreiche Arbeit zu schätzen und wetteiferte mit der UFA um das Energiebündel, ebenso wie Filmstudios in Großbritannien und Frankreich. Nach seinem Tod wurde Pommer neben Alexander Korda als der einzige europä-

13 Zu Pommer siehe Hardt, From Caligari to California; dies., Erich Pommer; Jacobsen, Erich Pommer; und Luft, Erich Pommer, 457–469, 518–533.
14 Zolotow, Billy Wilder in Hollywood, 43, zit. n. Hardt, Erich Pommer, 81f.

ische Filmproduzent gewürdigt, der den großen Hollywood-Studiobossen der klassischen Ära ebenbürtig war: einem Selznick, Zanuck, Warner, Wanger, Thalberg, Mayer. Für George Canty, in den Reihen der US-Regierung der beste Kenner des europäischen Filmgeschäfts jener Zeit, war Pommer schlicht und einfach »der vielseitigste Kinomann der Welt«.[15]

Pommers wechselhafte Karriere beleuchtet sowohl den Internationalismus eines transatlantischen Kinos, dessen künstlerische Träger so mobil waren wie jedes andere Kapital, als auch den um sich greifenden Nationalismus, der ihn, der fähig und von dem Wunsch beseelt war, in jeder Beziehung grenzüberschreitend zu arbeiten, ein ums andere Mal zwang, die Schmerzen des Exils, des Jobverlusts und der Verbannung aus seinem Metier zu erleiden. Dazu berufen, nicht nur Filmproduzent zu sein, sondern auch die Filmunternehmen, in deren Sold er stand, zu repräsentieren, erlebte Pommer aus nächster Nähe alle Wendungen im Ringen um die Kino-Hegemonie im nordatlantischen Raum mit: Er war in der ersten Hälfte der zwanziger Jahre in Berlin, als die Filmwirtschaft der Weimarer Republik noch den Ehrgeiz hatte, zu den Weltgrößen des Filmmarkts zu gehören, verbrachte die Jahre 1925 und 1926 in Hollywood, als die dortigen Großstudios den Grundstein für ihre spätere weltweite Marktmacht legten, und wirkte in der Folge, bis nach der Wende zu den dreißiger Jahren, wieder in Deutschland, wo er die ersten Tonfilm-Experimente der UFA mitgestaltete, mit denen sie ihre europäische Führungsrolle zurückzugewinnen versuchte. Als Exilant in Paris, London und Hollywood beobachtete er, wie die nun von den Nazis übernommene deutsche Filmindustrie mit allen Mitteln versuchte, ein von Deutschland kontrolliertes europäisches Kino aufzubauen. 1946 kehrte er nach Berlin zurück, diesmal als Leiter der *Film Task Force* der *U.S. Army* und mit dem Auftrag, das diskreditierte, nationalsozialistisch verseuchte deutsche »Unterhaltungsreich« ein für alle Mal zu zerschlagen.

Dass in den zwanziger Jahren Deutschland zum Standort der europäischen Alternative zur amerikanischen Film-Oligarchie wurde, war nicht verwunderlich, ebenso wenig wie die Tatsache, dass der gebürtige Wiener Fritz Lang und Dutzende andere Regisseure, Produzenten, Kameraleute, Drehbuchautoren, Schauspieler und Techniker aus Mitteleuropa, viele von ihnen jüdischer Herkunft, Berlin zu ihrer ersten Adresse machten. Im Film, wie in anderen Unterhaltungsgenres, entwickelte sich die deutsche Kommerzkultur zur stärksten Rivalin der amerikanischen. Später, unter der NS-Herrschaft, präsentierte sie sich zunehmend aggressiv als die europäische Alternative zum Studiosystem Hollywoods. Das lag nicht nur daran, dass die Nazis in Gestalt des Riesen UFA über ein Unternehmen verfügten, das europaweit seinen Einfluss geltend machen konnte, und es war auch kein bloßer Reflex der Stärke der exportorientierten deutschen Wirtschaft mit ihrem dominierenden Einfluss auf die Märkte eines halben Dutzends fragiler Länder Mittel- und Osteuropas. Es war neben alldem auch ein Resultat des Ehrgeizes deutscher Nationalisten, die kulturelle Hegemonie ihres Landes wiederherzustellen, die durch die Nieder-

---

15 George R. Canty, 29. April 1933, 4. April 1933, German Motion Picture Industry, Akte »March–April 1935«, Box 259, RG 151, BFDC.

lage im Ersten Weltkrieg verloren gegangen war. Dies schien unter anderem dadurch möglich, dass man die Chancen ergriff, die sich boten, als ein neues, visuelles Massenmedium die Kultur des gedruckten Wortes zu verdrängen begann. Dabei konnte man sich auf die Zentralität und Ausstrahlung der deutschen Kultur berufen und stützen, zumal die ebenfalls hegemonial ambitionierte UdSSR nach 1920 wieder aus Mitteleuropa hinausgedrängt wurde. Die Deutschen, Pioniere der Gutenberg-Revolution, bewiesen und praktizierten ihre Vorreiterrolle in der Kultur des gedruckten Wortes nach wie vor durch ihren Reichtum an literarischem und dramaturgischem Schaffen und die Experimentierlust ihrer bildenden Künstler, die tiefsinnige und ausgefallene Werke der Fantasie hervorbrachten und zunächst eine eher ablehnende Haltung zum Kinofilm einnahmen, den sie als plebejisch und billig empfanden.[16] Man kann sogar vermuten, dass Tradition, Struktur und Statur der literarischen Kultur Deutschlands die Entwicklung einer deutschen Filmwirtschaft anfänglich hemmten, denn noch um 1910 kamen 85 Prozent der auf dem deutschen Markt veröffentlichten Filme aus dem Ausland, vor allem aus Frankreich, Schweden und Dänemark. Doch schon während des Ersten Weltkrieges erkannten die militärischen und politischen Eliten, dass der Film ein bedeutendes Kommunikationsmittel darstellen konnte und dass der deutsche Staat (unter Federführung der Obersten Heeresleitung) die Entwicklung einer deutschen Filmwirtschaft fördern musste, wenn nicht um der Unterhaltung willen, dann wegen ihres Nutzens für Propaganda und Erziehung.[17]

Unter dem Eindruck des verlorenen Krieges rangen sich die deutschen Nationalisten zu der Erkenntnis durch, dass der Film ein Baustein für einen Wiederaufstieg Deutschlands werden konnte. Sie wurden in dieser Überzeugung bestärkt durch die Einsicht, dass das potenzielle deutschsprachige Publikum nur zum Teil innerhalb der Grenzen des Nationalstaats lebte; die Übrigen lebten als Minderheiten in den neuen Nationalstaaten Ost- und Südosteuropas, deren Märkte die deutsche Wirtschaft wieder in Besitz zu nehmen trachtete (von den Millionen Deutschstämmigen in den Vereinigten Staaten gar nicht zu reden). Wenn man dieses Potenzial aktivieren wollte, musste man freilich den Dünkel ablegen, den die Eliten bislang gegenüber einem Unterhaltungsgenre gepflegt hatten, das für sie in die Rubrik »Schund« fiel. Man musste sich dabei allerdings auch Gedanken über eine ebenso wichtige wie knifflige Herausforderung machen: Die wirtschaftlichen Realitäten diktierten, dass der deutsche Film eine nationale Identität aufweisen musste, die stark genug war, um ihm eine dominierende Rolle auf dem heimischen Markt zu sichern, dass diese Identität ihm aber nicht den Zugang zum Filmpublikum anderer Länder versperren durfte. Dieses große Problem des kulturellen Massenkommerzes – eine Ware zu produzieren, die glaubhaft nationale Werte verkörpert, zugleich aber ein internationales Unterhaltungsbedürfnis befriedigen kann – stellte sich nicht allein für

---

16 Jäger, Kampf gegen Schmutz und Schund, 163–191.
17 Zur frühen Entwicklung des deutschen Films siehe Wollenberg, Fifty Years of German Film, 10–16; siehe auch Cherchi Usai/Codelli, Before Caligari; ferner Hake, German National Cinema, 7–25.

die Europäer.[18] Den Amerikanern machte es ebenso zu schaffen. Die Lösung, die sie dafür fanden, eröffnete ihnen den Weg zur globalen Führerschaft.

Pearl Whites »fast barbarisches Lächeln«

Nicht zufällig wurden Spielfilme, die aus Hollywood kamen, erstmals als etwas »Amerikanisches« empfunden, als sie während des Ersten Weltkrieges unvermittelt an den europäischen Heimatfronten auftauchten. Philippe Soupault, der futuristische Lyriker, erlebte ihr Erscheinen als den Auftakt zu einer veritablen Revolution in den Massenmedien: »Dann sahen wir eines Tages an den Mauern große Plakate hängen, lang wie Schlangen. An jeder Straßenecke richtete ein Mann, der sich ein rotes Tuch vor das Gesicht gebunden hatte, einen Revolver auf die friedlichen Passanten. […] Wir rannten in die Kinos und begriffen sofort, dass alles anders geworden war.« Als in dem dunklen Saal Pearl Whites »fast barbarisches Lächeln« über die Leinwand flimmerte, war das das Signal für »die Revolution, den Beginn einer neuen Welt«.[19] Das muss Mitte 1916 gewesen sein, denn zu diesem Zeitpunkt schnellte der Filmexport aus den USA nach Europa in die Höhe; dabei machten sich die amerikanischen Anbieter den kriegsbedingten Rückgang der europäischen Filmproduktion sowie die Tatsache zu Nutze, dass trotz des deutschen U-Boot-Krieges die nordatlantischen Handelswege noch offen waren. Im Nu eroberte der grinsende, mit dem Spazierstock jonglierende Gernegroß, den Charles Chaplin in seinen »Tramp«-Filmen für die *Mutual Company* spielte, die europäischen Kinos. Cecil B. De Mille erregte Aufsehen mit seinem rassistische Vorurteile kitzelnden Melodrama *The Cheat* mit dem japanisch-amerikanischen Star Sessue Hayakawa in der Rolle des öligen weißen Erpressers, der sein Brandzeichen in die makellose weiße Schulter der verwundbaren Dame aus vornehmer Familie drückt, als sei sie eine seiner orientalischen Gespielinnen. Dann kamen die tollkühnen, akrobatischen Pearl-White-Serienfilme, die immer mit einer Szene endeten, in der das unschuldige Mädchen in Lebensgefahr geriet, sodass die Zuschauer kaum die Fortsetzung erwarten konnten. Dass die die Menschen serienmäßig in Atem haltenden Abenteuer der spröden blonden Amazone aus Greenridge in Missouri überwiegend von *Pathé* produziert wurden, machte sie in den Augen der französischen Zuschauer keinen Deut weniger amerikanisch.[20] Als im Spätsommer 1918 der Waffenstillstand dem Gemetzel ein Ende machte, hatten amerikanische Filme die europäische Kinolandschaft erobert – die eine große Ausnahme bildete Deutschland, wo sie wegen des von der Entente verhängten Embargos und staatlicher Restriktionen so gut wie keinen Marktzugang gefunden hatten.

Wie gründliche historische Studien zeigen, entwickelte sich der Kinoboom, der auf der Industrialisierung der szenischen Unterhaltung durch die Erfindung

---

18 Zur Frage einer nationalen Filmkultur im Allgemeinen siehe neben Hake, German National Cinema, auch Rosen, History, Textuality, Nation, 69–84; ferner Crofts, Concepts of National Cinema, 385–394.
19 Soupault, The American Influence in France, 13.
20 Thompson, Exporting Entertainment, 87.

des Kinematographen (auch Vitagraph oder Kinetoskop genannt) beruhte, mehr oder weniger gleichzeitig auf beiden Seiten des Atlantiks, wobei mehrere Erfinder in ebenso vielen Ländern dafür Annerkennung beanspruchten. Auf der Angebotsseite trugen Experimente und Fortschritte in der Aufnahme- und Projektionstechnik dazu bei, dass ein Medium, das ein Faible für Lichtspielereien, optische Tricks und andere geniale Improvisationen hatte, sich zu einer hoch organisierten und immer stärker konzentrierten Industrie entwickelte. Auf der Nachfrageseite fand die »automatisierte szenische Unterhaltung«, die das Kino bot, in der rasch wachsenden, mit Lohnarbeit Geld verdienenden Stadtbevölkerung ein begeisterungsfähiges Publikum. Das Zuschauerpotenzial war immens, legten doch großstädtische Kunden, verwöhnt durch die hohen Standards, die Theater und Opernhäuser gesetzt hatten, einen scheinbar unersättlichen Appetit auf immer spektakulärere neue Effekte an den Tag. Das Londoner *Hippodrome* hatte schon um die Wende zum 20. Jahrhundert Tausende Zuschauer mit melodramatischen Produktionen angezogen, in denen zum Beispiel simulierte Taifunwellen über ein schlingerndes Schiff und eine unglückliche Heldin hinweggedonnert waren – dank verdeckt installierter riesiger Tanks und motorgetriebener Schrauben, die das Wasser hochpeitschten. Im Theaterviertel um den Pariser Boulevard du Temple arbeiteten die Bühnenbildner mit verblüffenden *Trompe-l'Œil*-Effekten, mit mechanischen Vorrichtungen, die das Auf- und Untergehen von Sternenhimmel, Sonne und Mond simulierten, mit Flaschenzügen und Schnüren, die die Illusion des Fliegens erzeugen konnten, und brachten sogar galoppierende Pferde auf die Bühne, die durch eine mit Dampfkraft betriebene Mechanik an Ort und Stelle fixiert wurden.[21]

Der Film fügte dem bereits reichhaltigen Kuchen der populären Unterhaltungskultur zunächst nur eine weitere schmackhafte Zutat hinzu. Die eindeutig führende Kraft bei der Industrialisierung des Unterhaltungswesens war zu Beginn des 20. Jahrhunderts Frankreich, das Land mit der fruchtbarsten Filmproduktion. Aufbauend auf die von den Gebrüdern Lumière entwickelten Technologien und die kreative Fantasie eines Georges Méliès, bedienten französische Filmfirmen, allen voran *Pathé Frères*, das ebenso zahlreiche wie lebhafte Publikum in den großen Städten und profitierten dabei von wohlhabenden Investoren ebenso wie von der Französisch sprechenden kolonialen Welt und vom freien Welthandel, der ihnen den Aufbau weltweiter Verleihnetze erlaubte. Ihre Produktionsgesellschaften absorbierten Motive und Techniken aus der Kinokunst anderer Länder und errichteten Filialen entlang der boomenden amerikanischen Ostküste, in denen sie Film- und Kinoausrüstungen herstellten und warteten. Den Höhepunkt erreichte die französische Dominanz um 1907, als nicht weniger als vierzig Prozent aller auf dem US-Kinomarkt eingespielten Gelder an französische Firmen gingen.[22]

Ganz allgemein galt, dass der amerikanische Kinomarkt, damals der am schnellsten wachsende und umkämpfteste der Welt, Veröffentlichungen gleich welcher Herkunft gierig verschlang. Die typischen kleinen Kinos, die im ersten Jahrzehnt des

---

21 Bakker, Entertainment Industrialized, 130–141.
22 Ebd., 158f., 161; Abel, French Cinema, insbes. Kap. 1, 2; siehe auch den Klassiker Sadoul, L'art muet, 1: 7–50; 2: 309–373.

20. Jahrhunderts aus den Boden schossen, hatten 199 Plätze (200 hätten eine Theaterlizenz erfordert), boten gewöhnliche Stühle anstelle von fest eingebauten Sitzreihen, verfügten oft über ein Klavier, damit die stummen Filme musikalisch begleitet werden konnten, und verlangten zehn oder gar nur fünf Cent für eine Eintrittskarte (daher der Name *Nickelodeon*, abgeleitet von der amerikanischen Fünf-Cent-Münze, dem *Nickel*). An allen Tagen des Jahres geöffnet, zeigten sie neue Filme (die sie in der Regel nicht kauften, sondern ausliehen) zwölf bis 18 Mal am Tag, wobei das tägliche Filmrepertoire meist aus drei Filmen bestand und etwa drei Mal pro Woche geändert wurde, woraus sich ein Bedarf von bis zu 450 Filmen pro Jahr ergab. Da es 1907 bereits 4.000 oder 5.000 solcher Kleinkinos gab, war die Nachfrage nach neuen Filmen enorm. Wo genau diese herkamen, interessierte niemanden wirklich, am allerwenigsten ein Publikum, das in seiner Mehrzahl aus proletarischen Einwanderern bestand, das ethnisch gemischt und oft mehrsprachig war und dessen Gefallen an pantomimischen Darbietungen von Melodramen aus dem italienischen Neapel (wo die ersten Diva-Filme herkamen) ebenso gut befriedigt werden mochte wie von den eher exzentrischen Machwerken (z.B. der Darstellung zusammenstürzender Häuser oder auf die Kamera zurasender Lokomotiven), Slapstick-Komödien und Actionstreifen, wie sie von den Studios *Biograph*, *Edison* oder *Vitagraph* in New York City und im nördlichen New Jersey geliefert wurden, den damaligen Hochburgen der US-amerikanischen Spielfilmproduktion.[23]

Die Unbekümmertheit des Publikums um die nationale Herkunft von Filmen wurde von einem kulturellen Chauvinismus ausgehöhlt, den die US-Filmindustrie vorauseilend an den Tag legte. Die Ursprünge dieses Chauvinismus lassen sich auf Entwicklungen zurückführen, die sich auch in anderen Innovationsbereichen der amerikanischen Konsumkultur abzeichneten, nämlich auf Bemühungen der Wirtschaft, geeignete Verkaufsumfelder für die Erziehung der Verbraucher zur Markentreue zu schaffen, was in diesem Fall konkret hieß: mehreren Millionen erst kürzlich eingewanderten Neu-Amerikanern eine neue cineastische Geschmacksrichtung nahezubringen.

Etwa ab 1907 arbeiteten amerikanische Filmunternehmen daran, aus den bis dahin heftig verfehdeten Anbietern am US-Filmmarkt – Patentinhabern, Geräteherstellern, Produzenten, Verleihern – ein nationales Oligopol zusammenzuschmieden. Treibende Kraft bei diesem Vorhaben war die Firma *Edison*, die hatte erleben müssen, wie ihre gerichtlichen Klagen gegen Wettbewerber wegen Verletzung ihrer Patente auf Filmkameras, Projektoren und Filmmaterial auf dem Instanzenweg immer öfter abgewiesen wurden. Das Unternehmen sah sich als Opfer regelrechter Piraterie und fand sich immer wieder von wechselnden Allianzen konkurrierender Firmen ausgebremst, die sich zusammentaten, um sich beiderseitig vorteilhafte Lizenzen zu sichern. Diese Konflikte waren verlustbringend gewesen und hatten das Filmimportgeschäft begünstigt. 1908 gelang es jedoch der Firma *Edison* endlich, in Zusammenarbeit mit *American Mutoscope* und *Biograph* die *Motion Picture Patents*

---

23 Zu der Mischung aus nationalen und lokalen Genres in den Kindertagen der Filmwirtschaft siehe Musser, The Emergence of Cinema; Sklar/Musser, Resisting Images. Zum frühen italienischen Kino siehe Bernardini, Cinema muto italiano.

Company (MPPC) ins Leben zu rufen, um die regelmäßige Erhebung von Patentgebühren sicherzustellen. Obwohl dieses Patentmonopol wiederholt von Koalitionen unabhängiger Marktteilnehmer angefochten und die MPPC vor Gericht gezerrt, angeklagt und am Ende wegen Verstoßes gegen die amerikanischen Kartellgesetze verurteilt wurde, hatte die Konstruktion Bestand.

Nicht nur dass die MPPC überlebte, sie prägte auch die sich in der Folge entwickelnden Organisationsformen der gesamten Branche. Die von der MPPC aufgesetzten Lizenzverträge förderten, indem sie Produktion, Filmverleih und Filmvorführung eng miteinander verzahnten, die vertikale Organisation, die die Basis des Studiosystems von Hollywood wurde, und statteten sie mit der Macht aus, auf allen Ebenen der Unterhaltungsindustrie steuernd einzugreifen. Indem die MPPC den Film wie jede andere standardisierte Handelsware behandelte, schuf sie die Grundlage für den Aufbau eines Distributionssystems, das die Leihgebühren für Filme in Abhängigkeit von deren Markenwert und Spieldauer, aber unabhängig vom Inhalt festlegte. Durch ihren einschüchternden Umgang mit Konkurrenten versprühte sie die Botschaft, dass sie als Sachwalterin einer Branche, deren Erfolg von so vielen eng verwobenen Interessen abhing, während ihre Produkte sich durch kurze Verfallsfristen auszeichneten, gleichsam das gute Recht hatte, widerspenstigen Marktteilnehmern, besonders wenn sie aus dem Ausland kamen, eine Lektion zu erteilen. In ihrem Bemühen um die Schaffung eines Monopols hatte die MPPC ausländische Firmen aus ihrem Lizenzkartell ausgeschlossen – mit Ausnahme derer, die dafür bereits zu stark waren, und das waren die führenden französischen Unternehmen *Pathé Frères*, *Méliès* und *Gaumont*. Um auch den Franzosen die Tür weisen zu können, setzte die Organisation auf eine noch andere Strategie, die man als »kulturelle Verteidigung« bezeichnen könnte.

Die »Nickelodeon-Revolution« hatte bereits die Aufmerksamkeit jener eigenartigen Koalition bürgerlicher Kräfte, die sich typischerweise zur Unterstützung xenophober Anliegen zusammentat – Reformeiferer, Feministinnen, Arbeiterführer, Frömmler, Kulturkritiker aller Couleur –, auf die immer zahlreicher werdenden Spielstätten der billigen Amüsierkultur gelenkt. Groß war die Empörung über die angeblich verderblichen Auswirkungen dieser seichten Unterhaltung auf das heterogene Publikum, das sich ihr hingab: Kinder, Frauen und jede Menge Einwanderer unterschiedlichster Herkunft und Ethnizität, von denen die meisten nicht einmal Englisch konnten, wirtschaftlich ausgegrenzt, körperlich ungepflegt, gesellschaftlich marginal und politisch verdächtig waren.[24] Die Kritik, sie sei für diesen unerfreulichen Zustand selbst verantwortlich, fing die amerikanische Filmindustrie damit ab, dass sie sich selbst zur Mitkämpferin für die Sache der moralischen Erneuerung Amerikas erklärte. Die herkömmlichen Branchenzeitschriften und Zeitungskolumnen, die sich mit dem Kino befassten, aber auch die im Bereich des lebhaften Vereins- und Verbandslebens jener progressiven Ära aufgewühlten Energien nutzend, verwickelte sie die Filmzuschauer in eine lautstarke Debatte über Stil und Inhalt von Kinofilmen. Die Antwort auf die verzwickte Frage, wie man »erbauliche« von

---

24 Abel, Red Rooster Scare.

»ungesunden« Filmen unterscheiden könne, fand sich in Gestalt eines förmlich definierten neuen Geschmacks- und Urteilskanons, der praktisch von aller Welt die Zustimmung zu einer Garnitur neuer ästhetischer Kategorien verlangte. Da die Vereinigten Staaten ein Einwanderungsland waren und praktisch alle Amerikaner ein empfindsames Gespür dafür hatten, was ausländisch und was einheimisch war, kaprizierte sich die Filmbewertung darauf, den Stil, die Ästhetik und die Botschaft einheimischer Filme systematisch von der Machart importierter Auslandsfilme zu unterscheiden.

Das erste Exempel wurde an *Pathé* statuiert, der größten Filmproduktionsfirma der Welt mit Hauptsitz in Paris, aber mit bedeutsamen Niederlassungen und Tochterfirmen in den Vereinigten Staaten. Ein *Pathé*-Film ließ sich leicht am Markenzeichen der Firma erkennen, einem stolzgeschwellten gallischen Hahn. Es waren die *Pathé*-Filme gewesen, die mit ihrer Qualität und Quantität erst die kritische Masse und die innovative Attraktivität geliefert hatten, auf die sich die »Nickelodeon-Revolution« gründete. Mit ihren *Actualités* wie dem furchterregenden Ausbruch des Mont Pelée auf Martinique 1902, mit Fantasyfilmen und Melodramen wie *Dornröschen*, *Das Leben von Ludwig XIV.*, *Faust und Gretchen*, *Der Gestiefelte Kater* (der als sehr empfehlenswert für Kinder angepriesen wurde) und *Der Streik*, die entweder direkt an die Kinos verkauft wurden oder in abgekupferten Kopien zirkulierten, setzte *Pathé* in den Anfangsjahren des 20. Jahrhunderts Maßstäbe und gewann eine hohe Popularität bei den »kleinen Leuten«.[25]

Genau diese »kleinen Leute« wollte die amerikanische Kinofachpresse zu »nationalen Filmwerten« bekehren. Ein Mittel bestand darin, die Farbtönungen zu problematisieren, die bei *Pathé*-Filmen zur Steigerung des Sehvergnügens angewandt wurden. Die Firma hatte dafür 1903/04 ein Verfahren entwickelt, bei dem eine Armee von Frauen gleichsam am Fließband jede in den Verkauf gehende Filmkopie an bestimmten Stellen von Hand kolorierte, um emotional wirksame Objekte wie Blumen oder weibliche Accessoires wie Schirme, Hüte und Kleider farblich herauszuheben. Die amerikanische Fachpresse brandmarkte diese künstliche Kolorierung als frivol, dekadent und unecht. Echte Amerikaner zögen, so meinte sie, ein kontrastreiches Schwarzweiß vor, denn Schwarz und Weiß seien die Farben eines gediegenen Realismus (zumindest bis *Technicolor* auf den Plan trat, wonach die neorealistischen europäischen Schwarzweißfilme plötzlich als rückständig und unamerikanisch abgetan wurden). Bis dahin hatten amerikanische Kritiker importierte Melodramen stets dafür gerühmt, dass sie in der Lage seien, die Tiefe menschlichen Leidens auszuloten. Jetzt warfen sie dem Genre auf einmal einen Mangel an moralischer Substanz vor. Echte Amerikaner zögen angeblich einen erzählenden Stil vor, der den Akzent auf starke Charaktere legte, die Zuversicht verströmten, dass »morgen ein besserer Tag sein wird«, und ein glückliches Ende garantierte. »Wir sollten uns mehr um die glückliche Seite des Lebens kümmern«, postulierte der Neu-Amerikaner Carl Laemmle, Gründer von *Universal*, in beifälliger Bezugnahme auf das neue

---

25 Ebd., 25ff., 37.

Moralbewusstsein. »Der Schattenseiten gibt es genug, ohne dass man sie weiter hervorkehren müsste.«[26]

Es bedurfte der Popularisierung eines neuen Genres, des Westernfilms, um die amerikanische Filmkultur zu amerikanisieren. Natürlich beeilte sich *Pathé* in Reaktion auf die wachsende Nachfrage, eigene Cowboy- und Indianer-Dramen herauszubringen. Amerikanische Kritiker warfen der Firma daraufhin vor, sie bemächtige sich der amerikanischen Landschaft und fertige »unechte« Machwerke an. An den Indianern schieden sich die Geister: Jeder rotblütige Amerikaner konnte eine echte »Rothaut«, nämlich einen muskulösen weißen Stuntman mit brauner Gesichtsmaske und Federschmuck, der an Drehorten in der Wüste Südkaliforniens für die Kamera friedliche Siedler überfiel, von einem »falschen Indianer« unterscheiden, nämlich einem schlappen Reitersmann, der im Galopp eine nachgebaute Wagenburg in der Camargue umkreiste – die allerdings viel wahrscheinlicher in New Jersey oder Los Angeles stand, wo auch ausländische Firmen die meisten ihrer Western produzierten.[27] Natürlich wollte sich niemand »Pathéphobie« vorwerfen lassen, eine unamerikanische, unmännliche, morbide und auch sonst in jeder Beziehung tadelnswerte Soziopathie, die nicht geduldet werden konnte. Aber man sorgte dafür, dass *Pathé* bei Lizenzvereinbarungen außen vor blieb, weshalb der Marktanteil des Unternehmens nach 1907 rapide zurückging. In dem Maße, wie in der Folge die Einwanderermassen domestiziert wurden, entwickelten sich die Kinos zu zuverlässigen Abspielstellen für eine zunehmend standardisierte nationale Filmproduktion.

Nachdem der amerikanische Filmmarkt so dauerhaft für die amerikanischen Produzenten gewonnen und durch ein protektionistisches System abgesichert war, das Verfügungsmacht sowohl über den Filmverleih als auch über den Filmgeschmack ausübte, begannen die Filmproduzenten miteinander über die Qualität ihrer Filme zu streiten. Das Ergebnis, das zeitlich mit den beiden ersten Jahren des Ersten Weltkrieges zusammenfiel, war die Entstehung des klassischen Hollywood-Systems. Das Maß aller Dinge wurde der mit großem Budget realisierte, für ein Massenpublikum bestimmte Spielfilm, bestehend aus fünf Rollen (oder Akten) und verliehen für einen Prozentsatz der Kasseneinnahmen. Die Markenpflege erfolgte in Gestalt des Star-Systems. Die Studios erkannten schnell, dass es die Gesichter und die Persönlichkeit populärer Schauspieler waren, die für treue Kunden sorgten, nicht die Namen von Produzenten oder Regisseuren, und nahmen deshalb erfolgsträchtige Schauspieler gleich für eine ganze Reihe von Filmen unter Vertrag. Anschließend rührten sie die Trommel, um das Interesse an diesen Stars anzufachen, ganz ähnlich wie *J. Walter Thompson* und andere Werbeagenturen die »Produktpersönlichkeiten« von *Crisco*-Backfett, *Pond's*-Seife oder *Kodak*-Kameras herausstellten. Dieses Unterfangen setzte erhebliche Investitionen in Form von Gagen, Betreuungspersonal und Werbung voraus und ließ sich nur realisieren, wenn man das Geschäft im großen Stil betrieb. Es konnte des Weiteren nur funktionieren, wenn die Stars bereit waren, sich selbst als überlebensgroße Figuren zu sehen, die Vorstellung von einem bür-

26 Ebd., 99.
27 Ebd., 151–158, 173f.

gerlichen Privatleben zu opfern und einen exzentrischen Lebensstil, passend zum Klischee des genialen Künstlers, zu praktizieren, um ihren Status als Prominente zu unterstreichen. Was den Produktionsprozess als solchen betraf, so setzte die US-Filmindustrie ganz auf Spezialisierung und Arbeitsteilung: Auf der Grundlage der Drehbuch-Rohfassung wurde ein möglichst effizienter Ablauf des Drehs geplant. Genormte Verfahren für das Schneiden auf Anschluss lieferten die Vorgaben für die Konstruktion der Handlungsabläufe. Innovative Kameraarbeit und künstliches Licht verliehen den Hollywood-Filmen einen Feinschliff, wie er vor dem Krieg unbekannt gewesen war. Anders gesagt: Das Studiosystem von Hollywood war, so wie es sich nach dem Ersten Weltkrieg präsentierte, für das standardisierte, massenproduzierte, international vermarktete Kulturgut Film das, was der Fordismus für die weltweite Konsumgüterwirtschaft war.

Noch entscheidender war freilich, dass die amerikanische Filmwirtschaft aus dem Krieg als ein Kraftprotz hervorging, der für die Expansion ins Ausland gerüstet war. Wie *J. Walter Thompson* und die im Aufblühen begriffene Werbebranche hatte sich auch Hollywood mit dem *Creel Committee* der US-Regierung ins Benehmen gesetzt, das im letzten Kriegsjahr eigens einen Unterausschuss Film gebildet hatte. Dessen Aufgabe bestand nicht nur darin, für die Herstellung von Propagandafilmen zu sorgen, sondern auch im Rahmen der amerikanischen Kriegsziele der US-Filmwirtschaft zu helfen, ihre europäischen Wettbewerber auszustechen. Patriotismus und wirtschaftlicher Pragmatismus gingen Hand in Hand für die Großen des Filmgeschäfts, denen sehr daran gelegen war, sich in den amerikanischen Konsens einzubringen und Präsident Wilsons Vision vom Kino als dem »erhabensten Medium für die Verbreitung öffentlichen Wissens, das sich, weil es eine universelle Sprache spricht, auf bedeutsame Weise für die Darstellung der Pläne und Absichten Amerikas eignet«, zu ihrer eigenen zu machen.[28]

Einen machtvollen Beitrag dazu, die US-Filmwirtschaft für diese Mission fit zu machen, leistete der Kongress 1918 mit der Verabschiedung des Webb-Pomerene-Gesetzes. Darauf angelegt, die Wettbewerbsfähigkeit amerikanischer Unternehmen gegenüber ausländischen, namentlich deutschen Kartellen zu stärken, befreite das Gesetz Exportvereinigungen von kartellrechtlichen Bestimmungen. Es wurde ihnen ausdrücklich erlaubt, Kartelle zu bilden, Preise festzusetzen und sich im Ausland anderer wettbewerbswidriger Praktiken zu bedienen, die nach der amerikanischen Kartellgesetzgebung im Inland verboten waren. Seit den zwanziger Jahren war und ist die amerikanische Filmindustrie die größte Nutznießerin des Webb-Pomerene-Gesetzes und seine enthusiastischste Befürworterin. »Ohne den Bruderkuss von Webb-Pomerene«, sagte Jack Valenti in seiner Zeit als Verbandspräsident der amerikanischen Filmwirtschaft, »wäre die US-Film- und -Fernsehwirtschaft in ihrem Bemühen, die Bewunderung und Treue ausländischer Zuschauer zu gewinnen, ernsthaft, ja vielleicht entscheidend behindert gewesen.«[29]

---

28 Helping the Moving Pictures to Win the War, Bio, 18. Juli 1918, 8, zit. n. Thompson, Exporting Entertainment, 94.
29 Zit. n. Ulff-Møller, Hollywood's Film Wars with France, 49f.

Die Filmindustrie hätte von der großzügigen staatlichen Unterstützung vielleicht nicht profitieren können, hätte sie sich nicht zuvor selbst schon auf zweckdienliche Weise umgekrempelt. Ihre wichtigste wirtschaftliche Interessenvertretung, der Verband der Filmproduzenten und Filmverleiher Amerikas, wurde 1922 in der erklärten Absicht gegründet, die Industrie einer effektiveren Kontrolle zu unterwerfen, durch Selbstkontrolle ihr erbärmlich schlechtes öffentliches Image aufzupolieren und bessere Geschäftspraktiken zu fördern. Unter der Führung des liebenswürdigen Autokraten Will H. Hays legte der Verband, der bald nur noch das *Hays Office* genannt wurde, zugleich eine entschieden internationale Ausrichtung an den Tag. Er machte sich Slogans des Handelsministeriums zu eigen und modifizierte sie für seine Zwecke; dabei kamen Sprüche heraus wie »Die Wirtschaft folgt dem Film« oder »[Filme liefern] einen animierten Katalog von Vorstellungen zu Kleidung, Leben und Genuss« oder »Mit jedem Meter ins Ausland geschickten Filmmaterials wurde ein Dollar verdient«. Bis 1926 schaffte der Verband es, dem Kongress ein erhebliches jährliches Budget für Unterhalt und Ausstattung eines ständigen Sonderausschusses Film abzuringen, der über einen Stab von Vollzeit-Mitarbeitern verfügte und 1930 in eine ausgewachsene Ministeriumsabteilung umgewandelt wurde.[30] Das *Hays Office* baute des Weiteren seine eigene »Auslandsabteilung« auf, die täglich sowohl mit dem Außenministerium als auch mit dem Büro für Außen- und Binnenhandel kommunizierte. Es unterhielt sogar ein eigenes Europa-Hauptquartier in Paris, das Hays' Schwager leitete und das in ständigem Kontakt mit der Pariser US-Botschaft stand.

Doch Hollywoods wertvollster Kontaktmann nach Europa war Georges R. Canty, von 1926 bis 1939 ranghöchster Auslandsrepräsentant des *Hays Office*. Ein gebürtiger Ire aus der Grafschaft Cork und eingebürgerter Amerikaner, war Canty ebenso gescheit wie gesellig, ein Mann, den nichts aus der Ruhe brachte und der die wirtschaftlichen und politischen Verhältnisse in den von ihm besuchten Ländern »so kühl, ruhig und nüchtern« analysieren konnte, dass auch die Europäer selbst ihn immer wieder um Informationen und Einschätzungen zu ihrer eigenen Filmwirtschaft und zur Filmszene konkurrierender Länder angingen.[31] Er hatte seine diplomatischen Fertigkeiten in Verhandlungen mit europäischen Regierungen geschärft und verstand sich auf Geschäfte ebenso gut wie auf die Beruhigung seiner Landsleute, die wirtschaftliche Interessen oft so hartnäckig vertraten, dass sie zu diplomatischen Kontroversen mutierten. Canty sah es als Teil seiner Mission an, die Amerikaner zu organisieren, damit sie in Verhandlungen mit dem Ausland eine Einheitsfront bildeten, wobei nach seiner Erfahrung nichts schwerer war, als »die Burschen zusammenzubringen und darauf zu achten, dass keiner aus der Reihe tanzte«. Wenn in einem Land der Widerstand gegen das amerikanische Kino be-

---

30 Julius Klein, Trade Follows the Motion Pictures, Commerce Reports, 22. Januar 1923, 191; ders., What Are Motion Pictures Doing for Industry?, 79–83.
31 Kinematograph, 8. Juli 1931 (Kinematograph war eine in Alfred Hugenbergs Scherl-Verlag erscheinende Fachzeitschrift), zit. n. George R. Canty, Ufa's Reaction to French Contingent, 29. Juli 1931, Akte »Oktober 1931«, Box 254, RG 151, BFDC. Siehe auch Ulff-Møller, Hollywood's Film Wars with France, 63.

sonders hartnäckige Formen annahm, griff Hays persönlich ein, und der Handelsgesandte der US-Regierung ließ ihm den Vortritt. »Zar« zu Hause, »Botschafter« im Ausland, schloss Hays private Wirtschaftsabkommen ab, als handle es sich um Staatsangelegenheiten; er verhandelte persönlich mit ausländischen Staatschefs über Importquoten, ein Generalbevollmächtigter des privaten Sektors, der von Staats wegen befugt war, im Falle des Scheiterns seiner Verhandlungen das unbotmäßige Land mit verheerenden Handelsboykotten zu bestrafen.[32]

Mit dem Sicherheitspolster einer so verlässlichen staatlichen Rückendeckung und mit üppigen Kapitalreserven ausgestattet, investierte die amerikanische Filmindustrie von den frühen zwanziger Jahren an nach Kräften im Ausland; sie vervielfachte die Zahl ihrer Verkaufsbüros, nistete sich in den oberen Stockwerken der jeweiligen nationalen Film- und Kinowirtschaft ein, lockte begabte Leute nach Hollywood und bediente sich knallharter Vermarktungspraktiken wie des *block booking*: Dabei wurden örtliche Kinobetreiber gezwungen, die gesamte Angebotspalette des Verleihs, Ladenhüter eingeschlossen, zu bestellen, nicht nur die zwei oder drei neuen Filme, von denen sie sich volle Säle und gute Einnahmen versprachen. Die unzähligen auf diese Weise geknüpften Verbindungen bestärkten die Industrie in der Fähigkeit, eine transnationale Geschmackskultur zu schaffen, ganz ähnlich wie sie zuvor eine transamerikanische Kinokultur geschaffen hatte. In dem Maß, wie die Buchhalter der Hollywood-Studios beim Kalkulieren der möglichen Gewinnspannen standardmäßig die zu erwartenden Auslandseinkünfte berücksichtigten, legte die Industrie mehr und mehr Wert darauf, etwas über die Einstellung des ausländischen Publikums zu erfahren – oder auch über die Denkweisen derer, die ihre Geschäfte durch Zensur, Kritik oder gar Boykotte stören konnten. Ebenso wie sie die Öffentlichkeit im eigenen Land immer wieder davon überzeugen musste, dass ihre Produkte harmlos, wenn nicht gar moralisch wertvoll waren, musste sie jetzt auch ausländische Regierungen, Zensurbehörden, Katholiken und andere religiöse Gruppen sowie diverse weitere politische und gesellschaftliche Institutionen davon überzeugen, dass ihre Filme moralisch unbedenklich und ideologisch neutral waren.[33] Auf der Basis lokal gesammelter Erkenntnisse und mit Blick auf nationale und religiöse Zensurtendenzen handelnd, gestaltete die US-Filmwirtschaft, die dabei zuweilen auch das Expertenwissen bezahlter Berater einholte, ihre Filme so, dass sie möglichst überall willkommen wären. Ab Mitte der zwanziger Jahre übte das *Hays Office* ohne Rücksicht etwa auf den individuellen Stil eines Studios immer mehr Druck auf alle an der Produktion von Filmen Beteiligten aus, sich einer zunehmend verbindlich und eng definierten Selbstzensur zu unterwerfen. Es nahm damit einer in etlichen Abnehmerländern drohenden staatlichen Zensur den Wind aus den Segeln. Diese bemerkenswerte Übung in ästhetischer und moralischer Selbstkontrolle, die ein weniger rigides, aber intelligenteres und eben deshalb wirksameres Regulierungsinstrument war als jede staatliche Zensur, nahm 1930 manifeste Gestalt an,

---

32 Thompson, Exporting Entertainment, 117; Ulff-Møller, Hollywood's Film Wars with France, 48–55.
33 Vasey, World According to Hollywood, 5.

als das *Hays Office* seinen Produktionskodex, in der Folge häufig als *Hays Code* bezeichnet, veröffentlichte.[34]

Der Stummfilm hatte sich bis dahin als ein unter dem Gesichtspunkt der Zensur gleichsam knetbares Objekt erwiesen: Die Erfahrung hatte gezeigt, dass man an einem halben Dutzend oder mehr Stellen Schnitte und Änderungen vornehmen konnte, ohne dass der Film vollkommen inkohärent geworden wäre – Änderungen, die entweder schon vor der Erstaufführung im Inland oder später im Schneideraum des exportierenden Verleihers, in der Zensurbehörde des Ziellandes oder sogar noch im Vorführraum des lokalen Kinos vorgenommen werden konnten, wo der Vorführer auf Geheiß etwa des örtlichen Pfarrers die eine oder andere Bildsequenz herausschneiden konnte. Der *Hays Code* und das Team des *Hays Office* standen den Studios von nun an mit fachmännischem Rat zur Seite. Unbedenklich und zu bejahen waren laut Kodex die Verarbeitung universeller Themen und Motive wie die Liebe zu Haus und Herd, Familie und Kindern, die Anbetung eines höheren Wesens, der Spaß an Spiel und Sport, die Vaterlandsliebe. Als untunlich galt es, sexuelle Lustszenen zu zeigen oder Themen aus dem Bereich der gewerblichen Unzucht, wie etwa Mädchenhandel, zu behandeln. In gleicher Weise war es verpönt, Geschichten zu erzählen, die Tugendhaftigkeit anrüchig und Lasterhaftigkeit attraktiv aussehen ließen, die die Autorität des Gesetzes in Frage stellten, religiöse Überzeugungen herabsetzten oder geeignet waren, moralisch ungefestigte Menschen zu verbrecherischem Tun anzustiften. Eine Selbstzensur derjenigen, die Bescheid wussten und die ihr Urteil weniger nach der Handlung eines Films oder nach dessen beabsichtigter Wirkung fällten als aus dem Bauch heraus, war allemal besser als der grob gerasterte Legalismus einer staatlichen Zensurbehörde. Wie der cholerische Sexualreformer und Filmkunst-Impresario Ivor Montagu konstatierte, gab die britische Zensurbehörde bei ihren Bemühungen, die öffentliche Moral aufrechtzuerhalten, eine lächerliche Figur ab: Während sie einen Film wie Fred Niblos *Two Lovers* (1928) durchgehen ließ, in dem Ronald Colman alle Register zieht, um die Gunst Wilma Bankys zu gewinnen (und der mindestens einer Putzfrau »Gefühle bescherte, auf die sie ihr ganzes Leben gewartet hatte«), verbot sie »Darstellungen kopulierender Schnecken und sogar Aufnahmen, die einen seinen Samen ins Wasser ausstoßenden Echinodermen zeigten«.[35]

Ob die katholische Kirche oder die freiwillige Selbstkontrolle Hollywoods es besser schaffte, die emanzipatorischen Tendenzen der Kinokultur im Zaum zu halten, ist schwer zu sagen. Beide erkannten die Beiträge der anderen an und belobigten sie. Das *Hays Office*, geleitet von einem Republikaner, der selbst praktizierender Presbyterianer war, aber im Sold jüdischer Studiobosse stand, beauftragte die Katholiken der *Legion of Decency* mit der Ausformulierung des Kodex für die Selbstkontrolle der Filmindustrie. Als Papst Pius XI. am 29. Juni 1936 seine Enzyklika *Vigilanti Cura* verkündete, in der er die Gläubigen vor den Gefahren des modernen Unterhaltungsgewerbes warnte, klang dies aus dem Munde des grimmigen

---

34 Siehe Bernstein, Controlling Hollywood; darin insbes. Vasey, Beyond Sex and Violence, 102–129.
35 Montagu, The Censorship of Sex in Films, 323–332, Zitat 328.

Pontifex so, als lokalisiere er die Sünde im Auge, im Gehirn und in der Seele eines jeden Zuschauers und als halte er eine strenge Selbstzensur für das beste Heilmittel. Die Idealvorstellung war nicht die von außen hineinregierende Zensur des cäsaristischen Staates, sondern das von der amerikanischen Bürgergesellschaft praktizierte, flexible System der moralischen Selbstüberwachung.[36]

Das Resultat dieser ebenso beständigen wie subtilen Einwirkungen war ein an Widersinnigkeiten reiches internationales Produkt. Hollywood hatte eine wichtige Lektion gelernt, nämlich die Rolle des amerikanischen Kinos als Avantgarde einer neuen Massenkultur herunterzuspielen und stattdessen ganz auf die Karte des überragenden Unterhaltungswerts zu setzen. Der Gegensatz zwischen beiden Rollen beschwor eine bemerkenswerte Spannung herauf zwischen dem Konformismus der amerikanischen Filmproduktion, der auf eine stetige Verbreiterung der Publikumsbasis abzielte, und der Experimentierfreude, die man brauchte, um die Leute zum Kinobesuch zu animieren und sich ihre Loyalität zu sichern.[37] Heraus kam bei diesem Widerstreit eine weltweit konvertible Filmsprache, über deren Grammatik allerdings ständig neu verhandelt wurde. Besonders deutlich wurde dies am Beispiel der kolossal positiven Resonanz auf die Slapstick-Komödie, die sich in Europa einer klassenübergreifenden Popularität erfreute. »Man muss es den Amerikanern lassen, sie haben sich in ihren Filmgrotesken eine Form geschaffen, die ein Gegengewicht bildet gegen ihre Wirklichkeit«, konzedierte der Kulturkritiker Siegfried Kracauer angesichts der tosenden Heiterkeit, in die sich seine Mit-Berliner durch die filmische Porträtierung der harschen Realitäten des amerikanischen Lebens – der menschenfeindlichen Technik in den industriellen Arbeitsprozessen, des moralinsauren Puritanismus und der strengen obrigkeitlichen Überwachung des Alltagslebens – und durch den von Komikern wie Buster Keaton, Harold Lloyd und Charlie Chaplin in hilflosem Aufbegehren dagegen fabrizierten irrwitzigen Unsinn versetzen ließen. Das amerikanische Kino, so Kracauer, erfand eine »Wirklichkeit«, in welcher es »die Welt auf eine oft unerträgliche Weise disziplinierte« und deren »selbst auferlegte Ordnung es gleichzeitig auseinandernahm«.[38]

Die Sprache des Kinos war eine Sprache im unmittelbaren Wortsinn, die etwa junge Frauen aus der britischen Arbeiterklasse untereinander gezielt als kulturelle Erkennungsmarke einsetzten. Der Inbegriff der »neuen Frau« der dreißiger Jahre war das Hausmädchen Elsie in Winifred Holtbys Roman *Die Leute von Kiplington*: »Wie die meisten ihres Alters aus dieser Gegend war Elsie dreisprachig. Mit ihrem Arbeitgeber sprach sie BBC-Englisch, mit ihren Freunden unterhielt sie sich im Filmamerikanisch und mit alten Milchmännern [...] im Yorkshire-Dialekt.«[39] Kalauer, Szeneausdrücke und Slangwörter (»Mach dich vom Acker«, »Nicht schlecht, Herr Specht«, »Halt die Klappe, du Attrappe«) wurden kreiert und benutzt, um die Elterngeneration zu schockieren. Das Kino lieferte ein Arsenal an praktischen

---

36 Black, Hollywood Censored, 238.
37 Vasey, World According to Hollywood, 33, 127.
38 Siegfried Kracauer, Artistisches und Amerikanisches, Frankfurter Zeitung, 29. Januar 1926, zit. n. Hansen, The Mass Production of the Senses, 342f.; Saunders, Hollywood in Berlin, 183ff.
39 Holtby, Die Leute von Kiplington, 37.

»kleinen Tricks«, wie eine junge Frau sie charakterisierte, »dass ich Haarsträhnen meines Freundes mit den Fingern aufwickle oder sein Gesicht streiche oder die Augen schließe, wenn er mich küsst«, alles wichtige Beiträge zur Veränderung sexueller Verhaltensweisen. Junge Frauen, die auf der Leinwand vollendete Liebhaber erlebt hatten, wollten danach etwas Besseres, als es die Jungs aus der Nachbarschaft zu bieten hatten.[40] Es funktionierte aber auch andersherum. Im rußigen Longwy, einer Steinkohlestadt in Lothringen unweit der Grenze zu Belgien und Luxemburg, fanden männliche Kinogänger, italienische Zuwanderer der zweiten Generation, ihren Helden in Humphrey Bogart, der ein *barbeau* (Frauenheld) ersten Ranges war, so selbstsicher und dabei gar nicht besonders gutaussehend. Für die gesellschaftlich am wenigsten Privilegierten, die auch die Unbeholfensten auf dem gesellschaftlichen Parkett waren, konnte Bogart als Rollenvorbild dienen.[41] Über nationale Grenzen hinweg bewirkte der Film die Aufweichung und Umgestaltung von Geschlechterrollen, in manchen Fällen aber auch ihre Verfestigung. Keine Hauptrolle blieb Frauen und Männern stärker im Gedächtnis haften als Greta Garbos Porträt der unglücklichen jungen Herrscherin in *Königin Christina*.

Der amerikanische Film stellte eine Welt der sensorischen Beschleunigung zur Schau, vollgepackt mit den Requisiten des Alltagslebens. Es gab keine künstlichen Konventionen, die das Zeigen von trivialen Objekten verboten – von Konservendosen, Schuhcremetuben oder Telefonapparaten, im Gegenteil: Das italienische Kino der dreißiger Jahre machte von Letzteren einen so nachdrücklichen Gebrauch, dass sich für eine Spielart sentimentaler Komödien die Genrebezeichnung »Weißes Telefon« einbürgerte. Ob es sich bei den die Leinwand bevölkernden Objekten um Spielzeuge der Superreichen handelte oder die Schusswaffen und Motorflitzer von Gangstern, um den sprichwörtlichen Western-Saloon mit seinen tausend Schnapsflaschen, die darauf warteten, im Kugelhagel zu Bruch zu gehen, oder um die kunstvoll gewickelten, gefalteten, gesäumten und drapierten Filmkostüme aus der Werkstatt von Adrian (MGM) oder Edith Head (*Paramount*), sie waren immer in sehr viel größerer Fülle vorhanden, als es für die Dramaturgie der Filmhandlung erforderlich gewesen wäre. Der springende Punkt ist nicht der, dass ein solches Füllhorn von Dingen beim Zuschauer den Wunsch wecken mochte, solche Objekte zu besitzen, wie amerikanische Wirtschaftsbürokraten behaupteten (als verkauften Anzeigen Produkte allein dadurch, dass sie sie zeigten). Sehr wohl aber wurde dadurch eine neue Ökonomie des Verlangens nach mehr Details, mehr Anblicken, mehr Filmen mit ähnlicher Opulenz herangezüchtet. So gesehen, hatte die Anziehungskraft, die vom amerikanischen Kino ausging, durchaus etwas mit der Lust an der Konkretheit der amerikanischen Werbung, an der spektakulären Warenfülle in den Regalen amerikanischer Supermärkte und an dem literarischen Realismus zu tun, der das

---

40 Mayer, British Cinemas and Their Audiences, 20, 22, 41, 43, 64, 74; siehe auch ders., Sociology of Film. Hochinteressante Überlegungen zur Publikumsreaktion auf amerikanische Filme finden sich bei Richards/Sheridan, Mass-Observation at the Movies; Stacey, Feminine Fascinations, 141–163; Gundle, Film Stars and Society in Fascist Italy, 315–339.
41 Montebello, Hollywood Films, 235, 237–246.

Alltagsleben des Durchschnittsamerikaners ästhetisch belebte und einem Sinclair Lewis 1930 den Literatur-Nobelpreis eintrug.

Zu was für einer Provokation für den Rest der Welt mauserte sich Hollywood? Mit einer wirtschaftlichen Macht, die auf der totalen Beherrschung eines riesigen Binnenmarkts beruhte, einer vertikal integrierten Organisationsstruktur und dahinter als Rückhalt großen Kapitalgebern und einer Regierung, deren führende Leute von der Nützlichkeit und Werthaftigkeit des Hollywood-Films überzeugt waren, posierte Hollywood als Schutzherr über universelle Werte, während es zugleich die Diskussion darüber, ob der Kinofilm eine Ware oder ein Kulturgut, ein Industrieprodukt oder eine Kunstform war, als bloße Haarspalterei abtat. Hollywood brachte eine neue Umgangssprache hervor, die neue Kommunikationsstrategien eröffnete, welche die alten, durch Kultur und Pietät gesetzten Barrieren unterminierten, und diente gleichzeitig dem Staat seine Kooperation an, wenn es darum ging, Exzessen der Massenkultur vorzubeugen.

Die kulturelle Verteidigung

Wie konnten und sollten sich die Filmindustrien der europäischen Länder gegen die Übermacht dieses Systems verteidigen? Ein Kino, das sich selbst als national empfand und definierte, hatte es in Europa nicht oder allenfalls in Ansätzen gegeben, bis der amerikanische Film in Gestalt von Hollywood als Herausforderung auf den Plan trat – ebenso wie es in den Vereinigten Staaten früher kein amerikanisches Kino in irgendeinem nationalen Sinn gegeben hatte. Die amerikanische Strategie im Europa der Jahre nach dem Ersten Weltkrieg in die Tat umzusetzen, war allerdings schwierig genug, insbesondere angesichts der Tatsache, dass Hollywood sich mit Beginn der zwanziger Jahre eindeutig als Vorreiter der Branche etabliert hatte und die Definitionshoheit darüber beanspruchte, was »gute« Filme waren, gar nicht zu reden von seiner Kontrolle über die entscheidend wichtigen Distributionskanäle.

Die nationalen Filmbranchen Europas waren Teil einer weitaus komplexeren kulturellen Ordnung, als sie in den Vereinigten Staaten existierte. Die europäischen Eliten waren auch in den zwanziger Jahren noch geteilter Meinung darüber, wie sie die Funktionen des Kinos einordnen sollten: als Unterhaltungsmedium, Kunstform, Erziehungsmaßnahme oder Propagandamittel? Noch war überhaupt nicht klar, was eine starke – oder schwache – Filmindustrie für das nationale Prestige bedeutete, das herkömmlicherweise an der Hochkultur, der Größe der Einflusssphäre, der Stärke der Bewaffnung oder am Ausstoß von Kohle und Stahl gemessen wurde. Da das Kino in seinen Kindertagen als Medium für populäre Unterhaltung eingestuft worden war, sah sich auch die wirtschaftlich erstarkende Filmbranche in der Folge noch häufig gesetzlichen Regelungen unterworfen, die auf der Klassifizierung des Films als kulturell minderwertig beruhten – damit erklärt sich auch, dass der Film weiterhin das Objekt einer besonderen Zensur und polizeilichen Überwachung blieb. Im anderen Extrem wurden Filme als Luxusgüter betrachtet und daher einer besonders hohen Besteuerung unterworfen. Und weil die Filmbranche, ähnlich wie andere neue Dienstleistungs- und Unterhaltungsbranchen, jüdische Unternehmer und Künstler anzog, mischte sich in die Antipathie gegen sie ein Schuss Antisemitismus.

Die US-amerikanische Filmwirtschaft hatte sicherlich ähnliche Hindernisse überwinden müssen, um sich eine legitime Stellung zu verschaffen. Dass die Produktion von Filmen zum überwiegenden Teil aus den Betonbunkern der Ostküste in die blühenden Wüsten des von Zuwanderern überlaufenen Südkalifornien abwanderte, war eine erhebliche Hilfe. In einer Umgebung, die vom etablierten und elitären Kulturbetrieb denkbar weit entfernt war, konnte sich die neue Elite der Filmproduzenten eine ganz eigene Legitimität zulegen. Ihr Talent, die Schönheit der Stars und ihr unermesslicher Reichtum hebelten die Vorurteile und Vorwürfe aus, die ihnen angeheftet worden waren: schnöder Kommerzialismus, jüdischer Einfluss, Nähe zum kriminellen Sexualgewerbe und Vulgarität im persönlichen Auftreten. In Europa dagegen saßen die großen Filmfirmen nie weiter als einen Steinwurf von den großen Hauptstädten entfernt – von Paris, Berlin, Rom, Wien, Budapest, London – und spürten immer den unangenehmen Atem der etablierten Geistes- und Kulturelite im Nacken. Im besten Fall bescherte diese geografische Nähe der Filmszene den Zugang zum intensiven geistigen Leben der Cafés und Salons, zu politischem Engagement und zu gesellschaftlichen Bewegungen sowie zum Reservoir der vielseitigen Talente, die sich in der avantgardistischen Theater- und Kunstszene sammelten. Die europäische Filmkultur pflegte einen regen Austausch mit zeitgleich verlaufenden Bewegungen in anderen künstlerischen Bereichen, insbesondere mit dem Expressionismus, dem Surrealismus und dem Neorealismus. Im schlimmsten Fall setzte die besagte Nähe eine Branche, die sich noch schwertat, politischen und antisemitischen Anfeindungen wie auch den launischen Strömungen der intellektuellen Mode aus, was zur Folge haben konnte, dass sie am heimischen Publikum vorbeiproduzierte, das weit weg in den Provinzen saß, und es in die Arme Hollywoods trieb.

Tatsache war und blieb, dass das Kinopublikum in Europa einen wesentlich kleineren Prozentsatz der Bevölkerung bildete als in den Vereinigten Staaten. Letztere verfügten 1930 über 18.000 Kinos, etwa das Doppelte dessen, was Frankreich (2.400), Deutschland (3.730) und Großbritannien (rund 3.000) zusammen aufwiesen.[42] Gewiss taten die Zuschauerzahlen in den zwanziger Jahren einen Sprung nach oben, was hauptsächlich auf das Konto amerikanischer Neuproduktionen ging (so wie zuvor die »Nickelodeon-Revolution« in den USA von Filmen ausländischer Produzenten wie *Pathé* angetrieben worden war). Das bedeutete, dass für viele europäische Kinogänger der erste Film, den sie zu sehen bekamen, mit erheblicher Wahrscheinlichkeit ein Hollywood-Film war, in die Kinos gebracht von Verleihern, die in dem Bemühen, möglichst schnell möglichst viele Filme in die Hand zu bekommen, Verträge mit den Importeuren amerikanischer Filmware schlossen. Als sich die einheimischen Filmbranchen einiger europäischer Länder wieder berappelten und Filme zu exportieren begannen, stießen sie auf ein festgezurrtes, von

---

42 Abel, French Cinema, l2; Chevanne, L'industrie du cinéma, 88.

den Amerikanern beherrschtes Verleihsystem. Und als 1925 zunächst Deutschland, dann fast alle anderen europäischen Länder Einfuhrquoten oder Einfuhrzölle zum Schutz ihrer Binnenmärkte festlegten, behinderten diese, wie sich zeigte, in erster Linie die Filmeinfuhr aus anderen europäischen Ländern und weniger die amerikanischen Produktionen, deren Importeure sich sehr schnell die nötigen Ressourcen, Rechtskenntnisse und politischen Beziehungen verschafften, um die Klippen zu umschiffen.

Die Ressentiments, die dieses kulturelle Phänomen auslöste, waren in Frankreich ausgeprägter als anderswo, nicht zuletzt weil französische Filmunternehmen noch bis kurz zuvor Weltgeltung besessen hatten und jetzt eine für sie katastrophale Wende erleben mussten. 1910 waren *Pathé* und *Gaumont* die global führenden Filmproduzenten gewesen; 15 Jahre später, im *annus horribilis* 1925, standen 68 französischen Filmproduktionen 577 amerikanische gegenüber.[43] Aus kultureller Sicht noch verheerender war, dass sowohl *Pathé* als auch *Gaumont*, als sie nach dem Krieg die amerikanische Übermacht zu spüren bekamen, die Produktion von Spielfilmen einstellten und ihr Geld in ein sehr viel einträglicheres Gewerbe investierten, nämlich den Verleih von Filmen. Und wer lieferte am zuverlässigsten gewinnträchtige Filme? Die Amerikaner. Mit der Produktion von Spielfilmen befassten sich von da an Unternehmen, die sich in drei Typenklassen gliedern lassen. Die erste war jene *rara avis*, die dynamische mittelständische Firma, wie sie exemplarisch von *Aubert* und *Albatros* verkörpert wurde.[44] Die zweite war das große Studiounternehmen à la Hollywood mit seinen lokalen, in diesem Fall französischen Moguln, eine Gruppe, zu der Adolphe Osso, Jacques Haik, Diamant-Berger und Henri Louis Nalpas gehörten, aus der jedoch zwei Männer hervorragten, nämlich Jean Sapène, Lebemann, Herausgeber der Pariser Tageszeitung *Le Matin* und Gründer von *Cinéromans*, und Bernard Natan, der vielgeschmähte, aus Rumänien stammende visionäre Unternehmer und Gründer der *Rapid-Film*. Jeder dieser beiden hatte sich, bevor sie ihre eigenen Unternehmen gründeten, bei *Pathé* betätigt und versucht, die Firma nach dem Muster eines Hollywood-Studios zu reorganisieren, was jedoch aus Mangel an Kapital misslungen war.[45] Schließlich gab es, als dritten Typus, eine unübersehbare Zahl kleiner unabhängiger Firmen, die oft nur einen einzigen Film produzierten und durchaus ins Bild der zersplitterten französischen Wirtschaft passten. Was immer ihre Qualitäten als Künstler und Produzenten sein mochten, sie waren zu desorganisiert, um als Branche agieren zu können, und ihr Einfluss im Verleihsektor war gleich null.

Woran das offizielle Frankreich Anstoß nahm, war zunächst nicht so sehr die wirtschaftliche Not der französischen Filmproduzenten als vielmehr ihr problematischer kultureller Status. Was die rechtliche Seite betraf, so wurde die Filmwirtschaft nach wie vor durch die Gesetze und Vorschriften reguliert, die das alte Regime in seiner panischen Furcht erlassen hatte, das Theater und andere Vergnügungen würden gesellschaftlichen Aufruhr entfachen, wenn sie einmal von den Fesseln der

---

43 Sadoul, L'art muet, 2: 29.
44 Zu Albatros siehe Bakker, Selling French Films.
45 Willems, Les origines du groupe Pathé-Natan; Abel, French Cinema, 51–64.

absolutistischen Herrschaft befreit seien. Die nachrevolutionäre Ordnung sah sich mit einem massiven Vermächtnis aus Lizenz- und Zensurbestimmungen sowie mit exorbitant hohen Vergnügungssteuern belastet; erst ab der Mitte des 19. Jahrhunderts wurde dieses Dickicht gelichtet, vor allem 1864, als Theater erstmals als reguläre wirtschaftliche Unternehmen eingestuft und damit von einigen der vertracktesten gesetzlichen Restriktionen befreit wurden. Den Kinobetreibern kam diese Reform allerdings nicht zugute, denn als sie um die Wende zum 20. Jahrhundert ihre Geschäftstätigkeit aufnahmen, stufte das Gesetz sie wie fahrende Händler und Schausteller ein. Dies hatte beispielsweise zur Folge, dass sie jedes Jahr von neuem eine Lizenz beantragen mussten und dass die Behörden ihnen diese Lizenz jederzeit, etwa wegen Störung der öffentlichen Ordnung, entziehen konnten. Dazu kam, dass Filme besonderen Zensurbestimmungen unterlagen, deren Durchsetzung bis 1919 dem Justizministerium und danach einer staatlichen Filmkommission oblag. Einnahmen aus dem Verkauf von Kinokarten waren mit einer hohen Steuer belegt, galten Unterhaltungsveranstaltungen doch als Luxusgüter, deren Erträge zugunsten des Gemeinwohls abgeschöpft werden mussten. In dem Maße, wie in den Jahren des Ersten Weltkrieges die Kosten der staatlichen Wohlfahrtspflege anstiegen, gingen die auf die Einspielerlöse der Kinos erhobenen Steuern steil nach oben. Dass mindestens dreißig Prozent vom Erlös jeder verkauften Kinokarte an den Fiskus flossen, verminderte den Anreiz, Geld in die Filmindustrie zu investieren, erheblich.[46]

Vor diesem Hintergrund hatte es durchaus Sinn, wenn diejenigen, denen am Film gelegen war, diesen als eine nationale Kunstsparte bezeichneten, die man, wenn sie nicht wirtschaftlich vor die Hunde gehen sollte, innerhalb der kulturellen Hierarchie aufwerten musste. Zumindest, so meinten sie, müssten dem Film dieselben Steuervergünstigungen, Zensurregeln und Subventionen zugestanden werden, wie sie für das Theater galten. Französische Intellektuelle begannen, aus dem in Frankreich ziemlich tiefen Brunnen imperialistischer Topoi und Klischees schöpfend, die drohende »Kolonisierung« ihres Landes an die Wand zu malen, und der Ausdruck »Imperialismus«, der bis dahin nur in Bezug auf wirtschaftliche Monopole gebraucht worden war, wurde nun zunehmend auch auf den Tatbestand der kulturellen Hegemonie angewandt, indem etwa vom »amerikanischen Kulturimperialismus« gesprochen wurde. Um diesen zu begegnen, wurden Schutzbestimmungen für die französische Filmindustrie beschlossen und zusätzlich Gesetze verabschiedet, die das nationale Kulturerbe Frankreichs unter Copyright-Schutz stellten, um zu verhindern, dass ausländische (sprich US-amerikanische) Filmunternehmen berühmte nationale Denkmäler und Wahrzeichen wie den Triumphbogen, die *Opéra* oder die Kathedrale *Notre-Dame* in ihren Filmen als Hintergrund oder Schauplatz benutzten.[47]

1926 raffte sich die französische Regierung schließlich dazu auf, Kriterien für ein »nationales Kino« zu definieren, was vor allem den Bemühungen Edouard Herriots zu verdanken war, des Begründers der Messe von Lyon, Freundes und Gastgebers

---

46 Ulff-Møller, Hollywood's Film Wars with France, 33.
47 Lapierre, Les cent visages, 144f.; Monaco, Cinema and Society, 42; Strauss, The Rise of Anti-Americanism in France, 752–759.

von Edward Filene und Dauerbürgermeisters seiner Heimatstadt. Der 55-jährige Politiker amtierte zu der Zeit als Erziehungsminister im Kabinett von Raymond Poincaré und war in dieser Funktion oberster Dienstherr der Abteilung für die Schönen Künste, die wiederum für das Filmwesen zuständig war. In der Erkenntnis, dass dieser Sektor außerhalb seines Horizonts lag, beantwortete er das allgemeine Wehklagen über die prekäre Lage der französischen Filmbranche damit, dass er einen fünfzigköpfigen Untersuchungsausschuss einberief. Diese sogenannte Herriot-Kommission befasste sich bei ihren Sitzungen in den folgenden Monaten mit zwei Themenbereichen. Der eine betraf die rechtliche Gleichstellung des Kinos mit dem Theater, was praktisch darauf hinauslief, dass man den Film in den Tempel der Künste aufnahm. Das zweite Anliegen war, dem Kino dasselbe Ausmaß an staatlicher Unterstützung und Förderung zu gewähren, das es seit kurzem anderswo in Europa erhielt, vor allem in Deutschland.

Als Liberaler und Bildungsbürger alter Schule tat Herriot sich mit dem erstgenannten Thema leichter als mit dem letzteren. In der Tat bereitete es ihm ein gewisses Unbehagen, diese beiden Ziele zugleich verfolgen zu müssen. Obwohl ihm die Förderung der Hochkultur sehr am Herzen lag, war er doch auch ein überzeugter Paneuropäer und Befürworter des Freihandels. Nirgendwo wurde deutlicher als im Hinblick auf den Film, dass Kommerz und Kunst zuweilen in unterschiedliche Richtungen strebten. Nutznießer dieser Diskrepanz war wieder einmal Hollywood, das zwischen Kunst und Kommerz keinen Widerspruch sah, wenn nicht sogar die Diskussion darüber abwegig fand.

Sichtbar wurde das Spannungsverhältnis auf der ersten internationalen Filmkonferenz, die vom 27. September bis 2. Oktober 1926, nur drei Monate nach der Berufung Herriots zum Erziehungsminister, in Paris stattfand. Die Initiative zu der Veranstaltung war von der französischen Sektion des Internationalen Komitees für Intellektuelle Zusammenarbeit ausgegangen, eines beratenden Gremiums des Völkerbundes, dessen führende Persönlichkeiten Männer wie Herriot waren, gebildete und kultivierte Kosmopoliten, die hoch über dem wirtschaftlichen Interessengerangel schwebten, außer wenn es um die Durchsetzung ihrer eigenen Ideen ging. Die übergreifende Mission dieses Gremiums bestand darin, eine Therapie für das »Zauberberg-Syndrom« zu finden, dessen Symptome, wie Thomas Mann sie in seiner Bestandsaufnahme der schwindsüchtigen europäischen Kultur diagnostiziert hatte, sich so charakterisieren ließen: die stufenweise Abdankung des europäischen Weltbürgertums unter dem Gewicht eines bösartigen Nationalismus, die verweichlichte Klasse reicher, an Gedanken armer Müßiggänger, der Verfall der Maßstäbe, dazu der Siegeszug der Massenunterhaltung mit der »Hollywood-Invasion« als Speerspitze. Die Tagesordnung der Konferenz von Paris sah vor, dass ausschließlich ästhetische und pädagogische Fragen erörtert werden sollten, doch wurde durchaus damit gerechnet, dass die Praktiker, also die Filmproduzenten, die Gelegenheit nutzen würden, um geschäftliche Kontakte zu knüpfen. Vertreter des amerikanischen Films waren willkommen. Doch weil die Vereinigten Staaten nicht Mitglied des Völkerbunds waren, schickte ihre Filmwirtschaft keine offiziellen Delegierten. Das *Hays Office* verweigerte die Teilnahme mit der Begründung, die Einstufung des Films als

Kunstform und Mittel der Volkserziehung anstatt als Handelsware sei eine implizite Kritik an den amerikanischen Verhältnissen. Da zu der Zeit die Frage der Kriegsschulden noch die öffentliche Meinung Europas umtrieb, befürchtete das *Hays Office*, die Konferenz könne sich »leicht zu einer antiamerikanischen Angelegenheit auswachsen, wenn wir daran teilnehmen«. Etliche Konferenzteilnehmer taten das Fehlen der Amerikaner als unerheblich ab: »Wenn sie praktische Resultate sehen, werden sie nächstes Jahr kommen.«[48] Wie sich freilich herausstellte, ging der amerikanischen Filmwirtschaft durch ihre Abwesenheit nichts verloren. Die Konferenz legte als Fazit einen Katalog trivialer guter Absichten vor, »den üblichen Nonsens über die Notwendigkeit, die moralische und intellektuelle Qualität des Films zu steigern«, wie die britische Presse beißend anmerkte. »Platonische Wünsche«, schrieb eine französische Zeitung. Die Reaktionen auf ein Folgetreffen, das im Jahr darauf in Berlin stattfand, waren so lau, dass es danach keine Fortsetzung mehr gab.[49]

Gleichwohl sah sich Herriot durch das Engagement europäischer Geistesgrößen und durch den von französischen Produzenten ausgeübten Druck in seiner Überzeugung bestärkt, dass der Film ein wertvolles nationales Erziehungsmittel sei. Lautstarker Applaus belohnte seine rednerische Brillanz, als er Anfang Dezember 1926 im französischen Parlament, der Abgeordnetenkammer, über den Film als eine »endlose Schulstunde mit unerschöpflichen Möglichkeiten« sprach, als »das beste Medium, um Kindern die Welt zu zeigen«. Er konzedierte, dass »schlechte Filme«, wie zum Beispiel »Melodramen, die auf vulgären Liebesgeschichten basieren«, möglicherweise »schlechte Gedanken in jugendliche Gehirne einschleusen können«. Doch darüber sollten sich die Vertreter des französischen Volkes keine Sorgen machen: »Ich, der Schutzpatron der Kinder unserer Nation, bin fest entschlossen, sie [vor dieser Bedrohung] zu schützen.« Im sozialtherapeutischen Arsenal des alten Regimes kramend, holte Herriot zwei hausbackene Rezepte hervor. Das eine war stärkere Überwachung: Das Erziehungsministerium und seine Behörden müssten streng kontrollieren, welche Filme sich die Schülerschaft anschaue. Die zweite Rezeptur hatte eher pädagogischen Charakter: Es müsse einiges unternommen werden, um an die Stelle der »romantischen Konzeption, die nur zur Adaptierung schlechter Romane fürs Kino führt«, etwas Besseres zu setzen. Der ehrenwerte Erziehungsminister verkündete, er habe »die Frage sehr gründlich studiert« und den Entschluss gefasst, Frankreich etwas zu geben, »das es bis jetzt nicht besitzt«, nämlich »ein Institut für Pädagogik«, an dem »wir die Möglichkeiten des erzieherischen Einsatzes von Spielfilmen untersuchen können«. Dieses Institut werde darüber hinaus den Lehr- und Unterrichtsfilm fördern, eine filmkundige Lehrerschaft ausbilden und »die künstlerische Freiheit unterstützen und garantieren«.[50]

Der Film war jetzt also offiziell in den Status einer Kunstform erhoben, aber nun stellte sich das weit schwieriger zu lösende Problem, ihn wirtschaftlich lebens-

---

48 New York Herald, Pariser Ausg., 3. Oktober 1926, zit. n. George R. Canty, Report on the First International Motion Picture Congress, 12. Oktober 1926, BFDC; J. F. Butler, Film Industry in France, Akte »Paris«, 1925, RG 151, BFDC.
49 Zit. n. Ulff-Møller, Hollywood's Film Wars with France, 83f.
50 Zit. n. ebd., 101.

fähig zu machen. Herriot war überzeugt, die französische Filmindustrie werde unter einem milden *régime de protection* an einem Strang ziehen und somit ihr altes Ansehen wiedererlangen. In diesem Sinne wies er am 18. Februar 1928 seine Kommission an, ihre aus einem gründlichen Studium der Probleme hervorgegangenen Vorschläge kundzutun. Wie unschwer vorauszusehen, empfahl die Kommission, das Kino denselben Steuer- und Zensurregeln zu unterwerfen wie das Theater. Umstrittener war ihr Vorschlag, den Import ausländischer Filme durch ein Quotensystem zu rationieren und eine neue Behörde ins Leben zu rufen, deren Aufgabe es sein sollte, mit anderen Ländern Kontingentierungsabkommen auszuhandeln. Konkret würde das bedeuten, dass ausländische Verleihfirmen, die ihre Filme in Frankreich auswerten wollten, sich verpflichten sollten, einen entsprechenden Anteil an französischen Filmen in ihrem Herkunftsland zu verleihen. Die Importquote, die festlegte, dass für jeden in Frankreich produzierten Film vier ausländische eingeführt und in den Verleih gebracht werden durften, konnte man keineswegs drakonisch nennen. Die Franzosen machten auch keine Anstalten, etwas gegen die Produktion sogenannter »Quoten-Quickies« zu unternehmen – das waren billig produzierte Filme, die die großen US-Firmen finanzierten, um der Bedingung Genüge zu tun, dass ein bestimmter Prozentsatz der pro Jahr anlaufenden Filme im Inland produziert sein musste. Diese Filme, auf dem Papier französische Produktionen, waren bewusst so dürftig gemacht, dass sie für die Hollywood-Produktionen keine Konkurrenz darstellten.

Tatsächlich hatten die Veränderungen, die unter Herriot vollzogen wurden, eine größere Affinität zu den freihändlerischen Neigungen der kleineren Filmverleiher, deren Vorkämpfer Herriot war, als zu der protektionistischen Dogmatik, zu der die großen französischen Produktionsfirmen Zuflucht nahmen, denen es der Erziehungsminister sehr verübelte, dass sie sich auf Geschäfte mit amerikanischen Kapitalgebern einließen und von Hollywood inspirierte »Schmachtfilme« auf den Markt warfen. Jedoch hatte der Internationalist Herriot, ein leidenschaftlicher Befürworter eines vereinten Europa und ein Mann ohne besondere antiamerikanische Ressentiments (obwohl zwischen seinem Kulturverständnis und dem amerikanischen Welten lagen), nicht mit der Wucht des amerikanischen Gegenschlages gerechnet.

Am 28. März 1928 schiffte sich Will Hays persönlich nach Frankreich ein. Sein Plan war, wie er bei seiner Ankunft in Paris am 4. April der Presse erklärte, »die Möglichkeit dafür zu schaffen, dass der Spielfilm die große Rolle würdig spielen kann, die in der heutigen Welt für ihn ausersehen ist. […] Denn er ist heute das bedeutendste Ausdrucksmittel auf der Welt und birgt in sich die Kraft, jene Gemeinsamkeiten zu fördern und zu stärken, die im Frieden und in der Brüderlichkeit in der Welt kulminieren müssen.«[51] Am 9. April traf Hays mit Herriot zusammen, der ihm versicherte, dass nach seiner Überzeugung die französische Regierung gemäß den Richtlinien der Genfer Konvention über den freien Wirtschaftsverkehr handle und nur das tue, was notwendig sei, um das Überleben der französischen Filmwirt-

---

51 Ulff-Møller, Hollywood's Film Wars with France, 81ff.; Canty, Report on Motion Picture Congress; Thompson, Exporting Entertainment, 112–118.

schaft zu sichern. Hays ließ sich dadurch nicht besänftigen und stellte Herriot am 20. April ein Ultimatum, kurz bevor dieser den Zug bestieg, um anlässlich der für den 22. und 29. April angesetzten Parlamentswahlen ins heimatliche Lyon zu fahren. Hays erklärte, der von ihm vertretene Verband der amerikanischen Filmproduzenten könne mit dem neuen Reglement nicht leben. Falls die entsprechenden Verordnungen nicht aufgehoben oder zumindest ausgesetzt würden, um Zeit für weitere Überlegungen zu gewinnen, werde der Verband den französischen Kinomarkt weiterhin boykottieren. Um die Tür nicht ganz zuzuschlagen, unterbreitete Hays den Kompromissvorschlag, in amerikanischen Filmen künftig auf alle Szenen zu verzichten, die geeignet sein könnten, nationale Gefühle der Franzosen zu verletzen, gemeinsam zu untersuchen, auf welche Weise die französische und die amerikanische Filmbranche zum wechselseitigen Vorteil zusammenarbeiten könnten, Besuchsreisen von Vertretern der französischen Filmwirtschaft nach Hollywood zu arrangieren, damit sie dort amerikanische Produktionstechniken studieren könnten, und die Kinoauswertung all derjenigen französischen Produktionen auf dem US-Kinomarkt zu fördern, die für eine weltweite Verbreitung geeignet erschienen.

Die Franzosen bekamen bereits zu spüren, dass die Auswirkungen des Lieferboykotts nicht auf die leichte Schulter zu nehmen waren: Seit dem 1. März 1928 waren den französischen Importeuren keine Hollywood-Filme mehr angeboten worden, und in immer mehr französischen Kinos gingen die Lichter aus, weil keine neuen Produktionen nachkamen; es drohte der Verlust von 8.000 bis 10.000 Arbeitsplätzen. Dies bewog die französische Regierung sehr schnell dazu, ihren Standpunkt zu überdenken. Am 4. Mai, nach Diskussionen in der Kontrollkommission für Kinofilme, deren Vorsitzender der Begründer der französischen Kinematographie, Louis Lumière, war, handelte Herriot eine neue Vereinbarung mit dem Chef-Lobbyisten Hollywoods aus: Frankreich erklärte sich bereit, die Einfuhr von sieben ausländischen Filmen für jeden im Inland produzierten zuzulassen. Amerikanische Firmen sollten sich nicht verpflichten müssen, französische Filme zu kaufen. Ungeachtet der Quote durften die Amerikaner bis zu sechzig Prozent der Zahl der im Vorjahr auf den französischen Markt gebrachten Filme veröffentlichen. Unter dem Strich bedeuteten diese Vereinbarungen eine Bestätigung der bestehenden Marktverhältnisse. Seine Rücksichtnahme auf kulturelle Empfindlichkeiten der Franzosen demonstrierte Will Hays, indem er arrangierte, dass der französische Literaturkritiker Victor Mandelstamm nach Hollywood gehen und vor dem *Hays Office* einen Vortrag über die Qualitätsmaßstäbe französischer Kinobesucher halten durfte. Damit war aber nicht das letzte Wort gesprochen. Als die Vereinbarungen 1932 zur Verlängerung anstanden, rang Handelsminister Georges Bonnet seinen amerikanischen Verhandlungspartnern ein weiteres Zugeständnis ab, nämlich die Senkung der amerikanischen Einfuhrzölle auf Champagner – ein demütigender Hinweis auf die neue Rollenverteilung in den französisch-amerikanischen Handelsbeziehungen.[52]

---

52 Ebd., 103; Léglise, Le cinéma et la Troisième Republique, insbes. 61–102, 261–266.

Die wirtschaftliche Verteidigung

Plausibler als eine kulturelle war eine wirtschaftliche Verteidigungsstrategie, doch nur Deutschland war für eine solche gerüstet. Die deutsche Filmwirtschaft ging aus dem Weltkrieg mit bemerkenswerten Startvorteilen hervor: Sie war in weiten Teilen neuwertig, zentralisiert, groß und genoss staatliche Unterstützung. Die von der Entente verhängte Blockade hatte die deutsche Militärführung und wichtige deutsche Industrielle zu der Überzeugung gebracht, das Land brauche eine eigene, national orientierte, zentral geleitete Filmproduktion. Im Juli 1917 hatten staatliche und private Interessenten das Kapital für die Gründung der UFA beisammen. Deren zivile Direktoren ließen sich nur für kurze Zeit und versuchsweise auf den von der Obersten Heeresleitung geäußerten Wunsch ein, sich auf patriotische und propagandistische Themen zu konzentrieren, und entschlossen sich dann, das Bedürfnis der notleidenden Bevölkerung nach unterhaltsamen Filmen zu befriedigen. Schon bei Kriegsende nahm die UFA, die von ihrer konkurrenzlosen Position ebenso profitierte wie von staatlichen Vergünstigungen, ihrem hohen technischen Standard und einer fast unersättlichen Nachfrage nach Filmen, eine unangefochtene Vormachtstellung in der deutschen Filmwirtschaft ein, die sie bis 1945 innehaben sollte. Schon in den frühen zwanziger Jahren verfügte sie über ein eigenes Distributionssystem und über die größten und am besten ausgestatteten Studios in Europa. Alfred Hitchcock lobte die Studios in Neubabelsberg als »umwerfend«, nachdem er dort 1924 als Regieassistent gearbeitet hatte; daran reichten die Studios von *United Artists*, in denen er später drehte, nicht heran.[53] Von einer Wirtschaftskultur profitierend, die die Konzentration und die Kartellbildung begünstigte, staatliche Protektion gewährte und die Entwicklung von Exportstrategien unterstützte, hatte die deutsche Filmwirtschaft mehr als jede andere das Zeug dazu, der »Hollywood-Invasion« strategisch entgegenzutreten.

Wichtiger noch als ihre wirtschaftliche Schlagkraft war dabei ihre Fähigkeit, Genres zu entwickeln, die aus der deutschen Kultur schöpften und sie verkörperten, aber gleichwohl ein internationales Publikum ansprechen konnten. »Ein Volk muss wissen, wo sein Niagara, seine Unverwechselbarkeit liegt«, sagte Erich Pommer einmal.[54] Während die Amerikaner ihre Stärke im Wildwestfilm, im Gesellschaftsdrama und in der Slapstick-Komödie hatten, waren die Deutschen Meister des stark stilisierten expressionistischen Dramas, der Adaption düster-realistischer Theaterstücke, des rauen Straßenfilms und epischer Verfilmungen von Sagen und Mythen, die sich durch historische Authentizität, psychologische Vielschichtigkeit und einen wachen Sinn für das Makabere, Unheimliche und Bizarre auszeichneten.[55] Pommer selbst hatte sich bei der UFA nach seiner Berufung zum Programmchef 1921 für die Förderung dieser Qualitäten starkgemacht. Deutsche Produzenten bewiesen aber auch eine gute Nase für internationale Marktnischen und verstanden es, die Besonderheiten der deutschen Spielfilmtradition – die starke Anlehnung an

---

53 Hardt, Erich Pommer, 111.
54 Ebd., 85.
55 Saunders, Hollywood in Berlin, 88f., 125.

die Schauspielkultur des Theaters, das Reservoir an talentierten Autoren und großartigen Schauspielern – zu einem Aktivposten im Wettbewerb mit den standardisierten Produkten Hollywoods zu machen.

Die Filmschaffenden in Hollywood behielten wiederum das deutsche Kino und seine Entwicklung aufmerksam im Auge, um sich von ihm Dinge abzuschauen, von denen die eigenen Drehbuchautoren profitieren konnten; zugleich bemühten sie sich um die Anwerbung von Talenten, die das Zeug hatten, der »amerikanischen Kunstindustrie eine noch authentischere Universalität« zu verleihen, und versuchten der deutschen Konkurrenz den Marktzugang, insbesondere in Frankreich und im östlichen Mitteleuropa, in der Türkei und in Palästina, zu erschweren.[56] Kaum ebbte der deutsche Exportboom 1924 ab, da überflutete Hollywood den deutschen Markt mit Neuproduktionen. In der Folge sicherten sich die amerikanischen Großstudios die Dienste etlicher wichtiger Produzenten, Regisseure und Schauspieler, indem sie ihnen hohe Honorare boten und sie mit der Aussicht auf anregende, wenn auch hochtourige Arbeitsbedingungen und relativ großzügig bemessene Filmbudgets (jedenfalls im Vergleich zu der Knauserigkeit, die bei der UFA eingekehrt war) lockten. Es waren all diese Anreize, die Erich Pommer 1926 veranlassten, nach Südkalifornien zu gehen und bei *Paramount* für B. P. Schulberg zu arbeiten. In dieser Zeit überschwemmte amerikanisches Kapital die Branche: Die UFA wandte sich 1925/26 an *Paramount-MGM* und erbat – und erhielt – einen mit 7,5 Prozent verzinsten Kredit über 17 Millionen Reichsmark. Viele kleinere Produktionsfirmen tätigten ähnliche Darlehensgeschäfte. 1927 wurden 75 Prozent der deutschen Spielfilmproduktion mit amerikanischem Kapital finanziert.[57]

Das Jahr 1927 markierte den Zenit der Strategie der US-Filmwirtschaft, ihre stärksten Konkurrenten finanziell zu unterwandern und ihnen damit gleichsam den Schneid abzukaufen. Danach traten in Deutschland national gesinnte Unternehmer auf den Plan, die mit staatlicher Unterstützung in die Filmbranche einstiegen. Diese Leute wussten um die Bannkraft des neuen Mediums und hatten keine Skrupel, sie sich zu Nutze zu machen. Das Medienkonglomerat des Zeitungszaren Alfred Hugenberg, die Deulig AG, übernahm als Mehrheitsgesellschafter die Führung bei der UFA, indem es mit Hilfe des Außen- und des Wirtschaftsministeriums die amerikanischen Geldgeber auszahlte; dann ging Hugenberg daran, die Marktposition der UFA zu konsolidieren, indem er rationellere Produktionsmethoden durchsetzte, in die Herstellung von Filmausrüstungen einstieg und die Anstrengungen verdoppelte, den amerikanischen Markt für deutsche Produktionen zu öffnen. In der Erkenntnis, dass UFA-Filme »die Mentalität des amerikanischen Publikums« bedienen müssten, holte die UFA Erich Pommer aus Hollywood zurück, der dort zwei erfolgreiche Filme für *Paramount* abgeliefert und damit bewiesen hatte, dass er für den internationalen Markt produzieren konnte. Der neue Geschäftsführer der UFA, Ludwig Klitzsch, kannte Pommer aus gemeinsamen Kriegstagen an der Balkanfront und bot ihm nicht nur ein für europäische Maßstäbe großzügiges Gehalt an, sondern auch

---

56 Hays, Memoirs, 509, zit. n. Higson/Maltby, »Film Europe« and »Film America«, 5.
57 Saunders, Hollywood in Berlin, 51–83.

Abb. 29: »Was ist los? Ist da schon wieder Al Capone zugange?« »Nein, die Western Electric Company führt freundschaftliche Verhandlungen mit dem Management von Barberini Cinema.« 1931

eine eigene Produktionsfirma unter dem Dach der UFA, die Erich Pommer-Produktion.[58]

An der Schwelle zur Übernahme einer führenden Stellung in der deutschen Filmbranche stehend, machte Pommer keinen Hehl daraus, dass ihn die in Hollywood gesammelte Erfahrung zu einem »amerikanisierten oder demokratischen Produktionsverständnis für den nationalen und den Weltmarkt, mit einem Schwerpunkt auf rein materialistischen Belangen«, bekehrt habe. Er sei in seiner Zeit bei *Paramount* »durch eine Schule ganz anderer Art gegangen«. So habe er etwa gelernt, wie man es anstellen müsse, potenziell heikle Sujets wie den Weltkrieg mit erfolgsträchtiger Breitenwirkung zu verfilmen: Sowohl *Hotel Imperial*, die Geschichte einer Liebe zwischen einem verwundeten österreichischen Offizier und einem polnischen Zimmermädchen, als auch *Stacheldraht*, ein Film über eine Beziehung zwischen einem deutschen Kriegsgefangenen und einem französischen Bauernmädchen, spielten in einiger Entfernung vom Frontgeschehen und verbanden dramatische Spannung mit Romantik und dem Bangen um den Erhalt weiblicher Tugend. Besonders bemerkenswert erschienen ihm an Hollywood die schiere Größe der Studioanlagen, dank derer es möglich war, von einem Szenenbild zum anderen zu wechseln, ohne das vorhergehende abbauen zu müssen, und die überlegene Beleuchtungstechnik, die ihn so beeindruckte, dass er vor seiner Rückkehr ein Exemplar jedes Lampentyps

---

58 Hardt, Erich Pommer, 94–106; Saunders, Hollywood in Berlin, 210ff. Siehe auch Jacobsen, Erich Pommer.

nach Berlin schicken ließ. Was ihm ferner imponierte, war, dass die amerikanischen Studios »mit der mechanischen Präzision jeder anderen Großindustrie betrieben werden und dass auf der Verkaufsseite ebenso effizient gearbeitet wird, dass ›business first‹ das Motto ist, das befolgt und respektiert wird, nicht nur von der betrieblichen Seite, sondern auch von Stars, Regisseuren und Autoren«.[59]

Am Ende rekurrierte Pommer auf ein Klassifizierungsschema, das auf der Unterscheidung zwischen »Kultur« und »Unterhaltung« basierte: Er stellte dem künstlerischen den populären Film gegenüber, wobei sich Ersterer an ein Publikum mit Anspruchsdenken, Letzterer an die breiten Massen richte. Es gelte, eine Balance zwischen beiden zu finden, und da sei es »besser, dass ein Film zu leicht, als dass er zu schwer ist.« US-Filme beherrschten den Markt, weil die »Mentalität des amerikanischen Films […] dem Geschmack des internationalen Kinopublikums, trotz aller Angriffe und gegenteiliger Behauptungen, anscheinend doch am nächsten kommt.« Als Wesenselemente dieser »Mentalität« identifizierte Pommer spezielle Konturen des Hollywood-Systems, nämlich den Starkult, die dank modernster Technik erreichte Perfektion der Bildsprache, die Standardisierung der Erzählweise und das Happy End – es war ein ganzer Katalog von Qualitäten, den er implizit zur Nachahmung empfahl. Dabei machte er freilich deutlich, dass seine »Feststellung durchaus kein Werturteil [ist], weder in künstlerischer, noch in technischer Hinsicht.« Es gebe jetzt einfach eine zusätzliche Kategorie, um Wert zu messen. Gleich wie lautstark Kritiker über die »Unkompliziertheit, Naivität, Problemlosigkeit des amerikanischen Films« lästerten, seien es eben gerade diese Eigenschaften, die »seine hauptsächliche Stärke im Kampf um den internationalen Filmmarkt« ausmachten und ihm seinen Unterhaltungswert sicherten.[60]

Tonfilm und Souveränität

Das Aufkommen des Tonfilms um die Wende zu den dreißiger Jahren sah das amerikanische Studiosystem wieder einmal in der Rolle eines Schrittmachers für die Entwicklung in Europa. Im Oktober 1927 hatte die risikofreudige Produktionsfirma *Warner* mit *The Jazz Singer* den ersten Film herausgebracht, der mit Ton wiedergegeben wurde, und in den Jahren danach hatte Hollywood einen vom Wettbewerb der technischen Innovationen getriebenen Prozess entfesselt, der jeden Aspekt des Film- und Kinogeschäfts abdeckte, von der Produktion über die Distribution und die Vorführtechnik bis hinein in die kleinsten Details von Werbung und Marketing, darunter Werbegeschenke, Fanclubs und Schönheitswettbewerbe. Wie fast immer an solchen Wendepunkten machte die amerikanische Filmindustrie auch hier das Beste aus ihrer Führungsposition, die in Bezug auf den Filmton allerdings eine sehr knappe war, denn die Entwicklung der Technik ging in diesem Bereich auf beiden Seiten des Atlantiks fast gleichzeitig voran. Für Marktführer wie das deutsch-nieder-

---

59 Hardt, Erich Pommer, 107.
60 Erich Pommer, Der internationale Film, Film-Kurier, 28. August 1928.

ländische Konsortium für Filmausrüstung Tobis-Klangfilm-Küchenmeister, das ein Filmtonverfahren namens T-Ergon patentiert hatte, bedeutete die Einführung des Tonfilms die Aussicht auf schnelle, sichere und große Gewinne. Die erste deutsche Produktionsfirma, die sich ganz auf den Tonfilm umstellte, war natürlich die UFA. Erich Pommer hatte einen Stummfilm über einen tief in der Klemme steckenden Husaren gedreht, der, um sich ein Pferd kaufen zu können, seine Geliebte, ein Bauernmädchen, dazu bringt, sich zu prostituieren. Noch während der Dreharbeiten erhielt er ein Telegramm von Ludwig Klitzsch mit der Anweisung, den ganzen Film mit Ton neu zu drehen. Klitzsch befand sich zu der Zeit auf Besuch in Hollywood und konnte dort aus nächster Nähe sehen, wie entschieden die amerikanische Filmwirtschaft auf das neue System setzte. Der Kampf gegen die »Abhängigkeit von den Amerikanern« war angesagt.

Im Wettlauf mit der Zeit setzte Pommer alles daran, mit »widerspenstiger, primitiver Ausrüstung« *Melodie des Herzens* abzudrehen, zu schneiden und uraufzuführen, bevor *Warners* zweiter Tonfilm, *The Singing Fool*, in Berlin Premiere hatte. Um das Beste aus dem neuen Medium zu machen, ließ Pommer seinen Hauptdarsteller, den populären Willy Fritsch, gleich in vier Sprachen – Französisch, Englisch, Deutsch und Ungarisch – singen und rahmte die Handlung mit Chor- und Tanznummern ein. Er kreierte damit nebenbei ein neues Genre, den Operettenfilm, der österreichische Landschaft, österreichisch-ungarischen Musikgeschmack und altweltliche Galanterie mit deutscher Tontechnik vereinte und darauf ausgelegt war, im gesamten mitteleuropäischen Raum groß einzuschlagen. Doch Hollywood gewann das Rennen. *Warner Brothers* brachte *The Singing Fool* am 3. Juni 1929 durch den Verleiher National-Film, eine deutsche Firma, bei der *Warner* Mehrheitseigner war, in die Berliner Kinos. Die Premiere stieg im Gloria-Palast, der mit einem System von *Western-Vitaphone* für die Tonwiedergabe ausgerüstet worden war, unter offenem Verstoß gegen eine gerichtliche Verfügung, die die Verletzung deutscher Filmtonpatente monierte. Erst ein halbes Jahr später, am 16. Dezember, wurde *Melodie des Herzens* im UFA-Palast am Zoo uraufgeführt.[61]

In Europa herrschte zu der Zeit die Überzeugung vor, durch den Tonfilm sei »die amerikanische Identität Hollywoods hörbar geworden«, mit der Folge, dass das Publikum anderer Nationen sich nun leichter für den einheimischen Film zurückgewinnen lassen werde und dass die europäischen Länder wieder mehr Souveränität über ihr eigenes Kinogeschehen erlangen würden. Außerhalb Großbritanniens konnten nur wenige Kinobesucher englischsprachige Filme verstehen, und Filme mit Untertiteln oder unzulängliche Synchronfassungen würden sich nicht durchsetzen können. Das alles sprach dafür, dass sich jetzt endlich die Chance bot, den Film wieder zu einem nationalen Kulturgut zu machen.[62] Die Produzenten in den großen europäischen Sprachregionen, allen voran die Deutschen, waren der Meinung, sie würden nicht nur auf ihrem eigenen sprachlichen Heimatmarkt im Vorteil sein, sondern auch in kleineren Ländern mit verwandten Sprachen wie Schweden und

---

61 Hardt, Erich Pommer, 172f.; dies., From Caligari to California, 127ff.
62 Maltby/Vasey, The International Language Problem, 68–93.

Dänemark, die mit ihren eigenen, qualitativ hochstehenden Produktionen bis dahin nur winzige Nischen im internationalen Stummfilmmarkt besetzt hatten.

Doch Hollywood hatte sich für die Umstellung auf den Tonfilm auf eine Weise gerüstet, der die europäischen Filmindustrien nichts entgegenzusetzen hatten. Die für die Umstellung erforderlichen Investitionen waren enorm, denn nicht nur die Aufnahmestudios mussten mit neuer Technik bestückt werden, sondern auch sämtliche Kinos. Auch für Werbung musste immer mehr Geld ausgegeben werden, zeigte es sich doch, dass mit der fortschreitenden Weltwirtschaftskrise der Geschmack und das Konsumverhalten der Kinobesucher immer unberechenbarer wurden. In Europa war die Nachfrage nach Stummfilmen durchaus noch im Steigen begriffen. Die Umstellung auf Tonwiedergabe in einer Situation durchzupeitschen, in der in Tausenden ländlichen Kinos noch relativ neue Stummfilmprojektoren liefen und die Befriedigung dieser Nachfrage noch reichliche Gewinne sprudeln ließ, kostete in Europa einen besonders hohen Preis. Dazu kam, dass der europäische Film noch sehr stark einem traditionellen künstlerischen Selbstverständnis verhaftet war, das im Film ein wesensmäßig visuelles Medium sah: »Geräusche ja, Dialoge nein.« Man fürchtete, der Tonfilm werde die »Verschworenheit der Stille« verderben und dazu führen, dass die Regisseure die Montagetechniken, die für den Stummfilm perfektioniert worden waren, zugunsten der praktischen Anforderungen der Tonaufnahmetechnik opfern und sie damit verwässern würden.[63] Falls es in den USA ähnliche Bedenken gab, wurden sie von einem Kapitalismus vom Tisch gewischt, der es gewohnt war, die brillanten Innovationen und Apparaturen von gestern auf den Müll zu werfen und die Karrieren jener, deren Talent in der neuen Technik nicht zum Tragen kam, absaufen zu lassen.

Angesichts der bangen Frage, ob das muttersprachliche Kino nicht doch in der Lage sein würde, die Interessen der großen Hollywood-Studios massiv zu beeinträchtigen, beschlossen diese, ihren Zugriff auf die europäischen Märkte zu festigen. Ein Mittel bestand darin, die Kopien mit Untertiteln in der jeweiligen Landessprache zu versehen, ein anderes darin, Filme gleich in mehreren Sprachversionen zu drehen. Die Firma *Paramount* eröffnete 1930 in Joinville bei Paris ein neues Produktionszentrum und realisierte dort die fortgeschrittenste Arbeitsteilung, die es in der Filmproduktion bis dahin gegeben hatte. In einem fabrikmäßigen Arbeitsrhythmus wurden hier von jeder Filmeinstellung Versionen in unterschiedlichen Sprachen gedreht, unter Umständen auch mit unterschiedlichen Hauptdarstellern, verändertem Szenenbild, einer dem jeweiligen Zielland angepassten Musik und, wenn nötig, sogar veränderten Dialogen.[64] Das Synchronisieren der englischen Originalversion wäre die näherliegende Lösung gewesen, aber es war ein sehr teurer Spaß und

---

63 Siehe dazu Gomery, Economic Struggles and Hollywood Imperialism, 80–93. Siehe insbes. auch René Jeanne, L'invasion cinématographique américaine, Revue des deux mondes, 15. Februar 1930, 857–884; ders., La France et le film parlant, ebd., 1. Juni 1930, 533–554; Arnoux, Du muet au parlant; und Lapierre, Les cent visages, 206–232. Der Regisseur René Clair schildert in *Réflexion faite* seine Zweifel, bevor er zum Tonfilm konvertierte; ähnliche Erinnerungen anderer Zeitgenossen finden sich in der anlässlich des Erscheinens von *Du muet au parlant* veröffentlichten Sonderausgabe, Cinématographe 47 (Mai 1979), 1–27; Abel, French Cinema, 30.
64 Vincendeau, Hollywood Babel, 207–224. Zu *Paramount* in Joinville siehe Ilja Ehrenburg, C'est un film

erforderte ein ungeheures Feingefühl für die Übersetzung etwa sprachlicher und stimmlicher Nuancen oder schichtspezifischer und regionaler Spracheigenarten. In manchen Ländern, beispielsweise in Italien, wurden Gesetze verabschiedet, die festlegten, dass die Synchronisierung von Filmen im Land selbst erfolgen musste, womit der Grundstein für die Entstehung einer neuen, obschon subalternen Kleinindustrie gelegt wurde. Schauspieler bauten eine Karriere (wenn auch eine eher unsichtbare) darauf auf, Stars wie Ronald Colman, Cary Grant, Greta Garbo oder Joan Crawford ihre Stimme zu leihen. Zur gleichen Zeit ließ die Verheißung, dass der Tonfilm die Entstehung eines nationalen Filmpublikums fördern werde, im Zusammenwirken mit der Wirtschaftskrise und dem um sich greifenden Nationalismus Stimmen aus der Filmwirtschaft wie auch aus Staat und Politik laut werden, die ein entschiedeneres staatliches Eingreifen forderten.

In Frankreich war die Konsolidierung des Films zu einer nationalen »Kunst« spätestens Anfang der dreißiger Jahre bewerkstelligt, ebenso seine Anerkennung als ein wichtiger und erhaltenswerter Industriezweig. Dass die Produktion französischer Spielfilme mittlerweile der am schnellsten wachsende Wirtschaftssektor im Lande war, tat der Filmwirtschaft gut, stellte allerdings auch dem Rest der französischen Wirtschaft kein gutes Zeugnis aus. Die Branchengiganten, die sich zu Beginn der zwanziger Jahre aus der Produktion zurückgezogen und auf den Verleih konzentriert hatten, fusionierten nun mit anderen Unternehmen, um sich wieder der Herstellung von Filmen zuzuwenden. Doch schon 1934 musste die Firma *Gaumont Franco Film Aubert* Konkurs anmelden, und *Pathé-Natan* rutschte 1936, von einem Finanzskandal erschüttert, in die Pleite. Mehrere parlamentarische Untersuchungen endeten mit der dringenden Ermahnung an die Filmwirtschaft, sich zu disziplinieren, nur um im Umkehrschluss zu der Erkenntnis zu kommen, dass die Zukunft und die Vitalität des französischen Films vielleicht in einer ungeordneten Vielfalt unabhängiger Kleinfirmen mit Luft für nur einen Film lag.[65] Sie produzierten, indem sie Ausrüstung und Studiofläche von *Pathé*, *Gaumont* oder *Eclair* mieteten, und sie waren es, die in den späten dreißiger Jahren für einen Zuwachs an Neuveröffentlichungen und für deren Qualität sorgten, zu der das soziale Engagement von Volksfront-Künstlern und das Einströmen talentierter Flüchtlinge aus der von den Nationalsozialisten gleichgeschalteten deutsch-österreichischen Filmszene erheblich beitrugen.

In Italien beschloss das faschistische Regime, sein eigenes »Hollywood am Tiber« zu errichten, wohinter zwei Motive steckten: der Wunsch, Kapital aus der neuen Tonfilmtechnik zu schlagen, und das Bedürfnis, die politische Basis der Diktatur auszuweiten. Für diverse junge intellektuelle Gruppierungen, nicht zuletzt die römischen Kreise, in denen Mussolinis ältester Sohn Vittorio verkehrte, war der Film das ideale Medium für den Brückenschlag zwischen Eliten- und Massenkultur. Die

---

Paramount, Revue du cinéma, 1. Juni 1931, 7–24; sowie Andrew, Sound in France, 94–114, insbes. 100f.

65 Léglise, Le cinéma et la Troisième Republique, 75ff., 106f.; Conseil National Economique, L'industrie cinématographique; Renaitour, Où va le cinéma français, 115; Strebel, French Social Cinema of the 1930s, 76f.

meisten waren realistisch genug, zu erkennen, dass die italienische Filmwirtschaft in den zwanziger Jahren durch die ausländische Konkurrenz, Fehlinvestitionen und das Festhalten an nicht mehr zeitgemäßen Genres praktisch untergegangen war. Die einheimische Produktion war zwar wieder in Gang gekommen, aber im Durchschnitt stammte nur jeder neunte neu anlaufende Film aus italienischer Produktion; der Rest kam fast ausschließlich aus den USA. Ein gesetzlicher Einfuhrstopp war daher undenkbar. Der Duce gelangte, nachdem 1934 eine Expertenstudie festgestellt hatte, Italien hinke mindestens fünf Jahre hinter anderen Filmländern her, zu der Überzeugung, sein Land müsse sich weiterhin seine Offenheit für ausländische Sichtweisen bewahren.[66] Laut Mussolini junior sollte der italienische Film eher der »technischen Virtuosität und dem flüssigen Erzählstil« amerikanischer Filme nacheifern, als dem »schwerblütigen deutschen Trauma« und der »abgedroschenen Blödelei und Doppeldeutigkeit« der Franzosen: »Erst wenn wir uns den soliden kommerziellen Unterbau und den Erzählstil ›made in the USA‹ zu eigen gemacht haben, können wir beginnen, über ein faschistisches Kino zu reden.«[67]

Die Diktatur setzte klare Prioritäten. Schon 1925 hatte sie, um einer Invasion der *Fox*-Wochenschau vorzubeugen, als Kontrollinstanz über den Informationssektor das *Istituto Luce* gegründet. Neun Jahre später errichtete sie ein Direktorat für Kinematographie, das dem Staatssekretär für Presse und Propaganda (später dem Minister für Volkskultur) unterstellt war und den Auftrag bekam, ein Konzept für eine staatliche Regulierung des Filmsektors zu erstellen. Nach einem vierwöchigen Aufenthalt in Hollywood schlug der Chef der Behörde, Luigi Freddi, ehemals Redakteur bei Mussolinis Tageszeitung *Popolo d'Italia*, vor, ein unter staatlicher Regie betriebenes Gegenstück zu MGM aufzubauen. Im Idealfall wäre dieses Gebilde stark genug, um Produktion, Verleih und Vorführung unter einem Dach zu vereinen, ohne dass sich jedoch der Staat in das Tagesgeschäft einmischen dürfe. Dieses Luftschloss schien Potenzial zu haben, denn es fand begeisterte Unterstützer in Gestalt von Mussolinis Schwiegersohn Galeazzo Ciano und John McBride, dem frohsinnigen jungen amerikanischen Handelskonsul in Rom, der Vertreter der großen Hollywood-Studios dazu animierte, an mehreren hochkarätigen Besprechungen teilzunehmen, bis die BFDC-Zentrale ihn stoppte. Es war eine Sache, US-Unternehmen im Ausland zu unterstützen, aber eine ganz andere, amerikanische Ressourcen für den Aufbau einer Filminfrastruktur im Ausland zu mobilisieren.[68]

Mit der Zeit setzten sich ohnehin klügere Einsichten durch. Eine staatliche Kontrolle der Spielfilmproduktion war ein Rezept für Misserfolge an der Kinokasse. Ein Beispiel reichte aus: 1934 investierte das *Istituto Luce* vier Millionen Lire (rund 550.000 US-Dollar) in die Produktion von Giovacchino Forzanos propagandistischem Epos *Camicia nera* (»Schwarzes Hemd«). Das Resultat war ein Mitleid er-

---

66 Luigi Freddi, Rapporto sulla cinematografia, 22. Juni 1934, Teilakte »Freddi, Luigi«, Akte 3/2.2 1397, Serie 1934-1936, Presidenza del Consiglio dei Ministri, Archivio Centrale dello Stato, Rom.
67 Zit. n. Freddi, Il cinema, 297. Zur Reaktion auf den Amerikanismus im Allgemeinen, siehe Brunetta, Storia del cinema italiano, 213-219, 227, 409-416; Aprà, La »rinascita« sulla pagina cinematografica del »Tevere«, 60-85; sowie Lucilla Albano, Volontà-possibilità del cinema fascista, 101-136.
68 John L. McBride, Italian Motion Pictures Industry, 19. Januar, 6. Februar und 7. Februar 1935, Akte »January-March, 1935«, Box 314, RG 151, BFDC.

regender Flop, über den sich Mussolini ärgerte.[69] Das Interesse verlagerte sich hin zu Plänen für ein staatliches Monopol auf die Distribution (anstelle der Produktion) von Filmen. Wie in Frankreich und anderswo begünstigte auch in Italien die weitreichende Kontrolle amerikanischer Firmen über die größeren Kinoketten US-Neuproduktionen. Diese Kinoketten konzentrierten sich in den wohlhabenderen Regionen, während viele Kinos in Mittelstädten, Kleinstädten und erst recht auf dem Land noch gar nicht für das Abspielen von Tonfilmen ausgerüstet waren. Die Spaltung der Kinolandschaft machte sich bemerkbar, als 1934 Charlie Chaplins Film *Goldrausch* in Italien herauskam. Er verkaufte 4,5 Millionen Karten, die größte Zahl für einen Film in der Geschichte des italienischen Kinos bis dahin. Jedoch stellten 4,5 Millionen Tickets kaum mehr als zehn Prozent der italienischen Bevölkerung dar. Nach Schätzungen von Regierungsexperten hatte das faschistische Italien das Potenzial für 25 Millionen Kinobesucher und für die Erhöhung der Zahl der Kinosäle von bislang trostlosen 1.800 auf 4.000, was für europäische Verhältnisse eine ansehnliche Zahl darstellen würde.[70]

Die Filmproduktion wurde demnach in privaten Händen belassen. Genauer gesagt schaufelte die Diktatur großzügige staatliche Subventionen in die Kasse eines einzigen wohlhabenden Unternehmers, des Ingenieurs Carlo Roncoroni, der 1935 der staatlichen Holdinggesellschaft IRI (*Istituto per la Ricostruzione Industriale*) die in Konkurs gegangenen *Cines*-Studios abgekauft hatte, die einst die einzige große Filmproduktion Italiens gewesen waren. Mit staatlichen Geldern ließ Roncoroni an der Via Tuscolana am östlichen Stadtrand von Rom auf vierzig Hektar einen Studiokomplex errichten, der das alte *Cines*-Studiogelände an der Via Veio ersetzen sollte, dessen Gebäude praktischerweise bis auf die Grundmauern niedergebrannt waren, neun Monate nachdem der weitsichtige Unternehmer Roncoroni sie gekauft hatte. Der von Mussolini persönlich am 28. April 1937 eingeweihte und auf den Namen *Cinecittà* getaufte neue Studiokomplex verband eine zünftige Organisation mit der modernsten technischen Ausstattung, die in Europa zu bekommen war; ein in Hollywood auf den letzten Stand gebrachter italienischer Ingenieur überwachte die Arbeiten an dem Projekt. Das am 16. Juni 1938 in Kraft getretene Alfieri-Gesetz beinhaltete weitere Blankoschecks für italienische Produzenten. Jedem Filmprojekt, dessen Drehbuch die Zensur passiert hatte, winkte, unabhängig von seinen künstlerischen oder sonstigen Qualitäten, eine automatisch ausgezahlte Prämie in Höhe von zwölf bis 25 Prozent des vom fertigen Film eingespielten Bruttoerlöses.

Ein Staatsmonopol für die Distribution von Filmen zu errichten, bedeutete sich mit den amerikanischen Branchenriesen anzulegen. Nachdem Will Hays im November 1936 dem Duce in Rom einen persönlichen Besuch abgestattet hatte, hob Mussolini eine früher erlassene Verordnung auf, die die Einfuhr von Filmen begrenzt hatte. Nicht dass diese Verordnung unverständlich gewesen wäre: Italien litt

---

69 Attività svolta dell'Istituto nell'esercizio 1933. Relazione a S. E. dal Presidente dell'Istituto M. Paolucci de' Calboli, Akte »31. März 1934«, 20, 36, Serie 170.20, Ordner »Ministero della Cultura Popolare«, Archivio Centrale dello Stato, Rom.
70 McBride, Italian Motion Pictures Industry, 7. Februar 1935, 6; Bizzarri/Solaroli, L'industria cinematografica italiana, 32–41. Zur Cinecittà: Albano, Hollywood, 219–232.

unter einem schrecklichen Zahlungsbilanzdefizit, das noch durch den Umstand verschlimmert wurde, dass beispielsweise 1935 rund siebzig Prozent der Bruttoerlöse aus der Verwertung neuer Filme an die Mutterfirmen in die USA überwiesen wurden. Kaum hatte jedoch *Cinecittà* begonnen, regelmäßig neue Filme zu liefern, da besann sich der italienische Staat wieder auf seine Entscheidung, ein staatliches Monopol auf die Distribution von Filmen einzurichten. Im Prinzip bestand die Mission der *Ente Nazionale Industrie Cinematografiche* (ENIC) nicht darin, die amerikanischen Verleiher aus dem Land zu treiben. Mehrere Anläufe wurden unternommen, die amerikanischen Branchenriesen zu besänftigen. Dennoch zogen sich Ende 1938 die führenden US-Unternehmen, der verklausulierten ENIC-Direktiven und der sinkenden Erlöse überdrüssig, vom italienischen Markt zurück.

Der Konkurrenz aus Hollywood ledig, verwandelte sich das faschistische Italien in ein Paradies für Filminvestoren. Die wirtschaftlichen Bedingungen waren ideal: von staatlich finanzierten Produktionsstätten (die nach dem Tod Roncoronis 1939 in den Besitz des Staats übergingen) und einem nationalen Verleihkartell bis hin zu aufgeteilten Märkten und großzügigen Prämien, die sich nicht nach dem künstlerischen Wert bemaßen, sondern einzig nach den Einspielergebnissen. Auf dem Tiefpunkt 1927 hatten italienische Produzenten 31 Spielfilme fertiggestellt, 1942 waren es 119.[71] Vor allem aber wuchs ihr Vertrauen darauf, dass der Ausfall der Hollywood-Filme und ihrer Stars keinen Rückgang des Kinobesuchs bedeuten musste. Der italienische Film entwickelte seine eigenen Abwandlungen amerikanischer Filmgenres, etwa in Form von Gesellschaftskomödien (»Weißes Telefon«) und Musikfilmen, ebenso sein eigenes Star-System. Dazu kamen die Anfänge eines Aufbruchs zu neuen Ufern, der später, nach dem Krieg, reiche Früchte tragen sollte, insbesondere in Gestalt des Neorealismus. Manche hatten die Befürchtung geäußert, das italienische Publikum werde, des Hollywood-Erlebnisses beraubt, den Kinos den Rücken kehren. Mitnichten: Der regelmäßige Kinobesuch war zu einer Gewohnheit geworden, die stärker war als die Begeisterung für einen bestimmten Star oder ein bestimmtes Genre. Die Einspielerlöse kletterten von 348 Millionen Lire 1938 auf 477 Millionen Lire 1942.[72]

Das Unterhaltungs-Imperium der Nationalsozialisten

Mit bemerkenswertem Erfolg baute das nationalsozialistische Deutschland nicht nur ein nationales Filmwesen auf, sondern errichtete auch eine gleichsam paneuropäische Allianz gegen Hollywood. Zum Teil verdankte sich dieser Erfolg Bedingungen, die das NS-Regime erbte, nämlich dem Vorhandensein einer großen, modernen und relativ konzentrierten Film- sowie einer starken Exportwirtschaft.

71 Bizzarri, L'economia cinematografica, 40.
72 Allgemeiner zu dieser Periode siehe Gili, Pouvoir politique et intérêts économiques, 67–88. Brunetta, Storia del cinema italiano, 293–297, 515–519; siehe auch Solaroli, Profilo di storia economica, 198f. Die lebendigste und subtilste Analyse der Koexistenz alter und neuer Genres aus italienischer Sicht liefert Savio, Ma l'amore no.

Die Hitler-Diktatur nutzte ihre Macht, um Rivalitäten innerhalb der Branche abzuwürgen, Kosten zu senken, den einheimischen Kinomarkt zu entwickeln und den Export von Filmen zu steigern. In einem überraschenden Ausmaß förderte sie außerdem neue Konzepte für den Unterhaltungsfilm, und zwar in Anlehnung an die UFA-Tradition. Allerdings geschah dies um den Preis einer bewussten Distanzierung von der modernistischen und experimentellen Filmkultur der Weimarer Republik und einer stilistischen Annäherung an Hollywood.[73]

Die Nationalsozialisten gelangten mit der Erwartung an die Macht, ihre Bewegung werde ihren völkischen Charakter auch durch das Medium Film manifestieren. Es gab innerhalb der Bewegung jedoch immer unterschiedliche Meinungen darüber, wie dies zu bewerkstelligen sei. Der extrem populistische Flügel der Partei wollte Spielfilme mit einer ausdrücklich politischen oder propagandistischen Botschaft. Er wollte außerdem etwas für kleine, selbstständige Kinobetreiber tun, von denen nicht wenige Stützen der NS-Bewegung waren; sie litten unter zurückgehenden Besucherzahlen, hohen Verleihpreisen, mangelndem Filmnachschub und den Kosten für die Umstellung auf den Tonfilm. Viele von ihnen waren rabiate Antisemiten, eine Haltung, die durch ihre Abhängigkeit von den Verleihfirmen, die vielfach in jüdischem Besitz waren, noch verstärkt wurde. Schon bald nach Hitlers Machtergreifung riefen sie zu Boykotten gegen jüdische Verleiher amerikanischer Filme auf.[74]

Eine Gegenposition hierzu vertrat der institutionelle Flügel der Bewegung, einschließlich des neuen Reichsministers für Volksaufklärung und Propaganda, Joseph Goebbels, der ein kenntnisreicher Filmenthusiast war. Wirtschaftliche Tragfähigkeit und künstlerische Qualität sollten laut dieser Denkrichtung im Vordergrund stehen, während der Staat sich darauf beschränken müsse, günstige Rahmenbedingungen zu schaffen und bewährte und bestehende Praktiken der Filmindustrie zu optimieren und weiterzuentwickeln. Bei seinem ersten großen Auftritt vor den Vertretern der deutschen Filmbranche am 28. März 1933 im Berliner Hotel Kaiserhof erklärte Goebbels: »Die Kunst ist frei […], allerdings muss sie sich an bestimmte Normen gewöhnen.« Er setzte einen hohen, wenn auch eklektischen Vergleichsmaßstab an, indem er seine Lieblingsfilme aufzählte: Sergej Eisensteins *Panzerkreuzer Potemkin* (den er als künstlerisches Meisterwerk mit allerdings bolschewistischer Tendenz rühmte), *Anna Karenina* (1914) vom Klassiker der Schnittkunst, Wladimir Gardin, Fritz Langs *Die Nibelungen* und Luis Trenkers *Der Rebell* (1932), der die Geschichte des Südtiroler Bauern und Gastwirts Andreas Hofer erzählt, der 1809 den Aufstand gegen die französische Besatzungsherrschaft anführte. »Parademarsch und Trompetengeschmetter« reichten nicht aus, so Goebbels, um einem Film einen »nationalen« Charakter zu verleihen. »Neue Ideen« seien gefragt, Themen, die man im Alltagsleben, auf der Straße, ohne weiteres finden könne. Fest stehe auf jeden Fall,

---

73 Zur Reorganisierung des deutschen Films durch die Nationalsozialisten siehe Petley, Capital and Culture, insbes. 29ff.; Welch, Propaganda and the German Cinema, 1933–1945; Kreimeier, Ufa-Story, 258–262, 300–312; Hake, German National Cinema, 61–67.

74 George R. Canty, Weekly Reports, 6. und 18. Februar, 18. März, 1., 8., 15., 22. und 29. April 1933, Akte »February 1933«, Box 259, RG 151, BFDC.

dass »der Publikumsgeschmack nicht so [ist], wie er sich im Inneren eines jüdischen Regisseurs abspielt. Man kann kein Bild vom deutschen Volk im luftleeren Raum gewinnen. Man muss dem Volke aufs Maul schauen und selbst im deutschen Erdreich seine Wurzeln eingesetzt haben. Man muss ein Kind dieses Volkes sein.«[75] Bei einem kritischen Rückblick auf diese Anfeuerungsrede hätte Goebbels vielleicht bemerkt, dass drei seiner vier Lieblingsfilme von jüdischen Regisseuren stammten.

Dieser opportune blinde Fleck machte Goebbels nachsichtig gegenüber dem Versuch der UFA, den Juden Pommer im Amt zu halten, der allgemein als die treibende Kraft hinter dem Erfolg deutscher Tonfilme im östlichen Mitteleuropa – auf Kosten Hollywoods – anerkannt war. Dank des Riesenerfolgs von Pommers *Der Kongress tanzt*, eines im großen Stil produzierten Operettenfilms über eine Romanze zwischen dem russischen Zaren und einer armen Handschuhnäherin am Rande des Wiener Kongresses, mit Lilian Harvey, Willy Fritsch und Conrad Veidt (als Fürst Metternich) in den Hauptrollen, hatte die UFA 1931 eine Dividende in Höhe von sechs Prozent gezahlt.[76] Obwohl die UFA am 29. März 1933, einen Tag nach der Goebbels-Rede, den Vertrag mit Pommer annullierte, unternahm man in der Folge halbherzige Versuche, ihn aufgrund seiner untadeligen militärischen Referenzen von den in Kraft getretenen antijüdischen Verordnungen auszunehmen. Doch Pommer selbst machte dem Spiel ein Ende, nachdem er erfahren hatte, dass seinem Sohn die Teilnahme am alljährlichen Studentenaufmarsch zum Maifeiertag verwehrt werden sollte. Sich Bedenkzeit ausbittend, ließ er Goebbels wissen, er habe nur den einen Wunsch, in seinen Reisepass kein »J« gestempelt zu bekommen. Ende April 1933 benutzte er den Pass, um sich mit seiner Familie aus Deutschland abzusetzen, zunächst nach Paris, wo für ihn bereits ein Vertragsangebot der französischen Tochter von *Fox* vorlag, für die er zwei Filme produzierte. 1934 ging er dann nach Hollywood zurück.[77] Ähnliche Angebote machte Goebbels Fritz Lang, dessen *Metropolis* sowohl er als auch Hitler bewundernswert fanden. Doch zwei Tage nach der besagten Goebbels-Rede setzte die Zensurbehörde Langs neuen Film *Das Testament des Dr. Mabuse* auf den Index, weil es sich dabei um ein kommunistisches Machwerk handle, von dem Gefahr für die öffentliche Ordnung und Sicherheit ausgehe – was wahrscheinlich nicht ganz aus der Luft gegriffen war, denkt man an die Figur des paranoiden Dr. Mabuse, der aus der Irrenanstalt heraus einen Umsturz plant, mit dem er die Welt in einen »Abgrund des Schreckens« stürzen will. Das Verbot bescherte der Firma *Universal Pictures*, die die Verleihrechte für Deutschland erworben hatte, einen Verlust von 200.000 Reichsmark.[78] Es bestärkte außerdem Lang in seinem Willen, das Land so bald wie möglich zu verlassen. Auch er machte zunächst Station in Paris und drehte dort für Pommer *Liliom*, bevor er ebenfalls nach Hollywood weiterwanderte.

---

75 Joseph Goebbels, Rede im Kaiserhof, 28. März 1933, zit. n. Albrecht, Der Film im 3. Reich, 26–31; George R. Canty, Weekly Report, 1. April 1933, 2f., Box 259, RG 151, BFDC.
76 Economic and Trade Notes, 10. September 1931, Economic and Trade Notes/Special Reports 1931, Akte »Motion Pictures«, Box 254, RG 151, BFDC.
77 Hardt, From Caligari to California, 138f.
78 George R. Canty, Weekly Report, 8. April 1933, Akte »February 1933«, Box 259, RG 151, BFDC.

Die »Arisierung« der deutschen Filmwirtschaft bewirkte einen Massenexodus hochrangiger Filmleute – Geschäftsführer, Produzenten, Regisseure, Verkaufsleiter, Komponisten, Schauspieler und anderer –, der sich als ein enormer Vorteil für Hollywood erwies, was die großen Erfolge, die der in der Folge von den Nationalsozialisten gemästete deutsche Film feierte, umso bemerkenswerter machte. Der erste Schritt des Regimes bestand darin, den wichtigsten Branchenverband der deutschen Filmwirtschaft, die Spitzenorganisation der deutschen Filmindustrie (SPIO), zu übernehmen. Erich Pommer hatte 1923 den Anstoß zur Gründung dieses Verbandes gegeben, der, so seine Vorstellung, wie die von Will Hays geführte, vertikal integrierte *Motion Pictures Producers and Distributors of America* (MPPDA) funktionieren und Produzenten, Verleiher und Kinobetreiber zusammenbringen würde. Allerdings wurde die SPIO erst Anfang der dreißiger Jahre, unter der Leitung des UFA-Chefs Klitzsch, zu einer einigermaßen schlagkräftigen Interessengruppe, erst recht nachdem sich ihr 1932 alle wichtigen US-Filmunternehmen angeschlossen hatten, in der Hoffnung, auf diese Weise ihre Position gegenüber der UFA zu stärken und gleichzeitig von ihrer ausländischen Herkunft abzulenken. Nachdem die Nationalsozialisten einmal erkannt hatten, wie nützlich die SPIO sich in die von ihnen betriebene Gleichschaltung der deutschen Gesellschaft einfügte, servierten sie den eigenwilligen Klitzsch ab, säuberten die Organisation von ihren zahlreichen jüdischen Mitgliedern, benannten sie in »Reichsfilmkammer« um und ließen sie an ihrem vertrauten Geschäftssitz die Geschäfte weiterführen, allerdings mit einem neuen Mandat: Sie sollte künftig »mit den Entscheidungsträgern zusammenarbeiten, Leerlauf und Reibungsverluste beseitigen, unqualifizierte und sonstige unerwünschte Elemente aus dem Gewerbe entfernen und ganz allgemein an einer Erneuerung der Branche mitwirken«.[79] Die Amerikaner wären gern weiter dabeigeblieben, zumal sie erhebliche Investitionen getätigt hatten; doch viele ihrer Mitarbeiter waren Juden. Mit einem normalen Geschäftsbetrieb waren Vorfälle wie der, den Max Friedland erlebte, unvereinbar. Der umgängliche Deutsche, der als Europa-Manager für *Universal* arbeitete und der Lieblingsneffe des Gründers und Präsidenten der Firma, Carl Laemmle, war, wurde um den 15. April 1933 herum in seinem Haus in Laupheim mitten in der Nacht aus dem Bett gezerrt und fünf Stunden lang ohne Erklärung in einer Zelle festgehalten; sein Pass wurde eingezogen.[80] Zögernd rangen sich die amerikanischen Filmfirmen dazu durch, das Schlimmste für möglich zu halten, weil so viele ihrer Mitarbeiter, mehr als in anderen Branchen, Opfer des institutionellen Antisemitismus wurden. Sie zogen sich entweder aus Deutschland zurück oder reinvestierten ihr Geld stillschweigend in »arisierte« Unternehmen.

Das schwierigere Problem, einen spezifisch nationalsozialistischen Filmstil mit kommerziellem Erfolg unter einen Hut zu bringen, stellte sich spätestens, als 1936/37

---

79 George R. Canty, Startling Developments in the German Film Situation, 12. November 1932, Akte »November 1932«, Box 258, RG 151, BFDC; ders., The German Film Industry during 1933. Special report, 15. Januar 1934, Akte »Januar 1934«, Box 261, ebd.; ders., Weekly Report, 18. März 1933, Akte »February 1933«, Box 259, ebd.
80 George R. Canty, Weekly Report, 22. April 1933, Akte »February 1933«, Box 259, ebd.

die Erträge der deutschen Filmwirtschaft in die Knie gingen. Die Krise resultierte zum Teil aus steigenden Kosten. Diese entstanden nicht zuletzt deshalb, weil die Herstellung von Tonfilmen sehr teuer war. Andere Kostenfaktoren waren die enormen Gagen, die man den deutschen Stars zahlen musste, damit sie nicht den Verlockungen von Paris und Hollywood erlagen. Die antijüdischen Verordnungen von 1933 hatten den Fundus an Spitzenschauspielern ausgedünnt. Der Rückgang der Filmexporte, nach 1933 noch verschärft durch Boykotte, die in manchen Ländern aus Protest gegen den deutschen Antisemitismus verhängt wurden, schmälerte die Gewinne zusätzlich. Während die Branche 1932/33 aus der Ausfuhr von Filmen noch vierzig Prozent der Herstellungskosten hatte erlösen können, waren es 1936/37 nur noch fünf bis sieben Prozent.[81]

Die Reaktion auf diese Krise war eine vierfache. Zum Ersten wurde die Filmwirtschaft einer weiteren Runde der Konzentration und Kostenkonsolidierung unterworfen. Das Regime berief Hugenberg von seinem Posten als UFA-Vorstandsvorsitzender ab und brachte das Unternehmen damit direkt unter staatliche Kontrolle. Die drei anderen führenden Filmproduzenten zwang es, ihre Projekte und Produktionen mit der UFA zu koordinieren, mit der Folge, dass die UFA ab 1939 als staatlich gelenkter Konzern – und mit einer wesentlich verbesserten Kapitalausstattung dank der neu gegründeten Filmkreditbank – 75 Prozent aller deutschen Spielfilme herstellte. Als Nächstes ging der Staat daran, den Filmkonsum im Inland anzukurbeln. Er bewerkstelligte dies mit im Wesentlichen politischen (im Gegensatz zu kommerziellen) Mitteln. Anders gesagt: Anstelle der Fanclubs, Filmzeitschriften, Werbegeschenke und der anderen Marketinginstrumente, die US-Filmfirmen typischerweise einsetzten und die im übrigen Europa auf breiter Front kopiert wurden, mobilisierte das NS-Regime seinen Partei- und Gewerkschaftsapparat. Die sich krakenartig ausbreitende Freizeitorganisation Kraft durch Freude entfaltete eine besonders emsige Aktivität, bot verbilligte Kinokarten an, veranstaltete UFA-Filmschauen und warb für den Besuch von Wanderkinos. Nach Kriegsbeginn wurde der Kinobesuch noch mehr als zuvor zu einer erholsamen, geselligen und auch im wörtlichen Sinne erwärmenden Abwechslung. Bis zum dritten Kriegsjahr wuchs die Zahl der Kinos von 5.071 auf 7.042, und die Zahl der verkauften Tickets hatte sich fast verfünffacht, von 245 Millionen auf 1,1 Milliarden.[82] Außerdem erhöhte das Regime den Unterhaltungswert der UFA-Filme, indem es anstelle der Hollywood-Lieblinge deutsche Stars aufbaute und Filme förderte, die sich eng an amerikanische Genres anlehnten. Dass in den UFA-Studios noch im Frühjahr 1939 Gangsterfilme gedreht wurden, mit wohlwollend dreinblickenden Polizisten, hemdsärmeligen Zivilbeamten an vor Telefonen starrenden Schreibtischen und mit Wolkenkratzern im Hintergrund, verteidigte ein Berliner Produzent mit der Aussage, man tue dies »zumindest, bis das Gras so tief angewachsen ist, dass man das Unkraut herausjäten kann«.[83] Und

---

81 Petley, Capital and Culture, 60; Kreimeier, Ufa-Story, 263f.
82 Prinzler, Chronik des deutschen Films, zit. n. Rentschler, Ministry of Illusion, 13.
83 So überliefert vom Filmkritiker der Zeitschrift L'Ambrosiano, Emilio Ceretti, Bianco e nero 3 (Juni 1939), 110. Zur NS-Version des Star-Systems siehe Courtade/Cadars, Le cinéma nazi; siehe auch Romani, Le dive del Terzo Reich.

schließlich vergrößerte das Regime den Exportmarkt für deutsche Filme, zunächst mit friedlichen Mitteln – etwa durch zweiseitige Distributions- und Koproduktions-Vereinbarungen mit Italien, Österreich, Ungarn und Frankreich – und später mit Gewalt, etwa durch den Anschluss Österreichs, die Teilannexion der Tschechoslowakei und die anschließenden Eroberungszüge in ganz Kontinentaleuropa.

Die Folgen waren weitreichend und stellten sich rasch ein. Zwischen 1937 und 1939 wuchs die Filmproduktion auf rund achtzig Spielfilme pro Jahr, die Auslastung der Studios erhöhte sich, und Innovationen in der Ton- und Farbfilmtechnik (Ufacolor und Agfacolor) wurden Zug um Zug in die Produktionspraxis übernommen. Die Zahl der amerikanischen Neuproduktionen, die in deutsche Kinos kamen, ging von 64 im Jahr 1933 – das waren 31 Prozent gegenüber einem Anteil deutscher Produktionen von 57 Prozent – auf zwanzig im Jahr 1939 zurück (also zwanzig Prozent).[84] Ein Grund für diesen Rückgang war eine strengere Quotenregelung. Ein noch wichtigerer Faktor war, dass die Kontingentierungsstelle, die Lizenzen für die Filmeinfuhr erteilte, viele amerikanische Filme zurückwies, weil die Schauspieler, der Regisseur oder die Drehbuchautoren dem Ministerium für Volksaufklärung und Propaganda aus »rassischen«, politischen oder anderen Gründen nicht genehm waren, aber auch weil die Filme für künstlerisch minderwertig, moralisch fragwürdig oder anderweitig ungeeignet befunden wurden. Es hieß, Goebbels wolle US-amerikanische Filme aus kulturellen wie auch aus wirtschaftlichen Gründen am liebsten ganz vom deutschen Markt verbannen, doch sein großer Rivale, Luftfahrtminister Hermann Göring, habe sich vehement gegen einen solchen Bann ausgesprochen, mit der Begründung, die amerikanische Konkurrenz animiere die einheimische Branche, bessere Filme zu machen. Die Rivalität zwischen Goebbels und Göring in diesem Punkt schuf Raum für eine Debatte über die möglichen Vorzüge des amerikanischen Films, ein rotes Tuch für Goebbels, der stets bestrebt war, publizistische Kritik an deutschen Produktionen zu unterdrücken und gegen die »feigen Lachkritiker« vorzugehen, die ihr Missfallen in der Dunkelheit des Kinosaals kundtaten. In den Großstädten, wo das Publikum verwöhntere Ansprüche hatte und Kritiker eher dem Zugriff fanatischer Parteiideologen entgingen, konnte es immer noch vorkommen, dass amerikanische Neuveröffentlichungen gute Besprechungen bekamen, und sei es nur, dass ein Rezensent unschmeichelhafte Vergleiche mit deutschen Filmen zog, die er nicht mochte. Auf dem flachen Land stieß der Propagandaminister mit seinen ständigen Ermahnungen, die »Filmkunst« sei eine »ernste Angelegenheit« und müsse »ernste Dinge ernsthaft behandeln«, auf breitere Resonanz. Alles, was die Leute nicht auf Anhieb verstanden, wurde als »unbegreiflicher Unsinn« abgetan, als ein weiteres Beispiel für den »dekadenten jüdischen Einfluss« oder als Ausdruck einer inakzeptablen »Hollywood-Philosophie«.[85] Relativ populär blieben

---

84 Canty, German Film Industry during 1933; Paul Pearson, Revision of World Motion Picture Data, 1. August 1939, 16f., Akte »December 1939«, Box 272, RG 151, BFDC.
85 R.M. Stephenson, Further Defense of American Films in German Press, 11–12, 22. Oktober 1936, German Film Notes, Akte »September–October 1936«, Box 265, RG 151, BFDC; ders., American Films Used as Models, 17. September 1936, ebd.; ders., German Films Not to Be Laughed At, 5. Juni 1937, German Film Notes, Akte »June 1937«, Box 266; ders., Special Report, Goering's Mouthpiece Again Sharply Criticizes German Films, 9. Oktober 1937, Akte »Oktober 1937«, Box 266, RG 151,

amerikanische Filme trotz alledem ausgerechnet in Berlin, wo unter den acht publikumsstärksten Filmen des Jahres 1939 zwei Hollywood-Produktionen waren: *Das Mädchen aus dem Goldenen Westen* von MGM und *Raubfischer in Alaska* von Paramount.[86] Erst 1940 verbot das NS-Regime, Anatole Litvaks *Confessions of a Nazi Spy* als Vorwand nutzend, die Einfuhr US-amerikanischer Filme auf der ganzen Linie.[87] Am Ende erwies sich die Zerrüttung der Kinomärkte durch den totalen Krieg vielleicht als wirksamerer Hemmschuh für die Verwertung amerikanischer Filme als die administrativen Sanktionen der Nationalsozialisten.

Zugleich widmete sich das »Dritte Reich« dem schon in der zweiten Hälfte der zwanziger Jahre viel beschworenen Vorhaben, ein ganz Europa übergreifendes Gegengewicht zu Hollywood zu schaffen. Der Tonfilm hatte zunächst zur Folge gehabt, dass die Ansätze zur Integration der europäischen Filmproduktion auseinandergefallen waren. Andererseits hatte die deutsche Filmbranche sich zugleich in einem sehr konkreten Sinn für mehr europäische Einheit starkgemacht: Sie hatte eine blühende mitteleuropäische Filmkultur angezüchtet, schöpfend aus dem Reservoir Berliner Regisseure und Schauspieler und technischer Mitarbeiter aus Österreich, Ungarn, der Tschechoslowakei, Polen, Rumänien und schließlich auch der Sowjetunion. Sie hatte auch französischen Filmunternehmen geholfen, sich auf dem europäischen Markt zurückzumelden. So hatte zum Beispiel das französische Konglomerat *Gaumont Franco Film Aubert* 1930 Abkommen mit Klangfilm und UFA geschlossen und sich dadurch in ein europäisches Verleihkartell eingebracht, und durch eine enge Partnerschaft mit Tobis-Küchenmeister hatte es sich auch Zutritt zum Markt für Film- und Kinoausrüstungen verschafft. Die Spitzen der deutschen Filmindustrie hatten in dem Bestreben, möglichst viel Unterstützung für ein europaübergreifendes Filmkartell zusammenzubekommen, seit langem potenzielle Partner, vor allem in Frankreich, dazu gedrängt, sich eine vertikal organisierte Interessenvertretung wie die SPIO in Deutschland zuzulegen, zum einen als Mittel, um ihre internen Zwistigkeiten beizulegen, zum anderen als Instrument zur Ausübung größeren politischen Einflusses. Eine Allianz aus gleichgesinnten Organisationen bot die beste Aussicht, die Marktmacht der in der MPPDA organisierten amerikanischen Großstudios zu konterkarieren.[88] 1935 taten Vertreter diverser europäischer Filmländer, als sie sich beim Filmfestival von Venedig trafen, auf Betreiben der Deutschen einen ersten Schritt in diese Richtung, indem sie eine Absichtserklärung für die Gründung der Internationalen Filmkammer (IFK) unterzeichneten. Es war ein kosmopolitisches Projekt, denn zu den 24 Mitgliedern gehörten Vertreter aus Japan und Indien, die jeweils sehr viel mehr Filme pro Jahr produzierten als alle

BFDC; ders., German Press Criticism of American Films, 9. Juni 1939, Akte »June–July 1939«, Box 272, RG 151, BFDC; Paul Pearson, Revision of World Motion Picture Data, 1. August 1939, 16f., Akte »December 1939«, ebd.
86 R. M. Stephenson, German Film Notes, 7. Juli 1939, 12ff., Akte »June–July 1939«, Box 272, RG 151, BFDC.
87 Siehe die Ministerkonferenz im Reichspropagandaministerium am 28. Februar 1941, zit. n. Boelcke, »Wollt Ihr den totalen Krieg?«, 137.
88 Abel, French Cinema, 28ff., 35; Andrew, Sound in France; Léglise, Le cinéma et la Troisième Republique, 93, 152; Lapierre, Les cent visages, 499.

europäischen Länder zusammen, aber natürlich für den europäischen Film keine Konkurrenz darstellten.[89]

Das Hauptinteresse der IFK lag darin, den kontinentaleuropäischen Markt zu organisieren: Der erste Präsident, Fritz Scheuermann, war zugleich Präsident der kurz zuvor von den Nationalsozialisten ins Leben gerufenen Reichsfilmkammer; zum Vizepräsidenten wurde der italienische Industriemagnat Graf Giuseppe Volpi di Misurata berufen, Gründer des Filmfestivals von Venedig und der Mann, der hinter den Kulissen am lautesten die Forderung nach mehr »Lebensraum« für Italien auf dem Balkan propagierte. Die IFK umgarnte die Franzosen, indem sie ihre zweite Konferenz 1937 in Paris abhielt, ein Schachzug, der mit dem Angebot einherging, das turnusmäßig wechselnde Amt des IFK-Präsidenten einem Franzosen zu übertragen. Es habe mit der IFK keine antiamerikanische Bewandtnis, beteuerten die Italiener treuherzig, waren sie doch bestrebt, es sich mit den amerikanischen Filmverleihern nicht zu verderben, solange ihre Kinolandschaft so sehr auf US-Filme angewiesen war. Diese Schutzbehauptung überzeugte die amerikanischen Wirtschaftsvertreter nicht, die, wie ihre britischen Verbündeten, stets auf der Hut vor einer neuen deutsch dominierten Allianz waren. Engländer und Amerikaner boykottierten nicht nur das Pariser Treffen der IFK, sondern auch all deren folgende Projekte, weil sie in ihnen Bausteine eines neuen antiamerikanischen Blocks unter deutscher Führung sahen.[90]

Insoweit, wie sich eine europäische Filmkultur zu entwickeln begann, war ihr Brennpunkt jenes glamouröse gesellschaftliche Ereignis, das Filmfestival von Venedig. Gegründet 1932 als *Erste Ausstellung Kinematographischer Kunst* unter dem Schirm der 18. Kunstbiennale von Venedig, besaß dieses Festival dank seiner Lage in der berühmten Lagunenstadt, seiner Unterstützung durch das faschistische Regime und seines geschmackvollen Pomps eine Aura, der kein amerikanisches Branchentreffen das Wasser hätte reichen können. Das Festival, das ab 1934 jährlich stattfand, zeichnete sich weniger durch die Filme aus, die dort gezeigt und prämiert wurden, darunter zahlreiche Werke aus Hollywood, als durch seinen entschieden europäischen Stil. Von der wasserumspülten Terrasse des *Hotel Excelsior* bis zu den Lichtschauen und den abendlichen Empfängen war es, was es nach dem Willen der faschistischen Kulturbürokratie sein sollte: ein Schaufenster der Weltoffenheit, ein Treffpunkt und Präsentierteller für Stars aus Hollywood und Europa, berühmte Regisseure, mächtige Produzenten, reiche und weit gereiste Touristen, schneidige faschistische Würdenträger und berühmte Künstler und Intellektuelle. Die Jurymitglieder wurden nach Klugheit und gutem Geschmack ausgewählt. Das Festival von 1936 markierte den Höhepunkt dieser mythischen Beschwörung der kulturellen Bedeutung Europas. Italien hatte sich gerade zu einem Imperium aufgeplustert, und die Achse Rom-Berlin wirkte wie ein gesundes Gegengewicht gegen die französisch-britisch-amerikanische Plutokratie. Die Preise wurden mit Rücksicht auf die künst-

---

89 Nathan D. Golden, Review of Foreign Film Markets, in: Review of Foreign Film Markets during 1938, ivff.
90 Phillips, The German Film Industry and the New Order, 257–281; Argentieri, L'asse cinematografico Roma-Berlino.

lerischen Tugenden der europäischen Filmindustrie verteilt: Augusto Geninas *Die weiße Schwadron*, ein Film über den Kolonialkrieg, errang die Mussolini-Trophäe, Luis Trenkers *Der König von Kalifornien* den Preis für den besten ausländischen Film. Paul Muni wurde als bester Schauspieler, Annabella als beste Schauspielerin, Jacques Feyder als bester Regisseur ausgezeichnet.[91]

Als sich ab 1937 die Achse konsolidierte, trat an die Stelle dieser kosmopolitischen kulturellen Pluralität zunehmend eine reaktionäre politische Korrektheit. Von 1937 an ging der Preis für den besten ausländischen Film regelmäßig an einen deutschen Beitrag, und just in jenem Jahr versagte die Jury, eingeschüchtert durch Warnungen, dem offensichtlichen Favoriten, Jean Renoirs *Die große Illusion*, einer Hymne gegen den Krieg und für die deutsch-französische Aussöhnung, eine bedeutsame Auszeichnung. 1940 wurde Veit Harlans *Jud Süß*, das bösartige Hauptwerk des nationalsozialistischen Antisemitismus, beim Filmfestival von Venedig uraufgeführt. Danach wurde das Festival in *Manifestazione Cinematografica Italo-Germanica* umbenannt, als Hommage an das Militärbündnis der beiden Diktatoren. Am zehnten und vorläufig letzten Festival, geweiht »den Streitkräften« und eröffnet am 30. August 1942 von Joseph Goebbels und seinem italienischen Pendant Alessandro Pavolini, Mussolinis Minister für Volkskultur, nahmen nur noch die Achsenmächte selbst und deren zahlreiche Marionetten, Satelliten und Trittbrettfahrer teil. Sie präsentierten eine kulturelle Einheitsfront, indem sie allesamt Filme mit antibolschewistischer Tendenz zeigten.[92]

Ohne die politisch durchgesetzte Verbannung amerikanischer Filme aus Kontinentaleuropa, wie sie in konsequenter Form nur unter Kriegsbedingungen möglich war, wäre der kommerzielle Erfolg des von Deutschland dominierten europäischen Blocks nicht denkbar gewesen. 1939 entstanden in Hollywood 527 abendfüllende Spielfilme, während Deutschland und Italien es zusammen auf rund 160 brachten.[93] Der Hollywood-Film war ein Paket, Bestandteil einer ganzen Kinokultur, die Sonne am Firmament einer weltumspannenden Kinoszene, gleichsam der Meister, dem alle anderen mehr oder weniger expliziten Tribut zollten. Dasselbe System, das den auf weltweiten Export getrimmten Hollywood-Film hervorbrachte, lieferte ein breites Arsenal von Parametern, die den Kontext für seine Rezeption definierten, ob durch die Werbeaktionen der Kinobetreiber, das von den Kritikern vergossene Herzblut oder das Raunen der Mundpropaganda. Das System prägte auch die gesamte Konfiguration der Filmwirtschaft und der Filmproduktion in den einzelnen europäischen Ländern, sei es, dass die dortigen Produzenten die direkte Konkurrenz zu den teuren Hollywood-Großproduktionen suchten, sei es, dass sie nach Alternativen in populären einheimischen Genres Ausschau hielten oder dass sie einen Mittelweg einschlugen.

---

91 Zum Filmfestival von Venedig siehe Bono, La mostra del cinema di Venezia, 513–549; Stone, Challenging Cultural Categories, 184–208; Léglise, Le cinéma et la Troisième République, 93, 152; Lapierre, Les cent visages, 499; Argentieri, L'asse cinematografico Roma-Berlino, 37–48.
92 Stone, The Last Film Festival, 293–297.
93 Argentieri, L'asse cinematografico Roma-Berlino, 20f.

Weder staatlicher Protektionismus noch staatliche Beihilfen, weder Zensur noch nackter politischer Zwang waren in Europa in der Lage, den allem Anschein nach unaufhaltsamen Vormarsch amerikanischer Filmvorbilder durch die internationalen Märkte abzuwenden. In der Zeit, als Frankreich von der Volksfront regiert wurde, schaffte es MGM, mit seiner Hauszeitschrift *Voice of the Lion* Tausende französische Kinder in einer gut organisierten Laurel-und-Hardy-Fangemeinde zu vereinen, und im Spanien des Bürgerkriegs fuhren die mit Lautsprechern ausgerüsteten Werbelaster von MGM einen unparteiischen Kurs: sie tourten sowohl hinter den Linien der Loyalisten als auch hinter jenen der Rebellen. 1937, während das Mussolini-Regime Pläne verfolgte, die großen Hollywood-Studios aus Italien zu verbannen, hielt sich Vittorio, der Sohn des Duce, in Hollywood auf und verhandelte mit Hal Roach über die Verfilmung italienischer Opern. Nicht einmal das am stärksten abgeschottete Land war immun: Im autarken Deutschen Reich der frühen vierziger Jahre fuhren Schauspielerinnen in cremefarbenen *Phaetons* durch die Straßen, und Filmregisseure bezogen Gehälter, die eines Filmmoguls würdig gewesen wären, während Goebbels die Produzenten der UFA anhielt, hochwertige Unterhaltung für das vom Regime mit Scheuklappen bestückte Reichspublikum zu liefern, indem sie die standardisierten Handlungen und Happy Ends der Filmfabrik Hollywood studierten.

Die von den Nationalsozialisten erzwungene »einheitliche Ordnung« beruhte letzten Endes auf marktfremden Kräften. Dazu gehörten die politischen Tribute, die das »Dritte Reich« im Laufe seiner Eroberungszüge eintrieb: militärische Zensur, Beschlagnahmungen (insbesondere jüdischen Eigentums), strenge Kontrolle der Verbreitung von Nachrichten und ebenso strenge Rationierung knapper Ressourcen, wozu vor allem auch Filmmaterial zählte. Die deutsche Filmwirtschaft erhielt ihren ersten großen Expansionsschub, als das Reich nach dem „Anschluss" Österreichs die Kontrolle über die dortige Filmindustrie übernahm. Auf die Tschechoslowakei, wo deutsche Truppen im März 1939 einmarschierten, wartete ein härteres Los. Die Republik hatte es mit bemerkenswertem Erfolg verstanden, durch Einfuhrkontingente und wirksame Exportanstrengungen dem hegemonialen Andrang sowohl Hollywoods als auch Deutschlands zu widerstehen. Die deutschen Besatzer vergalten dies damit, dass sie die tschechische Filmproduktion auf zwanzig Prozent des Vorkriegsniveaus reduzierten, die hervorragend ausgerüsteten *Barrandov*-Studios ihrem Mehrheitseigner Milos Havel wegnahmen und dem Reich übereigneten, das sie wiederum den gleichgeschalteten deutschen Filmproduzenten andiente. Der polnische Film wurde fast völlig ausgelöscht, und die überschäumende jiddische Kultur des osteuropäischen Judentums, aus deren Fundus an Talenten die Filmbranche praktisch jedes westlichen Landes in der einen oder anderen Weise geschöpft hatte, wurde durch die Vernichtung der jüdischen Gemeinden ausradiert. Auf der anderen Seite päppelten die Deutschen im Rahmen ihrer Neuen Ordnung die Filmwirtschaft ihrer Verbündeten, Kollaborateure und Marionettenregime auf, sobald diese sich ihrer jüdischen und anderen unverträglichen Elemente entledigt hatten. Auf diese Weise stand das deutsche Filmkartell Pate bei der Geburt des kroatischen, slowenischen, slowakischen, bulgarischen und rumänischen Kinos; es tat auch eine Menge für die Wiederbelebung des italienischen und des französischen

Films und nahm den ungarischen Film unter seine Fittiche, als Juniorpartner bei der kulturellen Eroberung des Balkans.[94]

Im Januar 1942 wurde die Neue Ordnung im Bereich des europäischen Films durch die Errichtung der gigantischen Dachgesellschaft UFI (Ufa-Film GmbH) konsolidiert, deren Zweck darin lag, die Stärken und Ressourcen aller größeren Unternehmen der Filmwirtschaft, einschließlich der UFA, zu bündeln. Der Markt, den dieses kontinentaleuropäische Kartell bediente, war von der Größenordnung her mit dem US-amerikanischen Binnenmarkt vergleichbar. Laut Verleihabkommen standen zu Beginn der vierziger Jahre rund 16.000 Leinwände zur Verfügung. Die Technik stand der Hollywoods in nichts nach. Es gab sogar ein eigenes Pendant zum Hollywood-Flair, nämlich den sogenannten UFA-Stil.

Erst als der Krieg an Fahrt gewonnen hatte und die nationalsozialistischen »Rassengesetze« in weiten Teilen Kontinentaleuropas Anwendung fanden, erhoben sich auch außerhalb Deutschlands Stimmen, die sich explizit zu dem von den Nationalsozialisten vorgegebenen ethnisch-politischen Auftrag der neu geordneten, will sagen gleichgeschalteten europäischen Kinokultur bekannten. Vittorio Mussolini, Sohn des Duce und großer Zampano von *Cinecittà*, äußerte seine Genugtuung darüber, dass man das europäische Kino »dem jüdischen Finanzkapital und seinen freimaurerischen Handlangern entrissen« habe. Man könne und werde es jetzt »vom judäischen Gift befreien, das unterschwellig geschichtsfälschend, moralisch nachlässig, gewohnheitsmäßig lasterhaft und bewusst mehrdeutig in der Darstellung von Gut und Böse« gewesen sei, und ihm wieder den Stempel europäischer Zivilisiertheit aufprägen.[95] Die neue europäische Filmordnung, die sich an den Antisemitismus anlehnte, lieferte jenen ein Sprachrohr, die in der Vergangenheit unterstellt hatten, die Vorherrschaft Hollywoods in der Filmkultur sei Teilelement der zionistischen Weltverschwörung gewesen. In Frankreich veröffentlichten Maurice Bardèche und Robert Brasillach 1935 eine *Histoire du Cinéma*, in der es von Anspielungen auf den verruchten und vulgären Einfluss von »Ausländern« wimmelte, die das Kino »entnationalisiert« und in die krasse Mittelmäßigkeit geführt hätten. In der Behauptung, der Film sei zu einer »jüdischen Kunst« geworden, klang die These Sombarts nach, wonach jüdische Kaufleute eine so herausragende Rolle im modernen Einzelhandel spielten, weil die Juden angesichts ihrer »Erfahrung in Sachen Internationalismus« und ihrer »Freiheit von örtlichen Loyalitäten« (wie etwa von der Religion oder der Idee des Vaterlandes) die geborenen »Vermittler der Zukunft« seien.[96] Dass das Erscheinen des Buches von Bardèche und Brasillach mit dem Insolvenzverfahren gegen *Pathé-Natan* zusammenfiel und dass dabei der Vorwurf aufkam, Bernard Natan habe sich unethischer und ruinöser Geschäftspraktiken bedient, bestärkte viele in dem Glauben, die französische Filmindustrie, ein besonders kostbares nationales Kulturgut, werde durch jüdische Interessen in den Untergang getrieben. Selbst in

---

94 Ebd., 80; Kreimeier, Ufa-Story, 389–448.
95 Argentieri, L'asse cinematografico Roma-Berlino, 16.
96 Bardèche/Brasillach, Histoire du cinéma, 326, 329; Simone Dubreuilh, Le cinema, art du futur, Ciné-Comoedia, 22. August 1936, zit. n. Ulff-Møller, Hollywood's Film Wars with France, 118, 123 (Anm. 8).

noch nicht von deutschen Truppen besetzten Ländern wie Ungarn und Italien waren 1941 die meisten jüdischen Filmleute aus der Branche entfernt, in der sie bis dahin in Europa mit wechselndem, aber nie unbedeutendem Anteil vertreten gewesen waren. In Frankreich verlor die Filmbranche, wenn man der faschistischen Presse glauben kann, fünfzig Prozent ihrer Regisseure und achtzig Prozent ihrer Produzenten.[97] Bernard Natan, der nach seiner Demontage 1935 zusammen mit seinem Bruder Louis weiterhin Filme auf kleiner Flamme drehte, sah sich im Rahmen einer am 12. September 1941 im *Palais Berlitz* in Paris eröffneten Ausstellung mit dem Titel *Der Jude und Frankreich* als einer der »Plünderer der Leinwand« herausgestellt. 1941 entzogen ihm die Behörden die französische Staatsbürgerschaft, sperrten ihn ins Abschiebelager Drancy und übergaben ihn dort an die Gestapo, die ihn am 25. September 1942 nach Auschwitz deportierte, wo er ein paar Wochen später starb.[98]

In Frankreich erinnert man sich, was das Kino in den Kriegsjahren betrifft, weniger an solche antisemitischen Schandtaten, die man der Gnade des Vergessens anheimfallen ließ, als an die lang erwartete Wiedergeburt des französischen Films. Unter der deutschen Besatzungsherrschaft blühte die französische Filmproduktion auf. In den vier Besatzungsjahren produzierte die französische Filmbranche, unter dem schützenden Dach des UFI-Kartells nach dem zentralistischen Vorbild Italiens reorganisiert und großzügig mit deutschem Kapital ausgestattet, 220 abendfüllende Spielfilme. Am Anfang äußerten sich deutsche Wirtschaftsplaner noch zwiespältig dazu, wie sich der französische Film in die Neue Ordnung einfügen sollte. Eine Option, die deutschen Klischeevorstellungen entgegenkam, lautete, französische Regisseure sollten mit der Aufgabe betraut werden, mittelmäßige und, wie Goebbels es ausdrückte, »leichte, seichte und wenn möglich kitschige Filme« für den französischen Markt zu machen.[99] Doch dann sprachen geschäftliche, künstlerische und politische Erwägungen doch eher für eine vielfältigere Nutzung der französischen Ressourcen, etwa die Herstellung qualitativ hochwertiger, exportfähiger Filme für das internationale UFI-Kartell. Diese Rechnung konnte natürlich nur aufgehen, wenn es gelang, die Amerikaner auszusperren. Eine weitere Voraussetzung war die Übernahme bestehender Distributionsstrukturen von ihren bisherigen »nichtarischen« Eigentümern. 1942 hatte die französische Filmbranche die Reformen, deren Notwendigkeit man seit zwei Jahrzehnten diskutiert hatte, endlich durchgeführt: Aus den 410 nicht steuerbaren Firmen des Jahres 1939 war ein mehr oder weniger disziplinierter Klüngel von 42 Unternehmen geworden. Kapital schlagend aus der Verfügbarkeit billiger Arbeitskräfte, dem Verbot von Doppelvorstellungen (das zu einem Mehr an verkauften Karten führte), dem Fehlen anderer Ablenkungen (das dem Kinobesuch sehr zugutekam) und einer eher nachlässig gehandhabten Zensur der deutschen Besatzungsmacht, konnte sich der französische Film endlich als nationale Kunstgattung entfalten und die Demütigung durch Hollywood überwinden.

---

97 Crisp, The Classic French Cinema, 57. Zu Europa als Ganzem siehe Sadoul, Le cinéma pendant la guerre, 8–70; Léglise, Le cinéma entre deux républiques; Levy-Klein, Sur le cinéma français, 23–30, 35–44; Ehrlich, Cinema of Paradox; Bertin-Maghit, Le cinéma français sous l'Occupation.
98 Willems, Aux origines du groupe Pathé-Natan.
99 Ehrlich, Cinema of Paradox, 85.

Bald erwiesen sich jedoch alle Bemühungen, eine europaübergreifende neue Filmordnung aufzubauen oder gar zu verankern, als hoffnungslos vergeblich. Die Nationalsozialisten waren entschlossen, Filme für einen großen multinationalen Markt zu produzieren und zugleich ein »nationalistisches« – im Kontrast zu einem bloß »nationalen« – Kino zu fördern. Obwohl die Initiatoren der Neuen Ordnung« nur allzu genau wussten, wovon Hollywoods Macht herrührte, waren sie nicht in der Lage, es den Amerikanern nachzutun. Die US-Filmindustrie verfügte immerhin über den Vorteil, dass sie den eigenen Binnenmarkt vollständig beherrschte. Sie verstand es zudem, aus ihren multikulturellen Quellen zu schöpfen und diese zu kommerzialisieren, damit ihre Filme über kulturelle und gesellschaftliche Grenzen hinweg verkäuflich waren. Mit einem geschärften Blick dafür, was bei seinem vielschichtig zusammengesetzten Heimatpublikum sowie bei Zuschauern im Ausland ankam, hatte Hollywood seine Produkte nach allen Regeln der Kunst »entnationalisiert«. Es hatte nie den Anspruch erhoben, Kultur zu erschaffen, und hatte sich nie geschämt, sein Produkt eine Ware zu nennen, deren Wert sich schlicht und einfach in der Menge verkaufter Eintrittskarten und in schwarzen oder roten Bilanzzahlen ausdrückte. Hollywood begnügte sich nicht damit, sich zum Unterhaltungsgeschäft zu bekennen; es hielt sich etwas darauf zugute, es erfunden zu haben.

Mit sehr viel größerer Befangenheit ging das nationalsozialistische Deutschland daran, den deutschen Film zu einer im Ausland weithin verkäuflichen Ware zu machen. Goebbels hatte voll und ganz verstanden, dass es, wenn man der amerikanischen Konkurrenz ein Schnippchen schlagen wollte, gelingen musste, faszinierte Kinobesucher zu überzeugten Stammkunden zu machen. In dem Maße, wie immer weniger amerikanische Filme in die europäischen Kinos kamen, nutzte Goebbels die Möglichkeiten seines Amtes, um neue Hollywood-Filme zu besorgen und deutsche Filmemacher in 14-tägig stattfindenden Lehrvorführungen in die Geheimnisse des Herstellens von Filmen mit Unterhaltungswert einzuweisen; in seinen Tagebüchern und Konferenzen ließ er es nicht an banalen und aufgeblasenen Weisheiten fehlen, die erklären sollten, wie Hollywood seine Vorherrschaft aufrechterhielt. Aus der Beobachtung der Beziehungen zwischen den USA und ihren Nachbarmärkten Kanada und Südamerika leitete er die Erkenntnis ab, dass auch Deutschland in seinem Einflussbereich die einheimischen Produzenten pflegen müsse, anstatt sie auszuschalten. Dieser versöhnliche Ansatz setzte natürlich voraus, dass es das einzige Bestreben dieser Produzenten war, die Kultur ihres Landes mit den ihr eigenen Mitteln auszudrücken, und dass sie nicht den Ehrgeiz hatten, über ihre eigene kleine Marktnische hinauszugreifen. Unter keinen Umständen sollte ihnen die Möglichkeit eröffnet werden, sich einen eigenen fruchtbaren kommerziellen Boden zu schaffen.

Eine zweite Lektion ergab sich daraus, dass man sich die Fähigkeit der Amerikaner vergegenwärtigte, neue Genres zu erfinden. Sie verstünden es »meisterhaft«, ihren »verhältnismäßig geringen Kulturvorrat« zu modernisieren, weil sie »nicht so sehr mit historischem Ballast beladen« seien. Auf diese Weise machten sie ihn für ein Massenpublikum goutierbar.[100] Wie es funktionieren sollte, ein ähnliches »Meis-

---

100 Zit. n. Lochner, Goebbels Tagebücher, 190f., 205f.; siehe auch Boelcke, »Wollt Ihr den totalen Krieg?«,

terstück«, das auf einem fein abgestimmten Miteinander von Marktkräften, repressiver Toleranz und staatlicher Unterstützung beruhte – ganz zu schweigen von dem großen Freiheitsspielraum der Megastudios von Hollywood mit ihren wagemutigen jüdischen Finanziers –, in einem nach außen hermetisch abgeschlossenen, rassistischen, von Polizei- und Militärgewalt zusammengehaltenen System zu vollbringen, ist schwer vorstellbar. Gewiss, das multinationale Filmkartell, das unter dem Dach der UFI zusammenwuchs, tolerierte einen großzügigen Austausch von Filmerfahrungen, und die Positionen und Funktionen, die durch die Ausschaltung jüdischer und politisch nicht genehmer Filmemacher vakant wurden, waren sehr schnell wieder mit begabten neuen Leuten besetzt, oft solchen, die nicht mehr vom Theater, von der klassischen Musik oder aus anderen künstlerischen Bewegungen kamen, sondern eine filmbezogene Ausbildung absolviert hatten, daher ein besseres technisches Rüstzeug besaßen und meist auch einer jüngeren Generation angehörten, deren erstes und höchstes Interesse dem Kinofilm galt. Unter dem Druck des Arbeitskräfte- und Rohstoffmangels sahen sie sich dazu gedrängt, weniger, aber besser finanzierte und höherwertige Filme zu machen, an die sich die Erwartung knüpfte, immer neue Zuschauerrekorde zu produzieren. Expliziter als zuvor wurde jetzt die Parole ausgegeben, man müsse Filme mit politischem Inhalt vermeiden und stattdessen alles versuchen, um »die Ablenkung zu disziplinieren«, »Emotionen zu kanalisieren« und das Publikum zu Realitätsfluchten zu animieren, während man es in einem festen ideologischen Klammergriff hielt.[101]

Ab Anfang 1942 pochte Goebbels immer lauter auf die Aufgabe der Filmindustrie, Unterhaltungsfilme zu produzieren. 64 der 72 für das Jahr 1945 von der UFI in Auftrag gegebenen Spielfilme entsprachen dieser generellen Vorgabe, und viele von ihnen sollten als »frohsinnige« Filme angelegt sein, also als Operettenfilme oder Komödien.[102] Der Film, der Goebbels am meisten am Herzen lag, zugleich der teuerste und am aufwendigsten beworbene Film dieser Periode, verkörpert das Bemühen, eine neue kosmopolitische europäische Filmkultur zu kreieren, die zugleich dem Deutschtum verpflichtet sein und ein internationales Publikum ansprechen würde. Es handelte sich um die extravagante Komödie *Baron von Münchhausen*. In Auftrag gegeben 1941, als es noch danach aussah, als werde die Neue Ordnung in Europa Bestand haben, sollte dieser Monumentalfilm 1943 anlässlich des 25. Jahrestages der UFA-Gründung und des zehnten Jahrestages der »Wiedergeburt« des deutschen Kinos herauskommen und den Beweis dafür liefern, dass die deutsche Filmindustrie den erfolgreichsten Hollywood-Epen der Gegenwart Paroli bieten konnte. Der Referenzmaßstab war *Vom Winde verweht* (1939), den Goebbels in engstem Kreis angeschaut hatte, nachdem die deutsche Marine eine Kopie erbeutet hatte, der aber in Deutschland nicht in die Kinos gekommen war, obwohl Margaret Mitchells gleichnamiger Roman im nationalsozialistischen Deutschland das meistverkaufte Buch nach Hitlers *Mein Kampf* war. Goebbels vertraute das mit einem Budget von

---

137.
101 Rentschler, Ministry of Illusion, 20, 201; Witte, The Indivisible Legacy of Nazi Cinema, 23–29; Petro, Nazi Cinema, 41–53.
102 Courtade/Cadars, Cinéma Nazi, 298f.

4,57 Millionen Reichsmark (das später auf 6,5 Millionen erhöht wurde) ausgestattete Münchhausen-Projekt dem zuverlässigen, damals 41-jährigen Josef von Baky an, einem begabten, unpolitischen Ungarn, der seit 1927 in Berlin lebte und sich mit den beiden harmlosen Operettenfilmen *Intermezzo* und *Menschen vom Varieté* einen Namen gemacht hatte. Für das Drehbuch engagierte Goebbels den bekannten Romanautor Erich Kästner, der zwar Halbjude, aber auch in Goebbels' Augen sehr talentiert war. Die Handlung war ein Potpourri der grotesken Phantasmagorien, die dem (fiktiven) sächsischen Freigeist des 18. Jahrhunderts zugeschrieben wurden, einem Zeitgenossen und zeitweiligen Kumpan des Cagliostro, der wie dieser und andere fiktive Heroen des 18. Jahrhunderts – Casanova, Dr. Faustus, Don Giovanni oder der Baron von Crac – bekannt für seinen Esprit und seine Großspurigkeit war. Ein unersättlicher Abenteurer mit magischen Kräften, die Cagliostro ihm übertragen hat (darunter die Gabe der Unsterblichkeit), überwindet der Baron, gespielt von Hans Albers, dem leutseligen Ausbund an arischer Männlichkeit, mühelos Zeit und Raum: Als Lebemann macht er der Zarin Katharina der Großen den Hof, gibt gegenüber seinem treuen Diener Kuchenreuther den gütigen Despoten, entkommt mit unerbittlicher Hinterlist dem Sultan von Konstantinopel und entpuppt sich auf Geheiß der Prinzessin d'Este als feinsinniger Liebhaber. Mit fantastischen Trickaufnahmen – vom Ritt nach Konstantinopel auf der Kanonenkugel, von der Fahrt zum Mond im Heißluftballon, von der Mondflora – gab die UFA ihre Antwort auf Alexander Korda und Walt Disney (deren Filme Goebbels angeblich besorgen ließ, damit von Baky Anschauungsunterricht nehmen konnte). Als Trägermedium diente das famose Agfacolor, die Antwort Deutschlands auf *Technicolor*.[103]

In den zwei Jahren, die zwischen der Konzipierung des Films 1941, auf dem Höhepunkt der nationalsozialistischen Machtentfaltung, und seiner Galapremiere im März 1943 im UFA-Palast am Zoo vergingen, hatten sich entscheidende Umschwünge vollzogen. Das Stadtzentrum von Berlin war in schwefelgelbe Staubschleier gehüllt, stumme Zeugen eines alliierten Bombenangriffs nur drei Tage vor der Premiere, und die Öffentlichkeit stand noch unter dem lähmenden Schock der einen Monat zuvor verkündeten Nachricht, dass die Sechste Armee in Stalingrad vernichtet worden war und Feldmarschall von Paulus vor der Roten Armee kapituliert hatte. Mit einer massiven Werbekampagne gestartet, übertraf *Baron von Münchhausen* alle Erfolgserwartungen. Der Film war ein wunderbares Vehikel der Ablenkung, ließ sich unter Umständen aber auch als hohl tönendes Plädoyer für das Geborgensein in einer stillen Häuslichkeit deuten. Nach der rasenden Achterbahnfahrt des Barons durch den Abenteuerparcours eines Eurolandes, dessen Kerngebiet Sachsen war und das mit seinen Ausläufern bis Sankt Petersburg, in die Türkei, nach Venedig und zum Mond reichte, sieht man den Baron in der Schlussszene erstmals ohne seine gepuderte Perücke, mit seinem eigenen silbrig schimmernden Haupthaar und in einem eleganten Anzug anstelle pompöser Rokoko-Kostüme. Indem er seine Geschichte einem Kreis aufmerksam lauschender junger Leute erzählt, entpuppt sie sich als

---

103 Kreimeier, Ufa-Story, 373ff., 386f.; Rentschler, Ministry of Illusion, 193–213; Hull, Film in the Third Reich, 253.

Rückblende, und dann gesteht er, ein in der Moderne angekommener Aristokrat, dass er die faustische Unrast eines Strebens nach ewiger Jugend gegen einen Lebensabend im friedfertig-bürgerlichen Stil an der Seite seiner an einer langwierigen Krankheit leidenden Frau eingetauscht hat. Weit entfernt von der bizarren, vom Verlangen nach einer Übertrumpfung Hollywoods geprägten Experimentierlust, die die UFA in den Anfangsjahren der Weimarer Republik an den Tag gelegt hatte, markierte *Baron von Münchhausen* eine Abkehr vom Pomp des expressionistischen deutschen Films und eine Überwindung der nationalstaatlichen Kulturgrenzen hin zu einer ein gesamteuropäisches Publikum ansprechenden Unterhaltungskultur. Die Tatsache, dass der so meisterhaft gemachte Film, der diese Wende exemplarisch verkörperte, den modernen Mythen Hollywoods die archaischen Fantasien eines domestizierten Weltbürgertums aus vordemokratischen Zeiten entgegensetzte, deutet aber auch darauf hin, dass die Nationalsozialisten nicht nur an der Schwelle zur militärischen Niederlage standen, sondern im Grunde auch vor Hollywood kapituliert hatten.

Während die UFI ihre letzten Kräfte mobilisierte, um das nationalsozialistische »Reich der Fantasie« zu konsolidieren, schickte sich die US-Filmindustrie an, Ansprüche auf einen noch größeren Anteil an einer sich abzeichnenden amerikanischen Nachkriegshegemonie anzumelden. Schon am Vorabend des Krieges hatten die Bedürfnisse und Wünsche der amerikanischen Unterhaltungsindustrie dem Bündel der Gründe, »warum wir kämpfen«, ein neues Element hinzugefügt. Staaten, die sich wirtschaftlich abschotteten, waren, so besagte dieser Gedanke, schon deswegen kulturell unterlegen, weil ihre Kultur nicht auf dem Prüfstand der öffentlichen Meinung getestet werden konnte. So gesehen, musste es aus kulturellen und wirtschaftlichen Gründen legitim sein, die gigantische Marktmacht der amerikanischen Unterhaltungsindustrie einzusetzen, um die Fesselung des europäischen Konsumenten an minderwertige Produkte zu beenden, die das Ergebnis von Subventionen, Kartellen und anderen Formen eines staatlichen Protektionismus waren, der denen, die Besseres zu bieten hatten, den Marktzugang verwehrte. »Mit Beharrlichkeit und Geschick müssen wir beim ausländischen Kinogänger das Bewusstsein dafür schärfen, dass der amerikanische Film ein Produkt von entschieden überlegener Qualität ist – von reicher und vielfältiger Kunstfertigkeit und mit einem Unterhaltungswert, der für die Standardprodukte unserer ausländischen Konkurrenz unerreichbar ist.« Dies schrieb der Vorsitzende der Filmabteilung des BFDC 1939. »Wir müssen erreichen, dass dieser Qualitätsfaktor eine so große weltweite Anerkennung findet, dass das Publikum im Ausland gar nicht mehr den Wunsch hat, minderwertige Filme zu sehen, die ihre Existenz allein einer gesetzlichen Förderung oder staatlichen Subvention verdanken.«[104] In den Kriegsjahren diversifizierte die US-Filmindustrie, konfrontiert mit dem Rückgang ihrer Exporte nach Europa, ihre Märkte, indem sie ihre Stellung im britischen Empire und in Lateinamerika weiter ausbaute. Indem sie sich anheischig machte, die alliierten Kriegsanstrengungen zu unterstützen, verschaffte sie sich ein hohes Maß an öffentlicher Anerkennung und

---

104 Golden, Review of Foreign Film Markets, ix.

staatlicher Dankbarkeit. Das Hollywood der Nachkriegszeit versprach nicht nur ein Aktivposten für die US-Wirtschaft zu sein, sondern auch »das Publikum in anderen Ländern mit der amerikanischen Lebensart vertraut zu machen«. Für Walter Wanger, der 1926 als nationaler Verleihkoordinator für *Paramount* für den Umschnitt – und damit die Unkenntlichmachung – von Fritz Langs *Metropolis* verantwortlich gewesen war und mittlerweile ein eigenes Studio leitete, war die Filmindustrie von Hollywood »ein veritables Athen des Zelluloids«, mit einer eigenen »Phalanx von Staatsmännern und Humanisten wie Walt Disney, John Ford« und mit »Donald Duck als Weltdiplomat!« Diese Figuren, teils aus der realen, teils aus der Fantasiewelt, würden Hollywood zur Hauptstadt eines »Marshall-Plans der Ideen« machen.[105]

Als im April 1945 alliierte Truppen Berlin besetzten, stellte Hollywood klar, dass nach seiner Prioritätenliste der Krieg »geführt [worden ist], um den Filmmarkt Europa zurückzugewinnen«.[106] Ein neues US-Kartell, die *Motion Picture Export Association* (MPEA), wurde ins Leben gerufen und mit dem Mandat versehen, mit den europäischen Verleihern eine Vereinbarung auszuhandeln, die sicherstellen würde, dass die Tausende zählenden amerikanischen Spielfilme, die nach Jahren des Ausschlusses von den europäischen Märkten zur Verwertung anstanden, wie eine Flutwelle die europäische Kinolandschaft überschwemmen und die Preise in den Keller drücken würden. Die MPEA eröffnete Büros in allen europäischen Hauptstädten, auch in Warschau, Prag, Budapest, Bukarest und Sofia, und knüpfte Arbeitskontakte zu den dortigen Besatzungsbehörden, zum diplomatischen Dienst der USA und zu den jeweiligen Regierungen, mit dem Ziel, den *Status quo ante* wiederherzustellen. Deutschland lag zwar in Trümmern und war besetzt, doch sahen die Amerikaner in seiner Filmindustrie nach wie vor einen potenziell gefährlichen Konkurrenten. Mindestens ein Studioboss, Jack Warner, sprach sich für einen »filmischen Morgenthau-Plan« aus: Das UFI-Imperium sollte in tausend kleine impotente Bestandteile zerlegt werden. »Wenn richtig ist, was andere gesagt haben, nämlich dass ›Filme so wirkungsvoll sind wie Geschosse‹, dann müssen die Alliierten nicht nur den Wiederaufbau der deutschen Rüstungsindustrie verhindern, sondern auch den der Filmindustrie.«[107]

Die amerikanische Militärregierung in Deutschland legte, als es an der Zeit war, die Besatzungsherrschaft zu beenden und Deutschland wieder einer Zivilregierung zu unterstellen, ein anderes Szenario vor. Danach sollte die Filmproduktion so bald wie möglich in deutsche Hände zurückgegeben und das neue deutsche Kino reformiert und zu einem Medium der demokratischen Erziehung gemacht werden. Allerdings sollte die neu zu schaffende Struktur eine wirtschaftliche Konzentration, in welcher Form auch immer, ausschließen, gar nicht zu reden von einer neuen Spielart des staatlich regierten UFI-Kartells. Kapital für neue Filmproduktionen sollte aus dem privaten Sektor kommen. Was die inhaltliche Ausrichtung der neuen Filme betraf, so sollten sie der Maxime »Propaganda durch Unterhaltung« verpflichtet

---

105 Wanger, Donald Duck and Diplomacy, 444, 452.
106 Schivelbusch, Vor dem Vorhang, 215. Allgemeiner: Shandley, Rubble Films.
107 Zit. n. Schivelbusch, Vor dem Vorhang, 216.

sein, so lautete jedenfalls die Empfehlung von Billy Wilder, der zu der Zeit als Berater der Abteilung für Informationskontrolle in Berlin weilte. Das Bemühen, einen Mittelkurs zwischen den Vorstellungen der Filmabteilung der US-Militärregierung, die die deutsche Filmproduktion ankurbeln wollte, und dem Wunsch Hollywoods nach völliger Lahmlegung des deutschen Films zu steuern, erwies sich als schwierig und führte zu etlichen Pannen bei dem Versuch, Kapital für neue deutsche Produktionen zu beschaffen. Als die Filmabteilung sich anschickte, etliche UFA-Filme aus den dreißiger Jahren neu herauszubringen und aus deren Export Devisen für den Ankauf von Rohfilm zu erlösen, warfen die Lobbyisten der MPEA ihr vor, sie versuche das nationalsozialistische Unterhaltungsimperium wiederzubeleben.[108]

Solche nicht eben geringfügigen Komplikationen beschleunigten die Suche nach einem »Spezialisten«, gerade auch vor dem Hintergrund der raschen Wiederbelebung der Filmproduktion in der sowjetischen Zone, in der sich die überwiegenden Teile des UFI-Vermögens befanden, einschließlich des Studiokomplexes Neubabelsberg. Laut Stellenbeschreibung sollte der ideale Kandidat die folgenden Bedingungen erfüllen: »In Deutschland geboren, spricht Deutsch wie seine Muttersprache; kennt die deutsche Filmindustrie und die in ihr tätigen Personen bis mindestens 1937 oder 1939 genau.« Zu den geforderten Qualifikationen gehörte ferner die »Kenntnis aller Phasen einer Filmproduktion«. Vorzugsweise gewünscht war »ein anerkannter Produzent oder Regisseur aus Hollywood«.[109] Diese Ausschreibung klang, als habe man bei ihrer Formulierung eine bestimmte Person vor Augen gehabt. Jedenfalls passte die Beschreibung auf Erich Pommer. Der mittlerweile 59-Jährige war nach einer Reihe schwerer Erkrankungen und unglücklicher Karriereknicke zusammen mit seiner Frau als Angestellter in einer kalifornischen Porzellanfabrik gelandet. Seit Mai 1944 amerikanischer Staatsbürger, war er bereit, vom Abstellgleis noch einmal in den Ring zurückzukehren.

Im Juli 1946 traf Eric Pommer, wie er sich jetzt schrieb, in der Uniform eines Offiziers der *U.S. Army* als Kontrollbeamter für die Filmproduktion in Berlin ein, ausgestattet mit den Machtbefugnissen eines römischen Prokonsuls. Doch schnell musste er feststellen, dass er zwischen allen Stühlen saß. Da waren auf der einen Seite die Mächtigen von Hollywood, die ihm prodeutsche Sympathien und Pläne für einen Wiederaufbau des UFA-Filmimperiums unterstellten und bei jeder Gelegenheit seine Demontage betrieben. Da waren auf der anderen Seite seine einstigen Kollegen und Mitstreiter, die auf ihn fixiert waren »wie Seeleute auf den Polarstern«, aber zugleich argwöhnten, er sei eine Marionette Hollywoods und gekommen, um das europäische Filmkartell zu zerschlagen. Selbst wenn dies nicht der Zweck seiner Mission gewesen wäre, war es doch ihr praktisches Ergebnis. Die verbliebenen Reste der UFI in den westlichen Besatzungszonen wurden in selbstständige Unternehmen für Produktion, Verleih und Kinobetrieb aufgespalten; zum wichtigsten Standort für die westdeutsche Spielfilmproduktion wurden die ehemaligen Emelka-Studios in Geiselgasteig bei München erkoren. 1949 kamen siebzig Prozent der in den Kinos

---

108 Ebd., 237; Shandley, Rubble Films, 14f.
109 Zit. n. Schivelbusch, Vor dem Vorhang, 220.

der amerikanischen Besatzungszone laufenden Filme aus Hollywood. So begann die Agonie der alten Welt des deutschen Films, die 1962 in den provokativen Aufruf der jungen Garde des neuen deutschen Films mündete: »Papas Kino ist tot.« Heute steht der Markenname UFA für eine Unternehmensgruppe, die eine Kette von Multiplex-Kinos betreibt und einige Fernsehformate produziert.[110]

Die Erinnerung an den Kreativitätsschub, der auf die Niederlage Deutschlands im Ersten Weltkrieg gefolgt war, bewog Pommer, der nach wie vor ein flexibler, offenherziger und optimistischer Mensch war, die Chancen für einen Neuanfang hoch einzuschätzen, der sich auf eine reiche »Tradition der Armut und des Einfalls« würde stützen können. Die trostlose Realität einer mit Trümmerschutt übersäten Stadt sprach eher für eine Filmkunst in der Art des italienischen Neorealismus als für die Tradition des großen Studiofilms, die überall, wo er gearbeitet hatte, ob in Europa oder Hollywood, seine Stärke gewesen war. »Die Realität unserer Trümmer ist uns lieber als das Filmschloss im Mond. […] Kein Filmluxus. Kein Startum.« »Armut kann eine produktive Wirkung haben« – innerhalb gewisser Grenzen natürlich. »Autoren brauchen zuallererst Zigaretten und Kaffee. Solange ich ihnen nicht etwas zum Rauchen oder etwas Anregendes zum Trinken geben kann, ist alles aussichtslos.«[111] Tatsächlich gab es keinen Weg zurück in die Goldenen Zwanziger Jahre. Den deutschen Kinofilm wiederzubeleben und zum Erfolg zu führen, konnte auf absehbare Zeit nichts anderes bedeuten, als dass man versuchen musste, eine Nische innerhalb des Hollywood-Systems zu finden.

---

110 Hardt, From Caligari to California, 163–188; Schivelbusch, Vor dem Vorhang, 225–239.
111 Zit. n. Schivelbusch, Vor dem Vorhang, 227; Hardt, Erich Pommer, 198, 208.

Kapitel 7

Der Bürger als Verbraucher

Wie die Europäer Rechte gegen Waren tauschten

Im Elsass verriet sich 1945 ein deutscher Spion, der sich als GI ausgab, als er eine weggeworfene Zigarettenkippe aufhob. Alle Welt weiß, dass Amerikaner keine Zigarettenkippen aufheben.[1]
  Robert Guérin, *französischer Humorist, 1955*

Die Souveränität des Verbrauchers und das liberale System [...] stehen und fallen zusammen.[2]
  George H. Hildebrand, *US-amerikanischer Ökonom, 1951*

Spanien war das einzige Land in Europa, das vom Marshall-Plan ausgeschlossen war. Sogar die Sowjetunion gehörte, bis Stalin das Hilfsangebot zurückwies, zu den potenziellen Empfängerländern der Hilfszahlungen, Darlehen und Lieferungen, die die US-Regierung ab Juni 1948 im Rahmen des *European Recovery Program* auf den Weg brachte. Spanien blieb außen vor, weil die dortige Franco-Diktatur, die mittlerweile fest im Sattel saß, in amerikanischen Augen ein »hässlicher Ableger des Nazismus« war.[3] Diesen Paria unter den Nationen in die Liste der förderungswürdigen Länder aufzunehmen (die am Ende 15 Staaten umfasste), wäre nach Überzeugung von US-Präsident Harry S. Truman »nicht nur ein erhebliches Kreditrisiko« gewesen, sondern auch »ein moralisches Risiko«.[4]

Der Ausschluss Spaniens lieferte den Handlungsrahmen für einen Spielfilm mit dem erkennbar ironischen Titel *¡Bienvenido Mister Marshall!*. Der 1952 von dem begabten Nachwuchsregisseur Luis Garcia Berlanga gedrehte Film war lose einem re-

---

1 Le billet de Robert Guérin, in: Vente et publicité (September 1955), 5.
2 Hildebrand, Consumer Sovereignty in Modern Times, 33.
3 Welles, Spain, 285.
4 No Loan for Franco, New York Times, 16. Juli 1949, 4.

alen Vorkommnis nachempfunden, nämlich der Mission des Generalmajors James W. Spry der *U.S. Army*, der von August bis November 1951 an der Spitze eines Erkundungsteams Spanien bereiste, um im Zeichen des Kalten Krieges auszuloten, ob sich das Land für die Anlage militärischer Stützpunkte eignete. Berlanga kombinierte den emphatischen Populismus der italienischen Neorealisten mit der spanischen Vorliebe für die groteske Überzeichnung und lieferte eine Satire auf den liebedienerischen Opportunismus der spanischen Staatsdiener. Erst spät, im Rahmen des *Mutual Security Act* von 1951 und in Annerkennung von Spaniens Nützlichkeit als militärischer Bündnispartner, begannen die Hilfsleistungen zu fließen, um die die Franco-Diktatur seit 1949 gebettelt hatte.

Dem Film *¡Bienvenido Mister Marshall!* gelingt, was das Papier der staatlichen Akten nicht vermag: das Porträt eines Europa zu zeichnen, das diesem Wohlstandsmonstrum Auge in Auge gegenübersteht. Er nimmt die überdrehten Erwartungen der Europäer aufs Korn, die den Marshall-Plan für eine Art Zaubertrank hielten, der ihnen im Nu einen amerikanischen Lebensstandard bescheren würde, aber auch die neuen Allianzen, die sich im Zeichen des modernen Konsums bildeten, dynamisiert von den politischen Kräftespielen des Kalten Krieges und geölt mit finanziellem und kulturellem US-Kapital, und die hindernisreiche Reise, die die meisten Spanier (wie auch andere Europäer) im Verlauf der darauf folgenden zwanzig Jahre zurücklegten, von den rauchenden Trümmern der bürgerlichen Konsumkultur zu den schlampig errichteten Fundamenten dessen, was auch in Europa spätestens von den sechziger Jahren an als Massenkonsumgesellschaft bezeichnet wurde.

Der Film Berlangas beginnt damit, dass die Bewohner eines heruntergekommenen kastilischen Dorfes eines frühen Morgens von der Nachricht aus ihrem unchristlichen Schlaf geweckt werden, dass »die Amerikaner« im Anmarsch seien. Der Bürgermeister bereitet sich darauf vor, den angekündigten »Mr. Marshall« auf die bewährte Weise zu empfangen, nämlich mit Limonade, Sangria und Trinksprüchen, bis ein durchreisender Kunstagent ihm klarmacht, dass sein Dorf, Villar del Rio, so wie es tatsächlich ist – mit seinem ausgetrockneten Brunnen, seiner stehen gebliebenen Kirchenuhr, seinen abgemagerten Tieren, seinen schwarz verschleierten Frauen und seinen traurigen Männergestalten, die »am Dorfplatz herumsitzen und von einer Ernte träumen, die sie nie angepflanzt haben« –, niemals zum Objekt amerikanischer Hilfsbereitschaft werden wird. Die ganze Welt wisse, so erklärt Manolo, der wache Impresario, dass man sich zweckdienlich verpacken müsse, um die Großzügigkeit der Amerikaner auf sich zu ziehen.[5] Mit einem Eifer, der die unfähige Elite des Dorfes staunen macht, verwandeln die Dorfbewohner ihr ausgetrocknetes, flaches Land in ein verlockendes andalusisches Bühnenbild, ganz nach dem Geschmack von *Carmen*-Enthusiasten und amerikanischen Touristen mit einer Postkarten-Vorstellung von Spanien. Als die Generalprobe für die neue Dorfidentität ihren Höhepunkt erreicht und die ausgedörrte Viehweide sich als sonnenü-

---

5 ¡Bienvenido Mister Marshall!, Luis Garcia Berlanga, UNINXI, 1952; Pavlovic, ¡Bienvenido Mr. Marshall!, 169–174. Siehe auch Bosch/del Ricón, Dreams in a Dictatorship, 100–115. Hintergrundinformationen über amerikanische Engagements in Spanien bietet Rubottom/Murphy, Spain and the United States.

berflutetes Potemkinsches Dorf voll chorsingender Schulkinder, flamencotanzender Frauen und stierkämpfender Männer präsentiert, nähert sich die Yankee-Kavalkade – und fegt durch das Dorf, ohne auch nur das Tempo zu drosseln und die Existenz von Villar del Rio zur Kenntnis zu nehmen, geschweige denn sein schöpferisches Balzritual.

Hollywood schmähte den Film als antiamerikanisch, als er 1953 beim Filmfestival von Cannes gezeigt (und wegen seines Humors mit Lob überschüttet) wurde.[6] Dem missmutigen Edward G. Robinson, der die Farben Hollywoods vertrat, war die Pointe des Films entgangen, dem es gar nicht darum ging, amerikanische Ignoranz zu geißeln, sondern sich über illusionäre Hoffnungen der Menschen auf wundersame Problemlösungen lustig zu machen. Der Film zeigt, wie Menschen, die bis dahin in den dunklen Haustürhöhlungen der Hintergassen gestanden hatten, plötzlich in den Vordergrund treten, indem sie sich in loser Formation auf dem Dorfplatz aufstellen und ihr Sammelsurium an Wünschen äußern. Er zeigt den Dorfintellektuellen, der sich ein Fernrohr erbittet, um weiter sehen zu können, eine alte Bauersfrau, die, aufgefordert, ihren Wunsch zu äußern, nur das Wort »Schokolade« herausschreit, Objekt der Sehnsucht der Armen, und zwei Arbeiterfrauen, die darüber streiten, ob sie beide ein industrielles Massenprodukt, nämlich eine Nähmaschine, auf die Wunschliste setzen dürfen. Das Verlangen des Bauern Juan nach einem Traktor manifestiert sich in einer Traumsequenz, in der das Vehikel per Flugzeug angeliefert wird, wobei die Überbringer, die heiligen drei Könige mit Nikolausvollbärten und Stalin-Schnurrbärten, mit dem Traktor an Fallschirmen zu Boden schweben, wo Juan ihn mit einem Lächeln wie ein Fünfjahresplan-Held in Empfang nimmt, ihn anlässt und davontuckert, um seine armseligen Felder zu pflügen.

Dann zerplatzen die Wunschträume, und die Schlussszene zeigt die zerknirschten Dorfbewohner, wie sie noch einmal zum Dorfplatz trotten, diesmal um für ihre geliehenen Fantasiekostüme, ihre Papiergirlanden, Topfpflanzen und anderen Requisiten zu bezahlen – nicht mit Geld, denn sie haben keines, sondern mit verzurrten Hühnern, Kerzen, Spiegeln, Kupferkrügen und anderem Kleinkram aus bescheidenen Verhältnissen. Der letzte Ankömmling, der steifbeinige alte Hidalgo, bezahlt seinen Teil, indem er sein verrostetes Schwert abgibt, Symbol seiner einstigen Führungsrolle in Villar del Rio und der schon lange verloren gegangenen Dominanz seiner Conquistador-Vorfahren über die amerikanischen »Barbaren«. Der allwissende Filmerzähler tadelt die armen Teufel sachte als Opfer einer törichten Selbsttäuschung: Eine Veränderung, wenn sie denn eintrete, werde nicht von außen kommen, sondern sie müssten sie selbst herbeiführen, in ihrer eigenen Geschwindigkeit, mit ihren eigenen Mitteln und nach ihren eigenen Vorstellungen.

Wie viel – und was – sollten die Völker Europas im Nachgang zum Zweiten Weltkrieg bekommen? Jede Arbeit über die amerikanische Konsumkultur und ihren »Angriff« auf die kommerzielle Zivilisation Europas muss den Marshall-Plan – nicht seinen Mythos, sondern seine Realität – als zentralen Bestandteil der Antwort auf diese Frage einbeziehen. Der Marshall-Plan interessiert uns hier nicht als

---

6 Welles, Spain, 289.

»aufgeklärte Wohltat«, sondern als Herold und Träger neuer Denkweisen über die Erzeugung von Überfluss. Nicht als Geschenk, versüßt mit Hochglanzbildern von gigantischen Ladekränen in Southampton, Rotterdam, Antwerpen und anderen Hafenstädten, die zahllose Tonnen Baumwolle, Getreide und Kohle aus Schiffsbäuchen heben, Lebensmittel, Tierfutter und Rohstoffe für gefräßige Industrien, dazu gigantische Turbinen für die Erzeugung von Strom aus Wasserkraft oder kolossale stählerne Pressen zum Formen von Karosserieteilen, sondern als Szenarium für eine wesentlich nüchternere Aufführung. Dieser Plan verhieß all den Überfluss, den eine auf Hochtouren gebrachte kapitalistische Kriegswirtschaft liefern konnte, aber der Preis dafür war die Stilllegung der Füllhörner der populistischen Tradition, die Beschneidung grundlegender Bedürfnisse und die Einimpfung der Disziplin, derer es bedurfte, um Bedürfnisse in einer geordneten Reihenfolge zu befriedigen.

Der Marshall-Plan war weder der erste noch der einzige Ansatz zur Definierung eines für die europäischen Völker der Nachkriegszeit angemessenen Lebensstandards. Es gab neue Alternativen, denn das vertrackte Problem kam nun in einer völlig anderen Weise als in der Vergangenheit wieder auf den Tisch, da in weiten Teilen Europas reformorientierte Koalitionen Gestalt annahmen, die das Recht auf einen anständigen Lebensstandard politisch proklamierten. Der *Beveridge Report* war zum Zeitpunkt seiner Veröffentlichung im Dezember 1942 der früheste Indikator dieses grundlegenden Erwartungswandels. Erstellt auf Geheiß von Winston Churchills Kriegskabinett, um öffentliche Unterstützung zu mobilisieren, als deutsche Flugzeuge in wachsender Zahl britische Städte bombardierten, verkörperte der *Report* das erste umfassende Manifest für die Errichtung eines Wohlfahrtsstaates. Konzipiert von Sir William Beveridge, dem liberalen Reformer, listete er zunächst die fünf großen »sozialen Übel« auf – Krankheit, Unwissen, Epidemien, Schmutz und Not –, an denen Großbritannien krankte. In außergewöhnlicher Breite benannte der Berichterstatter dann die Möglichkeiten der Abhilfe: nichts Geringeres als ein nationales Gesundheitswesen für alle, Vollbeschäftigung, weiterführende Schulen für jedermann, staatlich subventionierter Wohnraum, eine staatlich organisierte Kranken-, Arbeitslosen- und Rentenversicherung. Die 300 Seiten bürokratische Prosa malten ein so nachdrückliches Bild von dem sozialen Fortschritt, den ein Sieg der Alliierten für Europa bringen würde, dass der Propagandaapparat der Nationalsozialisten sich beeilte, den Bericht als »Humbug« abzuqualifizieren – nichts davon würde nach Kriegsende übrig bleiben, außer vielleicht einem staatlichen Almosen für die »tierärztliche Versorgung von Katzen und Hunden«. In Wirklichkeit zeigte sich, dass der *Beveridge Report* entscheidenden Einfluss auf das Regierungshandeln sowohl der *Labour*-Partei als auch der Konservativen in den darauf folgenden drei Jahrzehnten ausüben sollte. Wenn sich die von Sir William selbst geäußerte unbescheidene Hoffnung, sein Name werde zum Synonym »einer Lebensweise nicht nur für Großbritannien, sondern für die ganze zivilisierte Welt« werden, nicht erfüllte, dann nur, weil die Vereinigten Staaten in Gestalt ihrer Rezepte für den *American way of life* eine noch eindrucksvollere Alternative propagierten.[7]

---

7 Die maßgebliche Arbeit hierzu ist Harris, William Beveridge. Zitate aus Simkin, Beveridge Report.

Konzeptionelle Ideen, die denen des *Beveridge Report* nahekamen, ohne eine so umfassende praktische Umsetzung zu erlangen, ließen sich quer durch das politische Spektrum finden. Die neue italienische Verfassung, die am 1. Januar 1948 in Kraft trat, proklamierte in ihrem zweiten Artikel: »Es ist die Pflicht der Republik, alle wirtschaftlichen und gesellschaftlichen Hindernisse zu beseitigen, die, indem sie die Freiheit und Gleichheit der Bürger beschränken, die volle Entwicklung des Einzelnen und die Teilhabe aller Werktätigen an der politischen, wirtschaftlichen und gesellschaftlichen Organisation des Landes verhindern.« In Frankreich konstatierte Léon Blum in seiner Abschiedsrede vor dem Abgeordnetenhaus am 21. November 1947, es gebe breitere Unterstützung denn je für »die Verbesserung der Lebensbedingungen der Arbeiterklasse und dementsprechend der realen Kaufkraft der Löhne und Gehälter bis an die äußerste Grenze der gegenwärtigen Möglichkeiten der französischen Volkswirtschaft«.[8] Die moderne Wirtschaft sei weder »die freie Marktwirtschaft des liberalistischen Freibeutertums« noch das »freie Spiel der Kräfte«, erklärte der deutsche Christdemokrat Ludwig Erhard 1948, noch bevor er zum ersten Wirtschaftsminister der Bundesrepublik berufen wurde. Sie sei »eine sozial verpflichtete Marktwirtschaft«, die »der Leistung [...] den verdienten Ertrag zugutekommen lässt«.[9]

Auch in den Vereinigten Staaten war die »Erhöhung des Lebensstandards« zur offiziellen Parole für den weltweiten Wiederaufbau nach Kriegsende geworden. Die »Freiheit von Not« stand an erster Stelle in der Aufzählung der erstrebenswerten »vier Freiheiten« – gefolgt von der Religionsfreiheit, der Redefreiheit und der »Freiheit von Angst« –, die Präsident Roosevelt am 6. Januar 1941 beschwor, als er den Kongress drängte, Hilfslieferungen für die bereits im Krieg gegen die Achsenmächte befindlichen Nationen zu genehmigen. Nach dem Tod Roosevelts machte sein Nachfolger Truman den »Lebensstandard« ebenfalls zu einem zentralen Motiv seiner jährlichen Reden zur *State of the Union*. Unter amerikanischer Führung bekannten sich die Unterzeichnerstaaten der Charta der Vereinten Nationen 1945 zu Artikel 55, der das Ziel proklamierte, weltweit »einen höheren Lebensstandard zu erreichen«. Und Artikel 25 der von der UNO 1948 verabschiedeten Allgemeinen Erklärung der Menschenrechte postulierte in womöglich größerer Ausführlichkeit, als es Washington lieb war: »Jeder hat das Recht auf einen Lebensstandard, der seine und seiner Familie Gesundheit und Wohl gewährleistet, einschließlich Nahrung, Kleidung, Wohnung, ärztliche Versorgung und notwendige soziale Leistungen, sowie das Recht auf Sicherheit im Falle von Arbeitslosigkeit, Krankheit, Invalidität oder Verwitwung, im Alter sowie bei anderweitigem Verlust seiner Unterhaltsmittel durch unverschuldete Umstände.«[10] In einem Vier-Punkte-Programm, das Präsident Truman am 24. Juni 1949 dem Kongress vorlegte, wurde es ausdrücklich als po-

---

8 Blum zit. n. Lacouture, Léon Blum, 545.
9 Erhard vor dem Parteikongress der CDU der britischen Zone, 28. August 1948, zit. n. Erhard, Deutsche Wirtschaftspolitik, 70.
10 Hogan/Vandenbosch, The United Nations, insbes. 258–261; Allgemeine Erklärung der Menschenrechte, 10. Dezember 1948. Zum historischen Hintergrund siehe Schlesinger, Act of Creation.

litisches Ziel der USA benannt, »den Menschen in wirtschaftlich unterentwickelten Zonen bei der Verbesserung ihres Lebensstandards zu helfen«.[11]

In dem Maße, wie der Topos von der »Verbesserung des Lebensstandards« in einer politischen Agenda nach der anderen auftauchte, stach er in ein Wespennest von Debatten und Kontroversen darüber, wer was wann, wo und weshalb bekommen sollte. Joseph Davis, der neu gewählte Präsident der einflussreichen *American Economic Association*, warnte im Februar 1940 vor jenen »schludrigen Denkweisen«, die die gegenwärtig erreichten »Niveaus des Lebensunterhalts« mit neuen »Konsumstandards« verwechselten. Jahre der wirtschaftlichen Krise und des Krieges hätten gezeigt, dass die »ausgeprägte Diskrepanz [...] zwischen dem, was die Menschen hatten, und dem, was sie dringend wollten und als ihr gutes Recht erwarteten«, zu bitterer Frustration geführt hatte und soziale Fehlentwicklungen provozieren könnte. Eine gute Nachricht sei bei alldem, »dass wir uns jetzt in den Wehen einer Veränderung der Lebensstandards in der Gemeinschaft der Nationen befinden. [...] Unsere eigenen nationalen Interessen sind zutiefst darin involviert, diese Möglichkeit in faktische Wirklichkeit zu übersetzen.« Man müsse sich jedoch hüten, in eine Volkswirtschaft Standards von außen hineinzutragen, denn diese würden »nur Enttäuschung und Frustration« hervorrufen, weil »sich das volle Potenzial innerhalb absehbarer Zeit nicht einmal annähernd realisieren lässt«.[12]

Die Bedenken des Professors Davis, vorgetragen zu einem Zeitpunkt, da in Europa der Krieg noch tobte, reflektierten konventionelles liberales Gedankengut. Seine Prämisse war einfach: In dem Maße, wie Kriegsschäden repariert, Märkte geöffnet, staatliche Vorschriften gelockert würden und die Industrieproduktion und die Löhne anstiegen, würde der Lebensstandard in den europäischen Ländern allmählich das amerikanische Durchschnittsniveau erreichen. Bis dahin galt, dass der Karren der Erwartungen nicht das Pferd der Produktivität ziehen konnte. Der konventionelle Liberalismus hatte allerdings nie ein gutes Auge für die Hindernisse gehabt, die einer Verbesserung des Lebensstandards in Europa im Wege standen. Und er hatte noch keine Vorstellung von der politischen Hebelkraft, die das Imperium der Marktwirtschaft auf die Waage bringen konnte, um diese Hindernisse zu beseitigen, jedenfalls wenn seine nationalen Interessen die Notwendigkeit dazu signalisierten.

Nachdem wir gesehen haben, wie hoch die Veränderungsresistenz eingefahrener Lebensweisen ist, sollte es uns nicht überraschen, dass, ungeachtet des Sieges der Alliierten, für die Lebenshaltungsniveaus nach wie vor drei Dinge galten: Sie waren gemäß überkommenen gesellschaftlichen Hierarchien geschichtet, zeigten sich in radikal unterschiedlichen politischen Auffassungen von einem guten oder richtigen Leben und unterlagen staatlichen und privaten Kontroll- und Steuermechanismen aller Art. Gewiss litten die Menschen überall unter noch aus dem Krieg herrührenden Entbehrungen, namentlich unter der Rationierung von Lebensmitteln, Kleidern und Brennstoffen, die vielerorts bis 1951 Bestand hatte. In England waren Sü-

---

11 Pierce, Woodrow Wilson and Harry Truman, 120, 142f., 147, 181–199.
12 Davis, Standards and Contents of Living, 1–15; zum quasi-offiziellen Status der AEA: Bernstein, American Economic Expertise, 407–416.

ßigkeiten sogar bis 1953 rationiert. Es war jedoch nirgendwo selbstverständlich, dass die Mehrheit der Menschen, wenn sie die Wahl hatten zwischen einem garantierten Mindestmaß an sozialer Sicherheit und einer Fülle neuer Konsumgüter, sich automatisch für Letztere entscheiden würde. Und nirgendwo konnte man davon ausgehen, dass sich Regierungen, wenn sie vor der Wahl standen zwischen der Gewährung sozialer Leistungen um den Preis eines langsameren Wirtschaftswachstums auf der einen Seite, einer Deregulierung der Märkte und einer Reform sozialstaatlicher Strukturen mit dem Risiko öffentlicher Proteste auf der anderen, für das Letztere entscheiden würden. Kein Zweifel, der Krieg hatte die alte bürgerliche Konsumkultur erschüttert, aber er hatte noch nicht den Weg für eine Zivilisation des Warenüberflusses nach amerikanischem Vorbild geebnet, mit ihrem überaus optimistischen Vertrauen in die Technik, rohem Kommerzialismus und einer allgemeinen Bereitschaft, soziale Härten als Preis des Fortschritts in Kauf zu nehmen.

Der europäische Sozialreformismus, der nach der Niederlage der reaktionären Rechten und des engstirnigen Liberalismus zumindest im westlichen Teil des Kontinents triumphierte, operierte in der Tat nach wie vor auf der Basis eines anderen historischen Vermächtnisses als in Amerika. Der solidarische Impetus, der unter der nationalsozialistischen Neuen Ordnung sein reaktionärstes Gesicht gezeigt hatte, enthüllte nun ein überwiegend fortschrittliches Antlitz. Gewiss, die Frage nach der Breite und Tiefe des Marktes wurde nach wie vor gestellt, und da kein einzelnes europäisches Land einen Binnenmarkt von der Größenordnung des amerikanischen generieren konnte, beschlossen die meisten Regierungschefs, dem Rat von John Maynard Keynes zu folgen und den Nationalstaat für die Beschleunigung der wirtschaftlichen Erholung bei Vollbeschäftigung zu nutzen, indem sie innerhalb geschützter Märkte die Nachfrage anheizten. Nach wie vor bestand das Problem himmelschreiender Ungleichheiten. Die Politik nahm sich vor, es mit Hilfe der neuen gesellschaftlichen Orthodoxie in Angriff zu nehmen, nämlich der Lehre, dass der Markt nicht aus sich heraus mehr Gleichheit schaffen könne und der Staat eingreifen müsse, um die Kaufkraft seiner Bürger zu homogenisieren. Die europäischen Gesellschaften hatten sich, so gesehen, zu Förderern des Rechts auf »Sozialstaatsbürgerschaft« gewandelt, dessen Fehlen die Mehrheit der Menschen davon abgehalten hatte, die politischen Rechte und persönlichen Entwicklungschancen wahrzunehmen, die der Liberalismus immer versprochen hatte.[13]

Der Konsens darüber, dass es ein unveräußerliches Recht auf ein »Existenzminimum« gab und darüber kein Streit der Lehrmeinungen mehr stattfinden musste, markierte einen großen Schritt vorwärts. Damit war zumindest ein Weg eröffnet, der zu einem weiteren neuen Konsens führte, nämlich dem, dass alle anerkannten, unterschiedlicher Meinung darüber zu sein, welches Sortiment an Waren und Dienstleistungen ein ausreichendes »Minimum« ausmachte.[14] Wenn beispielsweise

---

13 Marshall, Citizenship and Social Class. Eine ausgezeichnete Einführung in die Keynesianische Wirtschaftspolitik der Zeit nach dem Zweiten Weltkrieg bietet Hall, The Political Power of Economic Ideas; die unterschiedlichen Wege, die einzelne Staaten in Sachen Interventionismus einschlugen, werden sorgfältig analysiert in ders., Governing the Economy.
14 François Perroux zit. n. Jules Milhaud, Vorwort zu Badouin, L'élasticité, 6.

ein neuer Tarifvertrag ausgehandelt wurde, bei dem die Wohnungskosten berücksichtigt werden sollten, welche Maßstäbe sollten da hinsichtlich der Größe und der Qualität einer Behausung angelegt werden? Als sich Mitte Mai 1950 hartgesottene Vertreter der französischen Industriearbeitgeber mit ihren ebenso zähen Verhandlungspartnern von der Gewerkschaft zusammensetzten, um zu definieren, was genau im neuen französischen *minimum vital* enthalten sein sollte, waren sie sich rasch einig, dass die Wohnungsmiete dazugehörte. Doch die Arbeitgeber wollten nicht einsehen, dass die Zweizimmerwohnung mit Küche, die für einen Arbeitnehmer mit Familie angemessen war, auch für einen alleinstehenden Arbeiter gelten sollte. Für ihn reichte nach ihrer Meinung ein Zimmer aus. Darauf versetzten die aufgebrachten Gewerkschaftsführer: »Na schön, wenn es nur ein Zimmer sein soll, erklären wir es zur Küche!«[15] Niemand sah zu der Zeit voraus, wie schnell sich die Standards für das Existenzminimum verändern würden, dass etwa, kaum ein Jahrzehnt später, zum Mindeststandard für eine Arbeiterfamilie nicht nur eine Neubauwohnung mit günstiger Miete gehören würde, sondern auch eine Küche mit fließendem Wasser und etlichen modernen Elektrogeräten, eine Innentoilette, ein getrenntes Wohn- und Schlafzimmer oder sogar mehrere Schlafräume, wenn die Familie Kinder hatte.

Die treibende Kraft hinter der erstaunlich dynamischen Entwicklung der Lebens- und Konsumstandards, die sich in Europa von Anfang der fünfziger Jahre an vollzog, war der Konflikt zwischen der europäischen Vision vom Sozialstaatsbürger und der amerikanischen Vorstellung vom souveränen Verbraucher. Die beiden Denkschablonen beruhten auf sehr unterschiedlichen Rechtfertigungen für die Forderung nach einem höheren Lebensstandard, für die Festlegung des Bündels von Gütern und Dienstleistungen, das die Erfüllung dieses Standards ausmachte, und für die Berechnung der Einkünfte, die die Menschen brauchten, um sich diesen Standard leisten zu können. Die Europäer proklamierten ein Recht der Menschen auf einen steigenden Lebensstandard, hielten es für die Aufgabe des Staates, die Ungleichheiten zwischen den Verbrauchern zu verringern, und ließen sich in hohem Maß von den gemeinsamen Werten noch intakter politischer, religiöser und kommunaler Subkulturen leiten. Die Amerikaner kosteten die Hochkonjunktur der »Wirtschaftswunderzeit« der fünfziger und sechziger Jahre aus, verließen sich darauf, dass der Markt alles zum Leben Nötige liefern werde, und genossen den Überfluss an neuen Identitäten, der sich aus dem Siegeszug der amerikanischen Konsumkultur, ihrer Marken und Praktiken ergab. Die europäischen Staatsbürger/Verbraucher, die sich aus diesem Konflikt entwickelten, waren Zwitterwesen: »Die Kinder von Marx und Coca-Cola« nannte Jean-Luc Godard die erste große Kohorte dieser Nachkriegseuropäer, die im Jahrzehnt nach Kriegsende Geborenen, die in den sechziger Jahren ihre prägende Jugendphase durchliefen.[16] Diese jungen Leute, denen die Explosion der dem modernen Verbraucher winkenden Genüsse einerseits Unbehagen bereitete, die sich andererseits aber selbst diesen Genüssen selektiv

---

15 Romeuf, Les indices du coût de la vie, zit. n. Lengellé, La Consommation, 96.
16 Masculin-féminin, Jean-Luc Godard, Anoushka/Argos Films, 1966.

hingaben, waren hin und her gerissen zwischen dem gesellschaftlichen Kampf um höhere Löhne und bessere staatliche Dienstleistungen und dem individuellen Streben nach privater Bedürfnisbefriedigung. Umworben sowohl von der Linken als auch von der Rechten, schwankten sie unschlüssig zwischen Staat und Markt, zwischen der Sicherheit, die der europäische Wohlfahrtsstaat verhieß, und dem Freiheitsversprechen der amerikanischen Konsumkultur.

Man versteht diese konfliktträchtige Entwicklung besser, wenn man sie im Licht der neu aufflammenden Konfrontation zwischen amerikanischer Konsumkultur und europäischer Marktzivilisation betrachtet, die sich jetzt allerdings auf einer ganz anderen Ebene und an neuen Fronten abspielte. Auf der einen Seite legte das amerikanische Modell bei seinem Vormarsch in den Jahren nach dem Zweiten Weltkrieg größere Zielstrebigkeit und Aggressivität an den Tag als je zuvor, erfreute sich einer strafferen Führung seitens der politisch Verantwortlichen in Washington und einer besseren Abstimmung zwischen Regierung, international tätigen Unternehmen und außenpolitischen Zielvorgaben. Es ging von der Prämisse aus, dass der Konsument souverän sei und dass die Menschen, wie die Wirtschaft zur Gänze, vom freien Spiel der Marktkräfte, vom Wachstum der Produktivität und von einer ständig steigenden Nachfrage profitieren würden. Wenn der Markt so funktionierte, wie er es sollte, müssten die Menschen in der Lage sein, ihre »legitimen Wünsche« nach materiellem Komfort und persönlicher Erfüllung zu verwirklichen. So gesehen, bestand für den Staat keine systematische Notwendigkeit, einzugreifen und etwa bestimmte Waren und Dienstleistungen bereitzustellen. In der besten aller möglichen Welten war die Freiheit des Verbrauchers die grundlegendste aller Freiheiten. Die von den Verbrauchern in ihren täglichen Transaktionen gezeigten Fähigkeiten, Denkgewohnheiten und Bedürfnisse würden darüber hinaus ihre Fähigkeit befördern, als Staatsbürger das politische Geschehen zu beeinflussen, wenn sie ihre als Marktteilnehmer erworbene Übung im Abwägen von Optionen, Kosten und Nutzen auf ihr Verhalten in der Wahlkabine übertragen würden. Im Wettbewerb mit totalitären Systemen klammerte sich die liberale politische Theorie an die Überzeugung, der Einzelne sei in der Lage, frei und rational zu entscheiden. In der Freiheit des Verbrauchers sah sie das Potenzial, eine Gesellschaft von Menschen heranzubilden, die nicht nur in wirtschaftlichen Dingen klug handeln, sondern auch im politischen Leben das rational und ethisch Richtige tun würden. Kurz: »Die Souveränität des Verbrauchers und das liberale System […] stehen und fallen zusammen.«[17]

Im Gegensatz dazu setzte das europäische Konzept des Sozialstaatsbürgers voraus, dass jeder Mensch eine bestimmte »Mindestausstattung« brauchte, um der Gesellschaft anzugehören. Dies galt als ein Grundrecht, nicht nur als ein »legitimes Bestreben« oder ein »Anspruch«. War diese Voraussetzung nicht erfüllt, so musste das Kollektiv entsprechende Dienstleistungen bereitstellen. Es war hier also nicht der Markt, sondern der von den Idealen der Gleichheit und Gerechtigkeit geprägte und im Wahlakt kulminierende politische Prozess, der letzten Endes darüber entschied,

---

[17] Hildebrand, Consumer Sovereignty in Modern Times, 19–33. Allgemeiner zu den Nachkriegsdebatten über diese Frage siehe Persky, Retrospectives, 183–191.

auf welchen Mindeststandard die Menschen Anspruch hatten. Das bedeutete wiederum, dass der Staat die Pflicht hatte, einzugreifen, wann immer das freie Spiel der Marktkräfte, indem es neue Konsumgewohnheiten hervorrief, auch neue Ungleichheiten zwischen den Bürgern eines Landes entstehen ließ. Dieser Anschauung zufolge würde eine zunehmend egalitäre Entwicklung der Verbrauchergewohnheiten Hand in Hand gehen mit einem Mehr an politischer Demokratie und sozialer Gerechtigkeit, mit der wachsenden Möglichkeit, auch andere als nur physische Grundbedürfnisse zu befriedigen, und mit einer weiteren Ausbreitung der europäischen Traditionen im Bereich der Hochkultur, wodurch die nationalen Identitäten gestärkt würden. Anders gesagt: Eine üppigere Versorgung mit Konsumgütern mochte ein wichtiges Mittel für den Aufbau einer guten Gesellschaft darstellen, konnte aber nicht das Ziel an sich sein.

Der Umstand, dass der zuletzt beschriebenen Position Vorstellungen aus der Ideenwelt des Gemeinsinns und der Kollektivbedürfnisse zugrunde lagen, Ideen, die inzwischen überwiegend mit Reformsozialismus, marxistischer Ideologie und einer Planwirtschaft sowjetischen Typs assoziiert wurden, verwandelte die Meinungsunterschiede zwischen Europa und den USA aus einem politischen Streitthema in eine der großen Konfliktfronten zwischen den Supermächten. In der ersten Jahrhunderthälfte hatten die Parteien, die den Wettkampf zwischen der im Aufsteigen begriffenen US-amerikanischen Marktkultur und der im Niedergang begriffenen europäischen bürgerlichen Kommerzzivilisation verkörperten, das sowjetische Experiment überwiegend als irrelevant betrachtet, abgesehen von zwei Schlüsselmomenten: von 1918 bis 1921, als die bolschewistische Revolution auf Westeuropa überzugreifen drohte, und im Verlauf der dreißiger Jahre, als die gigantischen Fünfjahrespläne der Stalin-Diktatur sich als Alternative zum todkranken westlichen Kapitalismus der Weltwirtschaftskrise präsentierten. Jetzt wurde die durch den Eisernen Vorhang markierte Grenze, die von »Stettin an der Ostsee bis nach Triest an der Adria« verlief, zu einer lang gezogenen Front im Kampf darum, welches System die Standards für ein »gutes Leben« besser erfüllte – wobei jedes eine als Kampfansage an das jeweils andere gedachte Definition von Massenkaufkraft und Massenkonsum aufstellte, passend zu seinen Ressourcen und seinem Selbstverständnis. Von ihrer Lebenskultur her waren die beiden Welten so weit voneinander entfernt wie fünfzig Jahre zuvor Duluth von Dresden.

Immerhin hatte auch Josef Stalin vom »Lebensstandard« gesprochen, und zwar in seiner ersten großen Nachkriegsrede vor Sowjetdelegierten in Moskau am 9. Februar 1946, in der er die Erfolge des Krieges gegen den Faschismus Revue passieren ließ. In dem Bemühen, die »bedeutenden Erfolge« der Roten Armee herunterzuspielen, deren Führer zu gefährlichen Herausforderern seiner Macht werden konnten, unterstrich er, dass »vor allem [...] unsere sowjetische Gesellschaftsordnung gesiegt hat. [...] Der Krieg hat gezeigt, dass die sowjetische Gesellschaftsordnung eine wahrhafte Volksordnung darstellt, die aus dem Schoße des Volkes emporgewachsen ist.« Und was die Zukunft anging, so werde man »mit besonderer Aufmerksamkeit [...] an der Erweiterung der Produktion von Massenbedarfsartikeln [arbeiten], der Hebung des Lebensstandards der Werktätigen durch fortschreitende Senkung aller

Warenpreise sowie der großzügigen Schaffung von wissenschaftlichen Forschungsinstituten aller Art.«[18]

Beobachter im Ausland – und nicht nur solche aus den Reihen der Linken – trauten dem Sowjetsystem durchaus zu, dies zu bewerkstelligen. Angesichts der hohen Wachstumsraten, die in den Fünfjahresplänen der dreißiger Jahre erreicht worden waren, und der bemerkenswerten Leistungen bei der Mobilisierung der Ressourcen des Landes für den schließlich siegreichen Kampf gegen die Nationalsozialisten herrschte die verbreitete Erwartung, der Wiederaufbau und die Weiterentwicklung einer zentralen Planwirtschaft würden schnell vonstattengehen und die militärisch bedingten Investitionen in die Rüstungsproduktion würden durch die Grundversorgung mit Konsumgütern ersetzt werden, auf die die Werktätigen in ganz Europa warteten, also vor allem mit ausreichendem Essen, brauchbarer Kleidung, anständigem Wohnraum, und durch funktionierende staatliche Dienstleistungen im Bereich von Ausbildung, Gesundheitsfürsorge und Freizeitgestaltung. Diese Vorstellung hielt sich jahrzehntelang, und tatsächlich produzierte, bis China in den neunziger Jahren neue Rekorde aufstellte, kein Land innerhalb eines Zehnjahreszeitraums mehr Kühlschränke, Fernsehgeräte oder Waschmaschinen pro Kopf der Bevölkerung als die UdSSR zwischen 1970 und 1980.[19] Und sogar noch später porträtierte sich der Sowjetblock – und galt auch bei erheblichen Teilen der westeuropäischen Linken – als das einzige realistische Modell für die verarmte postkoloniale Welt. Damit nicht genug, bewunderten viele europäische Intellektuelle nach wie vor die in den Ländern des »real existierenden Sozialismus« gepflegten hohen Konsumstandards; so kontrastierten sie etwa die vom sozialistischen Staat praktizierte Förderung der Künste, die egalitären Ausbildungssysteme und die erheblichen staatlichen Subventionen für Bücher, Schallplatten und Theaterkarten mit der angeblich minderwertigen Schundkultur, die der aggressive amerikanische Imperialismus propagierte. Gewiss, die Hauptarenen des bewaffneten Kampfes zwischen den USA und der UdSSR lagen außerhalb Europas, aber der zentrale Schauplatz des Kampfes um den Lebensstandard war Westeuropa.

Willkommen, Mr. Marshall!

Sieht man den Marshall-Plan als einen Eckstein der strapaziösen Entwicklung Europas zur Konsumgesellschaft, so gewinnt er eine neue Bedeutung, denn seine Besonderheit liegt nicht so sehr in den finanziellen Beiträgen, die er zum Wiederaufbau Europas leistete, als in den Bedingungen, an die die Gewährung der Hilfen geknüpft wurde. Die Summen, die unter dem Strich in Form von Darlehen, Zu-

---

18 Stalin, Rede in der Wählerversammlung des Stalin-Wahlbezirks der Stadt Moskau, 9. Februar 1946.
19 Zum Anstieg des Lebensstandards in der Sowjetunion im ersten Nachkriegsjahrzehnt siehe Hessler, A Social History of Soviet Trade, 296–328; Filtzer, Standard of Living, 1013–1038. Hanson, The Consumer in the Soviet Economy, 48–82, vertritt die Meinung, das Konsumniveau in der Sowjetunion habe Mitte der sechziger Jahre auf halber Höhe des britischen gelegen. Der große Sprung nach vorne begann Anfang der siebziger Jahre: Nikolaenko, Soviet Consumers.

schüssen und Naturallieferungen gewährt wurden, schätzt man aus heutiger Sicht als relativ bescheiden im Vergleich zur Gesamtheit der inländischen Investitionen ein, nämlich auf vielleicht fünf Prozent der gesamten Kapitalbildung in der unmittelbaren Aufbauphase bis 1950. Organisiert wurde das Ganze in enger Zusammenarbeit zwischen amerikanischen Planern, deren westeuropäischen Kollegen, Fachleuten für Wirtschaftshilfe und lokalen Wirtschaftsführern; ihnen allen war das warnende Beispiel der Weltwirtschaftskrise und der Kommandowirtschaft der Kriegsjahre noch in frischer Erinnerung, was sie einigermaßen immun machte gegen die Versuchung, auf alte Rezepte wie staatliche Wirtschaftslenkung, zentrale Planung oder wirtschaftliche Abschottung zurückzugreifen. Das erklärte Ziel der *European Cooperation Agency* (ECA), die eigens für die Durchführung des europäischen Wiederaufbauprogramms geschaffen worden war, bestand darin, wirtschaftlich sinnvolle Projekte grenzüberschreitend zu koordinieren. Geleitet von Paul G. Hoffman, einem früheren Vorstandsvorsitzenden des Autoherstellers *Studebaker*, versuchte die ECA von ihrem Pariser Hauptquartier aus, durch Beauftragte in den Zielländern zunächst die Grundsätze und Richtlinien für die Gewährung von Hilfen zu etablieren. Diese zielten darauf ab, ein industrialisiertes Europa zu schaffen, das wirtschaftlich auf eigenen Beinen stehen und durch einen florierenden innereuropäischen Wirtschaftsverkehr Wohlstand schaffen konnte und das andererseits fest in die US-dominierte Weltwirtschaft eingebunden sein würde.[20] Der Marshall-Plan wird oft als Initialzündung für den westeuropäischen Wirtschaftsaufschwung nach dem Zweiten Weltkrieg betrachtet, doch wurde er eigentlich nicht zu dem Zweck konzipiert, in Europa das Zeitalter des Massenkonsums einzuläuten. An erster Stelle stand die Überlegung, etwas gegen den Dollarmangel zu unternehmen, der den europäischen Handel daran hinderte, US-Produkte zu kaufen, wodurch die Gefahr bestand, dass die beginnende Erholung zum Stillstand kommen würde. Der Grund für diesen Zustand war, so nahm man an, das große Handelsungleichgewicht zwischen den beiden Regionen, das wiederum auf die chronische Schwäche der europäischen Industrieproduktion zurückgeführt wurde. Folglich sah man den Zweck der Marshall-Hilfe vorrangig darin, in die Ausstattung von Industriebetrieben und in die Infrastruktur zu investieren, in Kraftwerke, Stromnetze, Hafenanlagen oder Eisenbahnbrücken, und dadurch die Produktivität anzukurbeln. Was das Niveau des Warenkonsums betraf, so sollte es vorerst den Vorkriegsstandard des Jahres 1938 nicht

---

20 Eine ausgezeichnete Einführung in den Marshall-Plan und seine transatlantischen und europäischen Kontexte bietet Eichengreen, Europe's Postwar Recovery. Die meisten Studien, angefangen bei Milward, The Reconstruction of Western Europe, betonen die endogenen Kräfte, die es ermöglichten, dass Europa mit relativ geringen Investitionen wirtschaftlich wieder auf die Beine kam. Eine Arbeit, die diese Auffassung aufgreift, ist Bossuat, L'Europe occidentale. Während der Stellenwert der Kapitalinvestitionen, die im Rahmen des Marshall-Plans getätigt wurden, herabgestuft worden ist, hat die Bedeutung der getätigten Technologietransfers zunehmende Beachtung gefunden, wobei die Modalitäten, nach denen die amerikanische Managerschule operierte, sehr kontrovers diskutiert worden ist. Einige der wichtigsten Arbeiten hierzu sind: Djelic, Exporting the American Model; Kipping/Bjarnar, The Americanization of European Business; Zeitlin/Herrigel, Americanization and Its Limits; Barjot, Catching Up with America.

übersteigen. Das bedeutete, dass keine Hilfsgelder zur Verfügung gestellt werden sollten für die Ersetzung zerlumpter Garderobenbestände, die Reparatur vom Krieg gezeichneter Wohngebäude, die Anschaffung von Haushaltswaren und Möbeln oder die Bezahlung von Renten oder gar höheren Löhnen. Selbst Nahrungsmittelbeihilfen wurden sehr sparsam gewährt und nur in Fällen, in denen es politisch absolut erforderlich erschien, wie 1948 in den westlichen Zonen Deutschlands, um die grassierende Unterernährung zu lindern, die schlimmsten Mangelerscheinungen zu beseitigen und die wirtschaftliche Erholung voranzutreiben, ohne hungernde Menschen zu wütenden Protesten zu reizen. Angesichts dieser Ziele verwundert es nicht, dass der *Beveridge Report* zur *bête noire* des Marshall-Plans wurde: Die Funktionäre der ECA fanden es empörend, dass die britische *Labour*-Regierung nichts Besseres zu tun hatte, als amerikanische Hilfsgelder in das bodenlose Fass staatlicher Sozialleistungen zu schütten.[21]

Auf einer grundsätzlicheren Ebene mussten die Westeuropäer dazu gebracht werden, die »Politik der Produktivität«, wie Charles S. Maier sie kurz und treffend genannt hat, zu akzeptieren.[22] Damit dies funktionieren konnte, musste die Wirtschaft zunächst ihre malthusianische Überzeugung über Bord werfen, eine entfesselte Produktion auf der Grundlage fordistischer Prinzipien und modernster amerikanischer Techniken und Maschinen werde zwangsläufig zu Überangeboten und Krisen führen. Eine noch schwierigere Aufgabe war es, die Gewerkschaften zur Aufgabe ihres Widerstandes zu bewegen, denn die Modernisierung der Produktionsmittel würde zwangsläufig zu Personalabbau und zu einem verschärften Einsatz jener neuen Arbeitsbewertungsverfahren führen, die die Arbeitsabläufe schneller und effektiver machen sollten und bei den Arbeitern verhasst und gefürchtet waren. In der Vergangenheit hatte die Arbeiterschaft nur selten von Produktivitätssteigerungen profitiert, und in den späten vierziger Jahren sah es nicht danach aus, als würde sich dies ändern. Auf der Tagesordnung stand die Wiederbelebung der europäischen Exportfähigkeit – sie war unerlässlich, wenn die europäische Industrie sich wieder in die weltweiten Handelsströme einklinken wollte, die zunehmend von multinational tätigen US-Konzernen beherrscht wurden. Alle Zeichen deuteten darauf hin, dass die ganze Sache auf die Ausbeutung billiger europäischer Arbeitskräfte hinauslaufen sollte, womöglich sogar unter noch weiterer Absenkung des Lohnniveaus, während zugleich die Preise für Lebensmittel, Kleidung und Wohnung, aufgebläht von Versorgungsengpässen und Geldentwertung, keine Anstalten machten zu sinken.

Einerseits war der »hohe Lebensstandard« des »amerikanischen Durchschnittsarbeitnehmers Joe Smith« mit seinem kräftigen Körperbau, seinem ordentlichen Häuschen, seinem sauberen Overall aus Jeansstoff, seinen blank polierten Werkzeugen und seinem Auto das Vorzeigeobjekt diverser Kampagnen, mit denen europäische Lohnabhängige dazu angehalten werden sollten, mehr zu arbeiten, Zeiten der Erwerbslosigkeit zu akzeptieren und den Konsum zugunsten von Investitionen hintanzustellen. Doch der nicht ausgewiesene Gewinn war die Beschneidung des

---

21 Hathaway, Ambiguous Partnership.
22 Maier, The Politics of Productivity, 169–202.

Einflusses der unabhängigen Gewerkschaften zugunsten einer Restauration herkömmlicher Manager-Hierarchien. Die amerikanischen Vertreter bestanden als Vorbedingung für die Gewährung von Hilfe nicht nur auf den (mehr oder weniger legalen) Ausschluss der Linken aus Regierungskoalitionen, sondern taten mit Hilfe amerikanischer Gewerkschaftsdelegationen, die in Europa Überredungsarbeit leisteten, auch ihr Möglichstes, um die europäische Gewerkschaftsbewegung zu spalten und radikalere Gruppierungen innerhalb derselben auszuschalten, wobei sie die Entlassung militanter Arbeiter und kommunistischer Gewerkschafter achselzuckend in Kauf nahmen.[23]

Unter der Parole, dass es gelte, als Grundlage für eine innereuropäische Kooperation einen Massenmarkt zu etablieren, der, wie propagiert wurde, wiederum einen Beitrag zum Frieden leisten und zu einem höheren Lebensstandard führen würde, wurden machtvolle Register gezogen und die Hoffnungen der Verbraucher auf einen höheren Lebensstandard nicht nur vertröstet, sondern empfindlich gedämpft. Beobachter konstatierten denn auch um 1950 eine »krasse Diskrepanz« zwischen dem Konsumniveau in den USA und in Westeuropa: Während es in Westeuropa nur um rund drei Prozent über dem von 1938 lag (und dies trotz einer Steigerung der Industrieproduktion um volle fünfzig Prozent), war es in den USA im selben Zeitraum um siebzig Prozent gestiegen. Des Weiteren registrierten die Fachleute, dass die Praktiken der Preisfindung, vor allem in Frankreich, nach wie vor »monströs« waren, was offenbar am »Größenwahn« der Produzenten, an einem ineffizienten Distributionswesen und an der Desorientierung der Verbraucher angesichts von Inflation und Angebotsengpässen lag. Selbst unter Berücksichtigung der national unterschiedlichen Traditionen der Wohlstandsverteilung, der schrecklichen Kriegsschäden, die die Länder Osteuropas hatten hinnehmen müssen, und der höchst ungleichen Ressourcen, die jeweils für den Wiederaufbau zur Verfügung standen, erwies sich der vom Marshall-Plan gesetzte Vorrang für Investitionen als ebenso hart für die Masse der Geringverdiener wie die Lastenverteilung durch die diversen Fünfjahrespläne in den Ländern des sowjetischen Blocks.[24]

Andererseits bestanden doch auch himmelweite Unterschiede. Denn das strategische Ziel des Marshall-Plans war die Schaffung einer alle Länder Westeuropas umfassenden nordatlantischen Allianz für mehr Wohlstand und Konsum, um einem Wiederaufleben der »konsumasketischen« Koalitionen der Vorkriegsära vorzubeugen. Die Absage an ein höheres Konsumniveau sollte nur ein vorübergehender Notbehelf sein. Als daher ab 1951 deutlich wurde, dass die Inflation zurückging, dass wichtige Industriezweige Fahrt aufnahmen und der Handel sich erholte, und als quer durch Westeuropa Arbeiterproteste aufflammten, erinnerten die amerikanischen ECA-Funktionäre ihre europäischen Partner daran, dass der Marshall-

---

23 Joe Smith, Travailleur américain; Carew, Labor under the Marshall Plan; Romero, The United States and the European Trade Union Movement.
24 Bertrand de Jouvenal, La conjuncture, in: Vente et publicité (Mai 1952), 5. Die vergleichbar harten Auswirkungen der Nachkriegs-»Pläne« auf die Verbraucher in West- wie Osteuropa beleuchtet Wall, The United States and the Making of Postwar France. Was Großbritannien betrifft, siehe Zweiniger-Bargielowska, Austerity in Britain.

Plan ursprünglich dafür erdacht worden war, den Kommunismus zu bekämpfen, und dass es deshalb jetzt gelte, mehr Geld für Wohnungsbau, Krankenhäuser, Schulen, Fremdenverkehrseinrichtungen und Ähnliches zur Verfügung zu stellen. Und auch die Arbeitgeber täten gut daran, ihre Gewinne aus Produktivitätszuwächsen mit den »kleinen Leuten Europas« zu teilen, wenn sie nicht als Ebenbilder der politisch reaktionären, wirtschaftlich rückwärtsgewandten bürgerlichen Industriellen der unheilvollen europäischen Vergangenheit erscheinen wollten.[25]

Um die Öffentlichkeit in den westeuropäischen Ländern davon zu überzeugen, dass die langfristigen Vorzüge dieser neuen Marktkultur ihre kurzfristigen Kosten aufwogen, statuierte die ECA derweil selbst ein Exempel in Sachen Massenmarketing: Für Paul Hoffman als ehemaligen Unternehmensvorstand war es eine ausgemachte Sache, dass die Erfolgsaussichten der in den einzelnen Ländern installierten Missionen ohne einen »starken Informationsarm« so illusorisch wären »wie der Versuch, ein Großunternehmen ohne Verkaufsmannschaft, Werbung und Kundenpflege zu betreiben«.[26] Fünfzig Jahre praktischer Erfahrung mit dem Verkauf von Produkten und politischen Botschaften hatten ihn gelehrt, dass Information, die in einer ideologiefreien Sprache verabreicht wurde, das wirksamste Mittel war, um Menschen Vertrauen in neue gesellschaftliche Verkehrsformen einzuflößen. In diesem Sinn müsse der Marshall-Plan das Augenmerk auf »bewährte Praktiken« lenken; statt eine politische Botschaft zu verkünden, müsse man der kommunistischen Parteilinie die amerikanische Fließbandproduktion und dem »kostenlosen Mittagessen« des Kommunismus den »vollen Suppenteller« des amerikanischen Arbeiters gegenüberstellen.[27] Jedes gut geführte US-Unternehmen gab zu der Zeit fünf Prozent des Geldes, das die Markteinführung eines neuen Produktes kostete, für Öffentlichkeitsarbeit und Werbung aus, und Hoffman wies die nationalen ECA-Büros an, genau diesen Prozentsatz für Aufklärung und Information zu verwenden.

Ein großer Teil der Mittel ging an die Filmabteilung der ECA, unter deren Leitung begabte europäische Filmemacher zwischen 1949 und 1953 rund 200 dokumentarische Projekte realisierten. Ein nüchterner Realismus war ihr Leitmotiv, nicht populäre Träumereien. Ihre Filme riefen dazu auf, die Hoffnungen in langsame Fortschritte zu setzen, anstatt die sofortige Erfüllung aller Wunschträume zu erwarten, sich auf konkrete Notwendigkeiten zu konzentrieren, anstatt utopische Pläne zu schmieden, und europäischen Traditionen zu vertrauen, anstatt sich an gesellschaftlichen Umgestaltungen nach ausländischen Vorbildern zu versuchen.[28]

So lautete die sorgfältig austarierte Botschaft des Films *Koula*, eines jener Projekte, die sich dem Wiederaufbau Griechenlands widmeten, wo die Vereinigten Staaten in eine mühselige, am Ende aber erfolgreiche Operation zur Restaurierung der konservativen Monarchie gegen den Widerstand kommunistisch geführter

---

25 Bossuat, L'Europe occidentale, 186, 351; ders., La France; ders., Les aides américaines économiques et militaires.
26 Price, The Marshall Plan, 242.
27 Hoffman, Peace Can Be Won, 87.
28 Hemsing, The Marshall Plan's European Film Unit, 269–297. Siehe auch Ellwood, From »Re-education« to the Selling of the Marshall Plan, 219–239.

republikanischer Rebellen involviert waren. Gedreht 1951 (im selben Jahr, in dem Berlanga mit der Arbeit an seinem Spielfilm *¡Bienvenido Mister Marshall!* begann), beschäftigte sich der pseudodokumentarische Film von Vittorio Gallo ebenfalls mit den Geschicken eines Provinznests.[29] Die Kamera bewegt sich zwischen Steinhaufen, Olivenbäumen und staubtrockenen Feldern in und um Filavia, ein Bergdorf im nördlichen Thrakien, und zeigt, wie sich alte Männer, Knaben und Frauen in Abwesenheit aller erwachsenen Männer des Dorfes (die, so suggeriert der Film, Opfer des von Kommunisten angezettelten Bürgerkriegs geworden sind) vergeblich abrackern, während ein Erzähler mit Stentorstimme den hartnäckigen Kampf der Menschen ums Überleben schildert. Was sie seiner Diagnose zufolge am dringendsten brauchen, sind kräftige Zugtiere, um die gnadenlos steinige Erde pflügen zu können.

Dann entfaltet sich die Geschichte von der Erlösung Filavias. Die alten Leute, fatalistisch und ohne Selbstvertrauen, ignorieren die amtliche Aufforderung, sich als potenzielle Unterstützungsempfänger zu registrieren. Ohne den Unternehmungsgeist eines einzelnen jungen Burschen hätte sich niemand aus dem Dorf in die Liste eingetragen. Als der Stichtag naht, spannt Kyriakos den Ochsenkarren an und begibt sich auf die zweitägige Reise hinunter zur Hafenstadt Kavala. Normalerweise trugen Hilfslieferungen den Stempel: »Für den Wiederaufbau Europas – bereitgestellt von den Vereinigten Staaten von Amerika«. Doch für lebendige Maultiere aus Missouri passte dieser Aufdruck offenbar nicht, auch wenn die Rodeo-Atmosphäre am Kai und die den Tieren ins schimmernde Fell des Hüftbackens eingebrannten Buchstaben »USA« keinen Zweifel an ihrer Herkunft ließen. Als die älteren Männer vergeblich versuchen, die laut blökenden Tiere mit Tritten und Klapsen zu zähmen, demonstriert Kyriakos, dass Überredungskunst besser funktioniert als Gewalt: Tiere arbeiten, wie Menschen, effizienter, wenn sie als Individuen behandelt, mit Namen angesprochen und freundlich mit neuen Aufgaben vertraut gemacht werden, anstatt dass man sie als namenlose Lasttiere behandelt, verflucht, schlägt und mit Nahrungsentzug straft. Doch da ist das temperamentvolle Maultier Koula, das auch dann noch zu ungehorsamem Bocken neigt, als es längst ans Joch geschirrt ist. Für ein unproduktives Tier ist in Filavia kein Platz, erst recht nicht, wenn es einen so großen Appetit hat wie Koula. Jetzt kommt die praktische Vernunft der Alten Welt ins Spiel. Kyriakos spannt den massigen Koula mit seiner spindeldürren Eselin zusammen, und nun kristallisiert sich die zentrale Botschaft des Films heraus: Menschen, die sich entschließen, sich um eine bessere Zukunft zu bemühen, können, indem sie neue Arbeitsgeräte mit altbewährten Praktiken und Intelligenz mit Geduld kombinieren, »zusammenarbeiten, um ein bisschen mehr Produktivität, ein bisschen mehr Wohlstand« zu erreichen. Die Bewohner Filavias verstehen schließlich die Botschaft. Der Marshall-Plan ist nicht darauf angelegt, gleich aus sich heraus den Menschen den erstrebten höheren Lebensstandard zu bringen, sondern er soll sie mit den Techniken, Verfahrensweisen und Informationen versorgen, die sie in die Lage versetzen, »ein bisschen mehr Wohlstand« zu erlangen. Die an die

---

29 The Story of Koula, Vittorio Gallo, European Cooperation Agency, 1951.

Zukunft gerichteten Erwartungen sollten sich auf vernünftige und bewährte Traditionen stützen, und keine sollte so hochfliegend sein, dass sie das aktuelle Wohlstandsniveau im Dorf mit den »äußerlichen Standards« in eins setzt, die sich durch das von den USA gesetzte Beispiel breitzumachen drohen.

Der Nylon-Krieg

Das große Dilemma, vor dem das amerikanische Marktimperium stand, als seine große ehemalige Gegenspielerin, die europäische Kaufmannszivilisation, die Segel strich, während es sich selbst militärisch und ideologisch rüstete, den Kalten Krieg gegen den neuen Feind, den sowjetischen Kollektivismus, auszufechten, bestand in der Frage, ob sich eine Hegemonie auf der Basis schnöder materieller Wohlstandsbestrebungen aufrechterhalten ließ. Unabhängig davon, wie viel Zuversicht die Amerikaner in ihre Überzeugung setzten, ihr Lebensstandard sei der bessere und die Alternativen zu ihrer Freiheit der (Kauf-)Entscheidung, ihrem Lebensstandard und ihrer Demokratie seien staatlicher Zwang, materielle Entbehrung und politische Diktatur, haftete der Annahme, eine so große Machtstellung könne sich auf eine so labile Basis wie die aus dem Konsum von Massengütern resultierende Befriedigung stützen, doch etwas Problematisches, wenn nicht Widersprüchliches an. Historisch war die Fähigkeit, Kriege zu führen, immer mit der Bereitschaft verbunden gewesen, Opfer zu bringen. Doch nun versprach die Elite der amerikanischen Unternehmerschaft ab der Wende zu den fünfziger Jahren einen »Volkskapitalismus«, ein System, das in der Lage war, einen ausgewachsenen Krieg zu führen und dabei gleichzeitig ein stetig weiter steigendes Konsumniveau zu garantieren. Anders als das alte Europa verfügten die Vereinigten Staaten offenbar wirtschaftlich über die Fähigkeit, sowohl Kanonen als auch Butter zu liefern.

Gleichwohl stellten sich eine Menge beunruhigende Fragen: War die westliche Zivilisation (wie die Nordatlantikregion mittlerweile gewohnheitsmäßig genannt wurde), definiert durch die einlullenden Annehmlichkeiten des Massenkonsums, überhaupt noch eine Gemeinschaft, für deren Werte es sich zu kämpfen lohnte? Wie konnte man es rechtfertigen, die sowjetische Ansage, das kommunistische System werde den Westen auf eine Art und Weise einholen, die allen Menschen gleichermaßen Wohlstand garantieren werde, als bedeutungslos abzutun, wenn es in Europa und im Rest der Welt doch so viele nichtkommunistische Länder gab, die dem als Vorbild hingestellten westlichen Lebensstandard nicht nur nicht näher kamen, sondern immer weiter dahinter zurückfielen? Wie ließ sich zeigen, dass der vorgeblich souveräne Kunde wirklich souverän war und dass die Konsumgesellschaft nicht die politische Handlungs- und kritische Denkfähigkeit ihrer Bürger lähmte? »Ein Mindestmaß an Gleichheit der Lebensbedingungen […] ist Voraussetzung für Verständnis und Offenheit zwischen Nationen.« Diese Einsicht der Philosophin Hannah Arendt über Missverständnisse, die aus einer extremen Unterschiedlichkeit von Lebensbedingungen resultieren können, niedergeschrieben in den frühen fünfziger

Jahren in einem Essay über die wachsende Entfremdung der Europäer von den Vereinigten Staaten, könnte direkt Woodrow Wilson entlehnt sein.[30]

Der Soziologe David Riesman brachte in seinem 1951 erschienenen Essay *The Nylon War* das Dilemma einer Nation auf den Punkt, deren Vormachtstellung auf dem prall gestopften Sitzpolster des materiellen Überflusses ruhte. Beim ersten Lesen mutet der kurze satirische Text wie eine Hymne auf friedliche Konfliktlösungen an. Das US-Militär wird für die »begnadete« Entscheidung belobigt, die Sowjetunion mit Konsumgütern zu bombardieren, getreu der Überzeugung, das russische Volk werde, »wenn es Gelegenheit bekommt, die Reichtümer Amerikas zu bestaunen, nicht länger Herrscher tolerieren, die ihnen anstelle von Staubsaugern und Schönheitssalons Panzer und Spione gaben«.[31] Unter der Codebezeichnung *Operation Abundance* (»Unternehmen Überfluss«) werden erste »Luftangriffe« geflogen, bei denen die sowjetische Bevölkerung mit 200.000 Nylonstrumpfhosen, vier Millionen Packungen Zigaretten, 35.000 Packungen Heimdauerwellen, 20.000 Jojos, 10.000 Armbanduhren und einem Trommelfeuer aller möglichen Restposten aus den PX-Depots der Streitkräfte eingedeckt wird. Die Sowjets revanchieren sich mit ihrer eigenen Spielart »aggressiver Großzügigkeit«: mit Dosenkaviar, schlecht sitzenden Pelzmänteln und kopierten Manuskripten von Stalin-Reden zur Minderheitenfrage. Seinen Höhepunkt erreicht das Flächenbombardement, als die Amerikaner eine Riesenladung Funkgeräte abwerfen. Bewaffnet mit diesen technischen Spielzeugen, sind private Sowjetmenschen nunmehr in der Lage, Bestellungen für Warenabwürfe zu tätigen, so leicht wie aus einem Versandhauskatalog. Der strategischen Raffinesse der Amerikaner auf den Leim gehend, schwärmen Sowjetmenschen *en masse* aus, um kapitalistischen Ramsch einzusammeln, die Stromversorgung bricht wegen Überlastung zusammen, und die totalitäre Sowjetregierung schaltet, nachdem feststeht, dass die Amerikaner auf ganzer Linie gesiegt haben, von der Produktion von Kanonen auf die massenhafte Herstellung von Butter um.

Die an Konsumgütern arme UdSSR bot genug Angriffsflächen für Spott, und Hollywood-Filme wie auch Zeitungskolumnen gefielen sich häufig in einer Haltung, von der Riesman selbst sich später distanzierte, weil sie nach seiner Ansicht einem »Lebensstil-Rassismus« Vorschub leiste.[32] Tatsächlich war seine Satire ein zweischneidiges Schwert. Riesman war gewiss ein unversöhnlicher Gegner des Sowjetsystems, doch machte er sich kritische Gedanken darüber, ob nicht die Faszination der Amerikaner für Kriegsgerät ein Spiegelbild ihrer zunehmenden Fixierung auf Konsumgüter war. Indem er Flächenbombardements mit Konsumgütern als einen echten Kriegsakt karikierte, variierte er einen Gedanken, den er erstmals in seinem berühmten Buch *Die einsame Masse* ausgeführt hatte, nämlich dass die amerikanischen Mittelschichten, die zuvor aus wohltuend »innengeleiteten« Menschen bestanden hätten, die sich in ihrem Handeln nach einem inneren moralischen Gyroskop gerichtet hätten, unter dem zersetzenden Einfluss des Massenkonsums zu einer

---

30 Hannah Arendt, Dream and Nightmare. Anti-American Feeling Is Well on the Way to Becoming a New European »ism«, Commonwealth, 10. September 1954, 551–554.
31 Riesman, The Nylon War, 67.
32 Ebd., Vorwort, 5 (Anm. 4).

»außengeleiteten« Masse zu werden drohten, geleitet vom äußeren Radar konformistischer Impulse. Durch diese Lenkbarkeit würden sie anfällig für die militaristische Kraftmeierei, die die Massenmedien anheizen. Der Druck der *peer group* mache sie zu Fanatikern des Kalten Krieges. Wenn schon Krieg, dann lieber einer, der auf der spielerischen Ebene des »Unternehmen Überfluss« ablief, als ein Schlagabtausch am Rande der gegenseitigen nuklearen Vernichtung.[33] *The Nylon War* endet denn auch mit einem doppelten Sieg: In dem Moment, da die Sowjetdiktatur ihre Ressourcen aus dem Rüstungsbereich in den Massenkonsum und seine Annehmlichkeiten verlagert, beenden die Amerikaner ihr atomares Säbelrasseln und geben sich stattdessen harmloseren Kriegsfantasien hin.

In einem konkreteren Bezugsrahmen stellte sich das offizielle Amerika der Herausforderung, seine Großmachtstellung auf eine Konsumdemokratie zu gründen, indem es eine Reihe von Strategien entwickelte, von denen keine ganz neu war, die jetzt aber dank einer weitaus besseren Koordinierung reelle Erfolgschancen hatten. Der grundlegendste Schachzug bestand darin, die Verbraucherfreiheit und den Überfluss der nordatlantischen Gemeinschaft mit der Abgeschottetheit und dem niedrigen Lebensstandard kollektivistischer Gesellschaften zu kontrastieren. Die westliche Propaganda paarte das Recht auf einen höheren Lebensstandard mit den beiden anderen grundlegenden Idealen des antikommunistischen Kreuzzuges, Demokratie und Freiheit, und zog daraus den Schluss, die Sowjetunion sei der Erzfeind, nicht nur weil sie ein totalitäres und antikapitalistisches System verkörperte, sondern auch weil das Fehlen einer echten Wahlfreiheit für den Verbraucher der reinste Beweis für den Mangel an Freiheit als solcher sei. Wo der Verbraucher keine Auswahl hatte, konnte es keine menschliche Entwicklung geben, gleich wie sehr das Bruttoinlandsprodukt auch wachsen mochte.

Auf der anderen Seite nötigte die schiere wirtschaftliche Leistungsfähigkeit der UdSSR vielen im Westen zähneknirschende Bewunderung ab, und amerikanische Wirtschaftsfunktionäre beäugten aufmerksam jeden Schritt, den die sowjetischen Wirtschaftsplaner nach dem Tod Stalins taten, um im Wettlauf um einen höheren Lebensstandard voranzukommen. Eine Neuerung war die vollständige Kehrtwende in der amtlichen Einstellung zu Messen, eine Frucht der Erkenntnis, dass die Planwirtschaft aus der Zurschaustellung ihrer Produktivkräfte und ihrer Erfolgszuversicht Kraft schöpfen konnte. So ergab es sich, dass bei der Wiedereröffnung der Großen Messe im Mai 1946 in Leipzig (das in den letzten Kriegstagen der sowjetischen Besatzungszone zugeteilt worden war) die erste dort abgehaltene »Friedensmesse« zu einem Schaufenster der zentralen Wirtschaftsplanung wurde, zunächst für die sich rasch erholenden Industriebranchen Sachsens und Thüringens, dann auch für die Produktionsziele der in den Ländern des sowjetischen Blocks laufenden Fünfjahrespläne. Unter dem Einfluss der kommunistischen Machthaber der späteren DDR flossen zunehmend mehr Energien und Ressourcen in die Technische Messe, auf der Dynamos, Traktoren und schweres hydraulisches Gerät gezeigt wurden, überragt von gigantischen Standbildern Stalins und Mao Tse-tungs. In puncto Größe

---

33 Riesman, Die einsame Masse.

und Sichtbarkeit übertraf das, was hier gezeigt wurde, die altehrwürdige Leipziger Messe mit ihren typischen Ausstellungsbereichen für Porzellanfiguren, Fotoausrüstung, Bürogeräte und Füllfederhalter um Längen. Interessenten aus Westeuropa hatten sich um diese Zeit noch nicht abgewöhnt, nach Sachsen zu gehen, wenn sie gute Werkzeugmaschinen und hochwertige Fertigprodukte suchten – Leica-Kameras, Musikinstrumente, Spielwaren. Auf der Herbstmesse 1954 tummelten sich 670.000 Besucher.[34] Aus westlicher Sicht war dies eine durchaus beunruhigende Entwicklung. Zum einen konnte es sein, dass westliche Messebesucher mit euphorischen Berichten über die sozialistischen Wiederaufbauleistungen im Osten nach Hause zurückkehrten. Schlimmer noch war, dass aus den auf der Messe geknüpften Kontakten Gelegenheiten für die Verscherbelung technologischer Geheimnisse des Westens erwuchsen, deren Weitergabe gemäß Anweisung 68 des Nationalen Sicherheitsrates der USA vom 14. April 1950 illegal war. Diese Verordnung sollte die Verbündeten der USA daran hindern, technische Produkte, die strategische Bedeutung hatten, an Länder des kommunistischen Blocks zu liefern.

Es waren sowohl politische Erwägungen als auch wirtschaftliche Interessen, die die Eisenhower-Regierung in ihrer Entschlossenheit bestärkten, der Leipziger Messe eine westliche Alternative entgegenzusetzen. Im August 1954 startete sie (mit Geldmitteln, die aus einem Sonderfonds des Präsidenten für kulturelle Programme stammten) eine »unverzügliche und kraftvolle Kampagne zur Demonstration der Überlegenheit der Produkte und kulturellen Werte unseres Systems eines freien Unternehmertums«. Gestützt auf »ein landesweites Netz von Freiwilligen, die auf die Zwillingsprinzipien der Dezentralisierung und der Freiwilligkeit eingeschworen sind«, bemühten sich Ministerien der US-Bundesregierung in Zusammenarbeit mit Branchenorganisationen wie dem *Advertising Council*, Spenden in Form von Arbeitskraft, Ausrüstung und Geld einzuwerben. Während die Messen im sowjetischen Machtbereich die Potenz einer zentralen Wirtschaftsplanung hervorhoben, mit Schwerpunkt auf gigantischen Maschinen, technologischen Fortschritten und naturwissenschaftlichen Entdeckungen auf der Leiter des weltweiten Fortschritts, stellten die amerikanischen Messen die eklektische »materielle Demokratie« im Hier und Jetzt in den Mittelpunkt: Immer wieder einmal konnten sich Messebesucher an den geodätischen Kuppeln eines Buckminster Fuller und an anderen Ikonen des Modernismus erfreuen und sich durch in Originalgröße nachgebaute Selbstbedienungsläden oder Farmgebäude bewegen, konnten Ausstellungen abstrakter Kunst ebenso genießen wie Jazz-Konzerte, gefilmte Alltagsszenen auf der spektakulären *Cinerama*-Leinwand oder Modenschauen. 1960, sechs Jahre nach Beginn des Programms, veranstaltete das kurz zuvor unter dem Dach des Wirtschaftsministeriums eingerichtete *Office of International Trade Fairs* bereits 97 offizielle amerikanische Messen in zwanzig Ländern, die zusammen mehr als sechzig Millionen Menschen mit dem Lebensstil einer Nation bekannt machten, deren Wirtschaft offenbar weitgehend ohne Staat auskam und deren Freiheit sich nicht anhand irgendwelcher ab-

---

34 Deux jours à Leipzig, vitrine de deux mondes, Vente et publicité, 27. Oktober 1954, 2. Siehe auch Pence, »A World in Miniature«.

strakten Rechte zeigte, sondern in Gestalt der ganz konkreten Freiheit der Menschen, aus einem Füllhorn voller Angebote das auszuwählen, was sie wollten.[35]

Die US-Regierung widmete sich auch der Ausarbeitung von Statistiken, die die Überlegenheit der amerikanischen Lebensart demonstrieren sollten. Sich auf »die hartnäckige öffentliche Forderung nach vergleichenden Lohn- und Preisdaten« berufend, entwarf das *Bureau of Labor Statistics* unter Führung des Ökonomen Irving Kravitz neue Indizes für die Berechnung der Kaufkraft von Stundenlöhnen.[36] Neue Verfahren, die dem Kuddelmuddel der Schätzwerte und Gewichtungen lokaler Lebenshaltungskosten, Währungen und Lohnunterschiede, das der *Ford*-ILO-Erhebung so sehr zu schaffen gemacht und zum Kollaps der zwischenstaatlichen Vergleichsstatistiken der dreißiger Jahre geführt hatte, ein Schnippchen schlugen, erlaubten einen einfacheren Abgleich von Lebensstandards von Land zu Land. Praktisch jede Zeitung zitierte die vom *Bureau* veröffentlichten Zahlen, und jeder Verbraucher konnte verstehen, was sie bedeuteten. Wenn die Menschen lesen konnten, dass der amerikanische Arbeiter durchschnittlich sechs Minuten arbeiten musste, um ein Pfund Brot kaufen zu können, oder 27 Minuten für ein Dutzend Eier oder 32 Minuten für ein Pfund Butter, während sein sowjetisches Pendant, um sich dasselbe leisten zu können, 25, 158 bzw. 542 Minuten arbeiten musste, schien auf der Hand zu liegen, welches System das bessere war.

Tatsächlich krankten diese Indizes an vielen derselben Mängel, mit denen schon die *Ford*-ILO-Erhebung behaftet gewesen war, etwa indem vorausgesetzt wurde, dass der Lebensstandard sich durch die Aufrechnung des individuellen Einkommens mit den Preisen, die Verbraucher für bestimmte Waren bezahlen mussten, abbilden ließ. Die Statistiker des *Bureau* schlossen sich der Gepflogenheit ihrer Vorgänger an, den Beitrag staatlicher Leistungen (wie zum Beispiel der Steuervergünstigungen auf Hypotheken) oder gesellschaftlicher Errungenschaften (wie subventionierter Massenverkehrsmittel) zum Lebensstandard des Einzelnen zu ignorieren. Sie boten auch keinerlei Handhabe für die Berücksichtigung des Wertes von Waren oder Dienstleistungen, die die Menschen durch Tausch, Nachbarschaftshilfe oder Schwarzhandel erwarben, Transaktionen, die gerade in Staaten mit zentraler Planwirtschaft wie selbstverständlich dazugehörten. Sie reflektierten auch nicht die menschlichen und anderen Kosten der höheren Produktivität, die sich in höheren Einkommen und niedrigeren Produktpreisen niederschlug, aber eben auch in größerer Arbeitsintensität und längeren Arbeitszeiten. Diese Indizes hätten sich zur Analyse vieler Lebenswirklichkeiten verwenden lassen, waren sie doch an sich höchst nützliche Instrumente, aber sie wurden fast immer nur für die Art von Vergleichen verwendet, die am problematischsten waren, nämlich zwischen marktwirtschaftlichen und planwirtschaftlichen Systemen mit ihren vollkommen unterschiedlichen Ansätzen für Preisgestaltung und Versorgung. Nur selten wurden diese Parameter für historische Vergleiche eingesetzt, etwa solche zwischen der Nachkriegszeit und früheren Perioden. Bemerkenswerterweise wurden sie auch nie dazu verwendet, die immer

---

35 Haddow, Material Culture and the Cold War, 12, 16f.
36 Kravitz, Work Time Required to Buy Food, 487–493.

reicher werdenden Kernländer Westeuropas mit Staaten der Dritten Welt oder auch nur mit der eigenen nachhinkenden Peripherie zu vergleichen, etwa mit Spanien, Portugal, Süditalien oder Griechenland. Ebenso wenig wurden Vergleiche angestellt zwischen dem Lebensgefühl in den letztgenannten Ländern und dem in Polen, Jugoslawien oder Ungarn, wo sich eine forcierte Industrialisierung und ein steigender Lebensstandard abzeichneten.

In dem Maße, wie solche Vergleiche zur Norm wurden, wandten sich die Statistiker direkt an Arbeiterfamilien, um deren Ansichten zu ihrem Lebensstandard und dem anderswo einzuholen. Aus den hierbei verwendeten Fragestellungen lernten die Menschen, ihre Auffassungen in rein materielle Begriffe anstatt in ideologische Überzeugungen zu kleiden. So setzten tausendundeinige französische Arbeiter, die 1955 gebeten wurden, eine Reihe von Ländern in der Rangfolge ihrer Lebensqualität für die Arbeiterschaft aufzulisten, ihr Heimatland Frankreich auf den ersten, ihr Nachbarland Italien auf den letzten Platz. Vollkommen geteilter Meinung waren sie über die Sowjetunion: Während ein Viertel der Befragten meinte, dort gehe es den Arbeitern am besten, entschied sich ein geringfügig größerer Teil dafür, die Sowjetunion als das schlechteste Land für Arbeiter zu bewerten. Eine ähnliche Polarisierung zeigte sich bei den Mitgliedern linker Gewerkschaften. Ungefähr die Hälfte von ihnen glaubte, amerikanische Arbeiter hätten das beste Leben, besäßen sie doch nach allem, was man hörte, Autos, Fernsehgeräte, Kühlschränke und Waschmaschinen, waren gut angezogen und hatten mehr Geld für Freizeitvergnügungen. Die andere Hälfte votierte dafür, dass es den Arbeitern in der Sowjetunion am besten ging, wobei sie sich auf ihre Überzeugung beriefen, dass in der sowjetischen Gesellschaft mehr Gleichheit herrsche, dass die Arbeiter sich für die Sache der sozialen Gerechtigkeit einsetzten, für das Kollektiv arbeiteten anstatt für private Herren und dass ihnen mehr Respekt zuteil wurde.[37] Als sich das Metier der Meinungsforscher professionalisierte, wichen die Fragen nach dem besten bzw. schlechtesten Land für den Arbeiter indirekter formulierten Fragen zur Lebensqualität, gemessen anhand der Verfügbarkeit von Gütern und Dienstleistungen. Man ging davon aus, dass in die Antworten auf solche Fragen eher die persönliche Befriedigung des Einzelnen eingehen würde als kollektive Überzeugungen über die relativen Vorzüge des einen oder anderen politischen Systems.

Die amerikanische Politik drängte darauf, aus den Regionen, in denen US-Truppen nach Kriegsende als Besatzer geblieben waren, etwa Japan, aber insbesondere Deutschland, Schaufenster der Verbraucherdemokratie zu machen. Diese Strategie warf in Bezug auf Japan mehr Probleme auf als in Bezug auf Deutschland. Der Umstand, dass alles, was mit der Lebenssituation der Japaner zu tun hatte, von der Winzigkeit ihrer Wohnbehausungen bis zu den Geheimnissen ihrer Ernährung, so weit entfernt von den Konsumerfahrungen des Westens war, erschwerte die Aufgabe, einen Konsens über verbindliche Parameter zur Messung des konsumtiven Fortschritts zu finden. Wie auch immer, es war im Rahmen der größeren geoökonomischen Strategie wichtiger, die Japaner zur Erzeugung von Konsumgütern in

---

37 Condition, attitudes et aspirations des ouvriers, 39–57.

großem Stil zu bewegen, als sie bloß zum Konsum derselben zu erziehen.[38] Dagegen übten die USA im westlichen Europa wesentlich mehr Druck aus, um die Europäer zur Anhebung ihrer Ansprüche und Standards zu bewegen, erst recht als die These umgestülpt wurde, erst ein abgestürzter Lebensstandard habe den Aufstieg des Faschismus ermöglicht, um die Popularität des Kommunismus zu erklären. Europa zu einer Region mit hohem Konsumniveau zu machen, erschien auch unter dem Gesichtspunkt einer rationelleren Arbeitsteilung innerhalb des nordatlantischen Bündnisses zunehmend sinnvoll. Da Westeuropa, so das Argument, nicht fähig sei, militärisch standzuhalten, müsse es seine Schwäche »wirtschaftlich kompensieren«. Dazu müsse es mit den sowjetischen Wachstumsraten mindestens Schritt halten. Nur so könne es »die Attraktivität des Kommunismus für seine Arbeiter und Intellektuellen schwächen, wenn nicht beseitigen«. Ein steigender Lebensstandard in Europa würde dann »die kommunistische Propaganda über die Dekadenz des Westens Lügen strafen« und eine »Magnetwirkung auf die Völker« der sowjetischen Satellitenstaaten ausüben.[39] Diese Strategie verband sich mit einer weiteren, nicht ausdrücklich ausgesprochenen Hoffnung: dass die europäischen Eliten in dem Maße, wie sie die neue Arbeitsteilung akzeptierten, endlich jene nervtötende Hybris ablegen würden, der zufolge Europa für wahre Kultur stand, Amerika hingegen nur für schnöde Zivilisation.[40]

Wenn Westeuropa wirklich zum Schaufenster der neuen Verbraucherdemokratie werden sollte, mussten drei Voraussetzungen erfüllt sein. Die erste lautete, dass die Europäer sich unwiderruflich von ihren merkantilistischen Traditionen verabschieden und ihre Märkte öffnen mussten. Dies geschah in der Tat unter amerikanischem Druck und im Zuge der ab den frühen fünfziger Jahren von den wichtigsten Staaten des westlichen Europa selbst initiierten Schritte in Richtung eines Gemeinsamen Marktes. Die zweite Vorbedingung war, dass die Staaten, die über imperiale Besitzungen verfügten – Frankreich, Großbritannien, Belgien, Holland und Portugal –, die Bindungen an ihre Kolonien lockerten oder sie ganz in die Unabhängigkeit entließen. Konkret bedeutete dies, dass sie die besonderen, engen wirtschaftlichen Bindungen zu den Kolonien lösen mussten (die angesichts erstarkender antikolonialer Bewegungen aber ohnehin schon unter Druck geraten waren) und neue, die Vereinigten Staaten begünstigende Geschäftsbedingungen für ihren Außenhandel zu akzeptieren hatten. Es bedeutete des Weiteren den Verzicht auf eine tragende Säule der alten europäischen Konsumkultur, nämlich den kolonialen Lebensstil, der den Kolonialisten als Alibi und Rechtfertigung für die Rechtschaffenheit ihrer Zivilisierungsmission gedient, die Bevölkerungen des einen Kolonialimperiums von denen der anderen getrennt und deren Bindungen an die meritokratischen Hierarchien der Metropolen gestärkt hatte. In Westeuropa äußerten selbst einige von denen, die

---

38 Maclachlan, Consumer Politics; allgemeiner zur amerikanischen Hegemonie im Japan der Nachkriegsperiode siehe Dower, Embracing Defeat.
39 Whidden, Birth of a Mass Market, 105.
40 Die ehrgeizigen Bemühungen der Vereinigten Staaten, diesem Ziel unter Einsatz der *Ford Foundation* und anderer potenter Stiftungen näher zu kommen, deren Selbstverständnis dem von Edward Filenes *Twentieth Century Foundation* dreißig Jahre zuvor ähnelte, sind Gegenstand von Berghahn, America and the Intellectual Cold Wars.

sich in ihrer Lebensführung an der amerikanischen Gesellschaft orientierten, ihr Bedauern darüber, dass damit der Abstand zu ihren ehemaligen Kolonien wachsen werde. Diese Erkenntnis artikulierten auch die Führer der blockfreien Staaten, als sie sich im April 1955 im indonesischen Bandung trafen. Als Vertreter einer im Entstehen begriffenen »Dritten Welt« waren sie sich ihrer Pariastellung im Rahmen der alten bürgerlichen Konsumkultur ebenso gewahr wie der unerreichbaren Höhe der neuen amerikanischen Standards, und so war es nicht verwunderlich, dass sie in den von der Sowjetunion praktizierten Strategien einer Kollektivversorgung einen neuen gangbaren Weg sahen. Das wiederum festigte die Verbundenheit der westeuropäischen Staaten mit der nordatlantischen Hegemonialmacht und förderte ihre Neigung, sich der einer zweitrangigen Macht gebührenden Berufung hinzugeben, nämlich das materielle Wohlergehen ihrer Bürger zu fördern. Die Konkurrenz zwischen ihnen drehte sich dementsprechend nicht mehr darum, wer die am besten bewaffneten Streitkräfte, die größeren Kolonialgebiete oder das reichere Imperium besaß, sondern wer bei makroökonomischen Parametern wie Bruttoinlandsprodukt, Inflationsrate, Pro-Kopf-Ausgaben für Gesundheitspflege und Freizeit und in Bezug auf die Durchdringung der Gesellschaft mit Sanitärtechnik, Autos, Waschmaschinen und Fernsehapparaten die Nase vorn hatte.

Auf der anderen Seite hatten sich die Europäer in ihrer großen Mehrheit dazu durchgerungen, anzuerkennen, dass der permanente Kriegszustand, der in der ersten Jahrhunderthälfte in Europa geherrscht hatte, das größte Hindernis für eine nachhaltige Erhöhung des Lebensstandards gewesen war und dass umgekehrt allein ein stabiler Friede einen anhaltenden oder gar wachsenden Wohlstand garantieren konnte. Diese Wende im Denken machte die Aussicht auf einen möglichen bewaffneten Konflikt zwischen den Supermächten auf europäischem Boden (und die dadurch gegebene Gefahr einer atomaren Vernichtung) umso furchterregender. Den europäischen Verbündeten der USA fiel es daher nicht schwer, in ihren Ländern Mehrheiten für die Überzeugung zu finden, wirtschaftliche Sicherheit lasse sich nicht ohne militärische Sicherheit erlangen und beides zusammen könne am besten unter dem nuklearen Schutzschirm der Amerikaner gewährleistet werden. Das traf umso mehr zu, als bald deutlich wurde, dass eine solche Konstellation den Anteil am Nationaleinkommen, der für Konsumgüter und konsumtive Dienstleistungen zur Verfügung stand, nicht nur nicht schmälerte, sondern sogar wesentlich vergrößerte.

Ohne die »Geburt des Massenmarkts« wäre es jedoch viel schwerer, wenn nicht unmöglich gewesen, diese Bedingungen zu erfüllen. Datieren lässt sich dieser epochale Geburtsvorgang auf das Jahr 1953, in dem, wie Howard Whidden, Auslandsredakteur der *Business Week*, schrieb, »ein ruckartiges Anziehen des persönlichen Konsums« den Eindruck vermittelte, dass »der lange Zeit vernachlässigte Verbraucher eine zunehmend wichtige Rolle in der europäischen Wirtschaft spielen wird«. Eine rapide ansteigende Nachfrage führte zu einer Reorientierung des Vertriebswesens hin zu dem »klassenlosen Markt«, der die US-Industrie zu Beginn des 20. Jahrhunderts in die Lage versetzt hatte, sich auf die Massenproduktion zu verlegen. Der entstehende Massenmarkt bewirkte, dass das Monopol von Herstellern, »die sich ausschließlich auf die Bedingungen eines begrenzten, fast maßgeschneiderten inländischen Marktes für qualitativ hochwertige Waren spezialisiert hatten«, in die Brüche ging. Whidden prophezeite, dass bis zum Ende der fünfziger Jahre »ein Verbrauchermarkt amerikanischen Stils in Großbritannien und in einigen anderen europäischen Ländern ziemlich voll entwickelt sein wird, während er im übrigen Westeuropa auf dem Vormarsch sein wird«.[41] Diese optimistische Voraussage bestätigte sich schon 1954, als die europäischen Volkswirtschaften von der Rezession, die nach dem Ende des Koreakrieges die Vereinigten Staaten ergriff, weitgehend unberührt blieben.

Der klassenlose Markt, den viele herbeigewünscht, von dem aber nur wenige geglaubt hatten, dass er so schnell kommen würde, speiste sich aus vier Quellen. Die erste war der Arbeitsmarkt, der sich in Richtung Vollbeschäftigung entwickelte. Die zweite war die Aufwärtstendenz der Reallöhne, die aus einer steigenden Produktivität resultierte. Die dritte war die Verengung der Einkommensschere zwischen den höchsten und den niedrigsten Einkommensgruppen, eine Folge von kriegsbedingten Verlusten, Geldentwertung und der Einführung einer progressiven Einkommenssteuer. Die vierte war die Zunahme staatlicher Sozialleistungen und Wohlfahrtsmaßnahmen im Einklang mit dem Ideal des Sozialstaats; Beispiele dafür waren Mietbindung, Wohnbauförderung, Kindergeld und steuerliche Begünstigungen für Familien. Staatliche Programme vermittelten ein Gefühl der Sicherheit und förderten die Bereitschaft zum Kauf von Haushaltsgütern schon zu einem Zeitpunkt, als die Löhne noch sehr niedrig waren. Dazu kam, dass die europäischen Regierungen mit Blick auf beobachtbare und absehbare Entwicklungen in der amerikanischen Konsumgesellschaft ihre Bevölkerung auf bestimmte Klassen von Gebrauchsgütern einstimmten, die der Markt in absehbarer Zukunft zu erschwinglichen Preisen zur Verfügung stellen würde.

Der eine Faktor, der in dieser Aufzählung fehlte, war der Krieg, in diesem Fall der Koreakrieg, der anders als die beiden voraufgegangenen großen Kriege des 20. Jahrhunderts in sicherer Entfernung von Europa stattfand. Der Konflikt, der vom Juni 1950 bis zum Juli 1953 dauerte, hatte für europäische Fabrikanten und Verbraucher viele derselben profitablen wirtschaftlichen Nebenwirkungen, die die beiden Weltkriege für die US-Wirtschaft gezeigt hatten. Der Bedarf an Rüstungsgütern überstieg die industriellen Kapazitäten der USA und führte im Zusammenwirken mit dem steigenden Bedarf an Konsumgütern auch in den nicht am Krieg beteiligten Ländern zu einer Zunahme der Beschäftigung. Dies wiederum generierte eine größere Kaufkraft. Die Vereinigten Staaten pumpten derweil gemäß ihrer Überzeugung, dass Korea lediglich ein Nebenkriegsschauplatz sei und der Hauptangriff seitens der Sowjetunion in Europa erfolgen werde, Millionen Dollar in die europäische Wirtschaft, hauptsächlich in Form von Rüstungsaufträgen. Die Zahl der gut ausgestatteten amerikanischen Divisionen, die unter dem Kommando der NATO aufgestellt und eingesetzt wurden, stieg von einer auf sechs, die Truppenzahl von

---

41 Whidden, Birth of a Mass Market, 101–107.

81.000 auf 260.800, während in Korea 238.600 US-Soldaten stationiert waren. Die Standorte von US-Garnisonen prosperierten.[42]

Indem die Vereinigten Staaten ihre europäischen Verbündeten drängten, materielle Beiträge zu dem militärischen Kraftakt in Korea zu leisten, verabreichten sie der europäischen Wirtschaft willkommene Wachstumsimpulse. Der größte Nutznießer war der ehemalige Erzfeind der Alliierten, Deutschland. Während andere Länder Westeuropas ihre Rüstungsproduktion auf Kosten des zivilen Sektors ausweiteten, kam der Bundesrepublik die Tatsache zugute, dass ihr nach Kriegsende zunächst jegliche Produktion für militärische Zwecke untersagt gewesen war. Der westdeutschen Wirtschaft war infolgedessen nichts anderes übrig geblieben, als sich auf die Herstellung von Investitions- und Konsumgütern zu verlegen. Von Anfang an waren diese Produkte hauptsächlich für den Export bestimmt. Doch in dem Maße, wie die Konjunktur anzog und Beschäftigung und Löhne anstiegen, wurden brachliegende Kapazitäten reaktiviert, um auch den einheimischen Konsumgütermarkt besser bedienen zu können. Zum ersten Mal bekannten sich nicht nur die Gewerkschaften, sondern auch Staat und Wirtschaft zu der Zielvorstellung, dass es nicht nur einen expandierenden Exportmarkt gab, sondern auch einen tief gestaffelten Binnenmarkt. Im Zeichen von Vollbeschäftigung und steigenden Löhnen und Gehältern wurde die westdeutsche Industriearbeiterschaft erstmals als eine potenziell vollwertige Verbraucherkategorie anerkannt.

Noch während der Koreakrieg andauerte, wurde die Bundesrepublik Deutschland immer fester in einen im Aufbau begriffenen westeuropäischen Wirtschaftsraum eingebunden, eine Entwicklung, die Europa schrittweise einer Marktgröße näher bringen sollte, wie sie für eine Ökonomie der großen Zahl und der Massenproduktion im amerikanischen Stil unabdingbar war. Hätte man die deutschen Unternehmen sich selbst überlassen, so hätten sie vermutlich versucht, ein Marktwachstum jenseits der deutschen Ostgrenzen zu finden, wie es schon in der Vergangenheit ihr Ziel gewesen war, und sich wieder ihre alte Marktstellung in Mitteleuropa zu sichern. Eine solche Entwicklung lag jedoch nicht im strategischen Interesse der Amerikaner. Durch diese und die Politik des Kalten Krieges in den westeuropäischen Wirtschaftsraum hineingezwungen, auf dem mehr Wettbewerb herrschte, sahen sich die westdeutschen Unternehmen zunehmend genötigt, ihrer Neigung zur Kartellbildung abzuschwören, amerikanische Techniken der Massenproduktion einzuführen und sich ernsthaft mit den Methoden des Massen-Marketings zu befassen, die man anwenden musste, wenn man neue Märkte erschließen wollte.[43]

Auf diese Weise wurde die Bundesrepublik, der übrig gebliebene Torso des einstigen Großdeutschen Reiches, das als einzige europäische Macht in den Anfangsjahrzehnten des 20. Jahrhunderts in der Lage gewesen war, aus eigener Kraft einen europaweiten Markt zu verankern und zugleich eine Marktkultur zu generieren, die sich als Alternative zur amerikanischen präsentierte, *nolens volens* in die westliche Sphäre eingegliedert und zum zentralen Kraftwerk für einen potenziell weltweiten

---

42 Höhn, GIs and Fräuleins. Viele Phänomene der unmittelbaren Nachkriegszeit wirkten in den fünfziger Jahren fort; siehe Goedde, GIs and Germans.
43 Neebe, German Big Business, 95–121; Adler-Karlsson, Western Economic Warfare.

Exporthandel aufgewertet, der eine unerlässliche Voraussetzung für die Entwicklung eines regionalen Massenmarktes war. In seinem kulturellen Führungsanspruch stark beschnitten, fand sich der geläuterte Westteil der deutschen Nation mit bemerkenswertem Gleichmut bereit, den Weg hin zu einer Konsumgesellschaft einzuschlagen. Ludwig Erhard, von 1949 bis 1963 Wirtschaftsminister unter Konrad Adenauer und danach noch drei Jahre lang selbst Bundeskanzler, sprach sich mit besonderer Beredtheit für das »demokratische Grundrecht der Konsumfreiheit« aus: »Hierbei ist zuvorderst an die Freiheit jedes Staatsbürgers gedacht, das zu konsumieren, sein Leben so zu gestalten, wie dies im Rahmen der finanziellen Verfügbarkeiten den persönlichen Wünschen und Vorstellungen des Einzelnen entspricht.« Für Erhard, den Katholiken, einstigen Mitstreiter in Wilhelm Vershofens Gesellschaft für Konsumforschung in Nürnberg und entschiedenen, wenn auch zurückhaltenden Kritiker der nationalsozialistischen Kommandowirtschaft, den die alliierten Truppen zum Wirtschaftsberater für ihre Besatzungszonen ernannten, waren Freiheit und Wohlergehen der Verbraucher freilich niemals absolute Werte wie für die den Zeitgeist bestimmende amerikanische Ideologie. In seinen Augen handelte der Verbraucher vielmehr seinem eigenen besten Interesse wie auch dem der Gesellschaft gemäß, wenn er sich im Rahmen sorgfältig ausgehandelter, landesweit geltender Vereinbarungen über Arbeitsbedingungen und Arbeitslöhne, einer strengen Geldmengenregulierung und eines guten Geschmacks im konservativen Sinn bewegte.[44]

Faktisch gesehen waren die Westdeutschen, als die sechziger Jahre anbrachen, keine Kriegshelden und auch keine Pfennigfuchser mehr, sie hatten sich vielmehr den Ruf erworben, wohlhabende und weit gereiste Europäer zu sein, die viel Geld für Küchen, Autos und Urlaube ausgaben. Ausgerechnet die westlichsten Teile der deutschen Nation, die einst dem Gedanken der Verbrauchersouveränität am ablehnendsten gegenübergestanden hatten, waren jetzt am offensten für diese Idee, wenn auch unter den einschränkenden Regeln hausbackener bürgerlicher Tugend und unter den schützenden Rahmenbedingungen der sozialen Marktwirtschaft. 1959 nahm erstmals ein Deutscher öffentlich den Begriff »unsere Konsumgesellschaft« in den Mund.[45] Es war ein Bekenntnis, das nicht der Zwiespältigkeit entbehrte, Ausdruck einer enormen Zufriedenheit mit den seit 1945 gemachten Fortschritten (hatten damals nicht deutsche Männer die Zigarettenkippen amerikanischer GIs aufgelesen?) und des Stolzes darauf, dass Deutschland zum Schaufenster der westlichen Lebensart im Wettbewerb mit dem kollektivistischen Exempel geworden war, das auf der anderen Seite des Brandenburger Tores statuiert wurde. Andererseits mischte sich in dieses neue Selbstverständnis aber auch das dringende Bedürfnis, zu versichern, dass »unsere Konsumgesellschaft« nicht in allen Aspekten identisch mit dem *American way of life* war, den man nach wie vor wegen seines übermäßigen Materialismus und seiner dekadenten Jugendkultur schmähte, und ein verstohlenes Bestreben, ein

---

44 Erhard, Wohlstand für alle, 14; Abelshauser, The Economic Policy of Ludwig Erhard; Oliver, German Neoliberalism, 117–149, insbes. 136ff.; Hentschel, Ludwig Erhard.
45 Ortlieb, Unsere Konsumgesellschaft, zit. n. Wyra, Consumption and Consumer Society, 441; Jarausch/Geyer, Shattered Past, 269–314. Siehe auch Schissler, The Miracle Years, sowie Crew, Consuming Germany in the Cold War.

wohlbekanntes Geheimnis zu überkleistern, nämlich dass die letzten guten Zeiten, an die sich viele ältere Deutsche erinnerten, die friedlichen späten dreißiger Jahre vor Beginn des von Hitler angezettelten Krieges gewesen waren.

Grenzdurchbrüche und die Einebnung von Unterschieden

Was bedeutete die Entwicklung hin zur Konsumgesellschaft vor dem Hintergrund der an politischen Konflikten so reichen europäischen Geschichte? Waren Deutsche, Franzosen oder Italiener unter dem Eindruck des relativen Überflusses zu »Völkern der Fülle« geworden, um David Potters Charakterisierung seiner amerikanischen Zeitgenossen zu zitieren?[46] Der französische Soziologe Pierre Bourdieu war in den frühen sechziger Jahren einer der Ersten, die die Frage stellten: Welchen Einfluss hat der Konsum auf die Klassenzugehörigkeit? In den zehn Jahren, die folgten, konzentrierte er sich in seiner Arbeit darauf, die neuen gesellschaftlichen »Unterschiede« zu kartieren, die durch die Umverteilung des »kulturellen Kapitals« entstanden, durch eine Situation, in der Verbraucher die freie Wahl aus einem immer reichhaltigeren und mannigfaltigeren Sortiment von Gütern und Dienstleistungen hatten.[47] Offensichtlich gab es keine einfachen Antworten. Ein Vierteljahrhundert später konstatierte ein Protegé Bourdieus, der sich mit der Beantwortung derselben Fragen herumschlug: »Die Figur des Verbrauchers muss man sich im Zusammenhang mit einem Ensemble von Veränderungen vorstellen, die nicht rein wirtschaftlicher Art sind, selbst wenn ihre Entwicklung unbestreitbar zeitgleich verläuft mit einer zunehmenden Menge und Vielfalt von Konsumgütern und mit einem vermehrten Zugang neuer gesellschaftlicher Gruppen zu Gütern und Dienstleistungen, die bis dahin einem engeren Kreis der Bevölkerung vorbehalten waren.«[48]

Spätestens Mitte der sechziger Jahre war nicht mehr zu übersehen, dass sich im Verteilungsprofil der Berufe gewisse Ähnlichkeiten zu den Vereinigten Staaten einstellten: Überall in Europa nahm der Anteil der Bauern ab, wenn auch ungleichmäßig; die Zahl der Kapitalisten und der Freiberufler ging zurück, während der Anteil von leitenden Angestellten, kaufmännischen Mitarbeitern und Fabrikarbeitern stieg. Gleichwohl sahen sich diejenigen, die von einer erstarkenden »Mittelschicht« sprachen und damit ein Weniger an gesellschaftlicher Ungleichheit oder eine effektive Demokratisierung des politischen Geschehens implizierten, mit einer Vielzahl an Studien konfrontiert, die zeigten, dass nach wie vor eine ausgeprägte »Ungleichheit des Zugangs zu fast allen Pfründen des sozioökonomischen Systems« bestand.[49] Die meisten Europäer empfanden aus guten Gründen das Glas nach wie vor nicht als halb voll, sondern als halb leer.

Gleichwohl war das westliche Europa auf dem Weg, die kastenartigen Hierarchien der Vorkriegswelt zu überwinden, und sei es nur, weil die quantitative Zu-

46 Potter, People of Plenty.
47 Bourdieu, Différences et distinctions, 117–129. Auf Deutsch ders., Die feinen Unterschiede.
48 Pinto, Le consommateur, 180.
49 Marceau, Class and Status in France, 39ff.

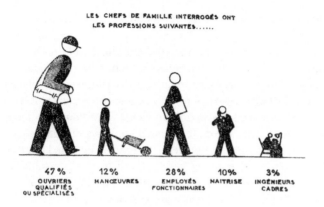

Abb. 30: Haushaltsvorstände und ihre Verteilung auf Berufsgruppen, 1955. Noch werden in der Demoskopie schicht- und berufsspezifische Stereotypen gepflegt.

nahme des Anteils der Lohn- und Gehaltsempfänger an der Gesamtbevölkerung immer mehr Menschen in die Lage versetzte, immer mehr Wahlentscheidungen als Verbraucher zu treffen.

Welche Wahlmöglichkeiten den Verbrauchern aufgrund steigender Einkünfte schon in der ersten Hälfte der fünfziger Jahre offenstanden, damit befasste sich die erste Verbraucherstudie, die jemals in Frankreich durchgeführt wurde – es war zugleich die erste im Regierungsauftrag durchgeführte Erhebung dieser Art in Europa. Sie fand 1954 unter der Aufsicht des Generalkommissariats für Wirtschaftsplanung statt, in einer Phase, in der sich die französische Regierung auf das Anschieben des zweiten Vierjahresplans vorbereitete. Dieser Plan, der eine Verlagerung investiver Prioritäten von der Investitionsgüter- auf die Konsumgüterproduktion beinhaltete, ging davon aus, dass die Familieneinkommen um jährlich vier bis fünf Prozent steigen würden. Das war eine spektakuläre Annahme, gemessen an den drei Prozent Einkommenszunahme im gesamten Zeitraum von 1938 bis 1950, gar nicht zu reden von den kümmerlichen 5,5 Prozent im Durchschnitt der westeuropäischen Länder zwischen 1913 und 1929.

»Sie verdienen 20 Prozent mehr – was machen Sie mit dem Geld?« So lautete die provozierend direkte Frage, die das *Institut Français d'Opinion Publique* (IFOP) im Auftrag des Kommissariats stellte. Es war das erste Mal, dass Verbraucher in Europa gefragt wurden, was sie tun würden, wenn sie mehr Einkommen zur Verfügung hätten. Der Institutsleiter Jean Stoetzel, ein langjähriger Mitarbeiter von George Gallup, schloss in seine Stichprobe »großstädtischer Gehaltsempfänger« nicht nur Facharbeiter, ungelernte Arbeiter und Rentner ein, sondern auch leitende Angestellte. In der Vergangenheit hätte man diese Gruppen als viel zu disparat in ihren »Bestrebungen und Wünschen« erachtet, um sie in einen Befragungstopf zu werfen. Doch jetzt lautete die Prämisse, dass sie sich als Verbraucher nicht grundlegend voneinander unterschieden. Um Diskrepanzen in Bezug auf die Wünsche und Bedürfnisse der Befragten systematisch zu erfassen, berücksichtigten die Statistiker Variablen wie Familiengröße, Wohnort und verfügbares Einkommen, anstatt unterschiedliche Bedürfnisse in Abhängigkeit von der Klassenzugehörigkeit vorauszusetzen.[50]

Schon ein flüchtiger Blick auf die Antworten zeigt, was für ein bemerkenswert »ungleiches« und ungemütliches Land die französische Provinz in Bezug auf die Versorgung mit grundlegenden Annehmlichkeiten damals noch war: In 76 Prozent aller befragten Haushalte gab es kein fließendes warmes Wasser, in neunzig Prozent keine Waschmaschine, in 91 Prozent keinen Kühlschrank. Nur fünf Prozent der berufstätigen Männer nutzten für den Weg zum Arbeitsplatz ein Auto, 85 Prozent hingegen fuhren mit öffentlichen Verkehrsmitteln, mit dem Fahrrad oder gingen zu Fuß. Die Mehrheit der französischen Lohn- und Gehaltsempfänger zeichnete sich, unabhängig von der Höhe ihres Einkommens, durch ein vorsichtiges Finanzgebaren aus: 57 Prozent hatten noch nie einen Kredit aufgenommen. Die meisten kannten die neuen Gebrauchsartikel, die sie sich bei steigendem Einkommen würden anschaffen können, und freuten sich darauf, irgendwann einmal in Urlaub zu fahren, Küchengeräte zu kaufen oder sich ein Auto zulegen zu können. Doch ein großer Teil der befragten einfachen Arbeiter und Rentner äußerte die Absicht, jedwedes zusätzlich verfügbare Einkommen für Lebensmittel auszugeben, insbesondere für Fleisch und Gemüse, und wenn Manager oder Abteilungsleiter von »wichtigen Anschaffungen« sprachen, meinten sie damit Dinge, die wir heute dem Grundbedarf zurechnen würden: Kleidung, schöneres Wohnen, Haushaltsausstattung. Wenn in den fünfziger Jahren die Konsumgesellschaft »geboren« wurde, war es eine außerordentlich langwierige und schwere Geburt: Während bei den leitenden Angestellten zwei Drittel angaben, ihr Lebensstandard habe sich seit 1950 verbessert, sagte dies bei den Büroangestellten und Facharbeitern nur jeder Dritte und bei den ungelernten Arbeitern nicht einmal jeder Sechste. Dass die alte Konsumkultur noch einen langen Schatten warf, wird aus den drollig anmutenden Klischees der Klassengesellschaft deutlich, die die glänzenden jungen Statistiker des IFOP zur bildlichen Illustrierung ihrer Befunde verwendeten. Schon möglich, dass die Schicht- oder Klassenzugehörigkeit als nicht mehr so entscheidend für das Konsumverhalten angesehen wurde, doch dessen ungeachtet hoben die kleinen Diagramme nach wie vor die altvertrauten, auf Ausbildung, Garderobe, typische Arbeitswerkzeuge und Körpersprache bezogenen sozialen Unterschiede hervor: Der Abteilungsleiter wurde im Anzug am Schreibtisch sitzend abgebildet, der Fabrikaufseher mit einem Telefon in der Hand, in das er Anweisungen bellt, der Büroangestellte mit einem Papierstapel unter dem Arm, der Facharbeiter mit umgehängter Werkzeugkiste, der ungelernte Arbeiter eine Schubkarre schiebend.

50 Enquête sur les tendances de la consommation, 16, 22, 28, 37ff.

Mindestens ein weiteres Jahrzehnt sollte vergehen, bis diese sozialen Unterschiede durch eine neue Bezugswelt außerhalb der traditionellen Statushierarchien von Klasse, Arbeit und Ausbildung ersetzt wurden. In dem Maße, wie die Freizeit zunahm, die Einkommen stiegen und die Nutzung der Massenmedien intensiver wurde (vor allem als Folge der rapiden Verbreitung von Fernsehgeräten), etablierte sich die Sphäre der Kommerzkultur, die selbst in der Ära der autoritären Regime in die politische Sphäre eingedrungen war, als unablässig sprudelnde Quelle neuer kultureller Anregungen und Vorbilder für Millionen von Bauern, Einwanderern und auf den Arbeitsmarkt drängenden Frauen, von der Jugend gar nicht zu reden. Sie war eine entscheidende Quelle für die neue Elite von Managern und leitenden Angestellten, deren gesellschaftliche Sichtbarkeit und Legitimität gegenüber den traditionellen bürgerlichen Konventionen der Vornehmheit sich auf die Verkörperung von Effizienz, Entspannung und demokratischen Gepflogenheiten oder auf Rituale wie *week-end*, *barbecue* oder den samstäglichen Einkauf im Supermarkt gründete. Nicht weniger wichtig war die neue Kommerzkultur für junge Leute, die in dem Bestreben, ihre Identität als »Generation« zu finden, aus dem musikalischen, modischen und sonstigen Requisitenfundus der transatlantischen Jugendkultur schöpften. Die schon weitgehend grenzüberschreitende Sphäre der Kommerzkultur bot ein endlos reiches Repertoire an Waren und Moden, von Rock'n'Roll und Jeans bis zum Petting und der Pille; sie sorgte für die krasseste Kluft zwischen einer Altersgruppe und der voraufgegangenen, die im 20. Jahrhundert (oder irgendeinem anderen Jahrhundert) zu beobachten war.[51]

Anders als den traditionellen politisch-wirtschaftlichen oder kulturellen Eliten fehlte es der neuen Elite, deren Prominenz sich dem Massenkonsum und den Massenmedien verdankte, an politischer Entscheidungsmacht, wenngleich ihre Mitglieder »Objekte der Diskussion, des Interesses, der Bewunderung, der Nachahmung und der kollektiven Zuneigung« waren. Als »Prominente« standen sie, wie der italienische Soziologe Franco Alberoni schon zu Beginn der sechziger Jahre vorausschauend konstatierte, nach keiner konventionellen Lesart an der Spitze der Gesellschaft. Sie konnten Aufmerksamkeit erregen, ohne den Sozialneid, die Ressentiments oder die hierarchischen Emulationsmuster zu provozieren, die die alten Eliten typischerweise auslösten. Man konnte somit sagen, dass sie Ressourcen waren, ähnlich wie andere Elemente der Kommerzkultur, Teile eines neuen Bezugssystems, an dem sich gesellschaftliche Zugehörigkeit festmachen ließ.[52] Dabei spielte es keine Rolle, ob sie In- oder Ausländer waren oder aus welchem Land sie stammten. Sie konnten Europäer sein – die italienische Popsängerin Nina, die französischen Beatstars Johnny Hallyday und Sylvie Vartan, die *Beatles* – oder Amerikaner wie Bill Haley, Elvis Presley, James Dean, Natalie Wood oder die vielen anderen Hollywood-Stars. Die Unterscheidung zwischen dem Einheimischen und dem Auswärtigen ließ sich spätestens von den fünfziger Jahren an immer schwerer treffen; in den Vereinigten Staaten existierte die Sphäre der Kommerzkultur in dieser Zeit schon

---

51 Zum Thema Mittelschicht siehe die vorbildliche Studie: Boltanski, The Making of a Class, 97–144. Zur Jugendkultur siehe neben anderen Poiger, Jazz, Rock, and Rebels.
52 Alberoni, Consumi e società, 27, 29.

Abb. 31: Stereotype im Wandel, 1961: Der gefräßige, träge Arbeiter von gestern wird zum schlanken, vergnügungsorientierten Verbraucher von morgen.

flächendeckend und tiefgreifend, und schon seit Jahrzehnten hatte sie mit der Variante interagiert, die es in den europäischen Gesellschaften gab. Jetzt wurden die Verbindungen und Wechselwirkungen lediglich intensiver und politischer, und die Berührungspunkte zwischen den beiden Seiten des Atlantiks wurden zahlreicher, konkreter und durchdringender.

Wie schon sehr viel früher in den Vereinigten Staaten begann der Verbrauchermarkt auch in Europa eine ganz neue sozialwissenschaftliche Visualisierung des Konsumenten hervorzubringen; amerikanische Werbeagenturen und Meinungsforschungsinstitute, allen voran *Nielsen* und *Gallup*, leisteten ihren Beitrag dazu.[53] Die Bilder, die der neue Massenmarkt produzierte, überlagerten die Ikonen, die die Sinnbilder der alten gesellschaftlichen Schichtung gewesen waren – den sparsamen Arbeiter, die aufopferungsvolle Hausfrau und Mutter, den aus der Bahn geworfenen, mit dem Faschismus sympathisierenden Angestellten, den konservativ-bürgerlichen Kulturmenschen –, und löschten sie schließlich ganz aus. An ihre Stelle traten neue Ikonen – der dynamische Jungmanager, die Hausfrau als kritische und sachkundige Verbraucherin, der Teenager in Jeans, der gut verdienende Arbeiter –, auf die in den siebziger und achtziger Jahren eine ganze Reihe sogenannter Lifestyle-Klassen folgte wie der *huppé* (das französische Äquivalent zum Yuppie), die berufstätige Ehefrau, der Schwule oder der *paninaro*, dessen Lebensstil darin bestand, dass er in den Fast-Food-Lokalen von Rom und Mailand herumlungerte.

Wie in den Vereinigten Staaten ein paar Jahrzehnte zuvor sprach jetzt in Europa das Marketing vom Massenmarkt, als sei er bereits voll entwickelt. Gewiss, die Nachfragestrukturen hatten sich schon zu verändern begonnen. Seit den sechziger Jahren waren die Statistiker auf ein Phänomen aufmerksam geworden, das auf dem

---

53 Rinauro, Storia del sondaggio d'opinione; Blondiaux, La fabrique de l'opinion; Berghoff, Von der »Reklame« zur Verbrauchslenkung, 77–112.

amerikanischen Markt schon in den zwanziger Jahren aufgefallen war: Menschen mit höherem Einkommen waren zwar die Ersten, die sich neu auf den Markt kommende Automodelle oder Kühlschränke kauften. Die Bezieher niedrigerer Einkommen brauchten jedoch immer weniger Zeit, um zu den Konsumpionieren aufzuschließen. Als in Frankreich 1954 die ersten erschwinglichen Fernsehgeräte auf den Markt kamen, wurden 5.000 davon verkauft; 1965 waren es 4,2 Millionen. Um 1960 mochte es noch die gut situierte Bürgerfamilie sein, die als Erste mit neuen Produkten experimentierte, doch zehn Jahre später waren mittlere Führungskräfte der Wirtschaft oder sogar gut verdienende junge Arbeiterfamilien mit dabei, wenn es galt, von der Werbung lancierte neue Produkte zu kaufen, wenn nötig auf Kredit.[54] Die feinen Klassenunterschiede waren zählebig, wie man wusste, und die wirkliche gesellschaftliche Macht blieb in den Händen der alten Eliten. Dessen ungeachtet stellte die Wirtschaft fest, dass es für Marketingzwecke funktionierte, die gesamte westeuropäische Gesellschaft in vier Einkommensklassen einzuteilen und Marketingstrategien an diesem Raster auszurichten. Als besonders aufregend empfand sie die allmähliche Entstehung einer neuen Massen-Mittelschicht, Resultat des Aufstiegs einer großen Zahl von Geringverdienern der Kategorie D in die Einkommensgruppe der aufstrebenden Mittelverdiener der Kategorie C.[55]

Wenn der Massenkonsum zur materiellen Grundlage einer »neuen Zivilisation« werden sollte (um Simon Pattens Formel aufzugreifen), mussten Menschen unterschiedlicher Herkunft miteinander über gemeinsame Normen der Lebensführung kommunizieren können, selbst wenn man akzeptieren musste, dass nicht alle, und manchmal nur die allerwenigsten, die prestigeträchtigsten Dinge kaufen konnten. Als Westeuropa mit bemerkenswerter Schnelligkeit den Übergang von einer »Epoche des Mangels« in eine »Ära des Überflusses« schaffte, begannen einige ideologische Herolde der europäischen Konsumgesellschaft sogleich von einer neuen »Zivilisation des Konsums« zu sprechen, ohne jene Angst vor außer Kontrolle geratenden Konsumgelüsten zu verbreiten, die sich noch in der ersten Jahrhunderthälfte angesichts des sich abzeichnenden Massenkonsums im Bürgertum breitgemacht hatte. Der französische Soziologe Jean Fourastié, der Candide der *trente glorieuses*, der »dreißig glorreichen Jahre« von 1945 bis 1975, widmete sich dem Thema mit besonderer Eloquenz. Wie Patten schrieb er der heraufziehenden Konsumkultur zivilisierende Wirkungen zu: »Eine neue Facette des Lebens sollte normalerweise eine neue Facette der Zivilisation entstehen lassen«, spekulierte er schon 1947.[56] Als er zwei Jahrzehnte später auf das Thema »Verbraucher-Zivilisation« zurückkam, äußerte er keineswegs die Befürchtung, die modernen Konsumstandards würden die althergebrachte Lebensweise zerstören; ganz im Gegenteil fand er es erfreulich, dass die Menschen weniger für Essen und Trinken bezahlen mussten und dafür mehr für Freizeitbeschäftigungen, ihre Gesundheit und ihre Ausbildung ausgeben konnten. Das werde, so meinte er, das Leben verbessern und verlängern, und zwar für alle.[57]

54 Gelpi/Julien-Labruyère, The History of Consumer Credit.
55 McCreary, The Americanization of Europe, 99, 253.
56 Fourastié, La civilisation de 1960, 68f.
57 Ders., Pourquoi nous travaillons, 94f.

Nach demselben Muster werde der primitive Konsum der Gegenwart einem zivilisierenden Konsum der Zukunft Platz machen. Dem bis dahin stets als wenig gesundheitsbewusst und gesellschaftlich unbeweglich geltenden Proletariat, dem von konservativer Seite oft angekreidet worden war, es verwende Lohnerhöhungen dazu, mehr Lebensmittel zu konsumieren, wurde jetzt auf einmal eine gesellschaftliche Aufwärtsmobilität zugetraut. Der stumpfsinnige, fettleibige, am Tisch festgebolzte, tellerweise Essen verschlingende Arbeiter transmutierte zu einem schlanken, geistesgegenwärtigen Sportsfreund, der die Skihänge hinunterwedelte. Die Bilder, mit denen die französische Managerzeitschrift *Entreprise* 1961 diesen radikalen Wandel illustrierte, wirken freilich so zwiespältig, dass man sich fragt, ob es sich um einen satirischen Kommentar zum Ideal der Selbstvervollkommnung, um ein Rezept für eine erfolgreiche Aufwärtsmobilität oder um eine verkappte bösartige Stereotypisierung des Arbeiters als des nach wie vor körperlich abstoßenden Kontrahenten handelte.

Konsum als Grundstein einer Europäischen Gemeinschaft

Mit der Einrichtung des Gemeinsamen Marktes 1957 entfernte sich die Figur des »Bürgers als Verbraucher« einen weiteren Schritt von der Vergangenheit. Artikel 2 der Römischen Verträge beinhaltete das Postulat, die vorrangige Aufgabe der Europäischen Wirtschaftsgemeinschaft (EWG) bestehe darin, »eine beschleunigte Hebung der Lebenshaltung [...] zu fördern«. Tatsächlich kam nur in einem einzigen Paragraphen der Verträge, in Artikel 39, der Ausdruck »Verbraucher« vor, und zwar im Zusammenhang mit der Agrarpolitik der EWG, die »für die Belieferung der Verbraucher zu angemessenen Preisen Sorge [...] tragen« müsse. Wie auch immer, dem gesamten Vertragswerk lag die neoliberale Überzeugung zugrunde, die wesentliche geografische Ausweitung des Marktes werde die internationale Arbeitsteilung verbessern, Hindernisse für den Güterverkehr abbauen und neue Chancen für eine Ökonomie der großen Zahl eröffnen, mit der Folge, dass die Verbraucher von erhöhter Produktivität, höheren Einkommen, größerer Angebotsvielfalt und niedrigeren Preisen profitieren würden. In der Euphorie, die mit den ersten praktischen Schritten zur Umsetzung der Verträge einherging, prophezeite Jean Monnet rundheraus, die Europäer würden »binnen fünfzehn Jahren den amerikanischen Lebensstandard erreichen«.[58]

Sehr weit daneben lag der »Gründervater« Europas damit nicht, wenn wir uns vergegenwärtigen, wie es bis 1973/74 voranging. Jahr für Jahr zeigte das Bruttoinlandsprodukt in Frankreich, Deutschland, Italien und den Benelux-Ländern ein Wachstum von durchschnittlich 3,5 Prozent (gegenüber 2,1 Prozent in den USA), und der Konsum von Waren und Dienstleistungen pro Kopf der Bevölkerung stieg um 4,6 Prozent (gegenüber 2,9 Prozent in den USA). Wichtiger noch war, dass sich

---

58 Zit. n. Dupuigrenet-Desroussilles, Niveaux de vie, 41. Vertrag zur Gründung der Europäischen Wirtschaftsgemeinschaft, 25. März 1957.

das verfügbare Einkommen der Lohn- und Gehaltsempfänger innerhalb dieser 15 Jahre praktisch verdoppelte, die Handelsumsätze innerhalb der EWG sich verdrei- und im Automobilsektor sogar vervierfachten, und dass all dies sichtbare Auswirkungen auf das Konsumverhalten der Menschen zeitigte.[59] In dem Maße, wie die Zollschranken niedriger wurden, stellten die Holländer, Bewohner eines pfannkuchenflachen Landes ohne nennenswerte eigene Autoindustrie, ihre Fahrräder in die Ecke und stiegen ins Auto um. Belgische Familien, denen der Zugang zu Haushaltsgeräten lange Zeit durch hohe Einfuhrzölle und eine ineffiziente Distribution verwehrt gewesen war, hatten plötzlich Zugriff auf italienische Kühlschränke, deutsche Waschmaschinen und japanische, deutsche oder holländische Radios. Die Bundesrepublik Deutschland war zwar der bedeutendste Exporteur von Haushaltsgeräten, importierte aber auch in großem Stil günstige Kühlschränke, Waschmaschinen und Radios, dazu Schuhe, Unterwäsche und Lebensmittelspezialitäten aus Frankreich und Italien.[60]

Die Euphorie darüber, dass die nationalen europäischen Märkte zum Nutzen des Verbrauchers homogenisiert und integriert wurden, enthielt eine große Portion Wunschdenken, das von den Ergebnissen der neuen Marketingstudien noch angeheizt wurde. Deren erste wurde 1963 im Auftrag von *Reader's Digest* veranstaltet, dem damals führenden amerikanischen Werbemedium. Nachdem die Zeitschrift ihr Hauptquartier 1945 in Paris aufgeschlagen hatte, war sie schnell zu einer publizistischen Institution in Europa geworden, die ihre Botschaft, mit viel Anzeigenwerbung angereichert, in allen wichtigen Sprachgebieten Europas unter die Leute brachte. Der Volkswirtschaftler Uwe Kitzinger gelangte bei der Interpretation der aufwendig gestalteten Tabellen und Diagramme, die auf der Befragung von 12.500 repräsentativ ausgewählten Personen durch sechs unabhängig voneinander operierende demoskopische Institute beruhen, zu der Schlussfolgerung: »Die Länder Westeuropas, Großbritannien und die Sechs, sehen (von Mittel- und Süditalien abgesehen) heute tatsächlich im Wesentlichen gleich aus. In holländischen Häusern findet man viele derselben langlebigen Gebrauchsgüter wie in Häusern im Nordwesten Italiens, und die Deutschen haben in ihren Wohnungen weitgehend dieselben Annehmlichkeiten wie die Holländer.«[61] Dieser Befund schloss nicht aus, dass nach wie vor zahllose kleine Unterschiede bestanden, insbesondere was Essgewohnheiten betraf, dass Stecker und Steckdosen selten von Land zu Land kompatibel waren, dass Medikamente wie zum Beispiel die Antibabypille in einem Land zugelassen, im anderen verboten sein konnten. Nicht zu übersehen war auch, dass nach wie vor riesige Preisunterschiede für gleiche oder ähnliche Produkte bestanden; eine möglichst einheitliche Mehrwertsteuer, die zu Beginn der siebziger Jahre eingeführt wurde, sollte zu einer Homogenisierung der Preise führen, doch der Effekt wurde immer wieder durch erratische Wechselkursänderungen von einem Land zum anderen zunichtegemacht. So gesehen, war das Bild von einem europäischen Verbraucher, den man mit dem amerikanischen oder auch mit dem französischen, deutschen oder

59 Poelmans, L'Europe et les consommateurs, 28, 37.
60 Cooper, The Economics of Interdependence.
61 Kitzinger, The New Europeans, 4.

italienischen Verbraucher hätte vergleichen können, zu großen Teilen eine Fiktion aus dem Lehrbuch von Marketing-Strategen, unrealistisch angesichts der vielen innerhalb der nationalen Bevölkerungen bestehenden Diskrepanzen in Bezug auf Schichtzugehörigkeit, ethnische und regionale Herkunft, abgesehen davon, dass die Hälfte Europas ganz außen vor blieb. Es war nichtsdestotrotz eine für Investoren, Marketing-Strategen und Politiker nützliche Fiktion. Die Konstatierung einheitlicher Verbrauchergewohnheiten – die die Verbraucher selbst wohl nicht ohne weiteres erkannt hätten – ließ sich politisch als Zeichen dafür präsentieren, dass die im Entstehen begriffene europäische Gemeinschaft ein erfolgreiches Projekt war. Nicht zu vergessen war dabei der Aspekt, dass das Wunschbild vom »europäischen Verbraucher« in erster Linie beschworen wurde, um Investitionen anzuregen und damit wiederum die wirtschaftliche Integration voranzutreiben.

Das offizielle Europa ging davon aus, dass der Gemeinsame Markt die wirtschaftlichen Bindungen an die Vereinigten Staaten stärken würde, ebenso wie das offizielle Amerika sich davon eine Ausweitung des Handels mit Europa erhoffte.[62] Doch erwartete wohl niemand die Schnelligkeit, mit der sich US-amerikanische Unternehmen in den EWG-Ländern breitmachten, oder das Ausmaß ihrer Fähigkeit, ganzen Sektoren der Wirtschaft ihren Stempel aufzudrücken, auch solchen, denen man eine besondere Widerstandsfähigkeit gegen amerikanische Invasionsversuche zugetraut hatte, wie der Lebensmittel-, Gastronomie- und Einzelhandelsbranche. Bis Anfang der sechziger Jahre hielten sich die meisten US-Unternehmen vom europäischen Festland fern, es sei denn, sie verfügten wie *Kodak*, *Coca-Cola* oder die großen Autohersteller bereits über substanzielle Erfahrungen und Marktanteile in der Region. Die anderen scheuten den europäischen Paragraphendschungel, die kämpferischen Gewerkschaften und die unübersehbaren antiamerikanischen Ressentiments. Wenn es um ausländische Direktinvestitionen mit hohen Ertragschancen ging, zogen sie Lateinamerika vor, nicht zu reden von ihrem liebsten Auslandsmarkt, dem anglophonen Kanada, wo schon 1960 43 Prozent aller industriellen Produktionskapazitäten US-amerikanischen Firmen gehörten.[63] Als jedoch die Europäer begannen, ihre Richtlinien zu vereinfachen, und als in den USA die mit standardisierten Massenprodukten zu erzielenden Gewinne schrumpften, während das Ausgabenbudget der europäischen Verbraucher weiter anzusteigen versprach, entschlossen sich immer mehr US-Unternehmen, Investitionen in den Ländern des Gemeinsamen Marktes zu tätigen, nicht zuletzt auch weil sie dort von einem überbewerteten Dollar profitierten. Die bereits in Europa aktiven Unternehmen verdoppelten im Zeichen dieser neuen Angriffslust ihre Anstrengungen, und neue Anwärter traten auf den Plan. Waren in den fünfziger Jahren vielleicht zwei Prozent der Kapitalinvestitionen in Europa auf das Konto amerikanischer Geldgeber gegangen, so stieg dieser Anteil bis 1965 auf 5,2 Prozent.[64] Die Investitionen erzielten eine gleichsam überproportio-

---

62 Dupuigrenet-Desroussilles, Niveaux de vie, 137.
63 Layton, Trans-Atlantic Investments, 29.
64 Ebd.; siehe auch Dickie, Foreign Investment. Allgemeiner siehe Boddewyn/Hansen, American Marketing, 548–563. Gilpin, U.S. Power and the Multinational Corporation, arbeitet die aggressive Dynamik US-amerikanischer Konzerne an der Schwelle zu den sechziger Jahren heraus.

nale Wirkung, was damit zu tun hatte, dass sie in Branchen mit hoher Sichtbarkeit flossen, vor allem in die Bereiche Lebensmittel, Kosmetika und Haushaltsgeräte, die sich allesamt durch rasantes Wachstum, hohe Gewinne und intensive Werbeanstrengungen auszeichneten. Da US-Unternehmen in einem Größenmaßstab operierten, in dem die Bedienung eines kontinentweiten Markts, ein sich über ganz Europa erstreckendes Vertriebsnetz und entsprechend ausgelegte Marketing-Abteilungen üblich waren, besaßen sie beste Voraussetzungen, um bei der Markteinführung neuartiger Produkte oder preisgünstiger Modelle die Nase vorn zu haben. Ein wohlbekanntes Beispiel dafür ist der *Ford Taunus*, der, als er antrat, »Europa zu erobern«, die einheimischen Autohersteller, insbesondere die französischen, zur Senkung der Preise für ihre niedrig motorisierten Modelle zwang. Gemessen am erklärten Ziel des Gemeinsamen Marktes, dem europäischen Verbraucher eine größere Auswahl und niedrigere Preise zu verschaffen, zeigten die US-Unternehmen, dass sie »europäischer als die Europäer« sein konnten.[65]

Sich der neuen Wettbewerbslogik, die der multinationale Kapitalismus US-amerikanischer Provenienz eingeführt hatte, zu entziehen, war praktisch unmöglich. Charles de Gaulle, der asketische Präsident der Fünften Republik, sah in den US-Multis den langen Arm des amerikanischen Imperialismus. Wie die Millionen anderen Leser von Jean-Jacques Servan Schreibers viel gerühmtem Buch *Die amerikanische Herausforderung* (1967) empörte es ihn, zu erfahren, dass die größte einzelne Wirtschaftsmacht im neuen Europa nicht eines der EWG-Länder war, sondern die Gesamtheit der innerhalb der Grenzen des Gemeinsamen Marktes operierenden US-Unternehmen. Vorausschauend empfahl Servan-Schreiber den Europäern, ihre Industrien ebenfalls grenzüberschreitend zu organisieren, wie die US-Konzerne es vormachten. Die Fähigkeit, Kapital und Knowhow zu mobilisieren, war besonders in den Bereichen Telekommunikation und Informationstechnik gefragt, um hier, wo die nächste große Welle von Investitionen und Innovationen zu erwarten war, mit der amerikanischen Wirtschaft mithalten zu können.[66]

Da es der Regierung de Gaulle nicht gelang, die amerikanische Konkurrenz aus dem Feld zu schlagen, bemühte sie sich nach Kräften, sie in für die französische Wirtschaft vorteilhafte Bahnen zu lenken. Exemplarisch dafür war das strategische Denken hinter der von den Gaullisten betriebenen Revolution der französischen Kosmetikindustrie. In dem Maße, wie sich die Hygienevorstellungen veränderten und die Einkommen der Menschen stiegen, öffnete sich für die Parfums aus den Labors der im südfranzösischen Grasse konzentrierten, jahrhundertealten Duftstoffindustrie ein riesiger Exportmarkt. Das herrliche mittelalterliche Städtchen in der Provence lag auf einem Hügel und war umgeben von Feldern, auf denen Lavendel, Nachthyazinthen, Rosen und Jasmin angebaut wurden. Doch wie viele andere in handwerklicher Tradition stehende Konsumgüterbranchen, war auch die Parfumindustrie von Grasse nicht willens, sich von hergebrachten Routinen zu lösen: Die ätherischen Duftöle wurden per *enfleurage* gewonnen, ein Verfahren, bei dem die

---

65 Layton, Trans-Atlantic Investments, 29.
66 Servan-Schreiber, Die amerikanische Herausforderung. Siehe auch Kuisel, Seducing the French.

geernteten Blüten und Wurzeln in großen Kupferbottichen mit geruchsneutralem Öl erhitzt und die gewonnenen Extrakte dann in Talg eingeschlossen wurden. Es war ein mühsamer, zeitaufwendiger und teurer Prozess, der häufig unter Engpässen beim Rohstoffnachschub litt und ein instabiles Produkt mit unberechenbarer Haltbarkeitsdauer hervorbrachte – keine verlässliche Basis für groß angelegte neue Marketing-Strategien. In den fünfziger Jahren beherrschte die Parfumindustrie von Grasse zwar nach wie vor 95 Prozent des westlichen Handels mit natürlichen Duftrohstoffen, hatte aber kaum Chancen, in den internationalen Wettbewerb einzugreifen oder auch nur die wachsende Nachfrage auf dem einheimischen Markt zu befriedigen. Zunehmend sah sie sich von aufwendig vermarkteten synthetischen Duftstoffen amerikanischer Herkunft in die Ecke gedrängt, die von Anbietern wie *Estée Lauder*, *Revlon*, *Elizabeth Arden* oder *Harriet Hubbard Ayer* importiert wurden. Das Markenimage, das sich diese Firmen aufgebaut hatten, beruhte nicht nur auf einem geschickten Marketing, sondern auch auf dem Umstand, dass die Vereinigten Staaten aus dem Zweiten Weltkrieg mit einer hochmodernen chemischen Industrie hervorgegangen waren, nicht zuletzt dank des Zustroms ausländischer, vor allem deutscher und jüdischer Chemiker. Als das US-Unternehmen *Universal Oil Products*, das durch systematischen Zugriff auf das konzentrierte chemische Knowhow, das im Umfeld der Erdölraffinerien auf den Marschen und Poldern des nördlichen New Jersey vorhanden war, synthetische Duftstoffe entwickelt hatte, in Frankreich auf den Plan trat, hieß die französische Regierung es willkommen. 1966 erteilte sie dem Unternehmen die Genehmigung, einen Mehrheitsanteil am größten französischen Duftstofferzeuger *Chiris* zu übernehmen. Im Gegenzug erhielt die französische Parfumindustrie Zugang zu US-Patenten und internationalen Märkten, vor allem auch zum größten und am schwersten zu knackenden Markt, dem amerikanischen. Bis 1970 übernahmen US-Konzerne elf der 15 führenden französischen Parfumhersteller, und der gesamte Sektor präsentierte sich neu geordnet. Parfumkenner in Paris mochten den Unterschied zwischen synthetischen und Naturprodukten merken, die wohlhabenden Kundinnen von der Park Avenue jedoch wohl weniger und die neuen Käufermassen, die sich mit Wohlgerüchen eindeckten, schon gar nicht. In den Folgejahren verschrieb sich Grasse der Diversifizierung und ist inzwischen ebenso bekannt für seine synthetisch hergestellten Lebensmittelaromen und Duftstoffe wie für seine traditionellen Parfumdüfte.[67]

Als die Dynamik des Gemeinsamen Marktes lokale, abgegrenzte und vertraute Kundensegmente zunehmend in ein transnationales, unbegrenztes und anonymes Käuferpotenzial verwandelte, war für das Marketing amerikanischen Stils die Zeit reif, die europäische Bühne wieder zu betreten.[68] Wie die US-Wirtschaft im Ganzen hatten auch die amerikanischen Werbeagenturen nach dem Zweiten Weltkrieg ihre Investitionstätigkeit in Europa auf ein Minimum zurückgeschraubt, bis wieder sicherere Zeiten kommen würden. Als typischer Fall kann in dieser Beziehung die Agentur JWT gelten, die Anfang der fünfziger Jahre ihr Pariser Büro tastend

---

67 Layton, Trans-Atlantic Investments, 76; Grasse, The History of the Grasse Perfume Industry.
68 Meuleau, L'introduction du marketing, 2–65; ders., De la distribution au marketing, 61–74.

wiedereröffnete und sich 1952 mit einem aus einem Zimmer bestehenden und mit zwei Mitarbeitern besetzten Kontor in Frankfurt am Main niederließ. Nach dem Abschluss der Römischen Verträge wies das New Yorker Hauptquartier seine europäischen Statthalter an, »den Entwicklungen im Gemeinsamen Markt vorauszueilen und flexibel genug zu sein, um jede sich bietende Gelegenheit zu nutzen«.[69] So geschah es.

Es war nicht London oder Paris, sondern Frankfurt mit seiner völlig neu gestalteten, mit Wolkenkratzern aufgeputzten Innenstadt, das zum Mittelpunkt von JWTs neuem kontinentaleuropäischen Reich wurde. Unter der Führung des in Schlesien geborenen Peter Gilow, der seine berufliche Ausbildung angesichts der im Deutschland der Kriegs- und Besatzungsjahre herrschenden Flaute größtenteils in den USA absolviert hatte, blühten die Geschäfte der Agentur auf. 1964 beschäftigte JWT nicht weniger als 470 Mitarbeiter, die in einem fünfstöckigen Stadtpalais mitten zwischen den Konsulaten entlang der Bockenheimer Landstraße residierten, und betreute die Werbeauftritte von 117 Markenprodukten und Dienstleistern, darunter *Ford Taunus*, *Kraft*, *Pepsi*-Cola, Triumph-Damenunterwäsche, Seifen und Waschmittel von *Unilever*, Maggi-Brühwürfel, *Findus*-Tiefkühlkost, *De Beers*-Diamanten, Jacobs-Kaffee und die Deutsche Bank. Wie schon in den zwanziger Jahren setzte JWT mit ihren Arbeitswerkzeugen den Standard für sogenannte Full-Service-Agenturen. Die Agentur verfügte über ein eigenes Labor für fotografische Bildbearbeitung, Tonaufnahmestudios, einen Vorführraum mit Filmprojektoren und einer internen Fernsehanlage sowie über eine Studienbibliothek mit Zeitungen und Zeitschriften aus aller Welt; damit nicht genug, richtete sie auch noch eine stahlschimmernde Profiküche für das Testen von Produkten und Verpackungen ein.[70]

Wie schon früher profitierte JWT auch jetzt wieder von zusätzlichen Aktivitäten, die ihrer Überzeugung nach für ein erfolgreiches Marketing in einer dienstleistungsorientierten Gesellschaft unerlässlich waren. Dass die europäischen Märkte zunehmend homogen wurden, war eine nicht zu übersehende Tatsache. Ihre amerikanischen Erfahrungen hatten die Agentur jedoch gelehrt, dass jede groß angelegte Marketing-Kampagne »einen hohen Grad an Flexibilität auf der Grundlage lokalen Wissens« erforderte. Aus diesem Wissen heraus unterstützte JWT die Gründung der *European Society for Marketing and Opinion Research* (ESOMAR).[71] Eine führende Rolle spielte die Firma auch bei der Gründung eines neuen deutschen Branchenverbandes, der Gesellschaft Werbeagenturen oder GWA, die wie ihr US-Vorbild, die *American Association of Advertising Agencies*, die Werbewirtschaft voranbringen und fördern sollte. Eine ihrer ersten Initiativen bestand darin, für eine Revision der den Wettbewerb behindernden gesetzlichen Bestimmungen zu werben, die die Nationalsozialisten in Kraft gesetzt hatten, um der Werbebranche mehr Moral einzu-

---

69 Sam Meeks an Tom Sutton, 12. August 1957, Ordner »Policy Letters, 1954–1957«, Box 4, Sam Meeks Correspondence, JWT.
70 Peter E. Gilow, Personnel, Box 27, Individuals and Officers, International Series, E. G. Wilson Series, JWT; Peter Gilow an Tom Sutton, 13. Oktober 1961, Frankfurt Office, Mappe »Sam Meek«, Ordner »International Branch Management«, Henderson Papers, JWT.
71 J. Walter Thompson, Market Research on a European Basis, 2, 22, Publications Series, JWT.

impfen. JWT war in Europa außerdem der gewichtigste Fürsprecher des *Social Advertising*, das in den USA durch das *Advertising Council* propagiert wurde, um der öffentlichen Kritik an der Werbebranche entgegenzutreten, die Verbraucherschützer wie Vance Packard und Ralph Nader mit ihren Schriften angeheizt hatten. Unter der Schirmherrschaft der GWA gestaltete JWT Kampagnen für die »Aktion Gemeinsinn«, einen Verein, der für ehrenamtliches Engagement warb und dessen Ehrenpräsidentin Wilhelmine Lübke war, die Frau des damaligen Bundespräsidenten. Ziel der ersten vierjährigen Kampagne der Aktion Gemeinsinn war es, die Bundesbürger zu einer demokratischen Lebensweise zu erziehen, indem man sie dazu anhielt, sich für öffentliche Belange einzusetzen. JWT kreierte den Slogan: »Miteinander – Füreinander: wirbt in der Aktion Gemeinsinn eine Gruppe unabhängiger Bürger auch um Ihre freiwillige Mitarbeit«. Weiterhin wollte die Aktion »den Einzelnen wie der Öffentlichkeit die Aufgaben vor Augen führen, die der Staat allein nicht lösen kann und auch nicht lösen soll.« Darüber hinaus erfand JWT das Schreckgespenst des »Herrn Ohnemichel«: »[E]r winkt immer ab, wenn es darum geht helfen, Rücksicht zu nehmen, sich mitverantwortlich zu fühlen.[…] ihm fehlt Gemeinsinn.«[72]

Indem sich JWT unter Berufung auf eine sich herausbildende Dienstleistungsgesellschaft mit einem möglichst weit reduzierten Maß an staatlicher Einmischung um eine Synthese aus amerikanischer Geselligkeit und europäischer sozialer Solidarität bemühte, fand sie sich auf einer Wellenlänge mit der nachwachsenden westdeutschen Rotarierbewegung wieder. Die Bundesrepublik Deutschland bot Ende der sechziger Jahre einen idealen wirtschaftlichen, politischen und kulturellen Nährboden für einen Wachstumsschub bei den Rotarierclubs. Einige wenige erinnerten sich an die quälenden Anstrengungen der Clubs, sich mit dem NS-Regime zu arrangieren, aber sie machten darum kein Aufheben, und die vorherrschende Überzeugung war die, dass die Clubs der Vorkriegszeit Archen des deutschen Liberalismus gewesen seien und nach ihrer Zwangsauflösung durch die Diktatur als von der Gestapo drangsalierte »Freundeskreise« fortbestanden hätten. Ihr Überleben sei den in den zwanziger und dreißiger Jahren geschmiedeten Freundschaftsbanden und etlichen heroischen subversiven Aktivitäten zu verdanken, die einzelne Mitglieder vollbracht hätten, um, dem NS-Terror zum Trotz, die Embleme und Ideale des Clubs zu bewahren. Nachdem amerikanische Truppen Deutschland besetzt hatten, versuchten die bestehen gebliebenen Zirkel, sich neu zu organisieren. Als der 27-jährige Hauptmann der *U.S. Army* Don Sheldon, ein Rotarier aus Prescott in Arizona, am 30. April 1945 im Namen der Fünften US-Armee München zur besetzten Stadt erklärte, machte er die Bekanntschaft des Brotfabrikanten und ehemaligen Oberbürgermeisters Karl Scharnagl, der einst ein Tischnachbar von Thomas Mann bei den montäglichen Versammlungen des Rotarierclubs München gewesen war, und zwischen den beiden Männern entwickelte sich bald eine freundschaftliche Beziehung. Unmittelbar nach Ankunft der US-Truppen hatte sich der alte Scharnagl ins Rathaus

---

72 »Welche Themen sollte die Aktion Gemeinsinn bei der derzeitigen wirtschaftlichen und politischen Unsicherheit behandeln?«, Aktion Gemeinsinn, 1961–Dezember 1963, Korrespondenz-Akte, Ordner »Frankfurt Information«, Nachlass Peter E. Gilow, JWT; siehe auch Hannelore Kroter, Zwischen Hotshop und garantiertem Werbeerfolg, Ausriss aus dem Industriekurier, 11. März 1969, 12, ebd.

begeben, um sich dort als Rotarier vorzustellen – als Ausweis hatte er seine blau und goldfarben emaillierte Anstecknadel dabei, die er während der gesamten Dauer seiner Internierungshaft in Dachau in seiner Westentasche aufbewahrt hatte. (Eine wenig glaubhafte Geschichte, meinte abfällig der Schweizer Statthalter von *Rotary International*, als sie ihm zugetragen wurde. Wenn Scharnagl wirklich in Dachau inhaftiert gewesen wäre und die Nadel bei sich gehabt hätte, wäre er nicht mehr am Leben. Das war freilich leicht dahingesagt für jemanden, der den ganzen Krieg über gemütlich in Zürich gesessen hatte.) Wie auch immer, Sheldon reagierte auf die Nadel, wie es ihm als Rotarier geziemte: Er sah in ihr ein Zeugnis der Rechtschaffenheit und des Respekts voreinander. Die amerikanischen Besatzungsbehörden brauchten einen neuen Oberbürgermeister für München, und auch wenn der für die amerikanischen Umerziehungsprogramme verantwortliche Offizier, ein Rotarier aus Tuscaloosa in Alabama, später die Meinung äußerte, Scharnagl sei »zu seiner Zeit und in seinem Alter nicht mehr der letzte Schrei von einem Oberbürgermeister gewesen«, wurde er vereidigt, wobei seine emaillierte *Rotary*-Anstecknadel die einzige Dekoration an seinem schlotternden und fadenscheinigen Anzug war. In den folgenden Elendsmonaten verbrachte Scharnagl viel Zeit draußen an Volkes Seite – ein Gebot wenn nicht einer neuen Dienstleistungs-Ethik, dann der schweren Zeit –, ein hohlwangiger alter Herr mit einem Steinbruch von Gebiss, der immer wieder einmal zur Schaufel griff, um etwas von dem Schutt wegzuräumen, den siebzig alliierte Bombenangriffe hinterlassen hatten.[73]

Rotary International hatte die Absicht geäußert, mit der Wiedergründung der deutschen Clubs mindestens fünf Jahre zu warten, bis Deutschland wieder eine eigene Regierung habe, die lokalen Anwärter die Entnazifizierung hinter sich hätten, die allen Deutschen bevorstand, und die Belgier und andere Völker, die unter deutscher Besatzung gelitten hatten, ihren Frieden mit Nachkriegsdeutschland gemacht haben würden. Andererseits waren die Amerikaner der Überzeugung, die Rotarier könnten einen Beitrag zur Verteidigung des Westens gegen die sowjetische Aggression leisten. Im Endeffekt war das Rotariertum in Deutschland schon seit 1949 wieder organisiert, früher als irgendjemand außer den altgedienten deutschen Rotariern selbst erwartet hatte. Freilich, die aristokratischen Mitglieder von früher waren vielfach entweder tot oder im Exil, das jüdische Bürgertum war ausgerottet und die Freiberufler, Unternehmer und Geschäftsleute hatten so sehr mit den drängenden materiellen Problemen des täglichen Lebens zu tun, dass ihnen kaum Zeit für kulturelle Kontemplation blieb, und so übernahm eine neue Generation deutscher Rotarier die Regie, deren Leitbild der gegen jeden Nationalismus immune Weltbürger war. Sorgfältig darauf bedacht, die internationalen Normen des Rotariertums – strenge Anwesenheitspflicht, Anwerbung jüngerer Mitglieder, Vertiefung der Auslandskontakte, Förderung gemeinnütziger Projekte – vorbildlich zu erfüllen, breitete sich die

---

73 An den Präsidenten von Rotary International, betr.: Rotary-Club München, 23. August 1945, Akte »Verschiedenes mit Germany zu tun«, European Advisory Committee, Rotary International European Office, Zürich; Luther Struthers an E. A. Atkins, 26. Juni 1947, ebd.; Luther Struthers an Parker, 14. Oktober 1948, ebd.; Lovejoy an Panzar, 2. Juni 1949, ebd.; »From Belgians, undaunted and unidentified«, 9. August 1949, ebd.; Percy Hodgeson an Walther Panzar, 16. September und 24. Oktober 1949, ebd.

Bewegung in den sechziger Jahren rasch aus, vor allem in den prosperierenden Industrie- und Handelszentren des Rheinlands und des Ruhrgebiets. In Köln, wo Max Adenauer, Sohn des Kanzlers und Gründer des örtlichen Rotarierclubs, 1969/70 als dessen Präsident amtierte, waren nach dem ersten noch zwei weitere Clubs ins Leben gerufen worden, um den Bedarf der wachsenden Mittelschichtbevölkerung der expandierenden Domstadt zu decken. In der gesamten Bundesrepublik waren 1970 nicht weniger als 320 Rotarierclubs aktiv, zusammengefasst zu sieben Bezirken und insgesamt 11.500 Mitglieder zählend. Das Ideal des Dienens oder der Dienstleistung war zu einem allseits anerkannten Motto geworden, und der Club galt als vorbildlich hinsichtlich der gesellschaftlichen und internationalen Aufgaben, die er erfüllte. Max Adenauer beaufsichtigte persönlich die Aktivitäten der Kölner Clubs, obwohl er in seinem Amt als Oberstadtdirektor sehr viel zu tun hatte. Zwei Jahre lang hatte er an vorderster Front dafür gekämpft, dass die Rotarier zur Feier des vierzigsten Gründungsjahres des Kölner Clubs Spendengelder für den Kauf eines VW-Busses zusammenbekamen, der einer Kölner Schule für Körperbehinderte zur Verfügung gestellt werden sollte. Damit nicht genug, finanzierten die Kölner Rotarier auch Stipendien für Hochschulstudenten und schickten Hilfslieferungen in Katastrophengebiete; oft vereinten sie dabei ihre Kräfte mit denen des *Lions Club* und anderer gemeinnütziger Organisationen. In Frankfurt besuchte Peter Gilow, der Direktor von JWT, oft die wöchentlichen Versammlungen des Rotarierclubs, obwohl er selbst kein Mitglied war.[74]

Was bedeutete diese verstärkte Orientierung hin zum Dienst an den Mitbürgern für die Rechte der Verbraucher? Die Europäische Wirtschaftsgemeinschaft hatte in ihren Anfängen keinerlei Konzeption für eine Interessenvertretung der Verbraucher. Artikel 193 der Römischen Verträge von 1957 postulierte die Einrichtung eines »Wirtschafts- und Sozialausschusses«, bestehend »aus Vertretern der verschiedenen Gruppen des wirtschaftlichen und sozialen Lebens, insbesondere der Erzeuger, der Landwirte, der Verkehrsunternehmer, der Arbeitnehmer, der Kaufleute und Handwerker, der freien Berufe und der Allgemeinheit«.[75] Von Verbrauchern war an dieser Stelle keine Rede. Dennoch wurden hochfliegende Hoffnungen genährt: »Die europäische Hausfrau wird davon profitieren, dass ihr für die Einrichtung ihres Haushalts ganz Europa zu Gebote steht! Was noch an Grenzen für den Handel vorhanden ist, wird das Fernsehen beseitigen«, erklärte die Sprecherin einer französischen Frauenvereinigung. Tatsächlich wurde die Auswahl für die Verbraucher größer, aber zu Preissenkungen führte dies kaum einmal, allenfalls in den hart umkämpften Marktsektoren für Autos und Kühlschränke. Was die besagte Frauenvereinigung forderte, war eine aktive Vertretung der Verbraucher: Diese sollten Protagonisten sein, nicht mehr nur passive Subjekte, deren Bedürfnisse von der Privatwirtschaft nach Lust und Laune definiert wurden. Vielen Menschen hatte die unvermittelte Veränderung materieller Lebensumstände Orientierungsprobleme beschert oder

---

74 Bericht über den offiziellen Besuch, 10. März 1956, Subfile 2: Germany General IV, 1967, Box 3, Country Files: Germany, Rotary International, European Office, Zürich; Pläne und Kommentare des Präsidenten, 3. März 1970, Köln, ebd.
75 Vertrag zur Gründung der Europäischen Wirtschaftsgemeinschaft, 25. März 1957.

sogar Schaden zugefügt. Private Anbieter waren auf den Plan getreten, wo staatliche Planer sich nicht hingetraut hatten. »Allen Beteuerungen zum Trotz besteht offenbar der Wunsch, aus uns den typischen Verbraucher der Konsumgesellschaft zu machen, deren Vorbild genau die amerikanische Gesellschaft von heute ist.«[76]

»Die Überflussgesellschaft dämmt das Feuer der Empörung ein«, konstatierte Raymond Aron 1957.[77] Der herrschende Konsens lautete, im Zuge der Konsolidierung der Konsumgesellschaft würden in Europa, wie in den Vereinigten Staaten, die linken »Religionen« aussterben und den reaktionären katholischen und nationalistischen Ideologien der dreißiger Jahre ins Grab folgen. Es wurde populär, Werner Sombart fälschlicherweise das Zitat zuzuschreiben, in den USA sei »der Sozialismus an Klippen aus Roastbeef und Apfelkuchen zerschellt«. Die politischen Systeme Europas würden, so glaubte man, von nun an einen entschieden zentristischen Kurs steuern und der amerikanischen Demokratie mit ihrem »unideologischen« Wechselspiel zwischen den politischen Parteien immer ähnlicher werden. Dass eine solche Amerikanisierung zum Untergang jeder linken Politik führen würde, war für konservative Eliten eine tröstliche Aussicht. Dass die kulturellen Werte Europas möglicherweise leiden, wenn nicht sogar untergepflügt würden, löste gewisse Ängste aus. Pierre Massé, der große alte Mann der französischen Wirtschaftsplanung, sprach dieses Dilemma an, unmittelbar nachdem das französische Parlament im Februar 1962, praktisch ohne jede Debatte, den »Vierten Plan« verabschiedet hatte. Er sah in diesem Vorgang einen echten Wendepunkt, denn das Ziel der Planung waren nicht mehr nur Maßnahmen zugunsten der wirtschaftlichen Modernisierung und der Erlangung eines Mindeststandards an Wohlstand, sondern schlicht und einfach ein möglichst schnelles und unaufhörliches Anwachsen des individuellen Konsums. Es liege ihm fern, erklärte Massé, dem Verbraucher Vorwürfe zu machen oder philosophische Betrachtungen zum »fließenden Übergang zwischen Bedürfnis und Begierde« anzustellen. Die Konsumgesellschaft müsse jedoch die Verantwortung für »kollektive Ressourcen« übernehmen und Vorkehrungen gegen die »perversen Effekte« des »Wachstumsraten-Kults« treffen, mit dem Ziel, eine »weniger beschränkte Vorstellung von der Menschheit« zu gewinnen. Außerdem hätten die Verbraucher die Pflicht, sich Klarheit über ihre wahren Bedürfnisse zu verschaffen und ihre Macht einzusetzen, um die in ihrem Namen begangenen Exzesse zu zügeln.[78]

Die Tatsache, dass konservative und Mitte-rechts-Koalitionen die größten Nutznießer des relativen Wohlstandes gewesen waren, hatte die Linken ursprünglich in ihrer Überzeugung bestärkt, dass der Massenkonsum das politische Bewusstsein betäube. Andererseits jedoch traten Sozialdemokraten und Kommunisten, wohl wissend, dass die Konsumgüter noch sehr ungleich verteilt waren und dass ihre Wähler einen höheren Lebensstandard für sich reklamierten, für höhere Löhne und Gehälter ein und nahmen die drohenden Folgen in Kauf, nämlich eine höhere Arbeitsintensität, eine stärkere physische Beanspruchung oder sogar einen Verlust an politischer Stimmgewalt. Um wieder mehr gesellschaftliche Solidarität einzufor-

---

76 Union Féminine Civique et Sociale, Les consommateurs et le Marché Commun, 26.
77 Raymond Aron zit. n. Paxton, Europe in the Twentieth Century, 599.
78 Massé, Autocritique des années soixante, 41–44.

dern, drängte die Linke auf die Stärkung der sozialen Infrastruktur, auf den Ausbau öffentlicher Verkehrsmittel und auf kollektive Freizeitprogramme, Initiativen, die sehr oft gebremst oder sabotiert wurden. Die erste Blütezeit des individualistisch orientierten Massenkonsums, die sechziger Jahre, markierte auch den Zenit der bescheidenen nationalen und kommunalen kommunistischen und sozialkatholischen Formen einer kollektiven Erlebniskultur – organisierter Wanderreisen, kommunal betreuter Ferienprogramme für Kinder und Rentner, öffentlicher Theaterprojekte, nichtkommerzieller Filmreihen usw. Linke Kritiker solcher Projekte, die sich Gedanken über deren politische Auswirkungen machten, fragten, ob eine »Kollektivierung des Konsums« wirklich »gleichbedeutend mit Demokratisierung« sei. Die Antwort lautete: »Nichts versetzt uns in die Lage, dies zu bestätigen«, und sie stieß auf breite Zustimmung. Die Erhöhung der »Quantität und Qualität von Konsumgütern und Dienstleistungen« erwecke nur den »Anschein von Demokratie«, jedenfalls solange die Verbraucher sich hinsichtlich ihrer Fähigkeit, etwas aus diesen Angeboten zu machen, signifikant voneinander unterschieden.[79]

All diese Fragen spitzten sich 1968/69 in der ausufernden Protestbewegung von Studenten und Arbeitern dramatisch zu, die heute von den meisten Historikern als eine Zwillingsbewegung gedeutet wird: eine Protestbewegung vor allem junger Arbeiter, die ihren Zorn über die ungleichen Zugangsbedingungen zur Konsumgesellschaft zum Ausdruck brachten, und eine der Studenten, deren Zorn sich gegen die Anhäufung von Problemen richtete, die die Konsumgesellschaft nicht nur nicht gelöst, sondern im Endeffekt verschärft hatte – dass etwa der Sinn für die Authentizität des materiellen Lebens, wie er früher mit beruflicher Verankerung, handwerklicher Tätigkeit und Zugehörigkeit zu lokalen Lebensgemeinschaften verbunden gewesen war, verloren ging und das Gefühl für Sinnhaftigkeit und Zukunft in dem Maß abhandenkam, wie das öde Ritual winziger Wohlstandsfortschritte an die Stelle großer und mitreißender gesellschaftlicher Projekte trat.[80]

Ein Ergebnis war, dass das offizielle Europa Anstalten machte, den Verbraucher als eine verfasste wirtschaftliche Größe ernst zu nehmen. Hatte die EWG 1967 noch die Notwendigkeit einer spezifischen Verbraucherpolitik verneint, so gab sie 1975 den Startschuss zu einer selbst konzipierten »Politik des Verbraucherschutzes und der Verbraucherinformation«.[81] Fünf Verbraucherrechte wurden ausdrücklich anerkannt: das Recht auf Gesundheit und Sicherheit, das Recht auf Wahrung wirtschaftlicher Besitzstände, das Recht auf Gewährleistung, das Recht auf Beratung und das Recht auf Interessenvertretung. Im Mai 1976 führte die EWG ihre erste große Verbraucherstudie durch.[82] Deren Ergebnisse zeigten, dass sich inzwischen viele Menschen tatsächlich als Verbraucher betrachteten und bezeichneten, darin aber nicht ihre erste und wichtigste Identität sahen. Loyalität zu einer politischen Partei spielte nach wie vor eine große Rolle. Viele der Befragten äußerten jedoch die Ansicht, die politischen Parteien kümmerten sich im Großen und Ganzen nicht um ihre Pro-

---

79 Page, L'utilisation des produits de la croissance, 115f.
80 Marwick, The Sixties.
81 Martin/Smith, The Consumer Interest, 261; Sassatelli, Power Balance.
82 Rabier, Der Europäische Verbraucher.

bleme als Verbraucher. Angesichts der Tatsache, dass damit zu rechnen war, dass die Verbraucher ihre Interessen mit zunehmender Zeit immer klarer artikulieren würden, stellte dieses Ergebnis kein gutes Omen für die Haltbarkeit parteipolitischer Loyalitäten dar.

Die Zwiespältigkeit dieser Metamorphose sagte eine Menge über die Offenheit der Möglichkeiten aus, aber auch über die Irrungen, Wirrungen und Interessenkonflikte, die im sogenannten neuen Europa der sechziger Jahre miteinander interagierten, einem »Europa der 221.750.000 Konsumenten«.[83] War das »Europa der Ochsenkarren«, um auf die Metapher von François Delaisi zurückzukommen, zum größten Teil unter sowjetische Hegemonie gefallen, so spannten sich über das »Europa der Pferdestärken« sichtbarer denn je der lange Arm des amerikanischen Kapitalismus und die neocalvinistische Ethik des Dienstleistungskapitalismus, propagiert und praktiziert von einer wiedergeborenen, sich rapide ausbreitenden Rotarierbewegung, dazu ein auf neue Füße gestelltes System der Massendistribution, der Siegeszug der Werbung, des Marketings und der Meinungsforschung, der neuerliche Triumph des Hollywood-Kinos und die Verbreitung immer neuer gesellschaftlicher Innovationen – die Ausbreitung des Selbstbedienungs-Supermarkts, der mit allen Schikanen ausgestattete Verbraucherhaushalt und die sich endlos verzweigenden Lebensstile, angetrieben und geprägt von einer sich besonders im letzten Viertel des 20. Jahrhunderts immer stärker beschleunigenden Konsumgüterindustrie.

---

83 221,750,000 consommateurs.

Kapitel 8

Der Supermarkt

Wie Einzelhandelsgiganten den Gemüseladen an der Ecke in den Schatten stellten

Ein Supermarkt kann mehr ausrichten als jede Menge -ismen.[1]
   Richard W. Boogaart, amerikanischer Kapitalist, 1958

Überall, wo kleine Geschäftsleute einen Laden betreiben, sich tagaus, tagein ins Zeug legen und sich mit Problemen aller Art herumschlagen, nistet sich heute ein Supermarkt ein und fegt sie alle weg. Das ist nicht der Fortschritt, wie wir ihn uns vorstellen.[2]
   Giulio Montelatici, kommunistischer Stadtverordneter in Florenz, 1961

Er war groß und breitschultrig, ein Mann mit großen Händen und großen Füßen, dessen gemächliche Gestik und sympathische Mimik auf ein gesetztes Selbstvertrauen hindeuteten. Die Leute hätten darauf getippt, dass er Amerikaner war, selbst wenn er nicht einen Cowboyhut aufgehabt hätte, um sich vor dem ungemütlichen Februar-Nieselregen zu schützen. Beim Anblick eines unbebauten Grundstücks, einer Garagenzeile oder eines geschlossenen Lichtspielhauses hielten er und sein Begleiter inne, steckten die Köpfe zusammen, nahmen Maß und kritzelten Notizen auf einen Block. Der Hochgewachsene blickte manchmal einfach umher, als wolle er sich ein Bild von den Passanten machen, die Höhe eines Wohnblocks abschätzen oder den Kundenverkehr in den Ladengeschäften des Viertels begutachten – beim Metzger, bei der Obst- und Gemüsehändlerin, in der Bäckerei, im Fischgeschäft, im Feinkostladen, im Café, am Kiosk, wo die Leute Salz, Zigaretten und Streichhölzer

---

1 Zit. n. Business around the World, U.S. News and World Report, 19. Dezember 1958, 102.
2 Rede von Giulio Montelatici, Atti del Consiglio Comunale di Firenze, Sess. 5/20, März 1961, 147, Archivio Storico, Comune di Firenze.

kauften, am Schnellimbiss, im Süßwarenladen, beim Milch- und Käsehändler oder beim Sizilianer, der Blumen vom offenen Karren verkaufte, gar nicht zu reden von den Dutzenden am Markttag aufgebauten Ständen mit ihrem Überfluss an frischem Obst und Gemüse, Käse, Wurst und tausenderlei mehr. Manchmal sprach er Passanten an und fragte sie nach dem Weg hierhin oder dorthin, und sie bemühten sich mit aufwendigem Gestikulieren sicherzustellen, dass er ihre Wegbeschreibung verstand. Offenbar mit Erfolg. Er sagte dann mit einer Verbeugung: »Mille grazie, Signora«, wobei er seine Lippen zu einem bleckenden Grinsen öffnete, genau wie die Amerikaner in den Hollywood-Filmen.

Richard W. Boogaart hieß der Amerikaner, der im Spätwinter 1957 die Nebenstraßen Mailands durchwanderte, ein Unternehmer aus Kansas auf der Suche nach geeigneten Standorten für die Errichtung der ersten Supermärkte in der norditalienischen Metropole. Nach sechs Wochen, in denen er die ganze Stadt zu Fuß erkundet und sie zusätzlich vier Mal in einem *Fiat 600* durchmessen hatte, stets mit einer großen Straßenkarte bewaffnet, hatte er noch immer nicht genau das gefunden, wonach er suchte: eine gewerbliche Immobilie von etwa 650 bis 750 Quadratmetern Nutzfläche, was damals der durchschnittlichen Verkaufsfläche eines amerikanischen Selbstbedienungs-Supermarktes entsprach. Nicht nur dass die Grundstückspreise unerschwinglich waren und dass städtische Regularien die gewerbliche Nutzung vieler durch Kriegseinwirkung zu Brachen gewordener Grundstücke ausschlossen, bestanden die meisten leer stehenden Gebäude, die Boogaart fand, aus Stahlbeton, und die zahlreichen Säulen, die die Decken trugen, standen einer großzügigen Supermarktarchitektur mit breiten Gängen zwischen den Regalen im Weg. Am Ende hatte Boogaart nur sieben geeignete Standorte aufgetan, zwei Kinos und fünf Werkstätten, doch die Preise, die für die attraktivsten Standorte verlangt wurden, waren surreal. Andererseits hatte er einen ausreichenden Eindruck von der Wohlhabenheit, dem Fleiß, der Höflichkeit und Aufgeschlossenheit der Mailänder gewonnen, um sich in seiner optimistischen Vorannahme bestätigt zu fühlen, dass in dieser Stadt dreißig, wenn nicht sogar fünfzig Supermärkte gewinnbringend betrieben werden konnten.[3]

Boogaarts Erkundungstour in Mailand bildete den Auftakt zu einer kapitalistischen Abenteuergeschichte, deren farbige Handlung – von Boogaarts ersten beseelten Berichten an sein Hauptquartier in New York über die enthusiastischen Meldungen in der Tagespresse bis zur begeisterten Reaktion der Kunden, die in den neu eröffneten Läden einkauften – einem Hollywood-Drehbuch entsprungen sein könnte, verfilmt vor dem funkelnden Hintergrund der Boomzeit, die das nördliche und mittlere Italien zu Beginn der sechziger Jahre erlebte. Der Hauptdarsteller in diesem Film wäre natürlich Boogaart gewesen, doch der eigentliche Star der Geschichte war ein Unternehmen, *Supermarkets Italiani Inc.*, eine Tochterfirma von Nelson A.

---

3 R. W. Boogaart an W. B. Dixon Stroud, Mailand, 18. Februar 1957, Spule 7, International Basic Economy Corporation, Rockefeller Archives Center, Sleepy Hollow, N.Y. (im Folgenden IBEC); John C. Moffett, American Supermarkets in Milan, or Sunflowers Grow in Italy, 9, 16. Januar 1960, Seminararbeit im Rahmen des Overseas Training Program, Maxwell Graduate School, Syracuse University, Spule 9, IBEC.

Rockefellers *International Basic Economy Corporation* (IBEC). Ein wirkmächtiger Inbegriff der global expandierenden unternehmerischen Potenz der Nachkriegs-USA, war die IBEC 1948 von den Rockefeller-Brüdern als Vehikel für den Export von Kapital, Management und Technologie gegründet worden. Mit Investitionen in Bauprojekte, Lebensmittelverarbeitung und Distribution verkörperte sie den missionarischen Impuls des amerikanischen Nachkriegskapitalismus, »gesellschaftliche Ziele mit kapitalistischen Anreizen« zu verbinden, wie Nelson Rockefeller es ausdrückte, gestützt auf das Versprechen, gleichzeitig »den Lebensstandard zu erhöhen und erhebliche Gewinne zu erwirtschaften«.[4] Ihre ersten Schritte im Geschäftsfeld des Lebensmittelhandels tat die IBEC 1949 in Maracaibo. Um die Mitte der fünfziger Jahre betrieb sie, zusätzlich zu ihren anderen beachtlichen Besitztümern, zehn Supermärkte in Peru, Puerto Rico und Venezuela.[5]

Mit ihrem Auftritt in Norditalien 1956 statuierte die IBEC ein Exempel für den multinationalen US-Kapitalismus in der Phase seines größten Selbstbewusstseins. Dessen Arena war bis dahin die von den USA kolonisierte südliche Hemisphäre gewesen, in der die Familie Rockefeller über riesige Besitzungen verfügte und wo Nelson selbst sein wirtschaftliches Fachwissen und sein politisches Gewicht erworben hatte, zuerst in seiner Eigenschaft als Koordinator für interamerikanische Angelegenheiten im *State Department*, dann, ab 1944, als Staatssekretär für Lateinamerika und Botschafter der von Roosevelt betriebenen Politik der »guten Nachbarschaft«. Nach weiteren Stationen als Vorsitzender des *International Development Advisory Board* im Dienst der Truman-Administration, wo er sich um Fragen der Entwicklungshilfe gekümmert hatte, und als außenpolitischer Berater Präsident Eisenhowers (in dessen Kabinett er zuvor auch als Staatssekretär im Gesundheitsministerium gedient hatte) verfügte Rockefeller über jene Kenntnisse und Verbindungen, die ihn in die Lage versetzten, Risiken einzugehen, an die sich nur wenige andere amerikanische Wirtschaftsführer herangewagt hätten. In Europa sollte die IBEC den Beweis dafür liefern, dass »es schwerfällt, mit einem vollen Magen Kommunist zu sein«, und dass eine gut geführte Supermarktkette die säkularen Verkrustungen aus Gesetzen, Verordnungen und Vorschriften austricksen konnte, unter denen die europäische Wirtschaft ächzte.[6] Als *Supermarkets Italiani* im November 1957 in Mailand debütierte, war sie die einzige amerikanische Einzelhandelskette in ganz Europa, die ausdrücklich ihre amerikanische Provenienz unterstrich, und die erste, die eine Mehrheitsbeteiligung an einem in Europa ansässigen und tätigen Unternehmen erwarb.

Boogaart, der geschäftsführende Direktor der Firma, trug einen *Stetson*, fuhr einen *Cadillac*, hatte eine Frau namens Marg und zwei blonde Kinder im Schlepptau und charakterisierte sich selbstironisch als »ein Landgewächs aus Kansas«, das »mit beiden Füßen auf dem Boden« stand. Er war Besitzer einer florierenden Firma

---

4 Nelson Rockefeller zit. n. Christian Science Monitor, 3. August 1961.
5 Moffett, American Supermarkets in Milan, 2; Pressemitteilung, 2. Mai 1957, 1, Spule 7, IBEC. Allgemeineres zur IBEC und zu den Hintergründen ihrer europäischen Aktivitäten bei Broehl, United States Business Performance Abroad; Scarpellini, Comprare all'americana.
6 R. W. Boogaart zit. n. Moffett, American Supermarkets in Milan, 3.

für Supermarktbedarf und einer 15 Filialen umfassenden Supermarktkette mit Sitz in Concordia, wo ihn sein Vater, ein Obst- und Gemüsehändler, in das Geschäft eingeführt hatte. Von 1946 bis 1949 hatte Boogaart in Mexiko City die erste Supermarktkette Mexikos aufgebaut und war dann zur IBEC gestoßen, um deren dümpelnde Geschäfte in Venezuela auf Trab zu bringen. Dort hatte er Nelson Rockefeller kennen gelernt, und dieser persönlich hatte sich 1956 mit der Bitte an ihn gewandt, sein geplantes Europa-Abenteuer zu übernehmen. Boogaart hatte das Angebot angenommen, »zum einen weil ich nichts gegen Geld habe, aber noch viel mehr deshalb, weil ich Nelsons Beweggründe bewundernswert fand und die Herausforderung verdammt reizvoll war«.[7] Nach Italien begleiteten ihn zwei Helfer: sein Jugendfreund Roland H. Hood, ein Baufachmann, der ihm als rechte Hand diente, und der Fleischexperte Duane B. Horney, ein früherer Manager der Ladenkette *Save-a-Nickel King*. Dessen spezielle Aufgabe bestand darin, italienischen Metzgern standardisierte Fleischzuschnitte beizubringen. Boogaart war nicht nur ein visionärer Unternehmer, der davon träumte, ein massenproduziertes Hühnchen in jeden italienischen Kochtopf zu bringen und die Italiener zu lehren, dass man Eiscreme auch im Winter essen kann, sondern auch ein scharfer Rechner, der schwarze Zahlen produzieren konnte. Ein unerbittlicher Erbsenzähler, führte er die neuesten Lochkartensysteme von IBM ein und überprüfte mit unendlicher Geduld die damals noch manuell erstellten Umsatzstatistiken, um Schwund und Ausschuss zu vermeiden; er verhandelte mit Lieferanten und dachte sich Mechanismen für das Ertappen von Ladendieben aus, die überall die Nemesis des Selbstbedienungs-Supermarkts waren.

Richard Boogaart war, *summa summarum*, der Idealtypus des amerikanischen Unternehmers seiner Zeit, beseelt von einer Dienstleistungsethik, die Hand in Hand ging mit einem jovialen Populismus, der sich aus seiner Überzeugung speiste, dass Amerika im Recht sei und aus seiner Erfahrung, dass es sich geschäftlich lohnte, für die Interessen des Kunden einzutreten. Nach drei Jahren nervenzehrender bürokratischer Gratwanderungen, zahllosen kleinen Schlachten gegen kommunistische Strippenzieher und schmerzhaften Eingeständnissen des Scheiterns, an die sich dann aber ab 1960 mehrere triumphale Monate mit schwarzen Zahlen anschlossen, machte Boogaart sich zu neuen Ufern in Buenos Aires auf. Er ließ relativ zufriedene italienische Investoren und Tausende treue Kunden zurück, dazu eine Kette von Supermärkten, die bis zur Mitte der sechziger Jahre auf 26 Filialen anwuchs. Zu diesem Zeitpunkt hatte die IBEC ihren Anteil am Firmenkapital, der ursprünglich 425.000 Dollar wert gewesen war, an ihre italienischen Mitgesellschafter verkauft und den Gewinn in Höhe von 2,7 Millionen Dollar aus Italien abgezogen, um damit missratene Investitionen auf dem iranischen Wohnungsmarkt auszugleichen und neue Supermarkt-Operationen in Argentinien anzufinanzieren. In den siebziger Jahren benannte sich *Supermarkets Italiani* in *Esselunga* (»Das lange S«) um, in Anspielung auf Max Hubers elegantes Firmenlogo mit dem in die Länge gezogenen modernis-

---

7 Boogaart an W.D. Bradford, 12. Dezember 1957, Spule 7, IBEC; Moffett, American Supermarkets in Milan, 4.

tischen S. *Esselunga* hat sich seither stets den Ruf bewahrt, eine der innovativsten Lebensmittelketten Italiens zu sein; das Unternehmen betreibt derzeit 110 Filialen, und niemand erinnert sich an seine ausländischen Ursprünge.

Die Geschichte des Unternehmens *Supermarkets Italiani* klingt gradlinig genug. Es ist die Geschichte eines kundenorientiert arbeitenden, auf globale Expansion bedachten Kapitalismus. Es ist die Geschichte eines energiegeladenen Unternehmers, der in Kooperation mit einem qualifizierten Mitarbeiterstab ein neues gesellschaftliches Bündnis zwischen ausländischem Kapital und einheimischen Verbraucherinteressen schmiedet, indem er ein Geschäft aufzieht, das auf hohem Durchsatz und niedrigen Stückkosten basiert. *Supermarkets Italiani* sparte dadurch Kosten, dass der Zwischenhandel ausgeschaltet wurde, und gab den Kostenvorteil in Gestalt günstiger Preise an die Verbraucher weiter, half so mit, deren Lebenshaltungskosten zu senken, und bot zugleich ein reichhaltigeres und höherwertiges Produktsortiment an. Indem sich die Firma den Bedürfnissen des italienischen Verbrauchers anpasste und zugleich den hartnäckig rückwärtsgewandten unter den italienischen Einzelhändlern etliche Lektionen über modernes Verkaufen erteilte, legte sie den Keim für ein modernes Distributionswesen. Revolutionen sprechen freilich nie nur mit einer Stimme, und erst recht nicht Revolutionen im Wirtschaftsleben, die es mit sich bringen, dass etablierte Interessen überrollt, hohe Risiken eingegangen und stürmische Veränderungen in den stetigen Gepflogenheiten des täglichen Lebens angestoßen werden.

Um ermessen zu können, wie ehrgeizig Boogaarts Vorhaben war, sollten wir uns vergegenwärtigen, dass der Untergang der von den Nationalsozialisten errichteten Neuen Ordnung letzten Endes das Schicksal praktisch jeden Systems besiegelte, das ein konstitutiver Bestandteil dieser Ordnung gewesen war – dazu gehörten nicht zuletzt reaktionäre Einzelhandelsstrukturen. Während des Krieges hatte man sogar im nationalsozialistischen Deutschland begonnen, traditionelle Vertriebssysteme im Namen des militärischen Beschaffungswesens und der Rationierung des zivilen Bedarfs umzukrempeln. Je schlechter der Krieg für Deutschland lief, desto spürbarer litt die Wirtschaftstätigkeit unter der Zerstörung der Städte, Verkehrswege und Nachrichtenverbindungen, aber auch unter dem massenhaften Ruin jüdischer Kaufleute, dem Aufkommen von Schwarzmärkten und einer außer Kontrolle geratenen Inflation mit ruinösen Folgen. Noch Jahre nach Kriegsende erinnerten sich die Deutschen an die kaufmännische Seite ihres Alltags in der Schlussphase des Dritten Reichs als entwürdigende Erfahrung. Ihr hochgradiger Opportunismus als Verbraucher war zum Vorschein gekommen. Besiegt und hungrig wurden sie zu Ausbunden genau jenes Materialismus, den die Apologeten der Neuen Ordnung im Namen der Wiedergeburt Europas gegeißelt hatten: »Nur Bauch, kein Geist«. In den besetzten Ländern war es vor allem der (jüdische) Geschäftsmann gewesen, der zur schmähenswerten Figur wurde, zum Inbegriff der Unehrlichkeit, der politischen Kollaboration und der allgemeinen Apathie, die unter der NS-Herrschaft um sich gegriffen hatten.

Diese schreckliche Komplizenschaft ist das Sujet von Jean Dutourds zynischem Roman *Au bonne beurre* (1952), der zehn Jahre im Leben von Herrn und Frau Poissonard schildert, Eigentümern einer kleinen Milchhandlung in Paris, deren Loyalität mit jedem Wechsel der politischen Windrichtung drehte, die aus Rationskarten Kapital schlugen, ihre Kunden gegeneinander ausspielten und ihnen minderwertige Produkte andrehten, indem sie die Milch mit Wasser verdünnten, die Butter mit Margarine verschnitten und Fischmilch ins Mehl mischten.[8] Gegen diese gesellschaftliche Dyade – den schlecht bedienten, unterwürfigen Kunden und den traditionsverhafteten, arroganten Händler – würden, so erwartete man, fortschrittliche Einflüsse die Oberhand gewinnen. Es könne keine Rückkehr zum *pauperisme* der Vorkriegszeit geben, resümierte der belgische Gelehrte Jacques Dansette, als er letzte Hand an sein akribisches Werk *Les formes evoluées de la Distribution* legte. Dies trug sich am 2. August 1944 in Woluwe-St.-Lambert zu, genau zu der Zeit, als in der Normandie die alliierten Armeen den deutschen Widerstand brachen und ihren Vormarsch in Richtung seines Vaterlands antraten. Von nun an, verkündete Dansette, werde der Staat, um für ein Maximum an Kaufkraft zu sorgen, »rationale« und »massive« Anstrengungen unternehmen, um die Kreisläufe der Distribution zu modernisieren.[9]

Für die Europäer, aber auch für die Amerikaner war klar, dass die Lebensmittelversorgung zwangsläufig ein zentraler Punkt auf der Tagesordnung des Wiederaufbaus sein musste. Nahrungsmittel mussten zur Abwehr des Notstandes an hungernde Zivilisten verteilt werden, und Essensrationen waren ein integraler Bestandteil der Marshall-Hilfe. Langfristig musste jedoch etwas gegen die offenkundige Diskrepanz zwischen der Produktivität der amerikanischen und der kontinentaleuropäischen Landwirtschaft unternommen werden, denn diese Kluft war mindestens so breit wie jene zwischen der amerikanischen und der europäischen Industrie und viel schwerer zu überbrücken. Die Vereinigten Staaten warfen exorbitante Agrarüberschüsse auf den Weltmarkt; Europa war von Einfuhren abhängig, da seine eigene Agrarproduktion durch antiquierte Techniken und Verfahren wie auch durch die Verfügbarkeit billiger Importe aus den Kolonien und durch archaische Vertriebsstrukturen gehemmt wurde. Wenn sich die europäische Industrie erholen und die Wirtschaft sich der Erzeugung von Konsumgütern und Dienstleistungen zuwenden sollte, mussten die Lebensmittelpreise auf ein ähnlich tiefes Niveau wie in Amerika sinken. Eine durchschnittliche europäische Arbeiterfamilie gab fünfzig bis sechzig Prozent ihres verfügbaren Einkommens für Nahrungsmitel aus, ihr amerikanischer Gegenpart weniger als halb so viel. Diese Differenz markierte den Unterschied zwischen einer Bevölkerung, deren Einkommen gerade für das Nötigste ausreichte, und einer, die nicht nur besser ernährt war, sondern von ihrem Einkommen auch noch etwas übrig behielt, das sie für andere Dinge ausgeben konnte, zum Beispiel für nichttraditionelle Lebensmittel. Amerikanische Farmer wünschten sich dringend ein wohlhabenderes Europa, ebenso wie die amerikanische Agrarindustrie. Letztere hatte in den Kriegsjahren massive Kapazitäten für die Verpackung, Konservierung und Ausfuhr von Nahrungsmitteln aufgebaut. Jetzt, da die Aufträge zur

---

8 Dutourd, Fett schwimmt oben.
9 Dansette, Les formes evoluées, 10.

Truppenversorgung ausliefen, hielt sie Ausschau nach neuen Absatzmöglichkeiten im Ausland.[10]

Die Selbstbedienungs-Revolution

Dieses Paket aus Interessen und Wünschen lenkte die Aufmerksamkeit auf den Selbstbedienungs-Supermarkt als die wichtigste Neuerung der vergangenen zwei Jahrzehnte im Einzelhandel. *Supermarket, Spectacular Exponent of Mass Distribution* war der Aufmerksamkeit heischende Titel eines Buches, das der führende US-Experte zu diesem Thema, Max Zimmerman, 1935 veröffentlichte. Er war Chefredakteur und Herausgeber der Zeitschrift *Super Market Merchandising* und Gründer des *Super Market Institute*, eines Branchenverbandes, der 1937 mit 35 Mitgliedern angefangen hatte und 1950 deren 7.000 zählte. Der in Massachusetts geborene Zimmerman, ein erklärter Bewunderer des von Schumpeter porträtierten idealen Unternehmers, identifizierte sich mit »ideenreichen und wagemutigen Persönlichkeiten, und seien es manchmal auch schlichte Krämer oder Obsthändler oder Großhändler, die im richtigen Moment die konventionellen Wege des Lebensmitteleinzelhandels verlassen, um mit neuen Formen zu experimentieren«. Seine europäischen Bekannten hätten in ihm sicher etwas von Filenes irritierendem Selbstbeweihräucherungseifer und ausgeprägtem Sendungsbewusstsein wiedererkannt, während ihm dessen Kultiviertheit und politische Weitsicht fehlten.[11] Anders als Filene war Zimmerman mit europäischen Verhältnissen nicht besonders vertraut. Doch dank seiner sich vervielfachenden Kontakte mit europäischen Unternehmern, die sich im New Yorker Hauptquartier des *Super Market Institute* die Klinke in die Hand gaben, sah die US-Regierung in ihm den richtigen Mann für eine Missionsreise nach Europa im Jahr 1947. Das Resultat dieser Reise war eine handliche Broschüre mit dem Titel *Surveying Europe's Food Picture*. Der sechswöchige Trip, der am 18. November 1949 mit einer Atlantik-Überquerung in einer *Boeing Stratocruiser* begann, führte Zimmerman und seine Frau durch das westliche Europa, insbesondere in die »Hochburgen des Selbstbedienungs-Geschehens« und zu Gesprächen mit leitenden Mitarbeitern von Emile Bernheims *Priba*, Duttweilers *Migros* und Großbritanniens führender Handelskette *Tesco*. Zimmerman gelangte zu dem Schluss, die Welt sei reif, um ein internationales Netzwerk zwischen den Unternehmen der Nahrungsmittelindustrie zu knüpfen.[12]

Der nächste Schritt war die Veranstaltung des Ersten Internationalen Kongresses für Lebensmitteldistribution, der am 20. Juni 1950 in Paris eröffnet wurde. Tausend Delegierte aus 22 Ländern trafen sich im *Maison de la Chimie*, genau dort,

---

10 Horst, At Home Abroad; Hallberg, Economic Trends in the U.S. Agriculture and Food Systems. Für die spätere Periode siehe Supermarket Growth Abroad Helps U.S. Food Marketers, Printers' Ink, 17. Juni 1958, 60ff.
11 Who's Who in America, 807; Zimmerman, The Super Market.
12 M.M. Zimmerman, Self-Service Spreads in Europe, in: Supermarket Merchandising 15 (März 1950), 35.

wo 15 Jahre zuvor skeptische Europäer Edward Filenes Plädoyer für eine »Ladenketten-Revolution« gelauscht hatten. Dieses Mal war die Reaktion auf die ins Haus stehende Innovation euphorisch und prompt. Das angesehene Pariser Zentrum für Wirtschaftsforschung unterstützte den Kongress, und Jacques Lacour-Geyet, graue Eminenz des französischen Einzelhandels und Ehrenpräsident des Organisationskomitees, begrüßte innovative Geschäftsmodelle wie den Supermarkt als unerlässliche Voraussetzung für die Senkung der Lebenshaltungskosten. Hauptsponsor des Kongresses war jedoch die Firma *Paridoc*, die Frankreichs führende Selbstbedienungs-Ladenkette betrieb. Gegründet 1930, hatte sie in Gestalt ihres Vorstandsvorsitzenden Henry Toulouse einen leidenschaftlichen Verfechter amerikanischer Methoden im Einzelhandel in ihren Reihen. Toulouse hatte bei seinem ersten USA-Aufenthalt 1938 die Praktiken und Strukturen im dortigen Lebensmittel-Einzelhandel studiert und das Land 1947 ein zweites Mal bereist und dabei Zimmerman kennen gelernt. Wenig später, 1948, hatte er in Paris sein erstes eigenes Selbstbedienungsgeschäft eröffnet. Innerhalb von nur zwei Jahren hatte er dreißig Betreiber von Ladenketten mit zusammen rund 7.000 Filialen zu einer Branchenorganisation gebündelt. Allerdings waren nur siebzig Filialen moderne Selbstbedienungsladen, und sie gehörten allesamt zur *Paridoc*-Kette. Die Bemühungen Toulouses, das Geschäftsmodell des Selbstbedienungsladens zu propagieren, hatten im Mai 1950 großen Auftrieb erhalten, als die Mitglieder der ersten französischen »Distributions-Gesandtschaft«, einer durch Gelder des Marshall-Plans mitfinanzierten Initiative, vollkommen ekstatisch von einer USA-Rundreise zurückkehrten. Bei seiner Inthronisierung als erster Präsident der neuen Organisation verbeugte sich Toulouse verbal vor Zimmerman als seinem »geistigen Vater«.[13]

In seiner Eröffnungsrede forderte Toulouse alle, die in der Nahrungsmittelbranche beschäftigt waren, auf, »mit der Gemeinschaft der westlichen Nationen zusammenzuarbeiten« und sich »auseinanderstrebenden Kräften entgegenzustellen«. Alle in diesem Bereich Tätigen hätten eine gemeinsame Rolle zu spielen und ein gemeinsames Interesse, nämlich »dem Wohlergehen der Menschen [zu dienen], die wissen, dass ihre Sicherheit und ihr Glück auf ihrer Freiheit und ihren demokratischen Rechten beruhen«. Bemüht, eine Symbolfigur für die neue Einkaufskultur zu finden, ging Toulouse so weit, das nordatlantische Bündnis zu beschwören, distanzierte sich aber im gleichen Atemzug von dessen vertrauten Galionsfiguren – Truman, Königin Juliana, König George, Präsident Auriol – und stellte einen neuen, weiblichen Bannerträger vor: die Konsumentin. Sie sei, so betonte er, »eine junge Frau […] ohne bestimmte Nationalzugehörigkeit«, die es dank ihres starken Charakters »versteht, unter Berücksichtigung der Bedürfnisse und finanziellen Möglichkeiten ihrer Familie kritisch auszuwählen«, und die genug »Geist und Seele [besitzt], um Zukunftsträume zu haben«. »Gebt uns die Mittel, würdig zu existieren, wenn ihr wollt, dass wir frei denken«, lautete die Bitte der jungen Frau.[14] Es war zugleich galant und fortschrittlich, dieser Johanna der modernen Haushaltsführung die Errungenschaft

---

13 Premier Congrès; Zimmerman, The Super Market, 290f.; Commerce américain et productivité.
14 Premier Congrès, 15.

der Selbstbedienung – von dem *Paridoc*-Manager Jacques Pictet genialerweise als *libre-service* ins Französische übersetzt – anzubieten. Die neue Einkaufskultur im Einzelhandel beinhaltete nicht nur die individuelle Auswahlmöglichkeit, sondern eine »freie Bedienung«, was Assoziationen an »Freiheit« und »Befreiung« weckte.

So wie Zimmerman die Entwicklungsgeschichte des Supermarkts erzählt, wies diese neueste »Revolution im Distributionssektor« einen dezidierter demokratischen Impetus auf als die voraufgegangene Ladenketten-Bewegung und hatte nichts von deren wichtigtuerischen wissenschaftlichen Prätentionen an sich. Diesmal waren es einzelne Unternehmer, oft Seiteneinsteiger im Einzelhandel, die die Initiative ergriffen, indem sie die ersten Supermärkte, bestückt im Wesentlichen mit Lebensmitteln, außerhalb der alten Stadtkerne eröffneten; sie hatten dafür alte Warenlager, Lofts und Fabrikgebäude aus der Konkursmasse der Großen Depression erworben und umgebaut. Es war ein Indiz für die zunehmende Wichtigkeit der Automobilität für dieses neue amerikanische Geschäftsmodell, dass die Betreiber ihre Lieferfahrzeuge dazu benutzten, das umliegende Land nach frischen und preisgünstigen Gartenprodukten und preisgünstigen abgepackten und konservierten Lebensmitteln abzusuchen, und dass sie es sich erlauben konnten, ihre Filialen in halb ländlichen Gebieten anzusiedeln, in der Erwartung, ihre Kunden würden mit dem Auto zum Einkaufen kommen.[15] Gewiefte Verkäufer, die sie waren, schmückten sie die populistische Rhetorik des *New Deal* mit jenem kommerziellen Brimborium aus, das man von der PR-Maschine der Filmindustrie kannte – »super«, kolossal«, »nie da gewesen.« Der Erste aus dieser Garde, King Cullen, der seinen Laden 1930 eröffnete, nannte sich »den größten Preisbrecher der Welt«, verkündete, er werde »den Profiteuren den Todesstoß versetzen«, und proklamierte seine unerschütterliche Hingabe an seine Kundschaft, »die Öffentlichkeit«, die er als »meinen Boss, meinen Richter, meine Geschworenen« bezeichnete.[16]

Da der Supermarkt anfänglich vor allem mit einer Lebensnotwendigkeit, nämlich Nahrung, identifiziert wurde, assoziierte ihn die öffentliche Wahrnehmung eindeutiger als zuvor die Ladenkette oder das Kaufhaus mit weiblicher Kundschaft. Die amerikanischen Frauen wiederum, von denen viele in den Kriegsjahren gearbeitet und ihre Selbstständigkeit, Automobilität und ihr eigenes Einkommen schätzen gelernt hatten, sahen im Selbstbedienungsladen eher eine zeitsparende und komfortable Neuerung als eine weniger Bedienung und Service bietende Einkaufsstätte, die der einkaufenden Kundin Mehrarbeit aufhalste.[17]

Der Arbeitskräftemangel in der Kriegszeit sorgte dafür, dass das Einkaufen im Selbstbedienungs-Supermarkt, wo man alles Notwendige bekam, rasch an Popularität gewann. Es gereichte den Supermarktbetreibern zum Vorteil, die eigene Zunft als eine »ganz neue Industrie« zu bezeichnen. Zimmerman und seine Kollegen gaben sich große Mühe, dem Publikum ihre besondere Mission zu erläutern. Die am meisten verbreitete förmliche Definition besagte, der Supermarkt sei ein hochgradig nach Warengruppen sortiertes Einzelhandelsgeschäft, geführt entweder von einem

15 Zimmerman, The Super Market; Palamountain, The Politics of Distribution.
16 Zimmerman, The Super Market, 31.
17 Bowlby, Carried Away. Siehe auch Cross, The Supermarket Trap, 14–26.

Eigentümer oder einem Franchisenehmer und mit einer ausreichend großen Parkfläche versehen. Entweder das gesamte Geschäft oder zumindest die Obst- und Gemüseabteilung war auf Selbstbedienung ausgelegt. Am Anfang mochte es, um einen Supermarkt mit Gewinn zu betreiben, noch genügen, sich in einer aufgegebenen Gewerbeimmobilie einzuquartieren, die Wirtschaftskrise zum Erwerb eines billigen Grundstücks zu nutzen und Agrarprodukte mit großen Rabatten einzukaufen, aber binnen kurzer Zeit ging die Entwicklung dahin, dass ein Supermarkt, um erfolgreich zu sein, immer mehr und immer speziellere Einrichtungssysteme benötigte, zum Beispiel Kühlregale, eine Klimaanlage, Neonlicht und Sicherheitstechnik. Dann folgten die unzähligen kleinen Innovationen, die sich zwangsläufig aus den Abläufen und Erfordernissen der Selbstbedienung ergaben, etwa Drehkreuze am Eingang, Einkaufskörbe und -wagen, Gefriertruhen, Präsentationsregale und Kassentische mit Registrierkassen, die eingetippte Preise addierten und Kassenzettel ausdruckten. Dies alles erforderte hohe Kapitalinvestitionen. Doch das Geld war da. Die amerikanische Finanzwirtschaft investierte schon seit langem routinemäßig in den Einzelhandel, und Ladenketten mit guter eigener Kapitalausstattung wie *A & P* (die älteste und größte), *Safeway*, *Grand Union* oder die *Jewel Tea Company* stellten ihre Filialen sehr schnell auf den neuen Modus um.[18]

Just zu der Zeit, da die USA den Übergang zu einer Friedenswirtschaft vollzogen, machte der Supermarkt Karriere und wurde als neues Markenzeichen des freien Unternehmertums *made in USA* gefeiert. Die Kriegsjahre hätten gezeigt, »dass man dem Gemeinwohl am besten durch die Herstellung und den Vertrieb von Gütern in hohen Stückzahlen und zu niedrigen Stückkosten dienen kann«, schrieb Harry Truman in seinem brieflich übermittelten Grußwort an die erste Nachkriegskonferenz der amerikanischen Supermarktbetreiber, die 1946 in Chicago stattfand.[19] 1958 kauften die Amerikaner ihre Lebensmittel bereits zu 95 Prozent in Selbstbedienungsläden; siebzig Prozent dieses Umsatzes entfielen auf Supermärkte. Der Familienbesuch im Supermarkt einmal pro Woche, bei dem der Einkaufswagen bis obenhin mit Kartonpackungen, Konservendosen und Haushaltsbedarf aller Art beladen wurde, war zu einem Symbol des *American way of life* geworden.

Den Europäern eröffnete der Supermarkt den Ausblick auf eine neue Spezies industrieller Schönheit: die schattenlose Helligkeit, die Leuchtstoffröhren spendeten, die stets konstante Temperatur eines klimatisierten Raumes, die viele Meter langen Tiefkühl-Regalschränke aus Glas und Edelstahl, die Regalfronten aus bunten Dosen und Packungen, das geometrisch gestapelte Obst und Gemüse. Die erstaunlichste aller Neuerungen war die, dass sich die Produkte praktisch selbst verkauften: Der Verkäufer war in die vollkommene Anonymität abgetaucht, die ausgestellten Waren waren die Protagonisten.[20]

Als der italienische Unternehmer Quirino Pedrazzoli im Januar 1949 bei der Mailänder Präfektur die Genehmigung zur Eröffnung seines Supermarkts beantragte, forderte man ihn auf, zu erklären, inwiefern sich dieser von den bestehen-

---

18 Tedlow, New and Improved, 182–258.
19 Zit. in Zimmerman, The Super Market, 93.
20 Premier Congrès, 63f.

den Kaufhäusern unterscheiden werde. Seine Auskunft brachte die Sache auf den Punkt:

> Wenn der Kunde den Supermarkt betreten und alle seine [mitgebrachten] Taschen an der Kasse deponiert hat, bekommt er ein Wägelchen mit aufgesetztem Korb, das er auf seinem Weg durch das Geschäft mitführt. Er kommt auf diesem Rundgang an zahlreichen Regalen vorbei, in denen eine denkbar mannigfaltige Auswahl an Waren ausgestellt ist, alle verkaufsfertig verpackt; Verkaufspersonal gibt es hier nicht. [...] Jede Ware ist mit einem Aufkleber versehen, der ihren Preis angibt.
> Es steht dem Kunden frei, jeden Artikel seiner Wahl aus dem Regal zu nehmen und in seinen Korbwagen zu legen. Hat er seinen Rundgang beendet, begibt er sich mit dem Wagen zum Kassenbereich, wo ein Kontrolleur die aufgedruckten Preise addiert und die Gesamtsumme errechnet. Danach geht der Wagen zur Ausgangskontrolle, während der Kunde zur Kasse geht, um zu bezahlen, woraufhin er die gekauften Artikel ausgehändigt bekommt oder sie sich nach Hause liefern lässt.[21]

Es schien eine denkbar einfache Innovation zu sein und eine, die einer, wie Zimmerman meinte, unbestreitbaren Tatsache Rechnung trug, nämlich der, dass »überall auf der Welt Familien so wenig Geld wie möglich für ihre Lebensmittel ausgeben wollen«.[22] Freilich, die Art und Weise, wie Menschen sich mit dem Lebensnotwendigen versorgen, ist zutiefst von gesellschaftlichen Institutionen, Werten und Überzeugungen geprägt, und diese waren geeignet, dem neuen Verkaufsvehikel Supermarkt erhebliche Hindernisse in den Weg zu legen. Ob ein neu eröffneter Supermarkt, selbst wenn er kleiner dimensioniert war als die neuen Märkte in den rasch wachsenden Speckgürteln der US-Großstädte, von den Menschen angenommen wurde, hing von der Bereitschaft aller Beteiligten ab, eine durchgreifende Veränderung des gesamten Umfeldes, in dem das Einkaufen vor sich ging, zu akzeptieren, angefangen von den Lieferanten, die ihr Sortiment, ihre Verarbeitungs- und ihre Verpackungstechnik anpassen mussten, bis hin zum Endverbraucher, der gefordert war, seine Haushaltsausstattung, sein Finanzgebaren und seine Ernährungsgewohnheiten umzustellen.[23]

Auf der einen Seite setzte das Prinzip der Selbstbedienung voraus, dass alle Artikel, bevor sie beim Einzelhändler ankamen, gewogen, gezählt, verkaufsfertig verpackt und mit einer Preisauszeichnung versehen wurden. Der enorme Verpackungsaufwand erforderte eine Verpackungsindustrie. Die Notwendigkeit, Marken zu etablieren, ließ zwangsläufig eine auf Werbung und Marketing spezialisierte Branche entstehen. Markenartikel mussten auch, besonders wenn es Lebensmittel waren, beständig verfügbar sein und eine möglichst gleiche und gleichbleibende Qualität, Größe und Anmutung aufweisen; dies setzte nachhaltige Geschäftsbeziehungen zu den Lieferanten voraus, gleich ob es sich um regionale Landwirte, um

21 Quirino Pedrazzoli zit. n. Scarpellini, Comprare all'americana, 83.
22 Zimmerman, The Super Market, 289.
23 McAuland, Supermarkets. Zu den weitreichenden gesellschaftlichen Implikationen der »Supermarktisierung« siehe Cohen, A Consumer's Republic.

Verarbeiter oder um Importeure handelte. Auf der anderen Seite geht das Prinzip der Selbstbedienung von der Prämisse aus, dass der Kunde in der Lage ist, Produkte nach bestimmten Kriterien auszuwählen, Markenzeichen und andere Symbole zu erkennen, ein Ausgabenbudget zu verwalten, eine sinnvolle Vorratshaltung zu betreiben und aus gekauften Lebensmitteln etwas Essbares zuzubereiten. In Bezug auf jeden dieser Aspekte hielt der Supermarkt für alle, die mit dem Prinzip der Selbstbedienung noch keine Erfahrungen gesammelt hatten, unverhoffte Herausforderungen aller Art bereit – von der möglichen Widerspenstigkeit von Landwirten, die sich genötigt sahen, Produkte neuen Zuschnitts zu liefern, und wütendes Unverständnis an den Tag legten, wenn sie feststellten, um wie viel höher der den Kunden im Supermarkt abverlangte Preis war, bis zur möglichen Sturheit von Kunden, die im Allgemeinen, außer in unruhigen Inflations- oder Revolutionszeiten, am alten System nichts auszusetzen hatten, solange sie kein anderes kannten, wogegen sie an jeder Neuerung eine Menge Kritik übten, bis sie sich daran gewöhnten und ihren Frieden damit machten.

Die europäischen Supermarktpioniere mussten feststellen, dass Fallstricke ihren Weg säumten. Aus Frankreich kam die Meldung über das Scheitern des ersten Supermarktprojekts: *Casino*, das traditionsreiche Familienunternehmen aus Saint-Etienne, gegründet 1898, betrieb im Südwesten Frankreichs eine Lebensmittelkette mit 785 Filialen, als es am 27. Oktober 1948 in seiner Heimatstadt ein *libre-service* eröffnete. Die Bevölkerung war anfänglich elektrisiert, aber als der Neugiereffekt verpufft war, blieben die Leute weg. Pierre Guichard, der Enkel des Firmengründers, äußerte sich offen über die Probleme, und seine Diagnose – von anderen geteilt, denen seine schmerzliche Erfahrung erspart geblieben war – lautete, die Europäer verfügten in der Masse noch nicht über das nötige Kleingeld, um »supermarktfähig« zu sein. Ihnen fehlte die erforderliche häusliche Infrastruktur: Nur die wenigsten französischen Familien besaßen einen Kühlschrank, um Lebensmittel frisch halten zu können, geschweige denn ein Auto, um größere Einkäufe zu transportieren. Ihre Kaufkraft war um den Faktor drei oder vier geringer als die der amerikanischen Durchschnittsfamilie. Dazu kam, dass der *Casino*-Supermarkt nicht in der Lage war, die Preise der lokalen Einzelhandelskonkurrenz erheblich zu unterbieten. Das lag einerseits daran, dass die französische Kundschaft traditionell beim Einkauf eine gute Bedienung erwartete, zum anderen daran, dass im französischen Einzelhandel die Personalkosten mit einem Anteil von sechs bis sieben Prozent an den Bruttoaufwendungen (verglichen mit 15 Prozent in den USA) ohnehin schon minimal waren und kaum noch gesenkt werden konnten. Der größte Nachteil des Supermarkts bestand jedoch darin, dass ihm die vertraute Figur des Ladeninhabers fehlte, von dem die französischen Kunden gewöhnt waren, dass er im Geschäft herumturnte, an der Kasse stand, mit ihnen schwatzte oder die Regale ein- und aufräumte. Viele Kunden glaubten offenbar, aus ihren Beschwerden zu schließen, die Selbstbedienung sei nur ein weiterer Streich, den der Handel ihnen spielen wolle.[24]

---

24 Pierre Guichard in Premier Congrès, 63ff.; Zancarini-Fournel, À l'origine de la grande distribution, 27–39.

Einige weitere frühe praktische Lehren lieferte *La Formica* in Mailand – Lehren, die Richard Boogaart zur Kenntnis nahm, als er ein halbes Dutzend Jahre später Quirino Pedrazzoli beim gemeinsamen Mittagsessen über die mutmaßlichen Gründe für den Misserfolg seines Supermarktprojekts von 1949 befragte. Pedrazzoli, ein erfahrener internationaler Einkäufer für die Kaufhauskette *Rinascente*, hatte 1939 zum ersten Mal von der Supermarktrevolution gehört, als er auf der Leipziger Messe einen Mr. Smith aus »Carolina« getroffen hatte, der ihm nach seiner Rückkehr in die USA diverse Pamphlete zu dem Thema zuschickte. Bestückt mit diesem Wissen und einem Kapital von 150 Millionen Lire (die damals immerhin etwas mehr als einer Million DM entsprachen) aus der Schatulle eines wagemutigen Finanziers, eröffnete Pedrazzoli im Dezember 1949 seinen mit dem Slogan »Die Ameise – der Laden ohne Verkäufer« propagierten Supermarkt im Zentrum Mailands. An der attraktiven Via Torino gelegen, bot *La Formica* eine Verkaufsfläche von 1.600 Quadratmetern und ein exzentrisches Interieur, angepasst an die zwei Geschosse eines alten Stadtpalais, die er einnahm. Zusätzlichen Raum hatte Pedrazzoli dadurch gewonnen, dass er einen Teil des Hinterhofs für den Anbau einer breiten Wendeltreppe genutzt hatte, auf der die Kunden von einem Stockwerk zum anderen gelangen konnten. Gegen jede Konvention hatte er den Eingang so gelegt, dass die Leute zuerst im Obergeschoss landeten, wo die ertragstarken Abteilungen untergebracht waren: Weine und Spirituosen, Süßigkeiten, frisches Gebäck. Von dort aus konnten die Kunden ins Erdgeschoss hinabsteigen, wo sie die Grundnahrungsmittel fanden: Brot, Reis, Fleisch, Öl usw. Dass *La Formica* nach nur sieben Monaten in Konkurs ging, war angeblich die Schuld der weiblichen Kunden. Sie hatten, so hieß es, eine »Abneigung gegen Dosen und Kartonverpackungen« und hielten nichts von der »Idee, dass Zeit ein begrenztes Gut ist« und es somit gelte, »die eigenen ästhetischen und gastronomischen Vorlieben dem zu opfern, das praktisch ist und schnell geht.«[25] Die Auffassung, es sei der italienische Nationalcharakter gewesen, der dem Projekt den Todesstoß versetzt habe, war vermutlich falsch, denn immerhin tummelten sich in dem Supermarkt rund 25.000 Kunden pro Woche. Es war eher so, dass unzureichende Methoden der Bestandskontrolle rechtzeitige Nachbestellungen verhinderten, dass die Nachfrage das Angebot überforderte und dass nicht genügend Kapitalkraft da war, um das Geschäft über die schwierigen ersten Monate hinwegzubringen. Angesichts des drohenden Ruins hatte Pedrazzoli versucht, zwei weitere Läden zu eröffnen, um Rationalisierungseffekte zu erzielen und weiteres Kapital zu mobilisieren, aber enge behördliche Standortauflagen hatten ihn ausgebremst.[26]

Diese spektakulären Fehlschläge ließen Vorsicht geboten erscheinen. Vertreter des europäischen Einzelhandels, die auf von der *European Productivity Agency* finanzierten Informationsreisen die amerikanische Geschäftswelt unter die Lupe nahmen, sprachen sich für ein schrittweises Vorgehen aus: Zwar könnten europäische Wirtschaftsführer auf der anderen Seite des Atlantiks »zahlreiche Exempel des Fortschritts« studieren, doch sei es ratsam, diese »ohne brutale Umwälzungen« in

---

25 Premier Congrès, 73.
26 Jacques Pictet in ebd.; Zimmerman, Self-Service, 57ff., 62; R. W. Boogaart an W. D. Bradford, 17. Februar 1957, Spule 7, IBEC; Scarpellini, Comprare all'americana, 82ff.

Europa zu erproben.[27] Investitionen seien hauptsächlich in kleinerem Rahmen sinnvoll, etwa in Selbstbedienungsmärkte, die einen relativ begrenzten Bereich abdeckten, ein großstädtisches Wohnviertel zum Beispiel – Läden, die in Amerika *superettes* genannt wurden. Die Zahl solcher Klein-Supermärkte erlebte im westlichen Europa zwischen 1950 und 1960 einen spektakulären Anstieg von 1.200 auf 45.500.[28]

Einen ausgewachsenen Supermarkt zu eröffnen, galt in Europa noch um die Mitte der fünfziger Jahre als ein riskantes Unterfangen, namentlich für Seiteneinsteiger. Die 1957 geschlossenen Römischen Verträge, die den Gemeinsamen Markt begründeten, waren zu der Zeit noch nicht viel mehr als ein Hoffnungsschimmer im Auge ihrer Initiatoren, und auch wenn man allenthalben bereits von einem »Wirtschaftswunder« sprach, so war doch niemand sicher, ob es sich nicht bald verflüchtigen würde. So gesehen, dürfen wir dem Entschluss der IBEC, in Europa einen Pflock einzuschlagen, nicht bloß rein wirtschaftliche Motive unterstellen, auch wenn die Abwägung der geschäftlichen Chancen und Risiken sicher eine Rolle spielte. Im Hintergrund standen politische Erwägungen: Es hatte den Anschein, als gewinne im westlichen Europa der Kommunismus an Boden, und nach Überzeugung Rockefellers liefen »niedrigere Lebensmittelpreise auf dasselbe hinaus wie eine Erhöhung der Löhne und Gehälter«. Würde das Experiment ein Erfolg, dann, so die Logik des Vorgehens, würden andere Supermärkte folgen. Dies würde die »Lieferanten zwingen, die Preise zu senken«, und »die Hersteller, sich besser zu organisieren, sich zu modernisieren usw.«[29]

Um mit möglichst großer Präzision zu eruieren, wo das Vorhaben die besten Erfolgschancen hatte, erteilte die IBEC im Frühjahr 1956 Boogaart den Auftrag, eine Datenerhebung durchzuführen, was er im Mai und Juni tat. Er begann in Frankreich, wo er einen sehr »düsteren Eindruck von Europa« gewann, und endete in Italien. Sein Fazit lautete, dass »in allen Ländern Hindernisse« bestünden: »hohe Steuern, niedrige Einkommen, kurze Ladenöffnungszeiten, eingeschränkte Verfügbarkeit von Waren, starke Kartelle und Zünfte, staatliche Kontrollen und restriktive Genehmigungsregeln, wenige Autos, ein Mangel an Bauland und Baumaterialien und vieles andere«.[30] Als mit Abstand am schlechtesten schätzte er die Chancen in England, Deutschland und der Schweiz ein. England sei bereits »ein Land der Ladenketten«, und Großunternehmen wie *Lever* (dem die Ladenketten *Colonial* und *Lipton* gehörten), *Sainsbury* oder *Express Dairy* seien eifrig dabei, Selbstbedienungsgeschäfte und Supermärkte zu eröffnen; dasselbe täten auch die Arbeiter-Konsumgenossenschaften, die angefangen hätten, ihre Einzelhandelsoperationen rapide zu modernisieren. Im Übrigen befinde sich die britische Wirtschaft in einer tiefen Rezession, und es werde schwierig sein, Ausrüstungen und Ausstattungen zu

27 L'Europe adoptera-t-elle le libre service à l'americaine?, Vente et publicité, 15. September 1953, 1. Allgemeiner: Villermet, Histoire des »grandes surfaces«, 41–53.
28 Jefferys/Knee, Retailing in Europe, 106; Henksmeier, The Economic Performance of Self-Service.
29 Memorandum, W. D. Bradford an Vorstandsmitglieder und Mitarbeiter der IBEC, Supermarket Possibilities in Western Europe, 23. Juli 1956, Spule 7, IBEC; Richard W. Boogaart, General Summary of Supermarket Possibilities in Western Europe, [Juli 1956], unpag. [1], Box 37, IBEC Supermarkets – Boogaart, R. W., 1956–1968, IBEC.
30 Moffett, American Supermarkets in Milan, 3.

importieren, die amerikanischen Ansprüchen genügten. Was die Bundesrepublik Deutschland betreffe, so biete sie unter dem Gesichtspunkt einer entwickelten Lebensmittel verarbeitenden Industrie vielversprechende Voraussetzungen: Firmen wie *General Foods*, *Kellogg's*, *Kraft*, *Corn Products* und die *Container Corporation* hätten dort Werke eröffnet. Allerdings seien die Deutschen selbst schon mit hohem Tempo dabei, »das Supermarktgeschäft voranzutreiben«, so dass Wettbewerber von außen »gegenüber fähigen einheimischen Unternehmern im Nachteil« seien. Die Schweiz sei ein »charmantes« Land, das unbedingt einen touristischen Besuch wert sei; der Ruhm des Gottlieb Duttweiler sei inzwischen überallhin gedrungen, seine genossenschaftlich betriebene *Migros*-Kette setze hohe Maßstäbe, und dies spiegle sich in der exzellenten Qualität ihrer Wettbewerber wider. Den Niederlanden bescheinigte Boogaart »dürftige« Aussichten: Jedes ausländische Unternehmen, das dort tätig werde, müsse strenge staatliche Vorschriften in Bezug auf Arbeiterrechte, Bodenverbrauch und bauliche Gestaltung beachten. Für Frankreich sah er von vornherein schwarz, zum einen wegen der darniederliegenden Bautätigkeit, zum anderen wegen der starken Stellung der lokalen Kaufmannsgilden und der strengen staatlichen Auflagen und Importbeschränkungen für Ladenausstattungen und verarbeitete Lebensmittel. Boogaart enthielt sich jeden Kommentars zu den Eskapaden des zum politischen Kämpfer mutierten Obsthändlers Pierre Poujade, obwohl ihm die internationale Presseberichterstattung über den von dem radikalisierten Volkstribun angeführten Marsch von 250.000 kleinen Geschäftsleuten nach Paris schwerlich entgangen sein konnte, ganz zu schweigen von Poujades bemerkenswert gutem Abschneiden bei den Parlamentswahlen vom Januar 1956, bei denen er 2,3 Millionen Stimmen einfuhr.[31]

Das überraschende Ergebnis, zu dem Boogaart gelangte, war, dass ausgerechnet zwei Länder, die man auf den ersten Blick angesichts ihrer großen Zahl kleiner Geschäftsleute und ihrer antiquierten Gesetze als hoffnungslose Fälle hätte einstufen mögen, die besten Chancen zu bieten schienen: Belgien und Italien. Belgien hatte eine kleine, aber dicht gepackte und relativ wohlhabende Bevölkerung zu bieten, dazu eine Regierung, die auf Auslandsinvestitionen erpicht war. In Antwerpen gab es zahlreiche geeignete Baugrundstücke, die Kosten waren mit denen in den USA vergleichbar, das Arbeitsklima war gut, und mehrere amerikanische Lebensmittelverarbeiter hatten ihr europäisches Hauptquartier in Belgien aufgeschlagen. Das Beste sei, so Boogaart, dass das belgische Gesetz gegen die Ausbreitung von Ladenketten, das *Loi du Cadenas*, ein »zahnloser Tiger« sei. (Tatsächlich lief das Gesetz 1959 aus.) Ein mögliches Handicap sei die Konkurrenz der etablierten Ladenketten *Priba* und *Sarma*.

Das andere Land, Italien, nahm sich womöglich noch hoffnungsloser aus: ein Land mit einem Urwald kleinlicher Vorschriften, mit einer nach den meisten Verbraucherindizes rückständigen Konsumkultur und einer aufmüpfigen Arbeiterschaft, die in Gewerkschaften organisiert war, die Boogaart an die großen staatlich kontrollierten Arbeiterbewegungen in Venezuela und Mexiko erinnerten. Boogaart

---

31 Hoffmann, Le mouvement Poujade.

hatte freilich nicht ganz Italien im Sinn, sondern nur den Norden des Landes und insbesondere die Stadt Mailand mit ihren relativ wohlhabenden 1,5 Millionen Bewohnern: Jede dritte Mailänder Familie hatte einen Kühlschrank, dagegen nur jede zwanzigste in Italien insgesamt; ähnlich war das Verhältnis, was den Besitz eines Autos anging. Auch unter dem Gesichtspunkt, dass die IBEC sich gern in der Rolle eines Wohltäters präsentieren wollte, erschien Mailand ideal: Die Verbraucherpreise waren zuletzt rapide angestiegen und machten die Stadt zu einer der teuersten in Westeuropa. Zugleich hatte Italien die größte kommunistische Partei außerhalb Osteuropas.[32] Als Unternehmer musste man auch die kurz vorher verabschiedeten italienischen Gesetze über die Zulassung ausländischer Investoren attraktiv finden, denn sie waren wirtschaftsfreundlicher als irgendwo sonst in Europa, was die Rückführung von Gewinnen betraf. Kurz und gut: Italien schien das richtige Land für einen ersten Anlauf zu sein, vorausgesetzt man konnte sich die zahlreichen Genehmigungen und Lizenzen beschaffen, die man brauchte.

Dass Boogaart sich für Italien aussprach, hatte auch ein wenig mit dem lauten Chor der Begeisterungsrufe zu tun, die der *American Way Supermarket* ausgelöst hatte, der auf amerikanische Initiative hin anlässlich des Dritten Internationalen Kongresses für Lebensmitteldistribution im Juni 1956 im römischen Kongresspalast EUR aufgebaut worden war. Die Organisation, die den Kongress veranstaltete, hatte ihren Sitz in Paris und stand nominell unter französischer Leitung, doch schon 1950 hatten Amerikaner die Regie bei Kongressen und Ausstellungen der Organisation übernommen – in jenem Jahr hatte die Firma *National Cash Register* einen ausgewachsenen Selbstbedienungsladen aufgebaut. Im Vorfeld des Kongresses von 1956 hatte das US-Landwirtschaftsministerium, unterstützt vom *State Department*, die amerikanische Bundesvereinigung der Lebensmittelketten dazu überredet, einen kompletten, nach modernsten Gesichtspunkten gestalteten Supermarkt zu installieren, groß genug, um einen 2.500 Artikel umfassenden Lebensmittelbestand aufzunehmen. Bis zum Ende der den Kongress begleitenden Ausstellung am 1. Juli passierten 450.000 Besucher das Eingangsportal und durchstreiften die Regalkorridore: Händler, Parlamentsabgeordnete, Würdenträger, Presse- und Medienvertreter tagsüber, das allgemeine Publikum an den Abenden. Im Jahr darauf, als der Kongress in Zagreb stattfand, wurde die Operation vervollkommnet: Die Bundesvereinigung der Lebensmittelketten baute in Zusammenarbeit mit staatlichen US-Stellen und Hunderten von US-Firmen einen Supermarkt-Pavillon auf, der den jugoslawischen Kongressbesuchern die Möglichkeit gab, nicht nur die in den Regalen aufgereihten Artikel zu bestaunen, sondern einen Einkaufswagen mitzunehmen und das Einkaufen im Supermarkt zu üben. Beobachter konnten zu diesem Zeitpunkt konstatieren, die politischen Ziele der US-Regierung seien »so tief in kommerzielle Produkte eingebettet, dass Propagandaparolen vollkommen redundant gewesen wären«.[33]

---

32 Moffett, American Supermarkets in Milan, 7.
33 Haddow, Material Culture and the Cold War, 67ff.; ders., Pavilions of Plenty, 9ff.; Lebhar, Chain Stores in America, 389.

Einbruch in den Markt

Das Bemerkenswerteste an dem Anlauf, den die IBEC in Italien nahm, war die sichere Landung nach dem Sprung. Gewiss, die geschäftliche Erfahrung, die die Firma zuvor im Mittleren Westen, dem Kerngebiet des amerikanischen Massenkonsums, und in Lateinamerika gesammelt hatte, und die großen Kapitalreserven, über die sie verfügte, federten den Sprung ab. Sie hätte diesen jedoch nicht gewagt, hätten ihr nicht wohlgesonnene Persönlichkeiten versichert, dass die in Mailand geltenden rechtlichen Bestimmungen »strapaziert« werden konnten, um der Firma die zahllosen Genehmigungen und Lizenzen für Bau und Betrieb ihres ersten Supermarkts zu beschaffen. In Rom konnte die IBEC auf die US-Botschafterin Clare Booth Luce zählen, eine persönliche Freundin Rockefellers, die die Türen zu potenziellen Hilfswilligen öffnete, desgleichen auf ihren Nachfolger James Zellerbach, den früheren Leiter der italienischen Sektion der *European Cooperation Agency*.[34] In Mailand konnte sie auch mit der Hilfe der Familie Angleton rechnen: James Hugh, der langjährige Chef der italienischen Niederlassung der Firma *National Cash Register*, war Präsident der Amerikanischen Handelskammer in Italien (und ein führender Kopf der Rotarierbewegung), nicht zu reden von seinen diversen nützlichen Steckenpferden wie der Geflügelzucht; sein Sohn James Jesus, auch bekannt als *Junior*, kannte praktisch jeden. Von 1944 bis 1947 hatte er für das *Office of Strategic Services* als Chef der Spionageabwehr in Italien gewirkt, nebenbei als wichtiger Koordinator verdeckter amerikanischer Gelder für lokale antikommunistische Kampagnen. Im Moment war er dabei, den Zenit seines Einflusses innerhalb der CIA zu erreichen.

Die Hoffnung, dass die IBEC regierungsamtliche Unterstützung für ihr geschäftliches Vorhaben in Mailand bekommen würde, wurde nicht zuletzt vom spektakulären Erfolg des Demonstrationsobjekts *American Way* genährt. Alles in diesem inszenierten Supermarkt war auf Englisch beschriftet, die Artikel waren nicht auf italienische Geschmäcker ausgerichtet, die Gewichte waren in Pfund und Unzen angegeben, die Preise in Dollars und Cents.[35] Trotzdem verbreitete die Mundpropaganda auf der Straße die Parole, Supermärkte seien ein Muss für ein modernes Land. Von daher schien sicher, dass die amtierende Mitte-rechts-Regierung Initiativen fördern würde, die in diese Richtung zielten. Das rechnete sich zumindest Amadeo Malfatti aus, ein Bruder des Generalsekretärs der herrschenden Christdemokratischen Partei, der im Verein mit Franco Palma, dem Geschäftsführer von *Squibb's* in Italien, nach Ende der Ausstellung in Rom das gesamte Inventar aufkaufte, einschließlich der von IBM gelieferten Warenbestandsverwaltung. Die beiden Partner schickten einen Abgesandten für sechs Monate in die Vereinigten Staaten, damit er dort das Supermarktgeschäft erlernen konnte, und eröffneten danach drei Pilotmärkte in Rom. Der erste öffnete seine Pforten im Februar 1957 an der belebten Viale Libia.

---

34 Claire Booth Luce an NAR (Nelson A. Rockefeller), 19. Dezember 1956, Akte 342, Box 37, RG 4, Serie B AIA-IBEC, Nelson A. Rockefeller Personal Papers, Rockefeller Archives Center.
35 Vittorio Zavagli, Il supermercato. L'automatismo nei mercati alimentari, Agricoltura d'Italia, November-Dezember 1956, 5f.

Mit solcher Art von politischer Vetternwirtschaft und so kleinen Einsätzen gab sich die IBEC nicht ab. Es ging ihr zunächst darum, die Konditionen eines möglichen langfristigen Bündnisses mit dem italienischen Kapitalismus auszuloten. Kontakte zu knüpfen, erwies sich als einfach: »Unsere Verbindung mit dem Namen Rockefeller wirkte beinahe wie ein Zauberstab – potenzielle Partner kamen auf uns zu«, verkündete Boogaart stolz.[36] Um sich lokales Know-how zu verschaffen, würde es angeraten sein, mit dem Kaufhaus-Doyen *Rinascente* oder mit *La Standa* zusammenzuarbeiten, der führenden italienischen Billigkette; beide wollten in den Lebensmitteleinzelhandel hineinexpandieren und unterbreiteten Angebote für eine Zusammenarbeit mit der IBEC. Boogaart fürchtete allerdings, dass diese Unternehmen »eine Mehrheitsbeteiligung und eine Stimme im Management und sonst noch alles Mögliche haben wollen«.[37] Eine andere Möglichkeit bestand darin, sich mit einem Lieferanten zusammenzutun, der sich im italienischen Distributionswesen auskannte, etwa mit der Firma *Motta*, die Back- und Süßwaren herstellte, landesweit ein rundes Dutzend Restaurants und zwanzig Läden betrieb und sich bereits als Vertriebspartnerin für die *National Biscuit Company* betätigte. Mit einem solchen Vorgehen würde die IBEC allerdings Gefahr laufen, in eine zu große Abhängigkeit von bestehenden Netzstrukturen zu gelangen. Ein weiterer Kandidat war der Multi-Unternehmer Gaetano Marzotto, »ein guter Textilmann und sehr reich«. In den Augen der Amerikaner war Marzotto freilich »ein schlechter Verkäufer«, außerdem würde auch er auf eine kontrollierende Mehrheit und auf einen Exklusivstatus für seine Seifen, Weine und anderes bestehen.[38]

Unter dem Strich wollte die IBEC von ihren Partnern außer Kapital drei Dinge: Handlungsfreiheit, politischen Einfluss und Transparenz, wobei Letzteres bedeutete, dass es nur eine Buchführung geben sollte und nicht deren zwei, wie in Italien allgemein üblich, nämlich eine für die interne Gewinn- und Verlustrechnung und die zweite für das Finanzamt. Bei Anwendung dieser Kriterien führte der Weg zwangsläufig in die Königsklasse des italienischen Industriekapitalismus, zu dem lombardischen Textilmagnaten Mario Crespi und seinem Gefolge. Crespi, den manche als den italienischen Rockefeller bezeichneten und der mit den Agnellis, der *Fiat*-Familie, verschwägert war, galt als redlicher Geschäftsmann. Zu seinem Gefolge gehörten neben anderen Marco Brunelli, Spross einer wohlhabenden Familie von Antiquitätenhändlern, und die Brüder Mario und Bernardo Caprotti, bedeutende Textilfabrikanten, die mit amerikanischen Verhältnissen wohlvertraut waren und als weltläufige und fähige Unternehmer galten. Die Tatsache, dass der Familie Crespi auch die führende Tageszeitung Italiens gehörte, der *Corriere della Sera*, bot mindestens zwei Vorteile: eine wohlwollende Berichterstattung und die Aussicht auf hohe Anzeigenrabatte.[39] Erfreulicherweise war dieser Partner bereit, sich mit einem

---

36 Zit. n. Moffett, American Supermarkets in Milan, 7.
37 R. W. Boogaart an W. B. Dixon Stroud, 18. Februar 1957, Spule 7, IBEC; Boogaart an IBEC Investment Committee, Mailand, 6. März 1957, ebd.
38 Boogaart an IBEC Investment Committee, 6. März 1957, 1ff.
39 Ruggero di Palma Castiglione an Boogaart, 5. März 1957, Akte 342, Box 37, RG 4, Serie B AIA-IBEC, Nelson A. Rockefeller Personal Papers, Rockefeller Archives Center; Memorandum, Richard W. Boogaart an IBEC Investment Committee, Supermarkets–Milan, Italy, 6. März 1957, ebd.

Minderheitsanteil von 49 Prozent zufriedenzugeben. Und Crespi und seine Leute akzeptierten nicht nur, sondern bestanden regelrecht darauf, dass das Unternehmen streng nach amerikanischen Managementgrundsätzen geführt würde. »Sie wollten nicht, dass in unseren Geschäften irgendwelche Italiener etwas zu bestimmen hatten. Sie wollten, dass die Läden ganz genauso geführt wurden und aussahen wie in den Vereinigten Staaten«, schrieb Boogaart im Rückblick. Sie wollten ferner, dass schon im Namen der amerikanische Bezug deutlich zum Ausdruck käme, daher die Schreibweise *Supermarkets* und dazu das nachgesetzte *Italiani*, ein Kompromiss, mit dem alle zufrieden waren.[40]

Wenn es in der Gleichung eine große Unbekannte gab, einen Faktor, der im Fundus der lateinamerikanischen Erfahrungen der IBEC fehlte, dann war es das wuchernde Dickicht der kleinen italienischen Gewerbetreibenden. Allein in Mailand, einer Stadt mit 1,5 Millionen Einwohnern, gab es nach Schätzungen 31.500 Ladengeschäfte, dazu 10.000 Straßenverkäufer. In 14.000 dieser Läden wurden Lebensmittel dieser oder jener Art verkauft. Die Amerikaner glaubten nicht, dass diese Kleinkrämer das Zeug hatten, ihnen Konkurrenz zu machen. Immerhin aber waren viele von ihnen organisiert, als Mitglieder der Gewerkschaft der Kaufleute. Als Gemeinschaft und unter Hinzurechnung ihrer Angehörigen verkörperten sie eine ernst zu nehmende gesellschaftliche Kraft. Unter einer entschlossenen Führung konnten sie womöglich zu einem Störfaktor werden. Alle politischen Parteien, von den Christdemokraten bis zu den Kommunisten, schienen um die Gunst dieser Klientel zu buhlen.[41]

Der Schlüssel zum Erfolg konnte nur darin bestehen, dass man schnell vollendete Tatsachen schuf und den Kunden einen sensationellen Service bot. Die geplanten Läden mussten möglichst bald eröffnet werden und auf Anhieb so gut funktionieren, dass die Behörden und ihre Vertreter – angefangen beim Oberbürgermeister – mitgerissen vom Erfolg die erforderlichen Genehmigungen ausstellen würden. Unter dem Eindruck radikaler Niedrigpreise und enthusiastischer Kunden würden sich die Beamten und Amtsträger für die Supermarktidee begeistern und die für die Eröffnung weiterer Märkte erforderlichen Genehmigungen erteilen. Entschlossen, diesen dynamischen Prozess in Gang zu setzen, verschaffte sich die IBEC innerhalb weniger Wochen die taktischen und juristischen Kenntnisse, das Kapital, die technische Ausstattung und die Lieferverträge, die sie brauchte, um sich ein italienweites Monopol im Bereich des modernen Lebensmittelvertriebs zu sichern.[42]

Das Ziel war ein vollkommen autarkes System mit originärer Technik und Vertragslieferanten, was entsprechend substanzielle Investitionen in Zulieferbetriebe, Lagerhäuser, Transportkapazitäten und Systeme der Warenbestandskontrolle voraussetzte, wobei Letztere mit modernsten, auf Lochkartentechnik beruhenden Buchungsmaschinen von IBM arbeiteten. Im Interesse einer großen Angebotsvielfalt wurden Obst- und Gemüsekonserven aus Südafrika, Käse aus Dänemark und Tief-

---

40 Boogaart an W. B. Dixon Stroud, 27. Februar 1957, Spule 7, IBEC; Boogaart an W. D. Bradford, 26. März 1957, ebd. Siehe auch Scarpellini, Comprare all'americana, 131f.
41 Moffett, American Supermarkets in Milan, 10.
42 R. W. Boogaart, Proposed Schedule, 2. Mai 1957, Spule 7, IBEC.

kühlfisch aus England importiert. Um Massenartikel wie Nudeln und Gebäck in der benötigten Menge und Qualität anbieten zu können – und um Produkte verfügbar zu machen, die bis dahin für viele Kunden unerschwinglich gewesen waren, wie Eier, Hühner oder Kaffee, oder die nur saisonal verkauft worden waren, wie Eiscreme –, errichtete die IBEC eigene Fabrikationsbetriebe. Ladeneinrichtungen importierte sie zunächst aus den USA, wandte sich dann aber an italienische Hersteller, die regelmäßig die Mailänder Messe beschickten, und bestellte bei ihnen, was man für die Ausstattung neuer Märkte brauchte, maßgeschneidert auf die Standards von *Supermarkets Italiani*. Mit einkalkuliert war hier von vornherein die Chance, in anderen europäischen Ländern Exportmärkte für die funktional gestalteten, preisgünstig herzustellenden Einkaufswagen, Lebensmittelregale und Kassenbereiche zu erschließen.

Mit am dringendsten gebraucht wurde eine Großbäckerei, denn die Amerikaner fanden heraus, dass die durchschnittliche Mailänder Familie, die fünf Köpfe zählte, wöchentlich zwölf Kilo Brot vertilgte – zusätzlich zu zwei Kilo Reis, drei Kilo Pasta und zwei Kilo Kartoffeln.[43] Es war ausgeschlossen, dass irgendeine einzelne Bäckerei in Mailand die Menge an Backwaren liefern konnte, die *Supermarkets Italiani* benötigte, zumindest nicht in dem vom IBEC-Management vorgegebenen Standard. Ein Besuch in der Londoner Großbäckerei *Baker Perkins* brachte die Erkenntnis, dass die Briten aus hundert Pfund Mehl 143 Laibe Brot backen konnten, während die Italiener nur 115 Laibe schafften. Der Trick war der Verzicht auf Schmalz und Zucker; die Briten mischten stattdessen große Mengen Feuchtigkeit bei, sogar noch mehr als bei den massenproduzierten amerikanischen Broten üblich.[44] Als die IBEC schließlich 1960 ihre Gebäckherstellung in Florenz konzentrierte, holte sie den ehemaligen Chefbäcker der US-Streitkräfte ins Haus, einen Deutschen, der noch früher für die Wehrmacht gearbeitet hatte. Nach einiger Zeit kristallisierte sich ein Sortiment von Teigmischungen heraus, das den ganzen Bereich zwischen dem angloamerikanischen *Wonder Bread* und den handwerklich gebackenen italienischen Brotsorten abdeckte – von standardisierten dünnen Brotstangen (*grissini*), die sich in bürgerlichen Haushalten großer Beliebtheit erfreuten, über ein als *Peter Pan* vermarktetes weiches Weißbrot bis hin zu Laiben, die denen ähnelten, die den Italienern aus ihrer angestammten Bäckerei vertraut waren, nur dass sie ein Viertel weniger kosteten.[45]

Bei allem bemerkenswerten Geschick und Ideenreichtum des Managements bei der Lösung der vielen unverhofften Probleme, die ein kompletter Neuaufbau zwangsläufig mit sich bringt, sah sich das Unternehmen mit zwei schwer zu überwindenden Hindernissen konfrontiert. Das erste erscheint im Rückblick nicht verwunderlich: Allen Zusicherungen zum Trotz stieß die Firma im Verlauf ihrer Bemühungen um die erforderlichen Genehmigungen und Lizenzen auf unbändige Widerstände und Anfeindungen. Vor der Supermarktinvasion hatten nach dem Gesetz Nr. 2.174 vom 16. Dezember 1926 ausschließlich kommunale Behörden das Recht gehabt, eine Ge-

---

43 Boogaart an W. D. Bradford, 13. Dezember 1958, Spule 9, IBEC.
44 Boogaart an Bradford, 12. Dezember 1958, ebd.
45 Boogaart an Bradford, 3. August 1960, ebd.

werbeerlaubnis für den Betrieb eines Ladengeschäfts auszustellen. Doch unter dem Druck der italienischen Gewerkschaft der Kaufleute änderte die Regierung in Rom 1959 die Geschäftsgrundlage, indem sie den Supermarkt rechtlich den Ladenketten und Kaufhäusern gleichstellte. Dadurch fielen Supermärkte von da an in den Geltungsbereich des Gesetzes Nr. 1.468 vom 21. Juli 1938, das die Genehmigungsbefugnis bei den Präfekten ansiedelte, den lokalen Statthaltern der Zentralregierung, und zwar mit der Begründung, sie besäßen einen besseren Überblick über die Lage. Allerdings waren die Präfekten angehalten, vor Erteilung einer Genehmigung die örtliche Handels- und Gewerbekammer zu Rate zu ziehen. Das Ganze lief daraus hinaus, dass sich ein projektierter neuer Supermarkt um das Einverständnis seiner künftigen Konkurrenten bemühen musste. Meistens erhielt er die Genehmigung auch. Wenn eine Genehmigung verweigert wurde, gab es Einspruchsmöglichkeiten, etwa in Form einer Beschwerde beim Ministerium für Industrie und Gewerbe in Rom. Wenn von dort grünes Licht kam, konnte die lokale Handelskammer freilich ihrerseits Beschwerde einlegen. »Dies hier ist ein Land«, seufzte Boogaart einmal in Anbetracht des bürokratischen Kleinkrieges, »in dem sogar ein Amerikaner den Überblick verlieren kann.«[46]

Der Gegenwind führte dazu, dass die Firma ihr Ziel verfehlte, in rascher Folge fünf Supermärkte zu eröffnen und damit die schwere Last der Verwaltungs- und Gemeinkosten, die der Aufbau eines praktisch autarken Systems mit sich brachte, auf mehrere tragende Säulen zu verteilen. Die ersten Genehmigungen wurden mit Ach und Krach erwirkt, die weiteren blieben erst einmal in der Schwebe. Trotzdem gab *Supermarkets Italiani* Gas und beauftragte den Mailänder Architekten Gio Ponti, der sich mit dem schimmernden Glasturm für *Pirelli*, Italiens ersten wirklichen Wolkenkratzer, einen Namen gemacht hatte, mit dem Entwurf und Bau einer anmutigen, mit blauen und braunen Kacheln verkleideten Behausung für die vierte geplante Filiale an der Viale Zara. Der Markt war voll bestückt mit Ware und stand kurz vor der Eröffnung, als die Behörden unter dem Druck der lokalen Gewerkschaft der Kaufleute, die 15.000 Betreiber von Lebensmittelgeschäften vertrat, die Erteilung der Betriebsgenehmigung aussetzte. Als die Lizenz schließlich doch ausgestellt wurde, hatte ein Kapital von einer Viertelmillion Dollar acht Monate lang brachgelegen. In der Folge drängten sich zwar in dem neuen Supermarkt die Massen, aber die Umsätze der ersten drei Märkte waren und blieben niedriger als erwartet, so niedrig, dass Boogaart zugeben musste: »Wir konnten nicht einmal unsere Kosten decken.«[47]

Supermarkets Italiani hätte sehr leicht das gleiche Schicksal ereilen können wie zuvor *La Formica*, wäre die IBEC nicht Anfang Mai 1959 in den Genuss eines zinsgünstigen Darlehens über eine Million Dollar von der kurz vorher gegründeten *Export-Import-Bank* in Washington gekommen. Die Mittel, die die Bank zur Verfügung hatte, eine Frucht des Gesetzes zur Entwicklung und Unterstützung des landwirtschaftlichen Handels (*Agricultural Trade Development and Assistance Act*), ent-

---

46 Boogaart an Bradford, 17. Juli 1957, Spule 7, IBEC.
47 George E. Williamson, Supermarkets Spread Abroad despite New Political Roadblocks, Wall Street Journal, 18. Juli 1960.

stammten Devisenerlösen aus dem Verkauf amerikanischer Agrarüberschüsse im Ausland. Das Darlehen an *Supermarkets Italiani* war das erste dieses Typs in Europa. Die italienischen Ministerien für Finanzen und Landwirtschaft genehmigten den Kredit in der dezidierten Erwartung, er werde zur Entwicklung der süditalienischen Wirtschaft beitragen. Mit einem Zinssatz von sieben Prozent *per annum* (ein halbes Prozent unter den banküblichen Zinsen) und einer Tilgungsfrist von acht Jahren (wobei die Rückzahlung erst zweieinhalb Jahre nach Abrufung des Geldes beginnen musste) war das Darlehen so großzügig ausgestattet, dass die Firma, wenn sie das Geld überhaupt ausgeben wollte, gleichsam zur weiteren Expansion gezwungen war.[48]

Das zweite große Hemmnis blieb das Umsatzvolumen. Die Initiatoren hatten aufgrund der in den USA gewonnenen Erfahrungen damit gerechnet, dass niedrige Preise in Verbindung mit dem hellen und angenehmen Ambiente ihrer Supermärkte, der Selbstbedienung und der Kundenfreundlichkeit von Anfang zu einer hohen Kundenfrequenz führen würden. Tatsächlich lockten die Preise, die fünf bis 25 Prozent unter dem Mailänder Durchschnitt lagen, vom ersten Tag an die Bewohner der Stadt traubenweise in die Märkte. Doch unter denen, die kamen und sich an der bunten Warenvielfalt weideten, waren viele Flaneure. Und das Kaufvolumen pro Kunde, das A und O des Einzelhandelsgeschäfts, blieb nach amerikanischen Maßstäben gering: Der Durchschnitt pendelte bei 2,50 Dollar pro Einkauf, verglichen mit 7,15 Dollar in den Vereinigten Staaten.[49] Das Management tat sein Bestes, um die zahlreichen Probleme, die möglicherweise die Kundenzufriedenheit beeinträchtigten, zu identifizieren und unverzüglich zu beseitigen.

Es stellte sich heraus, dass die Packungseinheiten zu groß waren für Leute, die es gewöhnt waren, täglich einzukaufen, und die über keinerlei Geldpolster verfügten. Tiefkühlfleisch verkaufte sich auch bei exzellenter Qualität und niedrigen Preisen nicht, auch nicht nachdem man spezielle Lampen installiert hatte, um ihm sein blasses Aussehen zu nehmen. Die Italiener waren kein Volk von Dosenöffnern und hatten noch keinen Geschmack an Tiefkühlkost gefunden. Fertiggerichte zum Aufwärmen fanden überhaupt keinen, Backmischungen für Kuchen kaum Absatz. Viele Kunden trauten den aufgedruckten Gewichten und Maßen nicht, andere brauchten die Hilfe des Personals, um sich im Laden zu orientieren. Dass die Einkaufswagen aus den USA importiert und entsprechend groß waren, verschlimmerte die Probleme nur. Wie Boogaart selbstkritisch anmerkte: »Wir erwarteten von den Italie-

---

48 Ebd. Das Wall Street Journal brachte den politischen Zuckergehalt des Darlehens in der Unterüberschrift des Williamson-Artikels auf den Punkt: »Rockefeller-Firma in Italien verärgert kleine Geschäfte, wird durch Kredite aus US-Hilfsprogramm unterstützt.« Pressemitteilung, Export-Import Bank of Washington, 8. Mai 1959, Spule 9, IBEC; Pressemitteilung IBEC, 12. Juni 1959, ebd. Zu den finanziellen Problemen siehe Boogaart an Bradford, 17. Dezember 1957, 6. und 14. März 1958, Spule 7, IBEC. Zum Antrag auf das Darlehen siehe Boogaart an Bradford, 28. April, 31. Mai und 9. Juli 1958, ebd.; Boogaart an Bradford, 25., 27. und 30. April 1959, Spule 8, IBEC; Imports as of April 1959, Spule 9, IBEC.
49 Moffett, American Supermarkets in Milan, 15.

Abb. 32: Eröffnung einer Filiale von *Supermarkets Italiani* **an der Via Milanese in Florenz, Februar 1961**

nern, dass sie einen Cadillac schoben, obwohl sie sich nicht einmal einen Fiat leisten konnten.«[50]

Da die leitenden Angestellten der Firma fast permanent an der »Front« mitarbeiteten – sie packten Gemüse ab, schnitten Fleisch, räumten Regale ein und packten den Kunden sogar die Einkäufe ein und trugen sie ihnen zum Auto –, war die Firma in der Lage, auf Probleme unverzüglich zu reagieren. Zunächst einmal setzte sie mehr Ladenmädchen ein, damit Kunden schneller Hilfe bekamen. Dann stellte sie Waagen auf, damit die Kunden Gewichte überprüfen konnten. Es wurden weniger Konserven und dafür mehr Frischware angeboten, die Packungsgrößen wurden verkleinert. Das Management senkte die Preise für Grundbedarfsartikel wie Teigwaren, Mehl und Wein, selbst wenn das bedeutete, dass man manches mit Verlust verkaufen musste – Zucker zum Beispiel, der von einem staatlich kontrollierten Oligopol geliefert wurde, oder bekannte Markenteigwaren und Dosentomaten wie die der Firmen *Barilla* und *Cirio*, die selbst bei großen Abnahmemengen die Gewährung von Rabatten verweigerten. *Supermarkets Italiani* bot eine selbst produzierte Eiscreme an, die statt Kuhmilch Margarine enthielt und statt der ortsüblichen 750 nur 250 Lire kostete.[51] Pikiert ob der Eigenwilligkeit der italienischen Kundschaft, meinte Boogaart scherzhaft, seine Supermärkte hätten sich praktisch in Spezialgeschäfte verwandelt: »Wir braten den ganzen Donnerstag über Fisch für die Leute,

---

50 R. W. Boogaart an W. D. Bradford, 7. Juli 1958, Spule 7, IBEC.
51 Moffett, American Supermarkets in Milan, 20.

damit sie ihn nicht selbst braten müssen. Wir packen Gemüse und Obst in einen Beutel ab, damit sie gerade genug für eine Mahlzeit davon haben. Wir schneiden ihnen die Sellerieknollen entzwei, damit sie eine halbe kaufen können, zerteilen einen Kohlkopf in zwei oder drei Stücke, manchmal auch vier. Wir packen ihnen eine Gemüsemischung so in eine Tüte, dass sie von allem etwas finden. Ebenso richten wir Obstmischungen her, in denen alle Sorten vertreten sind.«[52]

Mit Wurfzetteln, die in den Wohngebieten im Einzugsbereich der Märkte verteilt wurden und die einfach nur ausgewählte Artikel und die zugehörigen Preise auflisteten, mit gelegentlichen ganzseitigen Anzeigen im *Corriere della Sera*, die in einer Spalte die aktuellen Produktpreise im Supermarkt und in einer zweiten Spalte den durchschnittlichen Mailänder Straßenpreis für dasselbe Produkt nannten, sowie mit Lutschern und Luftballons für die Kinder umwarb *Supermarkets Italiani* die italienischen Hausfrauen. »Wir gehen fast so weit, jeder Dame, die den Laden betritt, die Hand zu küssen«, berichtete Boogaart. »Ich denke, unser Persönlichkeitsprofil ist sehr gut.«[53]

Ein Vorbild zur Nachahmung empfohlen

Wie immer sich die Anlaufprobleme von *Supermarkets Italiani* gestalten mochten, sie blieben der Außenwelt vollständig verborgen, sodass die Firma, schon bevor sie 1960 die Gewinnschwelle erreichte, in Italien als ein bestens geführtes Vorzeigeunternehmen angesehen wurde. Von mehreren Seiten gingen Kaufofferten für die Firma ein, viele Interessenten fragten an, ob sie Anteile übernehmen könnten. Die neuen Supermärkte in Mailand waren Gegenstand eines dreitägigen Studienausflugs einer Gruppe von Studenten der IPSOA, einer hoch angesehenen Management-Hochschule in Turin.[54] Ihre Manager sahen sich plötzlich gefragt als Berater bei der Entwicklung etlicher Projekte, von zwei Supermarktfilialen in Padua bis zur Ummodelung der Supermarktketten *Malfatti* und *Palma* in Rom, die beide, wie Boogaart es vorausgesagt hatte, in Konkurs gingen und von dem expandierenden Kaufhausgiganten *Rinascente* übernommen wurden. Meldungen über den »beruhigenden« Einfluss von *Supermarkets Italiani* auf die Verbraucherpreise machten über Mailands Stadtgrenzen hinaus die Runde, als der *Corriere della Sera* am 9. April 1959 auf Geheiß der Zentralregierung eine ganzseitige Anzeige druckte, in der für eine ganze Reihe von Artikeln die aktuellen *Supermarkets*-Preise mit den von der kommunalen Statistikbehörde ermittelten Mailänder Durchschnittspreisen für dieselben Produkte verglichen wurden. Berichten zufolge liefen in Padua, Verona und anderen Städten Frauen mit dieser Zeitungsseite zu ihren Stammgeschäften, verlangten Preissenkungen und bestürmten lokale Amtsträger, sie sollten die Eröffnung von Supermärkten zulassen. Regierungsstellen, die den Auftrag hatten, den Mezzogiorno zu modernisieren, erkundigten sich, welche Produkte der italienische

---

52 Boogaart an Bradford, 20. Oktober 1958, Spule 9, IBEC.
53 Boogaart an Bradford, 7. Juli 1958, Spule 7, IBEC.
54 Moffett, American Supermarkets in Milan, 34; siehe auch Il Giorno, 15. Mai 1959.

Süden den neuen Ladenketten liefern könnte; die Antwort, die sie von der IBEC erhielten – Süßkartoffeln, Yamswurzeln, Erdnüsse, Avocados –, passte vermutlich eher zur Landwirtschaft der lateinamerikanischen Länder, in denen die Firma geschäftlich aktiv war, als zur sizilianischen.[55] Das Beglaubigungssiegel dafür, dass *Supermarkets Italiani* salonfähig geworden war, lieferten die Rotarier von Mailand, indem sie Marco Brunelli, den sympathischen 32-jährigen Vorstandsvorsitzenden des Unternehmens, einluden, Mitglied ihres Clubs zu werden; das bedeutete die Anerkennung des Supermarktgeschäfts als einer ernst zu nehmenden neuen Wirtschaftsbranche.

Der schlagendste Erfolgsbeweis lag jedoch darin, dass Supermarktbetreiber aus dem ganzen übrigen Westeuropa sich darum drängten, ihre Erfahrungen mit denen der amerikanischen Manager der Mailänder Kette auszutauschen. Anfang der sechziger Jahre hatte sich der Supermarkt, der nur fünf Jahre zuvor noch ein argwöhnisch beäugter Außenseiter gewesen war, fest etabliert. Plötzlich häuften sich die Premieren: die erste Discounterfiliale im belgischen Auderghem (1961), der erste Großmarkt, eröffnet von *Carrefour* in Sainte Geneviève-des-Bois (1963), das erste Einkaufszentrum Deutschlands, das Main-Taunus-Zentrum bei Frankfurt am Main (1964). All dies zeugte von den Schwindel erregend schnellen Veränderungen, die bisweilen unter der Bezeichnung *auto-fridge revolution* subsumiert werden. Sie beinhalteten bemerkenswerte Umwälzungen nicht nur im Bereich von Angebot und Nachfrage, sondern auch in der Einzelhandelslandschaft als solcher. Eine Zeitenwende vollzog sich: ein sprunghafter Anstieg des Fernhandels mit Lebensmitteln und Konsumgütern in einer sich weiter konsolidierenden Europäischen Wirtschaftsgemeinschaft, eine Lockerung der rechtlichen Fesseln, die bis dahin die Verwirklichung neuer unternehmerischer Ideen behindert hatten, die großen Bevölkerungswanderungen, die mit der sich in großem Stil vollziehenden Urbanisierung der westeuropäischen Gesellschaften einhergingen, die zunehmende Berufstätigkeit der Frauen in Fabriken und Büros, die Propagierung und Verbreitung verbesserter Standards für die Ernährung von Kindern und Erwachsenen.

In diesem Kontext verkörperte *Supermarkets Italiani* die in der amerikanischen Konsumkultur konzentrierte Macht, materielle Versorgungsstandards in Europa sowohl in Fahrt zu bringen als auch zu prägen. Als Vorbild, Katalysator und nachhaltig präsente Realität konnte die Firma aus gut gefüllten Kassen, Erfahrungswissen und strategisch einsetzbarem politischem Einfluss schöpfen. Überall in Italien waren die Leute verrückt nach amerikanischen Dingen. 1958 war das Jahr, in dem der neapolitanische Sänger Renato Carosone seinen Hit *Tu vuo fa l'Americano* (»Du willst einen auf Amerikanisch machen«) herausbrachte. Er richtete sich an den protzenden Großstadt-Teenager, »der Rock and Roll und Baseball liebt, aber keinen Whisky mit Soda verträgt«. Die Mailänder High Society, mit der Boogaart verkehrte, sprach von den Vereinigten Staaten als »dem einzigen Land, in dem sie alle gern leben würden«.[56] Rockefeller selbst wurde schon 1959 dem italienischen Publikum als ein de-

---

55 Boogaart an Bradford, 28. April 1958, Spule 7, IBEC.
56 Boogaart an Bradford, 26. März 1957, ebd. Zu Mailand in den Jahren des »Wirtschaftswunders« siehe Foot, Milan since the Miracle.

mokratisch gesinnter Wohltäter vorgestellt; sämtliche Frauenzeitschriften beschäftigten sich seitenweise mit der Eheschließung zwischen Steven, Nelson Rockefellers introvertiertem Sohn, und der jungen Norwegerin Anne-Marie Rasmussen, einem ehemaligen Küchenmädchen der Familie.

In einer Situation, in der so viele Kräfte zusammenwirkten, um *Supermarkets Italiani* zum Tagesgespräch und letzten Schrei zu machen, gelang es der Firma tatsächlich, etwas Besonderes zu sein. Zugleich war ihr Aufstieg mit drei Trends verknüpft, die sich mehr oder weniger ausgeprägt überall in Europa zeigten und die den amerikanischen Einfluss zu einem unermesslich bedeutsamen Faktor der Konsumrevolution machten. Der Erfolg von *Supermarkets Italiani* führte zunächst einmal den europäischen Kapitalisten vor Augen, dass Investitionen in den Lebensmittel-Einzelhandel ausgezeichnete Gewinne abwerfen konnten. Zum Zweiten setzte das Unternehmen klare Maßstäbe in Bezug auf Operationsweise und Ausstattung. Und zum Dritten leistete es einer neuen Allianz Vorschub, einer Allianz zwischen großem Kapital, einem jungen lokalen Unternehmertum, dem Staat und den Verbrauchern. Diese Allianz war die unerlässliche Voraussetzung dafür, dass Gesetze revidiert und Lebensgewohnheiten verändert werden konnten und der Supermarkt sich als der wichtigste Bezugspunkt für alle Überlegungen und Entscheidungen, die mit der Nahrungsbeschaffung zu tun hatten, etablieren konnte.

Abgesehen von Italien, wurde amerikanisches Einzelhandelskapital in Belgien am freudigsten aufgenommen, genau wie Boogaart es in seiner Erhebung von 1956 vorausgesagt hatte. Die Initiative ging hier allerdings von den Belgiern selbst aus, genauer von zwei miteinander verbundenen Dynastien, den Bernheims und den Vexelaires, zu deren Wirtschaftsimperium Kaufhäuser und die Lebensmittelkette *Priba* gehörten. 1960 wandten sich die Familien an die *Jewel Tea Company* in Melrose (Illinois) und baten um Mithilfe bei der Lancierung einer neuen Firma, genannt *S.A. Superbazar*, einer Kombination aus Lebensmittelgeschäft und Discountfiliale.[57] Als die mit 323 Filialen in den USA sechstgrößte Lebensmittelkette des Landes bot *Jewel Tea* seinen belgischen Partnern einen zuverlässigen Fundus an »langjähriger und dynamischer Erfahrung im Selbstbedienungsgeschäft«.[58]

Die belgischen Kapitalgeber waren auf jeden Fall für die Risiken des Unterfangens gewappnet. Elektrisiert von der Aussicht, mit ihrem neuen Unternehmen die gesamte Benelux-Region zu überziehen und dann den Schritt ins nördliche Frankreich zu tun, wo als Endziel Paris wartete, hatten sie die obligatorische »Wallfahrt« nach Dayton in Ohio absolviert, wo der »Papst des Supermarkts« Hof hielt: Bernardo Trujillo, Großmeister der Marketing-Seminare der Firma *National Cash Register* (NCR). Von 1956 an organisierte NCR nicht nur ein Netzwerk sogenannter MMM-Clubs mit Paris als Nervenzentrum, sondern baute auch an ihrem wichtigs-

---

57 Plein feux sur Bruxelles. On y brule les étapes, Libre-Service-Actualité, 9. Oktober 1961, 2.
58 R.W. Boogaart an W.D. Bradford, 10. März 1960, Spule 7, IBEC; Memorandum, Bradford an W.B. Dixon Stroud und H. Levy: »Jewel Tea Co.«, 28. März 1960, ebd. Zum belgischen Einzelhandel siehe Michel/Vander Eycken, La distribution en Belgique.

ten Fabrikationsstandort in Dayton eine eigene Schule auf.[59] Trujillo traktierte die Belgier während ihres Besuchs in Dayton mit seinen berühmten verbalen Ausbrüchen und Sprüchen, wobei seine Stimme im Verlauf seines einwöchigen Seminars für rund 135 Ausländer, unter denen auch ein Dutzend französische Muttersprachler gewesen sein dürfte (da zwischen 1958 und 1964 mehr als 1.500 Franzosen die Seminare besuchten), zu einem heiseren Bellen verkümmerte. Es hieß von Trujillo, er sei der Sprössling einer wohlhabenden kolumbianischen Familie, die pleitegegangen sei, habe an der *Sorbonne* studiert (was seine geniale Fremdsprachenbeherrschung erklären mochte) und sei schon als Jugendlicher von NCR engagiert worden, um die von dem Unternehmen herausgegebenen Selbstbedienungs-Broschüren zu übersetzen. Die Kurse, die er unter dem MMM-Slogan abhielt, sollten ihn zu einem berühmten Mann machen:

Modern Merchandising Methods
Move More Merchandise
Make More Money

Und keiner von denen, die seine Seminare mitmachten, vergaß seine prägnanten Sinnsprüche: »Verlustinseln, Gewinnozeane«, »Kein Parkplatz, kein Umsatz«, »Das einzig Sichere ist die Veränderung«.[60] Unter einem Füllhorn amerikanischer Erfahrung und amerikanischen Kapitals sitzend, hatten die Belgier das Gefühl, nicht weniger zu sein als die Pioniere einer Zeitenwende, eines Übergangs von der Festgemauertheit der Innenstädte zur Mobilität des Stadtrandraums. In früher Erahnung von Trends, die sich gerade erst abzuzeichnen begannen – Stadtflucht, Verfall der Innenstädte, sprunghafte Zunahme der Automobilnutzung, Wandel der Essgewohnheiten –, stellte sich der Erbe der konservativen Vexelaire-Dynastie auf den Herzrhythmus der neuen Konsumphilosophie ein: »Wir sind der festen Überzeugung, dass es in diesem Universum, in dem sich alles gemäß unserem Schwindel erregenden Rhythmus entwickelt, keinen Platz für Leute gibt, die nicht im selben Takt denken und handeln wie die anderen.«[61]

Spekulatives Investitionskapital reflektierte den Niedergang des innerstädtischen Einzelhandels nicht nur, sondern beschleunigte ihn erheblich: Keine westeuropäische Großstadt musste schrecklichere Tiefschläge gegen ihre großartige und altehrwürdige Geschäftshausarchitektur hinnehmen als Brüssel. Die große Konsumgenossenschaft der Sozialistischen Partei versäumte es, auf den Modernisierungszug aufzuspringen, und geriet in schwere Turbulenzen. 1964 wurde ihr Stammgebäude, Hortas Jugendstil-Kleinod, verkauft und anschließend abgerissen, um einem gesichtslosen Verwaltungsbau Platz zu machen. Bernheims Flaggschiff, das Kaufhaus *À l'Innovation*, ebenfalls eine Schöpfung Hortas, ereilte ein noch viel schlimmeres

---

59 MMM stand für Modern Merchandising Methods. Zimmerman, The Super Market, 91; ders., Self-Service, 40.
60 Libre-Service-Actualité, 15. Oktober 1962, 23; Entreprise, 27. März 1965, 69–77; siehe auch ebd., 4. März 1961; Uhrich, Super-marchés, 184; Thil, Les inventeurs du commerce moderne.
61 Plein feux sur Bruxelles, 2.

Los: Am 22. Mai 1967 ging es in Flammen auf, 235 Kunden fanden den Tod. Diese Tragödie vollzog sich, während im Kaufhaus gerade eine groß beworbene Verkaufskampagne für amerikanische Produkte lief, die im Beisein des US-Botschafters eröffnet worden war und als Zielscheibe für antiamerikanische Proteste gedient hatte, vor allem gegen den Vietnamkrieg. Der Verdacht, dass das Feuer gelegt worden war, ließ sich nie erhärten.[62]

Das Ziel Bernheims, »ein Europa des Einzelhandels« zu erschaffen, versprach jetzt Früchte zu tragen, diesmal dank großzügigen Düngers aus Amerika in Form von Kapital und Knowhow. Bernheims großes Projekt war das *Inno-Paris*, ein riesiger Laden, der sich über die beiden unteren Etagen des altehrwürdigen Pariser Kaufhauses *Belle Jardinière* unweit der *Pont Neuf* erstreckte, mit Lebensmitteln in einem und einer Vielzahl von Gebrauchsartikeln im anderen Geschoss. Das Geschäft öffnete seine Pforten am 22. März 1962, allerdings erst nachdem die französische Regierung sich hinter die »Ketzer der Distribution« gestellt und den Widerstand der traditionsorientierten französischen Geschäftswelt übergangen hatte. Henry Weill, geschäftsführender Direktor von *Inno-Paris*, legte sich ins Zeug, um die Skepsis der öffentlichen Meinung und insbesondere auch großer Teile des französischen Einzelhandels zu zerstreuen, die nicht glaubten, dass ein Supermarkt im Herzen von Paris profitabel betrieben werden könne. Er legte die drei Faktoren dar, die den Siegeszug seines »Kriegs gegen hohe Verwaltungskosten« garantieren würden: Der erste war »das dynamische, kompetente und gleichzeitig erfahrene Team, das mehrere Reisen in die Vereinigten Staaten absolviert hat, um die neuartige Betriebsorganisation zu studieren, die in Frankreich eingeführt werden soll«; als Zweites nannte er »die Methoden, die wir uns zwar in den Vereinigten Staaten angeschaut haben, die wir aber in Übereinstimmung mit dem französischen Geschmack und den Besonderheiten des französischen Lebens abgewandelt haben«; der dritte Faktor war »Finanzkraft«.[63] Mit Letzterer hatte es eine besondere Bewandtnis: Dem belgisch-amerikanischen Konsortium war es schließlich und endlich gelungen, französische Kapitalgeber für sich zu mobilisieren, darunter die Gruppe um Edmond de Rothschild, die *Banque de l'Union Parisienne*, die *Banque Commerciale de Paris* und die *Compagnie Continentale d'Importation*.

In dieser Beziehung markierte die Eröffnung von *Inno-Paris* einen Paradigmenwechsel in der Haltung der europäischen Finanzwelt zu Investitionen in lokale wie auch europaweite Einzelhandelsunternehmen. Am 1. Juni 1962 gab die angesehene Züricher Bank *Credit Suisse* die Errichtung ihrer *Intershop Holding* bekannt, eines mit 250 Millionen Schweizer Franken ausgestatteten Konsortiums, das ins Leben gerufen worden war, um Anteile an bestehenden Unternehmen zu erwerben und die Entwicklung neuer Einzelhandelsstandorte zu finanzieren, insbesondere für Einkaufszentren, Supermärkte und Selbstbedienungsläden. Das erste auf die Errichtung von Einkaufszentren im europäischen Maßstab ausgerichtete Unternehmen wurde 1962 in Luxemburg gegründet: Die *Generalshopping SA* erwarb in der

---

62 Lacrosse/de Bie, Emile Bernheim.
63 Libre-Service-Actualité, 2. April 1962, 11.

Folge Anteile an nationalen Unternehmen wie der Kaufhauskette und Versandfirma Neckermann. Sein Kapital sammelte das Unternehmen in ganz Europa ein, wobei es vor allem aus Quellen wie der Bank von Indochina, der *Compagnie Française de l'Afrique Occidentale* oder den *Distilleries d'Indochine* schöpfte, die rücktransferiertes Kolonialvermögen verwalteten, aber auch aus amerikanischen Quellen wie der *International Finance Corporation*, die der *Morgan*-Bankengruppe angehörte.[64]

Dank dieser Kapitalzuströme wurde es möglich, Hindernisse wie die hohen Kosten für Grundstückserwerb, Bau und Ausstattung zu überwinden. Nach Schätzungen kostete die Errichtung eines Supermarkts in den frühen sechziger Jahren in Westeuropa drei Mal so viel wie in den Vereinigten Staaten. Weil die Unternehmer sich bemüßigt fühlten, mit jedem neuen Supermarkt dem jeweils gerade modernsten amerikanischen Vorbild Paroli zu bieten, selbst wenn die maximal zu erwartenden Umsätze dies eigentlich nicht rechtfertigten, entwickelte sich in Europa ein leicht abweichendes Geschäftsmodell. Viele Unternehmer errichteten größere und extravagantere Verkaufstempel, als sie es unter rein geschäftlichen Gesichtspunkten vielleicht getan hätten, und nutzten den überschüssigen Platz, um sogenannte Non-Food-Artikel anzubieten, mit denen sie höhere Gewinnspannen erzielen konnten. Was dabei herauskam, war ein Zwitter: Läden, in denen nur 15 bis 25 Prozent der Verkaufsfläche und vierzig bis 45 Prozent des Umsatzes auf Lebensmittel entfielen, wobei die Lebensmittelpreise, anders als die Werbung es suggerierte, im Vergleich zu den herkömmlichen Ladengeschäften durchaus nicht besonders günstig waren. Das glamouröseste Beispiel war *Inno-Paris*, eine Kombination aus einem gut bestückten Supermarkt und einem Discount-Kaufhaus, das Markenartikel um durchschnittlich 15 Prozent unter Listenpreis verkaufte. Wie sich herausstellte, war das eine Mixtur, die nicht funktionierte. Relativ hohe Preise und Lieferschwierigkeiten aufgrund von Boykotten französischer Vertriebsfirmen, die damit gegen die Rabattierung von Markenartikeln protestierten, führten im Zusammenwirken mit einer ungewöhnlich hohen Diebstahlquote – nach Schätzungen sieben Prozent, während der Branchendurchschnitt bei ein bis zwei Prozent lag – zu hohen Verlusten. Kaum zwei Jahre nach der Einweihung von *Inno-Paris* sah sich die belgisch-amerikanische Holding gezwungen, den Laden an die *Galéries Lafayette* zu verkaufen.[65]

Einkauf auf Italienisch

Die Aufgabe, die die Supermärkte zu bewältigen hatten, bestand demnach nicht nur darin, sich einen Platz im System zu erobern, sondern ihren eigenen *modus operandi* der Kundschaft so nahezubringen, dass diese ihn zu einem Bestandteil ihrer Alltagsbewältigung machte. Es war ein langwieriger, mit Hindernissen gepflasterter Weg. *Supermarkets Italiani* verfolgte von Anfang an die Strategie, zu expandieren;

64 McCreary, The Americanization of Europe, 122; Libre–Service–Actualité, 4. Dezember 1961; Torrente, Les différentes formes de financements; Qui est Intershop Holding?, Libre–Service–Actualité, 19. September 1963.
65 Lacrosse/de Bie, Emile Bernheim, 211f.

das Ziel war ursprünglich, zehn Märkte in Mailand zu betreiben, alle mit einem Umsatzvolumen vergleichbar dem eines amerikanischen Supermarkts, und zugleich mit weiteren Filialen in anderen wohlhabenden Städten Norditaliens wie Turin, Bergamo oder Bologna Fuß zu fassen. Aufgrund hoher Verwaltungskosten, anhaltender Genehmigungsprobleme, die für Verzögerungen sorgten, hinter den Erwartungen zurückbleibender Umsätze und nicht zuletzt wegen der Notwendigkeit, die von der *Export-Import-Bank* zur Verfügung gestellten Kreditmittel zu investieren, sah sich das Management jedoch gezwungen, die Expansion zu beschleunigen. So gesehen, kam der Firma eine Einladung vom Präfekten von Florenz, dort Supermärkte zu errichten, nicht ungelegen, zumal der Beamte versprach, nicht nur für die nötigen Genehmigungen zu sorgen, sondern auch bei der Suche nach geeigneten Grundstücken zu helfen, die Finanzierung von Grundstückskäufen zu arrangieren und Baukostenzuschüsse zu zahlen. Recherchen ergaben, dass Florenz in der Tat beste Voraussetzungen mitbrachte: die höchsten Lebenshaltungskosten in ganz Italien (bedingt teilweise durch den vom starken Tourismus herrührenden Nachfragedruck), einen hohen Anteil sesshaft gewordener Ausländer – immerhin 25.000 der 400.000 Einwohner von Florenz, die meisten von ihnen wohlhabende Briten und Amerikaner, die man vermutlich als Kunden gewinnen konnte – und eine stimmgewaltige Linke, die allerdings keinen Anteil an der politischen Macht hatte und der man nebenbei eine Lektion erteilen konnte.

Einflussreiche politische Kräfte halfen dem Unternehmen in Florenz noch mehr als in Mailand, Hindernisse aus dem Weg zu räumen. Von Mitte 1957, als die Zentralregierung in Rom dekretierte, dass Florenz wegen unversöhnlicher parteipolitischer Grabenkämpfe nicht in der Lage sei, sich selbst zu verwalten, bis Mitte Februar 1961 wurde die Stadt *de facto* autokratisch regiert, nämlich von dem Präfekten Francesco Adami und seiner rechten Hand, Graf Lorenzo Salazar. Der Mann, der in Wartestellung für das Bürgermeisteramt stand, Giorgio La Pira, war ein christdemokratischer Mystiker mit ausgeprägten internationalistischen Sympathien, der niemals Großinvestoren in Florenz willkommen geheißen hätte, geschweige denn bereit gewesen wäre, zu ihren Gunsten Bebauungspläne zu ändern oder Proteste der kleinen Geschäftsleute beiseitezuwischen. Salazar hingegen war ein autoritärer Lebemann, der sich viel auf seine Fähigkeit zugutehielt, die öffentliche Ordnung durch billige Grundnahrungsmittel und gelegentliche Massenspektakel aufrechtzuerhalten, was ganz dem Geist der spanisch-neapolitanischen Tradition seiner Familie entsprach. Aus dieser Mentalität heraus erwuchs die Einladung an *Supermarkets Italiani*, sich in Florenz zu etablieren. Adami und Salazar waren keiner politischen Klientel verpflichtet, weil sie keine Wahlämter bekleideten, und sie konnten es sich daher leisten, öffentliche Demonstrationen zu ignorieren, die nicht lange auf sich warten ließen: Die kleinen Geschäftsleute von Florenz protestierten unter Führung der Gewerkschaft der Kaufleute lautstark gegen die Eröffnung des ersten Supermarktes in der Via Milanesi. »Falls es irgendwelche Schuldzuweisungen für diese Revolution zu verteilen gäbe«, soll der Präfekt den Mitgliedern des Rotarierclubs Florenz bei ihrem Montagstreffen am 6. März 1961 erklärt haben, »würde er die Schuld auf sich nehmen, da er sie angezettelt habe, indem er [die Firma] eingeladen habe, hierherzukommen«.⁶⁶ Als Mitte März La Pira als Bürgermeister vereidigt wurde und der Stadtrat zusammentrat, um die Vorgänge zu debattieren, waren die Proteste bereits abgeflaut, und die neue Mitte-links-Koalition, die die Ratsmehrheit bildete, spielte Katz und Maus mit der kommunistischen Opposition.⁶⁷

Der erste der fünf Supermärkte, die die IBEC in Florenz zu betreiben plante, hatte seine Pforten am 13. Februar 1961 geöffnet, und seine Premiere war allem Anschein nach ein großer Erfolg gewesen. 15.000 Menschen hatten sich an jenem Samstag vor den Regalen gedrängt. Der Einsatzleiter der 15 Polizeibeamten, die den Auftrag hatten, die Massen zu beaufsichtigen und Störenfriede im Zaum zu halten, stellte anschließend fest, er habe »nicht einmal im Krieg, als die Leute halb verhungert waren und sich für öffentliche milde Gaben anstellen mussten, ein so undiszipliniertes Gebaren erlebt«.⁶⁸ Drei Wochen lang wurde die Stadt von Protesten erschüttert: Kleine Ladenbetreiber traten in den Streik, Demonstranten versuchten Boykottaktionen gegen die Supermärkte durchzuführen, die lokalen Tageszeitungen öffneten ihre Spalten für Reportagen und Leserbriefe. Doch das ständige Tohuwabohu in der ansonsten ereignislosen Stadt trieb den Supermärkten nur noch mehr Neugierige zu. In den Augen des Managements erreichte der Zirkus seinen Höhepunkt, als aus einem Heim sieben Blinde antransportiert wurden, die den neuen Laden »anschauen« wollten. »Man könnte glauben, alles sei umsonst, so wie die Leute hereinstürmen«, schwärmte die Firmenleitung. »Wir könnten die Preise aller Artikel im Laden erhöhen, und sie würden im gleichen Tempo weiterkaufen. Anscheinend ist es genau das, worauf sie gewartet haben.«⁶⁹

Die amerikanischen Einzelhandelsunternehmer in Italien äußerten sich so offenherzig über ihre Absicht, mit niedrigen Preisen Geld zu verdienen, und gaben sich so große Mühe, die Bedürfnisse ihrer Kunden zu analysieren, dass man als Beobachter wirklich den Eindruck gewinnen konnte, sie gäben den Menschen, was diese wollten. Doch die Einzelhandelsstatistiken für das Jahr 1971 sprachen eine andere Sprache. Zehn Jahre nach der Eröffnung der ersten Supermärkte trugen die Italiener erst zwei Prozent des Geldes, das sie für Lebensmittel ausgaben, in Supermärkte; in Frankreich waren es zu diesem Zeitpunkt 14, in der Bundesrepublik Deutschland 32, in den USA siebzig Prozent.⁷⁰ Zahlen für einzelne Filialen und Standorte fehlen zwar, aber man kann davon ausgehen, dass in den größeren Städten Nord- und Mittelitaliens, wo die höchste Dichte an Supermärkten herrschte, namentlich in Mailand und Florenz, ihr Marktanteil deutlich über dem kümmerlichen Landesdurchschnitt lag. Der Letztere lieferte jedoch Gründe genug, um noch einmal über die Zweifel nachzudenken, die Boogaart geäußert hatte, als das italienische Abenteuer noch ein

---

66 Firenze, 1951–1960. Rassegna del comune, relazione prefettizia, 59–62, 83ff., Archivio Municipale di Firenze; zum Widerstand Giorgio La Piras gegen die Supermärkte siehe Roland Hood an W. B. Dixon Stroud, 13. März 1961, Spule 9, IBEC. Allgemein zu Florenz Anfang der sechziger Jahre siehe Miller, Politics in a Museum, 85–105.
67 R. W. Boogaart an W. D. Bradford, 16. September 1960, Spule 9, IBEC.
68 Hood an Bradford, 21. Februar 1961, ebd.
69 Hood an Bradford, 27. Februar 1961, ebd.
70 Gardès, L'évolution de la consommation marchande, 3–32; siehe auch Levy-Garboua, Les modes de consommation, 4–52.

einziges großes Verlustgeschäft gewesen war. Damals hatte er mit einer gewissen Ratlosigkeit konstatiert, dass selbst Bewohner der Stadtviertel, die in unmittelbarer Nähe seiner Mailänder Filialen lagen, nur sechs bis zehn Prozent ihres Lebensmittelbudgets dort ausgaben. »Davon ausgehend, dass ein sparsamer Umgang mit Geld das Wichtigste ist, das eine Familie mit geringem Einkommen anstreben sollte, kann ich nur sagen, dass wir ein Problem haben, das nichts mit Betriebsabläufen oder Preisen zu tun hat; es handelt sich entweder um Widerstand gegen unsere Märkte aufgrund ihrer Größe, der Art und Weise, wie wir Ware verkaufen, oder es geht um die 33 Prozent, die ich neulich angesprochen habe.«[71] Er meinte die 33 Prozent Stimmen, die bei der letzten Wahl auf die Parteien der Linken entfallen waren. Ein andermal, als er seinem Unternehmensvorstand die dürftigen Umsatzzahlen zu erklären versuchte, spekulierte er: »Wenn ich Psychoanalytiker wäre, würde ich sagen, es handelt sich um irgendeine Marotte, die wir nicht ergründen können.«[72]

Die Marotten, die diesem gewieften Kapitalisten rätselhaft blieben, sind auch den Historikern rätselhaft geblieben. Die gängigste Erklärung dafür, dass der Supermarkt so lange brauchte, um Fuß zu fassen, hebt auf den hinhaltenden Widerstand ab, den der sogenannte traditionelle Einzelhandel leistete. Dieser These zufolge war die italienische Wirtschaft so rückständig wie die italienische Gesellschaft als Ganze. Die traditionsbehaftete Wirtschaft konnte eine starke Lobby aufbieten, und konservative politische Kräfte hatten ein Interesse daran, dieser Lobby zu Diensten zu sein, um ihren Rückhalt bei den Wählern nicht zu verlieren. Dass dies ganz und gar nicht im Interesse der Verbraucher lag, spielte keine Rolle, denn diese waren nicht organisiert.[73]

Ein differenzierterer Ansatz argumentiert, es habe ein breiter politischer Konsens darüber bestanden, dass der Kleinhandel unentbehrliche Funktionen erfülle, vor allem jene, für Beschäftigung zu sorgen.[74] Dieser Konsens hatte Bestand, obwohl im Verlauf der sechziger Jahre eine Reihe von Gesetzentwürfen zur Liberalisierung des Geschäftslebens im italienischen Parlament eingebracht wurden und alle Parteien darin einig schienen, dass eine solche Liberalisierung ein sowohl wichtiger als auch unerlässlicher Schritt auf dem Weg zu einer Modernisierung des Landes war. Das Gesetzesvorhaben, auf das man sich 1971 schließlich einigte, der sogenannte Helfer-Plan, zielte ursprünglich darauf ab, die Reform des Handelsrechts zu beschleunigen. In Wirklichkeit führte der Helfer-Plan zu einer noch restriktiveren Rechtspraxis, indem er die Befugnis zur Erteilung von Gewerbeerlaubnissen von der Präfektur auf die Ebene der Gemeindeverwaltungen verlagerte. Parteien der Linken wie der Rechten unterstützten das Gesetzesvorhaben aus unterschiedlichen Motiven, obwohl es dem verkündeten Ziel, den Distributionssektor zu modernisieren, diametral entgegen lief. Es war ein stillschweigendes Eingeständnis dessen, dass Staat und Wirtschaft Italiens dem kleinen Mann kaum etwas anderes zu bieten hatten. Auf der einen Seite gab es in Italien durchaus eine kapitalistische Großwirt-

---

71 R. W. Boogaart an W. D. Bradford, 7. und 12. Juli 1958, Spule 7, IBEC.
72 Boogaart an Bradford, 12. Juli 1958.
73 Siehe z.B. Pichierri, Ceti medi e mobilitazione politica, 161–249.
74 Berger, Uses of the Traditional Sector in Italy, 71–90.

schaft, die jedoch relativ wenige neue Arbeitsplätze schuf; auf der anderen fand eine wuchernde Vermehrung kleiner und kleinster Familienbetriebe in den Bereichen Handel und Handwerk statt. Wer hätte angesichts einer aus den Fugen geratenen ländlichen Welt ernsthaft versuchen wollen, etwa tüchtige Einwanderer an der Eröffnung eines kleinen Dienstleistungsgewerbes zu hindern, mit dem sie sich über Wasser halten konnten?

Dieser Konsens sorgte dafür, dass die italienische Einzelhandelslandschaft während der Boomjahre des Supermarkts eine immer ungewöhnlichere Topographie zeigte. 1971 gab es in Italien 538 Supermärkte (in Westdeutschland zum selben Zeitpunkt dagegen 2.000, in Frankreich 1.833, in Belgien 400) und keinen der neuen »Hypermärkte« (von denen Westdeutschland 451 hatte, Frankreich 151 und Belgien 16). Auf jeden Supermarkt entfielen in Italien 101.585 Einwohner, während es in den anderen drei genannten Ländern 23.000 bis 25.000 waren. Überall schrumpfte die Zahl der kleinen Geschäfte, in Italien dagegen nahm sie sprunghaft zu, von 316.304 im Jahr 1951 auf 468.169 im Jahr 1971, darunter unzählige kurzlebige Betriebe, da Jahr für Jahr viele dahinstarben wie die Fliegen. Nur verhältnismäßig wenige Läden bemühten sich, moderne Einzelhandelsgeschäfte zu werden. Noch in den frühen siebziger Jahren praktizierten nur 4,2 Prozent aller Ladengeschäfte in Norditalien Selbstbedienung, ein Drittel arbeitete ohne Telefon, nur 11 Prozent nutzten eine Registrierkasse (doch immerhin 26 Prozent eine elektrische Addiermaschine). 73 Prozent machten sich nie die Mühe, eine Inventur durchzuführen, 41 Prozent verzichteten auf eine gewissenhafte Buchhaltung.[75]

Als in Florenz Mitte März 1961 die Mitte-links-Koalition im Stadtrat die Macht übernahm, erschien die Supermarktfrage endlich auf der Tagesordnung des Gremiums. Die Kommunalpolitik galt zu dieser Zeit noch als das leuchtende Glanzstück im öffentlichen politischen Leben Italiens, und die Sitzungssäle im *Palazzo Vecchio* gaben die Bühne ab, auf der italienische Politiker ihre Schaufensterreden zu internationalen Themen hielten. Bevor sich das Gemeindeparlament in jenem März dem dringendsten aller lokalen Probleme zuwandte, beschloss es im ersten Punkt seiner Tagesordnung, ein Beileidstelegramm an die Witwe von Patrice Lumumba zu schicken, dem ersten Premierminister der unabhängig gewordenen Republik Kongo, der im Januar 1961 auf Betreiben Belgiens und mit Unterstützung der CIA ermordet worden war. In Erwartung einer Redeschlacht hatte das Management von *Supermarkets Italiani* die christdemokratische Fraktion mit Argumenten geimpft und die Galerie mit Unterstützern vollgepackt. Es schadete der Sache auch nicht, dass der Führer der stärksten Fraktion, Giovanni Ciabatti, als Rechtsanwalt für die Firma tätig war.[76] Die Kommunisten sahen sich auf der einen Seite mit protestierenden kleinen Geschäftsleuten konfrontiert, die in Sprechchören den drohenden Verlust ihres Lebensunterhalts beschworen, und auf der anderen Seite mit höhnischen Kommentaren ihrer Ratskollegen wie des christdemokratischen Abgeordneten Guglielmo Bacci, der sie der Heuchelei bezichtigte, habe er doch bei einem Besuch in der DDR

---

75 Colonna di Paliano, Retail Trade in Italy, 375–379, ein prophetischer Text aus der Feder des Vorstandsvorsitzenden der Rinascente-Gruppe.
76 Roland Hood an W. D. Bradford, 12. April 1961, Spule 9, IBEC.

»nur Kaufhäuser gesehen, die noch dazu ausschließlich vom Staat, nicht von privaten Unternehmern betrieben werden«. Sie hielten dagegen mit dem Argument, die Not der kleinen Ladeninhaber sei der Preis, den diese für die krass ungleichmäßige wirtschaftliche Entwicklung Italiens zahlten. In Florenz wie anderswo lieferten die kleinen Familienbetriebe die Arbeitsplätze, auf die eine große Zahl von Menschen angewiesen sei, die keine andere Beschäftigung finden könnten, weil sie entweder neu zugewandert seien, keine Fachausbildung hätten oder auf flexible Arbeitszeiten angewiesen seien, um andere Verpflichtungen, zum Beispiel häuslicher Art, erfüllen zu können.[77]

Aus alldem ein zwingendes Argument dafür zu schmieden, dass Supermärkte nicht zugelassen werden dürften, war freilich schwierig, was Giulio Montelatici, Betreiber eines Antiquariats und Widerstandsheld, nicht daran hinderte, es zu versuchen. Er räumte ein, dass die Florentiner Geschäftswelt an einer bemerkenswerten »Pulverisierung« litt. Doch Tatsache sei auch, dass es der Stadt an einer »industriellen Lunge« fehle, die Arbeitsplätze anderer Art zur Verfügung stellen könnte. Die Supermärkte würden die Geschäftsgrundlage von 12.000 Obst- und Gemüseläden in der Stadt gefährden, die den Lebensunterhalt von vielleicht 50.000 Einwohnern sicherten. Zugegebenermaßen eröffne der Supermarkt die Aussicht auf den Wege und Zeit sparenden Einkauf an einem Ort, auf den die berufstätige Frau sehnsüchtig warte. Andererseits würden die Supermärkte sich die besten Kunden angeln, nämlich diejenigen, die in bar zahlen konnten, und die anderen, die anschreiben ließen und abstotterten, den kleinen Geschäftsleuten überlassen, die dadurch nur noch ärmer würden.[78] Die Kritiker räumten ein, dass Supermärkte günstigere Preise boten, prophezeiten aber, sie würden ihre Monopolstellung früher oder später nutzen, um sich wie jeder andere Monopolist aufzuführen, nämlich bei jeder sich bietenden Gelegenheit die Preise heraufzusetzen, unbehelligt von Wettbewerbern oder öffentlicher Kontrolle. Unter dem Strich jedoch war das Beste, was die Linke tun konnte, den kleinen Geschäftsleuten zu empfehlen, auf den Modernisierungszug aufzuspringen, sich zu Einkaufsgemeinschaften und Genossenschaften zusammenzuschließen und auf diese Weise wettbewerbsfähiger zu werden. Kein Mensch würde aus ideologischen Gründen den neuen Supermärkten fernbleiben, meinte Mario Leone, Vertreter der Minifraktion der Radikalen Partei im Stadtrat von Florenz: »Am Ende werden auch Sozialisten und Kommunisten, wenn sie in ihrer Rolle als Konsumenten handeln, im Supermarkt einkaufen, denn es liegt in der menschlichen Natur, dass man zum geringstmöglichen Preis einkaufen möchte, [...] und die Realität ist die, dass man im Supermarkt lange Schlangen von Verbrauchern sieht.«[79]

War das wirklich so? Wenn die Amerikaner im Brustton der Überzeugung über die Wünsche und Bedürfnisse ihrer italienischen Kundschaft sprachen, wenn sie die Mailänder Hausfrau als »den Typ von Frau« charakterisierten, der »in der Lage

---

77 Stadtrat Guglielmo Bacci, Atti del Consiglio Comunale di Firenze, Sess. 5/20, März 1961, 156; Berger, Uses of the Traditional Sector in Italy, 79–82.
78 Stadtrat Montelatici, Atti del Consiglio Comunale di Firenze, Sess. 5/20, März 1961, 147; Bellassai, La morale comunista, 164–200, 209–230, 292–300.
79 Stadtrat Mario Leone, Atti del Consiglio Comunale di Firenze, Sess. 5/20, März 1961, 162.

Abb. 33: Noch verteidigt der Metzger alter Schule seine Bastion, Florenz 1963.

ist, auf eigene Faust zu urteilen und auszuwählen, ohne die freundlichen (und nicht immer selbstlosen) Empfehlungen des Ladeninhabers zu benötigen«[80], hatten sie das Bild der *Mrs. Household Consumer*, der amerikanischen »Frau Haushaltskonsumentin«, vor sich: eine souveräne Verbraucherin, die ihren beladenen Einkaufswagen majestätisch durch die Regalgassen navigierte, mit voller Verfügungsgewalt über das Haushaltseinkommen und frei, aus den rund 4.000 ausliegenden Artikeln aus 42 Herkunftsländern auszusuchen, was ihr zusagte. Diese Frau Haushaltskonsumentin verfügte über ausreichende Erfahrung, um ihr Einkaufsbudget preisbewusst auszugeben; sie hatte zunächst einmal ein Grundvertrauen in die Preisgestaltung des Unternehmens und besaß genug Selbstvertrauen, um, falls ihr Vertrauen je missbraucht oder enttäuscht würde, entweder lauthals zu protestieren oder anderswohin zu gehen, und sie war in der Lage, den Wert ihrer Arbeitskraft und ihrer Zeit in Geld zu kalkulieren. Die idealtypische amerikanische Hausfrau hatte keinerlei spezifische Klassenmerkmale, obwohl sie natürlich einer Familie mit einem größeren oder geringeren Einkommen angehören konnte. Worauf es ankam, war, dass in ihre kalkulatorischen Vorstellungen davon, was ein guter Kauf war, idealtypischerweise keine einschränkenden Bedingungen politischer, gesellschaftlicher oder kultureller Art eingingen.

Tatsache war freilich, dass es zur amerikanischen *Mrs. Household Consumer* in den sechziger Jahren kein deckungsgleiches europäisches Pendant gab. Die italienische Hausfrau, die *massaia*, war zum einen wohl kaum eine klassenlose Figur.

---

80 R. W. Boogaart zit. n. Il Giorno, ca. 15. Mai 1957, Spule 9, IBEC.

Gewiss erweckte auch in Italien der Supermarkt den Eindruck, ein Ort zu sein, an dem alle gleich behandelt wurden; zwar befanden sich die Filialen oft in der Nähe gutbürgerlicher Wohnviertel, doch waren sie mit öffentlichen Verkehrsmitteln auch von den eher proletarischen Stadtteilen aus zu erreichen. Idealerweise dienten sie dem gemeinsamen Interesse aller Frauen, Essbares auf den Tisch zu bringen. Dennoch waren in Italien klar gezogene Trennlinien zwischen den Klassen zu erkennen, wie Boogaart zu seiner Überraschung feststellte, als er einige seiner ersten Mailänder Kundinnen zu sehen bekam. Am ersten Öffnungstag machten chic angezogene Bürgerfrauen dem neuen Supermarkt ihre Aufwartung. Sie ließen sich nicht nur vom Chauffeur zum Supermarkt bringen, sondern nahmen ihn sogar in den Laden mit und setzten ihn als Lastenträger ein; erst in einer späteren Phase warteten die Chauffeure im Auto, während die Bürgerfrauen den Einkauf eigenhändig besorgten. Das Management brauchte bis zum Juli des Eröffnungsjahres, um die Klassenzugehörigkeit der Kundinnen unterscheiden zu lernen; in diesem Monat verließen alle gut situierten Familien die in Hitze gebadete Stadt, und unversehens wurden »aus unseren Pelzmantel-Kundinnen Tagelöhner«. Auch wenn das Management für diese Kundschaft Packungsgrößen verkleinerte und Preise herabsetzte, hinterließ sie kaum mehr als durchschnittlich 500 Lire pro Einkauf in den Kassen.[81] Eine Eigentümlichkeit zeigte sich auch im ersten Geschäftsjahr in Florenz, wo das Geschäft in der dritten Juniwoche plötzlich ruhiger wurde. In diesem Jahr fiel der Beginn der letzten Woche vor dem nächsten monatlichen Zahltag für die Gehaltsempfänger mit dem Fest zum Namenstag des Heiligen Johannes zusammen (des Schutzheiligen der Stadt Florenz), das die »müßigen Reichen und Edlen« zum Anlass nahmen, ein paar Tage in ihren Sommerhäusern in den Bergen auszuspannen.[82]

Dass Frauen der Oberschicht für das Einkaufen im Supermarkt aufgeschlossen waren, überrascht nicht, bedenkt man ihre größere Mobilität, ihre großzügiger bemessene Freizeit und ihren geschärften Sinn dafür, dass man Geld, das ursprünglich für den Kauf von Lebensmitteln vorgesehen war, auch noch auf andere unterhaltsame Weise ausgeben konnte. Aus Frauenzeitschriften wussten sie bereits, welche Vorzüge der Supermarkt hinsichtlich Bequemlichkeit und Hygiene bieten konnte. Sauberkeit wurde in jenen Jahren zum Fetisch, und der zur Schau getragene Abscheu vor der Schmutzigkeit kleiner Ladengeschäfte (oft erst kürzlich eröffnet und von Zuwanderern betrieben, insbesondere aus Süditalien) fügte dem Prädikat »Räuber«, mit dem kleine Ladeninhaber gerne belegt wurden, eine quasi-rassistische Note hinzu.[83] In Frankreich hatte Edouard Leclerc, König der französischen Discounter, ebenfalls mit Überraschung registriert, dass Angehörige der Oberschicht die Ersten waren, die seine schmucklos eingerichteten Filialen besuchten. Genötigt, neue Berechnungen über die Verbesserung ihres Lebensstandards anzustellen, waren diese Leute willens, sich auf dem Markt nach den besten Preisen umzuschauen, um ihre Ausgaben für Lebensmittel zugunsten anderer Budgetposten wie Hypothekenraten, Rücklagen für den Autokauf, Urlaubsreisen oder Krankenversicherung zu verrin-

81 R. W. Boogaart an H. J. Ostermeyer, Controller, IBEC, 13. August 1958, 2, Spule 7, IBEC.
82 Roland Hood an W. D. Bradford, 25. June 1961, Spule 8, IBEC.
83 Stadtrat Montelatici, Atti del Consiglio Comunale di Firenze, Sess. 5/20, März 1961, 150.

gern.[84] Was die Anmutung der Läden betraf, so gaben diese Leute auf dekorative Schönheit »keinen Pfifferling. Sie gehen nicht in einen Laden, um zu träumen oder um sich umblasen zu lassen. Was sie brauchen, haben sie zuhause. Die Neonlichter, die Musik, der Chrom und die Spiegel der Warenhäuser sind gut, um Leute zu beeindrucken, die in Slums leben.« Es war freilich nur eine Frage der Zeit, bis auch Letztere umzudenken begannen: »Sobald ungelernte Arbeiter und landwirtschaftliche Tagelöhner am Monatsanfang die Raten für ihr Auto zahlen müssen, werden auch sie lernen, dass ›ein Sou ein Sou ist‹, dass es weitaus besser ist, in der Discountfiliale einzukaufen, so hässlich sie sein mag, als für die Schaufensterauslagen und lächelnden Gesichter beim Gemüsehändler an der Ecke zu bezahlen.«[85]

Was Unterschichtsfrauen betraf, so war für sie das Haushaltseinkommen ein reales, aber nicht das einzige Hindernis, das zwischen ihnen und den neuen Welten des Einzelhandels stand. Arbeiterfamilien hatten nicht nur das Problem, dass sie über wenig Einkommen verfügten, sondern dass es oft unregelmäßig kam. Arbeiterfrauen hatten in der Regel keine feststehende Geldsumme für den Einkauf von Lebensmitteln zur Verfügung. Sie, bei denen häufig bis zu fünfzig Prozent des Familienbudgets auf die Ernährung entfielen, nahmen oft die Möglichkeit in Anspruch, beim Händler anschreiben zu lassen und ihre Schulden in Monatsraten abzustottern. Sie waren, so gesehen, ebenso eng mit ihren angestammten Läden verbunden wie diese mit ihnen.[86]

Ein zweites Motiv, das gegen das Abwandern sprach, war die Traditionsgebundenheit. Der Lebensstandard war in Bewegung geraten, aber die Dynamik dieser Bewegung war in armen Familien sehr gering. Niedriges Einkommen war der Experimentierlust nicht zuträglich, und dasselbe galt für familiäre Traditionen, im Wohnviertel geltende Normen und die Begrenztheit des vom Ladeninhaber an der Ecke angebotenen Warensortiments. Eine großformatige Werbung für Lebensmittel gab es erst seit den frühen sechziger Jahren. Es war jedenfalls nicht so, dass Frauen plötzlich die totale Freiheit gehabt hätten, neue Produkte aus den Regalen zu holen. In einer Situation, in der vielfach noch die Drei-Generationen-Familie beengt unter einem Dach lebte, waren an der Auswahl dessen, was eingekauft wurde, häufig auch die Schwiegermutter und andere weibliche Angehörige beteiligt. Eine Veränderung der Einkaufsgewohnheiten setzte so etwas wie eine kollektive Autorisierung voraus, abgenickt vom männlichen Haushaltsvorstand. Der Supermarkt war dafür berüchtigt, Spontankäufe zu begünstigen. Die Betreiber gingen selbst davon aus, dass die Kunden in der Regel zwanzig Prozent mehr ausgaben als beim Betreten des Ladens geplant. In Florenz war es nach Angaben des Managements von *Supermarkets Italiani* nicht ungewöhnlich, dass eine Familie nach dem Einkauf im Freien die Pro-

---

84 Thil, Combat pour la distribution; Libre-Service-Actualité, 16. April 1962, 36.
85 Libre-Service-Actualité, 16. April 1962, 79.
86 Zu den Einkaufsgepflogenheiten europäischer Frauen im Allgemeinen siehe European Productivity Agency, The Consumer's Food-Buying Habits; Le abitudini d'acquisto delle famiglie italiane. Supplemento. Indagine condotta dalla »Misura S.p.A.« per conto dell' Unione Nazionale consumatori, Mondo economico, 27. Juni 1964; Etudes sur les achats per impulsion dans les grands magasins, Libre-Service-Actualité, 4. September 1964, 45f.

dukte ausbreitete und den Preis jeden Artikels auf dem Kassenzettel abhakte, weil sie nicht glauben wollte, wie viel Geld sie ausgegeben hatte.[87]

Die italienische Hausfrau hatte zu Warenpreisen ein anderes Verhältnis als ihr US-amerikanisches Pendant. Im großstädtischen Kleinhandel konnte es vorkommen, dass ein und derselbe Artikel in einem Laden erheblich mehr oder erheblich weniger kostete als in einem anderen. Es konnte passieren, dass kleine Ladeninhaber, ohne auf ihre Wiederbeschaffungskosten zu achten, Preisnachlässe gewährten, wenn Kunden hartnäckig feilschten, oder dass sie, wie in Mailand und Florenz, mit den Preisen konkurrieren wollten, mit denen die neuen Supermärkte in ihrer Werbung hausierten. Sie nahmen auch Verluste in Kauf, nur um die Supermärkte zu unterbieten; zum Ausgleich erhöhten sie unter Umständen die Preise für andere Artikel. Im Allgemeinen verhielten sich Ladenbetreiber und Kunden nach wie vor gemäß der Vorstellung von einem »fairen Preis«, was nichts anderes bedeutete, als dass so etwas wie ein praktischer Konsens über den Wert bestimmter Grundlebensmittel bestand – deren Preise sollten gefälligst nicht steigen, aber auch nicht drastisch gesenkt werden. Diese gleichsam gewohnheitsrechtliche Einschätzung ging Hand in Hand mit der Vorstellung von einem »angemessenen Gewinn«. Die Kunden lebten mit den Ladenbetreibern Tür an Tür und sahen in ihnen arbeitende Menschen, die, wie sie selbst auch, ein Einkommen benötigten, das sie in die Lage versetzte, ihre Familie anständig zu ernähren. Als die Standbetreiber auf dem Markt an der Via Giovanni Lami, in unmittelbarer Nachbarschaft des Supermarkts an der Via Milanesi, mit den Preisen heruntergingen, kehrten ihre alten Kunden zu ihnen zurück.[88] Zugleich behielten die Leute das Konsumverhalten von Ladenbetreibern sorgsam im Auge: Wenn sie mitbekamen, dass der Sohn eines Ladeninhabers sich dank Papas Geld einen hellroten *Giulietta Sprint* leisten konnte, während sie selbst sich ihren *Fiat 600* oder *NSU Prinz* vom Leib absparen mussten, gab das Anlass zu Beschwerden und Gerüchten – oder gleich dazu, künftig anderswo einzukaufen.

Ein weiterer Faktor, der in die Kalkulationen der italienischen Hausfrau einging, waren die informellen Dienstleistungen, die man vom Händler an der Ecke erwarten konnte – nicht nur Kredit, sondern auch Reparaturen, Gebrauchsempfehlungen oder Klatsch und Tratsch. Diese Dinge fallen in eine Rubrik, die von Wissenschaftlern als »Ökonomie der Nähe« oder »Ökonomie der Gefälligkeit« bezeichnet wird. Ausdrücke wie diese werden in generalisierender Form gebraucht, um den Erfolg von Mini-Monopolen zu erklären, wie kleine Ladenbetreiber sie in ihrem direkten Umfeld gelegentlich etablieren. Sie liefern eine Erklärung dafür, weshalb Hausfrauen auch angesichts von Preisen, die 15 bis zwanzig Prozent über denen im Supermarkt liegen, noch bereit sind, im Laden an der Ecke einzukaufen: Sie berechnen überschlägig den Wert ihrer Zeit, ihrer Arbeitskraft und der informellen Dienstleistungen des Händlers und gelangen offensichtlich zu einer für den Kleinladen günstigen Bewertung.[89]

---

87 R. W. Boogaart an Steve David, 13. Februar 1961, Spule 7, IBEC.
88 Assessor Rodolfo Francioni, Atti del Consiglio Comunale di Firenze, Sess. 5/20, März 1961, 151.
89 Levy, The Shops of Britain.

Selbst wenn Hausfrauen losgezogen wären und systematisch Preise verglichen hätten, ist die Frage, wie sie den Geldwert ihrer eigenen Zeit und Arbeitskraft eingeschätzt und in die Gleichung eingesetzt hätten. Die fünfziger und sechziger Jahre markierten die Reifezeit neuer Berechnungen zum relativen Wert der weiblichen Arbeitskraft im Haushalt. Immer mehr Frauen entschieden sich in dieser Zeit für eine Berufstätigkeit, und das bildete einen gewichtigen Anreiz, sich Gedanken über die vergleichsweise produktivste Nutzung der eigenen Zeit zu machen. Ein Grund für die Suche nach Arbeit außer Haus war die Notwendigkeit, der Familie das Einkommen zu sichern, das sie brauchte, um in einer zunehmend monetär geprägten großstädtischen Umgebung bestehen zu können. Wer einen größeren Teil des Familieneinkommens für eine schönere Wohnung und die Befriedigung anderer neuer Bedürfnisse ausgeben wollte, musste sich mit der Frage beschäftigen, wie die Hausarbeit und die Beschaffung von Lebensmitteln effektiver gestaltet werden konnten. Frauenzeitschriften und die Werbung propagierten mit wachsendem Nachdruck neue hauswirtschaftliche Modelle, wobei insbesondere der Nutzen zeitsparender Geräte und Methoden und die vielen neuen Möglichkeiten herausgestrichen wurden, die es gab, um Ernährung, Wohnkomfort und Lebensgenuss der Familie zu verbessern. Nach der wöchentlichen Großwäsche erforderte die Lebensmittelbeschaffung den meisten Aufwand. Die Argumente für einen Einkauf im Supermarkt, wo man in einem Aufwasch alles bekam, was man brauchte, gewannen an Gewicht. Ein Manko des Supermarktes war hingegen das Fehlen jeglicher Produktberatung. Die riesige Auswahl an Artikeln machte viele Verbraucher ratlos, und das Einkaufen im Supermarkt erwies sich unter Berücksichtigung der Zeit, die die Hausfrau benötigte, um Qualitäten, Preise und Gewichte zu erfassen und zu vergleichen, als nicht nur zeitraubend, sondern auch potenziell kostspielig, wenn sie einen Fehlkauf tätigte. Erst als immer mehr Kunden sich über fehlenden Beratungsservice beklagten, setzte *Supermarkets Italiani* mehr Verkaufspersonal ein, allerdings nur für begrenzte Zeit. Das änderte jedoch nicht viel daran, dass die meisten Kunden konservativ einkauften, d.h. sich an die ihnen vertrauten Artikel und Marken hielten. Abgesehen von vorgeputztem Gemüse, zeigten sie sich zurückhaltend beim Kauf der wenigen Fertiggerichte, die in jener Zeit angeboten wurden. Manche der zubereitungsfertigen Produkte, die den italienischen Kunden vertraut waren – marinierte Kutteln, Kabeljau, Kichererbsen, eingelegte Oliven –, waren im Supermarkt nicht erhältlich. Erst als die Einkommen höher wurden und die Verbraucher mehr praktische Erfahrung gesammelt hatten, konnte man bei der Masse der Kunden mit einem wagemutigeren, experimentierfreudigen Einkaufsverhalten rechnen, wie man es von erfahrenen gutbürgerlichen Konsumenten gewohnt war (die sich auch einmal einen Fehlkauf leisten konnten).

Eine weitere Dienstleistung, die der Supermarkt vermissen ließ, war die Lieferung nach Hause. Es war dies ein Service, den kleine Ladenbetreiber fast zwangsläufig »kostenlos« anboten. Tatsächlich wurde dieser Service von unbezahlten Kräften erbracht, über die ein Supermarkt nicht verfügte – von einem debilen Neffen, den schulpflichtigen Kindern des Ladeninhabers, einem armen Tropf aus der Nachbarschaft, der nichts anderes zu tun hatte. Boogaart musste die Erfahrung machen, dass

»sie es hassen, ihre Lebensmitteleinkäufe nach Hause zu tragen«. Er hegte allerdings die Zuversicht, dass dies sich »mit der Zeit geben« werde.[90] In einer von Selbstbedienung geprägten Gesellschaft werde sich, so glaubte er, die Lastenverteilung in Bezug auf bestimmte frauentypische Arbeiten homogenisieren. Oberschichtsfrauen erwischte man ohnehin nie beim Schleppen ihrer Lebensmittel; sie überließen dies ihrem Hausmädchen oder ihrem Chauffeur. Eine Unterschichtsfrau hatte in aller Regel kein Auto und würde gar nicht erst den Weg zu einem weiter entfernt gelegenen Supermarkt auf sich nehmen, es sei denn, sie gelangte bequem mit öffentlichen Verkehrsmitteln dorthin.

Kunden kleiner Nachbarschaftsläden bezogen in ihre bewusst oder unbewusst angestellten Berechnungen auch einen Faktor ein, den wir als »Wohnviertel-Zuschlag« bezeichnen könnten. In den fünfziger und sechziger Jahren, in denen sich die Konsumlandschaft so rapide veränderte, war der Laden an der Ecke eine Bastion des nachbarschaftlichen Miteinanders. Frauen fühlten sich zu solchen Knotenpunkten der Gesellschaft in den Wohnvierteln besonders hingezogen, denn sie verließen unter normalen Umständen den Bereich nicht, dessen Grenzen durch die Lage ihrer Stammgeschäfte und der Schulen, auf die ihre Kinder gingen, definiert waren. Selbst wenn die Preise in diesen Läden deutlich höher lagen, bezahlten sie sie, einmal weil sie keine Alternative sahen, aber auch aus der Befürchtung heraus, die Läden im Viertel könnten sonst pleitegehen und schließen, mit erheblichen nachteiligen Folgen für die Bewohner des Viertels.

Dass der Supermarkt sowohl eine soziokulturelle als auch eine wirtschaftliche Erschütterung brachte, darauf deutet nicht zuletzt das Geschlecht seiner frühesten Stammkunden hin. Niemand hatte damit gerechnet, dass so viele Männer, entweder in Begleitung ihrer Frauen oder alleine, im Supermarkt auftauchen würden; in Mailand waren über ein Drittel der Supermarktkunden männlich.[91] Mehrere Gründe für ihre starke Präsenz sind denkbar: Zum einen wurden Männer fürs Wegtragen der gekauften Lebensmittel gebraucht, zum anderen scheuten sich viele Frauen, ohne Begleitung ihr engeres Wohnumfeld zu verlassen. Die Mitnahme des Mannes verringerte auch die Gefahr, Spontankäufe zu tätigen, die den Einkauf um 15 bis zwanzig Prozent verteuern konnten; tätigte frau sie doch, war es von Vorteil, den Mann als legitimierende Instanz dabeizuhaben. Das ganze Brimborium, das ums moderne Einkaufen gemacht wurde, weckte bei Männern die Überzeugung, der Lebensmitteleinkauf im Supermarkt gehöre nicht in die Kategorie einer überholten hausfraulichen Plackerei, sondern sei Teil der modernen Freizeitgestaltung. Der Einkauf im Supermarkt wurde zunehmend als Familienangelegenheit betrachtet.

Wie und weshalb wirkte der Druck, den kleine Ladenbetreiber auf ihre Kunden ausübten, damit diese ihnen treu blieben, obwohl die Verlockungen des Supermarktes winkten? In Mailand war man sich darin einig, dass die politische Orientierung eine Rolle spielte: Die Loyalität zu den Linksparteien wirkte zumindest bei kämpferisch eingestellten Familien als Motiv für die Meidung des Supermarkts. We-

---

90 R.W. Boogaart an W.D. Bradford, 17. Dezember 1957, Spule 7, IBEC.
91 Moffett, American Supermarkets in Milan, 29.

Abb. 34:
Die Selbstbedienung setzt sich durch: Jetzt gehen auch Männer gerne einkaufen, 1963.

niger klar lagen die Verhältnisse in Florenz, wie die linken Stadträte selbst einräumten. Die kleinen Ladenbetreiber hatten hier vor kurzem begonnen, ihr Heil bei der Kommunistischen Partei zu suchen; dabei hatten sich die kleinen Geschäftsleute als Stand historisch verdächtig gemacht, nicht einfach weil sie exemplarisch das Kleinbürgertum verkörperten, sondern weil sie in Florenz bekannt dafür waren, überzeugte Gefolgsleute des faschistischen Regimes gewesen zu sein. Ihre Proteststreiks gegen die neuen Supermärkte trugen kaum etwas zur Verbesserung ihres Rufes bei. Und ihre an die Öffentlichkeit gerichteten Warnungen vor den von diesen neuen Projekten des »Finanzkapitalismus« ausgehenden Gefahren und vor dessen »illusorischen Verheißungen« trafen auf taube Ohren. Am Ende rangen sie sich dazu durch, selbst an den neuen Fortschritten teilhaben zu wollen, forderten günstigere Kreditkonditionen, um ihre Ladenlokale renovieren zu können, und protestierten gegen die Unbilligkeiten bei der Erteilung von Gewerbeerlaubnissen, die ihnen eine Ausweitung ihrer Dienstleistungen verwehrten.

Sehr schnell wurde der Chor der kleinen Geschäftsleute zu einer von vielen Stimmen in der Debatte über den Supermarkt, die den Verbraucher als Figur erschuf, unter tätiger Mithilfe des Managements von *Supermarkets Italiani*, aber auch einiger neuer Organisationen: Der italienische Verbraucherverband setzte seine erste öffentliche Versammlung für den 26. Februar 1961 an, zeitgleich mit der ersten Generalversammlung der Gewerkschaft der Kaufleute; eine Florentiner Ortsgruppe des Nationalen Verbraucherverbandes wurde eine Woche später ins Leben gerufen.[92] Doch als der wirksamste, weil am besten organisierte, finanziell am besten ausgestattete und am zielbewusstesten agierende Fürsprecher des italienischen Verbrauchers präsentierte sich nach wie vor *Supermarkets Italiani*. Das Management begnügte sich bei weitem nicht damit, das Geschäft am Laufen zu halten, sondern ging gesellschaftlich in die Offensive: Es schickte 40.000 Briefe an Florentiner Familien, in denen es erklärte, weshalb die Metzger der Stadt Unrecht hatten, wenn sie gegen den Sonderstatus protestierten, der *Supermarkets* das Recht gab, an Donnerstagen Fleisch- und Wurstwaren zu verkaufen, während die Metzgereien geschlossen bleiben mussten. *Supermarkets* spendete darüber hinaus Lebensmittel an die katholische Kirchengemeinde des Stadtbezirks Giannotti, wofür sich der dortige Gemeindepriester bedankte, indem er seine Schäfchen ermunterte, Stimmung für die Eröffnung eines dort geplanten Supermarkts zu machen. Nicht zuletzt schickte das *Supermarkets*-Management zahlreiche Gesandtschaften nach Rom, darunter mindestens zwei Mitglieder des Stadtrats, die im Sold der Firma standen. Alles in allem setzte *Supermarkets Italiani*, wie Roland Hood stolz feststellte, »alle erdenklichen Mittel außer Gewalt« ein.[93]

Man kann sich gut vorstellen, wo in dieser Auseinandersetzung die Sympathien der italienischen Hausfrau eingedenk ihrer Prioritäten lagen, nämlich auf Seiten von *Supermarkets Italiani*. In den Protesten gegen die Supermärkte sah sie Bekundungen gegen ihr Recht und ihre Fähigkeit, selbst zu urteilen und zu entscheiden. Dies war der Tenor des Briefes, den Signora Tosca Mazzi an das *Giornale del Mattino* schrieb. Als Bewohnerin der Via delle Ruote, einer bescheidenen Straße unweit des Hauptbahnhofs, wohnte sie ein paar Straßenblocks von dem Supermarkt an der Via Milanesi entfernt und stellte »im Namen einer Gruppe von Verbrauchern, die mit einem jämmerlichen festen Einkommen auskommen müssen«, die Frage: »Was ist es, das die Ladenbetreiber nicht mögen? Wir wüssten gerne, warum die Ladenbetreiber sich nie beschwerten, wenn die Preise von Grundnahrungsmitteln nach oben gingen, […] sodass Florenz zu einer der teuersten Städte Italiens wurde, während die Familienbeihilfen zu den niedrigsten gehören.« Vielleicht, fuhr sie fort, drohe diesen Ladenbetreibern »das Ende der Privilegien, von denen sie bisher profitiert haben, oder vielleicht missfällt ihnen die Ausschaltung all der Typen, die sich um ein Produkt drängten und seinen Preis von 2 Lire für den Landwirt auf 200 Lire im Laden hochgetrieben haben. ›Nicht eine Lira weniger, lieber lassen wir es verfaulen‹, pflegten sie zu sagen und waren sich darin alle einig. Sie sollen von uns

---

92 Giornale del mattino, 24. Februar 1961, 4; ebd., 28. Februar 1961, 4.
93 Roland Hood an W. R. Bradford, 25. Juni 1961, Spule 8, IBEC.

aus alle überleben, aber gebt zumindest den Kunden die Möglichkeit, einzukaufen, wo sie wollen.«[94]

In dem Maße, wie die Kunden, Hausfrauen und andere, die sich selbst zögernd, aber mit zunehmender Tendenz als »Verbraucher« bezeichneten, ihre Ansprüche zu artikulieren begannen, nahmen die ihrem Verhalten zugrunde liegenden Kalküle eine andere Form an. Sicher war, dass es für Verbraucher gute Gründe gab, das Angebot des Supermarkts wahrzunehmen. Es gab aber ebenso gute Gründe, nach wie vor die kleineren Ladengeschäfte im Wohnviertel zu frequentieren. Die Kunden hatten im Wesentlichen die Wahl zwischen zwei Typen von Einzelhändlern, deren jeder versuchte, eine Art Monopol zu errichten. Die Supermärkte hatten ein Monopol auf die Produkte der großen Handelsmarken, und schafften sie es erst einmal, ein Stadtviertel gleichsam zu übernehmen und die Konkurrenz auszuschalten konnten sie die Preise erhöhen, weil die Kunden keine echte Alternative mehr hatten. Die kleinen Geschäfte wiederum konnten auf die Karte ihres jeweiligen Mini-Monopols setzen, das auf ihrer Nähe zu den Kunden beruhte, vorausgesetzt sie zeigten eine gewisse Bereitschaft, sich mit diesen Kunden zu verbrüdern. So kam es, dass diejenigen, die den besten Instinkt hatten, sehr bald ihre Einstellung änderten, ihre Preise senkten und einige der Produkte in ihr Sortiment aufnahmen, die auch die Supermärkte anboten. In Florenz stellten immer mehr Verbraucher mit Genugtuung fest, dass »der Kunde mehr und mehr zu einem wertvollen und umworbenen Wesen wird; jeder Laden versucht, sich die Loyalität des Kunden oder der Kundin zu sichern, indem er Rabatte und Vergünstigungen anbietet und ein lächelndes Gesicht zeigt.«[95]

Gewiss, die Wettbewerbschancen waren ungleich verteilt: Es war der Supermarkt, der das Innovationstempo vorgab, der die neue Allianz zwischen Verbrauchern und Großkapital schmiedete. Gleichwohl konnte zwischen den Interessen der Hausfrau und denen des kleinen Ladenbetreibers noch immer ein Band der Solidarität geknüpft sein, dessen Bindewirkung der Anziehungskraft des Supermarkts mit seiner einnehmenden, aber unpersönlichen Ökonomie gleichkam. Um Braudels unerschütterliche Einsicht zu zitieren: »Auch wenn der Kapitalismus ein Privileg von Wenigen ist, so ist er doch nicht ohne die aktive Komplizenschaft der Gesellschaft denkbar.«[96] Auf mittlere Sicht nährte der von der IBEC herbeigeführte Umbruch eine Komplizenschaft der Gesellschaft mit den kleinen Geschäftsleuten (und zu ihren Gunsten), während sich der Supermarktkapitalismus in die lokalen Wirtschaftszusammenhänge einnistete. Mit zunehmender Zeit drangen die Kalkulationen, die dem Supermarkt zu einer immer wichtigeren und zentraleren Rolle im lokalen Einkaufsgeschehen verhalfen, ins materielle Leben der Gesellschaft ein. Auch kleinere Geschäfte gingen zur Selbstbedienung über, stellten Gefriertruhen mit Tiefkühlfisch und Tiefkühlgemüse darin auf und bestückten ihre Regale mit Ananas in Dosen, Körnermais, Spargel und Lachs. Und sie begannen, ihr Sortiment mit Markenartikeln aufzufüllen, mit den Erzeugnissen von *General Foods, Procter & Gamble,*

94 Giornale del mattino, 6. März 1961, 4.
95 Ebd., 28. Februar 1961, 4.
96 Braudel, Die Dynamik des Kapitalismus, 59f.

Nestlé, *Campbell's* und *Heinz*. Sie stellten darüber hinaus die Dienstleistungen heraus, die sie anbieten konnten: die familiäre Aura, das Lokalkolorit, die persönliche Beratung und die Möglichkeit, Waren frei Haus zu liefern und Kredit einzuräumen. Gleichzeitig vollzog sich die Integration des Supermarkts in die engere oder weitere Sphäre des Wohnviertels, zumindest dort, wo um neue Supermärkte herum neue Wohngebiete entstanden, wo Supermärkte sich durch Werbung und Gewöhnung als vertraute Bestandteile des täglichen Lebens etablierten. Die zunehmende Verbreitung von Kleinwagen und Motorrollern sorgte dafür, dass immer mehr Leute den Weg zum Supermarkt fanden. Die nächste Kundengeneration würde im Supermarkt bereits eine lokale Institution sehen, genauso zu ihrer Alltagswelt gehörend wie die kleinen Geschäfte und die Straßenmärkte. Sein Stellenwert und seine Bedeutung innerhalb ihrer Alltagsroutinen sollten sich völlig wandeln, und die Kinder von Inhabern kleiner Wohnviertel-Läden sollten nichts dabei finden, in die Dienste des Supermarkts zu treten; dessen exogene Herkunft sollte in Vergessenheit geraten.

Die in Italien verbreitete Neigung, sich dem Supermarkt mit Vorsicht zu nähern, lag nicht völlig quer zur Einstellung von Stadtplanern, Staatsbeamten und den auf Modernisierungskurs befindlichen kleinen und mittleren Einzelhändlern der Innenstädte. Je intensiver europäische Beobachter mit dem furiosen Tempo der Veränderung im amerikanischen Einzelhandel in Berührung kamen, desto nachdenklicher stimmten sie die dadurch angerichteten Verheerungen. Nirgendwo wurde dies augenfälliger als in den amerikanischen Großstädten der sechziger Jahre, und nirgendwo waren die Auswirkungen katastrophaler als in der Hauptstadt des modernen Einzelhandels, Dayton in Ohio. Dort fanden europäische Besucher in den frühen sechziger Jahren nur noch die äußere Hülle einer Großstadt vor. Zwar hatte das Unternehmen NCR noch sein Hauptquartier in der Stadt, aber die meisten seiner Mitarbeiter waren in die Vororte gezogen. Waren früher dreißig Züge pro Tag angekommen, so waren es jetzt kaum noch mehr als ein halbes Dutzend. Die altehrwürdige *Woolworth*-Filiale hatte geschlossen, die Main Street war zu einer Parkfläche für Kirchenbesucher und Kunden des trostlos wirkenden Selbstbedienungsrestaurants *Horn and Hardart's* heruntergekommen. Die Lehre, die sich aus den Geschicken des amerikanischen Einzelhandels ziehen ließ, lautete, dass das Wirtschaftsleben der Innenstädte Schutz und Förderung brauchte, wenn den europäischen Stadtlandschaften nicht dasselbe Schicksal blühen sollte wie den amerikanischen Innenstädten. Da die Europäer ein Bewusstsein dafür besaßen, dass die Wirtschaft eine soziale Einrichtung war, hatten sie gute Aussichten, diese Lektion zu beherzigen, ja produktive Schlüsse aus ihr zu ziehen.

Kapitel 9

Die ideale *Mrs. Consumer*

Wie Massenartikel Haus und Herd eroberten

Gebt uns Autos, Kühlschränke und gebt uns vor allem Frieden, dann werdet ihr sehen, dass europäische Hausfrauen sich ganz genauso verhalten wie amerikanische![1]
   Dr. Elsa Gasser, Unternehmensberaterin für Migros, 1950

Eine Rakete im Garten ist besser als ein Russe in der Küche.[2]
   Parole der niederländischen Bewegung der Cruise-Missile-Befürworter, Anfang der achtziger Jahre

Hätte es Anfang 1968 in einer Wohnung in Sarcelles, dem größten und einsamsten der Mietskasernenviertel, die seit Mitte der fünfziger Jahre um Paris herum in die Höhe wuchsen, am späten Vormittag an der Tür geklingelt, wäre die Hausfrau vermutlich überrascht und verwundert gewesen. Sehr unwahrscheinlich, dass jemand aus der Nachbarschaft vor der Tür stand, erst recht nicht jemand aus der Familie. Nur ganz wenige Leute waren hier tagsüber unterwegs. Am ehesten noch konnte es sich um einen Hausierer oder um einen Handelsvertreter handeln. Hätte sich das Ganze jedoch einige Wochen später zugetragen, im März oder April 1968, hätte dieselbe Hausfrau ziemlich sicher sein können, dass eine Frau die Klingel gedrückt hatte, die als Kundenwerberin für Waschmittel von Tür zu Tür marschierte. Denn im März 1968 war der Startschuss zur größten Markteinführungskampagne gefallen, die je auf französischem Boden stattgefunden hatte. Im Zuge einer mehrwöchigen Operation schwärmten Hunderte Frauen, angeheuert von *Procter & Gamble*, dem füh-

---

1 Premier Congrès, 243.
2 Luuk van Middelaar, De Democratie kan zonder Ideologie, NRC Handelsblad, 21. Dezember 2002.

renden US-amerikanischen Hersteller von Reinigungsmitteln (dessen Werbebudget das weltweit größte war), in jeder französischen Stadt und Ortschaft mit mehr als 2.000 Einwohnern aus und klopften an jede Tür. Ihre Aufgabe bestand darin, *Ariel* bekannt zu machen, »das weltweit erste Waschpulver mit Enzymen«.[3]

Ihre Küchenarbeit unterbrechend, hätte Madame Martin, wie die idealtypische französische Hausfrau unter Marketing-Experten hieß, ihren Morgenmantel geglättet, das Radio leiser gestellt und ihre Haare zurechtgezupft, bevor sie, ihr Kleinkind am Rockzipfel, zur Tür gegangen wäre und diese einen Spalt breit geöffnet hätte, woraufhin sich ein *pas de deux* entfaltet hätte, ein Marketing-Dialog, wie er mit leichten Abwandlungen millionenfach durchexerziert wurde. Um ihre Achtung vor der Privatsphäre zu demonstrieren, waren die Propagandistinnen angehalten, einen oder zwei Schritte vor der Türschwelle stehen zu bleiben. Andererseits wussten sie genau, dass ihre Aufseher am Straßenrand warteten und dass es galt, das tägliche Soll von einigen Dutzend Interviews zu erfüllen, und so beeilten sie sich, ihre Fragen herunterzurattern und die Antworten auf ihre Bögen zu kritzeln. Besaß Madame Martin eine Waschmaschine? Wenn ja, welches Fabrikat? Welche Seife benutzte sie am liebsten? Was war ihre Lieblingssendung im Radio? Jemand interessierte sich für ihre Meinung, und dieser Jemand bot ihr darüber hinaus ein verdächtig großzügiges Werbegeschenk an, ein Waschmittel im 600-Gramm-Probepaket! Das Paket war ansprechend bedruckt, der Markenname *A-R-I-E-L* stand in knallroten Buchstaben auf grasgrünem Untergrund, dazu ein Logo, das eine blaue Elfe zeigte, die in einer blütenweißen Wolke wirbelte wie ein Atom in einer Elektronenhülle. Madame Martin war nicht auf den Kopf gefallen, sie würde *Ariel* natürlich ausprobieren, auch wenn sie mit ihrem bisherigen Waschmittel zufrieden war. Andererseits würde niemand sie von ihrer Überzeugung abbringen, dass alle Waschmittel im Wesentlichen gleich waren, abgesehen vielleicht vom Preis, von der Verpackung und von Farbe und Geruch.

Dieses Schauspiel oder ein ähnliches hatte sich in den vorausgegangenen 16 Jahren zahllose Male abgespielt, erstmals 1952, als *Unilever* sein Waschmittel *Omo* auf den Markt gebracht hatte, und letztmals 1968 – die *Ariel*-Kampagne stellte die teuerste und längste Mobilisierung von Marketing-Ressourcen vor Anbruch des Zeitalters der Fernsehwerbung dar. Der generelle Hintergrund dafür war das, was manche Journalisten die »Wasch-Revolution« nannten. Das von Journalisten geprägte Schlagwort verband den marktschreierischen Überschwang des amerikanischen Marketing-Jargons mit einem politischen Schlüsselbegriff der westlichen Welt und versuchte damit die atemberaubenden Umbrüche zu benennen, die die materielle Seite des Lebens in jenen Jahren verwandelten. Angewandt auf das jahrhundertealte Problem des Wäschewaschens für die Familie, unterstrich diese bombastische Rhetorik die unzähligen kleinen Fortschritte, die sich in der Haushaltstechnik, in

---

3 Marthe Vincent, Les poudres de lavage, 1969, 189ff., Année 1968–1969, Hautes Ecoles Commerciales Jeunes Filles, Chambre de Commerce de Paris (im Folgenden CCP); J. Martin, Les produits pour le lavage du linge en machine, 99–122, Année 1971–72, CCP; dies., Qui est Procter & Gamble?, Vente et publicité, Juli–August 1956, 67. Die Figur der Haustürpropagandistin war Stammgast in den Fernsehfilmen und der Erzählliteratur der ausgehenden sechziger Jahre; siehe Perec, Things.

den täglichen Abläufen der Hausarbeit und in Bezug auf das Image der Hausfrau vollzogen hatten, Fortschritte, die im Zusammenwirken mit anderen nachgewiesenen Trends der Zeit – wie der rapide steigenden Zahl der berufstätigen Frauen, dem Siegeszug der Selbstbedienungsläden und Supermärkte, die neue Einkaufsgewohnheiten entstehen ließen, oder der zunehmenden Gleichbehandlung der Frau in der Gesellschaft – den herkömmlichen Strukturen des Haushalts und der Hausarbeit, die die Grundlage der alten Konsumkultur gebildet hatten, den Todesstoß versetzten.

Der Haushalt war es, der, obwohl er sich bis dahin jeder systematischen Erfassung in Bezug auf Zuschnitt, Möblierung, Bewirtschaftung und auf den Stellenwert, den seine Bewohner ihm beimaßen, entzogen hatte, mehr als jede andere Institution die grundlegenden Unterschiede zwischen bürgerlicher und proletarischer Wohnsituation herausgefiltert und zur Abqualifizierung insbesondere bäuerlicher Lebenswelten als Ausbunde an Trostlosigkeit geführt hatte. Die Wohnsituation der Arbeiterschaft hatte bis dahin als relativ offen gegolten: großzügige Hinter- oder Innenhöfe, Treffpunkte der Geschwätzigkeit vor den Türen, nachbarschaftlicher Tauschhandel mit Waren und Dienstleistungen, ein ständiges Kommen und Gehen. Ein »Heim« im Sinne der modernen Verbrauchersoziologie hatte die proletarische Familie nie gehabt: prekäre Mietverhältnisse, der armselige Zustand der meisten Wohnungen, die Armut der Bewohner und verrostete Illusionen darüber, was papierene Zierdeckchen, Stores, ein schäbiger Teppich oder ein Strauß Kunstblumen zur Verschönerung des Zuhauses beitragen konnten, hatten die Entwicklung einer proletarischen Wohnkultur gehemmt. Im Gegensatz dazu hatte sich der bürgerliche Haushalt von außen nach innen gekehrt und ein weitgehend autarkes Eigenleben entwickelt, am Laufen gehalten durch Dienstboten, die unter dem Kommando der Hausherrin standen, und in Bahnen verlaufend, die ebenso festgefügt waren wie die Möbel und mit den Konventionen des gutbürgerlichen Lebensstils konform gingen. Doch auch der bürgerliche Haushalt war eine Bastion der Rückständigkeit gewesen, was den Einsatz arbeitssparender Gerätschaften anging. Nirgendwo war dies deutlicher zu Tage getreten als beim Anblick jener feuchtkalten Gesinderäume, fensterlosen Kammern, mit Zubern bestückten Waschküchen, versifften Herde, rückwärtigen Laderampen und Hintertreppen und der dreckigen Hinterhöfe, die häufig in Ermangelung einer richtigen, zweckmäßigen Küche der Ort waren, an dem schlecht bezahlte Dienstboten Geflügel rupften, Mahlzeiten zubereiteten, Schuhe und anderes putzten und sich wuschen.

Dagegen zeichnete sich der moderne Verbraucherhaushalt, wie er sich in Europa nach dem Zweiten Weltkrieg allmählich entwickelte, durch einen gemeinsamen, quasi-öffentlichen, als »westlich« zu charakterisierenden technischen Standard aus. In deutlicher Abkehr von den klassenspezifischen, regional segmentierten und hochgradig lokal geprägten Lebensstilen der Vergangenheit bewegten sich nun Verwaltung, Wirtschaft, Geschmackspioniere und Verbraucher auf ein und dasselbe Ideal eines gleichsam allgemein verbindlichen häuslichen Konsumtionsniveaus zu. Die Regierenden favorisierten diesen Standard aus wirtschaftlichen Gründen, garantierte er doch einen Markt für die Produkte der industriellen Massenfertigung.

Auch gesellschaftspolitische Gründe sprachen für ihn: Klassenneutrale Standards im häuslichen Bereich waren geeignet, den nationalen Zusammenhalt zu stärken. Auch ein geschlechterpolitisches Argument ließ sich ins Feld führen: Mit der Technisierung der Hauswirtschaft näherte sich die Arbeit der Hausfrau (und ihre Wertschätzung) beruflichen Tätigkeiten in anderen gesellschaftlichen Bereichen an. Nicht zuletzt war die Entwicklung auch unter kulturellen Gesichtspunkten zu begrüßen: Eine breite Homogenität des Wohnstandards lieferte eine tröstliche Bestätigung dafür, dass der Lebensalltag der Menschen in Bezug auf bestimmte grundlegende Dinge wie fließendes Wasser, Heizung, Kochgelegenheit, Kühlschrank, Radio und Fernsehen vergleichbar war, gleich wie groß die gesellschaftlichen oder geografischen Abstände sein mochten.

Das betriebliche Zentrum des neuen Haushalts war die Küche. Hier war das Gros der technischen Geräte stationiert, ein Sortiment, dessen Zusammensetzung seit Mitte der fünfziger Jahre definiert war: Herd mit Backofen, Kühlschrank, Waschmaschine, Staubsauger, dazu ein Aufgebot an kleinen Elektrogeräten wie der Küchenmaschine, dem Quirl, der Kaffeemühle. In den siebziger Jahren gesellten sich die Spülmaschine und der Farbfernseher dazu, ab den achtziger Jahren die Mikrowelle, der Toaster und die Friteuse. Betriebsleiterin in der Küche war die moderne Hausfrau, die entweder als Solistin oder mit ihren »elektrischen Dienern« den Laden schmiss. Ihre wichtigste Aufgabe bestand darin, die konkurrierenden Bedürfnisse und Wünsche, die an den Familienfinanzen zerrten, in ein Gleichgewicht zueinander zu bringen und zugleich die jeweils neuesten Geräte und Küchenwerkzeuge ins Auge zu fassen, die Jahr für Jahr auf den Markt kamen und eine ständige Herausforderung für das Haushaltsbudget darstellten.[4]

Die »Wasch-Revolution« ließ sich als dreidimensionales Phänomen deuten. Zum einen beinhaltete sie eine bemerkenswerte Umwälzung in Bezug auf die Technik des Waschens von Textilien. Das Wäschewaschen war früher die mühseligste, zeitraubendste und ungesündeste aller hausfraulichen Arbeiten gewesen. Die Franzosen nannten es eine *corvée*, einen Ausdruck benutzend, der bewusst an die Fronpflichten erinnerte, die den Bauern unter dem *ancien régime* auferlegt worden waren: Steine brechen, Festungsanlagen bauen, die Schlammgräben entlang den königlichen Überlandstraßen auffüllen. Sachen aus Wollgewebe, Manschetten, Spitzenkrägen und andere empfindliche Kleidungsstücke mussten von Hand gewaschen werden; Leintücher und Arbeitskleidung wurden in mit kochendem Wasser gefüllten Bottichen gewälzt, in ein mit chemischen Beigaben versetztes Spülbad getaucht, über ein Waschbrett geschrubbt, dann klargespült und ausgewrungen, schließlich zum Trocknen auf Leinen gehängt, ins Haus geholt, ausgebessert und zuletzt mit einem schweren, auf dem Herd erhitzten Eisen gebügelt. Die Wasch-Revolution brachte zunächst halb-, dann vollautomatische Maschinen, die das Wasser auf die jeweils zweckmäßige Temperatur erhitzten und dem Schmutz mit Seifenlauge zu Leibe

---

4 Eine Übersicht über die Wandlungen des europäischen Haushalts in der Nachkriegszeit geben Wildt, Am Beginn der »Konsumgesellschaft«; Lohelin, From Rugs to Riches; und Duchen, Women's Rights and Women's Lives in France. Zum amerikanischen Haushalt in derselben Epoche siehe May, Homeward Bound.

rückten. Die Schleuderfunktion drückte das Restwasser aus den Stoffen, der elektrische Trockner eliminierte die Hängefalte, und das elektrische Bügeleisen hielt dank eines eingebauten Thermostats konstant die eingestellte Temperatur.[5]

Noch wichtiger war, dass die Arbeit der Frau im Haushalt durch die Wasch-Revolution einen neuen Stellenwert erhielt, demonstrierte die Waschmaschine doch, dass es einer teuren Investition bedurfte, um die Arbeitskraft der Hausfrau auch nur teilweise zu ersetzen. Dies lieferte einen Maßstab für die Wertschätzung ihrer Leistung. Darüber hinaus konnten Hausfrauen in der Zeit, die sie einst mit Waschen verbracht hatten, eine berufliche Tätigkeit ausüben und Geld verdienen. Oder sie konnten anderen Bereichen der Hausarbeit mehr Zeit und Energie widmen, zum Beispiel die Wohnung gründlicher putzen und sauber halten, den Kindern öfter bei den Hausaufgaben helfen, sich um den Papierkram kümmern oder Behördengänge machen, um etwa Sozialleistungen zu beantragen. Gewiss bedeutete all dies, dass zunehmend mehr Anforderungen an die Zeit und an die Fähigkeiten der Hausfrau gestellt wurden: Sie musste die Haushaltsgeräte, die ihr die Arbeit erleichtern sollten, aussuchen, bedienen, instand halten und notfalls auch einmal reparieren, sich mit neuen Methoden des häuslichen Managements vertraut machen und, wenn ihr neben alldem noch nennenswerte freie Zeit blieb, lernen, etwas Nützliches damit anzufangen.[6] Viele Hausfrauen entwickelten im Verlauf dieses Prozesses Qualitäten, die als unverzichtbar für eine gut funktionierende Verbraucherwirtschaft galten: guten Geschmack, hauswirtschaftliches Fachwissen, vorausschauendes Handeln, dazu die Fähigkeit, das Wohlergehen ihrer Familie in Relation zu dem ihrer Nachbarn, ihrer gesellschaftlichen Gruppe und den (wirklichen oder vermeintlichen) Konsumgewohnheiten der nationalen Gesamtheit zu messen. Das angebliche Fehlen dieser Fähigkeiten war in früheren Jahrzehnten häufig als Begründung dafür angeführt worden, dass das Konsumtionsniveau der Unterschicht niedrig gehalten werden müsse.

Der gut geführte Verbraucherhaushalt regte nicht nur die Nachfrage nach Industrieprodukten an, sondern half mit, Rüstungstechnologien in technische Anwendungen für die Alltagsbewältigung zu verwandeln. Dies ermöglichte nicht nur der Familie mehr Zeit für gemeinsames Erleben, sondern verlieh auch der Sicherheitskultur, die sich in Westeuropa neuer Wertschätzung erfreute, eine gemütliche häusliche Anmutung. Sicherheit wurde so zu einem Gut, das die Menschen auf mehreren Ebenen genossen: im familiären Bereich in Form jenes »anständigen« Lebensstandards, der zumindest ein Stück weit die prekäre Ungewissheit aus dem Alltag herausnahm; auf der gesellschaftlichen Ebene in Gestalt des Wohlfahrtsstaates, der die existenziellen Risiken des Lebens im Industriezeitalter minderte; und auf der internationalen Bühne in Form der Nordatlantischen Gemeinschaft mit ihren gefestigten Bindungen, die einen neuen Krieg zwischen europäischen Nationen undenkbar erscheinen ließen. Die fröhliche Eingliederung der krassen Sprache von

---

5 Delaunay, Histoire de la machine à laver. Siehe auch Carré, Les ruses de la »fee« electricité, 65–83; sowie Denis, Systèmes culturels et technologie, 206–212.
6 Zum Hausfrauendasein im Frankreich der Nachkriegszeit: Duchen, Occupation Housewife, 1–13. Allgemeiner siehe Strasser, Never Done, sowie Cowan, More Work for Mother.

Militarismus und Revolution – »Startschuss«, *D-Day*, »Mobilisierung«, »Schlacht um Marktanteile« – in das Triviallexikon der transatlantischen Verbraucherkultur lieferte den semantischen Beweis dafür, dass man die schlimme Vergangenheit ausgetrieben hatte. Mehr noch: In dem Maße, wie sich der gut geführte Verbraucherhaushalt zu einer kollektiven Errungenschaft breiter Teile der Bevölkerung konsolidierte, verhalf er der Familie zu einem gefühlten Schutz vor den kalten Machtspielen der Supermächte wie auch vor dem unerbittlichen Innovationsfieber, das dem rastlosen Kommerzialismus der Amerikaner anzuhaften schien.[7]

Die Waschmittelkriege

In den sogenannten Waschmittelkriegen artikulierte sich nicht zuletzt die Perplexität, die in der Werbebranche selbst angesichts der ungeheuren Summen herrschte, die multinationale Großkonzerne im Kampf um die Vorherrschaft auf dem Waschmittelmarkt ausgaben. *Paic*, 1948 das erste in Frankreich vermarktete Waschpulver, war »eingeschlagen wie eine Granate«.[8] Der eigentliche »Krieg« begann aber erst in den frühen fünfziger Jahren, als die drei weltweit führenden Waschmittelhersteller *Unilever*, *Procter & Gamble* und *Colgate-Palmolive* in den Ring stiegen, um den boomenden europäischen Markt für Waschmittel zu erobern bzw. unter sich aufzuteilen. Die Auftaktsalve feuerte *Unilever* ab, indem es 1949 dem altehrwürdigen Seifenpulver Persil, das die deutsche Firma Henkel 1907 erstmals auf den Markt gebracht hatte, Bleichmittel hinzufügte und es unter der Parole »Persil wäscht weißer als weiß« als erstes Universalwaschpulver neu herausbrachte. Im Oktober 1952 war es wiederum das britisch-holländische Konglomerat, das mit der Markteinführung des ersten synthetischen Allzweck-Waschmittels, *Omo*, vorpreschte und in Frankreich eine Million Franc in die Markteinführungskampagne steckte, nur um Ende 1953 mit *Tide* konfrontiert zu werden, einem ähnlichen Produkt aus den Labors seines Hauptkonkurrenten, des einundviertel Jahrhunderte alten US-Unternehmens *Procter & Gamble*. Die Firma, deren erstes Ruhmesblatt 1879 die Erfindung von *Ivory* gewesen war, der »schwimmenden Seife«, hielt sich etwas darauf zugute, immer dort auf den Plan zu treten, wo die Konkurrenz am schärfsten war. Unter dem Slogan *Toujours en avance d'un progrès* errichtete *Procter & Gamble* in Amiens ein großes Forschungszentrum in Glas-und-Stahl-Architektur und erkor zu seinem wichtigsten Produktionsstandort Marseille, die Seifenhauptstadt Europas. So gerüstet, verbündete sich das Unternehmen mit der angesehenen alteingesessenen französischen Firma *Fournier-Ferrier*, Herstellerin der Waschseifen *Le Chat* und *Catox*, um *Tide* frankreichweit zu vertreiben.[9]

---

7 Geyer, America in Germany, 121–144.
8 La guerre des poudres à laver, Libre–Service–Actualité, 17. März 1966, 40; R. de Rochebrune, La bataille des détergents. Après l'empoignade des enzymes, in: Entreprise (Januar 1970), 6; Etude du marché des détergents de synthèse Panel Stafeco, 19. März 1960, CR 3878, Centre de Perfectionnement dans l'Administration des Affaires, CCP; Vincent, Les poudres de lavage, 20ff.; J. Martin, Les produits pour le lavage, 99ff.
9 Societé Fournier-Ferrier, Discussions 14–21, November 1956, CPA-3.453, CCP; Procter and Gamble

Abb. 35: Die Waschmittelfront in einem französischen Supermarkt, ca. 1970.

1956 gab es in französischen Läden nur vier Waschseifen-Marken zu kaufen, die landesweit vertrieben wurden, 1970 waren es nicht weniger als dreißig. Die Kunden hatten nun die Wahl zwischen Flüssigwaschmitteln, Waschpulvern und Waschflocken, verpackt in Schachteln, Beuteln, Plastikflaschen oder Trommeln. Wollten sie eine nichtschäumende Seife für die Waschmaschine, konnten sie sich für *Skip* oder *Dash* oder für die schaumgebremsten Varianten von *Dinamo*, *Persil*, *Supercroix* oder *X-tra* entscheiden; suchten sie nach einem normalen Universal-Waschpulver, hatten sie die Wahl zwischen *Comète*, *Dixan*, *Omo*, *Bonus* und *Tide*. Wollten sie auf die mit Enzymen versetzte »biologische Waschmittelgeneration« umsteigen, so standen neben der Pioniermarke *Ariel* etliche weitere Vertreter dieser Gattung zur Wahl: *Axion*, *Crio*, *Genie*, *Lava*, *Bio-Ajax*, *Omo Scientific* und *Super Tide*. Für Spitzenunterwäsche und andere empfindliche Gewebe gab es *Paic*, *Corall*, *Mir* oder *Dato*. Dazu kam eine Fülle von Waschmittelzusätzen: *Calgon* zur Vorbeugung gegen Kalkablagerungen, parfümierte Weichspüler wie *Soupline*, *Lenor*, *Comfort* und *Silan*. Nur am Rande soll erwähnt werden, dass sich dazu noch mindestens zwanzig landesweit beworbene Haushaltsreiniger gesellten, wie *Monsieur Propre* (in den USA *Mr. Clean*, in Deutschland Meister Proper) oder *Spic*, ein Lackreiniger für Autokarosserien. Spätestens in den siebziger Jahren waren Wasch- und Putzmittel für das Funktio-

France, Libre–Service–Actualité, 1. Oktober 1967, 48f.

nieren der Privathaushalte so wichtig geworden wie Benzin fürs Familienauto, und die Verkaufszahlen wuchsen um vier bis fünf Prozent pro Jahr. Wie der Markt für Erdölprodukte generell zeichnete sich auch der Markt für Waschmittel durch einen hohen Konzentrationsgrad auf der Anbieterseite aus. Die führenden drei Hersteller kontrollierten rund achtzig Prozent des kontinentaleuropäischen Marktes, in Frankreich sogar 85 bis neunzig Prozent.[10]

Waschmittel eignen sich ungewöhnlich gut, um Überlegungen zu bedeutsameren Vorgängen anzustellen, hier zu nichts Geringerem als dem Aufstieg und Niedergang von Großmächten. Oberflächenaktive Tenside, bestehend aus Doppelmolekülen, die fettigen Schmutz aus Gewebefasern ziehen und in Lösung halten, bis er ausgespült wird, wurden zu Kriegszeiten in deutschen und angloamerikanischen Forschungslabors der Rüstungswirtschaft entwickelt. Erstmals kommerziell verwertet wurden sie allerdings in Friedenszeiten, und zwar von angloamerikanischen Oligopolen der Konsumartikelbranche. Dabei war es die chemische Industrie Deutschlands gewesen, die als Reaktion auf die von der Entente im Ersten Weltkrieg gegen Deutschland verhängte Handelsblockade die ersten praktikablen Verfahren für die Herstellung von Seifen aus Petroleum entwickelte, als Ersatz für aus natürlichen Ölen und Fetten gewonnene Reinigungsmittel. Der chronische Mangel an tierischen Fetten und die Nichtverfügbarkeit von Erdnüssen, Palmfrüchten, Gemüsen und anderen pflanzlichen Ölquellen, auf die Länder mit überseeischen Kolonien Zugriff hatten, sorgten dafür, dass auch im Dritten Reich weiter intensiv nach Ersatzprodukten geforscht wurde. Allerdings kostete die Herstellung eines für den Einsatz im Haushalt geeigneten Waschmittels zu dieser Zeit noch deutlich mehr als die Produktion traditioneller Seifen, sodass vor dem Zweiten Weltkrieg, abgesehen von den Waschpulvern *Dreft* und *Drene*, die *Procter & Gamble* in den dreißiger Jahren in den USA vermarktete, die in Deutschland entwickelten Substanzen hauptsächlich in der Textilindustrie zum Einsatz kamen; hier wurden sie zum Beispiel dem Wasser beigegeben, in das Textilien getaucht wurden, um sie aufnahmefähiger für Färbemittel zu machen.

Der Zweite Weltkrieg verschärfte den Wettbewerb zwischen den Kriegsteilnehmern erneut, wobei es deutschen Labors vor allem darum ging, aus synthetisierten Kohlenwasserstoff-Derivaten Mittel für das Waschen und Reinigen militärischer Uniformen zu gewinnen, während die USA und Großbritannien Waschmittel zu entwickeln versuchten, die es ihrer Marine ermöglichen würden, auch mit kaltem Salzwasser noch gute Waschergebnisse zu erzielen. Als der Krieg vorbei war, sicherten sich die großen Konzerne Patente im Hinblick auf die friedliche Nutzung ihrer Entwicklungen – als Waschmittel, aber auch als Haushaltsreiniger und Toilettenartikel. Die chemische Industrie besaß für dieses Geschäft ideale Voraussetzungen: leichten Zugriff auf das Ausgangsmaterial, nämlich Erdöl, und jede Menge Kapital, um Forschung, Entwicklung und Produktdesign zu finanzieren. Die Unternehmen verfügten bereits über eine hundertjährige Erfahrung in der Vermarktung von Seifen, und das hieß in der hohen Kunst der attraktiven Produktgestaltung und -ver-

---

10 Vincent, Les poudres de lavage, 27.

packung, des aggressiven Vertriebs und der massiven Werbung. Der Bedarf an den neuen Substanzen war, wenn die eingetretene Entwicklung zu immer höheren technischen und hygienischen Standards anhielt, praktisch grenzenlos.[11]

So begann eine rapide Abfolge von Innovationen, in deren Verlauf synthetische Wasch- und Reinigungsmittel zu immer vielseitigeren und immer stärker verbreiteten Hilfsmitteln der Hausarbeit avancierten. Technisch gesehen, waren sie den alten, auf natürlichen Fetten beruhenden Seifen haushoch überlegen: Sie machten das Schrubben und Auswringen der Wäsche weitgehend überflüssig, indem sie Schmutzpartikel herauslösten, und sie schafften es, Stoffe weißer und weicher zu machen, sogar in kaltem Wasser. Außerdem hinterließen sie keine schaumigen Rückstände. Je heftiger der Kampf der großen Drei um Marktanteile wurde – auch eine Handvoll kleinerer Konkurrenten wie Henkel in Westdeutschland oder *Mira Lanza* und *Scala* in Italien trugen ihren Teil zum Wettbewerbsdruck bei –, desto weiter sanken die Preise, und in den Regalen der Supermärkte, der Filialgeschäfte und der Tante-Emma-Läden nahmen die Wasch- und Reinigungsmittel zunehmend dominierende Logenplätze ein. Im Verlauf von nur zwei Jahrzehnten schafften sie es, die auf Holzasche, Seife und ätzenden Substanzen basierenden Mittel weitgehend zu verdrängen, die die Frauen jahrhundertelang zum Waschen und Putzen verwendet hatten.

Wie bei allen Produkten, deren Verkaufserfolg auf ihrer Markenbekanntheit beruht, war bei Waschmitteln ein konsequentes Marketing unerlässlich und wurde auch aufs Heftigste praktiziert, mit wissenschaftlichen Methoden und zu exorbitanten Kosten. *Unilever*, *Procter & Gamble* und *Colgate-Palmolive* gaben in den sechziger Jahren mehr Geld für Anzeigen aus als jedes andere Unternehmen in Frankreich mit Ausnahme des staatlichen Automobilherstellers *Renault*, dessen üppiges Werbebudget Marcel Bleustein-Blanchet 1946 für *Publicis* an Land gezogen hatte.[12] Als sich die sechziger Jahre ihrem Ende zuneigten, hatten die großen Drei jede der 22 Techniken aus dem Lehrbuch des zeitgenössischen Verkaufens mindestens ein Mal angewandt, von der Aktion »zwei für den Preis von einem« über die Sympathiewerbung mit kleinen Geschenken bis zum Preisausschreiben mit verlockenden Hauptgewinnen wie jener Reise für zwei an die amerikanische Westküste, die *Omo* 1964 auslobte. Um sich in Werbefragen beraten zu lassen, wandten sich die Waschmittelhersteller an Unternehmen, die über Erfahrung mit Werbekampagnen im amerikanischen Stil verfügten – allen voran an *J. Walter Thompson* und *Publicis*, aber auch an *Elvinger*, *Dupuy-Compton* oder *Lintas*, die Hausagentur von *Unilever*. Sie zahlten hübsche Summen für Verbraucherumfragen und Zielgruppenrecherchen, die *Gallup*, *Nielsen*, STAFECO, IFOP, SECODIP, CECODIS und andere neu gegründete Meinungsforschungsinstitute in ihrem Auftrag durchführten. Sie schwän-

---

11 For the history of synthetic detergents siehe Corlett, The Economic Development of Detergents, insbes. 105–118; J. Martin, Les produits pour le lavage, 1–27. Zum Hauptkonkurrenten der amerikanischen Firmen siehe Fieldhouse, Unilever Overseas. Hervorragend zu den ökonomisch-kulturellen Kräften, die Waschmitteln zum Durchbruch verhelfen, obwohl an sich kein Bedarf besteht: James, Consumption and Development.
12 Vincent, Les poudres de lavage, 28.

gerten den Äther mit Werbespots, auch unter Einschaltung exterritorialer Sender wie *Radio Valleys*, das aus Andorra sendete, *Europe 1*, *Radio Luxembourg* und *Radio Monaco*. Sie polsterten die sich rapide vermehrenden Frauenzeitschriften mit ganzseitigen farbigen Anzeigen aus, mit denen sie ihre Slogans an die Frau brachten und nebenbei neue Maßstäbe für ein attraktives Grafikdesign setzten. Mit ihren bunten Sichtfronten verdrängten sie Lebensmittel und Haushaltsbedarfsartikel aus den Regalen der Tante-Emma-Läden. In den Supermärkten füllten die Waschmittel bald ganze Regalfluchten, zumal sie das perfekte Lockangebot waren, das heißt Artikel, die das Supermarktunternehmen in großen Stückzahlen einkaufte und dann zu herabgesetzten Preisen nahe dem Einkaufspreis anbot, mit dem Effekt, dass die Kunden gleich größere Mengen davon mitnahmen. Was auf der einen Seite aufgrund der niedrigen Handelsspanne verloren ging, brachten die Kunden durch den Kauf von Konserven, Eiscreme und anderen relativ hochpreisigen Artikeln wieder in die Kasse.

Mit jedem neu auf den Markt gebrachten Produkt verschafften sich die multinationalen Unternehmen Zugang zu mehr europäischen Haushalten. Als es den öffentlich-rechtlichen und staatlichen Fernsehanstalten erlaubt wurde, Werbespots auszustrahlen – in Frankreich geschah das im Juni 1969 –, eröffnete dies den Markenartikel-Multis einen weiteren Zugang direkt in die Wohnzimmer der Menschen. Das Waschmittel war mittlerweile zum Symbol schlechthin der neuen Konsumkultur geworden. In den Augen des französischen Kulturkritikers Roland Barthes standen Waschmittel sinnbildlich für den Prozess, dem es zu verdanken war, dass die Konsumgesellschaft Trends, die ganz und gar nicht natürlich sind, als »selbstverständlich« empfindet, sodass niemand bewusst darüber nachdenkt, wie und wodurch sie entstanden sind.[13] So setzte die Werbung beispielsweise die Weisheit in die Welt, dass Waschmittel unterschiedliche Ausprägungen der Farbe Weiß produzieren könnten und dass die Hausfrau auf dieser Grundlage die Sauberkeit und hygienische Tadellosigkeit ihrer Wäsche einschätzen könne (und die Nachbarn und Bekannten ihre hausfrauliche Tüchtigkeit). Es war Wasser auf die Mühlen von Barthes, dass in Nachkriegsdeutschland das Wort »Persilschein« zum umgangssprachlichen Synonym für ein entlastendes Zeugnis für ehemalige NSDAP-Mitglieder in einem Entnazifizierungsverfahren geworden war. Wenn Ermittler im Zuge eines solche Verfahrens auf eine Leiche im Keller stießen, konnte der Betroffene versuchen, den Hausarzt oder den Pfarrer zu einer entlastenden Aussage zu bewegen: »Persil wäscht dich rein wie neu« oder »Persil wäscht sogar NS-Braunhemden weiß«.

Genötigt, sich ernsthaft mit einer Ware zu beschäftigen, die so offensichtlich trivialer Natur war, gleichzeitig aber auch so offensichtlich unverzichtbar für den Alltag der Hausfrau, dämmerte auch radikalen Gesellschaftskritikern allmählich, dass sie kein zureichendes Einordnungssystem für die profanen Alltagsroutinen der Konsumgesellschaft hatten – und auch keines für die zunehmend breite Kluft zwischen den Frauen, deren alltägliche Aufgabe es war, diese neue Warenwelt zu managen, und den Männern, deren weltgeschichtliche Rolle darin bestand, großartige Fort-

---

13 Barthes, Mythen des Alltags, 47ff.; Ross, Fast Cars, Clean Bodies, 71–106.

schrittsutopien zu entwerfen. Angesichts der gesellschaftlichen Rolle der Waschmittel zeigte sich der Philosoph Jean Baudrillard zunächst überzeugt, die marxistische Dialektik biete eine überzeugende Erklärung dafür, dass ein neuer Konsumartikel anfänglich stets ein allgemeines, wenn auch illusorisches Zusammengehörigkeitsgefühl bei seinen Anwendern erzeugt, diese letzten Endes aber zu Bewohnern einer atomisierten, überaus privaten, entpolitisierten Welt macht. Später allerdings, als er den Schluss gezogen hatte, das Massen-Marketing sättige den politischen Raum vollständig mit seiner eigenen selbstbezüglichen Sprache, bescheinigte er dem Marxismus, er sei nicht in der Lage, die Zeichen und Idiome dieser neuen »Hyper-Realität« zu entziffern.[14] Für den Philosophen und unorthodoxen Marxisten Henri Lefèbvre offenbarte die »Waschmittelkultur«, dass der wissenschaftliche Materialismus einen systematischen Ansatz für die Analyse der Praktiken des Alltagslebens erst noch entwickeln müsse. Schon seit Ende der vierziger Jahre hatte er die Notwendigkeit einer solchen Analyse immer wieder angemahnt. Doch nie war bei ihm der Groschen gefallen, bis »eine Frau, mit der ich – ein Detail ohne große Bedeutung – verheiratet war, zufällig in meiner Anwesenheit mit Blick auf irgendein Waschmittel diese einfachen Worte von sich gab: ›Das ist ein wirklich ausgezeichnetes Produkt.‹ In einem fachkundigen Ton.« In ihrer Trivialität ordneten sich diese Worte für ihn zu einem Konzept, und er begann an seiner »Kritik des Alltagslebens« zu arbeiten. Seine Vorlesungen an der Universität widmeten sich ab Anfang der sechziger Jahre seiner in der Entwicklung begriffenen Theorie von der »bürokratischen Gesellschaft des gelenkten Konsums«, einer Theorie, die an keiner Stelle die geschlechtliche Dimension des Alltagslebens und seiner Verrichtungen thematisierte oder auch nur den seltsamen Umstand reflektiert hätte, dass es eine Frau gewesen war – mit ihm verheiratet oder nicht –, die diese epochale Trivialität geäußert hatte. Spätestens Ende der sechziger Jahre sprachen die Studenten Lefèbvres wie alle anderen Angehörigen ihrer Generation mit einer Mischung aus Vertrautheit und Verachtung von der diffusen Macht der »Konsumgesellschaft« über die Menschen. Sie demonstrierten damit zwar einen scharfen Blick für die Semiotik dieser Gesellschaft, aber auch eine gewisse Gleichgültigkeit gegenüber ihrer komplizierten geschichtlichen Genese und erst recht gegenüber dem Auftreten einer neuen historischen Protagonistin, der »Hausfrau als Verbraucherin«.[15]

Gegen Ende der sechziger Jahre konnte »Waschmittel« als Metapher sowohl für radikale Umwälzungen als auch für das reaktionäre Vertuschen der Geschichte dienen. »Selbstverwandlung wäscht weißer als Revolution«, so lautete ein denkwürdiges Graffito, das im Verlauf des Studentenaufstands vom Mai 1968 im Pariser *Quartier Latin* auftauchte. Es ist ein bemerkenswerter Spruch, insofern als er davon zeugt, dass Begriffe und Vorstellungen aus der kommerziellen Sphäre und der Werbung, die um die Möglichkeit zur Selbstveränderung des Individuums kreisen, einen verändernden Einfluss auf kollektive politische Aktionsformen auszuüben begannen. Die Parole zeugt auch, ohne es zu wollen, von einem ernüchternden Pa-

---

14 Baudrillard, Das System der Dinge, 220–223; ders., Consumer Society; Ross, Fast Cars, Clean Bodies, 73, 208.
15 Lefèbvre, Le temps des méprises, 34, 115.

radoxon, nämlich dass just im Frühjahr 1968, als junge Aktivisten zu Hunderttausenden in den Streik traten, Barrikaden errichteten, demonstrierten und Fabriken besetzten, um gegen den Vietnamkrieg zu protestieren, gegen Staat, Schule, Militär, Kirche und andere autoritäre Institutionen zu revoltieren und die Künstlichkeit, den Überfluss und die Entfremdung der Konsumgesellschaft zu verdammen, die von multinationalen Konzernen in Umlauf gesetzten Werbeslogans eine ganz andere und viel weiter reichende Mobilisierung ankündigten. Die Massen, an die sie sich wandten, waren Millionen von Hausfrauen, die Bastionen, die sie besetzten, waren die Haushalte, die Utopien, die sie ausmalten, Stapel adrett gefalteter, nach Frische duftender Wäsche.

Die Botschafter

Dank ihrer marktbeherrschenden Stellung im Waschmittelsektor, ganz zu schweigen von ihren zahlreichen anderen innovativen Produkten für den modernen Haushalt – von DDT-haltigem Mückenspray über Teflonpfannen, Alufolie und Kühlschränke mit allen Schikanen bis hin zu Klimaanlagen –, spielten amerikanische Großunternehmen eine entscheidende Rolle bei der Erschaffung eines transatlantischen Verbraucherhaushalts. Dabei gelang ihnen endlich das, was sie schon so lange versucht hatten, nämlich über die Schwelle des Familienhaushalts in die privaten Bereiche des täglichen Lebens einzudringen. Mehrere Jahrzehnte lang hatten amerikanische Haushaltswaren auf der jährlichen Hauswirtschaftsmesse in Frankreich großartigen Eindruck gemacht. Die Messe, die 1923 unter dem Namen *Salon des Arts Ménagers* ins Leben gerufen worden war, zeugte von der Genialität ihres Gründers, des Chemikers und Erfinders Jules-Louis Breton, der während des Ersten Weltkrieges als Staatssekretär für Erfindungen amtierte und nach dem Krieg das Nationale Forschungs- und Erfindungsministerium gründete und leitete. Ein überzeugter Sozialist mit anarchistischen Anwandlungen, der alles, was er predigte, selbst praktizierte, ließ Breton, der Vater von fünf Kindern war, seine Wohnung mit allen modernen Annehmlichkeiten ausstatten, die der Markt hergab, getrieben von dem Wunsch, seine französischen Mitbürger zu seiner Vision zu bekehren, nämlich das Ende der »Haushaltssklaverei« herbeizuführen. Drei seiner Söhne assistierten ihm bei dem Vorhaben. Die dreiwöchige Ausstellung und Messe im *Grand Palais*, die in die ansonsten ereignisarme Zeit zwischen Ende Januar und Mitte Februar fiel, wurde von einem Trommelfeuer an Presseberichten, Werbeauftritten in Kaufhäusern sowie Konferenzen und Publikationen zum Thema Hauswirtschaft begleitet und lenkte die Aufmerksamkeit der Nation auf die Fortschritte in der Haushaltstechnik. Im letzten Jahr vor Ausbruch des Zweiten Weltkrieges zählte der Salon 608.000 Besucher. Nach seiner Wiedereröffnung 1948 erreichte er gegen Mitte der fünfziger Jahre mit 1,4 Millionen Besuchern den Höhepunkt seiner Popularität. Nachdem man ihn 1961 aus der Stadtmitte in die Retortenvorstadt La Défense verlegt hatte, entwickelte er sich zunehmend zu einem Treffpunkt für Hersteller, Handelsvertreter und Händler, und von Mitte der siebziger Jahre an wurde die Zahl der Tage, an denen er für das Publikum geöffnet war, zurückgeschraubt. In den frühen achtziger Jahren wurde deutlich, dass sich der Salon überlebt hatte: Im Bereich der Haushaltstechnik sorgte mittlerweile eine allgegenwärtige Werbung dafür, dass die Menschen mit den meisten neuen Produkten schnell vertraut wurden, und Discountmärkte eröffneten den Verbrauchern einen einfachen und preiswerten Zugriff auf jedwedes Haushaltsgerät, ganz abgesehen davon, dass der Heißhunger des Publikums auf die zur technischen Grundausstattung gehörenden Gerätschaften gestillt war. 1983 wurde der Salon in aller Stille aufgelöst, die Mitarbeiter wurden entlassen.[16]

Vom ersten Jahr an beschickten amerikanische Hersteller den Salon, präsentierten bei der Premiere ein knappes Dutzend chromglänzende und emailschimmernde Kühlschränke und Waschmaschinen. Von da an waren sie von der Messe nicht mehr wegzudenken. Schon 1924 kamen sie mit 14 Ständen, mehr als jedes andere Land aufbot, und 1925, im »Jahr der Waschmaschine«, stand der Salon vollkommen im Zeichen der amerikanischen Aussteller. Der erste Salon, bei dem es den Vereinigten Staaten gelang, sich als Pionier in allen Bereichen der Haushaltstechnik zu präsentieren, war der von 1926. Die Amerikaner bedienten sich zu dem Zweck eines »höchst ungewöhnlichen Botschafters«: eines komplett nachgebauten zweistöckigen Hauses mit zehn Zimmern, mit Holzschindeln verkleidet, im kolonialen Stil eingerichtet und »mit dem letzten Schrei an modernen Annehmlichkeiten und arbeitssparenden Gerätschaften ausgestattet«, nämlich fließendem Kalt- und Warmwasser, Gas und Elektrizität, vier Badezimmern und fünf Toiletten und »jedem Arbeit sparenden und Komfort spendenden Gerät, das in amerikanischen Wohnhäusern überall im Land im Gebrauch ist«, jedes an zweckmäßiger Stelle aufgestellt. Die Behauptung, diese Ausstattung repräsentiere den amerikanischen Normalhaushalt, war natürlich hemmungslos übertrieben. Die meisten amerikanischen Frauen erledigten zu dieser Zeit ihre häusliche Arbeit noch von Hand. Doch das aus dreißig Herstellern gebildete Konsortium, das das Haus zunächst zur Probe in Brooklyn aufbauen ließ, bewies mit der Inangriffnahme dieses Projekts einen untrüglichen Sinn für wirksame Werbung. Dazu gehörte auch, dass man den Wert des Hauses, das in 375 Kisten verpackt auf die Reise nach Frankreich geschickt wurde, großzügig auf 10.000 Dollar (2,5 Millionen Franc) taxierte. Ausgestattet mit nahezu allen Elementen, die für den Rest des 20. Jahrhunderts das »moderne« Haus definieren sollten (mit Ausnahme von Klimaanlage, Mikrowelle, Stereoanlage, *Home Entertainment* und Internetverbindung), verhieß das Musterhaus, wie Albert Broisat, der Verantwortliche für den amerikanischen Ausstellungsbereich des Salons, verkündete, eine zweite Französische Revolution, diesmal eine »Revolution im Haushalt«: »Die französische Hausfrau, die beim Waschen, Bügeln, Kochen, Nähen, Schrubben und Putzen immer noch alles mit der Hand macht (und den elektrischen Strom fast ausschließlich als Lichtquelle kennt), kann viel von den amerikanischen Frauen lernen, die für alle diese Arbeiten kleine elektrische Dienstboten einsetzen.«[17]

16 Jean Dayre, La première industrie française manque de productivité. 23 million de travailleurs, 35 milliards d'heures de travail par an, Productivité française 1 (Januar 1952), 4; Rouaud, 60 ans d'arts ménagers, 2: 67ff.
17 Ierley, The Comforts of Home, 180f.; H. H. Kelly, Assistant Trade Consul, To Give Away American Mo-

Auch in späteren Jahren sollten sich die Besucher der Messe immer wieder »erstaunt die Augen reiben« ob des immer breiteren Sortiments an praktischen Hilfsmitteln – Dosenöffnern, elektrischen Rührbesen, Kartoffelschälern, aber besonders auch imposanten, weiß emaillierten Kühlschränken, Küchenherden und Waschmaschinen. Letztere bestimmten das Tempo der Automatisierung: Schon 1926 präsentierte die Firma *Maytag* eine elektrische Waschmaschine; 1948 führte *Whirlpool* sein vollautomatisches Modell *Jeep* vor, und 1949 stahl *Bendix* allen anderen die Schau. Wenn die riesigen Waschautomaten dieses Herstellers in den Schleudergang schalteten und die bunten Wäschestücke in der Trommel in Schwindel erregende Rotation versetzten, ließen sich die Passanten fasziniert in den drei davor aufgestellten Stuhlreihen nieder und verfolgten das Schauspiel raunend und kichernd, als sei es eine Szene aus einem Charlie-Chaplin-Film. Ob solche Geräte für französische Haushalte geeignet waren, war freilich eine andere Frage. Abgesehen davon, dass sie die Wäsche brutal durchwalkten, anstatt ihr alternierende Phasen des Vollsaugens zu gönnen, kosteten *Bendix*-Automaten saftige 200.000 Franc, eine Summe, die geradezu nach Ratenzahlung rief, was damals aber noch keine gängige Zahlungsweise war. Außerdem erforderten diese Maschinen einen hohen Wasserdruck, eine leistungsfähige und robuste Stromversorgung, einen Anschluss an die Abwasserleitung und ein großzügig dimensioniertes Haus, damit sie an ihren Aufstellort gelangen konnten. Andererseits eröffneten sie der bürgerlichen Hausfrau die verlockende Aussicht, mit ein paar Drehungen am Einstellknopf und einem Druck auf die Starttaste eine Ära erheblicher Plackerei zu beenden, und für die Männer, die Zeugen der Vorführung wurden, repräsentierte die solide Maschine mit ihren logischen Prozessabläufen die Erfüllung des Traums von einem Utopia, in dem technische Automaten die Menschen von jeglicher Arbeit entlasten würden.[18]

Es wäre indes zutiefst irreführend, sich dem Eindruck hinzugeben, die europäische »Wasch-Revolution« oder die vielen anderen Umwälzungen in den Verrichtungen des hausfraulichen Alltags seien ganz oder auch nur überwiegend ein Resultat neuer Technologien oder einer geschickten Vermarktung neuer Produkte gewesen, gleich ob amerikanischer oder anderer Herkunft. Nirgendwo sind Gewohnheiten so langlebig wie im Haushalt. Veränderungen im Wäschewaschen durchlaufen, wie Veränderungen in anderen von Gepflogenheiten geprägten Bereichen des Privatlebens – Essen, Kindererziehung, Sexualverhalten, Freizeitbeschäftigungen –, ein System feiner Filter, bestehend aus nationalen, lokalen und insbesondere auch familiären Traditionen; sie akkumulieren sich in einem langsamen, ungleichmäßigen Tempo und werden von vielfältigen, subtilen Kreislaufprozessen in unvorhersehbare Richtungen gelenkt.[19] Unabhängig davon waren Errungenschaften wie Sauberkeit, Hygiene, Komfort, Privatsphäre und Kommunikation mit der Außenwelt unerlässlich für eine moderne Lebensführung, und die moderne Hausfrau als Ver-

     del Home at French Salon, 7. Januar 1926, Akte »January–March«, Paris 1926, Bd. 1, RG 151, BFDC; ders., The Third Salon of Household Labor Saving Devices, 26. Januar 1926, ebd.; Rouaud, 60 ans d'arts ménagers, 1: 268f.
18 Rouaud, 60 ans d'arts ménagers, 2: 123.
19 Body-Gendrot, Une vie privée française, 528–579.

braucherin war prädestiniert, als Schrittmacherin dieser Entwicklung zu fungieren. Die Erfindung eines europäischen Äquivalents zur Figur der *Mrs. American Consumer* unterstrich, dass ein höherer Lebensstandard immer auch neue Standards der Haushaltstechnik, des Komforts und der Effizienz nach sich zog. Hierin bestätigte sich die These, dass das beste Studienobjekt der Marktforschung die Frau war. Und schließlich ergab sich daraus die Erkenntnis, dass ein sehr intimer Zusammenhang bestand zwischen der militärischen Sicherheit, die die *Pax Americana* verhieß, und der empfundenen individuellen Sicherheit: Endlich konnten europäische Familien ihre Lebensentwürfe und Zukunftschancen befreit von den Lasten und Entbehrungen des Krieges kalkulieren, die so viele von ihnen im Verlauf des verflossenen halben Jahrhunderts erlebt hatten.

Will man die verschlungenen Pfade nachvollziehen, auf denen das amerikanische Modell des modernen Haushalts und seiner Führung Eingang in die europäische Häuslichkeit fand, so sollte man sich zumindest flüchtig mit der geschlechtlichen Dimension der globalen amerikanischen Sendung und mit der typischerweise bestehenden Arbeitsteilung zwischen Mann und Frau beschäftigen, die das Wesen dieser Mission mit prägte.

In der Tradition von Woodrow Wilsons einfühlendem Imperialismus waren es zunächst Männer, die kraft ihrer Berufstätigkeit als Diplomaten und Verkäufer die amerikanische Vision von Wohlstand und Freiheit global verbreiteten. Dass sich amerikanische Männer als Botschafter des guten Willens so überzeugend präsentierten und bewährten, resultierte aus der stabilen gesellschaftlichen Ordnung in ihrem Heimatland, die sich wiederum voll und ganz der Solidität der amerikanischen Familie und den bemerkenswerten sozialen Qualitäten der amerikanischen Frauen verdankte. Emanzipiert, gebildet und bestens darauf eingestellt, Haushalt und Familie gemäß dem Standard zu bewirtschaften, den ein anständiges Familieneinkommen ermöglichte, hatten sie die traditionellen amerikanischen Konsumnormen dahingehend verändert, dass tendenziell weniger Geld für Essen und Kleidung und dafür mehr für Haushaltsgeräte, Bildung, Gesundheit und Freizeitaktivitäten ausgegeben wurde.

Bis zu einem gewissen Grad prägte diese heilvolle Arbeitsteilung zwischen den Geschlechtern alle neuen gesellschaftlichen Errungenschaften der Kultur des Massenkonsums. Die Rotarierklubs zum Beispiel hatten sich weiblich geprägte Ideale wie das Ethos des Dienstes an der Gemeinschaft oder den freundlichen Umgang miteinander, der der persönlichen Diplomatie so förderlich war, zu eigen gemacht, um ihre globalen Netzwerke auszubauen und zu konsolidieren. Diejenigen, die die Kunst des Verkaufens, des Werbens und des Vermarktens zur Wissenschaft erhoben, erprobten ihr Handwerk zunächst dadurch, dass sie versuchten, das Verhalten der am schwersten zu durchschauenden Kunden zu erforschen, nämlich der Frauen. Das Hollywood-System spielte mit dem Charisma weiblicher Stars. Das Markenprodukte-Imperium erklärte den Kunden zum eigentlichen Star, identifizierte dann den idealtypischen Kunden als Hausfrau und empfahl sich den Frauen in aller Welt damit als starker Bündnispartner. Einen eher impliziten als expliziten »Lebensstil-Feminismus« propagierend, verhieß es insbesondere jungen Frauen Entlastung von

Haushaltsplackerei, romantische Liebe, Ausdrucksmittel wie Nylonstrümpfe, Make-up und Jeans sowie neue Methoden der Empfängnisverhütung.[20]

So sehr die amerikanische Konsumkultur einerseits als eruptive Kraft wirkte, stellte sie andererseits doch auch Mittel zur Bändigung der entfesselten Energien bereit. Schon die Propaganda, die den Marshall-Plan begleitete, unterstrich nicht nur die Maßnahmen zur Steigerung der industriellen Produktivität, die auch dem Durchschnittsamerikaner einen höheren Lebensstandard bescheren würden, sondern auch die Vorteile, die ihm erwachsen würden, wenn er die Führung der Haushaltsgeschäfte seiner Partnerin überließ, der typischen amerikanischen Hausfrau. Diese *Mrs. Consumer* war eindeutig eine Frau aus der Mittelschicht: hochgewachsen und schlank, das Haar modisch toupiert und mit einer leicht selbstironischen Einstellung zu ihrem Dasein als Hausfrau. Viele Europäer waren mit dieser Figur vertraut, sei es von ihren eigenen Reisen oder von den Europabesuchen amerikanischer Geschäftsleute und Diplomaten, die, zum Beispiel bei Rotarier-Versammlungen, unweigerlich in Begleitung ihrer Gattinnen auftauchten, als Botschafterinnen im zweiten Glied, die mit ihrer Umsicht, ihrer Unaufgeregtheit und der Behändigkeit, mit der sie sich zurechtfanden und im Nu die örtlichen Gegebenheiten im Griff hatten, um etwa einkaufen und sich um andere familiäre Belange kümmern zu können, ihre kulturell begrenzten, linkischen, nicht so geistesgegenwärtigen Männer überstrahlten. Dass sie sie überhaupt begleiteten, war freilich ein schlagender Beweis für die fortbestehende Macht der Männer. Man kannte in Europa diesen Frauentyp auch aus dem Fernsehen: verkörpert von der leicht chaotischen, aber patenten und sehr witzigen Lucille Ball in *I Love Lucy*, der ebenso affektierten wie selbstbewussten Betty Furness, Gastgeberin bei *The Westinghouse Hour*, und der penetrant leidenden Harriet Nelson aus *Ozzie and Harriet*, allesamt Galionsfiguren im amerikanischen Familienfernsehen der fünfziger Jahre, deren Serien auch in etlichen europäischen Ländern ausgestrahlt wurden.

Aus der Warte des westeuropäischen Mannes wäre die treusorgende amerikanische Zweisamkeit vielleicht keiner weiteren Erwähnung wert gewesen, hätte nicht die amerikanische Konsumkultur von dem Moment an, da sie in den zwanziger Jahren in europäisches Hoheitsgebiet eindrang, sexuelle Panik verbreitet. Anders als die Frauengestalten der orientalischen Fremde, zu denen man Distanz halten konnte, machten sich die Weibsbilder aus der Neuen Welt mit ihrer »puritanischen Seele und ihrem heidnischen Leib« in der europäischen Vorstellungswelt körperlich breit. 45 Jahre bevor in Federico Fellinis Beitrag zum Episodenfilm *Boccaccio 70* (1962) der archetypische »US«-Star Anita Ekberg sich von einem überdimensionalen Verkehrsschild so weit herunterbeugte, dass ihr Prachtbusen aus dem Kleid quoll, während sie die Italiener ermahnte, »mehr Milch zu trinken«, zeigten sich distinguierte Pariser Männer wie Philippe Soupault hingerissen von Pearl Whites »wildem Lächeln« oder ließen sich, wie der Romancier Louis-Ferdinand Céline in *Reise ans Ende der Nacht* (1932), vom Hüftschwung marschierender Krankenschwestern der *American Expeditionary* Force verführen. Ab Mitte der zwanziger

---

20 Ryan, Womanhood in America, insbes. 251–304; auch Rapp/Ross, The Twenties Backlash, 93–107.

Jahre betörte die perfekt synchronisierte Tanzformation der *Tiller-Girls* die Berliner Nachtschwärmer, veranlasste aber auch manche Beobachter zum Nachdenken über das, was der aufmerksame Gesellschaftskritiker Siegfried Kracauer das »Ornament der Masse« nannte: das kaleidoskopische Bild anmutig wirbelnder Frauen, das sich sowohl als Metapher für die Zwangsjacke der modernen Technik deuten ließ, als dass es auch die unbezähmbare Lebendigkeit der weiblichen Natur zum Ausdruck brachte.[21] Die schwarze Jazzsängerin und Tänzerin Josephine Baker, in einer Person Frau, Exotin und Amerikanerin, demonstrierte mit ihrer animalischen Energie, ihrer gespielten Unterwürfigkeit und ihrer technischen Virtuosität die Aussichtslosigkeit des Versuches, diese sexuelle Gefahr unter Quarantäne zu stellen.[22] 1946 tauchten auf abgewetzten Anschlagstafeln in ganz Westeuropa glamouröse Großplakate der US-Filmgöttin Rita Hayworth auf, die die Hauptrolle in *Gilda* spielte, einem Film über Betrug, Verrat und Korruption unter im Ausland lebenden Amerikanern. Die Handlung des Films war so zynisch – und die männermordende Figur der Gilda so frivol –, dass die katholische Kirche den Film auf den Index setzte (dabei hatte Papst Pius XI. die Richtlinien, nach denen seine Zensurbehörde urteilte, dem von der *National League of Decency* und dem *Hays Office* aufgestellten Moralkodex nachempfunden, dem Hollywood sich freiwillig unterworfen hatte).

Ob in Gestalt der priapeischen Beine aufgezogener Formationstänzerinnen, überdimensionaler Plakate frühreifer Hollywood-Stars oder als auffällig gekleidete, auf eigene Faust umherziehende Touristin, die amerikanische Frau fungierte als Symbol jener Verwerfungen, die sich überall auftaten, wo die »neuen Frauen« Heim und Herd hinter sich ließen und sich, eine tief eingewurzelte weibliche Sehnsucht nach Veränderung auslebend, zu neuen Ufern der Freiheit aufmachten.[23] Die Erotik der amerikanischen Weiblichkeit wurde den Männern immer unheimlicher, die ihre Macht jetzt nicht mehr auf den Paradeplätzen des Militarismus zurückgewinnen konnten. Für Denis de Rougement, einen der angesehensten Schweizer Schriftsteller, war die Demission der ritterlichen Liebe ein Symptom von Europas katastrophalem Niedergang. Nach sieben Jahren in den USA in die heimatliche Schweiz zurückgekehrt (der Weltkrieg hatte zu seinem Leidwesen eine frühere Rückreise verhindert), bedauerte er sehr, dass ein Kult der Romantik an die Stelle einer Kultur der leidenschaftlichen Liebe und ein vulgärer Sensationalismus an die Stelle der alten aristokratischen Sensibilität getreten war und dass Drehbuchmythen à la Hollywood die großen Werke der Troubadoure, Dichter und Dramatiker verdrängten. Höfischer Minnesang war »keltischer Körperlichkeit« gewichen. Das tragische Potenzial der Leidenschaft, exerziert von Tristan und Isolde im Angesicht des Todes, hatten die jungen Modepuppen und die halbstarken Jünglinge des 20. Jahrhunderts gegen flüchtige Gefühle eingetauscht; ihre Vorstellung von Liebe erschöpfte sich im Flirten, im Petting und dem Traum, dass ihre schwärmerischen Liebeleien Erfüllung im ehelichen Bund finden würden. Dabei war es die Ehe selbst, ein durch das Anlegen im Hafen eines gut ausgestatteten Haushalts besiegelter und

21 Kracauer, Das Ornament der Masse.
22 Frank, Politische Novelle.
23 Mathy, Extrême-Occident, 74; Thurner, American Girl.

sanktionierter Vertrag, die das Ende jeder Leidenschaft markierte. Die Europäer hatten gelernt, mit dieser Entzauberung zu leben, sie durch kleine Listen und mit Hilfe einer verfeinerten Sensibilität für Sünde und Vergebung zu kompensieren. Die Amerikaner suchten nach transparenteren Lösungen. Die am häufigsten praktizierte war die Scheidung, nach der die Beteiligten sich von Neuem aufmachten, ein perfektes Objekt für leidenschaftliche Liebe zu suchen, wieder zu heiraten und ein neues Lebenskapitel aufzuschlagen, verankert in einer materiellen Investition in Gestalt eines Hausstandes.[24]

Dass das sexuelle Quidproquo, das die amerikanische Familie zusammenhielt, einen Schlüssel zum Verständnis der Geschlechterbeziehungen in den Vereinigten Staaten bildete – und in Erweiterung dessen auch gewisse Einsichten in das Wesen amerikanischer Zweisamkeit und Marktkultur sowie eine Ahnung von den sexuellen Gefahren, die die Amerikanisierung Europas mitbrachte, vermittelte –, war in Europa schon länger ein Diskussionsthema gewesen. Alexis de Tocqueville hatte sich mit seinem gewohnten gesellschaftlichen Röntgenblick bereits in den vierziger Jahren des 19. Jahrhunderts scharfsinnig dazu geäußert. Er hatte beobachtet, dass amerikanische Mädchen – junge Amerikaner generell – von den Freiräumen profitierten, die sich aus der beständigen Annullierung traditioneller Lebensformen ergaben: Fortwährend war in den USA eine neue Jugendkultur im Entstehen. Doch genau diese Kultur des ständigen Umbruchs zwang die amerikanische Frau, wenn sie Ehefrau und Mutter wurde, ihre ganze Kraft ihrer Familie zu widmen, um deren Zukunft zu sichern. Wenn sich in Amerika ein junger Mann und eine junge Frau zur Ehe zusammentaten, handelten sie die Arbeitsteilung untereinander sowie ihre jeweiligen Rechte und Pflichten mit beinahe vertraglicher Präzision aus, wie zwei Geschäftspartner, die ein jeweils anders geartetes, aber gleichwertiges Kapital in das gemeinsame Familienunternehmen einbrachten. Im Rahmen des hieraus resultierenden Bundes unterwarf sich die Frau einerseits ungewöhnlichen Einschränkungen, genoss aber andererseits gegenüber ihrem Mann einen Status, der Tocqueville zu dem Urteil veranlasste, dass »nirgends ihre Stellung höher« sei als in den Vereinigten Staaten. Wenn er gefragt werde, worauf man den »besonderen Wohlstand und die wachsende Kraft dieses Volkes zurückführen müsse, so antworte ich: Es ist die Überlegenheit seiner Frauen.«[25]

Auch wenn es unwahrscheinlich ist, dass viele Europäer des 20. Jahrhunderts in dieser Frage oder zu anderen Themen Tocqueville zu Rate zogen, sahen eine Menge europäischer Sozialreformer – und auch zahlreiche Feministinnen – im amerikanischen Haushalt einen Verbündeten im Bemühen um eine ordentlich funktionierende Konsumgesellschaft. Auf der einen Seite galten die USA als das eigentliche Ursprungsland der um sich greifenden Frauenemanzipation, der öffentlichen Zurschaustellung von Sexualität und der platten Erotisierung des Alltags, auf der anderen Seite aber auch als Vorbild für eine neue Häuslichkeit, beruhend auf einer kleineren Familie, auf größerer Distanz zu den Verwandten, auf einer ständig auf

---

24 Rougement, L'amour et l'Occident, 32, 34, 272f., übers. und überarb. als ders., Love in the Western World.
25 Tocqueville, Über die Demokratie in Amerika, Zweiter Teil, 220f., 231, 233.

den neuesten Stand gebrachten technischen Kompetenz und auf einer hochgradigen Technisierung der Hausarbeit, gleich ob die Familie zur Miete oder im eigenen Haus wohnte. Und die technisch und organisatorisch versierte *Mrs. Consumer* war die tragende Säule dieser Häuslichkeit.

Der herzliche Willkommensgruß, den die Redner auf dem Ersten Kongress für Lebensmitteldistribution 1950 in Paris an die europäische Hausfrau als Verbraucherin richteten, klang bemerkenswert frisch im Vergleich zu den müden Anerkennungsworten für die rationelle, effiziente, patriotische Hausfrau, wie sie in der Vorkriegsrhetorik dominiert hatten. Die Frau war, darin stimmten die Versammelten überein, die Interessenvertreterin der Familie im Konsumgütermarkt, und wer gute Geschäfte machen wollte, musste auf ihre Forderungen und Erwartungen eingehen. Mary Bailey MacLane, Direktorin für ökonomische Forschung bei *Swift and Company* und eine von drei oder vier amerikanischen Frauen, die auf dem Kongress redeten, erklärte mit kategorischer Bestimmtheit, kein Lebensmittelladen, der etwas auf sich halte, richte seine Botschaften »an eine männliche Kundschaft. [...] Die Hausfrau, die Dame des Hauses, ist die Souveränin in der Demokratie der Nahrungsversorgung; sie übt ihre Souveränität entweder direkt aus oder delegiert sie an bezahlte Kräfte. [...] Der Mann hat nur eine beratende Rolle.«[26]

Dass MacLane sich eine so provokative Aussage erlaubte, reflektierte sicherlich nicht nur ihre hohe Stellung beim weltweit zweitgrößten Hersteller von Fleisch- und Wurstkonserven und ihre Überzeugung, dass Europa höchst rückständig sei, sondern auch ihren Glauben daran, dass die Hausfrau als Managerin des privaten Alltags in einer durch Massenproduktion und hohes Einkommen geprägten Gesellschaft unersetzlich sei – ein heiliges Dogma für Marketingleute, spätestens seit das erste *Model T* vom Band gelaufen war. Indirekt hatte auch Henry Ford diese Rolle anerkannt, indem er seine fünf Dollar am Tag verdienenden Arbeiter angehalten hatte, ihren Lohnscheck unverzüglich ihrer Frau auszuhändigen, die als uneingeschränkte Herrin über das Familienbudget am besten wisse, wie man an den Ausgaben für Essen, Unterkunft und Kleider möglichst viel einsparen und dafür mehr Geld für langlebige Gebrauchsgüter, Gesundheit und Freizeitvergnügungen ausgeben könne. Unzufriedene amerikanische Frauen hätten freilich zu diesem Punkt keiner Belehrung durch Henry Ford bedurft. 1913, ein Jahr vor der Einführung des Fünf-Dollar-Tages, brachte Christine Frederick ihr Buch *The New House Keeping* heraus. Sie explizierte darin das neueste Dogma aus dem fordistischen Credo, nämlich dass die Methoden zur Effizienzsteigerung, »die auf hoch organisierte Industrien wie Schuhfabriken oder Eisengießereien anwendbar sind, sich auch auf meine Klasse zutiefst unorganisierter Industrien anwenden lassen – die Hausarbeit«. Gewiss existierten schon seit mindestens einem halben Jahrhundert Bewegungen, die sich die Abschaffung der Haushaltsplackerei und die Verbesserung der hygienischen Zustände auf die Fahnen geschrieben hatten, und führende Feministinnen des 19. Jahrhunderts, vor allem Catherine Beecher und ihre Schwester Harriet Beecher Stowe, hatten sich für sie starkgemacht. Doch nun verlieh die neue Mode, in indus-

---

26 Premier Congrès, 243, 312f.

trieller Effizienz und Produktivität ein Allheilmittel für alle sozialen Gebrechen zu sehen, diesem Reformansatz neue Dynamik. In dieselbe Richtung wirkte die zunehmende Frustration emanzipierter Frauen, die zwar ununterbrochen mit Ratschlägen bombardiert wurden, wie sie ihre Rolle als pflichtbewusste Verbraucherin und Hausfrau ausfüllen sollten, sich aber just von den Berufen ausgeschlossen sahen, deren Mission die werbliche Bearbeitung der Hausfrauen war. Christine Frederick jedenfalls entdeckte, nachdem sie in das Dasein einer Vorstadthausfrau mit allen dazugehörigen öden Routineabläufen abgeschoben worden war, für sich eine neue Mission: das »Evangelium der Hauswirtschaft« zu verkünden, und alsbald erlangte sie nationale Berühmtheit und später auch internationalen Ruhm als die Stimme und das »internationale Gesicht des effizienten Haushalts«.[27]

Ein weniger bekannter, aber origineller Aspekt ihres Projekts, den sie in den zwanziger Jahren entwickelte, war die Identifizierung der Frau als Hauptakteurin jener »Politik des freihändigen Geldausgebens« und »kreativen Verschwendens«, die mehr als alles andere für den Anstieg der Löhne und Gehälter und des Lebensstandards verantwortlich war. Mit ihrem 1929 veröffentlichten Buch *Selling Mrs. Consumer* zielte Christine Frederick in erster Linie auf die Werbebranche. Anders als der traditionsverhaftete amerikanische Mann verkörperte die amerikanische Frau nach Fredericks Überzeugung eine »ungebundene« neue »ethnische Hybride ohne feste gesellschaftliche Wurzeln oder Traditionen in einem neuen und demokratischen Land«. Die amerikanische Frau sei eine »Visionärin«, deren Blick sich auf »ein größeres Ziel« richte, über das bloße »Herausquetschen des letzten bisschen an Nutzwert hinaus«. Insoweit unterscheide sie sich von den »Warenhamsterern, die, wie die Europäer, an der Tradition und am Antiquierten kleben«. Das möglicherweise verschwenderische, hemmungslose, oft unberechenbare Verhalten von *Mrs. Consumer* bedurfte keiner Entschuldigung. Schließlich lebte der Handel davon. Gescheit, aber auch offen für Anregungen, erwartete sie von der Werbung »intelligente Einladungen zum Vergleichen von Werten«. Damit nicht genug, erwartete sie auch »Verführung, Listen, Spaß«.[28]

Spätestens ab den zwanziger Jahren galt es unter amerikanischen Marketing-Experten als ausgemacht, dass die Familie die Zentraleinheit des Massenkonsums war, dass die Frauen die fleißigen Bienen des innovativen, familienorientierten Einkaufens waren und die Liebesbeziehungen innerhalb der Familie das allgegenwärtige und grundlegende Bindemittel, aus dem man als Verkäufer Kapital schlagen konnte: Man erforsche die Bedürfnisse der Familie und hänge sie an die große Glocke, sodass die Botschaft bei den Hausfrauen ankam, dann würde man selbst den geografisch am weitesten entfernten und ideologisch unzugänglichsten potenziellen Kunden erreichen. »Welche menschlichen Emotionen bleiben in diesem ganzen Getümmel bestehen?« Mit dieser Frage brachte die Werbetexterin Helen Lansdowne Resor ihre Neugier auf den Stand der Dinge in der Sowjetunion der frühen dreißiger Jahre auf eine knappe Formel – gerichtet war sie an die prominente Fotografin

---

27 Rutherford, Selling Mrs. Consumer, 57f., 96ff., 133ff.
28 Zit. n. Davis, Living Up to the Ads, 85f.

Margaret Bourke-White, die im Januar 1933 das von Fünfjahresplänen, Säuberungen und der Kollektivierung der Landwirtschaft gebeutelte Reich Stalins bereist hatte und danach eingeladen worden war, den Mitarbeitern der Werbeagentur *J. Walter Thompson* ihre Eindrücke zu schildern. »Ich meine, woran würden wir appellieren, wenn wir dort Werbung machen würden?«, präzisierte Lansdowne Resor ihre Frage. »Es gibt dort doch noch die Kleinfamilie, oder nicht?«[29]

Unter »Kleinfamilie« verstanden die Amerikaner damals eine sesshafte, in einer Wohnung oder einem Haus lebende Haushaltsgemeinschaft, bestehend aus einem weißen, heterosexuellen Paar und zwei oder drei Kindern und ernährt vom Einkommen des Mannes. Die Werbung stützte dieses Image, desgleichen die statistischen Erhebungen der Behörden und die diversen Bewegungen für mehr Effizienz im Haushalt. Ein gekonntes Familien-Management ging einher mit der Verheißung, dass der amerikanische Lebensstandard weiterhin steigen werde, nicht nur weil die Leute mehr verdienten und offenbar unbegrenzten Kredit hatten und weil das Verhältnis der Löhne zu den Preisen konstant blieb, sondern auch weil die amerikanischen Frauen sich immer besser auf die Kunst verstanden, Löhne und Gehälter in Waren und Dienstleistungen umzusetzen. Noch 1912 hatte der US-Nationalökonom Wesley Clair Mitchell die viel beachtete Diagnose gestellt, in der »Kunst des Geldausgebens« zeichneten sich die Amerikaner durch eine notorische Rückständigkeit aus: »Unwissenheit über Qualitäten, geschmackliche Unsicherheit, Mängel in der Buchhaltung, Unachtsamkeit gegenüber Preisen – Fehler, die einen Kaufmann ruinieren würden – sind in unseren Haushalten an der Tagesordnung.« Daran werde sich so lange nichts ändern, bis »gut geschulte Bürgerinnen einer Geldwirtschaft« lernten, »ihre Ausgaben genauso sorgfältig zu bilanzieren wie ihre Einkünfte«.[30]

Die Entwicklung dorthin vollzog sich mehr oder weniger in dem Maß, wie die amerikanische Öffentlichkeit eine neuartige Vorstellung zu akzeptieren lernte, nämlich die, dass der souveräne Verbraucher nicht, wie in der klassischen politischen Ökonomie vorausgesetzt, das »kaufwillige Individuum« war, sondern der »kaufwillige Haushalt«. Würde die Werbung alle Mitglieder eines Haushalts als Individuen ins Visier nehmen und würde jedes von ihnen nach seinem Gutdünken reagieren – eine Möglichkeit, die der Wirtschaftsaufschwung der zwanziger Jahre zu eröffnen schien –, so würden alle Planungen auf Anbieterseite, die darauf zielten, die Verbraucher zum Kauf eines Standardarsenals an langlebigen Gebrauchsgütern zu animieren, zunichtegemacht und in einem Meer überflüssiger Waren versinken. Um die potenzielle Irrationalität der Verbraucherwirtschaft in Schach zu halten, müsse man sich, schrieb der Autor von *Middletown, U.S.A.*, Robert Lynd, den modernen Haushalt nicht als eine Einheit vorstellen, sondern als eine Traube aufeinander bezogener Menschen. Mochten sie »im Angesicht des exotischen Wunderlandes industrieller Produktionskapazität zunächst auch einen gemeinsamen Weg gehen«, konnten sich doch im Zuge des »Abenteuers, sich ein Leben zu kaufen«, leicht ihre Wege

---

29 Creative staff meeting, 1. Februar 1933, 15, Box 5, Staff Meeting Minutes Collection, 1927–1938, JWT.
30 Mitchell, The Backward Art of Spending Money, 269.

trennen.³¹ Hinter der scheinbaren Einfachheit des einzelnen Haushalts standen drei ineinandergreifende Institutionen: zunächst einmal der Haushalt als Betrieb, der in einem ständigen Prozess der Modernisierung begriffen war, vorangetrieben durch die Einführung neuer Gerätestandards und Dienstleistungen; sodann die Familie, normativ definiert als die Summe der Bedürfnisse und Wünsche ihrer einzelnen Mitglieder; und schließlich der »Betriebsleiter«, der die individuellen Bedürfnisse zur Kenntnis nahm und die Gesamtausgaben gemäß den vom Familienbudget gesetzten Grenzen kalkulierte. Bedenkt man, welch heftiger Wettbewerb um Anteile am Familieneinkommen durch die Markteinführung ständig neuer Produkte erzeugt wurde, so benötigte der »Betriebsleiter«, wer immer es war, eine starke Hand, genaue Kenntnisse über den »Betrieb«, musste aufs Engste mit den Bedürfnissen der einzelnen Haushaltsmitglieder vertraut sein, einen wachen Sinn für neue Konsumnormen sowie die nachgewiesene Fähigkeit besitzen, seine eigenen psychischen Impulse und Anwandlungen zu kontrollieren. Kein Zweifel: Diese Führungskraft konnte nur »der weibliche Vorstand des Haushalts sein«.³²

Tatsächlich forderte die amerikanische Konsumgesellschaft des frühen 20. Jahrhunderts nicht weniger als die Ersetzung des *homo oeconomicus* durch die besser sozialisierte *femina oeconomica*. Der *homo oeconomicus* hatte sich als Individuum weit genug entwickelt, um den Grenznutzen von, sagen wir, Eiern zu berechnen, also den Preis, den er, wenn er nur einen Dollar besäße und den Wunsch hätte, ein halbes Dutzend Eier zu kaufen, dafür zu zahlen bereit wäre (unter der Voraussetzung, dass auch noch andere Waren um seine Gunst als Käufer buhlten). Die *femina oeconomica* in Gestalt der *Mrs. Consumer* verkörperte hingegen das, was die Ökonomen später die *family utility function* nannten: Bei ihren Kaufentscheidungen verhielt sie sich so, als kenne sie die Bedürfnisse ihres Mannes und ihrer Kinder genauso gut wie ihre eigenen – oder auch die ihrer Nachbarin Mrs. Jones, die ihrerseits wiederum die Bedürfnisse ihrer eigenen Angehörigen repräsentierte.

Die amerikanische *Mrs. Consumer* hatte ihre europäischen Pendants in Gestalt der französischen *ménagère*, der deutschen Hausfrau und der italienischen *massaia*. Organisationen, die von Frauen aufgebaut wurden, um die Interessen von Frauen zu vertreten, sprachen ernsthaft über die Investitionen der Hausfrau in das Wohlergehen ihrer Familie und ihres Volkes als Ganzes. In Not- und Kriegszeiten wandte sich der Staat mit der Bitte an sie, zu knausern, zu sparen und Opfer zu bringen. Die Pioniere der Marketing-Branche sprachen über sie wortreich, aber abstrakt und wiederholten dabei ständig den Gemeinplatz, achtzig Prozent aller Haushaltsausgaben würden von Frauen getätigt. Die politische Linke charakterisierte die Hausfrau als ein freies Individuum, dessen soziales Bewusstsein sich schärfen würde, sobald sie in die Arbeitswelt einträte und ihre hausfraulichen Pflichten auf das Kollektiv verteilt oder zumindest durch Technik erleichtert würden. Tatsächlich war das Projekt der Haushaltsreform ins Stocken geraten; ebenso wenig wie es in europäischen Fabriken eine genaue Entsprechung zum Fordismus geben konnte, war ein exaktes

---

31 Lynd, Family Members as Consumers, 86ff.
32 Kyrk, A Theory of Consumption, 20.

Äquivalent zum Fordismus im europäischen Haushalt vorstellbar. Eine »Rationalisierung« der Hausarbeit, wie man in Europa sagte, versprach vor diesem Hintergrund einen Lebensstil zu konservieren, der in seinen Institutionen, Annehmlichkeiten und Ambitionen die alte Kluft zwischen bürgerlichem und proletarischem Haushalt aufs Neue verstärken und das traditionelle Metier der Hausfrau mit seiner Betonung auf Sparsamkeit, hoher Arbeitsintensität und »irgendwie Zurechtkommen« perpetuieren würde.[33]

Aus der Warte europäischer Feministinnen funkelte das amerikanische Vorbild wie ein Leitstern; seine Leuchtkraft begann erst nachzulassen, als die Vorstellung, die Reform der Hausarbeit könne familiäre Lebensgewohnheiten grundlegend ändern, durch die Weltwirtschaftskrise verdunkelt wurde und als der zunehmende Nationalismus immer mehr Feministinnen davon abhielt, zu internationalen Frauenkonferenzen zu reisen. Die französische Feministin Madeleine Cazamian artikulierte in jener Phase Ansichten, die als typisch für die Zeit gelten können. Nachdem sie mehrere amerikanische Familien besucht und das Verhalten der Familienmitglieder bei den gemeinsamen Mahlzeiten beobachtet hatte, gelangte sie zu dem Schluss, die Amerikaner hätten die »natürliche Rollenverteilung« abgeschafft; alle leisteten ihren Beitrag, als habe die Familie einen Vertrag über die Aufteilung der Hausarbeit geschlossen und jedem Familienmitglied die ihm am besten entsprechenden Aufgaben übertragen – der Mutter die Aufgabe, das Essen zuzubereiten und zu servieren, den Kindern die Handreichungen während des Essens, dem Vater und den Kindern das Spülen des Geschirrs. Haushaltsgeräte versprachen, die althergebrachte tägliche Schinderei der Hausfrauenarbeit in eine effizientere Haushaltsführung zu verwandeln und die »betrieblichen« Abläufe im Haushalt zu organisieren und zu koordinieren, unabhängig davon, ob die Arbeit von der bürgerlichen, nicht berufstätigen Dame des Hauses, von bezahltem Personal oder von der berufstätigen und daher doppelt belasteten Arbeiterfrau erledigt wurde. Nach einer Umstellung gemäß amerikanischen Vorbildern wäre die rückständige private Sphäre der Häuslichkeit, in der die Frauen den Ton angaben, nicht mehr von der modernen, öffentlichen Sphäre abgetrennt, in der die Männer herrschten. Während dies in Europa noch Zukunftsvision war, hatten sich in einem Teil der Welt, in den Vereinigten Staaten von Amerika, die Frauen von den »eingefleischten Fesseln weiblicher Selbstverleugnung« befreit.[34]

So hoffnungsfroh die Europäerinnen sein mochten, die Distanz zwischen den Innovationsaussichten im amerikanischen und im europäischen Haushalt schien ebenso groß zu sein wie die Diskrepanz zwischen den Lebenswegen von Christine Frederick, dem leuchtenden Stern der amerikanischen Bewegung zur Effizienzsteigerung im Haushalt, und Paulette Bernège, der seriösen Doyenne der entsprechenden Bewegung auf dem europäischen Festland. Frederick, 1883 in Boston als Christine MacGaffey geboren, wuchs als exzentrisches Scheidungskind auf, war eine brillante Schülerin und Absolventin der *Northwestern University*, wo ihre

---

33 Frost, Machine Liberation, 109–130; Nolan, »Housework Made Easy«, 549–578.
34 Cazamian, L'autre Amérique, 216ff.

kommunikative Begabung bereits erkannt wurde, und perfektionierte ihr Streben nach dem Leben der bürgerlichen Mittelklasse. Für ihre Ehe mit J. George Frederick, dem damals eine große Karriere in der Agentur *J. Walter Thompson* prophezeit wurde, gab sie eigene Karrierepläne auf. Sie gebar vier Kinder, bevor sie eine Reihe bemerkenswerter Selbstverwandlungen durchmachte, die sie schließlich in die Lage versetzten, die frohe Botschaft von der Rationalisierung der Hausarbeit mit einem von Hollywood entliehenen Optimismus über die Freiheit der Frauen, frei zu leben und frei zu lieben, zu versöhnen. Sie gründete die *National Housewives League* und die *League of Advertising Women*. Auf den Zug des sich beschleunigenden amerikanischen Kommerzialismus der zwanziger Jahre aufspringend, wurde sie zur Autorin höchst erfolgreicher Handbücher über Hauswirtschaft, zur gefragten Gastautorin führender Frauenzeitschriften, zur gut bezahlten Beraterin der Werbebranche und zu einer respektierten Fürsprecherin der Verbraucher, die von Untersuchungsausschüssen des Kongresses als Expertin befragt wurde.[35]

Die ein Jahrzehnt jüngere Paulette Bernège entstammte einer großbürgerlichen Familie aus Lyon und war aus demselben Holz geschnitzt wie Edouard Herriot; sie war gescheit, gebildet und unverheiratet und ließ sich vom Scheitern der französischen Bewegung für das Frauenwahlrecht in keiner Weise entmutigen. Wie Christine Frederick war sie eine begnadete Schöpferin von Institutionen. Sie beriet den Salon-Gründer Jules-Louis Breton, rief den etwas schleppend laufenden Bund für Haushaltseffizienz ins Leben und fungierte als (manchmal irritierendes) Bindeglied für ein ganzes Netzwerk aus politischen Reformern, Lehrern, Ingenieuren, Architekten und Ärzten, deren gemeinsamer Nenner die Sorge über die Rückständigkeit des französischen Haushalts war. Sie war schließlich auch eine produktive Publizistin – als Gründerin und Chefredakteurin der Zeitschrift *Mon chez moi* (»Mein Zuhause«), deren Mission es war, den »praktischen und rationalen Geist« zu propagieren, der den amerikanischen Haushaltsinnovationen entsprang, und die es auf eine beachtliche Auflage brachte, nachdem der Verlag *Hachette* sich bereit erklärt hatte, sie in seinen Vertrieb aufzunehmen, sodass Leute sie am Kiosk oder in Bahnhöfen kaufen konnten. Ihr Buch *De la méthode ménagère* (1926), in dem sie Christine Fredericks passionierte Plädoyers für hausfrauliche Effizienz mit einer Elfenstaubschicht Cartesianischem Rationalismus überzog, erlebte vierzig Auflagen, die letzte 1969. Legte sie einerseits großen Wert darauf, sich als Theoretikerin in eine Reihe mit Denkern wie Xenophon, Descartes und F. W. Taylor (dem Begründer des Taylorismus) zu stellen, so gebärdete sie sich andererseits gerne als autoritäre Dirigentin, die ihre Lieblingsvokabeln wie »Ordnung, Sorgfalt und vorausschauendes Planen« in demselben leicht drohenden Tonfall artikulierte wie die Hauswirtschaftslehrerin an der Realschule, die ihren Schülerinnen mit hoch erhobenem Zeigefinger die Regel einschärfte: »Einen Platz für alles, und alles an seinen Platz.« Was war für eine Hausfrau, die mit der Aussicht konfrontiert war, 1.095 Mal im Jahr Geschirr zu spülen, die *best practice*? Die Freiheit der Frau erschöpfte sich für Bernège nicht in ihrer Wahlfreiheit als Verbraucherin und hatte auch nicht viel mit dem Einsatz

---

35 Rutherford, Selling Mrs. Consumer, 96–135.

arbeitssparender Geräte zu tun; sie resultierte vielmehr aus der Selbsterziehung zu effizienten Arbeitsabläufen, zu Konzentration, rationeller Zeiteinteilung und Muskelkraft. Selbst eine noch so gut organisierte Hausfrau sollte in ihrer Planung von einem 13-stündigen Arbeitstag ausgehen, von sieben Uhr morgens bis acht Uhr abends im Dauereinsatz. Erst danach konnte sie wertvolle Zeit mit ihrer Familie, mit dem Haushaltsbuch, mit Lesen und Nachdenken verbringen.[36]

In den späten zwanziger Jahren, als die Bewegung zur Effizienzsteigerung der Hausarbeit ihren Zenit erreichte, lernten die beiden Frauen einander kennen und wurden zu wechselseitigen Bewunderinnen und vielleicht sogar zu Freundinnen. Bernège bereiste die Vereinigten Staaten, und Frederick, die einigermaßen Französisch konnte, besuchte England und das europäische Festland, hielt Begrüßungsansprachen auf internationalen Konferenzen und Vorträge vor diversen Hausfrauengruppen. Ihre Ausführungen hatten einen deutlich patriotischen Einschlag: Die Amerikaner hatten das Dienstbotenproblem dadurch gelöst, dass sie durch den Einsatz arbeitssparender Geräte die Hausarbeit erleichtert hatten, und keine amerikanische Frau, die etwas auf sich hielt, würde in einen Altbau einziehen, ohne diesen vorher auf den neuesten technischen Stand bringen zu lassen. Dass Europa in dieser Beziehung noch einen Rückstand hatte, war für sie ein Grund mehr, sich bewundernd über die großen Fortschritte zu äußern, die die europäischen Frauen zu machen im Begriff waren, insbesondere unter dem Einfluss ihrer »herausragenden, aufopferungsvollen« Freundin Paulette Bernège mit ihrer »kleinen, aber tapferen« Bewegung.[37] Nach Ende des Zweiten Weltkrieges wurde Bernège (die sich während dessen Dauer als reaktionäre »Zurück-zur-Scholle«-Nationalistin und Predigerin für mehr Bevölkerungswachstum gebärdet hatte) von ihren Landsleuten noch immer als die höchste weibliche Instanz in Verbraucherfragen geachtet. Als Ehrengast beim Internationalen Kongress für Lebensmitteldistribution 1950 hielt sie ein leidenschaftliches Plädoyer für den Supermarkt und sein Potenzial zur Zeitersparnis. Sie verband dies freilich mit der Mahnung, keine französische Hausfrau solle sich mit bequemen Fertigprodukten wie verpacktem Schnittkäse und Weißbrot zufriedengeben. Sie solle vielmehr Druck auf Industrie und Handel ausüben, aus den 6.000 Gerichten der französischen Regionalküchen mindestens 200 auszuwählen, die Zutaten dafür zu standardisieren und sie in geeigneter Abpackung massenhaft in den Verkauf zu bringen.[38] Im selben Jahr entschied sich Christine Frederick, inzwischen 67 Jahre alt, nach allen Höhen und Tiefen, die sie im Verlauf der ersten Jahrhunderthälfte erlebt und durchgemacht hatte, im kalifornischen Laguna Beach noch einmal ein neues Lebenskapitel aufzuschlagen. Mit ihrem Mann schon seit langem entzweit und ohne jeden Anspruch auf Sozialleistungen (da sie ihr ganzes Leben lang als Freiberuflerin gearbeitet hatte), widmete sie die nächsten zwanzig

---

36 Duchen, Occupation Housewife, 4f.; Werner, Du ménage à l'art ménager, 64, 71; Martin, Ménagère, 95–99; dies., La rationalisation du travail ménager, 157–163. Pauline Bernège zit. n. Premier Congrès, 243. Rouaud, 60 ans d'arts ménagers, 1: 55, 123, 132–143, 183, 192; 2: 12, 62, 139.
37 Rutherford, Selling Mrs. Consumer, 133f., 168, 172–178.
38 Premier Congrès, 243.

Jahre ihres langen Lebens einer neuen Berufslaufbahn als Inneneinrichterin sowie einem sie stark in Anspruch nehmenden Hobby, dem Studium des Okkulten.[39]

Wie die Küche ins Rampenlicht rückte

Wie andere gesellschaftliche Innovationen, die den Übergang von der alten bürgerlichen Konsumkultur zur neuen Kultur des Massenkonsums markierten, musste auch die Entdeckung des »neuen Haushalts« die Wirren und Engpässe der Nachkriegs- und Wiederaufbauzeit durchlaufen. Die Pläne für den Wiederaufbau Europas offenbarten eine ungeheure, wenn auch wohlvertraute Ungleichheit: Die Wohnungen, die der großen Mehrzahl der Europäer jahrzehntelang als Behausung gedient hatten, waren verwahrlost und rückständig, die den Hausfrauen zu Gebote stehenden Hilfsmittel Relikte aus vorindustrieller Zeit. Jetzt aber waren, wenn vom Lebensstandard die Rede war, plötzlich nicht mehr nur Löhne und Lohnerhöhungen gemeint, die den Menschen den Lebensunterhalt sichern sollten, sondern neue Standards des Wohnkomforts, die sich an den modernsten verfügbaren Einrichtungs- und Gebrauchsgegenständen orientierten. Das von Jean Stoetzel, dem französischen George Gallup, gegründete Meinungsforschungsinstitut IFOP stieß 1948 einen Weckruf aus, indem es die Mängel des zeitgenössischen französischen Wohnstandards wissenschaftlich dokumentierte. Es traf die französische Elite wie ein Blitz aus heiterem Himmel, als IFOP konstatierte, dass 96,2 Prozent der 39 Millionen Franzosen in Behausungen lebten, denen es an jeglichen »elementaren modernen Annehmlichkeiten« fehlte, nämlich an Innentoiletten, fließendem Wasser, Heizung, Strom- oder Gasanschluss. Zum Vergleich wies IFOP darauf hin, dass nur 23 Prozent aller US-Haushalte einen solchen Substandard aufwiesen. In Paris verfügten immerhin 18 Prozent aller Haushalte zusätzlich zu einem separaten WC (was in Frankreich eher ungewöhnlich war) über ein Badezimmer, in dem sich die Bewohner waschen konnten, während dies in amerikanischen Großstädten für neunzig Prozent der Haushalte zutraf. Dass Amerika jetzt die Maßstäbe für ganz Europa setzte, galt als ausgemacht; dass Frankreich so himmelweit hinter dem US-Standard zurückblieb, empfanden viele Franzosen als »einer großen Nation, die so maßgeblich zum wissenschaftlichen und technischen Fortschritt der Neuzeit beigetragen hat, absolut unwürdig«.[40]

Andere beriefen sich auf die Emanzipation der Frau als triftigen Grund für eine Modernisierung der Wohnverhältnisse. Das vielleicht tiefgreifendste Argument für eine nationale Anstrengung, die Rückständigkeit der französischen Privathaushalte zu beseitigen, brachte Bertrand de Jouvenal vor, ein sensibler Konservativer. Das Problem sei nicht nur, so meinte er, dass die starke Belastung durch die Hausarbeit die Frauen in der Wahrnehmung ihrer Bürgerrechte einschränke, Rechte, die durch die Verfassung von 1946, die das Frauenwahlrecht einschloss, endlich formell

---

39 Rutherford, Selling Mrs. Consumer, 172–179.
40 Fourastié/Fourastié, Les arts ménagers, 111.

anerkannt worden waren. Wie anderswo in Europa betrachtete man auch in Frankreich körperliche Arbeit weiterhin als etwas tendenziell Erniedrigendes und ihre Mechanisierung als den Schlüssel zur Zivilisierung. Daraus folgte, dass die Frauen, solange sie »an körperliche Arbeiten gefesselt« waren, nicht als gleichberechtigte Partnerinnen des Mannes anerkannt werden konnten. Auch der Arbeiter, der gerade durch Maschinen von erniedrigender, schmutziger und kraftraubender Arbeit befreit wurde, würde »seine Frau so lange nicht als eine Gleiche behandeln, wie sie in der Kategorie einer ungelernten Arbeiterin verharrt«. Von echter gesellschaftlicher Gleichberechtigung könne, so Bertrand de Jouvenal weiter, so lange nicht die Rede sein, wie »den Frauen mancher Männer Dienstboten zur Verfügung stehen, während die Frauen anderer Männer selbst nichts als Dienstboten sind«. Sein Fazit lautete: »Die größte Annäherung, die unter gesellschaftlichen Bedingungen möglich ist, wird sich durch die Angleichung der [häuslichen] Tätigkeiten der Frau erreichen lassen.«[41]

Plötzlich entdeckte auch die Landbevölkerung die neue Welt der häuslichen Annehmlichkeiten, die bis dahin eine Domäne der Großstadtbewohner gewesen war. Für die 65 Delegierten des französischen Landwirtschaftsverbandes, denen die *European Cooperation Agency* Anfang 1952 eine Rundreise durch die Vereinigten Staaten ermöglichte, war der Besuch bei einer Farmerfamilie im Mittleren Westen eine »regelrechte Offenbarung«. Zuhause hatten diese Landwirte dasselbe Problem wie ihre Kollegen in vielen ländlichen Gegenden Europas, nämlich dass sie als junge Männer keine heiratswilligen Frauen mehr fanden, es sei denn, sie importierten sie aus noch ärmeren Regionen, etwa aus piemontesischen oder süditalienischen Dörfern oder aus ländlichen Provinzen Spaniens und Portugals. In dem Maße, wie sich in städtischen Ballungsgebieten neue Arbeitsplätze auftaten, zogen immer mehr junge Frauen vom Land die Konsequenz aus ihrem heftigen Widerwillen gegen die Knechtschaft und Schmutzigkeit bäuerlicher Lebensverhältnisse und verabschiedeten sich *en masse* in Richtung Großstadt. Ein Mädchen vom Land musste keine Feministin sein, »um sich Spiegel, fließendes Wasser und eine Innentoilette zu wünschen«.[42]

Als die Hauswirtschaftsmesse 1947 zum ersten Mal seit 1939 wieder stattfand und sich 800.000 Menschen in den Ausstellungshallen drängten, wurde klar, dass die Antwort auf die Probleme nicht mehr in der glanzvollen Präsentation großer und kleiner Gerätschaften und Werkzeuge bestehen konnte. Die Befragung zur demografischen Zusammensetzung der Messebesucher, die die Veranstalter des Salons erstmals durchführten, ergab, dass nicht *tout Paris* zugegen war: neunzig Prozent der Besucher gehörten der Mittelschicht an. Es stellte sich die Frage: Was würde es eine durchschnittliche Arbeiterfamilie kosten, ihren Haushalt mit den grundlegenden Gerätschaften zu modernisieren, immer vorausgesetzt sie verfügte bereits über eine ausreichend große Wohnung, fließendes Wasser und eine

---

41 Jouvenal, Arcadie, 37f. Allgemeiner siehe Duchen, Women's Rights and Women's Lives in France.
42 Cherchez la femme, Productivité française, März 1952, 2; Jean Dayre, La première industrie française manque de productivité, ebd., 2–9; Jacqueline Bernard, La période de l'organisation commence, ebd., 10, 13ff.

für den Anschluss von Großgeräten geeignete Stromversorgung? Wenn man nur den Grundbedarf berücksichtigte – einen Wasserkocher, einen Küchenherd, einen Schnellkochtopf, eine Waschmaschine, einen Kühlschrank, einen Staubsauger, ein Bügeleisen mit Thermostatregelung sowie für Familien mit mehreren Kindern eine Nähmaschine, dazu diverse Küchenkleingeräte wie einen Mixer, eine Kaffeemühle und einen Majonäsequirl –, läpperten sich die Anschaffungskosten bereits auf eine halbe Million alte Franc zusammen. Ging man davon aus, dass der garantierte Mindestlohn eines französischen Arbeiters bei 18.500 alten Franc pro Monat lag und die meisten Arbeiter weniger als 50.000 Franc heimbrachten (einschließlich des staatlichen Kindergelds), so wurde deutlich, dass die Arbeiterschaft von den Annehmlichkeiten des neuen Haushalts allein schon aus Kostengründen weitgehend ausgeschlossen war.[43]

Und doch entwickelte sich der vom Salon definierte Standard im Verlauf der folgenden eineinhalb Jahrzehnte zum nationalen Standard; bis Mitte der siebziger Jahre dehnte er sich auf ganz Westeuropa aus, und zehn Jahre später war er auch im östlichen Europa auf dem Vormarsch. Die Ursachen dafür sind vielfältig, komplex und ineinander verschlungen. Die fundamentalste Ursache war vielleicht die, dass die enorme aufgestaute Nachfrage nach Wohnraum durch eine massive Bautätigkeit in den fünfziger und sechziger Jahren befriedigt wurde und bei der Erstellung von Neubauten die Möglichkeit bestand, zeitgemäße Technik vorzusehen. Es spielten aber auch andere Trends eine Rolle. Die Kaufkraft der Arbeiterschaft nahm in dem Maße zu, wie Löhne und Gehälter stiegen, die Inflation eingedämmt wurde und die Preise für Haushaltsgeräte sanken. Eine wachsende Zahl von Hausfrauen verdiente durch Arbeit in Fabriken oder im Dienstleistungssektor Geld hinzu. Die Anschaffung langlebiger Gebrauchsgüter auf Kredit wurde möglich und gesellschaftlich akzeptabel. Eine neue, kaum zu bezähmende Überzeugung breitete sich über ganz Europa aus, der zufolge diejenigen, die nicht über die Annehmlichkeiten verfügten, die nach allgemeiner Auffassung zum lebensnotwendigen Minimum gehörten, einen gesellschaftlichen Außenseiterstatus zugewiesen bekamen.

Der große Nachkriegsboom im Wohnungsbau setzte um die Mitte der fünfziger Jahre ein, doch eine bedeutsame Rolle spielte auch die Renovierung vorhandener Altbausubstanz, die in großem Stil ab Ende der sechziger Jahre erfolgte. Europa hatte, was die Unterbringung seiner Bevölkerung betraf, in den vorausgegangenen hundert Jahren eine eher trostlose Bilanz abgeliefert; die chronischen Defizite, die aus dem rapiden Bevölkerungszuwachs der großen Metropolen resultierten, waren durch Krieg, Wirtschaftskrisen, einen spekulativen Wohnungsmarkt sowie auch durch schlichten Verfall verschärft worden.[44] Noch bis in die siebziger Jahre hinein konnte die Suche nach gutem Wohnraum zu bezahlbaren Preisen von langen Wartezeiten, frustrierten Hoffnungen und vergeblichen Anläufen geprägt sein. Das, was die Stadtplaner zu diesem Zeitpunkt als utopische Patentlösung aus dem Hut zauberten, die rationell hochgezogenen Wohnsilos in den Vorstädten, auf die Hun-

---

43 Rouaud, 60 ans d'arts ménagers, 2: 17ff.
44 Dewhurst, Europe's Needs and Resources, 214ff.

derttausende Bewohner großstädtischer Elendsviertel und Barackensiedlungen so große Hoffnungen setzten, sollte jedoch nach nur drei Jahrzehnten teilweise selbst vom Verfall bedroht sein. Immerhin entsprachen die neuen Wohnbauten mehr oder weniger den zeitgenössischen Normen, was ihre Ausstattung betraf, verfügten also beispielsweise über separate Badezimmer, Zentralheizung und Küchen mit fließendem Kalt- und Warmwasser, über Strom- und später oft auch Gasanschluss.

Eine Neubauwohnung zu bekommen, war noch in den siebziger Jahren so etwas wie ein wahr gewordener Traum und tauchte daher auch nicht selten als Motiv in europäischen Romanen und Filmen der Nachkriegsjahrzehnte auf. Für Jo, die 15-jährige Ich-Erzählerin aus Christine Rocheforts Roman von 1961, *Kinder unserer Zeit*, ältestes einer Schar von Kindern, die mit ihren Eltern zusammen in einer heruntergekommenen Dreizimmerwohnung am südöstlichen Stadtrand von Paris leben, ist ein Umzug nach Sarcelles der Inbegriff aller Glücksträume. Sarcelles war die Stammmutter der in Frankreich so genannten *Grands Ensembles*, Retortensiedlungen auf der grünen Wiese. Aus Ackerflächen nahe dem Zusammenfluss der Oise mit der Seine emporwachsend, war Sarcelles mit seinen 170 Hektar Fläche von 1955 bis 1965 die größte Baustelle in ganz Frankreich. Als seine vielstöckigen Wohnblöcke aus Beton und Glas, zwischen denen sich breite Grünflächen und eine Reihe sozialer Einrichtungen fanden, schließlich fertiggestellt waren, beherbergte die Siedlung rund 50.000 Bewohner. Für die Stadtplaner, Soziologen, Sozialarbeiter und Verkäufer, die sich diesen Bewohnern an die Fersen hefteten, kaum dass sie eingezogen waren, waren sie die Prototypen des neuen, die Kultur des Massenkonsums verkörpernden Bürgers. Erhebungen zu den ersten 20.000 bis 30.000 Bewohnern von Sarcelles ergaben, dass sie mit der Grundausstattung – Kühlschrank, Waschmaschine, Auto, Fernsehgerät – gut eingedeckt waren, oft aber auch an Depressionen litten. Die Symptome, gegen die die komfortable Ausstattung ihrer neuen Wohnungen offenbar wenig half, waren keiner präzisen Diagnose zugänglich, auch wenn der gesunde Menschenverstand die Annahme nahelegte, dass der Stress etwas damit zu tun hatte, den es diesen anständigen, einfachen Leuten bereitete, sich auf so radikal neue Lebensumstände einzustellen. Im Volksmund hieß das Syndrom bald »Sarcellitis«.

Dass die Preise für Haushaltsgeräte sanken, lag hauptsächlich an neuen Anbietern, die in Konkurrenz zu den etablierten Herstellern traten – im höheren Preissegment amerikanische, ansonsten hauptsächlich deutsche Hersteller sowie die italienischen Firmen *Zanussi*, *Indesit* und *Candy*. Die Italiener hatten Kostenvorteile, die sich aus ihren sehr billigen Arbeitskräften und ihren am Vorbild *Ford* orientierten Fertigungsmethoden ergaben, und sie nutzten diese Vorteile, um, kaum dass die Zollschranken zwischen den Mitgliedsländern des Gemeinsamen Marktes gefallen waren, den hochpreisig produzierenden französischen Herstellern mit ihren trägen Vertriebssystemen das Nachsehen zu geben. Bevor der französische Staat die zahllosen französischen Kleinbetriebe unter Druck setzte, zu fusionieren, sich neue Fertigungsmaschinen zuzulegen und ihre Preise zu senken, wurde den nervös gewordenen einheimischen Herstellern eine letzte Atempause gewährt, eine für sechs Monate geltende Zollregelung, die ihnen die ausländische Konkurrenz vom

Abb. 36: Madame wird bedient: Bei der Pariser Hauswirtschaftsmesse 1955 präsentieren sich der Hausfrau ihre künftigen »elektrischen Dienstboten«.

Abb. 37: Madame wird bedient: Marcelle Verhaegue bekommt 1954 ihren ersten Elektroherd. Der Stromversorger *Electricité de France* hatte den Ehrgeiz, ein Dorf wie Bourg Achard mit seinen 1.200 Einwohnern auf einen Standard zu heben, der »fast dem durchschnittlichen Komfortniveau der Vereinigten Staaten« entsprechen würde.

Hals halten sollte. Danach beschleunigten sich Konzentration und Strukturwandel in der Branche: Der Ausstoß an Waschmaschinen schnellte von 217.000 in 1949 auf 839.000 in 1964 hoch, und zehn Jahre später waren es bereits zwei Millionen; im gleichen Zeitraum halbierten sich die Preise. Der Anteil der französischen Haushalte, in denen eine Waschmaschine stand, stieg von acht Prozent 1954 (dem ersten Jahr, in dem dies statistisch erfasst wurde) auf 27 Prozent 1961, 57 Prozent 1971 und achtzig Prozent 1980.[45]

Waschmaschinen galten als eines aus der Kategorie der »unelastischen« Konsumgüter, womit gemeint war, dass auch einkommensschwächere Familien sie mit

---

45 Jean Festeau, La distribution des machines à laver, 9. Februar 1962, CD 4–068, CCP; Delaunay, Histoire de la machine à laver, 224; Zahlenangaben siehe ebd., 244–248, 252.

hoher Wahrscheinlichkeit kaufen würden, weil sie meinten, eine haben zu müssen. Die Möglichkeit, Haushaltsgeräte auf Raten zu kaufen, war hilfreich. Kredite, einst sowohl unerschwinglich als auch gesellschaftlich inakzeptabel, wurden ab Mitte der fünfziger Jahre zum Normalfall. Hersteller und Handel wollten das so. In den USA, wo die Kreditrevolution in den ersten beiden Dekaden des 20. Jahrhunderts begonnen hatte, hatte sich gezeigt, dass Ratenkäufe ein gutes Mittel waren, kostspielige jahreszeitliche Absatzschwankungen zu entzerren und damit den Warenfluss von den Herstellern zum Handel zu verstetigen. In Frankreich sorgten neue Unternehmen dafür, dass mehr Kapital für Kredite zur Verfügung stand, insbesondere ein Unternehmen namens *Cetelam*, dessen Vorstände 1953 auf Einladung der *Federation of Electrical Industries* die Vereinigten Staaten besuchten und das danach die Kreditkonditionen günstiger gestaltete, die es Elektrohändlern und deren Kunden gewährte. Die französischen Verbraucher mussten, anders als die amerikanischen, zur Kreditaufnahme zunächst gedrängt werden, da sie dies für etwas Ungehöriges oder gesellschaftlich Verpöntes hielten. Das Problem entschärfte sich, als immer mehr Bevölkerungsschichten in den Genuss regelmäßig gezahlter Gehälter kamen und daher einigermaßen sicher sein konnten, ihre Raten abstottern zu können. Französische Frauenzeitschriften sprachen sich dafür aus, den Ratenkauf nicht mehr als *déclassé* oder als letzten Notnagel für die Armen anzusehen. Es sei ganz und gar nicht dasselbe, wie zum Pfandleiher zu gehen oder »Tantchen« und »Onkelchen« anzupumpen. In Amerika gelte der Ratenkauf als Teil einer rationalen, besonnenen, klugen und konservativen familiären Entscheidungsfindung; wer dort einen Kredit aufnehme, müsse keineswegs eine Minderung seines Ansehens befürchten, sondern fördere es eher.[46] In Kreisen der Verbraucherberatung äußerte man sich zu diesem Punkt natürlich vorsichtiger. Die *Union Féminine Civique et Sociale* erteilte den Ratschlag: »Lerne, dir Gedanken darüber zu machen. [...] Rechne nach und informiere dich.« Schlecht sei es, einen Kredit für den Kauf von Dingen des täglichen Bedarfs oder gar von etwas Überflüssigem zu benutzen. Aber für eine Frau in einer Kleinstadt, die neun Kinder hatte und deren Mann nur 350 Franc im Monat verdiente (oder 1.200 Franc, wenn man die staatlichen Familienbeihilfen mitberücksichtigte), wäre es vollkommen in Ordnung, eine Waschmaschine auf Raten zu kaufen. Sie könnte sich zum Beispiel um ein Darlehen des Familienfonds bewerben und für die Rückzahlung 18 Monatsraten zu 66 Franc vereinbaren – das wären zwanzig Prozent vom Monatseinkommen des Ehemannes, eine erhebliche Härte also, aber in einem solchen Fall absolut gerechtfertigt. So kam es, dass sowohl Lohn- als auch Gehaltsempfänger, konfrontiert mit steigenden Ansprüchen, aber auch in guter Hoffnung auf steigende Einkünfte, diese teure und riskante Art der Finanzierung in ihre Kalkulationen aufnahmen. In den frühen sechziger Jahren wurde jede dritte Waschmaschine, die sich ein Arbeiter- oder Angestelltenhaushalt anschaffte, auf Raten gekauft, ein höherer Prozentsatz als bei anderen Konsumgütern; nur bei Fernseh-

---

46 Marianne Monestier, Le credit vous permet: de réaliser des économies de temps et d'argent; de profiter immédiatement des progrès techniques, Marie-Claire, Oktober 1954, 116, 143. Zu Cetelem siehe Clément/Roy, De la 4 CV à la Vidéo, 85–98. Zur Entwicklung des Verbraucherkredits im frühen 20. Jahrhundert in den USA siehe Olney, Buy Now, Pay Later.

geräten war der Anteil der Ratenkäufe noch höher. Wie der Wucher überall dort zuhause war, wo Elend und Armut herrschten, ging der Ratenkredit Hand in Hand mit den wachsenden Finanzpolstern der Verbraucher.[47]

Aus ihren amerikanischen Vorbildern Kraft saugend, erlebten Frauenzeitschriften – bei Verbraucherinnen die beliebteste Informationsquelle zu allem, was mit der Konsumwelt zu tun hatte – einen starken Aufschwung. Manche dieser Zeitschriften existierten zwar schon seit den dreißiger Jahren, doch in den späten vierziger und frühen fünfziger Jahren vervielfachten sich ihre Zahl und Auflage. In den sechziger Jahren hatten es mindestens 200 Zeitschriften auf praktisch jedes Segment des zunehmend fein differenzierten weiblichen Lesepublikums abgesehen. Was den Haushalt im engeren Sinn betraf, ließ die Botschaft dieser Zeitschriften an Deutlichkeit nichts zu wünschen übrig: Die »ideale Küche« sei »eine regelrechte Fabrik innerhalb des Hauses«, in der »die Hausfrau ihren Beruf ausübt. […] Ihre Arbeit kann schwer oder leicht sein, mühselig oder angenehm, das hängt ganz davon ab, wie ihre Küche organisiert ist.«[48] Praktischer Rat war so gefragt, dass 1958 zwei neue Zeitschriften herauskamen, die speziell dieser Aufgabe geweiht waren: *Femme pratique* (»Praktische Frau«), propagiert als die erste »technische Zeitschrift für die Frau des Hauses«, erreichte schnell eine Reichweite von 250.000 Leserinnen; *Madame Express*, die »Revue für Haushaltsbetriebe«, brachte es gar auf 450.000.[49] Dass die beiden so schnell eine empfängliche Leserschaft fanden, zeugte davon, wie sehr Haushaltsgeräte zum wichtigsten Gradmesser für Komfort, Status und schönes Wohnen geworden waren, aber auch wie unsicher die Massenkonsumentinnen der ersten Generation sich bezüglich der Qualifikationen noch waren, die sie brauchten, um in der neuen Haushaltswelt funktionieren zu können.

Ab Mitte der sechziger Jahre konnte man davon ausgehen, dass Arbeiterfamilien in ihren Wohnungen dieselbe Grundausrüstung stehen hatten wie die Mittelschicht. Die Kaufkraft der Arbeiterschaft verdoppelte sich zwischen 1948 und 1970, wobei die Jahre 1968/69 einen besonders großen Sprung nach vorn brachten.[50] Die Anschaffung von Haushaltsgeräten verlief sukzessive und systematisch, nur sehr viel langsamer als in bürgerlichen Kreisen – und bei großen Familien trug sicherlich der Staat durch Familienbeihilfen das seine dazu bei. Für die Eltern des Mädchens Jo aus Christine Rocheforts fiktiver Arbeiterfamilie war der Aufruf von General de Gaulle im Jahr 1945, die Franzosen sollten die Nation mit »12 Millionen hübschen Babys« wieder aufpäppeln, sicher nicht ausschlaggebend dafür, dass sie ein Kind nach dem anderen in die Welt setzten. Eher schon spielte eine Rolle, dass der Staat für jedes weitere Kind ein zusätzliches Kindergeld zahlte. Und jede Erhöhung der Zuwendungen nutzte die Familie, um ihr Arsenal an Haushaltsgeräten aufzufüllen. Jos Vater vergaß nie den ersten Beweis ihres widerspenstigen Charakters, den Jo dadurch geliefert hatte, dass sie als Spätgeburt auf die Welt gekommen war und damit

---

47 Bowden/Offer, Household Appliances and the Use of Time, 742f.; Union Féminine Civique et Sociale, Fiches documentaires d'Action sociale et civique, 14.
48 Marie-Claire, Oktober 1957, 128.
49 Ross, Fast Cars, Clean Bodies, 78–83.
50 Perrot, Salaires, 48.

ihre Eltern die Kinderprämie gekostet hatte, die sie bekommen hätten, wenn ihr erstes Kind innerhalb von zwei Jahren nach ihrer Eheschließung geboren worden wäre. Später sollte alles anders werden: »Dank Nicolas würde man die Waschmaschine herrichten lassen können, und das war gut, denn sonst die Windeln [...]. Und den Fernsehapparat würde man auch wiederkriegen, [...] wenn der da war, hatte man ganz anders seine Ruhe. Und danach, wenn alles gut ging, würde man an den Wagen denken können. Da drauf waren sie jetzt aus, eher als auf den Kühlschrank, die Mutter hätte ihn schon gern gehabt, aber der Vater sagte, er sei ja wohl auch mal dran fürs bessere Leben, nicht immer seine Frau«.[51]

An der Wende zu den siebziger Jahren umfasste die Gemeinschaft derer, die überzeugt waren, der Lebensstandard der modernen Zeit basiere auf einer möglichst vollständigen Palette von Haushaltsgeräten, nicht nur alle Schichten, sondern auch Regionen, die bis dahin von dem nationalen Faible für die permanente Verbesserung des Wohnstandards abgeschottet gewesen waren. Keine Region Frankreichs war mehr für ihre barbarische ländliche Rückständigkeit geschmäht worden als die Bretagne. Noch 1961, sechs Jahre nach Beginn des Konsumbooms, schien die Provinz den Anschluss verpasst zu haben. Doch nachdem ein junger Soziologe aus Rennes der lokalen Bevölkerung fragebogenweise Informationen über ihre materiellen Lebensumstände und Besitztümer abgerungen, die Antworten durch eine Abfolge ökonometrischer Tests gejagt und seine Befunde mit den Angebot-und-Nachfrage-Kurven illustriert hatte, die für wirtschaftswissenschaftliche Erhebungen im amerikanischen Stil *de rigueur* waren, verkündete er triumphierend, die Bretonen hätten, kaum ein Jahrzehnt später, dank einer »tief greifenden strukturellen und moralischen Transformation [...] wahrhaft spektakuläre Fortschritte in Bezug auf die wichtigsten Elemente des Wohnkomforts« gemacht. Infolge neuer Konsumgewohnheiten habe die Bretagne ihren Rückstand gegenüber dem nationalen Ganzen »zum großen Teil wettgemacht«. Dass es ihr gelungen sei, aufzuholen, sei nicht zuletzt das Verdienst lokaler Verwaltungsbediensteter, die die nationale Regierung dazu gedrängt hätten, ein Fünftel aller Mittel aus dem Fonds für Wirtschaftliche und Soziale Entwicklung in Industrieansiedlungen und Wohnbauprojekte in der Bretagne zu investieren, Geld, das sich in Arbeitsplätzen, Familiengründungen und modernen Wohnungsausstattungen niedergeschlagen habe: Hatten 1962 erst rund 11 Prozent aller Bretonen eine Waschmaschine besessen, so waren es 1968 41 Prozent, und für 1974 waren 64 Prozent vorausgesagt. Einer der angeführten Fortschrittsindikatoren war sogar noch aussagekräftiger. Die Bretagne stellte das übrige Frankreich in den Schatten, was den Erwerb von Fernsehgeräten betraf: 1962 hatte nur in sechs Prozent aller bretonischen Haushalte ein TV-Apparat gestanden; 1968 war dies in 55 Prozent aller Haushalte der Fall, und in den Städten besaß praktisch jede Familie einen Fernseher.[52] Es gab also zumindest in dieser Beziehung keinen Grund mehr, weshalb die Bretagne schlechter mit den neuesten Informationen über Konsumgüter und Lebensstilfragen versorgt sein sollte als etwa die Pariser.

51 Rochefort, Kinder unserer Zeit, 86, 21.
52 Badault, Equipement du logement, 293, 796, 802.

Und tatsächlich zog die Bretagne im Verlauf der siebziger Jahre mit dem Rest Frankreichs gleich, und Frankreich als Ganzes schloss zu den in Bezug auf den Gerätestandard im Haushalt führenden Ländern Nordeuropas und zur Schweiz auf, während Italien mit Riesenschritten dabei war, Frankreich in Bezug auf die Waschmaschinendichte einzuholen. Spanien und andere ärmere europäische Länder erreichten erst gegen Ende der achtziger Jahre ein vergleichbares Niveau.[53] Danach konnte man allenfalls noch davon reden, dass diese Haushaltsgeräte von Land zu Land und von Region zu Region eine unterschiedliche Bedeutung hatten. Doch die Art und Weise, wie Haushaltsartikel auf den Wunschzettel von Familien gelangten – angeregt durch technologische Neuerungen, steigende Familieneinkommen und einen mehr oder weniger radikalen Einstellungswandel und vorangetrieben und sanktioniert durch einen neuen transatlantischen Konsens in Sachen Lebensstandard –, blieb von da an im Großen und Ganzen unberührt von schichtspezifischen, kulturellen, regionalen und geschichtlichen Unterschieden.

Die Qual der Wahl

Aus der Perspektive der frühen fünfziger Jahre gesehen, war die Verbraucherin ein skeptisches Wesen: Noch nicht in einer kommerzialisierten Kultur lebend, traf sie »ihre Kaufentscheidungen aufgrund von Ratschlägen von Eltern oder Freunden, weil sie den einseitigen Argumenten von Vertretern oder Werbeanzeigen nicht ohne weiteres Glauben« schenkte.[54] Natürlich bemühten sich alle, die sich im Milieu des Massen-Marketings bewegten, konkrete Vorstellungen über jenes nicht greifbare Wesen zu gewinnen, das die französischen Marketingleute Madame Martin nannten. Eigentlich war es das Marketing, das die Konkretisierung der Madame Martin erzwang, und so begannen sich französische Verbraucherinnen früher und lautstärker als erwartet zu organisieren und ihre Stimme am Markt vernehmbar zu machen. Françoise Giroud, die rastlose Pygmalion der neuen Manager-Elite Frankreichs, sah ihre Aufgabe als Chefredakteurin von *Elle* darin, jenem anonymen Geschöpf ein Antlitz zu geben, und sei es nur, um das Image Frankreichs als fortschrittliches Land aufzupolieren und ihrer Zeitschrift eine größere Leserschaft zu verschaffen. Der Typus, der ihr vorschwebte, war das gallische Pendant zu Betty Furness, einer nicht eben erstklassigen Schauspielerin, die aber als sanftmütige und kompetente TV-Gastgeberin in der Serie *The Westinghouse Hour* zur bekanntesten Hausfrau Amerikas avancierte. Das Vorhaben, im Frankreich der fünfziger Jahre eine bestimmte Frauenfigur zum Idol aufzubauen, wurde erheblich erschwert durch die Heterogenität des Landes, vor allem durch die nach wie vor bestehende breite Kluft zwischen den Städten und dem flachen Land. Französische Frauen waren ohnehin bekannt dafür, dass sie ihre unterschiedlichen Auffassungen in Sachen Geschmack offen zeigten und sich von Werbesprüchen nur ungern beindrucken ließen. Wurde

---

53 Gardès, L'évolution de la consommation marchande, 3–32. Siehe auch Levy-Garboua, Les modes de consommation, 4–52; Dewhurst, Europe's Needs and Resources, 255f.
54 André Maurois, Homme, 1954. Un monsieur exemplaire, Elle, 25. Oktober 1954, 31.

eine Strumpfmarke in der Werbung als unverwüstlich und preisgünstig dargestellt, so mochte dies eine Französin vom Lande überzeugen, während eine Pariserin darüber vielleicht die Nase rümpfte. Wurde eine Strumpfmarke als »sexy« oder als »Lieblingsstrumpf der Stars« beworben, so tat die gestandene mittelständische Französin sie womöglich als ein Produkt für frivole Mädchen ab. Wurde ein Artikel als »echtes französisches Produkt« vermarktet, gab es immer diejenigen, nach deren Überzeugung »alle im Ausland hergestellten Produkte besser« waren. Und wenn die Werbung ein Produkt mit dem Prädikat *Made in America* anpries, meldeten sich diejenigen zu Wort, die sagten: »Werden etwa in Frankreich keine hervorragenden Strümpfe mehr hergestellt?« Françoise Girouds Antwort auf dieses Problem bestand darin, dass sie eine französische Durchschnittshausfrau und Verbraucherin erfand, eine »Madame aus Angoulême«. Als Geschöpf einer typischen französischen Gegend war diese Frau einfallsreich und unerschrocken, in ihren Wünschen als Konsumentin eine rastlose Madame Bovary, immer auf der Suche nach guten Tipps, wie sie »die Wäsche ohne Mühe« hinter sich bringen konnte, aber auch nach Anregungen für die Gestaltung eines »wunderbaren Sonntagsausflugs«. Natürlich galt ihr erstes und größtes Interesse der Einrichtung ihres Zuhauses, aber sie war auch modebewusst und immer neugierig auf neue Motorroller- und Automodelle. Ob zwischen dieser Kunstfigur und den Leserinnen von *Elle* große Affinitäten bestanden, darf man angesichts der großen kulturellen Distanz bezweifeln, die in den frühen sechziger Jahren noch zwischen den Provinzen und der Hauptstadt Paris bestand, in der die meisten der runden Million *Elle*-Leserinnen am liebsten gelebt hätten, wenn sie es nicht schon taten.[55]

Von der Agentur JWT konnte man ein wissenschaftlicheres Vorgehen bei der Kennzeichnung der »neuen Hausfrau« erwarten. Als sie 1964 mit ihrer ersten auf europäischem Boden durchgeführten Erhebung über junge Frauen begann, »die einen Hausstand einrichten und darauf eingestellt sind, ihn ein Leben lang am Laufen und sauber zu halten, zu kochen, einzukaufen, Kinder zu bekommen und sich um sie zu kümmern«, bezeichnete sie es als dringend notwendig, diese »vorrangige Zielgruppe« für Haushaltserzeugnisse möglichst gut zu kennen, stünden diese jungen Frauen doch im Begriff, »sich Gewohnheiten anzueignen, die vielleicht über einen beträchtlichen Zeitraum hinweg bestehen bleiben«.[56] Von den über tausend befragten britischen Frauen zwischen 16 und 34 Jahren erfuhr JWT, dass selbst diejenigen unter ihnen, die noch bei ihren Eltern lebten, mit der Aussicht auf ein eigenes Zuhause große Erwartungen verbanden. Aus der Werbung und aus den Medien hatten sie ein lebhaftes und detailreiches, höchst optimistisches Bild von ihrer künftigen Behausung gewonnen, vor allem die Überzeugung, dass hier nur das Beste gut genug sei, »weil die Familie auf unabsehbare Zeit dort wohnen wird«. Was diese Frauen über das Einkaufen wussten, war ein Produkt ihrer eigenen Lernerfahrungen, wobei junge Frauen aus Arbeiterfamilien allerdings dazu neigten, die Vorlieben ihrer Mütter zu übernehmen, ohne ihre Vorstellungen ständig zu aktua-

---

55 Françoise Giroud, Portrait de l'acheteuse, Vente et publicité, 15. Juni 1953, 23; Les »arts ménagers« et la publicité, ebd., März 1955, 62. Zu Giroud siehe Ockrent, Françoise Giroud.
56 Joyce, The New Housewife, 6f., 9, 12, 19, 21ff., London, Publications, 1967–1972, JWT.

lisieren. Die für den Auftraggeber der Studie erfreulichste Erkenntnis war die, dass sowohl Arbeiter- als auch Mittelschichtsfrauen Anzeigen anschauten und sehr offen für neue Produkte waren, die letztgenannte Gruppe vielleicht noch mehr als die erstgenannte, nicht nur weil die Mittelschicht finanziell bessergestellt war, sondern weil junge Frauen aus dieser Schicht das Elternhaus tendenziell früher verließen und weiter weg von ihren Eltern lebten.

Das alles deutet darauf hin, dass *Mrs. Consumer* auch in Europa auf dem Vormarsch war, auch wenn aus den Erfahrungen der Arbeiterfrauen von Sarcelles mehr als deutlich wird, wie viele Hindernisse sie zu überwinden hatten. Für das junge Arbeiterpaar aus der Region Paris war Sarcelles der Ort mit der besten erreichbaren Wohnqualität. Freilich war diese Vorstadt viele Jahre lang, mindestens bis Mitte der sechziger Jahre, eine Konsumwüste, in der es kaum Ladenstraßen mit jenem geschäftigen Treiben gab, an das arme Stadtbewohner gewöhnt waren. 1962 kamen auf die 20.000 bis 30.000 Bewohner von Sarcelles nur siebzig Ladengeschäfte, darunter nur drei Bäckereien; vor diesen standen an manchen Abenden, wenn die Berufspendler zurückkehrten, Schlangen von dreißig bis vierzig entnervten Kunden.[57] Der schlimmste Feind der Hausfrau aus der Arbeiterschicht war jedoch oft ihre eigene Familie, insbesondere ihr Mann, der nicht selten, insbesondere an seinem Zahltag, mit seinen Kumpeln feierte und trank. Wenn sie sich als gute Verbraucherin und Hausfrau gebärdete, nämlich sparsam wirtschaftete, ordentlich plante, die Wohnung sauber hielt, die Kinder disziplinierte und sich hin und wieder in sorgfältiger Dosierung eigene Wünsche erfüllte und zum Beispiel schöne Kinkerlitzchen zur Verzierung der Kommode oder der Fensterbänke kaufte, konnte es passieren, dass sie der Spießigkeit verdächtigt wurde und sich »anfällig machte für Giftpfeile und bösen Spott und manchmal auch (was noch viel schlimmer war) für den pauschalen Vorwurf des Konservatismus«. Die meisten jungen Arbeiterfrauen waren jedoch so fest entschlossen, sich nicht aus dem Konzept bringen zu lassen, und der Trend, den sie repräsentierten, war so deutlich ausgeprägt und zeigte sich auf einer so breiten Front, dass es gerechtfertigt erschien, ihren Bestrebungen die Qualität einer »gesellschaftlichen Bewegung« zuzubilligen, auch wenn die Art und Weise, wie diese Bewegung sich entwickelte, durch ein denkbar hohes Maß an »Diffusität, Spontaneität und Unberechenbarkeit« gekennzeichnet war.[58]

Groß angelegte Marketing-Kampagnen fungierten als Katalysatoren dieser »gesellschaftlichen Bewegung«. Als *Procter & Gamble* 1968 die Markteinführung einer »neuen, mit Enzymen angereicherten Produktgeneration« plante, entwickelte das Unternehmen die bis dahin größte Werbekampagne aller Zeiten – und zugleich, wie sich herausstellen sollte, die letzte, die auf flächendeckende Haustürbesuche aufgebaut war. Ausgehend von einer Kostenkalkulation, der zufolge die Kampagne sich auf dreißig Prozent des für das erste Jahr erwarteten Bruttoumsatzes belaufen sollte (der mit zwanzig bis dreißig Millionen neuen Franc angesetzt war), nahm sich die Firma erst einmal drei Monate Zeit, um auf Testmärkten unter Einsatz aller ver-

---

57 Rochefort, Kinder unserer Zeit; Libre-Service-Actualité, 11. Juni 1962, 12; ebd., 2. Oktober 1962, 3; Centre d'Etude du Commerce et de la Distribution, Les habitudes d'achat.
58 Kaufmann, La vie h.l.m., 79.

fügbaren Methoden der Verbraucherbefragung Erkenntnisse zu gewinnen, bevor sie die Kampagne anrollen ließ. Die Strategie folgte dem klassischen Muster: Unter Umgehung des lokalen Einzelhandels wollte das Unternehmen in einen persönlichen Dialog mit möglichst vielen Hausfrauen treten und deren Interesse an den neuen Produkten wecken. Die Frauen würden dann, so hoffte man, in den Läden, in denen sie einkauften, nach diesen Produkten Ausschau halten und, wenn sie sie im Regal nicht fänden, schnurstracks zum Filialleiter gehen und ihn auffordern, sie zu bestellen. Um den Frauen dabei auf die Sprünge zu helfen, verschenkten die Propagandisten Rabattcoupons an 9,3 Millionen Haushalte. Um den Werbedruck aufrechtzuerhalten, ließen sie ihre Leute sechs Monate später ein weiteres Mal in den französischen Provinzen ausschwärmen und erneut Rabattcoupons im Wert von jeweils einem Franc verteilen.

Was für das Unternehmen letztlich zählte, waren natürlich die Umsätze. Die Marketing-Vorstände konnten die steigenden Umsatzzahlen dokumentieren, aber niemand wusste mit Sicherheit zu sagen, welche einzelne Werbemaßnahme, welche Faktoren oder Einstellungen letztlich den Ausschlag für den Erfolg der Produkte gaben. Andererseits: Je intensiver die Werbung, desto engmaschiger das Quidproquo zwischen Unternehmen und Kunden und desto ausgereifter das Kaufverhalten der Verbraucherinnen, was allerdings der Markentreue nicht unbedingt förderlich sein musste. Andere Hersteller hatten Waschmittel mit Enzymen auf den Markt gebracht, der Neuigkeitseffekt war verflogen, die Eigenschaften eines Markenwaschmittels von denen eines anderen zu unterscheiden, war kaum möglich. Im Rückblick fragten sich die Marketingleute, ob es nicht besser gewesen wäre, an die Intelligenz der Verbraucherinnen zu appellieren: Wenn sie deren Aufmerksamkeit auf die in *Ariel* enthaltenen aktiven Inhaltsstoffe gelenkt hätten – lineare Alkyl-Benzol-Sulfonate, Natriumkarbonat, Alkyl-Sulfat –, hätten sie ihnen dann überzeugender klargemacht, dass und warum dieses Waschmittel so besondere und unvergleichliche Eigenschaften aufwies?[59]

Je zahlreicher die Marketingkampagnen wurden, um den Bekanntheitsgrad dieser oder jener Marke zu erhöhen, desto stärker wurde die Neigung der Verbraucher, Waschmittel als »selbstverständliche« Produkte zu sehen, das heißt sie in dieselbe Kategorie einzugruppieren wie Salz, Milch oder Mehl, so als stecke in einem Waschmittel keine aufwendige Entwicklungsarbeit. Abgestumpft gegenüber Werbeaussagen – es sei denn, es wurden Beweise für wirklich bahnbrechende neue Eigenschaften geliefert –, richteten sich die Kunden beim Waschmittelkauf nur noch nach dem Preis, wie sie es bei Grundnahrungsmitteln wie Brot, Milch, Rindfleisch, grünen Bohnen und neuen Kartoffeln taten. Diejenigen, die Preisvergleiche anstellten, fanden die günstigsten Preise höchstwahrscheinlich in Supermärkten und Discounterfilialen, manchmal bis zu 25 Prozent unter den Regelpreisen. Und anders als in manchen Läden in der Nachbarschaft mäkelten im Supermarkt die Kassiererinnen nicht herum, wenn eine Kundin mit Rabattcoupons ankam.[60]

---

59 J. Martin, Les produits pour le lavage, 114–119.
60 Poudres à laver le linge: Quelle est la meilleure?, Que Choisir: Union Fédérale de la Consommation,

»Die großen Verführer unseres Zeitalters heißen nicht mehr Don Juan oder Casanova; sie tragen die Namen von Waschmitteln, Insektensprays und Zahnpasten«, kommentierte Françoise Giroud 1953.[61] 15 Jahre später praktizierten Marketing-Strategen noch immer die Kunst der Verführung, waren aber auch »Verführte ihrer eigenen Strategie«: Sie hatten die Hausfrauen mit allen Techniken der Verkaufspsychologie vertraut gemacht, mit Zauberworten wie Packungsgröße, Gewicht, Preis-Leistungsverhältnis, Design. Und ihre Kundinnen hatten es ihnen gedankt, indem sie gleichgültig, unberechenbar und, schlimmer noch, unersättlich in ihrer Gier nach Werbegeschenken, Sonderangeboten und Rabatten geworden waren.[62]

Das gewachsene Selbstbewusstsein der Verbraucher schlug sich in neuen Image-Entwürfen nieder, die Werbeagenturen entwickelten, um die Aufmerksamkeit der Kunden zurückzugewinnen. Den Werbeetat für *Ariel* in Frankreich hatte 1972 die Firma *R.-L.-Dupuy* inne, die kurz zuvor mit der britischen *Compton Agency* fusioniert hatte. Der Firmengründer Dupuy hatte sich in der Anfangszeit des Unternehmens in den späten zwanziger Jahren als stolzer Kämpfer gegen die Amerikanisierung profiliert, was den eleganten alten Fuchs freilich nicht davon abgehalten hatte, bei der amerikanischen Werbebranche auf Ideenklau zu gehen. Seine witzig gemachten, fiktiven Erfahrungsberichte für das Seifenpulver *Blanco-Completo* – die eine als Gardinenpredigt einer typischen wichtigtuerischen Pariser Concierge angelegt, die andere als Ermahnung aus dem Mund einer bretonischen Hausfrau mit Spitzhaube – hatten die Vorliebe der Agentur für starke Frauentypen (reale oder erfundene) bereits demonstriert. Die 1972 vom Stapel gelassene *Ariel*-Kampagne führte eine ganz neue Figur ein, Madame Monique Pérignon, eine rehäugige Ehefrau und Mutter aus der Arbeiterschicht, die, den Einkaufswagen fest im Griff, für ihre Familie sprach, während ihr Mann, das gemeinsame Baby auf dem Arm, das Geschehen verfolgte. Ihre Erfahrung als Waffe gebrauchend, wies sie den Verkäufer resolut zurück, der versuchte, die Familie mit einem manipulativen Zwei-für-eins-Angebot zu übertölpeln. Diese Hausfrau war nicht mehr das Studienobjekt irgendwelcher Soziologen, nicht mehr das Mündel irgendeines Effizienz-Experten oder die leichtgläubige Zeugin eines Werbefritzen, ja sie vertraute nicht einmal mehr vollständig ihrer eigenen Mutter. Aufgefordert, ihre Entscheidung zu erklären, teilte sie mit, dass sie ihre erste Waschmaschine erst ein Jahr zuvor gekauft hatte. Bis dahin habe ihre Mutter die Windeln von Hand gewaschen. Die Mutter habe gesagt, *Ariel* sei das Beste, aber sie habe ihr das nicht blind glauben, sondern sich selbst ein Urteil bilden wollen. So habe sie *Ariel* getestet, und zwar an Latzhosen des kleinen Laurent mit Karotten-, Milch- und Eiflecken. Sie verkündete ihre endgültige und kategorische Entscheidung: Das halbseidene Angebot des Verkäufers ablehnend, würde sie »*Ariel* treu bleiben«. »Eine Sauberkeit wie die von Ariel tauscht man gegen nichts ein.«[63]

November 1968, 5; Les poudres à laver le linge. Un marché naturellement ingrat, ou artificiellement compliqué, Libre–Service–Actualité, 10. Juni 1969, 33ff.; J. Martin, Les produits pour le lavage, 80–84.
61 Giroud, Portrait de l'acheteuse.
62 Les poudres à laver le linge, 33.
63 Femme pratique, 10. März 1972.

Abb. 38: Verbrauchermacht: Die junge Arbeiterfrau widersetzt sich dem handgreiflichen Werben des Waschmittelpropagandisten und bleibt ihrem *Ariel* treu.

Nun war Markentreue, ob gerechtfertigt oder nicht, genau das, worum die großen Konzerne kämpften. Das Dumme war, dass Erfahrung auch zu Marken-Untreue führen konnte: wenn sich anfängliches Vertrauen der Verbraucher in Skepsis wandelte und schließlich in Abgebrühtheit gegenüber aufgeblasenen Werbeaussagen, teuren Verpackungen und pseudowissenschaftlichen Erklärungen zu den angeblichen Wunderkräften des Produkts, alles mit der Folge, dass der Kunde plötzlich nur noch nach Preis kaufte. Etwas lief eindeutig falsch in diesen frühen siebziger Jahren, in denen sich das Wirtschaftswachstum verlangsamte und die Steigerungsraten bei den Waschmittelverkäufen, die zuvor zehn Jahre lang bei jährlich fünf Prozent gelegen hatten, auf rund 2,5 Prozent zurückgingen. In diese Zeit fiel die Entscheidung der führenden Großmarktkette Frankreichs, *Carrefour*, die den heißen Atem von Konkurrenten wie *Auchan*, *Mammouth* und anderen im Nacken spürte (gar nicht zu reden von den Filialdiscountern *Leclerc* und *Intermarché*), Waschmittel unter einem eigenen Handelsnamen zu verkaufen. Das Management hatte enthusiastische Berichte über den Erfolg sogenannter Privatmarken gehört, verbreitet von der Verbraucheraktivistin Esther Peterson, die US-Präsident John F. Kennedy in Verbraucherfragen beraten hatte und in der Region Washington die Einführung solcher Produkte bei der führenden lokalen Supermarktkette *Giant* als Beraterin begleitet hatte. Das einzige größere Problem, mit dem *Carrefour* bei der Einführung eigener *produits drapeaux* rechnen musste, war, dass das *Institut de Liaison et d'Etudes des Industries de Consommation*, 1960 auf Initiative multinationaler US-Konzerne gegründet, um Preiskriege zwischen einheimischen Handelsunternehmen zu verhindern, in Aktion treten und zu Boykotten gegen »aggressive« Anbieter aufrufen würde. Doch die französischen Einzelhandelsunternehmen waren zu diesem Zeitpunkt schon so gut auf dem Markt etabliert, dass *Carrefour*, mit Rückendeckung der anderen, die Multis in die Schranken weisen konnte. In der Folge brachten viele Supermarktketten eigene Handelsmarken heraus, sodass ein Wettbewerb um die günstigsten Preise einsetzte, sämtliche Waschmittel billiger wurden und die Verkaufszahlen für Waschmittel in Supermärkten in die Höhe schnellten.[64]

Von Verbraucheranwälten war oft das Argument zu hören, ein selbstbewusster Konsument, der gelernt habe, seine Kaufentscheidungen frei und selbstverantwortlich zu treffen, werde auch in anderen Lebensbereichen, vor allem in der Politik, selbstbewusstere (Wahl-)Entscheidungen treffen. Für konservative Kulturpessimisten warf diese These aber auch die Sorge auf, was passieren würde, wenn die Menschen auch in kultureller und sexueller Hinsicht souveräne Wahlfreiheit praktizieren würden. Solche Parallelen aufzuzeigen, war legitim, und die Marketing-Leute gehörten zu den ersten, die darauf hinwiesen. Dass Frauen auf Meinungsfreiheit bestehen und sie ausüben würden, fanden sie unbedenklich, ja begrüßenswert, wussten sie doch, dass Meinungen und Überzeugungen formbar waren. Seit den dreißiger Jahren propagierten Filmzeitschriften wie *Cinémiroir* einen »Lebensstil-Feminismus« französischer Färbung: Bestimmte (tatsächliche oder vermeintliche)

---

[64] Thil/Baroux, Un pavé dans la marque, 43f., 112; Lhermie, Carrefour ou l'invention de l'hypermarché, 79–83.

Tugenden weiblicher Hollywood-Stars wie ihre Selbstsicherheit, ihre Sportlichkeit und ihre Ungehemmtheit wurden als nacheifernswert dargestellt. Die Zeitschrift *Cinémonde* machte sich entschieden für das Frauenwahlrecht stark, mit dem allerdings fragwürdigen Argument, dass, wenn Frauen wählen könnten, spießige Kandidaten wie Joseph Paul-Boncour oder Pierre Laval niemals in hohe Ämter gewählt würden. Nachdem die französischen Frauen 1946 das Wahlrecht erlangt hatten, tauchten in der Markenartikelwerbung Anspielungen auf politische Wahlentscheidungen auf. Eine Kampagne für *Omo* parodierte das Stimmrecht für die Frauen mit der Parole: »Omo ist gewählt worden«, und unterfütterte dies mit der Aussage der Ehefrau eines Mechanikers, die eine Kampfansage an die Familientradition enthielt. »Meine Mutter sagte: Wenn du Dreck nicht magst, dann heirate keinen Mechaniker. Wie man sieht, wusste sie nichts von Omo.« In den sechziger Jahren warb der führende französische Hersteller von Haushaltsgeräten mit dem Slogan: »Moulinex befreit die Frauen.«

In den siebziger Jahren interpretierten immer mehr Frauen ihre Wahlfreiheit auch als die politische Freiheit, keine Wahl zu treffen. Die Vereinten Nationen erklärten 1975 zum »Internationalen Jahr der Frau«, ein Tribut an die zügigen Fortschritte der Frauenbefreiungsbewegungen in der westlichen Welt. Just in diesem Jahr entschloss sich die feministische Frauenbewegung Frankreichs zum Generalangriff auf eine Institution, die sie als Symbol schlechthin des konventionellen Hausfrauendaseins sah, nämlich die Hauswirtschaftsmesse. »Moulinex befreit die Frauen nicht.« »Nein zum Technikfetischismus im Haushalt, ja zum kollektiven Gerätearsenal«, so oder ähnlich lauteten die Parolen, die Demonstrantinnen von der Frauenbefreiungsbewegung und von der Bewegung für das Recht auf Abtreibung und Empfängnisverhütung skandierten, als Françoise Giroud, von Staatspräsident Valéry Giscard d'Estaing zur Staatssekretärin für Frauenangelegenheiten ernannt, zu einem Rundgang durch den Salon eintraf. Der Besuch eines anderen neu ernannten Regierungsmitglieds, der ersten Staatssekretärin für Verbraucherfragen, Christiane Scrivener, war kurz zuvor noch ohne Begleitgeräusche über die Bühne gegangen. Mittlerweile zeigten ein halbes Dutzend nationale Verbraucherorganisationen regelmäßig Präsenz beim Salon. Die meisten gehörten dem konservativen, familienorientierten Lager an und kümmerten sich um Probleme der Preisentwicklung und der Produktqualität. Es waren aber auch militantere Organisationen wie *Que Choisir* darunter, die irreführenderweise als »Bundesverband für Konsum« firmierte. Die Messeleitung hatte den Vertretern dieser Organisation wohl eher versehentlich gestattet, ihren Stand unweit des Eingangs zu errichten, wo sie an die Besucher des Salons Handzettel verteilten, in denen die Aussteller als »Wegelagerer« bezeichnet wurden.[65]

---

65 Rouaud, 60 ans d'arts ménagers, 2: 162f.

Der Kalte Krieg in der Küche

Spätestens in den siebziger Jahren war das Recht auf eine Einbauküche zum Hauptdaseinszweck des Familiensparkontos geworden, zum Grund dafür, dass Frauen bezahlte Arbeit annahmen und Männer Überstunden machten, zum Zweck, der das Mittel der Verschuldung heiligte, und zum Gegenstand nationaler und internationaler Erhebungen und Befragungen. Die Nachfrage nach den Gerätschaften, die zu einer modernen Küche gehörten, hatte zur Konsolidierung einer bis dahin disparaten Elektrogeräte-Branche geführt und effiziente nationale Distributionssysteme entstehen lassen. Die Küche als Bestandteil jeder Wohnung war zu einer solchen Selbstverständlichkeit geworden, dass keinerlei Notwendigkeit mehr bestand, für sie durch Verweis auf auswärtige Beispiele zu werben, schon gar nicht auf die Küche amerikanischen Stils. Vielmehr wurde die Küche zu einer Institution von und mit lokaler Bedeutung. Die unterschiedlichen Qualitätsklassen der Küchenausstattung und die unterschiedliche Art und Weise, wie die Küche in den einzelnen Haushalten konfiguriert und genutzt wurde, schärften das Gefühl der Menschen dafür, an der Gestaltung neuer nationaler Wohnstandards teilzuhaben. Die Küche wurde zum Gegenstand klischeehafter Aussagen über nationale Eigenarten, etwa darüber, wie das Alltagsleben in Frankreich sich von dem in Deutschland unterschied, oder über die hygienischen Gepflogenheiten der Dänen im Unterschied zu denen der Schweden, und damit wurde sie auch zum Objekt ironischer Kommentare und volkskundlicher Forschungen.[66]

Für die globalen Bestrebungen der Vereinigten Staaten stellte sich diese Loslösung freilich als Verlust dar, wenn auch nicht als einer, der sich unmittelbar bemerkbar machte. In den sechziger Jahren hatten insbesondere die Amerikaner die Küche zu einem ikonischen Symbol für die westliche Lebensweise stilisiert, deren wichtigster Schrittmacher und Schutzpatron die Vereinigten Staaten waren. Die *Pax Americana* stand für das Ziel, den Frauen das tägliche Leben zu erleichtern, und die staatlich gesteuerte Propaganda für den *American way of life* harmonierte aufs Schönste mit dem PR-Bild, das die großen amerikanischen Elektrogerätekonzerne in dem Bemühen, sich ein gutes Stück von den aufstrebenden Märkten Westeuropas zu sichern, von sich zeichneten. Bei der Hauswirtschaftsmesse 1957 war eine Küche von *General Motors* zu besichtigen, die 300.000 Franc wert war und einen Ausblick auf die Innovationen bot, die die Hausfrau im 21. Jahrhundert erwarten konnte: Wärmeerzeugung durch Infrarotstrahlung, mit Ultraschall arbeitende Geschirrspüler und eine 360-Grad-TV-Projektion mit über den Schirm flimmernden Kochrezepten, die in einen (noch mit Lochkarten betriebenen) IBM-Rechner eingegeben wurden, der seinerseits mit einem Telex-Gerät verbunden war, über das die Zutaten bestellt werden konnten. Auf der Mailänder Messe von 1958 machte die von *RCA Whirlpool* vorgestellte »Küche der Zukunft«, eingebettet in das von den amerikanischen Ausstellern gewählte Gemeinschaftsmotto »Technik für ein besseres Leben«, so viel Furore, dass sie in der Folge noch bei 32 weiteren Ausstellungen

---

66 Löfgren, Materializing the Nation, 161–196.

in aller Welt aufgebaut wurde, und zwar ohne die geringste Spur eines Unbehagens darüber, dass sie in vielen der betreffenden Länder völlig deplaziert war. Beim Anblick der indischen Frauen, die auf der Internationalen Landwirtschaftsmesse in Delhi 1961 mit aufgerissenen Augen und eingezogenem Kopf durch die Musterküche liefen, mit ihren beringten Armen ihre halbnackten Babys umschlingend, fragte sich Daniel Boorstin, weshalb so viel Geld ins Image investiert wurde und so wenig in Ideale.[67]

Die sogenannte Küchendebatte, zu der es kam, als der sowjetische Parteichef Nikita Chruschtschow und der US-Vizepräsident Richard Nixon im Juni 1959 bei einer Messe in Moskau aufeinandertrafen, bot einen Anlass und eine Gelegenheit für einen Schlagabtausch in Sachen Image und Ideale. Die Messe selbst war Ergebnis einer von den beiden Supermächten am 10. September 1958 unterzeichneten Vereinbarung, die Ausstellungen im Land des Vertragspartners vorsah, wobei die Sowjets die ihre im *Coliseum* in New York, die Amerikaner ihre im Moskauer *Sokolniki-Park* veranstalten sollten. Das Ganze war als Tribut an die friedliche Koexistenz gedacht, das Schwergewicht sollte auf der Darstellung von Fortschritten in »Naturwissenschaft und Technik« liegen, wogegen »politische Inhalte […] von beiden Seiten ausgeklammert werden« sollten. Natürlich wollten beide Seiten den Anlass für ihre eigenen Zwecke nutzen: die Sowjets, um aus ihrer Isolation herauszukommen und die Amerikaner mit den Fortschritten zu beeindrucken, die ihr Land in den verflossenen acht Jahren bei einem durchschnittlichen jährlichen Wachstum des Bruttoinlandsprodukts um 7,1 Prozent, immerhin das Doppelte der amerikanischen Wachstumsrate, gemacht hatte; die Amerikaner gemäß ihrer Überzeugung, je mehr die Menschen in der Sowjetunion über die Vereinigten Staaten erführen, desto mehr würden sie das Land und seine Bewohner ins Herz schließen. Allerdings war der Zeitpunkt aus amerikanischer Sicht nicht günstig. In den beiden zurückliegenden Jahren hatte die Regierung Eisenhower einiges einstecken müssen: den erfolgreichen Start des sowjetischen *Sputniks*, die gleichzeitigen Fehlschläge im eigenen Satellitenprogramm, für das die demokratische Opposition sogleich den Spottnamen »Flopnik« prägte, einen antiamerikanischen Aufstand im Libanon und Fidel Castros Offensive gegen den Diktator Fulgenico Batista auf Kuba. Andererseits hatte Chruschtschow großes Interesse daran, das größte noch ausstehende Problem auf dem europäischen Kampfplatz, die Berlin-Frage, einer Lösung näher zu bringen, und generell an einer auf Entspannung abzielenden Politik, damit die Sowjetunion ihre horrenden Rüstungsausgaben reduzieren und mehr Geld in Wirtschaftsbereiche investieren konnte, die dem zivilen Konsum dienten.[68]

Doch nichts und niemand hatte die sowjetischen Funktionäre auf die Ausstellung vorbereitet, die die Amerikaner im *Sokolniki-Park* auf die Beine stellten. Die Sowjets hatten mit Maschinen, mit Highlights aus Naturwissenschaft und Technik gerechnet, ähnlich denen, die sie selbst im Jahr zuvor im New Yorker *Coliseum* präsentiert hatten: die neuesten Fortschritte bei der Erkundung des Weltraums, ein-

---

67 Boorstin, Das Image, 209.
68 Zur »Küchendebatte«: Sato, The »Kitchen« and the Cold War; Hixson, Parting the Curtain, 151–214.

schließlich originalgetreuer Nachbauten der drei *Sputniks*, die neuesten Errungenschaften der sowjetischen Agrartechnik, Beispiele für die friedliche Nutzung der Atomenergie und die neuesten Modelle aus der sowjetischen Autoproduktion. Nur als eine Art Zugabe und nicht ohne Bedenken, ob dies nicht der Dynamik abträglich wäre, die die anderen Ausstellungsbereiche ausstrahlten, hatten die Sowjets noch einen Schuss »Lebensart« ergänzt, in Form einer Modenschau und einer Küche. Die amerikanische Ausstellung war hingegen voll und ganz dem *American way of life* gewidmet. Die rund 10.000 Quadratmeter Fläche bietende Haupthalle mit ihrem fächerförmigen Dach aus Aluminium war in zwei Ausstellungsbereiche aufgeteilt: Das »Haus der Kultur«, das ein Diorama des Lebens in Amerika präsentierte, und das »Haus der Sachen«, in dem sich ein Füllhorn der Konsumgüter auftat. In den beiden Messebereichen zusammen hatten die Amerikaner nicht weniger als drei Küchen aufgebaut: eine von *General Foods* und *General Mills*, in der aus Fertigmischungen Kuchen, Eis und andere zum Verzehr an Ort und Stelle geeignete Speisen zubereitet wurden, eine »Wunderküche« von *Whirlpool* und eine in abgestimmten Farben gehaltene Küche, die den Mittelpunkt eines großen amerikanischen Ranchhauses mit drei Schlafzimmern bildete, dem seine Schöpfer den Scherznamen »Splitnik« verpasst hatten, in Anspielung auf den Besuchersteg, der das Haus in zwei Hälften teilte und es den Leuten ermöglichte, mitten hindurchzuspazieren. Die Küche, zur Verfügung gestellt von *General Electric*, war der Schauplatz des berühmt gewordenen Finales der »Küchendebatte«.

Die Sowjets sahen im »Wissenschaftsstandard«, wie sie ihn nannten, einen weitaus besseren Maßstab für die Leistungsfähigkeit einer Zivilisation als im »Lebensstandard«. Die ganz auf den Lebensalltag abhebende amerikanische Ausstellung war in ihren Augen daher ziemlich irrelevant. Besonders kritisch äußerten sie sich zu dem Muster-Ranchhaus, vor allem weil die amerikanischen Ausstellungsmacher den Eindruck erweckten, es handle sich um eine typische amerikanische Arbeiterbehausung, ein Abziehbild etwa der serienmäßigen Siedlungshäuser, die das Unternehmen *All State Properties* auf Long Island errichtet hatte, eingerichtet und ausgestattet vom Kaufhaus *Macy's* mit Möbeln und Geräten im Gesamtwert von 5.000 Dollar, darunter Einbaugeräte und blauer Teppichboden. Das *State Department* hatte Nixon zuvor darauf hingewiesen, dass die sowjetische Presse sich schon seit Wochen über das Haus lustig gemacht hatte: Es sei etwa ebenso typisch für eine amerikanische Arbeiterbehausung wie das *Taj Mahal* für die Domizile der Textilarbeiter von Bombay oder der *Buckingham Palace* für die Häuschen britischer Bergleute. Nixon sah in seinem Moskau-Besuch eine Gelegenheit, im Hinblick auf die amerikanische Präsidentschaftswahl von 1960, bei der er kandidieren würde, seine staatsmännischen Qualitäten unter Beweis zu stellen, und war darauf vorbereitet, das amerikanische Musterhaus als Auftrittskulisse und Diskussionsthema zu nutzen.

Nixon führte Chruschtschow auf einem Rundgang über die Messe, und dabei kam es zu einem Austausch von kleinen Spitzen. Nixon gestand zu, dass die Sowjets in der Raketentechnik die Nase vorn haben mochten, doch dafür hätten die Amerikaner in anderen Dingen einen Vorsprung – »beim Farbfernsehen zum Beispiel«.

Beim Gang durch das Musterhaus zog William Safire, damals noch Publizist in Diensten von *Westinghouse* (bevor er als politischer Kommentator bekannt wurde), die beiden zur Seite und bat sie, vor einer Waschmaschine zu posieren. Bei der Gelegenheit sagte Nixon: »Alles, was den Frauen ihre Arbeit erleichtert, ist gut.« Worauf Chruschtschow erwiderte: »Ihr wollt eure Frauen in der Küche halten. Das ist nicht die Art und Weise, wie wir über Frauen denken. Wir denken besser über sie.« Nixon konterte, indem er die Vorzüge des Musterhauses lobte, das nach seinen Angaben 14.000 Dollar kostete und das sich eine amerikanische Arbeiterfamilie ohne weiteres leisten könne, worauf Chruschtschow entgegnete, die sowjetische Gesellschaft sorge für alle, unabhängig von ihrem Einkommen, und in der UdSSR würden Häuser nicht gebaut, um zu veralten, sondern um zu überdauern. Die letzte Runde eröffnete Nixon mit der Bemerkung: »Bei uns wird eine Entscheidung nicht oben von einem Vertreter der Regierung getroffen. [...] Wir haben verschiedene Produzenten und viele verschiedene Waschmaschinen, damit die Hausfrau frei wählen kann. [...] Wäre es nicht besser, wenn wir uns an den relativen Vorteilen von Waschmaschinen als an der Stärke von Raketen messen würden?« Chruschtschows Antwort hierauf lautete: »Ja, aber eure Generäle sagen: ›Wir wollen den Wettbewerb bei den Raketen.‹ Doch da können wir euch besiegen.«

Die dringlichste Frage, zumindest für die westeuropäische Presse, lautete, ob diese direkte, persönliche Diplomatie die Spannungen um Berlin abbauen würde.[69] Kein Zweifel konnte Ende der fünfziger Jahre daran bestehen, dass die Vereinigten Staaten den Wettbewerb um den höheren Lebensstandard klar für sich entschieden hatten. Allerdings waren sich die linke Presse und große Teile der öffentlichen Meinung darin einig, dass es in den USA an sozialer Sicherheit für Arbeiter fehlte. Chruschtschow brachte dies auf die Formel: »Ohne Geld schläfst du auf der Straße.« Doch bei allen Unzulänglichkeiten des amerikanischen Systems war klar, dass, wenn es um die Vision einer kollektive Wohlfahrt garantierenden Gesellschaft ging, die Sowjetunion als Vorbild ausgedient hatte.

»Wir wollen ihn euch nicht aufdrängen«, sagte Nixon im Juni 1959 im Gespräch mit Chruschtschow über den *American way of life*. »Aber eure Enkel werden ihn zu sehen bekommen«, prophezeite er. Zum Zeitpunkt der Ausstellung deutete kaum etwas darauf hin, dass die Musterküchen eine besondere Attraktion gewesen wären. Bei der anonymen Umfrage unter sowjetischen Messebesuchern, die das in ihren Augen beste Ausstellungsstück wählen sollten, belegte das Musterhaus nur den 13. Platz von 15 Möglichkeiten. Ganz oben standen *Cinerama* und Jazz – die »Wunderküche« landete auf dem letzten Platz.[70] Die farblich abgestimmte »Küche der Zukunft« war für den Lebensstandard der Moskauer so irrelevant wie für den der meisten anderen Erdbewohner. Auf der anderen Seite war die Fähigkeit einer Volkswirtschaft, Konsumgüter zu liefern, bereits zu einem politischen Thema allerersten

---

69 Hixson, Parting the Curtain, 210–213.
70 Visitors' Reactions to the American Exhibit in Moscow. A Preliminary Report, 28. September 1959, Box 7: Report on American Exhibition in Moscow, USIA Records Relating to the American Exhibition in Moscow, 1952–1959, National Archives, Washington, D.C.; Shoup Voting Machine Poll, 4. September 1959, Box 1: Shoup Voting Machine, ebd.

Ranges geworden. Drei Tage vor der Eröffnung der amerikanischen Ausstellung in Moskau hatte im nahe gelegenen Luschniki eine sowjetische Warenmesse ihre Pforten geöffnet, bei der Besucher schwer erhältliche Konsumgüter kaufen konnten, von Lebensmitteln wie Eiern bis hin zu Kameras und Tonbandgeräten. In den 72 Stunden bis zur Eröffnung der amerikanischen Ausstellung im *Sokolniki*-Park zog diese Messe nicht weniger als 350.000 Besucher an.[71]

Mitte der siebziger Jahre, als in Westeuropa eine flächendeckende Grundversorgung mit Haushaltsgeräten erreicht war, begannen die osteuropäischen Länder mit der Produktion von Waschmaschinen, Herden und Schwarzweiß-Fernsehgeräten in einer bis dahin nicht erlebten Größenordnung, ergänzend zu den bereits vorhandenen gesellschaftlichen Konsumelementen in Gestalt stark subventionierter Wohnungen, Lebensmittel, Schulen, ärztlicher Leistungen und kultureller Genüsse. Doch die Turbulenzen, in die die sozialistischen Staaten in den achtziger Jahren gerieten, drangen viel stärker ins Bewusstsein des Westens, nicht zuletzt weil sie in westlichen Analysen zur Zukunft des sowjetischen Blocks so oft vorhergesagt worden waren. Versorgungsengpässe und ein offenbar systematisches Unvermögen, das nächste Produktniveau rechtzeitig anzusteuern, waren die anscheinend unvermeidlichen Nachteile einer Wirtschaftsordnung ohne Rückkopplung an den Markt. In der UdSSR kam dazu, dass der mit der Partei verbündete militärisch-industrielle Komplex eine stärkere Verlagerung von Investitionen in zivile Investitionsgüter und Konsumgüter verhinderte. Der Versuch, die Produktion durch eine erhöhte Arbeitsintensität zu steigern, hatte kaum Aussicht auf Erfolg, weil finanzielle Anreize, die den Arbeitern geboten wurden, nicht verfingen, solange es in den Läden kein attraktives Warenangebot gab. So floss das Geld, das die Menschen verdienten, oft in florierende graue oder schwarze Märkte. Dort, wo der Staat die starke latente Nachfrage nach Konsumgütern durch die Einfuhr solcher Produkte aus dem Westen zu befriedigen versuchte, führte das nur zu einer wachsenden Verschuldung bei den westlichen Ländern. Je mehr Menschen Radio- und Fernsehgeräte hatten und je mehr Osteuropäer in den Westen reisten, desto vertrauter wurden sie mit westeuropäischen Konsumgewohnheiten. Je verzweifelter die sozialistische Propaganda diese Konsumgewohnheiten als Zeichen »kapitalistischer Dekadenz« brandmarkte, desto förderlicher war das für ihre Attraktivität. Und je schlechter die Versorgung mit staatlichen Sozialleistungen wurde, desto weniger konnte der »real existierende Sozialismus« eine ernst zu nehmende Alternative zur kapitalistischen Marktwirtschaft sein.

Als der sowjetische Block 1989/90 auseinanderfiel, gab es fast niemanden, der seinen Kollaps nicht als letztlich unvermeidlich akzeptiert hätte. Die gerade in der Entfaltung begriffenen Frauenbewegungen in den Ländern Osteuropas sahen die Ursachen für den Kollaps in dem Unvermögen der sozialistischen Regime, die Güter und Annehmlichkeiten zur Verfügung zu stellen, die Frauen und ihre Familien brauchten, um sich gut aufgehoben zu fühlen. Die Feministin Slavenka Drakulić, damals Bürgerin Jugoslawiens, erinnert sich, dass es nach dem Fall der Mauern und

---

71 Sato, The »Kitchen« and the Cold War, 41.

Grenzzäune nichts gab, was sie und andere Frauen so brennend interessiert hätte wie »die kleinen Alltagsdinge des Westens: wie die Leute essen, wie sie angezogen sind und sprechen, wo sie wohnen. Können sie Waschmittel kaufen? Warum sind ihre Straßen mit so viel Weggeworfenem übersät?« Osteuropäische Frauen hatten sich nie in erster Linie mit Politik beschäftigt, sondern waren gezwungen gewesen, sich um die grundlegenden materiellen Annehmlichkeiten des Lebens zu kümmern: »Sie saßen in ihrer Küche – weil das immer der wärmste Raum in ihrer schlecht geheizten Wohnung war –, kochten, redeten, tranken Kaffee, sprachen über Männer und Kinder und über ihre Hoffnung, einen neuen Kühlschrank oder einen neuen Herd oder ein neues Auto kaufen zu können.«[72]

72 Drakulic, How We Survived Communism, xivf.

Kapitel 10:

Schlussbetrachtung

Wie die Slow-Food-Bewegung eine neue Sicht auf das schnelle Leben eröffnete

Es geht darum, das Geruhsame, Sinnliche gegen die universelle Bedrohung durch das ›Fast Life‹ zu verteidigen.[1]
   Aus dem Manifest der Slow-Food-Bewegung, Dezember 1989

Trotz allem wirkt Amerika als Idee, als Marke noch immer Wunder.[2]
   Jack Trout, Berater für globales Marketing, 2004

Zwei Ereignisse aus den turbulenten letzten Monaten des Jahres 1989 sollen den Ausgang dieser Geschichte bilden. Eines war epochal und ist unvergessen: der Fall der Berliner Mauer am 9. November. Die Öffnung der Grenzen, gefolgt vom Zusammenbruch des Staatssozialismus, der Aufsplitterung des Sowjetreichs und der Einführung einer verheerenden, ungezügelten Marktwirtschaft, kündete vom Ende des sozialistischen Widerstandes gegen das Imperium der Marktwirtschaft, ganz ähnlich wie der Untergang der von den Nationalsozialisten geschaffenen Neuen Ordnung 1945 das Ende der konservativen und reaktionären Opposition signalisiert hatte.

Andererseits warf das Debakel des Sozialismus neue Fragen zur Zukunftsfähigkeit des amerikanischen Modells der Konsumgesellschaft auf: Gab es nicht vielleicht eine Alternative mit weniger zerstörerischen Auswirkungen als der entfesselte kapitalistische Größenwahn amerikanischen Stils und mit einem geringeren globalen Ressourcenverbrauch, eine Alternative, die sich eher an den Bedürfnissen

---

1 Slow Food Manifest, 9. Dezember 1989.
2 Aline Sullivan, Top Brands Ride Out Tide of Anti-Americanism, International Herald Tribune, 14./15. Juni 2003, 15.

und Empfindungen von Menschen orientierte, die in gehöriger Distanz zu der den nordatlantischen Raum beherrschenden materialistischen Zivilisation lebten? Gewiss klang die Klage über auseinanderklaffende Lebensstandards nach angegrauter linker Orthodoxie. Auf breiter Front wurde Freiheit inzwischen als die Freiheit zur Wahl zwischen mehreren Lebensstilen verstanden, nicht mehr als ein Element partizipatorischer Demokratie und gesellschaftlicher Emanzipation. Was sollte man unter diesen Umständen mit der zunehmend augenfälligen Kluft zwischen den neuen Reichen und den neuen Armen der postsozialistischen Gesellschaften oder zwischen den wohlhabenden und den demütigend armen Weltregionen machen? Die Konsumgesellschaft amerikanischen Typs hatte sich als die demokratische, luxuriöse, aber auch gerechte Alternative zu repressiven, den materiellen Mangel verwaltenden und ungerechten Gesellschaftsmodellen positioniert und damit Erfolg gehabt. Würde sie jetzt, da sie keinen Kontrahenten und Herausforderer mehr hatte, erst recht zu einer unwiderstehlichen Macht werden?

Das andere, vergleichsweise unbedeutende Ereignis, das Ende 1989 stattfand, begab sich einen Monat nach dem Fall der Berliner Mauer. Am 9. Dezember versammelten sich im Foyer der *Opéra Comique* in Paris Aktivisten aus 17 Ländern, um das Gründungsprotokoll der Internationalen Slow-Food-Bewegung zu verabschieden; nach vollzogener Tat stießen sie mit Champagner an und nahmen zu einem Bankett mit 500 Gedecken Platz. Die Veranstaltung markierte den Beginn einer »delikaten Revolution«, die nach den Vorstellungen des Begründers der Bewegung, des Italieners Carlo Petrini, eine entfernte Nachfahrin der Revolution von 1789 war, in deren Gefolge sich die Hofköche des *ancien régime* als Gastwirte rekonstituiert und die moderne Gastronomie erfunden hatten, um die neue bürgerliche Kundschaft zu bewirten und zu unterhalten. In kritischer Abgrenzung zur *Fast Food Nation*, aber auch zum Asketismus der alten Linken, hörten diese wiedergeborenen Revolutionäre ihr Anliegen aus der Kakophonie diverser gesellschaftlicher Bewegungen heraus, deren Leitmotive die Mobilisierung transnationaler Netzwerke für die Sache des Friedens, der Umwelt und der Gemeinschaft aller Menschen und Ängste vor der Globalisierung, dem Rinderwahnsinn, der Gentechnik und anderen Gefahren für die Kultur im Allgemeinen und die Esskultur im Besonderen waren.

Die Slow-Food-Bewegung konfrontierte die reichen Konsumgesellschaften mit neuen Fragen und stellte jene falschen Dichotomien in Frage, die bis dahin den Widerstand gegen das Imperium der Marktwirtschaft strukturiert hatten. Die Alternative zwischen freier Marktwirtschaft und staatlichem Protektionismus verwerfend, artikulierte die Bewegung die Vision einer »tugendhaften« Globalisierung, die einhergehen würde mit der Abschaffung von Regularien, die Kleinproduzenten diskriminierten, und die Letztere mit Hilfe des Internet mit aufgeklärten Verbrauchern kurzschließen würde. Die Bewegung suchte nach einem dritten Weg zwischen der oberflächlichen Leutseligkeit, die sich aus der Vertrautheit mit Marken ergab, und der defensiven Solidarität, zu der die traditionellen Protestbewegungen mit ihrer Neigung zur Wagenburgmentalität tendierten. Slow Food hatte ein entspanntes Verhältnis zur kapitalistischen Wirtschaft, wohl wissend, dass die Bewegung, wenn sie florieren sollte, eine solide finanzielle Basis brauchte und dass die die traditionelle Küche repräsentierenden Restaurants, die das Markenzeichen der Bewegung waren, den Kampf gegen die multinationale Agrarwirtschaft, die Fast-Food-Ketten und die Supermärkte mit ihren Fertigprodukten verlieren würden, wenn es nicht gelang, wirksame Marketingstrategien zu entwickeln. Slow Food präsentierte seine Visionen als positiv und universell, nicht als antiamerikanisch. Gewiss, die USA galten als Heimat und Hochburg des großen Gegenspielers Fast Food, doch in der Folge wurden die Vereinigten Staaten eben auch zur Heimat der größten und am stärksten wachsenden Slow-Food-Gemeinde außerhalb Italiens – 2004 bekannten sich bereits mehr als 100.000 Amerikaner zu der Bewegung.[3]

Flexible, computergestützte Produktionsanlagen, Distributionssysteme mit kurzen Reaktionszeiten, hektisch wechselnde Lebensstile, dynamische neue Wirtschaftsregionen – die Schrittmacherfunktion für all diese Entwicklungen besaßen nach wie vor die USA. Doch eines der Resultate war, dass Europa zu einem Verbraucherparadies ersten Ranges avancierte. Ein weiteres war die begründete Aussicht, dass letztlich die ganze Welt auf den Orbit der Konsumgesellschaft westlichen Typs einschwenken würde. Die seltsamste Konsequenz aus alldem bestand darin, dass in dem Maße, wie die Muster des Massenkonsums sich universalisierten, immer weniger zwingende Gründe für einen Fortbestand der amerikanischen Hegemonie zu erkennen waren.

Die Schwindel erregend rasante Entwicklung der Informationstechnologien, die uns in den neunziger Jahren das Internet bescherte, trug zur Unsicherheit hinsichtlich der Führungsrolle der USA bei. Das Internet, zu dessen frühesten Schrittmachern in den sechziger Jahren die *Rand Corporation* gehört hatte, die bedeutendste Denkfabrik in der Ära des Kalten Krieges, war aus einem elektronischen Informationssystem hervorgegangen, das aufgebaut wurde, um staatliche Stellen in die Lage zu versetzen, im Falle eines Zusammenbruchs der Telekommunikations-Infrastruktur infolge eines atomaren Angriffs der Sowjetunion auf die USA Informationen auszutauschen. In den achtziger Jahren waren die Amerikaner zusammen mit ihren neuen Rivalen, den Japanern, die Ersten, die die neuen Informationstechnologien für die Prozessoptimierung in der zivilen Wirtschaft nutzbar machten. Die Wirtschaft der westeuropäischen Länder hatte zu diesem Zeitpunkt freilich die Fähigkeit wiedergewonnen, auf die technischen und wirtschaftlichen Innovationswellen aufzuspringen, die aus Nordamerika über den Atlantik geschwappt kamen. Von Mitte der achtziger Jahre an kombinierten westeuropäische Unternehmen die neuen Cyber-Techniken mit flexiblen Managementmethoden und nutzten ihre Kenntnis lokaler Gegebenheiten geschickt, um die noch hochgradig heterogenen Märkte in Europa und anderswo zu bedienen; sie verteilten ihre Produktionskapazitäten auf kleinere, flexiblere Einheiten in größerer Nähe zu billigen Arbeitskräften und schufen die Voraussetzungen für jene *Just in time*-Produktion, die dafür sorgte, dass ihre Vertriebsstützpunkte zu Quellen einer stetig fließenden Rückinformation über Kundenreaktionen und Kundenwünsche wurden.[4]

3 Petrini, Slow Food; Antonio Cianciullo, Mangio sano, mangio piano. Nasce il gastronomo verde, La Repubblica, 10. Dezember 1989, 22.
4 Die flexible Dimension der *New Economy* und ihre besondere Kompatibilität mit dem europäischen

In den achtziger Jahren war der Name *Ford* längst nicht mehr in aller Munde; *Ikea* hatte ihm den Rang abgelaufen. Etwa um dieselbe Zeit ging das Zeitalter von *Filene's* zu Ende und machte dem Zeitalter von *Benetton* Platz. Ab Mitte der achtziger Jahre forderten immer mehr schnellfüßige europäische Handelsriesen, durch jahrzehntelange Erfahrung im grenzüberschreitenden Operieren gewitzt, die in die Jahre gekommenen amerikanischen Handelsketten auf deren eigenem Terrain heraus. Die eher hochpreisige französische Großmarktkette *Carrefour* leistete Pionierarbeit bei der »Boutiquisierung« wohlhabender amerikanischer Vororte. Zur gleichen Zeit übernahm der den Amerikanern fast unbekannte deutsche Discounter Aldi die *Jewel Tea Company* aus Illinois, die einstige Kapitalgeberin Emile Bernheims, und zeigte ihr, wie man in heruntergekommenen Großstadtbezirken die Ertragslage verbessern konnte, nämlich durch die Reduzierung des Sortiments, des Kundenservice und des Dekors auf ein Mindestmaß. Der Veteran *Woolworth's*, der schon länger am finanziellen Abgrund entlangtaumelte, schloss im Juli 1997 all seine amerikanischen Filialen und war danach nur noch in Deutschland und Australien flächendeckend präsent; derweil versuchten die US-Discountriesen *Kmart* und *Wal-Mart* in Europa Fuß zu fassen. Ihre wichtigsten Erfolgszutaten waren billige, nicht gewerkschaftlich organisierte Arbeitskräfte und noch billigere asiatische Massenartikel – beides kombiniert mit der Ökonomie der großen Zahl, die der amerikanische Markt erlaubte. Der Widerstand, auf den diese Superdiscounter stießen, war in Europa geringer als in jeder Kleinstadt in Vermont. Wenn zu jener Zeit von einer »Europäisierung des amerikanischen Einzelhandels« die Rede war, deutete dies darauf hin, dass die europäischen Handelsunternehmen nicht nur gelernt hatten, nach amerikanischen Regeln zu spielen, sondern auch zu ernst zu nehmenden Global Players geworden waren.[5]

Dass nicht ohne weiteres klar erkennbar war, ob die Wirtschaftsmacht Amerikas im Zu- oder Abnehmen begriffen war, lag auch daran, dass niemand genau wusste, wie sich die Nationalstaaten traditionellen Typs unter dem Druck der Globalisierung schlagen würden. Wenn der »Konsens von Washington« Bestand hätte, würden Regierungen in aller Welt durch Haushaltskürzungen, Schuldenabbau und Öffnung ihrer Märkte für Auslandsinvestoren ein kapitalfreundliches Klima schaffen. Kritiker bemängelten, dass dies zu einer Welt voller unglückseliger »Kmart-Staaten« führen würde: Staaten, die ihren Bürgern nur noch ein Mindestmaß an Service bieten, dafür aber cleveren globalen Investoren den roten Teppich ausrollen würden, indem sie Gewerkschaftsbewegungen unterdrückten, aus keynesianischen Schutzpolstern gegen hohe Arbeitslosenquoten die Luft herausließen und Sozialleistungen kappten.[6] Der Begriff »Kmart-Staat« stand auch für Länder, deren Regierungen ihre Souveränität über die nationale Kultur teilweise verloren hatten und in denen die Institutionen und Unternehmen, die die Hüter der nationalen Kultur waren, Gefahr liefen, von den amerikanischen Informations- und Unterhaltungskonglomeraten

---

Milieu haben Sabel/Piore, The Second Industrial Divide, auf fast prophetische Weise herausgearbeitet.
5 Joanne Legomsky, The Europeanization of American Retailing, Standard and Poor's Industry Surveys, 3. April 1986, R61–65.
6 Drache, From Keynes to K-Mart, 31–61.

Abb. 39: *Woolworth* in Berlin, 2004 – eine rein deutsche Discountkette.

Abb. 40: Das erste Einkaufszentrum von Florenz: *Esselunga*, ursprünglich ein Unternehmen des Rockefeller-Imperiums, macht auch im 21. Jahrhundert noch durch Pionierleistungen von sich reden.

geschluckt zu werden, die zu den Markenzeichen der neuen globalisierten Wirtschaft gehörten.

Doch das *Kmart*-Phänomen wurde zum Bumerang. Die Staaten der Europäischen Union hatten eingesehen, dass ein höheres Maß an nationaler Regulierung der Wirtschaft diese der Fähigkeit berauben würde, im globalen Wettstreit zu bestehen; es bedurfte einer weiter gehenden und tiefer greifenden Koordinierung zwischen den Mitgliedern. Wenn es gelänge, die in den 1992 geschlossenen Maastrichter Verträgen festgelegten Ziele bis zur Jahrtausendwende zu erreichen, würde es einen europäischen Binnenmarkt für Kapital und Arbeit geben, einschließlich einer gemeinsamen Währung. Europa würde zu einem gewissen Grad politisch geeint sein und eine europäische Identität entwickeln. Die Aussicht, auf einem der reichsten Märkte der Welt operieren zu können, veranlasste natürlich auch US-Unternehmen, seit Ende der achtziger Jahre ihre Investitionstätigkeit in Europa zu verstärken, besonders in Zeiten, in denen der heimische Markt gesättigt war und kein Wachstum mehr produzierte. Unter Marketing-Gesichtspunkten erschien es ihnen verlockend, den amerikanischen Charakter ihrer Marken herauszustellen. »Amerika« als Topos zu benutzen und auf diese Weise amerikanische Lebensstile zu exportieren, mochte eine akzeptable oder jedenfalls vertraute Strategie sein, solange die betreffenden Marken nicht zu eng mit der militärischen, politischen und wirtschaftlichen Macht der Vereinigten Staaten identifiziert wurden. In dem Maße jedoch, wie die USA als der Hauptmotor und Hauptnutznießer der wirtschaftlichen Globalisierung identifiziert wurden, machte sich hier ein zunehmendes Unbehagen breit.

Zu der Unsicherheit darüber, wie es mit der amerikanischen Führungsrolle weitergehen sollte, trug auch der Umstand bei, dass die USA nicht mehr als der entschiedenste Anwalt für das Recht auf einen anständigen Lebensstandard wahrgenommen wurden. Noch in den sechziger Jahren hatten amerikanische Politiker das Bemühen um einen weltweit höheren Lebensstandard als Kernstück der globalen Menschenrechtsbewegung betrachtet. Der amerikanische Standard-Warenkorb wurde in diesem Zusammenhang als Vorbild hochgehalten, als Anreiz für die europäischen Politiker, eigene Maßstäbe für den Wohlstand ihrer Bürger zu entwickeln, und als Druckmittel gegenüber den Ländern des sowjetischen Blocks, mehr Ressourcen in die Konsumgüterproduktion zu verlagern. Doch ab Mitte der siebziger Jahre rückte das offizielle Amerika davon ab, explizit das Recht aller Menschen auf einen hohen Lebensstandard zu postulieren. Und von den achtziger Jahren an herrschte in vielen Ländern Westeuropas, was das Gesundheitswesen, die Lebens- und Freizeitqualität, die Ernährung, die soziale Sicherheit und etliche weitere Indikatoren anging, ein höherer durchschnittlicher Lebensstandard als in den USA.

Die Schlussakte von Helsinki markierte 1975 die Wende in dieser Entwicklung: Sie betonte stärker die Freiheit als die Gleichheit, die individuellen Freiheitsrechte mehr als den kollektiven Anspruch auf materielle Absicherung. Implizit erkannten die 35 Unterzeichnerstaaten ein Bündel universeller Rechte an, die die Idee einer »Konsumdemokratie« reflektierten, indem sie Werte wie Wahlfreiheit, Bewegungsfreiheit und Meinungsfreiheit hervorhoben und jene Staaten verurteilten, die ihre Bürger zwar mit dem Nötigsten versorgten, ihnen aber nicht erlaubten, ihre Individualität auszuleben. Obwohl die Sowjetunion zu den Unterzeichnern der Schlussakte gehörte, hatte diese einen eindeutig antikommunistischen Tenor. Niemand mehr bestritt, dass der globale Wohlstand inzwischen ausreiche, um die materiellen Bedürfnisse der Menschen zu decken. Wenn dies so war, dann kam es nicht mehr darauf an, Definitionskriterien für einen universellen Lebensstandard zu entwickeln oder die Demokratie zugunsten der wirtschaftlichen Entwicklung hintanzustellen. Wohl wissend, dass ihr Hauptgegenspieler, die UdSSR, im Wettbewerb darum, wer seiner Bevölkerung zu mehr sozialer Gleichheit verhalf, den USA Paroli bieten konnte, stellten die Amerikaner mit besonderem Nachdruck ihre Überzeugung heraus, dass die individuelle Wahlfreiheit (im Unterschied zu einer staatlich garantierten Deckung der materiellen Grundbedürfnisse) das wichtigste und grundlegendste Menschenrecht sei.[7]

Diese Akzentverschiebung vollzog sich just in dem Moment, da sich in der westlichen Welt die hohen Wachstumsraten der Nachkriegsära verlangsamten, bei Löhnen und Gehältern eine stärkere Spreizung eintrat, die bisherigen kollektiven Normen der Lebenshaltung individuelleren Standards Platz machten und die Warenkörbe mit den als grundlegend definierten Gütern und Dienstleistungen darin immer variantenreicher wurden. Die Durchschnittsverbraucher waren nicht mehr Joe Smith und *Mrs. Consumer* oder deren europäische Gegenstücke, der Büroleiter oder der gewerkschaftlich organisierte Arbeiter mit seiner Gattin, Madame Martin. Spätestens in den späten siebziger Jahren wurde den Marketing-Spezialisten der multinationalen Unternehmen angesichts durchhängender Einzelhandelsumsätze klar, dass einige ihrer bisherigen Zielgruppen, etwa die Vollzeithausfrauen, die Jeans tragenden Jugendlichen oder die nach Amerika schielenden Manager nicht nur als Kunden »undankbarer« und unberechenbarer geworden waren, sondern vielleicht gar nicht mehr existierten. Neue Marketing-Strategien konzentrierten sich auf die Identifizierung von Lebensstilen, will sagen von Vorlieben, die die Verbraucher selbst auf der Suche nach Identität und Orientierung angesichts eines unübersehbaren Warenangebots und beunruhigender Zeitläufte zu erkennen gaben. Um neue Trendsetter zu identifizieren, erweiterten die Marketing-Leute ihr Zielpublikum um neue Verbrauchergruppen wie »berufstätige Ehefrauen«, »Schwule«, »Yuppies« oder »Vorpubertäre«, ganz zu schweigen vom Spielzeugmarkt für Kinder. Ein halbes Jahrhundert hatten europäische Marketing-Experten gebraucht, um eine geschichtete Bevölkerung gemäß den berühmten Einkommensgruppen A bis D aufzuschlüsseln. Dagegen vollzog sich der Einbau der neu identifizierten Lifestyle-Gruppen in die Marketing-Konzepte äußerst zügig. Da marxistische Analysen gesellschaftlicher Zustände aus der Mode gekommen waren und die Linke sich abrupt von der Arbeiterklasse verabschiedet hatte, stürzte sich die europäische Sozialwissenschaft bereitwillig auf die demographischen Lifestyle-Rubriken, um die öffentliche Meinung wenn nicht vorauszusagen, so doch zu tabellieren.[8]

---

7 Daniel, The Helsinki Effect.
8 Generell zu den Konsummustern, die alternativ auch als »postfordistisch«, »postmodern« oder »postmaterialistisch« bezeichnet wurden, siehe Featherstone, Consumer Culture. Zu der Pionierarbeit, die Marketing-Experten in den USA und Europa parallel leisteten, siehe Douglas/Urban, Life Style Ana-

All das lief darauf hinaus, dass Europa zum Ende des 20. Jahrhunderts ebenso sehr eine Konsumgesellschaft war wie die Vereinigten Staaten. In dem Maße, wie multinationale Unternehmen sowohl amerikanischer als auch europäischer Provenienz um Anteile an dem wachsenden europäischen Markt wetteiferten und eine ganze Phalanx von Demoskopen im Auftrag der Europäischen Union, einzelner Mitgliedsstaaten oder auch der Privatwirtschaft Verbraucherprofile erstellte, wurde deutlich, dass in Europa eine ebenso vielfältige (wenn nicht sogar noch breitere) Palette von Lebensstilen existierte wie in den Vereinigten Staaten. In Europa, wo sich globale Kultur- und Handelsströme kreuzten, generierte die bunte Vielfalt als solche ein Kaleidoskop von »Eurostilen«: Marketing-Strategien konnten sich an die Vielzahl regionaler Kulturen und die sich ständig weiter verzweigenden Identitäten von Minderheiten und Subkulturen anhängen; sie konnten ferner aus der Wiederbelebung und Neukombinination von Statussymbolen schöpfen, die als Vermächtnis der bürgerlichen Konsumkultur übrig geblieben waren – und im östlichen Europa aus der wehmütigen Erinnerung an hausbackene technische Errungenschaften, Schrebergärten und die existenzielle Sicherheit, die die Demokratischen Volksrepubliken den Menschen gewährt hatten.

Vor diesem Hintergrund wurde auch die Kultur Europas wieder zum Thema, allerdings in einer ganz anderen Form als zu Beginn des Jahrhunderts, als es noch gängige Praxis gewesen war, eine elitär verstandene Kultur einer schnöden materialistischen Zivilisation gegenüberzustellen. Europäische Befürworter der Menschenrechtsagenda der Post-Helsinki-Ära vertraten mit besonderer Leidenschaft die Auffassung, das kulturelle Erbe einer Volksgruppe zu zerstören, könne sich ebenso verheerend auswirken wie die Unterdrückung ihrer politischen Rechte; allerdings dürfe dies nicht im Umkehrschluss bedeuten, dass der Staat oder irgendein selbsternannter Menschenschützer das »Recht auf Kultur« als Vorwand nutzte, um die Rechte anderer zu beschneiden. Sehr kontrovers diskutieren ließ sich natürlich über die Frage, ob nicht Marktkräfte dem »Recht auf Kultur« Gewalt antaten oder antun konnten. Die Vorstellung von Kultur als einer wertvollen gesellschaftlichen Ressource wurde zu einem der Knackpunkte, als die Verhandlungen über ein Allgemeines Zoll- und Handelsabkommen (GATT), die 1986 begonnen hatten, sich 1993 ihrem Abschluss näherten. Für die amerikanische Delegation bestand das Ziel der GATT-Runde darin, verbliebene Handelsschranken wegzuverhandeln, besonders solche, die den freien Handel mit Spielfilmen und anderen Produkten aus dem Medienbereich behinderten. Dagegen beharrten die Vertreter der Europäischen Union darauf, dass audiovisuelle Produkte die »kulturelle Ausnahme« von den Grundsätzen des Freihandels bilden müssten, was die Amerikaner schließlich zähneknirschend akzeptierten. Die EU-Mitgliedsstaaten durften weiterhin Importquoten für ihre Fernsehprogramme festlegen. Die Amerikaner sahen dieses Zugeständnis allerdings als etwas zeitlich Begrenztes; ihre Haltung unterschied sich in diesem Punkt kaum von den Positionen, die sie in der Vergangenheit vertreten hatten: Der Kom-

---

lysis, 46–54; McCall, Meet the »Workwife«, 55–65. Einen allgemeinen Überblick über die Literatur zu diesem Phänomen gibt Neveu, »Sociostyles«, 137–154. Zum Einfluss der Werbung auf diesen Trend siehe Mattelart, L'internationale publicitaire; Antonides/Raaij, Consumer Behavior; Special Dossier.

promiss vermied bewusst jede Grundsatzdiskussion, namentlich über die Frage, ob audiovisuelle Produkte Handelswaren oder Kulturgüter waren, geschweige denn darüber, ob sich Maßnahmen zum Schutz einer nationalen Kultur vor den Kräften des Marktes mit den Grundsätzen der Meinungsfreiheit vereinbaren ließen. Die Zeit arbeitete für sie, sagten sich die Verhandlungsführer der USA – die Zeit und die neuen Technologien des Satelliten- und des Digitalfernsehens, bei denen ihrer Überzeugung nach einmal mehr amerikanische Unternehmen die Nase vorn haben und jede nationale Quotenregelung bedeutungslos machen würden.[9]

Eine neue Dialektik des Konsums

Als die achtziger Jahre anbrachen, hatte die alte Linke Europas immer noch kein Standbein in der Welt der Verbraucher. Viel war im Verlauf des Jahrhunderts über falsches Bewusstsein und falsche Bedürfnisse geredet worden. Doch spätestens zu Beginn der achtziger Jahre führte kein Weg mehr an der Einsicht vorbei, dass jeder organisierte Versuch, »eine unüberwindbare Schranke gegen die Invasion falscher Bedürfnisse« aufzurichten, fehlgeschlagen war. Es waren die Verbraucher selbst, die mit ihrer Konsumnachfrage die »Maginot-Linie der Mäßigung« geschleift hatten.[10] Aber auch diejenigen wurden enttäuscht, die geglaubt hatten, die neuen Verbraucherschutzbewegungen könnten die »disparaten Interessen« der Konsumenten zu einer starken und wirksamen politischen Lobby zusammenschmieden.[11] Die Europäer erwiesen sich, was ihre Interessen als Verbraucher anging, als ebenso beweglich und opportunistisch wie die Amerikaner: Anstatt auf Zumutungen des Massenkonsums mit sinnvollen Protesten zu reagieren, zogen sie es vor, sich lautlos abzumelden, indem sie den Laden wechselten oder gar nicht mehr einkauften. Schon lange vor dem Zusammenbruch des sowjetischen Blocks setzte sich ein – freilich alles andere als tröstlicher – Konsens durch: dass aus den »alternativen Szenarios« und »dritten Wegen« die Luft heraus war und man zähneknirschend zugeben musste, dass die Konsumgesellschaft »unsere einzige Zukunft« war.[12]

Aus dieser Erkenntnis erwuchsen im Verlauf des nachfolgenden Jahrzehnts einsame Reflexionen darüber, wie sich die expressiven Elemente des amerikanischen Konsumkapitalismus mit europäischen Lebensweisen versöhnen ließen; gleichzeitig übten sich die Kritiker des Massenkonsums aber weiterhin darin, dessen normierende und standardisierende Wirkungen und sein Desinteresse an demokratischer Partizipation an den Pranger zu stellen. Für jene Generationen, die in den sechziger Jahren aktiv an der »Amerikanisierung von unten« mitgewirkt hatten – als Jünger des Rock'n'Roll, der Bewegung für Redefreiheit und der sexuellen Befreiung – und darin eine mächtige subversive Kraft gegen obrigkeitliche und patriarchalische

---

9 Hemel u.a., Trading Culture.
10 Scardigli, La consommation, 127.
11 Ruffat, L'introduction des intérêts diffus, 115–133; siehe ferner Trumball, Strategies of Consumer-Group Mobilization, 261–282.
12 Scardigli, La consommation, 127.

Herrschaftsformen sahen, erschien der Konsum unter Umständen sogar als ein Reich der Freiheit und als Nährboden für neue Formen des Widerstands. Das galt erst recht für junge Leute, die in den siebziger und achtziger Jahren aufwuchsen, in denen die alte Linke abtauchte. Spätestens um die Mitte der neunziger Jahre stürzten sich auch europäische Sozialwissenschaftler auf das Studium der Geschichte der europäischen Konsumgesellschaft, und gesellschaftspolitische Aktivisten propagierten, inspiriert von Verbraucherschutz-, Umweltschutz- und diversen anderen Anti-Globalisierungsbewegungen, den »kritischen Verbraucher«.[13]

Als ein besonders fruchtbares Terrain für alle diese Bewegungen erwies sich Italien. Dort nährte sich die Kritik an der Konsumgesellschaft von Mitte der achtziger Jahre an vor allem aus dem verspielten Hedonismus einer laizistischen Kultur, die gegen katholische Tabus und sozialistische Puritanismen aufbegehrte, aus dem Beharrungsvermögen traditionalistischer lokaler und regionaler Kulturen und aus umfunktionierten sozialen Protestformen, die aus dem hinterlassenen Repertoire der alten Linken stammten. Die Kommunistische Partei Italiens (PCI), die größte außerhalb des sozialistischen Blocks, hatte zwar nie in irgendeiner programmatisch relevanten Weise den Begriff »Verbraucher« verwendet, hatte aber in den sechziger und siebziger Jahren ihre Basis in der italienischen Verbraucherschaft erheblich erweitert, indem sie konsequent für höhere Löhne eingetreten war, an der Spitze einiger der am besten regierten Städte Europas exemplarische sozialpolitische Zeichen gesetzt und Genossenschaften, Freizeitorganisationen und andere verbraucherorientierte Gruppen unterstützt hatte. Gegen den Willen der PCI-Führung trieben die Anhänger und Wähler die Partei zunehmend in den Hauptstrom der italienischen Konsumgesellschaft. Augenfällig wurde diese Entwicklung erstmals, als die PCI im Frühherbst 1986 ihre Nationale Einheitsfeier in Mailand, Italiens Modehauptstadt, veranstaltete. Hunderttausende konnten miterleben, wie sich das Gesicht des populärsten italienischen Festivals gewandelt hatte: An die Stelle der traditionellen Bücherstände, Lotterien, chilenischen Liedermacher, Blaskapellen, sozialkritischen Spielfilme und der bodenständigen Bewirtung mit Pasta Bolognese, Fleischgerichten und einheimischen Weinen waren Rock-Shows mit Videoprojektion, Nonstop-Modenschauen, Werkstattgespräche mit kommunistischen Unternehmern und Imbissbuden getreten, die »neue italienische Küche« anboten. Intellektuelle, die sich einst als marxistische Kulturtheoretiker einen Namen gemacht hatten, nutzten die Gelegenheit, um die frohe Botschaft eines postmodernen »eklektischen Hedonismus« zu verbreiten. Vorbei die Zeiten, da man die industrielle Warenwelt als entweder von Haus aus gut oder von Haus aus schlecht dargestellt hatte; worum es jetzt ging, war das »produktive Konsumieren« zu erlernen. Darin lag der ganze Unterschied zwischen dem Eintreten für ein progressiv verstandenes »Recht auf Lust« und dem Rückfall in jene reaktionäre Zügellosigkeit, die scherzhaft auch als »Reagan-Hedonismus« bezeichnet worden ist.[14]

---

13 Eine brauchbare Einführung in die aufblühende Kleingewerbebranche der Verbraucherforschung hat Miller, Acknowledging Consumption, vorgelegt.
14 Zit. n. Omar Calabrese, Ah, l'edonismo di sinistra, Panorama, 31. August 1986, 38.

Womöglich noch permanenter bemerkbar machte sich dieser Wandel an der Basis, wo die *Associazione Ricreativo Culturale Italiana* (ARCI), die mehrere hunderttausend Mitglieder zählende Freizeitorganisation der Linksparteien, in einzelne Lifestyle-Segmente zu zerfallen begann. Gegen Ende der neunziger Jahre hatte sich das einstige Urgestein proletarischer Solidaritätssubkultur zu einem nationalen Dachverband sublimiert, unter dessen Schirm sich Sektionen für Verbraucher, Umweltschützer und Frauenfragen ebenso tummelten wie eine *ARCI-Kids*, eine *ARCI-Gay*, eine *ARCI-Caccia*, eine Jäger-Sektion, in der vor allem betagte Ex-Partisanen ihr Pulver verschossen, und nicht zuletzt die *ARCI-Gola*, ein Club der »Unersättlichen«.[15] Der Vorläufer der Slow-Food-Bewegung entstand in Bra, einem Städtchen in der Langhe, der südlich von Turin gelegenen, für ihre Weine, ihre Trüffeln und ihren Käse bekannten Hügellandschaft, die nach Jahren der Entvölkerung von den siebziger Jahren an zum Zufluchtsrevier für entfremdete arbeitslose Großstädter und ehemals militante Studenten geworden war, die sich auf Distanz zu kommunistischen Bürokraten und linksradikalen Terroristen begeben wollten. Hier gründete Carlo Petrini zusammen mit Gleichgesinnten die »Freie und wohlverdiente Vereinigung der Freunde des Barolo«. Bei gutem Essen und gutem Wein gelobten die Mitglieder einander die Treue, man gründete und betrieb eine lokale Genossenschaft und nutzte die bewährten ARCI-Netzwerke, um sich mit ähnlich gepolten Gruppen im Norden und in der Mitte Italiens zu verbrüdern. Bei einem Freundschaftsbesuch 1983 in dem toskanischen Bergstädtchen Montalcino wurden die Freunde des Barolo im örtlichen Haus des Volkes so »widerwärtig« beköstigt, dass Petrini auf der Stelle beschloss, die der Linken zur zweiten Natur gewordene Kultur der Selbstverleugnung zum politischen Thema zu machen: Wie konnte sich die Linke guten Gewissens für einen höheren Lebensstandard einsetzen und zugleich die erbärmliche Lebensqualität gutheißen, die sich in durchweichten Nudelgerichten und minderwertigen Weinen aus proletarischen Vorratskammern manifestierte? Die Bewegung kam rasch aus den Startlöchern, fand Zuspruch in linken Publikationen wie *Il Manifesto* oder *Gambero Rosso*, die über eine Rubrik für Essen und Trinken verfügten oder eine solche einrichteten, aber auch aus dem »Unterbauch« der Volkskultur, dessen ungeknebelte, an Rabelais geschulte Stimme zuletzt ein volles Jahrhundert früher in Paul Lafargues *Recht auf Faulheit* erklungen war: Lebenslust war weder eine Sünde noch ein Monopol des Bürgertums! So formierte sich die eigenwillige und intelligente Bewegung, die spätestens 1986 zu einer prominenten Kraft des internationalen Widerstands gegen das »schnelle Leben« wurde, nachdem ihre Aktivisten gegen die Eröffnung eines überdimensionalen *McDonald's*-Lokals im barocken Herzen Roms demonstriert hatten, indem sie mit Schüsseln voller dampfender Pasta davor aufmarschiert waren.[16]

---

15 Meine Hauptquelle für die jüngere Vergangenheit der ARCI ist deren eigene selbstkritische Geschichtsschreibung: Associazione Arci, Storia. Siehe auch Arcigay, Arcigay in English.
16 Ein Abriss der Vor- und Gründungsgeschichte von Slow Food aus erster Hand findet sich in Regione Piemonte, Carlo Petrini. Für mehr Hintergrund siehe Warde/Martens, Eating Out; Miele/Murdoch, Slow Food.

Der Umstand, dass Slow Food sich ihre ersten Sporen als Bewegung durch eine Konfrontation mit *McDonald's* verdiente, deutet darauf hin, dass das Imperium der Marktwirtschaft noch immer das Tempo des Wandels im Bereich der Konsumkultur vorgab. In der Tat rekapitulierte der Vormarsch der bislang letzten in der Reihe der machtvollen Errungenschaften der amerikanischen Konsumkultur des 20. Jahrhunderts den Siegeszug der voraufgegangenen Innovationen, die wir in diesem Buch haben Revue passieren lassen. Frucht der genialen unternehmerischen Vision eines gewissen Ray Kroc, eines aus Oak Grove in Illinois stammenden Vertreters für Milchshake-Maschinen, der 1954 die Franchise-Rechte an einem Schnellimbiss für Hamburger erwarb, den die beiden Gebrüder McDonald im kalifornischen San Bernardino betrieben, ließe sich das daraus emporgewachsene Großunternehmen als der letzte große Erbe des Fordismus betrachten. Auf dem denkbar dankbarsten Terrain operierend – nämlich dort, wo es um Ort, Zeit und Art der Nahrungsaufnahme der Menschen geht –, brachte *McDonald's* sämtliche typischen Elemente einer standardisierten industriellen Produktion und eines massiven Marketings in den Dienstleistungssektor ein, von einer einheitlichen Produktlinie – Hamburger, Fritten und *Coca-Cola* – über weitgehend automatisierte Verfahren der Zubereitung und den Einsatz minimal ausgebildeter, maximal effizienter Mitarbeiter mit adretten Uniformen, feschen Käppchen und einem strahlenden »Service-Lächeln« bis hin zu einer allgegenwärtigen Werbung, minuziös darauf berechnet, den potenziellen Kunden schon durch die strategische Platzierung der Filialen und durch die Unverwechselbarkeit der Einrichtung, der Dekorationselemente und der Produktnamen an die Leine zu nehmen. Sein Hauptquartier in Krocs Heimatstadt aufschlagend, expandierte das Unternehmen (das im benachbarten Elk Grove auch gleich seine eigene *Hamburger University* errichtete, an der die Regeln und Rezepte für den Erfolg des Geschäfts gelehrt werden), indem es in jeweils ausgewählten Territorien lokale Kleinunternehmer zu Franchise-Partnern machte, die mit der Verheißung geködert wurden, dass das Modell *McDonald's* in praktisch jedem Umfeld erfolgreich und gewinnbringend praktiziert werden könne. In jenem Spannungsfeld zwischen den Polen der Freiheit und des engmaschigen Regelwerks operierend, über das sich Beobachter der amerikanischen Massenkultur schon seit den zwanziger Jahren Gedanken gemacht hatten, verstand *McDonald's* es, die Welt zugleich durch Uniformität anzuöden und durch die Bereitung kleiner Freuden zu bezaubern. In den achtziger Jahren war das Unternehmen maßgeblich an einer weiteren epochalen Umwälzung im Bereich der europäischen Konsumkultur beteiligt.[17] Es spielte dabei in der gastronomischen Arena in etwa dieselbe Rolle wie der Hollywood-Film in den zwanziger Jahren in der Sphäre der visuellen Kultur und die Ladenkette und

---

17 Das Phänomen *McDonald's* hat eine unüberschaubare und kontroverse Literatur hervorgebracht. Zu Fast Food im Allgemeinen siehe die elegante Polemik von Schlosser, Fast Food Nation. Eine seriöse Geschichte des Unternehmens bietet Love, McDonald's. Eine exemplarische Analyse des Phänomens Fast Food in Europa legt Rick Fantasia, Fast Food in France, 215–229, vor. Die Diskussion über die »McDonaldisierung« als eine Form der Rationalisierung bezieht zwangsläufig auch europäische Entwicklungen mit ein; siehe Ritzer, McDonaldization, sowie Smart, Resisting McDonaldization.

der Supermarkt in den dreißiger bzw. sechziger Jahren bei der Revolutionierung des Einkaufens.

Mit jenen früheren Innovationen hatte der Siegeszug von *McDonald's* gemein, dass er sich in Wechselwirkung mit Trends in den jeweiligen Wirtsgesellschaften vollzog. Das Unternehmen eröffnete seine ersten Filialen auf kontinentaleuropäischem Boden 1971, begann aber erst nennenswerte Gewinne zu machen, als in Westeuropa dieselben Entwicklungen Platz griffen, die den Erfolg von *McDonald's* in den USA begünstigt hatten, nämlich die Zunahme der Massenmobilität, der Arbeitsintensität, der Berufstätigkeit von Frauen (die den Griff zum Fertiggericht und den Trend zum Essengehen förderte), der Differenzierung individueller Essvorlieben, der Beeinflussung durch Werbung, der Neigung, den Wünschen der Kinder als der jüngsten Konsumenten nachzugeben. Bis 1984 machte *McDonald's* einen Bogen um Italien, aus Angst vor Terrorismus, Inflation, Streiks und einem Arbeitsrecht, das, bis zu seiner Revision 1982, den Einsatz jugendlicher Berufseinsteiger in ungesicherter Teilzeit-Beschäftigung nicht erlaubte – und gerade dies war eines der Markenzeichen von *McDonald's*. Es lag somit an der einheimischen Unternehmerschaft, ob sie die Chance nutzen würde, die neue Nachfrage nach der schnellen Mahlzeit außer Haus zu befriedigen. Am Anfang sprangen bestehende Cafés improvisierend in die Bresche, indem sie Sandwichs oder Pizzastücke über die Stehtheke verkauften. Dann, im Februar 1982, feierte ein italienisches Eigengewächs namens *Burghy*, gestützt auf Erkenntnisse über aktuelle Entwicklungen in den USA, in Mailand sein Debüt mit einer Speisekarte, auf der sich im Wesentlichen Hamburger und Pommes frites fanden. Als *McDonald's* drei Jahre später seine ersten Filialen in Italien eröffnete, waren viele Neologismen aus der Fast-Food-Lebenswelt bereits im Umlauf: *paninoteca* (Sandwich-Bar), *fermino* (Imbiss), *mordi e fuggi* (»iss und lauf«), und die *Burghy*-Restaurants in Mailand waren berüchtigt als Treffpunkte für Meuten schmuddeliger »Punker« und in *Timberland*-Stiefel und Daunenwesten gekleidete *paninari* (»Brötchenesser«).[18]

Just zur selben Zeit, als *McDonald's* in Italien an den Start ging, verhandelten italienische Genossenschaften mit sowjetischen Staatsvertretern im Zeichen von *Glasnost* über die Eröffnung des ersten Stützpunkts einer »Neuen Gastronomie« in unmittelbarer Nähe des Roten Platzes in Moskau; die Italiener bauten dabei auf den exzellenten Ruf, der der italienischen Küche vorauseilte, auf ihren flexiblen Management-Stil und natürlich auf ihre politischen Verbindungen. Da die Eröffnung des Lokals unbedingt zeitgleich zum Beginn des für 1986 anberaumten Parteitags der Kommunistischen Partei der Sowjetunion stattfinden sollte, unternahm der Präsident der *New Food Trade Company*, Marco Minella, in aller Eile eine Erkundungstour in die Vereinigten Staaten, um alles Wissenswerte über »kollektive gastronomische Versorgung« in Erfahrung zu bringen und die gewonnenen Erkenntnisse »in eine internationale Sprache zu übersetzen«. Die Planungen sahen vor, dass die Italiener künftig 800.000 Moskauer pro Tag beköstigen würden; auf ihrer Speise-

---

18 La SME cede a un privato il suo »fast food«, La Repubblica, 12. Juli 1985, 36; Mariella Tanzarella, Arriva in Italia il ristorante drive-in, ebd., 10. August 1985, 36; Il made in Italy alimentare prende la strada del fast-food, ebd., 7. Dezember 1985, 51.

Abb. 41: Fast Food wird historisch: Direkt neben einem ca. 1.800 Jahre alten römischen Mosaik erinnert eine Plakette an die Eröffnung des ersten *McDonald‹s* in Italien 1986.

karte standen Hühnchen und Pizza, jedoch keine Hamburger, denn die Sowjetbehörden hatten diese von vornherein als »Symbole von Kapitalismus und Imperialismus« auf den Index gesetzt.[19]

Das *McDonald's*-Restaurant, das 1986 unmittelbar an der Spanischen Treppe in Rom eröffnet wurde, war zu der Zeit mit 450 Plätzen das weltweit größte, und dank des enormen Touristenaufkommens in dieser Gegend wurde ihm mehrere Jahre lang der Ruhm zuteil, die umsatz- und gewinnstärkste Filiale des gesamten Unternehmens zu sein. Innerhalb eines Jahres schossen in der unmittelbaren Umgebung mindestens zwanzig Nachahmungen aus der Gegend – *Benny Burger, Big Burg, Best Burger, Golden Burger* usw. –, und die McDonaldisierung der Speisekarten und Betriebsabläufe hatte sogar den italienischen Wortschatz verändert und bereichert: Aus *frappés* waren *milkshakes* geworden, hinter der Verkaufstheke standen *fryers* am *grill*, nach Verkaufsschluss wischten *cleaners* die Böden auf. Gegen Ende der achtziger Jahre kündigte *McDonald's* – im Sog einer breiten Auslandsexpansion von US-Firmen in Reaktion auf eine Abschwächung der Binnenkonjunktur und auf die absehbare Stärkung der Europäischen Union – die Eröffnung von weiteren

19 Mauro Alberto Mori, Fast Food in Russia. Le Coop sbarcheranno sulla piazza rossa, La Repubblica, 17. Dezember 1985, 17; Piero Valentino, Fast Food italiano in URSS, Pizza sì, Hamburger no, ebd., 24. September 1986, 19.

fünfzig Filialen in Italien an. Das war vor allem eine Kampfansage an die führende Fast-Food-Kette Italiens, *Burghy*, die inzwischen den Besitzer gewechselt hatte und dabei war, etliche ihrer einheimischen Konkurrenten zu übernehmen. *McDonald's* schluckte *Burghy* im Verlauf des folgenden Jahrzehnts und konzentrierte sich darauf, seine führende Stellung gegen *Burger King* zu verteidigen, den amerikanischen Konkurrenten, der auf dem italienischen Markt in einem Joint Venture mit *Autogrill* Fuß gefasst hatte, einer Restaurantkette, die vor allem Autobahnraststätten betrieb. Für die Kunden, die zu *McDonald's* gingen, war die Speisekarte indes nicht das Entscheidende. Es waren die kulturellen Assoziationen, die die Attraktivität dieses amerikanischen Fast-Food-Pioniers ausmachten: die helle Beleuchtung, das geräuschvolle Getriebe, das Kommen und Gehen von Touristen und anderen Auswärtigen, die bunten Uniformen der Mitarbeiter, die Selbstbedienung und die freie Tischwahl, die enge Verknüpfung mit *Coca-Cola* und mit vertrauten *Disney*-Figuren, der als Firmenmaskottchen unübersehbar präsente rothaarige Clown Ronald McDonald, angeblich die weltweit bekannteste »Persönlichkeit« nach Jesus, und die kleinen Plastikspielzeuge, die Kinder geschenkt bekamen.[20]

Die »Neue Gastronomie« aus Italien hatte gerade erst am Roten Platz Fuß gefasst, da sah sich der Kreml gezwungen, sein politisches Marktmonopol aufzugeben. Keine drei Monate nach dem Fall der Berliner Mauer, am 28. Januar 1990, eröffnete *McDonald's* seine erste Filiale an der Ecke des Puschkin-Platzes. Ausgehend von Westdeutschland, wo das Unternehmen bereits fest im Sattel saß, drang es auch in das Gebiet der ehemaligen DDR vor. Im Frühjahr 1990 zeigte *McDonald's* mit einem fahrbaren Verkaufsstand im Zentrum Dresdens Flagge, ehe es kurze Zeit später in der abgetakelten alten Textilstadt Plauen seine erste Filiale eröffnete. Der fixe unternehmerische Geist der örtlichen Franchise-Nehmer, einer Gruppe ehemaliger Mustersozialisten, die bis dahin die Läden der Plauener Konsumgenossenschaft betrieben hatten, weckte Erinnerungen an den Pioniergeist der Plauener Kaufmannselite der vorkommunistischen Periode, die 1929 um eine (angesichts der zu geringen Einwohnerzahl ihrer Stadt notwendige) Sondererlaubnis zur Gründung eines eigenen Rotarierclubs angesucht hatte.[21]

Der amerikanische Unternehmergeist verlegte sich in den berauschten Aufbruchsjahren nach 1990 auf die Eroberung nicht nur Rest-Europas, sondern der ganzen Welt. Das neue *McDonald's*-Restaurant in Moskau lief in puncto Größe und Kundenfrequenz sogar jenem in Rom den Rang ab. Doch die Filiale in Peking, 1992 eingeweiht, stellte mit ihren 950 Plätzen beide in den Schatten. Im Januar 1993 öffnete eine *McDonald's*-Filiale in Mekka ihre Pforten, um etwas vom Geschäft mit den Pilgermassen abzukriegen. Im Jahre 2000 zählte das *McDonald's*-Imperium rund 30.000 Restaurants weltweit.[22]

20 Laura Laurenzi, È a Piazza di Spagna il tempio fast food più grande del mondo, La Repubblica, 13. März 1986, 15; Giorgio Lonardi, A Cremonini il monopolio del »fast food« italiano, ebd., 30. Januar 1988, 54; Enrico Franceschini, Sua maestà l'hamburger, ebd., 3. November 1988, 24; Alessandra Rota, E la licenza è un gioco da ragazzi, ebd., 13. März 1986, 15; Mariella Tanzarella, Uomini di buona voluttà, ebd., 1. Mai 1992, 30.
21 Schlosser, Fast Food Nation, 225ff.
22 Magdi Allam, Nasce Meccadonald il re dei fast food nella città dell'Islam, La Repubblica, 29. Dezember

Fast Food war also auf dem Vormarsch, aber auch Slow Food kam voran, wenn auch entlang einem anderen Vektor. Die Bewegung legte großen Wert darauf, sich nicht zur Geisel von *McDonald's* zu machen, indem sie dieses Unternehmen zum Prügelknaben für den Niedergang der Esskultur oder zum Inbegriff der kapitalistischen Globalisierung und ihrer verheerenden Auswirkungen erklärte. In diesem Punkt wollte Slow Food Distanz zu Leuten wie dem französischen Aktivisten José Bové wahren, einem Landwirt und führenden Kopf der internationalen Anti-Globalisierungsbewegung, der 1992 in Frankreich zum Nationalhelden aufgestiegen war, als er in seiner Heimatstadt Millau den Rohbau einer *McDonald's*-Filiale per Bulldozer plattgewalzt hatte. Slow Food sei, so beteuerten die Wortführer immer wieder mit neohumanistischer Feierlichkeit, nicht angetreten, »um zu zerstören, zu unterwerfen oder zu sabotieren, sondern um als Instrument des Wissens zu dienen«. Lokale Gliederungen waren mit der internationalen Bewegung nicht durch eine Satzung verbunden, sondern durch gemeinsame Erfahrung und die geteilte Überzeugung, dass Geselligkeit ein Kulturgut bleiben müsse und nicht zur Ware gemacht werden dürfe. Eine wichtige Waffe der Bewegung war ihre Unbotmäßigkeit. Die kesse Schnecke, ihr Wappentier, ist langsam, vorsichtig, aber auch essbar. *Homo sapiens* lebt, um sich Wissen anzueignen, aber auch, um das Leben zu genießen, allem voran das Essen. Die Aufgabe, die sich die Bewegung gestellt hatte, bestand darin, Stilelemente und Vorstellungen zu kombinieren, die man bis dahin als unvereinbar betrachtet hatte: Qualität und bezahlbare Preise, Lebensgenuss und soziales Gewissen, Behändigkeit und Trägheit. Als Ideal schwebte ihr eine gesellschaftliche Bewegung vor, die »offen, demokratisch und nicht durch Sonderinteressen verunreinigt« sein und es vermeiden sollte, »sich mit Ritualen, Protokollen und eitlen Äußerlichkeiten lächerlich zu machen.«[23]

Wenn Slow Food heute blüht und gedeiht, dann dank eines guten geschäftlichen Instinkts. Die Bewegung verdient ausgezeichnet an ihren weit verbreiteten Restaurant- und Weinführern und ist Gastgeber einer jährlich stattfindenden »Geschmacksmesse«, des *Salone del Gusto*. Es ist die größte Lebensmittel- und Gastronomiemesse Italiens mit Hunderten Ausstellern, deren Stände über das *Fiat*-Montagewerk in Lingotto verteilt sind, wo einst die Wiege des italienischen Fordismus stand und das zu einer postmodernen Ausstellungshalle umgebaut worden ist. Die Messe bietet zahlreichen kleinen Anbietern die Chance, ihre Produkte, die bis vor kurzem kaum über einen lokalen oder regionalen Markt hinaus bekannt waren, einem internationalen Publikum zu präsentieren. Zwangsläufig muss sich Slow Food mit dem Vorwurf auseinandersetzen, man sei eine elitäre Veranstaltung für snobistische Feinschmecker, die auf der Suche nach der perfekten Schweinsbratwurst oder dem ultimativen *Parmigiano Reggiano* sind, und reproduziere somit nur die alte Polarisierung zwischen Geschmackselite und Masse, zwischen Qualität und Quantität und zwischen Essgenuss und bloßer Sättigung, die in der Vergangenheit das philosophische Fundament der bürgerlichen Kultur gewesen war und als Recht-

---

1992, 11.
23 Petrini, Slow Food, 12, 19; Alexander Stille, Slow Food, The Nation, 9. August 2001; Miele/Murdoch, Practical Aesthetics, 312–328.

fertigung dafür gedient hatte, dass man dem amerikanischen Lebensstandard im Namen der europäischen Lebensart eine Absage erteilt hatte. Als Antwort würden die Slow-Food-Propagandisten darauf hinweisen, dass es um eine grundlegendere Frage gehe, nämlich dass in der Welt von heute der Zugang zu anständigem Essen als Klassenfrage wieder aus der Versenkung aufgetaucht ist und diejenigen, die über das Einkommen, das Wissen und die Zeit verfügen, sich angemessen zu ernähren, von denen scheidet, die dies nicht können und daher unter einem Mangel an Auswahlmöglichkeiten, an ernährungsbedingten Krankheiten und typischerweise an Fettleibigkeit leiden. Damit nicht genug: Die Fähigkeit, in großem Stil Nahrungsmittel zu produzieren, markiert den großen Unterschied zwischen der subventionierten, durch Zölle geschützten Landwirtschaft der Ersten Welt und der Subsistenz-Landwirtschaft der armen Länder. Dementsprechend steckt die Slow-Food-Bewegung ihre Ziele weiter: von der Öffentlichkeitsarbeit für besseres Essen und Trinken und der Diskussion über Ernährungsthemen zur Initiierung von Programmen wie dem »essbaren Schulhof«, die Kinder lehren sollen, weniger und besser zu essen, oder zur Ansiedlung von Bauernmärkten in großstädtischen Wohnvierteln.

Von einer umfassenderen Warte aus gesehen, gewann die Bewegung die Erkenntnis, dass die wirtschaftliche Globalisierung, wenn sie denn jenen homogenisierenden Effekt hatte, der es multinationalen Konzernen erlaubte, ihre Reichweite bis in den entlegensten Winkel der Erde auszudehnen, auch mittleren und kleineren Erzeugern zugutekommen konnte, wenn sie etwa das Internet dazu nutzten, Marktnischen für sich zu etablieren und dadurch ihr Überleben zu sichern. Ähnlich wie das Eintreten für die Artenvielfalt das Augenmerk der Menschen auf vom Aussterben bedrohte Tier- und Pflanzenarten richtet, versteht sich die Öko-Gastronomie als Initiatorin und Schutzpatronin von Programmen, die das Überleben gefährdeter Esskulturen sichern sollen. Aus dieser Konstellation erwuchs der Beschluss, »Nobelpreise« für Biodiversität zu verleihen, Slow-Food-Reservate für die Erhaltung bedrohter Arten zu errichten und einen symbolischen »Geschmacks-Triumphbogen« zu bauen, gewidmet der Rettung und Erhaltung des Almkäses, des Gerstenweins oder des Piemontesischen Stiers, die alle der Sintflut der landwirtschaftlichen Standardisierung zum Opfer zu fallen drohen. Abgesandte von Slow Food besuchen internationale Institutionen wie die Welthandelsorganisation (WTO), um für die Liberalisierung des Handels mit Agrarprodukten zu werben, aber zu Bedingungen, die es den multinationalen Giganten erschweren würden, genetisch veränderte und hoch subventionierte Nahrungsmittel in Ländern wie Mali auf den Markt zu werfen, wo ein importiertes Baguette am Ende weniger kostet als ein Kilo lokal erzeugtes Sorghum oder Hirse.[24] Kurzum, Slow Food tritt dafür ein, landwirtschaftliche Produkte wie Kulturgüter zu behandeln, die Chancen für ihre Produktion und Konsumtion zu vervielfachen und sie ähnlich zu schützen, wie Kulturgüter durch die Institution des geistigen Eigentums geschützt werden, etwa indem geografische Namen oder traditionelle Herkunftsbezeichnungen zum exklusiven Eigentum der

---

24 Susan E. Rice/Gayle E. Smith, Stop the Trans-Atlantic Food Fight, International Herald Tribune, 30. Mai 2003, 6; Ibrahim Coulibaly, Malien, Libération, 30. Mai 2003, 3.

Dörfer, Regionen oder Länder erklärt würden, denen sie entstammen. So würde etwa das Recht auf die Bezeichnung *Dijon*, die der Nahrungsmittelkonzern *Kraft* für eines seiner Senfprodukte benutzt, an Senfhersteller aus dieser französischen Stadt zurückfallen. Oder es dürften nur Zwiebeln, die aus Vidalia in Georgia kommen, als *Vidalia*-Zwiebeln vermarktet werden. In den Augen des Impressarios der Bewegung, Petrini, sind die Vereinigten Staaten ein »geborenes Slow-Food-Territorium«. Es wäre in seinen Augen eine der kostbarsten Missionen von Slow Food, die kulinarischen Traditionen wieder zum Leben zu erwecken, dank derer die Vereinigten Staaten in früheren Zeiten weltberühmt für die Fülle ihrer Lebens- und Nahrungsmittel waren – und nicht für die Hamburger von *McDonald's*.[25]

Amerika ist an der Reihe

Man könnte die Auseinandersetzung über Esskulturen als von lediglich ethnographischem Interesse abtun, als bloß eine andere Dimension des »Futterkampfes« zwischen nordatlantischen Brüdern mit jeweils einer wohlgenährten Bevölkerung und einem ähnlich hohen Lebensstandard, wäre da nicht jene einschneidende Wende in der imperialen Politik der USA, die sich zu Beginn der neunziger Jahre vollzog.

Der Zusammenbruch des sowjetischen Blocks 1990 veranlasste die politischen Köpfe des Westens, sich noch einmal Gedanken über das Vermächtnis von Woodrow Wilson zu machen, namentlich über die Frage, ob die marktwirtschaftlichen, demokratischen Werte, die mit dem Kollaps der UdSSR vermeintlich triumphiert hatten, als Fundament für die Errichtung einer neuen Weltordnung unter Führung der Vereinigten Staaten dienen konnten. War es nicht denkbar, die globale Hegemonie der USA jetzt, da dem Land jeder ernst zu nehmende militärisch-politische Kontrahent abhandengekommen war, auf der Grundlage einer neuen und anderen Legierung aus militärischer Macht und ziviler Überzeugungskraft zu rekonstituieren? Konnte man nicht in dem Maße, wie sich lokale Kulturen in aller Welt immer mehr einem einheitlichen globalen Modell annäherten, die nichtmilitärischen Ressourcen, die die westliche Welt im Verlauf der verflossenen Jahrzehnte angesammelt hatte, überzeugender und wirksamer einsetzen, um in der Folge die teuren »harten« oder militärischen Facetten der amerikanischen Macht zurückzuschrauben? Was diejenigen, die in diesem Zusammenhang den Einsatz »sanfter Macht« propagierten, damit genau meinten, blieb etwas vage, außer dass darin Elemente aus Diplomatie, öffentlicher Selbstdarstellung und kultureller Gediegenheit einfließen sollten, mit dem gewünschten Ergebnis, dass »andere dasselbe wollen, das ihr wollt«.[26] Außer Acht blieb bei dieser Formulierung Wilsons einfühlende Auffassung, dass es darum gehe, die Welt und die Menschheit voranzubringen – man denke nur an den Appell, den er 1916 an seine Landsleute gerichtet hatte: Sie sollten darüber nachdenken, »was die anderen sich wünschen, nicht was ihr euch wünscht«. Dennoch wohnte

25 Tyler Cabot, Naming Rights, Washington Post, 21. Mai 2003, FO1.
26 Nye, Bound to Lead. Die Definition wurde anschließend weiterentwickelt in ders., The Paradox of American Power, insbes. 8–12, sowie ders., Soft Power.

dem Soft-Power-Szenario eine anfängliche Plausibilität inne. Die Telekommunikations- und Medienkonglomerate der USA schienen drauf und dran, ihre weltweite Dominanz noch weiter auszubauen, da die Kräfte der Globalisierung eine nie da gewesene Konvergenz der materiellen Lebensroutinen beförderten.[27] Plausibel erschien diese Möglichkeit nicht zuletzt im Licht der Tatsache, dass die amerikanische Konsumkultur als Rollenvorbild schon früher ihren Beitrag zum Wiederaufbau Westeuropas als Hort des Friedens und nebenbei auch zur Diskreditierung des sowjetischen Totalitarismus geleistet hatte. Dieses Szenario ignorierte freilich die uneinheitliche Natur heutiger Warenbewegungen. Außerdem hatte es keine Antenne für die Gefühle der Aussichtslosigkeit und des Abscheus, die entstehen können, wenn eine Lawine von »Neuheit« die Menschen überrollt, Gefühle, die darauf hinauslaufen, dass der als »amerikanisch« identifizierte westliche Materialismus zum Objekt des Hasses und der Ablehnung wird. Schließlich versäumte es dieses Szenario auch, von der Gewalt, die bei früheren »Zivilisationskonflikten«, auch noch im gerade zu Ende gehenden 20. Jahrhundert, freigesetzt worden war, darauf zu schließen, welches Ausmaß an Gewalt die Welt an der Wende zum 21. Jahrhundert erleben sollte, wenn auch in Form einer von einer anderen fundamentalistischen Botschaft inspirierten und auf ein ganz anderes Waffenarsenal gestützten Gewalt.[28]

Unter dem Eindruck der Anschläge gegen die Vereinigten Staaten am 11. September 2001 sah es eine Zeitlang so aus, als ließe sich das schlechte Image des Imperiums der Marktwirtschaft mit den Mitteln der Verkaufspsychologie aufpolieren. Konnte es sein, dass der islamistische Terrorismus die Folge eines grundlegenden Unverständnisses amerikanischer Motive war? Dass die globale Marketing-Maschine, die die für den *American way of life* typischen Gepflogenheiten und Waren propagiert hatte, unterschwellig zugleich irreführende Botschaften über die positiven Werte vermittelt hatte, die der materialistischen Kultur des Westens innewohnen? Wie auch immer, die Regierung Bush berief etwa zu dem Zeitpunkt ihres ersten militärischen Gegenschlages in Afghanistan, am 2. Oktober 2001, Charlotte Beers, in der Talmiwelt der PR-Branche als »Königin des Branding« gefeiert, auf einen kurz zuvor geschaffenen Posten im *State Department*, nämlich den einer Staatssekretärin für öffentliche Diplomatie und öffentliche Angelegenheiten. Aus einem Fundus an Fähigkeiten schöpfend, die sie in ihrer Zeit als Vorstandsvorsitzende der Agentur *J. Walter Thompson* perfektioniert hatte, und aus einem mit einer Milliarde Dollar dotierten Budget, ging Beers daran, die teuerste PR-Kampagne aller Zeiten ins Werk zu setzen. Zweck der Übung war es, einfach ausgedrückt, »dem Dschihad Marktanteile wegzunehmen«, indem man »unzufriedene Bevölkerungsgruppen« ins Visier nahm, namentlich im Nahen Osten und im südlichen Asien, »wo eine ungenaue Wahrnehmung der USA zu Unruhe führt, und Unruhe hat sich als eine Gefahr für unsere nationale sowie für die internationale Sicherheit erwiesen«.[29] Das Weiße

---

27 Barber, Coca-Cola und Heiliger Krieg; Brzezinski, Out of Control.
28 Huntington, Kampf der Kulturen, beschrieb in seinem enorm einflussreichen Buch die Alternative zum Soft-Power-Szenario.
29 Beers, American Public Diplomacy and Islam, Aussage vor dem Auswärtigen Ausschuss des US-Senats; Roughneen, Office of Global Communications.

Haus richtete gleichzeitig eine konkurrierende Stabsstelle ein, genannt *Office of Global Communications* und mit der Aufgabe betraut,»wahre, akkurate und wirksame Botschaften über das amerikanische Volk und seine Regierung zu verbreiten«. Auf diese Weise sollten »Missverständnisse und Konflikte verhindert, Unterstützung für und zwischen Koalitionspartnern der Vereinigten Staaten mobilisiert und das internationale Publikum besser informiert werden«, insbesondere über die »nicht verhandelbaren Forderungen« der US-Regierung im Bereich der Menschenwürde. Das Ganze sollte »einen Rahmen für ein aufmerksameres Zuhören und einen intensiveren Dialog in aller Welt« schaffen.[30] Im März 2003, als die Regierung Bush ihren Krieg gegen den Irak vom Zaun brach, trat Beers aus gesundheitlichen Gründen von ihrem Amt zurück. Ihre Kampagne für »gemeinsame Werte« war fehlgeschlagen. Bei einer Aussage vor dem Auswärtigen Ausschuss des US-Senats eine Woche vor ihrem Ausscheiden aus dem Amt erklärte sie: »Die Kluft zwischen dem, was wir sind und wie wir gesehen werden wollen, und dem Bild, das andere von uns haben, ist erschreckend groß.« Als das *Pew Research Center for the People and the Press* im Dezember eine weltweite Umfrage zum Image der Vereinigten Staaten durchführte, zeigte sich, dass die Sympathiepunkte für das Land in den Keller gegangen waren, selbst in den Reihen seiner Bündnispartner.[31]

Es war dies gewiss nicht das erste Mal, dass Amerika versuchte, sich zu verkaufen, und doch markierte die Mission von Charlotte Beers eine bedeutsame Abkehr vom *modus operandi* des Imperiums der Marktwirtschaft während seiner Blütezeit im Kalten Krieg. An der Wende von den fünfziger zu den sechziger Jahren unterfütterte es die Verheißungen der Konsumrevolution im Ausland mit staatlichen Institutionen und privaten Unternehmen, die aktiv mit basisdemokratischen Bewegungen zusammenarbeiteten. Das amerikanische Modell versprach einen hohen Lebensstandard und wartete mit Rezepten und Methoden auf, um dieses Ziel zu erreichen. Die kulturelle Diplomatie ging Hand in Hand mit 13 Milliarden Dollar an Marshall-Plan-Geldern, die zielgerichtet eingesetzt wurden, um das westliche Europa zu einem tiefen und breiten regionalen Absatzmarkt aufzubauen. Während das *State Department* auf Messen amerikanische Musterhäuser und Supermärkte präsentierte, stellte die US-Regierung Entwicklungshilfe in massiver Größenordnung bereit. *Rotary International* verdoppelte in diesem Zeitraum die Zahl seiner weltweit aktiven Clubs nahezu, von 340.000 in 1950 auf 650.000 in 1970, und multinationale US-Unternehmen machten sich in den Ländern der Europäischen Gemeinschaft breit, setzten Maßstäbe für »gutes Konsumverhalten« und halfen als konkurrierende Anbieter mit, die Preise für Konsumgüter nach unten zu drücken. Wichtig war vor allem, dass sich das Imperium der Marktwirtschaft in Europa als eine friedfertige Kraft präsentierte; in dieser Beziehung setzte es einen Kontrast zu der kriegslüsternen Tradition des altweltlichen Militarismus.

Über weite Strecken des 20. Jahrhunderts betätigte sich die amerikanische Konsumkultur als revolutionäre Kraft; ihre gesellschaftlichen Errungenschaften und

---

30 White House, Office of Global Communications, 8. Mai 2003.
31 Johanna Neuman, Ex-Ad Executive Quits Federal Post Pitching America to the World, Los Angeles Times, 4. März 2003, A-7.

ihre explizite und implizite Verkündung eines Rechts auf Lebensqualität erwiesen sich als ebenso effektiv wie jede politische Revolution, wenn es darum ging, alte Bindungen und Verkrustungen aufzulösen. Doch keine Revolution ist permanent. Revolutionen können ihre Richtung ändern, und früher oder später laufen sie sich tot. Oder ihre Grundsätze und Institutionen werden so konturlos, dass sie am Ende nicht mehr mit ihrem ursprünglichen Impetus und ihren Urhebern identifiziert werden. Neue Kräfte kommen ins Spiel. Die Lösungen der Vergangenheit verwandeln sich in die Probleme der Gegenwart. Die Vereinigten Staaten mögen nach wie vor die dynamischste treibende Kraft hinter der globalen Konsumkultur von heute sein, doch ist ihr technischer Vorsprung nicht mehr groß genug, als dass sie das alleinige Vorrecht auf Innovationen, sei es im Produktions- oder im Konsumsektor, beanspruchen könnten. Die Anstrengungen, die die US-Regierung unternommen hat, um selbst in der Rolle des globalen Verkäufers zu glänzen, haben letzten Endes nur offenbart, dass die Kunst des Verkaufens weniger zu einem Instrument der Staatskunst geworden ist als zu einem Ersatz für sie.

So gesehen, hat das Imperium der Marktwirtschaft seine Schrittmacherrolle an andere Regionen verloren. Heute kaufen von den 519 Millionen Europäern achtzig Prozent im Supermarkt ein, gegenüber 85 Prozent der knapp 300 Millionen US-Amerikaner. Doch das Land, das den Supermarkt erfunden hat, hat in den letzten zehn Jahren am wenigsten für dessen globale Verbreitung getan. Die wichtigste treibende Kraft in Lateinamerika war in diesem Zeitraum *Carrefour*. In China mit seinem Verbraucherpotenzial von 2,2 Milliarden Menschen, wo bereits heute mindestens dreißig Prozent aller Einzelhandelsumsätze in Supermärkten gemacht werden, war es ebenfalls *Carrefour*, das 1994 als erstes westliches Unternehmen in Peking auf den Plan trat und bis heute eine Spitzenposition vor dem weltgrößten Einzelhändler *Wal-Mart* behauptet, in einem Konkurrenzkampf, der seit Dezember 2004, als China seinen Einzelhandel liberalisierte und für ausländische Wettbewerber öffnete, in aller Schärfe entbrannt ist. Die beiden westlichen Branchenriesen liegen noch hinter den führenden chinesischen Handelskonzernen zurück, die es in nur zwanzig Jahren geschafft haben, sich auf den neusten Stand der internationalen Lebensmittel-Logistik zu bringen. Dazu kommen als weitere Konkurrenten nicht nur andere westliche Unternehmen, sondern auch regionale Schwergewichte wie *Hy-Mart*, *Trust-Mart* und *Lotus* aus Taiwan bzw. Thailand.[32]

Nachdem die multinationalen Unternehmen zu globalen Akteuren geworden sind, gibt es freilich nichts mehr, das die Pioniere des Multinationalismus davor schützen würde, selbst globalen Freibeutern zum Opfer zu fallen. 1987 wurde die Agentur *J. Walter Thompson* zum Objekt einer feindlichen Übernahme durch die britische Firma *Wire & Plastic Products* (WPP). Deren starker Mann, Martin Sorrell, war ursprünglich der »dritte Bruder« in der Londoner Werbeagentur *Saatchi & Saatchi* gewesen, bis er 1987 WPP übernahm und deren Finanzreserven dazu benutzte, erst JWT und danach zwei weitere hoch angesehene New Yorker Werbeagenturen zu übernehmen, nämlich *Ogilvy & Mather* und *Young & Rubicam*. Heute

---

32 Morris, Retail Supermarket Globalization, 26, 49, 53; Mission Economique, Fiche de synthèse.

sind diese Häuser Zahnräder im Getriebe einer von London aus gesteuerten Marketing-Maschine, die ein Netz von vierzig Unternehmen in 83 Staaten betreibt.[33] In Europa ist nur *Publicis* noch größer als WPP.

In einer von den unberechenbaren Schwankungen der globalen öffentlichen Meinung geprägten Zeit zerbrechen sich multinationale US-Konzerne den Kopf darüber, ob sie lediglich ihre Produkte verkaufen sollten oder gleichzeitig damit auch ein Image für das amerikanische Volk. Zwar beharren manche Marketing-Experten darauf, dass »Verbraucher, denen das Cowboy-Image von [George W.] Bush missfällt, sich trotzdem mit dem Marlboro-Mann identifizieren können«, doch wenn es um globale PR-Kampagnen im Wert von Hunderten Millionen Dollar geht, legt jede Firma Wert darauf, Risiken zu minimieren.[34] *Coca-Cola* ist zwar nach wie vor weltweit die Nummer 1 in puncto Markenwert und Markenbekanntheit und hat ein hauteng Netz über den Globus gespannt, das bis in die entlegensten Winkel des ländlichen China reicht. Es hat sich diese Präsenz aber gleichsam inkognito geschaffen, durch seine langjährige Praxis, jedes kohlensäurehaltige Getränk mit einer gewissen lokalen Markenbekanntheit aufzukaufen. Derzeit vermarktet der Mutterkonzern 300 Drittmarken in 200 Ländern.[35] *Procter & Gambles* Zugpferd *Ariel* ist bis heute eine Erfolgsgeschichte geblieben und verdankt dies nicht zuletzt dem Umstand, dass die Firma die amerikanische Nationalität des Produkts immer unter der Decke gehalten hat, eine Strategie, mit der sie *Ariel* in den europäischen »Waschmittelkriegen« der sechziger Jahre einen großen Marktanteil sicherte. Relative amerikanische Neulinge auf dem europäischen Markt wie *Anheuser-Busch*, Mutterfirma der Marke *Budweiser*, treten mit unterschiedlichen Werbestrategien an, je nach Mentalität und Gemütslage der regionalen oder nationalen Zielgruppe: In Deutschland wird das Bier als *Budweiser* von *Anheuser-Busch* vermarktet, mit bewusster Unterstreichung der deutschen Herkunft des Firmengründers, im postsozialistischen Ungarn als *American Bud*, in 15 anderen Ländern einfach nur als *Bud*. »Wir sind nicht multinational, sondern multi-einheimisch«, erklärte das Management von *McDonald's* nach einer mehrjährigen Phase, in der sich die Marke in die Defensive gedrängt gesehen hatte und ihre Filialen als lokale Surrogate und Metonyme für den »US-Imperialismus« hatten herhalten müssen, zumindest aber als Sündenböcke für die ohne Rücksicht auf Menschenverluste betriebene Globalisierung nach den Vorgaben westlicher Entwicklungsmodelle. Begleitet vom Skeptizismus von Experten, die meinen, wenn eine Marke sich immer weiter globalisiere, werde sie irgendwann gesichtslos, hat *McDonald's* sich selbst eine Image-Revision verordnet, basierend auf dem Bemühen, eine Verbindung zwischen allen seinen Märkten herzustellen und in seiner Werbung Menschen aller Altersgruppen anzusprechen. Die goldenen Bögen sind kleiner geworden, die Inneneinrichtungen der Restaurants greifen lokale Stilvorbilder und Themen auf – Musik, die »McDo-Generation«, die Bergwelt. Das Maskottchen Ronald McDonald trägt tief hängende Cargo-Hosen und ein locker sitzendes Hemd anstelle einer albernen Latzhose. In der Alten Welt appelliert eine

33 Morgan, J. Walter Takeover.
34 Sullivan, Top Brands Ride Out Tide of Anti-Americanism.
35 Financial Times, 26. Februar 2004, 9.

neue Speisekarte an die Kunden, »gesund für Europa« zu werden, und preist als Mittel dafür frische Salate als Ergänzung zu den Burgern und Fritten an, die nach wie vor den Kern des Menüs bilden. Mit dem weltweit einheitlichen Slogan »I'm loving it« hofft *McDonald's*, ein stärkeres emotionales Band zu seinen Kunden knüpfen zu können. Es gibt da sicher ein riesiges Potenzial, weil seit einigen Jahren Menschen überall auf der Welt einen sehr heftigen – sei es positiven oder negativen – emotionalen Bezug zu Amerika haben.[36]

Letzten Endes ist die Kultur des Massenkonsums eine so ephemere Form des materiellen Lebens, dass man die großen Eruptionen, denen sie ihre Existenz verdankt, leicht aus dem Auge verliert. In dem Maße, wie die Diskreditierung der amerikanischen Hegemonie voranschreitet, wird bei denen, die sich mit ihrer Geschichte beschäftigen, die Versuchung wachsen, die Rolle zu minimieren, die gesellschaftliche Innovationen amerikanischer Provenienz für Entwicklungen anderswo spielten. Das *Rotary*-Emblem hat in Dresden wieder eine Heimstatt gefunden; zu dem ersten, das 1991 am Eingang des neu eröffneten Dresdener *Hilton* aufgestellt wurde, haben sich danach noch zwei weitere gesellt. Sie stehen für Clubs, die die Außenbezirke der Stadt und eine weniger prominente, aber breitere Mitgliederbasis bedienen. Die Clubmitglieder von heute erinnern sich indes eher an die Wechselfälle der dreißiger Jahre als an die amerikanischen Ursprünge ihrer Bewegung.[37] Und die Anliegen, denen sie sich heute widmen, zeigen, dass sie sich voll und ganz den lokalen Anliegen der Gegenwart verschrieben haben, etwa der Aufgabe, einen Ausgleich zwischen den »Ossis« aus der ehemaligen DDR und den »Wessis« aus der Bundesrepublik zu finden oder zu verhindern, dass die geringe Zahl ihrer weiblichen Mitglieder noch weiter schrumpft und unter drei fällt. Sie tun sich eher schwer damit, sich auf nennenswerte Verpflichtungen im internationalen Bereich einzulassen, wenn in der eigenen Stadt die Arbeitslosenquote trotz einer im Aufkeimen begriffenen Hightech-Industrie noch nicht weit unter zwanzig Prozent gesunken ist und noch so viel getan werden muss, um die baulichen Lücken und Wunden zu schließen, die der letzte Krieg hinterlassen hat. Eine der ersten lokalen Initiativen der Dresdener Rotarier war die Mithilfe am Wiederaufbau der Semper-Synagoge aus dem 19. Jahrhundert. Es ging dabei nicht in erster Linie um Wiedergutmachung, sondern darum, frommen Juden aus der ehemaligen Sowjetunion eine angemessene Stätte für religiöse Andacht zusichern zu können, wenn ihnen etwa angeboten wurde, als Konzertmeister in eines der Orchester der Stadt einzutreten, die im Wettbewerb mit Orchestern aus Stuttgart, Bonn und anderen kulturellen Aufsteigern stehen. Der Dresdener Rotarierclub ist nicht mehr so kosmopolitisch, wie er es zu Zeiten der von Frenkells, der Arnholds und Kühnes war, aber seine Mitglieder

---

36 Zit. n. Eric Pfanner, McDonald's Credits Ads for Lifting Sales, International Herald Tribune, 24. Juni 2004, 17. Siehe auch David Barboza, When Golden Arches Are Too Red, White and Blue, New York Times, 14. Oktober 2001; Shirley Leung, McDonald's in France Focuses on Decor, Wall Street Journal Europe, 30. August/1. September 2002, A1, A4; Eric Pfanner, McDonald's Gets Healthy for Europe, International Herald Tribune, 8. März 2004, 13.
37 Prof. Dr. Reiner Pommerin, 70 Jahre Charterfeier des Rotary Club Dresden, 12. Dezember 1928 – 12. Dezember 1998, Vortrag vor dem Rotary Club Dresden, 1998, maschinengeschriebenes Manuskript aus den Händen des Autors; persönliche Unterredung mit Ernest H. Maron, 19. Juli 1999.

Abb. 42:
Umtrunk-Traditionen: Mittagstafel des Rotarierclubs Dresden im dortigen *Hilton*-Hotel, 9. Juni 2004.

finden sich in einer globalisierten Wirtschaft gut zurecht. So fehlte der *Governor* des Clubs, Horst Jehmlich, Orgelbauer in der fünften Generation, beim Treffen im Juni 2004, da er sich in Texas aufhielt, um eines der von seinem Familienbetrieb gebauten Rieseninstrumente in der Presbyterianer-Kirche des 20.000 Einwohner zählenden Städtchens Kerrville zu installieren. Der Club lädt weiterhin regelmäßig Besuch von außerhalb ein. Bei der Mittagstafel im Europa-Saal des Dresdener *Hilton* am 9. Juni lauschten drei auswärtige Gäste dem Bericht eines Unterausschusses über die mühseligen Bemühungen des Clubs, internationale Unterstützung für lokale Wiederaufbauprojekte zu mobilisieren, kamen in den Genuss eines feinen, aber schnell verspeisten Drei-Gänge-Menüs und hörten dann noch einen Vortrag des Vorstandsvorsitzenden der Sparkasse Ostsachsen, Herbert Süss, über Sparquoten, Kredite und lokale Investitionstätigkeit. Einer der Gäste war ein Geschäftsmann aus Dortmund, ein anderer ein Unternehmer aus Patakuranga in Neuseeland, die dritte eine Historikerin aus New York. Die Anwesenheit der Historikerin hatte sowohl wissenschaftliche als auch sentimentale Gründe: Sie wollte sich ein Bild davon machen, was aus dem Club seit September 1937 geworden war.

Vermutlich wird es schon in wenigen Jahrzehnten eines empfindsamen archäologischen Blickes bedürfen, um noch die Spuren zu erkennen, die das Vordringen des Imperiums der Marktwirtschaft im 20. Jahrhundert hinterlassen hat; man wird dazu die Schichtstruktur der Ablagerungen untersuchen müssen, die die materielle Kultur des 20. Jahrhunderts europaweit angehäuft hat. Man wird feststellen, dass die älteste dieser Ablagerungsschichten, ungefähr aus der Periode 1900 bis 1915, einen extrem Reichtum an Artefakten birgt. In ihrer Vielfalt, ihrer Menge und ihrer schieren Gediegenheit werden diese Dinge von einer erstaunlichen Verfeinerung der Lebensstile zeugen, aber auch von kastenartigen Unterschieden zwischen den Bevölkerungsgruppen. Die Schichten aus der mittleren Periode, circa 1915 bis 1945, werden die Spuren schwerer Turbulenzen aufweisen: Metallstücke und grüne Glasscherben, verbeulte Filmdosen und vergilbte Reste von Groschenheften werden sich zuhauf im ganzen nordwestlichen, mittleren und südlichen Europa finden und von einem zunehmend intensiven Kontakt mit dem Land am westlichen Ende des Nordatlantiks zeugen, einem Kontakt, den die Wirkkräfte des Krieges erst unterbrachen und dann aufs Neue intensivierten. Nur eineinhalb Jahrzehnte später, circa 1960, scheint im nördlichen und mittleren Europa eine Überschwemmung mit Gegenständen und Gebäuden stattgefunden zu haben, die amerikanische Einflüsse verraten. Die obersten Schichten offenbaren überall ein im permanenten Umbruch befindliches materielles Leben. Selbst in Regionen, die für die Gemächlichkeit und Veränderungsresistenz ihrer Bewohner bekannt sind, findet sich ein buntes Nebeneinander von Ochsenknochen, Kolben aus *John-Deere*-Traktoren, verschrotteten Pumpen von alten Dorfbrunnen, stählernen Beschlägen für Kloschüsseln aus Keramik, Vierzig-Watt-Birnen, ausrangierten Radioröhren und skelettierten TV-Geräten. Bei Ausgrabungen in der Stadtmitte von Paris scheinen die Überreste von *Le Drug Store* einen unwiderleglichen Beweis für den Triumph einer synkretistischen neuen materialistischen Zivilisation zu liefern, die Zenith, die »Hauptstadt der salzlosen Meere«, mit der Stadt des Lichts verband. Das letzte Jahrzehnt des 20. Jahrhunderts hält ähnliche Sedimentierungsmuster an den Ufern der Elbe bereit, und kaum, dass das 21. Jahrhundert angebrochen ist, unterscheiden sich die Einkaufszentren, die Straßencafés und die Jugendkultur des neuen Hightech-Zentrums Dresden nicht mehr grundlegend von ihren Pendants im Zentrum von Duluth. Das *Hilton*, in dem sich die Rotarier von Dresden jeden zweiten Mittwoch treffen, ist allenfalls ein bisschen glitzerner als das *Radisson*, in dem die Rotarier von Duluth jeden zweiten Donnerstag zusammenkommen. Weniger als ein Jahrhundert ist vergangen, doch die amerikanische Hegemonie hat ebenso unverwechselbare, wenn auch vielleicht nicht so dauerhafte Spuren hinterlassen wie das Römische Reich über einen Zeitraum von vier Jahrhunderten. Wie die lateinische Schrift, die klassische Ästhetik, die jüdisch-christliche Religion, die Gesetzbücher und das »städtebauliche Paket« aus Aquädukten, Befestigungswerken und Amphitheatern sind auch die Hinterlassenschaften der amerikanischen Hegemonie zu materiellen Zeugnissen der Vergangenheit geworden, die die künftigen Bewohner finden und gebrauchen werden und die sie zu verstehen versuchen müssen, wenn sie sich ein Bild vom unwiderstehlichen Aufstieg und unerbittlichen Niedergang des Imperiums der Marktwirtschaft machen wollen.

Bibliografischer Essay

Dieser Text dient zwei Zwecken: Er soll die LeserInnen auf Arbeiten aufmerksam machen, die mit den in diesem Buch behandelten Themen zusammenhängen, und die intellektuellen Bausteine meiner Darlegungen benennen. Die komplexe Natur der amerikanischen Hegemonie in Europa erfordert die Auseinandersetzung sowohl mit exemplarischen Fallbeispielen als auch mit einem breiten Spektrum von Arbeiten allgemeineren Zuschnitts. Im Folgenden finden interessierte LeserInnen Auskünfte über Bücher der letztgenannten Kategorie, während die Anmerkungen zu den Kapiteln Hinweise auf archivalische Quellen, spezielle Literatur und ephemeres Belegmaterial enthalten.

Das amerikanische Imperium

Noch bis vor kurzem wurden Begriffe wie »Imperialismus« oder »Imperium« kaum benutzt, um das Verhältnis zwischen den USA und Europa zu beschreiben, jedenfalls nicht in ihrer konventionellen Bedeutung. Eher fanden sich Charakterisierungen dieses Verhältnisses wie »Imperium per Einladung«, »Konsens-Imperium« oder, am Übergang zum dritten Jahrtausend, der sehr allgemeine rückblickende Verweis auf das »amerikanische Jahrhundert«. Aus der Perspektive der Ära nach dem Ende des Kalten Krieges, deren spektakulärster Fanfarenstoß die Al-Qaida-Anschläge vom 11. September 2001 waren, entsprang eine Flut von Debatten über den Imperialismus der USA, Debatten, denen dieses Buch Argumente hinzufügt, obwohl sie noch nicht im Gang waren, als es konzipiert wurde. Für die beste aktuelle Einführung in die Idee des Imperialismus in der amerikanischen Geschichte halte ich Frank Ninkovich, *The United States and Imperialism*. Das Sonderheft der Zeitschrift *Diplomatic History* (23, Frühjahr 1999) zum »Amerikanischen Jahrhundert« bietet eine facettenreiche Einführung in die Geschichte der globalen Expansion der USA, geschrieben von versierten Historikern. Über die Frage, ob das Verhältnis der USA zu Europa ein imperialistisches war, haben sich sowohl amerikanische als auch europäische Europäisten mit unterschiedlichen Nuancen den Kopf zerbrochen, namentlich der Norweger Geir Lundestad in »*Empire*« *by Integration* und in *The United States and Western Europe since 1945*. Siehe auch Charles S. Maiers erhellende Darlegung der analytischen Voraussetzungen, »The Politics of Productivity« in seinem Buch *In Search of Stability*, und die Arbeit des Österreichers Reinhold Wagnleitner, »The Empire of the Fun, or Talkin' Soviet Union Blues« in dem oben erwähnten Sonderheft von *Diplomatic History*. Antonio Negri und Michael Hardt wollten ihr Buch *Empire* zwar eigentlich weder als Geschichtswerk verstanden wissen noch den USA unterstellen, sie strebten nach globaler Hegemonie, doch weist die Weltordnung, die die Autoren aus der Globalisierung hervorgehen sehen, mehrere Dimensionen auf, die ganz unmittelbar aus der jahrzehntelangen Erfahrung des Imperiums der Marktwirtschaft resultieren, wie etwa das Streben nach einem globalen Verfassungsrahmen und nach durchlässigeren Grenzen.

Wichtige neuere Einschätzungen der Ära nach dem Ende des Kalten Krieges aus der Feder US-amerikanischer Historiker behandeln die amerikanische Hegemonie als einen gegebenen Parameter des Internationalismus des 20. Jahrhunderts; diese Autoren betonen die Pionierrolle der amerikanischen sozialwissenschaftlichen Modelle wie auch der NGOs, der nichtstaatlichen Organisationen. Siehe insbesondere Olivier Zunz, *Why the American Century?*, und Akira Iriye, *Cultural Internationalism and World Order*. Die US-Hegemonie hat zwar durchaus Aspekte, die zeitlich überdauern, doch verändert sich das Verhältnis zwischen Gewalt und Überzeugung in Abhängigkeit von Ort und Zeit erheblich. Viel Erhellendes zu diesem Thema findet sich in John Dowers ausgezeichnet geschriebenem *Embracing Defeat*, das von den japanischen Reaktionen auf die von der amerikanischen Besatzungsmacht verfügten Maßregeln handelt, sowie bei Louis A. Perez, *Cuba and the United States*, wo die Geschichte einer vertrackten, oft bitteren und allzu engen Beziehung zu einem sehr nahen Nachbarn erzählt wird.

Hegemonien in Bewegung: Die lange Sicht der Dinge

Am besten zu erfassen ist die globale Hegemonie des amerikanischen Kapitalismus im Bezugsrahmen klassischer Studien über Systeme kapitalistischen Austauschs, insbesondere derjenigen, die sich mit Verwerfungen, Eruptionen und der nachfolgenden Repositionierung von Institutionen und Ideologien und deren schädlichen oder vorteilhaften Auswirkungen auf diverse Weltregionen befassen. Adam Smiths *The Wealth of Nations* (1776), auf Deutsch als *Der Wohlstand der Nationen* erschienen, ist immer lesenswert. Seine scharfsinnige Beschwörung des »doux commerce«, das eine neue Errungenschaft des 18. Jahrhunderts war und das Smith als polemischen Knüppel gegen die geschlossene Welt der »gotischen« Vergangenheit einsetzte, griffen amerikanische Liberale des 20. Jahrhunderts wieder auf und benutzten sie dazu, den marktwirtschaftlichen Dienstleistungskapitalismus gegen die geschlossene Welt des europäischen Imperialismus auszuspielen. Karl Marx ist hier relevant wegen der Dinge, die er mit Friedrich Engels im *Kommunistischen Manifest* (1848) über die schöpferische Zerstörung alles Bestehenden geschrieben hat, aber auch wegen seiner Aussagen über den »Warenfetischismus« im ersten Band von *Das Kapital*. Der ungarische Ökonom und Anthropologe Karl Polanyi hat in *The Great Transformation* (1944), dessen deutsche Ausgabe erst 1977 erschien, brillant analysiert, wie der industrielle Kapitalismus gesellschaftliche Institutionen vernichtet, um Märkte zu erzeugen, und wie gleichzeitig nationale und lokale Gemeinwesen darum kämpfen, mit Hilfe staatlicher Institutionen die Zivilgesellschaft wieder zu verankern.

Zum Geist des Frühkapitalismus und dazu, wie er dem Geist des Spätkapitalismus wich, siehe Max Webers *Essays in Economic Sociology* (u.a. Auszüge aus *Die protestantische Ethik und der Geist des Kapitalismus*, *Wirtschaft und Gesellschaft* und Webers Freiburger Antrittsrede) sowie Werner Sombart, *Economic Life in the Modern Age*. Beide Werke vergleichen Europa und die USA. Eine ähnliche Kontrastierung steht im Hintergrund von Albert O. Hirschmans »Rival Views of Market Society« in *Rival Views of Market Society and Other Recent Essays*. Antonio Gramscis »Amerikanismus und Fordismus«, in *Philosophie der Praxis*, ist von zentraler Bedeutung für die Herausarbeitung der maßgeblichen Merkmale jener »Revolutionen von oben«, die die US-amerikanische Hegemonie seit den späten zwanziger Jahren schuf. Die Tendenz vieler Volkswirtschaften der Zwischenkriegszeit, sich nach innen zu kehren und die von Adam Smith beklagten Reglementierungen wieder einzuführen, untersucht Eli F. Heckscher in *Mercantilism*. John Maynard Keynes bietet den vielleicht prägnantesten Abriss der politischen Ökonomie Europas in der Ära vor dem Ersten Weltkrieg: *Die wirtschaftlichen Folgen des Friedensvertrages*. Wie sich die von Keynes in seiner *Allgemeinen Theorie* von 1936 entwickelten Ideen etwa zur zentralen Bedeutung der Nachfrage für eine korrigierende Steuerung der Konjunkturzyklen praktisch anwenden lassen, wird in Peter A. Hall (Hg.), *The Political Power of Economic Ideas*, in aller Klarheit aufgezeigt. Die Rolle, die amerikanische Großunternehmen bei der Sicherung der wirtschaftlichen Machtstellung der USA spielten, arbeiten Alfred D. Chandler, Jr., und Takashi Hikino in *Scale and Scope* besonders prägnant heraus. Zur internationalen Marktmacht der USA siehe Robert Gilpin, *U.S. Power and the Multinational Corporations*.

Über die Veränderungen, die die amerikanische Hegemonie gegen Ende des 20. Jahrhunderts durchlief und die ihre früheren Stärken und ihre neuen Strategien deutlich hervortreten ließen, schreibt John Agnew, *The United States in the World-Economy*. Seit den neunziger Jahren hat sich ein erheblicher Fundus an Literatur zu postfordistischen, postmodernen oder postindustriellen Ökonomien angesammelt. Charles F. Sabel/Jonathan Zeitlin (Hg.), *World of Possibilities*, macht auf die Vorteile aufmerksam, die europäische Unternehmen erringen könnten, wenn sie sich neue, provokante, den Ressourcen und Aussichten ihrer Heimatregion angemessenere Visionen von Produktivität, Fabrikation und Fortschritt zu eigen machten. Der ungarische Ökonom Janos Kornai bietet mit *Das sozialistische System* den bis dahin systematischsten Versuch, die Inkompatibilität von Verbraucher-Wahlfreiheit und staatlicher Wirtschaftsplanung zu demonstrieren. Der französische Volkswirtschaftler Robert Boyer und sein kanadischer Kollege Daniel Drache (Hg.) heben in *States against Markets* die Reaktion unterschiedlicher Regionen auf die durch die Globalisierung unter amerikanischer Führung verursachten neuen Sachzwänge hervor. Der Historiker Paul Kennedy legt in *Aufstieg und Fall der großen Mächte* eine nützliche Charakterisierung langfristiger Verschiebungen der globalen Führungsrollen hervor, ähnlich wie Giovanni Arrighi, *The Long Twentieth Century*. Vergleichbar Kenneth Pomeranz, der in *The Great Divergence* die relative Vergänglichkeit globaler Hegemonien suggeriert, indem er an den rapiden Aufstieg der Wirtschaftsregion Europa im Vergleich zu China im späten 18. Jahrhundert erinnert.

Wandlungen der Konsumkultur

Das Argument, die Macht des amerikanischen Imperiums stütze sich auf die von den USA ausgegangene Konsumrevolution des 20. Jahrhunderts, wie sie sich selbst definierte und gegen die kaufmännische Zivilisation der Europäer antrat, verdankt sich nicht zuletzt einer rasch anwachsenden Literatur zur Konsumkultur. Amerikanische Autoren haben hier mit Studien zur Genese der Vereinigten Staaten als »Volk der Fülle«, »Konsum-Gemeinwesen« oder »Verbraucher-Republik« die Vorarbeit geleistet. Das Werk, dem wir die klassische Bestimmung der Konsum-Dimension der US-amerikanischen Gesellschaft verdanken, ist David M. Potters *People of Plenty*. Timothy H. Breen leitet diesen amerikanischen Charakter aus der Revolte der Kolonien gegen England ab: *The Marketplace of Revolution*. Stuart Ewens *Captains of Consciousness*, William R. Leachs *Land of Desire*, T. J. Jackson Lears' *Fables of Abundance*, Gary Cross' *All-Consuming Century*, und Lizabeth Cohens *Making a New Deal* sowie ihr *A Consumer's Republic* weisen der Konsumkultur einen zentralen Rang bei der Deutung der US-amerikanischen Geschichte des 20. Jahrhunderts zu.

Einsichten in die wirtschaftlichen Entwicklungslinien, gesellschaftlichen Institutionen und Denkgewohnheiten, die der alten, europäischen Konsumkultur zugrunde lagen, vermittelt Fernand Braudel, *Die Geschichte der Zivilisation*. Siehe auch ders., *Die Dynamik des Kapitalismus*. Siehe hierzu ferner die meisterhaften Studien von Simon Schama, *Überfluss und schöner Schein*, von John Brewer/Roy Porter (Hg.), *Consumption and the World of Goods*, von Leora Auslander, *Taste and Power*, von Norbert Elias, *Über den Prozess der Zivilisation*, und von Daniel Roche, *A History of Everyday Things*.

»Konsumkultur« ist zu einem bequemen Allerweltsbegriff für ein breites Spektrum von Phänomenen geworden, vor allem für die Art und Weise, wie Menschen Waren benutzen, um sich ein Bild von sich selbst, ihrem Gemeinwesen und den Zielen der Gesellschaft, in der sie leben, zu machen. Ein herausragender intellektueller Trend des Westens, den Karl Marx in »Der Warenfetischismus«, *Das Kapital*, herausarbeitete, betont die Rissbildung in der Gesellschaft. In dieser Denktradition stehen Marcel Mauss, *Die Gabe*, Walter Benjamin, »Das Kunstwerk im Zeitalter seiner technischen Reproduzierbarkeit«, Siegfried Kracauer, *Das Ornament der Masse*, Max Horkheimer/Theodor W. Adorno, *Die Dialektik der Aufklärung*, Herbert Marcuse, *Der eindimensionale Mensch,* und Jean Baudrillard, *Selected Writings*. Die deutsche, amerikanische und französische historische Soziologie haben sich ihrerseits besonders intensiv mit der Rolle von Konsumgepflogenheiten als Indikatoren für Status und Sozialprestige beschäftigt. Siehe Max Weber, »Klassen, Stände und Parteien«, in *Wirtschaft und Gesellschaft*, Thorstein Veblen, *Theory of the Leisure Class*, Pierre Bourdieu, *Die feinen Unterschiede*. Zu der Funktion von Waren, als Ausdrucksmittel für die Persönlichkeit des Einzelnen und der Gemeinschaft zu dienen, siehe Viviana Zelizer, *The Social Meaning of Money*, und Dick Hebdige, *Subculture*.

Amerikanisierung

Autoren, die den Begriff »Amerikanisierung« benutzen, decken eine große Palette von Fragen und Themen ab. Der bekannte britische Publizist W. T. Stead, ein heller Kopf, war angeblich der Erste, der – unter dem Eindruck des Spanisch-Amerikanischen Krieges – diesen Begriff mit Blick auf die sich andeutende Hegemonie der Vereinigten Staaten benutzte: *The Americanization of the World*. Bis in die zwanziger Jahre hinein wurde der Begriff allerdings in erster Linie in den Vereinigten Staaten selbst verwendet, und zwar für die Zuckerbrot-und-Peitsche-Taktiken, mit denen die amerikanische Gesellschaft Einwanderern die Assimilierung schmackhaft machte. Das Aufzeigen von Analogien und Kontinuitäten zwischen Amerikanisierungsprozessen in den Vereinigten Staaten und amerikanischen Hegemoniebestrebungen im Ausland hat einiges für sich: Richard Abel, *Red Rooster Scare*, gelingt dies besonders gut. Beim Nachdenken über »Amerikanisierung« kommt es wesentlich darauf an, sich die verzwickte Debatte darüber vor Augen zu führen, inwiefern Strukturen oder Denkschablonen der Geschichte der Vereinigten Staaten zu einer im Verhältnis zur europäischen Geschichte »außergewöhnlichen« Statur verholfen haben. Ein guter Einstieg ist Ian Tyrell, »American Exceptionalism in an Age of International History«.

Der Ausdruck »Amerikanisierung« ist so lange und von so vielen verwendet worden, dass es nützlich erscheint, die Arbeiten zu dem Thema nach ihrer Herangehensweise zu kategorisieren. Ein Ansatz besteht darin, sich Amerikanisierung als kulturellen Dialog vorzustellen, in dessen Rahmen Intellektuelle in Europa oder anderswo ihre eigenen Besorgnisse und Unzufriedenheiten analysieren und dabei Amerika als kulturelle Folie benutzen. Siehe dazu insbesondere Dan Diner, *Feindbild Amerika*, und Jean-Philippe Mathy, *Extrême-Occident*.

Keine Geschichte des europäischen Amerikabildes kann einen Ersatz bieten für die geistige Kraft und die erfrischende Klarsichtigkeit einiger klassischer Schriften, deren Autoren versuchten, aktuelle Entwicklungen in ihrer eigenen Gesellschaft besser zu verstehen, indem sie ihren Blick auf Amerika richteten. Zu nennen sind hier vor allem Alexis de Tocqueville, *Über die Demokratie in Amerika*, James Bryce, *The American Commonwealth*, und Johan Huizinga, *America*.

Arbeiten über das Phänomen der Amerikanisierung als Kulturimperialismus sind, soweit es Europa betrifft, rar. Das Konzept entstand zwar im Europa der zwanziger Jahre, wo die Kultureliten die Sorge umtrieb, bestimmte wirtschaftliche Monopole könnten in eine kulturelle Dominanz der USA umschlagen. In den sechziger Jahren wurde es auf breiter Front benutzt, um die Rolle westlicher Medien und Kommunikationsmittel, insbesondere amerikanischer, zu kritisieren, die man beschuldigte, in Ländern der Dritten Welt mit Handlangern und Werkzeugen der USA, insbesondere mit der CIA, dem Pentagon und reaktionären bürgerlichen Eliten vor Ort zusammenzuarbeiten, um die einheimischen Kulturen auszulöschen und auf diese Weise das »falsche Bewusstsein« und die Werte der Konsumgesellschaft in alle Welt zu tragen; in einigen berüchtigten Fällen, namentlich in Chile, hätten diese Kräfte gemeinsame Sache gemacht, um Regierungen zu stürzen, die ihren Zielen im Weg standen. Der bedeutendste amerikanische Vertreter dieses Arguments ist der Soziologe Herbert Schiller, *Mass Communications and American Empire*; ders., *Communication and Cultural Domination*. Ähnlich argumentiert Anthony Smith in *The Geopolitics of Information*. John Tomlinson, *Cultural Imperialism*, gibt zu bedenken, das Konzept berücksichtige nicht, dass kulturelle Transfers anders funktionieren als wirtschaftliche Monopole und dass Kartelle zwar den Publikumsgeschmack prägen können, aber nicht die Macht haben, Menschen zum Konsum ihrer Produkte zu zwingen oder gar zu bestimmen, wie diese rezipiert werden.

Vielleicht am besten funktioniert hat das Konzept der Amerikanisierung dort, wo der Prozess messbar ist, wie etwa beim Transfer betriebswirtschaftlicher Praktiken. Ein ganzer Schwarm von Veröffentlichungen hat sich der Ausbreitung fordistischer Fabrikationsverfahren gewidmet. Mary Nolan, *Visions of Modernity*, beleuchtet die Frontverläufe im Ringen um die Interpretation des Fordismus. Die meisten Arbeiten konzentrieren sich auf die Periode nach dem Zweiten Weltkrieg; siehe vor allem Marie-Laure Djelic, *Exporting the American Model*, Matthias Kipping/Ove Bjarnar (Hg.), *The Americanisation of European Business*, Jonathan Zeitlin/Gary Herrigel (Hg.), *Americanization and Its Limits*. Der französische Wirtschaftshistoriker Dominique Barjot hat ein groß angelegtes multinationales Projekt initiiert: das Studium der Amerikanisierung als eines Prozesses der Verbreitung und Adaptierung »bester Praktiken«; siehe Dominique Barjot u.a. (Hg.), *L'americanisation en Europe au XXe siècle/Americanization in 20th Century Europe*; ders. (Hg.), *Catching Up with America*.

Eine beträchtliche Anzahl von Werken analysiert die Amerikanisierung als einen Wettlauf um die Aneignung und Umsetzung amerikanischer Vorbilder. Richard Kuisel, *Seducing the French*, hat zwar nichts für den Antiamerikanismus französischer Intellektueller übrig, zeigt sich aber empfindlich gegenüber gewissen Paradoxien, nämlich dass selbst konservative Europäer, vor allem Charles de Gaulle, nichts dabei fanden, sich amerikanischer Vorbilder zu bedienen, wenn es der Nation nützte. Reinhold Wagnleitner, *Coca-Colonisation und Kalter Krieg*, hebt die Angebotsseite und die enge Zusammenarbeit zwischen Privatwirtschaft und Staat hervor; Richard Pells, *Not Like Us*, ist aus der Warte der *American Studies* geschrieben und zeichnet ein optimistisches Bild Europas und seiner Fähigkeit, sich nach Gusto amerikanische Vorbilder anzueignen.

Historikerinnen und Historiker, die sich besonders der Jugendkultur annehmen, entwerfen ein komplexeres Szenario: Junge Europäer, insbesondere aus der Nachkriegsgeneration, benutzten demnach eine »Amerikanisierung von unten« als kulturelle Ressource in ihrem Kampf gegen die klassengebundenen kulturellen Kodizes der alten Garde. Siehe zum Beispiel Uta Poiger, *Jazz, Rock, and Rebels*. Die *American Studies* in Europa interpretieren, aus anthropologischen und kulturellen Erkenntnisquellen schöpfend, amerikanische Konsumspektakel und Konsumgüter als kulturelle Hinweisgeber, im Großen und Ganzen unabhängig von den größeren Zusammenhängen der Machtpolitik und Hegemonie. Siehe insbesondere Rob Kroes u.a. (Hg.), *Cultural Transmissions and Receptions*, und ders., *If You've Seen One, You've Seen the Mall*. Dieser Ansatz bezieht einen großen Teil seiner Erklärungskraft aus anthropologischen Studien, die sich mit der strategischen Wiederinbesitznahme von Kulturgütern befassen. Siehe z.B. Richard Wilk, »Consumer Goods as Dialogue about Development«, und Ulf Hannerz, »Cosmopolitans and Locals in World Culture«.

Soft Power ist ein weiterer Ansatz für das Nachdenken über die Amerikanisierung, einer, der die Dinge überwiegend aus der Perspektive der US-Außenpolitik sieht und überraschend wenig auf empirische Studien über die Wirkungsweise »sanfter Machtmittel« zurückgreift. Der Begriff als solcher wird Joseph S. Nye zugeschrieben. Er soll ihn im Kontext der in den frühen neunziger Jahren einsetzenden Debatte geprägt haben, die innerhalb des außenpolitischen Establishments über die Frage geführt wurde, welche Ressourcen den USA für die Wiedererlangung einer globalen Führungsrolle zu Gebote standen; siehe Joseph S. Nye, *Bound to Lead*. Die sanfte Macht war demzufolge neben der militärischen und wirtschaftlichen Macht eine dritte Ressource, die mehr mit »Anziehung« als mit »Zwangsmitteln« arbeitete. Mit der Zeit wurde Soft Power immer mehr mit den durch die sogenannte Infotainment-Industrie propagierten uniformen Lebens- und Arbeitsgewohnheiten identifiziert als mit den von der Kulturdiplomatie dargebotenen gemeinsamen Werten. Dass die Globalisierung der amerikanischen Wirtschaftskultur dennoch in der Lage war, durch Eröffnung des Zugangs zu immer höherwertigen Waren und Dienstleistungen so etwas wie eine Integration der Welt zu bewirken, hat Thomas L. Friedman in das Aperçu verpackt: »Noch nie haben zwei Länder, in denen es McDonald's gibt, Krieg gegeneinander geführt«; siehe sein Buch *Globalisierung verstehen*. Benjamin Barber, *Coca-Cola und Heiliger Krieg*, benutzt zwar nicht den Begriff »sanfte Macht«, würde aber in einer neuen Konzentration von Institutionen der demokratischen Zivilgesellschaft, die sich vorgenommen haben, zwischen der immanenten Destruktivität der von den Konzernen vorangetriebenen Globalisierung und der fundamentalistischen Gegenreaktion zu vermitteln, just einen Ausdruck derselben sehen. In einer anderen Gestalt, nämlich als Kanon grundlegender westlicher Werte, tritt die sanfte Macht in Samuel P. Huntingtons *Kampf der Kulturen* auf. Für ihn ist Zivilisation gleichbedeutend mit Kultur im traditionellen europäischen Verständnis, und das zentrale Weltproblem besteht nach seiner Überzeugung für den Westen (und allen voran für die USA) darin, auf die eigene Vormachtstellung gegenüber den sechs oder sieben anderen Weltzivilisationen zu pochen, in denen der Westen durch kulturelle Penetrierung und politische Dominanz Ressentiments und eine verstärkte Hinwendung zu nichtwestlichen Werten provoziert hat. Dass die Einheit zwischen den USA und Europa sich letzten Endes als illusorisch erweisen könnte, ist die These, die der US-Journalist Robert Kagan in *Macht und Ohnmacht* aufstellt. Im zurückliegenden Jahrzehnt hätten sich die Wege der beiden Zivilisationen getrennt: Die USA seien zur Verkörperung harter militärischer und wirtschaftlicher Macht geworden, während Europa mit Kunst und Kultur sowie der Ausübung sanfter Macht identifiziert werde. Für Joseph S. Nye, *Soft Power*, zeigt sich die nachlassende Fähigkeit der USA, sanfte Macht auszuüben, in dem Unvermögen ihrer Außenpolitik, die öffentliche Meinung in anderen Ländern von der Legitimität ihrer Ziele und Werte zu überzeugen. Dies wiederum habe die Vereinigten Staaten in ihrer Neigung bestärkt, auf Zwang und wirtschaftlichen Druck zu setzen.

Danksagung

Es ist normalerweise nicht das Los eines Geschichtswerkes, von den Ereignissen vollkommen überholt zu werden. Als ich vor zwei Jahrzehnten mit der Arbeit an diesem Buch begann, hätte ich mir nie vorstellen können, dass zum Zeitpunkt seiner Fertigstellung unsere Nation von außen wie auch von innen als eine imperialistische Supermacht wahrgenommen würde. Ebenso wenig hätte ich mir träumen lassen, dass in den Jahren vor dem Erscheinen meines Buches ein Präsident meines Landes einen unprovozierten Krieg vom Zaun brechen und sich von internationalen Vereinbarungen lossagen würde, die große Teile der Völkergemeinschaft als grundlegende Voraussetzungen für den Aufbau einer friedlichen Weltordnung nach dem Ende des Kalten Krieges ansahen, oder dass die USA die Vereinten Nationen und andere globale Institutionen, die oft gute Dienste bei der Mäßigung amerikanischer Hegemonialambitionen geleistet haben, als korrupt und von naiven Illusionen geleitet hinstellen würden.

Tatsächlich lag der Anstoß zu dieser Arbeit anderswo. Man schreibe immer dasselbe Buch, hat jemand einmal gesagt, um etwas loszuwerden, das einem nicht aus dem Kopf geht. In meinem Fall handelt dieses eine Buch von Macht und ihren zwei Gesichtern – Freiwilligkeit und Gewalt, Überredung und Zwang, Zuckerbrot und Peitsche, weich und hart –, von der Dynamik dieser Dualismen, dem schmalen Grat, der zwischen ihnen verläuft, der Legitimierung des einen mittels des anderen: erst *panem et circenses* im Neapel der Bourbonen, dann Mussolinis Faschismus, schließlich die Verlockungen und Zumutungen des bedürfnisgesteuerten Konsums. Die vorliegende Fassung dieses einen Buches, eine Studie zur Vorherrschaft der amerikanischen Konsumkultur über die europäische Kaufmannszivilisation, erwies sich als die bei weitem komplizierteste, nicht so sehr wegen ihres Umfangs, sondern weil es so schwierig war, eine Perspektive zu finden, die jenen Blick für die Relativität eröffnen konnte, den wir Amerikaner brauchen, um uns über unseren imperialen Provinzialismus erheben zu können und zu verstehen, was wir wirklich sind.

Dazu genügte es nicht, wie ich zunächst glaubte, die Vereinigten Staaten zu verlassen, um aus der Warte ihres selbst erklärten Kontrahenten, nämlich Europa, Amerika kritisch zu beäugen. Wer sich auf die Debatte über das Ringen der beiden Giganten um die globale Hegemonie einlassen will, braucht noch einen weiteren Blickwinkel; einen solchen konnte ich eingedenk meiner kulturellen »Scheuklappen« als Kind der westlichen Welt allenfalls dadurch gewinnen, dass ich mich gleichsam auf den Zaun zwischen diesen eng miteinander verbandelten und doch so unterschiedlichen Welten setzte. Geboren in Chicago nach der für die USA siegreichen Beendigung des Zweiten Weltkrieges und aufgewachsen in der Zeit, die den Zenit des Kalten Krieges und zugleich den der Macht Amerikas markierte, bin ich natürlich Amerikanerin. Doch auf meinem weiteren Lebensweg wurde ich auch Europäerin, zuerst aus Neigung und Zuneigung, dann durch Ehe, Mutterschaft und Beruf. Als jemand, die die Chance hatte, ständig zu pendeln, Europa von den Vereinigten Staaten aus zu sehen und umgekehrt, setzte ich mir das Ziel, die Konfliktstrukturen hinter den kulturellen Kollisionen zu erkennen, darüber hinaus als Historikerin aber auch eine Kritik der Kategorien zu entwickeln, die wir verwenden, um diese Kollisionen zu erklären.

Die Themen, in die ich mich bei der Arbeit an diesem Buch vertiefte, brachten es häufig mit sich, dass ich mich auf unbekanntes Terrain begeben musste, mit all den Irrtümern und Fehlschlüssen, die man riskiert, wenn man in anderer Leute Spezialgebiete eindringt. Aber wie ein tröstliches toskanisches Sprichwort sagt: »chi non prova, non fallisce«. (»Wer nichts versucht, macht nichts falsch.«) In meiner Entschlossenheit, keine Abkürzungen zu nehmen, wurde ich durch die reiche Unterstützung bestärkt, die mir so viele Personen und Institutionen angedeihen ließen. Mein besonderer Dank gilt den Institutionen, die mir Forschungsstipendien bzw. Forschungsurlaube gewährten: dem *Shelby Cullom Davis Center* an der *Princeton University* (1987), dem *German Marshall Fund of the United States* (1990), der *Guggenheim Foundation* (1998) und den Universitäten *Columbia* und *Rutgers*. In jüngerer Zeit kam ich in den Genuss eines Jean-Monnet-Stipendiums, gewährt vom *Schuman Center* des *European University Institute* mit seiner warmherzigen Rektorin Helen Wallace, und der Gastfreundschaft meiner akademischen Kolleginnen und Kollegen: Maurice Aymard vom *Maison de Science de l'Homme*, Heinz-Gerhard Haupt von den Universitäten Bielefeld und Halle, Patrick Fridenson von der *Ecole Supérieure des Hautes Etudes en Sciences Sociales* und Danielle Haase-Dubosc vom *Columbia University Institute for Scholars* an der *Reid Hall* in Paris. Wertvolle Hilfe leisteten mir die Mitarbeitenden eines Dutzends Bibliotheken, Archive und Organisationen; sie nahmen sich trotz ihrer vielen dienstlichen Pflichten die Zeit, mir mit Rat und Tat beizustehen. Besonderen Dank schulde ich den liebenswürdigen Mitarbeitenden von *Rotary International* in Zürich, namentlich dem damaligen Direktor Jonathan Fiske, ferner Gabriel Kirkpatrick von der *Credit Union National Associ-*

ation in Madison (Wisconsin), Ivan Elsmark von der *International Labor Organization* in Genf, Ellen Gartrell, der Rektorin des *John W. Hartman Center for Sales, Advertising, and Marketing History* an der *Duke University,* Udo Germer von der Deutschen Bücherei in Leipzig, Cinzia Scafiddi von Slow Food im italienischen Bra, den Mitarbeitenden der *Century Foundation* in New York, dem US-Nationalarchiv in College Park (Maryland), der Handelskammer in Paris sowie der Handelskammer und dem städtischen Archiv in Florenz.

Während etlicher Jahre diente mir die Arbeit an diesem Projekt als Eintrittskarte zu großzügig funktionierenden Netzwerken geistigen Austauschs; an erster Stelle sind hier die *Columbia University* zu nennen, insbesondere meine Kolleginnen und Kollegen am *Institute for Research on Women and Gender,* sowie für die Zeit vor 1994 die Kolleginnen und Kollegen am *Rutgers Center for Historical Research.* Meine Studentinnen und Studenten waren meine besten Kritiker, und niemand stellte bohrendere Fragen und war mir teurer als die Teilnehmenden meines Seminars *America in Europe* an der *Columbia University* sowie meine MagisterstudentInnen und DoktorandInnen an der *Columbia University* und am *European University Institute.* Ich habe bei rund drei Dutzend Institutionen und Konferenzen in Europa, den USA, Kanada und Kuba Vorträge zu diversen Aspekten meines Themas gehalten; jede dieser Veranstaltungen war etwas Besonderes für mich, und jede half diesem Buch, Gestalt anzunehmen.

Etliche meiner ehemaligen und derzeitigen Studentinnen und Studenten in den USA und in Europa assistierten mir dankenswerterweise bei den Recherchen und fungierten darüber hinaus auch als anregende GesprächspartnerInnen und GehilfInnen; inzwischen sind sie selbst Gelehrte oder auf dem besten Weg, es zu werden. Nennen möchte ich namentlich Heide Fehrenbach, Jan Lambertz, Paul Lerner, Laura Kopp, Victoria Basualdo, Davide Lombardo und Nadia Zonis. Meine Dankesschuld für die Freundschaft und kritische Strenge meines Kollegen Arno J. Mayer ist unermesslich. Mein Dank gilt des Weiteren Jean-Christophe Agnew, Marcello Anselmo, Leora Auslander, Volker Berghahn, Elizabeth Blackmar, Richard Bushman, Marie Chessel, Michael Geyer, William Leach, Sergio Luzzatto, Frank Mort, Leonardo Paggi, Tom Sedlock, Richard Seidlitz und Lisa Tiersten für ihre messerscharfen Kommentare. Sydelle Kramer war mein Polarstern, Joyce Seltzer lotste das Buch in den Hafen. Herzlichen Dank an den Übersetzer Karl Heinz Siber, an das Deutsche Historische Institut Washington, das diese Übersetzung initiiert hat, und an Corinna Unger, Historikerin am DHI, für die sorgfältige Betreuung der Projekts. Bei der Fertigstellung dieses Buches konnte ich auf die Zuneigung von Cino Sitia, Nancy Goldring, Miriam Hansen, Martha Howell und Temma Kaplan ebenso bauen wie auf die Unterstützung meiner Familie, vor allem meiner geliebten Tochter Livia, und meiner Eltern Alfred de Grazia und Jill Oppenheim de Grazia (†1996), denen dieses Buch gewidmet ist.

Quellen und Literatur

Archive und Bibliotheken

Archivio Centrale dello Stato, Rom
Archivio Storico, Florenz
Century Foundation Archive, New York City
Chambre de Commerce de Paris
Credit Union National Association, Madison, Wisc.
Deutsche Bücherei Leipzig
Houghton Library, Harvard University, Cambridge, Mass.
International Labor Organization, Genf
J. Walter Thompson Company Archives, Duke University, Durham, N.C.
Leo Baeck Institute Archives, New York City
National Archives, College Park, Md.
Rockefeller Archives Center, Sleepy Hollow, N.Y.
Rotary International, Evanston, Ill.
Rotary International, European Office, Zürich
Schlesinger Library, Radcliffe College, Cambridge, Mass.

Veröffentlichte Quellen und Literatur

Zeitungen und Zeitschriften

Advertising Age.
Advertising Monthly.
Advertising World.
Agricoltura d'Italia.
Atlantic Monthly.
L'ufficio moderno.
Le miroir de l'information.
Libération.
Libre-Service-Actualité.
Die Literarische Welt.

Berliner Tageblatt.
Bianco e nero.
Bio.
Campana d'Italia.
Christian Science Monitor.
Ciné-Comoedia.
Cinématographe.
La cinématographie française.
Civiltà Cattolica.
Commerce Reports.
Commonwealth.
Detroit News.
Duluth News Tribune.
Duluth Sunday News-Tribune.
Economic Journal.
Elle.
Entreprise.
Export Advertiser.
Femme pratique.
Film-Kurier.
Financial News.
Financial Times.
Foreign Trade.
Fortune.
Frankfurter Zeitung Abendblatt.
Frankfurter Zeitung.
Gebrauchsgraphik.
General Motors Export Monthly.
German-American Commerce Bulletin.
Giornale degli economisti.
Giornale del mattino.
Il Giorno.
Industriekurier.
International Chamber of Commerce Digest.
International Herald Tribune.
La journée industrielle.
Kinematograph.
Kines.
Kraks Blaa Bog.

Living Age.
Los Angeles Times.
Marie-Claire.
Mondo economico.
The Nation.
New York Herald, Pariser Ausg.
New York Times.
NRC Handelsblad.
Panorama.
Presse-Publicité.
Printers' Ink.
Productivité française.
La publicité.
Pugno nell'occhio.
Que Choisir: Union Fédérale de la Consommation.
Die Reklame.
La Repubblica.
Revue des deux mondes.
Revue du cinéma.
The Rotarian.
Der Rotarier.
Der Rotarier für Deutschland und Österreich.
Rotary Italiano, Annuario.
Il Rotary.
Le Rotary.
Saturday Evening Post.
Standard and Poor's Industry Surveys.
Supermarket Merchandising.
Le Temps.
Transatlantic Trade.
U.S. News and World Report.
Vendre.
Vente et publicité.
Wall Street Journal Europe.
Wall Street Journal.
Washington Post.
Wendingen.
Die Woche.

Primär- und Sekundärliteratur

1879–1929. Fifty Years of Woolworth, New York 1929.
221.750.000 consommateurs. Marché commun et Grande-Bretagne, Paris 1963.

– A –

Abel, Richard, French Cinema. The First Wave, 1915–1929, Princeton, N.J., 1984.
Abel, Richard, The Red Rooster Scare. Making Cinema American, 1900–1910, Berkeley, Calif., 1999.
Abelin, Pierre, Essai sur la comparaison internationale des niveaux de vie ouvriers, Paris 1936.
Abelshauser, Werner, Germany. Guns, Butter, and Economic Miracles, in: Mark Harrison (Hg.), The Economics of World War II. Six Great Powers in International Comparison, Cambridge 1998, 122–176.
Abelshauser, Werner, The Economic Policy of Ludwig Erhard, EUI Working Paper 80, European University Institute 1984.
Adams, Russell B., King C. Gillette. The Man and His Wonderful Shaving Device, Boston 1978.
Adler, H.G., Theresienstadt 1941–1945. Das Antlitz einer Zwangsgemeinschaft, Tübingen 1955.

Adler-Karlsson, Gunnar, Western Economic Warfare, 1947-1967. A Case Study in Foreign Economic Policy, Stockholm 1968.
Agence Thompson, S. A., Comment vendre, 2. Aufl., Brüssel 1937.
Agnew, John, The United States in the World-Economy. A Regional Geography, Cambridge 1987.
Albano, Lucilla, Hollywood. Cinelandia, in: Riccardo Redi (Hg.), Cinema italiano sotto il fascismo, Venedig 1979, 219-232.
Albano, Lucilla, Volontà-possibilità del cinema fascista. Riviste e periodici degli anni trenta in Italia, in: Nuovi materiali sul cinema italiano, 1929-1943, Pesaro 1976, 101-136.
Alberoni, Francesco, Consumi e società, 2. Aufl., Bologna 1967.
Albrecht, Gerd, Der Film im 3. Reich, Karlsruhe 1979.
Alengry, Charles, Notre revanche économique par la foire nationale d'échantillons, Paris 1917.
Allgemeine Erklärung der Menschenrechte, 10. Dezember 1948, http://www.unhchr.ch/udhr/lang/ger.htm.
Allix, André, The Geography of Fairs. Illustrated by Old World Examples, in: Geographical Review 12 (1922), 532-569.
Amatori, Franco, Proprietà e direzione. La Rinascente, 1917-1969, Mailand 1989.
American Branch Factories Abroad. A Report on American Branch Factories Abroad, Together with the Economic Factors Involved in the Branch Factory Movement, Washington, D.C., 1931.
An Introduction to Rotary International and the Rotary Club of Duluth, Duluth 1993.
Andrew, Dudley, Sound in France. The Origins of a Native School, in: Yale French Studies 60 (1980), 94-114.
Antonides, Gerrit/W. Fred van Raaij, Consumer Behaviour. A European Perspective, New York 1998.
Aprà, Adriano, La »rinascita« sulla pagina cinematografica del »Tevere«, 1929-1930, in: Nuovi materiali sul cinema italiano, 1929-1943, Pesaro 1976, 60-85.
Arcigay, Arcigay in English, http://www.arcigay.it/arcigay-english.
Argentieri, Mino, L'asse cinematografico Roma-Berlino, Neapel 1986.
Arlet, Pierre, La consommation. L'éducation du consommateur, Sarlat 1939.
Arnoux, Alexandre, Du muet au parlant. Mémoires d'un témoin, Paris 1946.
Arrighi, Giovanni, The Long Twentieth Century. Money, Power, and the Origins of Our Times, New York 1994.
Arvidsson, Adam, Marketing Modernity. Italian Advertising from Fascism to Postmodernity, New York 2003.
Associazione Arci, Storia, http://www.arci.it/testo.php?codice=STORIA.
Auslander, Leora, Taste and Power. Furnishing Modern France, Berkeley, Calif., 1996.
Auslander, Leora, The Gendering of Consumer Practices in Nineteenth-Century France, in: Victoria de Grazia/Ellen Furlough (Hg.), The Sex of Things. Gender and Consumption in Historical Perspective, Berkeley, Calif., 1996, 79-112.
Automotive Equipment and Construction Preferences in Foreign Countries, Washington, D.C., 1930.
Aynsley, Jeremy, *Gebrauchsgraphik* as an Early Graphic Design Journal, 1924-1938, in: Journal of Design History 5 (1992), 53-72.
Aynsley, Jeremy, Graphic Design in Germany, 1890-1945, Berkeley, Calif., 2000.

– B –

Badault, Dominique, Equipement du logement et demande de biens durables en Bretagne, 1962-1968. Résultats d'enquêtes effectuées en 1962 et 1968 avec le concours de la DGRST, Rennes 1971.
Badel, Laurence, Un milieu libéral et européen. Le grand commerce français, 1925-1948, Paris 1999.
Badouin, Robert, L'élasticité de la demande des biens de consommation, Paris 1953.
Baggioni, Daniel, Langue et nationalité en Europe, Paris 1997.
Bakker, Gerben, Entertainment Industrialized. The Emergence of the International Film Industry, 1890-1940, unveröff. Diss. European University Institute.
Bakker, Gerben, Selling French Films on Foreign Markets. The International Strategy of a Medium-Sized French Film Company, 1919-1928, EUI Working Paper, Department of History and Civilization, European University Institute 2001.
Baldwin, Neil, Henry Ford and the Jews. The Mass Production of Hate, New York 2001.
Banham, Reyner, Theory and Design in the First Machine Age, New York 1960.
Baranowski, Shelley, Strength through Joy. Consumerism and Mass Tourism in the Third Reich, Cambridge 2004.

Barber, Benjamin, Coca-Cola und Heiliger Krieg. Wie Kapitalismus und Fundamentalismus Demokratie und Freiheit abschaffen, Bern 1996.
Barcena, Felipe Alonso, Los rotarios y su codigo moral, in: Razón y Fe 80 (1927), 356.
Barcena, Felipe Alonso, Rotarismo y masoneria, in: Razón y Fe 81 (1927), 5–18.
Bardèche, Maurice/Robert Brasillach, Histoire du cinéma, Paris 1935.
Barger, Harold, Distribution's Place in the American Economy since 1869, Princeton, N.J., 1955.
Barjot, Dominique (Hg.), Catching Up with America. Productivity Missions and the Diffusion of American Economic and Technological Influence after the Second World War, Paris 2002.
Barjot, Dominique/Isabelle Lescent-Giles/Marc de Ferrière Le Vayer (Hg.), L'américanisation en Europe au XXe siècle. Économie, culture, politique/Americanization in 20th Century Europe. Economies, Culture, Politics, Lille 2002.
Barthes, Roland, Mythen des Alltags [1957], Frankfurt a.M. 1964.
Barthes, Roland, The Fashion System, New York 1983.
Bass, Berit, Die Braune Großmesse 1933 in Leipzig, in: Zwahr u.a., Leipzigs Messen, 553–562.
Baudelaire, Charles, Die Blumen des Bösen, Frankfurt a.M. 1976.
Baudelot, Christian/Roger Establet, Maurice Halbwachs. Consommation et société, Paris 1994.
Baudrillard, Jean, Das System der Dinge. Über unser Verhältnis zu den alltäglichen Gegenständen, Frankfurt a.M., New York 1991.
Baudrillard, Jean, Consumer Society. Myths and Structures [1970], Thousand Oaks, Calif., 1998.
Baudrillard, Jean, For a Critique of the Political Economy of the Sign, St. Louis, Mo., 1981.
Baudrillard, Jean, Selected Writings (hg. v. Mark Poster), Stanford, Calif., 2001.
Beale, Marjorie Anne, Advertising and the Politics of Public Persuasion in France, Mikrofilm, unveröff. Diss. University of California, Berkeley, 1992.
Beard, Charles A./Mary Beard, The Rise of American Civilization, New York 1930.
Beckman, Theodore N., Criteria of Marketing Efficiency, in: Howard T. Hovde (Hg.), Marketing in Our American Economy. Special Issue, Annals of the American Academy of Political and Social Science (Mai 1940), 130–140.
Beers, Charlotte, American Public Diplomacy and Islam, Aussage vor dem Auswärtigen Ausschuss des US-Senats, 27. Februar 2003, http://www.state.gov/r/us/18098.htm.
Bellassai, Sandro, La morale comunista. Pubblico e privato nella rappresentazione del PCI, 1947–1956, Rom 2000.
Belloni Sonzogni, Amelia, Rotary in Milano, 1923–1993, Mailand 1993.
Benjamin, Walter, Das Kunstwerk im Zeitalter seiner technischen Reproduzierbarkeit, in: ders., Gesammelte Schriften I/2 (hg. v. Rolf Tiedemann/Hermann Schweppenhäuser), Frankfurt a.M. 1980, 471–508.
Benson, John/Gareth Shaw (Hg.), The Evolution of Retail Systems, c. 1800–1914, Leicester 1992.
Berger, Suzanne, The Uses of the Traditional Sector in Italy. Why Declining Classes Survive, in: Frank Bechhofer/Brian Elliott (Hg.), The Petite Bourgeoisie. Comparative Studies of the Uneasy Stratum, New York 1981, 71–90.
Berghahn, Volker (Hg.), Quest for Economic Empire. European Strategies of German Big Business in the Twentieth Century, Providence 1996.
Berghahn, Volker, America and the Intellectual Cold Wars in Europe, Princeton, N.J., 2001.
Berghahn, Volker, Philanthropy and Diplomacy in the American Century, in: Diplomatic History 23 (Sommer 1999), 393–419.
Berghoff, Hartmut, »Times Change and We Change with Them«. The German Advertising Industry in the »Third Reich«, in: Roy Church/Andrew Godley (Hg.), The Emergence of Modern Marketing, London 2003, 128–147.
Berghoff, Hartmut, Enticement and Deprivation. The Regulation of Consumption in Pre-War Nazi Germany, in: Daunton/Hilton, The Politics of Consumption, 165–184.
Berghoff, Hartmut, Von der »Reklame« zur Verbrauchslenkung. Werbung im nationalsozialistischen Deutschland, in: ders. (Hg.), Konsumpolitik. Die Regulierung des privaten Verbrauchs im 20. Jahrhundert, Göttingen 1999, 77–112.
Bergler, Georg, Die Entwicklung der Verbrauchsforschung in Deutschland und die Gesellschaft für Konsumforschung bis zum Jahr 1945, Kallmünz 1959.
Bergler, Georg, Qualitätssicherung, Markenartikel und Leipziger Messe, in: Die Deutsche Fertigware 6 (Februar 1934), 21–27.
Bernardini, Aldo, Cinema muto italiano. Arte, divisimo, e mercato, 1910–1914, Bari 1982.

Bernays, Edward, Biography of an Idea. Memoirs of Public Relations Counsel Edward L. Bernays, New York 1965.
Bernstein, Michael A., American Economic Expertise from the Great War to the Cold War. Some Initial Observations, in: Journal of Economic History 50 (Juni 1990), 407–416.
Bertin-Maghit, Jean-Pierre, Le cinéma français sous l'Occupation, Paris 1994.
Bizzarri, Libero, L'economia cinematografica, in: Massimiliano Fasoli (Hg.), La città del cinema. Produzione e lavoro nel cinema italiano, 1930–1970, Rom 1979, 37–47.
Bizzarri, Libero/Libero Solaroli, L'industria cinematografica italiana, Florenz 1958.
Black, Gregory D., Hollywood Censored. Morality Codes, Catholics and the Movies, Cambridge 1994.
Bleustein-Blanchet, Marcel, Les mots de ma vie, Paris 1990.
Bleustein-Blanchet, Marcel, Mémoires d'un lion, Paris 1988.
Bleustein-Blanchet, Marcel, The Rage to Persuade. Memoirs of a French Advertising Man, New York 1982.
Bleustein-Blanchet, Marcel/Jean Mauduit, La traversée du siècle, Paris 1994.
Bloch, Marc, La répartition des dépenses comme caractère de classe, in: Annales d'histoire économique et sociale 7.31 (1935), 83–86.
Blondiaux, Löic, La fabrique de l'opinion. Une histoire sociale des sondages, Paris 1998.
Boddewyn, J. J., Belgian Public Policy toward Retailing since 1789, East Lansing, Mich., 1971.
Boddewyn, J. J./D. M. Hansen, American Marketing in the European Common Market, 1963–1973, in: European Journal of Marketing 11.7 (1977), 548–563.
Body-Gendrot, Sophie, Une vie privée française sur le modèle américain?, in: Philippe Ariès/Georges Duby (Hg.), Histoire de la vie privée, Bd. 5, Paris 1987, 528–579.
Boelcke, Willi A. (Hg.), »Wollt Ihr den totalen Krieg?« Die geheimen Goebbels-Konferenzen, 1939–1943, Stuttgart 1967.
Boltanski, Luc, The Making of a Class. Cadres in French Society, Cambridge 1987.
Bonin, Hubert/Yannick Lung/Steven Tolliday (Hg.), Ford. The European History, 1903–2003, 2 Bde., Paris 2003.
Bono, Francesco, La mostra del cinema di Venezia. Nascita e sviluppo nell'anteguerra, 1932–1939, in: Storia contemporanea 22 (Juni 1991), 513–549.
Boorstin, Daniel J., Das Image oder Was wurde aus dem Amerikanischen Traum?, Reinbek 1964.
Bordwell, David/Janet Staiger/Kristin Thompson, The Classical Hollywood Cinema. Film Style and Mode of Production to 1960, New York 1985.
Borsodi, Ralph, The Distribution Age. A Study of the Economy of Modern Distribution, New York 1927.
Bosch, Aurora/M. Ferdanda del Ricón, Dreams in a Dictatorship. Hollywood and Franco's Spain, 1939–1956, in: Reinhold Wagnleitner/Elaine Tyler May (Hg.), Here, There and Everywhere. The Foreign Politics of American Popular Culture, Hanover, N.H., 2000, 100–115.
Bossuat, Gérard, L' Europe occidentale à l'heure américaine. Le Plan Marshall et l'unité européenne, 1945–1952, Brüssel 1992.
Bossuat, Gérard, La France, l'aide américaine et la construction européenne, 1944–1954, 2 Bde., Paris 1992.
Bossuat, Gérard, Les aides américaines économiques et militaires à la France, 1938–1960. Une nouvelle image des rapports de puissance, Paris 2001.
Bourdieu, Pierre, Die feinen Unterschiede. Kritik der gesellschaftlichen Urteilskraft, Frankfurt a.M. 2008.
Bourdieu, Pierre, Différences et distinctions, in: Le partage des bénéfices. Expansion et inégalités en France, Paris 1966, 117–129.
Bourdieu, Pierre, L'assassinat de Maurice Halbwachs, in: Visages de la Résistance 16 (Herbst 1987), 161–168.
Bourke, Joseph, History of the Waterman Pen, http://www.jimgaston.com/waterman.htm.
Bowden, Sue/Avner Offer, Household Appliances and the Use of Time. The United States and Britain since the 1920s, in: Economic History Review 47.4 (1994), 725–748.
Bowlby, Rachel, Carried Away. The Invention of Modern Shopping, New York 2000.
Boyer, Robert/Daniel Drache (Hg.), States against Markets, London 1996.
Brändli, Sibylle, Der Supermarkt im Kopf. Konsumkultur und Wohlstand in der Schweiz nach 1945, Wien 2000.
Braudel, Fernand, Sozialgeschichte des 15.-18. Jahrhunderts [1979], 3 Bde., München 1990.
Braudel, Fernand, Die Dynamik des Kapitalismus, Stuttgart 1986.
Breen, Timothy H., The Marketplace of Revolution. How Consumer Politics Shaped American Independence, New York 2004.
Brewer, John/Roy Porter (Hg.), Consumption and the World of Goods, London 1993.

Brinkley, Alan, The End of Reform. New Deal Liberalism in Recession and War, New York 1995.
Brinkman, Carl, Standards of Living, in: Encyclopedia of the Social Sciences, New York 1938, 322–355.
Broehl, Wayne G., Jr., United States Business Performance Abroad. The International Basic Economy Corporation, Washington, D.C., 1969.
Brose, Hanns W., Die Entdeckung des Verbrauchers. Ein Leben für die Werbung, Düsseldorf 1958.
Brose, Hanns W., Werbewirtschaft und Werbegestaltgung. Der 7. Brief an Herrn M. Mit einem Anschreiben an Ludwig Erhard, in: Die Deutsche Fertigware 5 (1938), 87–96.
Brown, Clair, American Standards of Living, 1918–1988, Oxford 1994.
Bruford, W. H., The German Tradition of Self-Cultivation. Bildung from Humboldt to Thomas Mann, London 1975.
Bruneau, Pierre, Magiciens de la publicité, 5. Aufl., Paris 1956.
Brunetta, Gian Piero, Storia del cinema italiano, 1895–1945, Rom 1979.
Bryce, James, The American Commonwealth, New York 1895.
Brzezinski, Zbigniew, Out of Control. Global Turmoil on the Eve of the Twenty-first Century, New York 1993.
Bucco, Martin (Hg.), Critical Essays on Sinclair Lewis, Boston 1986.
Buchner, Hans, Warenhauspolitik und Nationalsozialismus, München 1929.

– C –

Cabarga, Leslie, Progressive German Graphics, 1900–1937, San Francisco 1994.
Canetti, Elias, Die Fackel im Ohr, München, Wien 1980.
Caracalla, Jean-Paul, Le roman du Printemps. Histoire d'un grand magasin, Paris 1989.
Carew, Anthony, Labor under the Marshall Plan. The Politics of Productivity and the Marketing of Management Science, Detroit 1987.
Carré, Patrick, Les ruses de la »fee« electricité, in: J.-P. Goubert (Hg.), Du luxe au confort, Paris 1988, 65–83.
Casella, Alberto/Paola Morelli/Marco Cicolini (Hg.), Catalogo Bolaffi del manifesto italiano. Dizionario degli illustratori, Turin 1995.
Cassé, Noël, Étude sur les magasins à prix uniques, Toulouse 1935.
Casson, Mark (Hg.), The Growth of International Business, London 1983.
Cazamian, Madeleine, L'autre Amérique, Paris 1931.
Cendrars, Blaise, Aujourd'hui. 1917–1929, Paris 1987.
Centre d'Étude du Commerce et de la Distribution, Les habitudes d'achat de la population des grands ensembles d'habitation, Paris 1965.
Chamber of Commerce of the United States, Distribution in the United States. Trends in Its Organization and Methods, Washington, D.C., 1931.
Chamber of Commerce of the United States, National Distribution Conference, Washington, D.C., 1925.
Chandler, Alfred D., Jr./Takashi Hikino, Scale and Scope. The Dynamics of Industrial Capitalism, Cambridge, Mass., 1990.
Charles, Jeffrey A., Service Clubs in American Society. Rotary, Kiwanis, and Lions, Urbana, Ill., 1993.
Cherchi Usai, Paolo/Lorenzo Codelli (Hg.), Before Caligari. German Cinema, 1895–1920, Pordenone 1990.
Chessel, Marie-Emmanuelle, La publicité. Naissance d'une profession, 1900–1940, Paris 1998.
Chessel, Marie-Emmanuelle, Une méthode publicitaire américaine? Cadum dans la France de l'entre-deux guerres, in: Entreprises et histoire 11 (1996), 61–76.
Chevanne, André, L'industrie du cinéma. Le cinéma sonore, Bordeaux 1933.
Chilly, Lucien de, La classe moyenne en France après la guerre, 1918–1924. Sa crise: Causes, conséquences et remèdes, Bourges 1924.
Chombart de Lauwe, Paul-Henry, La vie quotidienne des familles ouvrières, Paris 1977.
Cianci, Ernesto, Il Rotary nella società italiana, Mailand 1983.
Cianci, Ernesto, Il Rotary e il cattolicesimo, in: Congresso del 207. distretto. Il Rotary e i movimenti di opinione contemporanei. Arezzo, 10-11-12 maggio 1985, Pisa 1985.
Clair, René, Réflexion faite. Notes pour servir à l'histoire de l'art cinématographique de 1920 à 1950, Paris 1951.
Clawson, Mary Ann, Constructing Brotherhood. Class, Gender, and Fraternalism, Princeton, N.J., 1989.
Clément, Philippe/Maurice Roy, De la 4 CV à la Vidéo. 1953–1983, c'est trente années qui ont changé notre vie, Paris 1983.

Coffin, Judith G., A »Standard« of Living? European Perspectives on Class and Consumption in the Early Twentieth Century, in: International Labor and Working-Class History 55 (Frühjahr 1999), 6-26.
Cohen, Lizabeth, A Consumer's Republic. The Politics of Mass Consumption in Postwar America, New York 2003.
Cohen, Lizabeth, Making a New Deal. Industrial Workers in Chicago, 1919-1939, New York 1990.
Cohen, Lizabeth, The New Deal State and the Making of Citizen Consumers, in: Strasser u.a., Getting and Spending, 111-125.
Coley, Catherine, Les Magasins Réunis. From the Provinces to Paris, from Art Nouveau to Art Deco, in: Crossick/Jaumain, Cathedrals of Consumption, 225-251.
Collings, Harry T., United States Government Aid to Foreign Trade, in: Annals of the American Academy of Political and Social Science (September 1926), 134-142.
Colonna di Paliano, Guido, Retail Trade in Italy. Problems and Prospects, in: Banco di Roma, Review of Economic Conditions in Italy 25.5 (September 1971), 375-379.
Commerce américain et productivité. Rapport de la mission d'étude des techniques commerciales américains, Paris 1951.
Condition, attitudes et aspirations des ouvriers, in: Sondages. Revue française de l'opinion publique 18.2 (1956), 39-57.
Conseil National Économique, L'industrie cinématographique, Paris 1936.
Contribution à l'étude du problème des grands magasins. Rapport de la Commission fédérale d'étude des prix au Département fédéral de l'Économie publique, Bern 1933.
Cooley, Charles H., The Institutional Character of Pecuniary Valuation, in: American Journal of Sociology 18 (1913), 543-555.
Cooley, Charles H., The Sphere of Pecuniary Valuation, in: American Journal of Sociology 19 (1913), 188-203.
Cooper, Richard, The Economics of Interdependence. Economic Policy in the Atlantic Community, New York 1968.
Corlett, John, The Economic Development of Detergents, London 1958.
Courtade, Francis/Pierre Cadars, Le cinéma nazi, Paris 1972.
Cowan, Ruth Schwartz, More Work for Mother. The Ironies of Household Technology from the Open Hearth to the Microwave, New York 1983.
Craig, David R., Recent Retailing Trends in Europe, in: Dun's Review 47 (Dezember 1939), 5-9.
Craig, David R./Werner K. Gabler, The Competitive Struggle for Market Control, in: Howard T. Hovde (Hg.), Marketing in Our American Economy, Philadelphia 1940, 84-107.
Crew, David F. (Hg.), Consuming Germany in the Cold War, New York 2003.
Crisp, C. G., The Classic French Cinema, 1930-1960, Bloomington, Ind., 1997.
Crofts, Stephen, Concepts of National Cinema, in: John Hill/P. Church Gibson (Hg.), World Cinema. Critical Approaches, Oxford 2000, 385-394.
Cross, Gary, All-Consuming Century. Why Commercialism Won in Modern America, New York 2000.
Cross, Gary, Time and Money. The Making of Consumer Culture, London 1993.
Cross, Jennifer, The Supermarket Trap. The Consumer and the Food Industry, Bloomington, Ind., 1970.
Crossick, Geoffrey/Heinz-Gerhard Haupt (Hg.), Shopkeepers and Master Artisans in Nineteenth-Century Europe, New York 1984.
Crossick, Geoffrey/Heinz-Gerhard Haupt, Shopkeepers, Master Artisans, and the Historian. The Petite Bourgeoisie in Comparative Focus, in: ders./ders., Shopkeepers and Master Artisans, 3-84.
Crossick, Geoffrey/Serge Jaumain (Hg.), Cathedrals of Consumption. The European Department Store, 1850-1939, Brookfield, VT., 1998.
Crossick, Geoffrey/Serge Jaumain, The World of the Department Store, in: ders./ders., Cathedrals of Consumption, 1-45.
Curti, Merle, American Philanthropy Abroad. A History, New York 1963.

– D –

Daniel, Thomas C., The Helsinki Effect. International Norms, Human Rights, and the Demise of Communism, Princeton, N.J., 2001.
Dansette, Jacques, Les formes evoluées de la distribution. Problème économique, problème psychologique, Brüssel 1944.
Daunton, Martin/Matthew Hilton (Hg.), The Politics of Consumption. Material Culture and Consumers in Europe and America, Oxford 2001.

Davies, Robert B., Peacefully Working to Conquer the World. The Singer Manufacturing Company in Foreign Markets, 1854–1899, in: Business History Review 43 (Herbst 1969), 312–315.
Davis, Joseph S., Standards and Contents of Living, in: American Economic Review 35 (März 1945), 1–15.
Davis, Simone Weil, Living Up to the Ads. Gender Fictions of the 1920s, Durham, N.C., 2000.
De Felice, Franco, Sapere e politica. L'organizzazione internazionale del lavoro tra le due guerre, 1919–1939, Mailand 1988.
De Grazia, Victoria, Mass Culture and Sovereignty. The American Challenge to European Cinemas, in: Journal of Modern History 61 (März 1989), 53–87.
De Grazia, Victoria, The Exception Proves the Rule. The American Example in the Recasting of Socialist Strategies in Europe between the Wars, in: Jean Heffer/Jeanine Rovet (Hg.), Why Is There No Socialism in the United States/Pourquoi n'y a t-il pas de socialisme aux États-Unis?, Paris 1988, 170–181.
De Roover, Raymond, The Concept of the Just Price. Theory and Economic Policy, in: Journal of Economic History 18 (Dezember 1958), 418–434.
Défossé, Gaston, La place du consommateur dans l'économie dirigée, Paris 1941.
Delaisi, François, La révolution européenne, Brüssel 1942.
Delaisi, François, Les deux Europes, Paris 1929.
Delaunay, Quynh, Histoire de la machine à laver. Un objet technique dans la societé française, Rennes 1994.
Delpech, Henry, Recherches sur le niveau de vie et les habitudes de consommation (Toulouse 1936–1938), Paris 1938.
Denecke, Dietrich/Gareth Shaw, Traditional Retail Systems in Germany, in: Benson/Shaw, The Evolution of Retail Systems, 76–86.
Denis, Marie-Noëlle, Systèmes culturels et technologie. Histoire de la machine à laver, in: Culture technique 17 (März 1987), 206–212.
Dennis, Alfred Pearce, European Agriculture and the American Export Trade in Food Products, in: Annals of the American Academy of Political and Social Science 94 (Juli 1924), 110–114.
Desrosières, Alain, La politique des grands nombres. Histoire de la raison statistique, Paris 2000.
Dewhurst, J. Frederick, Europe's Needs and Resources. Trends and Prospects in Eighteen Countries, New York 1961.
Dickie, Robert B., Foreign Investment. France. A Case Study, Leiden 1970.
Diner, Dan, Feindbild Amerika. Über die Beständigkeit eines Ressentiments, Berlin 2002.
Dittrich, Erich, Südosteuropa und die Reichsmesse, Leipzig 1941.
Djelic, Marie-Laure, Exporting the American Model. The Postwar Transformation of European Business, Oxford 1998.
Douglas, Susan P./Christine D. Urban, Life Style Analysis to Profile Women in International Markets, in: Journal of Marketing 41 (Juli 1977), 46–54.
Dower, John W., Embracing Defeat. Japan in the Wake of World War II, New York 1999.
Drache, Daniel, From Keynes to K-Mart. Competitiveness in a Corporate Age, in: Boyer/ders., States against Markets, 31–61.
Drake, Barbara J., The Rotary Club of Gloucester. A History, 1920–1990, Gloucester, U.K., 1990.
Drakulič, Slavenka, How We Survived Communism and Even Laughed, New York 1992.
Du Closel, Jacques, Les grands magasins français. Cent ans après, Paris 1989.
Du Page, Roger/Maurice Lengellé, L'étude de marché. Facteur d'expansion, Paris 1955.
Duchen, Claire, Occupation Housewife. The Domestic Ideal in 1950s France, in: French Cultural Studies 2.4 (1991), 1–13.
Duchen, Claire, Women's Rights and Women's Lives in France, 1944–1968, London 1994.
Duesenberry, James S., Income, Saving, and the Theory of Consumer Behavior, Cambridge, Mass., 1949.
Duhamel, Georges, Scènes de la vie future, Paris 1930.
Dunning, John H., Changes in the Level and Structure of International Production. The Last One Hundred Years, in: Casson, The Growth of International Business, 84–139.
Dupuigrenet-Desroussilles, Guy, Niveaux de vie et coopération économique dans l'Europe de l'Ouest, Paris 1962.
Dutourd, Jean, Fett schwimmt oben, Köln, Berlin 1953.

– E –

Ehrlich, Evelyn, Cinema of Paradox. French Filmmaking under the German Occupation, New York 1985.
Eichengreen, Barry J. (Hg.), Europe's Postwar Recovery, Cambridge 1995.
Einzig, Paul, Hitler's »New Order« in Europe, London 1941.
Elias, Norbert, Studien über die Deutschen. Machtkämpfe und Habitusentwicklung im 19. und 20. Jahrhundert, Frankfurt a.M. 1992.
Elias, Norbert, Über den Prozess der Zivilisation, Bd. 1, Frankfurt a.M. 1977.
Elias, Norbert, Über den Prozess der Zivilisation. Soziogenetische und psychogenetische Untersuchungen, Bern o.J.
Ellwood, David W./Rob Kroes (Hg.), Hollywood in Europe. Experiences of a Cultural Hegemony, Amsterdam 1994.
Ellwood, David, From »Re-education« to the Selling of the Marshall Plan in Italy, in: Nicholas Pronay/Keith Wilson (Hg.), The Political Re-education of Germany and Her Allies after World War II, London 1985, 219–239.
Elsaesser, Thomas, Metropolis, London 2000.
Elvinger, Francis, La lutte entre l'industrie et le commerce. La marque, son lancement, sa vente, sa publicité, Paris 1922.
Enquête sur les tendances de la consommation des salariés urbains. Vous gagnez 20% de plus, qu'en faites-vous?, Paris 1955.
Ensêlme, Marguerite, Les magasins à prix uniques. Leur fonction dans le commerce du détail, Bordeaux 1936.
Erhard, Ludwig, Deutsche Wirtschaftspolitik. Der Weg der Sozialen Marktwirtschaft, Düsseldorf, Wien 1962.
Erhard, Ludwig, Wohlstand für alle, Düsseldorf 1957.
Espmark, Kjell, The Nobel Prize in Literature. A Study of the Criteria behind the Choices, Boston 1986.
European Productivity Agency, The Consumer's Food-Buying Habits, Paris 1958.
Ewen, Stuart, Captains of Consciousness. Advertising and the Social Roots of the Consumer Culture, New York 1975.

– F –

Fantasia, Rick, Fast Food in France, in: Theory and Society 24 (1995), 215–229.
Farr, Dennis, English Art, 1870–1940, Oxford 1978.
Featherstone, Mike, Consumer Culture and Postmodernism, London 1991.
Fedo, Michael W., »They Was Just Niggers«, Ontario, Calif., 1979.
Ferré, Louise-Marie, Les classes sociales dans la France contemporaine, Paris 1936.
Fieldhouse, D. K., Unilever Overseas. The Anatomy of a Multinational, 1895–1965, London 1978.
Filene, Edward A./Werner K. Gabler/Percy S. Brown, Next Steps Forward in Retailing, New York 1937.
Filler, Louis, Edward Albert Filene, in: Robert Livingston Schuyler/Edward T. James (Hg.), Dictionary of American Biography, Supplement 2, New York 1958, 183–185.
Filtzer, Donald, Standard of Living of Soviet Industrial Workers in the Immediate Postwar Period, 1945–1948, in: Europe-Asia Studies (Sommer 1999), 1013–1038.
Flanagan, John, The Minnesota Backgrounds of Sinclair Lewis' Fiction, in: Minnesota History 37 (1960), 1–13.
Flink, James, The Car Culture, Cambridge, Mass., 1975.
Foot, John, Milan since the Miracle. City, Culture and Identity, Oxford 2001.
Ford, Henry/Samuel Crowther, Today and Tomorrow, Garden City, N.Y., 1926.
Foucault, Michel, Sexualität und Wahrheit, Bd. 1, Frankfurt a.M. 1977.
Fourastié, Jean, La civilisation de 1960, Paris 1947.
Fourastié, Jean, Pourquoi nous travaillons, Paris 1959.
Fourastié, Jean/Françoise Fourastié, Les arts ménagers, Paris 1950.
Fox, Daniel M., The Discovery of Abundance. Simon N. Patten and the Transformation of Social Theory, Ithaca, N.Y. 1967.
Fox, Richard W./T. J. Jackson Lears, The Culture of Consumption. Critical Essays in American History, 1880–1980, New York 1983.
Fox, Stephen, The Mirror Makers. A History of American Advertising and Its Creators, New York 1985.
Frank, Bruno, Politische Novelle, Berlin 1928.
Freddi, Luigi, Il cinema, Bd. 1, Rom 1949.

Fridenson, Patrick, French Automobile Marketing, 1890–1970, in: Okochi/Shimokawa, Development of Mass Marketing, 127–154.
Friedman, Thomas L., Globalisierung verstehen. Zwischen Marktplatz und Weltmarkt, Berlin 1999.
Friedman, Walter A., Birth of a Salesman. The Transformation of Selling in America, Cambridge, Mass., 2004.
Froelich, Walter, Changes in the Central European Retail Trade, in: Journal of Marketing 4 (Januar 1940), 259–263.
Froelich, Walter, European Experiments in Protecting Small Competitors, in: Harvard Business Review 17 (Sommer 1939), 442–452.
Frost, Robert L., Machine Liberation. Inventing Housewives and Home Appliances in Interwar France, in: French Historical Studies 18 (Frühjahr 1993), 109–130.
Frumento, Armando (Hg.), Nascita e rinascita del Rotary a Milano e in Italia, Mailand 1976.
Fultz, L. Michael, History of A. A. Waterman, http://www.penbid.com/Auction/showarticle.asp?art_id62.
Fultz, L. Michael, The History of Pelikan Pens, http://www.penbid.com/Auction/showarticle.asp?art_id12.
Furlough, Ellen, Consumer Cooperation in France. The Politics of Consumption, 1834–1930, Ithaca, N.Y., 1991.
Furlough, Ellen/Carl Strikwerda (Hg.), Consumers Against Capitalism? Consumer Cooperation in Europe, North America, and Japan, 1840–1990, Lanham, Md., 1999.

– G –

Gabler, Werner K., Probleme der amerikanischen Warenhäuser, Zürich 1934.
Gaddis, John, The Emerging Post-Revisionist Synthesis on the Origins of the Cold War, in: Diplomatic History 7 (Sommer 1983), 171–190.
Gardès, François, L'évolution de la consommation marchande en Europe et aux U.S.A. depuis 1960, in: Consommation 30 (April–Juni 1983), 3–32.
Gassert, Philipp, Without Concessions to Marxist or Communist Thought. Fordism in Germany, 1923–1929, in: David E. Barclay/Elisabeth Glaser-Schmidt (Hg.), Transatlantic Images and Perceptions. Germany and America since 1776, Washington, D.C., New York 1997, 217–241.
Gay, Peter, Weimar Culture. The Outsider as Insider, New York 1968.
Gehler, Fred/Ulrich Kasten, Fritz Lang. Die Stimme von Metropolis, Berlin 1990.
Gellately, Robert, The Politics of Economic Despair. Shopkeepers and German Politics, 1890–1914, London 1974.
Gelpi, Rosa-Maria/François Julien-Labruyère, The History of Consumer Credit. Doctrines and Practices, New York 2000.
Georg, Hans, Our Stand at the Abyss — 1921, in: Anton Kaes/Martin Joy/Edward Dimendberg (Hg.), The Weimar Republic Sourcebook, Berkeley, Calif., 1994, 182.
Geyer, Michael, America in Germany. Power and the Pursuit of Americanization, in: Jarausch/ders., Shattered Past, 121–144.
Giedion, Siegfried, Mechanization Takes Command, New York 1948.
Gili, Jean A., Pouvoir politique et intérêts économiques. L'industrie du cinéma en Italie pendant la période fasciste, in: Film échange 9 (Winter 1980), 67–88.
Gilpin, Robert, U.S. Power and the Multinational Corporation. The Political Economy of Foreign Direct Investment, New York 1975.
Glickman, Lawrence B., A Living Wage. American Workers and the Making of Consumer Society, Ithaca, N.Y., 1997.
Glickman, Lawrence B., Inventing the »American Standard of Living«. Gender, Race, and Working Class Identity, 1880–1925, in: Labor History 34 (Frühjahr–Sommer 1993), 221–235.
Goblot, Edmond, Klasse und Differenz. Soziologische Studie zur modernen französischen Bourgeoisie, Konstanz 1994.
Goedde, Petra, GIs and Germans. Culture, Gender, and Foreign Relations, 1945–1949, New Haven 2003.
Goffman, Erving, Gender Advertisements [1979], Nachdruck, New York 1987.
Gomery, Douglas, Economic Struggles and Hollywood Imperialism. Europe Converts to Sound, in: Yale French Studies 60 (Winter 1980), 80–93.
Gomery, Douglas, The Hollywood Studio System, New York 1986.
Gorer, Geoffrey, The American People. A Study in National Character, New York 1948.
Gottl-Ottilienfeld, Friedrich von, Fordismus? Paraphrasen über das Verhältnis von Wirtschaft und Technischer Vernunft bei Henry Ford und Frederick W. Taylor, Jena 1924.

Gramsci, Antonio, Amerikanismus und Fordismus, in: ders., Philosophie der Praxis. Eine Auswahl (hg. v. Christian Riechers), Frankfurt a.M. 1967, 376–404.
Grasse, Marie-Christine, The History of the Grasse Perfume Industry, in: Touch Briefings, Business Briefing. Global Cosmetics Manufacuring 2004, http://www.touchbriefings.com/cdps/cditem.cfm?NID=846.
Gregory, Alex (Hg.), Nobel Prize Library. Published under the Sponsorship of the Nobel Foundation and the Swedish Academy, New York 1971.
Grether, Ewald T., Marketing Legislation, in: Annals of the American Academy of Political and Social Science (Mai 1940), 165–175.
Griffith, Robert, The Selling of America. The Advertising Council and American Politics, 1942–1960, in: Business History Review 57 (Herbst 1983), 388–412.
Grosz, George/Wieland Herzfelde, Die Kunst ist in Gefahr. Drei Aufsätze [1925], Königstein 1981.
Gualtieri, D., Street Advertising in General, in: International Advertising Conference, 1933, Mailand 1933, 163–167.
Guggenbühl, Adolf, Reklame in Amerika und bei uns, Zürich 1928.
Gundle, Stephen, Film Stars and Society in Fascist Italy, in: Reich/Garofalo, Re-viewing Fascism, 315–339.
Gunning, Tom, The Films of Fritz Lang. Allegories of Vision and Modernity, London 2000.

– H –

Hackett, David A. (Hg.), The Buchenwald Report, Boulder 1995.
Haddow, Robert Hamilton, Material Culture and the Cold War. International Trade Fairs and the American Pavilion at the 1958 Brussels World's Fair, unveröff. Diss. University of Minnesota 1984.
Haddow, Robert Hamilton, Pavilions of Plenty. Exhibiting American Culture Abroad in the 1950s, Washington, D.C., 1997.
Haenel, Erich, Das alte Dresden. Bilder und Dokumente aus zwei Jahrhunderten, Leipzig 1934.
Hake, Sabine, German National Cinema, London 2002.
Halbwachs, Maurice, Budgets de famille aux États-Unis et en Allemagne, in: Bulletin de l'Institut Français de Sociologie 3 (März 1933), 51–83.
Halbwachs, Maurice, L'évolution des besoins dans les classes ouvrières, Paris 1933.
Halbwachs, Maurice, La »Théorie Générale« de John Maynard, in: Les annales sociologiques, Série D: Sociologie économique 4 (1940), 25–41.
Halbwachs, Maurice, La classe ouvrière et les niveaux de vie. Recherches sur la hiérarchie des besoins dans les sociétés industrielles contemporaines, Paris 1912.
Halbwachs, Maurice, La réclame, in: Annales d'histoire économique et sociale 6.28 (Juli 1934), 399–402.
Hall, Peter A. (Hg.), The Political Power of Economic Ideas. Keynesianism across Nations, Princeton, N.J., 1989.
Hall, Peter A., Governing the Economy. The Politics of State Intervention in Britain and France, New York 1986.
Hallberg, Milton C., Economic Trends in the U.S. Agriculture and Food Systems since World War II, Ames, Ia., 2001.
Hannerz, Ulf, Cosmopolitans and Locals in World Culture, in: Mike Featherstone (Hg.), Global Culture. Nationalism, Globalization, and Modernity, London 1990.
Hansen, Miriam Bratu, The Mass Production of the Senses, in: Linda Williams/Christine Gledhill (Hg.), Reinventing Film Studies, London 2000, 332–350.
Hansen, Volkmar/Gert Heine (Hg.), Frage und Antwort. Interviews mit Thomas Mann, 1909–1955, Hamburg 1983.
Hanson, Philip, The Consumer in the Soviet Economy, London 1968.
Hardt, Ursula, Erich Pommer. Film Producer for Germany, unveröff. Diss. University of Iowa 1989.
Hardt, Ursula, From Caligari to California. Erich Pommer's Life in the International Film Wars, Providence 1996.
Harris, José, William Beveridge. A Biography, Oxford 1997.
Hathaway, Robert M., Ambiguous Partnership. Britain and America, 1944–1947, New York 1981.
Hays, Will H., Memoirs, Garden City, N.Y., 1955.
Hearings before the Subcommittee on International Operations, Committee on Foreign Relations, U.S. Senate, 95th Cong., 1st sess., Washington, D.C., 1977.
Hebdige, Dick, Subculture. The Meaning of Style, London 1979.
Heckscher, Eli F., Mercantilism [1931], überarb. 2. Aufl., London 1951.

Heidenry, John, Theirs Was the Kingdom. Lila and DeWitt Wallace and the Story of the Reader's Digest, New York 1993.
Heilbronn, Max/Jacques Varin, Galeries Lafayette, Buchenwald, Galeries Lafayette…, Paris 1989.
Hemel, Annemoon van/Hans Mommaas/Cas Smithuigsen, Trading Culture. GATT, European Policies, and the Transatlantic Market, Amsterdam 1996.
Hemsing, Albert, The Marshall Plan's European Film Unit, 1948–1949. A Memoir and Filmography, in: Historical Journal of Film, Radio, and Television 14.3 (1994), 269–297.
Hendrickson, Robert, The Grand Emporiums. The Illustrated History of America's Great Department Stores, New York 1980.
Henksmeier, K. H., The Economic Performance of Self-Service in Europe, Paris 1960.
Hentschel, Volker, Ludwig Erhard. Ein Politikerleben, München 1996.
Hessler, Julie, A Social History of Soviet Trade. Trade Policy, Retail Practice, and Consumption, 1917–1953, Princeton, N.J., 2004.
Hewitt, C. R., Towards My Neighbour. The Social Influence of the Rotary Club Movement in Great Britain and Ireland, New York 1950.
Higson, Andrew/Richard Maltby (Hg.), »Film Europe« and »Film America«. Cinema, Commerce and Cultural Exchange, 1920–1939, Exeter 1999.
Hildebrand, George H., Consumer Sovereignty in Modern Times, in: American Economic Review 41 (Mai 1951), 19–33.
Hiller, Stanley, Exporting Our Standard of Living, San Francisco 1945.
Hirsch, Fred, Social Limits to Growth [1976], Nachdruck, New York 1999.
Hirschman, Albert O., Rival Views of Market Society [1982], in: ders., Rival Views of Market Society and Other Recent Essays, Cambridge, Mass., 1986, 105–141.
Hirst, Paul/Jonathan Zeitlin, Flexible Specialization versus Post-Fordism. Theory, Evidence and Policy Implications, in: Economy and Society 20 (Februar 1991), 1–56.
Historical Analysis of the 14–15 February 1945 Bombings of Dresden, USAF Historical Division, Research Studies Institute, Air University, http://www.airforcehistory.hq.af.mil/soi/dresden.htm.
Hitler, Adolf, Hitlers Zweites Buch. Ein Dokument aus dem Jahr 1928 (hg. v. Gerhard L. Weinberg), Stuttgart 1961.
Hixson, Walter L., Parting the Curtain. Propaganda, Culture, and the Cold War, 1945–1961, New York 1997.
Hoffman, Paul, Peace Can Be Won, Garden City, N.Y., 1951.
Hoffmann, Stanley, Le mouvement Poujade, Paris 1956.
Hogan, Willard M./Amry Vandenbosch, The United Nations. Background, Organization, Functions, Activities, New York 1952.
Höhn, Maria, GIs and Fräuleins. The German-American Encounter in 1950s West Germany, Chapel Hill, N.C., 2002.
Holtby, Winifred, Die Leute von Kiplington, Berlin 1983.
Hooker, Clarence, Life in the Shadows of the Crystal Palace, 1910–1927. Ford Workers in the Model T Era, Bowling Green, Ohio, 1997.
Hopkins, Claude C., My Life in Advertising, New York 1927.
Horkheimer, Max/Theodor W. Adorno, Dialektik der Aufklärung. Philosophische Fragmente, Amsterdam 1947.
Horst, Thomas, At Home Abroad. A Study of the Domestic and Foreign Operations of the American Food Processing Industry, Cambridge, Mass., 1974.
Hotchkiss, George Burton, Milestones of Marketing. A Brief History of the Evolution of Market Distribution, New York 1938.
Hounshell, David A., From the American System to Mass Production, 1800–1932. The Development of Manufacturing Technology in the United States, Baltimore 1984.
Hower, Ralph M., The History of an Advertising Agency. N. W. Ayer and Sons at Work, 1869–1949, Cambridge, Mass., 1949.
Hubertus, Adam, Die Leipziger »Reklameburg« von Peter Behrens. Ein neuer Weg der Messepropaganda, in: Zwahr u.a., Leipzigs Messen, 505–525.
Hughes, Thomas P., American Genesis. A Century of Invention and Technological Enthusiasm, 1870–1970, New York 1989.
Huizinga, Johan, America. A Dutch Historian's Vision — From Afar and Near (hg. v. Herbert H. Rowen), New York 1972.

Hull, David Stewart, Film in the Third Reich. A Study of the German Cinema, 1933–1945, Berkeley, Calif., 1969.
Hultquist, Clark Eric, Americans in Paris. The J. Walter Thompson Company in France, 1927–1968, in: Enterprise and Society 4 (2003), 471–501.
Hultquist, Clark Eric, The Price of Dreams. A History of Advertising in France, 1927–1968, unveröff. Diss. Ohio State University 1996.
Huntington, Samuel P., Kampf der Kulturen. Die Neugestaltung der Weltpolitik im 21. Jahrhundert, München, Wien 1996.
Hutchison, Harold, The Poster. An Illustrated History from 1860, New York 1968.
Huyssen, Andreas, The Vamp and the Machine. Technology and Sexuality in Fritz Lang's *Metropolis*, in: New German Critique 24–25 (Herbst–Winter 1981–1982), 221–237.

– I –

Ierley, Merritt, The Comforts of Home. The American House and the Evolution of Modern Convenience, New York 1999.
Illich, Ivan, Needs, in: Wolfgang Sachs (Hg.), The Development Dictionary. A Guide to Knowledge as Power, London 1992, 88–101.
Illustrations from 50 Years of Woolworth, 1879–1929, New York 1929.
Ingham, John N., Filene, Edward Albert, in: Biographical Dictionary of American Business Leaders, Bd. 1, Westport, Conn., 1983, 376–379.
International Chamber of Commerce, Document Nr. 5 (Kongress von 1937), Paris 1937.
International Chamber of Commerce, Helping Retailers to Better Profits. The Comparison of Retail Operating Costs, Paris 1934.
International Chamber of Commerce, Resolutions Adopted by the Ninth Congress of the International Chamber of Commerce, Berlin, June 28-July 3, 1937, Paris 1937.
International Labour Office, A Contribution to the Study of International Comparisons of Costs of Living, 2., überarb. Ausg., Genf 1932.
International Wage Comparisons. Documents Arising out of Conferences Held at the International Labour Office in Jan. 1929 and May 1930, Manchester 1932.
Iriye, Akira, Cultural Internationalism and World Order, Baltimore 1997.
Irving, David, The Destruction of Dresden, New York 1963.

– J –

J. Walter Thompson Company Limited, Market Research on a European Basis, London 1971.
Jackson, Julian, The Popular Front in France. Defending Democracy, 1934–38, Cambridge 1988.
Jacobsen, Wolfgang, Erich Pommer. Ein Produzent macht Filmgeschichte, Berlin 1989.
Jäger, Georg, Der Kampf gegen Schmutz und Schund. Die Reaktion der Gebildeten auf die Unterhaltungsindustrie, in: Archiv für die Geschichte des Buchwesens 31 (1988), 163–191.
James, Jeffrey, Consumption and Development, New York 1993.
James, Kathleen, Erich Mendelsohn and the Architecture of German Modernism, Cambridge 1997.
Jarausch, Konrad H./Michael Geyer, Shattered Past. Reconstructing German Histories, Princeton, N.J., 2003.
Jarvie, Ian, Hollywood's Overseas Campaign. The North Atlantic Movie Trade, 1920–1950, Cambridge, Mass., 1992.
Jaumain, Serge, Famille Bernheim, in: Ginette Kurgan-van Hentenryk/ders./Valerie Wontens (Hg.), Dictionnaire des patrons en Belgique. Les hommes, les entreprises, les reseaux, Brüssel 1996, 46–49.
Jefferys, James B./Derek Knee, Retailing in Europe. Present Structure and Future Trends, London 1962.
Jefferys, James B./M. MacColl/G. L. Levett, The Distribution of Consumer Goods, Cambridge 1950.
Joe Smith, Travailleur américain, Paris 1950.
Johnson, Gerald W., Liberal's Progress, New York 1948.
Jouvenal, Bertrand de, Arcadie. Essaie sur le mieux-vivre, Paris 1968.
Joyce, Timothy, The New Housewife, London 1967.

– K –

Kagan, Robert, Macht und Ohnmacht. Amerika und Europa in der neuen Weltordnung, Berlin 2003.
Kalkschmidt, Eugen, Dresden. Geschichte der Stadt in Wort und Bild, Berlin 1984.
Kaufman, Burton L., Efficiency and Expansion. Foreign Trade Organization in the Wilson Administration, 1913–1921, Westport, Conn., 1974.
Kaufmann, Jean-Claude, La vie h.l.m. Usages et conflits, Paris 1981.
Kennedy, Paul, Aufstieg und Fall der großen Mächte. Ökonomischer Wandel und militärischer Konflikt von 1500 bis 2000, Frankfurt a.M. 1989.
Kergomard, Jean/Pierre Salzi/François Goblot, Edmond Goblot, 1858–1935. La vie, l'œuvre, Paris 1937.
Kershaw, Ian, Hitler, 1889–1936. Hubris, New York 1999.
Keynes, John Maynard, Die wirtschaftlichen Folgen des Friedensvertrages, München, Leipzig 1920.
Killough, George, Sinclair Lewis—Minnesota Rustic, in: Sinclair Lewis Society Newsletter 7 (Herbst 1998), 1, 9, 11, 12–13.
Kindleberger, Charles P., Origins of United States Direct Investment in France, in: Business History Review 48 (Herbst 1974), 382–413.
Kipping, Matthias/Ove Bjarnar (Hg.), The Americanization of European Business. The Marshall Plan and the Transfer of U.S. Management Models, London 1998.
Kitzinger, Uwe W., The New Europeans. A Commentary on Products and People, a Marketing Survey of the European Common Market and Britain, London 1963.
Klausen, Meredith, Frantz Jourdain and the Samaritaine. Art Nouveau Theory and Criticism, Leiden 1987.
Klein, Julius, What Are Motion Pictures Doing for Industry?, Annals of the American Academy of Political and Social Science (November 1926), 79–83.
Klemperer, Victor, Ich will Zeugnis ablegen bis zum letzten (hg. v. Walter Nowojski), 2 Bde., Berlin 1995.
Knoll, Paul, Die Anzeigen-Organisation des Ullstein Verlages, in: Der Verlag Ullstein zum Weltreklame-Kongress Berlin 1929, Berlin 1929, 124.
Knox, MacGregor, Hitler's Italian Allies. Royal Armed Forces, Fascist Regime, and the War of 1940–43, Cambridge 2000.
Kolko, Gabriel, American Business and Germany, 1930–1941, in: Western Political Quarterly 15 (Dezember 1962), 713–728.
Kornai, Janos, Das sozialistische System. Die politische Ökonomie des Kommunismus, Baden-Baden 1995.
Kracauer, Siegfried, Asyl für Obdachlose, in: ders., Die Angestellten, Frankfurt a.M. 1971, 91–101.
Kracauer, Siegfried, Das Ornament der Masse. Essays, Frankfurt a.M. 1977.
Kravitz, Irving, Work Time Required to Buy Food, in: Monthly Labor Review 70 (November 1949), 487–493.
Kreimeier, Klaus, Die UFA-Story. Geschichte eines Filmkonzerns, München, Wien 1992.
Kreshel, Peggy J., John B. Watson at J. Walter Thompson. The Legitimation of »Science« in Advertising, in: Journal of Advertising 19 (Frühjahr 1990), 49–59.
Kroener, Bernhard R./Rolf-Dieter Müller/Hans Umbreit, Das deutsche Reich und der Zweite Weltkrieg, Bd. 5: Organisation und Mobilisierung des deutschen Machtbereichs, 1. Halbbd.: Kriegsverwaltung, Wirtschaft und personelle Ressourcen, 1939–1941 (hg. v. Militärgeschichtlichen Forschungsamt), Stuttgart 1988.
Kroes, Rob, If You've Seen One, You've Seen the Mall. Europeans and American Mass Culture, Urbana, Ill., 1996.
Kroes, Rob/R. W. Rydell/D. F. J. Bosscher (Hg.), Cultural Transmissions and Receptions. American Mass Culture in Europe, Amsterdam 1993.
Kropff, Hanns/Bruno W. Randolph, Marktanalyse. Untersuchung des Marktes und Vorbereitung der Reklame, München 1928.
Kuisel, Richard F., Seducing the French. The Dilemma of Americanization, Berkeley, Calif., 1993.
Kyrk, Hazel, A Theory of Consumption, London 1923.

– L –

La Dame, Mary, The Filene Store. A Study of Employees' Relation to Management in a Retail Store, New York 1930.
Lacour-Gayet, Jacques, Histoire du commerce, Bd. 1: La terre et les hommes, Paris 1950.
Lacouture, Jean, Léon Blum, Paris 1977.
Lacrosse, Jacques/Pierre de Bie, Emile Bernheim. Histoire d'un grand magasin, Brüssel 1972.

Lafargue, Paul, Das Recht auf Faulheit. Wiederlegung des »Rechts auf Arbeit« von 1848 [1883], ⁴Frankfurt a.M. 2006.
Laird, Pamela Walker, Advertising Progress. American Business and the Rise of Consumer Marketing, Baltimore 1998.
Lancaster, William, The Department Store. A Social History, London 1995.
Lapierre, Marcel, Les cent visages du cinéma, Paris 1948.
Lapp, Benjamin, Der Aufstieg des Nationalsozialismus in Sachsen, in: Pommerin, Dresden, 1–24.
Lapp, Benjamin, Revolution from the Right. Politics, Class, and the Rise of Nazism in Saxony, 1919–1933, Atlantic Highlands, N.J., 1997.
Lässig, Simone, Juden und Mäzenatentum in Deutschland, in: Zeitschrift für Geschichtswissenschaft 46 (1998), 211–236.
Lässig, Simone, Nationalsozialistische Judenpolitik und jüdische Selbstbehauptung vor dem Novemberpogrom. Das Beispiel der Dresdner Bankiersfamilie Arnhold, in: Pommerin, Dresden, 129–191.
Latouche, Serge, Standards of Living, in: Wolfgang Sachs (Hg.), The Development Dictionary. A Guide to Knowledge as Power, London 1992, 250–263.
Laufenburger, Henry, Contribution à la théorie économique du commerce, in: Droit social (April 1944), 2.
Laufenburger, Henry, L'intervention de l'état en matière économique, Paris 1939.
Laufenburger, Henry, Le commerce et l'organisation des marchés, Paris 1938.
Layton, Christopher, Trans-Atlantic Investments, Boulogne-sur-Seine 1968.
Leach, William R., Land of Desire. Merchants, Power, and the Rise of a New American Culture, New York 1993.
Lears, T.J. Jackson, Fables of Abundance. A Cultural History of Advertising in America, New York 1994.
Lears, T.J. Jackson, Reconsidering Abundance. A Plea for Ambiguity, in: Strasser u.a., Getting and Spending, 449–466.
Lears, T.J. Jackson, The Artist and the Adman, in: Boston Review 11 (April 1986), 5–6, 22–26.
Lebhar, Godfrey M., Chain Stores in America, 1859–1962, Neuausg., New York 1963.
Lebovics, Herman, Social Conservatism and the Middle Classes in Germany, 1914–1933, Princeton, N.J., 1969.
Leech, Geoffrey N., English in Advertising. A Linguistic Study of Advertising in Great Britain, London 1966.
Leener, Georges de/Emile James, Le problème de la consommation, Paris, Brüssel 1938.
Lefèbvre, Henri, Le temps des méprises, Paris 1975.
Léglise, Paul, Histoire de la politique du cinéma français, Bd. 1: Le cinéma et la Troisième Republique, Paris 1970.
Léglise, Paul, Histoire de la politique du cinéma français, Bd. 2: Le cinéma entre deux républiques, 1940–1946, Paris 1976.
Lehmann-Haupt, Hellmut, Amerikanische Reklame-Photographie, in: Klimschs Jahrbuch 24 (1931), 19–29.
Leipziger Messamt, The Leipzig Fair and How It Became the World's Greatest Market, Leipzig 1936.
Leiss, William, The Icons of the Marketplace, in: Theory, Culture and Society 1.3 (1983), 10–22.
Leiss, William, The Limits to Satisfaction. An Essay on the Problem of Needs and Commodities, Toronto 1976.
Leiss, William/Stephen Kline/Sut Jhally (Hg.), Social Communication in Advertising. Persons, Products and Images of Well-Being, Toronto 1986.
Lengellé, Maurice, La Consommation [1956], 6. Aufl., Paris 1980.
Levin, Marc, Histoire et histoires du Rotary, Lyon 1995.
Levy, Hermann, Retail Trade Associations, a New Form of Monopolist Organisation in Britain. A Report to the Fabian Society, New York 1948.
Levy, Hermann, The Shops of Britain. A Study of Retail Distribution, London 1947.
Levy-Garboua, Louis, Les modes de consommation de quelques pays occidentaux. Comparaisons et lois d'évolution (1960–1980), in: Consommation 30 (Januar–März 1983), 4–52.
Levy-Klein, Stéphane, Sur le cinéma français des années 1940–1944, in: Positif 168 (April 1975), 23–30, ebd. 170 (Juni 1975), 35–44.
Lewis, Sinclair, Babbitt [1922], Zürich 1968.
Lewis, Sinclair, Main Street [1920], Nachdruck, New York 1948.
Lewis, Sinclair, Sam Dodsworth [1929], Leipzig, Weimar 1982.
Lhermie, Christian, Carrefour ou l'invention de l'hypermarché, 2. Aufl., Paris 2003.
Lingeman, Richard R., Sinclair Lewis. Rebel from Main Street, New York 2002.

Lochner, Louis P. (Hg.), Goebbels Tagebücher aus den Jahren 1942–43, Zürich 1948.
Löfgren, Orvar, Materializing the Nation in Sweden and America, in: Ethnos 58.3–4 (1993), 161–196.
Lohelin, Jennifer A., From Rugs to Riches. Housework, Consumption and Modernity in Germany, Oxford 1999.
Loustalan, Henri Albert Bernard, La publicité dans la presse française, Pau 1933.
Love, Glen A., Babbitt. An American Life, New York 1993.
Love, John, McDonald's. Behind the Arches, New York 1995.
Luft, Herbert G., Erich Pommer, in: Films in Review 10 (Oktober 1959), 457–469, ebd. (November 1959), 518–533.
Lundestad, Geir, »Empire by Invitation« in the American Century, in: Diplomatic History 23 (Frühjahr 1999), 189–217.
Lundestad, Geir, »Empire« by Integration. The United States and European Integration, 1945–1997, Oxford 1998.
Lundestad, Geir, The United States and Western Europe since 1945. From »Empire« by Invitation to Transatlantic Drift, Oxford 2003.
Lynd, Robert, Family Members as Consumers, in: Annals of the American Academy of Political and Social Science (März 1932), 86–93.
Lynd, Robert, The People as Consumers, in: Mitchell, Recent Social Trends, 857–911.
Lynd, Robert/Helen Merrell Lynd, Middletown [1929], New York 1956.

– M –

Maclachlan, Patricia L., Consumer Politics in Postwar Japan. The Institutional Boundaries of Citizen Activism, New York 2002.
Magliocco, Vito, La pubblicità in America, Rom 1932.
Maheim, Ernst, Le consommateur, les classes moyennes et les formes modernes du commerce de détail, première partie, in: Revue économique internationale (November 1936), 229–231.
Maier, Charles S., Alliance and Autonomy. European Identity and U.S. Foreign Policy Objectives in the Truman Years, in: Michael J. Lacey (Hg.), The Truman Presidency, Washington, D.C., New York 1989, 273–298.
Maier, Charles S., In Search of Stability. Explorations in Historical Political Economy, New York 1987.
Maier, Charles S., The Politics of Productivity. Foundations of American International Economic Policy after World War II, in: ders. (Hg.), The Cold War in Europe. Era of a Divided Continent, Princeton, N.J., 1996, 169–202.
Maltby, Richard/Ruth Vasey, The International Language Problem. European Reactions to Hollywood's Conversion to Sound, in: Ellwood/Kroes, Hollywood in Europe, 68–93.
Mann, Thomas, Betrachtungen eines Unpolitischen [1918]. Nachwort von Hanno Helbig, Frankfurt a.M. 1983.
Mann, Thomas, Banquet Speech, 10. Dezember 1929, http://nobelprize.org/nobel_prizes/literature/laureates/1929/mann-speech_ty.html
Marceau, Jane, Class and Status in France. Economic Change and Social Immobility, 1945–1975, Oxford 1977.
Marchand, Roland, Advertising the American Dream. Making Way for Modernity, 1920–1940, Berkeley, Calif., 1984.
Marchand, Roland, The Fitful Career of Advocacy Advertising. Political Protection, Client Cultivation, and Corporate Morale, in: California Management Review 29 (Winter 1987), 128–156.
Marcosson, Isaac F., Wherever Men Trade. The Romance of the Cash Register, New York 1948.
Marcuse, Herbert, Der eindimensionale Mensch. Studien zur Ideologie der fortgeschrittenen Industriegesellschaft, Neuwied, Berlin 1967.
Marden, Charles F., Rotary and Its Brothers. An Analysis and Interpretation of the Men's Service Club, Princeton, N.J., 1935.
Marrey, Bernard, Les grands magasins. Des origines à 1939, Paris 1979.
Marshall, T.H., Citizenship and Social Class, London 1992.
Martin, John/George W. Smith, The Consumer Interest, London 1968.
Martin, Marc, Trois siècles de publicité en France, Paris 1992.
Martin, Martine, La rationalisation du travail ménager en France dans l'entre-deux-guerres, in: Culture technique 3 Spécial (15. September 1980), 157–165.

Martin, Martine, Ménagère: Une profession? Les dilemmes de l'entre-deux-guerres, in: Le mouvement social 140 (Juli-September 1987), 89-106.
Marwick, Arthur, The Sixties. Culture Revolution in Britain, France, Italy, and the United States, 1958-1974, Oxford 1998.
Marx, Karl, Das Kapital. Kritik der politischen Ökonomie [1867].
Marx, Karl/Friedrich Engels, Das Kommunistische Manifest [1848].
Massé, Pierre, Autocritique des années soixante, vues par un commissaire au Plan, in: Bulletin de l'Institut d'histoire du temps présent, Paris, Suppl. Nr. 1 (1981), 41-44.
Mathy, Jean-Philippe, Extrême-Occident. French Intellectuals and America, Chicago 1993.
Mattelart, Armand, L'internationale publicitaire, Paris 1989.
Mauduit, Roger, La réclame. Étude de sociologie économique, Paris 1933.
Mauss, Marcel, Die Gabe. Form und Funktion des Austauschs in archaischen Gesellschaften [1924], Frankfurt a.M. 1968.
May, Elaine, Homeward Bound. American Families in the Cold War Era, New York 1988.
Mayer, J. P., British Cinemas and Their Audiences. Sociological Studies, London 1948.
Mayer, J. P., Sociology of Film. Studies and Documents, London 1946.
Mayer, Kurt, Small Business as a Social Institution, in: Social Research 20 (1947), 345-50.
Mazur, Paul, American Prosperity. Its Causes and Consequences, New York 1928.
Mazur, Paul, Der Reichtum Amerikas. Seine Ursachen und Folgen, Frankfurt a.M. 1928.
McAuland, Randolph, Supermarkets, 50 Years of Progress. The History of a Remarkable American Institution, Washington, D.C., 1980.
McCall, Suzanne, Meet the »Workwife«, in: Journal of Marketing 41 (Juli 1977), 55-65.
McCreary, Edward A., The Americanization of Europe. The Impact of Americans and American Business on the Uncommon Market, Garden City, N.Y., 1964.
McGilligan, Patrick, Fritz Lang. The Nature of the Beast, New York 1997.
McMahon, Theresa S., Social and Economic Standards of Living, Boston 1925.
McNair, Malcolm P./Stanley Ferdinand Teale/Frances G. Mulhearn/Julius Hirsch, Distribution Costs. An International Digest, Boston 1941.
Meillet, Antoine, Les langues dans l'Europe nouvelle, Paris 1928.
Mencken, H. L., Portrait of an American Citizen, in: Smart Set 69 (Oktober 1922), 37-40.
Meuleau, Marc, De la distribution au marketing (1880-1939). Une réponse à l'évolution du marché, in: Entreprises et histoire 3 (1993), 61-74.
Meuleau, Marc, L'introduction du marketing en France (1880-1973), in: Revue française de gestion (September-Oktober 1988), 2-65.
Meyer, Stephen, The Five Dollar Day. Labor Management and Social Control in the Ford Motor Company, 1908-1921, Albany, N.Y., 1981.
Michel, Marcel/Henri Vander Eycken, La distribution en Belgique, Brüssel 1974.
Miele, Mara/Jonathan Murdoch, Slow Food, in: George Ritzer (Hg.), McDonaldization. The Reader, überarb. Ausg., Thousand Oaks, Calif., 2002, 270-274.
Miele, Mara/Jonathan Murdoch, The Practical Aesthetics of Traditional Cuisines. Slow Food in Tuscany, in: Sociologia Ruralis 42 (Oktober 2002), 312-328.
Milhaud, Jean, Chemins faisant (tranches de vie), Paris 1956.
Miller, Daniel (Hg.), Acknowledging Consumption, London 1995.
Miller, Francis Pickens/Helen Hill, The Giant of the Western World. America and Europe in a North-Atlantic Civilisation, New York 1930.
Miller, James Edward, Politics in a Museum. Governing Postwar Florence, Westport, Conn., 2002.
Miller, Michael B., The Bon Marché. Bourgeois Culture and the Department Store, 1869-1920, Princeton, N.J., 1981.
Milward, Alan, The Reconstruction of Western Europe, 1945-51, Berkeley, Calif., 1984.
Mission Économique, Ambassade de France en Chine, Fiche de synthèse. La distribution en Chine, Beijing 2004.
Mitchell, Wesley Clair (Hg.), Recent Social Trends in the United States. Report of the President's Research Committee on Social Trends, New York 1933.
Mitchell, Wesley Clair, The Backward Art of Spending Money, in: American Economic Review 2 (Juni 1912), 269-281.
Moles, Abraham A., L'affiche dans la société urbaine, Paris 1970.
Mommsen, Hans/Manfred Grieger, Das Volkswagenwerk und seine Arbeiter im Dritten Reich, Düsseldorf 1996.

Monaco, Paul, Cinema and Society. France and Germany during the Twenties, New York 1976.
Montagu, Ivor, The Censorship of Sex in Films, in: World League for Sexual Reform, Sexual Reform Congress. London, 8.–14. IX 1929. Proceedings of the Third Congress, London 1930, 323–332.
Montebello, Fabrice, Hollywood Films in a French Working Class Milieu, in: Ellwood/Kroes, Hollywood in Europe, 213–246.
Moore, R. Lawrence, American Religion as Cultural Imperialism, in: ders./Maurizio Vaudagna (Hg.), The American Century in Europe, Ithaca, N.Y., 2003, 151–170.
Morgan, Richard, J. Walter Takeover. From Divine Right to Common Stock, Homewood, Ill., 1991.
Morris, Tim, Retail Supermarket Globalization. Who's Winning?, Auckland 2001.
Mosse, Werner E., Jews in the German Economy. The German-Jewish Economic Elite, 1820–1935, Oxford 1987.
Mosse, Werner E., Terms of Successful Integration. The Tietz Family, 1858–1923, in: Leo Baeck Institute Year Book 34 (1989), 131–161.
Mowrer, Edgar A., This American World, London 1928.
Mughini, G./G. Scudiero, Il manifesto pubblicitario italiano. Da Dudovich a Depero, 1890–1940, Mailand 1997.
Musser, Charles, The Emergence of Cinema. The American Screen to 1907, New York 1990.
Mutz, Richard, La vente à prix uniques considérée comme nouvelle méthode d'organisation du commerce de détail, Paris 1934.

– N –

N. W. Ayer, Ayer Abroad, New York 1931.
Nabers, Charles Haddon, When Rotary Hosts Trek Eastward, Charlotte, N.C., 1928.
Nancey, Marcel, Où, quand, comment achète-t on? Tendances, Paris 1950.
National Cyclopaedia of American Biography, Bd. 45, New York 1962.
Neama, Max, Publicité à l'Américaine, Brüssel o.J.
Neebe, Reinhard, German Big Business and the Return to the World Market, in: Berghahn, Quest for Economic Empire, 95–121.
Negri, Antonio/Michael Hardt, Empire, Cambridge, Mass., 2000.
Nelson, Richard R./Gavin Wright, The Rise and Fall of American Technological Leadership. The Postwar Era in Historical Perspective, in: Journal of Economic Literature 30 (Dezember 1992), 1931–1964.
Neveu, Erik, »Sociostyles« … Un fin de siècle sans classes, in: Sociologie du travail 2 (1990), 137–154.
Nevins, Allan, Ford. The Times, the Man, the Company, New York 1954.
Nicholl, David Shelley, The Golden Wheel. The Story of Rotary, 1905 to the Present, London 1984.
Nikolaenko, Sergei, Soviet Consumers. Problems of the Transition to Market Economy, Working Papers, Rutgers Center for Historical Analysis, Rutgers University 1991.
Ninkovich, Frank, The United States and Imperialism, Malden, Mass., 2001.
Nitske, W. Robert, The Amazing Porsche and Volkswagen Story, New York 1958.
Nolan, Mary, »Housework Made Easy«. The Taylorized Housewife in Weimar Germany's Rationalized Economy, in: Feminist Studies 16 (Herbst 1990), 549–578.
Nolan, Mary, Visions of Modernity. American Business and the Modernization of Germany, New York 1994.
Nord, Philip, Paris Shopkeepers and the Politics of Resentment, Princeton, N.J., 1986.
Nord, Philip, The Small Shopkeepers' Movement and Politics in France, 1888–1914, in: Crossick/Haupt, Shopkeepers and Master Artisans, 175–194.
Nye, Joseph S., Bound to Lead. The Changing Nature of American Foreign Policy, New York 1990.
Nye, Joseph S., Soft Power. The Means to Success in American Foreign Policy, New York 2004.
Nye, Joseph S., The Paradox of American Power, New York 2002.
Nyman, Edith E., Scrapbook of Duluth, 1930–1933, Duluth 1930–1933.
Nystrom, Paul H., Economic Principles of Consumption, New York 1929.
Nystrom, Paul H., Economics of Retailing, New York 1930.

– O –

O'Brien, Patricia, The Kleptomania Diagnosis. Bourgeois Women and Theft in Late Nineteenth-Century France, in: Journal of Social History 17 (1983), 65–77.
Ockrent, Christine, Françoise Giroud. Une ambition française, Paris 2003.

Ogburn, W. F./S. C. Gilfillan, The Influence of Invention and Discovery, in: Mitchell, Recent Social Trends, Kap. 3.
Okochi, Akio/Loichi Shimokawa (Hg.), Development of Mass Marketing. The Automobile and Retailing Industries, Tokyo 1981.
Oliver, Henry M., Jr., German Neoliberalism, in: Quarterly Journal of Economics 74 (Februar 1960), 117–149.
Olney, Martha L., Buy Now, Pay Later. Advertising, Credit, and Consumer Durables in the 1920s, Chapel Hill, N.C., 1991.
Opitz, Reinhard (Hg.), Europastrategien des deutschen Kapitals. 1900–1945, Köln 1977.
Ortlieb, Heinz Dietrich, Unsere Konsumgesellschaft. Glanz und Elend des deutschen Wirtschaftswunders, in: Hamburger Jahrbuch für Wirtschafts- und Gesellschaftspolitik 4 (1959), 224–246.
Orwell, George, Der Weg nach Wigan Pier, Zürich 1982.
Orwell, George, The Road to Wigan Pier, London 1937.
Osikina, Elena, Our Daily Bread. Socialist Distribution and the Art of Survival in Stalin's Russia, 1927–1941, Armonk, N.Y., 2001.

– P –

Page, Jean-Pierre, L'utilisation des produits de la croissance, in: Le partage des bénéfices. Expansion et inégalités en France, Paris 1966, 99–116.
Palamountain, Joseph Cornwall, Jr., The Politics of Distribution, Cambridge, Mass., 1955.
Parker, Graham W., American Branch Plants Meet European Competition, in: Factory and Industrial Management (September 1932), 355–357, ebd., (Oktober 1932), 375–377.
Pasdermadjian, Hrant, Management Research in Retailing. The International Association of Department Stores, London 1950.
Pasdermadjian, Hrant, The Department Store. Its Origins, Evolution, and Economics [1949], New York 1976.
Pasolini, Piero Paolo, 17 Maggio 1973. Analisi linguistica di uno slogan, in: ders., Scritti corsari, Mailand 1977, 14–17.
Patten, Simon N., The New Basis of Civilization, New York 1907.
Pavlovic, Tatjana, ¡Bienvenido Mr. Marshall! and the Renewal of Spanish Cinema, in: George Cabello-Castellet/Jaume Martí-Olivella/Guy H. Wood (Hg.), Cine-Lit II. Essays on Hispanic Film and Fiction, Portland, Ore., 1995, 169–174.
Paxton, Robert O., Europe in the Twentieth Century, 2. Aufl., San Diego 1985.
Pease, Otis, The Responsibilities of American Advertising. Private Control and Public Influence, 1920–1940, New Haven 1958.
Peiss, Kathy Lee, Hope in a Jar. The Making of America's Beauty Culture, New York 1998.
Pells, Richard, Not Like Us. How Europeans Have Loved, Hated, and Transformed American Culture since World War II, New York 1997.
Pence, Katherine, »A World in Miniature«. The Leipzig Trade Fairs in the 1950s and East German Consumer Citizenship, in: Crew, Consuming Germany in the Cold War, 21–50.
Pennington, J. A. G. (Hg.), Advertising Automotive Products in Europe, Washington, D.C., 1927.
Perec, Georges, Things. A Story of the Sixties, Boston 1990.
Perez, Louis A., Jr., Cuba and the United States. Ties of Singular Intimacy, 3. Aufl., Athens, Ga., 2003.
Perrot, Marguerite, Salaires, prestations sociales et pouvoir d'achat depuis 1968, Paris 1971.
Perrow, Charles, A Framework for the Comparative Analysis of Organizations, in: American Sociological Review 32 (1967), 194–208.
Persky, Joseph, Retrospectives. Consumer Sovereignty, in: Journal of Economic Perspectives 7 (Winter 1993), 183–191.
Pesavento, Gino/Antonio Palieri, Chi è in pubblicità, Mailand 1953.
Petley, Julian, Capital and Culture. German Cinema, 1933–1945, London 1979.
Petrini, Carlo, Slow Food. The Case for Taste [2001], New York 2003.
Petro, Patrice, Nazi Cinema at the Intersection of the Classical and the Popular, in: New German Critique 74 (Frühjahr–Sommer 1998), 41–55.
Phelan, E. J., Yes and Albert Thomas, London 1936.
Phillips, Marcus S., The German Film Industry and the New Order, in: Peter D. Stachura (Hg.), The Shaping of the Nazi State, London 1978, 257–281.
Picard, Roger, Formes et méthodes nouvelles des entreprises commerciales, Paris 1936.

Pichierri, Angelo, Ceti medi e mobilitazione politica. Il caso dei commercianti, in: Quaderni di sociologia 3 (1974), 161–249.
Pierce, Anne Rice, Woodrow Wilson and Harry Truman. Mission and Power in American Foreign Policy, Westport, Conn., 2003.
Pierson, Stanley, Leaving Marxism. Studies in the Dissolution of an Ideology, Stanford, Calif., 2001.
Piettre, André, La politique du pouvoir d'achat devant les faits. Expérience américaine et expérience française, Paris 1938.
Pinto, Louis, Le consommateur. Agent économique et acteur politique, in: Revue française de sociologie 31 (1990), 179–198.
Pipping, Hugo E., Standard of Living. The Concept and Its Place in Economics, Helsinki 1953.
Plunkett-Powell, Karen, Remembering Woolworth's. A Nostalgic History of the World's Most Famous Five-and-Dime, New York 1999.
Poelmans, Jacqueline, L'Europe et les consommateurs, Brüssel 1978.
Poiger, Uta, Jazz, Rock, and Rebels. Cold War Politics and American Culture in a Divided Germany, Berkeley, Calif., 2000.
Polanyi, Karl, The Great Transformation, New York, Toronto 1944.
Polanyi, Karl, The Great Transformation. Politische und Ökonomische Ursprünge von Gesellschaften und Wirtschaftssystemen, Wien 1977.
Politik und Ethik. Ein Interview mit Michel Foucault, in: Andreas Steffens (Hg.), Nach der Postmoderne, Düsseldorf, Bensheim 1992, 43–53.
Pollay, Richard, The Subsiding Sizzle. A History of Print Advertising, 1900–1980, in: Journal of Marketing 49 (Sommer 1985), 24–37.
Pomeranz, Kenneth, The Great Divergence. China, Europe, and the Making of the Modern World Economy, Princeton, N.J., 2000.
Pommerin, Reiner (Hg.), Dresden unterm Hakenkreuz, Köln 1998.
Pommerin, Reiner, Zur Einsicht bomben? Die Zerstörung Dresdens in der Luftkrieg-Strategie des Zweiten Welkriegs, in: ders., Dresden, 227–246.
Pope, Daniel, The Making of Modern Advertising, New York 1983.
Potter, David M., People of Plenty. Economic Abundance and the American Character, Chicago 1954.
Pouillard, Véronique, L'Ecole belge de publicité, in: Market Management 3–4 (2003), 18–41.
Pouillard, Véronique, La publicité en Belgique (1850–1975). Institutions, acteurs, entreprises, influences, 3 Bde., Thesis, Université Libre de Bruxelles, Faculté de Philosophie et Lettres, 2002–2003.
Prater, Donald, Thomas Mann. A Life, Oxford 1995.
Premier Congrès International de la Distribution des Produits Alimentaires, Paris, 20–23 Juin 1950, Paris 1950.
Price, Harry Bayard, The Marshall Plan and Its Meaning, Ithaca, N.Y., 1955.
Prinzler, Hans Helmut, Chronik des deutschen Films, 1895–1994, Stuttgart 1995.
Proceedings of the 12th Annual Rotary Convention, Chicago 1921.
Prokopoff, Stephen S./Marcel Franciscono (Hg.), The Modern Dutch Poster. The First Fifty Years, 1890–1940, Cambridge, Mass., Urbana, Ill., 1987.
Putnam, Robert, Bowling Alone. The Collapse and Revival of American Community, New York 2001.

– R –

Rabier, Jacques-René (Hg.), Der Europäische Verbraucher. Seine Sorgen, seine Wünsche, sein Informationsstand, Luxemburg 1976.
Radtke, Terry, Shopping in the Machine Age. Chain Stores, Consumerism, and the Politics of Business Reform, 1920–1939, in: Alan D. Corré (Hg.), The Quest for Social Justice II. The Morris Fromkin Memorial Lectures, 1981–1990, Milwaukee, Wis., 1992, 119–142.
Raff, Daniel M. G., Wage Determination Theory and the Five-Dollar Day at Ford, in: Journal of Economic History 48 (Juni 1988), 387–398.
Rapp, Rayna/Ellen Ross, The Twenties Backlash. Compulsory Heterosexuality, the Consumer Family, and the Waning of Feminism, in: Amy Swerdlow/Hanna Lessinger (Hg.), Class, Race, and Sex. The Dynamics of Control, Boston 1983, 93–107.
Rappaport, Erika Diane, Shopping for Pleasure. Women in the Making of London's West End, Princeton, N.J., 2000.
Rasmussen, Chris, State Fair. Culture and Agriculture in Iowa, 1854–1941, unveröff. Diss. Rutgers University 1992.

Ratzlaff, C. J., The International Labor Organization, in: American Economic Review 22 (September 1932), 447–461.
Read, Robert, The Growth and Structure of Multinationals in the Banana Export Trade, in: Casson, The Growth of International Business, 180–213.
Reagin, Nancy, Comparing Apples and Oranges. Housewives and the Politics of Consumption in Interwar Germany, in: Strasser u.a., Getting and Spending, 241–261.
Reagin, Nancy, *Marktordnung* and Autarkic Housekeeping. Housewives and Private Consumption under the Nazi Four Year Plan, 1936–1939, in: German History 19 (Mai 2001), 162–184.
Regione Piemonte, Carlo Petrini, http://www.regione.piemonte.it/lingue/deutsch/pagine/cultura/approfondimenti/16_petrini_de.pdf.
Reich, Jacqueline/Piero Garofalo (Hg.), Re-viewing Fascism. Italian Cinema, 1922–1943, Bloomington, Ind., 2002.
Reid, Margaret, Consumers and the Market, New York 1939.
Reinhardt, Dirk, Von der Reklame zum Marketing. Geschichte der Wirtschaftswerbung in Deutschland, Berlin 1993.
Renaitour, Jean-Michel (Hg.), Où va le cinéma français?, Paris 1937.
Rentschler, Eric, The Ministry of Illusion. Nazi Cinema and Its Afterlife, Cambridge, Mass., 1996.
Review of Foreign Film Markets during 1938, Washington, D.C., 1939.
Reynolds, John, André Citroën. The Henry Ford of France, New York 1997.
Richards, Jeffrey/Dorothy Sheridan (Hg.), Mass-Observation at the Movies, London 1987.
Ridgeway, George L., Merchants of Peace. Twenty Years of Business Diplomacy through the International Chamber of Commerce, 1919–1938, New York 1938.
Riesman, David, Die einsame Masse. Eine Untersuchung der Wandlungen des amerikanischen Charakters, Reinbek 1982.
Riesman, David, The Nylon War [1951], in: ders., Abundance for What? And Other Essays, Garden City, N.Y., 1964, 67–79.
Rilke, Rainer Maria, Briefe aus Muzot (1921–1926) (hg. v. Ruth Sieber-Rilke u. Carl Sieber), Leipzig 1935.
Rinauro, Sandro, Storia del sondaggio d'opinione in Italia, 1936–1994, Venedig 2002.
Ritzer, George, The McDonaldization of Society. An Investigation into the Changing Character of Contemporary Social Life, überarb. Ausg., Thousand Oaks, Calif., 1996.
Roche, Daniel, A History of Everyday Things. The Birth of Consumption in France, 1600–1800, New York 2000.
Rochefort, Christiane, Kinder unserer Zeit, Frankfurt a.M. 1962.
Rodgers, Daniel T., Atlantic Crossings. Social Politics in a Progressive Age, Cambridge, Mass., 1998.
Romani, Cinzia, Le dive del Terzo Reich, Rom 1981.
Romero, Federico, The United States and the European Trade Union Movement, 1944–1951, Chapel Hill, N.C., 1992.
Romeuf, Jean, Les indices du coût de la vie et des prix, Paris 1951.
Romier, Lucien, Who Will Be Master, Europe or America?, New York 1928.
Rosen, Joseph, Das Existenzminimum in Deutschland, Zürich 1939.
Rosen, Philip, History, Textuality, Nation. Kracauer, Burch and Some Problems in the Study of National Cinemas, in: Iris 2 (1984), 69–84.
Rosenberg, Emily S., Spreading the American Dream. American Economic and Cultural Expansion, 1890–1945, New York 1982.
Rösler, Jens, The Montblanc Diary and Collector's Guide, Hamburg 1993.
Ross, Kristen, Fast Cars, Clean Bodies. Decolonization and the Reordering of French Culture, Cambridge, Mass., 1995.
Rotary Club Saarbrücken (Hg.), 60 Jahre Rotary Club Saarbrücken, 1930–1990. Beständigkeit im Wandel, Saarbrücken 1990.
Rouaud, Jacques, 60 ans d'arts ménagers, 2 Bde., Paris 1993.
Rougemont, Denis de, L'amour et l'Occident [1939], überarb. Ausg., Paris 1956.
Rougemont, Denis de, Love in the Western World, Garden City, N.Y., 1957.
Roughneen, Simon, Office of Global Communications. A New Departure or More of the Same?, in: ZNet, 7. September 2002, http://www.zmag.org/znet/viewArticle/11706.
Rubio Villaverde, Jesus, Rotary en España (1920–1992), Murcia 1993.
Rubottom, R. Richard/J. Carter Murphy, Spain and the United States. Since World War II, New York 1984.
Ruffat, Michèle, L'introduction des intérêts diffus dans le plan. Le cas des consommateurs, in: Henri Rousso (Hg.), La planification en crise, 1965–1985, Paris 1987, 115–133.

Rutherford, Janice Williams, Selling Mrs. Consumer. Christine Frederick and the Rise of Household Efficiency, Athens, Ga., 2003.
Ryan, Mary P., Womanhood in America, New York 1975.

– S –

Sabatès, Fabien/Sylvie Schweitzer, André Citroën. Les chevrons de la gloire, Paris 1980.
Sabel, Charles F./Jonathan Zeitlin (Hg.), World of Possibilities. Flexibility and Mass Production in Western Industrialization, Paris, Cambridge 1997.
Sabel, Charles S./Michael Piore, The Second Industrial Divide. Possibilities for Prosperity, New York 1984.
Sabel, Charles/Jonathan Zeitlin, Historical Alternatives to Mass Production. Politics, Markets and Technology in Nineteenth-Century Industrialization, in: Past and Present 108 (August 1985), 133–176.
Sadoul, Georges, Histoire générale du cinéma. L'art muet, 1919–1929, 2 Bde., Paris 1975.
Sadoul, Georges, Histoire générale du cinéma. Le cinéma pendant la guerre, 1939–1945, Paris 1954.
Saisselin, Rémy G., The Bourgeois and the Bibelot, New Brunswick, N.J., 1984.
Salzburg, Friedrich, Mein Leben in Dresden vor und nach dem 30. Januar 1933. Lebensbericht eines jüdischen Rechtsanwaltes aus dem amerikanischen Exil im Jahr 1940 (bearb. v. Sabine Wenzel), Dresden 2001.
Sammons, Robert L./Milton Abelson, American Direct Investments in Foreign Countries—1940, Washington, D.C., 1942.
Sandvik, Glenn N., Duluth. An Illustrated History of the Zenith City, Woodland Hills, Calif., 1983.
Sanford, Charles L., The Intellectual Origins and New-Worldliness of American Industry, in: Journal of Economic History 18.1 (1958), 1–16.
Sassatelli, Roberta, Power Balance in the Consumption Sphere. Reconsidering Consumer Protection Organizations, EUI Working Paper, European University Institute 1995.
Sato, Rika S., The »Kitchen« and the Cold War, unveröff. Bachelor-Arbeit, Princeton University 1990.
Saunders, Thomas, Hollywood in Berlin. American Cinema and Weimar Germany, Berkeley, Calif., 1994.
Savio, Francesco, Ma l'amore no. Realismo, formalismo, propaganda e telefoni bianchi nel cinema italiano del regime, 1930–1943, Mailand 1975.
Scardigli, Victor, La consommation, culture du quotidien, Paris 1983.
Scarpellini, Emanuela, Comprare all'americana. Le origini della rivoluzione commerciale in Italia, 1945–1971, Bologna 2001.
Schäfer, Hans-Dietrich, Amerikanismus im Dritten Reich, in: Michael Prinz/Rainer Zitelmann (Hg.), Nationalsozialismus und Modernisierung, Darmstadt 1991, 198–215.
Schama, Simon, Überfluss und schöner Schein. Zur Kultur der Niederlande im Goldenen Zeitalter, München 1988.
Schaper, Bertus Willem, Albert Thomas. Trente ans de réformisme social, Assen 1959.
Schatz, Thomas, The Genius of the System. Hollywood Film-making in the Studio Era, New York 1996.
Schiller, Herbert, Communication and Cultural Domination, White Plains, N.Y., 1976.
Schiller, Herbert, Mass Communications and American Empire, New York 1969.
Schindelbeck, Dirk, »Asbach Uralt« und »Soziale Marktwirtschaft«. Zur Kulturgeschichte der Werbeagentur in Deutschland am Beispiel von Hanns W. Brose (1899–1971), in: Zeitschrift für Unternehmensgeschichte 40.4 (1995), 235–252.
Schissler, Hannah (Hg.), The Miracle Years. A Cultural History of West Germany, 1949–1968, Princeton, N.J., 2001.
Schivelbusch, Wolfgang, Vor dem Vorhang. Das geistige Berlin, 1945–1948, München 1995.
Schlesinger, Steven, Act of Creation. The Founding of the United Nations, New York 2003.
Schlosser, Eric, Fast Food Nation, New York 2002.
Scholer, P., Le prix de la distribution, Paris 1949.
Scholliers, Peter, The Social-Democratic World of Consumption. The Path-Breaking Case of the Ghent Cooperative Vooruit prior to 1914, in: International Labor and Working Class History 55 (Frühjahr 1999), 71–91.
Schudson, Michael, Advertising, the Uneasy Persuasion. Its Dubious Impact on American Society, New York 1984.
Schuette, H. C. (Hg.), The Motorization of Germany, Washington, D.C., 1927.
Schutts, Jeff Richard, Coca-Colonization, »Refreshing« Americanization or Nazi Volksgetränk? The History of Coca-Cola in Germany, 1929–1961, unveröff. Diss. Georgetown University 2003.
Schweitzer, Sylvie, André Citroën, Paris 1992.

Scranton, Philip, Endless Novelty. Specialty Production and American Industrialization, 1865–1925, Princeton, N.J., 1997.
Semprun, Jorge, L'écriture ou la vie, Paris 1994.
Servan-Schreiber, Jean-Jacques, Die amerikanische Herausforderung, Hamburg 1968.
Shandley, Robert R., Rubble Films. German Cinema in the Shadow of the Third Reich, Philadelphia 2001.
Shaw, Gareth, Large-Scale Retailing in Germany and the Development of New Retail Organisations, in: Benson/ders., The Evolution of Retail Systems, 166–185.
Shenton, Herbert Newhard, Cosmopolitan Conversation. The Language Problems of International Conferences, New York 1933.
Shub, Boris, Starvation over Europe (Made in Germany). A Documented Record, 1943, New York 1943.
Sieferle, Rolf Peter, Die konservative Revolution. Fünf biographische Skizzen, Frankfurt a.M. 1995.
Siegfried, André, La crise de l'Europe, Paris 1935.
Siegfried, André, America Comes of Age. A French Analysis, New York 1927.
Siegfried, André, Die Vereinigten Staaten von Amerika. Volk, Wirtschaft, Politik, Zürich, Leipzig 1928.
Silberling, E., Dictionnaire de sociologie phalanstérienne. Guide des œuvres complètes de Charles Fourier, Paris 1911.
Simiand, François, Cours d'économie politique professé en 1929–1930, Paris 1930.
Simiand, François, Le salaire, l'évolution sociale et la monnaie. Essai de théorie expérimentale du salaire, Bd. 2, Paris 1932.
Simkin, John, Beveridge Report, in: Spartakus Educational, http://www.spartacus.schoolnet.co.uk/2WWbeveridgereport.htm.
Simmel, Georg, Philosophie des Geldes, Leipzig 1907.
Simon, Matthew/David E. Novack, Some Dimensions of the American Invasion of Europe, 1871–1914. An Introductory Essay, in: Journal of Economic History 24 (Dezember 1964), 591–605.
Simonet, Fernand, Le petit commerce du détail. Sa lutte avec le grand commerce de détail, Paris 1937.
Skidelsky, Robert, John Maynard Keynes. The Economist as Savior, 1920–1937, London 1992.
Sklar, Robert/Charles Musser (Hg.), Resisting Images. Essays on Cinema and History, Philadelphia 1990.
Das Slow Food Manifest. Bewegung zur Wahrung des Rechts auf Genuss, 9. Dezember 1989, http://www.slowfood.de/wirueberuns/slowfoodmanifest.
Smart, Barry (Hg.), Resisting McDonaldization, Thousand Oaks, Calif., 1999.
Smith, Adam, Der Wohlstand der Nationen. Eine Untersuchung seiner Natur und seiner Ursachen (hg. von Horst C. Recktenwald), München 1999.
Smith, Anthony, The Geopolitics of Information, New York 1980.
Solaroli, Libero, Profilo di storia economica del cinema italiano, in: Peter Bächlin (Hg.), Il cinema come industria, Milan 1958, 185–202.
Sombart, Werner, Deutscher Sozialismus, Berlin-Charlottenburg 1934.
Sombart, Werner, Economic Life in the Modern Age (hg. v. Nico Stehr/Reiner Grundmann), New Brunswick, N.J., 2001.
Sombart, Werner, Händler und Helden. Patriotische Besinnungen, München 1915.
Sombart, Werner, Warum gibt es in den Vereinigten Staaten keinen Sozialismus? [1906], Darmstadt 1969.
Soupault, Philippe, The American Influence in France, Seattle 1930.
Southard, Frank A., American Industry in Europe, Boston, New York 1931.
Special Dossier. À la recherche du nouveau consommateur, in: Révue française de gestion 110 (September–Oktober 1996).
Spiekermann, Uwe, Basis der Konsumgesellschaft. Entstehung und Entwicklung des modernen Kleinhandels in Deutschland, 1850–1914, München 1999.
Spiekermann, Uwe, Rationalisierung, Leistungssteigerung und Gesundung. Der Handel in Deutschland zwischen den Weltkriegen, in: Michael Haverkamp/Hans-Jürgen Teuteberg (Hg.), Unterm Strich. Von der Winkelkrämerei zum E-Commerce, Bramsche 2000, 191–210.
Stacey, Jackie, Feminine Fascinations. Forms of Identification in Star-Audience Relations, in: Christine Gledhill (Hg.), Stardom. Industry of Desire, London 1991, 141–163.
Stalin, Josef, Rede in der Wählerversammlung des Stalin-Wahlbezirks der Stadt Moskau, 9. Februar 1946, http://www.stalinwerke.de/band15/band15.pdf.
Statistisches Jahrbuch für das Deutsche Reich (hg. v. Statistischen Reichsamt), 59 (1941/42), Berlin 1942.
Stead, W. T., The Americanization of the World, o.O. 1898.
Sternhell, Zeev, Neither Right nor Left. Fascist Ideology in France [1983], Berkeley, Calif., 1986.
Stone, Marla, Challenging Cultural Categories. The Transformation of the Venice Biennale International Film Festival under Fascism, in: Journal of Modern Italian Studies 4.2 (1999), 184–208.

Stone, Marla, The Last Film Festival. The Venice Biennale Goes to War, in: Reich/Garofalo, Re-viewing Fascism, 293–314.
Strasser, Susan, Never Done. A History of American Housework, New York 1982.
Strasser, Susan, Satisfaction Guaranteed. The Making of the American Mass Market, New York 1989.
Strasser, Susan/Charles McGovern/Matthias Judt (Hg.), Getting and Spending. European and American Consumer Societies in the Twentieth Century, Washington, D.C., New York 1998.
Strat, Georges Z., Le rôle du consommateur dans l'économie moderne, Paris 1922.
Strauss, David, The Rise of Anti-Americanism in France. French Intellectuals and the American Film Industry, 1927–1932, in: Journal of Popular Culture 10 (Frühjahr 1977), 752–759.
Strebel, Elizabeth Grottle, French Social Cinema of the 1930s. A Cinematographic Expression of Popular Front Consciousness, New York 1980.
Sward, Keith, The Legend of Henry Ford [1948], Neudruck, New York 1968.

– T –

Tedlow, Richard S., Henry Ford. The Profits and the Price of Primitivism, Boston 1996.
Tedlow, Richard S., New and Improved. The Story of Mass Marketing in America, Boston 1996.
Ten Dyke, Elizabeth A., Dresden. Paradoxes of Memory in History, London 2001.
Tessari, Robert, Il Mito della macchina, Mailand 1973.
Thil, Etienne, Combat pour la distribution. D'Edouard Leclerc aux supermarchés, Paris 1964.
Thil, Etienne, Les inventeurs du commerce moderne. Des grands magasins aux bébés-requins, Grenoble 1966.
Thil, Etienne/Claude Baroux, Un pavé dans la marque, Paris 1983.
Thompson, Kristin, Early Alternatives to the Hollywood Mode of Production, in: Film History 5 (1993), 386–404.
Thompson, Kristin, Exporting Entertainment. America in the World Film Market, 1907–1934, London 1985.
Thomson, Calum, Beveridge Report, http://www.rotaryfirst100.org/clubs/cities/clubs/50london/beveridge.htm
Thurner, Manuel, The American Girl Inherits Old Europe through Dance. Girlkultur and Kulturfeminismus, unveröff. Dissert. Yale University 1999.
Ticnic, Serra, United Colors and United Meetings. Benetton and the Commodification of Social Issues, in: Journal of Communication 47 (1995), 3–25.
Tiersten, Lisa, Marianne in the Market. Envisioning Consumer Society in Fin-de-Siècle France, Berkeley, Calif., 2001.
Tocqueville, Alexis de, Über die Demokratie in Amerika. Werke und Briefe, Bd. 2. Aus dem Französischen neu übertragen von Hans Zbinden, Stuttgart 1962.
Tomlinson, John, Cultural Imperialism. A Critical Introduction, Baltimore 1991.
Tönnies, Ferdinand, Community and Civil Society [1887] (hg. v. José Harris), Cambridge 2001.
Torrenté, Henri de, Les supermarchés en Suisse et à l'étranger et leur financement, in: Revue économique franco-suisse 3 (1961), 188–192.
Töteberg, Michael, Fritz Lang, Reinbek 1985.
Trommler, Frank/Elliott Shore (Hg.), German-American Encounter. Conflict and Cooperation between Two Cultures, 1800–2000, New York 2001.
Trumball, Gunnar, Strategies of Consumer-Group Mobilization. France and Germany in the 1970s, in: Daunton/Hilton, The Politics of Consumption, 261–282.
Tyrell, Ian, American Exceptionalism in an Age of International History, in: American Historical Review 96 (Oktober 1991), 1031–1055.

– U –

U. S. Department of Commerce, European Sales Areas, Washington, D.C., 1933.
U.S. Department of Commerce, Foreign Graphic Arts Industries. World Markets for Printing Machinery, Equipment, and Supplies, Washington, D.C., 1937.
Uhrich, René, Super-marchés et usines de distribution. Hier aux États-Unis, aujourd'hui en France, Paris 1962.
Ulff-Møller, Jens, Hollywood's Film Wars with France. Film-Trade Diplomacy and the Emergence of the French Film Quota Policy, Rochester, N.Y., 2001.

Ullstein, Hermann, The Rise and Fall of the House of Ullstein, New York 1943.
Union Féminine Civique et Sociale, Fiches documentaires d'Action sociale et civique, Paris 1963.
Union Féminine Civique et Sociale, Les consommateurs et le Marché Commun, Paris 1967.
University of Chicago, Social Science Survey Committee, Rotary? A University Group Looks at the Rotary Club of Chicago, Chicago 1934.
Unschuld, Paul L., Chronik des Rotary Club, München 2003.
Urwick, Leon, Albert Thomas and Scientific Management, in: Bulletin of the International Management Institute 6 (Juni 1932), 1.
Urwick, Lyndall/F. P. Valentine, Europe-United States of America, Bd. 5: Trends in the Organization and Methods of Distribution in the Two Areas, Paris 1931.

– V –

Valeri, Antonio, Pubblicità italiana. Storia, protagonisti e tendenze di cento anni di comunicazione, Mailand 1986.
Vasey, Ruth, Beyond Sex and Violence. »Industry Policy« and the Regulation of Hollywood Movies, 1922–1939, in: Matthew Bernstein (Hg.), Controlling Hollywood. Censorship and Regulation in the Studio Era, New Brunswick, N.J., 1999, 102–129.
Vasey, Ruth, The World According to Hollywood, 1918–1939, Madison, Wis., 1997.
Veblen, Thorstein, The Theory of the Leisure Class. An Economic Study of Institutions [1899], Nachdruck, New York 1953.
Veblen, Thorstein, Theorie der feinen Leute. Eine ökonomische Untersuchung der Institutionen, Köln, Berlin 1957.
Vertrag von Versailles, 28. Juni 1919, http://www.dhm.de/lemo/html/dokumente/versailles/index.html.
Vertrag zur Gründung der Europäischen Wirtschaftsgemeinschaft, 25. März 1957, http://eur-lex.europa.eu/de/treaties/index.htm.
Villermet, Jean-Marc, Histoire des »grandes surfaces«. Méthodes américaines, entrepreneurs européens, in: Entreprises et histoire 4 (November 1993), 41–53.
Vincendeau, Ginette, Hollywood Babel. The Coming of Sound and the Multiple-Language Version. Cinema, Commerce and Cultural Exchange, 1920–1939, in: Higson/Maltby, »Film Europe« and »Film America«, 207–224.
Vincent, Mary, Spain, in: Tom Buchanan/Martin Conway (Hg.), Political Catholicism in Europe, 1918–1965, Oxford 1996, 97–128.
Viner, Jacob, W. H. Hutt. Economics and the Public. A Study of Competition and Opinion, in: Journal of Political Economy 46 (1938), 571–575.
Volpato, Giuseppe, L'evoluzione delle strategie di marketing nell'industria automobilistica internazionale, in: Annali di storia dell'impresa, Bd. 2, Mailand 1986, 119–208.
Voss, Paul, The Growth of the Leipzig Fair, Leipzig 1933.

– W –

Wagnleitner, Reinhold, Coca-Colonisation und Kalter Krieg. Die Kulturmission der USA in Österreich nach dem Zweiten Weltkrieg, Wien 1991.
Wagnleitner, Reinhold, The Empire of the Fun, or Talkin' Soviet Union Blues, in: Diplomatic History 23 (Frühjahr 1999), 499–524.
Wall, Irwin, The United States and the Making of Postwar France, 1945–1954, New York 1991.
Wanger, Walter, Donald Duck and Diplomacy, in: Public Opinion Quarterly 14 (1950), 443–452.
Warde, Alan/Lydia Martens, Eating Out. Social Differentiation, Consumption and Pleasure, Cambridge 1999.
Weber, Max, Wirtschaft und Gesellschaft. Grundriss der verstehenden Soziologie (hg. v. Johannes Winckelmann), Tübingen ⁵1972.
Weber, Max, Essays in Economic Sociology (1910–1920) (hg. v. Richard Swedborg), Princeton, N.J., 1999.
Weexsteen, Antoine, Le Conseil aux entreprises et l'Etat en France. Le role de Jean Milhaud (1898–1991) dans la C.E.G.O.S. et L'I.T.A.P., Bd. 1, Paris 1999.
Weill, Alain, L'affiche française, Paris 1982.
Welch, David, Propaganda and the German Cinema, 1933–1945, Oxford 1983.
Welles, Benjamin, Spain. The Gentle Anarchy, New York 1965.

Werner, Françoise, Du ménage à l'art ménager. L'évolution du travail ménager et son écho dans la presse féminine française de 1919 à 1939, in: Le mouvement social 116 (Oktober–Dezember 1984), 61–87.

Wernicke, J./G. Bach, Geschichte des Verbandes, in: Probleme des Warenhauses. Beiträge zur Geschichte und Erkenntnis der Entwicklung des Warenhauses in Deutschland, Berlin 1928, 13–58.

West, Douglas C., From T-Square to T-Plan. The London Office of the J. Walter Thompson Advertising Agency, 1919–1970, in: Business History 24 (April 1987), 199–217.

Westphal, Uwe, Werbung im Dritten Reich, Berlin 1989.

Whidden, Howard P., Birth of a Mass Market—Western Europe, in: Harvard Business Review, 33 (Mai–Juni 1955), 101–107.

White House, Office of Global Communications, http://www.whitehouse.gov/ogc.

White, Dan S., Lost Comrades. Socialists of the Front Generation, 1918–1945, Cambridge, Mass., 1992.

Whittemore, Leila, Getting the Goods Together. Consumer Space and Gender in Nineteenth-Century Paris, in: Architecture–Research–Criticism 5 (1994), 14–25.

Who's Who in America, Bd. 5, Chicago 1974.

Why Sinclair Lewis Got the Nobel Prize. Address by Erik Axel Karlfeldt, Permant Secretary of the Swedish Academy, at the Nobel Festival, December 10, 1930, and Address by Sinclair Lewis before the Swedish Academy, December 12, 1930, on the Occassion of the Award of the Nobel Prize, New York 1931.

Widmer, Sigmund, Gottlieb Duttweiler (1888–1962). Gründer der Migros, Zürich 1985.

Wildt, Michael, Am Beginn der »Konsumgesellschaft«. Mangelerfahrung, Lebenshaltung, Wohlstandshoffnung in Westdeutschland in den fünfziger Jahren, Hamburg 1994.

Wilk, Richard, Consumer Goods as Dialogue about Development, in: Culture and History 7 (1990), 79–100.

Wilkins, Mira/Frank Ernest Hill, American Business Abroad. Ford on Six Continents, Detroit 1964.

Willems, Gilles, Les origines du groupe Pathé-Natan et le modèle américain, in: Vingtième siècle 46 (April–Juni 1995), 98–106.

Willems, Gilles, Aux origines du groupe Pathé-Natan, in: Pierre-Jean Benghozi/Christian Delage (Hg.), Une histoire économique du cinéma français (1895–1995). Regards franco-américains, Paris 1997, 93–110.

Willett, John, Art and Politics in the Weimar Period. The New Sobriety, 1917–1933, New York 1978.

Williams, William Appleman, Der Welt Gesetz und Freiheit geben. Amerikas Sendungsglaube und imperiale Politik, Hamburg 1984.

Wilpert, Friedrich von, Rotary in Deutschland. Ein Ausschnitt aus deutschem Schicksal, Bonn 1991.

Wilson, Woodrow, The Public Papers of Woodrow Wilson. Bd. 4: The New Democracy (hg. v. Ray Stannard Baker/William E. Dodd), New York 1926.

Winkler, John K., 5 and 10. The Fabulous Life of F. W. Woolworth, New York 1940.

Winship, Janice, New Disciplines for Women and the Rise of the Chain Store in the 1930s, in: Maggie Andrews/Mary Talbot (Hg.), All the World and Her Husband. Women in Twentieth-Century Consumer Culture, London 2000, 23–45.

Witte, Karsten, The Indivisible Legacy of Nazi Cinema, in: New German Critique 74 (Frühjahr–Sommer 1998), 23–30.

Wlassikoff, Michelle/Michel Bodeux, La fabuleuse et exemplaire histoire de Bébé Cadum, Paris 1990.

Wollenberg, Hans, Fifty Years of German Film, London 1948.

Woytinsky, Wladimir S./Emma Shadkhan Woytinsky, World Commerce and Governments. Trends and Outlook, New York 1955.

Wyra, Ulrich, Consumption and Consumer Society. A Contribution to the History of Ideas, in: Strasser u.a., Getting and Spending.

– Y –

Young, James Webb, A Footnote to History. Draft of a Plan for Enemy Country Propaganda in the First World War, Coapa, N.M., 1950.

Young, James Webb, A Story Still Untold. The Development of America's Socially Conscious Capitalism, Coapa, N.M., 1951.

– Z –

Zamagni, Vera, La distribuzione commerciale in Italia fra le due guerre, Mailand 1981.

Zamagni, Vera, Le conseguenze della crisi del '29 sul commercio al dettaglio in Europa, in: Commercio 9 (1981), 3–18.

Zancarini-Fournel, Michelle, À l'origine de la grande distribution, le succursalisme. Casino, Saint-Étienne, 1898–1948, in: Entreprises et histoire 4 (1993), 27–39.

Zapffe, Carl Andrew, Rotary! An Historical, Sociological, and Philosophical Study Based upon the Half-Century Experience of One of the Larger Rotary Clubs, Baltimore 1963.

Zeitlin, Jonathan/Gary Herrigel (Hg.), Americanization and Its Limits. Reworking U.S. Technology and Management in Post-War Europe and Japan, Oxford 2000.

Zelizer, Viviana, The Social Meaning of Money, New York 1994.

Zelizer, Viviana, The Social Meaning of Money. »Special Monies«, in: American Journal of Sociology 95 (September 1989), 342–377.

Zimmerman, Carle Clark, Consumption and Standards of Living [1936], Neuaufl., New York 1976.

Zimmerman, Max Mandell, The Super Market. A Revolution in Distribution, New York 1955.

Zola, Emile, Das Paradies der Damen [1883], Frankfurt 2004.

Zolotow, Maurice, Billy Wilder in Hollywood, New York 1977.

Zunz, Olivier, Why the American Century?, Chicago 1998.

Zwahr, Hartmut, Die erste deutsche Nachkriegsmesse 1946. Wiedererweckung oder Neubelebung, in: ders. u.a., Leipzigs Messen, 585–597.

Zwahr, Hartmut/Thomas Topfstedt/Günter Bentele (Hg.), Leipzigs Messen, 1497–1997. Gestaltwandel, Umbrüche, Neubeginn, Köln 1999.

Zweiniger-Bargielowska, Ina, Austerity in Britain. Rationing, Controls and Consumption, 1939–1955, New York 2000.

Bildnachweise

Abb. 1: The Rotarian, Juni 1938. Mit Genehmigung des Rotary Club of
        Chicago. – S. 49
Abb. 2: Mit Genehmigung der Privatsammlung Monroe und Aimée Brown Price. – S. 63
Abb. 3: Mit Genehmigung der Autorin. – S. 99
Abb. 4: 1879–1929. Fifty Years of Woolworth, New York 1929.
        Mit Genehmigung der Thomas J. Watson Business and Economics Library, Columbia
        University. – S. 196
Abb. 5: Mit Genehmigung der Thomas J. Watson Business and Economics
        Library, Columbia University. – S. 197
Abb. 6: Mit Genehmigung der Thomas J. Watson Business and Economics Library, Columbia
        University. – S. 199
Abb. 7: Mit Genehmigung von Associated Press. – S. 213
Abb. 8: Mit Genehmigung des Stadtarchivs Leipzig. – S. 222
Abb. 9: Mit Genehmigung der J. Walter Thompson Company. – S. 225
Abb. 10: Mit Genehmigung der Thomas J. Watson Business and Economics Library, Columbia
        University. – S. 227
Abb. 11: Transatlantic Trade, September 1931. Mit Genehmigung der New York Public Library. – S. 231
Abb. 12: Mit Genehmigung der Thomas J. Watson Business and Economics Library, Columbia
        University. – S. 231
Abb. 13: Printer's Ink, 25. Juli 1929. Mit Genehmigung der Thomas J. Watson Business and Economics
        Library, Columbia University. – S. 233
Abb. 14: Gebrauchsgraphik, September 1927. Mit Genehmigung der New York Public Library. – S. 235
Abb. 15: Mit Genehmigung der Thomas J. Watson Business and Economics Library, Columbia
        University. – S. 236
Abb. 16: Mit Genehmigung der Thomas J. Watson Business and Economics Library, Columbia
        University. – S. 237
Abb. 17: Mit Genehmigung des Sächsischen Staatsarchivs Leipzig. – S. 259
Abb. 18: Fortune, März 1930. Mit Genehmigung der J. Walter Thompson Company. – S. 196
Abb. 19: Die Reklame, September 1924. Mit Genehmigung der New York Public Library. – S. 283
Abb. 20: Gebrauchsgraphik, April 1927. Mit Genehmigung der New York Public Library. – S. 293
Abb. 21: Mit Genehmigung der Sammlung Mirande Carnévalé-Mauzan. – S. 297
Abb. 22: Gebrauchsgraphik, April 1927. Mit Genehmigung der New York Public Library. – S. 299

Abb. 23:	Saturday Evening Post, 11. Mai 1929. Mit Genehmigung von General Electric. – S. 303	
Abb. 24:	La Publicité, Oktober 1937. Mit Genehmigung der New York Public Library. – S. 307	
Abb. 25:	Advertising World, Mai 1937. Mit Genehmigung der New York Public Library. – S. 314	
Abb. 26:	Advertising World, Mai 1927. Mit Genehmigung der New York Public Library. – S. 319	
Abb. 27:	Die Woche, 3. November 1937. Mit Genehmigung der New York Public Library. – S. 341	
Abb. 28:	Mit Genehmigung der J. Walter Thompson Company. – S. 323	
Abb. 29:	Mit Genehmigung der Biblioteca Luigi Chiarini, Centro Sperimentale di Cinematografia, Rom. – S. 359	
Abb. 30:	Mit Genehmigung der Bibliothèque des Sciences Politiques, Paris. – S. 412	
Abb. 31:	Entreprise, Februar 1961. Mit Genehmigung der Thomas J. Watson Business and Economics Library, Columbia University. – S. 415	
Abb. 32:	Mit Genehmigung von Foto Locchi. – S. 451	
Abb. 33:	Mit Genehmigung von Foto Locchi. – S. 463	
Abb. 34:	Mit Genehmigung von Foto Locchi. – S. 469	
Abb. 35:	Mit Genehmigung der Chambre de Commerce et d'Industrie de Paris. – S. 479	
Abb. 36:	Marie-Claire, März 1955. Mit Genehmigung der Société des Amis de la Bibliothèque Forney. – S. 502	
Abb. 37:	Elle, 22. Februar 1954. Mit Genehmigung der Société des Amis de la Bibliothèque Forney. – S. 502	
Abb. 38:	Femme pratique, Oktober 1972. Mit Genehmigung der Bibliothèque Nationale de France. – S. 511	
Abb. 39:	Mit Genehmigung der Autorin. – S. 524	
Abb. 40:	Mit Genehmigung der Autorin. – S. 524	
Abb. 41:	Mit Genehmigung von Livia A. J. Paggi. – S. 533	
Abb. 42:	Mit Genehmigung des Rotarierclubs Dresden. – S. 543	

Namensregister

— A —

Abel, Richard 549
Adami, Francesco 458
Adenauer, Konrad 53, 410
Adenauer, Max 425
Adorno, Theodor W. 549
Agnelli, Giovanni 108, 446
Agnew, John 547
Alberoni, Franco 414
Albers, Hans 379
Alfonso XIII. 83
Angé, Louis 268
Angleton, James Hugh 445
Angleton, James Jesus 445
Arendt, Hannah 400
Arnhold, Heinrich 35, 54, 56, 58, 90, 542
Aron, Raymond 426
Arrighi, Giovanni 548
Audibert, Familie 200
Auslander, Leora 548, 555

— B —

Babbitt, George F. 27, 31–32, 34, 38, 43, 245
Bacci, Guglielmo 461
Bader, Théophile 165
Baker, Josephine 489
Baky, Josef von 379
Ball, Lucille 488
Barber, Benjamin R. 551
Barcena, Felipe Alonso 80

Bardèche, Maurice 375
Barjot, Dominique 550
Barthes, Roland 482
Batista, Fulgencio 515
Baudrillard, Jean 483, 549
Beard, Charles und Mary 41
Beecher, Catherine 491
Beers, Charlotte 538–539
Behrens, Peter 286
Belfrage, Kurt 71
Bellamy, Edward 135
Beneš, Eduard 209
Benjamin, Walter 234, 292, 549
Berger, Ludwig 333
Berlanga, Luis Garcia 384–385, 399
Bernays, Edward L. 111, 161, 282, 312
Bernège, Paulette 495–497
Bernhard, Lucian 291–292, 298, 300–301, 318
Bernheim, Emile 165, 175, 177–178, 201, 206,
    211, 214, 435, 454–456, 523
Bernheim, Jules 165
Best, P. A. 178
Bethmann-Hollweg, Moritz von 53
Beveridge, William 387
Bevin, Ernest 69
Bevinetto, Girolamo 269
Bleustein-Blanchet, Marcel 280–281, 288, 309,
    320, 322, 325, 481
Blum, Léon 146, 154, 302, 388
Bogart, Humphrey 24, 347
Bonaparte, Napoleon 197, 260

Bonnet, Georges 211, 355
Boogaart, Richard W. 430–433, 441–444, 446–447, 449–454, 459, 464, 467
Boorstin, Daniel J. 515
Bossi, Achille 70
Bourdieu, Pierre 130, 306, 308, 411, 549
Bourke-White, Margaret 493
Bové, José 535
Brasillach, Robert 375
Braudel, Fernand 221, 471, 548
Brecht, Bertolt 55, 286
Breen, Timothy H. 548
Breton, Jules-Louis 484, 496
Briand, Aristide 100
Broisat, Albert 485
Brose, Hanns W. 255–257
Brown, David Leslie 216
Brown, Percy 206
Brunelli, Marco 446, 453
Brüning, Heinrich 144, 198, 256
Bryce, James 113, 550
Burbridge, Richard und Herbert 176
Busch, Fritz 36
Bush, George W. 538, 539, 541

– C –

Canetti, Elias 286
Canty, George R. 334, 343
Cappiello, Leonetto 291, 296
Caprotti, Mario and Bernardo 446
Carlu, Jean 301
Carosone, Renato 453
Cassandre, A.-M. 298, 301
Castro, Fidel 515
Cavanaugh, John 82
Cazamian, Madeleine 495
Céline, Louis-Ferdinand 488
Cendrars, Blaise 261
Cerny, J. H. (Myron) 324
Chandler, Alfred D., Jr. 547
Chaplin, Charles 336, 346, 364, 486
Chassaigne, Henri de la 324
Chéret, Jules 291
Cherington, Paul 273
Chombart de Lauwe, Paul-Henry 138
Chruschtschow, Nikita 515–517
Churchill, Winston 69, 387
Ciabatti, Giovanni 461
Ciano, Galeazzo 363
Citroën, André 287–288
Clark, Colin 157
Cognacq, Gabriel 189
Cohen, Lizabeth 548
Cohen, Martin 76
Coleman, Lloyd Ring 322–323
Colman, Ronald 345, 362
Cooley, Charles H. 205

Coolidge, Calvin 273
Coudenhove-Kalergi, Richard 56
Crawford, Joan 362
Creel, George 275
Crespi, Mario 446–447
Crespi, Silvio 83
Cross, Gary 548
Culleton, Leo Giulio 70
Cuno, Wilhelm 53, 61

– D –

Dansette, Jacques 434
Davis, Joseph 389
Dean, James 414
Delaisi, François 127–128, 153, 428
Delpech, Henry 148–149
Descartes, René 496
Devinat, Paul 177
Dichter, Ernst 281
Dietrich I. 219
Diner, Dan 549
Disney, Walt 379, 381
Djelic, Marie-Laure 550
Dodsworth, Sam 245
Dollfuß, Engelbert 210
Dower, John 546
Drakulić, Slavenka 518
Dreiser, Theodore 32
Dubreuil, Hyacinthe 136
Dudovich, Marcel 301
Duhamel, Georges 275
Duisberg, Carl 153
Duperrey, Maurice 71, 91
Dupuy, Roger-Louis 302, 510
Durkheim, Emile 139
Dutourd, Jean 433
Duttweiler, Gottlieb 210, 435, 443

– E –

Eckermann, Johann Peter 154
Eisenhower, Dwight D. 403, 431, 515
Eisenstein, Sergej 366
Ekberg, Anita 488
Elias, Norbert 548
Engel, Ernst 139
Erasmus von Rotterdam 134
Erhard, Ludwig 257, 388, 410
Ewen, Stuart 548

– F –

Fairbanks, Douglas 55
Falada, Hans 294
Fanto, Leonhard 35
Feis, Herbert 103
Fellini, Federico 488

Feyder, Jacques 373
Filene, A. Lincoln 158–159
Filene, Edward A. 100, 103, 156, 158–164, 166–167, 170–171, 173–174, 176–177, 181–182, 193, 198–201, 206–212, 215, 352, 406 (FN), 435–436
Fitzgerald, F. Scott 39
Ford, Edsel 104
Ford, Henry 14, 25, 39, 45, 55, 94, 100, 104, 112, 116–117, 161–164, 211, 268, 287, 491
Ford, John 381
Forzano, Giovacchino 363
Foucault, Michel 18, 24
Fourastié, Jean 416
Fourier, Charles 135, 189
Franco, Francisco 83–84, 384–385
Franziskus, Hl. 134
Freddi, Luigi 363
Frederick, Christine MacGaffey 491–492, 495–497
Frederick, George J. 496
Frenckell, Karl von 35–36, 54, 62 (FN), 64, 75, 77, 85, 90–91
Frenzel, H. K. 298
Friedland, Max 368
Friedman, Thomas L. 551
Fritsch, Willy 360, 367
Fuller, Buckminster 403
Furness, Betty 488, 506

– G –

Gallup, George 281, 412, 498
Garbo, Greta 24, 347, 362
Gardin, Wladimir 366
Gasser, Elsa 473
Gaulle, Charles de 281, 420, 504, 550
Genina, Augusto 373
Gerbel, M. B. 54, 71
Gérin, Octave-Jacques 269, 282
Gide, Charles 140
Gilbert, Cass 197
Gilow, Peter 422, 425
Gilpin, Robert 547
Giroud, Françoise 506–507, 510, 513
Giscard d'Estaing, Valéry 513
Goblot, Edmond 130–131
Godard, Jean-Luc 391
Goebbels, Joseph 87, 258, 317, 366–367, 370, 373–374, 376–379
Göring, Hermann 87, 318, 370
Goethe, Johann Wolfgang von 28, 34, 154, 256
Goncourt, Edmond de 187
Gordon, Ibby 287
Gorer, Geoffrey 205
Gottl-Ottilienfeld, Friedrich 127
Gottschalk, Max 102
Gramsci, Antonio 22, 126, 547

Grant, Cary 362
Grille, Hugo 35, 87–88
Gross, Grete 229
Grosz, George 292
Growald, Ernst 291
Guérin, Robert 384
Guggenbühl, Adolf 313–314
Guichard, Pierre 440
Gutenberg, Johannes 298, 335

– H –

Hanfstaengl, Ernst 94
Hahn, Otto 300
Halbwachs, Maurice 138, 139, 144–145 (FN), 147–148, 154–155, 310
Haley, Bill 414
Hallyday, Johnny 414
Hannerz, Ulf 551
Harbou, Thea von 327, 329
Hardt, Michael 546
Harlan, Veit 373
Harris, Paul P. 40, 45, 57, 63, 66, 79, 82
Hartzell, Arthur 279, 309
Harvey, Lilian 367
Havel, Milos 374
Hayakawa, Sessue 336
Hays, Will H. 343, 344, 354–355, 364, 368
Hayworth, Rita 489
Head, Edith 347
Heckscher, Eli F. 547
Heilbronn, Max 165, 203–204, 211, 213
Henderson, James 70
Herder, Johann Gottfried von 28
Herriot, Edouard 166, 221, 351–355, 496
Herzfelde, Wieland 292
Heartfield, John 55
Hikino, Takashi 547
Hildebrand, George H. 384
Hiller, Stanley 93–95
Himmler, Heinrich 87
Hindenburg, Paul von 52
Hirsch, Julius 182–183, 210
Hirschman, Albert O. 547
Hitchcock, Alfred 356
Hitler, Adolf 22, 60, 85–88, 93–95, 116, 127, 142, 146, 151–153, 190, 206, 210, 212, 214, 317, 366–367, 378, 411
Hoffman, Paul 395, 398
Hohlwein, Ludwig 300, 318
Holtby, Winifred 346
Hood, Roland H. 432, 470
Hoover, Herbert 64, 104, 108, 167, 247–248
Hopkins, Claude 268–269
Horkheimer, Max 549
Horney, Duane B. 432
Horta, Victor 175, 455
Huber, Max 432

Hugenberg, Alfred 328, 357, 369
Huizinga, Johan 43, 550
Hülsenbeck, Richard 290
Huntington, Samuel P. 551
Hutt, H. A. 125

– I –

Iriye, Akira 546

– J –

Jacopazzi, Fernand 288
James, Henry 39
Jehmlich, Horst 543
Jongert, Jacques 286
Jouvenal, Bertrand de 498–499
Juliana I. 436
Julin, Armand 113

– K –

Kagan, Robert 552
Karstadt, Rudolf 199, 201
Kästner, Erich 379
Kauffer, E. McKnight 301
Keaton, Buster 346
Keffer, Ivan W. 198
Kellogg, Frank B. 100, 161
Kennedy, John F. 512
Kennedy, Paul 548
Keynes, John Maynard 136, 143–145, 390, 547
Kitzinger, U. W. 418
Klein, Julius 247
Klemperer, Ralph von 36
Klemperer, Viktor von 36, 54, 63–64, 86, 87 (FN)
Klitzsch, Ludwig 328, 357, 360, 368
Koenig, Pierre 322
Korda, Alexander 333, 379
Kornai, Janos 548
Kropff, Hanns 312
Kracauer, Siegfried 294, 312, 346, 489, 549
Kraus, Karl 286
Kravitz, Irving 404
Kroc, Ray 531
Kroes, Rob 551
Krüger, Johannes 56
Kühne, Max Hans 54, 87, 90, 542
Kuisel, Richard 550
Kupferberg, Christian Adalbert 320

– L –

Lacour-Gayet, Jacques 436
Laemmle, Carl 340, 368
Lafargue, Paul 135, 147, 530
Lagrange, Leo 147
Laguionie, Pierre 165, 176, 178, 181, 201, 211

Lansdowne Resor, Helen 271–272, 305, 492–493
Lang, Fritz 55, 326–329, 332–334, 366–367, 381
La Pira, Giorgio 458–459
Lasker, Albert 262
Laufenberger, Henri 206
Laval, Pierre 106, 513
Leach, William 548, 555
Lears, T. J. Jackson 548
Leclerc, Edouard 464
Lefèbvre, Henri 483
Lefèvre, Lucien 291
Leiss, William 305
Leo XIII. 80–81
Leon X. 219
Leone, Mario 462
Lessing, Gotthold Ephraim 37
Levy, Hermann 156, 208
Lewis, Frank D. 244
Lewis, Sinclair 31–34, 245, 348
Ley, Robert 151
Lindbergh, Charles 51
Lingner, Carl August 256
Litfaß, Ernst 284, 295
Litvak, Anatole 371
Lloyd, Harold 346
Lloyd George, David 69
Loehr, Gustavus H. 41
Loupot, Charles 301
Lübke, Wilhelmine 423
Luce, Clare Booth 445
Lumière, Louis 337, 355
Lundestad, Geir 546
Luther, Martin 37
Luzzani, Angelo 89
Lynd, Helen Merrell 42
Lynd, Robert 493

– M –

MacLane, Mary Bailey 491
Magagnoli, Giuseppe 296
Maier, Charles S. 396, 546
Malfatti, Amadeo 445
Malthus, Thomas 95, 123, 155
Man, Hendrik de 141–142
Mandelstamm, Victor 355
Manier, Will R. 67, 89
Mann, Thomas 32–34, 36–38, 56–58, 61–62, 352, 423
Mao Tse-tung 402
Marcuse, Herbert 549
Marx, Karl 131, 135, 232, 391, 547–548
Marzotto, Gaetano 446
Masaryk, Jan 77
Massé, Pierre 426
Mataja, Victor 269
Mathy, Jean-Philippe 549
Mauss, Marcel 148, 549

Mauzan, Achille-Lucien 296, 298, 302
Maximilian I. 219
May, Joe 333
Mayer, Louis B. 334
Mazur, Paul 118
Mazzi, Tosca 470
McBride, John 363
McDonald, Ramsay 144
McLuhan, Marshall 252
Meek, Sam 261
Meillet, Antoine 72
Méliès, Georges 337
Mencken, H. L. 34
Mendès-France, Pierre 281
Menken, Jules 179
Merriam, Charles 103
Meunier, Georges 291
Milhaud, Jean 200
Mille, Cecil B. de 336
Miller, Douglas 212, 252
Minella, Marco 532
Mitchell, Margaret 378
Mitchell, Wesley Clair 493
Monnet, Jean 417
Montagu, Ivor 345
Montelatici, Giulio 429, 462
Mucha, Alphonse 291
Muni, Paul 373
Murnau, F. M. 333
Mussolini, Arnaldo 70
Mussolini, Benito 70, 88–89, 93, 108, 362–364, 373
Mussolini, Vittorio 362–364, 374–375
Mutschmann, Martin 86, 91, 258

– N –

Nader, Ralph 423
Nast, Minni 35, 75
Natan, Bernard 350, 375–376
Nathan, Louis 315
Negri, Antonio 546
Neidlinger, Georg 249
Neurath, Konstantin von 88
Niblo, Fred 345
Nietzsche, Friedrich 34, 61, 135
Ninkovich, Frank 545
Nixon, Richard 515–517
Nizzoli, Marcello 296
Nolan, Mary 550
Nora, Pierre 316
Nye, Joseph S. 551–552
Nystrom, Paul H. 124

– O –

Ochs, Adolph S. 300
Orwell, George 138
Otto der Reiche 219

– P –

Packard, Vance 423
Palma, Franco 445
Park, Robert E. 147
Patten, Simon E. 119, 123, 416
Patterson, John 194, 243
Pavolini, Alessandro 373
Péan, René 291
Pedrazzoli, Quirino 438, 441
Pelham, Thomas 244–245
Pells, Richard 551
Perez, Louis A., Jr. 546
Pérignon, Monique 510
Perry, Chesley R. 66–67
Perry, Percival 97
Persons, H. P. 178
Peterson, Esther 512
Petrini, Carlo 521, 530, 537
Pezzati, Mario und Severo 296
Pickford, Mary 55
Pictet, Jacques 437
Pirelli, Alberto 206
Pius XI. 80–81, 83, 345, 489
Poiger, Uta G. 551
Poincaré, Raymond 352
Polanyi, Karl 547
Pollock, Channing 329
Pomaret, Charles 212
Pomeranz, Kenneth 548
Pommer, Erich 327, 332–334, 356–360, 367–368, 382–383
Ponti, Gio 449
Porsche, Ferdinand 150
Potter, Alex O. 68
Potter, David 411, 548
Poujade, Pierre 443
Pozzati, Sepo 296
Presley, Elvis 414
Primo de Rivera, Miguel 107

– R –

Rachman, Sam 328
Randolph, Bruno W. 312
Rasmussen, Anne-Marie 454
Ratti, Franco 83
Reid, Margarete 124
Renoir, Jean 373
Resor, Stanley B. 270–273
Respinosa, Leno de 84
Rheinstrom, Heinrich 37
Ricardo, David 123

Riesman, David 401
Rilke, Rainer Maria 216
Roach, Hal 374
Robinson, Edward G. 386
Roche, Daniel 548
Rochefort, Christine 501, 504
Rockefeller, Nelson 103, 431–432, 442, 445, 453–454
Rockefeller, Steven 545
Roncoroni, Carlo 364–365
Roosevelt, Franklin Delano 145, 146, 160, 276, 388, 431
Rosen, Fritz 301, 318
Rougement, Denis de 489
Ruggles, Harry L. 64
Ruskin, John 134
Rydell, R. W.

– S –

Sachs, Ragnar 178
Safire, William 517
Salazar, Lorenzo 458
Salten, Felix 62
Salzburg, Friedrich 86–87
Sapène, Jean 350
Sarnoff, David 281
Scharnagl, Karl 423–424
Scheuermann, Fritz 372
Schiele, Sylvester 40–41
Schiller, Friedrich von 28
Schiller, Herbert 550
Schippert, Karl 91
Schoedler, Lillian 157, 166
Schopenhauer, Arthur 34
Schudson, Michael 305
Schulberg, B. P. 357
Schwitters, Kurt 286
Scrivener, Christiane 513
Selfridge, Harry Gordon 166, 174, 187
Selznick, David O. 334
Semprun, Jorges 154–155
Senefelder, Alois 284
Servan-Schreiber, Jean-Jacques 177, 420
Seyffert, Rudolph 269
Sheldon, Arthur Frederick 47
Sheldon, Don 423–424
Siegfried, André 27, 126, 149, 184
Simiand, François 113–114, 148
Simmel, Georg 41
Sloan, Alfred 162
Smith, Adam 18, 95, 167–168, 179, 546–547
Soderblom, Nathan 161
Sorrell, Martin 540
Soupault, Philippe 336, 488
Spencer, Herbert 190
Spry, James W. 385
Stalin, Josef 67, 149, 384, 386, 393, 401–402, 493

Steinmann, Louis 71
Stoetzel, Jean 412, 498
Stöhr, Adolf 37
Stowe, Harriet Beecher 491
Streit, Clarence 99
Stresemann, Gustav 60
Struthers, Lester 90
Süss, Herbert 543

– T –

Tagliacarne, Gugliemo 157
Taittinger, Pierre 211
Taylor, Frederick W. 55, 117, 496
Thalberg, Irving 334
Thomas, Albert 97–103, 111–112, 138, 160, 167, 177
Thompson, J. Walter 270–271, 276, 278, 308
Thomsen, T. C. 54, 59–60, 88
Thomson, Bonnie Jean 45
Tietz, Alfred Leonhard 76, 165, 175, 178, 198–199
Tietz, Georg 76
Tietz, Gerhard 165
Tietz, Oscar 176, 188
Tocqueville, Alexis de 41, 43–44, 79, 126, 490, 550
Tomlinson, John 550
Toscani, Oliviero 285
Toulouse, Henry 436
Toulouse-Lautrec, Henri de 291
Trenker, Luis 366, 373
Trout, Jack 520
Trujillo, Bernardo 454–455
Truman, Harry S. 384, 388, 431, 436, 438
Tyrell, Ian 549

– U –

Urwick, Lyndall 97, 177, 181

– V –

Valenti, Jack 326, 342
Valentine, F. P. 181
Vandel, Marcel 333
Van Minden, Mery 315
Vartan, Sylvie 414
Veblen, Thorstein 132, 549
Veidt, Conrad 367
Vershofen, Wilhelm 257, 410
Volpi di Misurata, Giuseppe 372

– W –

Wagnleitner, Reinhold 546, 550
Walterspiel, Oscar 37
Walton, Frederick 242

Wanamaker, John 187
Wanger, Walter 334, 381
Warner, Jack 334, 381
Watkins, Julius 313
Watson, Clement 244
Watson, John B. 273–274
Weber, Max 18, 131, 234, 547, 549
Wedekind, Frank 286
Weill, Henry 456
Wengeroff, Wladimir 326
Wertheim, Georg 165
Wharton, Edith 39
Whidden, Howard 407–408
White, Pearl 336, 488
Wiart, Henry Carton de 82
Wiene, Robert 333
Wilder, Billy 333, 382
Wilhelm II. 190
Wilk, Richard 551
Willems, Edouard 72
Williams, William Appleman 119
Wilson, Woodrow 11–14, 23, 26, 38, 95, 160, 197, 272, 275, 342, 401, 487, 537
Winburg, Michael 315
Winckler, Ernst 86–87
Wolf, Julius Ferdinand 36
Wood, Natalie 414
Woolworth, Frank 196–198

– Y –

Young, James Webb 275

– Z –

Zanuck, Darryl 334
Zelizer, Viviana 549
Zellerbach, James 445
Zimmerman, Max 435–437, 439
Zola, Emile 32, 186
Zuckmayer, Carl 286
Zunz, Olivier 546